国家清史编纂委员会·文献丛刊

清末立宪运动史料丛刊 ⑪

主编 胡绳武

副主编 牛贯杰 戴鞍钢

资政院 上卷

牛贯杰 编

山西人民出版社

本书获中国人民大学"中央高校建设世界一流大学（学科）和特色发展引导专项资金"支持

"十二五"国家重点图书出版规划项目

国家清史编纂委员会出版委员会

主　　任　　戴逸

执行主任　　马大正　崔建飞

委　　员　　卜　键　朱诚如　成崇德　郭成康

　　　　　　潘振平　徐兆仁　邹爱莲

学术秘书　　赫晓琳　李　岚

《清末立宪运动史料丛刊》出版工作委员会

主　　任　　贾新田　胡彦威

副主任　　姚　军　梁晋华

统　　筹　　蒙莉莉

委　　员　（以姓氏笔画为序）

王新斐　冯灵芝　史美珍　刘小玲　吉　昊

李　靖　李　鑫　张小芳　张志杰　何赵云

杜厚勤　张彦彬　柳承旭　武　静　郝文霞

贺　权　贾登红　崔人杰　阎卫斌　傅晓红

翟丽娟　蔡咏卉　魏美荣

总序

戴逸

二〇〇二年八月，国家批准建议纂修清史之报告，十一月成立由十四部委组成之领导小组，十二月十二日成立清史编纂委员会，清史编纂工程于焉肇始。清史之编纂酝酿已久，清亡以后，北洋政府曾聘专家编写《清史稿》，历时十四年成书。识者议其评判不公，记载多误，难成信史，久欲重撰新史，以世事多乱不果。中华人民共和国成立后，中央领导亦多次推动修清史之事，皆因故中辍。新世纪之始，国家安定，经济发展，建设成绩辉煌，而清史研究亦有重大进步，学界又倡修史之议，国家采纳众见，决定启动此新世纪标志性文化工程。清代为我国最后之封建王朝，统治中国二百六十八年之久，距今未远。清代众多之历史和社会问题与今日息息相关。欲知今日中国国情，必当追溯清代之历史，故而编纂一部详细、可信、公允之清代历史实属切要之举。编史要务，首在采集史料，广搜确证，以为依据。必藉此史料，乃能窥见历史陈迹。故史料为历史研究之基础，研究者必须积累大量史料，勤于梳理，善于分析，去粗取精，去伪存真，由此及彼，由表及里，进行科学之抽象，上升为理性之认识，才能洞察过去，认识历史规律。史料之于历史研究，犹如水之于鱼，空气之于鸟，水涸则鱼逝，气盈则鸟飞。历史科学之辉煌殿堂必须肖然耸立于丰富、确凿、可靠之史料基础上，不能构建于虚无缥缈之中。吾侪于编史之始，即整理、出版"文献丛刊"、"档案丛刊"，二者广收各种史料，均为清史编纂工程之重要组成部分，一以供修撰清史之用，提高著作质量；二为抢救、保护、开发清代之文化资源，继承和弘扬历史文化遗产。清代之史料，具有自身之特点，可以概括为多、乱、散、新四字。一曰多。我国素称诗书礼义之邦，存世典籍汗牛充栋，尤以清代为盛。盖清代统治较久，文化发达，学士才人，比肩相望，传世之经籍史乘、诸子百家、文字声韵、目录金石、书画艺术、诗文小说，远轶前朝，积贮文献之多，如恒河沙数，不可胜计。昔梁元帝聚书十四万卷于江陵，西魏军攻掠，悉燔于火，人谓丧失天下典籍之半数，是五世纪时中国书籍总数尚不甚多。宋代印刷术推广，载籍日众，至清代而浩如烟海，难窥其涯涘矣！《清史稿·艺文志》著录清代书籍九千六百三十三种，人议其疏漏太多。武作成作《清史稿艺文志补编》，增补书一万零四百三十八种，超过原志著录之数。彭国栋亦有《重修清史艺文志》，著录书一万八千零五十九种。近年王绍曾更求详备，致力十余年，遍览群籍，手抄目验，成《清史稿艺文志拾遗》，增补书至五万四千八百八十种，超过原志五倍半，此尚非清代存留书之全豹。王绍曾先生言："余等未见书目尚多，即已见之目，因工作粗疏，未尽钩稽而失之眉睫者，所在多有。"清代书籍总数若干，至今尚未能确知。清代不仅书籍浩繁，尚有大量政府档案留存于世。中国历朝历代档案已丧失殆尽（除近代考古发掘所得甲骨、简牍外），而清朝中枢机关（内阁、军机处）档案，秘藏内廷，尚称完整。加上地方存留之档案，多达二千万件。档案为历史事件发生过程中形成之文件，出之于当事人亲身经历和直接记录，具有较高之真实性、可靠性。大量档案之留存极大地改善了研究条件，俾历史学家得以运用第一手资料追踪往事，了解历史真相。二曰乱。清代以前之典籍，经历代学者整理、研究，对其数量、类别、版本、流传、收藏、真伪及价值已有大致了解。清代编纂《四库全书》，大规模清理、甄别存世之古籍。因政治原因，查禁、篡改、销毁所谓"悖逆"、"违碍"书籍，造成文化之浩劫。但此时经师大儒，联袂入馆，勤力校理，尽瘁编务。政府亦投入巨资以修明文治，故所获成果甚丰。对收录之三千多种书籍和未收之六千多种存目书撰写详明精切之提要，撮其内容要旨，述其体例篇章，论其学术是非，叙其版本源流，编成二百卷《四库全书总目》，洵为读书之典要、后学之津梁。乾隆以后，至于清末，文字之狱渐戢，印刷之术益精，故而人竞著述，家娴诗文，各握灵蛇之珠，众怀昆冈之璧，千舸齐发，万木争荣，学风大盛，典籍之积累远迈从前。惟晚清以来，外强侵凌，干戈四起，国家多难，人民离散，未能投入力量对大量新出之典籍再作整理，而政府档案，深藏中秘，更无由一见。故不仅不知存世清代文献档案之总数，即书籍分类如何变通、版本庋藏应否标明，加以部居舛误，界划难清，亥豕鲁鱼，订正未遑。大量稿本、抄本、孤本、珍本，土埋尘封，行将澌灭；殿刻本、局刊本、精校本与坊间劣本混淆杂陈。我国自有典籍以来，其繁杂混乱未有甚于清代典籍者矣！三曰散。清代文献、档案，非常分散，分别庋藏于中央与地方各个图书馆、档案馆、博物馆、教学研究机构与私人手中。即以清代中央一级之档案言，除北京中国第一历史档案馆所藏一千万件以外，尚有一大部分档案在战争时期流离播迁，现存于台北故宫博物院。此外，尚有藏于沈阳辽宁省档案馆之圣训、玉牒、满文老档、黑图档等，藏于大连市档案馆之内务府档案，藏于江苏泰州市博物馆之题本、奏折、录副奏折。至于清代各地方政府之档案文书，损毁极大，但尚有劫后残余，璞玉浑金，含章蕴秀，数量颇丰，价值亦高。如河北获鹿县档案、吉林省边务档案、黑龙江将军衙门档案、河南巡抚藩司衙门档案、湖南安化县永历帝与吴三桂档案、四川巴县与南部县档案、浙江安徽江西等省之鱼鳞册、徽州契约文书、内蒙古各盟旗蒙文档案、广东粤海关档案、云南省彝文傣文档案、西藏噶厦政府藏文档案等等分别藏于全国各省市自治区，甚至清代两广总督衙门档案（亦称《叶名琛档案》），被英法联军抢掠西运，今藏于英国伦敦。清代流传下之稿本、抄本，数量丰富，因其从未刻印，弥足珍贵，如曾国藩、李鸿章、翁同龢、盛宣怀、张謇、赵凤昌之家藏资料。至于清代之诗文集、尺牍、家谱、日记、笔记、方志、碑刻等品类繁多，数量浩瀚，北京、上海、南京、广州、天津、武汉及各大学图书馆中，均有不少贮存。丰城之剑气腾霄，合浦之珠光射日，寻访必有所获。最近，余有江南之行，在苏州、常熟两地图书馆、博物馆中，得见所存稿本、抄本之目录，即有数百种之多。某些书籍，在中国大陆已甚稀少，在海外各国反能见到，如太平天国之文书。当年在太平军区域内，为通行之书籍，太平天国失败后，悉遭清政府查禁焚毁，现在中国，已难见到，而在海外，由于各国外交官、传教士、商人竞相搜求，携赴海外，故今日在外国图书馆中保存之太平天国文书较多。二十世纪内，向达、萧一山、王重民、王庆成诸先生曾在世界各地寻觅太平天国文献，收获甚丰。四曰新。清代为传统社会向近代社会之过渡阶段，处于中西文化冲突与交融之中，产生一大批内容新颖、形式多样之文化典籍。清朝初年，西方耶稣会传教士来华，携来自然科学、艺术和西方宗教知识。乾隆时编《四库全书》，曾收录欧几里得《几何原本》，利玛窦《乾坤体义》，熊三拔《泰西水法》、《简平仪说》等书。迄至晚清，中国力图自强，学习西方，翻译各类西方著作，如上海墨海书馆、江南制造局译书馆所译声光化电之书，后严复所译《天演论》、《原富》、《法意》等名著，林纾所译《茶花女遗事》、《黑奴吁天录》等文艺小说。中学西学，摩荡激励，旧学新学，斗妍争胜，知识剧增，推陈出新，晚清典籍多别开生面、石破天惊之论，数千年来所未见，饱学宿儒所不知。突破中国传统之知识框架，书籍之内容、形式，超经史子集之范围，越子曰诗云之牢笼，发生前所未有之革命性变化，出现众多新类目、新体例、新内容。清朝实现国家之大统一，组成中国之多民族大家庭，出现以满文、蒙古文、藏文、维吾尔文、傣文、彝文书写之文书，构成为清代文献之组成部分，使得清代文献、档案更加丰富，更加充实，更加绚丽多彩。清代之文献、档案为我国珍贵之历史文化遗产，其数量之庞大、品类之多样、涵盖之宽广、内容之丰富在全世界之文献、档案宝库中实属罕见。正因其具有多、乱、散、新之特点，故必须投入巨大之人力、财力进行搜集、整理、出版。吾侪因编纂清史之需，贾其余力，整理出版其中一小部分；且欲安装网络，设数据库，运用现代科技手段，进行贮存、检索，以利研究工作。惟清代典籍浩瀚，吾侪汲深绠短，蚁衔蚊负，力薄难任，望洋兴叹，未能做更大规模之工作。观历代文献档案，频遭浩劫，水火兵虫，纷至沓来，古代典籍，百不存五，可为浩叹！切望后来之政府学人重视保护文献档案之工程，投入力量，持续努力，再接再厉，使卷帙长存，瑰宝永驻，中华民族数千年之文献档案得以流传永远，沾溉将来，是所愿也！

二〇〇四年

序言

胡绳武

  清末立宪运动是一场全国性的政治运动。这场运动历时9年（1903—1911），波及除内外蒙古、青海、西藏之外的全国22个行省（内地18个省、东北三省和新疆），对辛亥革命前后的中国政治、经济、社会和思想文化均产生过重要的影响。这场运动的人和事，自宣统年间以来不断地有国内外学者们进行研究和评议。由于研究者的立场与观点不同，对这场运动的人和事的评议自然是见仁见智的。但研究者们一致感到研究立宪运动的困难之一在于史料相对缺乏。中华人民共和国成立后，国家重视对近百年历史的研究，在中国史学会的主持下，曾出版过一套《中国近代史资料丛刊》。这套资料的出版对中国近代史的教学与研究曾产生了很好的推动作用，但这套资料丛刊却没有把立宪运动包括在内。

  有关立宪运动的文献资料，除1979年中华书局出版过一部《清末筹备立宪档案史料》外，尚无一套比较完整的立宪运动文献资料丛刊，这给中国近代史的教学与研究带来一定的影响。为此，中华书局编辑部于1986年曾拟定编辑一套《立宪运动》的文献资料，作为《中国近代史资料丛刊》的续编出版，并邀请我作为这套文献资料丛刊的主编。我当时因为正在撰写《辛亥革命史稿》，无力承担此项工作而加以婉拒。当时中华书局近代史编辑室的主任陈铮向我表示这项工作可在《辛亥革命史稿》完成以后再着手进行，并希望我能将此项工作接受下来。当时我的研究生程为坤讲师也希望我将这项工作接受下来，并表示愿意全力帮助我完成文献资料的搜集与整理工作。这样，我就终于将此项工作接受下来，并开始注意有关立宪运动文献资料的搜集工作。1990年以后，《辛亥革命史稿》的撰写工作虽然已经完成，程为坤却已出国留学，我又年近七十，无力单独承担，此项工作遂告中断。其后，我曾争取与中国人民大学图书馆古籍整理研究所合作，希望继续完成这套资料的搜集与整理工作，后因故再次中断。已经搜集却又未经整理的有关立宪运动的文献资料只好堆积存放。

2002年国家清史纂修工程启动后，清史编纂委员会主任戴逸教授动员我组织力量，将《立宪运动》这套文献资料的整理工作作为国家清史纂修工程文献整理项目之一继续下去，争取完成。我考虑到早在1986年即已接受中华书局近代史编辑室委托，承担《立宪运动》的主编工作，中途虽因客观原因中断，但我内心总觉得对学术界和出版社欠了一笔账，不免感到内疚，现在有机会将这套《立宪运动》作为清史文献项目之一列入计划，这是给我完成上世纪中断了的《立宪运动》这套文献资料的一个极好机会，遂于2004年向国家清史编纂委员会正式提出申请，并于2005年获得通过，正式立项。

这套《清末立宪运动史料丛刊》总的要求是，能够较为全面地反映这场运动的发展全貌，对该运动发生的历史背景、酝酿与兴起、发展和声势、它与民主革命运动及清廷预备仿行立宪的关系、立宪团体、立宪派人士的思想与活动，以及该运动对于中国近代社会历史所造成的影响诸方面，均得到合乎实际的说明。

以往《中国近代史资料丛刊》的编辑方法大致有三种：一是按资料的类型进行整理编辑，如《太平天国》；二是按事件发展进行编辑，如《辛亥革命》；三是二者结合，如《第二次鸦片战争》。本套文献资料大体依照第三种形式，从以下八个方面对相关资料进行搜集、整理与编辑：一、立宪运动的酝酿与发动；二、立宪派与革命派的论战；三、清廷的预备仿行立宪；四、立宪团体；五、国会请愿运动；六、资政院；七、各省谘议局；八、有关立宪运动的外文资料。谘议局文献的选编范围涉及12个行省，即顺直谘议局、奉天谘议局、吉林谘议局、山西谘议局、山东谘议局、江苏谘议局、浙江谘议局、福建谘议局、广东谘议局、江西谘议局、湖南谘议局、四川谘议局。参加本项目的成员及分工如下：中国社会科学院近代史研究所李细珠研究员（立宪运动的酝酿与发动、福建谘议局），清华大学马克思主义学院王宪明教授（立宪派与革命派的论战、有关立宪运动的外文资料），首都师范大学历史系迟云飞教授（清廷的预备仿行立宪），北京大学历史系尚小明教授（立宪团体、国会请愿运动、山西谘议局、山东谘议局），中国人民大学历史学院牛贯杰副教授（资政院、湖南谘议局、广东谘议局），北京师范大学历史学院邱涛副教授（顺直谘议局），中国社会科学院法学研究所孙家红副研究员（奉天谘议局、吉林谘议局），上海图书馆上海科学技术情报研究所高洪兴研究员（江苏谘议局），广东警官学院法律系沈晓敏教授（浙江谘议局），中山大学历史系廖伟章教授（广东谘议局），南昌大学历史系黄志繁教授（江西谘议局），四川大学城市研究所何一民教授（四川谘议局）。

值得说明的是，这套文献资料丛刊立项伊始，清史编纂委员会考虑到我年事已高，故建议增加一位项目主持人，我们经过商议，聘请复旦大学历史系戴鞍钢教授为主持人。项目进行期间，他审阅了700余万字的文稿，并提出具体的修改意见，帮助我承担了不少审阅初稿的任务。牛贯杰副教授承担了大量烦琐沉重的学术辅助工作。清史编纂委员会文献组的王汝丰教授、出版组孟超编审对本项目给予了特别的关心与指导。没有他们的帮助，很难相信这套文献资料丛刊能够如期完成，在此表示诚挚的谢意。同时，山西人民出版社的领导也给予了特别的关注，编辑们付出了辛勤的努力，在此一并致谢。

当然，囿于种种因素，我们不可能将22个行省的谘议局文献全部搜求于内，只选择性地摘取了12个行省的相关文献，这些省份涵盖了沿江沿海、中原腹地、京畿重地与清王朝的龙兴之地——吉林与奉天两省。此外，我们对各省谘议局文献的选编原则以谘议局本身文献为主，因此，规模方面无法做到整齐划一，而且数量各有不同。这些不足和局限，衷心期待学术界进行批评和补正。

2014 年 10 月

凡例

一、本文献为类编资料，资料来源均在正文结尾处标明。

二、本文献按照立宪运动发生、发展的脉络分为三十卷，各卷内容为：第一卷，立宪运动的酝酿与发动；第二卷，立宪派与革命派的论战；第三至六卷，清廷的预备仿行立宪；第七至八卷，立宪团体；第九至十卷，国会请愿运动；第十一至十二卷，资政院；第十三卷，顺直谘议局；第十四至十五卷，奉天谘议局；第十六至十七卷，吉林谘议局；第十八卷，山西谘议局；第十九至二十卷，山东谘议局；第二十一至二十二卷，江苏谘议局；第二十三卷，浙江谘议局；第二十四至二十五卷，福建谘议局；第二十六卷，广东谘议局；第二十七卷，江西谘议局；第二十八卷，湖南谘议局；第二十九卷，四川谘议局；第三十卷，有关立宪运动的外文资料。

三、文献史料如有原名，一律沿用；如没有原名，则由整理者自行拟定，文中注明。

四、资料原文所用繁体字，在不会造成歧义的情况下改为通行简化字。某些具体人名、地名不在此限。异体字、通假字尽量保持文献原貌。

五、本书在纂辑过程中，对清末惯用的一些字词，悉仍其旧，如"豫备立宪"、"豫算"、"筹画"、"画一"、"澈底"、"坐次"、"帐目"、"缕晰陈之"、"详晰"、"人材"、"发见"、"札覆"、"叠次"、"身分"、"省分"、"择尤"等。文中还有许多反复出现的字词属于此种情形,不在此一一列举。

六、文献资料均由编者标点、分段与校勘。错别字用（）标出,并于〔〕中标明正确字,脱字以【】标明,衍字以〈〉标明,无法辨识文字和原公文中故意省略之字,均以□标示。

七、原稿繁体竖排,今改为简体横排。原稿中"左"、"如左"、"左列"、"右"、"如右"、"右列"等文字均保留原貌,一律不作改动。

八、为便于读者更好地利用资料,整理者对有必要加注的地方一律加注,以脚注标明。

整理说明

资政院是清末立宪运动的重要组成部分，充当和发挥着临时国会的角色与作用。本资料以资政院排印文献为基础，辅之以《申报》《大公报》《政治官报》等报刊资料，以及资政院档案等文献，围绕资政院本身的历史发展脉络而展开：第一部分为资政院成立诸文件，第二部分专论资政院之规章制度，第三部分为资政院第一次常年会情形，第四部分为资政院第二次常年会情形，第五部分涉及资政院相关档案情况，第六部分为《申报》有关资政院资料。

资料整理尽力保持史料原貌，除明显勘误外基本未做改动。文后均注明征引出处，以便读者查核原文。资料史料范围相对广泛，涉及档案、文献、报刊、文集等等，力图还原资政院的本来面目，弥补长期以来该领域基础史料缺乏的空白。

如今已在太原电视台专题部工作的编导白杨、科学出版社文博分社编辑肖丽娟，以及中国人民大学历史学院研究生黄璐娟、丁玉凤承担了繁重的资料搜集、录入工作，没有他们的辛勤努力，本资料集很难如期问世，在此向他们深表谢忱。当然，一切文责由我承担。

牛贯杰　谨识
2016 年 10 月

目录

上 卷

一、资政院之成立

考察政治馆厘定阁部院官制节略清单 …………………………………… 001
考察政治馆拟设资政院节略清单 ………………………………………… 003
考察政治馆拟具资政院官制清单 ………………………………………… 005
两广总督岑春煊奏请速设资政院代上院、以都察院代下院
　并设省谘议局暨府州县议事会折 …………………………………… 010
设立资政院派溥伦、孙家鼐为总裁并会同军机大臣拟订院章谕 ……… 014
政闻社总务员马良等上资政院总裁论资政院组织权限说帖 …………… 015
宪政编查馆、资政院会奏宪法大纲暨议院法、选举法
　要领及逐年筹备事宜折 ……………………………………………… 031

为北京派亲王妥订资政院章程事……………………………………………… 036
呈各部院衙门官互选当选人备选资政院议员员名清单………………………… 037
呈保硕学通儒备选资政院议员员名并原保官衔名清单………………………… 040
呈宗室王公世爵备选资政院议员合格员名清单………………………………… 043
呈满汉世爵备选资政院议员合格员名清单……………………………………… 045
呈外藩王公世爵备选资政院议员合格员名清单………………………………… 046
呈宗室觉罗互选当选人备选资政院议员员名清单……………………………… 049
呈各省谘议局互选资政院议员员名清单………………………………………… 050
敬陈开办资政院大略情形并请派员帮同厘订章程折…………………………… 051
呈资政院帮办章宗祥履历单……………………………………………………… 052
资政院选录事……………………………………………………………………… 053
东三省总督锡良奏为查奉省谘议局互选资政院议员事………………………… 053
东三省总督锡良奏为派令金梁充任宗室觉罗互选
　　资政院议员管理员事………………………………………………………… 054
四川总督赵尔巽奏为举行资政院议员选举事…………………………………… 054
闽浙总督松寿奏为选举闽省资政院议员情形事………………………………… 055
资政院职官年表…………………………………………………………………… 056

二、资政院规章

考察政治馆拟具资政院官制清单………………………………………………… 058
资政院等奏拟订资政院院章折（附清单）……………………………………… 063
资政院会奏续拟院章并将前奏各章改订折（附清单）………………………… 065
资政院奏择定贡院旧址建筑资政院请旨饬修折………………………………… 072
资政院议员选举章程折（并单）………………………………………………… 073
宗室王公世爵选举资政院议员章程……………………………………………… 075
满汉世爵选举资政院议员章程…………………………………………………… 076
外藩王公世爵选举资政院议员章程……………………………………………… 077
宗室觉罗选举资政院议员章程…………………………………………………… 078

各部院衙门官选举资政院议员章程……080

硕学通儒选举资政院议员章程……082

纳税多额者选举资政院议员章程……083

各省谘议局互选资政院议员章程……085

保送资政院硕学通儒议员简明办法十条……087

各部院衙门官互选资政院议员规则……088

资政院奏筹设速记学堂拟定章程折（并单）……090

拟订速记学堂章程……091

资政院会奏酌拟议事细则及分股办事细则折（并单）……093

资政院议事细则……094

资政院分股办事细则……104

资政院旁听规则……110

资政院图书室办事分则……111

资政院佩用徽章规则……112

资政院会奏酌拟资政院议员公费旅费规则并别订旅费数目折（并单）……113

资政院议员公费旅费支给规则……114

资政院议员旅费数目清单……114

资政院总裁世续等奏改订资政院院章缮单呈览折（附清单）……115

资政院奏为议决改订资政院院章恭请颁布事……122

三、资政院第一届常年会

资政院总裁溥伦等奏资政院成立暨开会日……123

缩改于宣统五年开设议院谕……124

资政院议员为鲁省领土事质问外务部……125

资政院议员为吨税余积事质问税务处……126

资政院劾江督奏稿……127

资政院议员质问税关场所名实不符之可异……128

资政院奏请铸资政院关防并秘书厅印折……129

资政院奏调用人员分别留院候补折 …… 129
秘书官京察截取保送等项比照参事各官办理等片 …… 130
添设图书室编译员片 …… 131
资政院奏绘就资政院暨上、下议院分图核估兴修请拨款折 …… 131
资政院奏议事未竣恳请延长会期折 …… 132
疆吏对于资政院核减经费之疑虑 …… 133
刘廷琛奏参资政院 …… 133
邵福瀛奏请撤销资政院违章上奏案 …… 134
弹劾军机案无效之影响 …… 135
资政院之将来 …… 沧 江 136
资政院与报馆之冲突 …… 柳 隅 137

宣统二年第一次常年会资政院会议速记录

资政院第一次常年会（召集日）第一号议场速记录 …… 139
资政院第一次常年会第二号议场速记录 …… 141
资政院第一次常年会第三号议场速记录 …… 142
资政院第一次常年会第四号议场速记录 …… 148
资政院第一次常年会第五号议场速记录 …… 156
资政院第一次常年会第六号议场速记录 …… 160
资政院第一次常年会第七号议场速记录 …… 176
资政院第一次常年会第八号议场速记录 …… 193
资政院第一次常年会第九号议场速记录 …… 204
资政院第一次常年会第十号议场速记录 …… 219
资政院第一次常年会第十一号议场速记录 …… 230
资政院第一次常年会第十二号议场速记录 …… 247
资政院第一次常年会第十三号议场速记录 …… 265
资政院第一次常年会第十四号议场速记录 …… 283
资政院第一次常年会第十五号议场速记录 …… 300
资政院第一次常年会第十六号议场速记录 …… 314

资政院第一次常年会第十七号议场速记录……………………………338
资政院第一次常年会第十八号议场速记录……………………………358
资政院第一次常年会第十九号议场速记录……………………………381
资政院第一次常年会第二十号议场速记录……………………………394
资政院第一次常年会第二十一号议场记录……………………………412
资政院第一次常年会第二十二号议场速记录…………………………437
资政院第一次常年会第二十三号议场速记录…………………………456
资政院第一次常年会第二十四号议场速记录…………………………488
资政院第一次常年会第二十五号议场速记录…………………………510
资政院第一次常年会第二十六号议场速记录…………………………528
资政院第一次常年会第二十七号议场速记录…………………………547

一、资政院之成立

考察政治馆厘定阁部院官制节略清单

光绪三十二年九月

谨拟厘定阁部院官制节略,缮具清单,恭呈御览。

谨按:此次厘定官制,自当恪遵谕旨,以廓清积弊,明定责成,为预备立宪之初步。查立宪国官制通例,中央政府即以各部行政长官会合而成。盖一国之政,至为殷繁,非有分司之官,以各任其责,则丛脞必多。而庶政之行,尤贵画一,非有合议之地,以互通其情,则分歧可虑。故分之则为各部,合之则为内阁;出则为各部长官,而入则为内阁政务大臣。此现拟内阁官制之所由来也。内阁既总集群卿,协商要政,而万机所出,一秉圣裁,不可无承宣之人为之枢纽,故设总理大臣一人,以资表率。总理大臣之称,初不昉于日本,我朝雍正、乾隆间固尝有之。采邻国之良规,即以复圣朝之旧制。称名至顺,取则非遥。总理大臣既禀承圣谟,平章庶政,而维新伊始,机务尤繁,不可无分任之人,为之参赞。必援立宪各国首辅一人之例,尚非其时,故设左右副大臣各一人,以宏辅弱。且夫君主神圣不可侵犯，各国宪法之通议，善则归君，过则归己，昔我先王之格言。是以发纵指示之权，操诸君上，而承旨施行之责，端在臣工，故内阁各大臣不可以不负责任。人有专事，事有专司，无兼营并骛之虞，乃有趋势补功之效，故内阁各大臣不可以兼充繁重差缺。犹虑其权之太重也，则有集贤院以备咨询，有资政院以持公论，有都察院以任弹劾，有审计院以查滥费，有行政裁判院以待控诉。凡此五院，直隶朝廷，不为内阁所节制，而转足以监内阁，皆所以巩固大权，预防流弊，此内阁官制之大略也。行政各官，理宜独任。向例每部尚书二人、侍郎四人，问事则政出多门，画诺则动须累日。新设各部均不用此制，是其积弊已在圣明洞鉴之中。今若援立宪各国每部一长官、一次官之例，则裁缺过多，又生窒碍。故定为一尚书、二侍郎，使新旧各部，均归一律。向例各部丞参，阶级虽分，事权无别。故设承政厅，以一部总汇之事，使左右丞任之。设参议厅，以一部立法之事，使左右参议任之。每司郎中不过一人，而员外郎、主事以下，均视事务之繁简，定额缺之多寡，要使责有专归，官无滥设。此各部官制通则之大略也。若夫各部名称之所以变更，次第之所以移易，皆循名责实，务切事情，非厌故喜新，徒为纷变。列邦对峙，首重外交，外务部宜居第一。吏部旧冠六官，故次于外务部。巡警为保安行政，实内治之要纲，而清查户口、整齐民风、改正市区、振兴土木，均与保安行政息息相关，非合为一官，难期联络。故以户、礼、工各部所兼掌之户籍、风教、道路、沟渠等事并入，总为民政部，以次于吏部。户部之称，本为民部。唐人避讳，以户易民。今民政既有专官，财政自应独立，故并户部财政处为度支部，以次（为）〔于〕民政部。天秩天序，典礼攸崇，太常、光禄、鸿胪三寺皆礼官也，故礼部以三寺并入，以次于度支部。科举既停，教育綦重，今已特立为部，故以学部次于礼部。兵部掌绿营兵籍徒拥虚名，近日时局非有陆海两军不能立国，而马政应隶陆军，故分兵部为陆军部，以太仆寺并入，而海军暂隶之，以次于学部。刑部为司法之行政衙门，徒名曰刑，犹嫌（绖）〔挂〕漏，故改为法部，以次于陆海军部。农工商为富国之源，现设商部，本兼掌农工，仅名曰商，义有未备，故正其名曰农工商部，以次于法部。轮电交通，邮递络绎，非设专部，则运转不灵，故变工部为邮传部，以次于农工商部。各国竞争，殖民为要，蒙藏青海，固圉防边，其行政事宜实与各部并重，故易理藩院为理藩部以殿焉。此各部职掌次序之大略也。以上各部，分负国政之责成，合为内阁之全体。至于耆臣硕望，则仿成周优礼老更之例。上备垂询，裁缺庶官，则援宋代特定祠禄之条，暂令待用，故设集贤院，以昭恩礼。欲广皇仁，宜求民瘼，上自亲贵，下及绅民，妙选通才，广搜舆论，祛下情之壅蔽，备圣世之刍荛，故改政务处为资政院，以彰公溥。此外，审计院所以监查财用之浮糜，行政裁判院所以纠正官权之过当，大理院平反重辟，审决狱成，为全国最高之法院。军咨府赞画戎机，弼成庙算，为全国军政之要枢。此新拟五院一府之大略也。至都察院原掌纠劾官邪，条陈利弊，关系至重，惟原缺职掌与新拟部院官制参差重复者，当略加厘正，以归画一。此都察院官制更正之大略也。所有京朝行政司法各官，业经斟酌再三，妥为厘定，或删繁而就简，或舍旧以谋新，凡所更张，均有依据。廓清积弊，虽非旦夕所敢期，而明定责成，窃意权舆之在此。至各官考验、任用、升转、惩戒、奖励、俸给等项，多与外官互有牵涉，应俟外省官制一律厘定后，再行分别核议，以与官制相辅而行。是否有当，伏候圣裁。

《清民政部档案》，引自《中华民国史档案资料汇编》第一辑，第89—91页

考察政治馆拟设资政院节略清单

光绪三十二年九月

谨拟设资政院节略，缮具清单，恭呈御览。

谨按：资政院设立之意，即为将来立宪预备。恭绎谕旨：大权统于朝廷，庶政公诸舆论。仁至义尽，中外同钦。惟舆论贤否不齐究以何者为标准，采取舆论之法究以何者为机枢，此各国所以有议院选举之法为国民代表也。吾国三代时，国民议政之事最多。如盘庚之诞告有众，咸造王庭。周礼小司寇致万民于外朝，而询国危国迁之类。至两汉以后，古意寝亡，虽廷臣会议有议郎博士等微员参与其间，而庶民不与焉。西国当吾东周初年已开民会，事必经民会议定始行。近世

文明日进,议院林立,与周书谋及庶人之义符合。日本仿之,明治二年设集议院。凡上有所创,必付院议行,下有所陈,亦由议院达。以故君民一体,上下同心,有战事则人尽当兵,有巨费则人愿加税,富强之故有由来也。中国此时程度诚不能早设议院,但谕旨明示预备立宪,则必采择多数国民之舆论,以宣上德,而通下情。若仍用保举征辟之法,与原设政务处无异,即与谕旨公诸舆论之意不符。且国民义务,以纳税为一大宗。现在财政艰难,举行新政,何一不资民力。若无疏通舆论之地,则抗粮闹捐之风何自而绝,营业税、所得税等法必不能行。日本明治元年岁入仅三千三百八万余元,至明治三十年岁入已二万三千八百七十余万元,三十年中,增加七八倍,而民不怨。中国岁入仅八千余万两,一言加税,阻力横生,对镜参观,其故安在?此不能不采舆论者一也。现拟官制,内阁设总理大臣一人、左右副大臣各一人。言官交章弹奏,多以政府权重为词。不知东西各国内阁只总理大臣一人,从无专权之事,因有议院持其后。舆论所是者政府不得尽非之,舆论所非者政府不得尽是之,不得已而解散议院惟君主大权可行之,虽政府无权焉。所以尊君权而抑相权,有相互维持之妙用,安有前明阁臣自作威福之事乎?此不能不采舆论者一也。近日民智渐开,收回路矿之公电,告讦督抚之公呈,纷纷不绝。若听其漫无归宿,致人人有建言之权,时阅数年政府将应接不暇。惟专设一舆论总汇之地,非经由资政院者不得上闻。则资政院以百数十人为四万万人之代表,通国欲言于政府者,移而归诸资政院,化散为整,化嚣为静。又限制该院只有建言之权,而无强政府施行之权,使资政院当舆论之冲,政府得按行其政策,而民气疏达亦不致横决难收,保全甚大。此舆论之不能不归于资政院者又其一也。仰承谕旨,俯察人情,谨拟资政院制,并陈管见,伏乞圣裁。

《清民政部档案》,引自《中华民国史档案资料汇编》第一辑,第 91—93 页

考察政治馆拟具资政院官制清单

光绪三十二年九月

谨拟资政院官制，缮具清单，恭呈御览。

资政院以政务处改设，为立宪预备，谨遵谕旨，大权统于朝廷，庶政公诸舆论之意，设此院为采取舆论之地，以宣上德，而通下情。第政府有必采舆论而施行之事，而该院无强政府以施行之权，可与政府互相维持，为他日议院之权舆焉。

第一条　资政院遴选京外才智之士，采取舆论，以通达下情，条陈治理，为立宪预备。

第二条　资政院总裁一人，即为本院议长，以王公大臣著有勋劳通达治体者，由特旨简派。

第三条　资政院副总裁二人，即为本院副议长，以曾任尚书、侍郎、督抚及出使大臣，著有才望学识者，由特旨简派。

第四条　资政院参议员以钦选、会推、保荐之法定之，共合一百三十三人。其分类如左：

一、王公世爵勋裔之已满三十五岁者，钦选十人。

二、京员已满三十岁者，会推五十四人。

三、宗室觉罗、京内外八旗士绅已满三十岁者，由宗人府、京内外将军、都统共保荐三人。

四、各省官绅士商已满三十岁者，由督抚保荐六十六人。

第五条　除上条所定员数外，其勋德闻望之绅耆或富商报效巨款至五万金以上者，均得奉特旨钦派为额外参议员。

第六条　王公世爵待选之法，由宗人府、内阁查明合格之人，缮具全单，奏请钦选。

第七条　京员会推之法，由各该衙门查明合格人员造册咨送本院，由总裁、副总裁刊印名册并选举票，先期知会本人，令各书所推一人钤印封送本院投匦定期公开，并咨请集贤院大臣监视。

第八条　宗人府、京内外将军、都统、督抚保荐之法，由下开各项处所先行公举，以被推人数最多者定之，并将得举票数榜示。

一、学务公所及劝学会。

二、商会。

三、地方官监督地方自治各局所。

第九条　下开各项，不得为本院参议员：

一、陆海军人员及军人。

二、司法各官。

三、巡警各官。

四、收税各官。

五、审计官。

六、行政裁判官。

七、学堂肄业之学生。

八、中小学堂教员。

九、管理选举事务各员。

十、有刑事及负债人员。

第十条　督抚保荐之参议员，奉天、吉林、黑龙江、直隶、山东、山西、河南、陕西、甘肃、新疆、四川、湖北、湖南、安徽、江苏、江西、浙江、福建、广东、广西、云南、贵州等二十二省合成六十六人。应视各省人数之多少，程度之高下，由总裁、副总裁会同民政部指定每省应保几人，先期电知办理。

第十一条　每年正月二十日至四月二十日，为开院之期。由总裁、副总裁请旨，特派亲贵大臣到院行开院式，宣布应议事宜。

第十二条　资政院应议事件，开列于左：

一、奉旨饬议事项。

二、新定法律事项。

三、岁出入之预算事项。

四、税法及公债事项。

五、人民陈请事项。

第十三条　前条人民陈请事件，苟有学务公所及劝学会、商会并地方官、监督地方自治各局所介绍代陈者，本院不得拒绝。若未经此等处所介绍者，本院得酌量批驳。

第十四条　资政院所陈事件，由总裁、副总裁咨送内阁，请旨施行。若内阁总理大臣、副大臣以为不可行，须亲临本院或派员陈明己见，本院不得强政府施行。

第十五条　资政院于政治得失关系重要事件，经本院议定后，总裁、副总裁得联衔封奏，并得请旨入对。

第十六条　资政院会议事件如由内阁交议者，应会同内阁总理大臣、左右副大臣联衔具奏。

第十七条　资政院会议，分通常、临时二种。通常会议之期日，于一个月前文电通知，并刊布官报。临时会议之期日，临时文电通知，并刊布官报。

第十八条　资政院非全院三分之二以上列席，不得开议。

第十九条　资政院开议时，由总裁、副总裁咨请民政部选派巡长、巡警，听候议长指挥。

第二十条　总裁有事故时，副总裁以次代理之。

第二十一条　资政院开议时，参议员中有违背规则扰乱秩序时，议长有戒饬禁止之权，违者扶出院外。

第二十二条　资政院开议时，如全院有扰乱秩序情形，议长得饬令暂行停议。

第二十三条　资政院各员于议事范围外，不得语涉侵侮及攻发阴私。如有以上等情，被辱之员得呈请议长惩处，不得私相报复。

第二十四条　遇有上项惩处时，本院得于参议员中选派临时审查员，定惩处之法，由议长决之。其惩处事项如左：

一、语言谴责。

二、饬该员当场谢过。

三、停止列席若干日。

四、黜退。

资政院黜退者，须以全院三分之二以上人数决之。

第二十五条　遇上条黜退时，如为王公世爵勋裔等人，应请旨办理。

第二十六条　资政院参议员，如原有专折奏事之权，于本院现行开议之事，不得陈奏。

第二十七条　资政院自行提议事件，非有参议员三十人以上同意者不得开议。

第二十八条　资政院会议之事，以参议员过半人数同意时定之。若可否同数，则由议长定之。

第二十九条　资政院用抽签法，分参议员为数科，每科设置科长一人，由科员中公推，其科目由总裁、副总裁定之。

第三十条　资政院有调查事件时，可特设调查科员调查其事，事讫呈报总裁、副总裁。

第三十一条　内阁交议事件，不经调查科之调查不得议决。但事务紧急时不在此例。

第三十二条　由内阁交议预算事件，本院应选派调查科员于一个月内，调查明确，方得开议。

第三十三条　资政院遇特派调查科员时，应咨明内阁政务大臣查照。

第三十四条　资政院议定事件，由总裁、副总裁咨明内阁。若经内阁驳令再议时，得重行开议，但以三次往复为止。

第三十五条　资政院参议员得以三十人以上之同意，呈递说帖，经总裁、副总裁咨商内阁候复。

第三十六条　资政院于第十三条陈请事件公议许可时，应附递说帖，咨送内阁候复。

第三十七条　凡涉及司法及行政审判之陈请事件，资政院不得收受。

第三十八条　资政院议事日记，由总裁、副总裁咨送内阁政务大臣查照。

第三十九条　资政院于开院期内，除内阁政务大臣外，不得与他种衙门文书往复。

第四十条　资政院不得向人民发帖告示及传唤人民。

第四十一条　资政院参议员除现犯罪案外，当开院时期，苟未经总裁、副总裁许可者，不得逮捕。

第四十二条　资政院参议员公务上之言论行为，他人不得加以诽毁侮辱或嘱托迫胁。如有以上等情，该员得实据呈控。其规条另于厘订各项法律时定之。

第四十三条　资政院应设院正、院副各一人，常川住院，监督秘书厅事务。由参议员公推正副各三人，呈由总裁、副总裁开单，请旨简派。

第四十四条　资政院置秘书厅，应设书记官长一人、书记官数人，承总裁、副总裁之命，编纂议事日记及各种文件，兼理会计庶务。

第四十五条　资政院书记官长为请简官，书记官为奏补官。

第四十六条　资政院人员以二年为一任，任满时奏请钦选，并举行公推保荐。其任满仍被推荐者，仍得连任，惟连任以二次为限。

第四十七条　资政院人员遇有被检举不合资格时，由总裁、副总裁选派调查科员，查明议决。

第四十八条　资政院参议员请假时，不得逾十日。如逾十日，必经总裁、副总裁许可，惟不得请长假。

第四十九条　资政院参议员非确有正事先期呈明总裁、副总裁核定者，不得临时托故不到。

第五十条　资政院参议员以外，不经总裁、副总裁特许者，不得入座旁听。

第五十一条　资政院秘书厅办事章程，由总裁、副总裁自定之。

第五十二条　资政院制应视人民进步之迟速，每年开院前变通增减，奏请施行。

《清民政部档案》，引自《中华民国史档案资料汇编》第一辑，第93—98页

两广总督岑春煊奏请速设资政院代上院、以都察院代下院并设省谘议局暨府州县议事会折

光绪三十三年四月三十日

太子少保、头品顶戴、两广总督臣岑春煊跪奏,为大局阽危,谨拟预备立宪阶级,请旨饬议施行,以期维系人心,巩固邦本,恭折仰祈圣鉴事。

窃臣此次入都陛见,迭蒙皇太后、皇上训诲周详,并谕以行政之要在于上下一心,内外一气,事事认真,仰见圣谟宏远,力戒因循隔阂之至意,此诚致治之本原,而即立宪之精义也。臣伏读上年七月十三日上谕:廓清积弊,明定责成,必从官制入手。又伏读上年九月二十日上谕:此次厘定官制,据该王大臣等将部院各衙门详核定章,业经分别降旨施行,其各直省官制著即陆续编订,仍妥核具奏等因。钦此。臣在两广总督任内,接厘定官制大臣电,以外省官制分第一层、第二层两种办法,究竟程度何者为宜。业经臣电复以第二法于现行之制无所出入,第一法博采众议,大率为实心改革者人人意中所有,既与各国立宪官制不甚相远,请即毅然行之等语。诚以预备立宪固在事事认真,而政治机关非斟酌变通,无以收推行尽利之效。臣通筹中国情形,旁采列邦宪制,以为今日亟宜诏示天下臣民,以预备立宪之阶级,敢为皇太后、皇上缕晰陈之。

窃观今日世界,殆无无立【宪】之国,无论何种政体,变迁沿革,百折千回,必归于立宪而后底定。中国三代后之天下历祚最久者,无如汉、唐、宋,而唐、宋不过三百年,东西汉不过四百年,即上溯姬周亦不过八百年。立宪则万众共戴一尊,即万年不易二姓。是定一统之天下者,太祖、世祖,定万年有道之天下者,我皇太后、皇上也。然欲行立宪,其预备之方法不应托诸空言,而当见诸实事,不必设为理想,而可得之模范。何谓实事?如改更外省官制及设立资政院是已。何谓模范?如开都察院会议以代下议院及各省设谘议局会议,各属设议事会是已。钦惟上年谕旨,原以变通官制为立宪之预备,又以厘定外省官制为饬治

恤民之要务，煌煌圣谟，中外同仰。乃厘定外省官制之举，始而电询，则各疆吏意见不一，继而拟出草案，言者又谓为可缓，计自饬议至今，已逾半载，而改定之制颁行之期，尚无端绪，来揣摩之疑，召讥剌之口，非所以昭信于天下也。在论者不过谓无经费，殊不知现在各省局所林立，大省经费不下数十万，小省亦不下数万。臣核草案所拟，如督抚幕僚及布政五使，下而至佐治各员，添官均非甚多，若以各省局所经费及州县延宾幕者移为此用，似未见其不敷也。议者又谓各省水旱频仍，民情悼惧，不如俟年丰人乐，然后议行。窃谓改官制者乃以求治，如官制果行，任用得人，则民政、财政、学务、实业无一不举，水旱盗贼自可设法补救，不至如今日之甚。即如外官之制多因前明，然流寇、会匪之乱，无时或息，是地方不靖，未始非官制未善有以致之，此断不可缓者也。议者又谓无人才，不知人才之兴端由作育，如昔之捐保丛杂，考核无法，则有用可化无用，中材可成下愚，以言求才亦自不易。若官制改后，人有专责，职有专营，修举者进，废弛者退，何患无材。今学堂广立，专门日多，皆以待国家之用，岂虑少任使之人。唐臣陆贽曰：弃短录长，则时无可弃之士。此皆所不必虑者。总之，现议官制已系酌就时宜，将来尚须厘改，方合宪法，并此不能，何望进步。伏恳严饬总司核定官制，王大臣迅速议上，以慰中外望治之忱。

伏读厘定官制上谕：应行增设者，资政院为博采群言，著以次设立等因。查资政院议案以恭绎谕旨，大权统于朝廷，庶政公诸舆论。若仍用保举征辟之法，与原设政务处无异，即与谕旨公诸舆论之意不符。惟专设一舆论总汇之地，并以百数十人为四万万人之代表，通国之欲言于政府者移而归诸资政院，仍限制该院只有建言之权，而无强政府施行之力。使资政院当舆论之冲，政府得安行其政策，用意至为深远，与日本初设元老院之意隐相吻合。而资政院官制，参议员有钦选、会推、保荐三种办法，其督抚保荐，由各省学务公所及教育会、商会、地方自治各局所先行公举，惟合二十二行省共举六十六人似嫌其少。然甄择地方之代表，预树国会之先声，盘庚诞告有众，咸造王庭，周礼司寇致万民于外朝，而询国危国迁。不必侈谈欧制而固已吻合古初，此为立宪国骨髓之所在。应请重申前旨，即按照前议官制，增设资政院衙门，宣示该院办法，庶天下臣民晓然于十年准备有息息相通之隐，而民气疏达，不致横决难收矣。

督抚者外省最高之行政官，即政府之代表也。乃者西人既笑我十八省为十八国矣，以臣观之，微特十八省而已，此省与彼省固疆线之甚分明，前任与后任又意见之难融洽，推而至于司道府州县皆然。若明定宪法，则无论此省与彼省，前任与后任，咸奉宪法为依归，如神圣之不可侵犯。查日本自明治四年至二十三年，历次派员赴各国考察，始草定议院章程。综二十年间，派员考察者凡三次，比其回国，则予以起草或总纂之责任，其择才也严，故其收效也宏。顾日本幅员狭，又先罢诸藩之制，故朝廷之命令，推行举国而无阻。中国各省辄藉口于因地制宜之习惯，于是彼一是非，此亦一是非，论者不揣其本，更托为中央集权之说，欲收一切财政、兵权，以为暗师日本削藩之议。不知中国幅员固非日本所可比例，且军兴以来，督抚之权似已稍重，然进止机宜，悉秉庙谟，大难敉平，幸赖有此。中国政体早含有中央集权之习惯，天下更安有无四方而成中央者哉！恭绎列朝圣训，于治臣御侮皆注重疆臣，以矫宋明重内轻外之弊，近如英之属地，美之各省，亦不能不委重权于驻守之臣及一省之长，更可证四方之兴中央有相为维持之道也。故今日扼要之图，不患不能齐壹天下之命令，而患不能齐壹天下之心志。欲先齐壹督抚之心志，则宜寓下议院之制于都察院，以考核督抚，而令各督抚于年终派员来京会议于资政院、都察院，以讲求实政，而渐谋画一之法。盖各省风气不同，财力不同，或东南已有灿具之规模，西北尚少开通之气象。或一以经费较充而新政渐兴，或一以筹措维艰而举行尚缓，或名为已办而实托空谈，或勉为创行而转滋流弊，皆非详为考核，将再数十年，恐亦无成效可言。近各省所造州县事实，虽皆按门胪列，殊不尽确，此宜以岁终督抚所报，下之都察院，令某道应管某省事务御史，考核所报之虚实。凡京官籍隶某省及虽非本籍而曾官某省，并各省绅商确知本省情形者，皆准具议单。与某道考核之议询谋既同，与督抚所报不符，凡虚而不实，办而未善，暨各省已行而一省未行者，皆下该省详核具复，既复而仍欺罔推诿者劾之。有应行而难行或应另筹办法者，或应改良者，均令督抚于年终派员来京赴资政院、都察院会议，渐规画一办法。既决议则禀政府请旨行之，督抚坚持异议而实玩愒者，纷更前政而无补实际者，亦由御史劾之，办理有效者奖之。此所谓壹督抚之心志也。

一省者府州县之所积也，其风气之不同，财力之不同，此州县之视彼州县，亦犹此省之视彼省也。则宜于各省城设谘议局，选各府州县绅商明达治理者入之，候补各官及虽非本省官绅，而实优于政治熟于本省情形者亦入之，皆由督抚会集官绅选定,以总督充议长,次官以下充副议长,凡省会实缺各官皆入谘议局。督抚监督之办法有三:一、以州县所报政事询之绅商,而核其虚实。一、令在局各官员、绅商条举利病,而下之州县询其能行与否,并酌筹画一办法。一、令州县于上司政令有所难行,辖境利病有所兴革,皆准本人来局会议,其岁终会议则由州县官派得力绅士来省赴院禀议,一如各督抚派员赴京会议办法。议既决则请督抚批准行之,欺罔推诿者劾之,有效者奖之。凡谘议局议行者,后任督抚不得辄改,下至州县亦如之。此又以齐州县之心志也。

其尤要者,都察院会议、各省谘议局会议,未开议之前,朝廷指明应行研究之条文,先期延请通人编为讲义,颁示京外各官,使人人备有普通之常识,庶莅会时咸知以法律为归宿,而不至以意见为是非,能由京师各部院为之倡率,则造车合辙,内外懃然,更为握本探原之办法。如蒙俞允,应请饬下总司核定官制王大臣,详订会议规则咨行各省,俾资遵守。此以都察院代下议院即国会也,省城谘议局即各省之总议院也。

如是犹恐乡里民情不通、民识不开也,则宜设府州县议事会。查宪政原理,苟非人民得有参政权者,决不足语于宪政。欧美宪法往往由其国君主褫夺人民之权利,征收不法之租税,横暴过甚,于是人民各思自为保障,激于反动而成为民约宪法。难者必曰我国家深仁厚泽,所以保障吾民者,既周且至,何为必导以宪法而自扰乎?是说也,臣尝疑之。虽然以一人而保障千万人,与千万人之自为保障,且使一人之地位愈益巩固,其为得失相去何如?且闭关时代所谓保障吾民者,施之也或易,今且情见而势日益绌,自五洲交通,国与国之人民日相见于盘错之地,设彼国之人民人人能自为保障,而我国之人民必依赖少数人之保障,而此少数人者又浸淫失其保障之具,其为得失相去又何如?且所谓人人自为保障者,非谓轶出乎一人范围以外也,本人人心意之所同,而制为一定之宪法,一人遵守之,千万人亦遵守之,此即所谓法人也。惟其制定之在上,故谓之钦定宪法,惟仍须得人人心意之所同,故上、下议院之制不可不预备。臣已请速设资政院以立上议院之基础,并以都察院代国会,以各省谘议局代议院。拟请于各府州县繁盛地方及通商口岸皆设议事会,令官绅商耆集议,附设自治研究会,以讲论国民一体,各项选举,各项征税之格令,庶上可膺资政院之保荐,下可成府州县议会之组织,而范围保障吾民之效,自可徐收。此皆预备立宪之阶级也。

以上各节，非先颁行厘定外省官制及设资政院，则不足昭示天下人之信义，非在京设都察院会议，在省设谘议局会议，则不足提振行政官之精神。而亟亟焉为培养全国命脉计，即为宪政本原计者，则地方议事会与夫地方自治，二者相为表里，其尤要也。夫国家之有人才，犹地中之有水也，大者为江河，小者为沟洫，顺水之性而已。湮之决之，奔溃千里，向恃水以为利者而今适蒙其害，岂水之过哉，水失其性使然也。国家之于人才也亦然。若者为选举时代，若者为科第时代，以为人才所归宿，而可以入吾彀中也。科第既废，选举又不复行，则彼所谓人才者，挟其聪明才力，安肯寂寂焉以待死牗下，遇有惊异可喜之境，即不啻负之以趋，待其趋焉，而始为摧挫薙狝之计，摧挫薙狝之不尽，向恃人才以为用者，今惟人才之为患，是岂亦人才之过哉？顾又戚戚曰：无人才，无人才。将彼所谓人才者，别有所谓聪明才力，抑仅此二三狷薄与夫尸居余气自命老成者流，以浮沈没齿，此臣所窃窃然引为疚心，而欲以地方议事会与地方自治为归纳人才之地，使此辈聪明才力务合于正当之作用，而不至恣肆溃决，使啸聚海外者为同声之应，夫亦圣明所垂许，而四万万人所馨香祷祀者与？至于立宪之利与不立宪之害，上年考察政治诸臣回国言之已详，无庸臣之多赘。

所有微臣怵于大局阽危，谨拟预备立宪阶级，请旨饬议施行各缘由，恭折具陈，伏祈皇太后、皇上圣鉴训示。谨奏。

《军机处原折》，引自《清末筹备立宪档案史料》上册，第497—503页

设立资政院派溥伦、孙家鼐为总裁并会同军机大臣拟订院章谕

光绪三十三年八月十三日

朕钦奉慈禧端佑康颐昭豫庄诚寿恭钦献崇熙皇太后懿旨，立宪政体取决公论，上、下议院实为行政之本。中国上、下议院一时未能成立，亟宜设资政院以

立议院基础，著派溥伦、孙家鼐充该院总裁。所有详细院章，由该总裁会同军机大臣妥慎拟订，请旨施行。钦此。

《军机处上谕》，引自《清末筹备立宪档案史料》下册，第606页

政闻社总务员马良等上资政院总裁论资政院组织权限说帖

呈为请厘正资政院组织权限，以宣示立宪之实，沥陈管见，敬祈钧鉴事。窃惟我皇太后、皇上鉴宇内大势，知立宪政体为富强之源，屡颁明诏，实行预备。又知立宪政体之精神在设立议决机关，以与行政机关相维系，乃首命设立资政院，而以殿下总其成。此诚致治之本，而举国臣民所欢抃以迎者也。比月以来，有诏命将院中章程速行规定，以殿下望兼亲贤，公忠体国，重以幕府多才，济济翼赞，凡兹施设，当有成谟。惟是兹事体大，且属经始，泰山不择土壤，圣哲尚采刍荛，苟有所怀，安敢自隐。是用怀献芹之愚，效记珠之助，率贡一得，希垂采焉。谨按八月十三日上谕，立宪政体取决公论，上、下议院实为行政之本。中国上、下议院一时未能成立，亟宜设资政院以立议院基础等因。谕旨中明言上、下议院则今之资政院，实为将来上、下两议院公共之基础。大哉王言，举国臣庶所当凛遵者也。考古今各国之议院，有行一院制者，有行二院制者。行二院制之国，其下院皆代表全国人民，以选举而成立；其上院则或代表特别阶级，或代表联邦地方，各缘其国情而异。若夫行一院制之国，则今已甚希。其有之者，亦必其合二院以为一院，而非于二院中去其甲院而仅留其乙院也。今谕旨并提上、下议院，则中国将来必当采二院制，早在圣明洞鉴之中。徒以草创伊始，诸事未周，不得不从权暂置一院云尔。苟能深绎圣训，则知外间所臆测谓资政院仅为上议院之预备者，其疑可以立破。而将来上、下两议院皆由现今之资政院胚胎而成，现今之资政院即当兼有将来上、下两议院之性质。此实圣意所在，而不容或悖者也。既认定此宗旨，则今日资政院之组织权限必当包涵将来上、下两议院之

组织权限。持此为衡，庶可以副答明诏而慰天下之望。今谨陈管见，分条说明，以备采择。

第一项，谨将所拟资政院之组织恭呈钧核。

谨案：今之资政院，既合将来之上、下议院而暂为一院，则欲资政院之组织完备，必当先将将来上、下两院之组织预为筹划。考各国之下院，皆由人民选举，其选举法虽小有差别，而大致则无甚异同。将来中国设下议院，但采其成法稍加斟酌损益而已足，无甚困难之问题。当费研究也，独至上议院之组织，则各国因其国情之差异而大有径庭。举其大别，则有以上议院代表特别阶级者，如英国、日本之名为贵族院是也；有以上议院代表地方联邦者，如德国之参事院，由联邦之各国比例其大小，而各派议员若干人，美国之元老院，每州不问大小，皆各举议员二人是也。大抵君主国之上议院多用以代表贵族，联邦国之上议院多用以代表地方，此其大较也。我国为君主国体，则第一法不可不采用，其理易明。又我国幅员辽廓，各省利害不同，虽非联邦，而第二法亦不可不略采。故将来上议院必当会通英、德、美、日之制度，各采其长，而铸之于一炉。而今之资政院，亦当先含此意，以此一部分为上院之基础，而再加以人民选举之一部分为下院之基础，庶足以仰酬睿虑而俯顺舆情矣。请将所拟组织法条举之。

一曰皇族议员宜分别设置也。凡君主立宪国，皇室与国家休戚相共，故恒以皇族列于上议院。日本之制，凡皇族年在十八以上之男子照例作为贵族院议员，其余各君主国大率由君主随时任命。考日本所谓成年之皇族，不过三十余人，故可以尽入院中而毫无窒碍。我朝椒聊蕃衍，自红带子以上皆系出天潢，而其数盖数十万，若采日本之制，势固有所不行，则不能不稍示限制。故将来上议院当设皇族议员一种，凡皇族自贝子以上已成年者，即有为上议院议员之资格，其镇国公以下有才德出众者，由特旨简派，不在此数。如是，则尊崇国体之精神庶可以永固。今资政院既为将来上议院之基础，则此项议员必当先审定者也。

二曰蒙古、西藏议员必当设置也。资政院者，大清帝国之资政院也，必须全帝国版图内皆有代表，然后其组织始完。查去年颁新官制，资政院项内东三省及内地各行省皆有代表，惟蒙、藏缺如。侧闻彼中人民颇有觖望，谓资政院为将来议院基础，今既见屏于资政院，则将来亦必见屏于议院可知。虽朝廷决无歧视之心为举国所共信，然既有此嫌疑，即以资其口实。方今俄之于蒙、英之于藏皆噢咻煦呕，市其欢心。俄国议院既开，蒙古人之在欧洲俄属者皆有选举权，今我国家虽竭力怀柔，尚难保其心之绝无外向，而况可授之口实，以使之解体乎！窃查英国上议院有爱尔兰贵族二十八人，苏格兰贵族十六人，僧侣贵族二十六人，我国之位置蒙、藏正宜援兹成例，盖蒙、藏皆地广人稀，郡县之制尚未施行，则下议院之选举亦骤难措手，下议院既暂无一人以代表之，则上议院必当谋所以位置，而资政院既为上议院之基础，则当慎之于始，免使向隅。窃谓宜仿英国待苏、爱之法以待蒙古，令其各盟比例大小，各举一人或二、三人为资政院议员。宜仿英国待僧侣之法以待西藏，举其喇嘛及噶伦卜、噶布伦、总堪巴等若干人为资政院议员，既示以朝廷大公无私之诚，即可以增其回首面内之感，此实所以固边圉而巩国基，不可不深留意者也。

三曰当别置钦选议员以待勋贤也。考日本上议院，既有公、侯、伯、子、男五等爵之议员，复有所谓敕选议员者，凡有勋劳于国家及有学识者任焉。我国阶级制度久已消灭，故五等爵之议员势难仿行。何以言之？盖今制功臣自一等公至恩骑尉都凡二十六级皆爵也，每级相去不过一间，势不能有轩轾于其间。今使如日本之制，则三等男有此特别权利，而一等轻车都尉则无之，然三等男之视一等轻车都尉仅差一级耳，而权利忽相去霄壤，岂得谓平？若一等轻车都尉有之，则二、三等轻车都尉何以独无？二、三等轻车都尉有之，则骑都尉、云骑尉、恩骑尉何以独无？然则此二十六等爵者苟有特别权利，则当俱有，若无之，则当俱无。若于其中强分界限，或有或无，则无论以何级为界而皆失祖宗颁爵之本意。今若使之俱有耶，则举国中云骑尉、恩骑尉不知几千万，安能一一予以特权。且以事实言之，则调查选举亦无从措手。然则俱有之说既万不可行，而一有一无非惟不合理论，抑亦深戾祖制。故将来中国上议院除皇族及蒙古、西藏之贵族外，势不能别有所谓贵族阶级者存，非好与各国立异，实则历史上使然也。然则前此及将来有勋劳于国家者，竟无特别优待之道乎？曰：有之，则钦选议员是已。日本敕选议员之例，凡天皇认为有勋劳者得与焉。苟仿此以行，则简自帝心，前此勋裔及后此翊戴中兴大业诸臣皆可以特达拔擢，而举故旧不遗之实，即皇族自镇国公以下亦可以结主知以邀此殊荣。而此项议员又非徒限于勋劳者而已，其有学识者亦得与选。故或有耆旧之臣未膺爵赏者，或草莽贤俊未被选举者，咸能别承天眷，列于议员，则上之皆可以劝懋功，下之复可以网遗逸，诚一举而数善备也。但各国通例，此项议员额数皆有限制，亦宜采焉。

四曰宜令各省谘议局派出议员以为一省之代表也。各国上议院之制，或以代表特别阶级，或以代表联邦地方，前既举其例矣。我中国既为君主国，又幅员极广，各省利害不同，必宜兼采二者之意，乃为尽善。今既有皇族议员、蒙古西藏议员、钦选议员三项以代表特别阶级，其以次当计及者则代表地方之议员是已。考各国上议院代表地方之制各有不同，而美国为最善。美国凡分四十六州，每州举上议院议员二人，不论大小，皆同一律，故其上议院议员总数为九十二人。以外观论之，州有大小之分，员无多寡之异，似属不均，然按之实际乃大不然，盖与下议院相剂而适得其平故也。查美国最大之州，如纽约有七百余万人，其最小之州，如尼和达仅四万余人，下议院之选举势不得不以人数为比例，则纽约州能选出议员百九十人者，尼和达州仅能选出一人，其偏枯可谓至极。使徒有下议院而无上议院，则尼和达州之利益将永为纽约州所压制矣，故既有下议院以代表人数，则大州不至受亏，复有上议院以代表地方，则小州不至受亏，诚可谓斟酌尽善矣。我国最大之省，如四川将及七千万人，最小之省，如广西不过五百万人，更小者如黑龙江，不过一百万人。将来下议院之选举势不得不以人数为比例，则四川所举议员之数当十四倍于广西，而七十倍于黑龙江，安得不谓之偏枯。故将来我国之上议院必当兼采美国之制，每省不论大小，平均派出若干人，似属不易之法矣。资政院既为上院基础，此制即宜实行。今已奉明诏，令各省设立谘议局，其成立应指日可待。谓宜令各省谘议局就其议员中互选二人为资政院议员，将来别立上议院，而各省谘议局或改为省议会，则亦由省议会互选若干人以入上议院。各省一律如是，则两院相剂，而举国无不平之患矣。

五曰宜以人民选举之议员为中坚也。以上所陈四项议员，凡以备将来上议院之资格也。虽然职等窃惟皇太后、皇上圣意，其所责望于资政院者，将以为上、下两议院之基础，而非徒为上议院之基础云尔。然则资政院议员略当以半数含上院之性质，以半数含下院之性质，然后立议院基础之明诏乃得现于实。伏读屡次谕旨，一则曰大权统于朝廷，庶政公诸舆论，再则曰立宪政体取决公论。夫所谓舆论、公论何从表示，亦曰多数人民之趋向而已。多数人民之趋向何从察见，则人民选举之议员即其代表也。由此言之，则圣意所在最注重人民选举较然甚明。而资政院既兼为下议院基础，遍考各国之下议院，无不由人民之选举而成。苟缺此项，则设立资政院之真精神全失。非惟于宪政原理相背而驰，抑且与皇太后、皇上之本意大相（剌）〔刺〕谬，此职等所以不能不郑重审慎，而深望殿下主持终始者也。谨案：去年所颁官制草案，资政院议员第三种由督抚保荐者六十六人，而督抚保荐又必经学务公所、教育会、商会、地方自治局所等公举，是于保荐之中仍寓选举之意。立法苦心，既为举国所共谅，虽然以职等之愚昧，窃谓似此办法，必不能得舆论之实，而徒以滋舞弊之端。非别立选举机关以行之，恐无以答圣虑而慰民望也。何以言之？盖学务公所之设立，其议长、议绅由提学使指定，本非出自公举，以此为代表舆论之机关，其性质本已不符，是此制之不宜者一也。教育会、商会、地方自治局所三项由人民自办，其性质与学务公所略有不同，借之为选举机关似较妥适，然此三项之机关各多未设立，若舍此外无他机关，则选举之事势必不能普及，是此制之不宜者二也。且各省之教育会、商会、地方自治局所等，率皆设于省城，而与省城远隔之各府州县能与其间者盖鲜焉，所选之人即能代表省城之舆论，而决不能代表全省之舆论，是此制之不宜者三也。就令教育会、商会、地方自治局所、各府州县皆与其事，而为多数人所共同设立，然其所代表者亦不过学界、商界、绅界之人，而地方多数之农民、工民终无得与选举之事，我国以农、工立国，安可如此。今若原案，全付阙如，是此制之不宜者四也。况选举之权虽属于此诸种团体，而保荐之权仍属督抚，必经保荐然后议员之资格成立，苟被选之人为督抚所不喜，抑而不荐，则选举直同于无效，是此制之不宜者五也。有此五因，则此制之必当改订似无待言。顾前此议官制案之王大臣所以出于此者，殆以现在选举机关未尝建设，不得已乃借旧有之团体以为用，此其苦衷，固当共谅。然按之理论，考之事势，既已万不可行，则改弦更张似亦不容已。职等硁硁之愚，以为欲救此弊，惟有别置临时之选举机关而已。考各国选举之制，有用直接选举者，亦名单选举，即由人民直接选出议员是也；有用间接选举者，亦名复选举，则选举分两次执行，先由人民选出选举人，再由选举人选出议员是也。两者各有短长，而其利害则当按各国情形以为断。我国地广人众，即将来开设下议院势固不能不用复选举。盖下议院议员之数最多当不逾八百人，我国人数四万万，则约当以五十万人选出一员。而五十万人之所居，其面积当亘数百里，欲集一地以行选举，此殆必无之事，故吾中国必当用复选举制。非谓复选举之能优于单选举，而情势所限，实有不得不然者也。既明此义，则今者资政院之选举机关即可遵此道而成立矣。今请先定各省议员之额，略以五十万人选出一人为标准，则如黑龙江应选二员，广西应选十员，其不满一千万人之省皆视此为推。其人多之省则以累进法调剂之，如一千万人以上之省每百万人增加一员，二千万人以上之省每百五十万人增加一员，三千万人以上之省每二百万人增加一员，如是则各省应选议员之数可以推定矣。次乃就各州县以定选举人之额，其不满十万人之州县以五万人选出选举人一员，十万人以上之州县每万人增加一员，二十万人以上之州县每万五千人增加一员，三十万人以上之州县每二万人增加一员，如是则每州县应设选举人之数可以推定矣。然后分两次选举，第一次责成州县令将所属应有之选举人分区选出，第二次则集各州县之选举人于省城，将其省应有之资政院议员选出。此选举人之一阶级，即所谓选举机关也，即所以代原章所指定之学务公所、教育会、商会、地方自治局所等团体而完其责任也，必如是，则所举出之议员乃真能为代表国民舆论者，而于累次谕旨之精神庶有合矣。或疑此种选举虽属至公，然现在人民程度尚低，选出之人安能尽当？职等以为，若使此种机关所选出之人无可以为议员之资格，则学务公所等团体所选出之人亦应无可以为议员之资格，学务公所等团体所选出之人既有可以为议员之资格，则此种机关所选出之人亦应有可以为议员之资格。何则？人民固同是人民耳，既不因甲种选举法而程度忽然增高，自不能因乙种选举法而程度忽然减低。今王大臣所拟官制案既认学务公所等团体之选举为可行，则其不以程度不足为病也甚明，何独于此复选举法而疑之？盖此复选举法之本意实与原案所定无甚差别，不过彼则以少数人任意结合之团体为选举机关，此则以全体人民遵依法律而别建选举机关而已。彼尚私，而此至公，彼有弊，而此无弊。若夫人民程度一问题则纯然超于两者之外，谓必如彼，然后可如此，则不可有是理耶。夫使人民直接选举议员，则其程度或虑不足，然既先由人民选出选举人，彼选举人必其学识能秀于其县或其乡者也，再以此学识较秀之人选出议员，则其所选之员之程度必不至太劣下明矣。若语其实际，则将来学务公所等团体所拟选之人当复选举时，所选举者决不出此数。不过出于彼则私，而出于此则公耳。或疑中国现在人民程度断不能行普通选举，不能尽人而有选举权。若行此法，则人民中孰为有选举权者、孰为无选举权者不可不先为规定，而分别规定实不易易，则此法虽善，似恐未能实行。职等谨案：现今各立宪国，无论何国，断未有行绝对的普通选举者，必分别加以限制。其限制之法，或以财产为限制，必纳若干以上之国税，然后有选举权是也；或以教育程度为限制，必曾受若干之教育，然后有选举权是也。我中国草创伊始，用财产限制，则其鉴定也甚难；用教育程度限制，则其鉴定也较易。且以中国国情论之，用财产限制，则其缺憾甚多；用教育程度限制，则其缺憾较少。请言其故。盖用财产限制者，必以纳直接国税若干以上为衡，我国租税法未定，所谓直接国税者不过地税一项，然自行一条鞭制以来，钱漕地丁合并为一，纳若干无从稽核，所谓鉴定不易者也。此外更有一极大之窒碍焉，则京外各旗向惟服兵役义务，无有田产，即从事耕屯者，庄地亦非其所有，率皆无税可纳。而甲省之人或以游宦经商入籍于乙省者，亦皆无钱漕丁役之户籍，若必用财产制限，则此两项之人其选举权皆将剥夺，揆诸情理岂得谓平，所谓缺憾甚多者此也。由此言之，则财产制限之制必将来租税法大加改革之后或可采行，而近今一二十年间断无采用之理也明矣。除此以外，则惟有用教育程度制限之一法。考各国教育程度制限之制，有以能书姓名为及格者，有以能读宪法、能解宪法为及格者。若采第二法，则每人而试验之固不胜其繁。若采第一法，则凡成年之男子皆许其投票。当投票时，必须自书姓名及所选人之姓名，苟不能书，则其选举权自然消灭，此则无待特别试验而自能鉴定者也。我国若以此为制限，则人民之能有选举权者恐亦不过四分之一耳，其亦不失于滥矣。若及格者而能加多，则岂不益为国家之庆耶！或疑此法惟人民程度极高之国，如美、法、德等乃行之，以今日中国而效颦，无乃躐等。不知财产制限与教育程度制限之异同，于一般之人民程度可谓绝无关系。如谓有财产而多纳国税者程度必高，否则必劣，然则旗人之久在宦途，与夫游宦寄籍于他省者，其程度必当视拥有数亩薄田之田舍翁为尤逊，天下有是理耶？况我中国向以廉介为尚，古今贤哲不名一钱者往往而有，岂得以此而谓其程度之不足耶？彼用财产制限之国大抵有其历史上之理由，非谓必如是乃为正鹄也，而我国行之万万不宜。又既若彼矣，则舍彼取此，何不可之有？若谓仅以能书姓名为标准，则有选举权之人太多而恐失之滥，此亦大不然。欧美、日本诸国教育久已普及，而贫富相去悬绝，则用教育程度制限，其得选举权之人，必视用财产制限为加多。我国教育尚未普及，而中人之产尚伙，则用教育程度制限，其得选举权之人，视用财产制限应略相等，或且加少焉，而安有滥之为病耶？况今所拟用者又为复选举制，而非单选举制。若使仅能书姓名之人直接选举议员，则虑其失当犹之可也。今彼所选者，不过选举人耳，所选出之选举人则必其教育程度又高出于寻常数等者也。以此辈人而选举议员，而尚虞其程度之不足，则我国将永无开设议院之时矣。大抵事理以历练而始明，智识以磨瀹而愈启。日本当初开国会之时，其人民程度实未尝有以远过于我国之今日。国会既开，人民习于政治程度亦即随之而升，若不畀与参政权，使人民与国家共休戚，则虽更阅十年、二十年，而程度之无从加进又可断言也。今既设立资政院，则亦就现今之人民以为资政院已耳。若托于程度不足而废选举之制，则亦可托于程度不足并钦选互推保荐之制而废之，盖选举固取材于今日之人民，即钦选互推保荐亦不过取材于今日之人民，等是人民也，等是程度也，断无不足于此而能足于彼之理。信如是也，则资政院岂不终无从成立，而皇太后、皇上屡次谆谆之训谕岂不将弁髦视之耶！以殿下之明，其必能辨之矣。或又疑以多数人民选出之议员苟智识不齐，必当事杂言庞，以掣行政官之肘，而新政将有治丝而棼之虑。职等以为，此亦可以无患也。若必汲汲虑此，则虽靡选举之制，而以原案所拟之钦选互推荐保诸员组织资政院，其智识亦安能齐其庞杂，亦安能免以云掣肘，即彼亦已有余，且不徒资政院为然也。即如都察院及京外各大员之专折言事，亦何尝不掣肘政府，若恶其掣肘，则资政院诚可不设，即都察院及各大员专折言事之权亦当禁止，此其不成政体岂待问矣。若以正当之理论言之，则资政院不过为议决机关，其权自有所限制，不容其侵入执政机关之范围，虽欲掣肘，其可得耶？且执政所行之政策可以随时向资政院说明，使其政策而为国利民福耶。则当说明时，必能使议员了然明白，大生感动，而必得多数人之赞成。即有少数人故持私意，欲与执政为难者，而执政理直气壮，侃侃与之辨难，彼终必折服于舌锋之下。苟欲始终强词夺理，而断无从得多数之附和。然则资政院只有为执政之后援，而何掣肘之有？若其政策而不为国利民福，坐是虽百端陈说，而终不能得多数之赞成耶，则政府亦当自反省而改之，庶可以报国家而不辜皇太后、皇上之委任。此则诗所谓"他山之石，可以攻玉"，而非可以掣肘云矣。职等以为今日之中国徒以人民无参政权之故，故政府之设施无从自白于天下，偶使人民有所负担，则群相疑以为厉己。又或内治外交势处两难，而不得已之苦衷不能予天下以共见，故局外嗷嗷责备，每不与局中情实相应，政府处此种地位，如衣败絮行荆棘中，动辄得咎，徒增其苦。诚使有代表全国之一议决机关，而政府遇事得向之

（伸）〔申〕诉说明，则为政府者除非心迹暧昧，事不可以对人言，则或不乐有此耳。而不然者堂堂正正，将所行之政策大白于天下，以一扫局外之疑团，而永靖无稽之萤语，台谏风闻攻讦之情弊可以息，人民飞电抗争之风潮可以免，为政府计，亦安有便于此者乎？夫以今日朝廷厉精图治，实行宪政，则自今以往，凡心迹暧昧不可对人之执政，其必不能受皇太后、皇上委任明矣。其公忠体国之大臣，则断不至以人民参政之故而掣其肘，反以人民参政之故而得行其志，此又事理之至易见者也。或又疑由多数人民选举则所选出者必多少年轻躁之徒，而于国家大计恐将贻误。职等以为此亦过虑也。人民多数皆属山野朴愿之夫，保守之性甚重，其所选者必老成耆宿之士，未必皆为少年，此其不必虑者一也。即少年亦不能尽目为轻躁之徒，其轻躁者荡检逾闲，恒为乡里所不齿，决无从与选。少年而能与选者，必其稳重而较有学识者也。稳重而有学识之人，正国家之所宝，岂能以年少而薄之，此其不必虑者二也。况资政院之议员又非徒有人民选举之一部分而已，此外尚有皇族议员、钦选议员与夫各省谘议局所派之议员，其人率皆老成而有阅历者。然则人民所选就令有一、二少年轻躁之辈滥厕其间，然其势甚孤，不足以扰全局。偶有轻率之建议，全体老成持重之人可以矫正之，此其不必虑者三也。由此言之，则人民选举一部分之资政院议员实有百利而无一害。凡俗论之为种种疑难者皆不过疑心生魅，苟深思之，当未有不涣然冰释者矣。夫以资政院为将来上、下两院之基础，非有民选一部分无以代表下议院之性质，则恪遵圣训，既不容不力求完善，而俗人所疑种种流弊又实可以无虑，则以殿下之明，其必有以处此矣。若犹有设难者，不过谓现在户籍未经查明，区域未尝划定，骤行选举恐生混杂云尔。然今者方颁明诏，令各省讲求统计，虽微资政院之选举，而调查户口之事亦岂能更迁延不办？今趁此选举之机，敦促督抚、州县厉行斯业，则成效可以更速，岂不一举而两得耶？至划分选举区一事，则调查户口之后饬各督抚督率州县就旧有之团练、保甲诸局而损益之，其业本非甚难，数月之功而此两事皆可就绪矣。夫事既关于国家大计，则虽稍繁难，犹当为之，而况并无所谓繁难者耶？职等为国家前途计，不避喋喋，谨以此举吁陈于殿下。伏乞殿下于拟定资政院章程时始终坚持此议，则宪政巩固之基础悉由殿下造之矣。

六曰行政官不宜多占议员之位置也。资政院既为议决机关，按诸立宪政体三权鼎立之原理，自当与行政官不相杂厕。乃去年所颁官制原案有由京官会推五十六人为议员之一条，此项议员无论将来在上议院中、在下议院中皆无可位置。求诸各国议院成例，更未之前闻。据法理以评之，自宜必在裁撤之列。惟草创伊始，或有不得已者存，且京秩甚多，以现在制度并非人人皆有专掌，而其中通达治体之人或较草莽为多，则留此一项亦可从权。但其员数似宜略减，盖如职等所拟，则他种议员其数已极不少，恐院中以人满为忧也。又此项议员若仍存留，则亦当示以限制。限制维何，曰四品京堂以上不得被选是也。夫官至四品京堂，则必有行政上之专责，与彼雍容揄扬之待从、出入讽议之台谏、先后奔走之潜郎固自有异，若复列于议决机关之资政院，则行政、立法两权混淆，殊失立宪之旨。且既由各衙门会推，苟为长官者不超然事外，则安有以属员而敢与长官争选举耶？势必至所被推者尽属大学士、尚书、侍郎、丞参，而小臣无一能厕其列。如是，则所谓会推者亦不过一空名，而结果必将与原章之初意相刺谬也，此立限制之所以不容（己）〔已〕也。

七曰议员员数不能太少也。去年官制原案所拟资政院议员总数为百三十人，今以职等所拟，合各种议员计之，其数当在六七百人之间。骤视之似觉其太多，虽然资政院既为将来上、下两院之总基础，以各国上、下议院之总员数较之，则只见其少，而并不见其多也。考英国上院五百七十九员，下院六百七十员，都凡一千二百四十九员；日本上院三百六十余员，下院三百七十余员，都凡七百五十余员，自余各国亦大略称是。我国幅员及人口皆十倍于英、日，欲求代表之普遍，则议员亦当十倍于彼。今所拟之数，埒于日而逊于英，则全国中向隅之地、向隅之民当已多矣。若视此而尤减焉，则必顾彼失此，丝毫不能举代表国民之实，其毋乃非诏书中所谓公诸舆论之本意乎？或疑议员之数既多，则俸给之额亦巨，今财政正竭蹶之余，何更堪此重负。不知各国议员有有俸者，有无俸者，即有俸之国，其俸亦甚薄。如日本例，则每员岁俸前此八百圆，今改为二千圆。我国若执其中，以一千圆为率，则虽八百名之议员，所费亦不过岁八十万。前此科举未废之时，每岁科场费及士子宾兴费何止此数。今办立宪第一大事业，而乃靳此乎？况若为撙节财政起见，则虽仿英、德、意诸国例，议员皆不给俸禄，亦未始不可。如此，则薄予以来京川资、住京旅费足矣。司农虽窘，岂其争此，故苟持此说而欲强减资政院员数者亦不通治体之言而已矣。

综上所陈，有皇族议员、蒙古西藏议员、钦选议员、各省谘议局所派议员，以为将来上议院之基础。有全国人民用复选举法所选出之议员，以为下议院之基础。如此，则规制略备，而于累次诏旨之精神庶有当矣。将来分之为二院，可以收互相调剂之功。今暂合之为一院，可以得运用自如之效。以职等之愚，为资政院组织完善计，似无以易此，惟殿下垂采焉。

第二项，谨将所拟资政院之权限恭呈钧核。

谨案：资政院之设立，既以为议院之基础，则凡将来议院所应有之权限，今之资政院皆当有之。盖必如是，然后能予之以练习之机而使之知，所以尽责任之道。恭绎八月二十四日上谕，谓使议员资格日进高明，议院早日成立端赖是矣。窃查各国议院，其权限之广狭各有不同。我国将来议院之权限固不能失诸太狭，亦不可失诸太广。今请参酌君主立宪国之制度，条陈其概，以资采择焉。

一曰宜有完全之立法权也。前代学者之论宪政，本以三权鼎立为一要件。三权鼎立者，谓行政权属诸政府，立法权属诸议院，司法权属诸裁判所，而元首总揽之于上也。后此各国事实所趋，立法权固不能尽属于议院，而议院所有事者亦非限于立法权。虽然立法为议院一重要之职务，此固各国制度所从同也。今资政院既为议院之基础，则此最重要之立法权其必不可缺矣。查各国法律，皆经三种形式而成立，一曰提出，二曰议决，三曰裁可。提出权则政府及议院共有之，议决权则议院行之，裁可权则君主绾之，三者相须而法律之效力以生。今案资政院官制原案第十二条开列应议事件，其第二项为新定法律事项，则资政院应有此权。原案已承认之，但其议决之权能如何则未见规定。若新定法律事项而经资政院否决者，尚得谓之法律与否，原案盖浑囵未言。夫使当时编纂官制王大臣认资政院之可决为法律成立必要之一要素乎？则章程必须声明，否则此权恐不能行，而往往被蹂躏也。若其认资政院之议决非法律成立必要之要素乎？则虽否决而法律之效力自在，然则多此一次交议何为者？是资政院果成赘疣，不如不设之为愈矣。提出法案之权，各国通例皆政府、议院共有之，而资政院原章亦未规定。惟其第二十七条云：资政院有自行提议事件，非有参议员三十人以上同意者不得开议。此条所谓提议者，不知为提出法案耶，抑如日本所谓动议耶。若指寻常动议，则各国通例有一人赞成已足，今限至三十人，毋乃太过。若指提出法案，则条文当加明瞭，若如原文，殊足令人迷罔也。夫寻常动议而必须三十人以上之赞成，其为无理固不待问，即提出法案之事，限制亦不可太严。查日本每院议员总数各三百六七十人，而其提出法案不过得二十人之赞成而已，足是比例全员十六分之一耳。今如原章所定，资政院议员总额仅百三十人，而每发一案必须三十人以上之赞成，是比例全员三分之一也。各国通例，凡议员有过半数或三分之一列席已可开议，以此例之，则百三十人之资政院议员苟有七十人或四十人以上列席已可开议。今欲提议一事而必须三十人以上之同意，此何异必以列席议员过半数之同意乃得提议也，则亦永夺其提议权而已。今细推原章之意，似深不欲以法律议决权假诸资政院，而限制之惟恐不严者。度其理由，不过恐君主大权缘此旁落也，或虑其议决之失当而贻害国家也。虽然职等考之法理，按之情势，窃谓以完全之法律议决权付与资政院，其于皇太后、皇上之大权实丝毫无所侵损。彼今世君主立宪国曾未闻有以此为病者，何独于我而疑之？况我国先圣立教，恒勖厉居高位之人以虚己容物成为义理，深入人心。我皇太后、皇上益励冲挹，不遗刍荛，凡前代专制君主专己凌人之弊廓清净尽。以现在惯例论之，各种法令、章程从未闻有不经下问而中旨特发者，小则由军机大臣会议，大则内阁六部九卿翰詹科道会议，故法律经议决然后发布实可谓我国现行之成例。所稍缺者则议决机关未尝独立组织，故可决、否决无一定之标准云尔。然则自今以往，以议决权畀诸资政院，不能谓缘此而固有之君权蒙其损害。何也？我皇太后、皇上本不以此权自私，而一向皆公之于人，但前此仅公诸一、二廷臣，今后则公诸代表全国臣民之资政院云尔。若虑资政院议员程度不足，决议或生误谬，则前此之大学士、六部九卿翰詹科道其程度能高出于资政院议员之证据果安在？前此不靳于彼，而今兹乃靳于此，诚苦难索解也。况资政院议员原有钦选之一部分，皇太后、皇上所认为有学识而可以语国家大计者皆得领袖院中，为之主持，而尚何逾越常轨、沮挠大计之足焉患乎？又况各国通例君主有解散议院之权，有不裁可法律之权，然则苟遇有不应议决而议决之法律，可行其不裁可权以防止之，遇有应议决而不议决之法律，可行其解散权以救正之。故职等以为采各国议院通行之常例，将完全之立法权付与资政院，实有百利而无一害也。

　　二曰宜有承认预算权也。查各国财政预算案，有作为法律者，有不作为法律者，然无论作为法律与否，要必经议院之承认然后施行。盖以国家财政不外取之于人民，而人民为国家负担此财政，必须得其心悦诚服，然后取之也顺，而财政根本不至动摇，意至美也。谨案资政院原案第十二条第三项，有议岁出入预算事项之权，可谓能深知其意。然资政院对于预算案能有修正权与否，若其不承认，则政府必须撤回另制与否，一切皆未有明文规定，则资政院此权之不确实亦与其立法权相等，甚非所以昭大信于臣民也。职等窃谓朝廷若不欲公此权于人民，则仍率前代故事，予取予求，惟以强制力使负义务亦何不可。但人民能应之与否，应之而能无怨与否，则非所敢言耳。今既知此道之不可以久，而思以付诸众议，而众意之从违无一定之效力，不过听政府一场报告耳，如此则与前此之仅出告示复何所择，而谓其效果有以胜于前恐难言矣。方今司农仰屋，疆吏呼庚，举国财政将有濒于破产之势，今后欲植国基于不敝，其第一著手即当以整理财政为本原，然非有代表民意之机关实行财政监督权，则亦终无整理之一日。稍通政治学理之人当无不明此义者，故资政院承认预算权之必当确定，虽谓为中国存亡之所关焉可也。

三曰宜有参与条约权也。各国宪法通例，其与他国缔结条约之大权皆在君主或大统领，然如德、法、美、意诸国则必须经议院之承认而始生效力。瑞士国则并缔约权亦归国会，而大统领不得与闻。夫议院之所以当参与缔约权者何也？以条约既公布，则国民必须遵守，而与国内之法律有同一效力，其利害影响于人民者甚多。故国之元首虽本有此权，然必经代表民意机关之承认乃行之，非徒以慎邦交，抑赖此以免贾民怨也。我国以积弱既久，处列强胁迫之下，外交事项最为困难，外人汹汹要挟，既无词以抵抗，国民嗷嗷怨嗟，复无术以谢责，试观近今数年间其最劳执政之旰食者，何一非起自外交问题耶？今欲避内外之责言，免上下之交恶，则莫如仿各国成例，以参与条约权畀诸资政院，则自今以往若遇外人无理之要索，可藉国民后援之力以解其纷，而政府对外政策或有不得已者存，亦可以将其理由大白于臣民，而不致以一身为集矢之的。然则此举者在他国行之犹可缓，而在中国采之当尤急也。

四曰宜有上奏弹效之权也。各国之设立议院，非徒以参与立法而已矣，欲藉公议舆论之力，以匡执政之不逮，使大臣无专擅之嫌，而皇室获磐石之安也。盖国家一切政治待人而行，而人之贤否至有不齐，非得人而监督之，恐难持久而无弊。其在各部属僚及地方官常有政府长官以为之监督，则欲纵恣而未从，独至政府大臣既为全国最高之官，更无地位能高于彼者以监督其上。藉曰有之则君主而已，然君主以一人高拱深宫，欲事事而监督之，无论势有不给，且察察为明亦非治体，万一于大臣过举有不及觉，则政治失当，人民将以怨大臣者而怨及君主，甚非所以保持尊严也。故各国既设议院以为代表民意之机关，则必予之以上奏弹劾执政之权，使之为君主之耳目，盖法之尽善者也。我国旧制设都察院许其直言极谏，意盖在是。但都察院之言官不过以一人之私意建言，则徇情隐庇及挟嫌攻讦之弊两皆难免，往往荧惑耳目，使人主迷所适从。议院则合全国臣民种种阶级组织以成，而每建一议必由多数取决，苟政府诚无阙失，而议员中有欲挟私嫌以行诬谤，决不能得多数之赞成，而弹章无由成立。若议员中有过半数赞成弹劾，则必政府之举措确有不惬舆情之处，更岂宜壅于上闻。今资政院既为议院之基，则予以此权诚属正当之举矣。夫使执政之人可以保其必无阙失，则并都察院亦可以不立。而列祖、列宗所以必立都察院者，诚以深宫之监察势不克周，而以耳目寄诸言官也。然与其寄耳目于一、二人而常滋流弊，何若寄耳目于多数人而永杜嫌疑。今以上奏弹劾权畀诸资政院，则为执政计或有不利，而为皇室及国家计则无不利，为罔上行私之执政计或有所不利，而为公忠体国之执政计则无所不利也。或疑资政院议员既有此权，则草莽轻躁之徒恐不免滥用之，以掣肘政府。虽然以职等所拟非徒有人民选举之一部分，而尚有皇族议员、钦选议员等之一部分，既用多数取决，则轻躁者虽欲妄为建议，而老成者必不漫为雷同，若各部分之议员皆以弹劾为宜，则执政必有可弹劾之道明矣。况弹劾之权虽在资政院，而采择与否则仍皇太后、皇上断自圣裁。所弹劾而当也，则免黜执政，别择贤者；所弹劾而不当也，则解散资政院，更求正当之舆论。一人超然于上，如天地日月之无私，而进贤退不肖之权仍握之于上，而非臣民所得妄干。如是，则安有大权旁落之足为患乎？夫资政院之有此权，与都察院之有此权，其性质实无甚差异，不过彼私而此公，彼疏而此密耳，果何所惮而必靳此。

五曰资政院宜可以解散也。查各国宪法，除美国外，其君主或大统领皆有解散下议院之权。若议院与政府相持不下之时，或别任大臣，或解散议院，其权皆在元首。必如是，然后可以维持于不敝，而统一之效可见也。解散议院之理由安在？盖议院凡以代表舆论，然必为正当而有价值之舆论始有益于国家，苟政府之政策并无失当之处，而议院漫然反对之，则此舆论果为正当之舆论与否盖未可信，故解散之使再选举，以觇民意之所存，法至善也。查资政院官制原章并无关于解散之规定，其为偶略耶，抑故阙耶，非所敢知。职等以为苟资政院之决议无一毫事实上之效力，则资政院之设何为者；苟其决议而有效力，则与政府对抗之事势不能免，使资政院而不能解散，将政府舍辞职外无复一事之可办，故原章之缺此条，苟非欲削君主之大权，即欲灭资政院之效用，二者必居一于是。夫此二者，皆非我皇太后、皇上设立此院之本意明矣。职等以为资政院当议决法律及预算案时，或与政府意见相冲突，或对于政府而上奏弹劾，苟皇太后、皇上而以资政院之决议及上奏为可采也，则饬下政府大臣遵舆论以行，政府不欲遵行，则听其辞职。若皇太后、皇上而以资政院之决议及上奏为不足采也，则饬命再议，再议而犹持前见，则行大权以解散之。至其解散之法，则惟解散人民用复选举法所选出之一部分，其皇族议员、蒙藏议员、钦选议员、各省代表议员等可无庸解散，惟暂时停会，待再选举时乃召集开议耳。盖各国通例，凡解散下议院时则上议院暂行停会，今资政院既兼有上、下两院之性质，则当解散时惟行之于其一部分最适当也。

六曰宜定有过半数议员列席即得开议也。考英国之例，其上议院议员有三人列席即得开议，下议院则四十人列席即得开议。德国上院无规定之明文，其下院则过半数列席乃得开议。美国、法国、意国等其上、下两院皆过半数列席乃得开议。日本则上、下两院皆以有三分之一列席即得开议。综较各国，英国限制最宽，日本次之，其余他国大抵同一。夫以英国限制如彼之宽，然犹常常以不满此数不能开议，此其故可思矣。查资政院官制原案第十八条云，资政院非全院人数三分之二以上列席不得开议。按之各国，皆无此例，惟议改正宪法案时乃有之耳。我国臣民对于政治上之热心，视各国尚有远逊，缺席之事当所常有，苟必三分之二以上列席乃得开议，恐一会期中其能开议之日不及十之一。如此，则资政院将成虚设矣。职等之意，谓能采日本制，以三分之一为必要之定员，最上也；否则亦当采各国通例，以过半数为必要之定员，如是则资政院始得以行其应尽之权，践其应尽之责矣。以上所言，仅就资政院权限举其荦荦大端。此外如资政院院内之自治，资政院议员言论、身体之自由，皆权限中极切要者。去年所颁资政院官制原案已略有规定，虽未甚周密，而大体亦既不谬，故不赘陈。惟资政院既设立，则同时有一极要之事不能不相因而至者，曰：责任内阁之制是也。所谓责任内阁者何？今世立宪君主国必以君主无责任为原则，夫君主总揽一国之大权，何以能无责任，则以有内阁大臣代君主以负责任故也。内阁大臣何以能代君主负责任，盖每有诏敕及颁行一切法律必经内阁大臣副署然后施行，而政策苟有失当，则副署之大臣实任其咎。此种法理，虽至近今西国乃大发明，而我国古制实往往略含此意。如汉制有灾异则策免三公，即大臣引责之意也；唐制不经凤阁鸾台不得为敕，即大臣副署之意也。夫以一国之大，百僚之众，一切庶政岂能保其尽无阙失。然政之有阙失，其咎必不在君主，而恒在大臣。何也？虽极专制之君主，势固不能取一国大小政务而悉躬亲之，其究也。必假手于臣僚，而臣僚藉君主之名以行，苟有阙失，皆得诿其过于君主，以自解免。人民见政治之有失，则以怨大臣者并怨及君主，君主代大臣受过，则革命之祸所由不绝也。且在此种制度之下，虽有贤能之大臣，亦往往不能行其志。盖军机处与各部离立，无所统一，每事非互相推诿，则互相掣肘，苟有阙失咸不任其咎，而推诏旨以为护身符，行政之所以种种丛脞，弊盖坐是。今欲更新百度，势不能不专其责成，效外国内阁之制，置一总理大臣以统一各部。苟有失政，则全内阁之大臣连带以负责任，庶功过皆有所归，而庶绩视此以为考成，各国设立内阁之本意皆在于是。虽然我国人骤然闻此，必疑内阁大臣权力如此其重，则将专横恣肆无所防制，且大权下移，而国本将为之摇动。殊不知苟无议院，则此弊诚所不免；既有议院，则内阁大臣对于议院以负责任。民具尔瞻，岂能恣意妄为！且政治之责任虽大臣负之，然任免大臣之权仍君主握之，苟经议院之弹劾失君主之信用，则其职立解，安有大权旁落之患。如前代之以权臣危国本者耶，要之君主势不能躬亲百事，而必假手于大臣，此专制国之通例也。非大臣代君主负责任，则必君主代大臣负责任。大臣代君主负责任，则遇有失政，君主易置大臣而已足；君主代大臣负责任，则人民府怨于君主，而大臣反逍遥于事外。为君主计，孰得孰失，宜何择焉？先圣有言：为天下得人难。自古圣明之君主，亦不外为国家得贤大臣委以庶政而已。今立宪制度任免大臣之权常在君主，而万不听其旁落。惟以君主欲得贤臣也甚难，欲其常贤，莫若以民意为之标准。故曰：民之所好好之，民之所恶恶之，此之谓民之父母。责任内阁之制，则立议院以为代表民意之机关，而君主之任免大臣常察此机关之趋向以行之，大臣苟欲固其位，非得人民之同情不可，欲得人民之同情，非黾勉以求国利民福不可。大臣而能黾勉于国利民福者，君主从而委任之，则所谓垂拱而天下治矣。泰西、日本诸国所以君主保亿世之荣，而国家有磐石之安，其道皆坐是也。今中国当预备立宪时代，苟能正定资政院之权限，立责任内阁使大臣对于资政院而负责任，则郅治之隆亦可计日而待矣。职等一得之见，是否有当，伏乞殿下垂察。

案：此说帖连署人名凡六百余人，适因资政院总裁伦贝子报聘日本，由马良君、徐公勉君、侯延爽君、隆福君在滨离宫呈递，名多不备载。

编辑部识。

《政论》第三号，第1—37页

宪政编查馆、资政院会奏宪法大纲暨议院法、选举法要领及逐年筹备事宜折

光绪三十四年八月初一日

宪政编查馆、资政院会奏，光绪三十四年六月二十四日奉上谕：慈禧端佑康颐昭豫庄诚寿恭钦献崇熙皇太后懿旨，宪政编查馆、资政院王大臣奕劻、溥伦等会奏，拟呈各省谘议局各议员选举各章程一折。谘议局为采取舆论之所，并为资政院预储议员之阶，议院基础即肇于此。事体重大，亟宜详慎厘定。兹据该王大臣拟呈各项章程，详加披览，尚属周妥，应照所议办理。即著各督抚迅速举办，实力奉行，自奉到章程之日起，限一年内一律办齐。朝廷轸念民依，将来使国民与闻政事，以示大公，因先于各省谘议局以资历练。凡我士庶，均当共体时艰，同摅忠爱，于本省地方应兴应革之利弊切实指陈，于国民应尽之义务，应循之秩序，竭诚践守，勿挟私心以妨公益，勿逞意气以紊成规，勿见事太易而议论稍涉嚣张，勿权限不明而定法致滋侵越，总期民情不虞壅蔽，国宪咸知遵循。各该督抚等亦当本集思广益之怀，行好恶同民之政，虚衷审察，惟善是从，庶几上下一心，渐臻上理。至于选举议员，尤宜督率各该地方有司认真监督，精择慎选，断不准使心术不正、行止有亏之人托足其内，致妨治安。该王大臣所陈要义三端甚为中肯，如宣布开设议院年限一节，自是立宪国必有之义，但各国宪政本难强

同，要不外乎行政之权在官吏，建言之权在议员，而大经大法，上以之执行罔越，下以之遵奉勿违。中国立宪政体前已降旨宣示，必须切实预备，慎始图终，方不致托空言而鲜实效。著宪政编查馆、资政院王大臣督同馆院谙习法政人员，甄采列邦之良规，折衷本国之成宪，迅将君主宪法大纲暨议院选举各法择要编辑，并将议院未开以前逐年应行筹备各事分期拟议，胪列具奏呈览。俟朝廷亲裁后，当即将开设议院年限钦定宣布，以立臣庶进行之准则，而副吾民望治之殷怀，并使天下臣民咸晓然于朝廷因时制宜变法图强之至意。钦此。仰见我皇太后、皇上以天地之量为量，以百姓之心为心，大公无我，时措咸宜，薄海臣民同深钦感，臣等遵即督饬馆院谙习法政各员，博采精取，折中拟议。兹经该员等拟就各节，臣等复再三考核，悉心厘定，窃维东西各国立宪政体有成于下者，有成于上者，而莫不有宪法，莫不有议院。成于下者，始于君民之相争，而终于君民之相让；成于上者，必先制定国家统治之大权，而后锡予人民闻政之利益。各国制度宪法则有钦定、民定之别，议会则有一院、两院之殊。今朝廷采取其长以为施行之则，要当内审国体，下察民情，熟权利害而后出之。大凡立宪自上之国，统治根本在于朝廷，宜使议院由宪法而生，不宜使宪法由议院而出。中国国体自必用钦定宪法，此一定不易之理，故欲开设议院，必以编纂宪法为预备之要图，必宪法之告成先行颁布，然后乃可召集议院。而宪法乃为国家不刊之大典，一经制定，不得轻事变更，非如他项法律可以随时增删修改。故编纂之初，尤非假以时日详细研求不足以昭慎重。惟条文之详备虽非旦夕所能观成，而闳纲所在自应预为筹定，以为将来编纂之准则。夫宪法者，国家之根本法也，为君民所共守，自天子以至于庶人皆当率循，不容逾越。东西君主立宪各国国体不同，宪法互异，论其最精之大义不外数端：一曰君主神圣不可侵犯；二曰君主总揽统治权，按照宪法行之；三曰臣民按照法律有应得应尽之权利、义务而已。自余节目皆以此为根本：其必以政府受议院责难者，即由君主神圣不可侵犯之义而生；其必议院协赞立法、监察、财政者，即由保障臣民权利、义务之义而生；其必特设各级审判官以行司法权者，即由保障法律之义而生；而立法、行政、司法，则皆综揽于君上统治之大权。故一言以蔽之，宪法者所以巩固君权，兼以保护臣民者也。臣等谨本斯义，辑成宪法大纲一章，首列大权事项，以明君为臣纲之义；次列臣民权利、义务事项，以示民为邦本之义。虽君民上下同处于法律范围之内，而大权仍统于朝廷，虽兼采列邦之良规，而仍不悖本国之成宪。至议院选举各法，均与宪法相辅而行。凡议事权限、选举被选举资格，非有一定之准绳，必启临时之纷扰，亦应隐括大意，豫为筹定，以便将来纂辑条文有所依据，谨分辑议院要领及选举要领各一章附焉。此皆略举大要，以发其凡。其中细目尚未议及，一俟奉旨裁定，臣等即当督饬在事各员，按照大纲要领所列各端，分别编定详细条款。但必宽以岁时，从容讨论，以期精密无遗，迨他日编纂告成再行进呈御览，恭候钦定颁行，以资遵守。至开设议院以前应行筹备各事，头绪至为纷繁，办理宜有次第。如筑室然，必鸠工聚材，经营无遗，而又朝夕程督，始终不懈，乃能聿观厥成。如行路然，必衣粮舟车，各物具备，而又逐日进行，不稍止息，乃能达其所向。综其大纲，预备自上者，则以清厘财政、编查户籍为最要，而融化满汉畛域、厘定官制、编纂法典、筹设各级审判厅次之；预备自下者，则以普及教育、增进智能为最要，而练习自治事宜次之。凡此诸大端，若预备未齐，遽开议院，则预算、决算尚无实据，议院凭何监察；户口、财产尚无确数，议员从何选举；一切法度尚未完全，与闻政事者何所考核；人民程度尚有未及，何以副选举、被选举之资格；地方自治尚无规模，何以享受权利、担任义务，是徒慕开设议院之虚名，而并无裨益政事之实（济）〔际〕，非实事求是之道也。窃谓年限之远近，至速固非三五年所能有成，然极迟亦断不至延至十年之久。臣等公同商酌，拟自本年光绪三十四年起，至光绪四十二年止，限定九年，将预备各事一律办齐，谨分别年限胪列上陈，其应行召集议院之期，自应恭候钦定。抑臣等更有请者，迩岁以来，国势阽危，人心浮动，内忧外患，岌岌堪虞，即无议院监察于旁，亦当急起直追，一洗敷衍因循之习。至安上全下，尤莫要于纪纲整饬，忱悃交孚。臣等所议各项纲要，权限所定，不可侵越丝毫。其逐年应办事宜，须责成内外臣工实力奉行，不得稍有推宕，应请特旨申儆天下臣民，务各确守规绳，而又交相鞭策，庶乎进之以渐，持之以恒，各矢励精图治之心，自有日进无疆之效。谨将所拟宪法大纲及议院法、选举法要领暨逐年筹备事宜分缮清单，恭呈睿鉴。伏候圣明裁定召集议院年限，特沛纶音，布告天下，以立万年有道之基，而慰亿兆升平之望，臣等不胜激切屏营之至。谨将遵拟宪法大纲暨议院法、选举法要领缮具清单，恭呈御览。

宪法大纲，其细目当于宪法起草时酌定。谨按君主立宪政体，君上有统治国家之大权。凡立法、行政、司法皆归总揽，而以议院协赞立法，以政府辅弼行政，以法院遵律司法，上自朝廷，下至臣庶，均守钦定宪法，以期永远率循，罔有逾越。谨本斯义恭拟如左。

君上大权：

一、大清皇帝统治大清帝国万世一系，永永尊戴。

一、君上神圣尊严不可侵犯。

一、钦定颁行法律及发交议案之权。凡法律虽经议院议决，而未奉诏命批准颁布者不能见诸施行。

一、召集开闭停展及解散议院之权。解散之时，即令国民重行选举新议员，其被解散之旧议员即与齐民无异，倘有抗违，量其情节以相当之法律处治。

一、设官制禄及黜陟百司之权。用人之权操之君上，而大臣辅弼之，议院不得干预。

一、统率陆海军及编定军制之权。君上调遣全国军队、制定常备兵额得以全权执行，凡一切军事皆非议院所得干预。

一、宣战讲和、订立条约及派遣使臣与认受使臣之权，国交之事由君上亲裁，不付议院议决。

一、宣告戒严之权，当紧急时得以诏令限制臣民之自由。

一、爵赏及恩赦之权，恩出自君上，非臣下所得擅专。

一、总揽司法权委任审判衙门遵钦定法律行之，不以诏令随时更改，司法之权操诸君上。审判官本由君上委任代行司法，不以诏令随时更改者。案件关系至重，故必以已经钦定法律为准，免涉纷歧。

一、发命令及使发命令之权，惟已定之法律，非交议院协赞奏经钦定时，不以命令更改废止，法律为君上实行司法权之用，命令为君上实行行政权之用，两权分立，故不以命令改废法律。

一、在议院闭会时，遇有紧急之事，得发代法律之诏令，并得以诏令筹措必需之财用，惟至次年会期须交议院协议。

一、皇室经费应由君上制定常额，自国库提支，议院不得置议。

一、皇室大典应由君上督率皇族及特派大臣议定，议院不得干预。

附：臣民权利、义务

其细目当于宪法起草时酌定。

一、臣民中有合于法律命令所定资格者，得为文武官吏及议员。

一、臣民于法律范围以内所有言论、著作、出版及集会、结社等事，均准其自由。

一、臣民非按照法律所定，不加以逮捕监禁处罚。

一、臣民可以请法官审判其呈诉之案件。

一、臣民应专受法律所定审判衙门之审判。

一、臣民之财产及居住无故不加侵扰。

一、臣民按照法律所定，有纳税、当兵之义务。

一、臣民现完之赋税，非经新定法律更改，悉仍照旧输纳。

一、臣民有遵守国家法律之义务。

附：议院法要领

其细目当于厘定议院法时酌定。

一、议院只有建议之权，并无行政之责，所有决议事件应恭候钦定后政府方得奉行。

一、议院提议事件须关乎全国公同利害者，不得以一省寻常地方之事提议。

一、君上大权所定及法律上必需之一切岁出，非与政府协议，议院不得废除删削，其细目另于会计法内定之。

一、国家之岁入、岁出每年预算应由议院之协赞。

一、行政大臣如有违法情事，议院只可指实弹劾，其用舍之权仍操之君上，不得干预朝廷黜陟之权。

一、议院所议事件，必须上、下议院彼此决议后方可奏请钦定施行。

一、议院有上奏事件，由议长出名具奏。

一、议员言论不得对朝廷有不敬之语及诬蔑毁辱他人情事，违者分别惩罚。

一、议院开会之际，议长有指挥警察整饬议场之权，如有违议院法律规则者，议长得禁止其发言，或令退出议场。

一、议员如有不合选举资格者，由议长审查得实，随时立予除名。

一、各省士绅所设研究议会之会社，须遵照政治结社集会律办理，不准藉此敛派银钱，扰累地方，违者由地方官封禁惩治。

附：选举法要领

其细目当于厘定选举法时酌定。

一、议院举行选举事宜，俱由府厅州县各官实行监督。

一、不合于选举资格者，不得有选举权及被选举权，如品行悖谬、营私武断者，曾处监禁以上之刑者，营业不正者，失财产上之信用被人控实尚未清结者，吸食鸦片者，有心疾者，身家不清白者，不识文义者等项，违者立即撤销。

一、举行选举之期，应设管理员、监察员于投票、开票时，严加省视，以防舞弊。

一、违背选举章程者，如以诈术获登选举人名册者等项，另定罚则，分别科以监禁、罚金。

一、选举用投票之法，以得票多数而合例者方准当选。向来地方公举绅董之事名为公举，或由官长授意，或由三数有力之绅推荐，不免有瞻徇情面不孚望之处。今用投票法层层节制，期于力矫前项情弊。

一、凡人民于选举之前，非在原籍地方住居满一年以上者暂停其选举及被选举权。

《光绪朝东华录》，第 5976—5981 页

为北京派亲王妥订资政院章程事

光绪三十三年八月十五日

收路透电。北京谕旨：刻派亲王溥伦等为资政院总裁，妥订设立该院章程，

以备将来设立议院之基础。

《光绪朝电报档》

呈各部院衙门官互选当选人备选资政院议员员名清单

光绪三十三年

谨将各部院衙门官互选当选人备选资政院议员员名缮具清单，恭呈御览。计开：

度支部员外郎奎濂（得六十五票），内阁侍读额勒春（得五十八票），外务部右参议署左参议陈懋鼎（得四十一票），农工商部参议上行走、江西候补知府赵椿年（得四十票），都察院掌贵州道监察御史齐忠甲（得三十九票），民政部主事秦望澜（得三十七票），署陆军部右参议锡嘏（得三十七票），理藩部郎中荣凯（得三十六票），吏部左参议宗室毓善（得三十五票），民政部郎中刘道仁（得三十三票），理藩部郎中文哲珲（得三十一票），都察院掌辽沈道监察御史史履晋（得三十一票），学部郎中张辑光（得二十八票），学部郎中彦息（得二十六票），翰林院编修黎湛枝（得二十四票），翰林院侍讲李经畲（得二十三票），邮传部丞参上行走、候补四品京堂林炳章（得二十三票），陆军部右参议署左参议庆蕃（得二十二票），候补四品京堂陆宗舆（得二十二票），内阁候补中书韩胪云（得二十一票），礼部员外郎耆寿（得二十票），吏部郎中钟岳（得二十票），学部郎中顾栋臣（得十九票），学部郎中王季烈（得十八票），度支部参议上行走、补用郎中杨寿枏（得十七票），外务部员外郎何藻翔（得十七票），都察院掌广东道监察御史胡思敬（该员兼列入硕学通儒单内，得十六票），都察院掌新疆道监察御史陈善同（得十六票），度支部候补主事刘泽熙（得十五票），法部左参议魏联奎（得十四票），学部员外郎彭祖龄（得十四票），都察院掌京畿道监察御史赵炳麟（得十四票），都察院掌京畿道监察御史俨忠（得十三票），吏部郎中张锴（得十三票），翰林院编修胡骏（得十三票），翰林院编修范之杰（得十三票），都察院掌安徽道监察御史崇芳（得十二票），度支部候补主事廖廉能（得十二票），学部奏留丁忧开缺试署员外郎恩华（得十二票），陆军部学习七品小京官常堉璋（得十二票），陆军部郎中苏锡第（得十二票），内阁侍读学士奎善（得十一票），民政部主事王荃善（得十一票），翰林院编修李湛田（得十一票），度支部候补员外郎庆琛（得十一票），学部员外郎继宗（得十一票），度支部主事王璟芳（得十票），都察院掌印给事中陈田（得九票），外务部郎中文溥（得九票），吏部右参议吴敬修（得八票），翰林院检讨江春霖（得七票），署学部右参议柯邵忞（得六票），翰林院编修郭立山（得六票），吏部郎中荣厚（得六票），陆军部候补员外郎继昌（得六票），民政部员外郎胡礽泰（得六票），民政部左参议汪荣宝（得六票），署农工商部左参议、内务府郎中诚璋（得五票），陆军部员外郎李盛和（得五票），度支部员外郎熙明（得五票），吏部郎中刘华（得四票），翰林院检讨章梫（得四票），外务部郎中宗室长福（得四票），学部主事陈宝泉（得四票），度支部员外郎钱承鋕（该员兼列入硕学通儒单内，得四票），法部员外郎常旭春（得四票），内阁候补中书曹元忠（得三票），内阁中书长绍（得三票），都察院掌京畿道监察御史吴纬炳（得三票），陆军部候补参议达春（得三票），陆军部额外主事孙芳（得三票），翰林院侍读崇山（得三票），学部郎中范源廉（得三票），度支部员外郎震兴（得二票），农工商部参议上行走、前广东雷阳道英俊（得二票），内阁候补侍读常锡（得二票），学部主事祝椿年（得二票），内阁侍读陆嘉晋（得二票），翰林院秘书郎田智枚（得二票），外务部郎中保恒（得二票），翰林院侍读学士恽毓鼎（该员兼列入硕学通儒单内，得二票），翰林院检讨蒋式瑆（得二票），吏部郎中王闻长（得二票），法部参事刘钟琳（得二票），法部小京官阿林（得二票），度支部左参议曾习经（得二票），度支部郎中柏年（得二票），内阁候补中书王在宣（得二票），翰林院检讨马振宪（得二票），翰林院编修陈云诰（得二票），都察院掌江苏道监察御史石镜濂（得一票），度支部候补主事杨典诰（得一票），度支部主事谦恕（得一票），度支部候补主事秀麟（得一票），陆军部候补员外郎常存（得一票），度支部郎中文绶（得一票），都察院给事中陈应禧（得一票），礼部员外郎春林（得一票），礼部右参议李擢英（得一票），农工商部员外郎万际轩

（得一票），都察院给事中朱显廷（得一票），翰林院候补侍读王荣商（得一票），度支部候补主事黄珩（得一票），度支部候补参议署右参议晏安澜（得一票），陆军部主事广德（得一票），度支部候补主事觉罗瑞林（得一票），内阁中书蕴厚（得一票），度支部主事杨祖兰（得一票），翰林院侍读学士恩祥（得一票），礼部左参议曹广权（得一票），陆军部候补主事吕正斯（得一票），法部郎中陈棣堂（得一票），都察院掌河南道监察御史叶芾堂（得一票），翰林院编修喻长霖（该员兼列入硕学通儒单内，得一票），内阁侍读魁元（得一票），内阁中书斌清（得一票），内阁侍读福兴（得一票），度支部主事觉罗峻达（得一票），内阁中书觉罗崇福（得一票），农工商部员外郎崇衡（得一票），度支部主事赐恩（得一票），民政部郎中王守洵（得一票），度支部候补主事汪应焜（得一票），民政部员外郎乔保衡（得一票），翰林院侍讲学士杨捷三（得一票），度支部候补主事陈恩洽（得一票），礼部郎中麟祜（得一票），翰林院编修张祖荫（得一票），陆军部候补主事承英（得一票），前任民政部右参议吴廷燮（该员兼列入硕学通儒单内，得一票），度支部郎中志忠（得一票），陆军部郎中光裕（得一票），度支部学习主事许寿昌（得一票），内阁候补侍读廉普（得一票），度支部候补员外郎多贵（得一票），翰林院侍读吴士鑑（该员兼列入硕学通儒单内，得一票），内阁中书清云（得一票），法部员外郎文诠（得一票），内阁候补中书饶檟龄（得一票），法部候补员外郎毓秀（得一票），陆军部员外郎牛兰（得一票），内阁即补侍读思廉（得一票），邮传部员外郎梁用弧（得一票），内阁中书庆福（得一票），外务部参事郭家骥（得一票），翰林院侍讲景润（得一票），法部候补主事朱鸿祥（得一票），民政部候补主事刘学濂（得一票），法部小京官恩兴（得一票），内阁中书连增（得一票），陆军部候补主事豫梼（得一票），翰林院编修杨兆麟（得一票），民政部员外郎延龄（得一票），陆军部候补郎中曹汝英（得一票），度支部郎中陈锦涛（该员兼列入硕学通儒单内，得一票），翰林院编修欧家廉（得一票），翰林院秘书郎商衍瀛（得一票），度支部学习主事赵邦基（得一票），吏部候补主事宗室庆愈（得一票），内阁中书德禄（得一票）。

以上共一百六十人，遵章拟请钦选资政院议员三十二人。

《宫中档·光绪朝朱批奏折》

呈保硕学通儒备选资政院议员员名并原保官衔名清单

光绪三十三年

谨将保送硕学通儒备选资政院议员员名并原保官衔名缮具清单，恭呈御览。计开：

吴士鑑（原保四十一人，该员兼列入各部院衙门官单内）：原保官翰林院侍读荣光，侍讲云书、钱峻祥，撰文王同愈，秘书郎商衍鎏、商衍瀛，修撰王寿彭，编修王会厘、谢绪璠、赖际熙、张琴、温肃、刘嘉琛、陈云诰、盖钰、欧家廉、李湛田、王大钧、张祖荫、朱国桢、李端棨、林世寿、庄陔兰、区大典、何作猷、李翘燊、袁励准、冯恩崐、华焯、岑光樾、陈启辉，检讨张书云、余炳文、周廷幹、区大原、范桂萼、舒伟俊、水祖培、高桂馨、章梫、冯绍唐。

程明超（原保二十四人）：原保官理藩部尚书寿耆，邮传部左侍郎汪大燮，署邮传部右侍郎沈云沛，理藩部左侍郎达寿，都察院给事中涂国盛，翰林院侍读荣光，侍讲云书，都察院掌京畿道监察御史惠铭，翰林院编修胡大勋、朱元树、洪镕、王会厘、朱国桢、张成栋、林志烜、周杰、许承尧、章宗元、程宗伊、李湛田，检讨朱献文、章梫、水祖培、陆梦熊。

梁鼎芬（原保十五人）：原保官翰林院秘书郎商衍鎏、商衍瀛，编修温肃、岑光樾、欧家廉、区大典、黎湛枝、陈云诰、王大钧、张琴、李翘燊、何作猷、赖际熙，检讨周廷幹、区大原。

陈澹然（原保十五人）：原保官农工商部右侍郎杨士琦，大理院刑科推丞许受衡，翰林院侍讲学士世荣，都察院京畿道监察御史吴纬炳，掌江苏道监察御史石镜潢，掌湖南道监察御史石长信，翰林院编修周维藩、朱点衣、龚元凯、张之照、顾瑗、王震昌、李灼华，检讨范桂萼、冯绍唐。

劳乃宣（原保十四人）：原保官学部左侍郎严修，大理院少卿刘若曾，吏部左丞宝铭，右丞孙绍阳，右参议吴敬修，前任民政部右参议吴廷燮，丁忧开缺翰林院侍讲文斌，大理院候补推丞董康，裁缺国子监司业荫桓，在任候补四品京堂翰林院编修林炳章，都察院掌山东道监察御史英奎、王履康，掌辽沈道监察御史史履晋，奉天提学使司卢靖。

宋育仁（原保十四人）：原保官吏部右侍郎于式枚，署邮传部右侍郎沈云沛，内阁侍读学士奎善、延昌、甘大璋，翰林院秘书郎田智枚，编修衰冀保、谢绪璠、冯恩崑、黄德章、胡峻，检讨高桂馨、张书云、余炳文。

朱献文（原保十四人）：原保官理藩部左侍郎达寿，理藩部右侍郎恩顺，外城巡警总厅厅丞王善荃，翰林院编修程宗伊、黄德章、朱汝珍、程明超、章宗元、金兆丰、刘焜、周杰，检讨陆梦熊、程叔琳、虞铭新。

章宗元（原保十四人）：原保官度支部尚书、贝子衔镇国公载泽，外务部右侍郎邹嘉来，右丞曹汝霖，民政部右丞延鸿，外城巡警总厅厅丞王善荃，外务部左参议曾述棨，丁忧开缺左参议周自齐，候补三四品京堂李毓芬，署度支部右参议晏安澜，候补四品京堂陆宗舆，翰林院编修程明超、陈振先，检讨王建祖，出使俄国大臣萨荫图。

虞铭新（原保十二人）：原保官度支部右侍郎陈邦瑞，都察院掌新疆道监察御史德寿，翰林院候补侍读王荣商，撰文杨家骧，编修汪昇远、刘焜、徐潞、林志烜、史宝安、杨兆麟、黄彦鸿，检讨竺麐祥。

陈锦涛（原保十一人，该员兼列入各部院衙门官单内）：原保官度支部左丞陈宗妫，右丞傅兰泰，左参议曾习经，丁忧开缺外务部左参议周自齐，邮传部候补丞参詹天佑，造币厂正监督瑞丰，副监督锡廉，大清银行正监督张允言，副监督黎大钧，都察院给事中陈庆桂，掌京畿道监察御史赵炳麟。

乔树枬（原保十人）：原保官协办大学士、学部尚书荣庆，右丞孟庆荣，左参议林灏深，署右参议柯邵忞，丞参上行走吴鲁，候补参议李熙，国子丞徐坊，内阁侍读学士奎善、延昌，翰林院编修徐仁镜。

王闿运（原保九人）：原保官吏部尚书李殿林，右侍郎于式枚，仓场侍郎俞廉三，礼部左参议曹广权，大理院民科推丞王式通，都察院京畿道监察御史俨忠，掌安徽道监察御史黄瑞麒，湖南巡抚岑春蓂，署四川提学使赵启霖。

陈宝琛（原保九人）：原保官吏部尚书李殿林，左侍郎唐景崇，大学堂总监督刘廷琛，外务部左丞高而谦，左参议曾述棨，在任候补四品京堂、翰林院编修林炳章，都察院掌河南道监察御史、宗室瑞贤叶苾棠，翰林院编修喻长霖。

吴廷燮（原保九人，该员兼列入各部院衙门官单内）：原保官外务部右侍郎邹嘉来，大理院正卿定成，吏部左丞宝铭，丁忧开缺翰林院侍讲文斌，候补四品京堂劳乃宣，裁缺国子监司叶荫桓，都察院掌山东道监察御史英奎、王履康，东三省总督锡良。

钱承鋕（原保九人，该员兼列入各部院衙门官单内）：原保官度支部尚书、贝子衔镇国公载泽，候补三四品京堂李毓芬，署度支部右参议晏安澜，翰林院侍读吴士鑑，造币厂正监督瑞丰，副监督锡廉，大清银行正监督张允言，副监督黎大钧，候补四品京堂陆宗舆。

沈家本（原保八人）：原保官大理院正卿定成，少卿刘若曾，外务部左丞高而谦，右丞曹汝霖，内城巡警总厅厅丞章宗祥，民政部左参议汪荣宝，候补四品京堂劳乃宣，大理院候补推丞董康。

王先谦（原保八人）：原保官邮传部尚书徐世昌，仓场侍郎俞廉三，大学堂总监督刘廷琛，吏部右丞孙绍阳，左参议毓善，翰林院编修喻长霖，湖南巡抚岑春蓂，贵州巡抚庞鸿书。

孙葆田（原保七人）：原保官署法部右侍郎王垿，翰林院秘书郎田智枚，都察院辽沈道监察御史陈善同，翰林院编修赵东阶，四川总督赵尔巽，山东巡抚宝琦，署山东提学使司罗正钧。

严复（原保七人）：原保官海军大臣、郡王衔贝勒载洵，礼部右侍郎曾炘，学部左侍郎严修，礼部左参议曹广权，外务部右参议陈懋鼎，大理院民科推丞王式通，出使俄国大臣萨荫图。

张謇（原保六人）：原保官翰林院编修刘嘉琛、张祖荫、张之照、汪昇远、金兆丰，检讨杨思。

江瀚（原保六人）：原保官学部左丞乔树枏，右丞孟庆荣，丞参上行走吴鲁，候补参议李熙，国子丞徐坊，都察院掌江西道监察御史赵熙。

喻长霖（原保五人，该员兼列入各部院衙门官单内）：原保官吏部左侍郎唐景崇，翰林院侍读学士恽毓鼎，都察院掌京畿道监察御史赵炳麟，翰林院编修徐仁镜，检讨朱献文。

沈林一（原保五人）：原保官署学部左侍郎李家驹，学部右侍郎、宗室宝熙，翰林院学士锡钧，前民政部右参议吴廷燮，署学部右参议柯邵忞。

洪镕（原保五人）：原保官翰林院编修周维藩、龚元凯、朱点衣、王震昌，检讨李德鑑。

马其昶（原保四人）：原保官协办大学士、学部尚书荣庆，农工商部右侍郎杨士琦，翰林院检讨马振宪，安徽巡抚朱家宝。

蒯光典（原保四人）：原保官署学部左侍郎李家驹，左丞乔树枬，左参议林灏深，翰林院侍讲李经畲。

郑孝胥（原保四人）：原保官外务部右参议陈懋鼎，都察院掌河南道监察御史、宗室瑞贤叶芾棠，翰林院编修黄彦鸿。

恽毓鼎（原保四人，该员兼列入各部院衙门官单内）：原保官翰林院侍讲学士李士鉁、杨捷三，编修顾瑗、尹庆举。

胡思敬（原保四人，该员兼列入各部院衙门官单内）：原保官邮传部右参议胡祖荫，大理院刑科推丞许受衡，都察院京畿道监察御史俨忠，翰林院检讨李盛衔。

陶葆廉（原保三人）：原保官候补内阁学士陈宝琛，都察院副都御史陈名侃，翰林院侍读吴士鑑。

以上共三十人，遵章拟请钦选资政院议员十人。

《宫中档·光绪朝朱批奏折》

呈宗室王公世爵备选资政院议员合格员名清单

光绪三十三年

谨将宗室王公世爵备选资政院议员合格员名缮具清单，恭呈御览。计开：

和硕礼亲王世铎，和硕睿亲王魁斌，和硕肃亲王善耆（现任参预政务大臣），和硕庄亲王载功，和硕恭亲王溥伟，和硕庆亲王奕劻（现任军机大臣），多罗顺承郡王讷勒赫，多罗贝勒载瀛，多罗贝勒载润，多罗贝勒毓朗，贝勒衔固山贝子溥伦（现充资政院总裁），固山贝子毓橚，贝子衔奉恩镇国公载泽（现任参预政务大臣），奉恩镇国公溥霱（守护西陵），奉恩镇国公毓亨，奉恩镇国公毓敏，奉恩镇国公全荣（守护东陵），奉恩辅国公奎瑛（守护西陵），奉恩辅国公寿全，奉恩辅国公意普（守护东陵），奉恩辅国公溥葵，奉恩辅国公溥闵，奉恩辅国公溥钊。以上自和硕亲王至奉恩辅国公共二十三人，遵章拟请钦选资政院议员十人。

不入八分镇国公载岐，不入八分镇国公载铠，不入八分镇国公溥多，不入八分辅国公溥元，不入八分辅国公毓森，不入八分辅国公毓祥，不入八分辅国公诚厚，不入八分辅国公联宽，贝子衔镇国将军载振，不入八分辅国公衔镇国将军溥侗，镇国将军载勃，镇国将军毓盈，镇国将军隆普，镇国将军隆鑑，镇国将军隆志，镇国将军乐泰，镇国将军德岫，镇国将军善豫，镇国将军际符（现任复州城守尉），镇国将军安龄，辅国将军载铿，辅国将军溥量，辅国将军溥荃，辅国将军溥霱，辅国将军毓杲，辅国将军善岫，辅国将军怡善，辅国将军铁山，辅国将军谦华，辅国将军德裕（现任辽阳城守尉），辅国将军廷魁，奉国将军载光，奉国将军载燕，奉国将军载岭，奉国将军载𫞩，奉国将军溥善，奉国将军溥良（现任察哈尔都统），奉国将军溥棠，奉国将军溥莒，奉国将军毓照，奉国将军毓佑，奉国将军毓锵，奉国将军瑞亮，奉国将军恩荣，奉国将军盛昆，奉国将军成麟，奉国将军灵熙，奉国将军增祺，奉国将军铨福（现任察哈尔理事司员），奉国将军宝贤，奉国将军兴瑞，奉恩将军载申，奉恩将军载霞，奉恩将军载煜，奉恩将军载照，奉恩将军载钰，奉恩将军载励，奉恩将军载炜，奉恩将军载奎，奉恩将军溥阳，奉恩将军溥彩，奉恩将军毓宽，奉恩将军毓英，奉恩将军毓朴，奉恩将军耆征，奉恩将军延庆，奉恩将军祥增，奉恩将军英茂，奉恩将军惠普，奉恩将军祥厚，奉恩将军桂龄，奉恩将军联福，奉恩将军桂芳，奉恩将军益秀，奉恩将军恩钰，奉恩将军庆恕，奉恩将军文斌，奉恩将军荣兆，奉恩将军恩荣，奉恩将军玉通，奉恩将军荣昌，奉恩将军恩奎，奉恩将军朴厚，奉恩将军松瑞，奉恩将军荣秀，奉恩将军恩常，奉恩将军隆誉。以上自不入八分镇国公至奉恩将军共八十七人，遵章拟请钦选资政院议员六人。

《宫中档·光绪朝朱批奏折》

呈满汉世爵备选资政院议员合格员名清单

光绪三十三年

谨将满汉世爵备选资政院议员合格员名缮具清单，恭呈御览。计开：

一等不入八分镇国公海年，一等武毅谋勇公德寿，一等果毅继勇公铁麟，一等忠达公恩辉，一等信勇公锡明，一等义烈公希璋，一等海澄公黄懋澄（现任直隶宣化镇总兵），一等公锡露，一等公克文，八分辅国公衔三等承恩公桂祥，三等勇勤公存钟，三等承恩公恩荣，三等承恩公瑞兴（现任杭州将军），三等承恩公瑞兴（现任头等侍卫），三等承恩公志钧，三等承恩公庆麟，三等承恩公德善，三等承恩公珠尔杭阿，三等承恩公兴安，三等承恩公荣全，三等承恩公璞玉，续顺公荣墅，一等威勇侯富康，一等靖逆侯张培，一等承恩侯承荫，一等侯锡光，一等侯延秀，一等侯曾广銮，三等襄勇侯存兴，三等威勤侯琦瑶。以上一等公至三等侯共三十人，遵章拟请钦选资政院议员八人。

一等伯良沐，一等伯赵永铭（现任浙江处州镇总兵），一等伯曾广汉，二等宣义伯德启，三等威靖伯连奎，三等诚（毅）〔毅〕伯保林，三等伯恩涛，三等伯桂全，一等子松群，一等子安成，一等子信恺，一等子博霖，一等子荣惠，一等子荣恩，一等子福顺，一等子鲍祖恩（现任山东莱州府知府），一等子李长禄，二等子灵秀，二等子勋良，二等子钰朴，二等子成全，二等子峻功，二等子刘国定，二等子王国忠，三等子恩绶，三等子如璧，三等子钟润，三等子敬昌，三等子永福，三等子穆特布，三等子祥霖，三等子俊璋，三等子奎华，三等子陈步曾（现任浙江湖州协副将），三等子张裕辉，一等男德英额，一等男恩铭，一等男锡惠，一等男荣煜，一等男志龄，一等男桂龄，一等男普津，一等男达元，一等男陞林，一等男崇裕，一等男范先彝，一等男刘能纪，一等男刘家瑶，二等男文瑞（现任西安将军），二等男荣桂，二等男立端，二等男锡珍，二等男黄钺，三等男荣兆，三等男麟寿（现任归化城副都统），三等男联英，三等男乐斌，三等男世魁，三等男松秀，三等男文龄，三等男志福，三等男李前普，三等男邱世藩（现任浙江瑞安协副将），三等男胡祖荫。以上一等伯至三等男共六十四人，遵章拟请钦选资政院议员四人。

《宫中档·光绪朝朱批奏折》

呈外藩王公世爵备选资政院议员合格员名清单

光绪三十三年

谨将外藩王公世爵备选资政院议员合格员名分别开单，恭呈御览。计开：

科尔沁右翼中旗多罗贝勒凯毕，科尔沁左翼中旗札萨克和硕达尔汗亲王那木济勒色楞，科尔沁左翼中旗多罗郡王那兰格哷勒，科尔沁左翼中旗固山贝子扬散巴拉，科尔沁左翼中旗辅国公达赉，科尔沁左翼中旗辅国公呢玛，科尔沁右翼前旗札萨克多罗札萨克图郡王乌泰，科尔沁左翼后旗辅国公那逊阿尔毕吉呼，科尔沁左翼后旗辅国公博迪苏，科尔沁右翼后旗札萨克镇国公喇什敏珠尔，杜尔伯特旗札萨克固山贝子什哷布劳丕勒，郭尔罗斯后旗札萨克辅国公齐莫特散皈勒。以上哲里木盟共十二人，遵章拟请钦选资政院议员一人。

喀喇沁右旗札萨克多罗都楞郡王贡桑诺尔布，喀喇沁左旗札萨克多罗贝勒熙凌阿，喀喇沁中旗辅国公巴布色楞，土默特左翼札萨克多罗达尔汗贝勒色凌那木济勒旺宝，土默特右翼札萨克固山贝子棍布扎布。以上卓索图盟共五人，遵章拟请钦选资政院议员一人。

敖汉旗札萨克多罗郡王棍布扎布，敖汉旗多罗郡王色凌敦鲁布，敖汉旗固山贝子德色赉都布，巴林左旗固山贝子萨旺喇普坦，扎鲁特左翼旗札萨克多罗贝勒林沁诺依鲁布，扎鲁特右翼旗札萨克多罗达尔汗贝勒多布柴，扎鲁特右翼旗镇国公噜勒玛扎布，阿鲁科尔沁旗札萨克多罗贝勒巴咱尔济哩第，翁牛特左旗札萨克多罗都楞郡王赞巴勒诺尔布，翁牛特左旗镇国公旺布林沁。以上昭乌达盟共十人,遵章拟请钦选资政院议员一人。

浩齐特左旗札萨克多罗额尔德呢郡王色隆托济勒,苏尼特右旗辅国公特穆尔,阿巴噶右旗多罗卓哩克图郡王布彦乌勒哲依,阿巴噶左旗札萨克多罗郡王杨桑,阿巴噶左旗固山达尔罕贝子贡多桑保,阿巴噶左旗辅国公布彦托克托呼,阿巴哈那尔左旗札萨克固山贝子车凌多尔济。以上锡林郭勒盟共七人,遵章拟请钦选资政院议员一人。

西子部落札萨克多罗达尔罕卓哩克图郡王勒旺诺尔布、茂名安旗多罗贝勒棍布,乌喇特前翼旗札萨克镇国公克什克德勒格尔,喀尔喀右翼旗札萨克多罗达尔罕贝勒云端旺楚克,喀尔喀右翼旗固山贝子明珠尔多尔济。以上乌兰察布盟共五人,遵章拟请钦选资政院议员一人。

鄂尔多斯左翼中旗札萨克多罗郡王特古斯阿勒坦呼雅克图,鄂尔多斯左翼前旗札萨克固山贝子散济密都布,鄂尔多斯左翼后旗札萨克固山贝子图们巴雅尔,鄂尔多斯右翼前旗札萨克固山贝子察克都尔色楞,鄂尔多斯右翼后旗札萨克固山贝子阿尔宾巴雅尔。以上依克昭盟共五人,遵章拟请钦选资政院议员一人。

后路右翼左旗札萨克和硕亲王刚达多尔济,后路中右旗札萨克多罗郡王车林巴布,后路左翼中旗札萨克多罗郡王阿囊达瓦济尔,后路中旗札萨克固山贝子绷楚克车林,后路左翼后旗札萨克镇国公察克都尔扎布,后路左翼左中末旗札萨克辅国公鄂达尔托克齐布扬瓦齐尔,后路右翼右旗札萨克辅国公阿勒坦呼雅克。以上汗山盟共七人,遵章拟请钦选资政院议员一人。

东路车臣汗旗闲散辅国公什固尔诺尔布,东路中右旗札萨克多罗郡王多尔济帕拉穆,东路中末旗札萨克固山贝子多尔济车林,东路左翼前旗札萨克镇国公车林呢玛,东路中后旗札萨克辅国公通阿拉克,东路右翼中右旗札萨克辅国公那喇莽达呼,东路中前旗闲散镇国公伊达木苏伦。以上克鲁伦巴尔城盟共七人,遵章拟请钦选资政院议员一人。

西路左翼中旗札萨克镇国公达木党苏伦,西路左翼右旗札萨克镇国公苏克苏伦,西路中左翼右旗札萨克辅国公巴彦济尔噶勒,西路左翼前旗札萨克辅国公棍楚克丹巴,西路右翼右旗札萨克辅国公棍布苏伦,西路右翼右末旗札萨克辅国公班扎尔拉克察,西路右翼前旗闲散辅国公达什车林。以上扎克河源毕都哩雅诺尔盟共七人,遵章拟请钦选资政院议员一人。

中路三音诺彦旗三音诺彦札萨克和硕亲王那木囊苏伦，中路中左末旗札萨克和硕亲王那彦图，中路中左末旗闲散固山贝子扎木萨林扎布，中路中左末旗闲散辅国公额色哩克莽奈，中路中左末旗闲散辅国公洛布桑吹木伯勒，中路中右旗札萨克多罗郡王库鲁固木扎布，中路中前旗札萨克多罗贝勒栋多布章沁，中路额鲁特旗札萨克固山贝子齐莫特德里克，中路中末旗札萨克镇国公岗昭尔扎布，中路中末旗闲散辅国公玛克苏尔扎布，中路中后旗札萨克辅国公都噶尔扎布，中路右翼中左旗札萨克辅国公达钦拉布坦，中路右翼末旗札萨克辅国公达什多尔济，中路中右翼末旗闲散辅国公索诺木多尔济。以上齐齐尔哩克盟共十四人，遵章拟请钦选资政院议员一人。

南路旧图尔扈特右旗札萨克辅国公诺尔布林沁，东路旧图尔扈特左旗札萨克固山伊特格勒贝子德恩沁阿拉什，中路霍硕特中旗札萨克固山阿穆尔凌贵贝子桑济扎普，左翼杜尔伯特旗札萨克特古斯库鲁克达奇汗噶勒彰那木济勒，左翼杜尔伯特中旗札萨克多罗郡王都格莫勒，左翼杜尔伯特中上旗札萨克固山贝子纳楚克多尔济，左翼杜尔伯特中后旗札萨克辅国公图都布，右翼杜尔伯特前旗札萨克和硕亲王索特那木扎木柴，右翼杜尔伯特前右旗札萨克多罗贝勒图们济尔噶勒，新图尔扈特右旗札萨克多罗弼里克图郡王密什克栋固噜布，扎哈沁闲散三等信勇公策林多尔济。以上科布多及新疆所属蒙古各旗共十一人，遵章拟请钦选资政院议员一人。

青海霍硕特前首旗札萨克多罗郡王巴勒珠尔拉布坦，青海霍硕特西前旗札萨克多罗郡王鞴克济尔噶朗，青海霍硕特前左翼首旗札萨克多罗郡王栋阔林沁，青海霍硕特西后旗札萨克多罗贝勒车林端多布，青海霍硕特北左翼旗札萨克固山贝子那木当吹固尔，青海霍硕特北右翼旗札萨克固山贝子吹木不勒诺尔布，西套额鲁特阿拉善霍硕特旗闲散镇国公勒旺诺尔布，西套额鲁特阿拉善霍硕特旗闲散镇国公普勒忠呢什尔，额济纳旧图尔扈特旗札萨克多罗贝勒达什，伊克明安闲散辅国公巴勒吉呢玛，霍硕特闲散辅国公罗布桑索特巴，霍硕特闲散辅国公车旺哩克津，绰罗斯闲散固山贝子唐古色。以上青海所属及此外蒙古各旗共十三人，遵章拟请钦选资政院议员一人。

哈密札萨克回子亲王沙木胡索特，阿克苏回子郡王衔贝勒哈迪尔，和阗回子辅国公木沙，拜城回子辅国公司迪克。以上回部共四人，遵章拟请钦选资政院议员一人。

唐古忒札萨克辅国公那木济勒错布丹,以上西藏一人,遵章拟请钦选资政院议员一人。

《宫中档·光绪朝朱批奏折》

呈宗室觉罗互选当选人备选资政院议员员名清单

光绪三十四年

谨将宗室觉罗互选当选人备选资政院议员员名缮具清单,恭呈御览。计开:

一、京师宗室:松溥(得二十四票),奕员(得十票),英凯(得八票),定秀(得八票),溥恩(得八票),豫锜(得六票),世珣(得五票),载衍(得五票),勋锐(得四票),齐贤(得四票),扎拉芬(得四票),麟铨(得三票),恒年(得三票),法什商阿(得三票),敬祚(得二票),荣普(得二票),载岫(得二票),普广(得二票),纯续(得二票),载通(得二票),文业(得二票),文铭(得二票),全凯(得二票),钟秀(得二票)。

一、奉天宗室:成善(得六十一票),广纶(得四十四票),博治(得三十五票),德深(得三十四票),丰惠(得二十五票),普兴(得二十票),阿力布(得十二票),希廉(得十票),斌瑄(得十票),德恩(得九票),润辅(得九票),国玺(得八票),凤翔(得八票),谟得里(得八票),依龄阿(得八票),继善(得七票)。

以上宗室共四十人,遵章拟请钦选资政院议员四人。

一、京师觉罗:景安(得七票),宝麟(得五票),福绵(得五票)。

一、奉天觉罗:宜纯(得一百二十四票),常寿(得一百十三票),富陞阿(得五十四票),成志(得五十二票),抡魁(得四十九票),铭荣(得三十三票),佛保住(得三十三票),宝符(得二十九票),宝琨(得二十四票),依尚阿（得二十三票），文韬（得二十一票），普英（得十七票），绪连（得十二票），普恩（得十二票），书勒（得十票），福克精阿（得八票），恩元（得八票）。

以上觉罗共二十六人，遵章拟请钦选资政院议员二人。

《宫中档·光绪朝朱批奏折》

呈各省谘议局互选资政院议员员名清单

光绪三十四年

谨将各省谘议局互选资政院议员员名缮具清单，恭呈御览。计开：

一、奉天三人：陈瀛洲、王玉泉、书铭。

一、吉林二人：庆山、徐穆如。

一、黑龙江二人：桂山、达杭阿。

一、顺直九人：齐树楷、李榘、刘春霖、籍忠寅、于邦华、吴德镇、陈树楷、李搢荣、胡家祺。

一、江苏七人：许鼎霖、孟昭常、雷奋、夏寅官、马士杰、潘鸿鼎、方还。

一、安徽五人：江谦、江辛、柳汝士、李国筠、陶镕。

一、江西六人：闵荷生、邹国玮、汪龙光、刘景烈、喻兆蕃、文龢。

一、浙江七人：陈敬第、余镜清、郑际平、王廷扬、邵羲、王佐、陶保霖。

一、福建四人：康詠、杨廷纶、张选青、李慕韩。

一、湖北五人：胡柏年、陈国瓒、郑潢、谈钺、陶峻。

一、湖南五人：罗杰、汤鲁璠、冯锡仁、唐右桢、易宗夔。

一、山东六人：陈命官、王昱祥、彭占元、尹祚章、郑熙嘏、蒋鸿斌。

一、河南五人：王绍勋、张之锐、彭运斌、李时灿、陶毓瑞。

一、山西五人：梁本翘、李华炳、解荣辂、刘緜训、刘志詹。

一、陕西四人：周镛、吴怀清、卢润瀛、梁守典。

一、甘肃三人：王曜南、杨锡田、罗其先。
一、四川六人：李文熙、高凌霄、张政、刘纬、郭策勋、万慎。
一、广东五人：刘曜垣、周廷励、王廷献、黄毓棠、刘述尧。
一、广西三人：黄洒昌、冯汝梅、吴赐龄。
一、云南四人：陈荣昌、张之霖、顾视高、范彭龄。
一、贵州二人：钟振玉、牟琳。

《宫中档·光绪朝朱批奏折》

敬陈开办资政院大略情形并请派员帮同厘订章程折

光绪三十四年二月

奏为敬陈开办资政院大略情形并请派员帮同厘订章程恭折仰祈圣鉴事。上年八月十三日钦奉懿旨：立宪政体取决公论，上、下议院实为行政之本，中国上、下议院未能成立，亟宜设资政院以立议院基础，著派溥伦、孙家鼐充该院总裁，所有详细院章由该总裁会同军机大臣妥慎拟订，请旨施行，钦此。当经暂借内阁衙门作为筹办之所，并请颁给关防以资钤用，业经奏明在案。臣等窃维立宪之国必有议会，而议会之成有宪法以定大纲，更有议院法以详细目，现设资政院既为上、下议院之始基，则今日拟定之院章即为他日议院法之根本。臣等奉命之初，遵即会商办法，当以院章关系重要，非慎选妥员随同厘订不足以臻周密，旋经会同军机大臣遴选得署学部右侍郎内阁学士宝熙，署农工商部右侍郎右丞沈云沛，前通政使顾瑗，民政部右参议汪荣宝，御史俾寿、赵炳麟，署民政部参事、农工商部主事章宗祥，外务部主事曹汝霖，法政科进士程明超等九员酌定纲目，分任拟稿。数月以来，臣等会议十余次，并将前年厘定官制、王大臣原奏资政院官制草案折衷圣训量为增删，并会同军机大臣详加讨论，复蒙特派景星俞廉三、丁振铎、曹鸿勋、陆元鼎等协理开办资政院事务，筹议一切深资赞助，刻下闳纲略定，俟详加复核即当先行奏闻。其余条目仍须次第厘定，以期迅速告成，上副朝廷实行立宪之至意。惟事体重大，条理纷繁，自宜广益集思，冀可推行无弊。前派各员共事多日，颇著勋劳，拟订章程亦均妥洽，自应奏明派定，以昭郑重而专责成。拟请将顾瑗、汪荣宝、俾寿、赵炳麟、章宗祥、曹汝霖、程明超等七员奏调臣院，帮同厘定开办院章各事宜。其宝熙、沈云沛二员品秩较崇，未便奏调，合无仰恳天恩，仍令兼在臣院帮办一切。如蒙俞允，即由臣等分别行知各该员钦遵办理。所有敬陈开办资政院大略情形并请派员帮办各缘由是否有当，谨恭折具陈，伏祈皇太后、皇上圣鉴训示。谨奏。

光绪三十四年二月十三日奉旨：依议。钦此。

《政治官报·折奏类》第一百四十一号

呈资政院帮办章宗祥履历单

光绪三十四年

章宗祥，现年三十岁，系浙江乌程县廪贡生。光绪二十三年由南洋公学派赴日本游学，入东京国家大学法政科。二十九年毕业回国，充大学堂仕学馆进士馆教习。三十年二月，充法律馆纂修官兼协理提调。三十一年二月，经商部奏保以主事在部学习。三十二年二月，充商务官报局提调，九月派充考察政治馆行走，是月由查办东三省事件大臣奏充随员。三十三年五月，经农工商部奏留候补主事，七月经民政部调用派充则例局提调并参议上行走，八月预保堪胜参议。十月经法律馆奏调派充总纂，是月经宪政编查馆奏充编制局副局长，十一月奏署民政部参事。三十四年二月奏补民政部参事，是月奏充资政院帮办事务。前经东三省总督徐世昌等保荐人才，于六月蒙钦派大臣查验询问，七月初三日奉旨：著预备召见。

《宫中档·光绪朝朱批奏折》

资政院选录事

资政院自九月二十八日迁移新署后,伦、孙两总裁于初三日午刻会同各职员提议改建院署,并拟定选派科长、科员及招考录事等事。

《申报》,光绪三十四年十月初九日

东三省总督锡良奏为查奉省谘议局互选资政院议员事

宣统元年

再,查奉省谘议局互选资政院议员,遵章于十月十一日在局举行互选,照章监督投票、开票、检票,仅得当选人六名,并无得票及格额满,见遗之候补当选人嗣经臣等复加选定,拣选知县陈瀛洲、王玉泉,考职巡检书铭等三名作为资政院议员榜示投票所,仍于闭会后遵发资政院议员执照,即为陈瀛洲等选充资政院议员之期虽在延会期内互选,于该员等议事职务仍无妨碍。至谘议局议员缺额,业经照章饬令选补。除分咨查照外,理合附片具陈,伏乞圣鉴。谨奏。

朱批:览。

《宫中档·宣统朝朱批奏折》

东三省总督锡良奏为派令金梁充任宗室觉罗互选资政院议员管理员事

宣统元年

再,查资政院选举议员章程内开:宗室觉罗互选资政院议员在奉天以东三省总督为监督,应设互选管理员一员奏明派充等语。现已由奴才照章认真监督筹办,并查有奉天旗务处总办保送同知金梁堪以派充互选管理员,业饬该员将应行调查互选人名册暨一切管理事宜先期详慎规划,禀由奴才核定施行,俾届时举行互选不致贻误。除咨资政院暨宪政编查馆分别查照外,理合附片具陈,伏乞圣鉴。谨奏。

朱批:该衙门知道。

《宫中档·宣统朝朱批奏折》

四川总督赵尔巽奏为举行资政院议员选举事

宣统元年十一月二十八日

奏为举行资政院议员选举事宜恭折仰祈圣鉴事。窃维资政院为取决全国公论机关,并为将来上、下议院基础,关系至为重要。而举行该院议员选举实为本年应行筹备宪政之一,奴才前于十月准资政院咨行该院议员选举章程当即遵照办理。查该院选举为各省所首应举办者为谘议局互选资政院议员,照院章第一条四川谘议局互选资政院议员定额六名,其互选当选人以议员定额数之二倍为率,计四川应得互选当选人十二名。又第二条各省谘议局互选资政院议员于每届选举年分前一年十月十一日在各省谘议局行之等语。奴才因本年谘议局常年会延长会期五日，于十月十六日闭会，遂定于是日举行互选。先期札饬谘议局拟订互选详细规则妥为核定，届日亲莅该局监察一切，由该局议员照章投票，互选出当选人十二名，候补当选人一名，旋据谘议局办事处造具当选人及候补当选人名册，连同票纸呈送前来。经奴才就前列当选人复加选定六名为资政院议员，榜示投票所，各议员执照一俟资政院颁发格式到时即行填给，并由奴才另造议员名册，连同当选人及候补当选人原册咨送资政院存案。此谘议局互选资政院议员所办理已毕者也。至纳税多额者选举资政院议员及硕学通儒选举资政院议员事宜，先后准资政院、学部咨行举办，已饬布政使王人文充当纳税多额者互选监督，会同商务总会总协理遴选相当人员详请派充互选管理员，将调查及一切应办事宜照章妥慎办理。惟硕学通儒骤难其选，应由奴才及提学使详为搜访，务期扬鸿博之真材，备朝廷之甄择。一俟日内选定，即行保送学部，免误定限。所有举行资政院议员选举缘由，理合恭折具奏，伏乞皇上圣鉴。谨奏。

朱批：该衙门知道。

《宫中档·宣统朝朱批奏折》

闽浙总督松寿奏为选举闽省资政院议员情形事

宣统元年十二月廿二日

再，举行资政院选举为第二年筹备事宜之一，前准资政院咨行奏准各项议员选举章程内应由各省互选及保送者凡三项，惟谘议局互选议员一项，闽省定额四人，照章应先于本年十月十一日举行互选，业经奴才于是日亲莅该局监督。各议员按照定额二倍之数投票，选举以得票过半数者为当选，计先后投票三次，始足八人之额，复由奴才就前列当选人内复加选定，选得在籍内阁中书康咏、在籍翰林院编修杨廷纶、举人张选青、在籍江西优贡知县李慕韩，均堪充任资政院议员。除照章填给执照，另造各该议员名册，连同当选人原册咨送资政院查照，并将硕学通儒、纳税多额两项议员督饬藩、学两司遵章分别搜访调查，依限保送互选外，谨附片具陈，伏乞圣鉴。谨奏。

朱批：该衙门知道。

《宫中档·宣统朝朱批奏折》

资政院职官年表

年月日	总　裁	副总裁	协　理	帮　办
光绪三十三年丁未（1907）八月十三日（9月20日）	（皇族）贝子溥伦、孙家鼐（武英殿大学士）		十二月十七日（1月20日）协理开办资政院事务。（满）景星（前福州将军）、陆元鼎（前江苏巡抚）、丁振铎（前云贵总督）、俞廉三（前山西巡抚）	
光绪三十四年戊申（1908）	（皇族）贝子溥伦、孙家鼐（武英殿大学士）		（满）景星、陆元鼎、丁振铎、俞廉三	二月十三日（3月15日）帮办开办事务。（满）宝熙、沈云沛（农右丞）、顾瑗（内阁侍读学士）
宣统元年己酉（1909）	（皇族）贝子溥伦、孙家鼐（武英殿大学士）		（满）景星、丁振铎、俞廉三、（汉军）李家驹（内阁学士）	（满）宝熙（学部右侍郎）、沈云沛（署邮传部左侍郎）、顾瑗（邮传部右侍郎）
宣统二年庚戌（1910）	（皇族）贝子溥伦	沈家本（修律大臣）	（满）景星（正月死）、丁振铎、俞廉三（仓场侍郎）、曹鸿勋（九月死）、（汉军）李家驹	（满）宝熙、沈云沛（吏部右侍郎）、顾瑗

一、资政院之成立

年月日	总　　裁	副总裁	协　理	帮　办
宣统三年辛亥（1911）	（满）世续（文华殿大学士）、李家驹、许鼎霖（奉天交涉使任）	李家驹、（满）达寿		

二、资政院规章

考察政治馆拟具资政院官制清单

光绪三十二年九月

谨拟资政院官制,缮具清单,恭呈御览。

资政院以政务处改设,为立宪预备,谨遵谕旨,大权统于朝廷,庶政公诸舆论之意,设此院为采取舆论之地,以宣上德,而通下情。第政府有必采舆论而施行之事,而该院无强政府以施行之权,可与政府互相维持,为他日议院之权舆焉。

第一条　资政院遴选京外才智之士,采取舆论,以通达下情,条陈治理,为立宪预备。

第二条　资政院总裁一人,即为本院议长,以王公大臣著有勋劳通达治体者,由特旨简派。

第三条　资政院副总裁二人,即为本院副议长,以曾任尚书、侍郎、督抚及出使大臣著有才望学识者,由特旨简派。

第四条　资政院参议员以钦选、会推、保荐之法定之，共合一百三十三人。其分类如左：

一、王公世爵勋裔之已满三十五岁者，钦选十人。

二、京员已满三十岁者，会推五十四人。

三、宗室觉罗、京内外八旗士绅已满三十岁者，由宗人府、京内外将军、都统共保荐三人。

四、各省官绅士商已满三十岁者，由督抚保荐六十六人。

第五条　除上条所定员数外，其勋德（闻）〔素〕望之绅耆或富商报效巨款至五万金以上者，均得奉特旨钦派为额外参议员。

第六条　王公世爵待选之法，由宗人府、内阁查明合格之人，缮具（全）〔清〕单，奏请钦选。

第七条　京员会推之法，由各该衙门查明合格人员造册咨送本院，由总裁、副总裁刊印名册并选举票，先期知会本人，令各书所推一人钤印封送本院投匦，定期公开，并咨请集贤院大臣监视。

第八条　宗人府、京内外将军、都统、督抚保荐之法，由下开各项处所先行公举，以被推人数最多者定之，并将得举票数榜示。

一、学务公所及劝学会。

二、商会。

三、地方官监督地方自治各局所。

第九条　下开各项不得为本院参议员：

一、陆海军人员及军人。

二、司法各官。

三、巡警各官。

四、收税各官。

五、审计官。

六、行政裁判官。

七、学堂肄业之学生。

八、中小学堂教员。

九、管理选举事务各员。

十、有刑事及负债人员。

第十条　督抚保荐之参议员，奉天、吉林、黑龙江、直隶、山东、山西、河南、陕西、甘肃、新疆、四川、湖北、湖南、安徽、江苏、江西、浙江、福建、广东、广西、云南、贵州等二十二省合成六十六人。应视各省人数之多少，程度之高下，由总裁、副总裁会同民政部指定每省应保几人，先期电知办理。

第十一条　每年正月二十日至四月二十日为开院之期。由总裁、副总裁请旨，特派亲贵大臣到院行开院式，宣布应议事宜。

第十二条　资政院应议事件，开列于左：

一、奉旨饬议事项。

二、新定法律事项。

三、岁出入之预算事项。

四、税法及公债事项。

五、人民陈请事项。

第十三条　前条人民陈请事件，苟有学务公所及劝学会、商会并地方官监督地方自治各局所介绍代陈者，本院不得拒绝。若未经此等处所介绍者，本院得酌量批驳。

第十四条　资政院所陈事件，由总裁、副总裁咨送内阁，请旨施行。若内阁总理大臣、副大臣以为不可行，须亲临本院或派员陈明己见，本院不得强政府施行。

第十五条　资政院于政治得失关系重要事件，经本院议定后，总裁、副总裁得联衔封奏，并得请旨入对。

第十六条　资政院会议事件如由内阁交议者，应会同内阁总理大臣、左右副大臣联衔具奏。

第十七条　资政院会议分通常、临时二种。通常会议之期日，于一个月前文电通知，并刊布官报。临时会议之期日，临时文电通知，并刊布官报。

第十八条　资政院非全院三分之二以上列席，不得开议。

第十九条　资政院开议时，由总裁、副总裁咨请民政部选派巡长、巡警，听候议长指挥。

第二十条　总裁有事故时，副总裁以次代理之。

第二十一条　资政院开议时，参议员中有违背规则、扰乱秩序时，议长有戒饬禁止之权，违者扶出院外。

第二十二条　资政院开议时，如全院有扰乱秩序情形，议长得饬令暂行停议。

第二十三条　资政院各员于议事范围外，不得语涉侵侮及攻发阴私。如有以上等情，被辱之员得呈请议长惩处，不得私相报复。

第二十四条　遇有上项惩处时，本院得于参议员中选派临时审查员，定惩处之法，由议长决之。其惩处事项如左：

一、语言谴责。

二、饬该员当场谢过。

三、停止列席若干日。

四、黜退。

资政院黜退者，须以全院三分之二以上人数决之。

第二十五条　遇上条黜退时，如为王公世爵勋裔等人，应请旨办理。

第二十六条　资政院参议员如原有专折奏事之权，于本院现行开议之事不得陈奏。

第二十七条　资政院自行提议事件，非有参议员三十人以上同意者不得开议。

第二十八条　资政院会议之事，以参议员过半人数同意时定之。若可否同数，则由议长定之。

第二十九条　资政院用抽签法，分参议员为数科，每科设置科长一人，由科员中公推，其科目由总裁、副总裁定之。

第三十条　资政院有调查事件时，可特设调查科员调查其事，事讫呈报总裁、副总裁。

第三十一条　内阁交议事件，不经调查科之调查不得议决。但事务紧急时不在此例。

第三十二条　由内阁交议预算事件，本院应选派调查科员，于一个月内调查明确方得开议。

第三十三条　资政院遇特派调查科员时，应咨明内阁政务大臣查照。

第三十四条　资政院议定事件，由总裁、副总裁咨明内阁。若经内阁驳令再议时得重新开议，但以三次往复为止。

第三十五条　资政院参议员得以三十人以上之同意呈递说帖，经总裁、副总裁咨商内阁候复。

第三十六条　资政院于第十三条陈请事件公议许可时，应附递说帖，咨送内阁候复。

第三十七条　凡涉及司法及行政审判之陈请事件，资政院不得收受。

第三十八条　资政院议事日记，由总裁、副总裁咨送内阁政务大臣查照。

第三十九条　资政院于开院期内，除内阁政务大臣外不得与他种衙门文书往复。

第四十条　资政院不得向人民发帖告示及传唤人民。

第四十一条　资政院参议员除现犯罪案外，当开院时期，苟未经总裁、副总裁许可者不得逮捕。

第四十二条　资政院参议员公务上之言论行为，他人不得加以诽毁侮辱或嘱托迫胁。如有以上等情，该员得实据呈控，其规定另于厘订各项法律时定之。

第四十三条　资政院应设院正、院副各一人，常川住院，监督秘书厅事务。由参议员公推正、副各三人，呈由总裁、副总裁开单，请旨简派。

第四十四条　资政院置秘书厅，应设书记官长一人，书记官数人，承总裁、副总裁之命，编纂议事日记及各种文件兼理会计庶务。

第四十五条　资政院书记官长为请简官，书记官为奏补官。

第四十六条　资政院人员以二年为一任，任满时奏请钦选，并举行公推保荐。其任满仍被推荐者仍得连任，惟连任以二次为限。

第四十七条　资政院人员遇有被检举不合资格时，由总裁、副总裁选派调查科员查明议决。

第四十八条　资政院参议员请假时不得逾十日，如逾十日必经总裁、副总裁许可，惟不得请长假。

第四十九条　资政院参议员非确有正事先期呈明总裁、副总裁核定者，不得临时托故不到。

第五十条　资政院参议员以外，不经总裁、副总裁特许者，不得入座旁听。

第五十一条　资政院秘书厅办事章程，由总裁、副总裁自定之。

第五十二条　资政院制应视人民进步之迟速，每年开院前变通增减，奏请施行。

《清民政部档案》，引自《中华民国史档案资料汇编》第一辑，第93—98页

资政院等奏拟订资政院院章折（附清单）

光绪三十四年六月初十日

奏为逐次拟订资政院院章，恭折仰祈圣鉴事。

光绪三十三年八月十三日钦奉懿旨：立宪政体取决公论，上、下议院实为行政之本。中国上、下议院未能成立，亟宜设资政院以立议院基础，著派溥伦、孙家鼐充该院总裁。所有详细院章，由该总裁会同军机大臣妥慎拟订，请旨施行。钦此。窃维立宪国之有议院，所以代表民情，其议员多由人民公举，凡立法及预算、决算必经议院协赞，方足启国人信服之心。《大学》云：民之所好好之，民之所恶恶之。《孟子》云：所欲与聚，所恶勿施。又云：乐以天下，忧以天下。皆此理也。昔先哲王致万民于外朝，而询国危国迁，实开各国议会之先声。日本在预备立宪之时，于明治四年设左右院，七年开地方会议，八年立元老院，至二十三年遂颁宪法而开国会，其所以筹立议院之基者至详且备也。钦惟我皇太后、皇上本先圣之绪言，采列邦之法制，特设资政院立上、下议院之基础，仁心仁政，薄海同钦。

臣等敬体斯义，旁考各国成规，揆以中国情势，谨拟资政院章目次：首总纲，次选举，次职掌，次资政院与行政衙门之关系，次资政院与各省谘议局之关系，次资政院与人民之关系，次会议，次纪律，次秘书厅官制，次经费，凡十章，事求其可行，理求其至当，以为他日议院法之初基。现在第一章总纲、第二章选举，业经臣等详慎拟订，其余八章俟臣等会同妥议，逐次厘订后，陆续奏

闻。惟该院事皆创始，头绪纷繁，一切章程如有应行损益之处，容由臣等体察情形，再行随时更定，奏明办理。

除将总纲、选举两章缮单恭呈御览外，所有（遂）〔逐〕次拟订院章缘由恭折具陈，伏乞皇太后、皇上圣鉴训示。再，此折系资政院主稿，会同军机大臣办理，合并陈明。谨奏。

光绪三十四年六月初十日奉旨：依议。其余八章著即迅速妥订，具奏请旨。钦此。

附：清单

谨将拟订资政院总纲、选举两章缮具清单，恭呈御览。

第一章　总　纲

第一条　资政院钦遵谕旨，以取决公论，豫立上、下议院基础为宗旨。

第二条　资政院总裁二人，总理全院事务，以王公大臣著有勋劳通达治体者，由特旨简充。

第三条　资政院副总裁二人或四人，佐理全院事务，以三品以上大员著有才望学识者，由特旨简充。

第四条　资政院议员以钦选及互选之法定之。

第五条　资政院议员于院中应有之权，一律同等，无所轩轾。

第六条　资政院会议期分为二种：一常年会，一临时会。常年会每年一次，会期以三个月为率。临时会无定次，会期以一个月为率。

第七条　资政院开会、闭会均明降谕旨，刊布官报。

第八条　资政院开会之日，恭请圣驾临幸，或由特旨派遣亲贵大臣恭代行开会礼，宣布本期应议事件。

第二章　选　举

第九条　资政院议员由左列各项人员年满三十岁以上者选充：一、王公世爵，一、宗室觉罗；一、各部院衙门官四品以下者，但审判官、检察官及巡警官不在此限；一、业主有资产满一百万圆以上，而有被选为谘议局议员之资格者；

一、各省谘议局议员。

第十条　王公世爵由军机处会同宗人府、理藩部查明合格人员，缮具（名）〔清〕单，奏请钦选，以不逾十人为限。

第十一条　宗室觉罗、各部院衙门官及业主，由宗人府、吏部、民政部分别查明合格人员，造具名册咨送本院。经各该员互选后，由本院将得票多数者按照左列定额，多开数员，奏请钦选。宗室觉罗五人，各部院衙门官一百人，业主十人。

第十二条　宗室觉罗、各部院衙门官及业主互选之法，由资政院刊印合格人员名册并选举票，先期知会本人，令各书所选一人封送本院投【匦】，定期公开。

第十三条　各省谘议局议员俟互选后，由本省督抚择其乡望素优而得票较多者，按照定额咨送本院，奏明立案。

第十四条　各省谘议局议员以各省定额总数十分之一为选出资政院议员之定额。

第十五条　资政院议员选举详细办法，照另定选举章程行之。

《东方杂志》第五卷第七号，第11—13页

资政院会奏续拟院章并将前奏各章改订折（附清单）

宣统元年七月初八日

窃臣等前于光绪三十四年六月初十日具奏逐次拟订资政院院章一折，内开院章目次：首总纲，次选举，次职掌，次资政院与行政衙门之关系，次资政院与各省谘议局之关系，次资政院与人民之关系，次会议，次纪律，次秘书厅官制，次经费，凡十章。现在第一章总纲、第二章选举业经臣等详慎拟订，其余八章俟臣等会同妥议，逐次厘订，陆续奏闻等语，奉旨俞允在案。窃维资政院为上、下议

院之基础，而各省谘议局又为资政院储材之阶，规制相因，事理相近，若谘议局办法茫无端绪，则资政院亦终无成立之期。当经臣等会同宪政编查馆大臣，将各省谘议局章程并该局选举章程详拟具奏，钦奉谕旨颁行，各省一体遵办。臣等旋即商同协理、帮办各员，将原奏目次职掌以下八章悉心拟议，分别属草，务与现定谘议局章程无相抵牾，即为将来上、下议院法之根本。数月以来，讨论多次，所有八章草案一律粗定。其总纲、选举两章原奏曾经声明，如有应行损益之处，容由臣等体察情形，再行随时更定奏明办理。迭经臣等详加复核，将原奏选举一章酌量修正，仿照谘议局章程体例，改第二章目次为议员，专详资格、额数、分类、任期等项，而以选举详细办法一律归入另定选举章程内，以免混淆而便遵循。

伏查钦定逐年筹备事宜清单，内开颁布资政院院章、举行该院选举，为本年应办之事。现在院章既经臣等详慎拟订，一律告成，自应及时具奏，请旨钦定颁布。除选举章程及各种细则由臣等另行筹拟随时奏陈外，兹谨将改订原奏两章及续订八章一并缮具清单，恭呈御览。伏候圣明裁定，宣示施行，（用）〔以〕昭郑重。

再，此折系资政院主稿，会同军机大臣办理，合并声明。谨奏。

附：清单

谨将改订资政院院章两章暨续订八章缮具清单，恭呈御览。

第一章　总　纲

第一条　资政院钦遵谕旨，以取决公论，预立上、下议院基础为宗旨。

第二条　资政院总裁二人，总理全院事务，以王公大臣著有勋劳通达治体者，由特旨简充。

第三条　资政院副总裁二人，佐理全院事务，以三品以上大员著有才望学识者，由特旨简充。

第四条　资政院议员以钦选及互选之法定之。

第五条　资政院议员于院中应有之权，一律同等，无所轩轾。

第六条　资政院会议期分为二种：一常年会，一临时会。常年会每年一次，会期以三个月为率。临时会无定次，会期以一个月为率。

第七条　资政院开会、闭会，均明降谕旨，刊布官报。

第八条　资政院开会之日，恭请圣驾临幸，或由特旨派遣亲贵大臣恭代行开会礼，宣布本期应议事件。

第二章　议　员

第九条　资政院议员由左列各项人员年满三十岁以上者选充：一、宗室王公世爵，一、满汉世爵，一、外藩蒙、藏、回王公世爵，一、宗室觉罗，一、各部院衙门官四品以下七品以上者，但审判官、检察官及巡警官不在其列，一、硕学通儒，一、纳税多额者，一、各省谘议局议员。

第十条　资政院议员定额如左：一、由宗室王公世爵充者，以十六人为定额，一、由满汉世爵充者，以十二人为定额，一、由外藩王公世爵充者，以十四人为定额，一、由宗室觉罗充者，以六人为定额，一、由各部院衙门官充者，以三十二人为定额，一、由硕学通儒充者，以十人为定额，一、由纳税多额充者，以十人为定额，一、由各省谘议局议员充者，以一百人为定额。

第十一条　资政院议员钦选、互选之别如左：一、宗室王公世爵、满汉世爵、外藩王公世爵、宗室觉罗、各部院衙门官、硕学通儒及纳税多额者钦选，一、各省谘议局议员互选，互选后，由该省督抚复加选定，咨送资政院。

第十二条　资政院议员钦选及互选详细办法，照另定选举章程办理。

第十三条　资政院议员以三年为任期，任满一律改选。

第三章　职　掌

第十四条　资政院应行议决事件如左：一、国家岁出入预算事件，二、国家岁出入决算事件，三、税法及公债事件，四、新定法典及嗣后修改事件，但宪法不在此限，五、其余奉特旨交议事件。

第十五条　前条所列第一至第四各款议案，应由军机大臣或各部行政大臣先期拟定具奏，请旨于开会时交议。但第三款所列税法及公债事件，第四款所列修改法典事件，资政院亦得自行草具议案。

第十六条　资政院于第十四条所列事件议决后，由总裁、副总裁分别会同军机大臣或各部行政大臣具奏，请旨裁夺。

第四章　资政院与行政衙门之关系

第十七条　资政院议决事件，若军机大臣或各部行政大臣不以为然，得声叙原委事由，咨送资政院复议。

第十八条　资政院于军机大臣或各部行政大臣咨送复议事件，若仍执前议，应由资政院总裁、副总裁及军机大臣或各部行政大臣分别具奏，各陈所见，恭候圣裁。

第十九条　资政院会议时，军机大臣及各部行政大臣得亲临会所，或派员到会，陈述所见，但不列议决之数。

第二十条　资政院于各衙门行政事件，及内阁会议政务处议决事件如有疑问，得由总裁、副总裁咨请答复。若军机大臣或各部行政大臣认为必当秘密者，应将大致缘由声明。

第二十一条　军机大臣或各部行政大臣如有侵夺资政院权限，或违背法律等事，得由总裁、副总裁据实奏陈，请旨裁夺。前项奏陈事件，非有到会议员三分之二以上之同意，不得议决。

第五章　资政院与各省谘议局之关系

第二十二条　资政院于各省政治得失、人民利病有所咨询，得由总裁、副总裁札行该省谘议局申复。

第二十三条　各省谘议局与督抚异议事件，或此省与彼省之谘议局互相争议事件，均由资政院核议，议决后，由总裁、副总裁具奏，请旨裁夺。前项核议事件关涉某省者，该省谘议局所选出之议员不得与议。

第二十四条　各省谘议局如因本省督抚有侵夺权限或违背法律等事，得呈由资政院核办。前项核办事件若审查属实，照第二十一条办理。

第六章　资政院与人民之关系

第二十五条　各省人民于关系全国利害事件有所陈请，得拟具说帖，并取具同乡议员保结，送呈资政院核办。

第二十六条　前条陈请事件，应先由议长交该管各股议员审查，如无违例不敬之语，方准收受。其经审查后批驳者，在本会期内不得再行投递，或另向他处投递。

第二十七条　资政院于人民陈请事件，若该管各股议员多数认为合例可采者，得将该件提议作为议案。其关于行政事宜者，应咨送各该衙门办理。

第二十八条　资政院不得向人民发帖告示或传唤人民。

第二十九条　资政院于民刑诉讼事件概不受理。

第七章　会　议

第三十条　资政院会议时，由总裁为议长，副总裁为副议长。议长有事故时由副议长代理。

第三十一条　资政院常年会，自九月初一日起，至十二月初一日止，其有必须接续会议之事，得延长会期一个月以内。

第三十二条　资政院临时会，于常年会期以外，遇有紧要事件，由行政各衙门或总裁、副总裁之协议，或议员过半数之陈请，均得奏明，恭候特旨召集遵行。

第三十三条　资政院议员于召集后，应以抽签法分为若干股，每股由议员互推一人为股长。

第三十四条　资政院会议非有议员三分之二以上到会，不得开议。

第三十五条　资政院会议以到会议员过半数之所决为准，若可否同数，则取决于议长。

第三十六条　资政院自行提议事件，非有议员三十人以上之同意，不得作为议案。

第三十七条　资政院于预算法典及其余重要议案，应先由议长交该管各股议员调查明确，方得开议。

第三十八条　资政院会议应由议长、副议长先期将议事日表通知各议员，并咨送行政衙门查照。

第三十九条　资政院议员于议案有关系本身或其亲属及一切职官例应回避者，该员不得与议。

第四十条　资政院议员如原有专折奏事之权者，于本院现行开议之事，不得陈奏。

第四十一条　资政院议员除现行犯罪外，于会期内非得本院承诺，不得逮捕。

第四十二条　资政院议员于本院议事范围内所发言论，不受院外之诘责。其以所发言论在外自行刊布者，如有违犯，仍照各本律办理。

第四十三条　资政院会议不禁旁听，其有左列事由，经议院公认者，不在此限：一、行政衙门咨请禁止者，二、总裁、副总裁同意禁止者，三、议员三十人以上提议禁止者。

第四十四条　资政院议事细则、分股办事细则及旁听规则，另行厘定。

第八章　纪　律

第四十五条　资政院议场内应分设守卫警官及巡官、巡警，听候议长指挥，其员额及守卫章程另行厘定。

第四十六条　资政院议员于会议时有违背院章及议事规则者，议长得止其发议，违者得令退出。旁听人有不守规则者，议长得令退出。其因而紊乱议场秩序致不能会议者，议长得令暂时停议。

第四十七条　资政院议员有屡违院章或语言行止谬妄者，停止到会，其情节严重者除名。

第四十八条　资政院议员无故不应召集，或赴召集后无故不到会延至十日以上者，均除名。

第四十九条　资政院议员有以本院之名义干预他事者，停止到会，其情节重者除名。

第五十条　资政院议员停止到会，以十日为限，由总裁、副总裁同意行之。除名，以到会议员三分之二以上决议行之。

第五十一条　资政院议员有应行除名者，如系钦选入员，应由总裁、副总裁奏明，请旨办理。

第五十二条　资政院有左列情事，得由特旨谕令停会：一、议事逾越权限者；二、所决事件违背法律者；三、所议事件与行政衙门意见不合尚待协商者；

四、议员在议场有狂暴举动，议长不能处理者。停会之期以十五日为限。

第五十三条　资政院有左列情事，得由特旨谕令解散，重行选举，于五个月以内召集开会：一、所决事件有轻蔑朝廷情形者；二、所决事件妨害国家治安者；三、不遵停会之命令，或屡经停会仍不悛改者；四、议员多数不应召集，屡经督促仍不到会者。

第九章　秘书厅官制

第五十四条　资政院设秘书厅，掌本院文牍、会计、记载议事录及一切庶务。

第五十五条　资政院秘书厅设秘书长一人，秩正四品，由总裁、副总裁遴保相当人员，请旨简放。

第五十六条　资政院秘书厅设一、二、三等秘书官各四人，一等秩正五品，二等秩正六品，三等秩正七品，由总裁、副总裁遴员奏补。

第五十七条　资政院秘书厅附设图书室一所，掌收藏一切书籍之事。图书室设管理员一人，即以秘书官兼充。

第五十八条　秘书厅秘书长承总裁、副总裁之命，监督本厅一切事宜。

第五十九条　秘书官承秘书长之命，分掌各科事务。

第六十条　秘书厅分为四科，如左：一、机要科，一、议事科，一、速记科，一、庶务科。

第六十一条　秘书厅应设书记及速记生等员额，由秘书长酌量事务繁简，禀承总裁、副总裁酌定。

第六十二条　秘书厅办事细则由秘书长拟订，呈候总裁、副总裁核定施行。

第十章　经　费

第六十三条　资政院经费其款目如左：一、总裁、副总裁公费，二、议员公费及旅费，三、秘书厅经费及守卫经费，四、杂费及预备费。

第六十四条　前条所列各款经费数目，另行奏定。

第六十五条　资政院经费由度支部每年归入预算，按数支拨。

附　条

第一条　本章程奏准奉旨后，以宣统元年九月初一日起为施行之期。
第二条　本章程未尽事宜，由总裁、副总裁会同军机大臣奏明办理。

《政治官报·折奏类》第六百五十七号

资政院奏择定贡院旧址建筑资政院请旨饬修折

宣统元年七月初八日

奏为择定建筑资政院地址请旨饬修以重要工而便应用，恭折仰祈圣鉴事。窃维预备立宪自以设立议会为成效，而议院之建筑实为议会成立以前所必不可少之准备。东西立宪各国议院之制皆闳敞精丽，经营数年而后成，现设资政院既为上、下议院基础，则其规制自应按照各国议院定式先事筹备，以免临时竭蹶之虞。恭查钦定逐年筹备事宜清单，自光绪三十四年起，第二年颁布资政院院章，举行该院选举，第三年即须召集资政院议员，举行开院，预备之期仅余一年，所有建筑事宜非于本年迅速兴办断难及时告成。臣等公同商酌，拟仿照各国两院之制妥定规模，宽留地步，先行择要兴工，以备明年开院之用，一面仍逐渐推广，务于第九年上、下议院成立以前一律完竣，庶目前有苟完之便，而将来亦无改作之烦，一举两得办法似最合宜。查京师内城地方市廛栉比，隙地无多，求一宽广适用之处颇不易得。惟贡院旧址南北约一百四十余丈，东西广约六十余丈，自科举停罢以后该处空闲日久，渐就圮颓，虽经学部于光绪三十二年奏准赏拨留作办理学堂之地，而数年以来亦尚未定有的用。若改建议院，约计地势广袤，足敷布置，出入途径尚属直捷，即乘舆临幸亦不致有迂折之嫌，且以昔日国家选士之场为他日人民参政之地，传诸志乘亦属美谈。臣等前经亲往履堪，窃谓舍此似无较胜之区，合无仰恳天恩准予改拨作为建筑臣院及增建议院之用。如蒙俞允，拟请饬下估修，按照奏定各节克期办理，庶于召集开院之期不致有误，是否有当，谨恭折具陈，伏乞皇上圣鉴训示。谨奏。

宣统元年七月初八日奉旨：已录。

《政治官报·折奏类》第六百五十七号

资政院议员选举章程折（并单）

宣统元年九月十三日

奏为遵旨拟订资政院议员选举章程，谨分缮清单，恭折仰祈圣鉴事。窃臣等前于宣统元年七月初八日会奏续拟资政院院章并改订前奏各章缮单具陈一折，同日奉上谕：所拟尚属周妥，著京外各衙门一体遵行，其各项细则章程仍著迅速筹拟奏请宣布等因，钦此。钦遵在案，伏维资政院为上、下议院之基础，造端闳大，条理纷繁，欲令纲举目张，推行无阻，必当曲防事制，檃括靡遗。臣等前奏院章不过胪列纲要，其详细节目应特设专章者均经于院章内声明另定。就散见于院章各条内者计之，应订章程细则约有七种：一曰议员选举章程，二曰议事细则，三曰分股办事细则，四曰旁听规则，五曰守卫章程，六曰秘书厅办事细则，七曰经费数目，凡此均与院章相辅而行，必须于明年开院以前一律筹定。而议员之选举为资政院组织之权舆，必先按次举行乃可定期召集，故选举章程在各项章程细则中尤属最关紧要之件。查资政院议员资格、额数、分类、任期等项，均于院章第二章内分别规定，此次厘定选举章程，自应以院章为根据，而不能尽以各国选举法强相绳尺。臣等当与臣院协理、帮办等员妥慎筹商，克期属草。谨依院章第九条所列各项人员，自宗室王公世爵至各省谘议局议员，体察情形，详拟办法，各为一章，都凡八种，兹经一律告成，谨将编纂大意为圣明缕晰陈之。

查资政院议员选任之法大别有二：一为钦选，一为互选，两者各有取义，办法已不能相同。而钦选议员中分类既多，等差匪一，论名位则有崇卑之异，校人数则有多寡之分，势不能以同一之规程求彼此之适用，要当因宜定制，取便推行。窃维宗室王公世爵、满汉世爵及外藩王公世爵阶级既高，计数较少，权衡取舍一秉圣裁，自应开列全单，恭候简命。至宗室觉罗、各部院衙门官及纳税多额者，合格人数与议员定额之比例多少悬殊，若一律奏进全单，不足示限制而便甄择。考外国上院之制，敕任议员多有先经互选者，今拟略师其意，凡宗室觉罗、各部院衙门官及纳税多额者均于钦选之前举行互选，各照定额增列多名，好恶既卜诸舆情，而用舍仍归于宸断。其硕学通儒一项，资格标准确定较难，人数几何调查不易，互选之法势所难行，拟略仿从前保荐鸿博之例酌量变通，宽取严用，以搜访之任寄诸庶官，以抉择之权授诸学部，仍宽定开列名数以广取材，冀不失钦选议员之本恉。以上各项略采各国上院办法即为将来建设上议院之基础，而资政院既兼有下院之性质，势不能无民选议员以与钦选议员相对待。惟创办伊始，一切准备均未完成，骤行民选，恐多窒碍，故特以谘议局为资政院半数议员之互选机关，谘议局议员本由各省合格绅民复选而来，则谘议局公推递升之资政院议员即不啻人民间接所选举，立法本意实在于此。此项议员既以公推为递升之标准，则去取之法自不能不以得票之多寡为衡，但监督之权在于督抚，非经核定不令遽膺是选，而复选之际仍以票数之多寡为后先，既与钦选大权示有区别，乃与下院要义不相背驰，此又臣等厘订互选一章之微意也。节经公同讨论，意见相符，谨分别缮具清单，进呈御览，恭候钦定，俟命下之日再由臣等通行京外各衙门一体遵照办理。除议事细则等项容由臣等陆续筹拟随时奏陈外，所有拟订资政院选举章程开单具奏各缘由是否有当，谨恭折具陈，伏乞皇上圣鉴训示。再，此折系资政院主稿会同军机大臣办理，合并声明。谨奏。

宣统元年九月十三日奉旨：已录。

谨将拟订资政院议员选举章程开具清单，恭呈御览。

宗室王公世爵选举资政院议员章程

第一条　本章程所称宗室王公世爵赅左列各爵而言：一、和硕亲王，二、多罗郡王，三、多罗贝勒，四、固山贝子，五、奉恩镇国公，六、奉恩辅国公，七、不入八分镇国公，八、不入八分辅国公，九、镇国将军，十、辅国将军，十一、奉国将军，十二、奉恩将军。

第二条　前条所列各爵合资政院院章第九条之规定，无左列各款情事者得选充资政院议员：一、奉特旨停止差俸者，二、因疾病或其他事故自请开去一切差使者。

第三条　宗室王公世爵议员额数按照资政院院章第十条第一款所定，依爵级分配之如左：自和硕亲王至奉恩辅国公十人，自不入八分镇国公至奉恩将军六人。

第四条　每届选举由资政院于前一年九月内行知宗人府，就宗室王公世爵内查明合格者造具清册，于选举年分二月以前咨送资政院，由资政院照第三条所定分别开单，于是年三月以前奏请按额钦选。

第五条　前条宗室王公世爵清册应载明左列各款：一、爵级，二、名，三、年岁，四、现居职任。

第六条　宗室王公世爵现任军机大臣、参预政务大臣及现充资政院总裁、副总裁者，均于单内注明，无庸选充。

第七条　宗室王公世爵议员有缺额时由资政院随时行知宗人府，将本届清册复加修正，仍咨由资政院按出缺人爵级将应行选充者开单奏请钦选补足之，修正时应将原册内现失选充议员之资格者按名注明，并将现在合格者一律补入。

第八条　补缺议员之任期以补足前任未满之期为限。

第九条　本章程与资政院院章同时施行。

满汉世爵选举资政院议员章程

第一条　本章程所称满汉世爵以满洲、蒙古、汉军旗员及汉员之有三等男以上之爵级者为限。

第二条　前条各爵合资政院院章第九条之规定，无左列各款情事者得选充资政院议员：一、奉特旨停止差俸者，二、因疾病或其他事故自请开去一切差使者。

第三条　满汉世爵议员额数按照资政院院章第十条第二款所定，依爵级分配之如左：三等侯以上八人，一等伯至三等男四人。

第四条　每届选举由资政院于前一年九月内行知各该管衙门，就满汉世爵内查明合格者造具清册，于选举年分二月以前咨送资政院，由资政院照第三条所定分别开单，于是年三月以前奏请按额钦选。

第五条　前条满汉世爵清册应载明左列各款：一、爵级，二、姓名，三、年岁，四、籍贯，五、官职。

第六条　满汉世爵现任军机大臣、参预政务大臣及现充资政院总裁、副总裁者均于单内注明，无庸选充。

第七条　满汉世爵议员有缺额时，由资政院随时行知各该管衙门，将本届清册复加修正，仍咨由资政院按出缺人爵级将应行选充者开单奏请钦选补足之，修正时应将原册内现失选充议员之资格者按名注明，并将现在合格者一律补入。

第八条　补缺议员之任期以补足前任未满之期为限。

第九条　本章程与资政院院章同时施行。

外藩王公世爵选举资政院议员章程

第一条　本章程所称外藩王公世爵指蒙古、回部、西藏有左列各爵者而言：一、汗，二、亲王，三、郡王，四、贝勒，五、贝子，六、镇国公，七、辅国公。

第二条　前条所列各爵合资政院院章第九条之规定，无左列各款情事者得选充资政院议员：一、奉特旨停止差俸者，二、因疾病或其他事故自请开去一切差使者。

第三条　外藩王公世爵议员额数按照资政院院章第十条第三款所定，依部落分配之如左：内蒙古六盟每盟一人，外蒙古四盟每盟一人，科布多及新疆所属蒙古各旗一人，青海所属及此外蒙古各旗一人，回部一人，西藏一人。

第四条　每届选举由资政院于前一年九月内行知理藩部，就外藩王公世爵内查明合格者造具清册，于选举年分二月以前咨送资政院，由资政院照第三条所定分别开单，于是年三月以前奏请按额钦选。

第五条　前条外藩王公世爵清册应载明左列各款：一、部落及爵级，二、名，三、年岁，四、现居职任。

第六条　外藩王公世爵议员有缺额时，由资政院随时行知理藩部，将本届清册复加修正，仍咨由资政院按出缺人部落将应行选充者开单奏请钦选补足之，修正时应将原册内现失选充议员之资格者按名注明，并将现在合格者一律补入。

第七条　补缺议员之任期以补足前任未满之期为限。

第八条　本章程与资政院院章同时施行。

宗室觉罗选举资政院议员章程

第一条　凡宗室觉罗男子合资政院院章第九条之规定，无左列各款情事者，得选充资政院议员：一、曾处圈禁或发遣者，但业经开复者不在此限；二、失财产上之信用被人控实尚未清结者；三、吸食鸦片者；四、有心疾者；五、不识文义者。

第二条　宗室觉罗现任三品以上职官、审判官、检察官、巡警官及现充陆海军军人者，无庸选充资政院议员。

第三条　宗室觉罗议员额数按照资政院院章第十条第四款所定，分配如左：宗室四人，觉罗二人。

第四条　宗室觉罗选充资政院议员应分别由各该合格人先行互选，互选于每届选举年分二月初一日在京师及奉天府行之，其临时互选日期届时由谕旨定之。

第五条　宗室觉罗互选资政院议员在京师以宗人府堂官为监督，在奉天以东三省总督为监督，每届互选由资政院于前一年九月内行知各该互选监督查照本章程举行互选事宜。

第六条　每届互选应设互选管理员，掌调查互选人并管理投票、开票、检票等事宜，由互选监督遴选相当人员奏明派充，前项互选管理员不得预于互选人之列。

第七条　宗室觉罗另有资政院院章第九条第五款之资格者，不得预于前条互选人之列。

第八条　每届互选由互选管理员查明合格人员，造具互选人名册，于互选日期一个月以前呈由互选监督宣示公众。

第九条　前条互选人名册，宗室及觉罗各为一册，均应载明左列各款：一、名，二、年岁，三、旗分佐领，四、职业，五、住址。

第十条　宣示人名册以二十日为期，如本人以为错误遗漏，得于宣示期内取具凭证呈请互选监督更正补入，其经互选监督批驳者不得再行呈请。

第十一条　互选选举人及被选举人均以列名互选人名册内者为限。

第十二条　互选投票所在京师设于宗人府，在奉天设于总督衙门，互选投票所宗室及觉罗应各为一所，分别投票，互选监督届互选日期应亲莅投票所或派员监察之。

第十三条　互选人届互选日期应亲赴投票所自行投票，投票用记名单记法，每票准书被选举人一名，并于票末自行署名，其被选人名及本人署名下均各注明年岁、旗分、佐领。

第十四条　互选人有现在京师及奉天府以外各地方居住、或因疾病事故不能亲赴投票所投票者，得就互选人内委托一人代行投票，前项委托投票应由本人亲书密封，于封面署名画押，连同委托凭证送致受托人，该受托人应将密封及委托凭证临时向互选管理员呈验讫方准代投。

第十五条　互选各以得票较多数者为当选，当选人名次以得票多寡为先后，得票同数者以年长者列前，年同则以抽签定之。

第十六条　投票之有效与否如有疑义，由互选监督决定之。

第十七条　互选当选人额数，宗室及觉罗各以第三条所定议员额数之十倍为率，其京师及奉天互选当选人额数分配之法以每届两处互选人数之多寡为准。

第十八条　关于互选详细规则，由互选监督定之。

第十九条　互选完竣后，由互选监督即日将当选人名榜示投票所，如有不愿应选者，得于榜示后三日以内呈明互选监督撤销，即将得票次多数者补入之。

第二十条　当选人确定后，由互选管理员造具当选人名册，连同票纸于二十日以内呈送互选监督。前项当选人名册除照第九条办理外，并应载明得票数目。

第二十一条　互选监督接到前条当选人名册后，应先将册内当选人名及得票数目即日通知资政院，仍将原册及票纸咨送存案。

第二十二条　资政院于前条通知到齐后，即将当选人名及得票数目汇开清单，于选举年分三月以前奏请按额钦选为资政院议员。

第二十三条　宗室觉罗议员有缺额时，由资政院随时将本届当选人名及得票数目开单奏请钦选补足之。

第二十四条　本届当选人数不足，议员缺额之三倍时，应即举行临时互选。

临时互选一切照寻常互选办理。

第二十五条　补缺议员之任期以补足前任未满之期为限。

第二十六条　本章程与资政院院章同时施行。

各部院衙门官选举资政院议员章程

第一条　本章程所称各部院衙门官以左列各官为限：一、内阁侍读学士以下、中书以上，二、翰林院侍读学士以下、庶吉士以上，三、各部左右参议以下、七品小京官以上，四、掌印给事中、给事中及监察御史。

第二条　凡于前条各官有左列资格之一、合资政院院章第九条之规定者，得选充资政院议员：一、现任实缺者，二、曾任实缺者但业经休致革职者不在此限，三、奉特旨署理或奏署者，四、奉特旨候补、补用、选用或学习行走者，五、其余候补满三年以上者。

第三条　各部院衙门官选充资政院议员应由合格人先行互选，互选于每届选举年分二月初一日在京师行之，其临时互选日期届时由谕旨定之。

第四条　各部院衙门官另有资政院院章第九条第一、第二及第八款所列资格之一者，不得预于前条互选人之列。

第五条　各部院衙门官互选资政院议员以都察院堂官为监督，每届互选由资政院于前一年九月内行知该互选监督查照本章程举行互选事宜。

第六条　每届互选应设互选管理员，掌调查互选人并管理投票、开票、检票等事宜，由互选监督遴选相当人员奏明派充，前项互选管理员不得预于互选人之列。

第七条　每届互选由互选管理员呈由互选监督通咨各衙门查明合格人员，造具名册，于互选日期二个月以前咨送，由互选管理员汇造互选人名册，于互选日期一个月以前呈由互选监督宣示公众。

第八条　前条互选人名册应载明左列各款：一、姓名，二、年岁，三、籍贯，四、官职、历俸年数及出身，五、住址。

第九条　宣示人名册以二十日为期，如本人以为错误遗漏，得于宣示期内取具凭证呈请互选监督更正补入，其经互选监督批驳者不得再行呈请。

第十条　互选选举人及被选举人均以列名互选人名册内者为限。

第十一条　互选投票所设于都察院，互选监督届互选日期应亲莅投票所监察之。

第十二条　互选人届互选日期应亲赴投票所自行投票，投票用记名单记法，每票准书被选举人一名，并于票末自行署名，其被选人名及本人署名下均各注明官职。

第十三条　互选人有因职务或疾病或其他事故不能亲赴投票所投票者，得就互选人内委托一人代行投票，前项委托投票应由本人亲书密封，于封面署名画押，连同委托凭证送致受托人，该受托人应将密封及委托凭证临时向互选监督呈验讫方准代投。

第十四条　互选以得票较多数者为当选，当选人名次以得票多寡为先后，票数同者以年长者列前，年同则以抽签定之。

第十五条　投票之有效与否如有疑义，由互选监督决定之。

第十六条　互选当选人额数以资政院院章第十条第五款所定议员额数之五倍为率。

第十七条　关于互选详细规则由互选监督定之。

第十八条　互选完竣后，由互选监督即日将当选人名榜示投票所，如有不愿应选者，得于榜示后三日以内呈明互选监督撤销，即以得票次多数者补入之。

第十九条　当选人确定后，由互选管理员造具当选人名册，连同票纸于二十日以内呈由互选监督咨送资政院，前项当选人名册除照第八条办理外，并应载明得票数目。

第二十条　资政院接到前条当选人名册后，将册内当选人姓名及得票数目开单，于选举年分三月以前奏请按额钦选为资政院议员。

第二十一条　各部院衙门官选充资政院议员者，于院内应有之职权本衙门长官不得干涉之。

第二十二条　各部院衙门官选充资政院议员后，如因升转降调致失本章程第

一、第二条所定资格者,即同时失资政院议员之资格。

第二十三条　各部院衙门官选充资政院议员者有缺额时,由资政院随时将本届当选人姓名及得票数目开单奏请钦选补足之。

第二十四条　本届当选人数不足议员缺额之三倍时,应即举行临时互选,临时互选一切照寻常互选办理。

第二十五条　补缺议员之任期以补足前任未满之期为限。

第二十六条　本章程与资政院院章同时施行。

硕学通儒选举资政院议员章程

第一条　本章程所称硕学通儒以有左列资格之一者为限:一、不由考试奉特旨赏授清秩者,二、著书有裨政治或学术者,三、有入通儒院之资格者,四、充高等及专门学堂以上主要科目教习接续至五年以上著有成绩者。

第二条　凡有前条所列资格之一、合资政院院章第九条之规定者,每届选举由资政院于前一年九月内行知学部,由该部通行京堂以上官翰林、给事中、御史、各省督抚、提学司及出使各国大臣各搜访一人或二人,开具简明事实保送该部,由该部审查,将合格人员得保较多者择定三十人作为硕学通儒,议员之被选人造具清册,于选举年分二月以前咨送资政院。

第三条　前条被选人清册应载明左列各款:一、姓名,二、年岁,三、籍贯,四、简明事实,五、保送人姓名、官职。

第四条　资政院接到被选人清册后,即将被选人姓名及原保人姓名、官职开列清单,于选举年分三月以前奏请按额钦选为资政院议员。

第五条　硕学通儒议员有缺额时,由资政院随时将本届被选人照前条开单奏请钦选补足之。

第六条　本届被选人数不足议员缺额之三倍时,应另行保送。

第七条　补缺议员之任期以补足前任未满之期为限。

第八条　本章程与资政院院章同时施行。

纳税多额者选举资政院议员章程

第一条　本章程所称纳税多额者以具备左列资格者为限：一、男子照地方自治章程有选民权者，二、年纳正税或地方公益捐在所居省分内占额较多者。

第二条　凡具备前条资格、合资政院院章第九条之规定者得选充资政院议员。

第三条　纳税多额人选充资政院议员应由合格人先行互选，互选于每届选举年分二月初一日在各省城行之，其临时互选日期届时由谕旨定之。

第四条　纳税多额人另有资政院院章第九条第二、第五及第八款所列资格之一者不得预于前条互选人之列。

第五条　互选人额数每省以二十人为限，纳税同额者以年长者列入互选人内，年同则以抽签定之。

第六条　纳税多额人互选资政院议员以该省布政使或民政使为监督，每届互选由资政院于前一年九月内行知各省督抚查照本章程举行互选事宜。

第七条　每届互选应设互选管理员掌调查互选人并管理投票、开票、检票等事宜，由互选监督会同该省商务总会总理、协理遴选相当人员详请本省督抚派充，前项互选管理员不得预于互选人之列。

第八条　每届互选由互选管理员查明合格人员，造具互选人名册，于互选日期五十日以前呈由互选监督宣示公众。

第九条　前条互选人名册应载明左列各款：一、姓名，二、年岁，三、籍贯，四、纳税类别及年额，五、住址。

第十条　宣示人名册以二十日为期，如本人以为错误，得于宣示期内取具凭证呈请互选监督更正，其经互选监督批驳者不得再行呈请。

第十一条　互选选举人及被选举人均以列名互选人名册内者为限。

第十二条　互选投票所设于该省商务总会或布政司、民政司衙门，互选监督届互选日期应亲莅投票所监督之。

第十三条　互选人届互选日期应亲赴投票所自行投票，投票用记名连记法，照第十七条所定当选人额数将被选举人名列记一票，并于票末自行署名。

第十四条　互选人有现在省城以外各地方居住或因疾病、事故不能亲赴投票所投票者，得就互选人内委托一人代行投票，前项委托投票应由本人亲书密封，于封面署名画押，连同委托凭证送致受托人，该受托人应将密封及委托凭证临时向互选监督呈验讫方准代投。

第十五条　互选以得票过互选人数三分之一者为当选，前项互选人数以实在行使互选权者之数为准，当选人名次以得票多寡为先后，得票同数者以纳税较多者列前，纳税同者以年长者列前，年同则以抽签定之。

第十六条　投票之有效与否如有疑义，由互选监督决定之。

第十七条　互选当选人额数以第五条第一项所定互选人额数十分之一为率，如当选人不足定额，由互选监督将得票较多数者按照缺额多寡加倍开列姓名榜示投票所，令互选人再行投票，以足额为止，其得票及格以额满见遗者一律作为候补当选人，候补当选人名次照第十五条第三项办理。

第十八条　关于互选详细规则，由互选监督定之。

第十九条　互选完竣后，由互选监督即日将当选人名及候补当选人名榜示投票所，如当选人有不愿应选者，得于榜示后三日以内呈明互选监督撤销，即以候补当选人依次补入之。

第二十条　当选人确定后，由互选管理员造具当选人及候补当选人名册，连同票纸于十日以内呈由互选监督申送本省督抚，前项当选人及候补当选人名册除照第九条办理外，并应载明得票数目。

第二十一条　各省督抚接到前条名册后，应先将册内当选人姓名及得票数目即日通知资政院，仍将原册及票纸咨送存案。

第二十二条　资政院于前条各省通知到齐后，将当选人姓名及得票数目汇开清单，于选举年分三月以前奏请按额钦选为资政院议员。

第二十三条　纳税多额议员有缺额时，由资政院随时将本届当选人姓名及得票数目开单奏请钦选补足之。

第二十四条　本届当选人数不足议员缺额之三倍时，以候补当选人补入之，候补当选人数不敷时，应即举行临时互选，临时互选一切照寻常互选办理。

第二十五条　补缺议员之任期以补足前任未满之期为限。

第二十六条　本章程与资政院院章同时施行。

各省谘议局互选资政院议员章程

第一条　各省谘议局互选资政院议员额数按照院章第十条第八款所定，准各省谘议局议员定额多寡分配之如左：奉天三人，吉林二人，黑龙江二人，顺直九人，江苏七人，安徽五人，江西六人，浙江七人，福建四人，湖北五人，湖南五人，山东六人，河南五人，山西五人，陕西四人，甘肃三人，新疆二人，四川六人，广东五人，广西三人，云南四人，贵州二人。

第二条　各省谘议局互选资政院议员于每届选举年分前一年十月十一日在各省谘议局内行之，其临时互选日期届时由该省督抚定之。

第三条　各省谘议局互选资政院议员以各该省督抚为监督，每届互选由资政院于前一年九月内行知各该局互选监督查照本章程举行互选事宜，互选监督届互选日期应亲莅该局监察之。

第四条　互选投票、开票、检票等事宜由该省谘议局办事处管理之。

第五条　互选选举人及被选举人均以该省谘议局议员为限。

第六条　互选人届互选日期应亲赴投票所自行投票，投票用记名连记法按照第十条第一项所定该省当选人额数将被选举人姓名列记一票，并于票末自行署名。

第七条　互选人有因疾病或其他事故不能亲赴投票所投票者，得就互选人内委托一人代行投票，前项委托投票应由本人亲书密封，于封面署名画押，连同委托凭证送致受托人，该受托人应将密封及委托凭证临时向互选监督呈验讫方准代投。

第八条　互选以得票过互选人半数者为当选，前项互选人数以实在行使互选权者之数为准，当选人名次以得票多寡为先后，得票同数者以年长者列前，年同则以抽签定之。

第九条　投票之有效与否如有疑义，由互选监督决定之。

第十条　互选当选人额数以第一条所定各该省议员额数之二倍为率，如当选人不足定额，由互选监督将得票较多数者按照缺额多寡加倍开列姓名榜示投票所，令互选人再行投票以足额为止，其得票及格以额满见遗者一律作为候补当选人，候补当选人名次照第八条第三项办理。

第十一条　关于互选详细规则，由谘议局拟订，呈由互选监督核定施行。

第十二条　互选完竣后，由谘议局办事处造具当选人名册及候补当选人名册，连同票纸于十日以内呈送互选监督，互选监督按照第一条所定该省议员额数将前列当选人复加选定为资政院议员，榜示投票所。

第十三条　选充资政院议员者如不愿应选，得于榜示后三日以内呈明互选监督辞退，互选监督遇有前项情事，应依次将本届当选人及候补当选人复加选定补充，如候补当选人不敷选充者，应即举行临时互选，临时互选一切照寻常互选办理。

第十四条　议员选定后，由互选监督给与执照，另造议员名册，连同当选人及候补当选人原册咨送资政院。

第十五条　选充资政院议员者不得兼充该省谘议局议员。

第十六条　各省谘议局互选资政院议员有以他项资格经钦选为资政院议员者，不得兼充互选议员。

第十七条　各省谘议局互选资政院议员有缺额时，由资政院行知该省照第十三条第二项办理。

第十八条　补缺议员之任期以补足前任未满之期为限。

第十九条　本章程与资政院院章同时施行。

《政治官报·折奏类》第七百二十一号

保送资政院硕学通儒议员简明办法十条

一、京堂以上官翰林、给事中、御史、各省督抚、提学司及出使各国大臣均用印文保送。

一、候补京堂各官如或在各部丞参上行走、现充馆院处所等差者即各用本衙门公文保送，其未兼任各项差使之候补京堂本部无从知照，自可毋庸保送。

一、各衙门保送人数照章每员各保一人或二人，如各部院堂官每堂应各保送一二人，余可类推。

一、在京各衙门无论何人保送，应于本衙门汇齐咨送过部，惟须于所保议员名下分别注明某某保送，以备考核。

一、所保之人无论合何项资格，须开具简明事实造册咨部，以便本部遵章审查，择定合格人数咨送资政院办理。

一、具有原章第一条第一项资格者应以学行著称，奉特旨赏加卿衔或京衔、或翰林中书等官为合格。

一、具有原章第一条第二项资格者，应于保送时将其所著之书附送到部，以备审查。

一、具有原章第一条第三项资格者，现在分科大学正筹举办，尚无堪入通儒院之人，即以东、西洋留学毕业经本部考试得有进士出身者为合格。

一、具有原章第一条第四项资格者系指教授各学堂每科主要课目而言（每科主要课目详见奏定学堂章程），应将此项教员所编讲义附送到部，并将教授成绩择要注明。

一、保送期限务于本年年内到部。

各部院衙门官互选资政院议员规则

第一章 总 纲

第一条 本规则遵照资政院选举章程第十七条关于互选各事宜规定，即名曰各部院衙门官互选资政院议员规则。

第二条 资政院选举章程各部院衙门官互选资政院议员在都察院举行，以本院堂官为监督，凡互选事务为本院权限所及并为资政院选举章程所规定者均当一律照办。

第二章 关于互选事务

第三条 凡关于互选事务，由本院堂官实行监督，其一切设施及应需款项即由互选监督随时奏请或酌核施行。

第四条 以本院大堂为互选投票所，设匦投票。

第五条 互选事务繁要，自应特设办公及储卷处所，拟以本院旧有之督催所为办公处，以查旗处为储卷所。

第六条 互选以前由本院查照资政院选举章程通行各衙门咨取合格人员名册，俟一律汇齐即照章榜示，并分咨各部院衙门。

第七条 互选票纸由本院刊印发给，以昭划一①。

第八条 每届互选年分，以二月初一日为互选期，本院拟定自二月初一日起至初四日止，各部院衙门分日投票，以免拥挤，将排定次序如左：初一日：内阁、外务部、吏部、民政部；初二日：度支部、礼部、学部、陆军部；初三日：法部、农工商部、邮传部、理藩部；初四日：翰林院、掌印给事中、给事中、各

---

① "划一"，旧"划一"、"画一"并用，为保持原貌，不作改动。

道御史。

第九条　各衙门互选人如有要差或因事故临期未能投票者，统于初四日补行投票。

第十条　自初一至初四每日均已正刻开始投票，酉初刻截止，逾时概不接收。

第十一条　互选人如有不遵资政院定章并左列各项，其所投之票即行作废：一、不遵定式填写者，二、字迹模糊不（克）〔可〕辨认者，三、不用投票所票纸填写者，四、所举之人未列名互选人名册内者。

第十二条　本院拟设投票簿，各互选人均须亲赴投票所自行画到，如代人投票，须呈验凭证并于委托人名下书明"某人代投"字样，以便稽核。

第十三条　互选投票宜有秩序，届期揭示规则，并拟咨调巡警若干员名藉供指挥，各互选人均当遵守，以免紊乱。

第三章　关于互选管理员事务

第十四条　互选管理员照资政院选举章程，由互选监督遴选相当人员奏明派充。

第十五条　互选管理员自应按照资政院选举章程，并承互选监督之命令执行关于互选一切事宜。

第十六条　互选管理员应兼理收发文书、监造名册并稽核收支款项等事。

第十七条　互选管理员互选时职务如左：一、投票，互选届期除由互选监督亲莅监视票匦外，其一切布置场所、分派巡警以及监守投票簿、呈验委托凭证等事均由互选管理员分任之；二、开票，投票既讫，由互选管理员检查投票簿，呈明互选监督当堂公同开票；三、检票，开票后由互选管理员当堂检查被选人得票数目，逐一登记簿册，其所投之票如有疑义，即时呈由互选监督决定。

第十八条　检齐票数，是否当选由管理员呈明互选监督公同决定。

第十九条　当选人数应由互选管理员查照资政院定额检足一百六十名，呈由互选监督榜示本院大堂，并分咨各部院衙门。

第二十条　榜示逾三日后由互选管理员造具当选人名册，载明得票数目，连同票纸呈由互选监督咨送资政院。

第二十一条　互选期内互选管理员应常川到署分班值宿，不得无故旷废，致误要公。

第二十二条　互选管理员如有泄漏贻误以及藉端招摇各情事，一经查出或别经发觉，由互选监督查明分别惩办，轻者撤差，重者参处。

第四章　附　则

第二十三条　本规则未尽事宜及应行变通之处，由互选监督随时增改。

《大清法规大全》卷一，《宪政部·资政院》

资政院奏筹设速记学堂拟定章程折（并单）

宣统元年十二月二十五日

奏为臣院筹设速记学堂谨拟订章程，缮具清单，恭折仰祈圣鉴事。窃查东西各国于普通文字之外另有速记文字以为记录口说之用，凡法（廷）〔庭〕、议院均设速记席，遇有辩难演说皆能当场录写曲折尽致，一字不遗。中国语音单简，而文字又极繁重，两者相较，其迟速之差何止倍蓰。若不另制速记符号，则传写必有竭蹶之虞。查臣院院章内秘书厅设速记一科，专掌速记之事，现距臣院成立开会之期不过数月，亟宜应先事预备，设法练习，以资应用。臣屡与臣院协理、帮办各员公同商酌，拟就臣院开办公所内附设速记学堂，厘定课程分期教授，其学生除由臣院就近招考外，并准各省遴选咨送以广传习，此项学生毕业后即分别选充臣院及各省谘议局。速记生将来当差满三年以上著有劳绩者并拟择尤酌量请奖，藉资鼓励。谨拟订该学堂章程十九条，缮具清单，恭呈御览，所有该学堂开办事务，拟即于臣院协理、帮办各员内请旨酌派数员帮同筹办，以专责成。查署理学部左侍郎、候补内阁学士李家驹、民政部左参议汪荣宝、翰林院编修程明超均历办学务，于管理、教授各法夙有经验，合无仰恳天恩，即责成该署侍郎等综理其事，随时会同臣院秘书长悉心商榷，仍由臣督率迅速办理。如蒙俞允，即行照章开办，并通咨各省一体遵行。其该学堂经费目前即于臣院续请开办经费项下核实支给，无庸另行请款，以节縻费。俟臣院成立，再行编入常年预算款内，届时分别奏咨办理。所有筹设速记学堂拟定章程并请旨派员办理各缘由是否有当，谨恭折具陈，伏乞皇上圣鉴训示。谨奏。

宣统元年十二月二十五日奉旨：已录。

拟订速记学堂章程

第一节　总　纲

第一条　本学堂以教授速记法为主，预备资政院及各地方议会速记之用。

第二条　本学堂设于资政院开办公所。

第三条　本学堂学规及一切管理规则悉照奏定学堂章程办理。

第二节　课　程

第四条　本学堂教授科目如左：一、速记术，二、国文，三、官话，四、法政大意。

第五条　本学堂教授时刻每星期以三十六小时为限。

第六条　本学堂以三个月为一学期，以满二学期为毕业。

第七条　国文及法政大意两科每一学期考试一次，速记术及官话随时实地考试，不拘次数，届毕业时统以上四科一并考试一次。

第八条　随时考试由本科教员行之，学期考试由堂长会同各该科教员行之，毕业考试由资政院秘书长会同堂长及教员行之。

第三节　学　额

第九条　本学堂学生以一百人为定额。

第十条　本学堂学额分配如左：甲、由本院招取者十二人，乙、由各省咨送者每省四人，合计八十八人。

第十一条　入学资格以曾在中学堂以上毕业或具有中学毕业程度者为准。

第十二条　本学堂毕业学生由资政院秘书长呈请总裁给与文凭，除遴充资政院速记生外，均分别咨回原省候用。

第四节　职　员

第十三条　本学堂设堂长一人，教务员一人，庶务员一人，均以资政院秘书厅员充之。

第十四条　本学堂教员无定员，但至多以五人为限。

第五节　经　费

第十五条　本学堂经费由资政院总裁核计奏请拨给。

第十六条　本学堂收支款目由堂长按月造册，呈请资政院总裁核销。

第六节　附　录

第十七条　本学堂如在定额之外续开新班，仍照本章程办理。

第十八条　本学堂详细规则随时由资政院秘书长酌拟，呈请总裁核定施行。

第十九条　本章程如有应行增删修改之处，随时由资政院秘书长酌拟，呈请总裁核定奏明办理。

《政治官报·折奏类》第八百二十七号

资政院会奏酌拟议事细则及分股办事细则折（并单）

宣统二年八月十九日

奏为酌拟资政院议事细则及分股办事细则，谨分缮清单，恭折仰祈圣鉴事。窃臣等前于宣统元年九月十三日会奏拟订资政院议员选举章程并声明议事细则等项，由臣等陆续筹拟，随时奏陈等语，奉旨"依议，钦此"钦遵在案。查资政院院章为将来上、下议院法之始基，提纲挈领，义主赅括，而议事细则等项所以规定院内会议治事之方法，曲防事制，义取谨严。外国议院制度于议院法之外一切会议治事方法均各另定规则，与议院法相辅而行，故各议员有所遵循，咸尽厥职。本年九月为资政院开会之期，所有议事细则等项亟应详细厘订，以便施行。臣等迭与臣院协理、帮办各员悉心筹商，克期属草，谨拟就资政院议事细则、分股办事细则各一种。其议事细则一种为整理议事之规律，自召集开会以迄停会、闭会暨附则计十二章，凡一百五十条。其分股办事细则一种，凡议员分股及股员办事程序无不明晰规定，以为议事之准备，自分股股员以迄会议录参考文书暨附则计十章，凡六十四条。议事细则所定以第四章会议为主，而第一章至第三章则会议之先预为筹备之事也，第五章、第十章则会议时应行遵守之事也，第十一章、第十二章则会议后应办各事及本细则施行改正之事也。分股办事细则所定以第七章会议为主，其余各章曰分股，曰股员，曰股员长及副股员长，则股员会之组织也；曰分科，曰审查长，曰额外股员，则分科会及额外股员会之组织也；曰审查及报告，曰会议录及参考文书，则股员办事之通则也。议场内全院会议则适用议场细则，议场外股员会议则适用分股办事细则，二者性质虽异，效用兼资。臣等斟酌厘订，讨论再三，要必以院章为本，而又不背各国议院之通义，节经公同商榷，意见相符，谨分缮清单，恭呈御览，伏候圣裁，俟命下之日，即由臣等遵奉施行。所有酌拟议事细则及分股办事细则各缘由，谨恭折具陈，伏乞皇上圣鉴训示。再，此折系资政院主稿会同军机大臣办理，合并声明。谨奏。

宣统二年八月十九日奉旨：已录。

资政院议事细则

谨将拟订资政院议事细则，缮具清单，恭呈御览。计开：

第一章　召集及开会

第一条　议员钦遵上谕指定之召集日期于上午九点钟齐集资政院。

第二条　议员到院之始，须在议员簿注到，其由各省谘议局互选之议员应并将执照交验。

第三条　议员到院满半数以上时，议长、副议长即行就坐。

第四条　议员座位以宗室王公世爵、外藩王公世爵、满汉世爵、宗室觉罗、各部院衙门官、硕学通儒、纳税多额者、各省谘议局互选议员为序。

第五条　议长命秘书官以抽签法匀分总议员为六股，其有零数则由第一股依次递加一员，议长、副议长不在各股议员之列。

第六条　各股议员分定后，由议长、副议长奏请开会，遵照院章第八条办理；开会时由军机大臣或特派之亲贵大臣恭读谕旨，宣布本期应议事件。

第二章　开议中止、散会及展会

第七条　开议时刻通常以下午一点钟为始，至迟不得逾半点钟，其逾时到院者应俟议事中止后议员再入议场时一同入场。

第八条　届开议时，议长就坐报告文件之后宣告开议，其未宣告以前，无论何人不得就议事发议。

第九条　会议之时，议长遇有必要情形得酌定时刻中止议事。

第十条　议事日表所载议事已毕，由议长宣告散会，若议事未毕，已届下午五点钟，议长得宣告展会。

第十一条 议员到会不满总数三分之二以上者,议长得酌定时刻,命秘书官计算员数,若计算二次数仍不满者即宣告展会。

第十二条 会议之时,议员离座至不满总数三分之二以上者照前条办理。

第十三条 议长宣告散会及展会之后,无论何人不得就议事发议。

第三章 议事日表

第十四条 资政院应议事件及开议日时须记载于议事日表。

第十五条 议事日表由秘书厅编制,呈议长、副议长核定。

第十六条 议事日表记载之次序如左:一、钦奉特旨交议事件,二、军机大臣、各部行政大臣具奏请旨交议事件,三、核议各省督抚与谘议局异议或谘议局互相争议事件,四、资政院自行提议事件,五、各省人民陈请合例可采事件。

第十七条 遇有紧急事件,经议长认为必应从速开议或议员提起倡议声请①从速开议者,议长得声明理由,改定议事日表。

第十八条 议事日表所载某时应议事件若其时刻已届,议长得停止他项议事,改议此项事件。

第十九条 议事日表所载事件届时不能开议或开议不能完结者,议长得改定议事日表,前项开议不能完结事件应记载于下次议事日表之首。

第二十条 议事日表所载事件业经议毕,议长得酌加议事日表。

第二十一条 议事日表须先期登载官报,并由秘书厅将表内所载各种议案刷印分送。

第四章 会 议

第一节 提议及倡议

第二十二条 议员欲就各项事件提议应具案附加案语,得三十人以上之赞成会同署名提出,于议长交秘书厅刷印分送。

第二十三条 会议之时,议员对于议案提起修正之倡议,非有三十人以上之赞成不得作为议题,除本细则别有规定外,议员提起倡议得三十人以上之赞成即

---

① "声请",旧亦作"申请"之意,为保持原貌,不作改动。下同。

可作为议题。

第二节　三　读

第二十四条　法律案之议决须经三次宣读，其军机大臣、各部行政大臣商请或议员十人以上声请，经到会议员三分之二以上可决者得省略之，每届宣读，议长得命秘书官朗读议案或省略之。

第二十五条　初读应于分送议案二日以后行之，其紧急事件不在此限。

第二十六条　初读之际，军机大臣、各部行政大臣、政府特派员或提议议员应说明该议案之主旨，其核议各省事件应由议长或命秘书长代为说明，各议员对于议案若有疑义，得声请军机大臣、各部行政大臣、政府特派员或提议议员说明之。

第二十七条　初读已毕，议长应将各该议案付该管股员审查。

第二十八条　股员审查之报告经议员讨论大体以后即议决应否再读。

第二十九条　凡议决不须再读之议案即行作废。

第三十条　再读应于初读二日以后行之，但议长得咨询本院缩短时日或与初读同日行之。

第三十一条　再读之际，议员得提起修正议案之倡议，议员得于再读以前预将修正案提出。

第三十二条　股员报告之修正案，不俟议员赞成，即可作为议题。

第三十三条　议长得更改逐条审议次序，将数条归并，或将一条分晰付之讨论，其有议员提起异议者，俟有赞成【议】员得不用讨论，即咨询本院决定之。

第三十四条　再读应将议案逐条议决之。

第三十五条　再读已毕，议长得将议案付该管股员，令整理议决修正之条项及字句。

第三十六条　三读以再读之议决案为议案。

第三十七条　三读应于再读二日以后行之，但议长得咨询本院缩短时日或与再读同日行之。

第三十八条　三读之际应议决全体议案之可否。

第三十九条　三读除改定文字外，不得提起修正之倡议，其议案中有互相矛盾事项或与现行法律有互相抵触事项经议员提起倡议必须修正者不在此限。

第三节　讨　论

第四十条　凡就议事日表所载议题欲发议者应于开议以前预将本人姓名及赞成、反对之意知会秘书厅。

第四十一条　秘书厅据前条知会之次序记载于发议表呈报议长，议长当讨论之始据发议表指令反对者及赞成者依次交互发议，其不应指令者知会作为无效。

第四十二条　预行知会之议员全数发议完毕以后，未经知会之议员亦得声请发议。

第四十三条　一方议员发议未毕，而他方议员发议已毕者，未经知会之他方议员亦得声请发议。

第四十四条　议员未经知会声请发议者应起立自报姓名或号数，经议长允许方可发议。

第四十五条　议员声请发议有二人以上起立者，议长应指令先起立者发议，若同时起立，则由议长指定。

第四十六条　议员因展会及中止议事发议未毕者，得于下次讨论之始续行发议。

第四十七条　凡发议者应登议台，其言极简捷或特经议长允许者不在此限。

第四十八条　军机大臣、各部行政大臣及政府特派员之发议无论何时，议长应允许之，但不得中止议员之演说。

第四十九条　军机大臣、各部行政大臣及政府特派员除演说、答辩应登议台外，得就本坐起立发议。

第五十条　讨论不得出议题之外。

第五十一条　议员不得就一议题发议二次，其质疑应答及声请议长整理秩序者不在此限。

第五十二条　股员长及报告员得数次发议说明审查报告之主旨。

第五十三条　军机大臣、各部行政大臣、政府特派员或提议及倡议之议员得数次发议说明议案及提议、倡议之主旨。

第五十四条　凡被议不合资格及应行惩戒之议员得数次发议自为声辩，但不得预于表决之数。

第五十五条　会议之时不得朗诵说帖，其因引证将文件朗诵者不在此限，军机大臣、各部行政大臣、政府特派员及股员长报告员得朗诵案语及报告书。

第五十六条　议长、副议长欲自预讨论者应改就特设议座，议长因讨论离座者由副议长代理职务，议题业经表决之后议长应复还原座。

第五十七条　讨论终局由议长宣告之。

第五十八条　发议者虽未全数完毕，若议员提起讨论终局之倡议得二十人以上之赞成者，由议长咨询本院决定之。

第五十九条　讨论之际非赞成、反对各有二人以上发议之后不得提起讨论终局之倡议，其一方有二人以上发议而他方无声请发议者不在此限。

第六十条　讨论终局以后，有未成议题之修正案由议长报告之，其赞成【议】员未满定额者得询问议员有无赞成，并将应否再行讨论付之表决，若决定不须讨论者即就原案取决。

第六十一条　请付审查之倡议虽在讨论终局以后亦得提起，但不得涉及本议题之可否。

第六十二条　讨论终局以后，军机大臣、各部行政大臣及政府特派员有就本议题发议者作为再行讨论。

第六十三条　议题未经讨论以前，质疑纷出不易完结者议员得提起即行讨论之倡议，经二十人以上之赞成，由议长咨询本院决定之。

第六十四条　凡在议场发议者彼此称谓均用敬辞。

第六十五条　议事规则若有疑义，由议长决定之。

第四章　修　正

第六十六条　军机大臣、各部行政大臣得就交议事件随时提出修正案或奏明撤销。

第六十七条　议员提起修正议案之倡议应具案提出于议长。

第六十八条　议员所提出之修正案应在股员会提出修正案以前（取）〔表〕决。

第六十九条　就一议题提出数种修正案，其表决次序以与原案相差最远者为首，其有议员提起异议者俟有赞成【议】员，由议长咨询本院决定之。

第七十条　议员提起修正议案之倡议业已成立者，非经本院允许不得撤销。

一议员所撤销之倡议，他议员得照第二十三条第一项之规定续行提出。

第七十一条　修正案全体否决者应就原案表决。

第七十二条　修正案及原案虽皆不得议员过半数之赞成，而本院决定不可作废者，议长得特令股员参酌具案交付会议。

第五节　表　决

第七十三条　议长、副议长及议员均有表决权，其不在议场者不得加入表决。

第七十四条　届表决时，议长宣告应行表决之问题，议长宣告应行表决问题以后无论何人不得就议事发议。

第七十五条　届表决时，议长应令以为可者起立表决，其表决若有疑义或议员提起异议者，应令以为否者起立反证之，若仍有异议或议员提起异议得十人以上之赞成者，议长应命秘书官点唱议员姓名或号数，令再行起立表决；议员对于点唱之结果提起异议得二十人以上之赞成者，议长得以记名或无记名法令为表决。

第七十六条　议长认为重要或经议员二十人以上之声请者得不用起立法，以记名或无记名法令为表决。

第七十七条　记名表决者以为可之议员用白色票，以为否之议员用蓝色票，各记本人姓名，投入票匦。

第七十八条　无记名表决者以为可之议员用白球，以为否之议员用黑球，投入球匦，并将本人名刺投入名刺匦，其球数与名刺之数不符者应再行表决。

第七十九条　点唱姓名号数或用记名、无记名法表决者应封闭议场，禁止出入。

第八十条　表决已毕，议长宣告议题表决之可否。

第八十一条　议员不得声请更正表决。

第六节　预算会议

第八十二条　预算案由议长付预算股员审查，限三十日以内告竣。

第八十三条　预算股员审查既毕，由股员长将报告书提出，议长交秘书厅刷印分送，即行会议。

第八十四条　预算会议不必经三次宣读。

第八十五条　预算案关涉法律案者应俟法律案议决后交付会议。

第八十六条　预算案内遇有紧要事件，经军机大臣、各部行政大臣商请不付审查者，由议长咨询本院决定后即行会议。

第八十七条　预算会议应先议大纲，后及各项。

第八十八条　预算会议遇有更须审查事件，议长应再付预算股员审查。

第八十九条　议员提起修正预算案之倡议，非有三十人以上之赞成不得作为议题。

第九十条　预算额数非经军机大臣、各部行政大臣提出修正案后不得决议增加。

第七节　决算会议

第九十一条　决算会议准用第八十三条、第八十四条之规定。

第九十二条　决算会议经决算股员审查后行之。

第九十三条　前会期提出之决算案得于次会期续行审查。

第九十四条　决算案内遇有违法及不当之支出，经本院议决后咨行该管衙门区处。

第八节　秘密会议

第九十五条　资政院遇有左列事项得开秘密会议：一、议长、副议长或议员十人以上之提议经本院议决停止公开者，二、军机大臣、各部行政大臣商请停止公开者，三、本细则别有规定者。

第九十六条　前条规定之提议由议长令旁听人退出议场后取决可否。

第九十七条　秘密会议之速记录不准印行，其经本院允许者不在此限。

第五章　议事录、议决录及速记录

第一节　议事录及议决录

第九十八条　议事录记载之事项如左：一、资政院开会、停会、闭会之事项及年、月、日、时，二、开议、中止、展会、散会之月、日、时，三、军机大臣、各部行政大臣、政府特派员到会者之姓名，四、资政院钦奉谕旨事件，五、议长及股员长报告事件，六、会议之议题，七、作为议题之倡议及倡议者之姓名，八、议决之事件，九、表决可否之数目，十、资政院认为重要之事件。

第九十九条　议决录记载议场之议决。

第一百条　议员对于议事录及议决录所载事实提起异议者,议长应令秘书长答辩,议员于秘书长之答辩仍有异议者议长得咨询本院决定之。

第一百一条　议事录及议决录应由议长、副议长、秘书长或其代理之秘书官署名画押。

第二节　速记录

第一百二条　速记录以速记法记载议事。

第一百三条　议员之发议业经议长令其撤销者不得记载于速记录。

第一百四条　议员之演说得于编制速记录以前订正文字,但不得更改其主旨,若因订正而他议员提起异议者,议长俟有赞成【议】员咨询本院决定之。

第六章　具　奏

第一百五条　院章第十六条、第十八条、第二十一条、第二十三条、第二十四条、第五十一条规定之具奏事件,经本院议决后,由议长、副议长照各本条分别具奏。

第一百六条　前条规定之外应行具奏事件,议长、副议长得随时具奏。

第七章　质问及建议

第一节　质　问

第一百七条　议员依院章第二十条欲行质问者应具说帖,得三十人以上之赞成,由议长咨询本院决定之。

第一百八条　质问事件由议长、副议长咨请答复之后,军机大臣、各部行政大臣应酌定日期以文书或口说答复。

第一百九条　议员对于答复之理由提起倡议者,非有三十人以上之赞成不得作为议题。

第二节　建　议

第一百十条　资政院于议决案以外若有建议事件,得具案咨送内阁会议政务处核办。

第一百十一条　资政院建议事件未经内阁会议政务处核办者不得于本会期内

再行建议。

第八章　受理陈请

第一百十二条　各省人民陈请事件应由本人缮具说帖，详记年岁、籍贯、职业、住址，署名盖章并取具同乡议员保结呈递于秘书厅。

第一百十三条　法人陈请事件由代表人署名，盖用法人印章，照前条办理。

第一百十四条　凡有陈请事件若遇资政院业经闭会，而院内现无同乡议员者，得取具同乡京官保结，照第一百十二条、第一百十三条办理。

第一百十五条　陈请事件之说帖遇有左列各项情节不得收受：一、陈请更改钦定宪法者，二、对于乘舆用不敬文辞，对于政府及资政院用侮慢文辞者，三、干预司法及行政审判者，四、专用总代表之名义而法律上不认为有法人资格者，五、不合陈请之名义及体裁者。

第一百十六条　秘书厅收受说帖之后即摘录陈请事由及呈递日期，并本人姓名、籍贯、职业及出具保结员之姓名，列为陈请事件表，连同说帖呈由议长付陈请股员依次审查，陈请事件表每一星期由秘书厅刷印分送各议员一次。

第一百十七条　议员提起倡议请将某项说帖从速审查者，议长得咨询本院决定之，并限定日期付陈请股员审查。

第一百十八条　陈请股员应将审查之结果报告于议场，其分类如左：一、应交会议事件，二、毋庸会议事件。

第一百十九条　应交会议事件，陈请股员应将详细理由特别报告。

第一百二十条　毋庸会议事件，若一星期内议员不提起倡议请交会议者，即以陈请股员会议决定之。

第一百二十一条　陈请事件之说帖交会议者毋庸朗诵，其议员提起倡议声请朗诵者，议长得咨询本院决定之。

第九章　告假及辞职

第一节　告　假

第一百二十二条　议员因事不能到会至三日以外者，应将事由及日数知会秘书厅转陈议长，假期届满仍不能到会者应照前条续假。

第一百二十三条　议员告假每次不得过七日，会期中统计假限不得过五十日，如逾此限，经本院议决除名者由议长、副议长奏明办理。

第二节　辞　职

第一百二十四条　议员辞职应具辞职书提出于议长。

第一百二十五条　闭会之后议员有提出辞职书者由议长、副议长决定，于下次开会之始报告之。

第一百二十六条　钦选各项议员有辞职者由议长、副议长具奏请旨补选。

第一百二十七条　各省谘议局互选议员有辞职者由议长、副议长咨行各该省督抚以候补议员选充。

第十章　议场秩序及惩戒

第一节　议场秩序

第一百二十八条　议场秩序由议长整理之。

第一百二十九条　议场内不得挟带危险器械及零杂物件。

第一百三十条　议场内不得吸烟或任意咳唾。

第一百三十一条　会议之时除参考外不得阅读书籍及报纸。

第一百三十二条　会议之时无论何人不得喧哗，妨碍演说及朗诵。

第一百三十三条　散会之际非议长离座之后不得离座。

第一百三十四条　议长鸣号铃时无论何人均须肃静。

第二节　惩　戒

第一百三十五条　议员中遇有应行惩戒事件，除院章及本细则别有规定外，议长得付惩戒股员审查，经本院议决后即行宣告。

第一百三十六条　应行惩戒之议事须开秘密会议。

第一百三十七条　前条之会议应行惩戒之议员不得与议，其经议长允许到会声辩者不在此限。

第一百三十八条　议员提起惩戒之倡议非有二十人以上之赞成不得作为议题。

第一百三十九条　前条之倡议应于惩戒事件发觉后三日以内提起之。

第一百四十条　议员为不敬或无礼之演说者，除照院章第四十六条区处外，议长得于议场谴责或令自陈谢辞。

第一百四十一条　不服议长之区处或命令者,议长得认为应行惩戒事件,付惩戒股员审查。

第一百四十二条　关于惩戒事件之言论,议长得酌量禁止公布。

第十一章　停会及闭会

第一节　停　会

第一百四十三条　资政院钦奉特旨停会在会议时刻者,由议长恭读即行停止议事,宣告散会;其不在会议时刻者,议长应令秘书官恭录刷印,传知各议员。

第一百四十四条　停会日数算入会期之内。

第一百四十五条　停会之后再行开议者,仍接续前次会议之议事。

第二节　闭　会

第一百四十六条　届闭会时,由军机大臣恭读上谕,宣布于议场。

第一百四十七条　届闭会时,所有议案及建议陈请事件尚未议决者均即止议,但得于次会期再行提出。

第一百四十八条　届闭会时,遇有重要事件经军机大臣、各部行政大臣咨请或得其同意者,议长得令该管股员接续审查,于次会期报告之。

第十二章　附　则

第一百四十九条　本细则自宣统二年八月二十日起为实行之期。

第一百五十条　本细则有提议修正者以不背院章为限,得经总议员三分之二以上之可决,由议长、副议长奏明办理。

资政院分股办事细则

谨将拟订资政院分股办事细则,缮具清单,恭呈御览。计开:

第一章 分　股

第一条　资政院照院章第三十三条之规定，分总议员为六股，其数如左：第一股议员三十四人，第二股议员三十四人，第三股议员三十三人，第四股议员三十三人，第五股议员三十三人，第六股议员三十三人。

第二条　分股于召集日行之，其临时会仍接续前会期所分之股。

第三条　各股设股【员】长一人，整理本股事务，由各该股议员互推。

第四条　各股设理事一人，襄理本股事务，由各该股议员用无记名法互选，以得票最多数者为当选人，票同则取年长者，年同则以抽签定之。前项之互选以股【员】长为管理员，管理员于互选之日将当选人姓名报告议长。

第五条　股【员】长有事故时，由理事代理职务。

第二章 股　员

第六条　资政院股员分为二种：专任股员、特任股员。

第七条　资政院于开会之始选举专任股员，定额如左：预算股员二十四人，决算股员二十四人，税法公债股员十二人，法典股员十八人，陈请股员十二人，惩戒股员六人。

第八条　专任股员之选举由议长指定日期及各股平均额数，令各股议员同时用无记名法就总议员中选举之，以得票多数者为当选人，票同则以抽签定之。前项之选举以股员长为管理员，管理员于选举之日将当选人姓名报告议长。

第九条　当选数股者为本股之当选人。

第十条　本股外当选数股者依其股之次序为当选人。

第十一条　专任股员有缺额时，由该股议员照第八条之规定行补缺选举。

第十二条　专任股员非有正当理由不得辞职。

第十三条　资政院为审查特别事件得议决选定特任股员。

第十四条　特任股员通常以六人为额，但视所付事件得由本院议决增至十二人或十八人。

第十五条　特任股员由议长就议员中指定之。

第三章　股员长及副股员长

第十六条　专任及特任股员设股员长、副股员长各一人，由各该股员用无记名法互选，以得票最多数者为当选人，票同则以抽签定之。前项之互选以首座股员为管理员，管理员于互选之日将当选人姓名报告议长。

第十七条　股员长整理股员会之事务，维持秩序，副股员长辅之。

第十八条　股员长有事故时，由副股员长代理职务，股员长不在分科股员之列。

第四章　分　科

第十九条　专任股员除惩戒股员外均得分为数科，如左：预算股员之分科：第一科，股员八人，掌审查度支部所管预算事件，凡京内外衙门预算事件不在各部所管之列者皆属之；第二科，股员五人，掌审查外务部、海军处、陆军部、理藩部所管预算事件；第三科，股员五人，掌审查吏部、民政部、法部所管预算事件；第四科，股员五人，掌审查礼部、学部、农工商部、邮传部所管预算事件。决算股员之分科：第一科，股员八人，掌审查度支部所管决算事件，凡京内外衙门决算事件不在各部所管之列者皆属之；第二科，股员五人，掌审查外务部、海军处、陆军部、理藩部所管决算事件；第三科，股员五人，掌审查吏部、民政部、法部所管决算事件；第四科，股员五人，掌审查礼部、学部、农工商部、邮传部所管决算事件。税法公债股员之分科：第一科，股员六人，掌审查税法事件；第二科，股员五人，掌审查公债事件。法典股员之分科：第一科，股员九人，掌审查关于公法事件；第二科，股员八人，掌审查关于私法事件。陈请股员之分科：第一科，股员六人，掌审查东三省、顺直、山东、山西、河南、陕西、甘肃、新疆、蒙古、回部人民陈请事件；第二科，股员五人，掌审查江南、安徽、江西、浙江、福建、湖北、湖南、四川、广东、广西、云南、贵州、西藏人民陈请事件。

第二十条　各科股员因审查事件有不足者，得以他科股员兼任。

第二十一条　各分科中不得有半数以上之兼任股员。

第二十二条　各科股员及兼任股员由股员长指定报告议长。

第五章　审查长

第二十三条　各分科中设审查长一人，整理分科会之事务，由各该科股员用无记名法互选，以得票最多数者为当选人，票同则以抽签定之，前项之互选以各科首（座）〔坐〕股员为管理员。

第二十四条　管理员于互选之日将当选人姓名报告股员长转报议长。

第二十五条　审查长有事故时得委托该科股员代理职务。

第六章　额外股员

第二十六条　专任及特任股员得于该股员中选定额外股员，其职务如左：一、草具审查报告书案语或说帖，二、草具修正案，三、关于军机大臣、各部行政大臣协议事件，四、调查特别事件。

第二十七条　额外股员长以专任或特任之股员长充之，整理额外股员会之事务。

第二十八条　额外股员由股员长指定之。

第七章　会　议

第一节　股员会

第二十九条　股员会开议之日时由股员长指定之，股员会不得与资政院同时开议，其经本院允许者不在此限。

第三十条　股员会非有股员半数以上到会不得开议。

第三十一条　股员长应将开议日时报告议长，咨请军机大臣、各部行政大臣及政府特派员到会发议。

第三十二条　各种股员得在股员会就同一事件数次发议。

第三十三条　股员长自预讨论之时由副股员长代理职务。

第三十四条　议长得于股员会开议之时到会发议。

第三十五条　凡股员外之资政院议员、政府特派员外之各部院衙门官对于股员会审查事件有意见者，经股员长之允许得到会发议。

第三十六条　股员会之议事以到会股员之过半数议决之可否，数同则由股员长决定。

第三十七条　股员会之开议、中止、展会、散会均由股员长宣告之。

第三十八条　股员会禁止议员以外之人旁听，如有秘密事件，亦得禁止议员旁听。

第二节　分科会及额外股员会

第三十九条　分科会开议之日时由审查长指定之，分科会不得与股员会同时开议，其经股员会允许者不在此限。

第四十条　分科会非有股员三分之二以上到会不得开议，分科会之议事以到会股员之过半数议决之可否，数同则由审查长决定。

第四十一条　审查长应将开议日时报告股员长，转报议长，准用第三十一条之规定。

第四十二条　各科股员得在分科会数次发议。

第四十三条　股员长得于分科会开议之时到会发议。

第四十四条　分科会禁止本科股员以外之人旁听，其经审查长允许者不在此限。

第四十五条　分科会之开议、中止、展会、散会由审查长宣告之。

第四十六条　额外股员会准用第二十九条、第三十条、第三十一条、第三十二条、第三十三条、第三十四条、第三十六条、第三十七条、第三十八条之规定。

第八章　审查及报告

第四十七条　凡股员之审查以本院所付事件为限。

第四十八条　各科股员应遵本院议决之审查期限分任审查。

第四十九条　各科股员审查既毕，由审查长报告其主旨，于股员长即行开股员会。

第五十条　各科审查长应于股员会报告本科之审查事件并说明之。

第五十一条　股员会审查毕时，由股员长作报告书提出于议长。

第五十二条　股员长应于议场报告股员会之审查事件并说明之。

第五十三条　股员长经股员会之议决得委托股员报告其审查事件。

第五十四条　除议长认为秘密事件之外，股员会应将报告书刷印分送各议员。

第五十五条　股员会无故迟延报告之时，得由本院议决改任股员。

第五十六条　在股员会以少数被黜之意见如得到会股员三分之一以上之同意，得附股员会报告提出说帖于议长。

第九章　会议录及参考文书

第五十七条　股员会之议事以速记法记载之。

第五十八条　股员会议录记载之事项如左：一、到会者之姓名，二、表决之数目，三、议决之主旨，四、其他重要事件。

第五十九条　会议录中经股员长认为必须删除之言论得删除之。

第六十条　会议录有错误时，各股员得自请更正。

第六十一条　会议录由股员长、副股员长署名画押移交秘书厅存案。

第六十二条　股员长依股员会之议决得声请议长咨行军机大臣、各部行政大臣将参考文书检送到院，各股员审查既毕，应将前项文书分别送还各衙门。

第六十三条　议员求阅会议录及参考文书者以不碍审查事件为限，股员长应允许之，但不得携出院外。

第十章　附　则

第六十四条　本细则与资政院议事细则同日实行，本细则之修正准用资政院议事细则第一百五十条之规定。

《政治官报·折奏类》第一千四十四号

资政院旁听规则

第一条　资政院旁听生区分如左：一、王公世爵，二、各国外交官，三、京外大员，四、普通旁听人，五、报馆主笔。

第二条　王公世爵欲旁听者由宗人府、陆军部、理藩部咨行资政院酌定员数，将特别旁听券送该衙门转交。

第三条　各国外交官欲旁听者，须照会外务部咨行资政院酌定员数，将特别旁听（证）〔券〕送部转交。

第四条　京外大员欲旁听者，由本人函知资政院酌送特别旁听券。

第五条　普通旁听人欲旁听者，由介绍议员先期知会于秘书厅酌定人数，将普通旁听券汇送股长交介绍议员转发。

第六条　每会期由秘书厅移送长期旁听券十六张，于巡警总厅转发报界公会协议分配之。

第七条　旁听人到院之时应将旁听券交守卫官查验，由守卫引入旁听。

第八条　凡到院旁听者均须遵守左列之规则：一、便服著靴，二、不得携带零杂物件，三、不得吸烟及任意唾痰，四、对于议员之言论不得表示可否，五、不得喧哗，妨碍议场。

第九条　凡携带危险器械者不得入旁听座。

第十条　凡酒醉及有疾病之人不得入旁听座。

第十一条　凡旁听人不得入议事场。

第十二条　资政院决定开秘密会或旁听生有骚扰时，议长得令守卫将旁听人全数退出。

第十三条　旁听人不守第八条所列各项规则者，议长得令守卫将该旁听人退出。

中国第一历史档案馆藏，《资政院档案》一号

资政院图书室办事分则

第一条　图书室设管理员一人,编译员若干人,收掌二人,书记二人。

第二条　图书室应办事项如左:一、保管图书及公文书类,二、出纳图书及公文书类,三、购置图书,四、调查编制参考之书,五、翻译文书。

第三条　图书室应将所藏图书按经、史、子、集四部分类庋置,其丛书、现行法令、新译图书、外国文图书及贵重图书别为部类,另行庋置;图书室应按前项部类编制图书目录,其书名、撰述人、卷数册数、何处出版均应详细记入。

第四条　图书室所藏书籍每岁至少应晒晾二次,并随时检查预防生蠹、受湿等事。

第五条　图书室应置备取书单及第三条第二项之图书目录,分置本院各室,国务大臣、政府特派员、本院议员及本厅人员得随时凭单借阅图书,取书单应由借阅人署名画押,并自订归还日限,自借阅日起至迟不得过一个月。

第六条　每次借阅不得过二部,每部逾二十册之图书不得一时借阅全部,但实系因公借阅者不在此限。贵重图书应本日归还,并不得携出院外。

第七条　借阅图书有污损、遗失等情,应照原价赔补,赔补后其已污损、遗失之图书归原借人所有。

第八条　图书室应置备借阅图书簿,借阅人姓名、书名、册数或套数、借阅日期、约定归还日期、经手职员姓名均应详细记入。

第九条　图书室所藏图书不得借与第五条第一项所指定以外之人,但经秘书长特许者不在此限。

第十条　秘书厅公文移交图书室保存者,应由图书室分类编档,前项公文之保管出纳照贵重图书例办理,但秘密公文非得秘书长允许,无论何人不得取阅。

第十一条　图书室购置图书以在左列各部范围内者为限:一、现行法令,二、有关政治法律者,三、有关地理历史者,四、本国、外国最新各种地图,

五、与议院有关之外国文图书。

第十二条　前条图书由图书室职员随时采访,拟购何种图书应先开详细清单,将图书名、卷数、册数、何处出版、何处出售、价格若干一一记入,呈秘书长,俟核准再行购置。

第十三条　京外各衙门新旧出版各项图书表册在第十条范围以内者由图书室随时呈请秘书长备文咨取,本院出版各图书得由图书室函寄外国议院,与其交换。

第十四条　图书室所藏外国图书应编制提要呈秘书长核阅,其有关议院各书由秘书长随时指定分派图书室职员编译之。

《大公报》,宣统三年九月十三日

资政院佩用徽章规则

第一条　资政院佩用之徽章分为三种,如左:一、议长、副议长及议员紫色,二、国务大臣及政府特派员深蓝色,三、秘书长、秘书官及编译员浅蓝色。

第二条　徽章于出入本院及在院佩用之。

第三条　徽章佩用之于胸部对襟或右襟。

第四条　徽章遇有遗失或损坏时,得向秘书厅庶务科报名另行补制。

第五条　徽章应于闭会之时一律缴还。

第六条　佩用人员于会期中有更动者适用前条之规定。

《大公报》,宣统三年九月五日

资政院会奏酌拟资政院议员公费旅费规则并别订旅费数目折（并单）

宣统二年八月二十九日

奏为酌拟资政院议员公费旅费规则并别订旅费数目，谨分缮清单，恭折会陈，仰祈圣鉴事。窃查臣院于本年七月二十七日会奏拟订经费数目折，内声明议员公费定为每员于常年会期共支六百圆，议员旅费除在京各员毋庸支给外，应以省分之远近为多寡之等差，最远者定为八百圆，最近者定为一百圆，其外藩王公业经理藩部奏蒙恩准照例驰驿，应即毋庸支给。如遇临时会期，除议员旅费应比照常年会期办理外，其议员公费拟照常年会期减半支给等因，奉旨依议，钦此，遵即咨行度支部在案。谨按：臣院议员业于本月二十日以次齐集，所有公费旅费自应按照奏定数目分别支给。惟旅费一项除最远、最近省分业经确定外，其他各省远近不一，应分定等差，以期平允。又公费一项，如遇有议员辞职及奉旨解散之事，自应另订办法，以资遵守。考外国议院关于议员公费及旅费皆立一定规则以为支给之标准，臣院现拟仿照各国办法，谨拟就资政院议员公费旅费支给规则一种，共八条，并按各省道里远近别订议员旅费数目，谨分缮清单，恭呈御览。所有酌拟资政院议员公费旅费支给规则并别订旅费数目是否有当，谨恭折具陈，伏乞皇上圣鉴训示遵行。再，此折系资政院主稿，会同军机大臣办理，合并声明。谨奏。

宣统二年八月二十九日奉旨：已录。

资政院议员公费旅费支给规则

第一条　议员公费于每年开会期内按照定章每员各支六百圆。
第二条　议员旅费按照别定旅费数目支给。
第三条　议员公费旅费于开会后五日内支给半额，闭会后五日内支给半额。
第四条　会期内不到院之议员不支公费旅费。
第五条　在京议员及外藩王公世爵议员不支旅费。
第六条　议员于开会后有辞职者所有公费止给半额，旅费全给。
第七条　资政院议员遇有奉旨解散之时，所有公费及旅费应照第六条办理。
第八条　资政院遇开临时会时，议员公费减半支给，旅费全给。

资政院议员旅费数目清单

谨将拟订资政院议员旅费数目，缮具清单，恭呈御览，计开：

新疆每员八百圆，甘肃每员六百圆，云南每员六百圆，贵州每员六百圆，四川每员六百圆，广西每员六百圆，吉林每员四百圆，黑龙江每员四百圆，陕西每员四百圆，广东每员四百圆，福建每员四百圆，浙江每员三百圆，安徽每员三百圆，江西每员三百圆，湖南每员三百圆，奉天每员二百四十圆，山东每员二百四十圆，山西每员二百四十圆，河南每员二百四十圆，湖北每员二百四十圆，江苏每员二百四十圆，直隶每员一百圆。

《政治官报·折奏类》第一千五十四号

资政院总裁世续等奏改订资政院院章缮单呈览折（附清单）

宣统三年六月初八日

资政院总裁、大学士臣世续等跪奏，为遵旨改订资政院院章，缮具清单，恭折会陈，仰祈圣鉴事。

宣统三年六月初一日钦奉谕旨：资政院院章前于光绪三十四年由资政院总裁会同军机大臣具奏，复于宣统元年经资政院会奏续拟院章，并将前奏各章改订颁布施行。现在已阅两年，时势又有不同，核与新颁法令未尽吻合，亟应将资政院院章修改，以免窒碍而利推行。著资政院总裁、副总裁会同内阁总协理大臣悉心斟酌，妥速改订具奏，候朕钦定颁行。钦此。由内阁钞交到院，臣等钦遵谕旨，悉心商酌。窃查资政院院章叠经奏拟改订，所有组织之法，议决之权，皆最关重要之端，规定均尚妥洽，自可无庸轻议更张，其余应行改订者约分四类，敬为我皇上缕晰陈之。

第一类，因新定官制改从一律者。如院章原文所称军机大臣等官，现已裁撤，军机处改设内阁，不便仍沿旧名。又现在资政院总裁、副总裁各简一人，与弼德院官制院长、副院长各一人相同，而原文所定各设二人，应即改正。又秘书厅请简请补各员，按照现制应分别会同内阁办理，其各员品级，亦应于另订之官品章程统行规定，不必著于院章。此其应行改订者一也。

第二类，因法令歧异改从一律者。如原文第二十四条核办事件，上年钦定修正筹备清单按语，业经申明改归行政审判院办理。查行政审判院定于本年设立，院章此条应即删除，以清权限。又召集临时会与召集常年会均属君上大权，而原文第三十二条临时会分别由臣下陈请，与召集常年会办法歧异，宜加修正。此其应行改订者二也。

第三类，因立法偶疏改归完密者。查外国议院规制，不得向地方议会照会往复，我国各省谘议局性质属于地方议会，则资政院除有所咨询外，不应行文该局。兹于原文第二十二条之次酌加一项。又谘议局与督抚异议事件，有关于立法者，亦有关于行政者，若行政事件概由资政院核议，恐于事情有所隔膜，核议之后仍难施行，反不足以收实效。兹将原文第二十三条所规定略加区别，俾与原文第二十七条办法一律。又按外国议院开议，大事以议员过半数或三分之一以上到会为限，而原文第三十四条非有议员三分之二以上到会不得开议，限制太严，往往因人数不足不能开议。兹将原文改为议员过半数到会，以免延搁。又按外国议院法，临时改定议事日表，须得政府之同意。兹于原文第三十八条之次酌加一项。此其应行改订者三也。

第四类，因易滋误解详为申明者。如原文第二十三条第二项及第三十九条所谓不得与议者，均与所谓不列议决之数，文义迥殊。兹于原文各加于会议时退出议场一语，似更明晰。又原文第二十九条资政院于民刑诉讼事件概不受理，则陈请事件自不得涉及诉讼。兹酌加一项，以示尊重司法之意。此其应行改订者四也。

此外原文第六十四条经费数目由资政院另行奏定，现在预算统由度支部办理，此条应即删除。又附条本章程施行日期亦应改订。

以上各节，臣等详细商榷，意见相同，除资政院议事细则暨各省谘议局章程有应按照此次改订院章改从一律者，另行分别办理外，谨将改订资政院院章缮具清单，恭呈御览，伏候圣裁。

所有遵旨改订院章缘由，是否有当，伏乞皇上圣鉴训示。

再，此折系资政院主稿，会同内阁总协理大臣办理，合并声明。谨奏。

附：清单

谨将改订资政院院章，缮具清单，恭呈御览。

第一章　总　纲

第一条　资政院钦遵谕旨，以取决公论，预立上、下议院基础为宗旨。

第二条　资政院总裁一人，总理全院事务，以王公大臣著有勋劳通达治体者，由特旨简充。

第三条　资政院副总裁一人，佐理全院事务，以三品以上大员著有才望学识者，由特旨简充。

第四条　资政院议员以钦选及互选之法定之。

第五条　资政院议员于院中应有之权，一律同等，无所轩轾。

第六条　资政院会议期分为二种，一常年会，一临时会。常年会每年一次，会期以三个月为率。临时会无定次，会期以一个月为率。

第七条　资政院开会、闭会，均明降谕旨，刊布官报。

第八条　资政院开会之日，恭请圣驾临幸，或由特旨派遣亲贵大臣恭代行开会礼，宣布本期应议事件。

第二章　议　员

第九条　资政院议员由左列各项人员年满三十岁以上者选充：一、宗室王公世爵，一、满汉世爵，一、外藩蒙、藏、回王公世爵，一、宗室觉罗，一、各部院衙门官四品以下、七品以上者，但审判官、检察官及巡警官不在其列，一、硕学通儒，一、纳税多额者，一、各省谘议局议员。

第十条　资政院议员定额如左：一、由宗室王公世爵充者，以十六人为定额，一、由满汉世爵充者，以十二人为定额，一、由外藩王公世爵充者，以十四人为定额，一、由宗室觉罗充者，以六人为定额，一、由各部院衙门官充者，以三十二人为定额，一、由硕学通儒充者，以十人为定额，一、由纳税多额充者，以十人为定额，一、由各省谘议局议员充者，以一百人为定额。

第十一条　资政院议员钦选、互选之别如左：一、宗室王公世爵、满汉世爵、外藩王公世爵、宗室觉罗、各部院衙门官、硕学通儒及纳税多额者钦选，一、各省谘议局议员互选，互选后由该省督抚复加选定，咨送资政院。

第十二条　资政院议员钦选及互选详细办法，照另定选举章程办理。

第十三条　资政院议员以三年为任期，任满一律改选。

第三章　职　掌

第十四条　资政院应行议决事件如左：一、国家岁出入预算事件，二、国家岁出入决算事件，三、税法及公债事件，四、新定法典及嗣后修改事件，但宪法不在此限，五、其余奉特旨交议事件。

第十五条　前条所列第一至第四各款议案，应由军机大臣或各部行政大臣先期拟定具奏，请旨于开会时交议，但第三款所列税法及公债事件、第四款所列修改法典事件，资政院亦得自行草具议案。

第十六条　资政院于第十四条所列事件议决后，由总裁、副总裁分别会同军机大臣或各部行政大臣具奏，请旨裁夺。

第四章　资政院与行政衙门之关系

第十七条　资政院议决事件，若军机大臣或各部行政大臣不以为然，得声叙原委事由，咨送资政院复议。

第十八条　资政院于军机大臣或各部行政大臣咨送复议事件若仍执前议，应由资政院总裁、副总裁及军机大臣或各部行政大臣分别具奏，各陈所见，恭候圣裁。

第十九条　资政院会议时，军机大臣或各部行政大臣得亲临会所，或派员到会陈述所见，但不列议决之数。

第二十条　资政院于各衙门〈行政〉行政事件及内阁会议政务处议决事件如有疑问，得由总裁、副总裁咨请答复。若军机大臣或各部行政大臣认为必当秘密者，应将大致缘由声明。

第二十一条　军机大臣或各部行政大臣如有侵夺资政院权限或违背法律等事，得由总裁、副总裁据实奏陈，请旨裁夺。前项奏陈事件，非有到会议员三分之二以上之同意，不得议决。

第五章　资政院与各省谘议局之关系

第二十二条　资政院于各省政治得失、人民利病有所咨询，得由总裁、副总裁札行该省谘议局申复。除前项咨询事件外，不得向各省谘议局行文。

第二十三条　各省谘议局与督抚异议事件，或此省与彼省之谘议局互相争议事件，除关于行政事宜咨送内阁核办外，其余均由资政院核议，议决后由总裁、副总裁咨会国务大臣具奏请旨裁夺。前项核议事件关涉某省者，该省谘议局所选出之议员不得与议，应于会议之时退出议场。

第二十四条　各省谘议局如因本省督抚有侵夺权限或违背法律等事，得呈由资政院核办。前项核办事件若审查属实，照第二十一条办理。

第六章　资政院与人民之关系

第二十五条　各省人民于关系全国利害事件有所陈请，得拟具说帖，并取具同乡议员保结，呈送资政院核办。

第二十六条　前条陈请事件，应先由议长交该管各股议员审查，如无违例不敬之语，方准接受。其经审查后批驳者，在本会期内不得再行投递或另向他处投递。

第二十七条　资政院于人民陈请事件，若该管各股议员多数认为合例可采者，得将该件提议作为议案，其关于行政事宜者应咨送各该衙门办理。

第二十八条　资政院不得向人民发贴告示或传唤人民。

第二十九条　资政院于民刑诉讼事件概不受理。陈请事件，如有涉及诉讼者，不准收受。

第七章　会　议

第三十条　资政院会议时由总裁为议长，副总裁为副议长。议长有事故时由副议长代理。

第三十一条　资政院常年会，自九月初一日起至十二月初一日止，其有必须接续会议之事，得延长会期一个月以内。

第三十二条　资政院临时会于常年会期以外遇有紧要事件，由行政各衙门或总裁、副总裁之协议，或议员过半数之陈请，均得奏明，恭候特旨，召集遵行。

第三十三条　资政院议员于召集后，应以抽签法分为若干股，每股由议员互推一人为股长。

第三十四条　资政院会议非有议员三分之二以上到会，不得开议。

第三十五条　资政院会议以到会议员过半数之所决为准，若可否同数，则取决于议长。

第三十六条　资政院自行提议事件，非有议员三十人以上之同意，不得作为议案。

第三十七条　资政院于预算法典及其余重要议案，应先由议长交该管各股议员调查明确，方得开议。

第三十八条　资政院会议应由总裁、副总裁先期将议事日表通知各议员，并咨送行政衙门查照。议事日表以特旨及奏请交议事件列前，其因紧急事件改定议事日表者，由行政衙门同意行之。

第三十九条　资政院议员于议案有关系本身，或其亲属及一切职官例应回避者，该员不得与议，应于会议之时退出议场。

第四十条　资政院议员如原有专折奏事之权者，于本院现行开议之事，不得陈奏。

第四十一条　资政院议员除现行犯罪外，于会期内非得本院承诺，不得逮捕。

第四十二条　资政院议员于本院议事范围内所发言论，不受院外之诘责。其以所发言论在外自行刊布者，如有违犯，仍照各本律办理。

第四十三条　资政院会议不禁旁听，其有左列事由，经议员公认者，不在此限：一、行政衙门咨请禁止者，二、总裁、副总裁同意禁止者，三、议员三十人以上提议禁止者。

第四十四条　资政院议事细则、分股办事细则及旁听规则，另行厘定。

第八章　纪　律

第四十五条　资政院议场内应分设守卫警官及巡官、巡警，听候议长指挥，其员额及守卫章程另行厘定。

第四十六条　资政院议员于会议时有违背院章及议事规则者，议长得止其发议，违者得令退出。旁听人有不守规则者，议长得令退出。其因而紊乱议场秩序致不能会议者，议长得令暂时停议。

第四十七条　资政院议员有屡违院章，或语言行止谬妄者，停止到会，其情节重者除名。

第四十八条　资政院议员无故不应召集，或赴召集后无故不到会延至十日以上者，均除名。

第四十九条　资政院议员有以本院之名义干预他事者，停止到会，其情节重者除名。

第五十条　资政院议员停止到会以十日为限，由总裁、副总裁同意行之。除名以到会议员三分之二以上决议行之。

第五十一条　资政院议员有应行除名者，如系钦选人员，应由总裁、副总裁奏明请旨办理。

第五十二条　资政院有左列情事，得由特旨谕令停会：一、议事逾越权限者；二、所决事件违背法律者；三、所议事件与行政衙门意见不合尚待协商者；四、议员在议场有狂暴举动，议长不能处理者。停会之期以十五日为限。

第五十三条　资政院有左列情事，得由特旨谕令解散，重行选举，于五个月以内召集开会：一、所决事件有轻蔑朝廷情形者；二、所决事件有妨害国家治安者；三、不遵停会之命令，或屡经停会仍不悛改者；四、议员多数不应召集，屡经督促仍不到会者。

第九章　秘书厅官制

第五十四条　资政院设秘书厅，掌本院文牍、会计、记载议事录及一切庶务。

第五十五条　资政院秘书厅设秘书长一人，秩正四品，由总裁、副总裁遴保相当人员，咨会内阁，请旨简放。

第五十六条　资政院秘书厅设一、二、三等秘书官各四人，一等秩正五品，二等秩正六品，三等秩正七品，由总裁、副总裁遴员咨会内阁奏补。

第五十七条　资政院秘书厅附设图书室一所，掌收藏一切书籍之事。图书室设管理员一人，即以秘书官兼充。

第五十八条　秘书厅秘书长承总裁、副总裁之命，监督本厅一切事宜。

第五十九条　秘书官承秘书长之命，分掌各科事务。

第六十条　秘书厅分为四科，如左：一、机要科，一、议事科，一、速记科，一、庶务科。

第六十一条　秘书厅应设书记及速记生等员额，由秘书长酌量事务繁简，禀承总裁、副总裁酌定。

第六十二条　秘书厅办事细则由秘书长拟订，呈候总裁、副总裁核定施行。

第十章　经　费

第六十三条　资政院经费其款目如左：一、总裁、副总裁公费，二、议员公费及旅费，三、秘书厅经费及守卫经费，四、杂费及预备费。

第六十四条　前条所列各款经费数目另行奏定。

第六十五条　资政院经费由度支部每年归入预算，按数支拨。

附　条

第一条　本章程奏准奉旨后，以宣统元年九月初一日起为施行之期。

第二条　本章程未尽事宜，由总裁、副总裁会同军机大臣奏明办理。

资政院奏为议决改订资政院院章恭请颁布事

宣统三年九月三十日

奏为议决改订资政院院章谨缮单奏陈恭请颁布事。窃臣院于九月初五日钦奉谕旨"资政院奏请改订院章交院协赞一折，所有此次改订之资政院院章著交该院协赞，再行奏请钦定，钦此"钦遵在案，嗣由臣院照章列入议事日表，于初读后即交法律股审查。旋据股员长报告认为应行修正，另具修正案提出会议，续经开会再三宣读，臣院议员佥以为宪法信条既已颁布，第八、第九、第十、第十二、第十三、第十四、第十五、第十八各条未开国会以前均由资政院适用，自应按照信条改归一律，以资遵守，公同讨论议决修正，计共十章五十八条，又附条一条，谨缮具清单，恭请降旨颁布，一俟命下，即由臣院遵照办理。所有议决改订资政院院章缘由理合恭折奏陈，伏乞皇上圣鉴。谨奏。

《军机处录副奏折》

三、资政院第一届常年会

资政院总裁溥伦等奏资政院成立暨开会日

宣统二年八月二十五日

资政院总裁、贝勒衔固山贝子臣溥伦等跪奏为恭报资政院召集情形，遵章奏请开会，恭折仰祈圣鉴事。窃臣院于宣统二年四月初一日，钦奉上谕：著以本年八月二十日为召集之期，所有该院议员均即遵照定期，一律齐集等因。钦此。业经分别咨行在案。臣等先期设备，次第就绪，遵于本月二十日举行召集之典，所有臣院议员以次齐集，按照议事细则第五条，以抽签法匀分总议员为六股，每股推选股长、理事各一人。臣院即于是日成立。本年九月初一日为开会之期，应遵章恭请圣驾临幸。伏查奏定监国摄政王礼节，资政院开院时，由监国摄政王代行莅院等因。谨将拟订代临资政院开会礼节，缮具清单，恭呈御览，伏候圣裁。俟命下之日，臣等敬谨遵奉施行。所有恭报召集情形，并奏请开会各缘由，谨恭折具陈，伏乞皇上圣鉴。谨奏。

《清末筹备立宪档案史料》下册，第645—646页

缩改于宣统五年开设议院谕

宣统二年十月初三日

谕内阁：前据各省督抚等先后电奏，以钦颁宪法、组织内阁、开设议院为请。又据资政院奏称：据顺、直各省谘议局及各省人民代表等陈请速开国会等语。当将原折电交内阁会议政务处王大臣公同阅看。旋据该王大臣等各抒己见，具说呈进。又于本月初二日召见王大臣等详细垂询，切实讨论，意见大致相同。

溯自分年筹备立宪期限，定自先朝。朕仰承付托之重，夙夜兢惕，无时不以继志述事为心，既不敢少事迟回，亦不敢过形急切。前经都察院两次代奏呈请速开国会，均即明白剀切宣谕。彼时为郑重要政起见，诚有不得不一再审慎者。乃揆度时势，瞬息不同，危迫情形，日甚一日，朝廷宵旰焦思，亟图挽救，惟有促行宪政，俾日进而有功，不待臣庶请求，亦已计及于此。第恐民智尚未尽开通，财力又不敷分布，操之过蹙，或有欲速不达之虞，故不能不验向背于舆情，决是非于廷议。

今者，人民代表吁恳既出于至诚，内外臣工强半皆主张急进，民气奋发，众论佥同，自必于人民应担之义务，确有把握，应即俯顺臣民之请，用协好恶之公。惟是召集议院以前，应行筹备各大端，事体重要，头绪纷繁，计非一、二年所能蒇事，著缩改于宣统五年实行开设议院。先将官制厘订，提前颁布试办，预即组织内阁。迅速遵照钦定宪法大纲，编订宪法条款，并将议院法、上下议院议员选举法及有关于宪法范围以内必须提前赶办事项，均著同时并举，于召集议院之前一律完备，奏请钦定颁行，不得少有延误。

总之，决疑定计，惟断乃成。此次缩定期限，系采取各督抚等奏章，又由王

大臣等悉心谋议，请旨定夺，洵属斟酌妥协，折衷至当，缓之固无可缓，急亦无可再急，应即作为确定年限，一经宣布，万不能再议更张。尔内外各大臣务当协力进行，时艰共济。各省督抚领治疆圻，责任尤重，凡地方应行筹备各事宜，更当淬（厉）〔砺〕精神，督饬所属妥速筹办，勿再有名无实，空言搪塞，必使一事有一事之成绩，一时有一时之进步，无论如何为难，总当力副委任，如或因循误事，粉饰邀功，定即严惩，不少宽假。

顾官吏有应顾之考成，国民亦有应循之秩序。此后，倘有无知愚氓藉词煽惑，或希图破坏，或逾越范围，均足扰害治安，必即按法惩办，断不使于宪政前途稍有窒碍，以期计时收效，克日观成，上慰先帝在天之灵，下慰海内喁喁之望。将此通谕知之。

《清末筹备立宪档案史料》上册，第78—79页

资政院议员为鲁省领土事质问外务部

资政院议员王良佐日前提出质问外务部说帖。略云：查渤海湾为我国领海，北属奉天，南即山东。自日人占据大连、旅顺等处，奉天沿海一带渔业悉被其占有，今且不暇深论。渤海南岸东自海阳属之桑口湾，西至掖县属之虎头崖，延长千余里，皆系山东领海，实国家主权所关。乃日人雄心未已，自北而南偷驾渔船，侵夺山东渔业，种种行为众目共睹。去冬在蓬莱属之钦岛捕鱼，渔船被风损坏，强索赔款，东省竟赔银八百两含糊了事，不知系用国家名义抑属私人交涉？今春成山头一带又有日本渔船多艘私行捕鱼，登莱青道派静海兵轮巡查，彼等皆潜伏各岛内，迨兵轮一去，又出捕如故。现在宁海属之养马岛、福山属之兔子洞、掖县属之芙蓉岛及烟台芝罘山等处，均有日本渔船，踪迹无定，倏往倏来，侵越海权莫此为甚。尤可虑者山东黄县所属之龙口，我国并未声明开放，乃日本公然自由开港，由大连、旅顺、营口等处航行该口之船络绎不绝，设立行栈非止

一家，并多派下流社会杂居其间，以为侵占山东地步。据该国调查报告书，称中国内地矿产山东称最富，英据威海，德占胶澳，已无插足之地，故一得龙口，谓可与英、德鼎足而三，外可与大连等口相为犄角。似此视耽欲逐，任意横行，不但显背约章，实于国家主权有碍，地方官忍而不言，外务部置而弗问，诚不解其职司何事，云云。（后略）

《国风报》第一年第三十号，"中国纪事"，第90—91页

资政院议员为吨税余积事质问税务处

资政院议员周廷弼日前提出说帖，质问税务处云：查各埠海关凡轮船进口向章照轮船之大小关吨完纳吨钞，统归总税务司收储，以为修理灯塔之用，计每吨每月完关平银一钱，每年共缴三次。兹查得沪关一处，其收进趸钞之数光绪二十六年收银七十二万四千八百六十两，二十七年收银八十万零九千五百六十一两，二十八年收银九十二万零九百十一两，二十九年收银九十五万三千五百七十五两，三十年收银九十九万二千五百八十五两，三十一年收银一百十万零五千三百五十两，三十二年收银一百三十二万六千六百十九两，三十三年收银一百三十二万一千一百九十二两，三十四年收银一百二十六万四千九百十五两，宣统元年收银一百二十七万六千二百十八两，统计十年之内共进银一千零六十九万五千七百八十六两，而光绪二十六年以前所收之钞尚不在内。此项大宗入款，除历年修理灯塔外余积之银，未知现存何处，究竟作何开支，云云。按此项吨税，据记者闻诸京曹某君云，除缮修灯塔外，尚有拨充外务部及各使署津贴者，然合数项并计，开销亦无几，所余者当在数百万外，前由总税务司赫德用己名义寄存于伦敦银行，后经唐绍（怡）〔仪〕诘问，始改用中国国家名义。所说若确，是又清理财政者所当注意者也。

《国风报》第一年第三十号，"中国纪事"，第92—93页

资政院劾江督奏稿

（上略）本院自开院以来，各省谘议局连翩来呈，率以公债、税法各督抚不交局议，而尤以江苏谘议局呈文所称关系更巨。查该局称：两江总督张人骏侵权违法，屡屡擅借外债不交局议。其第一次在本年六月，上海正元等三钱庄倒欠华洋商人巨款，该督偏信已革苏松太道蔡乃煌、上海商会总理候选道周晋镳朦①禀之词，专电奏准官借外债三百五十万两，代商人偿还亏倒洋行之款。旋经该局质问，乃仅述蔡、周两道朦禀之词，并将遵旨慎防流弊一层透过属吏，而于善后方法置之不议。查中国与各国所订条约，均有"华人倒欠洋款官吏只能代追，不能保偿"之语，该督身为南洋通商大臣，不应不谙条约，朦奏朝廷，召外交无穷之患，增财政困难之忧，实较寻常违背法律仅关内政者情事尤重。其第二次在本年九月，该督亲往上海，又与各国银行筹商借债，经该局风闻电询，久置不答。迨补具公文质问，乃始札，称借三百万六年为期，本利由宁省设法匀还等语。查此项借款既声明本利由宁筹还，是即本省公债及本省担任义务之增加事件，即系局章第二十一条之四、五两项，在谘议局应行议决范围以内。事在九月，值该局开会之期，该督竟不交议，径与洋商订约借款，实为违背法律、侵夺权限，与局章第二十七条按语相符，呈请本院核办。经本院二次开股员会审查，佥谓该督第一次借款代华商偿还洋债，破坏条约，为祸尤烈。中外交通数十年，商人借贷亏倒情伪百出，负欠洋款往往而有，如令官吏营私舞弊，任意代偿，则人民可不事生产，人人私借外债，而外人亦可不求担保抵押，处处放款，此风一开，不审异日偿还之期，内而部臣，外而疆吏，需索靡至，何以应付，斯时全国恐立地破产。历朝条约详明，所以与各国订立专款者防微杜渐不谓不至，而该督破坏决裂，至于如是，来日方长，伊于胡底。语云：涓涓不塞，将成江河，诚有

---

① "朦"，旧通"蒙"，为保持原貌，不作改动。下同。

如该局所言，较寻常违背法律仅关内政者情事尤重也。至第二次所借之款，未据该督声明何用，而以偿还本利责之本省，尤为可骇。且在谘议局常会期内，竟不交议，是实故意侵权违法，较之寻常过误不同。则充类至尽之义，各省谘议局均可不设，而凡百财政仍握于督抚之手，听其出纳无度，支配无常，而无人为之监督也。宪政前途，尚可问乎！自应遵照院章第二十四条奏请圣裁，饬下两江总督张人骏将第一次所借外债代还洋款者应令其如数担偿，决不能由国家与人民担其责任，以符约章而塞祸源。至第二次所借外债，是否系本省应办之公债，应照章交付谘议局议决办理。（下略）

《国风报》第一年第三十三号，"文牍"，第55—57页

资政院议员质问税关场所名实不符之可异

资政院议员刘耀垣日前质问外务部税务处云：本员于外务部设关事宜颇有所疑，查广东拱北关乃中国之税关，西人名为喇巴卡土泵。喇巴者，中国之湾仔地方，既名曰喇巴关，则此关之办事处应在湾仔可知。乃数十年来，只于马骝洲湾仔关闸附近设拱北关之分厂，而总办事处及税务司竟驻在厦门，凡货物出入故不得不以澳门为总汇，即在中国内地之分厂，如有事时亦须奔走至澳门方能面谒税务司，阅时既久，费财失事，人民苦于往返，因此生出恶感者不少。夫澳门为葡萄牙管理之地，中国税关总办事处何以设立在此，可疑者一。拱北关既名为喇巴关，喇巴即湾仔，何以总办事处不设在湾仔，俾得受本国政治之保护，可疑者二。中国内地分厂有事，必越境到澳见税务司，税务司虽是洋人，实受中国薪水之官员，中国人民须往葡租借地谒见之，有何理由，可疑者三。因澳门系葡人管理之地，中国税关总办事处不能升扯国旗，失主权，辱国体，而且将本国直接之地方商务交通为之截断，中国政府何以许税务处如此施为，可疑者四。拱北关总办事处既设在澳门，实足令澳门地方日益繁盛，以本国之关兴起他人之埠，是何

用意，可疑者五。为此遵章质问，应请议长咨请外务部及税务处酌定日期，以文书或口说答复。

《国风报》第一年第三十四号，"中国纪事"，第88—89页

资政院奏请铸资政院关防并秘书厅印折

奏为拟请换铸臣院关防并添铸秘书厅印以资信守恭折仰祈圣鉴事。窃臣院开办伊始，于光绪三十三年九月初八日业将先行刊刻木质关防情形奏报在案，本年为臣院成立之期，开会以来一切文移尤形繁赜，拟请换铸关防一颗，文曰"资政院之关防"，俾昭郑重。又，臣院秘书厅奏设秘书长、秘书官等缺，并经分别奏请简补，自应一并添铸厅印一颗，文曰"资政院秘书厅之印"，仰恳敕下礼部查照办理。一俟铸就，即由臣院祗领钤用。所有臣院换铸关防及添铸厅印各缘由，理合恭折具陈，伏乞皇上圣鉴。谨奏。

宣统二年十一月初八日奉旨：已录。

《政治官报·折奏类》第一千一百二十五号

资政院奏调用人员分别留院候补折

奏为臣院奏调人员分别留院候补恭折具陈仰祈圣鉴事。窃臣院于宣统二年八月二十九日具奏前调续调人员一折，奉旨：知道了，钦此。嗣于十月十八日请补秘书厅秘书官员缺折内声明"其余调院当差者仍逐细考核，分别等差，另

行奏请留院候补"等语各在案。兹查奏调行走之度支部学习员外郎陆定、学部补用主事冯阅模、候选知府俞朝桀三员拟请改以一等秘书官候补，花翎五品衔外务部七品小京官黎渊、内阁中书鄂彤二员拟请改以二等秘书官候补，花翎五品顶戴分省试用府经历林尊俨、学部补用司务陈器、五品衔陆军部候补笔帖式代昌三员拟请改以三等秘书官候补，其黎渊、林尊俨、代昌三员拟请仍留翎枝顶戴。以上共计八员，拟请作为臣院候补员额，嗣后非值候补缺额不得续行奏留，以示限制。惟臣院开办三年，甫经成立，先后调用各员均系慎选才能，未便拘官阶之内外，且事关创始，与寻常调部者不同，所有前次奏补及此次奏留之员其由外官改用者应请一并免其补缴银两，以资鼓励。至官缺仅分三等对品补官亦难恰合，将来出缺之时或序补升补，或酌量借补，仍仿照新设各衙门办法藉收变通尽利之效。如蒙俞允，即由臣院咨行吏部钦遵办理，并将各该员履历执照咨送查核。所有奏调人员分别留院候补，各缘由谨恭折具陈，伏乞皇上圣鉴。谨奏。

宣统二年十一月初八日奉旨：已录。

《政治官报·折奏类》第一千一百二十五号

秘书官京察截取保送等项比照参事各官办理等片

再，臣院秘书厅额设一、二、三等秘书官员缺，业经遴员请补，奉旨"均著准其补授，钦此"钦遵在案。查院章第五十六条内载"秘书官一等秩正五品，二等秩正六品，三等秩正七品"等语，其京察截取保送一切事项尚未详晰厘定，自应酌量比拟，以资遵守。拟请将一等员缺比照各部参事，二等员缺比照内阁侍读，三等员缺比照内阁中书，皆系品秩相当，遇有前项事宜，一律由臣院咨行吏部照章办理，其各该员原有衔翎仍请准其戴用。如蒙俞允，即由臣院咨行吏部遵照。谨附片陈明，伏乞圣鉴训示。谨奏。

宣统二年十一月初八日奉旨：已录。

《政治官报·折奏类》第一千一百二十五号

添设图书室编译员片

再，臣院照章于秘书厅附设图书室一所，掌收藏一切书籍并司调查、编译等事，应遴选文学优长及通晓外国文字者四、五员作为图书室编译员，会同秘书官切实经理。拟由臣院酌调派充，以资任使。所有臣院添设图书室编译员缘由，谨附片陈明，伏乞圣鉴。谨奏。

宣统二年十一月初八日奉旨：已录。

《政治官报·折奏类》第一千一百二十五号

资政院奏绘就资政院暨上、下议院分图核估兴修请拨款折

奏为绘就资政院及上、下议院分图核估兴修工款请旨饬拨恭折具陈仰祈圣鉴事。窃臣前于本年六月初四日具奏进呈资政院及上、下议院工程总图，并陈明遵即饬绘详细分图核实估工，请旨拨款，以便克期兴修等因在案。旋即督同随办工程各员饬据外国工程师按照原绘总图悉心区画，详晰分绘，迄今数月，叠将建筑工程逐项核估，并与该工程师订明选材之法式，落成之限期，磋议经时，始克就绪。一面饬将地基按图刨掘，坚筑基础，业于七月间次第兴工，现已将筑基工程渐次告竣。惟全院规模系仿外国制度，不但议场铁穹原料固须购自重洋，即其他

营造所需亦非尽中土产销之品，加以安设电机、电灯及蒸汽管等件均须先期定购，方免临事张皇。节经臣饬令随办工程各员一再研求，务为撙节核实，估计各项用款约需银一百万两，拟恳饬下度支部归入追加预算，俟前项工程应用何款随时由臣院咨明，以便陆续支拨。将来工竣之时，于原估银数或尚有赢余，或稍形短绌，均当逐细造报，咨部核销。至此次建筑关系议院久远之宏规，固未便形式，苟完致见讥于窳陋，亦不敢糜金徒耗，俾略涉于虚靡。容俟全工告蒇，并即饬取该工程师及承办中外商厂保固年限切结，分别由臣院及度支部存案，以昭详核而便稽查。此外如有未尽事宜，再当续行奏明办理。所有建筑资政院及上、下议院绘就分图并核估工款请旨饬拨各缘由，理合恭折具陈，伏乞皇上圣鉴训示。谨奏。

宣统二年十一月二十一日奉旨：已录。

《政治官报·折奏类》第一千一百三十七号

资政院奏议事未竣恳请延长会期折

奏为资政院议事未竣恳请延长会期恭折仰祈圣鉴事。窃臣院自本年九月开会以来，叠将应议事件编次日表循序进行。凡于政府提出以迄人民陈请之议案，宏纲细目固宜慎于审查，酌理准情悉有资于讨论。除议决各案业经分别遵章具奏外，其尤重要者为内阁会议政务处暨宪政编查馆奏请交议试办宣统三年预算及大清新刑律各一案，一则报告伊始，一则宣读未终，其修改商律交议一案亦关紧要。查臣院常年会期自九月初一日起，至十二月初一日止，现已将届闭会，而未经议竣之事虽极力趱办，断难仓猝告成。据各该股议员陈述情形，拟查照院章第三十一条所载"必须接续会议，得延长会期"之文，仰恳天恩俯准臣院于十二月初一日后延会十日，至十二月十一日止，俾得将前项预算、法典之案悉行议决，以裨宪政而慰舆情。此外如尚有重要事件，应照议事细则第一百四十八条，经军机大臣、各部行政大臣咨请,或得其同意者,再由该管股员接续审查,于次会期报告。其他一切议案及建议、陈请等件不在此例,当按照另项专条办理。所有议事未竣恳请延长会期缘由,谨恭折具陈,伏乞皇上圣鉴训示。谨奏。

宣统二年十一月二十九日奉旨:已录。

《政治官报·折奏类》第一千一百四十六号

疆吏对于资政院核减经费之疑虑

自度支部派出清理财政官核减各省行政经费,各疆吏已受一大打击。至资政院开院后,度支部遵章咨送预算案,各议员以入不敷出为数甚巨,拟于京外各官厅政费再行核减,各疆吏闻之皆忖忖疑虑。日前江督张人骏特电致枢府,略谓资政院于各省情节均未能瞭澈,倘不先行接洽,意存裁减,恐一旦议决奏准,外省应付支(拙)〔绌〕,则现行要政势必窒碍良多。东督锡良亦有电致京,分送各部,略谓资政院核减奉省经费甚巨,万难承认,请各部合力维持。吉抚陈昭常亦有电致资政院,略谓如贵院对于吉省预算有所疑难,务请分别电询,自当列举实情,藉备参考。观此,则资政院对于地方政费问题恐又起一番缪辀矣。

《国风报》第一年第三十三号,"中国纪事",第85—86页

刘廷琛奏参资政院

大学堂监督刘廷琛日前呈递封奏痛劾资政院,略谓该院自开会以来,议员私

通各日报馆，不分良莠，结党成群，欲助长势力以为推翻政府地步。其所主张之事或藉报纸以宣布，或凭演讲以感动，务使国民有反对政府思想。其目的所在无非与政府为难，始而藐视执政，继而指斥乘舆，奔走权门，把持舆论，近且公倡邪说，轻更国制。赞成虽云多数，鼓噪实止数人，持正者不敢异同，无识者随声附和。使朝廷避专制之名，议院行专制之实，议决案件必要求政府实行，是神圣不可侵犯不在皇上，而在议员，若不严惩一、二以儆效尤，流弊所极必至包藏祸心，窃窥神器，其害有非臣子所忍言者。且一资政院弊已至此，若待国会成立之后，诚恐大权一去而不可复回，民气一张而不可复遏。履霜坚冰，由来渐矣，周王下堂迎觐，土耳其王幽闭深宫，可为寒心，堪为殷鉴。愿我皇上此后凡于议案可者许之，不可者拒之，荒谬者严惩之，则魁柄不至下移，国基可以巩固，云云。经已奉旨：交宪政编查馆，知道矣。

按：资政院为立法机关，惟宪法可以裁制之，非行政官可以参劾之。此风一开，无怪各省督抚之不满意于该院者之纷纷起而乘其后也。

《国风报》第一年第三十三号，"中国纪事"，第86—87页

邵福瀛奏请撤销资政院违章上奏案

农工商部右参议邵福瀛前日特上封奏一件，探闻系言资政院上奏事，略谓资政院上奏院章均有明文，与他国议院上奏权基于宪法规定者不同，该院屡次引用议事细则上奏，殊背院章限制之意。夫以立法之机关而有违法之行为，固由议长与政府不加纠正所致，亦由国民法治思想劣弱之故。现届闭会，请将议事录内所有违章上奏之议案一律撤销，以免立宪史上开宗明义第一章留此违法之污点，云云。

按：院章第十八条与二十一条所规定资政院明明有上奏权，今邵参议谓其为违章上奏，不知何所指而云然，或者即指弹劾军机之一事而言之，误以弹劾权混

合于上奏权欤！

《国风报》第一年第三十四号，"中国纪事"，第 87—88 页

弹劾军机案无效之影响

自去月十七日"军机大臣不负责任、资政院不得擅预"之谕旨下后，各省谘议局纷纷电院力争，如闽省、川省、鄂省、晋省皆谓此举显与立宪原理相反。闽局致资政院电略云，设立内阁弹劾军机内外已叠有章奏，讵资政院公论所决反不如一廷臣、一疆臣。十七日上谕其责仍在大臣，望贵院再三痛哭流涕言之，若遂缄口，无以为议院先声，亿兆人断不期此无实之宪政。中央如此，地方可知，本局亦视此为进止。川局致驻京议员电云，资政院议及军机责任系正当权责，言法理，则议院责问内阁、弹劾政府并不为侵越君上大权，循成法则言官皆可纠举军机，臣民皆可条陈政事，不应资政院转无此权。且议院出于机关意思，非总裁等数人之言，十七【日】上谕草制副署者俱失朝廷立宪真意，尤摇动国会基础，请力争收回成命，以系海内人望。鄂局通电各省谘议局云，十七日上谕军机大臣负责任与不负责任非该院总裁等所得擅预，与立宪原则相反，请同电院争。晋局复鄂局电云，院失劾力宜再劾，否则院、局同散，请联各局，推一省为主，或各局同日电院。观此，则十七日之谕其不得于人意可知。乃资政院既响灭音沈，谘议局亦无人继起为之后盾者，吾民能力之薄弱于此可见一斑。

《国风报》第一年第三十三号，"中国纪事"，第 89—90 页

资政院之将来

沧 江

宣统五年开国会既奉明谕，国会成立以后，则今之资政院当遂废止。即不尔，亦当改为上院，而现行院章决不复适用。然则资政院之将来为时至有限，不过自今以往二年间尔。此二年间之资政院当作何状，此治国闻者所亟欲讲也。

资政院之初开院，国民所以希望之者良厚，已而渐薄，薄之不已，迨闭院时而殆无复希望。资政院之初开院，政府所以严惮之者亦至，已而渐轻，轻之不已，迨闭院时而殆无复严惮。此其所以致此者有二：一则政府敢于靦然以不负责任自居，资政院失其对待之机关，凡所决议如击空气，虽竭全力终无回响，其令人失望宜也。二则资政院自身能力薄弱，其议员中之过半数视其职为儿戏，而少数之忠实者亦复人自为战，未尝能稍团结，以为一致的行动，而其学识能与其职务相应者盖寥寥无几，政府之力虽极脆薄，而资政院之脆薄抑又甚焉，其不为所惮亦宜也。

若现状长此不变，则所谓为议政基础之资政院遂将成为一种无用之装饰品，而中国宪政之前涂①遂不可复问。虽然责任内阁将以今春成立，其势殆难反汗，彼组织内阁者为何等人物且勿论，要之终不能以不负责任昌言于众明矣。则自今以往之资政院已非复如前此之无的放矢，其议决之效力将次第表现，则其能造福于国家与否亦在资政院议员之自身而已矣。

《国风报》第二年第三号，"时评·将来百论"，第19—20页

---

① "涂"，旧同"途"。

资政院与报馆之冲突

柳 隅

社会万事之发达，必循序以进步，而不能躐等而登。故国民之程度苟幼稚，无论凭藉何等之舞台，皆将常形出种种之弱点。其凭藉旧舞台，固易形出弱点也，其凭藉新舞台，亦易形出弱点。此观于去腊资政院与报馆之冲突，则固信而有征也。资政院为中国之新舞台也，报馆亦中国之新舞台也，此等新舞台全国人民皆具尔瞻焉，则凭藉此等舞台者宜各有文明之思想，而勿出以野蛮之举动，斯乃可无负此舞台矣。乃无端而有公论，实报之诋毁资政院，无端而有资政院之逾法，以封禁公论实报，而多数之报馆复起而攻资政院。以议会而与报馆冲突，此实宪政史上之污点，抑亦非国家前途之福。吾是以对于资政院议员、对于报界中人皆将有所忠告也。

虽然此等现象实由国民程度之幼稚，故于不知不觉之间而现出此弱点焉。微特吾国今日有此现象，即各国当宪政胚胎时代亦常有此现象也。昔英国当十七、十八世纪间，国会与报馆常起冲突。国会至议定法律，禁止报馆登载国会之议事，有犯者则处以严罚，然在报馆又别出奇策，以与国会为难。当十八世纪之初，伦敦杂志社有"政党俱乐部"之记事，克罗尼戈新闻社有"华胥国议会之议事日记"，圣耳明杂志社有"想象岛之元老院议事日记"，皆借假托之记事以诋诽当时之议员。而在国会又愤不能平，当时保守党之议员温士罗倡议惩治新闻记者，卒召各新闻之印刷人及编辑人于议院，而以苛法处罚之。又千七百二十一年，有米士特者发行一种新闻，多诬蔑国会之语，国会拘而下之纽格德监狱，盖当时英国之国会常以罚金及系狱惩治新闻记者，若纽格德狱及瓦塔狱常为拘禁新闻记者之所也。而其时之新闻记者又常强项不屈也，当一七五一年有马零者因谩骂国会，国会议员拘之于议场，强命之拜跪，马零不肯，乃换拜跪之罚，而处之以黥刑，当时一般新闻皆誉马零以壮士焉。盖读英国十七、十八世纪之国会史，其与政府冲突之外，尚有常与之冲突者则为报馆，其原因由于新闻记载国会之事多半失实，而为议员者亦嫉视报馆，常思乘隙以报复，故冲突之事相继不绝。此实英国宪政史上之污点，而不意今之中国乃将步英国百余年前之后尘，此种不名誉之宪政史，斯则新闻记者与议员之责也。

故吾敢以告资政院议员与全国新闻记者曰：公等所处之地位，社会皆瞻仰焉，其无挟意气以从事也。使为新闻记者者，其能力仅在能谤毁资政院，则社会何贵有新闻？使为资政院议员者，其能力仅在能封禁报馆，则国民亦何贵有资政院？两方皆挟意气以从事，则报馆之价值将见轻于社会，而议员之地位亦见轻于国民矣。夫资政院为代表舆论之机关也，报馆亦代表舆论之机关也，同为代表舆论之机关，则其所可视为敌者当在反对舆情之人，而非可同室操戈，以各自弱其力也。夫今日国民之志望，在于求成真正之立宪国，而今之政府外假预备立宪之名，实则事事与立宪相反对，然则资政院所可视为唯一之敌者当在政府，报馆所可视为唯一之敌者亦当在政府，而以现在政府势力之顽强，国民势力之薄弱，使资政院与报馆相提携，合力以抵抗政府犹惧不胜，若复鹬蚌相持，令政府得收渔人之利，则不特资政院与报馆同归于失败，而其所以贻误宪政者亦非浅鲜矣。吾闻公论实报封禁之后，枢府相告语曰："他们动辄自谓代表舆论，今请凭他舆论与舆论冲突，看他们究竟谁胜！"呜乎！吾闻此语心骨悲，不知资政院议员与全国新闻记者其亦乐闻此言否也。夫议员之议事使有失当，诚难禁新闻之指摘，然而轻薄之言辞，失实之记事，在报馆终非可以是加诸议员也。而报馆违法亦岂能逃乎法网，然法外之罚与不提起诉讼于法庭而擅行封禁终非为立法机关之资政院可以出此举动也。而不幸资政院与公论实报皆昧于此义，以致造出此一段不名誉之宪政史，是以不能无言也。呜乎，往事已矣！然亡羊补牢计尚未晚，使今后而勿缲返此等历史焉，则岂惟资政院与报馆之福，抑亦国家之福！吾愿资政院议员一思之，又愿全国新闻记者一思之。

《国风报》第二年第三号，"时评"，第33—36页

宣统二年第一次常年会资政院会议速记录

资政院第一次常年会（召集日）第一号议场速记录

宣统二年八月二十日上午九点三十分钟齐集议场。

议长（伦贝子）：今天是资政院第一次召集，为我中国数千年以来没有行过的盛典。今天在议场与诸位相见实为荣幸之至。本总裁恭膺诏命，忝领议长之职，所有本院一切事宜自应遵照奏定章程、规则办理，务望诸位协力匡助，共襄盛举。现在诸位既经齐集，应照本议院议事细则第五条，用抽签法匀分总议员为六股。

秘书官：承命抽签，其结果如下：

第一股：议员共三十三人。

全公、寿公、色郡王（昭乌达盟）、巴郡王、达公、延侯爵、敬子爵、胡男爵、世珣、宜纯、奎濂、刘道仁、文哲珲、赵炳麟、俨忠、胡骏、荣厚、曹元忠、喻长霖、沈林一、宋振声、李湛阳、李榘、潘鸿鼎、方还、余镜清、邵羲、王佐、陶保霖、李慕韩、王昱祥、刘志詹、范彭龄。

第二股：议员共三十三人。

顺承郡王、盛将军、博公、陈懋鼎、赵椿年、毓善、张缉光、李经畬、林炳章、胡礽泰、刘华、章宗元、陈瀛洲、书铭、刘春霖、许鼎霖、孟昭常、夏寅官、马士杰、江谦、闵荷生、刘景烈、郑际平、王廷扬、郑熉、易宗夔、王绍勋、李华炳、吴怀清、王曜南、万慎、吴赐龄、刘荣勋。

第三股：议员共三十二人。

润贝勒、铠公、贡郡王、希公爵、志公爵、李子爵、荣普、锡嘏、荣凯、顾栋臣、魏联奎、文溥、劳乃宣、江瀚、王佐良、达杭阿、陈树楷、李擂荣、邹国玮、康詠、张选青、陈国瓒、陈命官、彭运斌、卢润瀛、罗其光、张政、周延励、刘述尧、黄晋蒲、陈荣昌、张之霖。

秘书长（金邦平）：承命报告，第三股本系三十三人，因沈议员家本奉旨充本院副总裁，照章不在议员之列，故第三股只三十二人。

第四股：议员共三十三人。

庄亲王、振将军、盈将军、庆将军、勒郡王、特郡王、司公、黄公爵、荣公爵、景安、吴士鑑、吴纬炳、陈宝琛、严复、李士钰、席绶、罗乃馨、齐树楷、于邦华、李国筠、陶镕、黄象熙、文龢、陈敬第、胡柏年、黎尚雯、尹祚章、郑熙嘏、李时灿、渠本翘、梁守典、杨锡田、李文熙。

第五股：议员共三十二人。

睿亲王、霱公、燕将军、多郡王、那公、存侯爵、刘男爵、成善、庆蕃、刘泽熙、王璟芳、吴敬修、郭家骥、周廷弼、徐穆如、桂山、吴德镇、胡家祺、雷奋、汪龙光、谈钺、罗杰、汤鲁璠、唐右桢、蒋鸿斌、陶毓瑞、李素、周镛、高凌霄、黄毓棠、顾视高、牟琳。

第六股：议员共三十二人。

瀛贝勒、那亲王、索亲王、色郡王（锡林郭勒盟）、绷贝子、荣公爵（墩）、曾侯爵、定秀、何藻翔、陈善同、柯劭忞、汪荣宝、长福、陶葆廉、孙以芾、林绍箕、王鸿图、王玉泉、庆山、籍忠寅、江辛、柳汝士、杨廷纶、陶峻、彭占元、张之锐、王用霖、刘纬、郭策勋、刘曜垣、王廷献、冯汝梅。

议长：现分股事毕，请诸君退归各股议员室，照本院分股办事细则第三条、第四条互推股长，互选理事，推选后请由各股股长具一报告书交本议长。现在暂行休息。

上午十一点钟（议事中止）。

上午十一点三十分钟，议长、议员续行入场。

第一股股长：赵炳麟；第二股股长：许鼎霖；第三股股长：劳乃宣；第四股股长：庄亲王；第五股股长：睿亲王；第六股股长：陶葆廉。以次呈递报告书于议长。

议长：现在股长、理事推选已定，即由秘书长报告。

秘书长：承命报告，互选股长，第一股股长赵炳麟，第二股股长许鼎霖，第三股股长劳乃宣，第四股股长庄亲王，第五股股长睿亲王，第六股股长陶葆廉。

互选理事，第一股理事沈林一，第二股理事孟昭常，第三股理事顾栋臣，第四股理事陈宝琛，第五股理事雷奋，第六股理事汪荣宝。

议长：今日互推股长、互选理事业已完毕，本院成立。应由本议长照章奏报召集事毕，请诸君散会。

正午十二点钟散会。

资政院第一次常年会第二号议场速记录

宣统二年九月初一日上午十点二十分钟举行开会典礼。议员到会者共一百七十人。军机大臣、大学士、各部院尚书咸莅议场。议长伦贝子、副议长沈家本、议员、秘书长、秘书官等以次序立如礼。军机大臣、大学士、各部院尚书及议长、副议长、议员、秘书长、秘书官等均向御座行三跪九叩首礼。礼毕，议长伦贝子恭导监国摄政王东上至御座东旁座次，军机大臣庆亲王宣读谕旨。

宣统二年九月初一日内阁奉上谕：前经降旨，以本年八月二十日为第一次召集之期，尔议员等各能遵守定章，将开院以前应有事宜妥行准备，兹据奏报，成立秩序谨严，朕心实深嘉悦。钦惟我兼祧皇考德宗景皇帝慨念时艰，深思政本，仰承慈训，俯顺人情，毅然宣布德音预备立宪，开千古未有之创局，定百世不易之宏规，凡我臣民同深悦服。朕承先朝付托之重，御极伊始，即以实行宪政为继志，述事之大端迭谕内外臣工，按照筹备清单次第举办。而资政院为上、下议院之基础，尤为立宪政体之精神，经画数年，规模已具，中外观听咸在于兹。今当开院集会之初，朕特命军机大臣暨参预政务大臣将各项案件妥慎筹拟，照章交议。尔议员等其各泯除成见，奋发公心，上为朝廷竭协赞之忠，下为民庶尽代议之责，弼宏功于未竟，垂令范于将来，朕与亿兆臣民实嘉赖焉。将此特谕知之。钦此。

宣读谕旨毕，议长伦贝子向御座前跪受，敬谨安放议场黄案之上。

监国摄政王宣示训词：本监国摄政王自奉诏摄政以来，时局艰难，夙夜警惕，赖诸王大臣等同心匡弼，仰承遗训，将宪政筹备各事次第施行。兹届资政院成立举行第一次开院之礼，得以恭莅盛典，聿观厥成，曷胜欣悦。方今世际大同，文明竞进，举凡立国之要端在政治通达、法度修明，尤在上下一心、和衷共济。资政院为代表舆论之地，各议员等皆朝廷所信任、民庶所推崇，必能殚竭忠诚，共襄大计，扩立宪之功用，树议院之楷模。岂惟中国前此未有之盛举，亦实于国家前途有无穷之厚望者也。各议员其共勉之。

礼成，监国摄政王升舆，军机大臣、大学士、各部院尚书退出议场。

议长：本院今日举行开会盛典，钦奉谕旨，仰蒙训勉，应由本议长与副议长代表全体议员等恭折陈谢。

众议员全体赞成。

议长：本议长委托陈议员懋鼎、汪议员荣宝、孟议员昭常、闵议员荷生四位为恭拟陈谢折起草员。

议长：明日当照本院分股办事细则第八条所定选举专任股员，今日无事，可以散会。

议长离席，各议员以次退出议场。

下午一点五十分钟散会。

资政院第一次常年会第三号议场速记录

宣统二年九月初二日下午一点三十分钟开议

议事日表第一号

第一，选举专任股员。

议事日表第一号（改定）：

第一，议设审查广西禁闭土膏店事件特任股员。

副议长：昨日开会恭奉谕旨并蒙监国摄政王宣示训词，诸位既已肃听明白，议长委托议员四人恭拟陈谢折稿，兹已拟就，现由秘书长朗读一遍。

秘书长：先报告，今日议长赴会议政务处会议要件，以故不得到会，照章由副议长代理，现承命朗读资政院陈谢折稿。

副议长：恐诸君有不甚明白之处，由秘书官将原折稿再行朗读。

秘书官（范熙壬）：承命再将折稿朗诵一遍。

副议长：此稿业已朗诵两遍，诸君如无异议，请起立表决。

全体议员起立。

副议长：本议长认为全体赞成，所有本院应行报告文件由秘书长报告。

秘书长：承命报告，本院院章及选举章程，均自去年九月初一日施行，去年选定各省互选议员，而钦选议员系今年四月选定，为日已久，多有更动之处，现将所有议员更动事件依次报告。

第一，辞职议员：

江瀚（为河防吃重辞职）、陈荣昌（为补授山东提学使辞职）。

第二，改选议员：

喻兆蕃（因病辞职），改选黄象熙；黄迺仁（病故），改选黄晋蒲；冯锡仁（病故），改选黎尚雯；解荣辂（被控在案），改选王用霖；刘绵训（被控在案），改选李素；钟振玉（病故），改选刘荣勋；黄文润（被控在案），改选陶峻。

一一五号（许议员鼎霖）：所有更动之议员，须将此次座位表更正。

秘书长：议员更动事件业已依次报告毕，兹报告政府特派员姓名。

宪政编查馆（法典股全体股员）：宝熙、刘若曾、达寿、李家驹、章宗祥（兼民政部）、吴廷燮（财政股）、杨度、陆宗舆、董康、顾鳌、陆梦熊、许同莘、许宝蘅。

军机处（兼宪政编查馆）：华世奎、杨寿枢。

外务部：高而谦、曾述棨、饶宝书（财政股）、施肇基、施绍常、陈箓（法典股）

民政部：延鸿、徐承锦、吕铸、曾维藩（财政股）、孙培（法典股）。

度支部（财政全体股员）：傅兰泰、曾习经、陈锦涛、楼思诰、张茂炯、徐文霨、李景铭（法典股）、晏安澜。

学部：林灏深、戴展诚、彦德、恩华、王季烈、范源濂（法典股）、彭祖龄（财政股）。

海军处：谭学衡（财政股）、曹汝英（法典股）。

陆军部：易乃谦、文华、唐宝锷（法典股）、卢静远、苏锡第、李盛和（财政股）、罗泽炜。

法部：曾鉴、善佺、罗维垣、刘钟琳、吉同钧、尤桐、彭巽占（财政股）、王思衍、邵从恩（法典股）。

邮传部：梁士诒（财政股）、陈毅（法典股）、阮忠枢、龙建章、冯元鼎、周嵩尧。

农工商部：周学熙、魏震、邵福瀛、单镇（财政股）、夏循垍、胡子明（法典股）。

理藩部：吉章、扎拉芬（财政股）、时屯（法典股）、存德、文斌。

秘书长：报告政府提出议案共五件：

一、农工商部原折一件、拟订保险规则单一件、拟订运输规则单一件；

二、宪政馆原折一件、复核报律单一件；

三、学部原折一件、酌拟地方学务章程一件；

四、理藩部原折一件、振兴实业划一刑律办法单一件；

五、民政部原折一件、拟订著作权律单一件。

秘书长：此不过将案件题目稍为报告，至于内容，俟会议时再行宣读。

秘书长报告：本日议长面嘱，广西禁闭土膏店一事奉有交旨，自应妥筹办法。议长以为此系紧急事件，必应从速开议，嘱由副议长代理声明改定议事日表。

副议长：今日议事日表第一系选举本院专任股员，现在广西禁闭土膏店一事该省巡抚亦奏明自请议处在案，兹已奉旨交本院知道。此事关系最要，本院宜遵议事细则第十七条从速开议，以故改定议事日表。

副议长：照分股办事细则第十四条，须设特任股员，但特任股员照章通常以六人为定额，若必须加至十二人或十八人者，应由本院公同议决。

副议长：特任股员人数多寡或六人，或十二人，或十八人，请议决。

一一五号（许议员鼎霖）：本议员有两件事体请诸君讨论，第一件决议人数，第二件关系议员回避之处，凡钦选议员是否亦在其中？

八一号（章议员宗元）：此项于院章三十二条第二项甚为明晰。

五三号（刘议员道仁）：副议长所提议者系选定特任股员，并非议事，到议事时再行提出。

八七号（沈议员林一）：选定此项特任股员时本省人不必回避，现在总宜决定此项人数为妙。

七三号（汪议员荣宝）：院章二十三条第二项之解释，据本议员意见，所谓"不得与议者"谓"不得议决"，非谓"不得发议"。（拍手）

议员某：此项特任股员宜用十八人。

副议长：诸君以宜用十八人为然者请起立。

议员多数起立。

副议长：现有过半数赞成，即决定此项特任股员为十八人。

议员某：提起倡议以表决数不甚明确。

副议长：再宣告赞成者请起立。

秘书官：计数毕，报告议员，起立者共一百三十二人。

议员某：今日到场议员共若干人，请议长宣布。

副议长：今日到院者共一百四十六人，续到者五人，共一百五十一人，现在议员赞成者计一百三十二人，是多数。

议员某：此后演说须声音高朗，现在报告声音太低，听者难于清楚。

一五三号（易议员宗夔）：广西谘议局解散问题今天应当讨论。据本议员意见，该省谘议局全体辞职即是解散，未知诸君意思若何，当作何解。

副议长：广西谘议局问题是议员辞职，非解散。

八七号（沈议员林一）：解散与辞职二者性质不同，解散由督抚一方面使之然者，辞职是议员自行告退者，章程本分两项，不能混而为一。

秘书长：报告，现广西所来电文，分给诸君一阅。

副议长：特任股员业已由本议长指定，由秘书长报告。

秘书长：承命报告特任股员姓名：

庄亲王、瀛贝勒、振将军、李经畬、陈善同、王芳、胡礽泰、汪荣宝、长福、章宗元、陈宝琛、严复、李榘、许鼎霖、孟昭常、雷奋、夏寅官、邵羲。

副议长：特任股员既已指定，请特任股员十八位到特任股员室互选股员长、副股员长。

副议长：现在暂时中止议事，俟特任股员互选股员长及副股员【长】毕，再续行开议。

下午二点三十分钟，议事中止。

下午三点零五分钟，副议长及各议员续入议场。

特任股员庄亲王递报告书于副议长。

副议长：特任股员长、副股员长互选已毕，由秘书长报告姓名。

秘书长：承命报告，股员长振将军十六票当选，副股员长陈宝琛九票当选。

副议长：股员长振将军、副股员长陈宝琛业由秘书长报告，即将此项事件付股员会审查，拟以本月初四日为此项事件审查期限，诸君谅无异议，广西电报由秘书官（期）〔朗〕读一遍。

秘书官（范熙壬）：承命朗读广西电报。

一五一号（黎议员尚雯）：既有油印，无须宣读，恐耽误时间。

秘书官（范熙壬）：恐有错字，故不能不宣读。

一五一号（黎议员尚雯）：如有错字，可指明某页某行，不必朗读。

副议长：究竟朗读与否，请诸君一决。

议员多主张不必再行朗读。

议员某：中间有一句究竟是二百一十万，还是五百一十万？

秘书官（范熙壬）：是二百一十万。

副议长：由秘书官报告电报件数。

秘书官（范熙壬）：七月二十七日广西谘议局电一件，八月初七日广西谘议局电一件，八月初九日广西谘议局电一件，八月二十九日广西谘议局电一件，又八月二十九日广西巡抚电一件。

副议长：请俟审查此项事件特任股员报告后再行讨论。

副议长：下次议事日表登官报声明，今日已无事可议，即可散会。

副议长：议事日表即已改定，今日不选举专任股员，改日再行选举。

一二六号（陶议员镕）：散会时总要整齐严肃，不可紊乱秩序。如秩序紊乱，殊不雅观，况外国人在议场参观，若无次序，未免为外人所讪笑。

议员某：各议员多听不清晰，请上议台再说一次。

一二六号（陶议员镕）出席云：我们第一次开办资政院，为天下观瞻所系，议场秩序宜整齐严肃，况今日并有外人参观，尤宜注意。如关乎私人事件，须俟散会时商酌，不得在议场上交头接耳。（拍手）至于休息散会，必有一定规则，不然任意离坐，殊不雅观。再者秘书厅员宜恪守权限，承议长命令报告宣读，不得自由发言。

一五三号（易议员宗夔）：今日议事日表本系选举专任股员，究竟能选与否，亦须预为报告。

副议长：顷已言明因广西事件甚为紧要，应从速开议，今日无须选举专任股员，所以改定议事日表。

一百十号（于议员邦华）：陶议员所说议场秩序理宜整齐等事诸君应宜赞成，即秘书长、秘书官亦当有一定秩序为妙。

副议长：今日应议事件已毕，可以散会。（众议员仍发议不休，声浪错杂）

一一五号（许议员鼎霖）：大凡议员在场，当听议长命令，现在议长宣布散会已过两次，而诸君仍然说话，是议长命令将来无效。（拍手）

副议长：在议场不宜拍手。

一一五号（许议员鼎霖）：大凡发言应分明次序，不可同时嘈杂，再者拍手一事议长已声明两次不宜拍手，诸君可以不必拍手。

七三号（汪议员荣宝）：拍手一事，本议员以为无须禁止，此系表示个人可否的意思，如有赞成的意思非拍手无以表示。（拍手）东、西各国于拍手一事凡有议会都未有以禁令的。

副议长：拍手声与发言声相杂，听不明晰，究以不拍手为是。

一五三号（易议员宗夔）：现在议场规则并未规定不准拍手一条，然则对于拍手之说自是默许许可，毕竟议场规则是否作为有效，既然无规定此项条文，而临时禁止，断乎不行。（拍手）

一一七号（雷议员奋）：凡开会时，议长宣布之后诸君可以发言，若未宣布以前应宜静坐，今议长既已宣布无事可议，并宣布散会两次，而诸君殆若不闻，殊于议场规则不合。

副议长：再行宣告散会，各议员退出议场。

下午四点十分钟散会。

资政院第一次常年会第四号议场速记录

宣统二年九月初四日下午一点三十分钟开议

议事日表第二号

第一，广西禁闭土膏店事件。（会议，股员长报告）

第二，选举专任股员。

议长：今天议员到院者共一百六十一人，昨天由本议长与副议长代表全院议员具奏开院之日钦奉谕旨训勉敬陈感激下忱一折，即日奉旨，请诸君起立敬听。

众议员起立敬听。

议长：宣统二年九月初三日，军机大臣钦奉谕旨：资政院奏开院奉旨训勉代表全院议员敬陈感激下忱一折，知道了，钦此。

各议员均就坐。

议长：现由秘书官报告文件。

秘书官曾彝进：承命报告，本院收海外华侨贺开院电二件，湖广总督瑞澂贺开院电一件，为禁烟展限谘议局议员全体辞职广西巡抚电二件，奉天、广东、山东、山西、湖南等省谘议局电各一件，又勘界维持总会恳维持澳门界务电一件，又报告本院收直隶省民人王邵濂等陈请禁止妇女缠足说帖一件。

议长：现在开议，按照议事日表，第一，广西禁闭土膏店事件，此案昨日特任股员已开会审查，请特任股员长报告审查情形。

特任股员长振将军报告：本议员依分股办事细则第五十三条委托许议员鼎霖代为报告。

议长：请许议员鼎霖报告。

一一五号（许议员鼎霖）：昨日审查广西烟膏展限一案已经审查完毕，今股员长委托本议员报告诸君，应将审查报告书宣布，请诸位讨论。（报告员许议员鼎霖朗读报告书）

一五三号（易议员宗夔）：报告书尚未听得明晰，请再读一遍。

一二九号（汪议员龙光）：可否将报告【书】发给油印，以便阅看。

秘书官范熙壬：油印现已备好，可发给诸君阅看。

一五三号（易议员宗夔）：已有油印，无须再行宣读。

一四五号（陈议员国瓒）：每次会议未开会以前，凡关于该议案之应备参考各项均油印好，先行发给，以便预为研究，俾资讨论。

一五一号（黎议员尚雯）：油印理宜先行发给，以便早为研究，或系赞成，或系反对，均有一定宗旨。

议长：现在时间甚短，可以将此报告书阅看，应如何讨论之处从速决议。此事甚关紧要，所以昨日开特任股员会，今日报告。事关奏案，请诸君详细斟酌。

议长：按议事细则，无论赞成、反对，都应在开议以前由议员预将本人姓名及赞成、反对之意知会秘书厅，依知会之次序记载于发议表，然后由议长指令赞成者、反对者交互发议。今日虽有二位知照秘书厅，并未说明系赞成抑系反对，若必就今日议场议决恐诸多不便。况按照今日议事日表，须选举专任股员，专任股员亦是紧要，今日应先选举各项专任股员，明日再行开议。诸君或赞成抑或反对，请先知会秘书厅，以便明日公同议决。

一二六号（陶议员镕）：此事甚为紧急，据审查报告书无不赞成即应公同议决。

议长：此事关系甚重，如果今日草率议决，恐不相宜，不若先行选举专任股员为妙。

三十七号（李议员子爵）：据本员意见，不能不将广西现在情形细心研究。本院第一次开会是全国机关发动之始，最当慎重。广西禁烟事小，而谘议局机关甚大，议决之件南山可动，此案自不可移，该省巡抚何得舍大而谋小！但广西财政情形，本议员在广西凡四五年，曾任厘金局事，颇为知悉。该省所谓公款者，凡各厘金局所收入皆存之于大商家生息，官银局亦然。此项利息亦不甚重，每年将此项息金归于赢余项下，而各局办事员司仅提二厘红作为奖励。平时官款以一纸空票存店，至用银钱时每向各店挪取。近日该省官吏多饱私囊，凡遇举办各项新政即以财政困难为名，甚至藉此放弃责任，迨部电催迫，不得不谋对付之策，故于烟土一项搜刮无遗。此次该省巡抚明知广西烟土为出产大宗，宁敢上违烟禁，不甘坐失利薮，又被一二商人运动，遂将议决公布之案倏而变更，该局议员纷纷辞职亦不得已之举。夫禁烟一案朝廷既有明文，该局复有议案，功令昭垂，公议宣布，岂可任该抚一人意见致坏全局？万一各省禁烟办法均系奉行故事，则日后国际交涉不堪设想。故本议员以为该省谘议局机关最为重要，又当此开会之际，岂可久于停会，即当共同表决，以维国纪而顺舆情，不识诸君以为然否？

一二三号（江议员辛）：此案审查结果，据本议员意见，再行讨论亦不过如此。现在广西谘议局尚未开会，甚为紧急，宜速电桂抚仍遵公布原案办理，并催该局即行开会为是。如再展至明日讨论，恐延迟一日而事体更有变更，请议长即行表决。（时议员多数起立赞成）

一三四号（余议员镜清）：此案既已如此，请议长表决。

一五三号（易议员宗夔）：广西事情告急，照今日审查之结果请大家决议。（拍手）

五五号（张议员缉光）：现审查报告已属甚善，若恐有人反对方用复议，若无反对可毋庸复议。（众皆拍手）

议长：刚才说过今天不必议决，明日再行议决，恐耽误选举专任股员时间。但本日既经多数议员主张从速议决，诸君还有反对意见否？若有此意，自应展限，否则今日即可议决。

一三五号（郑议员际平）：请就本位发言。

议员某云：若非反对，可无庸发议。

一三五号（郑议员际平）：并非反对，乃对于审查报告略有补充的意思。

议长：是何坐号？

一三五号（郑议员际平）：是一百三十五号。

一三五号（郑议员际平）：本议员对于此报告书是极赞成，但报告书中只云侵夺谘议局权限，实则巡抚以命令取消法律，任意展限即为违背法律，应负违背法律之责任。且此回广西谘议局议员全体辞职之事实发生于现护理巡抚魏，而违法展限之事实实发生于本任巡抚张，魏承袭张之政策，取一贯之方针，亦官厅办事之常，情尚可原。至张抚则自己公布法律，自己取消法律，实无可自解。故论违背法律之责任宜魏轻而张重，似须分别叙明，请上奏起草员注意。（拍手）

一四九号（罗议员杰）：本员对于审查报告书极力赞成，但于断定之处有宜添加者：（一）该省谘议局闭会时每月全省土膏税收入仅一万数千余两，至本年三、四月增至五万余、六万余不等，请添入以为维持市面为辞之证据；（一）此案重在不能以广西巡抚命令变更已经议决公布之法律，请于断定侵夺权限之下加入违背法律字样，主旨较为明瞭。

一二六号（陶议员镕）：此种事情毋庸讨论，广西巡抚责以违背法律既然公众无反对意见，即可就公众解决为是。

八十四号（严议员复）：此种重大事情还是请公众多加讨论方好，讨论方见得是非真。所以有的今日觉无可赞成者，明日未必不赞成，今日觉无可反对者，明日想定却要反对。据本议员意见，不如多加一天讨论为是。

一百十号（于议员邦华）：昨天审查会已经报告一切，诸君对于此事业已表决，若再审议恐耽误时光，据本议员意见，尽可不必讨论。（众皆拍手赞成）

一三七号（邵议员羲）：刚才于议员所说勿庸讨论已经多数赞成，请议长指示表决方法便是。（拍手）

一三二号（文议员龢）：请简单发议，刚才一百三十五号郑议员所说仿佛是云应归咎于广西巡抚张鸣岐，按此事之要点，因在侵夺权限，惟究竟侵夺权限事情是在张巡抚任内所为，抑或是在护抚任内所为，总要审查（的）〔得〕当方好。（拍手）

一三五号（郑议员际平）：今日议决发电之事甚为紧要，因广西谘议局议员现均辞职，故发电之事迟一天不如早一天，以免彼中别生枝节。（拍手）惟本议员意思可分作两层解决，对于发电一层今日可先行表决，至对于上奏一层讨论责任之轻重如何，不妨明日再行表决。

一八六号（黄议员际棠）：将来此事议决后，必须请旨裁夺。（拍手）

议长：似此情形表决可以从速，昨日特任股员会既已审查，特任股员长不妨再为说明，以便讨论。

一三七号（邵议员羲）：刚才所说无庸讨论，请议长将此问题先行解决。

一二九号（汪议员龙光）：此说甚是，审查报告已经完善，毋庸再议，想公众必能多数赞成此报告。

五七号（林议员炳章）：屡奉明诏督促禁烟，不啻三令五申，广西谘议局体朝廷禁烟之意，以期限禁闭土膏店作为议案议决实行，及期复能坚持不懈，其有毅力诚堪嘉尚。而该省巡抚所主张者则以维持市面为延宕之计，以致两不相下，酿成全体辞职之风潮。本员就案论案，如果因禁闭而牵动及于市面，彼全体议员谁无身家，谁无财产，将利害切身，直受影响，断不至以求践前言，置一己之身家财产而不顾，可见"维持市面"四字是靠不住的。既靠不住，必是几家土膏店借此大题要挟，地方官受其朦混①，始有此举动。开张土膏店本属不法行为，值此禁烟时代尤为不法之极，断不可以少数奸商压制多数代表之舆论。此事如何解决，请诸君注意。

一百十七号（雷议员奋）：本议员有意见发表，请到议台发议。

议长：请到议台发议。

一百七十号（雷议员奋）：本议员是特任股员之一，在特任股员报告书中有一个意见，请诸君注意。此项核议案对于广西巡抚，要知道该抚为该省行政长官，又须知道该抚为该省谘议局之对待机关。本院不必问广西巡抚是何人，是姓张还是姓魏，据审查结果，就是问谘议局为何全体辞职，该抚是否侵夺权限，是否违背法律。既然违背法律、侵夺权限，自然有负违背、侵夺之责任者，此是第一层。第二层是对于该省谘议局，因为广西巡抚违背谘议局章程，该抚未经谘议局第二次决议，遂公然自行展限变更上年已经议决公布之议案，以致该省议员全体辞职。资政院并不是提议广西禁闭土膏店事，故本院所当诘问者惟在谘议局议员为何全体辞职，是否为该抚违背法律、侵夺权限而起，至于土膏店之事可不必追问。所以报告书内未尝说出种种情形，本议员对此特为声明。再者，刚才议长宣告待明日表决者，因为此种问题甚为重要，非经讨论不可。现有人主张即行表决，于是又生出即决不即决之问题，诸君意思究竟要讨论否？若不讨论，本日即可表决，若要讨论，必须明日表决，此问题请诸君解决。

三十七号（李议员子爵）：广西谘议局停会事情，该抚违背法律，本日诸君

---

① "朦混"，旧通"蒙混"。

想莫不以为然。至该抚为土膏税起见，是归于财政一问题，若欲研究，当于财政上讨论，请议长注意。

一百十号（于议员邦华）：这个问题公众定可表决。

一百九十号（吴议员赐龄）：本议员对于此种议案已经审查明白，可以无庸发议。但李议员提出广西财政问题为两面兼顾之说，请为诸君一陈述之此案。张抚于去年九月提出，至今年八月初一已届一年，当提议时调查存土无几，何以还有五百担之多？且今年八月初一提出案云：入春已来，土膏销数锐减，又甲区商家习惯帐目尽于冬月收清，是上年帐目已清，何以今年有许多帐目？况桂林土商贩运屯栈之区，而销售不全在桂林，何以帐目有四十余万，而存土又如何之多？比打电到京，又称帐目二百余万之多，"牵动市面"四字显系臆造，究竟确凿与否姑且勿计。以国家禁烟条例而论，十年不断赔款不知多少，可见此禁最厉人所共知。如果激成国际问题，则此项赔款问何人负其责任。（拍手）禁烟事张抚应电民政部、禁烟大臣、资政院而止，乃并电度支部者即是以财政要挟中央，其辣毒手段即伏于奏陈预算中。其所奏预算案于官厅（漏）〔陋〕规并未提出，而关于烟赌应禁之税额故为铺张，一若广西行政经费非烟税不能办，不许展限则请大部拨款，如不拨款则停办新政，易于动听。试思国家自禁烟以来，数千万烟税竟抛弃不惜，广西去年全省烟税不过三十万，今年甲区一隅度不过二三万，若为顾全广西一区烟税宽予限期，各省相率效尤，国家禁烟前途大有妨害，不独前此因禁烟种种巨大消费归于虚掷，而将来赔款尤为可怕，万不可因广西一省贻误全国。（拍手）

一九六号（牟议员琳）：今日说多少语，费多少时日，其应宜表决与否、讨论与否尚未分晰，请议长照章程五十八条解决。

议长：现在颇有主张今日即行议决者，据雷议员所说，毕竟如何，请诸君起立。

表决：议员多数起立，咸谓无须讨论，即可表决。

议长：赞成不必讨论者甚多，即决定不必讨论。

一五三号（易议员宗夔）：请议长宣布表决之方法。

议长：现在各议员既以为不必讨论，即如此决定，但诸君于特任股员报告书是否赞成一字不易？

五九号（顾议员栋臣）：照院章第二十三条，各省谘议局与督抚异议事件，或此省与彼省之谘议局互相争议事件，均由资政院核议、议决后由总裁、副总裁具奏，请旨裁夺。前项核议事件关涉某省者，该省谘议局所选出之议员不得与议，由此而观，广西互选议员应请退出议场回避。

议长：广西议题已将表决，广西互选议员照章应当退出议场，待议决毕再行入座。

广西谘议局互选议员退出议场。

一三六号（王议员廷扬）：院章所谓不得与议者，并不是出席回避，不过无议决之权，而发言权未尝消灭。

议长：院章既有定规，（毋）〔总〕以回避为是。

一九六号（牟议员琳）：此项事情已经表决，无庸再说。

议长：现在举行表决，如有以审查报告书为可者请起立。

众议员多数起立赞成。

议长：本议长以为可者已过三分之二以上，应即作为可决，按照报告书所拟办法办理。兹照议事日表第二，应选举专任股员。查分股办事细则第七条载，预算股员二十四人，决算股员二十四人，税法、公债股员十二人，陈请股员十二人，法典股员十八人，惩戒股员六人。本年无决算，决算一股暂缓设立，请诸君依次照额选举预算等股股员。

一五三号（易议员宗夔）：现在决算既未成立，然决算股员可以暂行举定，以便襄理预算事件。预算之事甚繁，不得不十分注重。

一零九号（籍议员忠寅）：请发言。

议长：如果发言，恐时间太促，如有不能已于言者以简单为便。

一零九号（籍议员忠寅）：本年既未有决算，决算股员本可不举，但预算系今年初办，端绪纷繁，议员等于此项审查又无经验，若预算股员只有二十四人恐难臻周密，不如将决算股员二十四人同时举出，协助预算股员较为完善。（拍手）

议长：是说诚当，奈规定章程不能轻易变动，本年既无决算，似可不必多此一举，如果更改，恐与章程不合。

六二号（刘议员泽熙）：方才籍议员所说本议员甚为赞成。

五十九号（顾议员栋臣）：决算二十四人亦可照章举出，将此项股员分配各

股协办股事。(拍手)

一百十七号(雷议员奋):诸君提议将决算股员二十四人并入预算股员之内,共计四十八人,恐有变更细则之嫌。本议员以为今年不问决算之有无,仍须照章举出决算股员二十四人,将来即可以决算股员会同帮办预算事件,如此庶不至违背议事细则,似不必另生问题也。

七三号(汪议员荣宝):今日为时无几,请议长表决。

议长:现在有两种说法,一说使决算股员协助预算股员办理预算,一说将决算股员分配各股办事。现在决定举决算股员二十四人,此项股员拟即采籍议员所倡议,并入预算股之内,以便协助。请诸君一决。

一五九号(蒋议员鸿斌):可照章程第二十二条办理。

议长:分股办事细则第二十一条、二十二条是分科之规则,并非分股之规定,分科许兼任,分股不能兼任。

一一五号(王议员昱祥):今日为时无几,雷君所说本议员甚为赞成,即请从速议决,以次举定。

议长:决算股员并入预算股员帮同办理,赞成此说者请起立。

议员多数起立赞成。

议长:多数赞成决定举决算股员并入预算股员办事,请诸君至股员室选举专任股员。

七三号(汪议员荣宝):请议长再行报告。

议长:此刻所表决者即言今年决算无论有无,照章选举决算股员,预算股员事务纷繁,即由决算股员帮同办理,此议诸君均赞成。

议长:宣告中止议事,议长离席,各议员以次退场,各归股员室选举各股专任股员。

三点三十分钟议事中止。

资政院第一次常年会第五号议场速记录

宣统二年九月初五日下午一点三十分齐集议场

议事日表第三号

第一，具奏广西禁烟展限致谘议局议员全体辞职事件。（会议）
第二，选举专任股员长、副股员长。

议长：本日议员到会者共一百五十六人，现在由秘书官报告文件。

秘书官（范熙壬）：承命报告，文件共三件：收江西谘议局来电一件；致广西巡抚电一件；致广西谘议局电一件。

议长：现在开议，议事日表第一，即是昨天议决的广西禁烟事件，昨天当场已经决议，既已议决，应行具奏，所拟奏稿由秘书长朗读，请诸位议员静听。

秘书长：承命朗读，先有一句话报告，此项奏稿已经发出油印，现在尚未印齐，先读一遍，印出后再行分送。

秘书长：承命朗读本院奏陈广西禁烟展限谘议局全体辞职照章核办，具实奏陈，请旨裁夺，折稿读毕。

议长：专任股员既于昨日选定，请股员长将报告书送交本议长，当场报告。

各股股员长：第一股赵炳麟、第二股许鼎霖、第三股劳乃宣、第四股庄亲王、第五股睿亲王、第六股陶葆廉，以次呈递报告书于议长。

议长：由秘书长报告。

秘书长：承命报告各股当选人名及票数。

议长：现在专任股员已经报告，按照议事日表第二，应依分股办事细则第三章第十六条，用无记名法互选股员长、副股员长。

一八七号（刘议员述尧）：本议员有一句话请发议，因为广西事情，拟请议长加附一片具奏。

议长：此案昨已议决，奏稿已定，明日即须上奏，现在不必再行提议。

一五三号（易议员宗夔）：今日照章选举股员长，请问决算股员长本日应否举出？

议长：此项预算股股员长只举一人，决算股员长即可归并预算股股员之内。

一二三号（江议员辛）：决算股员长照细则应另行选举。

议长：本年无决算，而决算股员仍照章举出。归并于预算股者，因其可以帮同豫算股办理一切也。

一二三号（江议员辛）：若以决算股员长会同预算股员长办理，似与院章不合。

议长：昨日业已提议，暂将决算股员举出，归并预算股。既归并矣，断不能举出两位股员长。

议长：现在可以请诸君到各专任股员室互选专任股员长、副股员长，暂时中止议事。

下午二点四十分钟，议长离席，各议员一律退场，入各股股员室选举各股专任股员长、副股员长。

下午二点四十分钟议事中止。

下午三点三十分钟，议长、议员续集议场。

议长：现在专任股员长、副股员长均已选定，应由各专任股管理员提出报告书。

各股首坐股员递报告书于议长。

议长：现由秘书长报告各专任股所选举股员长、副股员长姓名。

秘书长：承命报告各股所选专任股员长、副股员长姓名：预算股股员长刘泽熙，副股员长许鼎霖；税法公债股股员长李榘，副股员长闵荷生；法典股股员长润贝勒，副股员长汪荣宝；陈请股股员长赵炳麟，副股员长陈宝琛；惩戒股股员长睿亲王，副股员长顺承郡王。

议长：税法公债股另选举审查长二员，按分股办事细则互选审查长应在分科之后，现在尚未分科，故不先报告。

一二三号（江议员辛）：照分股办事细则第三章第十八条，股员长有事故时由副股员长代理职务，第二项又申明股员长不在分科股员之列，则副股员长自在分科之列，可知今既合预算、决算为一股，副股员【长】仍在分科之列否？

议长：方才发言之一百二十三号议员请将本意再行说明。

一二三号（江议员辛）：按分股办事细则第三章第十八条第二款所列，股员长不在分科股员之列，预算股员仅有二十三人，既然将决算股员归入预算股员之中，所余人员还归入分科之中，抑不归入分科之中，请议长宣布。

议长：按照院章分股办事细则第十八条第二项，股员长不在分科之列，副股员长应在分科之列。

一二三号（江议员辛）：按预算、决算两股均二十四人，均分四科，第一科八人，余三科均五人，因股员长不在分科股员之列之故，今将决算股员归入预算股员之中，不分科者只一股员长，其余四十七人如何分配，请议长宣示。

一九六号（牟议员琳）：现在江议员所说股员长不在分科之列，因之决算股余出股员一人无从分配，然此亦不难解决，如某科最要，则加多一人亦无不可，此一层实不难解决。

六二号（刘议员泽熙）：顷各议员有以决算股并入预算股会同办理预算，提出副股员长分科不分科之问题，互相争论。本员以为分股办事细则所定预算、决算原系两股，以法理论，每股各应举股员长一人，惟既合并矣，而事实上又未便选举两股员长，法理与事实诚不免有所冲突。今为调和计，似不如以预算股之副股员长即认为决算股之股员长，亦不在分科之外，且分科人数亦得均匀，分配无畸多畸少之弊。照此办法，虽与规则不符，然决算股并入预算股既可变通办理，则预算股之副股员长不在分科之列，又何不可变通之有？且预算股事务甚繁，诚得一不分科之副股员长帮同股员长处理，职务殊属便利，如此则法理、事实两调和矣。

议长：现在已经将决算股员归并预算股员之内，本属权宜办法，副股员长不在分科之列，亦未尝不可变通办理。此刻既有人倡议，请诸位议员公同表决，赞成刘议员之说者请起立。

各议员多数起立赞成。

议长：现在人数尚看不清晰，请再行起立。

各议员约三分之二再行起立。

议长：既多数赞成，即决定副股员长亦不在分科之列。

一百十号（于议员邦华）：资政院院章第三十九条，资政院议员于议案有关系本身或其亲属及一切职官例应回避者，该议员不得与议。请问所谓职官应回避者系指何项？比如学部、农工商部、度支部、法部等部有关系的议员与各该部有应议事件是否可以与议？

七三号（汪议员荣宝）：院章第三十九条资政院议员于议案有关系本身或其亲属及一切职官例应回避者不得与议云云。院章的意思是谓无论何项职官，遇有公事于本身或亲属有关系皆须回避，资政院议员亦即比照办理。遇有议案于本身或其亲属有关系者均不与议，一切职官例应回避者九字是补足上文的话。因为关系本身、亲属之外尚有他种应行回避的事由，恐列举不尽，故以此语赅括之意，谓议员对于议案之关系与职官对于公务之关系，凡职官对于公务应行回避之成例，即议员对于议案亦准用之，非以职官二字与本身及亲属平列也。

八十号（劳议员乃宣）：此项问题似与官场应当回避者同。

议长：出临议台报告，本日议事日表所载各件已经议决完毕，现在专任股员长、副股员长业已举定，以后应开议议事。惟秘书厅预备刷印议案、整理议案事务纷繁，骤难毕理，在各国议院法均有休会一条，此休会名目本院院章虽未规定，然事实上究不可少，因所议事件必须预备，仓促间恐难办到。是以本议长拟暂行休会数日，俟整理告竣，议事日表固当早日发表，以便诸君研究。本日诸君可以散会。

下午四点十分钟散会。

资政院第一次常年会第六号议场速记录

宣统二年九月十二日下午一点三十分钟开议

议事日表第四号

第一,地方学务章程议案(政府提出),初读。

第二,著作权律议案(政府提出),初读。

第三,修正报律条文议案(政府提出),初读。

第四,振兴外藩实业并画一刑律议案。

第五,议设审查振兴外藩实业并画一刑律议案(特任股员)。

议长:今天议员到会者共一百五十七人,现由秘书官报告各项文件。

秘书官(张祖廉):承命报告(各省谘议局陈请事件十二件,孙红伊等一百八十七人陈请速开国会书一件)。

议长:现由秘书长报告各股股员会报告书。

秘书长:承命报告各股股员会报告书。

一七七号(李议员文熙):请发言。

议长:请缓发言。

百七七号(李议员文熙):本议员非有他项议论,不过问议长现在政府预算已否交到本院,如果已交本院,即请发交诸君审查。现已开会半月,不可不从速讨论,如果尚未交到,可否由议长催问。

议长:预算案已交政务处覆议,俟政务处议奏之后送到本院,方可交各议员审查。

议长:现在开议。按照议事日表第一地方学务章程议案,按议事细则第二十四条,凡宣读应由秘书官朗读议案,或省略之,现拟将朗读条文一层省略,由秘书官将地方学务议案原奏朗读一遍。

秘书官（曾彝进）：承命朗读政府所交之地方学务议案，原奏读毕。

议长：现由学部尚书说明该议案之主旨。

学部尚书至议台。

秘书长：报告学部唐尚书，说明原奏主旨。

学部尚书唐景崇：本部统辖全国教育行政，就现在情形酌其缓急次第，约分三项：第一项，其最急者，如初等小学堂附设简易认字学塾、初级师范学堂实业教员讲习所；第二项，其次急者，如高等小学堂、文科中学堂、实科中学堂、优级师范学堂、初等农工商学堂、中等农工商学堂、高等农工商学堂、高等专门学堂、女学堂；第三项，可缓者，如大学堂、高等学堂、大学预科、存古学堂。至于经费之增减，查第一项所列各学堂，如初级师范【学堂】实业教员讲习所经费应由官筹备，大加扩充，其初等小学经费应由各省提学使督饬地方，注全力以筹之。按照地方学务章程分区兴办，以学龄儿童皆能入学为指归。第二项所列各学堂，其经费业已筹定者应保存之，其经费未经敷用者应补救之，如有浮冗之处应责成办理人员切实裁减，即以所节之款扩充学额，不得挪作他用，致为进步之阻碍。第三项所列各学堂，除京师大学堂、高等学堂由本部直辖，北洋大学堂业已成立但期维持现状、无庸急于扩张外，应由本部统筹全国情形分划大学区域，于数年后次第筹设。至各省高等学堂，每有学生少而（縻）〔靡〕费多及名实不符者，应按照实在情形酌行归并，即以所节经费为补助初等教育、实业教育之用。其存古学堂亦无须每省设立一所。以上所分三项，以第一项为最急，第二项次之，第三项则在从缓之列。小学之所以最急者，以国家之发达系于国民，盖国家者，国民之所积而成也。无论为农、为工、为商、为兵、为公民，欲其与列强相抗，无一不须普通必要之道德、知识，即无一不须受小学教育。今之人见夫世界各大国船坚炮利、财富兵雄，以为自强之根本在此矣，而不知实由民德、民智之完备与民力之坚强，万众固结，如山岳之不可摇撼，乃为根本中之根本耳。否则，财虽富，兵虽雄，船炮虽坚利，而举不为吾用，则何益矣！外洋自十九世纪以来，强迫教育为各国所公认，良以国民为国家之命脉，舍此即无以自立。既重小学，必宜预储师范，此则与小学相因而进之事不待言也。至实业教育之所以最急者，盖惟民富，斯国富，实业无人材，固无以浚国家之富源，抑惟民富，斯国强，人民无职业，尤无以固国家之根本。试就近事证之，如今日收回利权之说，无论财力之万不能逮也。即使能之，今日赎一路，可充工程师者何人，明日开一矿，能明开采炼化者又何人，此不过举工业一端，人材阙乏既已如此，其他农业、商业亦可由此类推。虽然欲造专门之人材，必先树专门之师资，高等实业学堂学术精深，师资殆无善于此者，惟是规模较宏，设备不易完全，且此类学生毕业后多以径办实业事项为主，不尽能充当中、初两等实业学堂教员，以故实业教员讲习所不容缓图。本部前经通行各省先办实业教员讲习所，其已设有高等实业学堂者即于堂内附设，无论何省，必须指定期限一律成立，报部备核，庶实业之师资既裕，而振兴各项实业乃有基础矣。第二项亦非可缓视者，惟为财力、人力所限，此时重在保存，而不重在扩张。虽高等小学与中学本为完全普通所必需，然但使初等学生有升学之地、上级学堂有考选之资已略足应用矣。优级师范就各省一览表考之，除新疆一省外无不设立者，但能办齐四类，陆续毕业，按期续招学生，则中学师资尚不致十分缺乏。至中等、初等实业【学堂】，将来实业教员讲习所毕业者日多，师资渐裕，方能设法推广。高等实业、高等专门各学堂固为当务之急，然必俟中学堂毕业者众始能大加扩充。女学非不重要，无如现在女学数目与男子学堂相差太远，今日尚在开创时期，若与男学并重，无论经费遽增一倍力有不逮，且各处风气尚未尽开，女生之入学未如男生之踊跃，扩充之期当俟诸他日，故暂列入第二项焉。第三项之大学，惟京师、北洋两大学业已成立，然经营方始，规模未备，固不可过于简陋，亦不可稍近虚（縻）〔靡〕，其学生资格之未合者、教员学力之不足者、管理员之浮于事者仍须切实淘汰。高等学生毕业无多，分科大学各门亦暂择要设立，无须遍设，教科程度之未能精美者尤必加意改良，因已有之规制而整顿之，就已定之经费而节用之，不事铺张，力求实际，此京、津两大学之办法也。其他如南洋、广东均有筹办大学之议，此时均定议从缓。本部拟就全国形势划定大学区域，不必每省各建大学一所，且目前教员难得，而数年之内统计高等毕业人数于京、津两大学足以容之，应俟数年后次第增设，而非目前之所宜汲汲也。至高等学堂、大学预科所以必酌为合并者盖有数，故今日各省学堂用费最多、程度最参差者无过于高等学堂，必宜量为归并以节（縻）〔靡〕费，一也。实业教育既为本部所注重，则高等实业学堂势不能不招生入学，而今日中学毕业生只有此数，不能同时并进，二也。且经费不能一时遽加，此有所增则彼有所减，高等学堂应与高等实业互为调剂，三也。高等实业毕业生亦可升入大学，裁并高等而设高等实业大学，既有所取材，各省亦可兴实业而挽利权，四也。有此四端，则高等学堂之应合并殆有必至之势。现在各省已办之高等学堂，除详察程度与定章符合、名实相副者仍应接续办理，其尚未设立及设备并未完全、程度实不相当、学生人数无多者，均拟令分别归并。其归并之法，凡总督驻扎省分应设高等学堂一所，其兼辖省分之高等学生察其程度、班级，如有不合，应即酌量归并，其无总督省分则与邻省合并。此项办法由本部另行规定通行，总之以两省或三省之力设一高等学堂，经费不虞缺乏，即以高等学堂所腾出之经费酌量改充实业教育之用，似于国计民生裨益为不少也。以上所拟三项办法，无非权度缓急先后，第一项推广小学、振兴实业即是目前教育行政所最注重者之方针，第二项、第三项亦属相度时势而言。本部办学之布置如此，特与诸君一说明其概要焉。

议长：诸君对于唐尚书所说明者有无疑问？

百一三号（李议员擂荣）：按议事细则第二十六条，本议员对于地方学务议案尚有疑义。现在各省学务最重者本系地方学务，所以今日政府第一件提出之议案即以学务交本院讨论，但学务上最要之宗旨及最要之精神究竟在于何处，据此项章程所谓整顿学务之方针似未曾明指，不识学部尚书方才所说其注重之处本议员亦甚茫然。

学部尚书（唐景崇）：所宣布各项条文须细细讨论，可以由特派员会同股员一并研究。

百一三号（李议员擂荣）：本议员意见以为此案既交本院讨论，中国学务自前此开办以来都归学部自办，并未有舆论机关公同研究。今日既有资政院，应宜细为讨论，但据此项章程对于地方学务上未见十分恳切。

一百二十六号（陶议员镕）：今日是初读，只宜就本议案质问，然后交法典股员审查，不必讨论。

三十八号（议员敬子爵）：连乡会之法甚善，未设参事会以前，暂由官员监督。其中出差乡棍连合，从而舞弊，为害甚大，请由连乡会内用有名选举法若干人，由提学使委派若干人，两处各半于查办学务，先期数日用抽签法定之，似于学务或有小益。

八六号（喻议员长霖）：现系初读会，试问此项议题应否审查，此项学务应如何然后地方可以实行，不可不细为研究。

一一七号（雷议员奋）：按照议事细则，初读时候各议员对于所读之议案如有疑问，即须提出，或由提出疑问之议员说明发言之宗旨。本议员对于学部尚书所说该部之教育行政方针亦有疑问。据学部尚书所说，教育行政本有三层：第一层系初等小学、初级师范，要急办；第二层是高等小学以上并所有之农工商各项学堂；第三层系大学堂、高等学堂，可从缓办。此不过学部对于教育行政上之办法，并未曾说到教育行政之方针。且学部对于中国教育其所以不能发达之故正在于无一定方针，环球大陆未有不以学务为重的，但是今日学部所谓普通司与专门司者异常忙冗。究其所以忙冗之事，普通司则系考试各省师范卒业生，阅考卷定分数而已；专门司则系调各省高等学堂与高等实业学堂之毕业生来京考试，评定奖励。不但普通司、专门司如此，即全部人员无不忙冗，一年到头都为此事。（拍手）据如此情形，国家费如许巨资设立学部，调多少司员办理学务，而所办者即此区区毕业分数及各高等学堂之考试，殊与学部尚书方才所宣布教育之方针者大不相同。（拍手）何以故？方才所说教育行政方针其注重者在初等小学，而今日所办者又系高等学堂的考试，令人殊难索解。（拍手）自从有学部，然后各省有提学使，有各厅州县之劝学所，现在各省所办之高等学堂及师范学堂之考试，凡提学使及各厅州县之劝学所均无此十分忙冗，而所最忙冗者即学部之普通司及专门司。（众皆拍手）今学部既然注重者在初等小学，毕竟对于各省初等小学如何办法学部甚少调查。去年虽曾派调查员，然所派之人寥寥无几，终系敷衍了（局）〔事〕。两相比较，毕竟办考试之人多，调查初等学务之人少。（拍手，拍手）既然学部所办多系考试，凡学生自初等小学起都无他项思想，但其父兄使其子弟读书，其宗旨在毕业后必须使彼入中学堂及高等学堂，然后可以达其奖励之目的。可见当初之希望无不以学堂奖励为归，如果因学堂有一定之奖励，然后使子弟读书，实于国家普及教育之宗旨大相悬远，即或将来可以教育普及，而各人均有希望奖励之心，如此人才亦复有何用处！本议员意见对于学部尚书所说教育办法固极力赞成，而对于现在所办各事实多不合，以故必须质问学部对于教育问题以后有何办法，此系第一层。第二层照地方学务章程原案第十五条从前为地方学务所筹备之款项，嗣因按照地方自治章程改充地方自治别项经费者，自本章程实行三年以内，得经府厅州县参事会之议决，分别拨还，仍专作为学堂基本公产或公款云云。此系注重学堂意思，原为谋教育之普及，但学务行政本地方自治应办之事，并非地方自治以外之事，照地方自治章程第一项就是教育地方，如果不办自治则已，如果欲办自治，必定注重学堂，此项章程显将学堂、自治分为两事，恐各地方之办理自治者与办理学堂者因此易生冲突。照地方自治章程，并未指明何项款项办理何项事业，然要办地方自治，不能不设立学堂，必须筹划经费更不能不贯通一气。据自治章程所说，公款、公产向来归地方绅董管理者应作为自治经费，所谓自治经费者包【括】学务经费而言，将来公款、公产之分配必有一定办法，现在地方自治章程业经颁行，必谓管理学堂之人因办学堂而对于自治全体毫不通盘打算，则是于地方自治章程之精神及其目的均说不【过】去，而且必有后患。照方才所说，各地方必互相冲突，学部规定此项章程时曾否想到已经颁行之地方自治章程。这是第二层，系对于地方学务章程原案第十五条所规定者有所疑问。此外尚有不甚要紧之疑问，系条文上之关系，与大体不甚妨碍，将来修正条文时候再行提出。请学部答辩可也？

议长：请学部特派员答辩。

学部特派员（王季烈）：雷议员质问学部教育方针与现在不符一节，本特派员谨说明之。办事与方针本须分为二层，现在所办之事系承从前之方针而来，今之方针须见之于将来之办事。盖以教育一事，非旦夕可以竟功，各项学堂设立在数年之前，毕业在数年之后，若以方针改变之故而将从前已设立之学堂悉行废于半途，天下断无此办法。至奖励章程，奏定于光绪二十九年，当时科举未停，学部亦尚未设立，民间不知学堂之益，乃以科举之利益给之入学堂之人，此实五六年前劝勉新学之苦心。又高等以上毕业学生授职一事，实因文官考试未经实行，国家不可不用人才，即不可不有登记人才之机关，本部承朝廷之命执行此事，乃以之暂代文官考试，俟文官考试实行后，此项章程自然消灭矣。但此事关于官制全体，非学部一处所能遽议修改也。至于学部考试高等以上学堂一节，乃因本部为教育最高机关，高等以上学堂为本部所直辖，故直接由部考试，其余中小学堂部中何尝不随时催促提学使认真考核，力求进步，并非专办高等以上之事而置普及教育于不顾。彼提学使、学务公所、劝学所诸职员，何一非学部所委任之人，此项人数固千百倍于部中。办理高等以上学堂之人若谓必由本部人员直接办地方学务方足以示注重小学之意,则我国地方广阔,部中司员仅仅百余,即尽分布于各省以提倡初等小学,恐亦无济于事,故本部所希望者为本地之人皆能兴办本地之学务,则教育方有普及之望,此次地方学务章程交议之宗旨亦在乎此。总之学部近年意旨,凡对于高等以上学堂皆有限制之意,对于小学皆寓奖励之意,可考之于各项文牍而得其证也。即考试高等学堂毕业一事虽似注重高等,实则考核严密,正所以限制之,否则各省皆好高骛远,设有名无实之高等,而普及教育愈无人办理矣。

百一十号(于议员邦华):本议员对于学部特派员所说之意见亦有疑问。据云所办事件有不能与方针符合之原因,自当于资政院开院之始将热心办学之精神提出,做为一个大问题。况既说将来有一个方针,何不明为提出作一个大议案,此事不能早为之计,果待何时发表,此是第一层。就如学部大臣所言,本是办法之一种,手续并不是一个方针。注重地方小学乃甚善之事,欲图教育之发达,其根本即在地方小学。本议员亦曾办过几年学务,当时章程还不能完全,所办善否总以有一种精神为要素,未几而学部所定章程颁行,自得遵照章程办理。学生一班还未毕业,章程又改,因是学堂一切布置多随之更改,更改未久而又更改,则府厅州县公牍之往来不绝于道,令办事之人一月一报,或一季一报,或一年一报,此虽详细办事,而其实反滋纷扰不宁。惟是而且章程所定之宗旨与学堂所用之课本时时改变,无一定标准,到卒业时候学生程度未有一个完全,又加一种考试,求奖心热,而平日之所研究亦侥幸以尝,所以办学之人困于章程,劳于公牍,莫能达其办学完全之目的。如此即九年预备,果能教育普及否,不从根本问题上解决,而第提出此数十条章程,不知其方针果何在也?

一一七号(雷议员奋):对于学部特派员,本议员意见再须质问。据地方学务章程原案第十五条,本议员并非全部反对,因为所以定此十五条之本意不甚明晰,照日本学务章程亦有此条,究其立法意义却是大不相同,照此规定则于地方自治章程势必有两相冲突之处。本议员所以质问者如此。

一四九号(罗议员杰):本议员基于学部大臣所演说而质问者:(一)学部教育方针注重高等抑普通;(二)学生出洋留学系统筹全国、递年应用各项学生而送出抑任意送出;(三)各省存古学堂须限制每省不过一所、免致糜费是否规定;(四)外国教士在我国设立小学校是否授我国国民教育;(五)实行强迫教育之时凡奉教之子弟是否可以一律强迫；（六）各种学校之费少而有效者纯恃学部奖励，是否存有教育基金听其指拨。本议员对于地方学务章程大体亦极赞成，但疑其稍简，不能不特为质问者：（一）地方学务纯恃学部指挥，监督提学，而提学承学部之命，以指挥监督本管，现在各省学司管内之科员、议绅、视学员等是否限以深明教育之人充当；又，各省教育会是否限期一律成立。（二）地方学务重在普及，欲图教育普及，是否责成教育行政机关按学童将近及岁多少而预为养成师范，且为严重检定；又，普及教育必行强迫，而贫家子弟有实在苦况必须犹豫者，其犹豫期是否规定；又，特殊教育办法正以补普通办法之不及而图普及，亦是否规定。（三）地方教育经费纯恃地方自治体分担，各国恒占预算支出大部，我国地方自治行见成立，经费不难分担，所虑用不核实，是否规定物品、金钱、会计，以便检查而容易决案。以上质问，均请学部答复。

一二六号（陶议员镕）：国家教育行政与地方教育行政未经划分，小学校令又未颁布，则此种章程不能发生效力。

一百五十六号（彭议员占元）：本议员对于学务议案有两条不甚明晰。第一层议案内无一定之宗旨，是第一缺点。据本员意思，此项章程并未曾说及教育，毕竟教育问题应以作到如何地步为目的，但以学部今日所提出之案，注重者在联合二字，然联合之说不过一乡一村，并非将全国教育包括在内。凡立定章程每一条必有一条主脑，现在所定者并非为全国谋普及教育，即如十五条所说地方自治公款三年以后再行拨还，势必互为支用，于教育大有妨碍，此系本议员所最不赞成者。我国二十二行省地势涣散，而范围太广，此时对于教育无一定方针，将来必无一好结果。自学部设立已八年之久，而所办之事似觉甚难，方才议员中所质问者系对于全部而言，并非开办学务之一、二人如何宗旨，可见从前学部不负责任。各省提学使受学部委托，本有维持各省学务之责，学务公所本有维持各府厅州县学务之责，但人人相委，而其实在负学务之责者谁人试问，各省提学已否考核各处教员。至于各省高等学堂监督管理员能否胜任，学部章程亦不过一纸虚文而已。自今以后学部若仍不负责任，则中国前途何堪设想！

一三四号（余议员镜清）：请简单发言。云今日议事日表所列各案均系初读，照议事细则二十六条二项，似尚非讨论之时。今日之质问应以声请政府特派员说明议案之疑义为限，请议长依议事细则二十七条办理。俟审查后诸君有以本议案为不然者，尽可援细则二十八、二十九两条办理，多加讨论似乎不合。

议长：一百三十四号余议员所说甚是，方才所议之案应俟审查后再行讨论。

七三号（汪议员荣宝）：先是雷议员质问之处，学部尚未答复。

政府特派员（李侍郎家驹）：今日资政院议事日表第一件，系地方学务章程初读之案，按照议事细则第二十六条第二项（各议员对于议案若有疑义，得声请军机大臣、各部行政大臣、政府特派员或提议议员说明之），则初读之际限于议案疑义之质问，特派员有照章说明之义务。方才雷议员所质问地方自治章程第十五条，其疑义所在为本条内嗣因按照地方自治章程改充地方自治别项经费一语，此语应当连读，不当分作二句。盖按照地方自治章程所办事宜，原不止学务一项，故当自治章程颁布以后，有将从前办学款项改充别项经费者不得谓之违法，则此种事实必至发生，故本条规定得于三年以内经府厅州县参事会之议决分别拨还，所以巩固地方教育之财产，期以达教育普及之目的，且以上级自治机关代为议决亦系地方自治章程所规定者，并不至有冲突之虞。至于此外各位议员所质问者皆不在初读范围之内，应照议事细则一百零七条、一百零八条手续办理，现在本员并无应行答复之义务。

一一七号（雷议员奋）：现在本议员质问学部大臣所说教育之方针，不过问以后办法如何，并不是要学部将从前办过事件说明理由，但问学部将来是否仍以现在之办法所定方针进行一切，此是议员质问之宗旨，方才学部特派员答复未尝说到此处。至于地方学务章程第十五条，本议员阅过似有疑义，是否与地方自治章程有冲突之处，本议员质问就在于此。

学部特派员（范源濂）：答雷议员质问。再说明第十五条所定将原系学款改充别项自治经费者仍拨还作为学务专款，起草之意原已认定按照地方自治章程，学务经费并非在地方自治经费之外。至问本章程是否仿照日本地方学务通则而定，但此虽系参照日本章程，然我国自有我之特别情形，断不须全事规仿。即我国创新学务，实在颁布自治章程，多年以前将地方自治章程所载各项自治事宜比较论之，所办较多者实惟学务一项。近来各处自治未能办齐，即已办者亦往往有名无实，时日尚浅，亦属当然。惟学款因此移动，现在学务已受影响不浅，若不设法补救，恐并此略有基址之学务更愈败坏，是亦非所以发达自治之道也。故本章程特有第十五条之规定，其意如此。

一一四号（胡议员家祺）：现在此条案本系初读，如果申请说明，特派员将原案主旨宣布为止，既非表决时候，而反复辩驳可以不必，请议长将此案付该管股员审查为妙。

众议员多数赞成。

议长：地方学务章程议案初读已毕，应付法典股股员审查，但审查期限应由本院议决。

七三号（汪议员荣宝）：审查期限据本议员计算，今日十二，明日开审查会，十四日星期休息，大约十七日可以提出报告。

议长：据法典股员所说十七日报告，诸君以为然否？

议员有赞成者。

议长：如此即以十七日为本案审查期限，现在续行开议议事日表第二著作权律议案，仍将朗读条文一层省略，由秘书官将民政部原奏朗读。

秘书官（曾彝进）：承命朗读，毕。

议长：请民政部说明本议案之主旨。

民政部特派员（孙培）：本部提出著作权律议案，宗旨专在保护学者及美术家之意匠经营。盖对于学者或美术家，凡由精神上劳力著作、物件能加以完全保护，方可期学问及各种美术日加发达，故欲观一国之文运进步如何，必须先视国家对于此种权利所加之保护如何。譬当十八世纪以前，欧洲各国于此种权利亦未知保护，因之各种科学未能日异月新，降及今日，不特保护周详，且将保护范围大加扩张，而学问、美术亦日益精进，此其明效大验也。本部此次规定著作权律即采用扩张主义，共五十五条，分为五章，所有详细理由已见各条，文下兹不复赘。

一三七号（邵议员羲）：本议员按第二条称凡著作物归民政部检定，惟关于教科书籍归学部审定，此二语甚不明白。因检定与审定本有区别，虽教科书亦必先行检定而后可以出版，学部之审定教科书在审定其书之内容适用于学校与否，专为通知学校应用起见。若学部审定某教科书不适用各科之用，而其书之享有著作权及出版发行自若也。今照第二条之意义，若学部于某教科书不予审定，则并著作权亦不能享有，殊非所以保护人民权利之本意。

民政部特派员（孙培）：方才邵议员所说固是，但此种规定在出版律中，不应在著作权律中，照本律第三条有愿受本律保护者给以著作权，故凡不受检定或审定者即不受本律保护。

七六号（曹议员元忠）：本议员请问民政部所定著作权律是否即当出版律，若即以为出版律，则出版律性质与著作权不同，出版在外国可以自由，其派检查员者仅止一、二国。今著作权既经民政部检定，又需学部审定，可谓详密，然设有不愿检定、审定，如日本出版权所谓无出版保护之文书者而有违悖国家法律及冒渎承舆之罪，（顾）〔故〕著作权律只有保护，并未涉及此项罚则，何以处之？查外国出版律则待此极严，故德国定有一千马克之罚金，其禁锢以六月至一年为止而普通，亦有此例用于新旧过渡之时。今著作权律若果有出版律，则此项罚则应否添补？

民政部特派员（孙培）：著作权律与出版【律】两不相同，出版律属于消极，专在限制，著作权律属于积极，专在保护。至于版权与著作权实系一物，不过版权范围较狭，著作权范围较广耳。

一三七号（邵议员羲）：本议员按检定应属民政部，凡一切之出版物皆应归其检定，不应有第二机关再行干涉此事。学部之审定教科书属于教育行政上所应有之职务，但无关于著作权之存在与否，故检定与审定二者不能平列。第三条称凡愿受检定或审定者及第四条称著作物经检定或审定后等语明明以著作权一事而隶于两种机关以下行之，不特于对外行政之统一有害，且于权利之保障亦难确定，故就本议员意见，著作权律只须规定呈请注册给照后即可受本律保护。至检定一层应规定于出版法中，审定一层应规定于学部审定出版条例中，二者皆不能夹入著作权律条文以内。

民政部特派员（孙培）：两种机关之分别不过出于行政上之便利，检定与审定字面虽不同，其实用意却无二致，特学部审定者惟关于教科书籍之适用教科与否耳。

一一七号（雷议员奋）：本议员对于民政部有两层质问。方才各议员之质问大都为但有著作权律并不见有出版律而生，毕竟民政部意见是否先颁著作权律而后再定出版律。

民政部特派员（孙培）：现在出版律已起草，尚未脱稿。

一二九号（汪议员龙光）：本议员对于第六条与第十五条尚有疑问。第六条数人共同之著作，其著作权数人公共终身有之，死后得由各子嗣继续至三十年。而第十五条之规定第六条以数人中最后死者之子嗣呈请立案批准之日起算年限。譬如有甲、乙、丙、丁四人，甲前二十年、丁后二十年死，甲之子与丁之子同一年限止，然则先死之甲其儿子享有五十年权利，岂不与前条大相违背。日本章程对于此事只有一条，曰数人合著之著作物著作权其最后死者继续至死后三十年间，文义明朗，盖甲、乙、丙、丁年岁长短决不相同，而共同之著作又不可分，自应以最后死者为标准。起草人之意亦知以最后死者为标准，而先于第六条作一虚案，曰得由各子嗣继续三十年，试问各子嗣果能继续三十年否，岂不是全无效力之条文么？本议员意思不如取消前条，以后条为标准提改为第六条则得矣。

民政部特派员（孙培）：此两条规定截然不同，一系规定享有权利的年限，一系规定起草享有该权利之期。譬如甲、乙、丙三人共著一物，丙死最后，迟甲、乙死至二十年之久，此二十年中甲、乙子孙因丙未死固能照常享受权利，而所享有此二十年之权利视为甲、乙终身应有之物可也，至于起算年限，甲、乙子孙虽觉较丙之子孙多二十年，其实此二十年丙固未死，合算之并无出入也。

一四七号（谈议员钺）：有著作权之人其子孙享权利、数人共同之著作其子孙所享之权利固应一律。

议长：此案初读已毕，应交法典股审查，不识应须几日可以报告？

五号（议员润贝勒）：十七日亦可报告。

议长：如此亦以十七日为本案审查期限，现在续议议事日表第三修正报律议案。

七三号（汪议员荣宝）：前两次议案均将各该衙门奏折朗读，而将法律条文之朗读省略。本议员意见以为，既有政府特派员说明立法主旨，则上奏文牍之朗读似可省略，而法律条文关系较为重要，虽经刷印分配，再行朗读更觉郑重，似以不省略为宜。拟请省略奏折之朗读，改为朗读条文，不识诸君以为何如？

议长：按照议事细则第二十四条，朗读议案议长得省略之，盖以条文太多，如必须朗读，甚费时间，朗读条文一层似可以省略。

五六号（李议员经畬）：可以省略。

一一七号（雷议员奋）：方才汪议员所倡议对于报律案办法要求议长不省略朗读，本议员亦表同情，此但对于报律一案而言，并非谓所有法律案皆须朗读也。

百三六号（王议员廷扬）：奏稿亦不能不读，有许多规定主意却在奏稿之内，所以条文与奏稿均不能不朗读。

七三号（汪议员荣宝）：请议长咨询本院是否省略朗读奏折抑省略朗读条文。

百十二号（陈议员树楷）：按议事细则，朗读议案此系原则，然有特别情节可以省略，可以省略就是例外。至于奏案及各部院条陈均无须朗读，若报告听不明晰，可将奏案分布，毋庸朗读条文，然原则总以朗读为是。

议长：汪议员提议此两条，请公众赞成其一，朗读议案条文或朗读原奏。

一九六号（牟议员琳）：本议员按照议事细则二十四条，法律案之议决须经三次宣读，曾经议员三分之二以上可决者得省略之，谓之法律案，则非奏案，可知盖法律案一经初读，别无疑问，遂可以省略。再读、朗读条文是说法律案，并不是说奏案。

议长：命秘书官朗读条文。

秘书官（曾彝进）：朗读修正报律议案文毕。

议长：请宪政编查馆说明本议【案】之主旨。

宪政编查馆特派员（章宗祥）：现在提出报律议案。本员照章说明其主旨，报律在光绪三十三年二月十五日民政部会奏交宪政编查馆复核，宪政编查馆于光绪三十四年二月十二日请旨颁布施行，至今已两年余。此两年内政府体察情形，尚有不便实行之处，各报馆亦有以此为请者，要不能不加以改正，于是民政部于宣统元年九月十七日奏请将从前报律改正，奉旨：依议，钦此。本年二月十三日民政部奏请将改正报律交宪政编查馆复核。草案之内最要宗旨有两层。第一层就是说报纸未发印以前，每晚于十二点钟前交该管衙门先行审查。照此办法，限制不为不严，惟不特不容易实行，且有碍报界之发达。国家定报律原为使报界有一个范围，如不守范围，一经检查，当按照报律惩罚，若以报纸未发印以前须经该管衙门检查，殊属多费手续，这是一层。第二层说报律上定种种罚则，报律原是办理报界事件，如有不规则地方可援此律以惩之。从前未有规定，多在行政衙门办理，各省报馆均在各省行政衙门办理，中国从前报纸未十分发达，亦无甚流弊。现在报纸日见发达，国家颁布立宪，申明司法独立，此项报律自应归司法衙门办理，这是二层。除上两层理由以外，还有关于保押费之规定。报律原定之保押费，每日发行四回以上者保押费五百元，三回以下者保押费二百五十元。而白话报一种可以不交保押费，此种报纸于民智虽有关系，惟报纸无论白话、文辞均开通民智，不能白话报纸就可以不用保押费，此办法似不合于理，且有许多白话报往往不负担责任，而言论出于范围，所以现在草案删去此条。将前所规定保押费五百元改为三百元，前规定保押费二百五十元改为一百五十元，一方面限制，一方面提倡。此外还有几项条文无关大旨，可以不必说明。宪政编查馆详加复核，意见均属相同，是以特行提出。总之，政府修正本律之主旨无非为便于实行起见，一面在于限制不正当之言论，一面即在保护正当之言论，而有希望报纸发达之意深冀诸君协赞，此旨慎重讨论，俾得早日施行焉。

一三二号（文议员龢）：本议员对于修正报律条文议案第十二条颇有疑义，请质问。该条所列关系秘密未经公布者报纸不得登载云云，是否凡系未经公布者皆认为关系秘密，不得登载，抑或凡系未经公布者虽非认为关系秘密，亦不得登载？关系秘密应示范围，应定界说，否则窒碍甚多，必致有视为秘密者而不秘密，不应视为秘密者而却秘密者。公布与否无一定准则，报纸将靡所依据，而阅报者更无所考见矣。

一五三号（易议员宗夔）：本议员对于修正报律第十一条颇有疑问。旧律云"发行人、编辑人不得受人贿嘱，颠倒是非，亦不得挟嫌污蔑，损人名誉"至为严密，至为允当。若修正新律损害他人名誉之语"不论有无事实，报纸不得登载云云"殊属难解。中国官吏行为之贪污、人民性质之卑下数年来少有进步，全赖此报纸之监督以救正之。若谓关人名誉之事不宜登载，就如最近之沪道蔡乃煌侵蚀公款，牵动全国经济界之恐慌，实在可恶，若禁报纸登载，其何以儆奸慝而伸舆论，并且"不论有无事实"一句"有无"二字尤为不妥，因有事实即无名誉，不得谓之损害。请起草员说明主旨。

一二九号（汪议员龙光）：本议员就是为十一条与易议员所说相同。该条所列不论有无事实之"实"字与原报律第八章报纸登载失实之"实"字同解。原律所谓登载失实多半是名誉上关系之事，纵有失实，不过登载更正书、（辨）〔辩〕驳书而已，兹修改报律之第十一条谓"损害他人名誉，无论有无事实，均不准登载"则是原律登载失实尚且无罚，兹则登载属实而并有罚。起草人亦自觉通不过去，于是将第八章"失实"二字改为"错误"二字，意欲移指，是事迹上一面非名誉上，一面殊不知所谓"更正辩驳"，非有关于名誉，谁乐为此报纸所载，通盘无关人名誉之事又焉用此？又，二十六条云云，如照此办理，将来告诉之人殆无日无之。所谓损害名誉是否有一定标准，如无一定标准，则办报之人日日在监禁之中，时时有罚金之事，凡报馆言论原以主张公道、激浊扬清为天职，若加以如此钳制，则报馆无置喙之地矣。

一四九号（罗议员杰）：本议员对于第十一条有疑义，特为质问。日本报律第二十五条略云：新闻纸记载事项以诽毁控诉者除涉于私行者外，被告人可免其诽毁之罪。只分别私行、公行，未尝一律禁止。本案第十一条所指是否分别公行、私行，抑不论公私一律禁止？请为答复。

宪政编查馆特派员（顾鳌）：各议员对于十二条疑问，本员可说明。查现行报律，原文系以凡未经阁抄官报公布者为不得揭载之范围，然阁抄官报以外可认为已经公布者尚多，若但以阁抄官报为断，限制未免太严。本条修正案规定为"谕旨、章奏及一切公文电报关系秘密、未经公布者报纸不得登载"等语，专就未经公布以前而又关系秘密者为范围。至于如何分别已、未公布及是否关系秘密，则应以现行法令所规定或各衙门通行惯例为准，例如奏章一项，但经具奏奉旨行文后即或未见官报亦可作为公布。此外各衙门一切公文或电报在未经颁发以前即系未经公布，即是应当秘密，若颁发以后则可以已经公布论，除该衙门认为应当秘密事件以外不在本条限制之列。至本条所称未经公布之章奏、公文、电报云者系指章奏、公文、电报之原稿而言，若报纸登载其事由而体例属于新闻者，除本律别有限制外，自不能以违律论。至于第八条、第十一条、第二十六条，各议员谓为不无冲突或有疑义云云，查第八条之所谓错误与第十一条之所谓损害名誉截然不同。盖错误云者属于本人或关系人事实上之认定，例如报纸登载某官出京，其实并未出京，此本非损害名誉之比，然本人或关系人认为必须更正者，若照律声请或送登更正书时，报馆即应照办，其余错误事件以此类推。惟所载仅属错误，故本条先以更正辩驳为权利。救济之途在未经声请送登以前不得遽行告诉，斯则保护报纸之微意也。至于第十一条之规定，议员疑为范围太宽，然政府本意并非对于报馆别有限制，第十一条须与二十六条合参。第十一条所称不论有无事实系紧接损他人名誉之语而来，盖名誉为立身处世之要端，妄加损害实与伤害生命自由无异，日本新闻纸法本条规定亦适用刑法。对于名誉之罪，我国修正刑律草案关于名誉罪各条亦与该国法理同，各本条俱以不论事实有无为限。现在新刑律颁行尚需时日，故本律有此规定，新刑律施行后则仍照刑律办理。本案十一条范围表面虽觉其广，然与二十六条互证则其所得处罚者纯以涉及私事者为限，私事云者专指个人私行而言，私行范围又应以他人不能告发者为限，若违第十一条之登载报纸能证明其为公益起见，则不在第二十六条处罚之列，即不受第十一条之束缚。总之，一则示登载之限制，所以励个人尊重名誉之心；一则示处罚之范围，所以符保障言论自由之旨。查现行刑律于讦发阴私之罪亦与寻常骂言迥别，虽实亦坐律有明文，斯则中外公同之法理也。本员说明疑义如此，至如何审查讨论，则非本日初读时之所有事也。

百九十号（吴议员赐龄）：现在本议员对于宪政编查馆提出报律议案质问。第十二条未经公布之件报馆不得登载，但报馆机关全在访员，而报馆价值全在登载新闻，所以访员能闻人所未闻方为可贵。至于政府秘密事情，应该自守秘密，不能使报馆不调查，若报馆不能调查，以便登记，何以谓之新闻？以第十一条参之第二十六条第二项，损害名誉不论有无事实，被害人告诉即论罪，则是使报馆立于必败之地。总之，第十条、第十二条、第二十六条之规定只能实行取缔本国报馆，为摧残舆论之计，在外国，报纸不能取缔，此系令外国报纸日形发达，而中国报纸受多方钳制，令通国舆论机关无以自存，必争设立于各租界而后快。现今世界大同，应以世界之眼光为眼光，若新闻报纸在中国不能卖，而在外国可以通行，中国舆论在境内不可自由，在外国可以自由，岂不是提倡外国报纸，并非提倡中国报纸吗？（拍手，拍手）

百二九号（汪议员龙光）：向来报纸有白话报者最是开通风气，此项报纸现亦流行，欲定报律，应添入维持白话报一层为妙。

一三四号（余议员镜清）：本议员对于十一条意见与易君相同，似可无庸发言，旋因贵特派员之说明谓本条以损害他人名誉为前提，转滋疑窦。条文云不论有无事实，报纸不得登载，无事实而登载，报馆应担损害他人名誉之责，既有事实则已无名誉之可言，尚何损害之有？贵特派员之解释条文似欠明晰，仍请说明。

议长：本议案初读已毕，应付法典股审查，何日可以报告，今天亦应议决。

七三号（汪议员荣宝）：恐审查需时，可否改为十九日报告？

众皆赞成。

议长：如此，本条审查期限以十九日为限，议事日表还有一件，但今天已过五点钟，可以展会。

众议员以次退场。

下午五点五分钟散会。

资政院第一次常年会第七号议场速记录

宣统二年九月十五日一点三十分钟开议

议事日表第五号

第一，振兴外藩实业并画一刑律议案。（政府提出）

第二，议设审查振兴外藩实业并画一刑律议案。（特任股员）

第三，河南试行印花税核议案。（会议）

第四，湖南湘汉航业核议案。（会议）

秘书长：今天议长因病不能到会，请副议长代理。

副议长：今天议员到会者共一百四十九人，现在应由秘书官报告文件。

秘书官（张祖廉）：承命报告文件，毕。

副议长：现在按照议事日表，第一振兴外藩实业并画一刑律议案由秘书官朗读议案。

秘书官（曾彝进）：承命朗读议案。

朗读毕。

副议长：请理藩部说明该议案之主旨。

理藩部特派员（文斌）：本特派员先代理藩部尚书宣布行政方针并说明议案

主旨。我国藩部屏卫西北，外接邻邦，内与各行省相为维系，现因我国预备立宪，藩政尤重，然欲极力整顿藩疆，非合全国之力不能措手，今幸资政院开院之始，业将本部要政之应议者奏请交议。凡所以振兴教育、损益治化者，又必合蒙古、回、藏诸部落方为完备，兹定为先近后远之办法，由内蒙古而外蒙古，而西藏、回疆，以为进行之准备。凡此办法悉由主旨发生，而主旨即由行政方针所出，约分两层：一层系命意之所在，一层是办法之必要。命意所在又分两层：一层系狭义，一层系广义，狭义系整理各藩对于藩部一部分而言，广义则因藩部为内地之屏翰，藩部无虞，内地方可保全，此系对于全国而言。是以此案重要之目的即在保富恤藩，虽然论保富之大旨则种种进行方法非有财力莫能毕举，如兴学、练兵诸要政是也，故先以振兴实业为基础。其次论恤藩之大旨，蒙古刑律系一种特别刑律，盖蒙古刑律在未改刑律以前轻于内地，今则大半重于内地，凡以流徒论者均系遣发内地，往往有未至其地，其囚因水土不服而死者，所以此种刑律应行改定。至论及办法虽似不成议案，然国朝治藩部与各国治属地不同，既在蒙地办实业，则须蒙古议员认可，而公司集股又不分蒙、汉，则与地方财力相关，所以必须全体议员认可。刑律二条系改定法律，尤须交院议决通过后再定条文。理藩部提出议案大意如此，本员代行政大臣说明。至于实业有调查报告，刑事亦有专司，如有质疑，均由经管各员答复，所有理藩部议案请议员诸公互为研究。

一八七号（刘议员述尧）：请发言。

副议长：听不清楚，请登台发议。

一八七号（刘议员述尧）：本议员对于此案疑问颇多。方才政府委员所言谓先将此案征集各员意见，俟表同情将全案通过方再提出办法云云，不知说到振兴实业无论何人想总是表同情的，故现在所当研究者不在实业应振兴与否之问题，而在用何种政策始能使实业振兴之问题。此案既以振兴实业为宗旨，则进行手续不贵有凭空设想之理论，而贵有切实可行之办法。办法是议案成立要素，无此要素即不能成为正式议案，即使议决亦断不能有丝毫效力发生，试问不能发生效力之议案何必提出交议，徒废议事时间，且无办法何从审查，无条件何从修正，此疑问一。如案内所称，兴办实业先由设立公司入手，并先设银行，然则既认定公司、银行为振兴实业之必要，则或官办，或商办，或官商合办，无论若何着手，均须定有专条,乃藩部只听人民,遵照农工商部章程办理,除会同核准四字之外并未有何等之设施,既非特别倡议,又无异常奖励,果用何术能得蒙、汉人等乐于投资,公司、银行何时始能成立乎?此疑问二。垦荒一条既谓宜就未经放出之荒地先行试办,则必定一试办之章程,设一试办之机关。乃无论蒙人自种,或租种,或雇种,悉听其便设,如蒙人既不自种,又不租种,并不雇种,亦将悉听其便乎?不听其便,无规定取缔之明文,悉听其便,则何谓垦荒,何以云试办。此疑问三。森林一条,只据调查报告备举各盟旗出产地及出产品物之种类,独至某某等处则称或谓不能成林,究竟能否成林,或云向无销售,究竟有无销售,到底有何法可使成林,有何法可使畅销。此疑问四。渔业一条,既主张设立渔业公司,自必深悉该处人情、风俗、习惯,措置方有条理。兹案内所称或云蒙人不食、或云捞打自打、或云不会捞打此等虚拟之词,毕竟状态若何漫无把握,区区调查尚难明确,种种计划果否适宜。此疑问五。至畜牧、矿物二条,只主张模范牧场,而如何组织未有标准,只报告煤矿产地,而如何开采未有要领。此疑问六。总之,若论振兴实业,万无不赞成之理,但不说明办法,实无从发表意见,请政府委员逐条答复以释疑义。

副议长:诸位议员若有疑义,可声请理藩部说明。

十八号议员(贡郡王):对这件议案有几件疑问。方才据藩部所说是保富恤藩,第一层是要保富,第二层是要恤藩,所以振兴外藩实业、画一刑律,并且原案有改良进化之言,所以提出此项议案出来。但是振兴实业是一件事情,保富恤藩又是一件事情,请问理藩部除此以外还有比此更为要紧之办法否?还有一层疑问,原案入手办法是设立公司,振兴实业一项事情很大,设立公司虽然是入手办法,而除此之外还有比此更为重要之事情否?除去这个办法之外,还有别项办法否?此又系一条疑问。振兴外藩实业,蒙古地方既有调查,而西藏等地方何以尚未调查?虽说先自蒙古入手,然而议案上原有蒙、藏地方向称富厚之语,何以只有蒙古之调查而无西藏之调查?此又系一层疑问。还有一层,原案调查之情形共有五种:一垦荒,二森林,三渔业,四牧畜,五矿物,虽然未有办法,然有调查报告亦属可观,但理藩部调查是否最近之调查,是否确实之调查,是否该部特派员实地之调查?(拍手)请问理藩部恤藩之政策又有一件疑问,据原案所说东盟之犯送交奉天省城,西盟之犯送交陕甘省城,且以原例最近亦过四千里,所以改

轻，但是内、外蒙古地方甚广，究竟东盟是那几盟、那几旗，西盟是那几盟、那几旗，请理藩部答（办）〔复〕。（拍手）

一五三号（易议员宗夒）：理藩部所提之议案有理由而无办法，议题则是，议案则非，须请理藩部特派员说明办法才可以作为议案。照议事细则第十七条，遇有紧急事件，经议长认为必应从速开议，或议员提起倡议声请从速开议者，议长得声明理由，改定议事日表。现在我们资政院开院已有半月，政府交议之案及核议各省之案均是枝叶上之问题，不是根本上的问题。至于根本上的问题就是速开国会，当此存亡危急之秋，惟国会可以救亡，现在各省谘议局联合会陈请速开国会，这是本院根本问题，应当先解决的。请议长改定议事日表，请议速开国会事件。（拍手）

副议长：还是今天先议今天的事。

十五号（议员那亲王）：方才理藩部特派员既谓此次振兴外藩实业不但保护蒙藩，实为通国之关系，既然该部将此案视为如此之重要，自应由部特派专员赴各蒙旗将实在情形调查明白，即请该部将特派之调查员出来将调查事件详细说明，报告大众。

一八六号（黄议员毓棠）：请登台演说。方才提议是最要紧的事件，但是议员有一点疑问，凡陈请事件应该要陈请股员审查，照审查例，所有陈请各项事件多应当据情报告，何以速开国会事体陈请股员不先报告？既在陈请之内就应提前议决，抛却根本上问题而置之不议，就与章程不合。

十五号（议员那亲王）：疑问。就议案所载，各旗名目多半写某翼某旗、某翼前后左右某旗，并无旗主之名称、爵号，此等名目均系理藩部则例所载，非熟悉理藩部公务者不能分别清楚。若按现在通称，即就哲里木一盟而论，均呼为科尔沁图什业图王旗、达而罕王旗、宾图王旗、札萨克图王旗、扎赉特王旗、南北郭尔罗斯公等旗，然以前既均写某翼某旗为何，后面又有喀拉沁札萨克塔布囊旗、默特札萨克固山贝子棍布札布旗，前后旗分名目不同，令人无从索解，请将此议案内各旗之营旗、札萨克爵衔人名讲解明白，即请答复。再，物畜一条仅可专论，四项牲畜不能将捕获野兽、制造皮角混入其内。据本议员之意，既讲求实业，牧放牲畜专为一项，捕获野兽须单为一项，至制造骨角、皮张系专门之学，须另分为一项，不能混一而论。

一八六号（黄议员毓棠）：本议员看来，无一定章程就无议案之价值。前所说几条还未有调查实在之报告，如何可以举办，请理藩部说明办法，然后再行提议。

十五号（议员那亲王）：还有疑问。就上各旗所说名目不过是理藩部则例上所载，他人多不能知道，如有许多名字多是前后不同，如鄂尔多斯等名与现在不同，别人何以知道。还有畜牧一条，分为四项，照本议员意思，可以分为三项。

百十七号（雷议员奋）：请简单发言。按照今天议事日表，理藩部已有议案提出，无论还有若何议案，总要审查以后然后再讨论别的议案。现有几位对于议案内疑问就请理藩部答复，答复以后然后再讲别的话。

副议长：请理藩部说明。

理藩部特派员（文斌）：要问这个振兴实业，本以蒙古实业与内地不同，所以先为提出，请议员通过之后再定章程。至于调查一层，原由本部行文到各处调查，由各处调查后报告到本部，再为报告。惟蒙古、青海、西藏还未有报告，已经派人调查，将来到部之后，一步一步亦是要推行出去。

二五号（议员博公）：振兴实业、设立银行，请理藩部把章程宣布出来。

副议长：请理藩部特派员说明。

理藩部特派员（文斌）：章程还未有编定，总要通过之后然后再定章程，然后再有办法。

一四九号（罗议员杰）：此题极为赞成，但本议员对于此题必需质问者：一、藏事既未议及办法，不得混称外藩；二、划一刑律事体重大，不得附于此题之末；三、调查报告既未齐全，何得率而提出；四、公司办法另有专章否；五、兴业银行条例若何；六、外人侵略蒙古，如邮权、路权、渔权、盐权皆被侵占，此外有何策以相抵制，请理藩部答辩。又，对于议长所请求者，预算为整理财政根本，请议长用正式公文催政府从速交付本院讨论检查。又，设立责任内阁为行政统一机关，速开国会为完全立法机关，请议长一并速附此二项陈请书交审查股。国难孔急，时光可贵，请特注意。

百一十号（于议员邦华）：今日议题即是振兴外藩实业，开会几日所议之议案全然无价值，本议员看今日议题甚为重大，应讨论，应赞成，可以称为议案。及观其内容，空空洞洞，毫无实在，公司、银行不过徒有其名，未有办法，垦荒、森林、牧畜、渔业各项并未定有手续，矿务一层并未调查清楚，审查从何下手，与近数日之议案均等于无价值。今将重大议案总不提出，陈请速开国会亦不提出，岂不是政府将此不要紧以为搪塞之计。（拍手）请问议长陈请案子应该交陈请股审查，现在时间甚促，请问议长陈请的案子已否交出，万不宜积压于秘书厅。

一四八号（陶议员峻）：理藩部提出此种议案，正是中国图富强之根本，但中国事情有名无实，公司、银行办法诸多未善从前垦荒之事，皇上与奏请垦荒诸臣之意极为注重此事，其大旨系将蒙古与汉人视同一律，后来办理不善，致滋骚扰，倘再如此办理，恐大失蒙人之心，亦非中国之福。设立公司虽是垦荒要著，但他种法律未能完善，终恐归于失败。本议员以为必将各项办法及其条规与其监督之方法悉归完备，方能举办。若再草草入手，恐又骚扰地方，非国家所以保固屏藩之意，深望理藩部大臣于此种重要地方极为注意。（拍手）

一三七号（邵议员羲）：本员对于理藩部画一刑律办法甚有疑义。现在世界文明各国制定刑律皆采属地主义，不适用属人主义，故世界各国刑律将取同一主义之趋势，况内地与外藩而犹欲分彼此乎？我朝入关之初，沿用明律以治内地人民，因蒙古情形与内地不同，所以别定蒙古事例。蒙例虽可认为一种特别法，但其内容仍不过依据刑律比照办理而已。今现行刑律已修正颁布，蒙古亦当一律通用，蒙古事例即应废止，蒙古同为组织中国国家之一分子，不能于一国之内又分彼此。本议员意见，蒙古当适用现刑律，如现行律中关于蒙古之规定尚有缺少或不能适用者，即将此甲、乙两项奏请追加，不得再存蒙古事例之名，俟新刑律议决颁布后，蒙古亦适用新刑律。匪特一国中本无界限可分，即国家制定法律所取主义亦当画一，今理藩部提案不废蒙古例，又不适用现行刑律，是何理由，请明白答复。

百二九号（汪议员龙光）：理藩部于光绪三十二年奏准缓设殖产、边卫两司，谓宜从调查入手，三十三年该部于酌拟司员各缺折内声明设立调查、编纂两局，为将来添设两司之基础，经历四年，调查、编纂在此，然只能算调查报告，不能作议案。凡议案贵有办法，公司有公司之办法，银行有银行之办法，理藩部既准备添设殖产司研究三、四年之久，必有殖产政策可以提出讨论。若只此调查报告，如何能加以否决、可决。甲、乙、丙、丁诸条谓有荒当垦、有林当采，又谁谓不当垦、不当采，似此无办法之议案，令人无可讨论，无可审查，并无可修正。应请理藩部自行撤销，仍就殖产一面再行提出有办法之议案。（拍手）此次议案实系不能讨论。

百一七号（雷议员奋）：本议员对于方才理藩部提出振兴外藩议案，已经许多人发表意见不成为议案，但是资政院对于政府提出之议案不能说不成为议案，蒙古、西藏与中国关系重大，现在理藩部既提出这个议案，须要想出几种办法来照第十八号所质问各条。理藩部未曾答辩出来，请全体议员平心静气，听理藩部将此项质疑仔细答辩出来。（拍手）

十五号（议员那亲王）：请理藩部答复。

理藩部特派员（文斌）：适议员某公质问三层，今分别答之。本部之保护外藩系先富后教之意，其余如教育、巡警、审判等事均由财政入手，是以先振兴实业。至于调查事项已另有特派员答复。其刑律一节，东盟、西盟之区分通过后另按道（里）〔理〕规定。此项议案有一种简单说法，系先提出此议题求通过，究竟实业可以办、不可以办，刑律可以改、不可以改，蒙古情形与内地不同，须两方面均以为然，然后再由理藩部分别订定章程办理，其刑律条文仍须复交资政院审查。

一二六号（陶议员镕）：理藩院所交之件振兴实业无办法，是议题，不是议案。如谓须资政院赞成之后再定办法，试问预备立宪清单是否统外藩在内，且蓄牧为蒙古本有之利，提倡改良，蒙古人绝无反对之理，何以亦须本院赞成。至划一刑律，宪政编查馆所定新刑律草案尚未交议，此议案从何发生，以本议员一人之见，此种议案无讨论之价值。

一九五号（刘议员荣勋）：理藩部议案既经十七号议员质问，未能答复，显系一篇空空洞洞的文章。请议长询问全体议员，如认此案为成立，则请付审查，不认此案为成立，则请取消另议要案，免致纷纷辩论，误我们的黄金时间。

四八号（陈议员懋鼎）：按照议事细则第六十六条（军机大臣、各部行政大臣得就交议事件随时提出，或奏明撤销），现在此种议题大家以为可以算议题，自不能撤销，不过其中未有办法，请议长交理藩部自行提出修正案，修正后再行交议。

一一五号（许议员鼎霖）：今天是初读，照章只能质疑，乃质疑之言比讨论更多，每一议案苟皆如此，将来三个月光阴都被质疑两字耽搁了。本议员意见，振兴外藩实业题目已经大家公认，国家贫弱到如此情景，不振兴实业何以救亡，大家于这个题目既甚为赞成，所以不满意于理藩部，不过文章未能作好。当初开资政院在幼稚时代，彼此均当相谅。比如有个初等小学堂的学生志向甚高，他说我将来要安邦定国，教员万不能说他没有学问就不能安邦定国，致令挫折其志向。又如有个陆军小学堂的学生气节甚壮，他说我将来要执干戈卫社稷，教员万不能说他无船无炮就不能执干戈卫社稷，致令（销）〔消〕磨其气节。今天理藩部提出此项议案，可见理藩部堂官还有忠君爱国之心，不过作议案的人少斟酌、欠调查，所以有此种的毛病，但不能说他题目不好，照章开审查会就是（且）〔要〕审查股员以外之议员与特派委员以外之各部院官员皆可以照章到审查会，有何意见尽可发表。若今日必定要特派员答复，恐未有详细的答复，似不必因答复、不答复致误光阴，但须交付审查会以了此事。（拍手）起立赞成者多数。

一二六号（陶议员镕）：许议员谓交审查会提出修正案，凡云修正案者必先有议案，然后从而修正之。理藩部所交之件本无有议案之可言，又何修正之有？如必欲照章审查，不过多经一番手续，仍须送还该部备案交议。划一刑律两条是新刑律草案内事，非此时所得置议。

八六号（喻议员长霖）：此项议题既经多数赞成，请即付审查员审查，俟审查后再发议讨论。

副议长：本议长以为总宜先将此案交特任股员审查，算议案、不算议案亦须审查后方能议决。

一一五号（许议员鼎霖）：理藩部可以另行提出一议案，资政院议员如有意见，亦可以提出修正案。

一三四号（余议员镜清）：此事应按照议事细则六十六条，请理藩部提出修正案，未提修正案之前全是议题，不能作为议案，恐虽付特任股员亦无从审查。

三十七号（议员李子爵）：理藩部议案不能不算议案，如矿物办法设立公司，照农工商部章程办理，有总公司，有分公司，凡开办一切事宜先到分公司，由分公司再呈明总公司，总公司再咨理藩部，由理藩部转呈农工商部立案。至渔业森林案内未言如何办法，垦荒一案亦宜修正，照章程内载，如租民人开垦以三年为断，三年后佃户纳粮、佃主纳税方为完好，请付审查。

百一十号（于议员邦华）：此案若交特任股员审查，本议员以为此事甚难。理藩部调查许多年只作出如此一篇文章，议员又不知道外藩情形如何，可以审查仍交理藩部调查为好。

一一六号（孟议员昭常）：此事已经多数赞成，请议长付审查员，勿误光阴，既已交审查即不必讨论。

七九号（吴议员士鑑）：理藩部此案系拟兴办外藩实业，故将应办之理由、可办之事实交资政院审查方能通过。本朝二三百年臣服蒙古，不用干涉主义，今欲为之振兴实业，必须将应办之理由、可办之事实先交审查，然后方能再议详细章程。

一八六号（黄议员毓棠）：理藩部此事说是通过资政院再订详细办法，现已承认，何必再须审查。

一九六号（牟议员琳）：会场秩序甚乱，议长未曾提出讨论，而发言者纷纷而起，既经全体表决交股员会审查，因一、二议员之异议则又中止，以致数点钟之久不能议决一事，以后如果以为必须审查，即交股员会审查为是，再有发议者可以停止其言论。

副议长：此项特任股员，本议长以为可以增至十八人。

众议员起立赞成。（声浪大震）

一三四号（余议员镜清）：议事细则一百二十八条请议长注意。

十五号（议员那亲王）：请问审查员将何项审查，此议案既调查不实，又无办法，请问若交审查员究竟审查何项事件？

副议长：政府交出议案似不能不付股员审查。

理藩部特派员（文斌）：这件事如果可办，理藩部可以再定章程。

一零八号（刘议员春霖）：对于此种表决甚有疑义。此案审查派多少人还是第二层的表决，第一层表决此种议案还是交审查会抑交理藩部修正，现没有正当的表决，本议员不承认。

副议长：议事细则二十七条载，初读已毕，议长应将各该议案付该管股员审查。本议长自应照办。

三十五号（议员曾侯爵）：现在此事据本员所见，若是专讲振兴外藩实业，这是最要紧之事，大约今日所莅院之全体议员无有不力为赞成者。顷闻议长说要将此案付特任股员审查，请问是审查甚么，仅凭理藩部所定未能完全之空文数纸，一无宗旨，二无办法与详细章程，实在难于审查。既无可审查，最好是退回理藩部，即将原案修正，述明宗旨及一切办法，如此方可着手。何必仍交审查徒费时日，况且本院急须待办之事尚多也。

一零六号（齐议员树楷）：理藩部提出议案不过问可办不可办，如果以为可办，经大众当场赞成就请交还理藩部另起修正案，理藩部持此案先在议场通过不过是一形式，题目甚浅，而诸议员文章太深，请先将此议题经大众可决，再由理藩部提修正案交审查员审查。

百一十号（于议员邦华）：理藩部之议论是问议案可办不可办，则无不赞成此事者，如问饿人应该吃饭与不应该吃饭，则一定赞成是应该吃饭，但是饭未有作，如何说吃，与其现在交审查会多费一番手续，何如俟理藩部重行提出修正案再付审查。

一八七号（刘议员述尧）：此系初读，原可不俟讨论即付审查，但议案内容没有办法，审查如何着手，应请理藩部将确实的办法提出再行审查，其划一刑律一条即先交法典股另案审查为是。

副议长：先行审查，随后再议。

一五九号（蒋议员鸿斌）：案照议事细则二十七条、二十八条、二十九条，无论有办法、无办法，总以先交审查为是，迨交审查之后各议员均得照三十一条办理。

一零七号（李议员榘）：提出议案有题目、无文章，不成议案，如何修正，大家以此项议题废之可惜，不废亦无办法，理藩部既自认提出修正案，何不请其另行提出，再付审查。譬如未有读过此项书的人给他此书的题目，嘱他作一篇文字，他虽勉强作成，也是不好的文章，议长坚执不许他自行修正是何理由？

八七号（沈议员林一）：议事细则第二十七条、二十八条、二十九条定明初读已毕即付审查，至议案成立、不成立均在审查以后，如决定无须再读即行作废。理藩部此项议案究竟成立与否，可俟审查后再行讨论，此时可以无庸争议。

一零六号（齐议员树楷）：法律案有再读、三读，此项议案并非法律案，无所谓再读、三读。

副议长：政府提出之议案总以付审查为是。

一一二号（陈议员树楷）：此项事情容易解决，现理藩部提出之议案的意思谓此系关系外藩事件，与普通议案不同，所以先将题目提出问诸议员赞成、不赞成，各议员如果赞成，赶紧再将办法、章程送院。据本议员看来，理藩部即是如此，总以令将全案交出再行审查为是。

一一七号（雷议员奋）：资政院对于理藩部此项议案不能讨论。若是理藩部不过将此项议题问资政院可办与否，资政院以为可办，然后提出议案交资政院议决，照资政院院章并无如此办法，仅举出一议题交资政院提议不能作为正当之议案，应请送还理藩部修正，不能说到赞成、不赞成。

一零九号（籍议员忠寅）：此项原案不过一议题，不能谓之议案，须请理藩部先行修正再行付议。本议员并不是反对意思，亦非谓不付股员会审查，但若照原案无从审查，不如待补出修正后再交股员会审查，庶乎有正当之结果。

副议长：此议案与刑律有关系，不能不审查。

七三号（汪议员荣宝）：前已有多数人赞成议长指定十八人将此案付股员会审查，已经表决，无须再行讨论。

一一二号（陈议员树楷）：表决人数不知多少，不足为确定表决。本议员意思按章程应付审查股员会审查，但此事件不是议案，仅可作一个议题询其可办与否而已。现在振兴实业既都认应办的事，理藩部又云赶紧将办法交出，可否俟将全案交齐再行审查，如此变通，于章程既不相违，事实上免去一番周折，不然此时即交审查，无甚可审查之事。

一三七号（邵议员羲）：此次理藩部提议案一为振兴外藩实业，一为划一刑律，明明两条，理藩部并为一案提出，实属错误。本院付审查时不能因其错误而再行错误，本议员意见宜将议案分为两种，振兴外藩实业案付特任股审查，划一刑律案付法典股审查。

百七五号（杨议员锡田）：现在公众辩论半天，都赞成修正案，请理藩部修正为是，就可以不必多费一番手续，今天已过三下钟，众议员各持己意，犹未表决，是虚耗三下钟时间，甚为可惜。

百二六号（陶议员镕）：现提议之事是议题，非议案，若交资政院提议还没有一个办法就可以反对，不必审查。不是议案，不一定要交审查。既非议案，安能说到修正？

八一号（章议员宗元）：照议事细则第七十五条所规定，谓表决若有疑义，应令以为否者起立反证之，现有反对之议员，应请议长命反对者起立，再行表决。

副议长：此案究应设特任股员审查与否，请公众议决，反对者请起立。

秘书官：计算起立者二十六人。

副议长：反对者二十六人，居少数，应付审查。按照议事日表第二设审查振兴外藩实业并划一刑律特任股员兹已指定，特任股员十八人由秘书长报告。

秘书长：承命报告，审查振兴外藩实业并划一刑律特任股员计十八人：瀛贝勒、盈将军、那亲王、多郡王、色郡王（昭乌达盟）、博公、刘道仁、胡礽泰、长福、王佐良、庆山、李榘、胡家祺、孟昭常、江谦、余镜清、王用霖、杨锡田。

副议长：请特任股员到股员室互选股员长及副股员长。

副议长：现暂行中止议事。

下午三点四十分钟议事中止。

下午四点十分钟副议长及各议员就坐，续行开议。

副议长：请审查特任股首坐股员报告股员长、副股员长当选人姓名。

首坐股员盈将军提出报告书于议长。

秘书长：承命报告，股员长那亲王，副股员长博公。

副议长：审案期限应请议决。

一五号（议员那亲王）：定于十九日报告。

副议长：审查期限定于本月十九日，诸君谅无异议。

副议长：议事日表第三河南试行印花税核议案，由秘书官朗读。

八七号（沈议员林一）：今天时候已经不早，按议事细则第二十四条，每届宣读议长得命秘书官朗读或省略之，请议长决议省略，无须朗读。

副议长：然则省略朗读由秘书长代为说明此项核议案之主旨。

六一号（陈议员善同）：看世界大势所趋，我中国印花税将来是应行的。不过就现今时势论，实有不可不从缓者，何则印花税略分三类。一系贴用于民间财产、货物权利转移之证据，一系贴用于民间应行纳税之物。东、西各国所以能行印花税者，大都根据于商法、民法、登记法，以民间财产、货物权利转移之关系分明也,其税法又有统系而不致滋扰。我中国民、商、登记等法均未订定,税法又不统一,民间财产、货物权利之转移如何调查,租税复杂,焉得不扰,必俟民、商、登记等法订定暨税法厘正后方可行印花税,否则用何项管理方法能令商民不漏报、官吏不骚扰。况河南民穷财尽较各省尤甚,各省尚不能办,何况河南。从前直隶亦曾试办,终不能行,直隶本首善之区,尚不能办,遑问其他。就河南而言,即如该议案指定先行试办之十种,公司股票一种照公司招股章程内中以数人或数家合资共购一、二股者,大抵皆贫苦小民;其雇佣工匠合同、各项承揽字据、期票、借款字样四种,关涉于贫苦小民者居其大多数;至析产、承嗣二种,贫富所同,然固有析产、承嗣而毫无财产(用)〔者〕,以上七种并皆扰及贫苦小民,而该议案顾谓于贫苦小民不至有扰及之虑,殊不可解。从长计较,我中国印花税终以缓办为是,本议员意见如此,请大家研究。

九四号(王议员佐良):印花税各国通行为最良方法,中国现时税法未定,国家税与地方税并未划分,恐不能行。若就印花税论,不止河南宜行,将来通国皆宜仿行。部章所载各项承揽字据粘贴,印花原为涉讼作据,若无须涉讼之件必不粘贴,非巡警稽查不可,其无巡警稽查,地方当归何人稽查,至此种字据乡民不用印花,有何方法可以通行亦是一问题。近来各省因办新政,今日筹款,明日加捐,激逼民变,层见叠出,再行印花,难免又不生事端,此事不但河南谘议局不承认,即河南巡抚问心能否自安。若谓现在土药税裁减,无款可抵,非强迫行印花税不可,或者通商口岸有巡警稽查地方可以行去,然还有一种洋人的货物都有包票,有此包票沿途经过关卡并不受查,自然可以过去,于华商平日种种留难已不堪言,再行印花,苛扰更甚。仔细研究此项税法,当如何斟酌尽善,方可适用。且城镇乡地方自治尚未成立,巡警亦未遍设,要办此事必须多派人稽查,试问所收之数能否足敷开销,即足敷开销,其骚扰何堪设想?据本员意见,此刻缓行印花税,一面先定税法,裁撤杂税,一面豁除私捐,以纾民困,尤宜速开国会,使天下人民知国家收税所以保护人民,如此则印花税方可通行无碍。本员意见如此,大家以为何如?

百二九号(汪议员龙光):印花税因度支部抵补土药统税而办,一面有消,即一面有长,而此刻人民负担太重,税目烦多,为人民负担着想,一面有长,又应一面有消。就印花税范围以内之事而论,度支部既拟行印花税,而于税契一项不早减轻而反加重,将来印花税实行之后,税契还是取消,还是重叠加取,很是一个疑问。【即】便抛开此疑问,只管办去,前途也毫无障碍,然究是枝枝节节之事。变法以来,万事待举,诚不能不加重人民负担。我国现今用款比较从前虽多,比较东、西各国仍是少数。然东、西各国土地小于我、用款多于我竟能推行尽利者,一、由于教育普及,人人知道有纳税、当兵之义务;二、由于有国家监督,对于预算、决算都能核实,而其原则仍由制立税法对于各种都能平均,不使贫民负担独重。我国盐斤加价,贫富不分,最为恶税,既无一人能逃,而又间接以取之,愚民只知是长价,并不知是加税。契税一项,度支部以为是取诸买田、买屋之人,殊不知买产之人早在价值中预储税契地步,仍是穷迫一面吃亏,看来我国各税反是穷民负担居多。而官场之人从前优胜不说,如今即号称剔除中饱之时,内外大小官场所谓公费、薪水多以万计,少以千计,不闻一钱输作国用,此种道理就不平均。本议员意思印花税因是良税,可行不妨少待,应俟国家税、地方税通盘厘订,令各种担负支配平均,而一、二年内国会迟早要开,有人民为之监督,尔时再行不迟。查度支部原奏对于印花税也恐怕有窒碍难行之处,所以名为试办,亦是恐怕不能推行之意思。本员以为与其试办不行而复止,不如将国税通盘整理,使人民立于监督地位,认为当行,则上下并力一心,无所谓试办,乃所以重国用而崇政体。若言试办,直隶虽试办而不行矣,倘河南又试办不行,何以处之?河南谘议局推向沿江、沿海一带,倘沿江、沿海省分又试办不行,某省又不行,而阻挠此税之人反执以为口实。中国地大物博,不患无税,只患制税与征收方法两不得当耳。本员之意重在要将各税通盘整顿,使归平均,而官场以身先之。所谓先之者,则所得税应先从官场办起是也,诚能如此,则民心咸服矣。

一五三号(易议员宗夔):本议员对于河南印花税的问题,是由根本上之解决,印花税不止是河南一省所办的,是关系全国问题。现今本院开会半月,预算案尚未交出,岁入若干、岁出若干通不得知,何能悬揣印花税之必要。况且国会未开,人民无直接选举之权,我们是谘议局间接所选者,不是人民直接所选者,准诸不出代议、士不纳租税之通例,我们自不能代表人民承诺新租税。故本议员的意思是主张河南印花税用缓办二字。

九四号(王议员佐良):此案与广西禁烟案一样应交审查,请议长表决。

六二号(刘议员泽熙):本议员对于河南试行印花税核议案颇有疑义。疑义维何,即河南巡抚及谘议局对于印花税之权限问题是也。欲解决此问题,第一,当审印花税性质果应属于国家税乎,抑应属于地方税乎?就印花税之本质观之,与他税不同,盖于移转财产之证券上而贴以印花以昭信用者也,如以此税作为地方税,则甲省之证券流至乙省必应再贴印花税,是今日之厘金一税而再税也。且就印花税之原起观之,闻度支部奏定此税原系抵补土药税厘,故奏折内声明此项税法俟收数稍旺再行酌以一、二成分给各省作为行政经费,是当其定案之先明明认此税为国家税,而许地方税以附加者也,不然则无所谓酌以一、二成分给各省耳。合印花税之本质及其原起观之,则宜认为国家税当无疑义。即让一步,不论印花税之本质如何,亦不论印花税之原起如何,他日划分国家税、地方税可以由政府指定以此为地方税固属无所不可,然现在地方税、国家税未分之际,旧日税法及近年新增税法与其视为地方税,无宁视为国家税之为当也。盖国家税为主,地方税为附,未有主体不立而附体可以先立者也。国家税、地方税未分以前,无论何税暂应视为国家税,而混于国家税中提出一部分作为地方行政经费,此清理财政章【程】之所规定也。第二,当审查谘议局议决税法权限之范围,谘议局议决税法权发生于谘议局章程第二十四条第四项议决本省税法及公债事件,诸君试想一想,税法上而冠以本省二字,其议决权之范围限于地方税中之省税彰彰明甚。即让一步谓凡国家赋税无非取之各省人民,本省二字可以包国家税、地方税在内,依此解释,则中央政府颁布一税法,必须各省谘议局议决而后施行。假令甲谘议局以为可行,乙谘议局以为应缓,丙谘议局以为宜增,丁谘议局以为宜减,群言庞杂,莫衷一是,则中央政府之法令合二十二谘议局而议之,不啻析为二十二个法令也,税法又何能统一?即再让一步谓税法不必统一,仍可照现在情形各省各自为政办理,试问谘议局议决以后果有效力否乎?如无效力,则谘议局之章程坏矣,如有效力,则资政院之章程又坏矣,谘议局与资政院之界限不清,所谓议决税法权者必有一破坏者矣。然则印花税性质既为国家税,而谘议局议决税法又以地方税中之省税为限,彼河南巡抚胡为以此税法提交谘议局也,则此案之曲在河南巡抚不待智者而后知也。至印花税可行不可行,则是资政院对于度支部之问题,而非河南巡抚对于谘议局之问题也。盖度支部为制定全国税法机关,而资政院又为议决全国税法机关,本相对待的,如资政院对于印花税认为良税,而度支部奏定之税则又无窒碍难行之处,则颁布以后一切施行方法即是度支部行政范围以内事件，如资政院认此税为非良税，或度支部奏定之税则有窒碍难行之处，自可由资政院照章提出修正案请旨裁可。今日时候不早，应请议长将此案权限之问题及印花税应否由资政院提出修正案之问题咨询本院决定。

度支部特派员（娄思诰）至议台陈述意见，议员有谓其违背定章不应发言者。

度支部特派员（李景铭）：朗读院章第十九条，彼此争辩，议场大哗。

百一七号（雷议员奋）：方才政府演说的事情不能不着实讨论。一发言间无论是政府、是政府特派员总是要遵此奏定院章及议事细则。今天因此项议案是河南巡抚因为试办印花税事件与谘议局异议，所以送到资政院核议。资政院先要审查两方争执之是非，说不到印花税之应办不应办、缓办不缓办。且此案并非政府提出之议案，今天政府委员陈明意见是自违背奏定院章及议事细则，（语未终）度支部特派员据议事细则第四十八条争辩。（众大哗）

百一七号（雷议员奋）：照资政院院章第十九条及议事细则第二十六条、第四十八条，军机大臣、各部行政大臣或政府特派员对于非政府提出之议案，要讨论之时方可以发议。今天政府特派员是仅看过院章，未曾看过议事细则，并未细玩院章之所以规定，所以发出来的话多与院章不合。（拍手，拍手）如此情形，竟将院章及议事细则全然消灭，（拍手，拍手）并不知议事细则第四十八条是从院章第十九条生出来的，此是第一件要说明。（拍手，拍手）第二件要说明，议事细则第二十六条之所规定初读之际军机大臣、各部行政大臣、政府特派员或提议议员应说明议案之主旨，比方有一件议案是军机大臣提出，就应归军机大臣说明主旨，是各部行政大臣提出，就应归各部行政大臣说明主旨，是议员提出，就应归提出之人说明主旨，试问今天这个议案既不是度支部行政大臣提出，度支部特派员就不应在此时发言。发言与说明主旨是两件事，说明主旨是说明提出议案之主旨，发言是陈述对于议案之意见。初读之时应当讲话者是提出议案之人，我们不可不明白，照此说来，凡军机大臣、各部行政大臣、政府特派员到资政院议事时候，不是他提出议案，他就不能讲话耶，抑又不然既不是提出议案之人，讲话就有时候，在什么时候，就是第四十八条所说讨论的时候。（拍手，拍手）提出议案之人在初读时候可以说明主旨，若是非提出议案之人要发议，则非等到讨论时候不可。（拍手，拍手）所以照第四十八条说明，军机大臣、各部行政大臣、政府特派员有何意见发表，无论何时议长都应当允许，自然都可以讲话。试观议事细则第三节下有二字，其字云何，就是"讨论"二字，（拍手，拍手）照此说来，议事细则第三节第四十八条就是军机大臣、各部行政大臣、政府特派员应当发言之时。"陈述意见"四字是在资政院院章第十九条，"说明主旨"是在议事细则第二十六条，"发议"是在议事细则第四十八条，政府特派员必须平心静气研究清楚，不要将说明主旨、陈述意见及发议三个名词并为一谈。院章及细则既已规定明白，政府特派员不得在资政院坚持异议。且议事细则系奉旨批准施行，无论军机大臣、各部行政大臣、政府特派员及议员共宜遵守。今天议员内并未提出反对印花税之议案，度支部特派员何必急急答辩，须知议员如欲反对印花税，决非寥寥数语所能反对者。现在度支部未有议案出来，印花税事件亦未经过讨论，就用不到度支部特派员出来说话。（拍手，拍手）

六七号（王议员璟芳）：提出议案的人有几种：一种是军机大臣提出的议案，一种是各部行政大臣提出的议案，一种是政府特派员提出的议案，有提议（论）〔议〕员提出的议案，何人提出之议案是否何人说明主旨？

百一七号（雷议员奋）：要知王议员意见与本议员不同。比方军机大臣提出之议案，军机大臣不过说是一个机关，不是说军机大臣是那一位。我们要晓得军机大臣向来有四位，我们不管军机大臣是那一位提出议案，凡是军机大臣提出来的议案，军机大臣就可以讲话，凡是行政大臣提出来，行政大臣就可说明主旨，并不问那一位。譬如民政部提出来的议案，度支部行政大臣出来说明主旨，我们议员能否满意。（拍手）

众议员请议长宣布散会。

副议长宣告散会。

下午六点钟散会。

资政院第一次常年会第八号议场速记录

宣统二年九月十七日下午一点二十五分钟开议

议事日表第六号

第一，议设审查河南试行印花税核议案。（特任股员）

第二，湖南湘汉航业核议案。（会议）

第三，议设审查湖南湘汉航业核议案。（特任股员）

第四，地方学务章程议案。（会议，股员长报告）

第五，著作权律议案。（会议，股员长报告）

第六，议设审查各省谘议局关系事件。（特任股员）

副议长：今天议员到院者共一百四十四人，现由秘书官报告文件。

秘书官张祖廉：承命报告，文件共六件。

副议长：按照议事细则第一百零七条议员依院章第二十条欲质问者应具说帖，得三十人以上之赞成，由议长咨询本院决定之。方才报告的议员所具质问说帖共有三件，第一件是质问军机大臣及宪政编查馆，请问众议员赞成不赞成？如赞成，即请起立表决。

众议院多数起立。

副议长：多数。

某议员：请议长命秘书官指明起立人数。

副议长：确系多数赞成，似无可疑，应可决。

副议长：第二件是质问农工商部，请问诸位赞成否？如赞成，请起立。

众议员多数起立。

副议长：多数赞成，应可决。

副议长：第三件是质问法部，请问众议员赞成否？如赞成，请起立。

众议员多数起立。

副议长：多数赞成，应可决。三件均有此多数赞成，本院应即决定。

副议长：请陈请股股员长赵炳麟报告陈请事件。

陈请股股员长赵炳麟报告审查陈请事件。

副议长：请股员长说明审查之结果。

陈请股股员长赵炳麟：本议员委托方议员还代为说明。

百二一号（方议员还）：各省谘议局陈请速开国会之说帖。其理由第一项谓：国会不能速开者必为筹备宪政尚未完全，（顾）〔故〕欲求完全之筹备，必先有完全之机关，欲求完全之机关必先有负责任之内阁，有负责任之内阁就不能无对待之国会，此应速开者一也。第二项谓：国会不能速开者为人民程度之未画一，但人民程度亦无一定之标准，何者方能画一？何者作为标准？将以政府为比例？抑以外洋为比例，现在各省谘议局业已办过，今年资政院业已开院，何独人民程度必不能开国会，此应速开者二也。第三项谓：国会不能速开者，资政院为议院之基础，基础稳固然后能开国会，但既欲为议员之基础，必有与议院对待之内阁，而资政院无对待之内阁，议院为独立之机关，而资政院非独立机关，是不可为基础，此应速开者三也。第四项谓：议院不过立法机关，必不能参预一切，则又不然。各国国会制度有协赞权、有承诺权、有质问权，上奏弹劾受理，请愿权实兼监督行政而言，非可谓议院于立宪无大关系，此应速开者四也。且国会迟开一日，即人心不能安定一日，人心不能安定，即有种种可危之象。至财政上紊乱如此，不开国会更何从解决！

众议员：请将速开国会之说帖朗读一遍。

一五三号（易议员宗夔）：中国当此危急存亡之秋，除开国会无救亡之法。自日、韩"合并"以后，东亚之风云日恶，政府衮衮诸公尚在醉生梦死之中，现拟按照议事细则，请改定议事日表，开议此项重大问题，一切枝枝节节之问题可从缓议。（拍手，拍手）

副议长：事体重大，不能仓猝开议。

一四七号（谈议员锐）：昨天已经审查，今日即可会议。

副议长：此事非寥寥数语可以了结者，应俟编入议事日表作为议案方可会议。

众议员有声请议长命秘书官朗读陈请提议速开国会说帖者。

副议长：秘书官朗读说帖。

秘书官张祖廉承命朗读，共二件。

一二六号（陶议员镕）：请发言。

副议长：现在非讨论此案的时候，请缓发言，俟将来提作议案时再行讨论。

一二六号（陶议员镕）：此事无议案，毋庸审查，可以即行讨论。

副议长：此事总须俟编成议案后再付讨论，现在不是讨论的时候。

众议员起立，主张即行讨论。（声浪嘈杂）

副议长：俟编成议案登入议事日表后再行讨论。

一四九号（罗议员杰）：本议员据资政院章程二十七条"资政院于人民陈请事件，若该管各股议员多数认为合例可采者得将该件提议作为议案"观之，国会陈请书既多数认可即可作为议案，何必另编议案？

一二六号（陶议员镕）：此事系陈请案，既经陈请股审查报告，作为议案无再交审查重备议案之理，且速开国会与不速开国会一言可决，应请即行讨论。

副议长：编为议案、列入议事日表即可会议。

一二六号（陶议员镕）：毕竟到何日可以会议此事？

副议长：下届即可会议。

一四九号（罗议员杰）：请问议长，预算案前约数日内交出，何以不交出？

副议长：预算案不久定可交出，请稍待。

副议长：现在有一句话当与诸君说明。

副议长出临议台：照议事细则第六十五条，议事规则若有疑义，由议长决定之。前日会议河南试行印花税核议事件，秘书长说明主旨之后，诸君就讨论起来，政府特派员亦在讨论。此项核议事件本与法典案不同，法典案有初读、再读、三读之别，初读时不能讨论，核议案无所谓初读、再读、三读，说明主旨后就可发议，一发议即是讨论，议员可以发议，政府特派员也可以发议。不仅此也，即使核议案与法律案同有初读、再读、三读之别，前日为初读，不应讨论。然此只能限制议员，不能限制政府特派员，何也？依资政院院章第十九条固明言"资政院会议时，政府特派员可以到会陈述所见"故也。议事细则第三节"讨论"为第四章"会议"之第三节，可见会议时政府特派员无论何时均可发议。本议长按章程解释如此，此外尚有数言告诸君，议场秩序总要整顿，以后必须一人发言后他一人再发言，务要分个前后次序，说话之间还须徐言为要，以便速记生容易记录。

一一七号（雷议员奋）：方才议长吩咐是对于前日会议情形而论，抑是解释议事细则第四十八条定义？前天议员与政府特派员辩论之事件，本议员对于此事有个疑义，应当请议长决定。按院章第十九条条文、议事细则二十六条及第四十八条条文所规定的手续，无论议长、议员、军机大臣、各部行政大臣、政府特派员一望而知，无有疑义。本议员想现在议长所决定、所解释决不是就资政院院章与议事细则而言，本议员要质问到底是决定前日事还是解释院章与议事细则？

副议长：是解释议事规则法典案有三读，核议案无所谓三读，故可以于说明主旨后陈述所见。前日秘书长说明主旨之后，诸君就讨论起来，岂能禁政府特派员不许讨论？

一一七号（雷议员奋）：此项问题关系将来开会之秩序与议事细则之解释，不可不慎重将事。议长说是按照议事细则政府特派员可以讲话，然此须分别言之。议长意思前日是讨论时候，所以政府特派员可以照议事细则四十八条发言，今本议员要质问议长前日核议河南印花税案是否已到讨论的时候？

副议长：发议就是讨论，雷议员以为政府特派员不能说话是误认会议，不是讨论。

一一七号（雷议员奋）：本议员尚有说话，请俟本议员说完之后再听议长解释。（拍手）本议员以为最要紧事就是议长解释章程，议长说第四十八条在第四章之内，第四章是规定会议之方法，所以前日政府特派员按照四十八条就可遽然发议，但是第四章分为第一节、第二节、第三节，必须分得清清楚楚。会议是包朗读议案、表决议案、讨论议案而言，不能将会议两个字就说到四十八条之规定。（拍手）会议有一定之层次，前日提出议案是否讨论的时候，前日议事日表载河南印花税议案为何不注明"初读"两个字，因为不是法律案不必三读故，但注"会议"二字本议员甚属赞成，但是不用"三读"之议案是否报告之后可以即行讨论，此是一个问题。本议员意见，前日河南印花税议案不应当讨论，何以言之？前日议事日表有议设河南印花税核议案特任股员一条之故，议事日表是议长所议定，因为不是法律案，所以不用三读，然虽不是法律案，亦当先付审查之后乃可讨论，不然议长所定十五日议事日表为何要设特任股员，是以本日议长所解释是就前日情形而言，不是根据议事细则而言，既不是根据议事细则，就无所谓疑义，即无所用其解释。

　　副议长：报告之后诸君就讨论起来，试问是讨论不是讨论？

　　一一七号（雷议员奋）：议长此句说本议员不当回答，因整理议场秩序是议长的权限，前日议员中有不照议事细则而说话者，政府特派员中有不照议事细则而说话者，其责任不在议员，而在议长。（拍手）

　　八一号（章议员宗元）：按照资政院议事细则，前日所议河南印花税案件并非法律议案，故名为核议案，此种核议案为各国议院之所罕有。议事细则之内并未明定办理核议案之手续，故此项核议案究应如何办法须要平心静气而思之。本议员试问核议案是否与法律案相同，既然不同，自不能用三读之办法。查法律案初读之时可以质疑，政府提出者问政府，议员提出者问议员，若办理此项核议案，则资政院实立于裁判之地位，两造不到，无可质疑。故议长或秘书长说明之后或即交股员审查，或先听议员讨论，议事细则内既无一定之明文，议长似可决定。前日河南之案说明之后，议长任听议员发言，此种发言即是讨论。本议员试问说明之后有人发言若不能作为讨论，则此种发言后属何种名目？故本议员以为核议案与法律案不同，审查之前不妨讨论，并无一定限制。

　　一一七号（雷议员奋）：本议员对于章议员所说有疑问，既曰河南印花税事件不是资政院普通议案，故朗读议案之后即是讨论。本议员就要质问章议员，议事日表设特任股员是何用意？既然公众讨论就要表决，为何还要设特任股员审查？此是第一层。第二层若使方才议长说明此种议案细则上未有一定办法，应决定一正当之法，本议员是赞成的，现在议长说前日政府特派员应该说话，本议员不能赞成，章议员亦处于议员之地位，试问尊见究竟以为何如？

　　八一号（章议员宗元）：本议员对于雷议员的话第二层不必由本议员答辩。第一层所谓讨论之后不必再付审查即可议决，此是寻常法律案办法。若核议案，则讨论之后再付审查亦何不可。（声浪大作）

　　一二六号（陶议员镕）：请问二十七条规定应将各该议案付该管股员审查是否统核议案在内？是否审查之后再行讨论？果如章议员所说，应即停议，俟议事细则修正后再行开议。

一五三号（易议员宗夔）：据章议员所说者无研究之价值，此事暂无庸议，免致耽误时间。

一一七号（雷议员奋）：请问议长，据章议员意见，是谓河南印花税案非普通议案，既曰议事细则未有规定，则政府特派员更没有说话的时候，盖议事细则第四十八条是为普通议案而设者，此是就章议员之意见而言，却不是本议员之本意。

八七号（沈议员林一）：本院初开章程是初次试办，彼此不能尽照章程，无庸深讳。今欲解释章程，务须平心静气。前日争论事情，政府特派员发议系据院章第十九条凡会议时俱得陈述所见，院章此条即包议事细则各条而言，不仅专指第四十八条、第二十六条、连开股员会三层在内。照此论之，是值会议时即有发言权，会议一章兼讨论而言，其发言权之有无并无分别，业经议长解释，可无庸深论。惟议场秩序务须整齐，各人言论自由，有理尽可驳辩，不能常作叱声禁人发议，各国无此礼法，请议长注意。

一零九号（籍议员忠寅）：大家解释章程要平心静气，沈议员说会议与讨论无有分别，本议员有个疑问。第四章会议之下为何又有讨论一节，本议员不专为沈议员辩驳，因为前日议案是核议案不是法律案，职此缘由，所以不用三读法，所以生出今天讨论与解释章程的事。核议案虽然不用初读、再读、三读，但是次序也不能差异，法律案初读之后要审查，审查之后要讨论大意。此是第一回讨论，既不是法（典）〔律〕案，亦应该在审查之后讨论，不然决不用审查。前日议事日表规定设特任股员是认此案有审查之必要，就是讨论大意也，应该在审查之后大家与议长都是解释此个章程，就是由议长决定也不能出这个理由。

八一号（沈议员林一）：核议案既不许大家讨论，应该先付审查，但本议员意见以为既经议长认定可以讨论，如果不能讨论亦须议长宣示明白，以后无论何人不能在审查以前说话。（声浪大作，议场骚然）

一五三号（易议员宗夔）：议事日表次序未经改定，请勿讨论日表以外之事。（同时起立赞成计四人）

六二号（刘议员泽熙）：今日议事日表所载并无解释章程议题，顷各位议员因前日之事纠缠章程规则，再四辩驳，喋喋不休，殊属耽搁光阴。如果本院以为解释章程为今日之必要，应请议长改定议事日表再行开议；若认为非今日之必要，则请议长中止各议员之辩论，仍就本日议事日表各议题依次发议，以免扰纷。

一百一十七号（雷议员奋）：本议员已得议长之允许，非刘议员权限所及。方才沈议员说会议与讨论无有分别，此句话从何处发生，从十九条生出来。十九条但有会议，未有讨论，议事细则第四章也是会议以后方有讨论，所以未有分别会议之时，不是都可以发言，但是本议员看资政院院章用何方法可以看得明白，就是这边是院章，那边是议事细则。案院章十九条政府的人可以讲话在会议之始、还是在会议之终，看议事细则的时候要明白院章之所定，不能左章程而右细则，恐不明白政府的人当于何时说话。（拍手）看议事细则，须将章节分得清楚始可，本议员对于前日议案因为要遵照院章十九条、议事细则四十八条而论，故发生种种问题，今章议员所说此案不是法律案，就应该不能照议事细则解说，但是本议员说话心平气和，总要从法律上着想。即至公众人亦须平心静气研究院章及议事细则之所以规定，无论议长，无论议员，无论军机大臣、各部行政大臣、政府特派员，都要存一个神圣不可侵犯之意思，盖因章程及议事细则是皇上所定，不可不敬谨遵奉。第二件事要看第一件事，第三件事要看第二件事，本议员想此个意思未有不赞成者。从前会议广西谘议局一件事，本是将广西的事报告出来付股员审查，俟审查报告后再行讨论，再行表决，章议员因为河南印花税议案不规定于议事细则，说议事细则有不完全地方，既有广西议案之成例，就可以照此办理。

八六号（喻议员长霖）：请议长遵照议事细则第三章第十八条，议事日表所载某时应议事件若其时刻已届，议长得停止他项议事，改议此项事件，免致延搁时间。

百十五号（许议员鼎霖）：此项事情两天未有解决，如再中止，恐怕两三天还不能解决，此皆因为议事细则有一点缺点。本议员到京以来，就在石桥别业准备会内说过，此种议事细则总要公众都能明白，方好遵守，当时未有通过，所以致有今日之弊病。本议员想众议员欲照议事细则次序发言可免耽误时间，系为宝贵光阴起见，并无禁止政府委员发言意思。案照院章，军机大臣、各部行政大臣及特派员等于讨论时都可随时发言，想特派员亦无必定要在初读时发言意思，皆是发言，无有区别，惟议事细则所定如大家都谓不方便，亦当提议修正，作为先例，倘因此争执，将来民选议员、钦选议员、政府特派员各执一见，殊非和衷共济之道。至于速开国会、责任内阁是最要紧问题，大家若徒争执此事，将最可宝贵之光阴概为虚掷，可惜孰甚。请议长吩咐暂照议事细则办理，若要另定先例，随后再公决施行，请大家要求议长解决好议本日议题，不然一天光阴又轻易过了。

一一七号（雷议员奋）：既不赞成，前天无有疑义，不用表决。

副议长：今天尚未议事，现在开议。

百十号（于议员邦华）：今天这件事就是议长一句话引出来的。

一四八号（陶议员峻）：政府委员演说不过于先后次序稍有误会，其实算不得大错处。议长为全院之主理，应综筹全局，调和意见，使议员与政府委员结成一体，以便维持危局。今乃故意袒护政府委员，以致议场骚动，将来议员设与政府委员生出意见，民选议员与钦选议员生出意见，彼此冲突，有争论而无成功，谁执其咎。以后务请议长维持大局，勿有私见，使本院将来得收良好之结果为望为祷。

八六号（喻议员长霖）：请议长照议事细则第十八条办理。

一三四号（余议员镜清）：请议长照议事细则第十七条办理，各省谘议局陈请事件请议长提前核议。

副议长：按照议事日表，第一议设审查河南印花税核议案特任股员。

八十号（劳议员乃宣）：今天议事日表共有六件事，第一是河南事，第六是议设各省谘议局关系事件特任股员事，本议员意见欲将此两项事件归并在一方面，将议事日表第六项所载事件并入第一件，俾早提议。现在各省事情都要特任股员审查，如一省事审查一回，十省事就要审查十回，若回回另举特任股员审查，恐多耗时日，请议长指定各省谘议局关系事件特任股员。（议员多数起立赞成）

一三五号（易议员宗夔）：对于选举常设特任股员请发议。今天举特任股员为河南与湖南事而举，是临时特任股员。议事日表第六项又说议设各省谘议局关系事件特任股员，现在既主张归并，似系常设。常设即为专任股员，临时特任股员可由议长指定，至常设之专任股员自应由各股举定，不能由议长指定。（拍手

赞成）

六七号（王议员璟芳）：印花税议案既经议长报告须议设特任股员，但是各省谘议局同各省督抚异议事情固由资政院核议。惟现在这个议案是否应先认定是国家税或地方税，如系地方税，可以由谘议局议决，如系认为国家税，而且又是在资政院议决，谘议局未经成立以前所规定之法律，不能便任由督抚同谘议局生出更正之异议，纵有窒碍难行之处，应由资政院议员提出修正案，照章经三十人以上赞成方可作为议案交付审查。若轻轻认定此系河南谘议局与督抚异议事件，似属不合，请公众分晰清楚。

百十号（于议员邦华）：方才王议员所说国家税、地方税，本议员意不为然。今天此项问题是河南省请本院核议的议案，不是研究国家税、地方税的议案，若举河南事抛却，只说国家税就是不合。（拍手）

一一二号（陈议员树楷）：谘议局章程第二十四条谘议局于督抚交令复议事件若仍执前议，督抚得将全案咨送资政院核议，又谘议局章程第二十七条督抚如有侵夺谘议局权限或违背法律等事，谘议局得呈请资政院核议，是资政院核议各省督抚咨送事件与核议各省谘议局呈请事件皆系谘议局章程遵旨奏明办理的。现在河南之事既归资政院核办，就当按照章程办理，说不出别项事情来。至于国家税、地方税关系，现在国家税、地方税还未分清，度支部试行印花税曾言体察情形、酌量办理。各国立法的意思，法律都要准乎舆情才能有利无弊，是各国立法的通义，度支部所谓体察情形、斟酌办理即是此意。督抚交谘议局提议不决，转交资政院核议，无非是度支部酌量情形、斟酌办理发生出来，并不是国家税、地方税之关系。要说印花税是国家税，不应谘议局干涉，则河南巡抚何以交谘议局复议，而度支部亦应当先责令河南巡抚违背国家之律令。（拍手）讨论之语非由本议员发生出来者，若准讨论，议长应指定一人，若不准讨论，本议员不担此责任。方才发议的某议员担责任，现在既云不宜多说，在本议员方才所说之语亦即至此而止。

副议长：特任股员照章应由议长指定，互选与章程所定不合。

一五三号（易议员宗夔）：现在核议河南印花税、又核议湖南航业案是否通行归并，既是通行归并，以后无论何项谘议局事皆归此股，即是常设特任股员。据本议员的意见，常设特任股员非选定不可。

一四九号（罗议员杰）：选举特任股员在办事细则以外，是审查各省谘议局陈请核议事情，总因各省情形不同，要由各省议员选定，在特任股员中规定，请议长将人数指定在议事细则内，六人或十二人，至多不过十八人。然而各省情形不同，外省人未必能知，即使知之，未必能熟悉，所以要本省议员自行举定，此是注重谘议局实在情形。现在已有二十省谘议局，若按每省举一人，与院章不合，此系第一层。再者果系分别与否，照院章有关系某省者某省议员应该回避，不得与议本省事情，是否回避不回避请议长酌量，此系第二层。第三层是举人时候应该票举，请问议长是否票举？是否连记、单记？

副议长：投票互选一层，本议长不能赞成。人数、院章定有明文，断不能指定。每省举一人，二十余省每省一人则人数太多，与章程不合，只限十八人则人数不能与行省之数相应，不知各省情形之弊仍不能免。

一四九号（罗议员杰）：本议员因同院人意思主张每省选常设特任股员，一取其与本省谘议局情形熟悉，审查核办事件之时不至隔碍，但办事细则特任股员以十八人为限，请问议长是否因为熟悉地方情形起见，以二十人为额，抑仍依办事细则十八人为额？又，既因审查各省谘议局核办事件而设，是否分别钦选、互选，抑不分别？又，本员意思主张票举，不主张指派及推定。

七三号（汪议员荣宝）：现在已经表决，不能再说。

议长：先请诸位决定特任股员人数，或六人，或十二人，或十八人。

一五三号（易议员宗夔）：总宜以十八人为最好。

众议员赞成以十八人，多数起立。

一五三号（易议员宗夔）：常设特任股员大家决定仍是票举抑是指定？

副议长：然则用票举抑由议长指定，从多数表决。（众赞成票举）多数起立。

秘书官点计人数，赞成者共一百四人。

副议长：今日到会者共一百七十九人，现赞成者一百四人，为多数。

八十号（劳议员乃宣）：投票选举照从前办法六股各股并举，或是另立章程，请议长说定。

副议长：议场投票互选。

八十号（劳议员乃宣）：票举是否单记，还是连记？

副议长：用单记，每位一票，每票举一人。

副议长：请各议员不要离位，现由秘书官分送选举票。

那王、贡王同时起立，质问是否用无记名投票。

副议长：用无记名投票。

第五号（议员润贝勒）：办事细则第十五条云特任股员由议长就议员中指定，今日由大众票举，是否与奏定章程有不合之处？

副议长：此系大家决定者。

第五号（议员润贝勒）：下次是照章办理，抑止此一次？

副议长：下次还照奏定章程，此是特别事情，依公众议决者。

第九号（议员铠公）：方才润贝勒所说本议员甚赞成。

秘书官分送选举票，各议员投票选举。

副议长：请交票。交齐然后开票。

秘书长：报告票纸共一百六十六张，到会者共一百七十九人，不到议场者不在其内。另有一张白票、一张辞职票，除此两票外，共一百六十四。

秘书长报告常设特任股员人名及票数：

雷奋，十三票；魏联奎，六票；劳乃宣，六票；赵炳麟，六票；高凌霄，六票；许鼎霖，六票；于邦华，六票；周廷励，五票；陈宝琛，五票；周廷弼，四票；汪荣宝，四票；王璟芳，四票；易宗夔，四票；沈林一，四票；汪龙光，四票。

秘书长：报告现有同得三票者五人：王昱祥、孟昭常、罗杰、席绶、成善，应照章用抽签法定之。

副议长：命秘书官抽签决定如左：孟昭常、罗杰、席绶。

副议长：按照议事日表第二，湖南湘汉航业核议案由秘书长说明本案之主旨。

秘书长：承命说明湖南湘汉之航业核议案主旨毕。

一五三号（易议员宗夔）：各省谘议局来电已登官报，何以不报告本院？

副议长：登官报即为报告议员起见。

副议长：宣告散会。

副议长离席，各议员以次退出议场。

下午六点十分钟散会。

资政院第一次常年会第九号议场速记录

宣统二年九月二十日一点三十分钟开议

议事日表【第】七号

第一，地方学务章程议案。（续初读，股员长报告）

第二，著作权律议案。（续初读，股员长报告）

第三，振兴外藩实业并划一刑律议案。（会议，股员长报告）

第四，提议陈请速开国会议案。（会议）

副议长：本日议员到院者一百四十一人，现由秘书官报告文件。

秘书官（张祖廉）：承命报告一切文件：各股员会报告书及议员汪龙光等及议员邵羲等质问说帖。

副议长：方才报告质问说帖两件，第一，汪议员龙光质问度支部说帖一件，照章应由议长咨询本院决定，大家赞成否？

众议员起立赞成。

副议长：第二，邵议员羲质问宪政编查馆说帖一件，大家赞成否？

众议员起立赞成。

副议长出临议台：十七日议事日表第一是议设审查河南试行印花税核议案特任股员，第三是议（股）〔设〕审查湖南湘汉航业核议案特任股员，第六是议设审查各省谘议局关系事件特任股员。在本议长的意思，第一、第三之特任股员是为审查已成核议案之案而设，第六之特任股员是为审查未成核议案之案而设，因为本院连接各省督抚与谘议局电报，其中有照章应核议者，亦有照章不应核议者，设立审查各省谘议局关系事件特任股员其意在此，本是暂设之特任股员，而当时议员中有倡议将议事日表第一、第三、第六并而为一者，又有议员倡议此项特任股员应该常设者，又有倡议既然常设，宜用投票法选举者，本议长并未有宣告表决，各议员遂多数起立，其后本议长不及详细研究，遂亦允许。及散会后，查本院分股办事细则并无此项常设名目，自应按照院章仍由议长指定，且前票举特任股员十八位今已有十七位辞职，本议长拟将前日票举之特任股员一律撤销，另行分项指定，特此申明。

百十号（于议员邦华）：据议长所说，常设特任股员将三案并而为一，更有末尾一件说特任股员因系各省谘议局事件而设。据议员意见，应照分股办事细则第十三条资政院为审查特任事件得议决选定之，此是原则，但有不能议决之件即由议长指定之，此例外者未始不可仿照办理。

五号（议员润贝勒）：请议长按照分股办事细则第十五条特任股员由议长就总议员中指定之、第十三条资政院为审查特别事件得议决选定特任股员，此皆为审查特别事情，是否专因一案而设，抑系常设？

副议长：此系暂设者。

五号（议员润贝勒）：凡关于资政院特别事件都可归于特任股员，请问此项股员是否专为此一事而暂设？

副议长：本系暂设，因前日未能详细研究即行表决，至今日有十七位辞职，所以拟一律撤销。

一一七号（雷议员奋）：前日公举审查各省谘议局关系事件特任股员十八人中，本议员亦在被选之列，而今日提出辞职十七人，本议员亦居其一，请说明辞职之理由。因为十七人中有在法典股者，有在公债税法股者，有在预算股者，有在陈请股者，事务繁杂，不能兼顾，是以必须辞职。但是方才议长以十七人辞职就以为前日选举特任股员不合规则，本议员对于此种理由有不能不（伸）〔申〕明者。今日议长宣布之言我们可以作一个问题，不能以此理由取消前日之选举。因前日票举特任股员系经议场表决者，况分股办事细则第十三条所谓议决选定特任股员条文极为明白，现在特任股员十七人既经辞职，则此项特任股员即由议长指定，不必仍用投票，本议员亦甚赞成。然此系就事实上而论，非法律上必不可以选举也。选定特任股员有两种方法：一种是票举，一种是由议长指定，由议长指定固不可说违背章程，即用票举亦不可说违背章程。（拍手，拍手）本议员以为现在议长既经提出指定之说，议员等为节省时间起见，未尝不可以赞成也。

副议长：雷议员说第十三条资政院为审查特别事件得议决选定特任股员，选即选举，似属大误。此项选定意即选择而指定之，并无许其投票选举之意，第十五条即言选定方法两条相因，不能分为两项。

一一七号（雷议员奋）：现在十七人辞职以后，特任股员由议长指定，应请咨询决定。

一一五号（许议员鼎霖）：本议员前日曾经说明修正办事细则最为重要，以前未有通过，所以有如此争辩。现在因选定两字大家不无异议，其实此种字句暂时亦可以不必讨论，还是由议长指定为妙。将来提议修正作为先例，自可一律遵守。

一一七号（雷议员奋）：对于议长还须将意见说明。今日议长提出意见，议员对之有两种责任：一是应当保全议长之地位，一种是今天议事日表有重大之事件。此等过去问题可以不必再加讨论，此事就可以依第十五条由议长指定为是。

七号（议员全公）：请议长就议员中指定，不必讨论，耽误时光。

副议长：现在不必讨论，按照议事日表开议。

七号（议员全公）：请问特任股员是常设，抑是暂设？

副议长：是暂设的。

七号（议员全公）：特任股员如系暂设，将来有特别事件可由议长指定。

五号（议员润贝勒）：特任股员无当设之名目，但就一件案子或一件事情应当设特任股员。

副议长：诸君请不必再言此事，现在按照议事日表开议。

一二九号（汪议员龙光）：日昨所举特任股员十八人，有十七人辞职，是因事实上办不过去，并非因前日选举认为违背章程。盖十七人辞职者，因为十七人都是专任股员，不能分身办理，而独留魏君不辞职者以明前日选举并非违背章程。查分股办事细则十三条、十五条，选定、指定显分两项，如谓选定即是指定，此选字应解为选择之选，则上文应冠以"由议长"三字。兹查上文，是"议决"二字，议决者，全院之议决，则选定者自然由全院选举而定毫无疑义。十五条由议长指定原是省事之方，固应适用。然遇特别重大事件，有人倡议请用十三条，如经议决，则仍当用选定。

五号（议员润贝勒）：请登台发言。按照今天议事日表，应办事情甚多，此一层本可以无须讨论，但按分股办事细则第十五条规定，由议长就议员中指定特任股员，由第十三条与第十五条表面观之，似乎可以并行，其实于两方面上殊有不合。若以选定为票举，则此条之下应照第八条就"应有各该股员用无记名法互选、以得票多数者为当选人"等字样，为何第十五条未有此项规定，由第十三条至第十五条应蝉联读之，不能以一己之私意断章取义，此项特任股员仍请议长指定。

一零九号（籍议员忠寅）：请登台发言。此项特任股员前天所以表决用票举者缘系常设之特任股员，现在既改为由议长指定，则应当把"常设"二字取消作为暂设，既是暂设，则议事日表所载之题目又有不合谘议局关系事件，一会期内三个月之久，随时发生，不到闭会不能终止，若专为审查谘议局关系事件设特任股员，则不言常设，亦是常设。据本议员意见，此项股员可不必设，盖各省谘议局关系事件可以依其事项之性质交专任股员审查。譬如关于法典者应交法典股审查，关于税法公债者应归税法公债股审查，特任股员无庸再设，倘有无专任股可归之件则临时设特任股员，此乃一定办法，事实上亦甚便利。如其不然，专为谘议局事件设特任股员，则凡系谘议局与督抚异议者，无论为何种事项，皆须归其审查，譬如有税法问题，若归税法公债股审查，自与他案审查之结果方针一致，彼此相愿，若归特任股，则与税法股所审查他案难保无矛盾之虞也。（拍手，拍手）又，议长云此项特任股员系审查其应否核议，此与本议员意见稍有出入，查院章第二十三条各省谘议局与督抚异议事件、或此省与彼省之谘议局互相争议事件，均由资政院核议议决后由总裁、副总裁请旨裁夺。据此则是凡各省谘议局与督抚异议事件我们资政院皆应核议，并不是看看那一件应核议，那一件不应核议。盖既有问题发生，自是督抚与谘议局有冲突，若不核议，何能解决乎？故凡谘议局关系事件无不当核议，而核议案不必皆设特任股员，有专任股员可归者则归之，无可归者方设临时特任股员亦可。

一五三号（易议员宗夔）：请议长按照议事日表开议。

五号（议员润贝勒）：今天并不是专论选举特任股员所议分股办事细则第十三条、十四条、十五条是否违背院章，凡事总要按照章程办理，资政院院章、议事细则与分股办事细则议长、副议长及众议员多应遵守，若不按照院章、细则，就是藐视朝廷，所以本议员所争论系是否违背院章问题非此次选举问题。

一一七号（雷议员奋）：请登台发议。现在议长提出的意思是就事实上发生，因为有几个要辞职，所以提到此件事。方才第五号议员所说违背章程、违背议事细则、违背分股办事细则，此问题非三言二语可以解决。本议员初意以为今天议事日表重大问题就是第四条请开国会的问题，所以议长提出之意见本议员但就事实上着想愿意赞成，想各员必有同心也。今既提出违背章程、违背议事细则、违背分股办事细则之说，则非详细辩明不可，多费时间亦属无法。兹将是否违背院章、是否违背议事细则、是否违背分股办事细则略为说明。资政院是何等重大的地方，是何等尊严的地方，是何等宝贵的地方，资政【院】有违法举动，议员、议长无论何人皆当负担责任，但是我们全体是否已经违背院章须仔细看。分股办事细则第十三条说资政院为审查特别事件得议决、选定特任股员，此条文中若无选举的意思就不应用"选定"两字，所以据十三条可以选举，据十五条可以指定，与专任股员明定选举、无指定之余地者不同，故谓分股办事细则第十三条议决、选定之文有疑义，则可谓前日之选举违背细则则不可。我们既为资政院议员，应当保全资政院章程之效力，应当保全资政院议事细则、分股办事细则之效力，院章细则果有疑义，应当解释，应当修正，然在解释未经决定、修正未经通过以前，苟有二种以上之解释，即不能谓为违法。资政院为国家设立之立法机关，为研究法律的地方，所以对于资政院章程，议员内若有一人倡议反对，这个议员就是违背院章，对于资政院照章议决之事若有一人倡议取消，这个议员就是违背章程，前天要选举特任股员，议长没有宣布表决之前有劳议员倡议，大家多说赞成，第二次议长宣告表决才表决，此项问题为何解决，此项问题因为第十三条有疑义故也。因为有疑义，故须多数表决，多数表决是朝廷所许，必经多数表决而后选举就是尊重朝廷，就是尊重院章，就是尊重议事细则，就是尊重分股办事细则，资政院院章是经过上奏奉旨依议的，不能遽加"违背"两个字。今日既有十七人辞职，则前日之选举事实上不能不归无效，议长尽可不必提前日之事，就依据第十五条办理可也。

百十号（于议员邦华）：请议长照议事日表开议。

一五三号（易议员宗夔）：谓本员并非反对此章程，因学部不将张文襄奏定全部学堂章程提交本院修正，徒交此无关宏旨之地方学务章程，议决亦无效力。

况今日有重大之国会问题在后，本员不暇毛举细，故愿取消发议知会。（众皆拍掌）

一二六号（陶议员镕）：特任股员不必今天指定，请照议事日表开议。

一一五号（许议员鼎霖）：赞成讨论议事细则。若按资政院章程，原来是两个议长、两个副议长，如今仅有两位，已经与院章不合，所以办事细则亦未尝不可变通。其不适用地方作为现例，到闭会后再为奏明，明年开会必不至如此纷扰。本议员在石桥别业就提到这层，说是送到军机处详议以后上奏的，本议员以为既经军机处详议，就没有不适用的地方，不料"选定"两字还没有议好。（拍手）将来还要讨论，将此间疑义大加修正，不至于下次开议之【时】候又因争论空费时间。

副议长：指定审查各省谘议局关系事件特任股员十八人，命秘书长当场报告如左。

睿亲王、陈懋鼎、魏联奎、王璟芳、长福、章宗元、书铭、齐树楷、许鼎霖、雷奋、江辛、郑际平、易宗夔、蒋鸿斌、李文熙、刘述尧、吴赐龄、牟琳。

一五九号（蒋议员鸿斌）：审查各省谘议局关系事件可以常设，河南印花税是各省谘议局关系事件，应交常设特任股员。

众议员请议开国会议案声浪大作，议场骚然。

副议长：现在开议。按照议事日表，第一议地方学务章程议案，请法典股股员长报告。

法典股（股员长润贝勒）：本议员按照分股办事细则第五十三条，委托股员汪议员荣宝报告学务章程审查事件。

七三号（汪议员荣宝）：本议员现在报告地方学务章程审查的情形。此件审查的经过已经股员长报告，本议员更将修正的要旨与诸君说明一番。学部提出此项地方学务章程的理由已于该部奏折内声明，大概地方学务最要紧者是小学。要小学普及，不能无办理学务的机关。各国教育普及，要是全赖官立学堂固属不能，全赖私立学堂亦万做不到，就中最要紧者莫如公立学堂。公立者，即自治团体所立之谓，以中国制度言之，即城镇乡所办学堂之谓。我国办理学堂较办理各种新政为早，其时并无所谓自治制度，故地方学务不能不另设一种机关办理之。光绪三十二年学部有奏定劝学所章程一种，这劝学所制度是将地方学务总归劝学所总董办理，将所管地方分为若干学区，每区设劝学员，受总董的指挥命令，分别从事。这劝学所总董以下各员纯由官派，一切事务承地方官监督办理。到光绪三十四年、宣统元年先后颁布城镇乡地方自治章程、府厅州县地方自治章程，于是中国方始有了自治制度。这自治制度是将地方自治分为上、下两级，上级便是府厅州县，下级便是城镇乡，凡地方公益事务都归入自治范围以内。照地方自治章程的规定，学务即是自治范围里面的一种事宜，若是关系一城、一镇、一乡的，即由城镇乡自治机关去办，关系府厅州县全体或是城镇乡所不能担任的，即由府厅州县自治机关去办。于是同一的地方学务有了两种的办理机关：一种是劝学所，一种是自治职（就是府厅州县议事会、参事会，城镇乡议事会、城镇董事会及乡董）。劝学所据了劝学所的章程，他说地方上的学务是应该我们办的，自治职据了自治章程，他说学务是自治范围以内之事，应该归我们分别办理的，机关重复，自然两相冲突。但是自治章程的颁布在劝学所章程施行以后，照普通法理言之，新法令有变更旧法令的效力，新法令一出，旧法令有与新法令冲突的地方当然消灭，所以府厅州县、城镇乡自治机关一旦成立，这劝学所的组织便应该废止。然而自治机关不是一时能全数成立的，所以各地方劝学所亦不是一时能撤销的，彼此接续的时候不能不想一种妥当的交代办法。现在两种制度尚未有妥当的交代办法，地方自治章程已经颁布，而劝学所章程却未有废止的明文，这两种制度同时存在，于是生出种种的问题、种种的弊病。这弊病是怎么样的呢？现在要讲两种同时存在的弊病，试先说两种同时存在的办法。此项办法大致不出三端：第一，城（乡镇）〔镇乡〕地方自治机关办自治机关的事，劝学所办劝学所的事，各办各事，不相侵犯，这是第一种办法。照此办去，不独地方学务经费永远争执不了，便是一切办法亦必彼此两歧，不能统一。第二，凡是设立劝学所地方的自治团体都把自治范围以内之一部分的学务全数分割出来，仍归劝学所办理，自治机关全然不管，这是第二种办法。照此办去，便叫地方学务永远划出自治范围以外，凡有劝学所的地方于城镇乡地方自治章程第五条第一款的规定全然不能适用，不独与朝廷颁行自治制的意思不能相符，即与学部原奏发达地方学务的意思亦相矛盾。第三，将议决权与执行权分开，所有地方学务均归自治机关议决，而独以执行权保留于劝学所总董之手，这是第三种办法，学部原案第八条规定即是此意。照此办去，是执行机关仅止一处，而议决机关分作几处，以多数之议决机关共同拘束一个之执行机关,不特于法理上讲不过去,且于事实上亦多窒碍。以上三种办法都有弊病,所以地方自治职与劝学所断不能同时存在。本股员会讨论数次,多数意见相同,这修正案的要义便是将劝学所作为地方自治职成立以前之学务机关,地方自治职何日完全成立,这劝学所便何日废止。譬如一县有一城及甲、乙、丙、丁四乡,今年城自治职成立,劝学所即应将一城区域内的学务交与城自治职办理。明年甲、乙两乡自治职成立,再将甲、乙两乡的学务交出,后年丙、丁两乡自治职成立,又将丙、丁两乡学务交出,此时劝学所便专办上级自治职(即县议事会、县参事会)所应办的事,及至上级自治职又复成立,劝学所无事可办,即行裁撤。这便是修正案与原案主义大不相同之处。其余条项文字酌量修改的地方尚多,因今天还有别项重大问题,不及细说,甚望诸君多数赞成此议。

副议长:请问学部对于修正案有无意见?

学部特派员(范源濂):地方学务章程自学部提出后曾开分科会、股员会叠经与本部讨论,本部提出此案之主旨实以世界各国所以能使教育普及者无不注重地方学务着手。盖教育普及莫要于多设小学,而官立与私立之小学其数有限,断难敷用,欲求普及教育所最宜注重者莫如地方之公立学堂,本章程即为发达公立学堂而设者也。至说劝学所存废之关系,前在股员会业已商定,方才听汪议员之报告,与本部提出此案的主见并按之奏定学务章程与地方自治章程均无违背,本部对于修正案都无异议,可以承认。

一二六号(陶议员镕):本员对于地方学务章程报告颇有意见。本员亦法典股员之一分子,日昨开股员会讨论之结果本员却未起立赞成。其所以不起立赞成者,并不是提议。(语未毕,众议员因时间不早、应研究国会问题均止之,声浪大作)

副议长:陶议员请缓发议。

一一七号(雷议员奋):分股办事细则五十六条"在股员会以少数被黜之意见如得到会股员三分之一以上之同意,得附股员会报告提出说帖于议长",请问陶议员是否有股员三分之一以上之同意?(拍手)

副议长:陶议员并未遵照分股办事细则第五十六条提出说帖,不得以少数被黜之意见论,应按照议事细则第四十条办理,请缓发议。

一二六号（陶议员镕）：前日审查地方学务章程第一，审查长以为劝学所与自治职冲突，万不能不取消劝学所，本议员窃有所疑。按劝学所即视学官办事之处，究竟视学官能否取消，自治职能否兼办学务，股员会审查时本议员颇为辩论。查日本小学校令视学官之下尚有学务委员，即我国劝学员以四年为一任，小学校所有之事归其执行，今欲取消劝学所，将来学校有无阻碍其说甚长。今日尚有极大问题可不具论，惟按照议事细则二十八条不应先行提出修正案，应先报告，大家讨论议决可否再读，今既不俟讨论，先提出修正案，是侵夺公众议决作废之权，于议事细则似有违背，此事极有关系，请各议员注意。

副议长：指令某某议员发议，均自陈愿撤销知会，不发议。

副议长：此案讨论大体既毕，请诸位议决应否再读。

众起立多数，可决应再读。

副议长：按照议事日表，第二议著作权律议案，请法典股员长报告。

法典股员长润贝勒：本议员按照议事细则第五十三条委任胡议员礽泰报告。

七二号（胡议员礽泰）：修正著作权律之主旨本应详细说明，因为时候不早，所以择其要紧者略为说明。（拍手）这著作权律审查之结果经修正后先要明白著作权之性质，认定著作权是私权之一种，其中分两个学派：一是法国学派，一是德国学派。按照法国学派，以著作权为所有权，应在民法之内；按照德国学派，著作权是私权中之一种，是特别权利。不知民政部定著作权之时，其采用者系法国学说，抑用德国学说？然不必问，民政部亦可以决定宗旨，法国学说决未有单行法，就是一种所有权。查日本民法之内有一种著作权，日本民法系法国人起草，我们既仿照日本，所决定应是采用法国学说为近，但是经审查之后认定著作权是私权中特别权利之一种，并非所有权之一权。私权初发生时候即有当然享受之利益，著作权既是私权，亦就有当然享受之利权。民政部原案有三要点：第一，著作权之保护与教科书审定不同，著作权经注册后即有当然享受的利权，至于著作之好与否全不能计较。如果著作有妨害治安或有荒谬之议论，另在出版律上所规定，然则著作权律是保护主义，出版权律是禁止主义，两种法律之性质不同，所以说著作权是一种特别权利。至于教科书之审定与此不同，因为教科书是关乎教育事情，所以必要审定，如果两事不能并在一列，将来必需另定章程。（拍手）第二是著作权注册与意匠商标特许注册不同。文艺美术是属于著作权，至于工业发明是属于意匠商标特许者。查各国章程便可明白，当十七世纪以前欧洲各国保护著作权之办法与商标特许所差不多，惟专利一项另有年限。现在各国通例审定著作权属于私权之一种，所以与意匠商标特许不同。然则专利与特许又当分明，所以意匠商标特许应归农工商部注册，著作权应归民政部注册。照事实研究，著作权归农工商部注册、归民政部检定殊为不便，既然民政部检定著作物，其注册一节自应规定在民政部办理。（众议员云：重大事情尚未开议，请简单言之）此项著作与出版权相为表里，著作权是保护主义，出版权律是限制主义，将来民政部另定出版律，可以与著作权相辅而行。

副议长：请问民政部对于修正案有无意见？

民政部特派员（孙培）：此项审查事件日前开股员会，本议员亦在会讨论，现在时光甚可宝贵，还有重大事件尚未开议，本议员对于此项事情没有意见，可不必说。（拍手）

副议长：这个议案应否再读？

众议员云：应再读，但今日无须再读。（声浪大作）

副议长：如此就作为应再读之案，按照议事日表，第三议振兴外藩实业并划一刑律议案，请特任股员长说明审查之结果。

十五号（议员那亲王）：本股员审查已毕，按照分股办事细则第五十三条所定，得委任股员报告，兹请孟议员昭常代为说明审查事件。

一一六号（孟议员昭常）登议台报告：此议案提出时就有许多人质问政府特派员如何办法，政府特派员答复未能明瞭，当时就有人说不必交付审查就可作废，旋（轻）〔经〕众人辩论，谓政府提出议案，大家应当尊重，不能径行作废，定要经过一次审查，看到底有办法、没有办法方可决定此案可以成立、不可以成立，所以付了审查。前天开审查会审查时，大家说我们要仔细研究，看他到底有无办法。仔细看来，这个议案中间所说应办事项分甲、乙、丙、丁、戊五项，五项之中却是全无办法。其第一节所说设立公司、设立银行似乎是个办法，然但说设立公司而无公司之办法，设立银行而无银行之办法，既无办法，就连公司、银行亦不能算数，就连这个甲、乙、丙、丁、戊亦只可作调查报告，不能成为议案。至于调查报告之内容是否确实姑置无论，据当时理藩部特派员所说还是不实不尽，就可见得连调查报告都算不上了。如此看来，这个议案是断断不能成立可以决定。不过理藩部是国家一种行政的机关，一年之中用去行政经费亦复不少，亦多是国民负担，理藩部对于外藩应当负有行政上之责任，此案作废，即算没有这回事，不但理藩部不愿出此，即我资政院亦不忍出此。外藩为我中国国家之外藩，即为国民所极愿意振兴之外藩，理藩部管理藩务如何规划宜有一定之政策，就说振兴实业也还有一个根本上的政策。（拍手）根本上的政策当是交通、教育，交通、教育不兴则虽欲振兴实业亦怕振兴不了，此根本问题理藩部丝毫没有想到，这可是理藩部不能尽职之处，似乎应由本院知会理藩部，请他另定一个有办法的议案交来再议。这审查振兴外藩实业之结果如此，至于画一刑律原来与振兴外藩实业是两件事，不能并在一起。现在看来其中所说东、西盟互相调发，由东盟至西盟中间相隔几千里，东、西盟地方又各几千里，其发配年限有六年者，有十年者，有十二年者，究竟是何理由均未说明，亦未便遽作为议案。（拍手）应请理藩部将此中实在理由说明，再交本院会议。这审查画一刑律之结果如此，至于报告书已交给诸位阅过，似可省略朗读，应如何斟酌之处仍请讨论公决。

众议员云：可以省略。

副议长：请问理藩部对于报告书有无意见，如有意见，即请说明。

理藩部特派员（吉章）：本部所交议各件原不能算议案，其所以特为提出者因为外藩情形与内地不同，如各部办此实业事项不过行政方针，无庸提议，所以上次提议时内地诸议员无不以振兴实业为全体认可之事，不过无条则章程而外藩诸议员均无可否，所以要先通过资政院，全体无异言，然后规定章程，再交资政院会议。

副议长：此议案是否照股员会报告书办理，请大家表决，以为应照报告书办理者请起立。

众议员多数起立赞成。

副议长：多数赞成原案否决。议事日表第四就是提议陈请速开国会议案，此项讨论按发议表头一位是罗议员杰，请发言。

一四九号（罗议员杰）：国会速开一事为我国存亡问题，何以言之？外患日迫，非国会担负财政、扩张国防，不足以抵制内政腐败，非国会与责任内阁对待，不足以促其负责任而发展助长交通诸政。各省国会请愿，本员曾为与闻之一分子于兹有年，现在国民之断指、割臂、挖股者相继皆表示国民以死请愿之决心，且各省谘议局议员前在北京开联合会议决代表国民心理不速开国会、互选资政院议员不能承诺新租税，非本员一人要挟，实国民全体迫于外忧内患不得已，而援各国国会请愿不出代议士不纳租税之通例。本议员对于此案，一、此案不决，诸案均不能决，要求本院议员全体赞成通过；二、要求议长从速上奏；三、要求到院政府及特派员暨我国有气力之人设法使摄政王见信即允速开。此案既关国家存亡，想在院诸公皆具有忠君爱国天良，必赞成本员之请。本院议事细则所载"凡表决先用起立方法，次用投票方法"，请议长宣告起立表决。

副议长：第二位是江议员辛，请发言。

一二三号（江议员辛）：今天所提陈请速开国会的议案，于此可见现在中国人民政治思想渐渐发达，本院议员想无有一个不赞成的，但此案经表决后还望从速上奏。盖国会早一日成立，即国家早一日有些转机，现在国家危险已达极点，救亡问题除速开国会更无别法。如再迟延，则国家前途本议员就不忍再说了。据本议员个人的意思，大约此事无难通过。前此政府所虑不过说中国人民程度不足，且数千年来都是专制政体，恐国会一开，民气嚣张，转可生出种种妨害。然各省谘议局开议一年，亦未闻有甚么风潮，可为民气并不嚣张之一证据。况九年筹备的事宜，若无国会完全监督的机关，决不能生甚么效力，所以本议员谓所提出的议案总以国会为最有关系，从此大家对于这个议案务须争至达其目的而后已。若谓开国会尚有种种手续，非一年半载所能集事，这更容易解决了。盖各国议（院）〔员〕选举法已为我先导，均可采取，是一两月之间便可编定。至于责任内阁与国会是对待机关，政府自会研究，本议员不敢置议。

副议长：牟议员琳请发言。

一九六号（牟议员琳）：开国会之利益是经过几次代表上书，并各报馆鼓吹都已透切说明，本议员不必再说。但照现在时事而论，我们与国会有最重之关系，请稍为表明。现在最重要的是财政问题，国家存亡就在财政，譬如现在度支部每年预算款项就差到五千万，此项最重大的款将从何处凑集，势不能不取之于民。现今计议加税，人民多起反对，此项加税何以如此之难，人民以为国家的用款我们都不知悉，不能将人民脂膏饱其私囊，所以人民有不肯纳租税，遂起而反对。即如试办印花税亦难举行，不能举行国家就差了几千万毕竟从何处支拨。我中国事情现在都要赶紧去办，因没有款项，所以不能举办，有许多事情都搁起来不办，总是无这个国会的原故。现在我们务须将这个国会的问题速为议决，议决之后我们人民才能负担租税，国家就可以生存。此个国会不独于人民有利益，于政府亦有利益。从本议员观之，外国与中国情形不同，外国情形内阁与国会冲突之时，第一次国会可以解散，第二次内阁必须解职。而我们中国情形政府与督抚、各部大臣立于同等之地位，与各国地方长官归中央政府管辖者不同。就是内阁大臣与国会冲突至于辞职，此非人民所得参与，则移内阁大臣作各省督抚，于内阁大臣亦毫无所损，政府苟明此理，亦断无反对之理。故速开国会一事，上自政府，下至人民，都要全体赞成。国会早开一日，国家早强一日，本议员不胜盼祷之至。

　　副议长：于议员邦华请发言。

　　一百十号（于议员邦华）：国会问题从前几次陈请书言之已详，本议员不必再述。今日本议员对于众议员、军机大臣、各部行政大臣、政府特派员先行叩一个头，当今时局正在危机存亡，今日同堂研究，可先把一切自私自利心肠一齐抹去。（掌声如雷）本议员亦不能挂念本院几百元公费。（拍手，拍手）中国时局日变，前半年一种模样，后半年又是一种模样，请问诸君除却开国会以外还有何项方法可以救亡？国会譬如人心，人心若死，手足安能灵便？现今各省谘议局与督抚冲突事件不能说是民气嚣张而归咎于各省谘议局，实缘议决之事各省督抚不去执行，所办之事又不能洽于民心，心之不平，其气益不可遏。然亦不能归咎于各省督抚，我国行政机关有种种牵掣，况近日民间搜括殆尽，财政无着，又有中央集权之说使督抚愈不能办事，是以对于议决之事往往不能执行，甘受人民唾骂，则督抚自有督抚难处。然则过在中央各部大臣乎？其实亦不尽然。盖中央亦无统一机关，各部各自为谋，此部有钱或用不得宜，彼部钱无则事不能办，彼此各不相顾，以致事出两歧，种种困难因之而生，凡此皆系国会未开之故。本议员无他意见，甚愿军机大臣、各部院行政大臣、政府特派员及本院议员赞成速开国会。

　　一二六号（陶议员镕）：本议员对于今日此事无他议论，惟觉欢喜无量。凡事无论如何必有反对者，独今日发言表意无一反对之人，此可见一般之心理。盖全国上下无不愿速开国会，且不但中国如此，即海外诸友邦亦甚望我国为完全立宪国。若无国会，何得谓之完全立宪？现在既无反对，已表示全体一致之可决，请议长即行宣布表决，无庸讨论。

副议长：现在讨论已毕，按照议事细则第七十六条，议长认为重要事项得不用起立法，以记名或无记名法表决。

一百十号（于议员邦华）：请问议长，此事全体既已赞成，何必再用票决？

副议长：此事重大，不能不用他法表决。

一四九号（罗议员杰）：凡议会表决起立之时恐有疑义，今既全体起立，有何异议？既无疑义，何用投票表决？

一百十号（于议员邦华）：现在并无异议，以起立表决为是。

副议长：似宜用记名表决法。

各议员齐声大呼：议长为何坚持不用起立表决法？

一零九号（籍议员忠寅）：暂用起立表决，议长如有疑义，再用票决。

一四八号（陶议员峻）：按议事细则第七十五条，有赞成者起立。

副议长：全体意见如此，拟即用起立表决。

副议长：如有赞成请开国会者起立。

全体议员应声矗立，鼓掌如雷，并齐呼"大清帝国万岁，大清帝国皇帝陛下万岁，大清帝国立宪政体万岁"者三，全场振动。

八一号（沈议员林一）：赞成之后必有一进行的手续，资政院与国会不同是两种：第一层选举，第二层是根据宪法。现在我国宪法未有发表，本院互选议员是间接选举，与国会议员不同。国会既已表决，但年限宜速不宜迟，如果即刻开国会，不能无宪法，总宜先请早颁宪法为妙。（拍手）国会若无宪法之根据亦是无效力，此是上奏折辞之方法。

一零九号（籍议员忠寅）：方才沈议员的意思，一在欲讨论年限迟速，一在欲请速颁宪法。本议员意思，此次具奏只请速开，至于年限应请旨裁夺。又今日议决者系国会问题，尚未讲到宪法。国会问题既已表决，即请议长具奏，其宪法问题可另作一次研究。抑本议员更有所申明者陈请说帖内有"请代奏"字样系错误，资政院是议决机关，不能代奏，须请议长据院章所规定特为具奏，此系在法理上解释，且以事实言之，若仅代奏即是本院不负责任，则不能得朝廷之信用，故须定案方有效力。

七三号（汪议员荣宝）：本院全体将陈请速开国会一案通过，应作为本院具奏案，由议长、副议长具奏。

各议员请议长指定请速开国会奏稿起草员。

七三号（汪议员荣宝）：请议长仿照上次陈谢折稿之例，就议员中指定六人为起草员。（拍手）

副议长：本议长委托起草员六人恭拟具奏请速开国会折，起草员赵议员炳麟、陈议员宝琛、孟议员昭常、汪议员荣宝、许议员鼎霖、雷议员奋。（拍手，拍手）

一一五号（许议员鼎霖）：今日宣布表决，全体赞成速开国会，无不欢声雷动，想政府一定欢迎，皇上及摄政王一定许可。但许可之后必须预备办法，明日假财政学堂开一全院研究会，大家无论有何项事情，都望拨冗于一点钟准到，研究一个办法。务请各抒所见，以谋将来地位。

一零八号（刘议员春霖）：今天因为速开国会一事全体赞成，无一反对者，真可为中国前途贺。本议员以为人人希望国会者盖因资政院章程规则多与国会不合，然细看院章，亦有合于国会之处。其相合者，本院不可不以全力保守之，国会之期限至早当是明年，而今年之资政院要当就其相合处实力作成国会之基础。国会之完全与否固在章程规则之所定，然亦视议员之能力何如。即如今年资政院开会以来，所议皆一枝一节之事，惟有今天所议速开国会算是一件要紧之事。要知还有一件最要之事尚未提出，最要者何？就是预算案。预算可以察看一国大政之方针，若预算不交而仅议零星末节，即终年开会于国计亦无所补救。按资政院章程第十五条，预算案应由政府先期编制，具奏请旨到院之时交议，此正院章合于国会之处。今隔二十日尚未交出，这便是资政院不能遵守章程之过，应请议长用正式公文催政府早为交出。

一零八号（刘议员春霖）：方才有位议员说明日可以交出，本议员甚为欢迎，如果明日不交，请议长即行催问。

副议长：且看明日，如果不交出可以催问。

副议长：散会。

副议长离席，各议员以次退场。

下午六点十五分钟散会。

资政院第一次常年会第十号议场速记录

宣统二年九月二十四日下午一点四十分开议

议事日表第八号

第一，陈请速开国会具奏案。

第二，运输规则。（初读）

第三，地方学务章程案。（再读）

第四，著作权律案。（再读）

第五，提议陈请申明资政院立法范围议案。（会议）

议长：今天议员到会者一百七十一人，现在由秘书官报告文件。

秘书官张祖廉承命报告文件及各股股员长报告书，共十三件。

议长：报告文件已毕，请度支部说明预算案之大旨。

度支部尚书泽公：本部总司财政，始事清理，今年初次试办，预算限期甚为紧迫，一切编制粗具，大概不敢说丝毫没有错漏。但是全国一岁的出款、入款盈亏比较可以知其约略，宣统三年全国岁入、岁出不敷者五千余万，再加各处报到本部追加预算各款又两千多万，全是无着之款。中国财政向来是量入为出的办法，自从甲午、庚子以后每年骤添国债数千万，现在时局艰危，添练陆军以为国防之计，而教育、司法、实业、民政、交通诸事无一件不关紧要，无一件不需巨款，现又筹办海军，财政困难已达极点。近奉明昭禁烟，朝廷不惜税款两千万为民除害，所以又为岁亏之一大宗。如此匮乏，在东、西各国不甚为难，东、西各国都是量出为入，我们中国必仿外洋办法一时颇难做到。中国实业未经发达，税法未尽规定，一切收支亦未及改良，本部每念民力艰难，无时不加体恤。比方上年江苏、安徽等省议将地丁征银解银，本部以为事近加赋两次都已议驳，近来如赈务、边务意外事情层见叠出，用款极多，都集于中央一部，本部势处万难。但是时艰日迫，固不能专用积极主义置财力于不顾，又不能反用消极主义碍宪政之进行，本部此次预算不敷之数目极多，现在惟有就节流的办法会商各省督抚，公同筹度。至于朝廷大政有许多不容易办的又不能不办，现在责任内阁未成，国会未开，本部困难情形难以尽述，惟有盼望将来国会一开，诸位竭力赞成担负义务，实本大臣之幸也。（拍手）

议长：现在开议，照议事日表第一陈请速开国会具奏案，应由秘书长朗读具奏折稿。

秘书长：承命朗读奏稿读时。

于议员邦华请大家起立敬听，于是全体起立。

秘书长读毕。（拍手）

议长：请问起草员有无说明？

一一五号（许议员鼎霖）：公推汪议员说明。

七三号（汪议员荣宝）：这个奏稿是照资政院议事细则一百零六条办理的具奏案，这个具奏案就是各国所谓上奏案，与都察院代奏不同，都察院代奏照原本不加案语即行上奏，今既成具奏案，应该将自己意思写上去。现在此折的体裁第一是先把陈请的要义铺叙一遍，所有陈请书原本既须随折一并奏上，故其中繁杂之处不必复述，只将精义提出铺叙上去。合计陈请书共三件：第一，各省谘议局陈请书；第二，代表孙洪伊等陈请书；第三，海外华侨汤觉顿等陈请书。叙述三件陈请书大意之后，然后加入本院自己意思。从资政院的口气内，要说到国会不能不开须另有一种说法，我们起草员斟酌几次，以为资政院近于国会的样子，又近乎各国一院制的样子，现在各国除德意志小邦及瑞士外，没有行一院制的。各国国会多半是两院制，这两院制出于英国，英国因他的历史、他的国情不能不行两院制，但是现在欧美各国有国会之国家不必有英国的历史、英国的国情，通通都是两院制，此并非盲从英制，盖两院制自有两院制的好处，此是学说上一种问题，折稿上不必详细说明。简单言之，这两院制有两种要义。第一，有两院之后议事可以郑重，经两院均以为然，事理详尽，必无窒碍难行的弊病，而一院制不能有此，所以一院制不如两院制者此其一也。第二，立法、行政两个机关不至常起冲突，若一院以为然，一院从而非之，这个时候自然相争相斗，纵有许多争端常可消灭于无形，若是一院制，则议院之所议决者政府即有执行之义务，万一议院与政府意见反对，非解散议院，就是政府辞职，若是年年都有这种事情，不特于政府不利，即国民亦间接受其影响，所谓一院制不如两院制者此其二也。说过两种理由之后，然后说到设立国会是立宪政体题中应有之义，无论如何，国会是万万不能不设。既然知道立宪政体可以救亡，何必一定要待到三、五年之后，民心难得而易失，事机一去而不还，现在已经到了十分危险的时候，若从此赶紧设立还可以巩固国家的大局，不然就有难言之隐。所以本院的意思务求皇上毅然独断，把上、下议院提前设立，这便是奏稿体裁及大旨。再者，此件初稿是赵议员炳麟起草后经孟议员昭常修改，又经本议员修改一次，三次斟酌乃始定稿，起草同人均以为然，并经议长、副议长阅定，不知诸君有无修改之处？（拍手，拍手）

议长：奏稿主旨现已说明，诸君如赞成，请起立。

众议员全体起立。（拍手）

一五三号（易议员宗夔）：请议长从速具奏。

议长：可以从速具奏。

一零七号（李议员桀）：现在请求速开国会具奏案，皇上允准与否尚未可知，如邀允准固为国家幸福，如不允准不能达速开之目的，将来再有别项举动甚为可虑。今天本议员请求议长者第一件事，在皇上及摄政王前可以进言者惟议长，请议长将各省谘议局请愿之热诚、各省人民代表请愿之热诚、各华侨代表请愿之热诚与资政院全体议决请求速开国会之热诚，暨旁听之本国人与外国人因议决请求速开国会当时之或拍掌、或摘帽欢忻之出于不自知——于皇上及摄政王前详细奏明。譬如有一段喜事，在画报上阅过固是动心，若再有目睹其事者为之说明当日之情形，未有不更为感动者。且此事无人反对固好，若有人反对，请议长力争。将来中国可望有转机者惟速开国会，此时不能解决，恐将来欲开国会而不可得。第二件本院所陈请者是速开国会能早开一日，中国即早一日有安存之望，国会问题与九年筹备立宪无多关系。然所以迟疑不决者，各大臣或以筹备尚未有完全为词，不知筹备立宪与国会有关系者惟议院法与选举法，此外与国会全无关系。议院法与选举法，以宪政编查馆之济济多才，数月之间可以编订竣事，国会早一日成立，人民可以早一日得享幸福，国家可以早一日得免纷扰，若再延耽数年，恐中国即不可收拾。（拍手，拍手）

议长：贵议员所说甚是，本议长当极力陈说。（拍手，拍手）

百十号（于议员邦华）：本议员甚为赞成李议员所说，现在本议员再有一言。此时机会甚好，我们全国一动一静，其精神全向我皇上而来，皇上一旦答应，大家更加亲密，民心为之一振，从此上、下隔阂之病一旦消除。况现在各国进步有一日千里之势，我国急起直追犹恐不及，岂可仍事迟疑，所以请速开国会者此是一层。就内政上说，现在一天困难、一天民穷财尽可不必说，实业不能发达，教育不能普及，因为政治不完全之故。究其原因，多由不早开国会而来。若国会早开一天，各部衙门亦少一天难处，请议长对于皇上、摄政王说明国会不可不速开的缘故。若是缩短一年、二年大家再争请愿，于表面上殊不雅观，不如将此意说明于前，就不至激烈于后。本议员与人民同一，国家为心，所以请议长上达此语。我皇上素以民心为心，爱民如子，想必深体此意。现在人心如此亦是大势所趋，不得不速开国会以慰人心之盼望，请议长竭力达到。二则还要请军机大臣、各部行政大臣及政府特派员诸位极力维持，极力赞成，本议员草莽下士，所言无足轻重，望诸君以国家为心，国家早安一日，就自己地位亦早安一日，必须上下一心，联合一气。所以本议员盼望议长将此意思上达，是为我国家万年无疆之基。（拍手，拍手）

八六号（喻议员长霖）：此事于一般国民之心看来，摄政王无不答应，何以故？因为民之所好好之，民之所恶恶之，速开国会事情朝廷以民心为心，同民好恶。据本议员看来，速开国会的事我们已经决定，摄政王没有不竭力赞成的，但今天还有几件事情请议长宣布开议。

一五三号（易议员宗夔）：国会事体上下一心，此件事体皇上一定答应，如必谓许允开国会便失朝廷威令，未免误会。盖速开国会是出于有益之请求，非出于无益之迫胁，既然是人民请求，何致损失朝廷威令。请议长如此解释为要。

议长：按照议事日表，第二议运输规则议案，现在是初读，由秘书官朗读。

秘书官（曾彝进）：承命朗读运输规则议案，毕。

议长：请农工商部说明议案之主旨。

农工商部特派员胡子明：本部总核农工商政于商务有提倡之责任。我国与外国通商以来，我国商人每多吃亏。此中有种种原因，在外国有银行可以汇兑，有保险公司可以保障，而最要则在交通机关，运输便利，国家有保护之法律。我国商人不但不敢向海外贸易，即各处贸迁亦多不便。我们中国之看待运送，营业人不过是一个劳动人，其于委托之义或尚未知，且除漕运载在则例外，无一定规则，各处虽有习惯亦不通行，其阻碍于商务之前途非浅鲜也。近来学问家研究商人之定义，有固有、商有补助商运输者，补助商人之最要者也。且运输不但关系商务，凡一国文化进步，其交通机关必日求其备，于是权利、义务之问题发生日多，不能无规则以为之准绳，各国运输法令多由地方习惯及特别法而成，但凡有商法、商典的国家，其表示运输之法律行为则必于商法中定之。宪政编查馆所定行政纲目有云，运输一事，农工商部须与邮传部区划联络。何谓区划？如邮传部所管为轮船、铁路运输特别事宜，农工商部管理运输普通事宜是也。至本规则所采者即委托主义，盖以运输为业者要有负责任的精神，不仅以劳动人看他，此本规则之主旨也。秘书官所读刊本有错字，第十六条第四款"运"字应作"提"字，二十九条发货人底下有个"等"字，请大家注意。

百四十号（康议员詠）：在日本商法三百三十八条系作货币、有价证券及其他高价品似较概括。又五十三条旅客不及起程已付运费概不退还，然运送营业者于车船开行时刻延误迟到致旅客不能启行时应如何处分？

七三号（汪议员荣宝）：本议员有质疑之处，运输规则现在已提到资政院，此项规则是否认为一种法律，如果认定作为法律，则附则第三条云云恐于立法权之保障不甚完全，请农工商部答复。

农工商部特派员胡子明：此规则订定以后，本部如有修改的时候亦要请旨交议，届时还须奏明。

百三七号（邵议员羲）：第四条所说普通运输是否有一定范围，请农工商部举例答复。

农工商部特派员：在日本国轮船、铁路多有特别的法律，运输是一种商行，为邮传部所定，不必说明。

八七号（沈议员林一）：究竟提货单所载条件是否除前条之外并无别项条件？

农工商部特派员胡子明：无别项条文。

议长：现在无人质疑，应将此案付法典股员审查，但审查期限以何时为定？

五号（议员润贝勒）：审查期限下月初二可以报告。

议长：按照议事日表，第三地方学务章程议案现在系再读，应由秘书官朗读法典股所提出之修正案。

秘书官（曾彝进）：承命朗读地方学务章程修正案。

议长：按照发议表，应请孟君昭常发议。

一一六号（孟议员昭常）：本院自开会以来，此是第一个议案初读之日，本不应当讨论，日前说话的人甚多，所以本议员亦没有发表意见。至审查报告之后，本应当讨论大体决定应否再读，前日因国会问题要紧，所以没有甚么十分讨论。今天再读应该逐条议决，不过讨论条文之始，于大体有关系者不能不补叙一段。论起此项议案名为地方学务章程，其大体亦不过如此，但凡是一种法律，必要有种种法律相辅而行，若与他种法律不相呼应，则这一种法律亦归无效。本章程原案第一条说是应遵照奏定学堂章程办理，修正案第一条说是按照关于学务之法令办理；又原案执行机关以劝学所为原则，以自治职为例外，此为根本上之错误，修正案已改过来了。然而本议员于此却有两个疑问：一个是法令上之疑问，一个是机关上之疑问。法令上之疑问，如按照关于学务法令办理，如现在之学务法令是否可以按照，按照之是否能令地方学务一天发达一天。前据学部尚书演说，行政方针以小学为最急，即以小学论，现在之小学堂章程是否可行，是否能令地方上之小学一天多似一天。小学章程乃地方学务之根本，根本法不可通，则地方学务如何能兴？小学堂章程去年改过一回，其中所谓完全科、简易科非常之烦重，决非教育普及的道理。一烦重则地方上的财力决计办不到，教员程度一高就请不起，就是请得起亦怕请不到。通算一州县总要用几千个教员，请不到教员如何可以办学？所以说这个地方学务章程与根本法不相应是决计没有效力的。再说机关，现在的执行机关就是一个劝学所，劝学所章程已颁布了三、四年，有何成效？从前既不能得力，恐怕以后还是一样，若说不问能行、不能行，等到地方自治成立之后自然有效，则这个章程通过之后还搁起搁了三年、五年再说。这三年、五年之中直可睡觉，学部亦何必为此睡觉之章程来资政院点缀风景。所以本员的意思要请学部将小学堂章程与劝学所章程通同改过，然后可使地方照办，不然则一定无效。至于讨论条文，亦要从执行机关上着想。修正案第一条第二项但云府厅州县自治职对于学务上应有之职权，而不言城镇乡，又但云府厅州县自治职未成立以前当由劝学所执行，亦不言城镇乡，末一句说由府厅州县劝学所行之，是因为只有府厅州县有劝学所，而城镇乡不能各设一劝学所，府厅州县劝学所就可以兼管城镇乡之学务，这是不错，不过上两句但说府厅州县而不说城镇乡，总有点脱漏。究竟府厅州县自治职应办之学务与城镇乡稍有不同，府厅州县兼中学、高等小学、师范、女子师范等在内，城镇乡则专重小学，不能说府厅州县自治职应办之学务在府厅州县自治会未成立以前则以劝学所代之，城镇乡应办之学务即可不问也。此中似宜添"城镇乡"三字。再，第三条所说分区是照自治会成立以后之区，若是自治区域未曾划定之前这学区如何划法亦要有一个办法。现在划分学区似乎应照城镇乡地方自治章程划分自治区域之法来划分学区，划分自治区域之法照自治章程是按照市镇、村庄、屯集固有之境界为准，则今日划分学区亦当以此为准，然后可与将来自治区域相合，这一层是否要添入？第七条第二项只说府厅州县，不说城镇乡，亦是与第一条同病，末一句说以府厅州县劝学所职员代之，劝学所之职员断不能尽管城镇乡之事，在城镇乡地方总要有个执行机关，若是用固有境界为学区，则固有境界内就有固有之董事，由劝学所督率固有之董事就是一个执行机关，这一层是否应在第七条下添一项或添一条？这是关于条文上之讨论，总之条文上之关系尚轻，而根本之关系甚大，若是小学章程不改，则地方学务永无发达之望，虽有地方学务章程，与无章程等。至于修正小学堂章程，我们资政院亦可以提出修正案，不过我们议员只有三个月功夫，如何来得及，只可以要求学部将小学堂章程修改好了教我们来议。这修正的章程能早一日颁行，则学务就可早一日发达，这是我们最大的希望。（拍手）

一二六号（陶议员镕）：本议员对于此案与方才孟议员所说意见相同，所以前日初读时即申明应先讨论大体，凡属一种章程必与各种法令相维系，若小学校法令不修改，完全奏定颁布此种章程必不能发生效力，教育亦断不能普及，即使规定尽善尽美，亦不过一种具文，毫无益处。盖此种章程专为偏僻与贫瘠之区儿童受国民教育起见，现在富庶及交通便利地方教育且未能普及，遑论其他。且儿童就学之年龄与就学之时间及期限均未规定求一，统计年龄簿尚不可得，则是此种章程虽属必要，不过今非其时。惟既经决议再读，不能不修正完善以为他日强迫教育之计划。本议员对于修正案不能满意者，劝学所不但不能取消，而且仍须多设劝学员以专其责，劝学所只视学员一人兼充学务，总董断不能执行乡学之事，况偏僻与贫瘠之区一府厅州县无虑数十或数处之连合会更何能以一身为执行。查日本市町村所特设学务委员，每市例得设十五人以下，每町村例得设十人以下，以四年为一任，系由公民中推举合格者任之。盖责宜专而事宜分，而教育一事尤非不谙学务者所能办。今自治职系二年为一任，且每年改选一半，姑无论无合格之人，若时时更易学务委员似非慎重学务之道。且修正案条文多有不合法理之处，仍宜就原案取决，只要将第八条"府厅州县、城镇乡或乡学连合会及其区关于地方教育事项之下均由已设之劝学所执行"一句删去，改为"得遵照学部奏定章程设劝学员"，而将第二项条文全行删去则得矣。此案最为重要，当格外郑重修正为是。望诸议员注意。

议长：现在是再读的时候，这修正案应逐条讨论。

一二九号（汪议员龙光）：这个议案已经再读，大家应行逐条讨论为是，如仍讨论大体便泛滥无归了。

议长：应由第一条讨论起。

八七号（沈议员林一）：今日对于本案既经讨论大体，本员亦有数语表明。方才所说困难地方皆因劝学员执行而起，惟看学部原定章程之一本以地方学务归自治职员管理为原则，劝学所是例外，非待自治成立学务必不能发达自是一定之理。惟本员对于此项章程实觉其有不甚完全之处，何也？地方二字包府厅州县、城镇乡而言，日本专为町村而设，地方甚小，所以注重村町组合，中国地方甚大，则不能专注于一乡之内，况不满五万人者为乡，则乡之不用联合会者正多，断非办一联合会即可振兴地方学务，此其不甚完全一也。日本地方学务通则是明治三十三年所定，至于学务发达之后，所以寥寥数条即可通行。中国学务方在萌芽，章程还未完备，应如何分划区域、筹集经费、调查学龄儿童必须逐一规定，方有入手办法，若照第二条所定，仍令自议，必致徒托空文，此其不完全二也。城镇乡地方自治章程学务兼中、小学堂而言，此项章程究竟系指中学、小学，或高等小学，或初等小学，或简易识字学塾并未指明，第十条所谓使用费者中国并无此项章程，实系抄袭日本学务通则，而不知其从何而来，此其不完全三也。依本员所见，必须逐一补订方能完备，于教育有益。

一四四号（胡议员柏年）：大凡法律，先有根本之法，方能定一完全之法，犹之将来开国会以后，他种宪政才能办好。学务全体的章程从奏定颁行以后，将及十年未曾修改，我们就是有国会的时候经国会议决之法令一年、两年亦须修改，本议员意见，此地方学务章程总算学务法令之一端，非学务法令之根本，须请学部将全体章程修改，再交本院合并讨论，方能无弊。

一二八号（邹议员国玮）：本议员对于修正地方学务章程的议案有简单的讨论。现在第一种章程交本院通过，此种法律通过以外，其实行时候不惟无益，而反有害，所以要讨论。而学部章程最注重"乡学连合会"五个字，其设立之意思是为推广教育，恐穷乡僻壤势力不及终亦不能普及。照地方学务章程十三条，地方公立学堂及各项教育处所所取之学费、公费、使用费等项均得作为基本公产或储备公款，意思甚好，可是此项章程颇有违背从前初等小学堂所规定约四百家设一学堂，后来改作二百家设一学堂，最后改作一百家设一学堂，如此则教育才能普及。乡学连合会两乡设一个学堂，这是不好处。照地方自治章程，五百家为乡，两乡合立一个学堂，地方相距甚远，两乡子弟往来不便，所以筹集款项亦有不能照地方自治章程，一乡要办几十个学堂又如何办法，而穷乡僻壤更恐有不到之处，所以本章程与从前所定的章程有冲突者如此。第七条第二项令连合会于各乡内独办小学堂一所或数所，各处的学堂为财产起衅，则教育未曾推广而争端甚多。从前学堂章程每年款项都归劝学所筹办，是地方自治的人担任筹款，若是劝学所又要办学，又要筹款，必要生出不良之结果。如果董事会大家担任则事可举行者，如乡学连合会由我们自治职员办的，劝学所不得干预，要是创立以后我们可以禀请立案，至于议事会、董事会办成，与自治职员、劝学所分清权限，若权限不分，不惟教育不能普及，必有一大冲突之处，资政院通过时候请大家细为讨论。

一二三号（汀议员辛）：这个地方学务章程议案经各议员研究均已明瞭，本议员则于修正案颇不满意。学部提出原条文大抵根据日本地方学事通则，无须删改。但从第三条起，至十五条止，多半是筹划地方办学经费，经费为万事之母，若无经费，如何能谋教育普及。据本议员看来，条文可以不必修正，可将议题改作筹定地方教育经费章程。至于完全小学教令，还请学部从速另编交议是为至要。

某议员：是否可以请学部特派员答复？

议长：请学部特派员答辩。

学部（李侍郎家驹）：议员孟君提议欲实行地方学务章程，须将关于学务之法令一律修正，诚为至当不易之论。然法令二字据法学上之区别性质不同，其关于法律者提交议会协赞，若关于命令应由行政各衙门分别奏请办理，现在资政院已经成立，凡交议及议决事件都是法律的性质，而非命令的性质。查教育行政之法规，大约关于法律的甚少，关于命令的居多，学部从前奏定学堂章程全是命令的性质，非法律的性质。照日本办法，凡关于教育之行政亦以命令规定居多，虽有敕令、省令、训令之不同，而其以命令规定则一也。学部奏定章程自光绪二十九年颁行以后虽时有修正，而前后尚未能贯通，亦新旧过渡之时所必经者也。本月初二日提议时旧方针与新方针之大旨曾经本部尚书说明，所谓新方针者，就是注重地方教育，既注重地方教育，即不能不以地方学务章程为要图，盖必养成地方自治之能力始可达教育普及之目的也。至与此项章程相辅而行者，其中有关于命令者，有关于法律者，其关于法律者亦不止地方自治章程一种。方才各议员所说学部各项章程能修改、不能修改一问题，本部可以承认、可以次第修改，惟中国现在情形既以地方学务发达为要，即当以地方学务章程为先，若能经过立法机关协赞，成为一种法律，则学部应据此为标准，以随时修改他项之法令，自不致有违异。

一八二号（万议员慎）：此案本议员第一次即行反对，孟议员所说甚为合法，而高议员所说亦有条理，此项章程若实行以后不但无效，而且有害，所以本议员不能不说。我国大人、先生都是以章程为能事，其实章程是章程，办事是办事，不但此章与彼章不同，而前章与后章就有冲突。从先学部章程颁出不但办理不动，而且有坏处，而且还有冲突处，此说孟、高两议员都已说过。自治章程有划为若干区，而地方学务又划为若干区，前后两次区域无所适从。第七条自治会章程是专任的，比如国会成立而资政院必定消灭，若不消灭，两个机关必有起冲突。第十二条就是仿照自治章程来的，学部章程在先，自治章程在后，学部办理十年自治会未有头绪，如何可以相合？至于学部章程第十二条可以不要，不惟无益，而且有损，如学务上年年有冲突，冲突都是为经费，我国人有公德心者甚少，穷乡是穷乡，富乡是富乡，比如有钱无论何乡都可以办，无钱则虽有一定之法令亦不能行，本议员对于此案是不能不请再为修正。

一九六号（牟议员琳）：今日众议员之演说都是讨论大体的事，非本日议事范围。查本院议事细则第三十四条"再读应将议案逐条议决之"，三十五条"再读已毕,议长得将议案付该管股员,令整理议决修正之条项及字句",照条文看来,再读之际必须逐条议决,再议第二条,如此逐次议去,方是议一条决一条,不致空言泛论,徒费时间了。

一二九号(汪议员龙光):本议员早主张要讨论条文,免得言论纷歧,茫无归宿。本议员对于审查之第二条有个疑义,学部原拟章程注重在乡学连合会颇具有苦心,诚恐分区一层太板,不能听人自然联络,兴学反多阻滞,乃准设乡学连合会以补救之,故揭出原因为"地处偏僻、财政薄弱"八字,审查人之意恐此八字包括种种原因,不可乃以"遇有必要情形"六字浑括之,立意甚善,而收效乃必相反。天下无论何事,有举办之人便必有阻挠之人,而地方学务尤甚。学部订立学务章程本为保护兴学一面,而章程字句一有不检,兴学一面方倚此为护符,阻挠一面亦即借此为利器。如依审查所规定,热心学务之人以为非设立联合会不可,阻挠一面之人便问他必要情形何在,必瞠目而不能答,即有词可答,此认为必要者彼不认为必要,以"必要情形"四字太无标准故也。学部原文所载"地处偏僻、财政薄弱"八字是原因,亦即是标准,应依原文为是,如谓包括原因不可,万不能以"遇有必要情形"六字作代。

一一七号(雷议员奋):前天地方学务章程初读之时,本议员曾就条文中疑义有所质问,此可以证明本议员对于地方学务章程未尝全部反对也。按照资政院章程及议事细则,凡经本院表决之结果不宜轻易取消,前天因大家注重国会,未能将此案大体详细讨论,然当时若不即行表决,则今日仍为初读,仍可讨论大体,但是前天已经议长按照细则宣布表决,议员起立赞成应付再读者居多数,似乎今日不能再行讨论大体。现在诸君主张俟学部将关于教育之法令全部修正而后再议地方学务章程,所以有此主张者恐地方学务章程与我辈希望修正之教育法令或有冲突之处也。本议员以为此可无虑,因地方学务章程所规定者不过担负办学责任之机关与夫筹定办学经费之方法而已,其余一切教授管理科目、年限皆不在此项章程范围之内,故与他种法令无发生冲突之机会,即将此案先行议决,仍与我辈修正教育法令之希望无所妨碍。今天是再读,再读应当逐条讨论,似应按照议事细则办理。(拍手)

一三四号(余议员镜清):请议长注意议事细则五十七条,请照行。

议长:现在还是由第一条起逐条讨论议决。

某议员：请秘书官再行逐条朗读，以便表决。

一五三号（易议员宗夔）：要议决，不要表决。

一二六号（陶议员镕）：此议案关系极重，原案较修正案妥协，宜废去修正案，仍就原案稍加修正，逐条表决为是。凡一种法典，务要慎重修定，以乘久远，万不可朝令夕改，失国民之信用。

一三七号（邵议员羲）：今天照章已到散会时候，此案大概一时难以议决，请议长可否照章宣告散会。（拍手）

议长：宣告散会。

下午五点三十分散会。

资政院第一次常年会第十一号议场速记录

宣统二年九月二十六日下午一点三十分钟开议

议事日表第九号

第一，地方学务章程议案。（再读）

第二，著作权律议案。（再读）

第三，提议陈请申明资政院立法范围议案。（会议）

第四，湖南发行公债核议案。（会议）

议长：今天议员到院者共一百四十八人。

议长出临议台：今天本议长、副议长具奏请速开国会一折今天已有谕旨，请大家起立敬听。

众议员起立。

议长：九月二十六日军机大臣钦奉谕旨：本日资政院具奏据顺直各省谘议局及各省人民代表等陈请速开国会一折，又据锡良等及陈夔龙、恩寿电奏组织内阁，钦颁宪法，开设议院等语，著将原折、电交会议政务处王大臣公同阅看后预备召见。钦此。读毕，众议员就座。

议长：由秘书官报告文件。

秘书官（张祖廉）：承命报告文件，共九件。

一四一号（杨议员廷纶）：前天福建谘议局来电为岁预算案有岁出、无岁入，现在该局已经停议，此事异常紧急，业经电达资政院。未蒙答复，请议长速复并咨度支部电饬闽督照章将岁出、入一并交出，以便预算进行。

议长：此案已经咨行度支部，候度支部回复之后再议。

一三七号（邵议员羲）：前天陈请股审查陈请禁止妇女缠足一案以为毋庸会议，本议员看起来此事很关重要，按照议事细则二十三条第二项，议员提起倡议得三【十】人以上之赞成即可作为议题，请议长交出会议。

议长：此种倡议须得三十人以上。

一一四号（胡议员家祺）：查禁止妇女缠足一事关系重要，陈请说帖经陈请股员以为毋庸会议，今邵议员提起倡议以为应付会议，本议员亦极赞成，应请议长作为议题列入议事日表。

一六八号（李议员素）：国会问题据一般传言恐有缩短五年之说，看现在情形，外人对我国势事不止一日千里，而我政府必主张迟迟缩短，只就我一方面言，何不可恪遵先朝谕旨，待以九年，诚恐人不我待，请议长极力主持速开国会，中国幸甚。

议长：国会问题今天可以不必再提，自然有下文。

议长：请邵议员再说明方才倡议之主旨，可以登议台发言。

一三七号（邵议员羲）：因为缠足的事情，前天陈请股审查以为无庸会议，本议员今天提起倡议，已经许多人赞成，可以作为议题。

起立呼赞成者甚众。

议长：邵议员提起倡议，请将陈请禁止妇女缠足一案交会议，已得三十人以上之赞成，应作为议题。

议长：前天陈请股员长报告各省谘议局陈请速定官制说帖毋庸会议，今天孟议员昭常提起倡议请交会议，应由孟议员说明理由。

一一六号（孟议员昭常）：这个议案是谘议局连合会陈请案，交到资政院经陈请股报告，以为毋庸会议，但无庸会议的理由因为陈请速开国会书中已经有责任内阁一节，此案就可以无庸再说，不知国会与官制是两件事体，所以请速开国会必先要改定官制。今天本议员倡议改定官制应该会议者，如果作为议题，俟陈请书印刷出来再议，现在亦可以不必再说陈请书之理由。

一二二号（江议员谦）：对于改定官制问题极力赞成，并且有意见陈说。

议长：请登台发议。

一二二号（江议员谦）：速定官制陈请股意思以为无庸会议，一方面以为没有设立责任内阁以前可以不必提及，一方面以为宪政馆因定官俸章程已请，于定官俸前先定官制，但速定官制应该提议之理由，不惟于改定官俸上有关系，于一切行政上都有关系。国家譬如一个制造厂，一切行政是制造品，官制即是机器，内阁即是引擎，国会即是锅炉，机器未设备而先求制造品之精良断无是理。现在立宪政体与从前不同，所以官制亦应改定，从前是专制政体，对于行政上以简为宗旨，所谓居敬而行简，无为而治是也。现在要照外国办法筹备宪政，其组织之繁密殆如茧丝牛毛，须知茧丝牛毛组织得好便是缔绣文章，组织得不好则纷纭错乱，一切宪政只以速乱而已。组织之好不好全在机器之适用不适用，专制政体之官制之不能筹备宪政，犹之纺纱机器之不能织布，其组织之繁简不同故也。这几年筹备总不知从根本上下手，若照此一年一年的办下去恐难见效。现在筹备已经到了三年，一切新政大有不能进行之势，所以然者因为机器没有改良的缘故。故日本筹备立宪亦是九年，中国筹备立宪就是仿照日本的，日本筹备立宪先从官制下手，官制一定，一切司法、行政权限才得分明，责任才能专一，某事归某部办，就不至紊乱，所以筹备立宪一定先要从改定官制下手，就是自治一边的事亦是从官治一方面分划出来的。无论种种机关、种种法令，大约不过官治、自治两种而已，现在筹备应先整顿官治而后自治乎？抑先自治而后整顿官治乎？官治而后自治，各国所同，因为地方上思想不易开通，就是有自治章程可以遵守，有地方税可以办事，还要地方官督促之才能举行，且须教育以开通之，实业以补助之，才能有自治之实力，然此是百年毕世之事，故日本立宪先整顿官治而后扶助自治，现在中国筹备反先自治而后官治，据筹备清单便与日本相反。日本筹备初年就从官制下手，明治十八年设内阁，其时已将各部官制改定，到明治二十一年才颁布完全之市町自治章程。我中国第一年就颁布城镇乡地方自治章程，而实行新官制反在第九年，（拍手）其意以为俟地方自治实在有个程度然后才整顿官治，现在士大夫议论亦以为官场非常腐败，没有甚么希望，希俟自治有个程度然后再监督官治，此等议论是万无此事实的，所以现在无论政府、无论我们议员都应晓得必要先整顿官治而后能望自治，断不能先望自治而后整顿官治。如果官制不定，官治是万不能整顿，自治是万不能办得好的。（拍手）所以各省陈请速定官制之理由甚长，今日要事第一是速开国会，第二是设责任内阁，第三是速定官制，第四才是清理财政。因为官制不改，此财政是无法清理。（拍手）从前官制与财政相辅而行，每一个行政衙门就有一个度支部，各有各的财政，彼此不能通融办理，所以稽查亦难着手。今欲图财政之清理，就在财政之统一，若财政统一，统归度支部管辖，则此外官吏何从作弊？（拍手）现在作弊之全权全付之藩库、付之州县，但今和盘托出度支部既不能指出实在中饱之数，谁肯托出乎？若官制改定，经理财政之机关统一岁入、岁出，度支部皆能通晓，彼焉得中饱，焉能不和盘托出？（语未毕）

一五三号（易议员宗夔）：请问议长，今天议事日表曾否已经改定，如未改定，仍应按照议事日表，请议长宣告开议。

一二二号（江议员谦）：本议员已得议长之许可，就是奉议长命令说明理由，不应中止。

议长：没有改定议事日表，待江议员说完再行开议。

一二二号（江议员谦）：此项事情本议员亦不必多说，将来提出议案各位高见甚多，再行讨论。（拍手）

议长：大家对于孟议员所提起之倡议以为可者请起立。

议员起立者甚众。

议长：孟议员提起倡议请陈请速定官制一案交会议，已得三十人以上之赞成，应作为议题。

一二一号（方议员还）：本员系陈请股股员，前日审查速定官制提前实行案，该说帖呈递后已于九月十四日奉上谕：官制颁布提前及试办期限。因此议决该件毋庸会议，现在孟议员倡议，大概是再要提前。

议长：现在开议。

一二九号（汪议员龙光）：学部章程前天言论纷歧，有主张请学部将奏定章程通盘改订再行归并讨论者,有主张此项议案已经提出审查就可逐条讨论者,请议长咨询本院决定,还是待学部通盘改定之后再行讨论,还是就此项议案逐条讨论?

议长：现在是再读,应当将议案逐条讨论议决。

一零七号（李议员榘）：地方学务章程上次开会初读因为有速开国会议案,所以随便通过,未经讨论大体,现在是要逐条讨论,然逐条讨论必须先定一个宗旨,譬如作文章把题目没有审定,文章如何作得好,既不能将此议案作废,就宜先定了宗旨,所有条件务臻完善,不然此项章程行到各处生出许多流弊,则地方学务受莫大影响。上次开会学部大臣说明学务方针注重初等小学,将来小学办法悉由学部命令,于章程决不能相违背云云。是将来学部办地方学务之命令即以此项章程为根据,此项章程关系非常重大,必期有利而无弊。乃此章程并未十分完善,宗旨亦未分晓,断难实行。且地方学务统归地方自治办理,抑仍归劝学所办理,尤不可不从长计议,先行解决。据本员意见,似宜仍归劝学所办理。现在地方自治方在萌芽时候,如骤以学务归自治办理,则初等小学必至一律破坏,盖劝学所及劝学总董在乡间专办学务为一般人民所共认,几成习惯。且变法以来本是由学务入手,继而警察,继而地方自治。办学务之人都是开通,最早热心新政,且在地方上名望素著,赴日本调查颇有心得,嗣后见新政不得不办,乃有学警察之人,至于学自治之人多从前反对新政之人,因风气所趋,不得不从事于此,然既学自治,学识自然开通,惟自治机关尚未组织完备,而骤将学务归其办理,恐于地方学务大不利益。本议员以为此时地方学务仍归劝学所办理,俟自治组织完备,即以现在之劝学所归入自治范围至为便当。如不先从此判定此项章程,由资政院议决,行之乡间生出许多流弊,岂不是一个笑柄?

百十四号（胡议员家祺）：地方学务章程最要紧者有两项：一项是乡学连合会,一项是初等小学,基本今就事实上著想颇关重要。因初等小学从前有连合设立者,不过未有章程维持,旋立旋散。又初等小学不能振兴者多因经费问题,若有基本财产,学务始有成效。惟学部原案是归劝学所主持,股员会修正案是归自治职主持,两相比较,本员赞成学部原案,但将学部原案第八条关于劝学所者稍为改正,两面都无妨碍。因现在各省府厅州县议事会有成立者,有未成立者,成立地方就归自治职,未成立地方就归劝学所,因城镇乡自治章程亦有劝学所也,所以对于议事会未成立的地方总由劝学所执行，至城镇乡自治成立以后就可以归自治职执行，皆无妨害也。故本员主张就学部原案细心讨论，学部原案与自治章程容易起冲突者只在第十五条，因学务经费按照地方自治章程拨归他项自治经费，再议拨还必生异议，但稍加修正即可无虑。本员之意如此，总之，此项地方学务章程关系重要，不可视为无足轻重，至逐条讨论之时必须注意为是。

议长：地方学务章程议案已经议了三次，尚无头绪，各位议员对于这个议案若有意见可以提出修正案，若屡次皆就大体讨论，日复一日，何日才能逐条讨论，何日可以解决。（拍手）

一二一号（方议员还）：修正案与原案之异点在废劝学所与不废劝学所，只须此一问题解决后即可，请议长宣告逐条通过。

一九六号（牟议员琳）：本议员还请议长逐条讨论为好。

学部特派员（范源濂）：地方学务章程议案现在已是再读，诸位仍要讨论大体，特派员遵照议事细则，前天各议员有关于大体的讨论未曾发言，若今日再不能逐条讨论，耽延时日未免可惜，请再说明此案之主旨以解诸位之疑难。这地方学务章程学部何以不早发布，何以必到宣统二年资政院开院之时才提出此议案，因为此事重大，非经大家议定不可。国家特设学部图教育之普及，自是学部的责任。地方自治章程未颁布以前，地方学务只能责成官办，劝学所亦是官立的机关，因为地方没有自治的机关，学部行文到各省提学使，提学使行文到各州县，各州县但能按照章程分办一、二学堂即算已尽该管地方官之责任，乡间多有不及闻知者。虽要教育普及，从何着手，自本部发布劝学所章程近两年来，各处城乡地方虽是没有按照实行之处尚多，然而全国中业已实行者亦不为少。地方自治未有基础，设一劝学所使之隶于州县，凡有劝学所的地方，该地方之学务虽未必即兴，然亦颇得劝学所之利益。即在劝学所章程发布以后，有许多事方有着落，何以故？因为劝学所既经设立以后，前州县所不能办之事情，如调查、执行各项便可以划归劝学所办理，该劝学所即可照章实行。但是这劝学所章程原不过为地方学务一时过渡的办法，现在府厅州县、城镇乡两种地方自治章程均已发布，仍要候到地方自治办好之后，地方学务才可以希望发达的。现在提议的地方学务章程，其中规定关于筹款之事居多，初办地方自治样样需款，地方上的款并非容易筹的，所以学部特将这个章程请交资政院议定，以照郑重。此项章程虽只十余条，并参照日本学事通则，然决不可轻视之。现在大家所切望者是行强迫教育一事，学部亦未尝不欲急办，然欲行强迫教育，必须有施行之设备，非贸然下一强迫命令即有教育普及之望也。设若中国此时一般人民都愿使子弟入学堂，所有设学费用悉仰给于官款，试问国家力量何能办到，所以最常注重者莫要于使各处地方遍设公立学堂，有因地势、财力难于设学之处更可用乡学连合会等办法以为补救，故有此章程，强迫教育始有可行之势，无之则永不能行矣，其重要实至如此。至论地方学务，在地方自治章程之中原有规定，若竟将学务置于自治之外、永归官设之劝学所办下去，自然不是正当的道理。修正案改定于地方自治未成立以前，将学堂仍归官办，既成立以后，就归地方自治职办，于理相合，所以本部已经承认。至于各位说将劝学所裁去恐有流弊，所虑颇为周密，现在本员可再说明。即照修正案办法，当不至将劝学所之成绩败坏，因学部另有法可以补救。如修正案第七条所云酌设之学务专任员，其人数的多寡及充当专任员的资格本章程均未规定，可以由学部拟定施行细则时特加注意，可使将来为学务专任员者其资格等项能称其职，与现在办劝学所者不相差殊，或更能得优于现在办劝学所之人亦未可知，因为各议员对于修正案将逐条讨论，所以本员不嫌辞费详为说明，如果仍有疑义，当再答复。

一二九号（汪议员龙光）：此案应由秘书官朗读，揭出一条则讨论第一条，揭出二条则讨论第二条，言论界（线）〔限〕不得出本条之外。

议长：此案应由秘书官逐条朗读。

一二六号（陶议员镕）：本议员有意见要质问学部特派员。劝学所即视学员办事之处，能否以一人兼办乡学连合会之事，至自治职每年改选一半，二年全行改选，不惟无办学之学识及经验，若年年更换，于学务前途必多妨碍，能否兼充，抑以专设为是？

学部特派员（范源濂）：办学的人数及资格，本部将来一定定出，并不是漫无限制。

议长：现在由秘书官朗读修正案第一条。

秘书官（曾彝进）：承命朗读第一条毕。

议长：第一条修正案请问诸位对于此案有何意见，请发议。

一九六号（牟议员琳）：今天各议员有许多疑问，都从第一条第二项生出者。第二项谓府厅州县自治职未成立以前由劝学所行之，原文之意谓自治成立以后则无劝学所，本员对于此意尚欲有所说明。教育是关于国家盛衰，非常重大，在日本制度府县即是我国之省郡，即我国之厅州县，郡之内有郡视学、郡书记，即是我国之劝学所总董一样，郡书记专任一郡所办之事，大概关于学务的事情为最多数，而查学的事委之于郡视学，可见我国厅州县自治成立以后则县视学是一定不废的。不过现在的劝学所兼任筹款之责、查学之责，自治成立以后则劝学所专任查学之责，而筹款设立学堂之责属于自治团体而已。照地方学务内容观察之，其重要之点有二：一、设乡学联合会，二、筹集公产、公款。此二件皆城镇乡自治团体之责，与府厅州县之自治职无大关系，鄙意不如将二项删去较为妥善也。且修正案第八条亦有此误解，应从删改，以清眉目。

一四八号（陶议员峻）：本员对于第一条简单说明。劝学所必不可废之说系由习惯上生来，其实劝学所乃暂设机关，自治会成立以后教育事件乃其一大责任，自应力谋发达，劝学所自应裁撤。如谓自治会中人往往不能办理学务，此乃个人之偶然不能，非机关之绝对不能也。其实劝学所、自治会同是地方绅士，彼能办，此亦能办，即恐有不能周密之处，于自治会中多设一办理学务之人亦已足矣，民力维艰，无取多设名目也。至视学员为官治，自治会即为民治，国家、地方机关并峙毫无缺陷也。

一二九号（汪议员龙光）：每案讨论即请议长逐条表决，不然议论终日究无一成，转耗时光，毫无补益。

议长：自然要照章将议案逐条议决。

百十号（于议员邦华）：已经讨论，或是有赞成，或是有反对，或是赞成修正案，或是赞成原案，均请议长分别表决。

七三号（汪议员荣宝）：法典股股员请声明理由，本议员简单说明。修正案第一条第二项何以没有"城镇乡"字样，因为地方自治有上级机关，有下级机关，上级是府厅州县，下级是城镇乡，下级机关不能担任的事情方是上级机关办理，下级机关所能办的事情由上级机关监督他去办，下级机关成立在先，上级机关成立在后，所以城镇乡自治何日成立，这地方学务自然照自治章程归城镇乡去，不过在上级机关未成立以前留这劝学代行监督而已。

一九六号（牟议员琳）：如果各省府厅州县自治成立以后，是否仍须视学员？

七三号（汪议员荣宝）：议决与执行均系地方自治之事，视学是另外一事，有了地方自治机关视学官仍是必要的。

一九六号（牟议员琳）：地方学务还须归国家审查。

七三号（汪议员荣宝）：本议员赞成此议。

一一二号（陈议员树楷）：第一条第二项与第七条第二项均是一样，若讨论此条到第七条时候，则第一条第二项可以删去。

一一七号（雷议员奋）：因为第一条第二项与第七条第二项有重复之嫌，遂谓第一条第二项可以删去，本议员不能同意。第一条第二项言劝学所其范围广，第七条第二项言劝学所之职员其范围狭，所以本议员以为第七条第二项或可以删，第一条第二项不可以删。

四八号（陈议员懋鼎）：按照议事细则五十九条，讨论之际非赞成、反对各有二人以上发议之后不得提起讨论终局之倡议，现在赞成、反对者均在二人以上，本议员请提起讨论终局之倡议。（拍手）

议长：现在表决第一条，赞成修正案第一条者请起立。

多数议员起立赞成。

议长：赞成者多数可决，现在第一条已经表决，暂行休息三十分钟。

议长离席，各议员退出议场休息。

下午三点四十五分钟议事中止。

下午四点十五分钟接续开议。

一五三号（易议员宗夔）：以后议决事件请议长先为宣告，每人应择紧要者发言，不得发言二、三次。比方有二人赞成，有二人反对，就可宣告讨论终局，不必再为发言，免得耽搁时光。此种时光甚可宝贵，今日议事日表第三条资政院立法范围议案有国会性质在内，关系甚重，何必于此一条议案刺刺不休，请议长宣告。

议长：易议员所说请诸君注意，现在表决第二条。

一二九号（汪议员龙光）：对于此一条上次开会已经讨论及之，兹仍请简单发言。原文中设立乡学连合会以"地处偏僻、财力薄弱"八个字为原因、为标准，最好不妨明揭出来，审查员易以"遇有必要情形"六字，恐反对办学之人反（籍）〔藉〕此以为口实，不如原文为佳，或删此六字不要亦可。

七三号（汪议员荣宝）：学部原案设立乡学连合会的条件以地处偏僻、财力薄弱为限，与城镇乡地方自治章程第五条规定的条件不同，城镇乡章程但说二乡以上有彼此相关之事必须连合办理者得设连合会，可见连合会设立之条件只要有彼此相关必须连合的情形，并不必以边僻、贫瘠为限，修正案改为必要情形，正与城镇乡〈所谓〉章程"必须"二字同义。至如何而后谓之必要，则委诸各该地方之协议，只须该地方议决，自不至生出许多问题。

七五号（长议员福）：本议员看来，汪议员龙光要删的八个字删去亦可。

议长：第二条第一项应否朗读？

众议员：不必朗读。

一二二号（江议员谦）：原案第二条所云"地处偏僻、财力薄弱"八个字最紧要，若改为必要情形则范围太广，此中甚多弊病，何以故？现在办地方学务的人有优有劣，第二条范围是但指财力不足的地方而言，如果财力足以自办之乡亦滥引第二条为借口，则地方学务之进步必益迟钝，请从原案，改为"遇有地处偏僻、财力薄弱之实在情形"云云。

议长：现在表决第二条，赞成修正案第二条第一项者请起立。

众议员起立，秘书官计算人数，报告赞成起立者六十四人。

议长：现在赞成修正案者居少数。

议员某对于表决人数提起异议。

议长：再行反对表决修正案第二条第一项者请起立。

众议员起立，秘书官计算人数，报告反对修正案第二条第一项起立者六十七人。

议长命秘书官计算在场人数，秘书官报称一百四十八人。

议长：现在议员在场者共百四十八人，赞成修正案第二条第一项者六十四人，赞成原案第二条者六十七人。

议长：现在表决两方皆居少数，且赞成、反对相合之数与在场人数不符，请再表决。

一一四号（胡议员家祺）：此案似无须再付表决。查数目不符者，因赞成原案者与赞成修正案者两数相加与到会议员之数不符，然此亦有故。因赞成原案及赞成修正案之议员外，尚有一部之议员于原案及修正案皆不赞成，是以两次皆未起立，然已居最少数，故可无庸再付表决。请议长比较赞成原案及赞成修正案者，孰为多数即可定议。

八一号（章议员宗元）：此项反对。必须反对者过全数之半方可以表决。

议长：请再行表决，赞成修正案第二条第一项者请起立。

众议员起立。

秘书官报告起立者六十八人。

议长：起立者六十八位是少数。

议长：现在赞成修正案既是少数，赞成原案第二条者请起立表决。

众议员起立。

秘书官报告起立者九十三人。

议长：赞成原案第二条者多数。

一一五号（许议员鼎霖）：请议长宣告赞成原案者就是赞成"地处偏僻、财力薄弱"八个字。

议长：修正案第二条第二项应否朗读？

众议员：无须朗读。

议长：赞成修正案第二条第二项者请起立。

多数议员起立。

议长：赞成者多数。

七三号（汪议员荣宝）：法典股员还有声明的意思，即第三条修改。

议长：请汪议员将第三条条文朗读一遍。

七三号（汪议员荣宝）：朗读第三条条文。

议长：现在汪议员拟修改的第三条诸君以为何如？

六十二号（刘议员泽熙）：顷汪议员所声明之处，本员以为可省几字，似不如改为"得就各该区域内画分为若干区"，盖各该云者即承上文城镇乡或乡学联合会而言也。

一三六号（王议员廷扬）：乡学联合会范围已属最小，何必再分若干区。

议长：请刘议员将所拟修改之条文朗读一遍。

六二号（刘议员泽熙）：朗读订正第三条条文。

议长：汪议员以为如何？

七三号（汪议员荣宝）：本议员赞成，请议长宣告表决。

六二号（刘议员泽熙）：顷某议员以为城镇乡区域曾经划分一次，今又划分学区未免纷扰。本员以为第三条所称"得就各该区域内划分若干区"者并不是定要划分，盖法律之上"得"字并无强制之力，有酌量情形可分则分、不可分则不分之意。且所谓划分若干区者就城镇乡区域内划分之，并非于城镇乡以外又划分若干区也，何纷扰之有？又况我国旧有之团屯图集无论用何名称，其下均有小区，将来划分学区必仍其旧，盖因各区内向有公款、公产为一区办公用费，断不能重行分划，以甲区之财产移其半为乙区之财产也。从此点观之，更无所谓纷扰。（拍手，拍手）

七三号（汪议员荣宝）：条文查有"城镇乡"三字，城镇区域大者太多。

一零九号（籍议员忠寅）：此事大家都不明白分区之必要，原案上有分区必要，还要请学部特派员宣布一切。

学部特派员（范源濂）：这个乡学联合会的分区是应有的，所以要设乡学联合会的缘故是因为地处偏僻或财力薄弱的两件事，但是有合此两件事须设立联合会的，亦有只因一件之不便即不得不设立联合会的。比方有个地方财力极为薄弱，而居民却非常之多，若不设一个联合会就不能设立学堂，所以不能不设立联合会，但联合会中只设一处学堂亦难将其地就学之子弟悉数收入，更非分立学堂数所不可。学堂既须分立，则分区之事自然又是应有的了。

一八二号（万议员慎）：请上加"自治"二字，下加一个"学"字。

议员有请议长表决者。

一二二号（江议员谦）：原案不改亦可，若要改，则请于"各该区域"之"区域"上加"自治"二字，"若干区"之"区"上加一"学"字。

议长：汪议员、刘议员均改过此个条文，现在江议员亦有改正，请将改正条文朗读。

一二二号（江议员谦）：朗读条文。

七三号（汪议员荣宝）："得就各该区域内"，"内"字不可少。

六二号（刘议员泽熙）：顷汪议员欲改为"得就各该自治区域内划分为若干学区"，本员以为"各该"二字即承上文城镇乡或乡学连合会而言，若添"自治"二字，文气似为不顺，且城镇乡为自治区域，乡学连合会①非自治区域，似不如"各该"二字可以概括，仍以用"得就各该区域内划分为若干区"为是。（拍手，拍手）

议员有请议长表决者。

议长：现在由秘书官朗读几位所拟改的条文。

秘书官：承命朗读汪议员所改正条文、刘议员所改正条文、江议员所改正条文毕。

一二六号（陶议员镕）：连合会亦可以划区系因其便利，将儿童委托于他区教育，原案条文甚妥，请议长就原案表决为是。

议长：现在仍就修正案第三条原文表决，赞成修正案第三条者请起立。

众议员起立。

秘书官计算人数，报告起立者共七十八人。

议长：起立者七十八人，多数。

议长：修正案第四条有无讨论？

七三号（汪议员荣宝）：声明此条印刷遗漏"公产"两字。

议长：现在表决修正案第四条，赞成者请起立。

众议员起立。

议长：多数。

议长：修正案第五条有无讨论？

一二九号（汪议员龙光）：本议员对于第五条有一疑问。原文城镇乡或乡学连合会及其区应受他处城镇乡或乡学联合会及其区之委托，代办儿童教育事宜，审查人将"城镇乡"三字删去，以为万无此城镇乡托彼城镇乡办学之理，或乡学联合会及其区则有之耳。本议员以为此区托彼区容或有之，至于联合会托联合会亦决其必无之事。地方因办学而设联合会者，原为该区无人、无财不能办学，因之而谋联合会，则必达到力能办学之目的为止。况所办者不过是儿童教育事宜，如起一初等小学单级学堂、简易识字学塾并非难事，安有组织连合会而复托别会办学之理？

---

① "乡学连合会"，原稿中"乡学连合会"、"乡学联合会"并用，为保持原貌，不作改动。

一一七号（雷议员奋）：本议员对于汪议员之疑问略有解释。乡学连合会是二乡以上，因有共同的关系所以连合起来，不一定因为一乡的力量不能办一个小学堂才要连合，亦不一定一个乡学连合会只办一个小学堂，所以与分区及委托代办的办法不是不相容的。

一二六号（陶议员镕）：本议员对于此解释尚须说明。乡学连合会因偏僻之区及龄学童人数少，不足一学堂之额，或因财力困难不能办一小学，或道路不便，所以有种种困难，于是设立连合会，俾得彼此磋商委托儿童教育，不是雷议员所说创办高等小学之类。

百二十号（潘议员鸿鼎）：本议员对于修正案第五条本来无甚反对，因为此种法律将来必要颁行，条文解释不妨从严。本议员意思原案第六条即日本地方学事通则之第四条所以称委托者，因城镇乡或乡学连合会以初等小学为义务教育，一乡之中有时不能自尽义务，所以委托他乡为其义务，故"委托"二字断不能删去。反之，受委托者亦是一种义务性质。原案从城镇乡一面说起极是，今修正案从地方长官说起，但云得令甲乡为乙乡代办学务，认为地方长官权利的性质是城镇乡等，两方面义务的性质都消灭了，本议员窃以为未妥也。

一五三号（易议员宗夔）：这个议题如此表决，甚费时光。诸位对于此议案若有声明，请到该股员会陈述意见，何必在大会多说，耽误光阴。今天时已不早，请议长宣告表决。（拍手）

议长：现在表决修正案第五条，赞成者请起立。

议员起立。

议长：少数但尚有疑义者再行表决，赞成原案第六条者请起立。

众议员起立。

秘书官计算起立人数，报告议长。

议长：赞成起立者七十二位，多数。

某议员：要请议长延长几分钟以了此事。

议长：今天无论到何时候总将此案完结，今天自然非延长不可。

议长：现在表决修正案第六条，赞成者请起立。

众议员起立。

秘书官计算人数，报告议长。

议长：起立者共九十三人，多数。

议长：修正案第七条有无讨论？

一零九号（籍议员忠寅）：本议员对于第七条所规定殊嫌活动，应当将原文"府厅州县及城镇乡为办理学务得于自治委员"之"得"字改作"应"字。这个理由因为第一条诸位讨论半天方才解决，将来自治职对于办学务没有经验，没有智识，于学务前途未免有所妨害，所以深恐劝学所消灭之后对于学务上定没有专任之人，就于学务上大有妨碍。大家都是这个意思，然据本员看来无大妨害。府厅州县自治章程内有议事会、参事会，多是办学的机关，中间多是执行办学的人，在城镇乡内所设立专任学务办事员一人或二、三人就是办理学务的专职，有此专职，而教育之前途亦可期其发达。然事虽如此，必须自治委员内设专任办学委员，以后办学方有专职，若没有专任委员，就是用普通各种办自治的人办学务，恐于教育前途一定大有妨害。

议长：现在籍议员拟修正第七条字句，请秘书官朗读。

秘书官曾彝进：承命朗读籍议员拟改订修正文。

七三号（汪议员荣宝）：将此条"得"字改为"应"字，本议员赞成。

议长：籍议员所修正的第七条已经秘书官朗读，大家赞成者请起立。

众议员起立。

议长：赞成者多数。

议长：修正案第八条有无讨论？

有呼不必讨论者。

议长：赞成者请起立。

众议员起立赞成。

议长：多数。

议长：修正案第九条有无讨论？

有呼不必讨论者。

议长：赞成者请起立。

众议员起立赞成。

议长：赞成者多数。

议长：修正案第十条有无讨论？若无讨论，赞成者请起立。

众议员起立赞成。

议长：修正案第十一条有无讨论？如无讨论者，赞成者请起立。

众议员起立赞成。

议长：修正案第十、第十一两条赞成者皆多数。

议长：修正案第十二条有无讨论？

一五三号（易议员宗夔）：请倡议将第十二条原文修正二字，本议员对于"嗣因"二字欲改为"如有"二字为好。因各处小学堂经费有并未拨作地方自治经费者，"嗣因"二字觉不甚妥，此种章程颁布后，小学堂与地方自治机关必要生出许多冲突，应将"嗣因"二字改为"如有"二字较妥。（拍手）

一一七号（雷议员奋）：第十二条内有"款项"二字，应作为"基本财产"四字方妙。

七三号（汪议员荣宝）："如有"二字可将"如"字删去，专用"有"字便是。

一五三号（易议员宗夔）：仍以"如有"二字为好。

七三号（汪议员荣宝）：改作"若有"二字亦可。

学部特派员王季烈：答复从前地方学务款项不尽是基本财产，盖常年经费亦可称为款项，故宜从习惯上用"款项"二字较为妥洽。（拍手）

一一七号（雷议员奋）：第十二条最为要紧，因为本条的规定关系经费之出入，稍有不慎则章程发布后易生冲突，所以条文不能不斟酌。"款项"二字所包甚广，如果以并非基本财产之学务经费办别项之事，则其款既已用去，划还时将向何人追还，故不如称为"基本财产"可免许多冲突。

学部特派员王季烈：从前办学务之款非属基本财产者其例甚多。如各项附加税或地方杂税等随收随用之款固不得谓之基本财产，然此等款项各处用作学堂常年经费者甚多，设因地方自治章程颁布后而移作他用，则照雷议员所改条文不能使之仍归学务之用，故"款项"二字断不可少。（拍手）

一一七号（雷议员奋）：然则"款项"二字可不必改，但"分别划还"四字须改为"分别划定"为妥。

众议员赞成。（拍手）

议长：修正案第十二条现在由秘书官将易议员、雷议员拟改之字句朗读。

秘书官：承命朗读修正案第十二条条文。

议长：赞成者请起立。

各议员起立赞成。

议长：多数赞成。

议长：第十三条、第十四条、第十五条修正案有无讨论？如无讨论，即行表决。凡赞成者请起立。

各议员起立赞成。

议长：多数赞成。

一百十号（于议员邦华）：本议员请议长与各位议员当注意者，对于议决之案必须细心讨论，然后可以表决，无论何时总要存一个郑重的意见，不可存一个潦草了事的心。现在因天色甚晚，有草草议决之意，恐怕于议决之事都受影响，大家总要存个慎重的心方好。（拍手）

一百零七号（李议员榘）：今天地方学务章程若以为无足轻重，潦草通过，不知将来关系实在不小。嗣后审查章程宜宽报告之期限，盖调查参考非仓猝所能办到，不详细研究，草草议决，至推行时必多阻碍，殊失资政院参预立法之本旨。（拍手）

议长：现在地方学务章程付法典股整理议决之字句。

一一五号（许议员鼎霖）：浙江谘议局事件当审查时候本议电咨浙江巡抚劝谘议局开议，不意昨又接到秘书厅送来电报，云抚台于二十三日亲莅谘议局开会，正议长、副议长均到会。俟摇铃开会，而议员入席者甚少，浙抚已饬令停会。前天议电复一节可以作罢，今天应当报告。

一四九号（罗议员杰）：湖南谘议局公债核办案甚属紧急，请议长将下次议事日表变更，提前开议。

一百九十号（吴议员赐龄）：浙江谘议局事前经关系谘议局事件特任股员开会审查决议，请议长交陈请股审查，业经报告，今许审查长宣告以浙抚来电已遵照宪政编查馆电示办理，当取消报告书。本议员亦在特任股员之列，审查长以一人意思径消灭全体已报之件，本议员绝对不能承认。

议长：湖南公债一案可以于下次议事日表内提前开议。

一一五号（许议员鼎霖）：查核议案总是谘议局与督抚两方面异议事件，现在浙江谘议局并无来电,只有抚台一方面来电,我们碍难就一方面照核议办理。

议长:今天已晚,散会。

议长离席,众议员退出议场。

下午五点五十分散会。

资政院第一次常年会第十二号议场速记录

宣统二年九月二十九日下午一点三十分钟开议

议事日表第十号

第一,湖南发行公债核议案。(会议)

第二,著作权律议案。(再读)

第三,提议陈请申明资政院立法范围议案。(会议)

第四,地方学务章程议案。(三读)

议长:今日议员到会者一百三十八人,现由秘书官报告文件。

秘书官(张祖廉):承命报告文件。

一七二号(李议员文熙):对于陈请股报告审查各省盐法事情应提为议题。

议长:如有赞成李议员所倡议者请起立。

各议员起立报号数者约五十余人。

议长:现在赞成者已过三十人,可以作为议案。

议长:现在罗议员杰有质问农工商部说帖一件,可否省略朗读?

各议员:可以省略朗读。

议长:有赞成此项说帖者请起立。

各议员起立赞成者在三十人以上。

议长:罗议员杰质问陆军部说帖一件,是否可以省略朗读?

各议员：可以省略朗读。

议长：有赞成此项说帖者请起立。

各议员起立赞成者在三十人以上。

议长：罗议员杰有质问外务部说帖一件，是否可以省略朗读？

各议员：可以省略朗读。

议长：有赞成此项说帖者请起立。

各议员起立赞成者在三十人以上。

议长：本日军机大臣到会，请军机大臣出临议台演说。

军机大臣（朗贝勒）：本大臣等今日系第二次到资政院，原以资政院本上、下两议院之基础，为中国数千年来未有之盛举，本大臣实深钦佩之至。自先朝宣布德音，预备立宪，我皇上御极以来复经迭次谕令内外臣工按照清单实行筹备，次第举办，是大政方针早已定自朝廷，不可移易。本大臣等奉命入直枢廷，忝参机务，惟有恪遵圣训，悉心经画，与内外行政各衙门协力进行，以期毋误期限。其中先后缓急次序如揆诸时势，有不得不量为变通者随时具奏，请旨遵办。而大纲终确守不渝，方今时艰日棘，正危急存亡之秋，无论如何为难，总当淬（厉）〔砺〕精神，迅速前进，俾宪政早日观成，尚冀朝野一心，共图补救，上赞圣世维新之化，下慰薄海望治之心，区区苦衷，愿共谅之。

一五三号（易议员宗夔）：有两句简单的话问军机大臣。军机大臣顷所说者有"正危急存亡之秋"一语，本议员的意思以为要挽救此危急存亡别无良法，就是速开国会。前天本院已经具奏，各省督抚又联名电奏，现在已有谕旨交会议政务处会议，虽说各部尚书都到政务处会议，究竟军机大臣还是主体，要请军机大臣今日当场宣示对于国会之意见。

军机大臣（朗贝勒）：国会的事情朝廷亦深知最为重要，但是万机决于公论方能筹策万全，现在各省督抚速开国会之电奏以及各省人民速开国会之陈请先后均经上达天听，惟此事必须询谋佥同才能定夺，所以要各部院行政大臣各具说帖陈述所见始可定此方针。现今已有谕旨，将资政院原奏发交政务处公同阅看，不日开御前会议，妥商办法。

一百一十号（于议员邦华）："万机决于公论"此语甚当，请求开国会一事闻昨日交政务处会议，皇上、摄政王、王公大臣同行政大臣以及天下人民无不望开国会，各省督抚亦联衔具奏，看此时候就是军机大臣对于此事大约无不赞成者，昨天已交议，总望军机大臣竭力主持，则国会无不早开之理。况且如今时候前半年一样，后半年又不一样，先有日俄协约，不几日又有日韩"合并"，各国对于中国大有一日千里之势，因为根本上在国会没有解决。至军机大臣同各部行政大臣想及此次情形种种困难，天下人无不知道，如果速开国会才能解决，即军机大臣亦甚明白，以故望军机大臣竭力主持，早日成全此事。况且资政院虽属上、下议院基础，然不能为国会。其所以不能为国会者，一院制不同两院制，钦选议员与民选议员一堂议事多有不便之处，国会不成立，则内阁无由负责任，甚望军机大臣一念国家全体之生命，二念我祖宗创业之艰难，三念皇上望治之殷勤，四念全国人民盼望国会之迫切，我们为议员的说话对于现今的事情无有别法，就是一腔热血而已。无识者往往说民气嚣张，其实人民盼望之切多有说我们不能办一事者，但既为议员，自不能不抱一点诚心，我今替国民惟有对军机大臣叩头而已。

一四九号（罗议员杰）：本员对于各位军机大臣无穷希望，于现在出席军机大臣尤有特别希望。去岁本员与开国会请愿曾谒军机朗大臣请求赞成即开，是时军机朗大臣尚为军谘处总理，极力许可，但以不在政府未便主持。自军机朗大臣入军机以来，本员异常欣慰，因为军机大臣公忠体国，海内钦仰，出语切实尤所倚信，对于国会必极力主张，来日御前会议要求诸位军机大臣极力主张，于军机朗大臣要求尤切，万一虽蒙俞允速开，不能达即开之目的，敬求军机朗大臣坚请即开，俾国家转危为安，全国幸甚。

一二九号（汪议员龙光）：朝廷原定宗旨在将九年清单筹办完全之后始开国会，但把九年清单一看必事事核其成效，即待宣统八年亦决不能筹办完全，目今内忧外患日甚一日，非速开国会万不能救亡。九年筹备清单可以付诸不顾，只须专言筹备国会手续，将选举法、议院法赶紧办好，约计数月可以成功，便可以召集国会。至如宪法一节，我国是君主立宪，自应先颁宪法后开国会，然选举法同议院法可以数月编成，宪法寥寥数十条自无不可于数月内订定，总要请求军机大臣即将根本之宪法及选举法、议院法赶紧办起，早开一日早有一日之幸福，若手续上本赶赴得及，而必多延缓一年、两年，似无理由可说矣。

百九十号（吴议员赐龄）：今天军机大臣对于国会问题或赞成，或反对，总要有一个切实的表示。国会的问题现已经过各省人民陈请至再至三，各省督抚又联衔入告，开国会与不开国会之利害各省督抚已经研究，则军机大臣较各省督抚必是更加研究的，军机大臣既然已经研究有素，究竟应速开国会、不应速开国会今天请军机大臣当场宣布。

军机大臣（朗贝勒）：方才有位议员所说的情形，对于国会问题，现在奉到朝旨已经交会议政务处公同阅看，将来各具说帖筹定方针现在尚未决定，本大臣亦无从预言。但据全国人民对于此事都是为公为国，（拍手）并不是为私为利。（拍手）朝廷之上已经深悉，不久即可宣示，凡事都要决诸公论始能面面周到，现今朝廷既未决定，本大臣所以不能宣布。

一三二号（文议员龢）：方才军机大臣所说"都是为国为公，不是为私为利"，即此两言已足表明实与全国吁请速开国会之人心为一致，此即是军机大臣欲速开国会之证据。现在吁请速开国会之折件已交政务处王大臣公同阅看，则转移之枢纽实系于军机大臣、政务处王大臣之一言，古人所谓一言兴邦即赖是矣。且国会之必开系奉先朝谕旨宣布，今所争者不过迟速之问题耳，譬如医家诊病，当其危殆之顷，群以为非服某药必不能生，则当急以进之，万勿狐疑犹豫，待其元气日削，外感交乘，以至于束手而不可治。传曰圣人不能违时，而亦不失时，又曰趋时若鸷鸟猛兽之发时者，固易失而难得者也。间尝历观前史，迨其末季曷尝不有人才，曷尝不发愤图存，曷尝不有一、二事力矫前非，差强人意而卒之无救于危亡者，则以不知本原之所在，或知之而误于群疑之荧惑，不能以毅力行之，然后遂致如此。今日之速开国会即本原之所在，愿军机大臣深体默验，当机立断，据以为请毋再迟回，此则全国之人民所昕夕企祷者已。

一零八号（刘议员春霖）：速开国会事情资政院已经具奏奉旨交会议政务处议决，既是全国的人都有陈请书，又经本院议决，可谓万众一心。本院议决国会之时，无一人不赞成，且三呼万岁，欢声如雷，凡旁听人亦从而欢欣鼓舞。如此情形，譬如瓜果已届成熟之时，无论何人，断不能再勒令不成熟。国朝三百年来列圣唯一之政策无不以顺民心为宗旨，想我皇上、我监国摄政王亦必心列圣之心，既以顺民心为宗旨，则今日万众一心，皇上必能俯允。现交会议政务处，则天下所共依赖、所专责望者就在军机大臣同政务处诸大臣而已。

一一五号（许议员鼎霖）：外国立宪都是由人民要求的，不知费多少笔墨，多少唇舌，甚至流血，然后始能立宪。我中国立宪出自先皇太后、先皇帝特诏颁行,由军机竭力匡助才能成功,所以我们无有不感激的。此次请开国会想军机大臣断无有不赞成的,将来一定可以对天下人民,不至使天下失望的。本月二十日资政院表决国会,无一人不赞成,三呼万岁,欢声如雷,诚为数千年来未有之盛事。观二十二行省人民的代表请愿书,各(国)〔省〕谘议局的请愿书,海外华侨的请愿书,都说得沈痛悲切,无不愿意早开国会。惟有革命党、哥老会土匪不愿意开国会,想政府看见四万万人民无不一心情形,必愿赞成速开国会。至于各省督抚亦皆联名电奏请即开国会,所反对者不过一、二人,此一、二人不过是顽固党,无甚主张,被一种赃官污吏蛊惑,恐怕速开国会即难自私自利,可惜此等顽固督抚未能亲到会场听大家讨论,苟能听至大家讨论,何至犯天下之不韪,想政府看见各(国)〔省〕督抚同意情形更愿速开国会。当二十日议决国会问题后往六国饭店,外国人当晚即发出电报六十七件,皆说我们以后同中国的交情应当愈密,我们到中国通商亦可以放心,因为有国会则有监督财政的机关,中国前途实有莫大之希望。见各报传有宣统五年开国会之说,本议员想这个国会总是要开的,早一年好一年,早一日好一日,五年与三、四年又有何分别,所望军机大臣将此种意思代为奏明,以副天下之望。

一零九号(籍议员忠寅):对于军机大臣颇有质问。方才有一位议员请军机大臣宣布国会的意思,据军机大臣所说,现在不能宣布,因为皇上没有一定方针,所以无从宣布,足见军机大臣郑重朝廷的意思,但是上谕未下是朝廷的方针未曾宣布,大家请求宣布者不是宣布朝廷的意思,是请军机大臣对于国会以表示个人意思。朝廷虽锐意维新,尚无效力,因为全国人民无不希望国会,并非资政院两百人议员的意思。前天上谕可见我皇上同监国摄政王对于国会毫无异同,所赖以表决者,即是军机大臣同各部行政大臣会议时力为主持,如果将来全体赞成,则国会即可速开,如果军机大臣或者不全体赞成,或者个人尚有他项意见,则国会恐一刻不能速开,这个结果全在军机大臣,所以大家请军机大臣宣布主旨者如此。

军机大臣(朗贝勒):方才各位议员所说的本大臣都已明白,今日本大臣以法人的资格到院,所以所说的话不能越法人资格的范围。若说个人的意见,本大臣未经陈明君上之前自不便先为宣布,总之国会问题大概自上至下应该无有不赞成的。(拍手)如今地球之大,大半是立宪之国,没有一国没有国会的,岂但本大臣等无别的意思，想我朝廷亦无别的意思，况且各位议员代表舆论请速开国会都出于忠君爱国之至诚，本大臣等是很佩服的。（拍手）

一三七号（邵议员羲）：东西各国通例，凡是君主的命令都由国务大臣副署，其副署之原因，一方代君主负行政上之责任，一方对于国会负责任。今中国所有上谕已由军机大臣副署，现在国会未开，资政院已经成立，副署之事是否与各国副署用意相同，上代君主负责任，下对于资政院负责任，究竟与各国国务大臣副署之意有无区别？

军机大臣（朗贝勒）：方才这位议员所说的话本大臣听不甚懂，是否副署的话，如果是副署问题先已有说帖过去，将来可用文书答复。

一五三号（易议员宗夔）：方才本院各议员对于军机大臣所希望的，要求军机大臣说明是否赞成的意思，军机大臣说明赞成，本院非常感激。但是上谕出来的时候，如果国会明年可开，就可以达全国人民之目的，如果明年不能即开，军机大臣就有副署的责任，即请军机大臣不必将名字副署。现在有反对的说是人民一请，国会即开，未免有失国家威令，殊不知请速开国会出于人民善意之请求，非由于人民恶意之胁迫。朝廷取重舆论，一定无不可行，军机大臣如果能够赞成速开国会，本员可代表全国人民十分感激。但外间有人传说必须宣统五年才能开国会，如果待到五年，不但生出许多危险，就是天下人民亦大失所望。（拍手，拍手）

一六八号（李议员素）：我中国之最可宝贵、最可凭恃者惟此民气，倘迭次请愿不准，人民爱国之气稍微一冷淡，则中国真亡矣。请军机大臣要利用现在之民气赶速扶植之，以救我中国于不亡，则人民爱戴，各军机大臣当何如也。

一一五号（许议员鼎霖）：我看众议员所说的话已甚悲切，军机大臣已经说过没有不赞成速开国会的，请大家于这个速字注意就是了。（拍手）今天时已不早，请议长按照议事日表宣布开议。

五十二号（毓议员善）：按资政院院章第二十三条第二项所云，前项核议事件即指有各省谘议局与督抚异议事件，凡关涉某省者该省谘议局所选出之议员不得与议，前议广西禁烟事时亦曾有议员疑问，有人解释说是不得与表决，并不是说不得与议，然照院章所规定则明明是说不得与议，并非说是不得表决，应请议长酌定。

议长：俟查明再行答复。按照议事日表，第一件是湖南发行公债核议案，可否省略朗读？

有呼不必朗读、不必朗读者。

议长：请特任股员长说明审查之大旨。

一一五号（许议员鼎霖）：湖南公债之案本股已于本月二十二日审查过了，秘书官亦宣读过了，今天本议员将审查的理由再为报告。此项议案是湖南巡抚因今年湖南乱后无款补亏所以发行公债一百二十万，仿照湖北、安徽的办法，第一年是七厘利息，第二年八厘，第三年九厘，第四年一分，第五年一分一厘，第六年一分二厘，这个利息甚大，大家要注意的。向来督抚奏此等之案多半是着照所请，此项上奏亦然。湖南谘议局则称局章第二十一条第四项本有议决本省税法及公债之权，湖南巡抚当时就应该交谘议局先为议决，议决之后再行上奏，乃湖南巡抚并未交谘议局去议即行上奏，在该抚实系侵权违法。在湖南巡抚则称，当此乱后之时，既不能请拨部款，又不能剥削商民，除了发行公债并无别的办法，且发行公债是各省通行，并不是湖南一省担任，如湖北、安徽等省都已办过，并没有交谘议局议过。嗣后湖南谘议局又一再来电说杨抚所说湖北、安徽等省发行公债万万不能作比例，因为这几省发行公债在谘议局未开以前，而湖南发行公债在谘议局既开以后，若说乱事以后时势仓猝不能交议，而五月之间正是湖南开临时会时候，何以仍不交议，其违法显然。可见两方面大概情形如此。现广西、四川、江苏均有电来，或说湖南巡抚违法，或说公债应否交议，本股详晰审查，实是湖南巡抚违背法律。然而我们亦有原谅湖南巡抚的地方，向来外省督抚拿着上谕就没有放在心里，一经发布后即如取消一般，所以外国人说我们中国为无法律之国，（拍手）我们中国并非没有法律，不过不遵守法律。孟子云：徒法不能以自行；诸葛武侯有言：有法而不能用，与无法同。有法律而不能遵守，遂与无法一般。现当预备立宪之时，谘议局是立法机关，资政院也是立法机关，所定之章程若是不能遵守，则将来开了国会亦是一个无法律之国。（拍手）所以我们公同议决，应当遵照院章第二十一条办理，请议长照章交专任股员审查。大概情形如此，报告诸君，本议员对于公债问题还有自己的意见，请问议长可否发言？

议长：可以发言。

一一五号（许议员鼎霖）：本议员对于公债的事情有最痛心之处不能不痛陈

于大众之前。当初北洋创办公债的方法甚好，实在是为本国开公债风气的。第一年是七厘的利息，每年递加一厘，至第九年增至一分二厘为止，这个利息究竟是归本国百姓所有，正是国家厚待百姓之意，所以当初北洋公债事情本议员甚为赞成。现在各省公债就失了这个本意，章程上有无论何人皆可转（买）〔卖〕、认票不认人之条，这一句话甚有流弊。到了今年有许多外国人来买中国的公债票，在伦敦发卖已经每票涨到一百零八两。为何一百两的票涨到一百零八两，因为外国公债票不过三厘、四厘而已，而中国公债票自七厘至一分二厘，这种大便宜何处得来。由此而观，深恐公债票为中国一个大害。试问这些公债票有无外国人托人至上海购买，请各督抚扪心自问所办之公债票是卖与外国人的多，还是卖与本国人的多呢？同一借钱，与其以一分二厘利息将公债票卖给外国人，何如以轻利息，明目张胆去借外债之为愈也。从前民人程度不高，但见各省借外债之害，如九三扣五厘利息之外仍要二十万镑酬劳，并交款时要二厘五汇费，还款时要二厘五汇费，以及我们中国人在外国存款则仅出利息四厘，我们中国人在上海用银则要六厘利息，且处处干预我们的主权，如造路买材料需九五扣派、洋人查账、派洋工程师督工等种种积弊，遂皆反对借外债。如果开了国会，则财政有监督机关，将来中国借款就不致乱用，办铁路可以赚钱，办实业可以赚钱，一切农工商应办之事皆可以借外款兴办，大约九七扣四厘利即可借到，岂不胜于一分二厘卖公债票多多？由此看来，还是借外债为美，抑将公债卖与外国人为美？（拍手，拍手）以上所说的话，望大家开会审查的时候将公债、外债比较比较，就有一个主见。

一五九号（刘议员荣勋）：刚才审查长报告谓此案须再交税法公债股审查，或交特任股员审查，本议员的意见不然。盖此案之主旨须认明不是试办公债的案，是湖南巡抚因办公债与谘议局异议呈请本院核议的案，故不必再交公债股审查。且湖南巡抚违背法律、侵夺权限业已显然，并请不交特任股审查，徒费时日，请议长直照院章第二十一、二十二、二十三三条作具奏案表决办理便了。又谓此案既不可作公债案办理，尚请将议题更正。

议长：现在按照发言表，对于这件议案，（语未毕）一四九号请发言。

一四九号（罗议员杰）：本员对于湖南公债案，湖南巡抚不交谘议局议即为违章，不经谘议局议决遽行即为侵权，审查报告断定违法但须加"断定侵权"

字样，请议长速付特任股审查，从速上奏。湖南谘议局于本月二十五日电称，此案不直，谘议局全体辞职，现距闭会期不远，请议长注意。

一五三号（易议员宗夒）登台发言：湖南巡抚试办公债的案件不交谘议局议决，据本议员看来，是一个侵权违法的案件，因为谘议局的章程是钦定的章程，湖南巡抚不遵守谘议局章程即是不尊重钦定的法律，即是目无君上的举动。（拍手，拍手）湖南巡抚违法侵权毫无疑义之处，本员可细为声明。按谘议局章程第二十一条第四项，谘议局有议决本省税法及公债事件，这个事件前既不交临时会议决，事后又不通知常驻议员，到九月初一开常年会又不交谘议局追议，其侵夺谘议局之权限、违背朝廷之法律显而易见。在湖南巡抚电称谘议局是否能取消奏案，是否能取消已经奉旨允准的奏案，不知他自己早已违背久经颁布钦定的局章，既是违背宪法，就是违旨欺君。（拍手，拍手）中国的法律既经颁布，督抚大臣往往不能遵守，所以本员将他这个案件看为侵权违法的问题。且即于此时交局追议亦为不合，查宪法大纲十二条所定君主大权有云，一在议院开会时得以诏令筹措必需之财用，惟至次年会期须交议院协议等语，杨抚当此预备立宪之时，胆敢僭用君主大权尤为不合，这个事件总要请议长指定特任股员审查，不能归入税法公债股审查，审查之后还请据实上奏。

五十二号（毓议员善）：议长既说是二十三条不得与议是不得表决，并非是不得与议，则院章第三十九条不得与议与二十三条不得与议是否同一解释，亦是不得表决，并非是不得与议，请议长解释。

议长：无论是不得表决、不得与议，并不是不得发言。（拍手，拍手）

五二号（毓议员善）：照院章三十九条规定，凡关于本省事件，该省议员就不得表决。

议长：上次已经行过，经大众认为不得表决，并非不得与议。

三七号（议员李子爵）：本省事件若不要本省人发言，则一切详情万不能知悉，不过不得表决而已。前因广西禁烟一案请示议长允许发言，又将章程当众解释一次，该省议员不在表决之内有案可援，湖南事同一律办理。

一一七号（李议员文熙）：方才所说的事情是资政院对于各省来的案件有关系于全国各省的人都应当与议，若不准说话，则资政院办全国的事件难道全体议员都不能说话？（拍手）

议长：按照发言表，请罗议员杰发言。

一四九号（罗议员杰）：本员以为巡抚借募集公债之名实则滥借外债，现在国会未开，监督财政权尚未发达，何能借用外债？此案名为湖南公债案，实则各省攸关，倘湖南巡抚可以侵权违法，湖南谘议局放弃不问，是坏先例。先例若坏，各省随之。

一零九号（籍议员忠寅）：湖南公债事情，本议员以为关系章程的事情我们国家定出一个章程，与寻常人行为不同。比如两个人随便定一件事情，无论何时不与人商量就可去做亦无甚关系，因为不是法律上的关系，亦不是章程上的规定，故可以自由行动。若国家定一个章程，则其具有强制力，非个人所比。比方有一件事情，必须经过这个机关始可去做，所以按照谘议局章程第二十一条规定，应归本省谘议局议决事件，而本省督抚非经谘议局议决之后不能实行，（拍手，拍手）不交谘议局议决就是侵权违法之确实证据。方才有几位所说甚属透切，该抚既是侵权违法，有议员倡议请交特任股员审查，想议长定交特任股员审查，一定认湖南巡抚是侵权违法确无疑义。本议员还有两句话，湖南巡抚一定是侵权违法，就是资政院将来具奏亦说湖南巡抚侵权违法，而湖南巡抚岂患加上"侵权违法"四个字，徒有侵权违法的名目，而不能惩罚亦属无益。对于湖南巡抚总要有个相当的处分，而后可以儆戒各省督抚，况且督抚在各省办事向来是惟我独尊，除却几个幕府都要听他们的指挥，并没有第二个人可以说话，他并不晓得有监督的机关，所以肆然甘冒侵权违法之法令。然既侵法，必须有相当处分方可以惩警其余。现在应交议与不应交议的核议案虽当审查，但是此案与广西案不同，广西的案件是自己变更公布，这个湖南案件明明应交议而不交议，其视广西已交议而变更的情形不同。况且广西案件若无稍加处分，将来各省督抚更不以谘议局为意，这个事情我们资政院若是办不好，以后督抚侵权违法的事情可以不必交资政院核议。（拍手，拍手）本议员想这个案件并不是核议案，照院章二十四条所规定是核办的案件，既为核办的案件，资政院就可以具奏，并不是不可请示处分。不过资政院不能侵夺君上之大权，若在奏折上加上"应如何处分之处，恭候圣裁"两句，这是可以说的。（拍手，拍手）资政院对于湖南巡抚若不定一点处分，则将来对于各省督抚与谘议局异议事情就不必核议，就不必核办，请特任股员审查，转请议长具奏。

一四四号（胡议员柏年）：这个案本应为核办案，方才籍议员已经说过，既归核办案，可不必有公债一方面说，就是公债这一方面许议员已经说过，但本议员是湖北人，可将去年湖北发行公债情形补说一遍。湖北去年办这事，是八月二十四日奉旨，谘议局是九月初一开的，谘议局要提议这件事情，既已奉旨，无可挽回。不惟无可挽回，到九月初十间欲买债票的本国人已经一张都买不到，全被外国人买去，其害甚大，所以地方上为之震动。湖南这个案本应归谘议局议决，如果交议，必议一限制之法以免受害，而湘抚不交局议，此是湘抚的错。查本院本月初十接湘抚来电中有句话说"谘议局是否有更改奏案之效力"，是恃其已经奏准而欲加谘议局以更改奏案之罪名，不知谘议局章程亦是钦定的章程，不交局议，这是湘抚先已显然违旨更改奏案了，这个更改奏案的罪名不得在湖南谘议局了。且湖南谘议局今年曾经请开临时会，政府中焉知其未交该省谘议局议决的，如其交谘议局【议】决过的自应照准，此正是湘抚蒙蔽朝廷、巧行私意之处。上侵君权，下压舆论，湘抚罪名并不止违旨背法而已，本议员意见如此。

一九六号（牟议员琳）：今天已至三下钟，照议事日表计有四件，这一件事就请议长指定特任股员审查，即行再议第二件。

议长：这个议案办法还未决定，即应付特任股员审查。

议长：本议长拟仍交原先指定之特任股员审查。

有呼赞成、赞成者。

议长：如此就决定交审查各省谘议局关系事件特任股员审查。

议长：按照议事日表，第二著作权律议案再读，应由秘书官朗读修正案。

一一二号（陈议员树楷）：本议员按照章程，议员修正案在审查修正案以前取决，请将本员修正案报告。

一五三号（易议员宗夔）：照章所定时候已到，可以休息数十分钟，现在大众多有自由离席休息者，不如请议长宣告暂时休息，以整秩序而肃议场。

议长：暂时休息三十分钟。

七三号（汪议员荣宝）：请休息二十分钟。

三点十五分议事中止。

下午三点三十五分钟接续开议。

议长：现在续行开议，由秘书官朗读著作权修正案。

秘书官（曾彝进）：承命朗读著作权律修正案第一条第一项。

议长：著作权律修正案第一条第一项赞成者请起立。

众议员起立赞成。

秘书官（曾彝进）：承命朗读陈议员树楷提出之第一条第二项修正案。

议长：第一条第二项陈议员提起修正案有无说明？

一一二号（陈议员树楷）：照第二十八条从外国著作译出汉文者应有著作权，但可于第一条通则内说出，第二十八条方有根据，第四条方有着落，所以本议员以为应先于通则内说出。

民政部特派员（孙培）：现在我国科学尚未发达，一切科学全恃翻本者，第一条明定译本事项恐引起外人要求著作权同盟，倘使加入同盟，则此后输入文明必多阻碍，故第一条未经规定，然于翻译一事毫无规定，又无以资提倡，是以第二十八条特表明之此本部之原意也。

一五三号（易议员宗夔）：本议员意思翻译不必亲定，翻译而有著作权真成笑柄，所以还是不规定为好。现在中国未入万国版权同盟会，若翻译书而有著作权，外人一定要来干涉，就是二十八条也可以取消。

八一号（章议员宗元）：版权同盟会系各国自由入会，外国不能强我加入，且外国人所著书不多，故中国加入版权同盟会甚不合算。我不加入，外国人岂能干涉？（拍手）

七三号（汪议员荣宝）：易议员说的似少欠斟酌，比如有一种著作必经注册方能享著作权律的保护，翻译之书亦是一样，若将二十八条删去，将来翻译的著作就不能享保护，此层还须注意。

议长：陈议员提起第一条第二项之修正案现在应行表决，赞成者起立。

无一人起立。

一一二号（陈议员树楷）：现在我们中国一切新书全恃翻译，既是如此，则翻译之权应当保护。然恐外国干涉，不肯列入通则之内，至二十八条始行揭出于编制之体例不合，至二十八条应否取消俟议至二十八条时再行参酌。

百三十号（刘议员景烈）：这个翻译权有总须规定在第一条者，或云不必规定，或云取消。据本员意思，第一条所称著作权是原则，第二十八条所称著作权是例外，不能将例外的事规定在原则内，应将两条并立。

三、资政院第一届常年会

七三号（汪议员荣宝）：现在第一条第一项，照修正案凡著作物而专有重制之利益者曰著作权，并无文艺、美术等字样，陈议员修正案第二项又云没有根据。

议长：陈议员提起第一条第二项之修正案试再行表决，赞成者请起立。

仍无一人起立。

议长命秘书官读股员会提起之修正案第一条第二项。

秘书官（曾彝进）：朗读股员会提起之修正案第一条第二项。

议长：股员会之修正案第一条第二项赞成者请起立。

议员多数起立赞成。

议长：命秘书官朗读修正案第二条。

秘书官（曾彝进）：朗读修正案第二条。

议长：如无异议，即请起立。

议员多数起立赞成。

议长：命秘书官朗读修正案第三条。

秘书官（曾彝进）：朗读修正案第三条。

一五三号（郑议员际年）：对于此条颇有疑问。这该管辖衙门到底是何项衙门，请说明界限，以免蒙混。

民政部特派员（孙培）：原定"各"字因有学部关系，现既归民政部专理，则"各"字当然删去，此为修正时错误，无足深辨。此外尚有声明者。本律既经修正，归本部专理，则第十六条规定云"凡愿受检定或审定之著作"应改为"愿注册之著作"；又第十七条第二项"除依第三十一条第一项规定外"云云，"项"字为"款"字之误，又"分别咨报民政部或学部存案"应改为"咨送民政部存案"；又第七条"著作权得有三十年""三"字上脱一"至"字。

七二号（胡议员礽泰）：这修正案现在不必字字研究，再读之后再交法典股再行修正。

三五号（议员曾侯爵）：请问议长，著作权修正案油印尚有否？本议员尚未收到。

议长：俟后补发。

议长：现在表决修正案第三条，有赞成者请起立。

各议员起立赞成，有声称宜删去"各"字者。

议长：现在已经删去。

秘书官（曾彝进）：朗读修正案第四条。

议长：有赞成者请起立。

议员多数起立赞成。

议长：原案自第五条至第十七条皆无修正案，请问还是逐条表决，抑由秘书官朗读之后归并一同表决？

一五三号（易议员宗夔）：请省略朗读，毋庸逐条表决。

一三七号（邵议员羲）：照议事细则，应逐条表决。

一五三号（易议员宗夔）：本议员的意思以为既无修正案，就可省略朗读，于议事进行之方法亦觉快便。

一三七号（邵议员羲）：加要求快非变更议事细则不可。

一五三号（易议员宗夔）：所谓逐条表决者是有疑义之条，既无疑义何必逐条表决，如必欲秘书官朗读一次，大家随即起立表决一次，有何意味？（拍手）

某议员：这个逐条讨论是看上条与下条有否冲突的地方，我们资政院大家不能互争意见，应宜尊重法律才好。

七三号（汪议员荣宝）：照议事细则三十三条云云，如果没有提出异议就可以归并讨论，既然如此，应请议长俟将来有提起异议者得有赞成员再行咨询本院决定。

一三七号（邵议员羲）：按照三十三条，有归并讨论的、有逐条讨论的〈者〉，现在是再读，应该逐条讨论，议事细则是本院应守的规则，本院若不遵守，则议决之事亦难望其生有效力。

议长：现在有两种办法，一个是逐条表决，一个是归并一同表决。

一零九号（籍议员忠寅）：今天本当逐条表决，如果此三条是一气就无庸逐条表决。

一一十号（于议员邦华）：请秘书官仍当逐条读下去，照大家如此争议，反致耽误时间。

议长：现在即行逐条表决，毋庸争议。（拍手）

秘书官（曾彝进）：朗读原案第五条。

议长：如无异议，可以不必表决。

一零八号（刘议员春霖）：本议员对于第五条有一疑问，"子嗣"二字与外国著作权"相续人"三字之意相同，惟外国之相续人别有法律规定，此"子嗣"二字能代相续人否？若无子嗣而有兄弟能相续否？

民政部特派员（孙培）：贵议员所虑决无妨碍，因第十六条末段规定尚有不著姓名之著作呈报时亦应记出本身真实姓名云云，不惧绝无人知其真实姓名也。

七三号（汪议员荣宝）：据本议员意见，"子嗣"二字不如改"承继人"三字较妥。

议长：汪议员倡议者各位议员赞成否？

议员多数起立赞成。

秘书官（曾彝进）：再朗读原案第五条，"子嗣"二字改"承继人"。

议长：第五条原案修正二字，赞成者请起立。

议员多数起立赞成。

政府特派员孙培：请发言。

众议员皆云：已经表决，不宜再发言。

议长：照章表决之后不应再发议。

议长命秘书官：朗读原案第六条。

秘书官（曾彝进）：朗读原案第六条。

六八号（文议员溥）：以下"子嗣"二字亦应（该）〔改〕作"承继人"。

七三号（汪议员荣宝）：落"其著作权"四字。

秘书官（曾彝进）：再朗读原案第六条，加"其著作权"四字，"子嗣"二字亦改"承继人"。

七三号（汪议员荣宝）：请议长逐条表决，有异议者发言，无异议者就不必起立。

议长：第六条，若无异议即可以决论。

有呼无异议、无异议者。

秘书官（曾彝进）：朗读原案第七条。

七三号（汪议员荣宝）：遗一"至"字。

秘书官（曾彝进）：再朗读原案第七条，加一"至"字。

有呼无异议、无异议者。

议长：本议长认为诸位皆无异议，由秘书官朗读原案第八条。

秘书官（曾彝进）：朗读原案第八条。

某议员："权"字上似遗"其著作"三字。

秘书官（曾彝进）：再朗读原案第八条，加"其著作"三字。

有呼无异议者。

秘书官（曾彝进）：朗读原案第九条。

某议员：本条第三句著作权上似宜加一"其"字。

七三号（汪议员荣宝）：法律上准用与适用意义不同，此条不能说"准用"，应该改作"适用"。

一三七号（邵议员羲）："不著姓名之著作"一句不妥。本员意见凡著作人皆有名，不过不用真实姓名，不如改用"不著真实姓名之著作"为妥。

一零九号（籍议员忠寅）："不著姓名之著作"宜于"姓名"上添"真实"二字，为"不著真实姓名"云云较妥。

民政部特派员（孙培）：决不冲突。凡不著姓名之著作，是著作者欲将其著作公之于世，而不欲将其姓名使世人周知也。然虽不欲将其姓名使世人周知，未必不欲将其姓名使保护之主管衙门得知，何则？盖保护之主管衙门若不能知著作者之真实姓名，则遇有侵害其人著作权之事，主管衙门无从尽其保护也。

一一六号（孟议员昭常）：第九条有语病，因为自己著作的著作权可以专利三十年，而不著姓名之著作亦得专利至三十年似不平允。

七三号（汪议员荣宝）：第五条著作权是本人终身有之，著作者身故后承继人得享有至三十年与此不同。

一三七号（邵议员羲）：有姓名之著作固当注册，不著姓名之著作似可用其别号（著）〔注〕册。

一零八号（刘议员春霖）：第六条修正案照日本著作权法律第十五条第四项，是非著姓名不可。

一九六号（牟议员琳）：议事日表每次不能议完，现在字句推敲，耽误时日，实在可惜，不若三读时再行研究。

一零九号（籍议员忠寅）：牟议员主张三读再行研究，本议员赞成。但是草草通过本员以为不妥，资政院是立法机关，对于议案不能不慎重，议事日表能议完固好，若不能议完亦无关紧要。

七三号（汪议员荣宝）：与其草率，毋宁郑重。

秘书官（曾彝进）：再朗读原案第九条，首句"姓名"上加"真实"二字，二句"著作权"上加一"其"字，末句"准用"改"适用"。

众议员有反对首句加"真实"二字者。

一五三号（易议员宗夔）：此案与十六条有关系，还照原文为好。

秘书官（曾彝进）：又朗读原案第九条，首句用原案，删"真实"二字，余如再朗读。

呼无异议、无异议者甚多。

秘书官（曾彝进）：朗读原案第十条。

七三号（汪议员荣宝）：不在此列之列，应改为限。

有呼无异议、无异议者。

秘书官（曾彝进）：朗读原案第十一条。

无异议。

秘书官（曾彝进）：朗读原案第十二条。

无异议。

秘书官（曾彝进）：朗读原案第十三条。

无异议。

秘书官（曾彝进）：朗读原案第十四条，"子嗣"二字改"承继人"。

无异议。

秘书官（曾彝进）：朗读原案第十五条，"子嗣"二字改"承继人"。

无异议。

一三七号（邵议员羲）："批准"二字可以不要，既有"注册"二字，就不必再用"批准"。

秘书官（曾彝进）：再朗读十五条，删去"批准"二字。

呼无异议、无异议者甚多。

秘书官（曾彝进）：朗读原案第十六条。

某议员：据修正案第二条，已将"检定"、"审查"等字样删去，本条似应改为"凡著作物呈请注册者呈报时应用本身姓名"。

有呼赞成、赞成者。

秘书官（曾彝进）：再朗读第十六条，照某议员所议改正。

一零八号（刘议员春霖）：对于第十六条"呈报人应记出真实姓名"本议员颇有意见。其愿记真实姓名与否应出于本人自由之意思，若如原条"应"字则是必须记出，鄙意拟将末句改为"亦可请记出真实姓名"。

一三七号（邵议员羲）：此项根本之错误在从前原案有"审定"、"检定"字项，此刻著作权中将"审定"、"检定"删去，似可不必再有。

八六号（喻议员长霖）：原文无语病。

七二号（胡议员礽泰）：因为注册可以享著作权的保护，将来既有根据，亦得享著作权。

一零八号（刘议员春霖）：亦有一种著作权不欲社会知其真姓名者，此应有自由之权，所以日本著作权律第十五条四项云"无名或变名著作物之著作者可请登录实名"，"可"字甚活，宜采用。

八一号（章议员宗元）：本议员以为不能不记真实姓名，因注册后可享三十年之权利，如不记真实姓名，倘呈报之后三十年中有人侵夺其著作权，则控诉之时彼何能证明其为自己之著作。（拍手，拍手）

秘书官（曾彝进）：又朗读原案第十六条，照某议员所议改正。

呼无异议、无异议者甚多。

秘书官（曾彝进）：朗读原案第十七条第一项。

议长：原案第十七条第一项有无异议？

七三号（汪议员荣宝）："团体"二字可否改为"法人"？

八一号（章议员宗元）：局所等并非法人，故"法人"二字不宜滥用。

七三号（汪议员荣宝）："团体"二字是否可以包括学堂、寺院等在内？

八一号（章议员宗元）：不如用"该学堂"等字样。

有呼赞成者。

五九号（顾议员栋臣）：应用"各该处所"。

有反对者。

秘书官（曾彝进）：再朗读原案第十七条第一项，"团体"二字改为"学堂等"三字。

有呼无异议、无异议者。

议长：第十七条第二项陈议员树楷提出修正案，由秘书官朗读。

秘书官（曾彝进）：承命朗读陈议员提出第十七条第二项修正案，原案"或学部原案"五字删去。

有呼无异议者。

议长：现在朗读股员会提起第十八条之修正案。

秘书官（曾彝进）：朗读修正案第十八条。

议长：有无异议？

各议员无异议。

议长：现已五点钟，可以散会。

议长离席，各议员退出议场。

下午五点零十分钟散会。

资政院第一次常年会第十三号议场速记录

宣统二年十月初二日下午一点五十分开议

议事日表第十一号

第一，著作权律议案。（再读）

第二，提议陈请申明资政院立法范围议案。（会议）

第三，地方学务章程议案。（三读）

第四，修正报律条文议案。（再读）

第五，湖南发行公债核议案。（股员长报告，会议）

议长：今天到会议员共一百四十五人，现在由秘书官报告文件。

秘书官（张祖廉）：承命报告文件。

议长：方才报告之李议员文熙质问内阁会议政务处说帖一件，系质问步军统领衙门职权事宜，秘书官已经朗读，赞成者请起立。

众议员起立赞成。

议长：赞成多数。

秘书官（张祖廉）：接续报告。

议长：方才报告之陈请股员长赵炳麟报告湖南谘议局不认铁路借款电，应咨行邮传部，赞成者请起立。

众议员起立赞成。

议长：现在赞成多数。

议长：还有邮传部片，奏铁路公司与普通公司不同，四川谘议局请速定路律、保全商律电据陈请股报告，也是要咨行邮传部。赞成者请起立。

众议员起立赞成。

议长：现在赞成多数。

秘书官（张祖廉）：接续报告毕。

议长：现在开议。

一五三号（易议员宗夔）：有句话请问议长。照内阁会议政务处议决事件如有疑问，得由总裁、副总裁咨请答复，对于宪政编查馆应该用咨请文书，何以议长这两次对于宪政编查馆用"咨呈"字样，这"咨呈"二字是下级官厅对于上级官厅所用的，我们资政院与他是平等的地位，如何用"咨呈"字样？

议长：向例凡是有亲王做堂官的虽是平行衙门，也要用"咨呈"字样，没有亲王做堂官的衙门始用"咨行"字样。

一五三号（易议员宗夔）：院章上是"咨请"，以后请议长用"咨请"为是。

议长：以后可改用"咨请"字样。

一四九号（罗议员杰）：各官厅虽有亲王，我们资政院也有亲王，况资政院与各官厅立于对待的地位，（拍手，拍手）无用呈之理，以后请议长改用"咨请"。

一四九号（罗议员杰）：前请速开国会上奏案今天有上谕没有？

议长：还没有消息，今天已经召见会议政务处王大臣，但是还没有上谕下来。

一四九号（罗议员杰）：几时才有上谕？

议长：本议长不是会议政务处王大臣，不能悬揣。

一一二号（陈议员树楷）：请速开国会的奏案现在未奉明谕，我全国人民甚属盼望，外间议论分歧，有说是明年开的，有说必待五年的，将来上谕一下，挽回甚难，请议长再将王公大臣官绅士庶合意请求速开国会的意思代达天听，力请明年就开才好。

议长：这些意思都已明白，倘有机会一定说到。

一一二号（陈议员树楷）：此项请求速开国会各省督抚都已知悉，所差一点就是会议政务处军机大臣大家要研究，如诸王大臣研究明白此事，没有不成的。现在全国人民盼望甚切即在于请开国会，此是全国上下一心，倘或不成，于国家前途恐有妨碍。

议长：现在已经开议，按照议事日表议事。易议员宗夒倡议湖南发行公债核【议】案事关紧要，请改定今天的议事日表，将这一件提前开议，赞成者请起立。

众议员起立赞成。

议长：赞成多数。

议长：现在先议湖南发行公债核议案，请特任股员长报告并说明审查之主旨。

审查湖南发行公债核议案特任股员长许鼎霖：湖南发行公债核议案审查报告书已经刷印分送，全文还要报告否？

有呼可省略、可省略者。

一一五号（许议员鼎霖）：湖南发行公债事于二十二日已经审查报告，上次大会仍交特任股员审查，现在应将审查之结果说明理由。查九月初四日湖南谘议局来电，照局章二十一条有议决本省税法、公债事件的权限，湖南巡抚未交谘议局议决竟公然发行公债一百二十万两，实是违法侵权，照局章第二十七条呈请由资政院核办。九月初十日接湖南巡抚来电，他说发行公债已经奏明，奉旨允准施行，该局无更改奏案之权，而且湖北、安徽等省发行公债都没有交谘议局议过。至九月十五、二十五两日，湖南谘议局又来两个电报，说是饥民乱后于五月开过临时会，那时就应该将此案交谘议局议决，该抚并不交议，公然施行，实系侵权违法，欺罔朝廷。湖北、安徽公债在谘议局未成立以前，不得援以为例，现在奉天总督锡已将公债交议，更见杨抚违法侵权。本股审查杨抚侵权违法属实，应请公决，照院章二十四条具奏请旨裁夺。本股审查之结果如此。

一零九号（籍议员忠寅）：看这个特任股员会报告书，审查的侵权违法是一点不错。但前几日本员于此案未交特任股员会之先已经说过，照院章二十四条系核办之案，似可以拟出办法，不过对于督抚拟定罪名这层，资政院无此权利。至于请旨议处则本院所应有者，若是对于督抚连这个都造不到，以后各省督抚可以放胆侵权违法了。（拍手）假为未请资政院核办以前，各省督抚对于法律、对于谘议局权限尚不敢违背侵犯，他既然侵权违法，既请资政院核办，还不能加以处分，以后各省督抚那里有资政院在眼里。从前广西禁烟一案原是侵权并系自己变更公布议案，那件事情本来资政院具奏没有请旨惩处的话亦有原因，一则是他并未违法，因为他是已交谘议局议过，并非如杨抚不交该局议决；一则是资政院未上奏之先，他已经自请议处，奉旨著无庸议云云。资政院既不应再有请旨惩处的话，所以广西的案可以无处分。此次与上次不同，又没有无庸议处之朝旨，并且确是侵权违法彰明较著的。若是再不加以惩处，资政院对于各省督抚毫无权力了。本员意见，对于报告书要加上两句，既为侵夺权限、违背法律毫无疑义，在这个底下应添入"若各省督抚相率效尤"，还有一句尚未想妥，以下再应加入"至应如何惩处之处，请旨裁夺"云云。请议长将本员修正案问各议员以为然否。

一四九号（罗议员杰）：请议长把籍议员的话问各议员赞成否，况且这个事情并不是关系湖南一省谘议局事，谘议局章程就是法律，以督抚之意见不能变更奏定法律未审，各议员以为何如？

五二号（毓议员善）：按照章程二十四条，不过前项核办的事情审查属实，照二十一条办理，查二十一条系请旨裁夺，籍议员提议亦是惟总以请旨裁夺，方与院章相合。

一零九号（籍议员忠寅）：照二十一条办理，本员亦是这个意思。第一项是对于军机大臣、各部行政（本）〔大〕臣侵权违法事项由总裁、副总裁具奏请旨裁夺，第二项对于各省督抚侵权违法亦是据实具奏，请旨裁夺。前项奏陈事情非有三分之二以上之同意不得议决，至于对于各省督抚侵权违法亦是这个样子，比照二十一条第二项请旨裁夺，我们若加上应如何惩处之处亦并不出请旨裁夺范围之外。（拍手）

一二六号（陶议员镕）：籍议员所说其理极为正当，湖南公债该督抚不交谘议局议决，违法侵权毫无疑义，况举行公债稍一不慎，大有害于全国。即如安徽去年奏办公债亦未交议，且系为经常之用经常之费万无发行公债之理，皖谘议局现在提议绝不承认。若此案湘抚毫无处分，将来各省效尤，为害非浅，请仍照籍议员所加之语为是。（拍手）

一七七号（李议员文熙）：向来各省督抚惟我独尊，任意自由已成习惯，故对于中央机关的命令往往视为具文。今忽有监督机关，渠等已先有不愿意处，谘议局章程渠等岂不知之，而敢于尝试者亦为后来自由地步，故本院对于此事若不认真办理，则各省督抚相率效尤，不惟谘议局之权限剥夺殆尽，将来国家法律将无实行之一日，故今日之当予处分不是专对湖南巡抚一人，实为维持国家法律之必要。（拍手）

百八十号（刘议员纬）：籍议员的话本员极赞成的。各省谘议局，朝廷所设之谘议局也，谘议局章程，朝廷所设之法律也。湖南巡抚敢于违背法律，侵越权限，非破坏谘议局，实即轻视朝廷也，朝廷所设之法律不重实行，将来官之专横愈不可收拾。即如广西巡抚违法侵权，不惟不加以相当之处罚，反因此而升署两广总督，据此看来，在官者个个皆有违法侵权之思想，即个个皆有升官发财之思想也。故籍议员请添加字句之处，本员是很赞成的。

七五号（长议员福）：本员是审查这个事情的一分子，初意审查的时候已拟加上"应如何给与相当处分恭候圣裁"等语。再复思维，与资政院院章究属不合，是以大家商议院章即是"请旨裁夺"四字，报告中只好说到"请旨裁夺"，庶乎不越范围。至于广西巡抚不同之处，所谓桂抚侵夺权限者是侵夺谘议局权限，湘抚违背法律者是违背朝廷法律，本院按照院章二十四条据实请旨裁夺，将来上奏后两抚罪名不同，不虑不予以处分。

九号（议员铠公）：还是照院章请旨裁夺为是，若请处分是与院章不合。

一四四号（胡议员柏年）：籍议员的话本议员是赞成的，但是不赞成加入审查案内作为修正。为此审查报告已属妥适，籍议员拟增的两句话可以加入案内，

不必添在报告书内。（拍手）

一二六号（陶议员镕）：请议长将此数语写入奏案上。

一一二号（陈议员树楷）：这个报告书是将来奏案的底子，大家既以此语为然，将来奏案上"应如何惩罚之处恭候圣裁"等语就可以添上，况且"如何惩处"字样就是根据侵权违法来的，添上亦无甚要紧，似不必如此争执了。

一二九号（汪议员龙光）：募公债与借外债迥然不同。一省举募公债，必先募诸本省，然后推及外省，并可推及外国，应总以本省为注重。既以本省为注重，则万不能不与谘议局商量，因为与大家商量方可使全省担负公债，而杨抚独不与谘议局商量即行上奏者，可见他的意思不重在本省，亦不必重在外省，而重外在外人。以七、八、九厘以上之重利募公债，于外人自然容易到手，名曰募公债，与借外债何异。此种以借为募的手段，其心可诛，万不能不照籍议员的话加上一层，并不出"请旨裁夺"范围以外。

一八二（万议员慎）：这件事情与广西大同小异。广西是交谘议局议，而谘议局不议，至于湖南，他并不交谘议局议，悍然不顾，可见他侵权违法是不错的。这个事既然上奏，就不必审查，本议员意思应加上"侵夺权限、违背法律、轻蔑朝廷"十二个字，请议长交起草员斟酌办理。前广西一事奏稿后数语无甚，结束稍松懈，本议员意欲发言，因稿已起好，成事不说，故此事不能不郑重。

议长：籍议员倡议修正报告书，诸位议员颇有赞成者，即可作为议题，现在应由秘书官将籍议员修正之处朗读一遍，即付表决。

七三号（汪议员荣宝）：本议员的意见，应在报告书"毫无疑义"之下加"若各督抚相率效尤，则国家法律将同虚设，自应照院章第二十四条规定，由本院据实禀陈，至应如何惩处之处，请旨裁夺"云云。（拍手，拍手）

议长：汪议员修正之点与籍议员意思相同，但字句稍异，不知籍议员以为何如？

一零九号（籍议员忠寅）：本员很赞成汪议员的话，不过这几句话不能写在报告书上，当写在奏稿上为好。

一三六号（王议员廷扬）：本议员对于这件议案的报告书颇有疑义。所谓"侵权违法"四字对于本案核议仍无结果，且发行公债不论有无利弊，现在公债已否发行，应责成该抚将所发公债一律收回方是正当办法。

一四九号（罗议员杰）：本院只问巡抚违法侵权，至于公债应否发行系湖南谘议局权限，今既断定交议，本院可以不问。

一三六号（王议员廷扬）：汪议员所说的话应当加入奏案，不应当加入报告书。

一五三号（易议员宗夔）：请议长命秘书官朗读汪议员修正案，即付表决。

一一七号（雷议员奋）：奏稿拟成后是否再由本院通过？

议长：恭拟折稿告成以后，总要朗读给诸位议员听听。

一一七号（雷议员奋）：今天所说的话多是报告书上的话，并不是奏折上的话，将来奏稿拟成的时候还要问各议员赞成不赞成，并非今天应议的事。今天所议的是湖南巡抚是否侵权违法，至于奏折上的话应当候奏折草稿成后表决，不必在会议审查报告时表决。

一五三号（易议员宗夔）：雷议员所说的话本员颇不赞成。广西奏案并未有经会场通过，当时决议即行上奏，此亦有例可援。本议员意见，请议长先将此案即付表决，由秘书厅起草就可以上奏，不必再行通过，免致耽搁时间。（拍手）

议长命秘书官朗读汪议员倡议之修正案。

秘书官曾彝进承命朗读汪议员修正案。（拍手）

议长：赞成者请起立。

众议员多数赞成。

议长：赞成者多数。

一五三号（易议员宗夔）：就请秘书官起草，或请议长指定议员起草。

议长：广西一案由秘书厅起草，此次自可照前例办理。

一二六号（陶议员镕）：请议长不必交本院通过，照广西核议案之例办理，若迟数日，谘议局常会之期已过，不及交湖南谘议局议决矣。

五六号（李议员经畬）：此系奏稿，其奏稿不必另在议场通过。

一零九号（籍议员忠寅）：应在议场通过。

一五三号（易议员宗夔）：若再到议场通过未免耽延时间。

议长：现在休息三十分钟。

下午三点十分钟议事中止。

下午三点四十分钟接续开议。

秘书长：报告，议长因事先回，请副议长代理。

一一七号（雷议员奋）：方才湖南巡抚发行公债的事情已经表决，本员本无异议，但是我们资政院所表决的事情总以不使外间有后言为是。本员提出二层意思请大家斟酌。第一层报告书是特任股员的审查报告，后来籍议员倡议，经汪议员加入一段，这是对于报告书审查之结果，本是应有的事。至于加入奏稿，这又是应有的事，已经本院表决过，而本员还要请议长再付表决者，因为照资政院章程，关系各省谘议局的事该省议员应该回避，我们资政院做事处处要依靠章程，方不至受外人的指摘，此是第一层。第二层就是奏稿问题应由议长起稿，然后再置本院通过，不要交秘书厅办理。因为我们资政院作事要从实事上着想，不要流于苟且，今日有一分的苟且，将来就有一分的流弊，资政院奏案是全体的，不是总裁、副总裁的。（拍手）从前广西的事情已经过去，自此番湖南事件以后无论有甚么事，奏案都要经大会通过，不可交秘书厅办理。

一五三号（易议员宗夔）：方才雷议员所说的话本员非常赞成，但方才表决是表决汪议员审查之结果，如果再有审查报告表决的时候，请议长命湖南议员退出议场。

八十号（劳议员乃宣）：照院章二十一条，议决时候非有到会议员三分之二以上之同意不得议决，如果再有表决时候请议长数清人数。

副议长：现在表决报告书，请湖南互选议员暂行退出议场。

湖南议员易宗夔、罗杰、汤鲁璠、唐右桢等退去议场。

一一七号（雷议员奋）：对于表决报告书，本员是特任股员一分子，拟请先把报告书的理由说明一启迪，再付表决。

三七号（议员李子爵）：今日雷议员所言遵章不得与议之说本员赞成，如不以规矩，不能成方圆。至广西禁烟的事情，当时将此条请问议长解释一次，准其发言，不过不在起立表决之内，又经众议员多数赞成。据本员意见，湖南议员事同前一律，亦不过不在表决之内，如定必退出议场回避，未悉前次广西议员退席否，若退席，则湖南议员定必遵章办理。

各议员：从前表决广西事件时，广西议员已经退出，不过钦选议员没有退出。

一一七号（雷议员奋）：本议员请说明报告书之理由。

一一七号（雷议员奋）：湖南巡抚发行公债未交谘议局议他就出奏，奏了之后奉旨交度支部议，度支部议准奉旨依议，后来湘谘议局请巡抚交议，仍没有交议。我们资政院要认清楚此事不仅关系湖南一省，中国二十二行省凡有谘议局的省分都有关系，为议决的正当，各省都受其福，如不正当，各省都被其害。在谘议局的章程明明定好的，湖南此事应当交议，巡抚不交议就出奏，是明明用奏案以取消谘议局章程。（拍手）请各位议员不要说是湖南一省的事，亦不要问湖南巡抚是何人，（拍手）若一问是何人，就有许多窒碍，这是特任股员报告书中未说的话，所以本议员特为说明。

七三号（汪议员荣宝）：不是湖南一省的事，也不是谘议局的事，是中国全国的事。

副议长：现在表决报告书，以为可者请起立。

众议员起立赞成。

副议长：赞成者过三分之二。

一一七号（雷议员奋）：汪议员的话到底加入奏案与否，请议长交秘书官报告一遍再付表决。

八七号（沈议员林一）：汪议员所拟加入数语前已表决过，无庸再行表决，现如再为表决，就是更正表决，与议事细则不合。（拍手）

一一七号（雷议员奋）：这个条件如果一定加入奏稿，则不再付表决，本议员亦可赞成。

六二号（刘议员泽熙）：顷所表决本已包括审查报告书及汪议员修正案在内，乃雷议员倡议谓初次表决湖南议员未退出议场，请再付表决。易议员因分析报告书及修正案为二，谓初次表决为修正案，非报告书，议长乃将报告书重付表决，已属不合。今雷议员又倡议将汪议员修正案再付表决，本议员以为断无再付表决之理。盖凡议案表决总是多数，不能全体若一议员不合意倡议表决，将表决后，又一议员不合意必又倡议表决。由此而再、而三、而四，终无已时，此风一倡，恐资政院无表决之议案矣。故汪议员修正案断不能再行表决。（拍手，拍手）

四八号（陈议员懋鼎）：方才汪议员修正报告书即不表决，于事实上并无妨害，将来奏稿拟就后既须朗读表决，现在自可以不必表决。（拍手）

副议长：折稿案拟既成，自然是要读给大家听的。

一二六号（陶议员镕）：本议员意思，奏稿若成就要出奏，不及再行通过。今日初二，去谘议局闭会之期仅有八日，若再俟下一会通过再行具奏，辗转迁延，谘议局常会之期已过，必不能交湘局议决，于事实上大有妨碍，请照上次广西谘议案具奏之前例办理。

百九十号（吴议员赐龄）：现在已经表决，只好将修正条件加入奏稿，请议长命秘书厅赶紧拟就，今天就拿出来通过。

副议长：奏稿要详细斟酌，今天无论如何不能赶就。

一三七号（邵议员羲）：照章表决之后，无论何人不得发言。

副议长：按照议事日表，原列第一著作权律议案续再读，照章应逐条表决，由秘书官朗读。

秘书官（曾彝进）：朗读原案第十九条。

八七号（沈议员林一）：十九条"呈报之后每次发行仍应呈报"未免太繁，比如编辑一种杂志，发行六次，可于首次呈报时预先声明，但须于声明次数外，再有续出，令其呈报，若发行六次就要呈报六次，在呈报者及受其呈报人均嫌烦累。本议员意思当以次数为限，如于限外另行添出再令呈报，且呈报如须交费更属不宜，此条似须斟酌。

副议长：沈议员有修正案否？

八七号（沈议员林一）：本议员与陈请议员等意思相同，但发行后有改良者，是否另为一件事情呈报注册总须声明，庶免临时各为解释。（声浪大作）

副议长：未具修正案不好议决。

六七号（王议员璟芳）：通过条文非于开会以前审查修正全文，甚难通过。若在会场内商酌修改，于时间大有妨碍，所以当读条文之时，在会场有异议者不能临时提出修正案。

政府特派员（孙培）：第十九条末段系根据第十二条规定，而第十二条规定理由则在使各著作物均能享有至三十年之权利，不致有畸轻畸重之弊。

八七号（沈议员林一）：本条既与前条牵涉甚多，前次会议本议员有事未经到院，致未接（恰）〔洽〕。业经通过，条文无从追改，本议员提议即可取消。

副议长：诸君对于此条有无异议？

有呼无异议者。

副议长：如此，则本条可决。

秘书长（曾彝进）：朗读原案第二十条。

副议长：有无异议？

七二号（胡议员礽泰）：法典股审查时本员对于二十条有疑义，第五条、第七条规定其子嗣当继续著作权时应赴该管衙门呈报，何以第六条未有规定？

七三号（汪议员荣宝）：第五条遗漏一"至"字，应作"第五条至第七条"之规定。

副议长命秘书官如汪议员改正，并命将"子嗣"二字改作"承继人"。

秘书官（曾彝进）：承命再读第二十条。

有呼无异议、无异议者。

百四十号（康议员詠）：第六条于第十五条已经规定，这个"至"字可以不要。

七二号（胡议员礽泰）：因为第十五条是计算年限，第二十条是呈报年限，已经分作两件事。

副议长：本条可决。

秘书官（曾彝进）：承命朗读原案第二十一条。

有呼无异议、无异议者。

副议长：既无异议，本条可决。

秘书官（曾彝进）：朗读陈议员树楷提出之修正案第二十二条。

副议长：请陈议员树楷说明修正之理由。

一一二号（陈议员树楷）：原案上是说重制者应赴该管衙门呈报，但是"重制"字样即有翻版之意，当说明本意，以免含糊。

八七号（沈议员林一）：这个条文还要修正，因为著作兼美术在内，美术亦有改良时候，不能专就书本而言。

一零九号（籍议员忠寅）：沈议员解释颇错，不能分两项。如果将原案作为第一项就是矛盾，何以故呢？因为重制就有翻版、改良意思在内，陈议员修正案不去"重制"字样就是想不必分两项了。

政府特派员（孙培）：二十二条规定著作权期限内将原著作重制的"重制"

意思是就订正而言，至陈议员修正本条谓改良内容重制之著作应从重制发行时起算年限等语，本员对此颇有疑问。倘如陈议员所云，则原著作是否仍有著作权，若谓仍有著作权，是一种著作而有两种著作权矣；若谓原著作之著作权归于消灭，则此后他人即可任意翻版，且将侵损改良内容之新著作权矣，是不可不研究者。

八七号（沈议员林一）：意思是相同，但发行后有改良之时，改良之后就是另为一件事情，须另为呈报，这一项专为改良著作而言。（声浪大作）

一一二号（陈议员树楷）：本议员意思，第二十九条著作权即以阐发新理为断，足以视为阐发新理者即（与）〔予〕以著作权，但看以下所揭各项未免挂漏，所以主持删去。

某议员：重制既然不是翻版，请特派员把"改正内容"四个字解释明白。

政府特派员（孙培）：第一条重制意思翻版亦在其内，即改正亦在其内。

某议员：翻版应在出版条例内说，是重制有翻版的意思。这解释不甚清楚。

一三七号（邵议员羲）："重制"二字似乎不甚明晰。

七三号（汪议员荣宝）：二十二条"重制"之上不妨加"订正"二字，其不加订正者自然不在此限。

一零九号（籍议员忠寅）："重制"二字解释很不容易，因为此二字不甚明白之故，日本著作权律内用"复制"二字，复制就是再版的意思。我们著作权律内二十二条所谓"重制"与日本"复制"相同，不如加"订正"二字较为明晰。至于解释条文必须加以订正才可呈报，呈后新效力即可发生，如政府特派员所谓由头一次呈报计算年限是后来再不能发生新效力了。

七二号（胡议员礽泰）：方才籍议员的话本员赞成一半。因为发生新效力不很正当，订正即可以呈报，若是再报就无须呈报，此条意思是恐人家侵夺著作权翻版去卖，所以说将原制作重制者应赴该管衙门呈报，原为保护他的著作权，若不呈报就不能保护。立法的主意在此。

一零九号（籍议员忠寅）：如果他自己不呈报，如何知道是他自己翻版，或是他人翻版的，所以必经本人呈报，然后才能受法律保护，如他自己翻版的时候不来呈报亦无可议。

八七号（沈议员林一）：这个不但为出报起见，并包美术等在内，既有美术在内，这美术的改良还是在内抑是在外。至于呈报之时并无所谓重制呈报之费，据本议员看来，不如照原案在著作权期限内将原著作重制者稍加修改、没有大变动的可以作为另外。

九十九号（陈议员瀛州）：今日为著作权律第二十二条"重制"二字经众议员讨论，越三十分钟之久尚未解决，现距闭会期限不足两月，若如此逐句逐字讨论不休，深恐误事。究竟赞成原案，或赞成修正案，应请从速表决，如再更番辩驳，坐使此宝贵之光阴竟成虚掷，岂不可惜！

四八号（陈议员懋鼎）：二十二条还是照原案好。

一一二号（陈议员树楷）：本议员意思尚未说完，此重制的意思不是更正内容的意思，既是到该管衙门呈报就有发生效力，所以翻版一层无须呈报。

六二号（刘议员泽熙）：顷陈议员修正案所谓订正重制而改其内容者本员以为不必如此修改，盖"制"者，制造之意，"重制"即是修正，即是改其内容，并非再版之谓，且第一条业经标明"重制"，此处又添"订正"等字亦似矛盾。

四八号（陈议员懋鼎）："重制"就是包含修正在内，不止翻版一端，且第一条已有"重制"字样，不能不归一律。

一二六号（陶议员镕）："重制"二字自是包涵修正意义在内，不难解决，只须认明此为著作权律所谓"重制"，即是将著作物重行改制。至翻印之事当在出版律内规定，此"重制"二字绝非翻印可知。

一五三号（易议员宗夔）：因为两个字讨论了四十分钟之久，尚未解释清白，请议长即付表决。

副议长：现在表决，以陈议员树楷之修正案为可者请起立。

无起立者。

一一二号（陈议员树楷）：本议员再把修正案读一遍。

五二号（毓议员善）：请议长将"变其内容"四字删去再行表决。

众议员请表决原案。

秘书官（曾彝进）：朗读原案第二十二条。

起立者六十八人。（声浪大作）

副议长：少数。

五六号（李议员经畬）：请议长加入"修正"二字再行表决。

一一五号（许议员鼎霖）：两次表决均属少数，请议长加入"修正"二字再行表决。

副议长命秘书官如议，加"修正"二字于"重制"之上再朗读。

副议长：以为可者请起立。

众议员起立。

副议长：多数。

秘书官（曾彝进）：朗读原案第二十三条。

有呼无异议者。

副议长：既无异议，本条可决。读原案第二十四条。

秘书官（曾彝进）：朗读第二十四条。

七三号（汪议员荣宝）：遗漏一个"权"字。

秘书官（曾彝进）：添入"权"字再朗读。

有呼无异议者。

副议长：第二十五条陈议员树楷有修正案，由秘书官朗读。

秘书官（曾彝进）：朗读陈议员修正案毕。

副议长：请陈议员说明理由。

一一二号（陈议员树楷）：这个原案搜集他人著作数字解释不清楚，因为搜集他人著作一定不是一个人的，是多数的著作，所以要改搜集多人的著作编集权归编者有之。

某议员：陈议员修正案未听清楚，请再读一遍。

秘书官（曾彝进）：再读陈议员修正案。

副议长：赞成陈议员修正案者请起立。

无人起立。

副议长朗读原案，"例"字仍改"限"字。

秘书官（曾彝进）：承命朗读。

副议长：赞成原案第二十五条者请起立。

众议员起立。

副议长：多数起立。

秘书官（曾彝进）：朗读原案二十六条。

有呼无异议、无异议者。

一一二号（陈议员树楷）：第二十六条有遗漏。

一一二号（陈议员树楷）：二十六条尚未表决，并且遗漏"其著作"三个字。

众皆云有遗漏。

副议长：如此，就加入此三字再朗读一遍。

秘书官（曾彝进）：承命加入朗读。

呼无异议、无异议者甚多。

秘书官（曾彝进）：朗读原案第二十七条，如前例将"例"字改"限"字。

有呼无异议者。

副议长：王议员璟芳有第二十八条之修正案，由秘书官报告。

秘书官（曾彝进）：王议员璟芳提出修正案，将第二十八条作为附则第五十一条。

百九十号（吴议员赐龄）：二十八条应该取消，何则？凡所有权者皆含受特别利益之保护，此种条文既不能享受个人独有之利益，又不能享受数人共有之利益，不独与上面种种保护条文冲突，且与议题冲突，实属画蛇添足，必须删去，免贻笑柄。

六七号（王璟芳）：提出修正案第二十八条作为附则五十一条的缘故尚须简单说明。因为著作权律全篇皆是规定著作的权，若译出的书总要有点分别，改入附则内视为特别条文全律的体裁较为完善。

副议长：现由秘书官朗读。

秘书官（曾彝进）：朗读王议员璟芳提出之第二十八条修正案。

副议长：请王议员璟芳说明理由。

六七号（王议员璟芳）：这原案语译书的便有著作权，译与著本是二事，这是第一层不合。又就原作另译华文不在禁止之列，这是第二层对于保护不确实。又译文无甚异同者不在此限，"无甚异同"四字不定确实解释，将来实行的时候对于这一层更有许多困难。本议员想一条法律总要有一个一定的办法，若一种书准两人译的必有两个著作权，彼此都有损害，一有损害，凡被损害之人难免不互相诉讼，这是立法的时候不能不想到的。将来各种新书从外国文翻译出来的，若不将保护权先规定个限制，将来一定要受外国人的干涉。而且译外国各种的多是直译，文义不甚明晰，若这等书均有著作权，不定一个限制，于输入文明国家学术并无一点进步。所以本议员修正案对于译书要加"特出心裁"四字，既经特出心裁，便可算本人的著作，所有的著作权必不至受外国人的干涉，且于学术上较有进步，在于国家著作权法律亦较完全。至"特出心裁"如何解释，则有规定之第二项"引（伸）〔申〕意义、摘录要旨、加注案语皆是"等语。

七三号（汪议员荣宝）：王议员修正案的意思即是二十九条的意思，二十九条对于阐发新理者已有规定，似乎不必增此一条。

六七号（王议员璟芳）：第二十九条所指"他人"二字没有规定是本国人，是外国人，大约其意是专指本国人所著的书。

一三七号（邵议员羲）：第二十八条翻译著作照各国通例都可以算作著作权。

副议长：王议员璟芳修正案现在即付表决。

秘书官（曾彝进）：朗读王议员提出之修正条文。

副议长：赞成者请起立。

赞成者少数。

副议长：股员会修正案第二十八条由秘书官朗读。

秘书官（曾彝进）：承命朗读股员会修正案第二十八条。

副议长：赞成者请起立。

众议员起立赞成。

秘书官计算起立人数。

副议长：起立者八十一人，多数。

副议长：第二十九条陈议员树楷有修正案，现由秘书官朗读。

秘书官（曾彝进）：朗读陈议员树楷之修正案。

一一二号（陈议员树楷）：据本议员意思看，只看他重制时修正与否，若不修正就不能发生新效力。

秘书官（曾彝进）：承命再读陈议员修正案。

副议长：赞成者请起立。

各议员起立，赞成者少数。

副议长：再读原案。

秘书官（曾彝进）：承命朗读原案第二十九条，仍将"例"字改为"限"字。

副议长：赞成原案者请起立。

各议员起立赞成。

秘书官计算人数。

副议长：起立者七十四人，多数。

副议长：朗读原案第三十条。

秘书官（曾彝进）：承命朗读原案第三十条。

五九号（顾议员栋臣）：第三十条"有著作权者得向该管衙门呈诉"，这个"得"字可以不要。

七三号（汪议员荣宝）：应将"准有"二字删去。

副议长：照顾议员所说去"得"字。

秘书官（曾彝进）：承命改正，朗读。

副议长：有无异议？

有呼无异议、无异议者。

秘书官（曾彝进）：朗读原案第三十一条。

一八二号（万议员慎）：此议案各位都研究过（来）〔了〕，据本议员意见，别条都无异议，惟有三十一条关系最重，是与学部以前订出章程"学生不得言政治、只准言实业"，同一专制主义、秘密主义。况与第八条大有冲突，官署学堂、公司局所所出名发行之著作权所谓官署发行者，若非文书案牍，试问其所指者果系何件？至于公牍文字，其来最古。姚惜抱云：两汉文字皆官行文书，何古雅乃尔。章实斋云：古无私家著述，故汉魏以至陈隋，凡封事章表、檄移教令皆谓官行文书，而他体甚少。至唐宋【以】来文体略备，然欧苏四六多官行文书，故有以东坡之制诰批判教子弟者，如张鷟之龙筋凤髓判以教子弟。国初常有，本议员亦曾见过，至于本朝文家长于公牍者尤多，不可缕述。虽此是议场，非讲学之地，然既曰著作不能不将著作家略说一二。如姚石甫之复堂纪实，蓝鹿州之鹿州公案，薛叔耘之浙东筹防录，樊二山之樊山判牍，是以公牍官文而入私家著述者，不知有著作权否？总之近今通行社会朝野上下官行文字为多，即议案亦公牍之一种，若必认真古文而后有著作权，是必如张濂卿、吴挚甫、王壬秋，此海内不过数人，即有岩穴之士，本议员不知者亦不过一二十人，是文章有著作权者尽稗官小说而已。请将三十一条官文案牍删去较为妥当，否则亦请解释。

一三七号（邵议员羲）：现在时候已到了五下钟，况人数已不及三分之二，照议事细则第十条，议员离坐至不满总数三分之二以上者应照十一条办理，请议长宣告展会。

副议长：命秘书官计算人数。

副议长：现在在场人数共一百二十二人，尚有三分之二，可以开议。

副议长：再朗读原案第三十一条。

秘书官再朗读原案第三十一条。

副议长：赞成者请起立。

多数起立。

副议长：朗读原案第三十二条。

秘书官读原案三十二条。

副议长：有呼无异议者，既无异议，本条可决。

副议长：朗读原案第三十三条。

秘书官朗读原案第三十三条。

有呼无异议者。

副议长：朗读原案第三十四条。

秘书官朗读原案第三十四条。

副议长：有呼无异议者，既无异议，本条可决。

副议长：朗读原案第三十五条。

秘书官朗读原案第三十五条。

有呼无异议者。

副议长：既无异议，本条可决。

议长宣告散会。

议长离席，各议员退出议场。

下午五点三十分钟散会。

资政院第一次常年会第十四号议场速记录

宣统二年十月初六日下午一点三十分钟开议

议事日表第十二号

第一,著作权律议案。(再读)

第二,提议陈请申明资政院立法范围议案。(会议)

第三,地方学务章程议案。(三读)

第四,修正报律条文议案。(续初读)

第五,河南试行印花税核议案。(会议)

第六,湖南湘汉航业核议案。(会议)

议长:山西来文,民选议员渠本翘辞职,并已举定议员刘懋赏,现已到会。

议长:今天议员到会者一百三十四人,现由秘书官报告文件。

秘书官(张祖廉):承命报告文件及各省来电。

议长:有罗议员杰质问学部的说帖一件已经刷印分送诸位议员,谅已接到。现在省略朗读,请问各位议员赞成否?

一六三号(李议员时灿):本议员对于罗议员质问学部的这件事情还有两句话说。第一项教育的方针学部大臣已经宣布,有急办、缓办之分,急办的是初等小学、高等小学及师范等学堂,缓办的是高等以上学堂,这个高等与普通不是对待的名词,我们要质问只可就他已经宣布的范围质问。各国教育以普通为国民教育,以专门为人才教育,无不并重。我国普通固所当急,专门为甚么要缓办?况现在将定文、武官考试,若不设高等学堂,人才从何处采取?(语未毕)

一二三号(江议员辛):现在议长所问的是赞成不赞成,不是讨论的时候。

一六三号(李议员时灿):虽在表决赞成时候,而议员有意见亦可以稍微说明,以示赞成与否。

一四九号(罗议员杰):李议员云质问学部案第一项不应再问学部方针,学部方针前日学部大臣已经宣布,本员以为前日学部大臣所言方针非本员所问之方针,本员所以不能不问。又李议员谓第一项应问专门与普通对待,不应问高等,本员以为高等包专门、实业二种,恰与普通对待。

议长:说帖已经印刷分送,各位议员已经看过,可以省略朗读,现在表决。罗议员的说帖赞成者请起立。

各议员起立赞成。

议长:起立者多数。还有罗议员杰质问度支部说帖一件,亦已刷印分送过了。有赞成此说帖者请起立。

各议员起立赞成。

议长:赞成者多数。

一五三号(易议员宗夔):当场呈递说帖一件于议长。

议长:王议员佐良质问邮传部关于津浦铁路说帖一件,赞成者请起立。

各议员起立赞成。

议长:赞成者多数。还有邵议员羲质问邮传部说帖一件,赞成者请起立。

各议员起立赞成。

议长:赞成者多数。还有刘议员纬质问邮传部说帖一件,赞成者请起立。

各议员起立赞成。

议长:赞成者多数。

一五三号(易议员宗夔):递说帖于议长。

议长:易议员宗夔说帖现已收到,但即刻不能印刷,应否今日朗读,或俟下次会议时再行宣布?

一五三号(易议员宗夔):请议长命秘书官将本议员说帖朗读一遍。

议长:现在由秘书官朗读易议员质问说帖。

秘书官(张祖廉)承命朗读易议员宗夔说帖一件。

议长:现在易议员说帖已经朗读过了,赞成者请起立。

各议员起立赞成。

议长:赞成者多数。

秘书官（张祖廉）续行报告毕。

一六八号（李议员素）：本议员今日听宣读江浙贺国会电不觉痛心，何者？外人对我国家瞬息万变实有不可思议之状态，倘我中国有幸到宣统五年仍是完全无缺之中国，尔时致贺犹不为迟。今速开国会之目的不能达，人民失望，而江浙独争先电贺以懈怠民气，本员甚觉痛心。

一三七号（邵议员羲）：宪政编查馆答复本员说帖一件，本员对于此项答复未能满意，今日还要以口述质问，不知道宪政编查馆特派员今已到会否，即请特派员以口述答复。

宪政编查馆特派员（顾鳌）：本员对于质问事件不应答复。

一三七号（邵议员羲）：何以不应答复？

宪政编查馆特派员（顾鳌）：照章质问事件以口说或用文书答复，军机大臣及行政大臣始有此权，特派员按照议事细则并无得以口说答复明文，是以不应答复。

一五三号（易议员宗夔）：方才质问说帖因为会议政务处王大臣一定要宣统五年开国会，但是资政院只有两百议员，这三年之内内忧外患，我们两百议员能否担此责任，如果担此责任，本员无话可说，若不能担此责任，则本员意见有两个办法：（一）本院再行议决具奏请再行缩短年限；（拍手）（二）这件事若办不到，则本员还有下策，就是将资政院院章改良，将议事细则改良，或者不无小补。总之，三年之内我们两百个议员若不能担此责任，上何以对我皇上、摄政王，下何以对四万万同胞。（拍手，拍手）本议员意见就是如此。

百九十号（吴议员赐龄）：易议员宗夔提出这个质问书很明白的，此次本院陈请速开国会具奏案钦奉初三日上谕，仰见我皇上、我摄政王毫无成见，四万万同胞非常爱戴，但政务处王大臣的意见何以速开国会必待至宣统五年，而筹备宪政何以必须三年？就王大臣所列举者而言，除宪法条款寥寥百数十条条文外，议院法亦甚简单，惟上、下议院议员选举法颇费研究。以现今中国这个时候，一切机关未备，就是筹备三十年恐亦未必完善，不如就从前办谘议局的选举法略为变通规定，断不至于选举不当，并且三、两个月可以成事。王大臣所谓关于宪政应提前赶办事项，虽用概括名词，大抵不外各省督抚电奏组织内阁，设弼德院、会计检查院及行政裁判所，此皆厘订官职内事，本可与国会同时并举，不是召集国会以前必先举办的。国会即开,人民乐于负担预算方能成立,该王大臣以为必须三年然后所筹备者方得完全,这个道理易议员质问说帖上已经说过,本议员还有一点意见可以发表。日前国会议案已经全院表决具奏,凡在立宪国一个议案经表决之后须请皇上裁可。所谓裁可者,不过是名义上之裁可,并没有经议院表决之后不实行的道理。前天表决这个议案的时候,王公大臣、庶士人民无不欢欣鼓舞,以期翌日公布施行,即外国人亦皆分电各国,以为已经通过之后必定有效。如果无效,我们资政院必为外人所轻视。今本院具奏案主张明年速开,而王大臣议定宣统五年,则这议案效力全失,所谓资政院立议院基础、养议院精神者何在?还有一层,自筹备宪政以来,朝廷无日不以消融满汉界限为事,前天表决国会,无论王公大臣、士庶人民都是欢迎鼓舞,意气相同,感情非常之深,满汉界限已经破除净尽,何以会议政务处王大臣必要迟至宣统五年表示保全朝廷自动力的意【思】?此等意思即是不信任人民的意思,岂不引起满汉之恶感,不知该王大臣是何意见?况且这个事情是各省督抚与人民同意请求,其有不同意者就是少数之王大臣,如果全国人民与督抚协谋对待王大臣,不(识)〔知〕王大臣何以应付?至于宪法条款、议院法、选举法,数月之间未始不可以办好。但自筹备宪政以来,皇上尚在冲龄,监国摄政王采纳群言,一切立法悉委任宪政编查馆王大臣。而宪政编查馆之起草的就是一、二小臣,大概全是在东洋留学的,其程度之高下本议员不敢轻议,但是他自己以为程度非常之高,遇事迎合王大臣意旨,附会以文明学说,卖弄手段,揣度其心不过为固宠邀荣之计。恐国会一开,多数新人才出现,使他们无立足之地,所以此次彼辈百般运动,主持迟开国会以抑民气。现在已有资政院,当请议长咨商宪政编查馆,从速将宪法、议院法、选举法起草,交资政院通过。与其信一、二人之意见,何如信任多数人之意见,这个事情请各位注意。(拍手)

一一十号(于议员邦华):初三日上谕下来,本议员看其内容,对于我皇上、我摄政王非常感激,就晓得我皇上、我摄政王本无成见,天下人民及各省督抚请求亦属同意。但是中国政体凡遇有特别事情,不能不商之会议政务处王大臣,而该大臣既已署名,当有副署之责任,今既不能提前速开国会,而必延至宣统五年,非该王大臣之意见何以致此。本议员对于该王大臣不能不滋疑惑,若说三年、二年不要紧的,就是九年又何尝要紧。因为天下人民及各省督抚所陈请的已经说的极详,所以不能不速开国会者,就是因事变日亟,有瞬息千里之势,若是可缓,又何必变更先朝的谕旨?现在要开可以即开,以遂天下臣民之望,若必俟宣统五年始开国会,试问此两、三年内倘有意外的事情,该王大臣等将何以对付?贪黩之臣本来有的,如果有了立宪期限,彼贪黩之臣不于此时用辣手段再弄几个钱,更待何时,所以该王大臣定了五年期限不要即开,是为贪官污吏开搜括之门。前天上谕发表后,四川、湖北来电均主力争,惟江苏来电致谢,试问国家是何人的国家,天下臣民人人都有义务,江苏之谢并不是谢资政院,是说我们资政院议员不能办事的意思。要请议长请会议政务处王大臣到会,以便质问。

一一三号(李议员擘荣):本议员今天在前门外看见贺国会者满街悬挂龙旗,这是一个现象,及到资政院,见议员等因未达明年即开之目的甚至于痛哭流涕,又是一个现象。本议员想大家痛哭流涕,必以为已经宣布不能挽回,且上谕亦说是确定年限,万不能再议更张。但本议员恭绎上谕的精神所在,全在"揆度时势瞬息不同,危迫情形日甚一日,朝廷宵旰焦思,急图挽救,惟有促行宪政,俾日起而有功,不待臣庶请求,已计及于此"这几句话。盖因"急图"、"促行"等字皆愈速愈好的意思,我皇上、我监国摄政王的本意并不是必要到宣统五年始开国会,若以"不待臣庶请求"、亦"已计及于此"二句言之,虽无各省督抚联衔奏请早开及人民代表屡次请求早开,已打算早开才好。然则就是宣统三年还以为迟,不过因皇上方在冲龄,监国摄政王不能自作主张,所以付交廷议以取决之。而发此明谕可知五年之期限不在皇上及监国,而在会议政务处王大臣。据上谕以观,王大臣意思亦无一定理由,不过由宪法、议院法、选举法未尝编订,然编订何必须三年之久方能颁布?现议长已奉旨简派为纂拟宪法大臣,将来议长与国会甚有关系,使议长督饬协纂,各位一半年可以编定,安见宣统三年不可以开国会?如以为一定五年的限期确定不能再行请求,本议员以为不然,何以故?我皇上是继志述事,所谓继志者,非继九年筹备之志,乃继立宪以救危亡之志也,既因时势危迫,变更先朝所定九年期限,现在皇上所定的期限又何尝不可变更?(拍手)上谕说验向背于舆情,此次颁布上谕之后,本院及各省代表若不思挽回,则是五年期限,舆情已经满足,朝廷于何处验舆情之向背乎?至初三日第二道上谕,所有各省代表人等着民政部及各省督抚剀切晓谕,即日令其散归各安职业,本议员恭绎上谕,有深意存焉。因为各省代表久困京师,三年开国会未邀俞允，无面目回家见乡间父老，所以着民政部及各省督抚劝谕他们回家作一个下场的方法，并不是皇上意思，未达三年之目的再行请求，则舆情之向背更可验矣，莫曰先朝谕旨可以更张，现在上谕所定期限绝不可以更张也。本议员意思，大家如能继续请求，自能挽回天听，宣统三年即可以开国会是最好的。

　　一四九号（罗议员杰）：本员对于国会开设年限不能不要求议长。前易议员谓本院二百议员难于负责任，本员则谓此项上谕皇上及监国已知暌度时势瞬息不同，危迫情形日甚一日，本欲即开，因政务处王大臣多主张五年，是以不能即开。此后内忧外患要请副署王大臣负其责任，但本院既已具奏，未能达即开之目的，明知内忧外患如此逼迫，心实难安。请求议长咨询本院可否指派特任股员再具议案请求即开，请议长速将再具即开国会案倡议宣付表决。

　　八六号（喻议员长霖）：开国会的问题方才听大家讲得很痛切，这个事情固是早一天好一天，况是国会一开，国民都有负担，于朝廷很有益。然朝廷不欲即开者，岂是王公大臣的知识都不及我们的高明，王公大臣的关系不如我们的紧要？不过中间有许多理由。在宪政的大体是行政、立法、司法三权并立，议院是立法的机关，行政统于内阁，现在请速开国会上下之情甚属踊跃，然无内阁则国会无所对待，故欲速开国会必先组织内阁。查日本未开国会以前，明治八年颁地方自治，十二年行府县自治，十八年组织新内阁，由此而观，十九年就可以开国会，乃日本直待二十三年始开国会，他岂不知早开国会好的？因为此中有个道理。我中国现既改为宣统五年，已经比日本速的多了。（语未毕）

　　众论纷然，声浪大作。

　　议长摇铃，众均静默。

　　议长：本议长有一言，请大家静坐一听。

　　议长：这件事情已奉上谕，大家的意思本议长均已领会，此事关系很大，早晚也不在几天工夫。现在易议员已有质问会议政务处王大臣的说帖，说的理由亦甚透彻，本院从速质问，请政务处王大臣以文书或口说答复，看政务处王大臣有何理由再作道理。（拍手，拍手）若政务处迟疑答复，本院尚可以力催。（拍手，拍手）上谕既是王大臣署名，本院就可以质问王大臣等说出理由，本院若有疑义还可以再质问。（拍手，拍手）今天的事情很多，请先开议罢。

　　一四九号（罗议员杰）：本院质问说帖政府答复很迟，此项为国会质问，关系尤重，请议长限期答复。

百十号（于议员邦华）：今天议长所言甚好，议长的心本院议员无不知道，请议长就从速质问为是。

一九六号（牟议员琳）：我们资政院两星期以来每一星期内只开会二次，每次开会议事日表总不能议完，如此议法，恐政府交来之议案三个月之后亦不能议完，至议员提出之案及人民陈请之案更不能议到矣。请议长决定以后每星期须开会三次。

百四十号（康议员詠）：各省谘议局多有因预算案事件来电，现在还没有开会，请议长再发一电才好。

议长：这事已经办过了。

一三十号（刘议员景烈）：方才易议员质问书据本员看来，还有一个意见认为必要。今日中国现状日迫一日，倘必须迟至宣统五年始开国会，则此数年内关于中国前途之种种，会议政务处王大臣能否当任维持现状之责。

九十九号（陈议员瀛洲）：今天议事日表并未列有国会议题，乃众议员纷纷提议，而议长亦并不禁止，诚以国会问题关系重大，为当今救亡之惟一政策也。本议员是东省人，窃以为国会能即开，全国受其福，国会不速开，首膺其祸者必在东三省。现在东三省危迫情形已达极点，想早在议长洞鉴之中，本议员无烦赘述。今既明奉上谕，何敢妄议更张，惟有请求议长质问军机大臣，除速开国会外，当有何种政策以救东三省之危亡。

议长：湖南发行公债核议案的奏稿由秘书长朗读。

秘书长承命朗读奏稿。

六十四号（赵议员炳麟）：前天议决还有几句话，何以没有加上？

议长：所以脱落两句者，由"启疆臣藐视朝廷之渐"一语不甚妥当，现已有"量予处分，出自圣裁"云云，则藐视一语似无庸赘叙。

百十号（于议员邦华）："藐视朝廷"一句本不甚好。

议长：这件奏稿赞成者请起立。

各议员起立赞成。

议长：多数赞成。

议长：此案明天就可以出奏，现在可以开议。

三五号（议员曾侯爵）：谘议局系本月初十日开会，如果明天具奏，恐于事无济。

议长：至快也只能明天出奏。

一五三号（易议员宗夔）：请议长照牟议员所说每星期开正式会三次，每次开会按照一点钟，不要到两点钟方才开会。现在开会已经一个多月，所议事情甚少，外间传为笑柄。本议员还有一个倡议，各省谘议局核议案要提前会议，不然无以副各省谘议局之望。请问议长，今天议事日表第五、第六两条可否提前作为第一、第二议案？

议长：易议员所说第一节可以照办，第二节应付表决。

百十号（于议员邦华）：本议员还有一个倡议，特任股员审查各省事件回电电文全院许多不知，以后回电总要通告全院议员，俾人人皆知才好。不然本院的事有许多不知，就如福建预算、决算事情回电及质问度支部都没有在议场通过。

议长：现在易议员倡议将本日议事日表所载第五、第六两件提前会议，赞成者请起立。

众议员多数起立赞成。

议长：审查河南印花税核议案，请特任股员长说明审查的理由。

十号（议员振将军）：特任股员审查已于上月二十三日由本股员会讨论，照章报告一过。照分股办事细则五十三条之规定，本议员委托雷议员奋代为说明。

议长：请雷议员说明审查的理由。

一一七号（雷议员奋）：河南印花税核议案审查的时候有两个问题：一是河南巡抚与河南谘议局意见不同的地方，一是印花税是否可行。当初河南巡抚以印花税交谘议局，谘议局以为印花税不能举办，所以请巡抚奏请核办。我们要问，河南巡抚交谘议局议的是应该、不应该，印花税不是河南一省的事，是各省通行的事，要办各省一齐都办，要不办就都不办。河南巡抚既要变通办理，或是上奏，或是咨行度支部上奏，或是由资政院提议，不应该交谘议局决议。谘议局只能议本省一省的事，不能议全国的事，所以此项核议案不能成立。照院章二十三条，所谓谘议局与督抚异议事件，应由本院核议，但是这个印花税既不是一省的事，就不应交河南谘议局决议，既不应交谘议局议，则河南巡抚与河南谘议局的意见都可以不论。我们审查之结果，以为应由资政院打电到河南巡抚，教他将已经交到谘议局议案撤回。至于印花税应当提议与否，应当由本院全体议员决定。本股审查情形如此。

议长：众议员对于此案有无讨论？若无讨论，即付表决。

有呼不必讨论者。

议长：既不讨论就表决。请河南互选议员离席，以股员会报告书所拟办法为可者请起立。

众议员多数起立。

议长：多数。

议长：湖南湘汉航业核议案请股员长说明审查的理由。

八十号（劳议员乃宣）：审查湖南湘汉航业，本月二十五日审查之后已经报告一过，今日应报告的理由本议员按照分股办事细则五十三条委托孟议员昭常说明。

议长：请孟议员昭常说明。

一一六号（孟议员昭常）：湖南湘汉航业报告书前天已经秘书官朗读一遍，现在所要说明者是审查时所以得此结果之主旨。当审查时，大家的意思以为要分几层审查：第一，湖南谘议局要设湘汉航业公司是否正当；第二，谘议局要求巡抚保息金这个要求是否正当；第三，湖南巡抚答复谘议局不肯答应保息金，这不允许的理由充足不充足；第四，谘议局复议要求巡抚照原案施行这个理由充足不充足；第五，两方面到底是那一方面不是，应如何解决。那天有邮传部特派员在座，说此事【是】湖南一省的事，并没有达到中央政府，本部自无须陈述意见，推论保息金之性质确实应当有的，就说到如此。因此审查出来，第一层湘汉是天然之利，湖南人应当利用，不应当放弃，听他人享受。设立公司、保全利源，湖南谘议局案所主张是极正当的。第二层要巡抚提倡筹拨保息金，这个办法在商业上亦是一种政策，盖湖南人因为要保全湖南的利源，动用湖南的公款，拿自己的钱办自己的事，并不是向湖南巡抚要钱，这也是很正当的。湘汉航业公司成立之后，与湖南富源大有关系，湖南既有湘汉航业公司，凡输入、输出的货物均可以自己运送，这一笔运送费保留在湖南本省，这就是绝大的富源。我国与外国通商贸易亦应当如此，不独湖南一省。第三层湖南巡抚因湖南没有钱，这项保息金无从筹措，所以将谘议局所提出的事视为空话，总之是不愿拿出钱来补助公司，其实是湖南巡抚没有分别出这个保息金并不是拿国家的钱来保息，是拿湖南本省的钱来保息，以本省的钱补助本省的事，在行政经费内可以如此，亦应当如此。第四层湖南谘议局复议之后呈报巡抚请照原案施行，其呈报文内说，公司未成立以前，要请巡抚向大清银行借款或由官入股两层，是因为公司没有成立，恐怕入股人不踊跃，所以要请巡抚出示提倡，并不是真要官钱入股，就是保息金也是备而不用。说到如此，是谘议局之理由还是充足的。第五层是要有个解决，湖南巡抚说没有钱，不能补助，其实湖南的钱不是巡抚的，是巡抚与谘议局共有的，一省的行政经费谘议局与巡抚皆可主张，巡抚有监督之权，谘议局有议决之权。此事正可在预算案内主张，当谘议局复议的时候是临时会，并非常年会，当时并不知今年一定有预算案，所以争执。现在既有了预算案，自可在本省行政经费内增加六万元之劝业费，如巡抚以为不然亦可与谘议局协商，协商之后自然有个结果。现在既到资政院，我们就答复他请他在预算案内两面协商，就没有得争执了。当审查之结果如此，是不是照此办法仍请大家公决。

议长：湘汉航业核议案按照发言表，请易议员宗夔发言。

一五三号（易议员宗夔）：本议员对于股员会修正案甚是赞成，但中间要修改两个字。因为谘议局所争的是六万元，而审查之结果以为很正当，既是要钱就当在预算案内规定，所以本议员要把"定夺"二字改为"筹措"。本议员没有别的意思。

议长：按照发言表，请罗议员杰发言。

一五三号（易议员宗夔）：罗议员已经离坐，可以取消。请问议长，咨到湖南巡抚与湖南谘议局是否将报告书答复？

议长：易议员宗夔倡议修正报告书，拟将"定夺"二字改为"筹措"，赞成者起立。

众议员多数起立赞成。

议长：现在表决此案，请湖南议员暂行离席。

湖南议员易宗夔、罗杰、唐右桢、汤鲁璠等照章退出议场。

议长：以此项报告书所拟办法为然者请起立。

众议员起立赞成。

议长：多数。

百四十号（康议员詠）：请议长把立法范围议案提前会议。

议长：康议员倡议将本日议事日表所载第二提前会议，赞成者起立。

众议员起立赞成。

议长：多数。

五十七号（林议员炳章）：倡议云迭次开议，大家将政府所交之法律案逐条斟酌，在议场上咬文嚼字，拖延时间不少，故开会已月余，政府所提出四案，地方学务尚未及三读，著作权仅五十余条，开议两次才通过三十余条，报律尚未再读，运输规则并未初读，似此无谓辩论，耗去宝贵光阴，真觉可惜。且如新刑律之四百余条，若照前此办法，将后来所余之月日专为通过新刑律尚且不敷，何论其他议案。本员主张，凡法律案条文上有应改正之处，各议员如有意见，可到股员会悉心讨论，冀成尽美尽善。至向会场宣读时有与原案宗旨矛盾者方为讨论研究，其余字句之间可从省略。众皆赞成。

议长：这句话无所谓赞成、不赞成，不过请大家注意就是了。

一二九号（汪议员龙光）：今天是初六，离各省谘议局闭会日期不过四天了，易议员请将湖南、河南核议案提前会议是很不错的。本议员以为不徒湖南、河南案件应提前会议，就如我江西来电，为的是抚台对于统税改收洋码，虽经度支部议驳，我们资政院亦应该提出核议，有个答复。且不惟江西应有答复，凡各省谘议局关系事件有以电报来者皆应于几天内一体有个答复。请问议长，还是用以前的审查股员，抑或另行指定股员，嘱将关于各省谘议局事件趁这几天一概审查清楚，限初十日一概答复才好。不然督抚是仰承宪政编查馆，谘议局是仰承资政院，督抚致宪政编查馆的电该馆立刻回复，而我们对于谘议局积电累累，许久未复。虽是我们这里办事要审查，要讨论，种种手续困难多端，与编查馆少数专制裁夺不同，然谘议局中人不能体贴到此，只将督抚对于编查馆两相比较，觉得资政院做谘议局后援便有几分倚靠不住。据本议员意见，无论如何，案件暂且搁下，今天要请议长指定审查股员将各省谘议局事件这几天通同审查，立即答复，庶于各省谘议局不令其失望。

一一五号（许议员鼎霖）：汪议员所说昨天是星期，今天到院见关于各省谘议局电报又属不少，现在云南盐斤加价的事、福建谘议局及浙江谘议局的事均关紧要，前次特任股员本系暂设，请议长还是另指定特任股员，以便明天开股员会将一切事情审查清楚为好。

议长：无所谓赞成、不赞成，要是不关紧要的事自然可以在股员会讨论，若事关重大，还是要在议场讨论，请大家注意就是。现在会议申明资政院立法范围议案。

一五三号（易议员宗夔）：汪议员倡议要请议长将各省谘议局关系的事件交股员会从速审查清楚，以便答复，请议长另指定几个特任股员审查才好。

议长：这些话本议长都可以办得到。

九十九号（陈议员瀛洲）：本议员对于特任股员有几句简单的话。查本院议事细则原定有专任股员，夫既为专任股员，各有专司，即不能兼顾他事。乃本院自开会以来，每遇应行审查事件，半由专任股员中指定之，而股外议员一若晏然无事者，非特劳逸不均，而于事实上亦稍有妨害。嗣后遇有特别事件必须交特任股员审查者，可否由股外议员中指定之。请议长注意。

一二九号（汪议员龙光）：请议长就各省谘议局关系事件用特任股员或十二人、或十八人审查，今日即行指定，明、后天就可发电报回复各省。若是明天再指定，必缓至初九、初十了。大凡各省来电，多是督抚与谘议局相持，督抚请示宪政编查馆一、两天就可得回电，而谘议局候我们资政院的电迟之又久，毫无音信，谘议局不知如何盼望。这一层要请议长悉心体贴。

议长：今天就可以指定特任股员。

一五三号（易议员宗夔）：现在预算股员非常忙冗，请议长可以不必再将预算股员指定。

议长：现在开议申明资政院范围议案，此案印刷分送过了，请陈请股股员长说明作为议案之理由。

六四号（赵议员炳麟）：前天已经报告了。

议长：前天是报告书，今日仍当说明理由。现在就请说明理由。

陈请【股】股员长赵炳麟：请方议员还代为说明。

一二一号（方议员还）：申明资政院立法范围议案是各省谘议局提起来的，因请求国会缩短年限，其时尚未允准，所以提出这个议案，今已缩短三年了。但是资政院办一天，其章程总要申明一天，章程完全才可以达资政院的目的。就各省谘议局提出来的其中有两大纲，这资政院立法范围的事情，据法律看起来，凡属法律没有颁出的时候要先交资政院议决，资政院议了以为可行就行，不可行就不行，或那一条要改、那一条不改均由本院讨论，是为赞定权。若事机紧迫不及付议、先行颁布者，则事后总要将这件事仍交国会得其承诺，此系各国通例。然则我国现在之承诺权应该归资政院，此是申明立法范围第一最要紧的，不能不解决。第二是就现在法律而论，现在法律由宪政编查馆与法律馆研究出来者甚多，凡属编出来的法律在未有资政院的时候，一经编出即可颁行，既有资政院以后，总要通过资政院，经我们议决方可颁行，这是一定要申明的。现在这宪法大纲已经颁行了，其余没有颁行的法律是应当由资政院通过，资政院不通过就是没有效力。这问题缘何提出呢？因去年各省谘议局开办以来，本省举行的章程都没有交谘议局议决，然则谘议局之承诺权、赞定权都消灭了，其究竟因范围未定，以致谘议局同督抚往往冲突。照以上的情形比较起来，恐怕将来资政院亦有到谘议局的地步，与其事后冲突，不若事前申明，资政院立法范围究竟如何早早规定了，自然是没有冲突了。现在宪政编查馆、法律馆所定的法律他说是奉朝廷圣旨，殊不知这承诺权、赞定权是应该资政院有的，审查陈请之两大纲就是如此。

百八十号（刘议员纬）：据资政院章程总纲第一条云云，资政院虽非具有完全议院之性质，而不能不具有完全议院之精神，欲具有完全议院之精神，先当申明立法之范围。据各省谘议局陈请之意，资政院一则应有参预、承诺之权，一则应有赞定之责，此二说本员均极赞成。但由根本上之研究，非裁撤宪政编查馆万万不可，裁撤宪政编查馆即以保持资政院立法独立之权，而后资政院得以其权能监督政府。查立法、行政两权分立，立宪国之通例也，今宪政编查馆仿立宪国法制局之制，自应隶于政府管辖之下，何以宪政编查馆对于立法事项既司编订、核订之权，对于行政机关又复发强大之命令，名实不符，政体淆乱，此宪政编查馆当裁撤以申明资政院立法之范围者一也。各省督抚与各省谘议局冲突事件处处皆然，而宪政编查馆往往压制谘议局而扶助督抚，督抚即利用宪政编查馆（而）〔之〕力反对谘议局，故数十字之馆电顷刻可消无数议员之公论，谘议局因此而失其权力者不可以道里计也。今资政院对于中央政府有利害之关系，犹之各省谘议局对于督抚有利害之关系，宪政编查馆既可以扶助督抚，安知不以捍卫枢府之手段而反抗资政院，此应当裁撤宪政编查馆以维持资政院立法独立之范围者二也。资政院未开设以前，宪政编查馆所侵占者无一非资政院之权，资政院既成立以后，宪政编查馆仍复侵越资政院之权，是宪政编查馆存而资政院万无完全立法之机关，资政院既成立，而宪政编查馆万无存立之理由，此宪政编查馆当裁撤以巩固资政院立法独立之范围者三也。宪政编查馆既裁撤，即可改为法制局，统归于会议政务处，而后政务处负宪政筹备之责任，如建立责任内阁、建设议院，庶乎可望有成。不然资政院空言立法，诚恐法未立而擅作威权者早已窥伺其旁，不至侵越权限、摧残舆论不已也。故本员敢断言之曰：宪政编查馆不裁，资政院万无完全立法之权。即国会亦万无速开之理。

议长：按照发言表，应请罗议员杰发言。

一四九号（罗议员杰）：本员是赞成国会的，是很希望国会即开的，但是不能即开总还有个办法。资政院是议院基础、宪政的精神，应当有个赞成权。但是要紧的第一条就是宪法以外议院法、选举法要经本院的人赞成，选举法同议院法按照本院议决权，这两条得交本院议决为好。

议长：请易议员宗夔发言。

一五三号（易议员宗夔）：这个议案刘议员倡议要裁宪政编查馆，罗议员赞成宪政编查馆，施行的法律要交本院议决，这两种意见本员都是赞成的。但刘议员所说裁宪政编查馆，本院能否有这个权限，这是另外一个问题。至论该馆现在是立法机关而兼行政机关，究竟权限不在王大臣，而在三、五小臣，对于行政这一方面随便可以解释法律，对于立法这一方面随便可以编订施行。宪政编查馆在资政院未成立以前，全是他的势力所到之处，资政院既成立以后，应当与他划分清楚。宪政编查馆每次于各省谘议局章程本来是很好的，后来又恐谘议局权限太大，以故去年该馆于督抚询问谘议局疑义之案往往曲意解释，处处是剥夺谘议局之权。今年若再不划分清楚，以后恐该馆将以施之于谘议局的手段又将施之于我资政院。本员的意见要将宪政编查馆设立以来所有奉过的上谕都调查清楚了，此刻要知道当时的上谕以为宪政编查馆在资政院未成立以前有编制权、议决权，现在资政院已经成立，则宪政编查馆只有编制权，而议决权应当还我们资政院。要请议长选特任股员十八人将上谕解释明白，将权限划分清楚以后，要请把宪政编查馆归并会议政务处，改作编制局。本员意见如此。

议长：请江议员辛发言。

一二三号（江议员辛）：各省谘议局陈请申明资政院立法范围议案，易议员讲的甚详细，本员极表同情。大抵法治国有两个机关，一议决，一执行，军机大臣、各部院行政大臣是执行的机关，资政院是议决的机关。查院章，本院职掌除宪法外一切法典，及嗣后修改事件均可议决，所以将来的议院法及选举法非经本院议决通过断不能行。况资政院同宪政编查馆是不能并立的，有了资政院，则宪政编查馆应裁撤，犹如有了国会，则资政院应取消。至于现在本院与行政衙门权限，院章本自分明，凡议决事均以本院为主体，例如异议事件，则由总裁、副总裁及军机大臣或各部行政大臣分别具奏，议决事件亦由总裁、副总裁分别会同军机大臣或各部行政大臣具奏，先总裁、副总裁，而后军机大臣、行政大臣者，明主体之所在也。今各省谘议局陈请申明不过望保其固有之权限，非敢妄议扩充也。请议长即付特任股员审查可也。

议长：请刘议员曜垣发言。

一八三号（刘议员曜垣）：此项议题为申明资政院立法范围，资政院为议院基础，迭经奉有上谕，欲使其基础巩固，当先定其职掌范围。查外国的议院所最重要者莫如监督财政、参预立法之权。照我们资政院章程，第十四条第一、二、三项都是财政上事件，第四项是立法事件，其执掌范围本与外国议院无甚差异。现在政府已将预算案提出来，但是皇室经费与官有财产尚未分明，国家税与地方税尚未划定，此次试办甚难着手。至于新定法典，其重要之部分如公法中之行政法、诉讼法、刑法，私法中之民法、商法等均未提出，其中因多未编成者固无足怪。至于已核订之新刑法犹未提出，将来我们资政院还有数十日会期，而刑法对于国民之生命、财产自由等权利关系十分重要，修正时须如何了事。现在所提出者仅民法一小部分之著作权，商法一小部分之运输规则、保险规则等，无怪人疑及资政院立法范围之太狭，所以各省谘议局有申明资政院立法范围之陈请。本议员请议长咨请宪政编查馆速将新刑法奏请交议，其未编成之民法、商法、诉讼法等赶紧编成、提出议决，如此则资政院才能成议院基础。至资政院与宪政编查馆权限不同，宪政编查馆只有编制之权，资政院是有赞定之权，此是早经奏明在案，本院不可不十分注意。

一四八号（陶议员峻）：本员对于申明资政院范围拟改为实行资政院职务，谕旨谓资政院为议院基础，则议决法律乃资政院惟一之职务。近日交议诸法典皆系碎细之件，其各项大部法律章程并未由本院议决，缘院章十四条四项仅云

"新定法典及嗣后修改事件"，此各项法律章程之所以未经本院议决也。院章不改则诸法律章程不得议决，法律章程不得议决，则一切错误之政治无从改良。院章及议事细则乃新定法典之类，照院章可由本院议决，一经议决，改订则诸事俱可迎刃而解，否则馆章与院章相冲突，此部与彼部相歧异，号令不一，政出多门，以是求治必不可得，敢一言决之曰：求治效必自实行院章始，实行院章必自改订院章始。

一七七号（李议员文熙）：欲申明资政院立法范围须先划分法律与命令界说，各国通例，命令不能变更法律，遇有紧急状态时得以命令变更之。今邮传部未公布铁道专章，即以一命令取消公司法律一部分之效力，又农工商部复易议员宗夔说帖，谓此次修改之矿章暂作为命令，不作为法律，此二部皆非正当办法，设不于章程内规定明确，本院只能议决法律，不能议命令，将来我辈认为法律，各部认为命令，争点必多，立法之范围终不能明。

议长：此案现在已经作为议案了，但是应付法典股审查，抑应付特任股员审查，请诸议员决定。

一七三号（邵议员羲）：今日提起欲申明资政院立法权限，非首先与宪政编查馆划清权限不可。因宪政编查馆答复各省督抚解释谘议局章程，任意解释，前后矛盾之处不少。宪政编查馆之任意解释法律已成习惯，今资政院业已成立，再不容宪政编查馆之任意解释，以致法律无完全之保障。即如前次浙抚电问的事情明明是彼此争议，应该归资政院核议，而宪政编查馆不待资政院核议，竟公然打电答复应照第几条如何处分，此即为宪政编查馆侵夺本院权限之发端。（拍手）若此时不与之划清权限，【权限】又被侵夺，则将来本院章程所规定之权利亦难确定。（拍手）故必与宪政编查馆划清权限为最要着手处，况光绪三十二年七月上谕：宪政编查馆暂由军机处王大臣管理，现在立法机关已有资政院，则宪政编查馆不容再有立法权，非将其组织改变成为一内阁附属之法制院不可。

一二九号（汪议员龙光）：本案须与宪政编查馆划清权限，请议长指定特任股员时不必指兼有馆差之员。

一五三号（易议员宗夔）：汪议员的话本议员甚属赞成。因为议长若指定该馆兼差之议员，该议员自然不好说话，请议长不必指定在宪政编查馆有差使的人。

议长：此层大概可以办得到，应由本议长详细查一查。

议长：现在休息三十分钟。

议长离席，各议员退出议场。

下午四点四十分钟议事中止。

下午五点十分续行开议。

议长：审查资政院立法范围议案由本议长指定特任股员十八人，由秘书长报告。

秘书长承命报告特任股员，姓名如下：

润贝勒、全公、赵椿年、曹元忠、吴士鑑、喻长霖、书铭、籍忠寅、孟昭常、雷奋、方还、江谦、汪龙光、邵羲、陶保霖、罗杰、李文熙、牟琳。

七号议员（全公）：本议员现在预算股，恐兼顾不及，请议长另行指定。

议长：这个并无关系，如果另行指定亦是有兼股兼科的。

议长：命秘书官计算在场人数。

议长：此次议员到场者不到三分之二，碍难开议。现在各省谘议局核议案四件，一湖南禁烟案一件，一广西限制外籍学生案一件，一江西统税改征洋码案一件，一云南盐税加价案一件，应付特任股员一并审查。现在本议长指定特任股员十八人，由秘书长报告。

秘书长承命报告特任股员，姓名如下：

十月初六日核议各省谘议局事件特任股员：

陈懋鼎、胡礽泰、汪荣宝、长福、周廷弼、罗乃馨、桂山、吴德镇、胡家祺、马士杰、江谦、邵国纬、余镜清、郑际平、邵羲、陶葆霖、蒋鸿斌、万慎。

九五号（宋议员振声）：甘肃来电是否已经付审查？

六十四号（赵议员炳麟）：已经交到陈请股，明日即行审查。

议长：上次指定关系各省谘议局事件特任股员暂且不必撤销，随时尚有应付审查之事。今天可以散会。

议长离席，各议员以次退出议场。

下午五点五十分钟散会。

资政院第一次常年会第十五号议场速记录

宣统二年十月初八日下午二点钟开议

议事日表第十三号

第一，著作权律议案。（再读）

第二，地方学务章程议案。（三读）

第三，修正报律条文议案。（股员长报告，续初读）

第四，湖南禁烟会核议案。（股员长报告，会议）

第五，广西限制外籍学生核议案。（股员长报告，会议）

第六，江西统税征收洋码核议案。（股员长报告，会议）

第七，云南盐斤加价核议案。（股员长报告，会议）

秘书长：承议长命报告。今天议长因病不能到会，请副议长照章代理。

副议长：今天议员到会者共一百三十二人。

副议长出临议台，宣告本院具奏湖南巡抚发行公债一折现在已奉上谕，请议员起立敬听。

副议长宣读上谕。

众议员起立敬听。

一五三号（易议员宗夔）：有倡议事件。

副议长：请发言。

一五三号（易议员宗夔）：这回湖南公债事体请旨裁夺，现在已经奉旨，一点处分都没有，既有军机大臣署名，应该处分而不加处分，我们须请军机大臣出席说明理由。就是一个御史参一个督抚亦不至如此无效，而资政院全体议决之件如此无效，何必设立资政院？（拍手）并且这件事体是侵权违法的事体，一点处

分没有，以后侵权违法的事更多，若是无处分，将来资政院就可以不核办这种事体了。（拍手）

一二六号（陶议员镕）：不但没有一点处分，并且不提及应交谘议局议决，试问这个章程应否实行？

一五三号（易议员宗夔）：既然如此，资政院何必设立，谘议局又何必设立？

一四九号（罗议员杰）：这个公债案不但关系湖南一省，是关系全国。上谕既断定督抚是疏漏，向例官吏疏漏，有疏漏处分，即照"疏漏"二字亦应该有处分，何以独无处分？（拍手，拍手）立宪国精神全在法律，督抚违背法律而不予处分，则资政院可以不必设，谘议局亦可以不必办，宪【法】亦可以不立。（拍手，拍手）

九三号（席议员绶）：杨抚侵夺权限、违背法律，只以"疏漏"二字了之，未免不成事体，请议长咨询本院议决，再行具奏请旨裁夺。

一零七号（李议员桀）：湖南发行公债案湖南巡抚处分、不处分本出自君王大权，资政院不能过问。不过这件事当初湘抚不交谘议局议，以具奏钳制人口，是湘抚蔑视谘议局章程，欺罔朝廷。至于度支部，就应据谘议局章程议驳，度支部率为议准，是度支部蔑视谘议局章程，欺罔朝廷。我皇上、我摄政王遇事取决廷议，此次谕旨确是军机大臣所主持，然度支部核议奉旨允准，试问资政院章程、谘议局章程是否奉旨依议？推其原因，各省督抚办事不过信用一、二幕府，【幕府】欺罔督抚，督抚即以之欺罔朝廷，行政大臣不过信任一、二部员，部员欺罔行政大臣，行政大臣即以之欺罔朝廷，（拍手，拍手）如果朝廷可以欺罔，不但我们资政院议决之案都可取消，近今朝廷所定新法律都可以取消。此次督抚侵权违法只以"疏漏"二字了之，没有处分，将来资政院所议决之事件皆失效力，所以本议员对于军机大臣署名甚不满意，须请军机大臣出席说明理由。

百十号（于议员邦华）：按各国虽有法律、命令二者，若非紧急时候则命令不能变更法律，此各国立法之通例。试问谘议局章程能变更不能，能以命令变更不能？据本议员意见，一定不能以命令变更的。既然不能变更法律，我皇上尚在冲龄，我监国摄政王虚心采纳各事多注重于军机大臣，而军机大臣何以以命令变更法律，至乖我皇上、我监国摄政王法治之盛意。前日国会的事情亦并非允准本院之陈请，既然如此，应请议长请军机大臣到会，由本院质问资政院是否还要设立，谘议局是否还要设立。督抚侵权违法，资政院议决可以无效，则谘议局一方之无效亦不言而知。我们议员二百人毕竟为何事而来，请该大臣等答辩。（拍手）

一二九号（汪议员龙光）：敬译上谕"疏漏"二字，也是怪湘抚不曾先交局议的意思，即隐认不交局议便是侵权违法的意思。我们要求一面以为既属侵权违法，就应加以相当的处分。然处分、不处分出自圣裁，非人民所得置喙，惟副署之军机大臣处于可以力诤之地位而不力诤，殊为失望，盖力诤之点不在必予以处分，而在仍饬其交议公债事件必交谘议局议决。此种法律朝廷既确定于前，而此次上谕谓自后应交谘议局议决者仍饬交议，复斤斤申明于后，何以单单独全湘抚杨文鼎一人逃出法律以外？本员之意，上谕既斥为疏漏，应再行具奏请饬湘抚仍交局议，补其疏漏庶可以保固法律。

百十号（于议员邦华）：中国就是被"疏漏"二字所贻误的。（拍手）

一二六号（陶议员镕）：试问谘议局章程应否实行？应否去年实行？如系去年实行，就不应不交谘议局议决。此湘抚不加处分犹可谓赏罚为皇上大权，资政院不能干预，若不交议，则谘议局可以不设，资政院亦可以不开，以无法律之可守，虽日日开议亦终无于效也。

九三号（席议员绶）：谘议局章程原是法律，杨抚不应变更法律。

一五六号（彭议员占元）：湖南发行公债有何效力先不必说，我们资政院议了四十余日仅仅议了三案，而三案又全失效力。第一广西巡抚侵权违法，我们议决失了效力，第二请速开国会亦失了效力，第三湖南巡抚侵权违法又失了效力，试问资政院还有效力没有？

一五三号（易议员宗夔）：彭议员所说本员很赞成的。资政院一点效力没有，第一次议决的广西巡抚案、第二次议决速开国会案、第三次议决湖南巡抚应加处分案都没有一点效力。既然如此，我们资政院可以不议。（拍手，拍手）

一二六号（陶议员镕）：谘议局章程为先朝所定之法律，人人所当遵守，断以不能命令变更先朝之法律。且先朝立宪谕旨一则曰庶政公诸舆论，再则曰好恶同民，今政府处处不顾舆论，是好民之所恶，恶民之所好，究竟国家要立宪不要立宪？

一五三号（易议员宗夔）：政府纯是不采舆论的，既然不采舆论，资政院就可以不开，亦可以不必立宪。（拍手，拍手）

一五一号（黎议员尚雯）：本议员刚从湖南来，昨天才到。湖南公债事件谘议局很愤激的，各省谘议局很注目的，因为督抚目无朝廷的法律，所以呈请我们资政院核办。本议员在湖南起程的时候，一般人民对于此事以为既交资政院议必有效力，不料此案仅以"疏漏"二字了之，此系军机大臣袒护督抚之所致。国家法律可以随意变更，则本院议决之件毫无效力，既毫无效力，则资政院可以不开。凡属立宪应办的事，各省谘议局皆可以不议，就是天天说立宪，亦是假立宪，何救于亡！（拍手）最可恨者行政大臣任意蹂躏资政院、谘议局章程，万一人心解体，何以立国！现在国家救亡之法好在人心未死，不避刀斧，敢于直言，今本院议决之案既无效力，是军机大臣有意隔阂上下，危害国家，岂是朝廷立宪之初心？岂是实行立宪之办法？

一五三号（易议员宗夔）：今天总要请议长请军机大臣出席答辩，别项事情暂刻可以不议，就议决也是无效。

副议长：今天军机大臣不能到院，我们一面开议罢。

一二六号（陶议员镕）：军机大臣不出席答辩，我们静坐以待。

一六七号（王议员用霖）：侵权违法本是一个大罪名，有此罪名即应有处分，院章二十四条规定只有审查属实照第二十一条办理之文，并无作何处分之文，亦无不得有处分之文。但就事实上论，既有此罪名，即当规定此项条律，所谓请旨裁夺者不过谓交议处、不交议处是出自皇上大权，并非谓有裁夺之文即可不定此项条律也。若不定此项条律，以后督抚侵权违法亦不惧怕，议员所议决之事终归无效，请议长交法典股员起草，赶紧规定此项法律议决上奏，以后对于侵权违法之案方有所依据。

一百十号（于议员邦华）：方才王议员说的话是很好的。但是第一层就是广西议决案，该抚没有加出处分，第二层请速开国会因各省督抚上奏方缩短三年，我们资政院的原案一点效力没有，今天议到湖南公债事情又并未加以处分，本院以后议事实在很难，所以要请军机大臣到会说明到底是否违背法律，我们当坐以待之。

一五三号（易议员宗夔）：待军机大臣说明资政院还要不要、谘议局还要不要,钦定章程要不要,说明之后方好开议。本院议决三案,第一广西案件,该抚既无处分,而且升迁;第二国会具奏是采取各省督抚之电奏,并没有采取资政院代达人民之陈请;此次湖南公债上奏案又如此了结。据本员看,资政院全可不要,且御史以个人之资格随便上一奏折或可有效,至于全体议决的事件反为无效,可见中国立宪到底是靠不住的。(拍手)

一二六号(陶议员镕):军机大臣不到,我们不散会,先将此事解决,然后再议他事。

九三号(席议员绶):从速打电,请军机大臣赶紧来院。

一七七号(李议员文熙):各省谘议局所议的事情因未设立资政院,无主持机关,所以通通没有效力。现在我们资政院既经成立,当使谘议局通过的事当稍为伸展其力量,然所伸展的力量并不是出乎法律之外,仍是就章程规定内求正当之解释。各省督抚的意思尚不以谘议局为然,每于谘议局范围内应议事件并不交议,公然实行,若不实加惩处,于立宪前途大有妨碍,将来虽开国会都是无用的。

百八十号(刘议员纬):方才各议员主张请军机大臣出席答复,本员很赞成的。昨日审查湖南巡抚发行公债一案违法侵权毫无疑义,在该省巡抚何尝不知此案应交谘议局议决,既不交谘议局议而径请度支部主持者,是只知有度支部而不知有法律也。在度支部亦何尝不知此案应交谘议局议决,然不饬巡抚先交谘议局议而径行出奏者,是只知有湖南巡抚,不知有湖南谘议局,不知有湖南谘议局之法律为朝廷所设之法律也。既经资政院具奏,何以"疏漏"二字了之,并不加该省巡抚以疏漏之罪,试问军机大臣是否有署名之责,若以湘抚为是,则必不加以"疏漏"二字,既加"疏漏"二字,则巡抚明明违法侵权也。可知明明违法侵权,竟等于无罪,是军机大臣只知有度支部、有湖南巡抚,不知有湖南谘议局、有湖南谘议局之法律为朝廷所设之法律也。湖南巡抚、度支部、军机大臣似此违法侵权,不惟不愿速开国会,即此资政院、谘议局之权限亦必概行破坏而后已。资政院及各省谘议局虽具完全精神提出各种议案,恐亦终归无效。此种现象本员甚为宪政前途危也。

一五三号(易议员宗夔):现在政府只知道有督抚,不知道有舆论,然则本院议员都可不要,可以请督抚来议就是。(拍手)

一二六号（陶议员镕）：中国不顾舆论，不守法律，就可以不必立宪。

一一二号（陈议员树楷）：请军机大臣出席答辩，本员是很赞成的。处分湖南巡抚侵权违法，此属国家大权，我们不必要一定诘问。惟谘议局章程亦是国家钦定的，按谘议局章程，凡关系公债、税法事件都要交谘议局议决，因为要斟酌地方情形即是庶政公诸舆论的意思，现在不问其处分、不处分，惟问该省公债已否取消，若仍照度支部议准之件办理，则谘议局章程全无效力，所谓公诸舆论亦毫无价值。至于处分其侵权违法还是其次，必须要军机大臣出席答辩为是。

一二六号（陶议员镕）：试问湖南公债发行之后将来是甚么人还，若是湖南巡抚还，毋须再说；若是归湖南人还，不应不交谘议局议。（拍手，拍手）

一零八号（刘议员春霖）：湖南公债一案巡抚之侵权违法已经议场公决，既系侵权违法，而只以"疏漏"二字了之，"我皇上、摄政王对于臣民一视同仁，毫无成见，所以庶政公诸舆论"一语屡见于上谕，今资政院所议决的不能不算舆论，现在何以忽然不公诸舆论呢？本议员想造成这个原因的就在军机大臣，（拍手，拍手）军机大臣所以要使资政院议决的事无效力，因为军机大臣看资政院所议一切事体都与军机大臣将来有密切的关系，军机大臣有意侵资政院权，违资政院法，（拍手，拍手）借此议案以为尝试，看这个核议案上奏无效，我们资政院议员之核议案以后更无希望的。（拍手，拍手）推原军机大臣的本意，不过借此稍示其端，且看资政院之权可以侵不可以侵，资政院之法可以违不可以违，若本院不复质问，便是默示承认，默认之后恐军机大臣对于资政院侵权违法之事必相逼而来。所以今天休会，要求军机大臣出席答辩，这是正当办法，请议长咨询本院公决，但得大家赞成就可无庸讨论。

九五号（宋议员振声）：请议长速用电话请军机大臣来。

副议长：军机大臣今天恐怕一定不能到，似乎还是一面开议的好。

一八九号（冯议员汝梅）：湖南事情经资政院议决无效，可见军机大臣是侵夺资政院权限了。

九三号（席议员绶）：杨抚侵夺权限、违背法律，谕旨责以"疏漏"二字，即疏漏亦有应得之处分。查御史江春霖奏参江西抚台冯汝骙、安徽抚台朱家宝，一因疏忽，一因漏未声明，均奉旨交部议处。今湘抚兼二抚之罪，谕旨未交部议处，请议长咨询本院议决，再行具奏，请旨裁夺。

九三号（席议员绶）：易议员的话本议员很赞成的，请议长打电话请军机大臣来质问。这质问原是法律上的事，如果不来，我们即照院章可由总裁、副总裁请旨裁夺。各省督抚违背法律，应定以相当之处分，然后法律方可实行。

一四八号（陶议员峻）：资政院的章程、谘议局的章程就是朝廷的法律，这个法律也不是军机大臣的法律，也不是督抚的法律，也不是百姓的法律，是皇上的法律，所以无论何人都当遵守。若不遵守法律，就是藐视朝廷，资政院之保护法律，就是尊崇皇上，若不能遵守法律，就是无以对皇上，本院议员应当遵守秩序，静候军机大臣到院以便质问，本院不可自己违背法律。

一二九号（汪议员龙光）：请军机大臣出席答辩是人人赞成的，但是军机到与不到不能必定，即是到了，与他辩论一场也没有甚么效力。本员意思还是一面用质问书请他答复，一面出奏请朝廷仍饬湘抚交议。若再无效力，是朝廷知有督抚不知有人民，这资政院就可以不开了。

一五三号（易议员宗夔）：我们总要问明政府对于资政院、对于谘议局到底如何。

百十号（于议员邦华）：资政院是议院的基础，在外国也有这个事体者，如俄国第一次开会对于国家有关系的事情要求政府甚为激烈，本院因为国家的事情要紧，如果一事无效，以后的事就全然无效，所以请军机大臣来院质问明白，然后开议，议出一件才有一件之效力。

一四九号（罗议员杰）：自开会以来，花钱数十万，全院议员共费了多少日子，所议决之案不过数档，光阴、金钱可惜，外间责备甚重，今日军机大臣不来答辩，所议的事都无效力，请议长速催来院，免费时日。

三五号（议员曾侯爵）：请军机大臣答辩本议员是很赞成的。督抚侵权违法就可以"疏漏"二字了之，若是人民违背法律应当如何？我们资政院合王公、世爵、士庶、官绅将近二百人，议决出奏当不及一御史之权力，不知是何意见，所以总要军机大臣来院说明，俾各议员可以明白。

百十号（于议员邦华）：今天不必讨论，但问议长能请军机大臣到院不能？

三五号（议员曾侯爵）：请军机大臣来是很好的。还有一件事情，我看这个事议长可以咨询全院的人斟酌一切，详详细细发一个折子，将昨天的事情一并具奏。本院有个折子就可以有个根据，不然没有根据如何办法。请议长咨询本院的人，（语未毕）席绶、陶镕、易宗夔数人群起辩驳，议场骚然。

百十号（于议员邦华）：今天的事两言可决，督抚可以侵权违法，军机大臣可以侵权违法，我们议员不敢侵权违法，我们静候军机大臣来院，不必散会。今日议事日表所列之事还可以改作第二次开议的。

一二九号（汪议员龙光）：请议长即刻请军机大臣到院，大家可以暂时休息。

副议长：一面开议，一面请军机大臣到院。但军机大臣能否到院，本议长实不敢说定。

某议员：军机大臣不到，不能开议。

百十号（于议员邦华）：并不是不开议，我们按照次序，先请军机大臣来答复，然后再议别事。

一五三号（易议员宗夔）：我们坐到这里，不要出外休息，督抚侵权违法不要紧的，我们议员若是侵权违法，这就了不得了。

一零八号（刘议员春霖）：大家不必多发言，多发言徒耽误时间，就请议长赶快由电话请军机大臣出席罢。

百九十号（吴议员赐龄）：请议长不要迟疑，议长应为议员谋利益的，已经大家决定，军机大臣不出席不要开议。

各议员肃坐静候，约三十分钟之久。

副议长：军机大臣现已散值，我们于下次开议时再请军机大臣到院，何如？

一五三号（易议员宗夔）：要请军机大臣首座庆亲王来院，军机大臣首座我们认他当作立宪国之内阁总理大臣。

一一五号（许议员鼎霖）：请登台发言。

九三号（席议员绶）：现在静候军机大臣，请不必发言。

一一五号（许议员鼎霖）：本（员）〔院〕言论自由，如果我发言有错，各议员尽可辩驳。

一一五号（许议员鼎霖）：我们中国向来无有法律，所以才贫弱到如此，自皇上设立资政院、谘议局方有个立法机关，我们要再不好好保守法律，危亡就在旦夕了。所以本院议员言语激烈，并不是为一身一家之计，实为中国大局存亡之计。看中国历史所载，历代诸侯尾大不掉，都是不遵守法律之故，诚足为前车之鉴，这样看来，朝廷甚愿督抚遵守法律。现在我们中国民不聊生，全由督抚不遵守法律所致，只就两件事说。一是命案，试问命案一出，那一个州县是能为民伸冤的？民怨不伸，势必上控，而督抚仍批回州县，或告到都察院，都察院仍是咨回督抚，督抚无非交发审处审讯。发审处都是他的属员，对于上司的命令谁敢议驳，以致一百条命案并无一条可以给百姓伸冤。一是盗案，试问盗案一出，被盗案之家报案要花钱，出差要花钱，购线要花钱，不知花费多少钱方能将盗捕获，捕获之后由州县解送府道、臬司以至于督抚衙门，处处均要花钱，所以州县不敢捕盗，以致盗贼横行。所谓养痈遗患，百姓有冤莫大伸，约一百条盗案未报者十居八九，已报者总不到一二，迨至冤气充塞，一遇强梁之徒揭竿而起，民皆响应，以（至）〔致〕不可收拾。就这个样子看来实在可怕，这都是因督抚不守法律，州县方敢如此。这个情形朝廷及政府未必尽晓，现在有资政院、谘议局可以稍达地方官吏的情形，想政府也必很愿意听资政院、谘议局的话。但本员还有两句话可以表示，并不是一味调和。就如日本变法很快，因为他政府大臣全是由外国学习法律回来的，所以议院以法律责政府，政府无不乐行。中国政府未到过外国，不到会场演说，若必请军机大臣到院答辩，虽是正当要求，但该大臣等因强迫到院，恐其心必很不舒服。如果军机大臣今日到院，我们可以把督抚违法、百姓吃苦之处一一告诉该大臣等，并请该大臣等告诉皇上；万一他不能到院，本员亦有一个方法，可以再提出议案，请规定督抚违背法律、侵夺权限应得如何处分以昭炯戒，不得以"疏漏"二字了之。还有第二个方法，公债的事本是中国之大害，本员已经说过，亦可以另外提出议案，自然可以取消。我国立宪是幼稚时代，所以本员陈说变通办理之法固知此说不能人人满意，然按今日时势不得不为此权宜之计，不知大家以为何如？

九三号（席议员绶）：中国虽然是幼稚时代，然军机大臣不能说他是幼稚时代，请他来院把这个意思说明就是。

一四八号（陶议员峻）：方才许议员所谓督抚的事情政府未必尽晓，试问政府与督抚是否一样的人？是否一样办事？就本员看来，督抚即将来之政府，政府多半为前日之督抚，其平日大都目无法律，若使稍守法律，何至于有今日！资政院为遵守法律的地方，若是督抚与政府不守法律便可以通融办理，这就是本院人目无法律，这就是亡国之渐，区区资政院如何能保全长久。

一二六号（陶议员镕）：陶议员所谓政府与督抚不深明法律，本议员不敢谓然。若谓幼稚诚然不错，但督抚本行政之人，百姓违法就知道处分，自己违法反茫然无知，虽说是幼稚时代，然而法律总不能推诿为不知，即不能不遵守。既不知法律，何以能做行政官，只知责人，不知责己，不能以幼稚谅之。

百十号（于议员邦华）：这件事情并不是资政院对于督抚的问题，是对于军机大臣的问题。因为将来国会开了，军机大臣要负责任，所以必请他来院质问明白，若此次不能质问，就甚议决之案均属无效。

一二六号（陶议员镕）：请军机大臣到会把这个问题解决，解决之后再议他事，他们一天不来，一天静候，两天不来，两天静候。

一零八号（刘议员春霖）：刚才许议员演说这一番委曲求全的意思想为各位议员所深谅，不过本议员还有一点疑惑的地方。因为许议员的意思说我们据法律要求军机大臣，虽军机大臣外面不能如何，恐其心里很不舒坦，但是我们资政院必要求着军机大臣心里舒服还成个甚么资政院呢！（拍手，拍手）许议员又说应提出处分违法之议案，现在议决的案军机大臣就不照行，将来无论再提出何等议案一定是无效的，就是军机大臣将来侵权违法也不过以"疏漏"二字了之，（拍手，拍手）还是请军机大臣来院答辩，问他到底是何意思，将来别项议案才能解决。

一五三号（易议员宗夔）：请议长再行发电话，总要请四位军机大臣都到院更好。

九三号（席议员绶）：议长曾否已再打电请军机大臣，若今天不能来，可用文书去请明天来。若明天还不来，我们就等到后天，总要候四位军机大臣到院，我们质问后才能开议。

一五一号（黎议员尚雯）：这是关系一国的事，实属重大，军机大臣更有何要事今天不能来？我们中国内政不修，外患日迫，都是由军机大臣及各省督抚违背法律所致，就是军机大臣、各省督抚不怕对先朝不住，我们人民还恐无以对皇上及先朝，所以不能任行政大臣违背法律，以危国家。

一五三号（易议员宗夔）：这个问题不能解决，以后资政院所议的事都无效力，就请军机大臣奏明皇上解散资政院，免得空耽搁我们的时光。

一二六号（陶议员镕）：似此无法律可守，不如就请皇上解散资政院，以便我们早早回去。

一五三号（易议员宗夔）：请诸位想一想，比如御史参一个督抚也不至于如此无效，我们全院二百人的议决反不如一个御史的效力，这个资政院尽可以不设了。

百十号（于议员邦华）：请议长不要迟疑，赶紧发电就是了。

九二号（林议员绍箕）：现在议场人数不到三分之二，请议长宣告散会。

九三号（席议员绶）：现在尚未开议，议员有出场吃茶者，何得便云散会？

一五三号（易议员宗夔）：现在静候军机大臣，到时开议，何得倡说散会，汝畏军机大臣吗？恐怕军机大臣来时无话可说吗？

副议长：我们可以暂行休息，候军机大臣来院再行开议。

一五三号（易议员宗夔）：休息多少时间？

副议长：休息二十分钟。

副议长离席，各议员退出议场。

下午三点三十分钟议事中止。

下午三点五十五分钟接续入议场。

九三号（席议员绶）：请问议长，方才少数人在楼上开秘密会议，究是何事？请议长宣告多数议员。

副议长：方才并未开秘密会议，不过本议长请几位议员说话而已。今天就是军机大臣来院也很迟的了，今天不能开议，还有文件可由秘书官报告。

九三号（席议员绶）：不必报告。

百十号（于议员邦华）：请问议长，军机大臣到底来否？如议长担任来的，大家很愿意，如果不来，文件不必报告。

一四八号（陶议员峻）：今天军机大臣能到很好，如果不到，请副议长会同正议长把这个法律不可不守的关系恳恳切切与军机大臣说明，以后无论军机大臣、各省督抚都不可不遵守法律。若不遵守法律，就没有国家，各议员没有别的意思，是为尊崇皇上起见，为安靖国家起见。中国所以到此地步，就是种种不遵守法律的缘故。现在资政院是一个保守法律的总汇，不惟议员宜保守法律，即议长亦宜保守法律，议长当以法律关系国家存亡的利害至诚相告，使彼此意见调和，以保国家的巩固。若不顾大局，商量政府抵制议员，致生冲突，恐不惟无以对天下人民，亦无以对我皇上也。法律之能守与否实关系国家之存亡，请议长仔细思量，必不忍视为无关轻重之事也。

一五三号（易议员宗夔）：我们现在请军机大臣出席说明湖南巡抚应定处分的理由，我们资政院所议决的事才有效力。军机大臣今日想可请到，我们暂不开议，就在此默坐以待。

九三号（席议员绶）：方才打电话请军机大臣都靠不住，要请议长指定几位议员轮流打电话去请军机大臣，军机大臣才知道今天情形。

一二六号（陶议员镕）：席议员绶言在楼上开秘密会，究竟是甚么意思？请报告。

百十号（于议员邦华）：请代报告。方才议长所说不过怕请军机大臣不到，本员答以不必怕的。议员并没有激烈的举动，议员是遵守法律的，若不请到会，则今天开议是万万不能的。

一零八号（刘议员春霖）：适才并非秘密会议，不过于休息时间议长邀本议员谈话而已。无论那一位议员于休息时候亦难免数人聚谈，何能皆指为秘密会议？此等属于私人资格之闲谈，议场不能认为有效，即亦不必要求宣布。席、陶两议员若认为秘密会便误会了。

百十号（于议员邦华）：如果军机大臣不能到会，总要有个结果的办法。

一零八号（刘议员春霖）：大约这件事体若不具文书究属空言，应请饬秘书厅备文，由议长亲持去请为是。

一二六号（陶议员镕）：此次质问军机大臣，据本员意思，不必以少数人表示众人的意见，仍以全体名义质问为是。

一二六号（陶议员镕）：还是请议长打电话问军机大臣来不来。

副议长：打电话只能略说几句，不能多说，若多说恐怕听不明白。今天何妨先开议，本议长明天当面去请军机大臣。

一五三号（易议员宗夔）：本议员很赞成这句话，请议长总要主持，总要向军机大臣说明这个理由，我们资政院才有效力，不然则资政院可以不设。

某议员：时候已经不早，并无议过一事，这个光阴甚属可惜。

百十号（于议员邦华）：光阴并不可惜，这所争的权限并不是谘议局的权限，是资政院的权限，在外国有因权限停一会期不开议的。

一四九号（罗议员杰）：议长请军机大臣到会质问，议长不必怀疑现在所争的是巡抚侵权违法。各省督抚每每侵权违法，宪政不能实行，资政院是一定要争的。何以故？这个权是皇上给我们的权，这个法是皇上钦定的法，这个权限、法律既是皇上给予之权、钦定之法，议员所争是尊重皇上、尊重民权、尊重法律，就是议长亦应当争的。这回争得转，国家有名誉，议员有名誉，议长亦有名誉；如争不转，国家没有名誉，议员亦没有名誉，议长亦没有名誉，议长既代表议员上奏，议长与议员原为一体，盼望力争。

一五三号（易议员宗夔）：还要申明一句话，今天如果不届五点钟，请议长不必宣告散会。

副议长：不到五点钟可以不宣告散会。

三七号（议员曾侯爵）：方才各议员要请军机大臣来答辩是很好的，但是本议员有个意见。各议员切不必动气，若军机大臣不来，何以处之？但求尽善方法。目前我们所议的事就是无效力，既无效力，就是资政院碰钉子，亦与议长面子下不去。总请议长再行上奏申明权限，倘日后有行政官违法侵权之事严定处分，使行政官有所遵循，未悉众议员以为何如？

一二六号（陶议员镕）：这个折子应在后办，此时不必议及。

九三号（席议员绶）：本院当问该大臣等是依法律与否，这个折子总在质问军机大臣之后。

九三号（席议员绶）：请问议长，打电话还有消息否？

副议长：那中堂到外务部去了，别位军机大臣还无消息。

副议长：今天开议、不开议请大家表决。

九三号（席议员绶）：有何表决？并且人数不到三分之二。（众颇哗然）

百十号（于议员邦华）：如此讨论则议场次序大乱，不如静坐以待为是。

副议长：现在可以报告文件。（众哗然）

副议长：赞成报告文件者请起立。

众议员多数起立赞成。

副议长：起立赞成共一百零三位，是多数。

秘书官（张祖廉）：承命报告文件，共十二件。

副议长：孟议员昭常质问军机处与学部两件说帖，可以省略朗读否？

众议员请朗读。

秘书官（张祖廉）：接续报告。

易议员宗夔、席议员绶同时起立，云各省核议案不必报告。

百十号（于议员邦华）：在今天议事日表以内的可以不必报告。

一五三号（易议员宗夔）：资政院议员违背法律是不行的，现在请军机大臣出席未到，明日须请议长照院章第二十条以文书质问这件事。大家要研究大题目，不要讨论小题目，大家要遵守法律，不可以小事相争，又要拿定一个主义。如今日军机大臣不到会，时候不早了，就可以散会了。

副议长：请具质问说帖立刻就可以办文书过去。

百十号（于议员邦华）：不必用说帖，由资政院以文书质问就是。

百十号（于议员邦华）：对于今天的事情有几句话，这个事体很重大，不但关系谘议局，并且关系资政院，总要请军机大臣到会以便质问。

副议长：用说帖质问是正当办法。

一零八号（刘议员春霖）：大约这个事体是议长亲自去请为是。

副议长：质问说帖是总要有的。

一五三号（易议员宗夔）：这是全院的意思，议长就是代表全院的，可以不用说帖。

一一二号（陈议员树楷）：这个质问是请来的质问，要用口述的答复，若用文书的答复甚是不当，还请议长明天当面请他一点钟到会，总是用口说答复为好。

一五三号（易议员宗夔）：用文书答复是不好的，须请军机大臣口说答复方好。

一五三号（易议员宗夔）：请秘书官可以不必报告核议案，今日议事日表全未开议，现在已过五点钟，请议长宣告散会。

副议长：散会。

九三号（席议员绶）：明天到底开议不开议？

副议长：现在不能说定。

副议长离席，各议员退出议场。

下午五点十五分钟散会。

资政院第一次常年会第十六号议场速记录

宣统二年十月十一日下午一点三十分钟开议

议事日表第十四号

第一，湖南禁烟会核议案。（股员长报告，会议）

第二，广西限制外籍学生核议案。（股员长报告，会议）

第三，江西统税改征洋码核议案。（股员长报告，会议）

第四，云南盐斤加价核议案。（股员长报告，会议）

第五，著作权律议案。（再读）

第六，地方学务章程（案议）〔议案〕。（三读）

第七，修正报律条文议案。（股员长报告，续初读）

议长：今天议员到会者一百二十七人，现在全院议员除辞职未到及因病告假者外，以实到人数计算已过三分之二，可以开议。还有一件事，现在天气很短，应议的事很多，以后总要以一点钟开议为妙，请诸位议员注意。现由秘书官报告文件。

秘书官（张祖廉）：承命报告收受议员陈瀛洲质问外务部说帖一件。

九五号（长议员福）：这个说帖可以不必朗读。

议长：这件说帖已经印刷分送，想大家都已看见，似可省略朗读。请赞成者起立。

众议院多数起立赞成。

秘书官（张祖廉）：报告收受议员庆山质问农工商部说帖一件；三、收受议员杨锡田质问度支部说帖一件；四、收受议员余镜清质问外务部说帖一件；五、收受议员陶葆霖质问宪政编查馆说帖一件；六、收受议员吴赐龄质问度支部说帖一件；七、收受陈请股员长赵炳麟审查说帖结果一件。

八十号（劳议员乃宣）：请登【台】发言。

议长：现在劳议员乃宣对于此案有意见，即请登议台发言。

八十号（劳议员乃宣）：简字这件事情当初本京先有官话字母，两江周总督馥在江南开了一个简字学堂，奏明立案，奉旨允准。本议员于光绪三十四年奉旨召见，于先皇太后前面奏简字之用，请将简字谱录进呈钦定颁行，先皇太后允准。本议员当即递了一个折子，于三十四年七月奉旨交学部议奏。自从交了学部之后，学部始终没有复奏。但简字这件事情是由拼音拼出来的，法子虽极其容易，但书上说的总不如口说的明白，本议员恐学部不明白这个缘故，又在学部递了一个呈子，请亲到学部听候询问，学部还是搁起，一直搁到宣统元年十一月。本议员又上一个折子，奉旨还是交学部议奏，学部还是没有议奏。本议员于是又写了一封信给学部三堂，说情愿亲到学部说明一切，这个简字如果有错可以当面示知，再为讨论，日后又给唐尚书一封信，还是不理。现在有三处提出这个陈请书，一个是京官的，一个是直隶的，一个是八旗的。据本院审查的报告是归学部核议，学部一定还置之高阁，所以本议员提起倡议，照章有三十人以上之赞成者可以作为议题，请将理由陈说一遍。我中国种种不能如人，论兵兵不如人，论商商不如人，论学问、政治我们从前以为很好的，现在新学一兴，往外一看，亦是不如人。中国大势如此，将来何以自存？但我国有一件最好的事是合地球不能及的，就是人口最多，天下事总是人作来的，既有如此多人，天下事甚么办不到。但是人虽然多，现在乡下糊涂的人不明白天下的事，比方国会速开，我们本院以为全副精神议决方得缩短至宣统五年开国会。若向一个乡下人问他宣统五年开国会愿意不愿意，他必【问】什么叫国会，我不知道。（拍手）说是一个开国会我们人民有，就有参预立法的权，他必说什么叫参预立法的权，全不知道。又说民人应该担负义务，他必然说什么叫义务，又说当兵、纳税，他必还说不知道。这是什么缘故？须知道都是因为不识字的缘故，我们中国的人约四五万万，认得字的没有多少。据筹备立宪清单，学部设立简易识字学塾预算那一年，识字者须有百分之一，那一年须有五十分之一，那一年须有二十分之一，到了二十分之一效验就算是极好了，不知道我们中国四万万人，百分之一才有四百万人，五十分之一才有八百万人，到了二十分之一不过二千万人。请看日本小国，全国才有四千万人，而人人都能识字，我们就是办到两千万人，识字也不过比得日本一半。何以他能人人识字呢？因为他的字好认的原故。我中国自伏羲、神农以至于今，识字的总是多数圣帝明王谆谆诱掖，然而五千年来若要人人能识字总是难的，因为我们的字有形、有声、有意。所谓象形指事，会意转注，假借谐声，六书的讲究繁伙的很，所以中国的书是很深的，很好的。因为中国的书又深又好，非研究多年是不能领会的。英国百人中大约有九十多认得字的，因为英文不过二十六个字母，就是日本亦不过五十个假名，认识这字母与这些假名并不很难，所以就容易成功了。而我们康熙字典有九万多字，我们名为念书的人都是会作诗、作赋、作八股的人，果然尽识字典上的字吗？就以我们全院百人论，康熙字典上的字谁也不能都认得。（拍手）这个简字并不难学，只要先认字母，再学拼音，不到三个月功夫就可以成功的，就是人家女儿、乡下老夫亦可以容易学会的。如果识字就可以心里明白，心里明白就可以有国民资格了。这个简字一个人可以教会几十个人，再每人传几十个人，就是几千人，三传就是几万人，四传就是几百万人，五六传就是几万万人。我们中国要有几万万明白的国民，那还不无敌于天下吗？可是非有容易认识的简字不可，所以本员提起一个倡议作为议案，请诸位赞成。各议员如以为然，就请交法典股审查。本议员还有一句话，本员所著的简字书及从前屡次上奏的折子、先后给学部的呈子信件，本议员都有底稿，等交了审查，本员就送至秘书厅请交审查股以备参考。又有简字全谱、简字丛录存在第三股员室，但所存无多，不足二百分，所以不能每位送一分，若诸君有愿看者可以俟散会后开条到第三股员室去取。

议长：劳议员的倡议已有三十人以上之赞成，即作为议案交法典股审查。

七三号（汪议员荣宝）：这简字与法典股的关系甚少，请议长指定特任股员审查。

议长：俟列入议事日表时再行酌定。

秘书官（张祖廉）：承命报告陈请【股】股员长报告之文三件并预算股股员长报告书三件。

一五三号（易议员宗夔）：有倡议的话。湖南公债事件要请军机大臣答复，军机大臣今日究竟能否到会？

议长：吴议员赐龄呈递质问军机大臣说帖一件，现在吴议员赐龄所递质问军机大臣说帖就是为湖南议案的事，方才交到，不及印刷，应由秘书官朗读一遍再付表决。

秘书官（张祖廉）：承命朗读吴议员赐龄说帖毕。

议长：命秘书官再（读朗）〔朗读〕一遍。

秘书官（张祖廉）：承命再（读朗）〔朗读〕一遍。

议长：吴议员的说帖应付表决，请赞成者起立。

一九六号（牟议员琳）：吴议员的说帖有应斟酌之处。此次湖南公债所下之上谕固是军机处拟旨，然军机处只处于协赞地位，谓此上谕即是军机处所出未免不当。如说帖中谓"军机处仅以疏漏了之"等语，则是以此上谕非出自皇上而出自军机也，故此等字句宜加斟酌。

百十号（于议员邦华）：意思是一样的，本议员还有几句话，请登台发言。

议长：是否对于这个说帖发言？

百十号（于议员邦华）：这个质问说帖大家无不赞成，当初那一天全体要请军机大臣来有所质问，因为初七的上谕有一点疑义。向来中国法律不大明白法律与命令的界限，分不清楚究竟法律如何，命令如何，命令是否可以变更法律全然不知。昨天财政学堂开会，本议员没有到会，听说所议的事系尊重法律、维持公论的意思。湖南公债事件应该交谘议局议的是公论、不是公论，不交谘议局议而交到资政院提议，经资政院全体议决是公论、不是公论。如果以为是公论，就当维持资政院，当守的法律就是资政院的权限。第一是资政院的法律，第二是谘议局的法律，谘议局应遵守之权限就是谘议局的法律，谘议局议决之后谘议局应当生效力，资政院议决之后资政院亦当生效力。大家应当遵守法律，所以要质问军机大臣，质问军机大臣正是尊重法律。那天要求军机出席答辩，亦有人不以为然，不知正是尊重法律，正是遵守资政院的权限，虽有绝对的反对，而本议员总不以为然。何？则因为法律与命令不大明白的原故。资政院议决的案件即是法律，就应发生效力，不能取消，若要取消，就是取消法律。若是认命令为法律，就是以新法律废旧法律，所以那天要求军机大臣出席答复正是大家维持公论，尊重法律，希望资政院议决的案件生一效力，所以不能不请军机大臣答复。

百九十号（吴议员赐龄）：本议员对于牟议员所说的说帖上谓"仅以疏漏二字了之"一句牵涉上谕，以为不妥。本员有一解释，自古圣帝明王都以纳谏容直为盛德，此次上谕即使出于我皇上独断之明，苟未尽善，犹必乐闻谨议。况我皇上正在冲龄，颁布一切法令皆军机大臣议决事件，所以必须质问军机大臣。若以牵涉上谕便为不妥，是不以古之圣帝贤王尊仰我皇上、我摄政王，岂不是轻视我皇上、我摄政王？

一零九号（籍议员忠寅）：现在质问说帖议长已付表决，可不必讨论。况章程上质问说帖并无修正条文，说帖既经表决，不能加以修正，牟议员所谓不必修正亦是此意，请议长照章办理。

一一三号（李议员搢荣）：本议员有几句话，请登台发言。

议长：请发言。

一一三号（李议员搢荣）：本议员对于湖南公债上谕非常感激。何以感激？因现在我们中国还没有实行立宪，没有责任内阁实在替我皇上负责任，所以才有初七日的上谕。然资政院议员所必请军机大臣答复者，根据光绪三十四年八月初一日王大臣拟定宪法大纲原奏，原折云：必以政府受议院之责难者即由君主神圣不可侵犯之（义）〔意〕而生，军机大臣虽不是责任内阁，究不能不算政府，既是政府，就不能不替君主负责任，所以请军机大臣说明理由者尊重法律也。因为法律是我皇上颁布的，不遵守法律就是违背我皇上命令，法律可违背，推其极必成为无法律之国。本议员想法治国者非仅颁行法律也，遵守法律也。盖国之有法律如人之有精神，人无精神则死，国无法律其危殆不可胜言。然有法律而不遵守与无法律等，我德宗景皇帝早虑及此，所以有三十四年八月初一日上谕，大意谓现值国势积弱，势变纷乘，非朝野同心不足以图存立，朝野同心者同此尊重法律之心也。又曰非纪纲严肃不足以保治安，纪纲整肃者上下同处于法律范围之内也。又曰非官民交勉、互相匡正不足以促进行而收实效，交勉者，官民以遵守法律，交勉有逾越者，则互相匡正也。当日上谕就是恐怕有不遵守法律的，今湖南公债案已奉上谕，欲求收回成命，能否作到，实不可知。若仅提质问，不过得一文书答复，无甚效力，不如再提出议案，请旨明定侵权违法处分，以警将来更好。本议员之意如此。

议长：现付表决，可以不必再行讨论，请赞成者起立。

众议员起立赞成。

议长：起立赞成者九十六人，是多数。

议长：现在开议议事日表第一湖南禁烟核议案，请股员长报告审查之结果。

四八号（陈议员懋鼎）：本议员按照办事细则〈事〉五十三条，委托邵议员羲代为报告。

议长：请邵议员报告。

一三七号（邵议员羲）：本股员会审查湖南禁烟核议案报告书已经印刷分布，想诸位议员已看过，现在说明审查的宗旨。湖南巡抚与谘议局争议禁烟这一件事原案系抚台提议，嗣经谘议局修正，有几条谘议局与抚台意见有不同之处，是以就有争议，经第二次、第三次复议，彼此互相让步。照湖南巡抚来的咨文所据者，即第三次复议案大概所争议的要点有二。第一争议是缩短年限，湖南巡抚所称第一条，即谘议局三次核议案之第二条。国家禁烟功令，人民很盼望其能速取效果，但既要禁烟，非禁种、禁吃、禁运三者并行不可。禁种一事各省督抚已经实行，惟禁运这一件事各省督抚虽屡有陈请，经度支部屡次驳请，遂于禁烟禁运一项不能实行。揣度支部意，因为禁运一事恐其牵涉外交，不易办到，于禁运不加限制，以致近来土商非常获利。现在湖南谘议局主张缩短禁吸年限，是从根本上着手，即无吸烟之人，更不必再讲禁种、禁运。况本年九月已奉上谕：禁烟与禁种并重。湖南谘议局之主张亦并非毫无根据。谘议局为代表舆论之地，彼既能主张缩短，自必于社会情形调查确有把握，故本股员会审查此案对于谘议局主张在宣统二年六月底止为禁吸截止期都表赞成，应令巡抚查照该案奏明办理。第二争点就是湖南巡抚主张绅办，谘议局主张官绅合办。在官一方面之意，全恃官力恐不能周到，必以绅为辅助，若官全不负责任，此必致将朝廷要政全然诿卸于绅士，万无此种办法。绅士虽能辅助公家办事，然执行之时全仗官力，绅士无强制力使地方士庶服从其命令。湖南谘议局主张官绅合办，共同组织，彼此均无可推诿，对于禁烟一事不得不同负责任，此办法甚属正当。本股员一再讨论，可表赞成，卒以谘议局主张为是，应照局议办理。审查宗旨大概如此，全已说明，请诸君再为讨论。

议长：各议员对于此案有无讨论？

一四一号（杨议员廷纶）：禁烟的事湖南谘议局主张缩短年限，官督绅办，此理由确是不错。盖禁烟利在急进，不缩短年限，则未到年限之期间何从著手。至近日各省官吏往往以禁烟惟在绅士身上，然而绅士无强制力，到底不能不赖官力。官吏倘以绅士为主体，则必不肯十分出力，故或视为无足重轻而（膜）〔漠〕置之，或视为过于累扰而反对之，种种窒碍，本议员在籍办禁烟时所实验者也。请诸位讨论，即付表决。

一六七号（王议员用霖）：禁烟的办法各省不同，最为前途之累，非确定全国统一方针不能遽见大效。从前联合会陈请书及山西谘议局陈请书已经陈请股审查报告，并作一案会议，请议长提前列入议事日表交付会议，必使各省一律，方有成效。

五七号（林议员炳章）：湖南禁烟案已经议决，本议员与杨议员廷纶前所提出修正禁烟条例缩短期限一案已在会场报告，这是为全国打算，请议长提前交议，以便早日审查，早日实行，使禁烟效果普及天下。

一五三号（易议员宗夔）：林议员的话本议员很赞成，所不赞成者就是归并审查。现在会议之湖南禁烟议案已经审查过了，如欲归并，不问可否归并审查，只问可否归并具奏。

百十号（于议员邦华）：易议员的话是很好的，这个禁烟案件关于全国，现在请先付表决。

一三七号（邵议员羲）：现在无有讨论，即请议长付表决。

议长：现在表决湖南禁烟会核议案，应先请湖南议员暂行离席。

一五三号（易议员宗夔）：以后如核议案本省议员离席，如系核办案照第二十四条本省议员可以不必离席。

湖南议员易宗夔、唐右桢、黎尚雯等照章退出议场。

议长：各议员有赞成湖南禁烟案报告书者请起立。

各议员多数起立赞成。

议长：多数可决。应开议议事日表第二广西限制外籍学生核议案，请特任股员长说明报告书理由，请湖南议员归座。

五七号（林议员炳章）：方才本议员请提前交议，已经多数表决，是否实行？

议长：可以归并具奏。

四八号（陈议员懋鼎）：本议员照章委托本股胡议员家祺代为报告。

议长：请胡议员家祺说明理由。

一一四号（胡议员家祺）：报告审查广西限制外籍学生核议案，此是广西巡抚与广西谘议局异议事件。此事从何处发生，因广西筹办高等警察学堂初次招生，广西巡抚奏请在本省举贡生员及曾在中学堂毕业者外加入凡与中学毕业学力相当者，无论本省、外省一律（改）〔考〕选。其理由以为广西之举贡生员现在因办学、就职、考贡已经搜罗殆尽，中学毕业的学生很少，不得已要加入外籍的学生。而谘议局以为高等警察学堂现在的学生就是将来办本省警务的人，若加入外籍的学生，于本省的情形不甚熟悉，将来办事有许多不便，其理由有四，所以谘议局以考取本省的学生为是，以为毕业后办本省警务较他省人亲切。因此又拟将全省的学堂收容外籍学生之章程变更，限定名额，不得过本省学生十分之二，征收学费作为附学。因此广西巡抚与广西谘议局意见不合，始有异议事件到本院核议。前日开股员会审查得巡抚所主张之理由以为举贡生员搜罗殆尽恐未必然，至云中学同等的人可以入学，而中学同等之程度亦难定其标准。然则本股审查将以何者为依据，查民政部奏定高等巡警学堂章程第四条，以本省举贡生员及曾在中学毕业者考选。据章程解释，外省的学生自然不必收入，但中国学制无论何处学堂皆无限制外籍学生办法，而各省有客籍学堂、随宦学堂等都是不正当之事，所以本股于限制外籍学生酌定名额之说不敢赞成。因学务经费无论土著流寓都要担任，自不能限制外籍学生之名额。又广西巡抚谓国家税支办之学堂不能限制，地方税支办之学堂就可以限制，此说亦不甚当。无论现在国家税与地方税尚未分开，即划分以后亦无限制外籍学生之理由。但此案专指高等巡警学堂而言，不应遵照民政部奏定章程办理，外籍学生不必收入。现在但以照章程具奏请旨，令广西巡抚照章程办理。本股审查情形如此。

一八七号（刘议员述尧）：本议员对于审查报告书于警察学堂谓"应遵照民政部章程，无庸加入外籍"，此层不可赞成。惟于普通各学堂既知地方学务无论土著流寓均有担任经费之责，不应限制，则此项限制自当取消。乃又以为既经广西巡抚公布，不在异议之列，无庸审查，则本议员大不谓然。何则？是同一案，何以分作两（撅）〔处〕？巡警学堂之公布办法可以取消，同时普通学堂之公布办法何以独不能取消？倘广西限制外籍学生之议经过资政院之审查亦认其成立，势不能不禁他省之仿行，将来或因是而致此省与彼省之冲突争议，本院将何以解决。主张各省一律限制乎，审查书已明言其不合；不主张限制，何厚于此而薄于彼，不得谓平。故本员以为若照审查报告通过，将来必有种种窒碍，其结果且必致各省生省界无限之恶感，应请诸位议员注意。

百九十号（吴议员赐龄）：我们既为资政院议员，当代表全国，若遇本省的事就要发言，近于代表地方，但学务一项关系全国，所以审查有不明白地方凡本省议员可以说明。据审查所据的是民政部章程，以为争议之点全在高等巡警学堂，不知实包速成之专门学堂在内。现在我们中国并没有一定的教育政策，疆域如此之大，人民如此之多，所以各省自为风气。广西又有特别情形，交通不便，本省人之在外府州县者必须两个月方能到省，若不先收容本省学生，跋涉空劳，阻人向学，这是地理上关系，是第一层。第二层因以地方公款允作学堂辅助费，所以本籍学生应享此特别权利。若学部有一定的章程，一律收学费，一律收膳费，也就可以不必限制外籍学生，现在不然，所以本省的人不能不沾本省的利益，就是广西谘议局限制外籍（发）〔学〕生之说所由。（发）〔学〕生现在要说不应限制，就要要求学部修改章程，用严格取缔全国学堂一律收学、膳费方能周到，此是报告书中未说明白的地方，所以本员特为说明。

学部特派员（范源濂）：方才为广西高等巡警学堂限制外籍学生议论很多，本员请将学部对于各省客籍学生的办法说明。在光绪三十二、【三十】三年的时候各省设立客籍学堂很多，学部看此事殊多不合，于是酌定办法，此项学堂能归并的就令其归并，若不能归并的毕业之后不许再招新生。后来河南提学使有文到学部，请将客籍学堂作废，准令客籍学生入该省公立学堂肄业。学部看河南的办法很好，于光绪三十四年二月就通饬各省一律照办，学部的主见向来如此。至于民政部高等巡警学堂章程收录学生之规定与学部定章并不相妨，因巡警学堂本是特别的学堂，不必全然相同的，这是说明第一事。第二事就是收学费的话。光绪三十三年曾经学部规定自大学以至初等小学收取学费，多少不等，每月总须纳费若干，不收费的就是师范学堂及艺徒、半日等学堂。师范学堂因为学生毕业后将来还要尽义务的，艺徒等学堂则因其实是出不起学费。是收学费的章程早经学部定过的了，不过各处也有不实行的，这是关于款项的事。因为财政不统一，经费不充足，于收学费一层就有许多窒碍，若于今日必责令其实行，就难免有因此即不能进学堂的人及种种为难的事情，所以学部于这件事现在还没有法去干涉，但是章程已经发布，将来必渐渐促其实行的。

议长：现在若无人发议，拟即宣付表决。

一九六号（牟议员琳）：现在可否发议？

议长：现在尚未宣告讨论中止，可以发言。

一九六号（牟议员琳）：本议员对于审查报告书有反对之意。广西谘议局原案其大要有二：一限制外籍学生名额不得过十分之二，一外籍学生须纳学费。现在审查报告书乃据民政部章程改为"禁止外籍学生"，我国奏定章程"交通不便，凡寄居他省者一时不能还家，不得不进他省学堂"，若如报告书之意，不准外籍学生入本省学堂，倘各省援以为例，则甲省禁止乙省学生，乙省复禁止甲省学生，则中国青年必有许多废学者，于事实上甚形不便，故本员所赞成的是征收学费一层。如本省官立学堂本省人不收学费，而外省则征收学费，即以其所收之学费供学堂之用，则外省人也是一样向学，于本省权利既无所损，于义务亦属同负，何必定要限制外籍的学生？所以本员意见对于外籍学生只应征收学费，不必限制名额。

百十号（于议员邦华）：本议员对于牟议员说的差一点。报告书于广西普通的学堂没有限制的话，其意思因为巡警是保护地方的，高等巡警学堂有保护地方的性质，所以用本地方的人办本地方的事，至于别项学堂本没有限制，所以这句话没有讨论的价值。

四八号（陈议员懋鼎）：本议员对于牟议员所说尚须声明。所有该省限制外籍【学生】办法本股审查时并不以为然，因为限制名额、征收学费两层是经广西谘议局议决、广西巡抚业已采取公布，并不是此案争议之点，即不在应行核议之列，亦即不在审查范围之内，故不能置议。如以为应议，似应由本院提出议案另外再议。

一一四号（胡议员家祺）：本议员对于牟议员之议就报告书再为解释。查外省学生征收学费不必限制，本股审查时亦是此意，审查股反对广西谘议局议案专指限制名额以十分之二为限一项，决不是反对收学费。因学部章程无论本省、外省一律收费，至于有不能缴费之学生，地方绅士另筹公费补助学费者容或有之，可见征收学费无论何人皆当一律，或本省人从数少，外省人从数多耳。又广西谘议局以外籍学生为附学亦不正当，因附学即非正额，将来毕业都不能得一完全文凭，实不足副向学务之苦心，惟此节不在争议之点，可以不必研究。若专就高等警察学堂论,广西巡抚所谓"中学学力相当者"实无标准,部章规定高等警察学堂招生办法以中学毕业者为原则,举贡生员虽无中学毕业之学力,而文学自是优长,若空言与中学学力相等者,则无论何人皆可滥竽入学。所以本员对于牟议员之议不甚赞成,因如此办法将来入学资格一定纷歧。

一七七号(李议员文熙):本员对于此报告书尚有不赞成处。广西限制外籍学生请分两层说,第一对于普通学堂,第二对于巡警学堂。限制外籍学生纯是部落主义科举时代攻冒籍的思想,现在不必存此界限。因为我国今日文明进步大半是从东、西洋输入来的,西北几省之进步亦大半是由东南几省输入来的,广西抱定这个宗旨不收外籍学生,未免与进化公理相违背,不知广西学堂办的好才有外籍学生来,如办的不好自然没有人入学,这是就普通学堂。至于民政部所定警察学堂章程根本上不无错误,其用意在本省人办本省事,不知警察的事本省人可办,别省人也可办,试问现在各省办警察的人还有外省人否?若说外省人办警察情形不熟,言语不通,这几句话也不确实。因为别省人到广西入警察学堂者其人谁无本省,其本省谁无警察学堂,而必至广西警察学堂者或因随宦广西,进广西学堂较为便利,或因本省学堂办理不善,入广西学堂为优,教育唯恐不普及,何必分此畛域。且既已在广西入学堂,对于广西地方情形亦断没有一点不明白的,并有本省人对于本省情形尚有不如他省明了者,例如四川打箭炉等处距夔府二千余里,以打箭炉之人办夔府警察,恐不如湖北宜昌人之为明白。此限制外籍学生既于进化公理相违背,复于事实上亦无甚便利,故本员甚不赞成。

百十号(于议员邦华):起立发言。

七十三号(汪议员荣宝):照议事细则第五十一条,议员不得就一议题发议二次,请议长注意。

百十号(于议员邦华):并【不】是发言,不过对于李议员所说的话有所辩论。审查广西限制外籍学生就普通学堂论,大家都是不赞成,然这个内容是注重高等警察学堂。这个章程既属民政部规定,就算是法律的规定,规定以后才能实行。广西谘议局所以限制外籍学生却是别有一个观念,中国向来官吏均属外省人,又均是不好,广西谘议局以为中国官吏不好,巡警官若用外省人亦属不好,于是限制外省人,欲以本省人充当,且用本省人公费亦可减少,这是广西谘议局的意思,所以拿民政部章程力争。至于巡抚限以中学程度相当之说,无非是位置自己的人的意思。两面均说不出来的话，非由经历过来的不能知道，现在限制外籍学生人人都是不赞成的，但不在审查此案之内，至民政部章程能改与否又当别论。

一三七号（邵议员羲）：本员是审查股员会中之一人，对于广西限制外籍的学生本员不赞成。因此案既经谘议局决定，巡抚又已公布，即成为法律，不能由本院议决取消。即以此办法为不然，应令广西巡抚提出议案，或由广西谘议局提出议案，自行取消这件事情，或由资政院将不准限制外籍学生提出一通行全国之议案，本院会议是亦当然取消的，这是第一层办法。第二层民政部高等警察学堂章程说是先尽本省人考选并没说限制外籍学生明文，民政部的章程是否妥善，这是应该民政部自行修改，不在审查范围之列。

八七号（沈议员林一）：此事不过一省规定学额限制外籍的事，没有甚大关系。今资政院核议各省谘议局案件甚多，本系归行政裁判，只因现在行政裁判尚未设立，所以归资政院代办。然本院应议本分事件，俱因核议各省之案不及付议，实为舍己芸人。此事可以不必再为讨论，请议长即付表决。不过邵议员羲所说民政部章程原是先尽本籍，并无"不准外籍入学"字样，与报告书上"无庸加入外籍学生"这一句话有点不对，应否删除？

一三七号（邵议员羲）：请将"无庸加入外籍学生"一句可以删去。

一一七号（雷议员奋）：本议员对于特任股员有几个疑问。第一，广西巡抚咨文到资政院，照谘议局章程第二十四条规定，特任股员长报告高等巡警学堂与普通学堂是否一律限制外籍学生，特任股员能否明白报告？

特任股员长（陈议员懋鼎）：广西原案已经交到秘书厅，请秘书厅再行交出。

一八七号（刘议员述尧）：照巡警章程，原不能收外籍学生。

七三号（汪议员荣宝）：本员提出讨论终局的倡议，有赞成的没有？

众议员有说赞成者。

一八七号（刘议员述尧）：本员尚有话说。广西谘议局限制外籍学生是主张民政部章程，与学部章程不同，这一层是应当注意的。

一一七号（雷议员奋）：本议员不是讨论这件事，对于特任股员审查之结果有点疑问，第一个疑问暂可不说。第二个疑问照广西谘议局原案取外籍学生作为附取学生，因警察学堂有外籍学生的办法更正全省学堂的办法，并有更正第三条就是限制名额不得过本省学生十分之二，要征收学费云云，是广西谘议局已准收十分之二，而特任股员按照民政部章程核议案，把广西谘议局所议决收外籍学生十分之二都取消了。

一三七号（邵议员羲）：本议员前次发言系就报告书为之解释，当股员会审查此案时本员适在股员室为湖南禁烟争执起草报告书，故于此案未甚研究。待到股员会列席已将表决，雷议员所质问者应由起草议员答复。

一一四号（胡议员家祺）：本员答雷议员质问。广西限制外籍学生定有名额非就巡警学堂说，是就各项学堂说，现公文内"各学堂有收容外省学生之章程或事实者，均应与警察学堂一律更正"云云，可以瞭然。至警察学堂限制外籍学生是根据民政部奏定章程，查章程所定者：一、举贡生员，二、中学堂毕业生，本股于审查时为尊重法律起见，所以章程既未修改，则广西之高等警察学堂自应遵章办理也。

八七号（沈议员林一）：现在不是要改民政部章程，只因解说不同。若是不准外籍学生入学，并非民政部章程所有，报告书上的话是在民政部章程以外增加，况且如雷议员所说，此案就是审查限制外籍学生的题目，并不是专就巡警高等学堂一处而言，报告书实应修改。

四八号（陈议员懋鼎）：除巡警学堂办法应核议外，其各学堂限制外籍办法业由谘议局议决，并由巡抚公布矣。

一一七号（雷议员奋）：刚才两个疑问已经答复，不必说了。至广西谘议局原案底下第三条更正办法，据特任股员报告，是指普通学堂而言，据本议员看来，普通学堂如此，巡警学堂也应如此。我们资政院核议这个事，以广西巡抚为然就应照巡抚办，以广西谘议局为然就照广西谘议局办。

四八号（陈议员懋鼎）：据部章并不是取消议案，本来谘议局所主张之巡警学堂办法即是遵照部章办理，至于学额、学费两层亦系谘议局所主张，且巡抚已经公布，更无所谓取消。

七三号（汪议员荣宝）：请议长付表决。

一三七号（邵议员羲）：请议长将"毋庸加入外籍"一句话删去。

议长：邵议员倡议删去"毋庸加入外籍"这六个字，赞成者请起立。

众议员多数起立赞成。

议长：起立多数，现将广西限制外籍学生核议案报告书付表决，请以为可者起立。

众议员起立赞成。

议长：多数，可决。应开议议事日表第三议案，请审查各省核议案股员长说明理由。

特任股员长（陈议员懋鼎）：本议员按照议事细则五十四条，委托汪议员荣宝代为说明。

七三号（汪议员荣宝）：本议员请就本席简单说明江西谘议局与巡抚异议之事，就在改征银元这件事。江西谘议局以为不能行，而江西巡抚不交局议即行具奏，奉旨交度支部议复，旋经度支部以为窒碍难行，已经议驳，是江西巡抚与谘议局的争点已经消灭，似乎没有核议的地方。但是改征银元就是增加本省担任义务，江西巡抚对于这个案件没有交谘议局议就是疏漏，现在钦奉谕旨以后如有应交谘议局核议的事务必交议，该抚自应遵照，所以报告书特将此节声明，请诸君赞成。

议长：各位议员有无讨论？如无讨论，应即宣付表决。

一三二号（文议员龢）：方才审查股汪议员所说江西巡抚奏请统税改征银元，度支部已经奏驳，所争之点业经解决。据本议员看来，度支部所奏驳的是不准按制钱一千文改征银元一圆，自是正当。惟据该部复奏原折内有云：所有该省统税征收章程自应遵照前奏则例内载折合办法，按照市价改征银元，不得意为增减，以符奏案，并将某项货物原征银钱若干、现在改征银元若干分晰开列，刊布施行等语，则是改征银元却经明许，此时国币尚未通行，试问这个银元是指一般通用银元，抑指国币？江西交通不便，税卡林立，乡僻市镇银元亦复无多，若求过于供则价格必然陡涨，且所谓市价者原是随时涨落，本无一定，而官吏司巡更得因此而上下其手，而各种弊窦即可从"改征银元"一语而生。近年各省州县多因抑勒洋价以疲民，若税卡改征银元则恰好成一反比例，将来必有因高抬洋价以困商者。（拍手）所谓"不得意为增减"一说恐徒托空言，毫无实效也。本议员意见以为统税改征银元利在加征是一事，推行国币又是一事，若将两事并为一谈，则虽驳之甚明而仍可巧为朦混。今此案既呈本院核办，请应分别切实声明具奏。

度支部特派员（张茂炯）：这是照币制则例第十七条办理。

一二七号（闵议员荷生）：这币制第十七条各省都没有行过，为何独使江西一省先行？

一二九号（汪议员龙光）：度支部原奏末尾的一段文字颇算是画蛇添足，奏驳改征洋码是江西一省之事，声明币制则例是全国通行之事，部驳应当如题而止，不应牵入币制则例，反使眉目不清。在度支部的意思，本是根据币制则例十七条、十八条申明折合国币办法，然不曰"折合"而曰"改征"，不曰"国币"而曰"银元"，隐然于既驳之后仍以"改征银元"四字敷衍赣抚面子，并赣抚得执此四字为活动之作用，殊不知此事一有活动，官场一面利益便比不驳仍强得多。度支部所恃以无恐者，以为饬令按照市价彼自不能任意高下，试问州县征收丁漕何尝不饬令钱洋并收？何尝不饬令银元要按照市价？现在市价每一银元值钱一千三百数十文，江西各州县征收丁漕并有不能作上一千，甚压至八百、九百不等者，然则官场之所谓按照市价宁有标准可言者乎？且统税之事更不比丁漕，遇有争执洋价时仍可从缓一步，卡税则所装之货要赶行市，受不住几日，留难何求不得。本议员是浮梁景德镇人，每春茶商过卡，照算茶税应纳五十元，便要索一个五十两之元宝，尚或算来是五十余元，便要索两个元宝，彼再找四十余元，此种暗无天日之事竟行得去者，盖茶商赶赴浔汉，售价高低争在时刻，迟到一时或者所失仍不止此数，故隐忍如数，予之久竟成为定例，此岂上官所知者乎？是故度支部折尾一致文字谓是饬令折合国币，目今尚无国币，何折合之可言？若将现行银元当作国币折合，必举国致方可，不应令江西一省吃此大亏，谓是故意蒙混其词，为江西官场开一条活动之路，则无论如何剥夺商民，悉数皆入私囊，并无分毫可作公款。彼固谓是懔遵部奏、按照市价办理者，这样看来度支部奏驳反不如奏准，吃亏到有限制，兹则并无限制矣。

七三号（汪议员荣宝）：此次审查的要义在申明照章交议一节，此案虽经度支部议驳，然本是应交谘议局议决的。

百三十号（刘议员景烈）：本员对于审查报告还有一句话要说。江西统税关于改征银元一项，度支部虽已议驳，其尾上又云"照市价折合"，则又准江西巡抚征收银元矣，报告书未曾顾到这一层，觉有一点差。照查明划定报告，若未经查明划定报告，则此时将何所依据。总之，江西对于统税改征银元固明言意在加征，而因借推行国币为名巧为影射，度支部既驳其加征而准其折合，盖实为推行国币起见。惟或稍涉误会，或巧为牵合，恐弊端所至转得暗为加征，此案虽经度支部奏驳在前，仍应再将界说划清以杜流弊。拟请审查会将报告书修正，付诸表决，再由本院具奏。

八一号（章议员宗元）：本议员对于度支部这件事情有个解释。度支部定这个改征银元办法，自然以币制则例十七条为标准。何以必用十七条为标准，因为预备颁行国币之后应照市价折合国币，所谓市价就是十七条所定的，是四月十六日一定之市价。所谓银元当是指国币而言，若是指通用银元，恐官吏便要上下其手，流弊极多。

一三二号（文议员龢）：据度支部特派员答复，谓复奏内所称改征银元即指国币，其折合办法即指遵照本年四月十六日奏定则例第十七条办理，本员以为此项则例现时各省皆未曾一律照办，何以必令江西一省独为天下先。（拍手）

八七号（沈议员林一）：度支部这原奏有三层。第一层说是改征银元窒碍难行，此刻自不能行了。第二层按照市价改征银元，这市价当是现在市面上通行的市价，这银元当是现在市面上通用的银元，现在国币既未颁行，所有一切银元部章原准照旧通用，可见所谓银元就是现在的银元。若是指国币而言，则当言法价，不应言市价，且现在并无国币，又从何处改征乎？还有一层，原有货厘应收银钱若干改征银元若干，饬令章程刊布之后才能实行，如江西谘议局不以为然，可俟刊布章程另行提议此案即可，就此讨论终结。

八一号（章议员宗元）：本议员对于沈议员的言论有辩答的话。照表面看来，这个银元也不知是现在的银元，抑是定币制后的银元，市价也不知是随时的市币，抑是币制则例所称一定的市币，但是度支部原奏既称按照币制则例办理，则市价是一定的市价，银元就是国币，并不是通用银元。因为则例中所谓折合专为国币而设，并不为通用银元而设，现在请问度支部特派员说明是否币制上的银元，是否币制上的市价？

度支部特派员（张茂炯）：照市价改征银元系指折合国币而言，因币制则例限一年内改定计数名称，赣抚原奏既以推行币制为词，故度支部言及于此。

一七七号（李议员文熙）：本议员对于此事还是要照从前办理，何以故？江西改征银元并不是度支部办理,是江西巡抚看了度支部这原奏之后藉此以增。

一二九号(汪议员龙光):方才度支部特派员说后段文字所指银元就是国币,然则后段文字用意是申明将来所有银元一概要依奏定则例折合国币,不是现在就准江西巡抚。对于统税一律按照市价改征银元这个界说是分得清清楚楚的,本议员(到)〔倒〕无多辩。惟此事虽经度支部议驳,我们资政院也有个办理。窃以赣抚欲改洋码不交谘议局议比较湘抚欲募公债不交谘议局议同是一侵权违法,赣抚较可恶。盖湘抚侵权违法,彼欲办公债(到)〔倒〕是可做之事,赣抚侵权违法,彼所欲办并是一场想入非非、万不能办的事情,平空想加商民三成、四成税,反曰是推行币制之预备,从何说起?审查员报告谓应照章具奏是很妥当的,但须于报告上加添几句,将度支部折尾用意声明是将来折合国币,不是现在允许改征银元,庶江西官场不致借文舞弊。

一零九号(籍议员忠寅):这件事据本员看来,审查股员会报告书是很不错的,不过没有想到度支部奏折上去。度支部将江西巡抚奏折议驳是毋庸改征洋码,后来度支部最后之申明其实不出改征洋码范围之外,并且江西巡抚可以上下其手,其名虽不是改征洋码,而其结果与改征洋码一样,因为这个国币还未颁行就说照市价施行,要是现在各省一律通行,江西没有法子,现在各省没有通行,为何使江西人民如此之苦。据本议员看来,这报告书要稍为修正。

度支部特派员(徐文蔚):所谓法价者乃指新币而言,新定币制一元主币以外尚有一厘、一分、一角等辅币,合十厘为一分,合十分为一角,合十角为一元,是谓法价。所谓时价者乃指旧币而言,新币颁行之初,旧有银元、铜元、制钱既暂准民间照常行用,则兑换折合亦不可无适中之标准,故即以币制则例奏定之日各处市价作为各该处之时价,使官吏不能意为增损,既民间不致暗增负担,此乃新旧交替之际不得已之办法。时价与法价截然两事,非时价即法价也。

议长:请籍议员将修正倡议之意写出,以便作为议题。

一零九号(籍议员忠寅):仓猝之间难以修正,本议员有个倡议,如果本议员的议论各议员赞成,可请交原股员会续行修正。

议长:籍议员倡议应付原股员会续行修正,下次再议。

议长:现在休息二十分钟。还有应请各位议员注意之处,上次休息时候各议员多有散去者,而本院院章不过三分之二不能开议,上次因人数不足竟致未能开

议，此次休息务请各位议员留步，不要便自归去。（拍手）

下午三点半钟议事中止。

下午三点五十分钟续行开议。

八十号（劳议员乃宣）：请问官话简字付审查还是付法典股，抑是付特任股员？

议长：此官话简字一案应俟列在议事日表时，再行斟酌付何股审查。

议长：江西审查案股员长修正，现在由秘书官朗读。

秘书官（曾彝进）：承命朗读修正案。

议长：对于此项修正案赞成者请起立。

议员多数赞成。

一二九号（汪议员龙光）：请议长付秘书厅印刷分给各议员。

议长：按照议事日表第四项会议云南盐斤加价一案。

四八号（陈议员懋鼎）：云南盐斤加价案审查理由极为简单，请即就本席说明。此案注重之处在云贵总督说盐法是国家行政事件，不能交谘议局议决，谘议局说盐斤加价是人民的义务增加，非交局议不可，因此争议。本院核议此案，自当以应否交议为断，现经本股审查得盐课虽系国家税，但既经变名为马脚，即不能归入国家行政之内，其为人民义务增加毫无疑义，故一定要交局议。拟由本院具奉，请旨饬下该督将此案交议后方可公布施行。当日审查之结果如此。

百九二号（张议员之霖）：云南盐斤加价案本议员对于审查会报告极力赞成。云贵总督于本省义务增加事件不交谘议局议决，其为侵权违法已属无疑。况钦定宪法大纲载明臣民现完赋税非经新法律更改悉仍照旧输纳，本朝历代成例凡盐法稍有增减均须准奏，今云贵总督未经具奏擅自施行，其违背法律又不止谘议局章程一种，此意审查会已经看明，而报告书内未声明侵权违法。本议员以为此案与（湘）〔湖〕南发行公债案比较情节尤重，（湘）〔湖〕南案谓该巡抚为侵权违法，此案独略，恐非立法机关主持公理之道。又云贵总督以命令擅加盐价，既经本院认为违法，其命令仍得存在与否不可不为讨论。按立宪国通例，虽君主亦不能以命令变更法律，况属地方行政官厅。中国现在预备立宪，如仍听督抚以命令更改法律，以后种种行政必多纷歧。本议员查江西统税改征银元，经度支部议驳其命令已为取消，云南盐斤加价案若不将总督命令立时取消，则议者自议，行者自行，资政院通过亦属无效，应否于报告书"请旨饬下该督"句下添明"立将提加马脚命令取消"，请诸位公决。至于云南盐价事实上不可加增之理由，谘议局来文言之甚详，不待赘述。今且将云贵总督来电种种蔽蒙之处约略言之，该督主张加价并主张减额，加价则重人民负担，减额则妨国家正供，二者俱无一可。查课额为盐官考成，度支部恐其多消少报，故有额以律之，与人民无直接之关系。人民之难堪者，加价也，不曰"加盐价"，而曰"加马脚"，马脚为运盐者所得之酬报，涨落无常，何得据为定率。该督之所谓提加马脚者，谓前属云南饥荒马脚最高，今加盐价与前马脚时价相若也。例如今日米价贱，昨日米价贵，征税者于今日买米之人民增其税率，令其出昨日之价可乎不可？执是以欺罔政府，欺罔人民，恐上下均不愿受其欺也。故本议员谓宜立时取消其命令。

一三五号（郑议员际平）：本员对于张君演说有点意见答复。这审查会是为督抚与谘议局争议事件，在督抚一面说是国家行政的事体不容谘议局议决，在谘议局一面则说谘议局有议决本省义务增加之权限，但增加盐价一事究竟谘议局有无议决权限乃是争议之先决问题，不可不知。这个加价并不是通国的事，是云贵总督加起来的，这个事体既是关系云南一省，故谘议局应有议决之权，审查之结果多数认为云贵总督应当提出议案交谘议局议决。至张君说审查报告上应添上"把官厅命令取消"云云，本员不以为然。因为既认定是谘议局权限内应议决之事，非但督抚不能侵夺谘议局的权限，本院也不能侵夺谘议局的权限，章程上既已规定明白，本院不能代谘议局议决是尊重谘议局的章程，就是尊重谘议局的权限。

一五三号（易议员宗夔）：本议员对于郑议员尊重谘议局权限是很赞成的，对于张议员所谓该督侵权违法，本议员也是很赞成的，但是云贵总督既没有将此案交谘议局议决，已经颁布命令加价，据本议员看起来还是赞成张议员所说侵权违法的妥当。但是侵权违法案子是很多的，俟本院另将各省督抚如有侵权违法事件请旨确定何项处分之后，再行具奏方有效力。

一三二号（文议员龢）：滇督于加收滇盐马脚银两一案所以不交该省谘议局核议者，以为是国家行政，盐法含有专卖之性质。本议员记得光绪三十四年度支部似有文书通行各省，嗣后不得任意增加盐价之说，现在盐务既划归督办盐政处管理，则从前盐务隶于度支部之事件自应由盐政处一体执行。即如滇督所云此事属之国家行政范围,试问十月初一以前滇督曾得盐政处之承诺奏明办理否,如未得其承诺奏明办理而遽行加收,已属侵权违法。该省盐务疲敝情形本议员固略知大概,方将设法减轻成本,恤商恤民,以期抵制交缅私盐之不暇,此时若加收马脚银两,多取为虐,地方更何以堪。且加收马脚不畀之驼盐而以之入官,是巧立名目,阳避加价之名,阴收加价之利。滇督办理此事,无论属于国家行政对于盐政处,属于地方行政对于谘议局,侵权违法二者必居其一。(拍手)

一三七号(邵议员羲):易议员主张先要把侵权违法如何处分解释清楚,再将此案上奏,本员意见此系归本院核议事,核议结果令总督具案仍交谘议局议决,此核议办法已经解决了。至于应当处分、不应当处分是君主的大权,大清现行律上对于侵权违法疏漏处分也有规定,故侵权违法的处分无须再议。本院对于督抚之错误的地方我们可以使其更正,使督抚所发之命令不能继续生效力,核议结果就此终了。若必由本院致电督抚直接取消其命令是没有这个办法,自应仍令督抚具案交谘议局议决为是。

一五三号(易议员宗夔):本议员所主张的非指核议案而言。至于核办案并不必急于上奏,上一次湖南巡抚侵权违法我们议决之后并没有效力,既然上奏没有效力,不如待到本院将督抚侵权违法的事情提出上奏案请旨规定处分之后再行上奏为是。

九六号(李议员湛阳):易议员所倡议的请议长付表决。

一九三号(顾议员视高):刚才这位议员所说本议员有个解释。云南的盐价比中国各省都贵,云南的百姓比中国各省都穷,盐为日用品物,岂能再议加价。况加腹地马脚、减边岸盐价这个政策按之事实恐怕有点不对,何以言之?商人趋利、百姓就贱一定之理,今减边岸加腹岸,私贩不将运私盐入腹地乎?私盐入腹地,则向者边私难防,将来腹地亦私盐充斥矣。不特此也,云南此刻滇越铁路已达省城,若果不严缉边私而反加内地盐价,恐将来不但边盐充斥腹地,恐洋盐亦将充斥于滇省腹地矣。(拍手)况减边价尚妨国课,增腹地之价则重民负担,于国计民生似均无甚裨益,〈益〉操纵市面,徒饱办盐务诸人之私囊而已。云南总督盖为所摇惑耳目是非,停止交议断不能得其宜,应请议长照汪议员修正案速付表决。(拍手)

四八号(陈议员懋鼎):可添"未经公布以前,不能实行"二语,请议长即付表决。

一七七号（李议员文熙）：照本议员的意思亦是要加上"侵权违法"四字。审查的意思以为国家行政不能归谘议局议，然资政院未尝不可以议，既可议此，而侵权违法又系确有事实，如何不加上"侵权违法"四字？

议长：现将邵议员所倡议修正先行表决。

秘书官曾彝进朗读邵议员修正案。

一三七号（邵议员羲）：又自行报告一遍。

一五九号（蒋议员鸿斌）："谘议局章程不能取消"，一定要加上这几句话就是。

一三二号（文议员龢）：加收马脚银两一案未交该省谘议局议决，自应取消。即谓属之国家行政范围，然滇督于事前亦未经盐政处承诺奏明办理，并不是奏旨可比，亦可取消。（拍手）

八七号（沈议员林一）：本议员对于此案据云贵总督报告盐斤加收马脚另有理由。因为近边引地私盐太多，如缅甸等处私盐充斥，不能不减价敌私，以资抵制。因为边盐减价，所以内地加价抵补，所失之数于云南财政并无出入，究竟所办减价、加价两项是否确当，利弊如何，非该省谘议局不能调查详晰。惟所以加价的缘由我们不可不知，增加负担应交局议，减少负担是否亦应交议是一疑问。

一九三号（顾议员视高）：云南盐斤加价一事据本员看来的确是地方义务增加事项。谘议局章程第十一条第四项议决本省义务增加事件，今云贵总督不交局议实不合法，迨云南谘议局呈请交议，总督允减去五钱尤为笑话，忽增忽减，政体安在！总督以系国家行政不应交议更不可解，夫度支部前年曾有盐斤不能再加之明文，度支部为中央政府之一，各省督抚照部定章程办理乃可谓为国家行政，今各省皆不加，独云南加之，时而一两，时而五钱，此可谓之国家行政乎！况增加税法明明是立法上事也，何得混于行政方面耶？所尤不解者，既非中央法令，又不经奏准或咨商盐政大臣，骤以（已）〔己〕意行之谓为国家行政，本议员所尤百思不解者也。应照章归核办案，请旨饬下云贵总督将此案提出，照章交议，以符局章而维权限。至交议以前所加马脚应令取消，鄙见如此。（拍手）

八七号（沈议员林一）：此案不问国家税、地方税，但云"增加负担应交局议"，然一面增加，一面减少，两事相因，究竟减少负担之事是否应该交谘议局议决的?

一四四号(胡议员柏年):大概论地方税就应该交谘议局议,国家税就应上奏请旨。这云贵总督的来文说是国家税,可以不交谘议局议,不知是国家税就应上奏,既不上奏,又不交谘议局议,擅以命令增加,该总督侵权违法确无疑义,必须添上"侵权违法"几句为是。

一九六号(牟议员琳):此案既经股员会审查属实,认为本省增加义务事件,则不应说应交谘议局议决。不应交谘议局议决,请议长将审查报告书提出表决。

议长:现在对于此案件议案发言者太多,且多重复,有碍议事,应请注意。

一一七号(雷议员奋):云南加价案件照方才胡议员所说的地方税应交谘议局议,国家税亦不能以督抚一人要加就加,这件案子比湖南巡抚杨文鼎更觉重大,这报告书上所说的话对于云南总督之处还须斟酌为是。至于应否交议,非我们资政院所应议的,这案件今天不能决议,还要请股员会再行审查。

议长:雷议员提起倡议应付表决,有赞成者请起立。

各议员多数起立赞成。

七十三号(汪议员荣宝):本议员有修正的倡议,读修正文,请议长付表决。

一零九号(籍议员忠寅):本议员对于这件事情稍有异同。此事一定要谘议局议决的,既然应交谘议局议决,而我们资政院不能加可否,即如"侵权违法"四字本员以为不要加入。何则?据院章二十四条,凡核议案若是上奏时加上"侵权违法"四字,即变成核办案,况谘议局并没有提出"侵权违法"字样,资政院何必加上"侵权违法"等语。资政院是立法机关,若专办各省督抚与各省谘议局冲突的事情,这三个月光阴岂不虚过。所以本议员意思,督抚之侵权违法事情固宜一定要办,若不是侵权违法的案子也不可勉强加入一个罪名。(拍手)

百三十号(刘议员景烈):对于籍议员说的话还有疑义。此案虽不是核办案,其"侵权违法"四字总应加入。因其十月初一日已加马脚银一两即是有违法事实,焉得不加以违法名义?应请将汪议员修正案付表决。如以核办案始得加"违法"字样,则江西统税案即核办案,似应再行修正。

一零九号(籍议员忠寅):对于方才这句话有一个答复,江西案没有侵权违法这是不错的,因为云南谘议局来文没有侵权违法的话。

一九一号(陈议员荣昌):云南谘议局交到之案不加以"侵权违法"的字样是不行的,籍议员主张不加"侵权违法"四字,本员颇不赞成。

百十号(于议员邦华):汪议员所说的话也有疑义,云南事情仍以资政院核议请旨裁夺为是。此案应交谘议局议、不应交谘议局议尚待讨论,若说侵权是侵谘议局应有的权,违法是违朝廷所定的谘议局的法,究竟无论是谘议局或是督抚,要看其已否侵了权,已否违了法,并是否是核办案,然后决议。至于如何处分,尚不在此范围。若论该谘议局所争的对不对,督抚应交谘议局、不应交谘议局,这是我们应该讨论的。

一七八号(高议员凌霄):云贵总督对于盐斤加价一事,既不上奏朝廷、恭候朝命即是违法,又不下交局议、采取舆论即是侵权,现经多数意见讨论大致相同,违法侵权确然无疑,见在时间已过,请议长宣付表决。

一三七号(邵议员羲):若云汪议员之言,如系国家行政经费必须奏准方可办理,但此言已侵夺资政院权限。因增加国家行政经费必须资政院议决方可公布,督抚自不得不由奏准开办,湖南公债案系巡抚奏准开办仍属违法,请当注意。

七三号(汪议员荣宝):修正案并没有语病。"经资政院议决方能裁可"这是奏准的手续,"奏准"二字含义甚广,并不是专指督抚一奏而言。

议长:邵议员修正案在前,宜先付表决。

秘书官(曾彝进):承命朗读邵议员修正案。

议长:邵议员修正案赞成者请起立。

议员少数起立赞成。

议长:起立少数,应否决。将汪议员修正案付表决。

秘书官(曾彝进):承命朗读汪议员修正案。

一九六号(牟议员琳):云南议员例应出席。

议长:现在表决汪议员修正案,请云南互选议员出席,赞成者请起立。

众议员起立赞成。

议长:赞成多数。

九四号(王议员佐良):以后总要议长宣告"议场各议员不到散会时间不得

退出议场"。

四八号（陈议员懋鼎）：汪议员修正案既经多数表决，不是全体赞成，则审查报告内用"全体表决"四字与当日审查事实不符，应将"全体"改为"多数"。

议长：此案应问诸位议员是核办案，抑是核议案？

一零九号（籍议员忠寅）：这是核议案。

议长：审查特任股员报告是照二十四条办理，若照二十四条办理，则云南议员就不应出席。

八一号（章议员宗员）：云南的事情已经表决，本员现有请问的事情。前天开审查谘议局关系事件股员会，查有许多电报未复，现在各省已将闭会，请问议长是否由秘书厅电复，还是如何办理，请议长从速提出交议。

议长：现在斟酌是核议案抑核办案，应即解决。

百十号（于议员邦华）：据本议员看来，若以为是核办案，题目就不对。现在汪议员提出修正，说是应交谘议局议决固是不错，但是国家税究竟若何、非国家税究竟若何还没有说清楚。还有一层湖南的事件已经无效，本议员还要力争。这件事件系初发端，本议员何以如此，因为我们资政院议决事件总不要教外人指摘才好。若不弄得清清楚楚就是放弃责任，如果议决一个议案出了范围之外，岂不是个笑话。

议长：这件事仿佛是一个核办案。若是核办案，就应照章二十一条办理，二十一条第二项"陈请事件非有到会议员三分之二以上之同意不得议决"，方才虽是多数，然未足三分之二以上。还有雷议员提起之倡议应一并付股员会重行修正。诸位有赞成者请起立。

众议员多数起立赞成。

议长：多数赞成。

八一号（章议员宗元）：审查关系各省谘议局事件，本议员也是股员之一，前天审查之后已有报告送到秘书厅以备电致各省，请问曾否发电？

议长：是甚么事？

八一号（章议员宗元）：是关于各省谘议局关系事件。

百十五号（许议员鼎霖）：章议员的口音不甚清楚，本员再说一遍。初八日审查各省谘议局关于预算的事情来电甚多，现在谘议局行将闭会，请问议长已经电复没有，如其未复，请议长速复。又浙江核议一案应俟文到再审查，又广西借债一案应交陈请股审查。

议长：俟查明再办。

议长宣告散会。

议长离席，众议员退出议场。

下午六点十五分钟散会。

资政院第一次常年会第十七号议场速记录

宣统二年十月十四日下午一点三十分钟开议

议事日表第十五号

第一，云南盐斤加价核议案。（股员长报告，会议）

第二，著作权律议案。（再读）

第三，地方学务章程议案。（三读）

第四，修正报律条文议案。（股员长报告，续初读）

第五，陈请申明资政院立法范围议案。（股员长报告，会议）

第六，提议陈请全国禁烟办法议案。（会议）

第七，修正禁烟条例缩短期限议案。（会议）

第八，议设审查陈请全国禁烟办法议案及修正禁烟条例缩短期限议案。（特任股员）

议长：今天到会议员一百三十人。

议长：报告本月十三日奉谕旨一道，请各位议员起立敬听。

众议员起立敬听。

议长宣读宣统二年十月十三日军机大臣钦奉谕旨：资政院奏议员缺额遵章分缮清单请旨补选一折，著陆宗舆、崇芳、吴廷燮为议员。钦此。

议长宣读毕，众议员就坐。

议长：现在由秘书官报告文件。

秘书官（张祖廉）：承命报告文件。

议长：王议员佐良质问外务部说帖一件已经刷印分给，拟即省略朗读，各议员有赞成此说帖者请起立。

议员多数起立赞成。

议长：多数。席议员绶质问法部说帖一件已经刷印分给，拟即省略朗读，各议员有赞成此说帖者请起立。

议员多数起立赞成。

议长：多数。高议员凌霄质问学部、陆军部说帖一件已经刷印分给，拟即省略朗读，各议员赞成者请起立。

议员多数起立赞成。

议长：多数。尹议员祚章质问军机处、外务部说帖一件已经刷印分给，拟即省略朗读，各议员赞成此说帖者请起立。

议员多数起立赞成。

议长：多数。周议员廷弼质问税务处说帖一件已经刷印分给，拟即省略朗读，各议员赞成此说帖者请起立。

议员多数起立赞成。

议长：多数。

秘书官（张祖廉）：朗读审查各省谘议局关系事件特任股员长许鼎霖报告书三件。

议长：现在收受审查各省谘议局关系事件股员长报告书已经朗读一遍，仍恐诸位听不清楚，请股员长说明理由。

一一五号（许议员鼎霖）：本员是审查各省谘议局关系事件特任股员长，按照议事细则五十三条，委托雷议员奋说明理由。

一一七号（雷议员奋）：初六日审查各省谘议局关系事件关于各省事件有三：第一是浙江事件，浙江谘议局有呈文尚未到资政院，只来一个电报，无从审查；第二件是山西谘议局来的电文，非常简单，无从审查；第三就是广西借二百万外债的事，谘议局不承认，这是关于陈请股的事，应请议长交陈请股审查。这三件都没有什么理由可以报告以外，就是关于预算案的事，这个应分三项说明。第一，督抚以预算交谘议局议，而但交岁出，不交岁入。原来度支部本要各省督抚以岁入全册交谘议局参考，而还有几省都没有将岁入全册交谘议局参考，所以谘议局打电来问资政院，资政院应当请度支部咨各省督抚赶紧将岁入全册补交谘议局参考，这是第一项审查之结果。第二，有若干省谘议局以本年督抚交局决议的预算案只有岁出，没有岁入，所以不能议决。现在审查之结果以为国家税与地方税既没有分清，就不能说那几种是关于国家税，当由资政院议，那几种是关于地方税，应交谘议局议，因为没有法子，所以度支部将岁入全部交到资政院，我们也不能于全部分内取出一部分交谘议局议，这是第二项。第三，四川、福建来电说督抚交到谘议局的预算案只有岁出，没有岁入，议决岁出时是否可以不问岁入多少，是否可以不问宣统三年国家财政盈绌，而于应办之事就可决议举办，这个问题很难解决。这个问题并不是从资政院发生出来的，是从预算全案发生出来的。因为度支部岁入一部分没有分别出来，在度支部既不能分别，而资政院开会期已过了一半，谘议局已经将近闭会，现在无从将全部分岁入分别出来，何者属于国家税，何者属于地方税。股员会的意见以为应当回复谘议局现在国家预算岁入、岁出全部比较起来不敷五千多万，既是岁入少岁出多，没有法子只好把岁入减少，不能将岁入加多，如果岁入加多就是增加各省的负担与国民的义务，这也不行。资政院预算案本来是主张节俭岁出，谘议局办地方预算既有岁出、无岁入，还是照督抚交出之数以为标准，就是不照督抚交出来的预算案核减，亦万万不能再徒增加，其中有应加的，有应减的、可以不用的，谘议局可以酌量议决。如谘议局在督抚交出来的预算以外还要加增岁出，就请谘议局筹一定的款项，筹定以后再议增加。这是特任股员审查结果如此。

秘书官（张祖廉）：续行报告文件。

百十号（于议员邦华）：外务部特派员今天到会没有？

议长：没有到会。

一百十号（于议员邦华）：禁烟期限我们资政院提出这个议案，一定是缩短期限的，将来国会既已缩短期限，即禁烟期限亦应缩短。风闻英国近向外务部订约,仍欲以十年为限,这个话不知道确否,若是确的,外务部千万不可答应他,请议长把这个话告知外务部方好。

一一五号(许议员鼎霖):方才雷议员说明初八日审查预算事件,四川、福建很盼望本院回电,请问议长,可否即照审查的结果从速复电?

议长:可以从速发电各省。

一一五号(许议员鼎霖):方才报告十三日审查各省关系的事情,其中奉天谘议局电请延会十日外再延二十日。审查的结果报告奉天谘议局延会十日外可再开临时会二十天,庶于该省事实、谘议局章程两无妨碍,审查报告书上说的很明白的,请议长咨询本院有无讨论。

一百十号(于议员邦华):这个办法是很好的,似可不必讨论。

百九十号(吴议员赐龄):本议员质问度支部说帖已经多日,何以还没有答复转来?

议长:吴议员质问度支部说帖早已咨行过去,现在还未有复交。

九十四号(王议员佐良):各位议员质问各部衙门的说帖请议长催各部院从速答复,答复后尚可以再行讨论。

一四九号(罗议员杰):议长,各部院行政大臣及军机大臣如对于议员质问欲口答复,其到会的时候应请议长先行通告本院质问之议员准备质问,不然质问的议员或者告假,两相错误。

议长:可以俟各部大臣亲到答复时当先行知会本院。

一七六号(罗议员其光):发议一次。

议长:听不明白,请再说一次。

一七七号(李议员文熙):请代罗议员说明甘肃禁烟案,请并案办理。

议长:禁烟案不止一件,现在可以合并。

三十七号(李子爵):现在预算案尚未表决,表决一项再讨论别项,不然次序太乱。

议长:方才大家没有异议,无所谓表决。

一五三号(易议员宗夔):山东巡抚来电请议长命秘书官报告本院,此电甚无道理的,须要严驳几句,此项复电可否报告本院?

九四号(王议员佐良):山东来的电报大家都不知道,可以由秘书官报告以释群疑，并请议长随将复电稿宣告全院，通过后再发。

议长：这个事于资政院没有甚么关系，将来议驳自有道理，俟登官报以后大家都可以看见的。

秘书长承命朗读江西统税改征钱元核议案奏稿、湖南禁烟核议案奏稿。

议长：还有一件是广西限制外省学生一案奏稿，由秘书长朗读。报告书内有一段上奏时须要删去，这个报告书底下说是股员会无庸详细审查，既是本股员会无庸详细审查，上奏时候可以删去，诸位议员有无异议？

议员均称无异议。

议长：如此，本议长就认为无异议。

秘书长承命朗读广西限制外省学生奏稿。

议长：现在开议，按议事日表第一是云南盐斤加价核议案，请特任股员长说明修正报告书的理由。

四八号（陈议员懋鼎）：修正报告书的理由因为前日此案公议斟酌究竟是核办案，抑系核议案，后经本股股员大家研究，实是核议案，非核办案，缘此案与湖南发行公债案大不相同。本省公债照章应交谘议局议决毫无疑义，湖南巡抚不交局议，蒙混奏准并不能说出理由，是显然有意侵权违法，故本院不当照章核办。至于云南盐斤加价一案，在云贵总督认定盐课为国家税，以为盐斤加价是国家行政事件，不应交谘议局议，此是云贵总督的理由；在谘议局则以加马脚为增加负担事件，非交局议不可，此是谘议局的理由。两种理由均不能成立，其孰为完足则应候资政院判定，故此案确系按照院章应行核议事件。当未核议之先，该督不交局议之理由既能成立，即不是有意侵夺谘议局权限，即不是违犯法律。现在本院既断定马脚为义务增加事件，谘议局所执理由已十分完足，但具奏请旨饬交局议并令将所布命令停止施行，此案核议之结果即已如题而止，不必再加以"侵权违法"字样，本股员会修正的理由如此。

七三号（汪议员荣宝）：请发言。

议长：现在按发言表的次序，应请易议员宗夔发言。

一五三号（易议员宗夔）：这云南盐斤加价的案件，本议员前天发议主张说云贵总督是侵权违法，今日变易宗旨，不要如此说。因为云贵总督并不是侵权违法，其所加马脚银既不是国家税，即是地方税，应该交谘议局议决才好，我们只要他交谘议局议就是了。并且云南谘议局电报没有说及侵权违法，我们办侵权违法的案已经办了两次，毫无效力，所以本议员对于侵权违法的案件主张要请旨定一个侵权违法的处分，定了之后再议核办。如果不具奏请旨定这个侵权违法的处分，而侵权违法两次皆无处分，这四个字就非常之轻了，是把我们资政院议决的事也看得非常之轻了，所以本议员不主张下这"侵权违法"的字样。这个意思如此，在云南谘议局自算是回复原案，其议决可否增加马脚之权那是云南谘议局的权限，我们不要管他，所以本议员主张要请议长具奏请旨定这个侵权违法的处分，庶乎把侵权违法的案件办出方有效力，若办不到，似乎"侵权违法"的四个字以后可以不必再用了。

七三号（汪议员荣宝）：议长，七十三号议员有话要请登台发言。

议长：请发言。

七三号（汪议员荣宝）：云南盐斤加价核议案审查报告书已经股员会修正过了，这报告书里面所有"侵权违法"字样已经删去，其理由亦经股员长说明，本议员是此案特任股员内的一人，应该以少数服从多数，所以对于修正的议决并没有什么异议。但是本议员对本院将来核办案件有一种很普通的意见，今天要趁这一个时候发表一番。我们资政院议员在资政院作事，在资政院说话，第一要晓（的）〔得〕资政院的职权，第二要晓得资政院的地位。资政院对于各省督抚侵权夺谘议局权限、违背法律的举动，按照资政院的院章当然有核办的权利，这"核办"两个字照院章的规定拿法理把他解剖出来可以分成三段：第一是审查，第二是议决，第三是具奏。何谓审查呢？就是遇一种事实发生之后，资政院查一查这事实里面到底该督抚有无侵权的情形，有无违法的情形，审查明白然后议决。何谓议决呢？就是以多数的意见对于督抚下一确定的考语，说定他是否侵权，是否违法，议决确定，然后具奏。何谓具奏呢？就是把资政院议决的结果明白上达我皇上之前，说那一省督抚现在有侵权的举动，那一省督抚现在有违法的举动，请示皇上应该怎样办。资政院核办的范围到此为止，至于具奏之后朝廷对于督抚侵权违法举动究竟怎么样办，或是给他处分，或是不给他处分，那是我皇上的大权，并不在资政院核办范围之内，资政院亦绝对没有干预的余地。这两个前提若是大家认为正确的，就当然生出两种结论：第一，资政院不能因为核办的奏折上面有了"侵权违法"的考语，就一定要朝廷下一个侵权违法的处分；第二，资政院也不能因为朝廷从前没有侵权违法的处分，以后核办案件就不敢再用"侵权违法"的字样。（拍手，拍手）简单说，处分是处分，核办是核办，处分是朝廷的事情，核办得正当、不正当是资政院的责任。资政院要尽这一个责任的时候，不可不有四种心得：第一，要守定资政院院章；第二，要认明资政院权限的范围；第三，要有公平的眼光；第四，要有不挠不屈的精神。这四种完全，方才是言论机关的本色，方才算得有完全的法律思想。要是不然，资政院自己先没有站住脚跟，口口声声讲法律，口口声声说人家违背法律，究竟资政院自己在法律上的地位认清楚没有，资政院自己在法律上的根据站稳当没有。（拍手，拍手）今天激烈，明天和平，激烈的时候就非要有侵权违法的处分不可，不平和的时候就连这"侵权违法"的字样都不敢用了。（拍手）这两种办法本员都不能表十分的同意，本议员今天在议台上发表这一番意见实在是失礼得很，要请同院诸君大家平心静气细心一想。

一二六号（陶议员镕）：云南的案件方才大家讨论说是没有侵权违法，所以没有加"侵权违法"字样。我们资政院是守法律的地方，应该就事实上说，不应该说是怕不怕。云南此案总督认为国家税，以为不应交谘议局议决，谘议局认为增加义务，以为应归局议，是彼此异议事件，比不得湖南巡抚发行公债的事应该交谘议局议，而不交议确系侵权违法。至于说皇上处分、不处分，我们不能干预，本来此刻没有定侵权违法处分，赏罚为君上之大权，我们因不能说。但是回复原案是作得到的，应该交谘议局议而不交议，就是上谕已经颁下，我们也可以说的。这就是资政院守法律的地方，无所谓怕不怕，本院应该说话还是要说。

一九二号（张议员之霖）：云南盐斤加价案前次曾以侵权违法作为核办案，已经多数赞成表决了，后因按照院章未得三分之二以上人数赞成，所以再行修正报告书。今天会议大意总不得与前日大家赞成之意相反，说是非侵权违法的案件，乃审查长说明理由，既曲为之说而易议，前次说是侵权违法，今天又说不然，同是一个议案，同是一般人议的，前次以为侵权违法，今日以为非侵权违法，现在未开国会，资政院为立法机关，中外观瞻所系，如此反复，恐于名誉有碍。且谘议局章程并不是一省的章程，是我们中国人所共同遵守的法律，无论何省督抚应交谘议的而不交议，即使违反我们中国全体共守的章程，不能以省分不同而有歧视。以后议事须一秉大公，其处分之有效力、无效力可不必论，因为处分是皇上的大权，我们资政院不能单议。然资政院虽无处分之权，而有核议之责，不能以前所议决者后又以为不然，所以本议员仍主张加入"侵权违法"字样。

百十号（于议员邦华）：这个议案今日研究的都是为著湖南公债事件心里有点疑义，不知云南的事与湖南不同。据案件说，一个是按照院章第二十三条，一个是按（著）〔照〕第二十四条，二十三条这个请旨裁夺还是照二十一条办理，二十三条是裁夺是非，二十四条是裁夺处分，所以不同。至于湖南一案是税法公债，明明该交谘议局的，这云南一案是总督错认为国家的行政，若果然是全国一律加价，则纯乎是全国的行政，就是国家税了。今都不然，所以谘议局说是义务的增加，不是普通加价，是借加马脚的名目加价，自是限于一省的事，应交局议。所以说该督加的不对，认国家行政也不对，盖若是普通的加价应由盐政处办理，不是普通的加价应交局议。该督将此点错认，与故意侵权者不同，这是事实上不同之处。至于心理上之不同，据议员以为，讨论此案在对于公债案激烈之后，所以觉着平和，但其中有一定的理由。湖南公债为本院第一件核办案，其没有处分无论已【矣】，试问已否回复原案？如果已经回复原案，则尚可以平服人心。乃湖南公债事件明明应该交议的而不交议，这是蒙蔽度支部，可由度支部蒙蔽朝廷，如此故意侵权违法，既经没有处分，又不能回复原案，所以大家才有不平的意见。云南的事情若使他交局决议，在事实上说谘议【局】的权限已保住了，就法理上说核议是核议，核办是核办，若是核议案当作核办案就成为一大笑柄。督抚是个行政机关，谘议局是个议决机关，机关与机关的异议所以详议是非，不要处分，凡事断未有处分机关的，若督抚有不对的可以处分督抚，要是谘议局不对何以处分？谘议局若说成核办事件，是说督抚侵权违法了，如果审查不清，徒说是督抚侵权违法，不但督抚心里不服，又恐懂法律的人暗地见笑，这是一层。还有一层，既交谘议局议，谘议局的权限现已保住，马脚银现已取消，试问加上"侵权违法"四字有甚么益处？加上也是如此办，不加上也是如此办，况该局陈请来文是说与督抚异议事件，并没有说到侵权违法的地方，各议员不可不注意。

八七号（沈议员林一）：方才云南盐斤加收马脚一案议长已经宣布，各议员并无异议，是对于审查报告书多已赞成。至于"加价"二字，稍有语病，实在加收马脚并不是加价，从前度支部说是各省不能加价，但将"加价"改作"加征马脚银两"就没有毛病了。若论侵权违法，必先我们自己能守法律，能守权限，方能说人家侵权违法。我们议员应守法律即是院章，决不能于院章之外另求法律，就是将来开设国会也当遵守议院法，不能于议院法外更求法律。若谓仅仅遵守院章是有形式无精神，试问精神果在何处？要于法律之外求精神便是不守法律，岂得谓之精神？且我们要加督抚"侵权违法"的字样是从谘议局及资政院章程出来的，除了遵守章程，更何从说督抚侵权违法。这是遵守院章，不能不说明白。因为院章就是法律，若是不守院章就无法律可守了。现于云南此案并无异议，即请议长宣付表决。

一三七号（邵议员羲）：请议长宣布议事不得出议题之外。

一一七号（雷议员奋）：今日是讨论云南盐斤加价，不是讨论院章。

众议员倡议讨论终局。

五九号（顾议员栋臣）：这个事情请议长付表决。

一九三号（顾议员视高）：对于云南盐斤加价之案，前日既经表决，又付审查，重行审查之结果，卒将"侵权违法"四字删去。刚才审查股员长报告说是湖南发行公债是湘抚出于有心，云南盐斤加价是滇督出于无意，不知此话从何处说出，更不知所谓有意、无意从何处看出来。本议员百思不得其故，请问盐斤加价美其名曰"马脚"，这样的事要是无意思，这行为能够成立么？倒是说"侵权违法"四字往次说亦无效，可以不说，我们即不必说这话倒还说得下去。要是说不是侵权违法，本议员知识虽然幼稚，却绝对不敢赞成。

一四八号（陶议员峻）：请发言。

议长：是否对于此案发言？如对于此案发言，刚才已经说过了，对于一案不得两次发言的。

一四八号（陶议员峻）：是对于这个案简单发言。

议长：不必登台，可在本位发言。

一四八号（陶议员峻）：方才有位议员说是云贵总督侵权违法实实在在的，岂知从前广西巡抚因为土膏展限、湖南巡抚因为发行公债都是确凿应该交议而不交议，实是侵权违法的。然云南这一案，总督认盐斤加价是国家税，不应该交议，并不是有心侵权违法的，若无故加他一个"侵权违法"的字样，行政官心里也是不服。本院为立法机关，与行政机关彼此必要两相原谅才有进步，据外国人说有竞争才有进步，我们中国在立宪萌芽时代，若是彼此争权，两下都属不利，必须彼此结成一体，方能求立宪的进步。

一二七号（闵议员荷生）：请问度支部特派员，现在还是普通加价，抑止云南一省加价？请度支部特派员发言。

议长：度支部特派员有无答复？

度支部特派员（张茂炯）：现在此案还没有到度支部来。

议长：现在拟付表决。

一九二号（张议员之霖）：加马脚即是加盐价，云贵总督来电有云"禁烟后马脚低贱，盐价渐落，只好借此酌提以资弥补，再三筹思，定为每百斤加银五钱"，来文已明言加盐价矣。此项电文院中早已印刷分配，各议员岂有今日尚未看明之理。且转信其欺人之词而认为行政事件，此种误点关系利害不小，请再看明来文。总之，加盐价而托词加马脚者，希图蒙蔽政府也。资政院二百人而亦受其蒙蔽，恐以后之增加赋税者皆可巧立名目，以希核准矣。试问度支部特派员以为可否？

五二号（毓议员善）：议长现在已经宣告表决，照议事细则所定，无论何人不得再行发议，请照章勿庸发议。

议长：云南互选议员请暂行离席。

议长：现付表决，如以修正报告书为可者请起立。

一四八号（陶议员峻）：是否今日之修正报告？

议长：是修正报告书。

议员多数起立赞成。

议长：起立赞成者是多数。

议长：暂行休息二十分钟。

下午三点三十分钟议事中止。

下午三点五十分钟接续开议。

百十号（于议员邦华）：本员提出倡议禁烟的案子，请议长咨询本院，这件事情并没有讨论，可以提前会议。

议长：禁烟案本日即付审查，似可以不必提前会议。

一三四号（余议员镜清）：文字修正要到三读时候，此时可以不必讨论。

一五三号（易议员宗夔）：现在著作权律的议案已是再读，学务章程已是三读，修正报律条文议案是要紧的，现在才是初读，请议长咨询本院可否将议事日表提前改为第二题。

议长：著作权律议案、地方学务章程已经延搁几次会议，今日不能再行迟缓，且会议无须多时，修正报律条文议案今天总可以议得到的。

议长：现在开议著作权律议案再读，由秘书官朗读原案第三十六条。

秘书官（曾彝进）：承命朗读原案第三十六条。

议长：三十六条著作权律原案赞成者请起立。

议员多数起立赞成。

议长：多数。

百十号（于议员邦华）：以后可以不必起立表决，只呼"无异议"三字（既）〔即〕可表决。

议长：以后凡呼"无异议"，即作为表决。

众议员起立赞成。

秘书官（曾彝进）：朗读原案自三十七条第三节至第四十条。

众议员皆呼"无异议"。

议长：第四十一条陈议员树楷有修正案，由秘书官朗读。

秘书官（曾彝进）：朗读陈议员修正案，首条改为各条。

议长：请陈议员树楷说明理由。

一一二号（陈议员树楷）：四十一条是包涵好几条而言，只一"前"字包不过来，所以改为"各"字较为妥当。

八七号（沈议员林一）："假冒"这一条范围不大清楚。

百四十号（康议员詠）：本议员系审查之一人，原不应反对，但于第四十一条不无异议。所称"假冒他人著作权"此句颇有语病，著作权者人人皆有，所谓天赋人权也，国家只能以法律保护人之著作权，非国家给与人之著作权，既是人人皆有此权，何必假冒他人之权。且"假冒"两字与"权"字亦不相联缀，假冒者系指实物而言，若权则空洞无物，又如何能假冒，故就权而论，只可言损害，言侵夺，断不可言假冒。应如何修正，再请公决。

八七号（沈议员林一）：似乎多了一个"权"字。

百四十号（康议员詠）："权"字不能去，应改"因假冒而侵损他人之著作权时"。

七三号（汪议员荣宝）：赞成。

议长：现在由秘书官朗读陈议员树楷修正案。

一一二号（陈议员树楷）：按照原案第四十二条，违背三十四条至三十九等条，都因为损害他人的著作权，所以才有赔偿之说。且三十六条假设他人姓名者发行著作，这也有损害原著作家的权利，不知应否赔偿？

一二六号（陶议员镕）：第三十六条"假他人姓名发行之著作无所谓损害"各字断不能用。

秘书官（曾彝进）：朗读陈议员修正案。

议长：现在先行表决四十一条陈议员所修正的，请赞成【者】起立。

众议员无起立者。

议长：还有康议员詠第四十一条修正案，由秘书官朗读。

秘书官（曾彝进）：朗读康议员第四十一条修正案。

一二四号（胡议员家祺）："因"字宜改为"如有"二字。

议长：现在表决康议员第四十一条修正案，赞成者起立。

赞成者多数。

议长：多数。

秘书官（曾彝进）：朗读原案第四十二条。

众议员呼"无异议"。

秘书官（曾彝进）：又朗读原案第四十三条。

众议员呼"无异议"。

议长：四十三条第一项第二款两个"项"字俱改为"款"字，以归一律。众议员有无异议？

众议员呼"无异议"。

秘书官（曾彝进）：又朗读原案四十四条至四十七条。

众议员呼"无异议"。

秘书官（曾彝进）：朗读原案第四十八条。

七三号：（汪议员荣宝）：可删去"希图蒙混"四字。

议长：众议员赞成否？

众议员呼"赞成"。

秘书官（曾彝进）：朗读原案第四十九条。

议长：有无异议？

一七八号（高议员凌霄）：第四十九条第二句及"重制时不呈报立案者"，"重制"之上应加入"修正"二字。本律第一条明明规定专有重制之利益，是重制即在保护权利范围之内，一种著作断不能负数次呈报之义务也，应比照二十二条改为"及修正重制时不呈报立案者查明后将著作权撤销"方合。

议长：高议员修正之处无异议。

秘书官（曾彝进）：朗读高凌霄修正案第四十九条。

众议员呼"无异议"。

议长：第五十条有陈议员树楷提起修正案，由秘书官朗读。

秘书官（曾彝进）：承命朗读陈议员修正【案】，第二年改为四年。

议长：请陈议员说明理由。

一一二号（陈议员树楷）：中国地大物博，各省著作书里头多有人假冒他人名姓的，所以规定年限必宜稍长，以保护著作权。

七二号（胡议员礽泰）：现在法律期限是要短的，我们这个单行法作为四年恐怕太长。

七三号（汪议员荣宝）：三、四年以前所犯的事，三、四年以后再行根究，期限似乎太长，并且有许多不方便的地方。

一三七号（邵议员羲）：四年期限太长，仍以改为二年为是。

宪政编查馆特派员（顾鳌）：日本著作权法此等时效亦是定为二年。

一二六号（陶议员镕）：期限太长是不对的。

议长：二年、四年有无讨论？若无讨论，拟即照原案第五十条先付表决。

秘书官（曾彝进）：朗读原案第五十条。

各议员呼"无异议"。

秘书官（曾彝进）：又朗读五十一条、五十二条。

各议员呼"无异议"。

一五七号（尹议员祚章）：有字句修正。

议长：修正字句可以归到三读时候。

秘书官（曾彝进）：朗读原案五十三条。

各议员呼"无异议"。

议长：第五十四条有股员会修正案，由秘书官朗读。

秘书官（曾彝进）：朗读修正案，五年改为三年。

一三四号（余议员镜清）：五十四条之下应加第二项。

秘书官（曾彝进）：朗读余议员修正案。

一三四号（余议员镜清）：方才发言取消，因与五十二条有冲突。

议长：命秘书官再朗读修正案。

秘书官（曾彝进）：承命朗读。

各议员呼"无异议"。

六七号（王议员璟芳）：本议员意见，照五十四条规定"在章程未颁布以前有人翻印仿制未经指控者"可照此条办理，其业经指控悬案未结者应如何办法似不能照本律科罚，盖章程必由实行之日起方有效力，若在未实行之前则效力尚未发生，如此应作何等科罚？

议长：请民政部特派员答辩。

六七号（王议员璟芳）：还是照本章程办理，抑还有别的办法？

民政部特派员（孙培）：应照本律科罚。

民政部特派员（孙培）：于本律施行前翻印他人著作物，经控告而未处罚则，未加处罚，系因无法律适用。可知今本律既经颁行，原案自必援照本律再行提起诉讼，审判官即据其诉讼适用本律，此系自然之结果也。

八七号（沈议员林一）：国家法律向来须从施行之后方有效力，如其假冒在本律未行以前断难照律科罚。

民政部特派员（孙培）：凡愿受本律保护者自应再行提起诉讼，若不提起诉讼，是本人自愿放弃其权利，官署固不必强加干涉。

八七号（沈议员林一）：对于假冒著作权的人提起诉讼即在本律施行以后，而假冒在施行以前终难照律办理。

六七号（王议员璟芳）：照这个条文是否在法律施行之后才能科罚。

八七号（沈议员林一）：提起诉讼之时与假冒著作之时须有分别，但令假冒当在法律未颁以前则照律科罚终不甚妥。

一三七号（邵议员羲）：法律未能生效力以前不能照办。

八七号（沈议员林一）：但在法律年限未能发生效力之时就应从宽办理。

议长：现在由秘书官再读修正案原文。

秘书官（曾彝进）：承命朗读。

一五三号（易议员宗夔）：以后修正案表决仍以起立表决为是，不能说"无异议"三字就当表决。

议长：赞成修正案者请起立表决。

众议员多数起立。

议长：多数。

议长：股员会修正案五十五条陈议员树楷又有修正，由秘书官朗读。

议长：请陈议员说明理由。

一一二号（陈议员树楷）：书价有值得多的，有值得少的，有过五元的，有不过五元的，若统统规定五元，则书价过大者未免太便宜，过小者又未免太吃亏，所以以书价计算至少二元为度。

八一号（章议员宗元）：若如此，则不免有高下其手之弊。

一一二号（陈议员树楷）：书本上有定价的，不至有弊。

五九号（顾议员栋臣）：若规定二元，未免太少。

百九十号（吴议员赐龄）：现在讨论人太多，未免混乱。此种修正条文只要有二人以上发言便可讨论终结，请议长即付表决罢。

八七号（沈议员林一）：若如此规定，未免太烦。

议长：先行表决股员会修正案。

一五三号（易议员宗夔）：请议长照章先行表决陈议员修正案，然后再表决股员会修正案。

议长：然则先表决陈议员修正案。

秘书官（曾彝进）：朗读陈议员修正案五十五条修正案，一注册费银五元改为一注册费以照书价缴纳，至多以二年为限。

议长请赞成者起立。

起立赞成者少数。

议长：赞成者少数。

议长：股员会修正案既已朗读，即行表决。赞成修正案第五十五条者请起立。

议员起立，赞成者多数。

议长：多数。现在既已表决，应付法典股整理字句。现在按照议事日表第三，地方学务章程三读。

一五三号（易议员宗夔）：本员有个倡议。现在议事天天要到六、七点钟，若议到六、七点钟的时候宣武门就要关城，（拍手）我们议员住在宣武门外者很多，若是绕道过前门甚属困难，请议长命秘书厅知会管城的必等资政院散会之后才可以闭城。（拍手）现在正阳门既不关，而宣武门及崇文门去岁奉旨有该衙门知道，何以至今尚不遵旨开城。本员还要提出说帖质问民政部及步军统领衙门的。

一三七号（邵议员羲）：前次开会因人数不及三分之二，不能表决，现在八十四号议员每次都不等散会时他就离席，请议长注意。

一五三号（易议员宗夔）：八十四号屡次违背院章，不到散会即自由离席，非惩戒不可。

秘书官（曾彝进）：朗读地方学务章程再读议决案自第一条至第六条。

议长：第七条邵议员羲提起修正案，由秘书官朗读。

秘书官（曾彝进）：朗读邵议员羲倡议修正第七条，府厅州县及城镇乡如办理学务应设学务专员，由自治会公推曾办学务具有经验者，在府厅州县由地方官委任，在城镇乡由董事、在乡由乡董申请地方官委任执行之。

议长：请邵议员羲说明修正之理由。

一三七号（邵议员羲）：本员此次提出修正案，因此案第一条责成自治职办理，第七条规定责成自治委员及办事员为学务专员，再定地方自治章程自治委员为地方委任者，办事员由董事委任者，皆非确定之自治职，岂非与本案之主张自相矛盾？地方官每年更动，自治委员亦从之更动，总董、董事皆两年一选举，而办事员亦不免因此更动，既为学务专员，不可不为之计，依本员之修正，学务专任员不至随时变动，地方学务方有把握。

一九六号（牟议员琳）：三读时候可以改正文字，现在不应倡议修正。

一三七号（邵议员羲）：照三十七条，原文可以修正。

七三号（汪议员荣宝）：本议员对于邵议员的修正案还有文字的修正，并非有实质的修正。第七条府厅州县及城镇乡为办理学务得设学务专员，由各该议事会公推曾办学务具有经验者，在府厅州县由地方官委任，在城镇由董事会、在乡由乡董申请地方官委任执行。

一三七号（邵议员羲）：赞成。

一一七号（雷议员奋）：请议长命秘书官将前面再读时议决之第七条文朗读一遍，大家就可以明白。

秘书官（曾彝进）：朗读再读议决案第七条条文。

议长：再读汪议员修正邵议员之修正案。

秘书官（曾彝进）：承命朗读毕。

一二六号（陶议员镕）：乡学连合会是在才力薄弱与偏僻之区，并不是指府厅州县而言，若率行表决，恐贻笑将来。

七三号（汪议员荣宝）：当请学部大臣答复。

一一七号（雷议员奋）：方才秘书官朗读过原文，并没有毛病，可以不必再说。

百十号（于议员邦华）：据本员意见，确有毛病的地方。自治委员不能算自治职，而且这里头还有影响的地方自治委员不能称为专任委员，乡董、城镇总董一、二年一换，州县官是常更动的，行政长官若更动，被他委的人亦就受影响，所以必须公推，"公推"二字是很好的。

一一二号（陈议员树楷）：第七条实有冲突。这个学务章程本根于地方自治章程而来，要研究学务章程必须先研究地方自治章程，按照本章程第一条第一项云云，自治委员系地方办事委员，不是自治职。府厅州县就是议事会、参事会的会员，城镇乡就是议事会，议事会的会员是由地方公举的，自治委员是由个人委任的，若如此规定，与第一条第二项互相抵触。照自治章程第四章第二节与六十六条、六十七条云云，自治委员是长官的辅佐，自治委员的进退出自长官的命令，办学务的人多由地方公推，若随便可以进退，则与地方学务大为摇动。（拍手）

三、资政院第一届常年会

学部特派员（范源濂）：方才各位讨论第七条所规定于自治委员或办事员内特设学务专任员的办法虑有未妥，但此不必过虑。学部对于这个章程将来还要定一个施行细则，此项学务专任员的资格及任期等项均可在细则中定好的。

一一二号（陈议员树楷）：虽然说是定章程来补助他，在章程已经通行不能修正者可用此法，地方学务章程此时尚可修正，即应规定完善，何必多费一番手续。此条第一条第一项实相抵触，本议员的意思总以现在即行修正为是。

七三号（汪议员荣宝）：请付表决。

一五三号（易议员宗夔）：现在离席者很多，请议长按照办事细则第一百三十三条办理，八十四号每每不到散会之时即行离席，请议长即付惩戒股惩戒。（拍手）

一二六号（陶议员镕）：现在人数恐怕不到三分之二。

议长：现在表决。

一五三号（易议员宗夔）：八十四号屡次违背院章，不到散会即自由离席，非惩戒不可。

五四号（文议员哲珲）：请将修正案付表决。

秘书官（曾彝进）：再读第十七条。

百十号（于议员邦华）：请付表决，不必讨论。

议长：现在付表决，赞成者起立。

议员多数起立赞成。

议长：多数。

一二六号（陶议员镕）：请议长数清议场人数。

秘书官（曾彝进）：数毕，报告，现在议场者还有一百二十二人。

议长：除去不能到者还有三分之二，可以发议。

秘书官（曾彝进）：连读第八条、第九条、第十条、第十一条。

各议员均无异议。

秘书官（曾彝进）：读第十二条。

学部特派员（范源濂）：第十二条末尾一句"基本财产"四字之下须加"或集存款项"五字，因本条首句原是用"款项"二字，下文如此修正较为妥当。

秘书官（曾彝进）：添"或集存款项"五字，再读十二条？

议长：方才学部特派员所说的话诸位议员以为如何？

众议员呼"赞成"。

秘书官（曾彝进）：连读第十三条、第十四条、第十五条。

众议员呼"无异议"。

八七号（沈议员林一）：第十条"使用费"三字从前没有施行，系指何项而言，应声明。

七三号（汪议员荣宝）：使用费名目地方自治章程上有的。（拍手）

议长：现在三读已毕，拟行全体表决。

各议员多数起立。

一五七号（尹议员祚章）：对于学部特派员有个质问。

议长：表决后发言无效，况现在地方学务章程既已全体表决，照章应即会同学部具奏。按议事日表第四项，续初读修正报律议案。

百四十号（康议员詠）：请将议事日表第六、七、八提前开议。

一五三号（易议员宗夔）：报律是要紧的，今天时间不早，不能议及，请议长将这个报律议案编入下次议事日表第一题，况现在人数不满总数三分之二，请议长宣告散会。

一五七号（尹议员祚章）：方才本议员质问学部的意思，是请学部再提出划定学务章程的议案以为改良教育地步，现在教育不发达，都因章程不完善，此章程与彼章程冲突，彼章程与此章程牵扯，新章既颁，旧章不废，重繁复杂，令办学者无所适从，即如中学堂、初等学堂章程既已改订，而高等小学堂章程仍旧，势必有不能衔接之处。初等小学章程完全一种非不妥善，而因有三年简易、四年简易章程，遂致学者争趋简易，完全班久无毕业。既有简易识字学塾，又有半日学堂，既办初等小学，又要改良私塾，如此办法，教育必无发达之一日。学部既负教育上责任，则当亟图改良，改良方法似非划一章程无从入手，若不再提议案，岂此寥寥数条所能尽其责任耶！

议长：现在已经表决，可无庸发言。

百十号（于议员邦华）：请将这些禁烟的【议】案概付审查。

议长：现已拟将议事日表第六、第七两个议案提前，即付特任股员审查，各议员赞成否？

议员多数起立赞成。

议长：特任股员拟指定十八人，各议员赞成否？

众议员呼"赞成"。

议长：现已指定特任股员，由秘书长报告。

秘书长承命报告：

铠公、贡郡王、刘道仁、文哲珲、何藻翔、刘泽熙、赵炳麟、柯劭忞、劳乃宣、陈宝琛、王鸿图、陈树楷、许鼎霖、胡柏年、陶峻、李文羲、彭占元、陶镕。

议长：甘肃有个土税局议案，打算归并付特任股员审查。

众议员呼"赞成"。

百十号（于议员邦华）：本员于开会时已报告禁烟事，传闻英国与外务部为期限事有交涉，不知道确实否？如果是实，请议长把这个意思达到外务部，暂且不要与他酌定年限。

议长：这一层可俟股员会开议的时候告知该部。

议长：宣告散会。

七三号（汪议员荣宝）：法典股员张议员缉光现已辞职，请议长通知第二股举行补选。

五号（议员润贝勒）：张议员缉光已经辞职，请议长照分股办事细则第十一条选补。

议长：可以照章选补。

议长离席，各议员以次退出议场。

下午五点三十分钟散会。

资政院第一次常年会第十八号议场速记录

宣统二年十月十六日下午一点五十分钟开议

议事日表第十六号

第一，修正报律条文议案。（股员长报告，续初读）

第二，提议陈请申明资政院立法范围议案。（股员长报告，会议）

第三，运输规则议案。（股员长报告，续初读）

第四，统一国库章程议案。（议员提出，初读）

第五，提议陈请速定官制议案。（会议）

第六，提前设立审计院议案。（议员提出，会议）

第七，议设陈请速定官制议案及提前设立审计院议案。（特任股员）

议长：今日议员到会者一百三十五人。

议长：今日有补选议员陆议员宗舆、崇议员芳到院，由本议长介绍与诸位议员相见。

五五号（崇议员芳）：本员初到会，学识甚浅，一切望各议员原谅。

议长：现由秘书官报告文件。

秘书官（张祖廉）：承命报告。

议长：现有齐议员树楷质问会议政务处说帖，已刷印分送，拟即省略朗读。各位议员有赞成此说帖者请起立。

议员赞成【者】多数。

议长：多数。陶议员葆廉质问度支部说帖省略朗读，各位议员有赞成此说帖者请起立。

议员赞成者多数。

议长：多数。王议员用霖质问度支部说帖省略朗读，各位议员有赞成此说帖者请起立。

议员赞成者多数。

议长：多数。

秘书官（张祖廉）：接续报告文件毕。

议长：按照议事日表开议。

百十四号（胡议员家祺）：本议员有个倡议，上次顺直谘议局有维持开平矿务陈请书，已经陈请股报告认为合例可采，现在北洋大臣与英国外务部正在重大【会议】，本员按照议事细则第十七条倡议将此案从速开议，请问议长可否于下次开会列入议事日表？

九四号（王议员佐良）：请问议长山东巡抚来的电报已答复否？

议长：尚未答复。

九四号（王议员佐良）：请议长答复的时候将电文宣布本院。

议长：答复山东电文时候可以宣布（本院）。

一二九号（汪议员龙光）：本议员有个倡议。资政院议员以监督全国财政为惟一的职务，现在预算案度支部已交本院，但中国自借外债以来，凡中央所借的、各省所借的，现在总计应有多少、何者已还、何者未还、其利息加何、其抵押者如何，务请议长向度支部请该部列出一个表来，使各议员全然晓得才好。（拍手）至于赔款，也要列出一个表来，使各议员都明白外债数目与赔款数目。请议长备文到度支部咨送过来，以早为盼。

议长：本议长当注意办理。

一四九号（罗议员杰）：本院质问军机大臣的质问书很多，应请军机大臣从速答复，答复之后有不明白的地方以便追加质问。

议长：已经行文过了，现在开议。照议事日表第一修正报律条文议案续初读，请法典股股员长说明修正理由。

某议员：上次议决奏稿已经出来否？

议长：现在还没有脱稿。

某议员：请议长从速出奏才好，因为各省谘议局快闭会了。

五号议员、法典股股员长（润贝勒）：修正报律条文法典股股员会审查结果,现在本议员按照办事细则第五十三条委任陶议员葆霖代为报告。

议长:请陶议员葆霖说明理由。

一三九号(陶议员保霖):修正报律条文一案股员会报告。报律条文交到法典股的时候,《国民公报》等七家及北京报界代表朱淇都有陈请书送到陈请股,由陈请股审查认为合例可采,所以本股开分科会之时将此两件陈请书作为参考。查陈请书所最不满意于原案者就在第十一条与第十二条。第十一条就是"损害他人名誉无论事之有无,不得登载"。当本股员审查之时政府特派员也曾到会,说是此案采取外国的条文,不过本股【员】审查之时以为中国向来对于损害名誉之罪没有确当的处分,现在新刑律尚未施行,此一层在报律内固不可交涉,紧要之时如果此案迟延,恐生他故,此案关系中国主权与疆土问题极为少,所以大家讨论之结果以为照原案条文主张修改,修改方法就是将政府提出原案第二十六条第四项并到第十一条。还有本条不论事之有无,即在陈请书上也很不满意。但第十二条有关于外交、海陆军的事件已包含在原案第十三条,而十三条预审事件因为原文十五条已含有此义,所以预审事件也删去。这(事)〔是〕本股员会修正的意思,至于讨论解决还须在第二次读会时候再行斟酌,本议员报告如此。本员还有一个意思,开股员会之时曾说过十一条第四项可以仍用原文,因为证明事实很不容易,恐怕将来实行的时候有许多的困难,所以本员意思还是用原文为好。但是在股员会的时候赞成者少,所以不能照分股办事细则作为少数被黜意见另提出说帖,今天各议员注意。

议长:宪政编查馆、民政部特派员对于法典股修正案有无意见?

宪政编查馆特派员(顾鳌):此项修正报律案在开股员会时候本员亦曾反复讨论,于股员会修正主旨亦大概同意,不过微有不赞同的地方,不能不在议场上声明,请诸君注意。这个修正案已经审查过,当每次审查时候政府特派员既可以发言,自应表明意见,果有窒碍难行之处不能不随时声明。第一,政府提出修正报律案是主张极公平的规定,就是诸君将来议决这修正案亦应取公平的意思,因为凡法律颁布后就要实行,既要实行就不可将窒碍难行的事拉杂其中。现在报律议案为众论所集矢者就是第十一条与二十六条,第十二条次之。十一条的原文"不论有无事实"一语规定与否设有多少窒碍,既经股员会主张删去,政府亦表同情。惟是现在极应讨论的问题,第一是不用证明事实主义,第二是用证明主义。项间陶议员说明股员会取证明事实主义，将来政府实行，比较从前不用事实主义，于报馆不利，于官吏执行也不利，本员亦以为采用证明事实主义颇觉窒碍难行。因为原报律颁行数年，报馆对于各项人等因登载损害名誉之语而启争讼者不一而足，在报馆对于损人名誉的记载每主张确有证据，其实究竟有无证据调查最难，因从前违犯报律的诉讼未定明管辖，所以一切关涉报馆案件归巡警厅管理，巡警厅因为报馆对于他人名誉的事往往问及该编辑人，率称有凭据者甚多，而被害者又率以诬损为词，于是两造争讼，每不能有正当之解决。巡警官吏亦不过以调和为主义，意在保护报馆，崇重舆论，然而执行报律究有非常之困难。总之报馆于损人名誉之语、主张证据之说于报律规定之理由确是不合，因报纸所载者不过是一种新闻，与告发人罪之呈状不同，所以报馆不但无提出证据的责任，如果事事要证明事实是一定办不到的，此政府原案所以有"不论事实有无，不得登载"之规定也。各议员以为是政府钳制舆论的手段即在于此，不知新刑律内关于侮辱罪本有不论事实有无之规定。日本新闻纸法亦规定新闻纸揭载事项提起对于名誉罪之公诉者得用刑法，该国刑法之对于名誉罪亦复不问其事实之有无也。现在政府的意见以名誉为凡人立身处世之要端，与生命、自由并重，损害者有罪已经规定于新刑律内，但新刑律未经颁布，而现行刑律又未立有专条，难资援引，不得不暂定之于报律原案，不取事实主义，其理由实与刑律一贯。然诸君异议既在此条，本员前已就所有疑义反复诠释矣。盖十一条必须与二十六条参照，（观）〔关〕于专为公益起见并无恶意者免其处罚之规定，可知除涉及私事外，报馆实言论自由，"不论有无事实"一语虽严而实宽也。至股员会主张删去而改用证明事实主义，本员于删去之处业表同意，其改用事实主义则早力言其不便，请诸君注意。诸君之意颇以政府限制报馆言论为疑，殊不知限制的要点只有两端：第一是国家政务，第二是个人名誉。关于国家政务者有时应守秘密主义，若报馆于外交、军事有关系事件自由宣泄，毫无限制，于国家安宁秩序有种种之妨害，是以不能不各付以制裁，凡十二条以下均关于国家政务之规定也。至于损害个人名誉之事则规定于第十一条，因为报馆固是言论机关，然于私人名誉可以任意损害究为法律所不许，举私事或公益为范围，盖所以奖进个人爱惜名誉之旨也。本案限制报馆者如此，至停止发行或禁止发行已定严重办法，据各报馆陈请书所称以为无论何衙门可以封禁报馆其实不然，查原案停止发行是为未经呈报及未交押费者而设，以为可以命令行之者也，其余非经审判衙门之判决不能行之，原奏已经声明此意，是则保护报馆之微旨也。

一五三号（易议员宗夔）：这个法律案按照议事细则二十八条，审查报告后应该讨论大体，其所以讨论者是讨论这个审查的结果付再读、不付再读。又照议事细则三十一条，未经再读以前可以提出修正案，所以本员今天于提出修正案之前不妨讨论大体。大致应改正的地方就是十一条与二十六条。这第十一条据政府特派员所说的本议员可以用几句话回答。据政府特派员所说是对于政务上有个限制报馆的意思，但是中国现在有很多的政务上事情有本国人不知道而外国报馆已登载，如此看来这个限制无从限制。政府特派员还有一层意思，是对于个人名誉上要竭力保全，因为立宪国民对于个人名誉本是很要紧的，本员对于这句话很赞成的。但是保全名誉的法规应该在新刑律上规定，不应该在报律上规定，因为要保全名誉是对于普通人民一般说的，现在新刑律尚未颁行，不能专为报馆施以苛刻的限制。此"不论有无事实，报纸不得登载"一句已经删去，毋庸说了。而"损害他人名誉"这句话没有范围，因为损害他人名誉没有一定标准，如此规定，将来报纸一句话都不能说。比方一个人当稠人广众之中说的话很磊落光明，而到昏暮乞怜的时候作的事很卑陋苟且，报纸若据实登载，实于社会人心很有利益。（拍手）当此时候那个人若提起诉讼，非特报馆要证明事实很难，即审判官不知原委亦无从审判，所以"损害他人名誉"这句话范围太宽，不若仍照旧律为是，旧律所规定如"不得颠倒是非"等语很平稳的。至修正案二十六条本员也是不赞成的，要主张仍照旧律，因为坏人名誉应该在新刑律上规定，不能专以苛刻限制报馆，不然是使将来全国主持舆论的人都要禁在囹圄之中了，所以不若照旧律二十四条、二十五条、二十六条为要，本员所主张的如此。

百二十号（潘议员鸿鼎）：请发言。

议长：现在按照发言表，高议员凌霄还要发言，请问是否讨论大体？

一七八号（高议员凌霄）：修正第十一条修正案。

议长：第十一条已经说过了，若意思相同，暂时可以不必发言，以避重复。因再读时候要逐条讨论，彼时可以说明。再应问明雷议员所请发言是否讨论大体？

一一七号（雷议员奋）：本议员提出修正案之修正案都是逐条修正，但请议长允许本议员说明大旨。

议长：既是说明大旨，可以发言。

一一七号（雷议员奋）：今天修正报律条文这个议案是续初读的，本来讨论大体，所谓大体者，是指全体讨论而言，本议员对于这个修正案有一种根本上的解决，所以于续初读时要发表意见。照这个报律修正案看来，对于报馆限制是在十一条，方才已经发（明）〔表〕许多意思了，十二条底下都是限制报馆种种条文。就是这几种的范围，违背十一条应当处何等罪名，违背十九条以上者应当处何等处分，底下有好几条都是限制报馆的范围，报馆出了范围之外不是处分二十日以上、六个月以下之监禁，就是处二十元以上、二百元以下之罚金。所谓处监禁、处罚金两种都可以用，但是我们中国若用监禁是不能行的。譬如北京已有审判衙门，而监狱还没有改良，天津、上海亦然，至于各省内地则黑暗尤甚。报馆原为开通民气起见，除北京、天津、上海而外总要希望大加推广，各处都有报馆才好，既是审判衙门没有设立，监狱没有改良，这个监禁就万万不可用的，这是第一层。第二层办报馆的都是文人，叫他受二十日以上、六个月以下之监禁，无论甚么人都受不了，所以本议员以为把这个监禁一条删除，专用罚金较为妥当。且国家苟不欲有报馆则禁止之可也，何用报律？所以报律者，盖含有保护报馆之意也。报馆违背报律固应当受处分，试问受处分的地方是甚么地方，受处分的时候是甚么时候，不能不预先定好的。因为法律是跟社会程度来的，社会之程度高，则国家之法律亦高，社会程度是国家行政的基础。现在的情形与二年以后、三年以后的情形一定不同，因为社会程度不同，所以国家要（没）〔设〕这个立法机关随时修订法律以应社会的程度。我们现在修正报律就要看到今年议决以后明年就要实行，试问报馆与国家有甚么好处，有甚么害处，若于国家有好处，一定要想个法子保护他，若于国家有害处，就不必定这个报律。当初定报律的时候一定知道报馆于国家很有利益的，既以为有利益，若是拿监禁处置这一班人是非常不妥当的，所以本议员提出修正案大概要把监禁删除。若是报馆有违背报律的事情，就按照二十日以上、六个月以下之监禁以罚金代之。有人疑心因为保全个人的名誉定这个章程似乎比较新刑律相差太远，但是新刑律经资政院通过还要两年才能实行，到了明年那个时候还可修改，所以现在将监禁一说删除毫无妨碍的。

一一二号（陈议员树楷）：本议员对于十一条有质问。政府特派员所说的证明事实主义与不证明事实主义，据本议员看来，此二主义均有不可证明事实主义。比方报馆被登载人控到官厅，报馆说是有证据，被登载人说是无证据，彼此纷争，终归无著，诚如特派员所云是不行的，但是这不证明事实主义更是不行。不证明事实主义应分两层研究，就积极的言，损害他人名誉不论有无事实报纸尽可登载，然毫不加限制这是不可的；就消极的言，损害他人名誉不问有无事实报纸不得登载，如此限制，报馆可不必开了，亦是不行的，所以证明事实主义与不证明事实主义二者本议员都不赞成。且就原条规定损害他人名誉之语"无论有无事实，报纸不得登载"词意亦甚不贯，名与实本属相因，本无事实，报纸故意登载，其为损害他人名誉无疑，若是本有此事，报纸登载则不得谓损害他人名誉。比方有一个人盗窃人家的东西，本是不名誉的事情，报纸登载了，何得谓损害他人名誉。又比方偷着使了人家的钱，报纸登载就说偷着使了人家的钱，也不算损害了他的名誉。若并此而禁之，报纸将无可登载之事，不如仍旧律十五条第一项"不得受人贿嘱颠倒是非"、第二项"不得挟嫌诬蔑损人名誉"稍为更正便觉妥善。

宪政编查馆特派员（顾鳌）：贵议员所说的是证明事实的主义惟不宜采用，证明事实的主义本议员已一再说明，原报律十五条有种种不便利施行之处，所以修正为本案之第十一条。原律十五条第一就是损人名誉，第二就是颠倒是非，何以现在必要改正？盖名誉云者是一个人之私，而是非云者乃天下之公也，执是非之说以绳报馆，未免限制过严，故本案之修正以损人名誉为限。推原律以挟嫌为条件，而本条则以涉及私事为条件，因挟嫌云云在审判上颇难得正确之解释故也。至私事云者指个人隐私之事而言，此等事件如系犯罪，率为亲告范围。讦人隐私现行律是有极严重之制裁，即唐律与元典章亦以此类犯行为重，凡隐私之事果属亲告范围，即非人人所能讦发，虽国家所设之检察官亦不能滥用其提起公诉之权。若报纸登载以涉及个人隐私，殊非保持社会安宁之道也，故第二十六条有除涉及私事外云云。

一一二号（陈议员树楷）：政府特派员说是分两层：第一层说是旧律挟嫌诬蔑之语没有界限，将来提起诉讼很有妨害；第二层以亲告罪为限，说不著盗窃等事。按照第一层说，规定报律一方面是保全报馆，一方面是限制报馆，此等范围是在报律上规定的,至于将来审判时有所出入,是在审判官的程度,审判官自有活动范围,我们定报律时不能不顾及。至于亲告罪为限一节,规定报律应有当然之限制,报馆对于不应登载之事,有人告发处以相当之罪,无人告发即无处治,足以启报馆冀幸,将来提起诉讼之事更不胜其扰矣。

一二三号(江议员辛):这一条修正案本议员以为无庸再讨论。盖名誉为人第二生命,污损他人名誉之语报纸自不得登载,此条重在"名誉"二字,至有事实可指摘,即不能谓之"损害"矣,况下文又有"关于公益不在此限"等语,词意均已明了,何必定要修改。若虑证明事实一层未免限制太严,然损害名誉实有妨于一般人〈之业务员〉,据旧律访事投函人亦应担负责任,故证明事实属于专为公益一边亦不必更改。

一二六号(陶议员镕):倡议讨论终局,不必再行讨论。

议长:现在发议已毕,讨论终局。应议决应否再读,以再读为可者请起立。

一零九号(籍议员忠寅):现在未经表决,本议员有一句话倡议。细则第三十条"再读应于初读二日以后行之,但议长得咨询本院缩短时日,或于初读同日行之",今天续初读已经完了,就请议长再行再读何如?

议长:籍议员倡议即日再读,诸位赞成不赞成?

众议员多数赞成。

议长:多数。本日即可接续再读。

一四九号(罗议员杰):对于修正案第二十四条有话说。在立法之意一方保护个人,一方保护报馆。

议长:现在是逐条讨论,等请到第二十四条时再行发言。

议长:现在将此案第一条修正案由秘书官朗读。

秘书官(曾彝进):承命朗读第一条修正案。

议长:修正案第一条有无异议?

各议员呼"无异议"。

议长:如此就作为诸位无异议了。

一五三号(易议员宗夔):本议员对于第二条"凡本国人二十岁以上者无左列情事即得发行报纸",如果人非本国、地非租界而用西文或华文发行报纸又不守报律之范围,请问特派员贵官厅何以不问。

宪政编查馆特派员（顾鳌）：如系对于现在行政的事件有所质问，请贵议员照议事细则第一百七条以下各条办理。

一五三号（易议员宗夔）：不是对于行政事件。

宪政编查馆特派员（顾鳌）：本员是宪政编查馆特派员，不是民政部特派员，对于报律第二条立法上之理由本员可以答复，第二条云云就是凡本国人年在二十岁以上者可以发行报纸，若非本国人自然不在第二条认可范围以内。

秘书官（曾彝进）：承命朗读第二条。

议长：修正案第二条有无异议？

七三号（汪议员荣宝）：第一条对于外国人的限制是否可以办到，要是有办不到的地方这条文便是虚设，有无补救的方法，还是大家仔细讨论为是。

百三十号（刘议员景烈）：现在还要讨论修正案第二条，请特派员答复，答复之后再讨论。

一七七号（李议员文熙）：此条法律上规定只好如此，万不能于此处规定外国人，亦不能于此处限制外国人，至于事实如此是行政官厅不尽职处，可另行具案质问。

宪政编查馆特派员（顾鳌）：现在有无此等事实与立法上别为一问题，如系质问行政事件，本员无从答复。

一一二号（陈议员树楷）：作得到、作不到那是行政的事，不是法律上的事。

议长：现在表决修正案第二条，诸君有无异议？

众议员呼"无异议"。

议长：现在由秘书官朗读第三条。

秘书官（曾彝进）：承命朗读第三条。

三五号（议员曾侯爵）：本议员详阅这第三条，实不解是何命意。大约仿照日本之报律所规定，我中国现在小报馆极多，万难实行。如限制编辑人、印刷人不得以一人兼充，未免使本小利微之报馆多一糜费，筹划不易并无益处，殊非提倡体恤之道。编辑人、印刷人其精力能以一人充之，果有何妨碍，请特派员答这理由。据本员之意见，如别无妨碍，尽可将此条删除，庶可望其实行，亦显得郑重此律也。

宪政编查馆特派员（顾鳌）：所谓"编辑人与印刷人不得以一人兼充"云者，不是事实上报馆不得兼办印刷事业，因编辑人及印刷人各有法律上之责任，故规定为不得兼充。此两"人"字乃第一条所称列有姓名之人，非指报馆名义之谓也。

三五号（议员曾侯爵）：据本员之意见，此无关政治之理由，若无实在办法，很可以不必指定出来。

议长：修正案第三条有无异议？

各议员呼"无异议"。

议长：修正案第四条易议员宗夔复提出修正案，由秘书官朗读一遍。

秘书官（曾彝进）：承命朗读易议员宗夔修正案第四条。

一五三号（易议员宗夔）：请说明修正案之理由。因为现在我们中国民智不开通，不晓得一点事件，所以宣讲（与）〔于〕白话报是最要紧的。比如办一个报馆要交几百块钱的保押费是非常之困难，若没有保押费，他可以省几个钱作资本，就容易组织报馆了。所以修正报律这一条本员不赞成，为这种小报馆与下等社会很有利益的（处）〔话〕，我们既为开通下等社会起见，就不能如此规定，况且又无（碍妨）〔妨碍〕文话报的地方。

宪政编查馆特派员（顾鳌）：本员对于贵议员所说现在保押费问题，贵议员说小报并不能妨害大报，如免交保押费，可以藉白话等小报开通风气云云，然以开通风气为理由，是必大报不能开通风气而后可。现在保押费问题本员在股员会两次发议，中国报馆很少，要概予如额收费诚有困难，所以本员意见可将保押费分别酌减，修正案定明得减至三分之一或三分之二，依此计算，最少可减至五十元，除都会、商埠外，其他州县一律通行似无窒碍。总之保押费为执行便利而设，凡报馆有违犯报律应科罚金或应征讼费者均以保押费为抵充之资，本律已有专条规定，如准免缴，于法理殊难贯彻也。

一五三号（易议员宗夔）：白话报所登载的是浅近的意思，决不至有违犯法律的情事，贵特派员所说违犯法律这个可以不必虑及，因为他的地方很小，要他拿出百块钱来他也很难拿出，断没有不遵的道理。但是白话报于下等社会很有益处，且拿出百块钱未免力量不敷，所以本议员主张不收他的保押费。至于说违犯法律是断没有的，白话报是开通下等社会，也做不到违犯法律的事情，如果违犯法律，可以归地方官厅办理是非常容易，这个事情尽可以不必虑及。

七三号（汪议员荣宝）：宣讲白话报要是专以开通民智为目的，即可作为专载学术的报纸，本条已有专载学术艺事等报免缴保押费的规定，可以包括一切，不必提出另说。

五九号（顾议员栋臣）：易议员所提出之修正案本议员极表同情。宣讲白话等报最足开通民智，于改良社会极有关系，宪政馆修正报律案理由书内称"此种小报无甚价值，遂从删节"，未免视之太轻，应请议长将易议员修正案宣付表决。本议员又有一言。请问法典股审查员本条第四项首句"其在京师、省会及商埠以外之各地方"是否作一句读，抑作两句读，以事理论之，当作一句读，而以"以外"二字总束京师、省会、商埠三项；就文气观之，颇似"京师、省会"为一句，"商埠以外各地方"为一句，解法一有歧误，恐将来收纳保押费时易启争执，此事实上之关系不仅词句上之关系也。至三读时，此句必须修正。

一二九号（汪议员龙光）：宣讲白话报与大报不同，大报是营业的性质，宣讲白话报颇含有义务的性质。内地风气闭塞，如有能办此种报者应提倡之不暇，似乎保押费尽可免缴，且如修正案减少三分之二，不过几十块银元，然不交到民政部便要交到督抚，偏僻州县距省千里，若要交这个十块银元非常费事，我们立法的人总要于事实上使人民便益才好。

宪政编查馆特派员（顾鳌）：本员声明缴纳保押费系由该管地方官办理，并不致有由报馆自行解费到省、到京之事。

一五一号（黎议员尚雯）：明明白白由该管官厅办理。

一一二号（陈议员树楷）：白话报的问题本议员对于此有点研究，不过白话报有违反法律的时候也得照报律办理。至于说免缴保押费一层是为白话报资本小的起见，若必须缴保押费他就不能开，所以为开通风气、教育普及起见，请宽一步免缴保押费为是。

一四八号（陶议员峻）：请议长付表决。

一一七号（雷议员奋）：对于易议员修正案有一句话。既然因为开通风气就可以免缴保押费，似乎上头应当加上"其在京师、省会及商埠以外地方"一句。

百九十号（吴议员赐龄）：对于易议员所说报馆为开通民智，大报是开通上等社会的，小报是开通下等社会的，所以白话报愈多愈妙，必要格外提倡才好。

在京受警厅检察，在外府州县自然受该管长官的检察，如果不守报律自可按律惩办。现在白话报多半是义务，要到处提倡自然日见发达，易议员所说的很好。

一九三号（顾议员视高）：本议员是法典股中之一人，前日开分科会的时候也曾说过宣讲白话不如仍照现行律免缴保押费，盖我们定一种法律出去是通行全国的，既是通行全国，则各省情形都应该要想到。譬如某省之外府厅州县及乡镇财政极（奇）〔其〕窘的地方有一二热心公益人欲开通民智，组织一种白话宣讲已就不容易了，又还要责令他出此一笔保押费，岂不大难！况现在部章凡自治公所、劝学公所、劝业所皆有白话宣讲，现行律有免缴之条，而新刑律删去，外省必有借口于保押费无力呈缴而停止不办者，官吏向以省事为心，亦听其不办，这一般人民何时可以开通耶！此次新律既取开放，自应向提倡保护奖励一面，设法限制总要从宽，方能望其发达。至谓宣讲白话多系里巷俚俗之语，无甚价值，鄙意以为凡办一种报纸总不能毫无宗旨，总有几个明白人在内，小报因不能与大报相比较，然小报虽幼稚，总胜于无报也。又谓小报过多恐于大报有碍，鄙意亦以为不然，凡能看大报的决不屑看小报，只能看小报的决够不上看大报，二者断不相妨。现在农工商以下一般人试问能看大报者几何，人恐非白话宣讲不能增进其智识也，故本议员所主张仍是不缴保押费。

一三七号（邵议员羲）：提议讨论终局。

宪政编查馆特派员（顾鳌）：本员特再说明。所争免缴之保押费不过五十元或一百元，岂能以此限制报馆，盖保押费之规定系取保证之义，本员前已申明是为征收讼费或罚金便于执行起见，诸君讨论如以为本律不应设保押费，则不必专从白话等报研究，即文话报亦应援照办理，否则不能有免缴之规定。总之保押费应征与否实为一先决问题，不能以主张对于白话等报一律征费遂疑政府有限制报馆之苛例也。

百九十号（吴议员赐龄）：言论机关有文话、白话报之分别，文报论及全国、全球，言论范围大，过失必大，白话报注意只在各地方言论，范围小，过失亦小，交保押费与不交保押费之区别以此为标准是很正常的。

宪政编查馆特派员（顾鳌）：白话报只以地方为限，报律并无明文。

一一二号（陈议员树楷）：免交保押费是事实上研究，不是法律上研究。若法律上研究是使报馆都要交保押费，所有大家研究的意思以为白话报是开通下等社会的知识，下等社会财力很小，要他看大报很不容易，不交保押费这白话报就容易办，人民看报亦可省钱，这是为开通下等社会知识起见，所以对于白话报要请免交保押费。若执定法律上之研究，则事实上即多有办不下去了。

议长：易议员修正案又经雷议员增加一句，请问易议员赞成不赞成？

一五三号（易议员宗夔）：本议员不赞成雷议员的修正，请将本员修正案付表决。如少数，再将股员会修正案付表决。

四八号（陈议员懋鼎）：先将易议员的修正案付表决。

议长：连第四条一同表决，抑先表决修正的几句？

某议员：先表决易议员修正案。

议长：现在由秘书官朗读易议员修正案第四条第三项。

秘书官（曾彝进）：承命朗读。

议长：赞成者请起立。

众议员多数起立。

议长：第四条修正案有无异议？

众议员呼"无异议"。

议长：第五条有无异议？

众议员呼"无异议"。

议长：第六条有无异议？

众议员呼"无异议"。

议长：第七条有无异议？

众议员呼"无异议"。

议长：第八条有无异议？

众议员呼"无异议"。

议长：第九条有无异议？

众议员呼"无异议"。

议长：第十条有无异议？

众议员呼"无异议"。

议长：第十一条有易议员宗夔修正案，由秘书官朗读。

秘书官（曾彝进）：承命朗读易议员宗夔第十一条修正案。

一五三号（易议员宗夔）：本议员请说明理由。

议长：请易议员说明理由。

一五三号（易议员宗夔）：此条修正案并不是本议员所修正的，是报律上原文。本议员主张用此原文，因为股员会的修正案还是没有范围。立宪国的国民名誉是最要紧的自不待言，损害他人名誉，因而提起诉讼，就如学堂学生他自己不读书专到外边去逛，这不过个人的私事，然而此学堂中诸学生因被一人所渐染，遂不免坏了学风。又譬如官吏不到衙门，他以为是个人的私事，与他人毫无关系，然实与公事有碍，与学生荒废学业因私害公同一理由，所以不上衙门就与公事实有妨害，要说这是私事，不致损害公事，也是说不过去的道理，因为这件事虽属私事，其实与公事大有关系，所以"公"、"私"两字最难分晰清楚。现在新刑律尚未颁布，不能独把报馆苛刻限制，所以本议员意思照原案是很妥当。要照股员会修正案，范围未免太宽了，就是损害他人名誉，尚须要受贿赂之实，然后可提起诉讼，所以法律上必定一个确实的标准。至于不得挟嫌、损害他人名誉，条文上也说得很明白，本员意思要照原律所说一面可以提倡言论之自由，一面可以尊重最宝贵之名誉，这是很确当的条文。

一八二号（万议员慎）：此案"损人名誉无论有无事实，报馆皆不得登载"固属非是，即易议员所修改本员亦不赞成。盖易议员修改系照旧律，然受人贿托挟嫌诬蔑亦无界限，报馆未受贿他人谓之受贿、报馆未挟嫌他人谓之挟嫌从何解决？据本员意见，审查会将"无论有无事实"一句删去较为妥当。惟"损人名誉"四字究无范围，凡说人不好皆系损人名誉，不知损人名誉有轻有重，宜于"损害他人名誉"之语下加"情节较重者报馆不得登载"，如此报馆方不至钳口结舌，无话可说。

一五三号（易议员宗夔）：报馆不得受人贿托损人名誉，在该报馆亦不得乱说，如果记事无实在之处而又以受人贿托致损他人名誉，这个报馆就是无价值的了。

一八二号（万议员慎）：易议员所说的话还是没有标准。

宪政编查馆特派员（顾鳌）：请问议长，本员可以登台发言否？

议长：可以登台发言。

宪政编查馆特派员（顾鳌）：修正报律条文原案第十一条已成聚讼之点，股员会提出修正案之后易议员又复提出,大概反对原案指为限制报馆未免太严,本员已经几次说明删去"不论有无事实"一语,政府已表同意。至于易议员主张何用原律一层,本员窃以为与修正之主旨不合。因我国正在厘订法律时代,法律用语万不能再蹈从前编纂条例之习,如果修正报律之时漫不注意,将来解释上必有种种疑义发生,不惟报馆有所不利,即适用法律之审判官亦甚困难,现在讨论本条,应从此处注意。议员中有谓厘定法律时可以不问事实如何,将来审判官如何适用、如何解释我们可以不管等语,是非国家注重厘订①法律之意,即如大清律例当其编纂时非不完备,然从前并无关于报馆之规定,现在既有开设报馆之事实发生,遂不能缘事实而生法律,可知法律、事实不可不有双方之研究。现在朝廷已颁布审判独立制度,所以立法时候对于条文如何解释、如何适用不能不更加注意。就原律十五条"挟嫌"二字而论,实没有标准,在诸君之意以为非挟嫌不能损人名誉,殊不知何者谓之嫌、何者谓之挟嫌,实无一定解释,是否挟嫌尤难证明,此原律损人名誉而必以挟嫌为条件之未允协也。至易议员复主张用颠倒是非之原文尤与政府修正本条之主旨不符,盖是非之界诠释甚难,此一是非,彼一是非,人各有所是,亦各有所非。论其大别,有道德上之是非,有法律上之是非,以立法之通例言之,则应以法律上之是非为是非,法律上之所许者则为是,其应禁者则以为非,而一切世俗之所谓是非不与焉。然细译"是非"二字范围究嫌其宽,因而"颠倒"与否尤难断定,设或告讦者率以"颠倒是非"为报馆之罪,而言论之自由将被剥夺而无余矣。况一经遇有颠倒是非之案,审判官果何所据以定其为真是、为真非乎。此原律颠倒是非之规定之未允协也。易议员谓"'是、非'二字本有一定,天下无两是、亦无两非"云云,未尝不具有一面之理由,然"颠倒是非"四字之广漠无垠,究足以为报馆言论之障害,此本条修正案之所以专以损害名誉为限也。

一一二号(陈议员树楷):请发言。

宪政编查馆特派员(顾鳌):照议事细则规定,既经议长允许,本员就可以随时发言,贵议员应待本员词毕不能中止演说。盖资政院为参与立法机关,凡法典政府有提案的责任,本员对于政府提交法案其应说明及应答辩者决不能放弃,

---

① "厘订",旧"厘订"、"厘定"并用,为保持原貌,不作改动。

在之躬责，若以为我们多说几句话就视为繁琐，则院章何以必规定特派员有随时发议之权。本员既为政府特派员，应说的话就不能不说，因法律案关系重大，本员视到会发议为职务上应完责任，既不敢存一要求名誉之心，亦不敢预为解免疑谤之地。

一一二号（陈议员树楷）：本议员并不是说特派员发言繁琐，不过本议员有意思要质问质问。

宪政编查馆特派员（顾鳌）：要待本员发言毕然后贵议员再发言，本员于质问疑义照章应行答辩之处自不能不答。这"颠倒是非"四字不是修正案的问题，但修正案最争执的在"损人名誉"一条，诸君以为没有界限，然本员在审查会已经反复说明。至采用证明事实主义于施行实有非常困难，其原案"公益与私事对举"一层在解释上确有一定之范围。易议员驳诘之点有二：一是学生不上课，一是官吏不上衙门，但"经报纸登载即认为损害他人名誉，限制未免过严苛"等语，然照原案解释起来，所称"损害名誉"之语云者并非易议员所谓"学生不上课、官吏不上衙门"之类，因勤学与否本是道德上的事，不是法律上的事，此等登载何能入于本律所谓损害名誉之范围。易议员又谓"关于损害名誉罪须由刑律规定"诚属定论，但现在新刑律尚未颁行，虽普通人有犯讦人阴私陷人之罪应用现行刑律，然罚例过重，若报馆一律适用，未免于报馆不利，本律特为规定者政府之意盖视报馆与普通人不同，所以不用现行刑律，正是维持报馆言论自由之旨。即如日本新闻纸关于对名誉罪之诉亦取开放主义，该新闻纸法系规定除阴私行【为】外其为公益者得免刑法之制裁。其在凡人犯有对于名誉之罪者则无所谓公、私之分，因个人的意思无所谓公，亦无所谓私，皆不能损害他人名誉，若借口公益损人名誉则一般国民之名誉权皆立于危险之地位，故刑法特为之保障也。惟报纸有犯则与普通人不同，其为公益而致损及私人名誉者则在可以愿恕之列，是以本律于法定限制外不得不予以言论之自由，而实免其刑罚，此第十一条之最宜注意者也。

一一二号（陈议员树楷）：特派员的意思本议员有质问的话，损害他人名誉这一项究竟是何意思？

宪政编查馆特派员（顾鳌）："颠倒是非"四字，政府提案时已认不必设此规定，望毋庸再行主张，加入反（与）〔于〕报馆不利。

一一二号（陈议员树楷）：南北口音不同，所以没有听清。本员的意思不过说报告他人名誉之语界限还是太宽，不论甚么人损害他人名誉经人告发或是不告发总要有一个办法方好。损人名誉没有甚么标准，若经人告发则为损害他人名誉，若不经人告发则不算损人名誉，报馆将侥幸出入，无所遵循。按第十条所谓"妨害治安败坏风俗"之语均有害于公益，不得登载，若有一个人败坏风俗、妨害治安，报馆把他登载，使他知而改之，这正是报馆保全善良风俗的意思。就如酒食征逐之类是很坏风俗的，报馆把他登上，使一般人都不肯酒食征逐、败坏风俗，也是保全风俗的意思，这一类的事算是报馆损害他人的名誉不是呢？至于所谓受人贿赂、颠倒是非二语宜分两层说，此项重在受人贿赂，颠倒是非若非受人贿赂，则颠倒是非或出无意，本律原有许人更正之条，不得谓报馆论人之是非者皆损人之名誉也。按照第十一条规定，凡指人之非者皆谓损人名誉，范围未免太宽，（拍手）如此，则报馆将不能说话。至于挟嫌污蔑是有界限。

宪政编查馆特派员（顾鳌）：在原案第十五条有"颠倒是非、损人名誉"等语，现在修正案已专以损害名誉为重，其限制之处实视原律为宽。至贵议员以为损人名誉之语范围太宽，不知第二十六条有公益免罚之规定也。

一四八号（陶议员峻）：股员会修正一条比易议员修正一条较妥当些。本员看起来所谓损人名誉者，损好人之名誉也。若其人本无名誉，则登载其事实者就不能说是损人名誉。报馆照实登载正是他的天职，若如易议员所主张者反恐不正当之人为不正当之事一经报馆登载，反巧借挟嫌等字样以陷害报馆，反于报馆叠生荆棘，所以本员赞成股员会修正案，不赞成易议员修正案。

议长：现在还有高议员凌霄的修正案。

一五三号（易议员宗夔）：请议长将本议员修正案先付表决，如起立【者】少数，再行取消，然后再表决高议员修正案。

六二号（刘议员泽熙）：本议员对于易议员主张用原律第十五条之修正案颇不赞成。盖原律第十五条所谓不得受人贿嘱颠倒是非、亦不得挟嫌诬蔑损人名誉者是必合两个条件而后成一个罪名也。试问颠倒是非果报馆正当之行为乎？如非正当，则颠倒是非即其罪也。依原律之意，必颠倒是非且兼受人贿嘱，而后成立其罪也。试问诬蔑名誉果报馆正当之行为乎？如非正当，则诬蔑名誉即其罪也。依原律之意，必诬蔑名誉且兼挟嫌而后成立其罪也。由此推之，颠倒是非而不受人贿嘱非其罪也,受人贿嘱而不颠倒是非亦非其罪也,挟嫌而不诬蔑名誉固非其罪也,诬蔑名誉而不挟嫌亦非其罪也。此等条文殊无法理,民政部宪政编查馆之修正案将此条删去,本员甚赞成。但其修正案将保护社会名誉一事移置第十一条而加"不论有无事实"一语,本议员甚不赞成。法典股员会将此语删去,以二十六条"公益"二字移置于此作为例的,较之原文已觉十分妥当,然以本议员意见,表面上虽较妥当,而按之实际究仍含"不论有无事实"之意在内。此中有两个推测点。其一,从专为公益起见而能证明其事实一语推测而知之也。盖"损害他人名誉"一语虽包括公、私在内,然下文抽出"公益"二字,则上文之损害一句专适用于私事不待言矣,且下文紧接能证明事实,则此一语专属于公益不待言矣,是必为公益起见而又能证明事实,合两个条件而后能脱离损害名誉之罪之范围也。析言之专为公益起见不能登载者,即所谓私事虽有事实,而亦不能登载也,从此推测而知此条含"有无事实"之意者一。其次,则从损害他人名誉一语推测而知之也。欲解决此问题,当先审"名誉"二字究竟作何解释,属于主观的抑属于客观的。本议员以为名者实之宾,必他人名之而后有此名誉也,故名誉当属客观的,而道德则属主观的。假如有某甲做一件不法之事,是否自己损害名誉也,然此非自己损害名誉,乃自己损害道德也。何也?因某甲之不法行为苟无人知之,而其名誉自若也,一旦报馆登之,则街谈巷语传为笑柄,而名誉顿毁矣。是名誉之损害、不损害不在事实之有不有,而在报馆之登载不登载也。从推测而知,是条含"不论有无事实"之意者二。且其适用时亦有两个缺点。其一,则审判官适用之困难也。盖以二十四条推之,明明损害他人名誉即成立其罪矣,假令报馆登载不法行为,而某甲以损害名誉提起诉讼,报馆以确有事实且为公益抗辩,试问此付审判官果如何判断乎?将是报馆欤,则明明损害他人名誉即干犯二十四条罪名,以报馆为是即是违背法律。将是某甲欤,则明明有此事实,以某甲为是,恐长社会之浇风。且"公益"二字无一定标准,"损害"二字亦无一定范围,在某甲执"损害"二字以为言,在报馆则执"公益"以相抗,互相辨难,迄无一定时,其缺点一。其次,则社会上受此法律保护之效力甚弱也。此条在立法者之苦心原为保护名誉权而设,不知凡事必有两方,一方保护社会名誉权,一方即须制裁社会之名誉,假令此条改为"诬蔑他人名誉之语报纸不得登载",人必凛然警觉,以为苟有不法事实则非诬蔑,报馆可以登载,而不敢于为非矣。若损害他人名誉之语报纸不得登载，人必以为虽有不法事实亦可谓之损害，报馆终不得登载，而遂肆行无忌矣。是欲保护社会名誉权，不啻阴使社会为不名誉事也。所谓效力与目的相违反者也，其缺点二。本议员以为此条非修正不可，现拟改为"诬蔑他人名誉之语报纸不得登载"，如此则有事实无论公、私均可登载，无事实无论公、私均不得登载，一方保护报馆，一方保护社会，且审判适用时之解释较易，且确立法乃得其平。

一五三号（易议员宗夔）：还是请议长把本议员修正案先付表决。

宪政编查馆特派员（顾鳌）：尚欲发言。

众议员：现在将付表决，无须发言。

一一七号（雷议员奋）：请议长通知各议员这个讨论还是先讨论易议员所修正的，应当先将易议员修正案表决，若赞成者少数，然后再行取消。我们再讨论股员会的修正案，这两个讨论似乎不能并在一处说的。

宪政编查馆特派员（顾鳌）屡欲发言，众议员纷纷阻止，声浪大作。

议长：请特派员简单发言。

宪政编查馆特派员（顾鳌）：本员既经议长许可就可以发言。原律第十五条本来是两项，至于"颠倒是非"之规定，并不在修正案应行讨论之内。

议长：现在表决易议员修正案，由秘书官朗读。

秘书官（曾彝进）：承命朗读易议员宗夔修正案。

众议员赞成者少数。

议长：赞成者少数，还有高议员凌霄修正案，由秘书官朗读。

秘书官（曾彝进）：承命朗读高议员修正案。

一四八号（陶议员峻）：请发言。

一七八号（高议员凌霄）：请说明修正案之理由。

议长：请高议员先行发言，说明修正之理由。

一七八号（高议员凌霄）：报馆登载事实正是报馆的天职，事实是由个人行为发生，报馆对于他人事实不能皆贡谀辞，一有臧否即是损害他人名誉，单就损害名誉一方面言固是报馆违法，然所登载事实却系他人损害公益事件，报馆职在维持公益，不得为罪。惟原律所规定"受人贿嘱、挟嫌诬蔑"这八个字真是报馆违背法律的地方，本员修正加入"因贿嘱、挟嫌"两项就是此意。

宪政编查馆特派员（顾鳌）：各位议员对于损害他人名誉之语都有讨论，然而这并非原律条文，本修正案则以涉及私事之登载即为损害名誉之范围。

一三四号（余议员镜清）：二十六条第四项所说的尚未明晰，似宜再行斟酌。

一七七号（李议员文熙）：本议员对于此条"损害他人名誉"一语总要划清范围，政府特派员谓"本条损害名誉立法之意系专指亲告罪而言"，本员甚赞成，至于第二项加入前次毁损名誉系专指法定亲告罪而言。二语如此，则除亲告罪外报馆均可登载，其范围为最狭。

宪政编查馆特派员（顾鳌）：政府交议议案本日大臣未到会，本员按照议事细则是否可以随时提出修正案？

议长：各议员既无异议，可以提出修正案？

宪政编查馆特派员（顾鳌）：本员提出修正案是第十一条损害他人名誉之语报馆不得登载，本条设第二项是前项规定除评发阴私外其专为公益起见并无恶意者不在不得登载之限。

七三号（汪议员荣宝）：不能说不在此限，应作为不在前规定之列。

一六七号（王议员用霖）：因第二十四条请发议。

议长：请缓发言，现在还没有议到第二十四条。

一九十号（吴议员赐龄）：本员对于特派员的修正所谓开发报馆主义有疑问。原案还是用旧律，旧律是公法上特别之规定，这个摘发阴私是并以阴私限制报馆，似乎不合。

宪政编查馆特派员（顾鳌）：本员对于所提修正案尚须声明。方才大家辩论许久，所以本员照章提出修正案，合诸政府提交原案之意，确是以维持报馆正当言论为主旨，并不是怕报馆攻击政府然后有此规定。至评发阴私本是现行刑律上所不许的，本员已将现行刑律携来，可否朗读与诸君一听？

议长：现在表决政府特派员的修正案。

秘书官（曾彝进）：朗读政府特派员修正案。

六二号（刘议员泽熙）：请议长按次序表决，高议员修正案先提出，本员修正案次之，特派员修正案又次之，应先将高议员修正案付表决以后依次递及。

议长：可以先表决高议员修正案。

秘书官（曾彝进）：朗读高议员修正案第十一条。

议长：赞成高议员修正案起立。

无一人起立。

议长：无赞成者，刘议员修正案是否只改一"诬"字？

六二号（刘议员泽熙）："损毁"改"诬损"。

一零九号（籍议员忠寅）：政府提出修正案大家不赞成的多因为政府从前提出修正案原是"不论有无事实不得登载"，范围太宽，近乎钳制舆论。现在修正案删去"不论有无事实"一句似觉平允，但是关于摘发阴私一方面不得登载关于公益的，虽有这个条文，但对于报馆一方面要在事实上限制实在无法可设，并且报纸无从登载。刘议员修正案改一个"诬"字还是在事实上用意，果能如此，报馆倒没有界限了。若是许多关于社会公益事务非有凭据不得登载，然则报馆每日所登载者一点材料也没有了。

一七七号（李议员文熙）：本员意思照刘议员修正案还是将前次所言之第二项加上"何以故"，若不加上这一项，范围就太广了。

一三七号（邵议员羲）：二十四条第二项已经说明白，可以无庸加入。至于淆乱政体作何解释？

宪政编查馆特派员（顾鳌）：本员的意思以为国家政体本有一定，例如立宪政体之国而报纸登载主张专制政体之语即为淆乱君主立宪政体之国，而报纸登载主张非君主立宪政体之语即为淆乱。至贵议员问中国现在是否确是立宪政体，本员的意见以为迭奉先朝明诏宣布预备立宪，并经宣示确定为君主立宪政体等因，就朝廷已颁诏令而言，我国现在自然是君主立宪政体。

议长：现在表决刘议员修正案。

秘书官（曾彝进）：朗读刘议员修正案。

议长：赞成者起立。

众议员起立少数。

议长：赞成者少数，现在表决政府特派员修正案。

秘书官（曾彝进）：朗读特派员修正案第十一条"损害他人名誉之语报纸不得登载"前项规定"除摘发阴私外其专为公益起见者不在不得登载之限"。

一四八号（陶议员峻）："摘发阴私"这个话没有界限的。

宪政编查馆特派员（顾鳌）：本员修正案还是注重专为公益起见一层，当时起草时候也曾反复讨论，但所谓"阴私"云者，纯就不关公益之事而言。

各议员请议长付表决。

一五三号（易议员宗夔）：今天时间已经过了五点钟，请议长宣告散会。

一一七号（雷议员奋）：政府特派员所修正的本员有个意见。这"摘发阴私"四个字可以不要，摘发阴私决计不能说到公益，既为的是公益，就不是摘发阴私。

宪政编查馆特派员（顾鳌）：本员修正此条的原因为新刑律颁布尚需时日，所以不能不有此规定。

七三号（汪议员荣宝）：请把法典股提出的修正案先付表决。

一一七号（雷议员奋）：股员会修正的比政府特派员所修正的限制范围较严，所以本员赞成政府特派员所修正的，但须将"摘发阴私"四字删去。

一四八号（陶议员峻）：可以删去"摘发阴私"这四个字再付表决。

一零九号（籍议员忠寅）：本议员对于雷议员的话很不赞成。因为有"摘发阴私"四个字才有点界限，现在刑律上解释的很详细，亲告罪本在私事之内，若是去了这四个字，专留"为公益起见"，就没有界限了。将来无论何事于公论有无关系没有一定的标准，如报馆登载之事在报馆说为公益，而本人说非为公益，势必另起纷争。（声浪大作）

九九号（陈议员瀛州）：请先将股员会所修正的付表决。

议长：先表决何项修正案？

众议员请先表决政府特派员之修正案。

一七七号（李议员文熙）：尚在讨论的时候可以随时辩驳，本议员以为政府所定的报律范围太宽，我们迭次讨论无非要使狭小范围。原案"无论有无事实"一语已得政府之同意取消，其范围已较原案为小，然范围最小莫如加上"亲告罪"一语。问诸君所以主张的是狭义还是广义，若是广义，何以费此讨论，仍用原案岂不甚善；若是狭义，胡为又不主张最狭者而主张删去"摘发阴私"四字，此本员所以不解者。

众议员请议长先表决政府特派员之修正案。

议长：先表决政府特派员提出之修正案第十一条。

秘书官（曾彝进）：朗读政府特派员修正案第十一条。

议长：赞成者请起立。

众议员起立。

秘书官计算人数，报告起立者八十六人。

议长：是多数。

议长：本日已过五点钟，逐条讨论拟至此中止。

一一二号（陈议员树楷）：请议长将议事日表第五、第六先付特任股员审查。

议长：应否不会议先付审查，此事须咨询本院方可。

议长：本日议事日表第五、第六两项议案是陈请事件，本应会议，现拟不会议，先付审查，各议员赞成否？

众议员呼"赞成"。

议长：现在议事日表第五、第六两议案归并审查，拟指定特任股员十八位，各议员赞成否？

众议员呼"赞成"。

议长：现在指定特任股员十八人，由秘书长报告。

秘书长：承命报告审查关于速定官制提前设立审计院特任股员名单。

瀛将军、那亲王、陈懋鼎、赵炳麟、胡礽泰、汪荣宝、长福、章宗元、宋振声、齐树楷、籍忠寅、孟昭常、雷奋、文龢、邵羲、江谦、易宗夔、李文熙。

议长宣告展会，议长离席。

各议员退出议场。

下午五点三十分钟散会。

资政院第一次常年会第十九号议场速记录

宣统二年十月十七日下午二点钟开议

议事日表第十七号

第一，提议陈请申明资政院立法范围议案。（股员长报告，会议）

第二，运输规则议案。（股员长报告，续初读）

第三，提议陈请照约速定裁厘加税议案。（会议）

第四，议设审查陈请照约速定裁厘加税议案。（特任股员）

议长：今天到会议员共一百二十二人，现在云南盐斤加价案奏折由秘书长朗读。

秘书长：承命朗读核议云南盐斤加价案奏稿。

议长：奏稿已经读过，赞成者请起立。

议员多数起立赞成。

议长：现在由秘书官报告文件。

秘书官（张祖廉）：承命报告文件。

一零七号（李议员㮮）：本议员有几句简单建议的话。前次开会有议员建议谓开会太迟，今天开会又已两点钟，秘书官报告文件又需半点钟，请议长以后开会照议事细则至迟不得过半点钟，如每次到两点余钟开会，中间又休息二三十分钟，到五点钟即要散会，议事时候还有多少，请议长宣布要各议员注意。又照议事细则第十五条，议员离坐不满三分之二以上即宣告展会，是否可以随便离座，请议长注意。又照第六十条说议事细则如有疑义，由议长决定之，议员可否随便离坐以紊乱议场秩序，请议长决定宣布之。

议长：李议员所说想各位议员都听明白了，此是诸位议员所应当各自注意的。

百四十九号（罗议员杰）：本员倡议遵照本院细则第十七条，请议长咨询本院将本员提出修改筹备清单赶办最要，次要事宜议案省略会议，交付审查。

议长：今天要会议否？如不会议，就交付审查。

一四九号（罗议员杰）：此事请议长决定，不过照议事细则二十六条提议，议员应当说明主旨。

议长：这个可以先由本议长咨询本院，不会议就付审查。

议长：罗议员杰修改筹备清单的议案已经报告过了，据罗议员意见以为事关紧要，不必会议，先付审查。众议员赞成者请起立。

议员多数起立赞成。

议长：多数。

一五三号（易议员宗夔）：李议员倡议的事情现在尚未有结局，照十二条规定离坐不过是吃茶、入厕等事，至于出院是万不能行的，因为百三十三条规定散会之际非议长离坐之后议员不得离坐，所以出院是不行的。现在每到四、五点钟就有自由离坐，于议场规则大有妨害，请议长注意。

一零九号（籍议员忠寅）：昨天有议员提起顺直谘议局陈请的事，此（事）〔是〕很要紧的事，请议长早列议事日表以便会议。此事之结果这几日就要发生，至其结果如何，此时尚不可知，现在趁此结果没有发生，先行会议才好。

议长：不止这一件，还有几件都是要紧的，现在打算与各议员商量。

一一四号（胡议员家祺）：籍议员所说顺直谘议局陈请维持开平煤矿一案本不是外交困难问题，现在北洋大臣与英国外务部交涉尚不十分棘手，而内部忽自生枝节，倘结果不良，关系中国主权实非浅鲜，应在未降谕旨以前早为开议。议长宣告尚有一件应同付审查，似疑开平矿务为外交困难问题，本员之意可否援照罗议员提案成例，请议长咨询本院付特任股员审查，俟审查报告后再为会议，则手续迅速，内容亦更清楚。

议长：方才胡议员提出的一案虽说不关于外交，然须咨请外务部到会，还有中葡划界一案，打算归并在一起，付一个特任股员会审查。

一一四号（胡议员家祺）：两件同付一股员会审查，本员赞成。

一一四号（胡议员家祺）：此案既付审查，但直隶人民陈请案等尚有一陈请书亦是开平煤矿案，应请议长同付审查。

议长：现在要指定特任股员，拟指定十八员，赞成者请起立。

议员起立赞成。

议长：现已将特任股员指定，由秘书长报告。

秘书长承命报告审查陈请中葡划界案及陈请收回开平煤矿案特任股员，姓名如左：

庄亲王、润贝勒、盈将军、陈懋鼎、林炳章、刘泽熙、王璟芳、长福、陆宗舆、胡家祺、章宗元、李榘、许鼎霖、江谦、文龢、余镜清、罗杰、李文熙。

议长：现在开议。

一四一号（杨议员廷纶）：福建谘议局昨日来电云：预算案现始交出来，时候短促，无从审查，就是再延会亦万不能赶得到，惟有闭会后复开临时会而已。嘱本议员等请议长电达福建松制台援奉天先例照章开临时会，趁此未闭会，议员未散，无须召集，且昨日福建谘议局亦当有电到院，未知秘书厅有收到否，倘有收到，并请议长从速电复。

议长：这个可以照例办理。

四八号（陈议员懋鼎）：前回奉天谘议局就是这样办法，这回福建也可以照这样办。

九十九号（陈议员瀛州）：本月初九日奉天谘议局为速开国会事来电一件，本院已否接到？又本员于本月初六日有质问外务部说帖一件，至今尚未答复，其说帖之内容对于东三省外交事情极有关系，不便在议场发表，请议长咨询本院可否酌定日期特开秘密会议，咨请军机大臣、外务部行政大臣亲莅本会，以口说答复。现在东三省时局有朝不及夕之势，若不赶紧设法力图挽救，则东三省前途将有不堪设想者。且本员等此次赴京受本省父老委托，为万民请命而来，若对于东三省事情毫无补救，将何以对我父老子弟，请议长及众位议员注意。

议长：方才罗议员杰倡议修改清单一案付特任股员审查，现在咨询本院拟不另设特任股员，就付交前次所设审查速定官制并提前设立审计院议案的特任股员一并审查，不知众议员赞成否？

众议员起立赞成。

议长：现在开议。按照议事日表第一，提议陈请申明资政院立法范围议案会议请特任股员长报告审查结果。

五号（议员润贝勒）：提议陈请申明资政院立法范围议案由特任股员审查议决，按照议事细则五十三条请雷议员奋代为说明。

一一七号（雷议员奋）：审查陈请申明资政院立法范围议案特任股员今天应当说明报告书的宗旨，在说明宗旨以前先要声明几句话。第一层，现在本议员要说明报告书的宗旨就是特任股员开会那一天大家多数表决的意思，不是本议员一个人的意思。第二层，所谓审查议案，必对于这个议案的条件及办法从事审查，审查的责任不在就题目做文，而在审查该议案之条件成立与否，所以本股【员】审查陈请申明资政院立法范围只能就各省谘议局陈请原案审查其能否成立议案为止，至于陈请书以外的意思都不在应行审查之列。此项报告书前天已经（分）〔颁〕布，可以不必再详细说明，现在所说的就是这报告书的宗旨。各省谘议局陈请书看起来大概谓资政院的权限一个是赞定，一个是承诺。国家新订法律一定先交资政院议决然后颁行，这是赞定；凡在资政院未成立以前所有国家已经颁行的法律都要由资政院承诺，这是事后的承诺，陈请书的意思是如此。照各国立法例解释起来，所谓赞定权是不用说的了，至于承诺权之说却不是如此。所谓承诺者，乃指议会闭会以后国家遇有应以法律施行之事件，因为事实上不及等到开会，先以命令施行，至下次开会时再交议会承诺。今陈请书的意思差不多要拿宣统二年以前的法律一概交资政院承诺，照审查会讨论出来似与资政院章程有抵触的地方，盖院章所规定资政院有提议修改法典之权，所以资政院对于以前的法律以为有不妥的地方照院章可以提出修正案，资政院既可提出修正案，事实上与承诺有一样的结果，所以特任股员会以为这一层不必申明。第二层是申明资政院立法范围到底以何者为范围，照陈请书原意，应当以宪政编查馆编订法律的范围为资政院立法的范围，但是审查会以为现在各种法律有起草之权者不止宪政编查馆，就是宪政编查馆以外还有别衙门也可以起草的，譬如报律是民政部起草的，运输规则是农工商部起草的，现在国家对于编订法律的办法没有一定，所以资政院第一层不能以宪政馆之范围为范围。第二层我们要申明资政院立法范围到底用甚么法子，审查会的意见要申明资政院立法范围不必就资政院以外着想，应当就资政院自己的立法范围着想。资政院以外是否还有宪政编查馆、所谓宪政编查馆者是否与外国法制局一样都可以不问，只问资政院既为国家立法机关，应当有何等之立法范围。现在资政院是第一次开会，应将此种问题先行解决，特派员意见与各省谘议局不同的地方就在于此，所以特任股员审查陈请书两个条件都不成立，都不能作为议案。至于资政院立法范围，自有应当申明之处，所以特任股员报告书的末尾说明要请议长指定起草员，就这个议题想出条件出来，成一个完全的议案，是特任股员对于本院提出来的意见，仍请公决。

一五三号（易议员宗夔）：这个申明资政院立法范围议案本议员对于特任股员报告书赞成者半，不赞成者半。赞成者是一切承诺权，我们可以修改以前【所】颁法律，不赞成者就是不与宪政编查馆划清权限。光绪三十三年宪政编查馆之成立专司编纂关于宪政之法典，纯是立法机关，当我们资政院成立以后屡次有侵夺资政院权限的地方，所以我们要申明资政院立法范围，非与该馆划清权限不可。因为该馆当资政院未成立以前是由军机领衔，握行政上最高之权的，一方面编制法典，一方面发布行政处分。我们资政院成立以后该馆对于本院许多侵权的地方，如八月二十四日该馆通电各省督抚，就是资政院现在成立，贵省如有与资政院关系事件可以派（特派员）〔特任股员〕到京向主管衙门陈述意见，并准到院旁听，殊不知各省派员旁听与否由我们资政院允许的，与该馆何干，而该馆乃电告各省将我们资政院当作该馆下级的机关，殊不可解。又各省督抚与谘议局异议事件照章必由我们资政院核议，而该馆公然电达浙江巡抚，令其解散谘议局，并有"知照资政院"字样。又据答复邵议员说帖说是本馆解释章程，诸位想他这个解释的权限如此之大是从何来。又于九月初七又电达各省督抚、各省谘议局，说现在资政院已成立，如不想出一个办法以后异议的事情太多，资政院很难核办了，但是各省督抚与谘议局争执异议系我们资政院的事情，难办与否与该馆又有何涉。如此看来，可见侵夺我们的权限确系无疑。本院如果要申明立法范围，非与宪政编查馆划清权限不可。又陶议员质问宪政编查馆的说帖内查出来光绪三十三年七月十五日上谕，资政院未设以前暂由军机处王大臣督饬原派该馆提调详细调查编订，以期次第施行等语。上谕在资政院未设以前之下用一个"暂"字，可见资政院成立以后该馆之组织自当变更毫无疑义。据雷议员说是划清权限没有甚么根据，但是据本员的意见已想出一个根据的办法，就是根据于院章可以作一个正当之办法。据院章第三章第十五条前条所列，第一至第四议案应由军机处大臣或各部行政先期拟定具奏请旨，于开会时交议云云，这个地方就没有

"宪政编查馆"的字样。第四章资政院与行政衙门之关系有军机大臣、有各部行政大臣、有会议政务处，并没有宪政编查馆。昨天有一位呶呶不已的特派员，（拍手）本议员以为该员是民政部的，据该员说本员是宪政编查馆的，一闻此言，可惊可怪！要说是军机大臣派来的，就是军机大臣特派员，各部行政大臣派的就是各部行政大臣的特派员，试问该员到底是军机大臣派来的，抑是政务处派来的，或是各部派来的，总之宪政编查馆是够不上有特派员到资政院的资格。但本议员的意思可以由前天的股员长指定额外股员，与军机大臣协商将宪政编查馆改隶会议政务处之王大臣。查该馆有所谓总办，有所谓提调，有所谓总稽核，有所谓帮稽核，有所谓文案，种种名目难以枚举，现在应由会议政务处请旨将该馆所有司员奏定请旨简任为书记官长，或奏任为参事书记等官名目。又政务处应有法制局，即以宪政编查馆原有之员选任政务处，应设印刷局，应即以馆内官报局充之，政务处应设统计局，应即以馆内统计局充之，该馆的范围就可以缩小了，并可以为将来内阁之基础，以后对于本院就没有侵夺权限的事体了。

一三十号（邵议员羲）：股员会报告申明资政院立法范围其"承诺"二字未免看得太轻，资政院本来有修正法典之权，自己可以草具议案，似乎无庸承诺。而对于命令一方面就没有想到，资政院未成立以前，宪政编查馆有解释法典之命令及发可以代法律之命令，各省督抚对于宪政编查馆之命令奉之惟谨，良以宪政编查馆有解释法典之权。谘议局局章不过三十余条，经他解释一次，缩小范围一次，其解释章程往往有宽有狭，有这省这样，那省那样，以致彼此互相冲突。本员可以举出一例来，前某省督抚询问谘议局议员父子兄弟应否回避，局章无此规定，宪政编查馆答复局章虽无规定，而地方自治章程中有此规定，可以比照办理。谘议局与地方自治会性质全然不用，何以能将地方自治章程中条文适用于谘议局章程中，其解释之无理任意答复，岂非因解释法律而另外又生出一种法律来了。照各国的通例，代法律之命令都应国会承诺，如不承诺则失其效力，故本员认【为】承诺法律之命令之权亦属紧要，应请注意。

一一七号（雷议员奋）：方才本议员报告是特任股员会报告书的宗旨，因为报告书已分送，所以但说大意。现在邵议员对于特任股员发表的意见似乎与报告书有重复的地方，邵议员是特任股员之一，因为开股员会时邵议员没有到，所以今天有此议论。其实当时股员会讨论陈请书的条件说到承诺本来不止紧急命令一种，如预算外支出之承诺，追加预算之承诺，还有种种承诺权皆是因为各省谘议局陈请书所说的承诺，是要将以前之法律命令都要经过资政院承诺，所以报告书但指法律而言。至于资政院立法范围之应当申明者报告书因已明言之，所谓解释院章、引伸意例，所谓分法律、命令之界说，皆是特任股员会以为当申明的。至于易议员所说的资政院、宪政编查馆划分权限是一件事，而申明资政院立法范围又是一件事，照院章与资政院有关系者但有军机大臣与各部行政大臣，本没有"宪政馆"字样，所以宪政馆与我们资政院没有关系，【与】申明资政院的立法范围更没有关系。而且院章二十一条军机大臣或各部行政大臣如有侵夺资政院权限或违背法律等事，得由总裁、副总裁据实奏陈，请旨裁夺。现在资政院果认宪政馆有违背法律的地方，有侵夺权限的地方，我们就可以照二十一条办理，何必与申明资政院立法范围的议案并为一谈。特任股员审查的结果不过在各省谘议局陈请书能否成立议案，而至于资政院以外之机关有侵夺资政院之权限者则资政院全体议员之责也。

宪政编查馆特派员（顾鳌）：议长，本员请登台发言。

议长：可以发言。

众议员：现在既非讨论，又非质问，该员无须发言。

宪政编查馆特派员（顾鳌）：本员既得议长允许，即有发言之权。（语未终，声浪大作）

议长：现在拟宣告讨论终局，请特派员不必发言。

议长：现在讨论终局。

一二六号（陶议员镕）：请议长再付特任股员审查。

一二六号（陶议员镕）：议长，我们既申明宪政编查馆不应派员，且非质问特派员时，宪政编查馆员此时无发言之权。

百四九号（罗议员杰）：方才诸位议员所言法律与命令不分，由于宪法未定，无（发）〔法〕代法律之命令、之规定，所以纠葛甚多。另一个问题非议题以内之事，行政官厅侵立法权非本院所独能解决，本院一面申明立法范围，一面请皇上早实行新官制，新官制既行，宪政馆自当归并内阁，为法制、官报、统计局不成问题。至宪政编查馆特派员之名称，本与本院章程不合，现在虽军谘处不能与本院生出关系，惟海军处系兼海军行政大臣性质，所以列席，但宪政馆特派员实为军机大臣所特派，以后请议长将坐位单改称为军机大臣特派员，在特派员发言权可以自若，而本院体制亦无损碍。

一三七号（邵议员羲）：不能改为"军机大臣特派员"。

一七七号（李议员文熙）：申明是申明本院的立法范围，至于编查馆权限问题，可以另外提一个议案。

议长：照分股办事细则第二十六条，专任及特任股员得于该股员中选定额外股员使草具修正案，现在要是照这个办法就可于原股员内再选数位办理此事。

一一七号（雷议员奋）：本员为特任股员之一，陈请书既是不成立就无所谓修正，至于宪政馆问题并不必在申明资政院立法范围议案之中，各议员何以定要并为一谈，如果分作两事未尝不好。

四十九号（赵议员椿年）：本员亦系特任股员中之一人，应将当日审查陈请书中条件所以不能成立之理由再为说明。陈请书中第一层所言皆须根据宪法，中国宪法尚未定，不能以外国宪法所定为中国立法之范围，即以外国宪法法理审查其条件亦是不能成立。何以言之？陈请书中言法律之广义包含法律、命令二种，按外国宪法皆取狭义，议院所能议决者只有法律，所以广义之说不能成立。书中又言我国自立宪以来法律、命令皆具有事后承诺之权，按事后承诺，德国、日本亦皆规定于宪法，惟所规定者只有紧急命令、增加预算数事，在议会闭会之后者始令其事后承诺，并无未开议院以前之法令皆须议会承诺之说。中国此种尚未有规定，此说自然亦不能成立，此第一层条件所以不能成立之理由。至第二层所言宪政馆与资政院之范围已有光绪三十三年奏准一司、编纂一司赞定之条，自可无庸申明。就法律一面言，资政院范围本较宪政馆为大，盖宪政馆只能编订法律，必须经本院赞成方能成为法律，若是本院不赞成，宪政馆所编（纂）〔纂〕者亦属无效。然亦只法律如此，至于其他之范围宪政馆却较资政院为宽，盖资政院之赞定只有立法事件，宪政馆之编纂兼有行政事件，即如最近编纂之行政纲目即非资政院所能赞定。此现在资政院与宪政馆范围之不同，就是将来宪政馆改为内阁法制局，资政院改为国会，而法制局之制度凡官制、外交之事交阁议者均可以编纂，亦非国会所能赞定，其范围亦自不同。所以陈请书中资政院赞定之范围以宪政编查馆所编纂之范围为范围之说不能成立，此是当时审查之结果。至于诸议员所谓划清宪政馆之权限与请议长指定解释院章之起草员别是一事，与此案无涉。

一一七号（雷议员奋）：对于赵议员方才声明特任股员的报告书本议员稍有异同。宪政馆历来之举动本议员确有不能满意之处，不过报告审查申明资政院立法范围议案的结果之时不必牵涉，方才赵议员关于宪政馆的许多话不在特任股员应当声明之列，现在就请议长把这个报告书咨询本院是否赞成，如果不赞成，则可以另指股员再行审查；如果赞成，则请议长指定起草员起草。

一八十号（刘议员纬）：据审查报告，如解释院章、引申义例及划分法律、命令界说之类是资政院最重要事件，请议长即行指定起草员。至宪政编查馆侵越权限另是一种问题，宪政编查馆原为编查宪政而设，实与立宪国法制局之意同。今宪政馆之权立法而兼行政，是一种不伦不类之机关也，既设此不伦不类之机关，于是有此不伦不类之人出而侵越资政院之权限及各省谘议局之权限。昨日特派员假宪政馆权势屡与本院议员辩论不休，殊不知宪政馆对于本院并无发言之权，似此干涉本院权限另当另提议案以保全资政院立法之范围。

一二六号（陶议员镕）：现在可以不必讨论，请付表决。

众皆请议长速付表决。

议长：现将特任股员审查报告书先付表决，赞成者请起立。

各议员赞成起立。

议长：多数。现在开议议事日表第二运输规则议案，续初读。

一零九号（籍议员忠寅）：本员声明方才大家议论对于特任股员审查报告书虽系赞成多数，然亦有不赞成的，可是陈请申明资政院立法范围这个议案大家没有不赞成的。（拍手，拍手）特任股员报告书已经表决赞成了，对于资政院立法范围这个议案既没有不赞成就不算取消，照本员的意思，特任股员即请议长指定起草员，至于起草的内容，由起草的二、三个人斟酌定出稿来，到报告时候大家再行讨论，本员意思如此。

一一七号（雷议员奋）：特任股员报告书大家既已赞成，就请议长另行指定起草员。报告书上本来有请议长重行指定起草员之语，既经多数起立赞成，则议长指定起草员亦在多数赞成之列。（拍手，拍手）

一三二号（文议员龢）：读院章第十五条一遍。

一九六号（牟议员琳）：按议事细则第七十二条，本院决定不可作废之议案可特令股员参酌具案，应照特任股员提出报告书，按七十二条之规定可指定起草员。

一五七号（尹议员祚章）：股员会报告书认定此案为切要之举，特因原陈请书不能成立，故有请议长指定起草员另具议案之规定，兹报告书既经多数赞成，即应按报告书之规定请议长咨询本院。

一五三号（易议员宗夔）：对于请议长指定起草员很不赞成的，因为院章上没有规定。

一三七号（邵议员羲）：方才多数表决，不能再倡异议。（拍手）

一五三号（易议员宗夔）：表决审查结果可以申明不可以申明，先将本员的疑问先付表决。

一三七号（邵议员羲）：一个议案不能经两次表决。

百四十九号（罗议员杰）：申明资政院立法议题请议长速派特任股员另编申明资政院立法范围议案审查。

一五三号（易议员宗夔）：议员各人均可以起草提议。

一零九号（籍议员忠寅）：本员也是这个意思。不过这件事在事实上想议员自己起草，不如在议场上由议长指定几个人起草为好，这几个人的意见就是代表全体的意见，一则郑重，二则全场公认。至于宪政编查馆另是一个问题，申明资政院立法范围这个议案是为今年会期之中一重大的问题，必须从速解决，若稍事迁延，恐怕今年不能办了。即请议长指定二人起草，因为二人起草略好一点，待提出之后全体再行讨论。

一五三号（易议员宗夔）：本员按照章程应当由议员自己起草，若由议长指定，本员很不赞成。

一三七号（邵议员羲）：现在已多数表决，请议长指定起草员，既经公同表决，没有什么妨碍。

一二九号（汪议员龙光）：本员亦是此案审查之一，当初我十八人审查这个申明资政院立法范围的议案本可以一面审查，一面即将立法范围一一申明出来，因多数审查员以为此事非常郑重，陈请书只有题目，并无文章，我辈不能代作议案，而此议题又万万不可废弃，只应就审查界线如题报告而止。俟全院众认此题另行举人起草，其实此题又何人不承认不过分，两节做来手续较分明耳，于事实上究多一番延宕，刻本院既公认此议题为不可废，自应以全体议员名义草具议案，由议长指定起草员，固可仍交前十八人会同起草亦无不可。

议长：报告书已经表决，自当另行起草。本议长之意拟仍付审查原特任股员起草，不知诸位议员赞成否？（拍手，拍手）

众议员呼"赞成"。

一一七号（雷议员奋）：今天特任股员已将审查结果报告，则特任股员名义应当取消，现在股员十八人起草员仍指前次特任股员原无不可，但是要声明今天所指定者专为起草而设，与前次审查议案是两件事。至于易议员说由议长指定起草员是出乎章程之外，这却可以无虑，这件既经多数赞成，非本院以外之人所当问也。

七三号（汪议员荣宝）：方才易议员说由议长指定起草员起草是出于章程以外，试问第一次开院上谕奉答具禀案是否由议长指定起草员起草，第二次速开国会具禀案是否由议长指定起草员起草，这是本会期内先例，难道易议员忘了么？

一五三号（易议员宗夔）：汪议员所说两个皆是起奏稿的草，并不是起议案的草，试问东、西各国有由议长指定起草员起议案的草没有呢？（拍手）

一三七号（邵议员羲）：照议事细则七十六条云云，可由议长指定起草员起草。

一五三号（易议员宗夔）：那是修正案，请大家注意。

一零九号（籍议员忠寅）：不必为这件事争议。据院章、据议事细则，一个议员就可以提出议案，现在是全体认为这个议题，这个议题就是资政院全体提的议案，不过从这个中间指出几个人来起草，就是议长代表资政院全体的，这个议案由议长指定起草员也是可以行的。

一二六号（陶议员镕）：指定起草员系本院内部之事，于章程无妨碍，请议长指定就是了。

议长：这是报告书上已经有的，就算是特任股员会提出的议案亦无不可。

一一四号（胡议员家祺）：对于易议员发言有一释疑之语。据院章第十五条规定，资政院得自提议案，资政院系法人资格，议长及议员皆代表法人之意思者，然则议长指定议员草具议案自合院章，不虑局外人之诘责。

四八号（陈议员懋鼎）：方才报告书既经表决，就请议长咨询本院是否应由议长指定起草员起草。

议长：报告书所说既然可以指定起草员起草，拟即咨询本院，赞成者请起立。

议员多数起立赞成。

议长：多数。

议长：本议长仍指定原特任股员十八人为申请资政院立法范围案起草特任股员。

宪政编查馆特派员（顾鳌）：本员是由军机大臣特派，照院章第十九条规定"军机大臣及各部行政大臣得亲临会所或派员到会陈述所见"等语，本员虽在宪政编查馆，然本员是由军机处片行到院，现在是否可以随时发言，请议长明白宣示。

议长：若有关系各部院行政事件，该部院特派员自可随时发言，遇有议员质问亦可以随时答复。若本院止在表决或是会议，并不与行政相干的时候任意发言，则不免妨碍议事。（拍手，拍手）

宪政编查馆特派员（顾鳌）：若是认为有关系的事是否可以发言？

议长：那是自然可以发言的。

一四九号（罗议员杰）：特派员随时发言与院章不合，以后可将宪政编查馆更正改名为军机大臣特派员，在军机大臣特派员这边也可以发言，就是在资政院这边不算是违背院章。

一三七号（邵议员羲）：贵委员说虽是宪政编查馆却是军机大臣派来的，实为误解。军机大臣虽管理宪政编查馆，却宪政编查馆之权限不能与军机大臣之权限相同。因组织宪政编查馆之军机大臣其个人则同，而机关权限不同，个人是个人，机关是机关，军机大臣在军机处之权限不能适用于宪政编查馆，若宪政编查馆与军机处未有分别，则军机处何必有另外特派员，即此可知宪政编查馆不能用军机大臣之名义为代表，贵委员此言实为错误。

一二六号（陶议员镕）：我们还有事要议，不必再说这闲话。

议长：现在不必多事讨论，应议议事日表第二运输规则议案，由股员长报告。

五号（议员润贝勒）：运输规则议案已经审查完备，本议员按照办事细则第五十三条规定，委任康议员詠代为说明。

议长：请康议员詠报告审查的结果及其理由。

百四十号（康议员詠）：运输规则系商法中商行为之一种，本应在商法内规定，然现在商法尚未编定，查筹备立宪清单，宣统五年始颁布商律，七年始实行，近今轮船、铁路交通之地所有承办运输事宜渐为外人所侵占，中国从前因无法律保护，皆视运输为下等营业，所以政府提出此案，一方面取便商旅，一方面保护运送人，又一方面如遇提起诉讼之事，审判官厅始有准则。本股员会一再讨论，多数取决认为本院应议事件。至于条文有应修正者已另提修正案，俟诸君讨论后再行报告。

议长：农工商部特派员对于运输规则修正案有无异议？

农工商部特派员（胡子明）：对于这个修正案并没有什么异议，不过错落甚多，想是油印之误。

议长：本院对于这个修正案有无异议？

众议员无异议。

议长：宣告赞成此案应付再读，起立表决。

议员多数起立赞成。

议长：议事日表第三裁厘加税案会议。

四八号（陈议员懋鼎）：这个裁厘加税案似乎应交税法公债股审查，因为这件是关于税法的事，不必另设特任股员。

议长：陈议员倡议付税法公债股审查，诸位议员赞成否？赞成者请起立。

议员多数起立赞成。

议长：既经多数赞成，即付税法公债股审查。

议长：现在议事日表所载各议案均已议毕，今日因秘书官预备引见，所以打算早一点散会。

下午四点二十分钟散会。

资政院第一次常年会第二十号议场速记录

宣统二年十月二十一日下午二点二十五分钟开议

议事日表第十八号

第一，修正报律条文议案。（再读）

第二，统一国家章程议案。（议员提出，初读）

第三，修筑蒙古铁路建议案。（议员提出，会议）

第四，筹办蒙古教育建议案。（议员提出，会议）

第五，议设修筑蒙古铁路建议案及筹办蒙古教育建议案特任股员。

第六，提议陈请停止学堂奖励明定学位议案。（会议）

第七，改定教育法令建议案。（议员提出，会议）

第八，分途规定教育议案。（议员提出，会议）

第九，规定通俗教育议案。（议员提出，会议）

第十，提议陈请推行官话简字议案。（会议）

第十一，议设审查关于教育事件议案特任股员。

议长：今天议员到会者一百三十人，现在由秘书官报告文件。

秘书官张祖廉承命报告文件。

议长：现有尹议员祚章、蒋议员鸿斌质问外务部、度支部说帖一件，已经印刷分给，可以省略朗读。赞成此项说帖者请起立。

众议员起立赞成。

议长：多数。

议长：现有罗议员杰质问度支部说帖一件，已经刷印分给，可以省略朗读。赞成此项说帖者请起立。

众议员起立赞成。

议长：多数。

议长：现有李议员华炳质问度支部说帖一件，已经印刷分给，可以省略朗读。赞成此项说帖者请起立。

众议员起立赞成。

议长：多数。

秘书官张祖廉接续报告文件毕。

一五三号（易议员宗夔）：前天本院具奏所奉上谕请议长宣读。

议长出临议台，恭读本院奉到江西改征洋码上谕一道。

众议员起立，敬听毕仍就坐。

一一五号（许议员鼎霖）：前天的上谕是三道，现在议长只宣读一道，还有二道，请议长宣读。

议长：上谕三道，一道是江西改征洋码事，一道是云南盐斤加价事，一道是广西学堂限制外籍学生事，因为关于云南、广西案两道上谕系阁抄，不是对于本院的交旨，所以没有宣读。

一五三号（易议员宗夔）：方才议长报告三道上谕，有两道是阁抄，一道是交旨，本议员对于二道阁抄的上谕并没有不满意的地方，但是对于现在政府甚有不满意的地方。我们中国已经先朝确立为立宪政体之国，所以才设立一个资政院为上、下议院之基础。资政院系立法机关，凡立宪政体之国皆系三权鼎立，一种是立法，一种是司法，一种是行政。何谓三权鼎立说？是立法、司法、行政都是独立不能侵犯的。现在这两道阁抄就是对于本院所议决的云南盐斤加价案与广西巡警学堂案，一件交督办盐政处察核具奏，一件交民政部察核具奏，此系军机大臣拟旨、军机大臣副署，既是军机大臣拟旨、军机大臣副署，则军机大臣有应负之责任，军机大臣岂不知这个立法机关是独立的么？既然知道为独立的机关，就不能将立法机关所议决的案子交行政衙门去察核，可见军机大臣是侵资政院的权，违资政院的法了。（拍手，拍手）我们应当遵照院章二十一条就要上奏，况且民政部如果察核具奏，督办盐政处如果察核具奏，本院亦应该质问他，因为他亦是侵权违法，所以本议员倡议对于此事应该照院章第二十一条上奏弹劾军机大臣为是。（拍手）

一二六号（陶议员镕）：请登台发言。前次于议员演说速开国会之事痛哭，今天更不能不哭了。军机大臣敢侵权违法，不负责任，我们资政院还成个立法机关么？我国之国计民生现在如此困苦，而资政院每年费去数十万金，我们议决的事毫无效力，要我们做甚么呢？我们政府可以不负责任，而我们国民万不能不负责任，今果军机大臣答复云副署是仿乾隆年间制度，试问乾隆年间军机大臣能不负责任么？我皇上正在冲龄，摄政王一日万机，不能不咨询该大臣等，该大臣如有所见，自应力陈于君上之前。诗云：衮职有阙，维仲山甫补之；孝经云：天子有诤臣以保其国。无论我国改为立宪政体久奉德宗景皇帝明谕，即律以古大臣事君之义，军机大臣蔑视先朝法令已不能称职。方才易议员所说弹劾军机大臣即是我们议员负责任，务请全体注意，万不可似军机大臣不负责任置国家危急存亡于不顾。现在国际上如此，将来国家怎么了呢？（拍手）

百四八号（陶议员峻）：皇上下来上谕，照资政院上奏的案无论可裁与否，应当仍交到资政院。现在把我们资政院议决的案交到行政衙门去核议，可见军机大臣要把资政院推倒了。（拍手）试问把资政院推倒之后，于军机大臣有益处无益处呢？军机大臣为最高机关，我国民人向来不敢说一句话，而我们资政院敢说话，这就于军机大臣的各人身上是很无益的，所以军机大臣要把资政院推倒了。本院议事现在毫无效力，我们议员还要在这个地方做甚么事，军机大臣把资政院推倒之后，试问军机大臣能否把中国闹到不亡，试问中国亡了，军机大臣身家何在，富贵何在！明朝将亡之时，那一班图富贵的臣子到了李闯来的时候个个身家都不能保，军机大臣要从这些地方着想，方能保得住国家，方能保得住百姓，方能保得住自己身家。若是保不住国家，保不住百姓，则自己的身家亦是万万不能保的，何况富贵！（拍手，拍手）到了那时，除非走到美、日等国去，但试问人家能否留你这样人。（拍手）本员所说的话虽然激烈，然细想起来并不算激烈，现在我们中国国计民生闹到如此，而军机大臣尚醉生梦死，用上谕的名义运自己的私意，舞文弄墨有什么益处！军机大臣答复的话说是不能负责任，试问天下的事是谁负责任！（拍手）虽说军机大臣不负责任，而我们资政院议员总要负责任的，军机大臣既不负责任，还要军机大臣做甚么用！军机大臣不问与皇上有害没有，与国家有害没有，只说不负责任，试问天下事还怎么办！（拍手）

一四九号（罗议员杰）：昨天奉到三道上谕，本员不敢对上谕置议，但现在

三、资政院第一届常年会

既是立宪政体，则专制政体当已消灭，何则？军机大臣副署的制度就是一个立宪国的政府了，虽现在没有责任内阁的名目，然军机大臣确是有责任内阁的关系，当有责任内阁的精神。本院有人质问副署的说帖，据军机大臣答复不是日本内阁办法，还是乾隆年间的制度。试问从前的军机大臣制度是否不负责任，其答复"责任"二字非常含糊，责任虽系日本制度，然实用我们中国固有名词，就如古话所谓"有官守者，不得其职则去，有言责者，不得其言则去"，皆大臣以道进退、肯负责任之意也。责任制度东西各国遥遥相印，不独日本，古之圣贤恐一国政治有不完善，人民与君主生出直接冲突，特责成大臣献可替否，代负责任，而保皇上尊严。军机大臣虽没有看见外国的历史，难道我们中国的书亦没有念过？（拍手）"责任"二字是甚么意见，就是忠君爱国的意见。比方欲人民与皇上不生直接之冲突，则当善则归君、过则归己，以尽己之责任。今之军机大臣不负责任，以献可替否维持全局，是欲使天下舆论善则归己，过则归君，请夜自思何以对我皇上，军机大臣试想一想负责为忠爱之忱、不负责任为忠爱之忱乎！本院具奏弹劾，请以"不得其职则去，不得其言则去"责备军机大臣。（拍手）

九四号（王议员佐良）：请议长打电话请军机大臣到院答复。该大臣等既然不负责任，必有不负责任的理由，可以请军机大臣把这个理由对本院说明。（拍手）

一五三号（易议员宗夔）：今天不是请军机大臣到院的事，还是请议长将弹劾军机大臣的事付表决。

一九六号（牟议员琳）：本员读十八日的上谕有两件，一件对于云南盐斤加价，交盐政大臣察核具奏，一件是广西警务学堂的事，交民政部察核具奏。我们资政院的章程对于各省核议案照章是请旨裁夺，皇上说可就可，说否就否，这本是君主的大权，若将我们全体议决的事情交到行政衙门去议，试问这个理由安在？上谕既是军机大臣署名，军机大臣应该对于此事据实陈奏，今既不能将本院的意思奏明皇上，可见军机大臣有反对资政院的意见。在军机大臣的意见，以资政院之核议案如直行请旨批驳必招舆论之反对，不如以此推之行政衙门，使他人担任其责，然后可以卸过。但我们当细细审查这件事情是否应交民政部、盐政处核议，立宪国所谓三权鼎立，一种是立法，一种是司法，一种是行政，但是现在没有内阁，所谓行政机关不能算得一个独立的机关，非要责任内阁之后不能算得一个完全独立的机关。请看先朝上谕原以资政院为上、下议院之基础，恭译谕旨可见资政院就算是完全独立的立法机关。今既以立法机关所议决之事而又交盐政处与民政部核议，试问盐政处与民政部是否独立之机关，无论盐政处、民政部不有察核之权，即异日内阁成立亦没有这种察核立法机关的权限，又何况乎盐政处与民政部。如此推论起来，可见盐政处与民政部更没有察核资政院立法的权限，况先朝谕旨大权统诸朝廷，庶政公诸舆论，照资政院章议决核议的案件必有三分之二以上的赞成方能议决，按本院议员民选的不及三分之二，钦选的亦不及三分之二，必须合钦选、民选的议员才能有三分之二以上，以全体三分之二以上的议决之件而又交一、二行政大臣察核，这个是不是庶政公诸舆论！（拍手）据院章请旨裁夺云者是看皇上许可不许可，这是君上的大权，我们不能干涉的。若是把这个裁可之权仍交到民政部、盐政处察核，是不是大权统诸朝廷，（拍手）由两方面看起来都是不合的。须知这件事情由何处发生的，是军机大臣把这件事推到民政部、盐政处以为卸过之地，而置院章及先朝谕旨于不顾。我国自秦而下君民隔阂者数千年，朝廷设立资政院是君民接近的地方，而军机大臣直要推而远之，是使全国的人民、全国的舆论都归过于皇上，是何缘故？这都是军机大臣卸过而不负责任的缘故。本员主张弹劾军机大臣就是尊重皇上的尊严，俾不至负谤于天下，本员主张的意思如此，就请议长咨询本院即付表决。

政府特派员（李家驹）：请问议长，本特派员可否发言？

一二六号（陶议员镕）：现在并没有质问特派员，请特派员不必发言。

议长：方才有位议员说"为君上结怨于天下"这句话似欠检点，以后请诸位议员说话格外注意。

一二三号（江议员辛）：议长所言本议员有两句话可以解释。凡隆盛之朝主，圣臣直断，没有唯唯诺诺者，若是讳而不言，深恐国将瓦解，虽欲求直言无隐而不可得。我们方才说军机大臣"使我皇上结怨于天下"，正是爱护我皇上、爱护我国家。

一三五号（郑议员际平）：方才诸位议员因军机大臣答复副署之质问说帖该王大臣等不负责任，而诸位议员纷纷诘问实在是不错的。前天两道上谕，一个交民政部，一个交盐政处，但是上谕下来均系军机大臣所拟的，既系军机大臣拟旨，又系军机大臣署名，何得对于上谕不负责任？据本员意见，军机大臣负责任有两种，一对于皇上负责任，一对于议会负责任，军机大臣为中国最高的行政机关，若是对于皇上、对于国民不负责任，则此外更有何人可以负责任。中国之所以坏到如此者，就是没有人负责任。惟在下级机关尚有上级机关为之监督，至若最高级的机关无人说话，对于国计民生丝毫不负责任，此种积习日甚一日，将置国家于何地？易议员所提议的本议员有点补助的意思，一面弹劾军机大臣，一面请皇上从速组织责任内阁。因为军机大臣不肯负责任，所以不得不亟须有一负责任之内阁，如无负责任之行政机关，我们所议决的都是空空洞洞的话，我们资政院一层是立法机关，一层是监督机关，若是没有人负责任，我们立法不能见之实行，就是监督也是无从监督起，所以本议员意思总宜赶紧设立责任内阁，然后我们立法、监督才有着落。

百十号（于议员邦华）：易议员所说今天弹劾军机大臣本议员甚表同情，但是弹劾的方法应有两层。一层是不负责任，就是前两天的上谕一交盐政处，一交民政部，这个正是他不负责任的地方。又据他答复易议员的质问说帖正是证明他不负责任的缘故。我中国的官没有不受皇上待遇优隆的，而受皇上优待的人当以军机大臣为最，照这个样子看来，该大臣等应如何负责任，今竟不负责任，实在是非弹劾不行的。当本院议决湖南公债一案皆以为督抚侵夺谘议局的权，违背谘议局的法，殊不知该大臣等又以如此手段施之本院，可见是该大臣等侵夺我们资政院的权，违背我们资政院的法。据本员对于湖南公债一案的结果，督抚与该局当有一个解释，因为前次上谕虽未令该抚回复原案，然终以责成各省督抚为主，仍与请旨裁夺的意不背。此次是云南的事，并不是盐政处的事情，亦是该省谘议局的事情，何得交盐政处核议。广西的事不过以该省巡警学堂宜根据民政部章程为断，何以仍交该部察核，此尤无理由之甚。如此看来，实在是军机大臣侵权违法，所以必当弹劾。诸位议员试思，对于本院议决的事情如果通通交行政官另行核议，还要本院二百人干甚么呢？本院是立法机关，而全院议决的事反不如一个御史之效力，又要这个资政院干甚么呢？今天之所以一定要弹劾军机大臣的，正是保护我皇上尊重法律的意见，所以今天对于此事必须存一个不怕解散的决心。

一零九号（籍议员忠寅）：大家讨论工夫已不少了，对于两个核议案的结果大家都是同意要弹劾军机大臣是毫无异议的，本员有两句补助的话。我们所以要弹劾，不是纯乎消极的主义，是积极的主义，也并不是破坏的主义，是建设的主义。(拍手)本员意见是这回上奏次序第一是军机大臣既不能尽责任,就请皇上赶紧设立责任内阁,务要在会期之中成立才好,可以就十天、二十天的工夫把这个责任内阁即行成立。至成立之前其所负责任的就是军机大臣,将这个负责任的人声明出来,以后的事无从推诿了。现在军机大臣所负的责任就是将来内阁的责任,就请明降谕旨明定军机大臣所负的责任,这是建设主义,为什么事要上封奏,就是要保全资政院的资格起见,并不是与政府闹意见、与军机大臣闹意见。因为资政院是一个独立立法的机关,所议决的事不能算数,还要交到行政衙门查核具奏,是资政院议决的事毫无一点效力,又何必要设资政院。这并不是与政府闹意见,实欲达保全资政院资格之目的,这是第一层的意思。此种目的能达到更好,若不能达到,则我们的面子就伤了,将来若有一个转旋的方法,则我们还可以达到保全本院资格之目的。我们并不是问政府要求一个假面子,是为资政院完全一个资格。方才于议员的话本员还要声明一句,将来我们大家总要求政府解散,如果政府不肯解散,我们议员都要辞职,如果解散或是辞职,将来再选举再召集的时候,那个议员也能保全我们资政院的资格。(拍手)

　　一一七号(雷议员奋):本员对于议场议事的时候常常存一个宗旨,是甚么宗旨,就是重复的话不要说,我自己心里要讲的话人家说了,本员就可以不说,但是今天的事非寻常可比,所以本员有几句话要说。方才特派员要求请议长发言,因为资政院开会的时候政府特派员无论何时都可以发言,况现在又不是初读、再读、三读的时候,更可以发言。本员既然知道特派员要发言,就应在特派员发言之前先说明几句,因为诸位议员所说的都是前天交旨所生出来的问题,但是这个问题是法律上的问题。就特派员一面说,今天不发言则已,如欲发言,必然有个解决的话,就是保全国家体面的责任。就国家体面说,资政院同军机大臣是一样的,不过军机大臣是四个人担这个责任,我们资政院是二百人担这个责任,既然资政院应担这个责任,我们资政院用什么方法可以保全国家的体面?本议员自开会到今,所有资政院发生的问题必要想一个法子保全国家的体面,现在我们国家是预备立宪之时,并非实行立宪之时,有许多的地方不能不想到。我们资政院应当让步的就可以让步,我们议员是资政【院】的议员,资政院又是国家的资政院,我们若是保全国家的体面,就是保全资政院的体面,就是保全政府的体面。现在与政府冲突,我们议员若是辞职,在我们议员这一面说算是体面的事,然而此体面我们议员决计不要的。因为我们有体面,遂致政府不有体面,全国不体面,我们何必呢!现在这个问题要是不对各位所说是很当的,因为知道政府特派员要发言必有个理由,我们资政院对于前天的交旨就是皇上交旨,不但资政院、不但政府,就是全国人民都要遵守的。不过我们资政院要想到这一层,我们国家许多的事通通交皇上一个人、监国摄政王一个人去做,安能保持得住,总要合众人的意思才好,所以皇上左右有军机大臣,还有各部行政衙门,不但如此,还有我们资政院。从这个地方看来,资政院对于国家是不能不担责任的,担甚么责任,就是帮着皇上、帮着朝廷想法子,把国家的事体做好就是资政院的责任,政府与资政院同负一样的责任,所以说"不负责任"四个字政府对于资政院不能说这句话。试问上谕下来之后第一个先看见的是何人,一定就是军机大臣,所以不是要将外国责任内阁来比我们的军机大臣,这也是本来制度不同,不能相强的。然而军机大臣既经做了皇上的官,对于皇上的谕旨有意见,是否应当发表甚么言语也都容易采纳的,所以想到军机大臣一定想得到的。然而什么时候是军机大臣看见上谕的时候,必定是署名的时候一定看见上谕的,所以我国军机大臣署名没有别的意义,就是军机大臣先见上谕的明证,不然要说没有看见何以能署名。既是军机大臣看见上谕下来,就应当想到底此次上谕一下于国家大体上有何关系,既是此次上谕对于资政院权限有碍军机大臣,若已想到,必须说明,如果没有想到的时候,本议员试问该大臣等资政院的章程是军机大臣会同资政院总裁上奏的,不能说资政院章程没有看见,谘议局章程是宪政编查馆与军机大臣奏(订)〔定〕的,不能说谘议局的章程没有看见,我们资政院对于此次上谕无别的话说,只问资政院到底处于何等地位,到底是国家的甚么机关。我们薄海臣民见从前种种设立资政院的上谕都公认为立法机关无不欢欣鼓舞,今见现在两道上谕不能不有疑心。所谓疑心的地方就是不知资政院处何等地位,所以我们要知道资政院是国家立的,命我们来当议员就要明白我们地位,既然明白我们的地位,于前天的上谕就不明白,所以不明白的原故若剖解出来,也就可以知道谘议局是一省的立法机关,其中议员也是有人格的。当初定谘议局章程的时候,督抚与谘议局有异议的事为何不请示于军机处,而要交资政院核议,因为谘议局是有人格的地方,有了争议非交有人格的地方判断不可,所以交资政院核议。因为各位议员是各种社会的代表,以代表所议决之件是全国公认的,不过裁夺之权属于皇上，因为皇上是一国的主，所以有裁夺之权。说到此处，本议员还有个意思发表出来，为方才要讲的话特派员不能不知道的。资政院章程为我们议员所应有之权限有三：第一是预算决算及税法公债事件，第二是对于政府质疑，第三是判断各省谘议局与督抚冲突的地方。此三个理由方才已经说明，所以我们要想到前天议决云南、广西的事情没有请盐政处、民政部发表意见，没有会同盐政处、民政部发表具奏，故有交令察核之谕。然资政院本有核议各省督抚及谘议局之权限，如谘议局意见不错，就应照谘议局去办，督抚意见不错，就应照督抚去办，谘议局办立法的事，督抚办行政的事，本是两种机关，要有争议，资政院可以判断其是非。不过资政院不能有大权柄，必要请旨裁夺，因为皇上设立资政院是要发表各种社会的意见，因为全国的事情皇上不能全然知道，没有此种机关以前只有行政衙门与军机处，此两处不能一一发表社会的意思，所以才要设立一个资政院。今则资政院所表决之上奏案还要交行政衙门查核，这个理由到底在于何处。我们要想到朝廷见资政院上奏不能不问，既然要问，就要问左右大臣，因军机大臣不能知巡警学堂的事，所以非要问民政部不可，军机大臣不能知盐政的事，所以非问盐政处不可，不是民政部不知道广西的事，不是盐政处不知道云南的事，此还可以说得去。至于他自己上奏的事，就不能不晓得谘议局章程、资政院章程都是他上奏的，因为甚么要一齐抹倒。我们资政院所核议的事情请旨裁夺本在权限之内，至于上谕下来或说资政院奏那一省的事情依议或无庸议，这全是在裁夺范围之内，或是以为不对交回复议，亦是在裁夺范围之内，现在不是如此，是交民政部、盐政处查核具奏。我们对于上谕不是有别的意见，是不知道自己地位在何处，因此发生疑问出来。据本员意见，军机大臣四人不能知全国的事与各国的事就不能称职，但军机大臣已经有了几百年的，即照现在的军机大臣而论也有几十年的，至少还有几年或几月的，试问该大臣等能否自知其称职、不称职，此是应当说明的。现在不是以资政院与军机大臣对垒，其所以议论纷纷者是替皇上想甚么方法使国家的事蒸蒸日上，这是对于利害而言。至于对于军机大臣一方面著想，署名的时候不能不将资政院的章程、谘议局的章程详细具奏，今朝廷有此两道上谕下来，就知道军机大臣不足以辅弼皇上，不但不足以辅弼，还有比此事更大的恐亦不能知道的。资政院有章程，有权柄，可以弹劾的，照院章二十一条（读原文）本可以弹劾的。说到此处，本员还有个意思请大家注意。违背法律、侵夺权限要分两层而言，侵夺权限是侵夺资政院的权限，法律所包甚广，不止是资政院的章程。我们还要承认上谕是皇上的意思，不是军机大臣的意思，皇上的意思本是不错，因为军机大臣不知道，所以要问盐政处与民政部，军机大臣所以备顾问而不知道，就是违背臣子应守之法律，本院所以必照院章二十一条办理的。

一一五号（许议员鼎霖）：现在议员的议论也很多了，总得想个解决的法子。要晓得各位何以如此激烈，因中国以前没有法律，所以遇事窒碍，现在有了资政院，就要竭力的保护。保护法律即所以保护皇上。各位议员为何要说这些话，因为国家当危急存亡之秋，就不能不大声疾呼，比方有人落井，行路的人看见都不能不想法子救济，况国民与国家休戚相关，当此中国危急情形人人都有切肤之灾，岂有不大声疾呼的道理。可惜我监国摄政王不能常到院，行政大臣也不能常出席，如果监国摄政王与行政大臣听见我们的话必能嘉纳的，政府大臣听见也必能原谅的。方才说弹劾军机大臣大家没有不同意的，但有人说政府敢推翻资政院章程，本员以为不尽然。盖资政院章程是宪政编查馆定的，政府赞成的，如果政府今来推翻，则昔日之赞成岂不是作法自毙吗？据本员想起来都是因中国习惯，每日折子上去，不过五分钟或十分钟就要下上谕，时间太匆促，焉能无疏忽，所以此两道上谕政府遂有此疏忽之病。方才又有人说军机大臣功则归己，过则归上，本议员想军机大臣深受国恩，必不是这个意见。以前大臣避尾大不掉、威权震主之嫌，于是有推诿敷衍的事，欲救此弊，非速设责任内阁不可。若设责任内阁后他再推诿敷衍，他就对不起朝廷，对不起二十二省之民，似宜先具说帖质问，或请政府出席说明理由。方才政府特派员要说话，不知政府特派员能否负责任，如不能负责任就可以不说明，如果能负责任，大家不妨听其一说。现在我们可以赶紧把此事解决，速行开议，本员意见如此。

百零八号（刘议员春霖）：因为云南、广西这个核议案具奏之后生出来的结果与本院章程全不相合，试一推求不合的原因，不在我皇上及我监国摄政王，而实在军机大臣。前次湖南公债核议案本议员曾经说过，我们资政院议员若是默认了，将来军机大臣对于资政院侵权违法的事情一定是相逼而来，到今日此语果然应验。资政院议决的案件是三分之二以上同意，议决的既是全院议决之后，其发生效力自应与寻常御史的封奏不同，何能另行交议！若仍要行政衙门察核具奏，国家又何必岁费数十万巨帑劳命伤财来办这个资政院呢！据本员意见，以为皇上尚在冲龄，监国摄政王对于重大奏案无不虚心咨访，询谋金同然后才发表出来，所以这个事情本是上奏之后请旨裁夺，而皇上一定要问军机大臣的，所以军机大臣不能不担责任。方才雷议员说上谕下来军机大臣总应看见，据本议员看来这还不是实在情形，其实这个谕旨就是军机大臣拟的，军机大臣对于这个案应如何发表意见应该对监国摄政王说明，或请皇上裁可或不裁可，仍交资政院复议，这是一定的办法，何以忽交到行政衙门查核。据本员看来，军机大臣实在是嫁祸于盐政处与民政部的意思，即如军机大臣答复的说帖大致用意不负责任，恐怕资政院核议时候与他生出一种恶感，所以交盐政处与民政部核议，打算令盐政处与民政部议驳后资政院与盐政处、民政部互相冲突，而军机大臣可以袖手立在旁观地位，如对岸观火。然这是军机大臣不负责任的本意，（拍手）殊不知这个议案是请旨裁夺的议案，军机大臣本意只顾设计侵夺资政院的权限，还不知并君主的大权也侵夺了。何也？裁夺者，皇上之大权，若将议决上奏案转交行政衙门察核，这不是将皇上的大权暗暗送于盐政处、民政部了吗？想盐政处、民政部明白法律的人很多，资政院的章程也应该研究过的，盐政处、民政部具奏的时候一定说是资政院权限应核议各省督抚与谘议局异议之件，这是核议案，与盐政、巡警没有关系，应请皇上裁可，这是君上大权，非臣部所敢擅拟，如君主不裁可，可以再交资政院复议。本议员揣度盐政处、民政部的意见必定如此，决不上军机大臣这个当。

一零七号（李议员桀）：今天对于十八日上谕讨论甚久，应当解决。刘议员所说盐政处与民政部决不受军机大臣之愚弄，此是以后的结果。现在宜先表决弹劾军机大臣问题，至责任内阁一层暂可不问。顷据军机大臣以文书答复云是不负责任，试问军机大臣之机关是有意思之机关，抑为无意思之机关？如为无意思之机关，既不能说话，又不能行动，军机处形同木偶，究有何用？如为有意思之机关，他说不负责任，我们还是要他负责任，上谕向是军机拟旨，又由军机署名，对于一般人民说不负责任，对于皇上不能说不负责任。本院弹劾军机大臣侵权违法是正当办法，请议长指定起草员，不必用许议员之说以文书质问。凡质问皆不生效力，如缩短国会，不缩短至宣统三年，只缩短至宣统五年，易议员曾有质问说帖，至今尚未回答。（拍手）我们总要将资政院所处地位辨别清楚方能保全，若用文书质问，军机大臣他说我不负责任，还有甚么法子。想本院具奏要说资政院到底是甚么机关，军机大臣处的是甚么地位，对于君主负责任、不负责任，照前次上谕军机大臣不于未署名时说明资政院议决之案不能再交行政衙门，即是不能称职之实据，即是有意侵权违法之实据。

一五三号（易议员宗夔）：这件事总要三分之二以上议员表决方能具奏，请议长用无记名法表决。

一一七号（雷议员奋）：政府特派员如有意见，尽可发言。

政府特派员（李家驹）：今天军机大臣都有要事，不能到会，所以委托本特派员到院来将前天两道谕旨说明察核具奏的理由。本员今天有代表军机大臣说明之权。

政府特派员（李家驹）：前天资政院所具奏是照例具奏的事，是寻常普通的奏案，并不是特别的奏案。照外国制度，这样案子或可以不必具奏，由议院议决后就送交政府施行，如议院应行上奏事件具奏之后君主裁可或不裁可也，并不要当天就发布。至于我们中国的制度，上奏的案当天就要发表的，中外不同之点此其一。何以外国制度不必当时发表，因为立法机关议决之后往往与政府一方面有关的地方，故君主不得不咨询行政衙门，但是外国的制度有所咨询不用文书，可以传唤该行政大臣当面咨问明白，我们现行的制度凡咨询必用文书，中外制度不同之点此其二。然而资政院究竟是独立机关，不能在此机关上再有一个议决机关，更不能与独立机关议决之后再交行政衙门议复，这是一定之理，所以制度上的文书形式固要遵守，而独立精神又要保全，虽朝廷有自由咨询之权，而断不肯把资政院议决的案再交行政衙门复议，致与资政院院章不符。不过前天广西、云南两件事与盐政处、民政部现行章程原有关系，具奏时既未将全案声叙，所以上谕文内用"察核"二字，是察核这两件事体与盐政处、民政部的章程是否相符，并非察核资政院议决之是非，将来盐政处、民院部具奏断不至把资政院议决的话再加置议之词，而民政部、盐政处具奏后必另有一道谕旨以裁夺资政院具奏的案，那一道上谕才算是对资政院具奏案而发的，本特派员代表说明的意思如此。

一五三号（易议员宗夔）：请问特派员，云南总督加马脚银这就是增加人民的负担，本院议决只要交云南谘议局议，与盐政处没有关系，不过请旨饬该督交谘议局议就是。至于广西限制外籍学生是照民政部章程办理毫无异议，原来是明明白白的事，据此以问民政部，想民政部亦难回答，请特派员说明必交两处察核的理由。

百九十号（吴议员赐龄）：军机大臣因为不明白盐政处、民政部的章程，所以才要盐政处、民政部察核，现在资政院每次议案通通发油印出来，政府特派员应知道。那时可以发言，现在既经议决，又要民政部、盐政处察核，就是不信任资政院。由种种的方面观察，军机大臣实系把持枢要，破坏宪政，辅弼无状，辜恩溺职，就是"军机大臣答复的说帖不负责任"一句话就该弹劾。既然大臣不负责任，国家要用此军机大臣干甚么事，请特派员答复。

政府特派员（李家驹）：这是另一问题，本特派员不能答复。

一二六号（陶议员镕）：刚才特派员说交民政部、盐政处察核并不是察核别的事，就是察核民政部与盐政处章程是否符合，独不思云南加马脚的事与盐政处章程没有关系，而广西限制外籍学生核议案本院已经照民政部章程审查得明明白白，均载入具奏折内，何必再交该两衙门察核，难道奏折军机大臣没有看见么？

政府特派员（李家驹）：这个事体本特派员不能知道。

此时各议员尚纷纷质问。

一二六号（陶议员镕）：特派员既已说不知道，何必再问他，"不知道"三字即可以布告天下。

一二九号（汪议员龙光）：弹劾军机大臣这个倡议想是无人不赞成的，刻经讨论许久，凡已经人说过者不必重复，再说亦不必分歧，请议长付表决，并请议长注意维持议场秩序。

百九十号（吴议员赐龄）：此次弹劾案如军机大臣自己见得不是就应自己辞职，若以资政院为不是就应奏请解散资政院，断无调和之理。请特派员转达军机大臣。

一五一号（黎尚雯）：这样看来我们与军机大臣势不两立。

一四八号（陶议员峻）：以前质问军机大臣要紧的事一回都没有答复，所以总要具奏，请议长即付表决。

一零九号（籍议员忠寅）：议长，本员有质问特派员的话。

议长：请问籍议员所欲质问特派员是甚么事情？

一零九号（籍议员忠寅）：本员要质问特派员的意思因为这回上谕不是皇上

裁夺，还要咨询行政衙门，大概特派员代表军机大臣的意思，在军机大臣的意见这个是具奏案，应该会同行政大臣具奏，然这个核议案没有会同行政大臣具奏，是资政院单独的意思，所以不得不向行政衙门查核，政府意思是否这个样子，请问特派员陈述意见。但是各省谘议局与督抚异议事件应归资政院核议，无须咨询各行政衙门，如果有与各行政衙门有关系，各行政衙门也有特派员在资政院，随时可以陈述意见，何必要行政衙门察核。

政府特派员（李家驹）：前日谕旨是以朝廷名义咨询各该衙门，并非以政府名义咨询各该衙门。

一一七号（雷议员奋）：方才特派员代表军机大臣的意见解说前天两道上谕不是对于资政院的裁夺，因关于盐政处、民政部的事，所以要交盐政处、民政部察核，是朝廷虚衷下问，军机大臣知道今天要议这个问题，因此命特派员代表他的意思。然而我们不能不想到，现在特派员所讲的资政院有上奏请旨裁夺的事必要下上谕交行政衙门察核，照此解说起来，以后资政院所有一切议决具奏案都要交行政衙门察核了。

一零九号（籍议员忠寅）：政府特派员何故要代表军机大臣的意思，是军机大臣自己承认对于上谕有应负之责任。据本议员看来此事无所谓咨询的道理，何必遣特派员陈述意见，而且特派员因无话可说转而归过于朝廷，请问特派员于此事出之自己，抑是代军机大臣负责任？

一五三号（易议员宗夔）：请议长付表决，用无记名法投票。

议长：现在表决，赞成弹劾军机大臣这个议题者请起立。

议员多数起立赞成。

议长：多数弹劾。军机案已经表决作为议题，至于如何办法还要咨询各位。

一零九号（籍议员忠寅）：请议长照请开国会办法上奏。

议长：现在倡议虽已表决成为议题，然"弹劾军机大臣"六个字不能成为一个题目，似乎尚应拟定题目。

一三五号（郑议员际平）："弹劾军机大臣"讨论许久，大家没有异议。

一二六号（陶议员镕）：此事无所谓议题，就请议长指定起草员。

一五三号（易议员宗夔）：照资政院院章二十一条办理就是。

一四八号（陶议员峻）：还要把这个"不负责任"加入奏稿之内。

一一七号（雷议员奋）："弹劾军机大臣"这个题目已经有了，还要研究这个文章。文章要紧的地方就是说军机大臣对于皇上不负责任，不足以辅弼皇上，我们决计不要说军机大臣拟两个上谕就是侵夺资政院的权限，所以我们上奏只要说军机大臣对于皇上不负责任，不要说军机大臣对于资政院不负责任，弹劾军机大臣不负责任这是中国应该有的。

一二六号（陶议员镕）：据雷议员所说的就是文章。

议长：弹劾军机大臣一案已经表决，成为议题，现在讨论中止，请赞成具奏弹劾军机大臣者起立。

议员多数起立赞成。

议长：起立人数过三分之二。

一五三号（易议员宗夔）：请议长命秘书官计算人数。

秘书官计算人数，起立者共一百一十二人。

一五三号（易议员宗夔）：今天到会议员一百三十四人，这就是到会议员三分之二以上。

议长：现在赞成者已过三分之二以上。

一五三号（易议员宗夔）：请议长指定起草员。

议长：还要咨询本院此案起草员要用几位。

一零九号（籍议员忠寅）：本员意见还是照从前请速开国会具奏案起草员，用六人为好。

众议员呼"赞成"。

议长：现在指定六位起草员，由秘书长报告。

秘书长承命报告：赵议员炳麟、沈议员林一、邵议员羲、籍议员忠寅、李议员文熙、孟议员昭常。

一一五号（许议员鼎霖）：本议员倡议请起草员注意雷议员所说的"弹劾政府不负责任"，最要紧的不必将此次两道上谕为根据，方才特派员说是军机大臣派来解释上谕的，既称此次上谕系裁夺以前咨询办法，必有第二次上谕到资政院，此时且照雷议员所说的话做去为要，请大家注意。

一一二号（陈议员树楷）：方才政府特派员所说的话是请起草员注意，限定他无可回答的理由是最正当话。

百十号（于议员邦华）：如果认题不清的时候必将本院地位破坏，就是后来再想挽回已无法可设。

一零九号（籍议员忠寅）：现在弹劾的事情已经指定起草员，但是这个内容其大致主旨还是如何说法请议长付本院讨论。若此时不互相讨论，恐起草以后大家又不以为然，势必从新起草，实在耽搁时光。

议长：起草内容之主旨，起草员可以随时讨论，将来这个奏稿尚须宣读的，似乎不必在议场讨论。

一一七号（雷议员奋）：起草员定个期限当在什么时候，起草员开会讨论有什么意见的可以陈述。

八七号（沈议员林一）：本议员对于此事要申明一句话。方才各位所说要起草员注意将"侵夺权限、违背法律"八个字斟酌极是，起草【员】必须依据院章。雷议员所说"弹劾军机大臣不负责任，不足以辅弼皇上"，查照院章没有根据，且与提议弹劾的初意不对，院章只有"侵夺权限、违背法律"八个字，此层不能不对本院申明。

一四八号（陶议员峻）：不负责任就是违背法律，既是违背法律就可以弹劾的。

一二三号（江议员辛）：表决的时候沈议员并不在赞成之列，测度该议员意思是不敢弹劾军机大臣的，请议长另指一人起草。

八七号（沈议员林一）：方才本议员所说的话弹劾军机大臣是赞成的，若照后来这个题目本议员是不赞成，因为弹劾必须根据院章，雷议员所说"军机大臣等不足以辅弼皇上"，试问此语根据何处。

一一七号（雷议员奋）：对于沈议员的倡议有个正当的解释，请问议长是否可以登台发言？

议长：可以登台发言。

一一七号（雷议员奋）：方才沈议员所提出的是以弹劾军机大臣不负责任弹劾军机大臣，"不足以辅弼皇上"这个理由，查院章二十一条没有根据的地方，所以该议员不能赞成。方才各位倡议弹劾军机大臣是甚么缘故，就是照二十一条根据"侵夺权限、违背法律"八个字，本议员是很赞成的。但是本议员以为"弹劾军机大臣不足以辅弼皇上"也就是二十一条的根据后来想到，资政院上奏的案不能不慎重，因为根据是确【实】的，所以才说弹劾军机大臣不足辅弼皇上。现在用甚么东西当一个实在的证据，照沈议员所说的一定要将前天上谕为指实之证据，从两个上谕之中想出军机大臣"侵夺权限、违背法律"认定他为实证，但是上次上谕不是正当弹劾军机大臣的理由，而且并没有好结果。因为该员将前天上谕作证据，而军机大臣必说是皇上的上谕，本大臣没有变更之权，到那个时候有甚么方法可以补救不能不想到的。若是请军机大臣答复，而该大臣等以文书答复，并不到会，而且他说这上谕是朝廷的意思，不能把朝廷效力取消，到了那个时候是把我们资政院权力之根本取消是非常之可（恨）〔能〕的。我们自问可以弹劾军机大臣是在甚么地方，就是根据院章二十一条所说的，违背法律所包甚广，不但是违背资政院章程，是违背全国各种法律，军机大臣对于皇上有不负责的地方就是违背国家法律，违背国家法律就可以弹劾，所以我们可以弹劾军机大臣的根据就是发生于二十一条。因为有二十一条之根据，所以我们资政院方能弹劾军机大臣是应有之权柄，这个权柄不是要候到军机大臣侵越权限而后弹劾，照二十一条之规定就是不侵越权限，军机大臣随便有甚么违背法律的事，我们资政院也可以弹劾的。因为有这个前提，然后想到弹劾军机大臣不足以辅弼皇上的地方为止，所以有本院弹劾军机大臣的理由如此。

  八七号（沈议员林一）：质问雷议员的话就是弹劾军机大臣不负责任的话，就是说到"侵夺权限、违背法律"亦是容易就道理说，处处可通。不过弹劾须从事实发生，题目是题目，文章是文章，道理虽说得通，然非根据章程、根据事实不好措辞，我们欲出弹劾案关系甚重，必须根据著实是一定的道理。

  一四八号（陶议员峻）：沈议员不愿意弹劾军机大臣，可否请议长另举一位起草员。

  八七号（沈议员林一）：说话有一定次序，请议长注意此事。弹劾军机大臣主旨有两件，对于两道上谕是一件事，对于不负责任又是一件事。对于两道上谕说是侵夺权限，对于不负责任说是违背法律，无论何项，总须问清题目、实有根据，方能起草。今天质问究竟是对于两道上谕，还是对于不负责任，须得大家声明。

  一一七号（雷议员奋）：不是对于不负责任而言，是对两个上谕军机大臣不能不恪守法律而言，并不是指军机大臣副署的意思。

一三七号（邵议员羲）：本员不赞成这个起草员，请议长另行指定起草员。

一二六号（陶议员镕）：沈议员所说无讨论之价值，方才雷议员谓"军机大臣不能辅佐朝廷"即根据于违法。窥沈议员之意不主张弹劾，人各有心理，各有主权，请议长另行指定，不要教他为难。

一四九号（罗议员杰）：现在沈议员说是二十一条没有根据，按照议事细则一百零六条规定，前条规定之外应行具奏事体，议长、副议长得随时具奏。我们既认为应该具奏的事体，就可以根据一百零六条办理。

一四八号（陶议员峻）：军机大臣违背法律，因为资政院院章是他们奉旨的法律，他不遵守就是违背法律了，违背法律就可以具奏。

一九六号（牟议员琳）：谘议局章程与资政院章程都是军机处会同上奏的，他既明白院章，不向皇上陈奏，军机大臣不尽辅弼之责就是他违背法律，应照二十一条办理。

一四九号（罗议员杰）：外国议院章程只要规定有"上奏"二字即可，据以弹劾政府不必准据侵权违法规定，然后可也。本院既有具奏之权，即是外国上奏之权，即是有弹劾之权。今我国内政不整，外交失败，即是应该弹劾之事实，即是不献可替否，以负责任之证据尽可以拿具奏权办理。

议长：起草员既经指定，不得轻易更换，即有一位意见不同，还有五位的意见，究竟是多数，以少数服从多数。虽有一、二人意见不合，决无妨碍，故终以不另指起草员为是。（拍手）

众议员呼"赞成"。

议长：现拟休息十五分钟。

下午五点五分钟议事中止。

下午五点二十分钟接续开议。

议长：现在开议。到会人数不足三分之二，天气亦已太晚，拟将议事日表稍为更动，第三、第四、第五是应付特任股员审查之案，须设特任股员，暂从缓会议。第三修筑蒙古铁路建议案，第四筹办蒙古教育案，此件两事拟合并付特任股员审查，其特任股员现在打算设十八人。

议员多数赞成。

议长：指定特任股员十八人，由秘书长报告。

秘书长：承命报告审查修筑蒙古铁路及筹办蒙古教育建议案特任股员十八人。姓名如左：庄亲王、那亲王、贡郡王、博公、刘道仁、文哲珲、胡礽泰、陆宗舆、长福、陶葆廉、李士钰、陈瀛洲、胡家祺、许鼎霖、江辛、罗杰、李华炳、胡柏年。

议长：议事日表第六至第十一各议案大都关于教育事件，打算暂不会议，先付特任股员审查，并设特任股员十八人。

议员多数赞成。

议长：指定特任股员十八人，由秘书长报告。

秘书长：承命报告审查关于教育事件特任股员十八人。姓名如左：润贝勒、霱公、胡男爵、赵椿年、顾栋臣、庆蕃、汪荣宝、曹元忠、严复、喻长霖、刘春霖、孟昭常、江谦、陶葆霖、吴怀清、万慎、吴赐龄、牟琳。

议长：现在展会。

下午五点三十五分钟散会。

资政院第一次常年会第二十一号议场记录

宣统二年十月二十四日下午二点二十五分钟开议

资政院议事日表第十九号

第一，修正报律条文议案。（再读）

第二，陈请照约速定裁厘加税议案。（股员长报告，会议）

第三，统一国库章程议案。（议员提出，初读）

第四，提议陈请变通黑龙江章程垦务议案。（会议）

第五，扼重农政以开财源议案。（议员提出，会议）

第六，议设审查陈请变通黑龙江垦务章程议案及扼重农政以开财源议案。（特任股员）

议长：今天议员到会者一百四十六人。

议长出临议台，恭读云南盐斤加价一案与广西巡警学堂一案上谕两道。

各议员起立敬听。

议长：现由秘书官报告文件。

秘书官（张祖廉）：承命报告文件。

议长：现在收受度支部答复吴议员赐龄质问说帖一件，又内阁会议政务处答复李议员文熙质问说帖一件，又外务部答复余议员镜清质问说帖一件，又外务部答复罗议员杰质问说帖一件，这四件已经印刷分散了，可以省略朗读。

众议员呼"可省略朗读"。

秘书官（张祖廉）：续行报告文件。

议长：有文议员质问宪政编查馆说帖一件，赞成者请起立。

议员多数起立赞成。

议长：多数。文议员质问学部说帖一件，赞成者请起立。

议员多数起立赞成。

议长：多数。顾议员栋臣质问会议政务处说帖一件，赞成者请起立。

议员多数起立赞成。

议长：多数。刘议员耀垣质问民政部说帖一件，赞成者请起立。

议员多数起立赞成。

议长：多数。陶议员葆霖质问内阁会议政务处说帖一件，赞成者请起立。

议员多数起立赞成。

议长：多数。潘议员鸿鼎质问内阁会议政务处说帖一件，赞成者请起立。

议员多数起立赞成。

议长：多数。

秘书官（张祖廉）：续行报告文件。

百十四号（胡议员家祺）：本议员倡议禁烟案已经股员会审查报告，现风闻英国公使与外务部提出新条约，内容虽不可知，大概是主张十年期限，现在本院议决禁烟年限是以宣统三年为止，此次英国条约不知外务部曾否画押，若已画押，与本院所议者大不相同，将来交涉甚为困难。请议长质问外务部在本院议决之前对于英国公使新条约万不可承认。

议长：可以问外务部，惟将来答复的办法嘱其以文书为宜，抑以口说答复为宜。

百十四号（胡议员家祺）：本议员以为由文书询问较为妥当，最要紧者就是本院未议决之前外务部万不可承诺。

议长：这个事恐是风闻，是否有实在凭据？

百十四号（胡议员家祺）：虽是风闻，然大概不是虚传，现在外务部特派员在坐，就请议长质问更好。

一一五号（许议员鼎霖）：这个新条约与外务部协商大概是商酌禁运，万不是禁吸。我们现在定这个章程总要劝大家以后不要再吸为主，如果我们不吸，必为英国所敬，英国文明亦不能强我们吃。

百十四号（胡议员家祺）：总要质问外务部有无此事方能确实。

一五三号（易议员宗夔）：本员有个倡议。湖南宁乡县有周震鳞具一个陈请剪去辫发、改变礼服的说帖到院，昨天已交陈请股审查。据审查股意见以为无庸会议，然本员的意见还是应交会议为是。因为这件事很要紧的，在我们中国要讲世界主义、国家主义、社会主义、个人主义，皆以剪去发辫为便利的，何以故？以世界主义论，因为世界各国没有带辫发者，独中国留此野蛮制度，甚不雅观；以国家主义论，因为一国的国民必有军国民的资格，如果要人人当兵，而辫发不去实在不便；以社会主义论，社会之进步非振兴实业不行，而实业里头有种种之机器，一发之牵，异常危险，如果辫发不去，实业上更多滞碍的；以个人主义论，不独损坏衣服，无论作何事有辫发的均不便利，所以应作提议案，由本院议决，请明降上谕剪去辫发，以新天下之耳目。至于易服色一个问题，周君震鳞说帖甚为明晰，就可于平常衣服上定一个徽章为是，不但于经济无损害，且于人行动上是很便利的，就请议长咨询本院作为议题。

议长：陈请股尚未报告，是否应交会议现尚未定。

一四九号（罗议员杰）：此案本议员有一个具奏案已经交秘书厅，请议长催早付印，速询本院交付审查。

一一十号（于议员邦华）：这件事情不必讨论，亦不必作废，就请作为议案编入议事日表。就是如果陈请股作废，我们议员有人倡议得三十人以上的赞成就可作为议题。

一四八号（陶议员峻）：这个剪辫的事情已经提出作为议题，而禁止妇女缠足陈请股亦是作废，由本员看起来缠足关乎人民体育，实在要禁止，应当作为议题不可作废的。

一零九号（籍议员忠寅）：请将前天具奏案报告，因为本议员对于具奏案有声明的话。

议长：奏陈事件折稿已经拟就，现由秘书长朗读。

秘书长：承命朗读奏陈事件折稿毕。

六八号（文议员溥）：云南、广西两案今日已经奉旨依议，此项奏稿可以作废。

一零九号（籍议员忠寅）：本议员为前天奏案起草之一，今天代表六人报告。原来这个奏稿因为甚么事发生呢？就是前天云南盐斤加价、广西巡警高等学堂两个上谕下来的时候本院对于军机大臣颇有异议，军机大臣不能辅弼皇上，所以本院才发生出这个具奏案来，可见这个奏稿根于这个问题。方才议长朗读二道交旨，本院奏案已经奉旨依议，这个奏稿是否应当取消，请议长咨询大家决定，这是第一层。第二层前天议决的时候因为这二道上谕才发生这个奏稿，而这个奏稿所说的就是军机大臣不负责任，并且还有许多证据。今天既经交旨，云南、广西二件事情均是"依议"，就可证明军机大臣应当负责任的。至于军机大臣不负责任，前天已得议决之结果，不能全体取消，所以照现在情形看，只得取消一半，还有一半没有取消。而前天委托的起草员应该先行取消，至于以后对于军机大臣应如何上奏，由议长另行指定起草员，或由议员自己起草，请大家细心研究为妥。

四八号（陈议员懋鼎）：这个具奏案今天必要决定取消，因为此案发生于前天之情形，今天既奉到这两道谕旨，则情形已经改变，具奏案自然可以取消。至于军机大臣不负责任一层系根据前次军机大臣之答复，应照院章一百零九条之规定另提，如得三十人以上之赞成可以作为议题。

百十号（于议员邦华）：这件具奏案方才籍议员已经报告明白了，取消一半、不取消一半是甚么缘故？因为那一天不是专为云南、广西二件事发生的，并不是军机大臣答复的说帖发生的，因为军机大臣不负责任发生的，前天两道上谕不过是证明军机大臣不负责任。本员对于军机大臣并不是闹意气，亦不是要面子,是为国家全体起见。那一天罗议员杰说"责任"二字,恐怕军机大臣不懂,然而中国古书上已说过"有官守者,不得其职则去,有言责者,不得其言则去",中国数千年来没有不负责任的。既然做一个官应当有一个官的职任,一部有一部的职任,军机大臣立于各部行政大臣之上,上辅君主,下治万民,职任何等重大!德宗景皇帝那个时候下这道预备立宪的上谕的时候,就有教凡为臣民的皆负责任的意思。若说责任内阁不成立以前军机大臣可以不负责任,则国家大事亦可以不办,资政院就可以不必设立,何必要军机大臣呢!所以本议员对于前天的弹劾的案再三研究,总以不负责任为主。今天发下两道上谕,虽说可以取消此奏案,然而不负责任还是照不负责任的办法,我们总要催他负责任,他虽不负责任,我们总要叫他负责任,并不是与军机大臣闹意见,正是为保全国家起见。

一三七号(邵议员羲):本员为起草员之一,前天的奏稿弹劾军机大臣不负责任是根据于前天的上谕来的,所以全院的人对于上谕说的话。今天既有两道交旨,奏稿就不适用了,请议长就把此奏稿咨询本院决定应否取消。至于不负责任之弹劾,又是另发生的问题。

一四九号(罗议员杰):于议员所倡议的请议长咨询本院,有三十人以上之赞成即可作为议题。

一三七号(邵议员羲):请议长把这个奏稿咨询本院决定取消。

一二六号(陶议员镕):自然要取消的。前次奏稿既然根据于前天的上谕,这个弹劾奏稿就不适用了。至于弹劾他不负责任另是一件事,前天已经表决,不能取消。

四八号(陈议员懋鼎):请议长取消这个弹劾案。

百十号(于议员邦华):"取消"两个字太重,须知不是全体取消,是取消一半的,其所以取消的不过取消内容的文章,并不是取消弹劾案。

议长:拟先表决应否取消前天的奏稿。

百九十号(吴议员赐龄):方才起草员说明理由是取消一半的,那一半不能取消。就文章上论,现在已不能适用,而就弹劾上论,则此案要不能取消可以无庸再行表决。

议长:我们现在表决应否将这个奏稿取消。

一一二号(陈议员树楷):取消有两层意见,现在所取消的是取消这篇奏稿问题，不是取消弹劾的问题。

议长：方才大家都已说明理由，先行表决应否取消。今天所读过的奏稿赞成取消者请起立。

多数议员起立赞成。

议长：多数赞成，如此就取消了。

一二七号（闵议员荷生）：不能说全体取消。

一五三号（易议员宗夔）：今天不过是取消这个奏稿，而弹劾军机还没有取消的，请议长指定起草员再行草弹劾军机大臣的奏稿。

议长：前案既已取消，若要弹劾军机，必须再行倡议。

一五三号（易议员宗夔）：不必再行倡议，现在只可取消"违背法律"四个字，并不是取消"不负责任"四个字。（拍手）

一二九号（汪议员龙光）：上一次开议弹劾军机大臣本来不是专为两个上谕起见，因为军机大臣答复不负责任这一层尤为注重。今天既有两道交旨，则前天奏稿即不适用，至不负责任一层还是要弹劾的。中国自预备立宪以来，先皇帝谕旨凡所谓"明定责成"、"责无旁贷"字样不一而足，就是这回本月十一日上谕对于在京各衙门则谓"有应担之责任"，对于各省则谓"如贻误事机，惟各督抚是问"，看将起来京外各衙门都是担负责任的。军机大臣为行政总汇之区，反不担负责任，岂不可怪！现在中国危险比如驾船在大风大浪之中，主舵的人不管事，一味叫人撑篙荡桨，其危险何可胜言，（拍手）所以本院对于军机不负责任一层一定要弹劾的。（拍手）仍有一说。今日两道旨意足见我皇上、我摄政王地负海涵，大公无我，全院议员无不俯首钦服。惟前两道上谕虽经特派员解释，谓对于盐政处、民政部不过是个咨询，既是咨询，似不应公布，一经公布，便于直接请旨裁夺之院章觉有未合，军机对于此事不能力净便是失职。此后本院具奏之折件内宜将请即直接裁夺一层委婉陈明，免致后来手续又加繁剧，且于立法、行政界线易滋淆混，方才闵议员所说的即是此意，本议员甚表同情。

一五一号（黎议员尚雯）：我国近年来内政、外交弄得这样坏，皆由于军机大臣不得其人，现在军机大臣既然不负责任，就不应用不负责任的军机大臣主持国事，应赶紧组织责任内阁，并不得用现在不负责任之军机组织之至。弹章应罗列近年内政、外交之种种失败皆由于军机大臣不负责任所致，危而不持，颠而不扶，此等不负责任之军机尚可容留而不去之耶！

一九六号（牟议员琳）：前天下两个上谕，一个是交盐政处察核，一个是交民政部察核，于院章请旨裁夺之意不合，既系军机大臣署名，而不据章奏陈，所以弹劾军机大臣的奏案因而发生的。至于不负责任的问题，此是关于制度问题。现在当内忧外患之时，固不容有不负责任之大臣，然军机大臣不负责任不自今日始，若以不负责任为弹劾之根据未免不合，所以我们上奏当主张组织内阁促其同负责任，不必再以弹劾为题。

一零七号（李议员榘）：取消奏稿之原因为今天已有交旨，军机处将手续错误改正过来。惟前次议决之议案是弹劾议案，其原因有二：一是因两道上谕，一是因答复说帖不负责任，现在取消是取消奏稿，不是取消弹劾。据本员意见，作为讨论终止，不必再付表决，即请上次六个人另行起草，不然又要耽搁工夫了。

一二六号（陶议员镕）：对于牟议员所说"军机大臣不负责任不自今日始，不能弹劾"这句话不赞成。从前不负责任无实据，今既有答复书，就是军机大臣不负责任的实据，我们中国的人无论自上至下都不能说不负责任，何况军机大臣！他说不负责任，我们一定要弹劾他的。

百九十号（吴议员赐龄）：牟议员所言前日议题不适用，乃一个人的意见，不是全体的意见，万不能再行表决。

一四八号（陶议员峻）：军机大臣不负责任那是向来的习惯，本院议决的事交部察核，现在虽然有这两道上谕，这是本院争出来的，并不是他负责任，就是他不负责任，我们总要叫他负责任，所以一定要请朝廷速行组织责任内阁。因为有负责任内阁才有国家，有国家才有皇上，所以国家责任是不可无人负担的。若军机大臣不负责任就不可不弹劾，现在中国内忧外患，而军机大臣敢忍心害理，对于国家的事情不负责任，我们岂可如此罢手。（拍手）

一七七号（李议员文熙）：现在并没有不主张弹劾军机大臣的话，军机大臣不负责任可以作为议题，我们既主张如此，即当另起奏稿具奏，何必多为讨论，徒费时光。现在的讨论已分两派，一派是主张继续上奏，一派是主张另行具奏，何不就此两派即时决定。

百九十号（吴议员赐龄）：籍议员的报告书说得很明白，籍议员是代表六个人的意见，并没有说是全体不合，不过是一半不合，现在将不合者取消就是了。

（拍手）

百十号（于议员邦华）：本员的意见亦是吴议员的意见。李议员所谓分两层，那天研究的就是以不负责任为前提，因为不负责任事情很大，所以现在的奏折不能全改。我们所弹劾的是弹劾他不负责任，大家已经表决过了，就请议长另行指定起草员，不必分一层、两层的表决。

四九号（赵议员椿年）：照议事细则一百零九条规定，就可以作为议题，不必再付讨论。

一三四号（余议员镜清）：这件事情已经三分之二表决过了，不必再行讨论。

一一二号（陈议员树楷）：上次取消奏稿时候已经认为议题，不过第一层是取消奏稿，第二层是表决，一个弹劾案不必再行研究，请即付表决就是了。

百九十号（吴议员赐龄）：起草员既已说明，万不能再行表决。

百八十号（刘议员伟）：取消文章并不是取消弹劾案。

一五一号（黎议员尚雯）：就是起草员修正为是，不必再行起草。

七五号（长议员福）：前拟弹劾军机大臣因其"违背法律"，是以用二十一条规定。现在仅谓"不负责任"，然所谓"不负责任"者究竟是否"违背法律"，请诸位研究研究。本员非谓军机大臣不应弹劾，院章既无弹劾明文，不如不提"弹劾"字面，只说军机不负责任、请设责任内阁遵章具奏。

一四八号（陶议员峻）：取消是取消文章，照二十一条所说，军机大臣"侵夺权限、违背法律"于何处见得就是这个资政院之权限，军机大臣本已侵夺，因本院力争才有今日之效。争之则收回，不争则失去，前天两道上谕正是证明军机大臣侵夺权限的地方，我们弹劾他不止在违法一方面。

一一七号（雷议员奋）：前天所发生弹劾军机大臣的问题现在拿这个奏稿已经表决取消了，后来又出生一个问题，说我们资政院要弹劾必须通过三分之二以上的人，到底没有取消还是拿奏稿一块儿取消呢，因此生出这个问题有种种的议论。有人说作为两层，第一层是取消奏稿，第二层是作为议题，这个议题要行讨论表决，这一层非常的危险。本员想起来比方拿这个"弹劾军机大臣"六个大字要请资政院表决，现在准不够三分之二以上赞成的。（拍手）因为不够三分之二以上赞成就不能通过了，这个议题就不能成立的，还是要另起炉灶。我们议员既经表决,现在资政院里头分为两派是非常不好的,本员以为今天不应讨论下去,若再讨论,可以令政府一方面知道我们资政院议员的内容非常的不好。"弹劾军机大臣"这六个字是一个题目,作一个奏稿折子上所讲的话就是我们资政院所议决的话,"弹劾军机大臣"至多有一半赞成,有一半反对而已。如果说现在军机处既不负责任就要废军机处的,一废军机处就要设立责任内阁,若照这个样子问大家表决,一定可以得多数赞成的。废军机处立责任内阁的理由在甚么地方,就在军机大臣不负责任的地方。军机大臣对于中国内政、外交不负责任,还有种种的事都在不负责任之中,打算组织责任内阁就不能不说到废军机处,军机大臣种种不负责任就不能不说军机大臣种种败坏国家的情形,这都是资政院要讲的话,这篇话大家一定都赞成的。"弹劾军机大臣"六个大字若是讨论无已,恐因此一天闹一天,本员意见可以不必再行讨论。这个议题起草可以由议员自己起草,不必由议长指定。前天议决的结果,六个起草员不必分清楚,因为议场公共的意见还是委托前次起草的人作一废军机处、设立责任内阁的奏稿,而申明军机大臣不负责任等之理由,一篇文章出来再请大家表决,我们全体议员应该没有一个不赞成的。起草员起出草来,赞成不赞成在我们,不在题目。本员的意见就是想起草员再作第二篇文章废军机处、设立责任内阁。

百九十号(吴议员赐龄):本员对于雷议员的说话,我们资政院自立的地位很危险的,资政院之表决若是有异议,当即时再行表决,断不能于全体表决之后再行取消,这没有如此办法,"不负责任"已经成为一个议题。今天籍议员所说试问是否代表六个起草人的意思,如果代表,六个起草员已经说得明明白白,说前日议决的结果有两个条件,一件是根据两道上谕,一件是军机大臣不负责任之答复,今天因为奉到两个交旨,所以条件取消一半,但那一件是文章,不是弹劾,军机大臣之议题何得再付表决。照雷议员所说拿这件事情另作为一个题目再行表决,还要经三分之二以上赞成,则资政院表决事件可以随时变更,我等资政院之地位岂不十分危险吗?

一四八号(陶议员峻):雷议员方才所说的话把这件事情作为一个单提案,恐怕本院通不过去。因为本院显然有二派,不过一派是民选的,一派是钦选的。据本员看起来,议院责任在于维持国家的安宁,军机大臣不负责任,置国家安宁于不问,我们百姓就危险的很,所以民选议员要弹劾他。但如果国家亡了的时候，试问钦选议员还能坐在这个地方么？现在我国家到这个地步，大家想一想是谁之咎，本议员想起来我们议员之中决没有人为军机大臣袒护而置国家之危亡于不顾的，军机大臣虽不负责任，我们决不能不负责任。既负责任，应说的话就该说的，若说军机大臣不应弹劾，就有害于国家，有害于人民，请诸位注意。

　　七四号（陆议员宗舆）：现在的问题大家讨论的很多，无非是说军机大臣不负责任，因是主张弹劾。但论事须要平心静气，我们资政院是尊重法律的地方，说一句话均要根据法律，且国家现在的制度亦不可不考求。即如弹劾的问题，照外国国会弹劾内阁大臣的办法，经上、下两院议决上奏之后，不是解散议院，就是政府辞职。而中国现在制度凡有上奏权者皆有弹劾权，即以一个上奏权之作用便可弹劾政府，是照我中国旧制说来，弹劾军机大臣本不费事，正不必如今日资政院议员以二百人之多讨论至三、四日之久尚未见解决也。但是今日资政院以全院议员议决，弹劾自须分明，非一个人之弹劾权可比，其弹劾之效力结果诸君正宜细心研求，应如何而能显出资政院之弹劾权。然而院章二十一条只有请旨裁夺，而今日之对待者又是乾隆以来旧制相沿之军机大臣，并非责任内阁，是决不能有外国国会对于政府的效力。照本议员看来还是不要轻用这个弹劾权的好，原来这弹劾问题是根据前天两道上谕，但今天上谕下来已经对于本院所奏云南、广西的两件案依议，可见我皇上、我摄政王知道我们资政院是立法的地位，是很尊重的。今天若再行弹劾，则将没有根据了，没有根据的弹劾恐怕没有甚么效力，则未免本院轻用弹劾权了。原来军机与各部为国家行政机关，资政院为国家立法机关，我们资政院对于国家有极尊严、极重大之赞襄的责任，并不是纯然与政府为难，就算尽了本院的责任了，必须想到要尽责任的实际方不失朝廷设立本院之本意。前次开国会的谕旨本有预即组织内阁一层，现在为实际有益的着想，自不如请即组织内阁。今若弹劾军机大臣，就将乾隆以来的制度不合的说起，不但代远年湮，就是弹劾上去，恐皇上也没有办法，所以还是从实际有益的着想，奏请即行组织内阁，而内阁未成以前则请明定军机大臣责任方是个办法。又还有一层。方才陶议员说钦选议员与民选议员如何如何，这个话是不对的。本院议员无论钦选、民选，对于国家都是一样的责任，愿大家都平心静气把国家的各种机关日求改良，才可以上对皇上，并不是天天与人争权作难，便算是我们议员的职任。

百十号（于议员邦华）：陆议员的话井井有条，本员很赞成的。但是有一句质问的话，这责任内阁未成立以前，军机大臣就可以不负责任吗？

七四号（陆议员宗舆）：也有应负之责任。

百十号（于议员邦华）：责任内阁未成立以前，军机大臣要是办事不能称职，到底是应该弹劾、不应该弹劾？

七四号（陆议员宗舆）：看他那一事是侵权，那一事是违法，也未尝不可弹劾。

一一十号（于议员邦华）：试问不负责任是违法不违法？

七四号（陆议员宗舆）：本员是要请明定军机大臣责任。

百十号（于议员邦华）：不但军机大臣不能不负责任，就是我们全体议员都不能不负责任。试问议员负的是甚么责任？就是请朝廷从速改良政治机关，故速组织责任内阁也是第一层办法。但现在只可研究弹劾军机大臣的问题，有说可以弹劾的，有说不可以弹劾的，究竟的意见是一样的。但是说没有根据这个话可是不对的，军机大臣之有副署是乾隆以来的旧制，而副署可有副署的责任，且照院章第一百十六条本院可以具奏军机大臣，如果不负责任就是对于国家有危险的事情，为甚么不具奏弹劾呢？方才所谓取消的是取消奏稿，并不是取消弹劾案，一个议题断没有表决两次的道理。前天表决的时候也预料必有今日之上谕，军机大臣虽然不保护资政院，而皇上的意思总要保护资政院，我们要弹劾军机大臣正是感激皇上的意思，若是不弹劾军机大臣，就是资政院不负责任的证据。如果当内阁未成立以前，军机大臣既不负责任，而资政院又不负责任，天下事尚可问么！

一二六号（陶议员镕）：陆议员的话是很不对的，天下事断没有不负责任的，就是乾隆年间专制时代军机大臣亦无不负责任的道理。我们弹劾军机大臣是我们议员尽责任，陆议员说我们与政府争意见，试问议员与政府意见可闹不过，我们欲尽责任即不能不弹劾政府，此事现在不必讨论，请议长指定起草员另作文章就是了。

一一七号（雷议员奋）：今天议决弹劾军机大臣的问题，二百议员都应发表意见，不要存一钦选、民选的心事。方才陆议员所主张的对于军机大臣也是可以弹劾的，因为弹劾本是我们资政院之权柄，照院章有具奏的权利，所以就有弹劾的办法。陆议员意见以为资政院弹劾之权与御史一样，不过情形不同，所以全体所有之弹劾权不可轻用，弹劾之奏折一上，但总要有效力，大概宗旨如此。本议员以为资政院不必一定是法律的问题才想法子去办，我们要有正式眼光、正式手段改良中国政治，现在政府要是将法律去办，恐怕政府还没有这个程度，这是第一层。第二层资政院的弹劾权有多少的时候，诸位必要知道只有三年，宣统五年就要开国会，未开国会以前本院的弹劾权只有三次，如果要用弹劾的时候现在就可以用的。上谕说宣统四年就要组织新内阁，我们资政院要想到宣统四年就要将内阁组织成了，但在新内阁未成立以前就可以弹劾，若到资政院闭会之后就不能弹劾了，要说到明年再弹劾，恐怕明年开会的时候军机处就没有了。然则如此说来，是我们资政院只有这个时候可以弹劾军机大臣的，然而不是这个意思，我们现在对于设立责任内阁的机会就多一层力量，如果责任内阁早一天成立，国家就早一天有好处，这个问题前天已经议决的。今天上谕下来就作为罢论，因为要弹劾军机大臣不过是要法子组织新内阁，不能不从此入手。本员的意见以为这个问题不必根据于法律然后可以决定，要用正式的眼光、正式的手段去办。方才本议员说不宜再讨论，是本议员对于今天议场用正式眼光看出来大家对于此案都有同心，不怕不能成立，所以陆议员的话也不是不对的，但现在不能用这个话去解决军机大臣之责任，至于别的方法也不能适用的。

一百九十号（吴议员赐龄）：陆议员方才说弹劾的事情要异常慎重，试问资政院全体的表决是否应该郑重，当初表决之时如果不以为然，该议员就应该提出意见，况前天表决的系以不负责任为前提，不能因今天的上谕就将前天的表决全行取消，现在只问起草员的代表籍议员原定六个人还担任起草与否。况议案表决之后万万没有作废的道理，不过对于此案无非把此篇文字变更，断不能将已决之案再付表决。试问陆议员说我们资政院亦有辅弼责任，究竟我们责任与政府负责任还是相同不相同。我们资政院议员以保护资政院应守之法律为责任，军机大臣以保护军机大臣应守之法律为责任，是绝对不相同的。陆议员说上奏的案子先要看效果如何，试问今日若未交旨，即照原折上奏，贵议员能否推定将来的效果。

一零九号（籍议员忠寅）：今天大家为这个问题讨论得很久，相持既久，语渐激烈，可是这个时候没有几个人说几句平心静气的话，本议员想这个问题总是不能解决的。本议员有个解释的话，有个调和的话，先把吴议员质问本议员报告起草意见的话回答一遍。本议员以先报告说我们起草员对于本院意见有代表性质，本院已经声明在先，至若奏稿与从前的情形不同已经咨询本院取消，但是本员先说取消的一半，没有取消的一半，其取消的就是这个奏稿，不是这个议题，以前天大家表决过本员也不敢说取消。不过这个议题一半的理由是根据前天的上谕，一半的理由是说军机大臣不负责任，现在已奉上谕，所以将前奏稿取消，究竟与议题毫没有关系。就是奏稿取消，议题自然还是成立，并在已经表决的议题照法律上说不能无故取消。就实际上说无论有无前天的上谕与今天的交旨，到底军机大臣对于自己责任有缺点没有缺点，如果没有缺点，我们就不能上奏，若不能负责任，就算是有缺点。我们资政院既有上奏的权限，就有弹劾他的权限，这个议题一定不能取消的。大家争论的话本议员想起来可以用一句解释他，其实大家争论的地方就是一方面说不应该弹劾军机大臣，只要说军机处制度不善，须请裁撤军机处，赶紧组织责任内阁以代军机处就是。向本院的议员一方面说军机处因为该大臣等既不负责任，非弹劾不可，一方面说不要弹劾，两面反对之话越争越激烈，但是这个问题既已成立，可以就这个文章要想到设责任内阁、裁撤军机处，以这个主义为主义，试问如果要设责任内阁，因为军机处不行，试问军机处如何不行，因为军机处不负责任，试问军机处如何不负责任，就应当引证军机处所有一切不负责任的话，然后可以说到赶紧设立责任内阁的地方，说到这个地方就算是军机处的缺点，将来起草的人必定把这个意思全加入奏稿上。至于归宿的地方，还是说军机大臣不负责任，军机大臣不负责任就不能尽军机大臣之职，到底怎么样，还是说军机处不行，请设责任内阁，以责任内阁为归宿。若说到与以相当之处分，这是很难的。我们资政院对于各省督抚也没有请到一点处分，想此次弹劾军机处也是没有一点处分的，在我们何故要上这个无效力的折奏呢？因为目的所在必请设立责任内阁，要说设立责任内阁的理由就是说军机处不负责任，就这个文章岂不是两方面一样的。至所争弹劾不弹劾的问题，奏折上也能有"弹劾"两个字，无论主张那方面的话奏折总是上的，上次由议长指定起草员，恐此次再须斟酌。我们起草员并没有他项的意见，还是请议长另行指定起草员为好。

六七号（王议员璟芳）：今天研究的是弹劾不弹劾的话，据本员意见，弹劾上奏的意思是很赞成。但是这个上奏案与前次不同，前次是据院章二十一条的，至于所谓"弹劾"的字面院章上却没有的。既然只说军机大臣不负责任，将来具奏是否可以再据院章二十一条，在本员以为不如用议事细则一百零六条为好。我们说军机大臣不负责任的结果就在要设责任内阁，此次具奏案不当就完全弹劾军机大臣立词，请议长即刻指定起草员就是。

一五三号（易议员宗夔）：请议长照籍议员的意见指定起草员，现在应作为讨论中止。

一一七号（雷议员奋）：请议长或另指定起草员，或仍请原来六人担任。

各议员呼"赞成"。

一六一号（张议员之锐）：今日所议弹劾军机大臣众议员争执之点有二：一是说要弹劾军机大臣，一是说不必弹劾军机大臣。其主张弹劾军机大臣者又分两派：一是主张弹劾【军机】大臣不负责任，一是主张设立责任内阁。本员意见以为今日弹劾军机大臣乃自然人上问题，设立责任内阁乃机关组织上问题，不得即以现在机关组织之不良藉此转圜，未减军机大臣不负责任之罪。若现在军机大臣如此腐败，资政院不极力弹劾，使之去位，则将来设立责任内阁仍必滥竽其间，恐新设立之机关又被若辈弄坏了，万不可一误再误。

一百十号（于议员邦华）：军机大臣不负责任就是因他个人不负责任，我们所以不能不弹劾他。

议长：现在作为讨论终止，可以不必发言。

议长：这个议题还是另作一个议题，抑仍接续前天的议题。

一一五号（许议员鼎霖）：请发言。

众议员呼"讨论中止"。

一一五号（许议员鼎霖）：本议员两次发言没有机会，讨论终局不能发言载在议事细则，而议事细则一人不得数次发言，今日大家有发个六、七次的，本议员此次并且要请议长允许登台发言。

议长：可以登台发言。

一一五号（许议员鼎霖）：方才籍议员说要各位议员平心静气解释这个问题，本议员很佩服的。但此问题据本员看议长已说明先行表决取消奏稿，既说先取消奏稿，自然是后表决军机大臣不负责任、要设责任内阁，这个问题就解决了，又何至讨论到两、三点钟之久，耽误有用的时间。本议员看此问题须将弹劾理由说明，大家即可释然。若说军机大臣谋反叛逆，何能得本院赞成的，若说军机大臣不负责任必至亡国，无论钦选、民选议员均皆赞成，即受军机大臣私恩之人亦必赞成。盖国亡，军机大臣何能独存，军机大臣私人亦同归于尽焉。有不愿意他负责任的，（邵议员发言）我说的话是很有趣味的，请大家注意。本议员意见只要弹劾军机大臣制度不好，逼他们赶急设责任内阁，钦选、民选的议员自然无不赞成的，请议长作为讨论终止，指定起草员。至这个议题就是不负责任、要设责任内阁，何必再多讨论。

议长：这个具奏案的议题似仍以"不负责任"几个字为是，按照这个议题即请原起草员再行起草何如？

一零七号（李议员榘）：请由议长指定原起草员或另指起草员，不能问原起草员愿意不愿意。

议长：原起草员六位，现在已有一位请假，还是另行指定罢。

议长：起草员仍指定六位，由秘书长报告。

秘书长报告起草员姓名：邵议员羲、孟议员昭常、易议员宗夔、顾议员栋臣、李议员文熙、籍议员忠寅。

议长：现在开议。按照议事日表第一，是修正报律条文议案再读。

一五三号（易议员宗夔）：这个报律第十一条是前天特派员提出修正的案，据本员意见，特派员照例不能提出修正案，照议事细则六十六条说得很明白的，看这个条文只有军机大臣及各部行政大臣提出修正案，至于特派员是不能提出修正案的。但是那天本员疏漏通过，也不能怪特派员，也不能怪议长，本议员还是请取消这个特派员的修正案为好。

一三七号（邵议员羲）：这个十一条修正案前次会场已经本院表决过，不能轻易取消。惟当表决的时候已在休息，重入会场之时此时人数是否在总数三分之二以上议长并未报告人数，故本员对于前次表决颇有异议，应请议长照议事细则七十五条再行使反对者起立而反证之。

一五三号（易议员宗夔）：本议员看不必另行表决。因为政府特派员是不提出修正案，须是从根本上解释的。若是特派员随意用纸条写几个字就作为修正案，没有这个办法，并且法典股说修正案若不交审查，法典股也要全体辞职的。

一三七号（邵议员羲）：无论政府与议员提出来的修正案若既经本院表决即可取消，此例是很不好的。惟本员对于前次表决颇有疑（意）〔义〕，故请议长或用无记名法再表决一次，或使反对者起立以反证之，究竟前次之表决是否多数赞成。

一五三号（易议员宗夔）：本议员还是赞成不必表决，此案本院议员前次都有错误，这个错本院应该要认的。

百十号（于议员邦华）：易议员要取消，邵议员要再付表决，却是一样。其实"摘发阴私"四字现行律尚未颁布，所以特派员的修正案本来不对，应该取消的。

一四八号（陶议员峻）：照议事细则六十六条看，那天特派员提出修正案，特派员及本院议员都有错误，就根本上说错了的，应该更正。但是这一条特派员修正的并无恶意，不过"摘发阴私"四字太无界限，所以应当改正的。

一五三号（易议员宗夔）：现在既要取消，不必讨论。

一五一号（黎议员尚雯）：据议事细则第七十五条，其表决若有疑议或议员提起异议者，应令以为否者起立。前次表决之件既有异议，还是从根本上解决，取消特派员的修正案就是保全院章。

议长：修正案上回已经表决，今天如要取消，即应再行表决。

一一七号（雷议员奋）：本议员赞成邵议员的倡议，前天我们资政院表决特派员修正案本是多数赞成的，今天由易议员倡议，既然有点异议，就请议长把这个第十一条再付表决，与章程毫无妨碍。

七三号（汪议员荣宝）：照议事细则七十五条，议员对于表决可以提出异议，现在既有人提出，应该照议事细则办理。

议长：现在是表决撤销政府特派员的修正案，还是用反证法？

一四八号（陶议员峻）：反对政府特派员修正案第十一条的就可起立。

议长：是否用反证法表决之后从新讨论？

四八号（陈议员懋鼎）：还是先表决反对第十一条政府特派员修正案的。

一三七号（邵议员羲）：反对政府特派员第十一条修正案可以要他起立，以便证明起立者是〈否〉多少。

一五三号（易议员宗夔）：这是作为两次表决，第一是问特派员可以提修正案不可以提修正案。（语未毕）

声浪大作。

一一七号（雷议员奋）：邵议员倡议是根据议事细则七十五条，与易议员之结果相同，请议长照邵议员倡议请大家表决就是。以政府特派员的修正案命秘书官朗读，请反对者起立，如果多数反对就行取消，然后再将股员会的修正案从新讨论再付表决。

议长：先表决撤销政府特派员的修正案如何？

一一七号（雷议员奋）：先表决撤销不甚好。

八零号（劳议员乃宣）：邵议员倡议前天表决人数不甚明晰，不知果是三分之二否？今天表决请先数议场的人数。

议长：今天到会的一百四十六人。

八零号（劳议员乃宣）：现在已有离席的。

议长：现在由秘书官朗读政府特派员的第十一条修正案。

秘书官（曾彝进）：朗读特派员修正案第十一条。

议长：现在朗读过了，以为否者请起立。

众议员起立。

秘书官点计人数，报告起立者九十一位。

议长：多数。政府特派员提出之修正案第十一条否决。

五二号（毓议员善）：请议长将股员会修正案再付表决。

百十号（于议员邦华）：本议员有个修正案。

议长：股员会修正案第十一条陶议员峻有修正案，由秘书官朗读。

秘书官（曾彝进）：朗读陶议员峻修正案十一条。

议员有呼"不赞成"者。

议长：于议员邦华修正案第十一条由秘书官朗读。

秘书官（曾彝进）：朗读于议员邦华修正案十一条。

众议员呼"赞成"。

议长：现在表决。

七三号（汪议员荣宝）："诬损"二字与"专为公益"一句不甚联络。

百十号（于议员邦华）：没有甚么不联络，只注重在专为公益起见，因为此一句话可以把"并无恶意"及"不是摘发阴私"的意思全包括在内。

一三七号（邵议员羲）：于议员修正案宜稍为改正，"诬损"二字似应改作

"损害"。

一五三号（易议员宗夔）：条文愈简愈好，于议员修正案很简的，所以很好。

一三七号（邵议员羲）：据于议员修正案"但是专为公益"字样是重复的，所以这几个字颇不妥当。

七三号（汪议员荣宝）：本议员声明股员会修正的意思。原案"毁害他人名誉不论有无事实，报纸不得登载"是采用不论事实主义，众论以为太苛，各报馆陈请书多请采用事实主义，故股员会决议删去"不问有无事实"一语，而于条文内增入"证明事实"字样，此是采取报馆的陈请。现在既据特派员说明采用事实主义，将来于实行上有许多不便，本股员会亦并不一定主张，请诸君详细讨论。

百十号（于议员邦华）：可以改正。

议长：于议员的修正案邵议员又加以修正，由秘书官朗读。

秘书官（曾彝进）：朗读邵议员羲修正于议员修正案第十一条。

七三号（汪议员荣宝）："但"字可以改"其"字。

议长：照汪议员所改，由秘书官再读一遍。

秘书官（曾彝进）：朗读汪议员修正于议员修正案第十一条。

议长：现在表决于议员修正股员会的修正案第十一条，请赞成者起立。

议员多数起立赞成。

议长：多数。

议长：现在朗读雷议员修正案第十二条。

秘书官（曾彝进）：承命朗读雷议员修正案第十二条条文。

议长：请雷议员说明理由。

一一七号（雷议员奋）：这个没有甚么理由可说，就是第十二条照股员会修正案"凡是关于海、陆军秘密事件及国家政治上的事体不得登载"，本议员的意思以为"海陆军秘密事件"这"事件"二字可以删去，有底下"事件"二字就可以包括海陆军的事件，有这"秘密"二字可以稍为限制。

议长：大家有无讨论？现在表决雷议员修正案第十二条，赞成者请起立。

议员多数起立赞成。

议长：多数。

议长：朗读第十三条股员会修正案。

秘书官（曾彝进）：承命朗读第十三条股员会修正案。

议长：有无异议？

众议员呼"无异议"。

议长：现在朗读股员会修正案第十四条。

秘书官（曾彝进）：承命朗读股员会修正案第十四条。

议长：有无异议？

众议员呼"无异议"。

议长：现在朗读第十五条修正案。

秘书官（曾彝进）：朗读第十五条修正案。

议长：有无异议？

众议员呼"无异议"。

议长：现在朗读修正案第十六条。

秘书官（曾彝进）：朗读修正案第十六条。

七三号（汪议员荣宝）：本员对于以下数条文例尚有声明的地方，请诸君注意。旧报律的罚则是轻刑在前，重刑在后，皆云"几圆以上、几圆以下之罚金"，"几年以上、几年以下之监禁"，现在新刑律草案反之，是将重刑列前，轻刑列后，应改从一律，请诸君讨论。

议长：此是修改字句，俟三读时再行办理。

议长：众议员对于修正案第十六条有无异议？

众议员呼"无异议"。

议长：现在朗读修正案第十七条。

秘书官（曾彝进）：承命朗读修正案第十七条。

议长：有无异议？

众议员呼"无异议"。

议长：现在朗读修正案第十八条。

秘书官（曾彝进）：承命朗读修正案第十八条。

议长：有无异议？

众议员呼"无异议"。

议长：现在朗读修正案第十九条。

秘书官（曾彝进）：承命朗读修正案第十九条。

议长：有无异议？

众议员呼"无异议"。

议长：现在朗读第二十条。

秘书官（曾彝进）：朗读第二十条。

议长：有无异议？

众议员呼"无异议"。

议长：现在朗读第二十一条。

秘书官（曾彝进）：承命朗读第二十一条。

议长：有无异议？

众议员呼"无异议"。

议长：第二十二条雷议员有修正案，现在先朗读雷议员修正案第二十二条。

秘书官（曾彝进）：承命朗读雷议员修正案第二十二条。

议长：请雷议员说明理由。

一一七号（雷议员奋）：照股员会修正案第二十二条是对于第十条第一项、第二项、第三项而言，不过第十条第一款是冒渎乘舆之语，第二项淆乱政体之语，第三项妨害治安之语，第四项败坏风俗之语。据本员意见以为，第二项应另外有一种罚则，尚重一点，第四项不应当比作一样，因为妨害治安有种种的妨害、种种的情形不同，且妨害治安与冒渎乘舆、淆乱政体相同，比方报馆登载本是妨害治安，而没有第一项、第二项的事，所以第二十二条第三项应当加在第二十三条上头。

议长：雷议员第二十二条修正案有无异议？

众议员呼"无异议"。

议长：第二十三条易议员宗夔有修正案，现在先读易议员修正案第二十三条。

秘书官（曾彝进）：承命朗读易议员修正案第二十三条。

八一号（章议员宗元）：请易议员说明理由。

一五三号（易议员宗夔）：现在我们中国监狱没有改良，监狱很黑暗的，办报的人都是文弱书生，不能以野蛮的刑法待之，所以对于这文弱人的处分当稍轻一点。

议长：汪议员有修正易议员的修正案第二十三条，现在由秘书官朗读。

秘书官（曾彝进）：承命朗读汪议员修正易议员之修正案第二十三条。

一五三号（易议员宗夔）：还请议长将本员提出之修正案先付表决。

议长：易议员修正案已朗读过了，赞成者请起立。

议员多数起立赞成。

议长：多数。

议长：二十四条易议员宗夔有修正案，现在先读易议员修正案第二十四条。

秘书官（曾彝进）：承命朗读易议员修正案第二十四条。

一二九号（汪议员龙光）：对于这二十四条本议员有一个讨论。这第二十四条是对第十一条而言，此次修正报律之意注重全在第十一条，故第二十四条定罚亦很不平等的。政府特派员解释损害名誉便是摘发阴私，虽经撤销不用，然大致解释实不外此。大凡阴私之最有关系者不外官场与绅士，官场阴私必是于国家公益有妨害的，绅士阴私必是于社会公益有妨害的。然条文上既改明"凡为公益起见皆可登载"，看来不可登载者只是一种无关公益之阴私，则坐落是一种不足重轻之人，且坐落是一种不足重轻之名誉，报纸决不至登载，即偶尔登载出来也不过是泄漏个人无甚关系之阴私，比较第十二条泄漏外交、海陆军一切秘密政策孰轻孰重可不烦言。而办乃第二十五条定第十二条泄漏政策之罚，科以二十元以上、二百元以下之罚金，这二十四条定十一条泄漏个人阴私之罚，亦科以二十元以上、二百元以下之罚金，这就很不对了。

一五三号（易议员宗夔）：本员提出修正案方才汪议员的意见也是把"监禁"删去了，现在政府那一边要保全个人的名誉，不得不如此规定，言论自由也是很要紧的。

议长：第二十四条再朗读一遍。

秘书官（曾彝进）：承命朗读。

七三号（汪议员荣宝）：原来第二项、第三项还有语病。

议长：是否遗失一个"以"字？

一五三号（易议员宗夒）：没有遗失。

议长：现在表决易议员修正案第二十四条第一项与第二、三项股员会修正案，赞成者请起立。

议员多数起立赞成。

议长：多数。

议长：第二十五条易议员、雷议员俱有修正案，现在先读易议员修正案第二十五条。

秘书官（曾彝进）：朗读第二十五条易议员修正案。

议长：请易议员说明理由。

一五三号（易议员宗夒）：第十二条是关系国家的，所以本员不主张去了"监禁"，对于十三条是没有监禁的，所以本员还是主张只有罚金。

议长：现在朗读雷议员修正案第二十五条。

秘书官（曾彝进）：朗读雷议员修正案二十五条。

议长：请雷议员说明理由。

一一七号（雷议员奋）：本员这个修正案与易议员要去"监禁"的意思一样，其理由前天已经说过，今天可以不必说了。但是要把"监禁"删去是根本上的意见，与易议员不同。为甚么呢？照易议员意思，仿佛是违第十二条的重，违第十三条的轻，所以违第十三条者只处罚金，把这个"监禁"二字删去似乎有轻重之别。本议员所以要去"监禁"，不在轻重着想，照原案定这个处分似乎轻重之际没有分别的，没有讨论的。照原案处二十日以上、六个月以下监禁或二十元以上、二百元以下之罚金，二十日以上、六个月以下之监禁比较二十元以上、二百元以下之罚金都是并行的，处监禁就不处罚金，处了罚金就不处监禁了，所以股员的修正案一个监禁、一个罚金这两种都说是可以用的。现在就事实上着想，这个要删去"监禁"两字的理由有两种：一种是中国现在的监禁没有改良，二种是报馆的人都是文弱人，与普通人民不同，照现在的情形若是把监禁去处报馆的人，他是断受不起的。这是一件，还有一件。本来当于定这个监禁甚妥当的，后来因为于事实上有妨碍，所以本员以为只处罚金，把"监禁"删去。比方外国的兵船到了中国，兵船的人到中国犯了事是应当处监禁的，但是受了监禁起来外国人失了一个服务的兵，中国多了一个没有主权的人，所以就事实上看有不方便的地方，只可以改作罚金。报馆人也是一样的，办报馆的人拿了许多钱去请一个主笔，今天把这个主笔的监禁，明天的报就不能出了，所以本议员把"监禁"删去是事实上着想，不是轻重上着想，所以违第十二条、第十三条均一律改作处罚金。

一五三号（易议员宗夔）：雷议员的话本员不以为然。这个第十二条关系很重要，把"监禁"去了，恐怕于国家前途有危险的地方。

百十号（于议员邦华）：这个事不必讨论，有这个"或"字是个活动字样，或者处罚金，或者处监禁，就事实上看两样都可以用的。

四八号（陈议员懋鼎）：本议员的意见赞成易议员的修正案。这个第十二条与前后两条轻重不同，第十二条是国家秘密事件，关系很重，虽然有个"或"字，两个办法是一样用，然而就事实上看究竟监禁较重，既然较重，则情节较重者不能不监禁，还是照易议员的修正案为好。

一一七号（雷议员奋）：照陈议员所说的赞成易议员的地方，因为违背十二条泄漏国家秘密事件非常之重，应该处监禁，不必处罚金，既是要以他的罪名为重，可以处监禁、可以处罚金，按现在修正案，违背十二条者其处分还是个"或"字，并没有说定只取罚金，陈议员既要保全国家秘密的事件，就是不处监禁、只处罚金就可以了。

一五三号（易议员宗夔）：本员修正这个事件就是酌量情形，如果情节较重的可以处监禁，不然就可以处罚金。

四八号（陈议员懋鼎）：本议员的意思亦是如此。对于雷议员尚有个意见，雷议员本来是因为监禁太重，所以要删去监禁，是雷议员已认明监禁与罚金于事实上有轻重之辨，既是事实上有轻重，自不能不加分别。

一七七号（李议员文熙）：本议员很赞成易议员的话。国家立法用意在刑期、无刑，至于知其为犯罪而敢于违反法律则所有处分实系罪有应得，盖既构成犯罪，则为犯罪人，不问为何等人格也。

百九十号（吴议员赐龄）：对于易议员的修正案不以为然，而且断不适用的。现在的报馆无论定怎么重的处分是不能办他的，因我国未能收回治外法权，秘密之事外国及挂洋旗之报馆可以登载，我们中国之报馆次日就可以照转钞之例登载，其实制限本国报馆丧失新闻之效用而已。

一五一号（黎议员尚雯）：本员赞成雷议员的修正案。因为我国秘密事件只能秘密国民，其实外国报早已登载明明白白了。报馆热心人有时牺牲一、二百罚金登载秘密事件如何种种失败，使通国皆知，大家谋一个补救方法，此等热诚实由于忠爱而发，自应嘉奖之不暇，何得加以监禁之罪。若是恐该馆泄漏秘密事件不准登载，凡对于国家一切事件民人是断不会晓得的，所以本员赞成雷议员的修正案，其意见如此。

一五三号（易议员宗夔）：这个事情要细心审定。办报的如果都像雷议员高尚纯洁是很好的，若是办报的人私通外国、将国家秘密事件泄露是断不能不定一个重大的处分，留了"监禁"两个字还可以限制他。

一一七号（雷议员奋）：因为"监禁"同"罚金"相并，所以本议员把"监禁"删去，现在陈议员同易议员因为十二条情节太重就可以讨论，本员应有发表的意见。

百十号（于议员邦华）：雷议员的意思是事实上一定要用罚金，他这个"二十元以上、五十元以下之罚金"就可替"二十日以上、六月以下之监禁"，这是一个活的，两边都可全用，既然是个活的，何必又生出这个讨论。

一一七号（雷议员奋）：照陈议员、易议员所说的，似乎泄漏外交上秘密事件，比方陆、海军秘密事件，不想法子保全于国家前途有非常之危险，那是不错的。但是要保全国家秘密的事件，可是担这个责任的，不只是报馆的人。报馆的人他要登载外交的秘密同海、陆军的秘密，他自有法子登载，自有法子维持报章，无论处"二十元以上、五十元以下之罚金，二十日以上、六月以下之监禁"都不能限制他的。因为他要登载这个事就有法子，所以本议员报律把"监禁"删去，恐怕监禁太重，报馆的人受不住，所以要删去"监禁"，这是就事实上看也总是罚金。不过对于易议员所提出的万一报馆的人私通外国，把国家秘密的事都泄漏，必定（与）〔予〕以重罚，种种情形本员非常之赞成的。但是私通外国人、拿国家秘密事件同外国人做买卖，自己不肯登载，自己不肯登载要外国人登载，那一定不值钱，而且既然登载报端就不是秘密，所以私通外国、拿秘密私通是另外一个问题，不是报馆的人。报馆的主义就是新闻，并不是秘密，说要保全秘密是外务部的责任。若说一定要报馆的人想法子保全，秘密不能说的，我们定这个报律就是限制报馆，保护报馆还有刑律在里头，不能不郑重。既然是限制他，处这个罚金就可以了，万不至不处他的监禁他自己不知范围的，这就是保全国家的秘密。有了这一条，地方官也可以随时范围，因为报律上是可以限制的，若是用监禁处分报馆人是万受不了的，这就是明明把他报馆封起来了。所以我们对于秘密的地方只处他的罚金就足以了事，若是用监禁是万不可行的。

五九号（顾议员栋臣）：请议长计数议场人数，要到三分之二才可以表决。若不就人数表决，将来刑律草案四百零五条还能通过么，如果不到三分之二，今天表决的事明天又反复了，这是很不好的。

议长：现在已经议到第二十五条，剩下几条再读就完了，但现在不到三分之二，照章不能开议。

一一七号（雷议员奋）：这个星期里头只有两个大会，明天星期六就可以开大会，还请议长咨询本院以为何如？

议长：这事还得斟酌，如果明天能开议是很好的。

一五一号（黎议员尚雯）：剪发易服事情就请议长咨询本院以为如何？以便赶紧交议。

议长：现在还有两件议案应付审查，就是本日议事日表第四变通黑龙江垦务章程、第五扼重农政以开财源二案，拟今天把这两案先付审查。

众呼"赞成"。

一五三号（易议员宗夔）：前天请议长知会步军统领衙门，请该衙门将顺治门不宜早闭，不知有着落否？

议长：此事同副议长商酌许久，不但各议员不便，就是于副议长也很不便，因为副议长住在顺治门外，很远的。前天见着民政部的人说过一次，据云城门关不关还在步军统领衙门，可先寄信知会，令其稍候，若是关了再令他开，那是万万作不到的。

七四号（陆议员宗舆）：这件事曾奉谕旨，似乎可以请民政部查卷后援案咨请的。

议长：本日议事日表第六议设审查特任股员，拟指定十八人。

众议员赞成。

议长：现在由秘书长报告特任股员姓名。

秘书长：承命报告审查变通黑龙江垦务章程议案及扼重农政以开财源议案。

特任股员姓名：盈将军、刘道仁、李经畬、陈宝琛、李士钰、周廷弼、林绍箕、王佐良、宋振声、李湛阳、罗乃馨、吴德镇、许鼎霖、文龢、陶保霖、康詠、王用霖、刘曜垣。

一四九号（罗议员杰）：各议员质问各部院衙门的说帖很多，请议长向政府催他赶紧答复，因恐答复不明以便追加质问，如不从速答复，本院散会时候亦快就不能追加质问了。

议长：已经催过一次，现仍可再行催问。

七三号（汪议员荣宝）：法典股员现在缺一股员，请议长报告。

议长：已经报告过了。

议长宣告展会。

议长离席，各议员退出议场。

下午六点钟散会。

资政院第一次常年会第二十二号议场速记录

宣统二年十月二十九日下午一点三十分钟开议

议事日表第二十号

第一，修正报律条文议案。（再读）

第二，著作权律议案。（三读）

第三，统一国库章程议案。（议员提出，初读）

第四，提议陈请全国禁烟办法议案。（股员长报告，会议）

第五，修正禁烟条例缩短期限议案。（股员长报告，会议）

第六，确定义务教育以谋教育普及议案。（议员提出，初读）

第七，修正优待小学教员章程议案。（议员提出，初读）

第八，推广私立法政学堂变通办法议案。（议员提出，会议）

第九，提议陈请全国中学堂改习兵式体操议案。（会议）

第十，请速编订单级、合级教科书建议案。（议员提出，会议）

议长：今日议员到会一百二十七人，现在由秘书官报告文件。

秘书官（张祖廉）：承命报告文件。

议长：现在陈议员树楷有质问海军处说帖一件，又质问民政部关于警察说帖一件，又质问农工商部说帖一件，又质问民政部自治权限说帖一件，均已刷印分给诸位议员，赞成各项说帖者请起立。

各议员起立赞成。

议长：多数。

议长：张议员政质问民政部说帖一件，诸位议员如（于）〔有〕赞成者请起立。

各议员起立赞成。

议长：多数。

议长：易议员宗夔质问陆军部、学部、海军处说帖各一件，诸位议员赞成者请起立。

各议员起立赞成。

议长：多数。

议长：康议员詠质问法部说帖一件，诸位议员赞成者请起立。

议长：多数。

秘书官（张祖廉）：接续报告。

议长：现在收到预算股股员长刘议员泽熙、副股员长许议员鼎霖报告预算，股员会原定十月二十九日为截止之期，现在预算案尚未审查完竣，拟再展限十天，诸位议员赞成者请起立。

各议员起立赞成。

议长：既经多数赞成，可以展限十天。

秘书官（张祖廉）：逐件朗读陈请股报告书，至审查剪发易服无庸会议之件。

一五三号（易议员宗夔）：剪发易服一案前天倡议已经多数赞成，请议长仍将此案交议。

议长：现在朗读报告书，请缓发言。

一五三号（易议员宗夔）：照章得三十人以上之赞成就可作为议题。

议长：剪发易服还有一件议案是罗议员提议的。

一四八号（陶议员峻）：应当合并一起审查。

一五三号（易议员宗夔）：可以合并罗议员提出议案审查。

议长：可以归并一起审查，不过易议员倡议仍须咨询各位议员，如得三十人以上之赞成即可照办。

众起立，呼"赞成"。

议长：已有多数赞成，可以归并审查。

秘书官（张祖廉）：接读代理股员长陈宝琛报告。

一八四号（周议员廷励）：方才报告陈请广东禁赌议案，请议长咨询本院作为议题。

议长：广东禁赌案日前有交旨一道，拟朗读一遍，使众位议员知道。

一八七号（刘议员述尧）：广东禁赌案经陈请股审查，以为无庸会议，这个事关系紧要，还是请议长作为议案。

议长：陈请股认为应请咨询本院，故作为议题与否自可取决于众，惟先须朗读交旨。

秘书官（曾彝进）：承命朗读交旨。

一八七号（刘议员述尧）：请议长付表决。

议长：现在刘议员倡议将广东禁赌一案作为议案，还有一件是各省谘议局关系事件，与此案性质相同，也是广东谘议局为禁赌的事情，可否一同付表决？

一二一号（方议员还）：陈请股审查广东禁赌事件以为无庸会议，若经全院提出，可付表决，若是广东议员当场倡议，不能即付表决。

一八四号（周议员廷励）：这虽是广东的禁赌案，而影响及于全国，请议长作为议案，列入议事日表。

一二一号（方议员还）：广东电文寥寥数字，所以陈请股未能遽认为议案。

议长：现在不止是广东议员提出，还有广东谘议局电及广东总督电都是为禁赌事情，俟秘书官读毕，大家再行讨论。

秘书官（曾彝进）：接续报告，朗读审查各省谘议局关系事件特任股员长报告书毕。

议长：请审查各省谘议局关系事件特任股员长说明理由。

一一五号（许议员鼎霖）：本员系审查股员长，拟俟秘书官报告完毕再行说明。

秘书官（曾彝进）：续行报告毕。

议长：请许议员鼎霖说明理由。

一一五号（许议员鼎霖）：本员按照议事细则第五十三条，委托牟议员琳代为报告，并请择其扼要简单报告。

一九六号（牟议员琳）：本股于十月二十三日开股员会审查各省谘议局关系事件，现在分类报告。首先，报告关于预算事件。山东巡抚来电一件，因为资政院从前电到各省，要各省谘议局核议岁入有无遗漏，要他调查清楚再送本院查核。山东巡抚来电说议会无干涉行政官厅之权，又说谘议局也不能调查确实，来电就是这两层意见。查资政院院章二十二条内载："资政院于各省政治得失、人民利病有所咨询，得由总裁、副总裁札行该省谘议局申复"，有这一条，前回我们资政院是向谘议局打电，不是向行政官厅打电，可见不是向行政官厅发命令，如何说得"议会干涉行政官厅"这句话。至若说谘议局调查不足为凭，独不思各省岁入均已送交谘议局参考，山东岁入表册应该在山东谘议局内，若说"谘议局调查不足为凭"这句话不知从何而来。本院已经回复一电，大意也差不多，那天审查山东巡抚电文的时候，不知本院已有电报去了，所以报告书上请本院电复山东巡抚。现在既有这个电报去了，本员意见还是用个咨文咨送山东巡抚较为详细。还有一件。安徽谘议局来电一件，报告该局于地方行政费内酌量缓急增减，因为地方行政经费谘议局本可议增议减，不必研究。又四川谘议局来电说岁入全册没有划分是否暂时办法，又前次本院复电说本年岁入总册应由本院斟酌核减，现在四川谘议局来电说资政院将岁入全册核减，岁入全册有国家行政经费与地方行政经费，既由资政院核减，又归谘议局核减，难免不两相冲突。查本年预算，没有岁入本是暂时办法，应由本院咨催度支部将国家税、地方税划分，明年地方岁入仍须交议。至本院所谓核减是核减国家行政经费，并不是核减地方行政经费，应请本院电复四川谘议局。还有关于禁赌的事件。两广总督来电说广东谘议局为禁赌事议长、议员均已辞职，几同解散，请示办法。又广东谘议局议长来电说禁赌事情因多数议员反对，所以未能通过，全体议员因此辞职。本议员看广东谘议局禁赌的议案发生在甚么地方，因为广东禁赌有山票、铺票，都是开赌的名目，向例由本省官吏认可才能开赌。从前绍荣公司承办山票，因收入太少改托安荣公司改办，铺票因为有违章影射的事情，广东谘议局所以提出这个禁赌的议案。在谘议局反对议员以为现在既没有定期禁赌，山票、铺票也没有分别出来，如何即行禁止。然要禁赌，就当定个期限一律禁止，不可单禁铺票。那天只有六十五人到会，所以止有三十五人反对，当时就没有通过了。于是提议议员有三十几人辞职，后来又有几人辞职，计共辞职的约有四十余人，而反对议员亦以广东未定期禁赌同时辞职。两广总督看得这个样子，也将安荣公司铺票禁止。由两面看起来似乎所争的各有不同，然都为没有定期禁赌的缘故。我们资政院应将禁赌的议案早日提出，议决后他们自然没有话说。本股审查的情形就是把前次所提禁赌的事情早交会议，一面电知两广总督，要谘议局仍旧开议，不必各存意见。还有几件电文就是广东本地绅士说议员反对禁赌，要将议员惩罚。广东谘议局议员有无受贿情节本院也不能知道，且资政院章程没有惩戒谘议局议员的条件，这几条据本股审查可以无容会议。但是二十三日审查禁赌之后，旋于二十四日看得上谕，因度支部定期禁赌已奉上谕"依议"，但只看得上谕，而原来奏折《政治官报》上也没有载明，这个情形尚不知道，若将来本院提出议案，所议者究竟与度支部奏折的意思相合否不可得而知。本员意思应由本院备个文书，请度支部将奏稿送来，看明后再议。还有关系馆谘的事情。本年宪政编查馆谘各省督抚章程内凡关于谘议局有五条办法，前天四川谘议局来电说，宪政编查馆五条内第一条系督抚答复谘议局质问少则十日，多则二十五日，而谘议局常年会每年只有四十天，若一个质问迟至二十五日答复，谘议局已经闭会了，是明有期限、实启留难，若不早先答复，以后议决均为无效。还有一件是问宪政编查馆定督抚答复谘议局的日子，如果督抚逾限答复谘议局承认不承认，如果谘议局不承认，则督抚有制裁没有，若督抚答复过了，期限应作如何办法。查前次广西谘议局也来一电，说宪政编查馆所定官制五条于谘议局不利，应请本院谘催宪政编查馆将官制五条送交本院会议。从前已谘问宪政编查馆，现在尚未接到答复，应由本院再备谘文催速交出为要。还有关于展会的事情。浙江谘议局来电报告展会五日，这是照章于四十日外展会五日，无庸电复。以上系各种电报，还有几种文件。有关于预算事情，浙江谘议局呈一个咨文说本年预算有岁出，没有岁入，且岁出表册许多不合，因将原案退交浙抚，请改好后再交谘议局议，浙抚仍将原案交回。又谘议局因停会太久，瞬时又将闭会，日子已过，不及审查。查今年预算没有岁入，各省大概如此，本院已电知各省将岁入作为参考。查本院前曾电复奉天、四川照章程开临时会，本员意见应请议长电知浙江谘议局再开临时会接续会议。还有关于铁路事情。浙江谘议局来文驳"铁路公司与普通公司不同"这句话，浙江铁路本是商办，后来邮传部因革汤总理，说铁路公司与普通公司不同，谘议局呈文辩驳请本院核议。这是关系陈请的事件，应交陈请股审查。还有关于核议事件。直隶谘议局呈文说津浦铁路增加盐税，应将收入盐税作为津浦铁路的款，盐斤加价本算是本省的公款，谘议局有查核之权，而铁路公司径提五十万两入滦州煤矿公司，又提三十万元入豆腐公司，在谘议【局】以为局章二十一条各项所载谘议局有议决之权，盐斤加价就算是本省增加义务的事情，应该交谘议局议的，本省人民应有监督之权，于是乎要求直隶总督要交谘议局议决施行。陈督以为铁路公司的款与谘议局不相干，且铁路公司在谘议局成立之前，不必交议。而直隶谘议局不肯承认，以为本省税法、公债应由本省谘议局议决才可以施行。还有浙江谘议局为州县钱粮征收信录一件，谓浙省征收钱粮谘议局已经议决，浙抚已经公布，公布后应当施行。后来浙抚又上奏，奉上谕交度支部核议，而度支部核议下来说从前直隶已经办过，没有效验，现在已经停止。而浙江谘议局以为既经议决，又经浙抚公布，若全无效力，以后谘议局全不必议决了，这是督抚与谘议局异议的事情。本股员会审查的电文如此。

一八三号（刘议员曜垣）：请议长将两广总督来电交特任股员审查。

一三七号（邵议员羲）：浙江铁路议案应交特任股员审查，不是法典股的事，不应当交法典股审查。

议长：这两件似可归并一起审查，现在可以开议。

一一五号（许议员鼎霖）：浙江铁路的事情已经付陈请股作为议案，可以无庸会议。

一二九号（汪议员龙光）：请发言。

议长：八十一号先请发言。

八十一号（章议员宗元）：今天统一国库章程议案已经列入议事日表五次，尚未会议，请议长咨询本院，如没有反对的就付法典股审查。本员倡议更动议事日表，将此案提前会议。

议长：章议员倡议更动议事日表，诸位是否赞成？

议员多数呼"赞成"。

议长：如此可以更动议事日表。

一八七号（刘议员述尧）：广东禁赌的事情应先付表决。

议长：现在已经开议，还有许多议案，此事俟稍缓再行表决。议事日表第三是统一国库章程议案，改列第一，请章议员说明提出议案之主旨。

八一号（章议员宗元）：统一国库章程议案发起的原因因为不统一，就有四种的弊病。第一，国库不统一。如度支部与外务部各有各的库，所以有一切弊端生出许多谬戾。至于外省有藩库，又有盐库，仍是各归各用，不能调动。这许多弊病，本员也不能尽举，章程上第一、第二、第三、第七条就是救国库不统一之弊。第一条各处国库应与京城国库统系相承，第二条是统归大清银行经理，第三条各处统归度支部管理，第七条各处的官款也要统归国库。第二种弊病就是收支出纳的机关混合。譬如厘金局的款，厘金局收十万银子，至厘金局用款的时候就在十万上扣除，收的人就是用的人，弊病很多。照外国的法子，凡收款的人将款收到后必须交国库存储，到用时再向国库支领，收支、出纳不能混而为一。第八条就是救收支、出纳机关混合之弊，厘金、关税的存款总要归银行管理，用时再支领，由相当的官吏出个凭据始准支用。中国向来收款之后到用时就随便用，也不必领凭据，所以必须规定一个机关，用款时候先由上级机关发个命令，有此命令然后能向国库支领。第三层弊病是库吏的弊病。不用商家的法子，所以办事的时候就用许多需索，第二条、第五条、第六条都是救这种弊病。若把国库归国家银行管理，则从前所有的库吏一定可以去掉了。第四种是普通财政的关系。现在中国财政有甚么弊病呢？比方那个衙门用银子，用一百万，用八十万，用了之后就作一个报销，开销多少就是多少，究竟报销是真是假无从去查。如同用八万银子他可以随便用，只要开了八万银子报销就是了，将来要办决算就凭这个报销去办，他的报销作的很好，款子虽然用的不当，而决算的机关也不能知道的。但是这个弊病在外国是没有的，草案第九条就是救这弊病。这一条虽不在外国金库规定之内，但是现在会计法都没有，这也是很重要的事体。所以本员意见先定在金库章程上边，这一条是用支票的方法，京城有几个学堂就用支票的法子。比方一个学堂要领十万银子，都放在国家银行里，先立一个支票给他，比方一个总办是一百两银子薪水，必须拿一百两银子支票去领银子，这个支票学堂自己留有个存根，把这个支票交存银行作为凭据，照如此办法有一个款子总得有一个支票，就是会计的根据，将来报销，若没有支票的存根那就不对了。所以第九条的意见是很要紧的，其余也没有甚么声明的理由，就是刷印的里头案语中第一篇第五行"处"字应改作"起"字。

百四十号（康议员詠）：本员有疑问，还请章议员说明第一大清银行是否国家银行？

八十一号（章议员宗元）：大清银行的章程是国家银行的章程，现在所以不成为国家银行的缘故，就因为国家的款子并不都存在这个银行里边，从前叫作户部银行，专管户部里头的事，后来改为大清银行，所定章程就是国家银行办法。但是章程如此，而事实上不是国家银行，各处款子都不给他，所以大清银行不能成国家银行了。

百四十号（康议员詠）：第一条国库种类是否以大清银行为国库？

八一号（章议员宗元）：国库如有大清银行的地方就有这个国库。

百四十号（康议员詠）：案内虽有由大清银行专设一库之语，是即以专设库为国库矣。照银行通例皆有年期，若国库，则与国并存，倘银行还有危险，是否国库亦同时消灭抑或另行组织。

八十一号（章议员宗元）：国家银行管理国库有两个法子：一个是存放法，一个是保管法，现在采用的是保管法。

一四零号（康议员詠）：还是大清银行管理的，还是另外的组织的？

八一号（章议员宗元）：是由大清银行管理的，并非国库，就是大清银行。

五五号（崇议员芳）：说是交于大清银行一节似乎不妥，本院陶议员质问度支部的说帖可为凭证。至今度支部尚未答复，本员看来大清银行办法未必十分完善，要把国库交他代管恐怕不大妥当。

一三四号（余议员镜清）：依议事细则第二十七、二十八两条之规定，讨论大体在股员审查报告之后，今互相讨论，如最可宝贵之光阴何？

议长：此是法典案初读，既毕，应当付法典股审查。

一二九号（汪议员龙光）：上次开会易议员对于已经通过报律之十一条提起倡议，本员对于二十四条也有个倡议。前会本员对于此条谓损害名誉是关于个人之事，不能与违背十二条泄漏秘密政策关于国家之事同一罚则，易议员谓违背第十二条者不删去"监禁"，殊不知"罚金"与"监禁"罚其一，不罚其二，报馆自然不愿"监禁"，只愿"罚金"，岂不仍是落到平等？况后来雷议员倡议将"监禁"删去，更分明第二十四条与二十五条是个同罚。本员以为第十条第一项是关于朝廷之事，第二项、三项与第十二条是关于国家之事，第十条第四项所谓败坏风俗者是关于社会之事，第十一条所谓损害他人名誉者是关于个人之事。而且第十一条载有"专为公益起见者"不在此限，凡官场、士绅名誉无一不与公益有关，报纸例得登载，其"禁止不许登载者"的是无关公益之名誉，亦的是无足轻重之人，为这个无足重轻之人而议与泄漏外交、海陆军秘密政策同一罚则，毋乃太不伦类。且违背第十条第一项、第二项、第三项以为关于朝廷与国家定罚从重，则对于个人之罚自当从轻，本员不是为报馆说法，是为我们资政院应当慎重立法，不可卤莽。从前法律不能周密，尤谓是出于少数人之见，今经本院二百人通过，仍与人以訾议似乎不可。

议长：汪议员系对于报律案第二十四条而言，此第二十四条已经表决，似可不必再行讨论。

一二九号（汪议员龙光）：本员提起倡议是援易议员的成例。

议长：第十一条是后来改正的。

一四八号（陶议员峻）：按照议事细则三十一条，再读之际议员可以提起修正之倡议。

议长：已经表决过了，如有修正字句者，俟三读时再说。

一三七号（邵议员羲）：易议员提起倡议是因那天没有三分之二不能表决的，所以才提起倡议。

一二九号（汪议员龙光）：总是有个轻重为好，对于国家宜从重，对于个人宜从轻。

议长：这个第二十四条是已经表决过了，按照本院议事细则第八十一条，不得声请更正表决。

一零九号（籍议员忠寅）：对议事细则三十一条规定是再读之际，并非再读之后。当在读之际已经表决过了，对于表决之结果若再提起异议，这非议事细则所规定，本员不赞成汪议员所说。

一三七号（邵议员羲）：本员以为那天人数不到三分之二不得表决，所以才提起异议，现在已经通过，到二十五条之后似乎不能再提起异议。

一二九号（汪议员龙光）：已经通过条件便不能提起倡议，从前易议员也是已经通过条件，何以独能提起异议？本员所争自谓持论不谬，新刑律凡妨害个人与妨害社会处罚亦有分别，岂有个人名誉与国家政策无分别轻重之理？本员见到之处例可自由发表，通得过通不过在所不问，本员个人意见以为经二百人议决仍是不能衡量轻重，窃期期以为不可。

一零九号（籍议员忠寅）：前天第十一条通过以后意在更正，不是易议员倡议，是邵议员倡议，因为不到三分之二不能表决，所以再表决一次。

一一五号（许议员鼎霖）：方才议长既然许我们三读再说，我们就三读再说亦可。

议长：议事日表原列第一改列第二，修正报律条文议案此次应自第二十五条起逐条讨论，现在第二十五条有易议员修正案，由秘书官朗读。

秘书官（曾彝进）：朗读易议员第二十五条修正案。

宪政编查馆特派员（顾鳌）：报律第二十五条那天有雷议员的修正案，并有易议员的修正案，易议员以此条关系国家政务，主张用"监禁"或"罚金"，雷议员主张但用"罚金"，以中国现在监狱尚未改良，对于报馆文人宜取从轻主义。有此两问题那天没有表决，所以今日始付表决，但政府提出议案，本员有应说明的缘由。因为原案第十二条所谓"秘密"专指谕旨、章奏、文书、电报之未公布者而言，第十三条所谓"外交、海陆军事件"指通常关系海陆军外交、海陆军事件而言，与刑律上所谓"国家应秘密之政务"不同。现既设立资政院，亦不能不有维持国家政务机密之责，望诸君注意。至泄漏机密既已有现行刑律及新刑律规定，何以对于报律又用这种规定，就表面上言，岂不是限制报馆，其实不然。因报馆为一种言论机关，凡所登载往往涉及国家政务，即容易犯泄漏之罪，所以当时对于二十七条陆军部有修正案提交到馆，主张关涉外交、海陆军事件适用专章。因光绪三十四年奏定有一种惩治漏泄军事机密章程，陆军部以本案二十五条有违第十三条之规定，谓宜删除。第二十七条内之"第十三条"四字其所以删除的意见，要主张用如该专例专章办理。当政府以原案第十三条所称"外交、海陆军事件"并非指外交海陆军之应秘密者而言，本条事件系通常政务，与刑律上所谓"秘密"纯然不同，这些重大秘密事件责任虽在行政官吏，然保持秘密凡属中国臣民皆有法律上的义务，如谓"官吏不自宣泄，报馆那能知道"，这是于法理不合的。总之十三条之"外交、海陆军事件"必已经禁止者报馆始不得登载，否则报馆有登载之自由，如果确系秘密事件不必禁止，报馆也有保持的责任。譬如现在关于预算事件生出裁撤防营问题，未解决以前诚恐各省土匪藉端滋事，故官署认为必要，虽其实无关秘密，然未议定实行时一经禁止，各报即不得登载，违第十三条而处罚者就是对于违背命令的制裁。那天雷议员说样样不准人家登载，指为限制太严，不知原案（以）〔已〕经禁止者为限是出于不得已，并不是无关秘密事件及未经禁止者也不许登载，所以当时宪政编查馆于陆军部来咨已经复文，应仍照原案办理。但前天再读时候，十三条修正案本为外交、海陆军事件及其他政治上秘密事件经该管官署禁止者，报纸皆不得登载。雷议员已经倡议将外交、海陆军下之"事件"二字删除，当时未及答辩已经表决。就再读案而言，是"外交、海陆军秘密事件"，当须官府通同禁止，查与原案主旨通常事件始以必经禁止为限者不同。然则尚没有禁止之时似只有官府负责，其于刑律上应认为秘密的国家政务不免有危险之结果，所以要定二十五条的罚则不能不将十三条斟酌，因陆军部所指定秘密事件不必以官厅禁止为限也。现行刑律定有泄漏军情大事专条，有犯者应照律办理。至十三条所规定事件既非现行刑律之军情大事，已禁止者报馆始不能犯，因报馆本是登载新闻，仅有"罚金"处分自然情法两平。如果要照专章办理，诚恐对于报馆未免太刻，且于本律立法之义亦有未协。若当于现行刑律之泄漏军情大事罪，则无论报馆的人或一般人民均应予以同等之制裁也。现在已经提出新刑律草案，第五章就是泄漏机密罪，凡知系秘密而泄漏者就要处罚。若报律所定则以经禁止者为限，因为未经官署禁止，报馆即非违报律，违报律者仅处罚金，非罚其漏泄机密也。又刑律所定关系国家秘密事件一般人民都有保守的义务，在领事审判权未收回以前，凡本国人不问何种机密政务都有保持之义务，在领事审判权收回以后，凡在中国境内不问何人对于国家之事件，但应认为秘密者亦均不能不负保持之义务，所以以刑律所定的罚则与报律所定的罚则纯是两事。漏泄机务如果通用报律处分，不但施行上有种种困难，抑且对于一般人民之应适用刑律处分者未免轻重悬绝。中国现在责任内阁尚未成立，陆军部已经对于通常军事之登载主用惩治泄漏军事机密章程，宪政编查馆之原案则以禁止为限，凡未经禁止以前报馆得自由登载，惟漏泄秘密者始用专律专章办理。意见本属同一所定，以前次再读报律的时候本员没有说明，现在修正案十三条已经表决，规定为秘密事件漏泄者仅止罚金，按诸现行刑律似觉情重法轻，本员不能不特为声明。现在中国正是预备立宪时代，厉行改革，我们定的报律尤应以国家政务机密为重，在报馆中人固多热心爱国之士，然报律第二条虽有限于本国人之规定，万一有非本国人而利用本国人之名义开设报馆，专以漏泄政务机密为事，若仅处罚金，究于改革前途大有妨害。所以本员那天未经说明，以为议员诸君晓得国家机密、政务个个都要负保守责任，本员对于这个报律议案迭次发议，所以不惮烦者因为各位对于种种议案固有议决之权，然照院章及议事细则，政府特派员亦有随时发言之责，若不当面研究，则立法事业未免失于轻率，本员以为责任所在，其应发议者不敢不哓哓，其不应发议者自不妨默默。至于研究二十五条监禁的问题，本员尚应说明。现在新定各项法律，如结社集会律、地方自治选举各章程都定有监禁处分，不但是办报馆的都是文明人，都是爱国的人，即结社集会之人亦岂可以不良之监狱待之乎？现在中国监狱没有改良，若随意以监禁施之报馆人固未免太刻，然而监狱改良究竟是另外一个问题，上年本馆已经奏明改良监狱，应以筹办各省审判厅年限为限同时进行，法部亦复早有规划，此则政府对于监狱有当尽之责者也。

一二九号（汪议员龙光）：特派员所说的话甚多，究竟要领在那个地方？

宪政编查馆特派员（顾鳌）：其要点因为十三条已经表决，现在规定二十五条就是关系泄漏国家军事秘密事件，其处分应轻应重，应该参照新、旧刑律，本员不得不说明。至当日提交原案第十二条是关于文书秘密之规定，第十三条是关于通常外交、海陆军事件之规定，现在两条并为一条，其事件为有关秘密之范围，与原案条件不同，然已经表决，无庸说了。

百十号（于议员邦华）：特派员所说的意思国家军事秘密泄露是有专章，是特别事件，不能以报律来处治。现在讨论许久了，有雷议员提出修正案，请议长付表决。

一五一号（黎议员尚雯）：按照议事细则第六十九条，就一议题提出数种修正案，其表决次序以与原案相差最远者为首，现在雷议员与易议员修正案雷议员的相差最远，请先将雷议员修正案付表决。（拍手）

议长：现在朗读雷议员修正案第二十五条。

秘书官（曾彝进）：朗读雷议员修正案第二十五条。

议长命秘书官计算在场人数。

秘书官计数毕，报告在场人数一百二十三人。

议长：雷议员修正案由秘书官再读一遍。

秘书官（曾彝进）：再行朗读雷议员修正案。

议长：现在付表决，有赞成雷议员修正案者请起立。

议员多数起立赞成。

议长：多数。

议长：现在朗读雷议员修正案第二十六条。

秘书官（曾彝进）：朗读雷议员修正案第二十六条。

议长：现在表决，赞成者请起立。

议员多数起立赞成。

议长：多数。

议长：朗读第二十七条股员会修正案。

秘书官（曾彝进）：朗读第二十七条股员会修正案。

议长：有无异议？

众呼"无异议"。

议长：朗读第二十八条股员会修正案。

秘书官（曾彝进）：朗读第二十八条股员会修正案。

议长：有无异议？

众呼"无异议"。

议长：朗读第二十九条。

秘书官（曾彝进）：朗读第二十九条。

议长：有无异议？

众呼"无异议"。

议长：朗读第三十条。

秘书官（曾彝进）：朗读第三十条。

议长：有无异议？

众呼"无异议"。

议长：第三十一条雷议员有修正案，由秘书官朗读。

秘书官（曾彝进）：朗读雷议员奋第三十一条修正案。

议长：请雷议员说明理由。

一一七号（雷议员奋）：三十一条本议员去了"二十五条"四个字，因为妨害治安、败坏风俗，二十五条禁止报馆登载这些情节，不过对该管官而言，第二十三条就是禁止旁听的事，要是禁止发行似乎太重，所以把"二十五条"四个字去了。

议长：赞成雷议员修正案【者】请起立。

议员多数起立赞成。

议长：多数。

议长：朗读第三十二条股员会修正案。

秘书官（曾彝进）：朗读三十二条股员会修正案。

议长：有无异议？

众呼"无异议"。

议长：朗读第三十三条股员会修正案。

秘书官（曾彝进）：朗读股员会修正案第三十三条。

议长：有无异议？

众呼"无异议"。

秘书官（曾彝进）：朗读第三十四条。

议长：第三十四条有无异议？

七六号（曹议员元忠）：本议员为股员会之一人，从前开会时因讨论地方学务章程议案为时过久，于报律未能详细研究，今对于第三十六条所说云"凡永远禁止发行与自行停办者俱得将保押费领还"实不敢赞成。盖保押费原为预备罚金及讼费而设，在自行停办者无所谓罚金、讼费，自可将保押费领还。若永远禁止发行，统观全律，只第三十二条条文有此。查第三十二条条文生于第二十四条，而第二十四条条文所定系犯冒乘舆、淆乱政体、妨害治安各等罪，故定以二月以上、二年以下之监禁，并科二十元以上、二百元以下之罚金。再查保押费依第四条规定，则有三百元及一百五十元两等，股员会修正案为提倡各报起见，于京师、省会及商埠以外地方发行者又减少三分之一、乃至三分之二，则是应缴三百元者有只缴二百元或一百元矣，应缴一百五十元者有只缴一百元或五十元矣。设犯第十条第一、二、三款之罪，倘审判官科罚金至二百元以下之多，又加讼费，恐保押费抵足之外即不追缴亦无从领还。是以本议员特倡此论，请诸君注意。

一一七号（雷议员奋）：对于曹议员倡议有不赞成的地方。因为保押费是教他遵守报律的一种保证，比方报馆罚金过于保押费，报馆还要拿出钱来补助罚金，这是保押费的意思。

七六号（曹议员元忠）：本议员请问保押费究因何而设，如谓为罚金及讼费之预备，则应缴罚金及讼费自以保押费抵充，不足追缴，不待言矣。若如贵议员所言先令缴足罚金、讼费，然后再令领还保押费，则保押费一若不为罚金、讼费而设，当开办报馆之初似可不缴矣，又何必一缴一领，多此周折为也。

百十号（于议员邦华）：曹议员是错解了，将保押费抵充罚金，不知罚金是罚金，保押费是保押费，这是两种。

一一七号（雷议员奋）：曹议员所虑的就是二百元之数，恐怕拿一百五十元不能交偿，但是定法律的时候就想到将来总有一种事实出来。我们就拿罚金说，如果罚二十元，还可以余三十元的。

宪政编查馆特派员（顾鳌）：两位的话原来也各有理由，据原案之意，是将保押费抵充罚金，非没收其保押费也。

议长：三十四条由秘书官再行朗读一遍。

秘书官（曾彝进）：承命朗读股员会修正案第三十四条。

议长：现在表决，赞成者请起立。

议员多数起立赞成。

议长：多数。

议长：朗读第三十五条。

秘书官（曾彝进）：朗读第三十五条。

议长：有无异议？

众呼"无异议"。

议长：朗读第三十六条。

秘书官（曾彝进）：朗读第三十六条。

议长：有无异议？

众呼"无异议"。

议长：朗读第三十七条。

秘书官（曾彝进）：朗读第三十七条。

议长：有无异议？

众呼"无异议"。

议长：朗读第三十八条。

秘书官（曾彝进）：朗读第三十八条。

议长：有无异议？

众呼"无异议"。

议长：朗读附则第一条。

秘书官（曾彝进）：朗读附则第一条。

议长：有无异议？

众呼"无异议"。

议长：朗读附则第二条。

秘书官（曾彝进）：朗读附则第二条。

议长：有无异议？

众呼"无异议"。

议长：股员会附则第三条修正案现雷议员主张删去。

一三七号（邵议员羲）：暂照旧律办理何解？

宪政编查馆特派员（顾鳌）：这是指审判官而言，并非对地方官而言。照新章已设审判厅地方，不归地方官管理。

秘书官（曾彝进）：承命朗读附则第三条。

议长：股员会修正案是否可以删去？

一五三号（易议员宗夔）：本议员颇有异议。报律是特别律，并不是普通律，既是格外定了特别律，不应该再以新刑律办理。

议长：请雷议员说明删去之理由。

一一七号（雷议员奋）：本议员把附条第三条删去之理由不是不赞成。第三条所说的话因为新刑律上已经规定了，报律是特别规定的，照国家法律应当如此，但是中国虽有新刑律，然而我们资政院没有通过，不能拿没有通过的新刑律去规定，在报律上新刑律通过要过二年才能施行，就如须等到宣统三年、宣统四年、宣统五年才能实行，新刑律必须要资政院通过之后过了三年方能实行。新刑律并不是今年通过，明年正月初一日就可以实行的。在没有通过以前时候，国家就没有这一种法律，就不能加诸已经颁行法律之上。现在的报律不能加以新刑律，这是立法的办法不同，不大妥当的地方。本议员是主张删去为妥的，删去之后明年还有资政院，这个法律有不妥当的地方我们还可以随时提出修正案，报律有不完全的地方我们还可以修正报律。现在新刑律还没有颁布，所以第三条可以删去。

议长：雷议员主张删去附则第三条，赞成者请起立。

众议员起立赞成。

议长：多数。

议长：附则原有五条，今删去第三条，就将第四条作为第三条，第五条作为第四条。

秘书官（曾彝进）：承命朗读附则第三条。

众呼"无异议"。

秘书官（曾彝进）：承命朗读附则第四条。

议长：有无异议？

一一七号（雷议员奋）：本员对于附则第四条并没有甚么意见，不过有声明一句。保押费里如果小报也要交保押费，"请议长交法典股审查"可以删去。

众呼"无异议"。

议长：现在交付法典股整理字句。

议长：现在可以休息十五分钟。

议长：现在还要声明一句，议场上的钟太快，现在还未到五点钟，各议员休息十五分钟后务请再到议场。

一一五号（许议员鼎霖）：休息之后读奏稿时旁听者要回避不要回避？

议长：临时再定。

众议员：请议长知会城门宜从缓关闭。

议长退席。

众议员退出议场。

下午五点五分钟议事终止。

下午五点二十分钟续行开议。

一五一号（黎议员尚雯）：本员有个倡议。照议事细则第十七条有紧要事情可以改订议事日表，这个禁烟事情外务部还没有与英国交涉，现在英国人民组织国耻会深以鸦片输入中国有失文明体制，趁此时请外务部与英使交涉，收回自由缩短禁烟之权是绝好机会，最要紧的，请议长将第四、第五两案提前交议。（拍手）

百十号（于议员邦华）：这件事可以归并一处，并没有甚么讨论。

议长：黎议员倡议请问各位议员赞成否？

众议员起立赞成。

秘书官报告议长：现在在场者共一百零八人。

一五三号（易议员宗夔）：本员有个倡议。现在天气很冷，时日很短，议员到院者很不整齐，照院章非有三分之二以上到会者不能开议，本院既设惩戒股，就请议长将不到的付惩戒股，以后才可以整齐。不然今天人数不足，不能开议，明天人数不足，又不能开议，那就只好闭会。但本院各议员所注目者就是八十四号，因为八十四号每次会议不到，到又稍坐即退，宜请议长交惩戒股惩戒为是。本议员与八十四号并没有别的意见，不过将该员一付惩戒，以儆其余。（拍手）就请议长将八十四号付惩戒股。

议长：此意本议长极以为是，但行之实觉为难。因诸位议员有于休息后散去的，亦有常不到会的，如何能专将一人付惩戒？

一五三号（易议员宗夔）：并不是与八十四号怎么样，不过将他一人付惩戒，以后大家可以早到院了。

一四八号（陶议员峻）：照院章里头是一点三十分钟开议，现在往往到二点钟以后才开议，以后总要按章程上所规定的才好。如果开会早，散会亦可以早。

议长：此事本议长亦曾想到，但议员未到三分之二照章不能开议，当初议事日表本定是一点钟，并无一点三十分之说，因恐议员有到得晚者，或遇大风雪路上难走，或车马在路上有所障碍，所以余去半点钟来略为等候。其如各议员到院太晚，望以后要请各股长通知一声，如实在有要紧事或疾病自可通融办理，不过须在秘书厅声明一句，如果没有声明，又不到会，只好照章办理。（拍手）

一四九号（罗议员杰）：所有质问各部衙门的说帖尚未回复，请议长用正式公文催他一催，因为说帖有许多要追加质问的，请议长催他答复。

议长：已经用正式公文催过一次，如再迟延，仍可再催。

一四九号（罗议员杰）：我们现在只有一个月就要闭会了，所以质问的说帖总要赶紧答复才好。

九四号（王议员佐良）：本员质问度支部的说帖迄今已有四十天还没有答复的。

议长：系为何事？

九四号（王议员佐良）：是为津浦铁路事。

一六九号（刘议员志詹）：禁烟议案为中国近来第一注重的事，亦为中国近来第一强人意的事，似宜切实审查，再付表决。查院章议事细则第二十四条，法律案之议决须经三读，此项议案报告书内既附有禁烟暂行章程，并修改禁烟条例性质，均与法律相符，自应以三读才好，大家此刻可以不必骤行讨论。

议长：方才有两位倡议说禁烟要紧，应改订议事日表。现在人数不足，不能开议，今天议事表第八、第九、第十等案关系教育事件，可否暂不会议，先付审查。

众议员呼"赞成，先付审查"。

百十号（于议员邦华）：本员有个倡议，这三件既然全关系教育，可一并付审查，作一议案。

议长：可以一并审查。

议长：此三案关系教育事件，拟仍交付审查关系教育事件特任股员审查。

各议员呼"赞成"。

一四九号（罗议员杰）：统一国库议案非常要紧，请议长赶紧付审查。

议长：现在人数不足，不能提议。还有两件奏稿拟于此时宣读，应请旁听人退出议场。

　　旁听人退出议场。

　　议长：现在由秘书长朗读奏稿。

　　秘书长：承命朗读奏稿读毕。

　　议长：两件奏稿已由秘书长朗读毕，有无讨论请赞成者起立。

全体赞成。

　　议长：现在可以散会。

　　下午六点五分钟散会。

资政院第一次常年会第二十三号议场速记录

宣统二年十一月初一日下午一点三十分钟开议

议事日表第二十一号

　　第一，新刑律议案。（政府提出，初读）

　　第二，提议陈请全国禁烟办法议案。（股员长报告，会议）

　　第三，修正禁烟条例议案。（股员长报告，会议）

　　第四，著作权律议案。（三读）

　　第五，确定义务教育以谋教育普及议案。（议员提出，初读）

　　第六，修正优待小学教员章程议案。（议员提出，初读）

　　第七，拟请明谕剪辫易服具奏案。（议员提出，会议）

　　第八，议设审查拟请明谕剪辫易服具奏案。（特任股员）

　　第九，急定税制及税政暂行机关议案。（议员提出，会议）

　　第十，提议陈请亟变盐法就场征税议案。（会议）

　　第十一，提议陈请减出口税议案。（会议）

　　第十二，提议陈请筹办蒙藏事宜议案。（会议）

第十三，黑龙江移民实边议案。（议员提出，会议）

第十四，议设审查陈请筹办蒙藏事宜议案及黑龙江移民实边议案。（特任股员）

议长：今天议员到院者一百四十人。

议长出临议台：今天有交旨一道，请诸位议员起立敬听。

议长恭读交旨毕。

议长：现由秘书官报告文件。

秘书官（张祖廉）：承命报告文件。

一三七号（邵议员羲）：邮传部答复本议员质问铁路说帖，本议员还没有知道。

议长：尚未及知照贵议员。

议长：文议员溥质问民政部说帖一件，各议员赞成者请起立。

各议员起立赞成。

议长：多数。

议长：江议员谦质问学部说帖，各议员赞成者请起立。

各议员起立赞成。

议长：多数。

议长：王议员用霖质问会议政务处关于外交说帖一件，各议员赞成者请起立。

各议员起立赞成。

议长：多数。

秘书官（张祖廉）：接续报告文件。

议长：方才秘书官报告陈请股报告书中有三件都是为四川铁路的事情，有拟作为议案者，有不作为议案者，请陈请股股员长说明理由。

八十二号（代理陈请股股员长陈议员宝琛）：本员请方议员还代为说明理由。

议长：请方议员还说明理由。

七十二号（汪议员荣宝）：请简单说明。

百二十一号（方议员还）：关于四川铁路的事情，一件是杜德舆陈请的，说公司倒款的事情很危险的，但是本院不能去干涉这个公司内部的事情，前天陈请股会议说无庸会议。就本议员看，路政的事情是关于西南大局，邮传部不能拿公司律去拘束他，应该提出来议的。照陈请书不能成为议案，因关于路政的事体邮传部不担责任，请议长咨询本院议决。还有一件是杨重岳的陈请书，杨重岳是四川铁路代表，说总理乔树枬种种背法不成事体，不能交会议。陈请股已经说无庸会议。还有一件是四川民人张罗澄所陈请的，这一件有不同处，他不说内部事情，只说邮传部不担责任有三，就是这个事体与那二件不同一点。据陈请股的意见，这个陈请书还可以成立。这三件一件作废，一件交邮传部，一件作为议案，请议长咨询本院表决之。

一七七号（李议员文熙）：四川铁路事现在虽有三件陈请书，然可以分作二项：一项对事的问题，一项对人的问题。对人的问题可以谓四川一省私事，资政【院】不必干涉，对事的问题则不然。世界各国其文明进化全恃交通机关之发达，故其国家对于铁路无不尽力维持，以期交通便利。今中国铁路尚在萌芽，邮传部既管路政，即应当提倡维持方是尽其责任。现在邮传部对于商办的铁路每每用其摧残的手段，（拍手）不徒对于川路如是，即对于他省之商办铁路亦复如是，本院为全国起见，亦当成为议案。况川汉铁路关系西南大局，其股本又系从院租股抽收，一般人民之负担较他省尤为痛切，现在倒款已达二百万之巨。邮传部既两接川人公呈，前后又连奉明谕，而淡漠置之，人民利害孰大于此。故本议员以为应当作为议案，万不可置之不理。（拍手）

百八十号（刘议员纬）：人民是国家的人民，所办的铁路即是国家的铁路，川汉铁路股款倒闭虽是一省之事，然实关乎西南大局，关乎中国大局。四川人民因此有三件理由书陈请本院核议，今据陈请股员报告只有一件，请议长咨询本院决定是否作为议题。本议员以此三件陈请书之理由虽小有差异，然实因川民具公呈请代奏，与前两次上谕先后情形不同之点而发生。今既有一件可作为议题，余两件同一问题，故应请议长将三件陈请书一律作为议题。

百二十一号（方议员还）：这二件陈请书大意是为亏款的事情，乔总理是不是吞蚀公款那是不成议案的。至于对于邮传部的事情以法律范围公司可以说的，所以这三件内容不同，一件是对于内部说的，一件是对于邮传部说的，陈请书的意思总要请本院决一决为是。

一八二号（万议员慎）：邮传部看官办铁路、商办铁路是否全为大清国的铁路，官办的邮传部管理，而商办的邮传部何以就不管？去年四川铁路亏倒百几十万，在都察院两次陈请，而邮传部终置之不理，我们非弹劾邮传部这一案不了。

一四八号（陶议员峻）：路政是全国的事，请议长咨询本院。邮传部既是应当维持路政，即请议长应当作为议题。

议长：现在咨询全院这三件还是作为一个议题，还是分开讨论？

百十七号（雷议员奋）：这三件事已有一件作为议题交本院会议，还有二件，无论成立不成立，然既有一件作为议题，至于所有二件总要一块儿交审查股员会审查，共同参考三件不必分立的，就请议长咨询本院以为何如？（拍手，拍手）

议长：赞成雷议员倡议者请起立。

众议员起立赞成。

议长：多数。等将来指定特任股员后一并交付审查。

议长：现在由秘书官续行报告文件。

秘书官（张祖廉）：承命报告文件毕。

议长：现在开议。议事日表第一是新刑律议案，有劳议员乃宣提起倡议，已经印刷分送各议员，如有赞成劳议员倡议者请起立。

众议员起立赞成。

议长：多数。

八七号（沈议员林一）：本议员对于劳议员之倡议当要声明一句话。提起修正刑律之案既议在股员会先议，则开法典股股员会时应通知全院议员，因为从前开股员会只通知本股，而全院议员并不知道，无从到会，此次提议以后务请通知全院议员才好。

议长：可以照此办理。

议长：新刑律条文很多，拟省略朗读。

众呼"赞成"。

议长：请政府特派员说明新刑律之主旨。

政府特派员（杨度）：现在说明新刑律之主旨。此次宪政编查馆提出来全部刑律的条文，共是四十三章四百零五条，另外暂行章程五条附在新律正条之后一并提出，今于说明主旨之时不能不分别说明。刑律正条的主旨与暂行章程的主旨各有不同，先说明正条的主旨，然后再说暂行章程的主旨。欲知新刑律四百零五条的主旨，不可不先说改定刑律之理由。此次国家改定新刑律，其理由有二种：一种是国内，一种是国际。所谓国内之理由者，何也？向来旧刑律因历唐宋以至于今日，有数千年之沿革，现在必须改变是什么缘故？因为旧律与现在预备立宪之宗旨有不相符合之处，而其不合宪政的地方很多，不能详说。就其大概言之，凡判断案件，旧律用援引比附，所谓援引比附是律文所不载的，而裁判官临时援引前例以判断这件案子，因为这件案子刑律上所不载的，所以不能不援引比附。然而这个办法与立宪原则有不合的地方，因为立宪的原则立法、司法是分开独立的，大凡判断案件要按照律文去判断，不能参杂自己的意见以为裁判之据。假使不然，便是司法之时而有立法之意，司法、立法不独立、不分开是与宪政原则最相违反的。就这个地方看起来，旧律于司法包含立法，凡法律无正条者可以援引比附，揆诸立宪各国通例实有不合，所以不能不改。现在我国宪政日日进行，立宪国体既许人民之自由，即不可不有一种正当的法律以防范之，其所以防范者使其自由于法律之中，不得自由于法律之外，而正当的法律必须有正当的条文，因此国内宪政进行之时必须使一切法律都与宪政相符合，所以旧律既不适用，不能不改用新刑律。然而旧刑律与新刑律相异之点实在很多，即援引比附不过举其一端而已，这是国内的原因。第二就是国际的原因。世界各国的法学自十七世纪以来日以进步，世界文明各国的法典都有法学共同的原理、原则，无论何国的法律都不能出乎此原理、原则之外。如同此原理、原则者国际上人民裁判事情彼此互相尊重国权，如那一国法律与各国原理、原则相违背，则外国人在其国中不能遵守本国之法律。以各国通例而论，外国人在本国土地之内本来有治外法权，为各国所共认者只有君主、大统领、外交官、军队、战舰数种而已。此外则治外法权之外还有一种领事裁判权，不是各国所都有的。文明之国对于他国其法律与原则、原理不合就用领事裁判权，如朝鲜、安南、印度及中国皆有此外国领事裁判权。而对于中国之领事裁判为条约所规定者有原、被告之分别，如原告系中国人，被告系外国人，必到领事处诉讼；如原告系外国人，被告系中国人，就到中国官厅起诉。条约虽是如此规定，而损失国权的地方更不止此。按条约外国人与本国起诉，如外国人为原告，中国人为被告，本应该归中国官厅审判的，现在此种情事往往不归本国官厅，而亦归领事裁判。可见领事裁判即如上海会审公堂制度，已为条约所无，这是各国扩张领事裁判权的进一步的办法。还有一种是中国人与中国人诉讼。比如平民与教民诉讼，教民原来有入外国籍的，有不入外国籍的，入外国籍的归领事裁判，尚与条约相符，未入外国籍的虽说与外国有宗教上之关系，究竟应归中国官厅审判，而外国领事也来干涉，以为教民既与彼有关系，即不应受我国不完全法律，所以我国数十年来教案层见叠出，此理由全在自己法律与世界共同法律原理、原则不相符合，以致如此。现在与各国立的商约，就如中英、中美、中葡、中日之商约载有明文说："中国如果改良法律，与各国一律之后就可以撤去领事裁判权"，据此条文是各国已经公认的，现在我们也不必问将来各国之承认与否，总要力尽人事，先由自己改良法律与审判制度，然后可以根据条约使他撤去领事裁判权。所以此次编订之新刑律采取各国共同法律之原理、原则，将来无论何国人民到中国都得遵守中国法律，以为撤去领事裁判权之预备，此关于国际的原因。因此两原因，所以才有新刑律之编制。而新刑律之编制已有几年，从前修律馆编制一次，因各省督抚都有驳文，且发生无穷异议，所以重用改定。又经宪政编查馆厘订一次，始行提交到资政院。以此新刑律与旧刑律比较起来，其内容不同之点很多，举其大者则有五种。第一种是更定刑名，中国刑名自开皇定律分为笞、杖、徒、流、死五刑，自唐朝至今相沿未改，即各国古昔亦不出此范围。迄今交通日便，流刑渐失其效力，现在惟法、俄二国尚行之，至笞、杖惟英、丹二国留为惩戒儿童之具。按各国刑法以死刑为重，次为自由刑，再其次为罚金，所谓自由刑者，大概分惩役、禁锢、拘留三种。中国三流之外有充军、外遣二项，近数十年来此等人犯逃亡者十居八九，而逃逸之人犯安置毫无生计，隐匿又恐滋生事端，历来议者百计图维并无良策，势穷则变，亦情势之自然，所以不能不改。现在新刑律分为死刑、徒刑、拘留、罚金四种，其中徒刑分为有期徒刑、无期徒刑。无期徒刑禁锢终身，以当旧律外遣充军的意思。有期徒刑三等以上者以当旧律之三等流刑之罪，四等及五等以当旧律五等徒刑之罪。拘留专科轻微之犯，以当旧律笞杖。至于罚金性质之轻重，介在有期徒刑与拘留之间，亦与中国赎金旧制相合，此新旧不同之点一。第二是删除比附。法律之用贵在范围一切，所以法律条文以概括为主义，力能适用。中国旧律往往于正条没有规定的审判官临时加入自己的意见，《大清律例》全书不下一千八百余条，然尚须援引比附，实为条文不足之故，不得已出以己见勉强牵合，如此看来恐再加几千条也还是不足的。天下之事变无穷，而条文有限，若必一事一例是断乎办不到的，所以援引比附不仅与宪政宗旨相违背，就是以刑律而论也不是一种之事宜之办法，所以新刑法以概括为主义，而必分清界限，如罚金在何数以上、何数以下，有期徒刑在多少年月以上、多少年月以下。至于死刑，就是杀人应处死刑及无期徒刑，因其情节不同，审判官得于限制之中以定罪之轻重。究竟都在法律正条之中，并不是法律无正条而必援引以处人之罪，如此则援引比附一扫而空，此新旧不同之点二。第三是死刑减少。以中国历史而论，死刑增减代有不同，唐沿隋制，太宗时减绞刑之属五十，改加役流，史志称之"明律斩绞"，并用分斩立决、斩监候绞立决、绞监候，死刑阶级自此益多。现在欧美各国刑法备极简单，除意大利、荷兰、瑞士等国废止死刑外，其余如法、德、英、比等国死刑尽限于大逆内乱、外患谋杀等项，其余大概不用死刑，日本承用中国刑法最久，而参以西洋法理死刑亦不过二十余条。中国向来死刑条目很多，然以实际而论，历年实决人犯以命、盗两案为最多，秋审制度详核实缓，倍形慎重，每年实与勾决者不过十分之一、二，可见中国有死刑之名而无死刑之实，较之各国相差不远。新刑律根据唐律及国初之办法并各国通例，将死刑酌量减少，此新旧不同之点三。第四是死刑惟一。中国历代处死刑之法有腰斩、斩首、绞死种种分别，虽方法不同，而其致人于死则一。盖法者所以示警于将来，其种种方法所措施的对于既死之囚固无所关系，而对于未来之犯正所以表示其罪与刑有相当之处决，不独可以使未来之犯有所鉴戒，亦可以使社会之耳而目之者皆得准其罪而服人心，此旧律之本旨也。至于新律以为犯死罪之人留之则有害，于我社会不能不去之以保社会之安宁，既然处之以死，则处之以死而已，何必再分轻重。中国向来以绞为轻、斩首为重、腰斩更重就是分别，究竟同一处死而必于处死之方法上分别轻重亦实无甚理由。以各国刑法而论，德、法、瑞典俱用斩刑，奥大利、匈牙利、西班牙、英、俄、美俱用绞刑，都是以一方法以处死罪，惟军律所科死刑或用铳杀，此另外办法，并非普通的。可见各国死刑只用一种办法，并不在处死方法上分别轻重。现在新刑律草案也是采取一种，就是用绞刑，并且于特定之行刑场所密行之。古来所定枭首弃市并非有特定之行刑场，又云枭首示众可见不是密行之办法，此新旧不同之点四。第五是惩治教育。犯罪之有无与年龄有关，小儿年龄未到成丁者，教育之能力所不及，处以国家刑法未免太苛，各国法律都定有责任之年龄。我国从前所定的幼年犯罪分七岁、十岁、十五岁三等，现在仿照各国办法，以十二岁为责任年龄，如在责任年龄以内犯罪不施以刑法，而施以惩治教育，惩治教育始兴于德国，管理办法与监狱相同，德国谓之强迫教育，各国仿而行之，英国颇著成效。如果系幼年犯罪，置于监狱之中与成年人犯相聚，受其传染，适以养成其犯罪之性质，反不能改过自新。此应在教育范围之内，不在刑法范围之内，新刑律一并采入，而为旧律所无，此新旧不同之点五。五种以外还有一种不同之点，是新刑律、旧刑律在精神上、主义上之分别。所谓分别者如何，国家要成一个完全法制之国，必经一种阶级进化而来，其所经之阶级就是家族制度，必经过此阶级方能够可以言进化，此是世界各国进化之通例。但在进化阶级之中现象不同，一切国家政治、法律都得经此阶级，都受家族主义之支配，世界各国法律之原则无不由此而来，中国亦然，所以然者都是因国家制度没有发达，不能不如此，无家族制度社会不能维持，即国家亦不能维持。中国自秦以来二千年之法律均本于秦，而秦之律又最严酷，盖国家制度尚未完全之时，一切教育制度未及发达，全仗法律以范围之。而当时之法律又无民法、商法之别，一切都在刑法之中。故古时刑法如人犯大恶，动辄诛九族、夷三族，此是因其所犯之人而对于其家族施以极端的刑法，可见家族制度的时代不是以个人为本位，直以家族为本位，对于家族的犯罪就是对于国家的犯罪，国家须维持家族的制度才能有所凭藉以维持社会。故必严定家族阶级，即其刑律亦必准此精神，所以一人犯罪，诛及父母，连坐族长，家族责任由此发生。国家为维持家族制度即不能不使家长对于朝廷负其责任，其诛九族、夷三族就是使他对于朝廷负责任的意思。既是负此责任，在法律上就不能不与之特别权利，并将立法权、司法权均付其家族，以使其责任益为完全，所以有家法之说。所谓家法者，即家长所立之法，此即国家与家长以立法之权。家长可以擅杀人，即国家与家长以司法之权，（拍手）何以故？国家因为要恃家族制度以保护国家与治安，故并立司法之权以付与家长。故家长对于一家之中可以行其专制之手段，有无上之权柄，此数千年来精神之所在，即维持社会安宁政策之所在。所以其结果无论四五十岁之儿子对于七八十岁之父母丝毫不敢违犯，这都是由法律上发生的。而此种法律中国可以行之者，何也？因为向来无所谓国际，就是以其国家名之为天下，只要维持社会即足以保国家之治安，并无世界竞争之必要，所以此种制度在从前为适宜之制度。现在各国法律之精神全不在家族，而在国家，国家对于人民有教之之法，有养之之法，即人民对于国家亦不能不负责任，其对于外则当举国皆兵以御外侮，对于内则保全安宁之秩序，使人人生计发达，能力发达，然后国家日臻发达，而社会也相安于无事。人民对于国家负担责任，国家即与之以自由之权利，因之各国法律对于人民有成年、不成年之别，未成年以前对于国家一切权利、义务都归家长替代，到成年以后就非家长所能替代的，这是国家的主义，与家族主义大不相同的。主义不同，则法律亦随之而异，所以中国向来法律与各国不同之点。现在我国国家制度还未完全，但现在系预备立宪的时代，即是预备国家法制完全的时代，当此国家主义进行之时，与向来家族主义有无冲突之处实是一个疑问，如有冲突之处，则对于新订法律应以何种主义为其精神亦是重大的问题。若使家族主义与国家主义并行不悖，一方面增长国家制度之进行，一方面保全家族制度之存在，如此办法可乎不可。假使可行岂非两全之道，无如两主义相冲突，实无并行之理，可以事实证明之。中国现在号称四万万人，就是四万万国民，既有四万万国民，比较各国人也算很多了，如以四万万兵力对外孰能相抗，（拍手）而实在考究起来只能算四万万人，不能算四万万国民。因为此四万万人都是对于家族负责任，并非对于国家负责任，此四万万人大别分为两种：一为家长，一为家人。家长对于家人有特别权利、义务。家人又有二种：一为男子，一为附属之女子，不仅对于国家不负责任，即对于家庭亦不负责任，故家庭之义务由家长一人担负。由此看来，虽有四万万人，然自国家观之，所与国家直接者亦不过是少数之家长而已，其余家人概与国家无关系也。家长之中有为士的，有为商的，都是有妻子之累，负一家生计之义务，所谋之利以供仰事俯畜之资，其对于国家关系较多矣。更进则有一种为官吏者，既为官吏，则对于国家不能说不负责任，但是实在考究起来，今之为官吏者与其说对国家负责任，无宁说对家族负责任。现在责备官吏者每曰贪官污吏，然推求其贪污之故，无非是有妻子之累，内顾之忧耳！本来作官的宗旨就因为家族之义务，不能不作官以求事畜之资，既以此为宗旨而来，故其结果无论如何，只要得几文钱以之养家足矣，与国家本无关系也。若以家族主义为前提,则此种人尚不能十分责备,因为他对于国家虽是贪官污吏,而对于家族都是个慈父孝子、贤兄悌弟,所以中国之坏就由于慈父孝子、贤兄悌弟之太多,而忠臣之太少。因为家族主义发达,国家主义不发达,所以孝子慈父如此之多,而忠臣如此其少,(拍手)致"国家"二字几乎不能成立,而何有于"国家主义"。现在国家改定法制,总以国家主义为宗旨,既然以国家主义为宗旨,则必要使全国的孝子慈父、贤兄悌弟都变为忠臣,(拍手)于国家前途庶乎有矣。但要使孝子慈父、贤兄悌弟都变为忠臣,不可不使他的家人都有独立之生计与独立之能力,既然要他有独立之生计、独立之能力,国家就不能不与他以营业、居处、言论等等之自由,使其对于国家担负责任,既对于国家担负责任始可称为国民。若其如此,则是与家族主义相去日远,与国家制度相去日近,此二主义是相冲突的,不是相连合的,近乎此,则远乎彼,此系根本上之精神所在,亦即新刑律、旧刑律根本上之区别所在也。如不以此国家主义之精神为然,则与其改用新律,反不如仍用旧律。现在家族主义虽不能废止,然既有妨于国家制度,就不能不使他退后,所以现在新刑律乃采用国家主义,对于家族制度以减少为宗旨。而所谓减少者,不过比旧刑律减少,其存留者正复不少也。以上关乎新刑律主旨已经说明。再说暂行章程之主旨。暂行章程共有五条,说到此处就有个疑问。为何于正条之外另有暂行章程,此暂行章程如以为必要,何以不加入正条?如以为不必要,何以不废止,此中消息不能不分别说明。现在先说明不加入正条之理由,再说不废止之理由。一言以蔽之,曰不加入正条者,因为与新刑律主旨不相符合故也。今将此五条分别说明。第一条与死刑惟一之旨不符。各国处死之法无斩绞并用的,新刑律全部用绞,而暂行章程第一条中处一死刑者仍用斩,此是与新刑律相异之点。如果将这条加入新刑律中,与死刑惟一之宗旨即生冲突,所以万不能加入。第二、三条是与死刑减少之旨不符。新刑律所规定的某一种用有期徒刑、某一种用无期徒刑、某一种用死刑全有规定,而暂行章程的第二条、第三条凡犯某条之刑者仍处死刑,是比新刑律加重。既要加重,则死罪不能减少而反加多,若以此编入正条,即与减少之旨相违反,所以规定在暂行章程之内。又第四条对于无夫妇女和奸之罪应处以何等之刑。这条本是新刑律所没有的,如果把这条加入刑律草案体例,本没有甚么不合,但与编制刑律的原因与对于国内、国际有最大的冲突,所以没有加上去。新刑律于有夫之妇女与人通奸或被人强奸均有罪，而于无夫妇女与人和奸新刑律中无规定者，因为有种种之不便。第一于立法上不便。国家对于国内女子犯奸之事不外三个办法：有夫之妇无论和奸、强奸都在禁止之列，因为维持风化起见，此是第一种办法。然欲全国妇女都是坚贞节操即国家亦有所不能，即如娼妓一途各国都无禁止之法，非不知与风化有关，而事实上不能断绝，因此不仅不禁止，而且为法律所允许，此是第二种办法。至于无夫妇女与人和奸，国家对此既不禁止，亦不允许，全采放任，此是第三种办法。若不如此，必不公平，此关于立法上的事情，不能不区别。第二于司法上不便。和奸必须搜求证据，而搜求证据非常费力，于审判上实有不便。第三于外交上不便。刑律改良原为撤去领事裁判权之预备，若与各国原理、原则不同，不能得各国之赞成，则事交涉必多阻力。因为各国刑法没有此条，如将此条加入正条，将来如中国男子、女子与外国人和奸，中国要按法律办理，外国人势必不受裁判，则于撤去领事裁判权有所藉口，不如现在不加入新刑律之中以为外交地步。第四于礼教上不便。管子云：礼义廉耻，是为四维。四维不张，国乃灭亡。礼仪廉耻是礼教的条目，但就"耻"字、"慈"、"孝"二字而论，无夫妇女与人和奸是最可耻的事，因为可耻，所以一家人对于社会都有名誉之关系，恐为社会所诟病。女子如有此事，其父母必深以为耻，父母既以为耻，必于平日教育上格外加意，就可以使其子女无与人和奸之事。即因教育不善发生此种丑事，其父母引以为耻，必不肯送至审判厅判决，以致口说流传、报纸登载。假使其父母不以为耻，必欲宣布于外，使众人耳而目之，此种父母与无耻之女子其贤不肖之相去其间，不能以寸，如真以为耻，必秘而不宣，决不欲以国家之刑法审判之。所以此条不加入正条，正所以养社会之廉耻，欲以维持礼教也。对于家庭，父慈子孝之间也是一种维持的方法，父母对于子女决不欲蒙以耻辱之名，使其终身无婚嫁之望。刑律虽有此条亦同虚设，所以国家对于此种事并不是不理，因为在教育之范围，而非在法律之范围，即不与父母以制裁之权，亦不过恐其伤父子之恩。而所以养社会之耻，因其于宗族的名誉、本身之名誉、子女之名誉均有关系，父母若有此制裁之权，恐其耻愤之时不及计较，事后悔之不及，反以伤父子之恩，不如不与以此权，使其秘密不宣，反于礼教不悖，所以不加入正条。第五条凡对尊亲属有犯，不得适用正当防卫之例。此条本属平常，无甚奇异，何以不加入正条内。因为刑律本有正当防卫之例，今既对尊亲属不得适用是谓防卫为不正当，而尊亲属无论何种行为皆为正当。究竟天下事不能一概而论，编制新刑律的人对于社会上人类种种的情形不能不面面想到。父子之间虽以父慈子孝为常，然天下非无不慈之父、不孝之子，断不能说父可不必正当、子不能不正当。若照此条解释，有三层的意思：第一层，父不必慈，子不能不孝；第二层，父无不慈，子不能不孝；第三层，父不慈也是慈，子不能不孝。由此三种推论，是坐定父之一面必正当，子之一面必不正当，即是宋儒学说天下无不是的父母意思，这一条便是根据这种学说定的，亦其所以不放在正条内者。就国家眼光看起来，此学说不是完全的根据，国家刑法是君主对于全国人民一种之限制，父杀其子，君主治以不慈之罪，子杀其父，君主治以不孝之罪，既此不偏为为人子者立法，亦不偏为为人父者立法，必要面面俱到，始为公平。此条不甚公平，所以也未加入正条之内。以上是暂行章程所有五条未编入新刑律的原故。这样看来是暂行章程与新刑律实相冲突，既有冲突，何以不废止之。但是有为难情形，当编定法律的时候，按照誊黄清单办理。宪政编查馆编订新刑律时是在十月初三日缩短国会期限上谕以前，彼时按照誊黄清单新刑律核订在今年，实行在宣统五年，由刑律实行到立宪之时尚隔三、四年之久，所有主张人民程度不足之说者此种议论在讨论刑律之时极有势力，人民程度无标准，只好以誊黄清单为标准。国家既认全国人民必至宣统九年始有奉行宪法之能力，亦必至宣统九年始有奉行新刑律之能力，所以九年以前刑律即不能过于完全，所以复加此不完全暂行章程，宣统五年实行时起暂行，至宣统九年而止。现在时殊事异，朝廷因为全国人民程度可以有宣统五年遵守宪法之能力，何以宣统五年就没有遵守新刑律之能力，（拍手，拍手）这个问题可以得正当解释。然而在宪政编查馆编订【清单】草案实行在十月初三以前，这个草稿不能一时更改，况且资政院已经成立，不能不赶未闭会以前交议更无更改之余暇，所以这个暂行章程就没有能废止他。现在所谓人民程度之说早有贵院诸君子请开国会之时已经说明白了，政府对于人民程度虽无确实把握的，然而资政院议员是全国人民的代表，对于人民程度较之政府观察必能深切著明，究竟应该适用何种刑律，人民有何种程度，不能不凭诸君之论断。资政院是立法机关，协赞成立法的时候对于政府提出新刑律何者宜存、何者宜去都有独立之权限，算是中国有历史以来是第一法典之改良，是资政院协赞法典之第一次，为从来未有之盛典。现在政府所最希望的是国内则于宪政无丝毫之妨碍，国际则于外交无丝毫之妨碍，必使国家主义圆满发达，这是政府所最希望于诸君的。本员所说明者如此。

百二十三号（江议员辛）：对于特派员所说的意思颇有质问。特派员所说的主旨不过把个人自由破坏就可以提倡国家主义。据本员看起来人民程度不齐，一由于教育没有普及，一由于民法没有颁出来。若把新刑律颁出来可以提倡国家主义，本议员颇不赞成，请特派员说明。

政府特派员（杨度）：人民程度是以教育使之进行，不能以法律使之进行的，然而法律也可以强迫使人民进步。譬如就日本而论，该国从前的人民程度迥不如中国之现在，因为该国是取法中国，断没有程度在中国之上的。然彼时日本政府毅然决然颁布一种完全新法律，其意在藉法律强迫人民程度之进步，这是法律可强迫人民进步之凭证，亦是国家使人民进步之一种的方法。本员原未说法律一行，人民可以进步，因贵议员之问特为说明。

一八二号（万议员慎）：特派员所说的中国程度不足是因孝子慈父太多，照如此说是提倡中国不慈不孝的意思。我们中国以孝治天下，如此说来中国不成为中国，而求忠臣于不孝子之门，得乎特派员之言不敢赞成。又云妇女须受教育，使之有耻，不在用刑，此是道德的话，然今之士大夫犹有无耻者，何况妇女？

百零九号（籍议员忠寅）：今天对于新刑律是初读，只要特派员说明主旨。我们议员对于议案有疑义可以质问的，这个时候不应该论到草案之内容，更不该说到本题以外。

一三七号（邵议员羲）：请议长把这个付审查，不必讨论。

八十号（劳议员乃宣）：本员请发言。

议长：劳议员是否质疑？

八十号（劳议员乃宣）：本员倡议已经全体赞成，第一次可以讨论大体，如不以为然，前此倡议可以作废。

议长：劳议员既是质疑，可以发言。

八十号（劳议员乃宣）：如果第一次不能讨论大体，可以作废，若待提出修正案来还到审查之后再行讨论就不对了，总要经第一回讨论之后然后有修正案。

议长：劳议员倡议已经表决过了，现在可以依这个倡议办理。

议长：劳议员若是讨论大体，可以发言。

百零九号（籍议员忠寅）：劳议员倡议初读时候可以讨论大体，可是初读时候不是今天。如果审查以后再到议场可以讨论，劳议员意见就事实上看来是不错的。可是新刑律才发出来，大家必须细细研究方可以讨论。

四八号（陈议员懋鼎）：按议事细则二十八条，应俟审查以后方可讨论大体。

百十号（于议员邦华）：各议员如有讨论，总得看过之后再行讨论。

一四八号（陶议员峻）：劳议员同政府两下冲突的意见各有说帖，众人都看见了，待到大家细心研究之后再行斟酌。

八十号（劳议员乃宣）：本员不是讨论大体，是质问疑义。

一五三号（易议员宗夔）：本议员有发言表，议长已看见否？

议长：发言表已知道了，按表劳议员名次在前，请劳议员发言。

八十号（劳议员乃宣）：今天是质问疑义，不是讨论。宪政编查馆的原奏有请旨交法律大臣辑判决例，这个判决例是法律，是命令，且这个判决例将来法律大臣定出之后还是交院协议、不交院协议，这是第一层要质问的。第二层新刑律有誊黄清单规定那年修订、那年颁布、那年施行，这个判决例到底是那年修订、那年颁布、那年实行，这是第二层要质问的。第三层疑义所谓暂行章程的五条"暂行"二字总是暂而不久，总要废的，是那一天废止必须问个明白。就宪政编查馆原奏也说得含混不清，若说是暂行章程五条藉以疏通新旧而利推行，将来体察全国教育、警察、监狱周备之时再行酌量变通、请旨办理，这个"酌量变通、请旨办理"八个字也不晓得废不废，这个"体察全国教育、警察、监狱周备"在何日是教育、警察、监狱周备的时候也没有说得明白。暂（时）〔行〕章程第四条（读第四条），照这个说法中国现在教育没有普及，待到教育普及的时候再废，现在各国新订刑律都没有处罚的明文，自然是照各国教育已经普及，无夫的妇女个个贞洁，无须用刑法防禁；中国教育还没有普及，无夫的妇女不免还有淫行，不得不用刑法防禁。本员没有出过洋，不敢说外国无夫妇女贞淫如何，看编查馆原奏大约外国妇女个个是贞洁的，但是外国无夫妇女不用法律以防闲，可是外国有夫妇女还必因法律为之防闲，试问外国教育何以不普及于有夫的妇女。本员没到过外洋，也不敢说中国现在教育还没有普及，所以无夫、有夫的妇女都不免犯奸，都还要用刑罚防禁，等将来教育普及之后，何以只能教育无夫妇女，可以把刑罚废除,可不能教育有夫的妇女,还要用刑法防禁。而且在室的女子受了教育已经成了贞洁的德性了,等到出嫁之后变成了有夫妇女,他的贞洁之本质忽然消灭了,等到其夫已死,又变成无夫妇女,他的贞洁之本质又忽然回来了。(语未毕)

百十七号(雷议员奋):本议员对于劳议员有要紧的质问,请劳议员直接答辩。请问劳议员,是否对于刑法草案发表意见?

八十号(劳议员乃宣):是的。

百十七号(雷议员奋):请问劳议员,刑律草案是否宪政编查馆交议的?

八十号(劳议员乃宣):是的。

百十七号(雷议员奋):请问劳议员是否宪政编查馆的人员?

八十号(劳议员乃宣):本议员是宪政编查馆的人员。

百十七号(雷议员奋):劳议员所质问的是否对于宪政编查馆人员质问,抑是对于资政院全体质问。若是对于宪政编查馆质问,而本议员鄙见以为劳议员系该馆的人员,当初编订刑律草案时想劳议员必定已先参议,如此看来则劳议员今天可以不必发表意见,请问除了今天以外以后还有讨论的时候没有?请问除了讨论刑律以外以后还有讨论别项案件的时候没有?

八十号(劳议员乃宣):雷议员说的不错,本员私心被人窥破,可笑之至。不过有非质问不可的地方。这个附则与正案同一效力、不同一效力将来要废的,那一天要通过资政院、不通过资政院,宪政编查馆没有说明,请特派员答复。还有一个疑问。条文里头有对尊亲属加强暴未至伤害一条,原草案是"暴行"二字,后来改作"强暴",(读原奏)这个"强暴"二字不晓得强暴的范围如何,殴打在内不在内。平人伤害人的身体,殴而未伤,只问违警,所以刑律里没有。若是打了尊亲属,虽然未伤,也应办罪,不能只问违警的小罪,这刑律上"强暴"二字想是指殴打而言,然不大清楚,是否在殴打之列也请明白答复。

政府特派员(章宗祥):劳议员质问几层,本员请简单答复。第一层,劳议员所问判决例究竟是法律、是命令,本员以为既非法律,又非命令,不过案件判决以后其所记载判决的事实可以作后来标准,是谓之判决例。譬如大理院审判官遇有这么样的案怎么样定,将来遇有同一的案子,审判官就可拿这个为标准定犯人的罪,所以这判决例在各国也不能作为法律,也不能作为命令,中国也是如此。还有一层说是暂行章程行到几时为止,方才杨特派员已经说过了,原来的意见在行到宣统八年开国会的时候,现在国会既已提前,自然暂行章程亦可早止。至于这个暂行章程究竟到甚么时候为止,劳议员可以不必问的。何以故?现在新刑律已经交到资政院,议员是国民代表,应该看得到人民到甚么时候是甚么程度,就可以适用甚么刑律,这是资政院议员可以看得到的。至于暂行章程第四条,方才杨特派员已经说过了。在这一条说是各国新订刑律均无无夫妇女犯奸处犯之明文,诚以防闲,此种行为在教育,不在刑罚。但中国现在教育尚未普及,故参照旧律暂定罚例。劳议员的意见各国妇女全是贞洁的,我们中国教育没有普及,所以不是贞洁的,这却不然。在各国通例无夫妇女全用教育,并不是用刑法,杨特派员的意见并不是说外国妇女全是贞洁的,我们并没有说到这一层,劳议员的话是由理想上推出来的。至于重要的问题应该要、不应该要,要到讨论时候再提。

八十号(劳议员乃宣):将来废止的时候要通过议院、不通过议院?

政府特派员(章宗祥):本员意见凡有法律交议的时候都要通过议院,将来废止的时候也要议院通过的。

一三七号(邵议员羲):此种暂行章程究竟是新刑律,抑是旧刑律。刑律只有一种,断不能于刑律之外又有一种暂行章程。特派员既说明与新刑律相冲突,为什么编查馆不删去而要交议?

政府特派员(杨度):暂行章程之附设本来与刑律主旨不相符合,为什么不删去的缘故,因为预备立宪时代人民程度不齐,所以要这暂行章程。这暂行章程是在十月初三国会未缩短年限以前办理的,现在国会既然缩短,这个暂行章程是否可废,请诸议员议决。

八十号(劳议员乃宣):我不是不会说,我是不说,因我的话很多,我若说了,又说是犯讨论的界限了。

政府特派员(杨度):在宪政编查馆时劳议员已经讨论过了,这个话都是劳议员说过了的话。

一一二号(陈议员树楷):对于特派员有几句话。以前讨论是宪政编查馆的讨论,与资政院不相干。今天劳议员是以资政院议员的资格在资政院讨论这个权限,须得划分清楚。就如我们资政院在审查会特任股员审查时意见被股员多数驳倒，到大会犹可以发表其意见，况编查馆机关原与资政院不同，在编查馆不能自申其说，正好到资政院来说，万无抑劳议员不许质问之理由。此是一定的道理，现在可以不必提了。不过刑律关系全国财产、性命、风俗习惯，须得细细讨论这个题目，没有不赞成的，今天就是质疑，也是没有甚么可疑的。照特派员所说的是很正当的，不过不可不详细讨论。就如日本当时是请德国、法国人定的法典还是不适用，后来又派学生出洋，回来体察本国情形定出法典来。此等重要议案岂可轻易放过，总以先付审查为是。

八十号（劳议员乃宣）："强暴"二字，殴打在内是不在内？

百十号（于议员邦华）：请大家不必讨论，即付审查。

议长：发言表上还有人要发言，这也不是一时可以表决的，须得详细讨论。

政府特派员（章宗祥）："强暴"二字包括殴打在内。

一七八号（高议员凌霄）：本员对特派员有个质问。本员没有到过东、西洋，不知道东西各国风土人情如何。方才特派员说中国社会习惯向来崇尚礼仪廉耻，即如家庭中有无夫妇女发生这种和奸的羞耻事情出来，其家亲属必不能够送审判厅自伤体面，必另有一个特别秘密处理之法。此话本员大惑不解，这种事实既不能禁止全不发生，又不能忍辱含垢，又不能送审判厅，请问贵特派员所谓特别秘密处理之法是一种甚么法子，请特派员明白规定，宣告天下，咸使闻知。

议长：请简单发言。

一七八号（高议员凌霄）：方才特派员说社会习惯中国向来讲廉耻，这是特派员所知道的。特派员说是家庭发生这种羞耻的事情，不是由国家发生出来的，不知这种羞耻不能送到审判厅，又不能禁止，则社会自然不发生这种事情。试问特派员既说是有一种特别的主旨，到底有甚么法子可以禁止。

七四号（陆议员宗舆）：这个新刑律今天刚才分送，总得大家熟诵一过方可讨论。这是极重大之新法典，修订已非一日，所有条文自有一贯之主义，不是随便抽出一条来便可评论是非的，还是请议长先付审查为佳。

议长：请简单发言。

七十四号（陆议员宗舆）：所以愿诸位细细研究，我们资政院总要把条文细细看清才好。

一五三号（易议员宗夔）：请问议长，是按发言表发言否？

议长：现在按发言表，请易议员发言。

一五三号（易议员宗夔）：本员对于这暂行章程不赞成的。因为这个法律总是要统一的，怎么于全部法律之后又有这种暂行章程。本议员看来这暂行章程一条都不适用的。第一条是犯第八十九条、第一百零一条、第一百十条、第一百十一条、第三百零六条、第三百零八条处以死刑者仍用斩，同一死刑怎么分出轻重，这一条是应该取消的。第二条是凡犯第二百五十二条第一项、第二百五十三条、第二百五十五条、第二百五十七条之罪应处二等以上徒刑者得因其情节仍处死刑，这是中国从前尊重死体之法律，现在立宪时代是用不着的，这一条应该取消。第三条凡犯第三百六十四条应处一等有期徒刑以上及三百六十五条至三百六十七条之刑者得因其情节仍处死刑，这个盗劫罪是很轻的轻罪，而处以死刑未免与减少死罪宗旨不合，这也是要取消的。第四条凡犯罪第二百八十三条之罪为无夫妇女者处五等有期徒刑、拘役或一百元以下之罚金，其相奸者亦同，这个无夫妇女犯奸定罪的各国很少，俄国亦只指明师保及奴仆，足见普通人和奸尚无罪名。据本员看来，此事是以教育普及为范围，教育普及，此种事自然少了，不必规定于刑律之上。况且妇女晓得刑律的很少很少，我国妇女贞洁关系于礼教之维持，并非畏旧律上杖八十之条文，是这一条应该取消的。第五条凡对有尊亲有犯不得适用正当防卫之例，是与尊重人权的主旨不合，这一条也要取消的。（拍手，拍手）

四八号（陈议员懋鼎）：本员赞成陆议员倡议，须等到审查后再行讨论大体。法典是很要紧的，不但不是几个人可以讨论的了，而且不是多数人可以讨论的了，总要全体议员都看明白，到审查之后才能讨论。方才易议员所说的话还是讨论的话。

一五三号（易议员宗夔）：本议员并不是讨论的话，是质问特派员何以不删除这五条。

一一二号（陈议员树楷）：现在不必讨论这五条取消与否，资政院审查时自有个权力的。现在新刑律所主持者系由家族主义一变为国家主义，事体重大，非以后研究不可。

议长：现在讨论终局，应付法典股审查。拟休息十五分钟，请各位议员稍为留座，本议长有请诸位议员注意之语，就是休息后请诸位务回议场。现在打算休会几天，今天有许多事情都要议有结果，若是休息时候随意散去，人数必不能足三分之二，即不能开会，所以要请大家注意。还有向来于休息时就走了的那几位更要注意。

下午四点四十五钟议事中止。

下午五点钟续行开议。

百二十一号（方议员还）：江苏谘议局来了公文，共计三件，送到本院核议。请议长提出交审查。

议长：可以交审查。

一三四号（余议员镜清）：浙江陈请的事情关系邮传部变更法律的事情，全国商办公司前途至为危险，请交特任股员审查。

议长：可以交审查。

八十八号（陶议员葆廉）：本员有个质问。度支部说帖十余天还没有答复，请议长催问催问。

议长：可以催问。

一四四号（胡议员柏年）：湖北教育会会员陈请改正教育会章程说帖，请付特任股员审查。

议长：今天本应由预算股长报告审查结果，因为预算股事太纷繁，已经展限十天，不能再展。本院有大会，股员会就不能开，所以打算休息几天，但名为休会，其实股员会仍旧开议。不过要赶办预算事件，又要与政府协商，关系甚大，所以拟休会七天。还有许多应付审查案件，这几天预算股自然很忙，除了预算之外别科事件很少，打算当付审查的都付审查，除了预算之外的人亦不至空闲无事。今有应付审查的，有应当会议的，虽天气已晚，打算与诸议员讨论，今天的议事日表打算略为改动，不知道诸位的意思如何？

众呼"赞成"。

议长：议事日表第二提议陈请全国禁烟办法议案、第三修正禁烟条例议案，此两案算是一件事情，拟归并一起会议。

百十号（于议员邦华）：这件事可以归并一处，并没有甚么讨论。

议长：修正禁烟条例一案关系很紧要的，总要郑重为是。

议长：议事日表第四著作权律议案是三读，第五确定义务教育以谋教育普及议案、第六修正优待小学教育的章程议案,第五、第六可以归并一起,还有第七请降明谕剪发易服具奏案,此数项中请各位斟酌应将何者减去,好更动议事日表。

七三号(汪议员荣宝):请速将议事日表著作权律议案付三读。至禁烟办法与修正禁烟条例可以不必十分讨论,想来没有不赞成的。

八七号(沈议员林一):修正禁烟条例与法律有关系,请付法典股审查。

百十号(于议员邦华):有个倡议。这个禁烟案请议长咨询大众今天可以议决,不必付审查。(拍手,拍手)若俟休息七天后再议决,恐怕太晚了。现在英国与外务部正在交涉订约之期,早一天议决,可以早除一天害,(拍手,拍手)大家对于条例没有甚么意见。因为对于吸烟的人法律不妨重一点,今天既是咨询大众,可以省略再读、三读,(拍手,拍手)初读之后就可以付表决,以便咨行外务部办理。

一三七号(邵议员羲):修正禁烟条例要郑重一点,今天就可作为初读,初读之后再行审查。

百六十号(王议员绍勋):剪发易服案不在资政院范围之内。

百十号(于议员邦华):现在还没有讨论到这个地方。

十七号(林议员炳章):现在讨论是禁烟的事。

一九五号(刘议员荣勋):本员对于禁烟案是绝对赞成的。不过对于其中条件先后的关系上有个意思要请申明。这三个条件禁吸、禁种、禁运,禁种以本年十二月底为止,禁运以宣统三年六月为止,禁吃以宣统三年十二月为止,禁运在禁种之后,在股员会的意思以为先治本而后治标,不知这禁烟须先治标而后治本,若禁运不同禁种一路下手,则土税不裁,无以表示必禁之意,恐禁种终无效果。

一一二号(陈议员树楷):现在股员长还没有报告。

五十三号(刘议员道仁):禁烟条例议案是一个法律案,很要紧的,讨论总要完备。若草草议决,恐将来禁烟毫无效力,现在请议长交法典股审查,将议事日表第七项提前,以便讨论。

一四八号(陶议员峻):禁烟条例有一半人说应该付法典股审查,又有几位议员说请议长咨询本院,可以省略付审查,请议长咨询大家意见决定之。

一三四号（余议员镜清）：这件事并没有甚么讨论，照议事细则第二十条，应付法典股审查。

百七十七号（李议员文熙）：本员是审查禁烟案之一分子，所以要把审查的意思说一说。当初审查报告书的意见有三种，就是禁种、禁运、禁吸。（语未毕）

百三十号（刘议员景烈）：就请议长交法典股审查。

一七七号（李议员文熙）：修正禁烟条例与禁烟暂行章程是两件事。禁烟条例须宣统四年正月方是实行期间，暂行章程现在即当应用，故本员以为应讨论暂行章程。然讨论者不过期限问题，其他皆可从略。章程上规定是本年十二月为禁种之期，有人谓已经禁种的地方自不必言，若未经禁种的地方一时骤令铲除，恐酿成事端，不知禁烟是一个强制的行为，若一味姑息，恐将来当无禁绝之一日。（拍手，拍手）至于统税亦当早裁，国家一方面禁吸，一方面又抽税，是自相矛盾了。（拍手，拍手）就是本员所说这三个问题，请于议场解决，其他请付法典股审查。

议长：本议长方才询问的意见因为今天时候太晚，想把这几件要紧的案提前赶办，所以议事日表万不能不更动，就请大家想一想那一件可以暂缓，那一件可以提前会议。

五七号（林议员炳章）：修正禁烟条例议案前次会议提前讨论，已经全院赞成，请议长即将该案略为讨论便付法典股审查。此件事关全国，且经四省谘议局同时提出，何等重大，仍望全院议员十分注意。

一四九号（罗议员杰）：本院拟请剪辫易服的议案是本员提出的，请议长咨询本院是否要本员说明主旨。

议长：议事日表如何更动现在还没有定，此件暂且不能定，究竟那一件应先讨论请诸君决定。

百一七号（雷议员奋）：方才议长说今天议事日表不能不更动，既然不能不规定那一件应当先讨论、先付表决，照本议员的意见以为，议事日表第一新刑律已经通过，第二、第三是一件事，第四又是一件事，第五以下都要交股员会审查，不是今天应当表决的议案。第四著作权是三读，若通过后就可以会同民政部具奏，著作权三读完了之后，再提议禁烟问题，这件事有主张交法典股审查，有不主张交法典股审查，本员意见现在不必讨论，先将著作权付三读为是。

一五三号（易议员宗夔）：本议员不赞成雷议员的话。禁烟事体很要紧，还是将第二、第三表决之后再将著作权三读。（拍手，拍手）

五十七号（林议员炳章）：禁烟案从前已经提前会议，还以先行表决为是。

七十三号（汪议员荣宝）：请将雷议员的倡议先付表决。

百十号（于议员邦华）：禁烟案以前已经表决，说提前会议，今天有人说不必修正条例即付法典股审查，就请议长将这个案咨询本院表决。（拍手，拍手）

议长：如此就不更动议事日表了，第二全国禁烟办法议案，第三修正禁烟条例议案，第四著作权律议案，依原定次序议去，俟议完这三件后看天色早晚再说。

众呼"赞成，赞成"。

议长：议事日表第二提议陈请全国禁烟办法议案，请特任股员长报告审查结果并说明理由。

一八号（议员贡郡王）：本员按照分股办事细则五十三条之规定，委托李议员文熙代为说明审查主旨。

议长：请李议员文熙报告审查的结果。

一七七号（李议员文熙）：本股员会审查禁烟案共有五件，其内容虽微有不同，而大致区别实不外禁运、禁种、禁吸之三项，而禁种、禁运又不过是禁吸之一方法。本股员会对于此三项逐项讨论，规定之结果，第一以本年十二月为禁种之期，第二以宣统三年六月为禁运之期，统税局即同时裁撤，第三以宣统三年十二月为禁吸之期，此审查情形大概也。然于此生一问题，现在各省禁烟参差不齐，有在限期之前已经禁绝者当如何办法。然此一层可以不必虑及，因为已经先行戒绝者绝对不能死灰复燃，他已经不吸了，我们一定按照期限叫他从新再吸、再戒，是万万无此理的。（拍手）又有一问题，禁烟暂行章程对于各省之情形不同当如何办法。然此是一个普通章程，与某省有不同的地方尚可以规定一种单行章程亦无冲突处，但是暂行章程应否讨论，请诸君解决。本员意见以为不必讨论，因为这个章程是普通的办法，想无不赞成的，现在应讨论者就是禁种、禁运、禁吸之期限问题。禁种是本年十二月为止，究竟应否以本年十二月为定。禁运一节本员一人意见以为明年正月就可以实行，统税局亦可以同时裁撤，国家绝对不能因顾及少数收入使全国人民禁烟不力，不知诸君以为然否。至于禁吸一层尚无异议，本员报告审查之结果如此。

一七八号（高议员凌霄）：禁烟报告书本议员都极赞成，就是于禁运这一层有个意见不能不发表的。方才李议员说缩短禁烟期限，于明年正月就可禁运，与裁撤统税局一时并行，然现在沿江、沿海如广东、上海等处土商受困的很不少，土药成本过巨，这是关系一国经济上的问题，也不可不虑及的。若是一刀切断，土商不能销售，于国家经济前途很有影响，万一惹起恐慌，岂不可危？本员以为统税既是不好，就应早些裁撤，不当与禁运一时并行，应先裁撤土税局，再宽限数月禁运，凡内地所存的鸦片烟都要华商赶紧销售。但恐洋药流入内地太多，一时不能扫除净尽，然本员想这个地方也有一个办法。我们既然主张禁烟，就可就此一端先实行加税问题，请政府与英国交涉印度土药递减十年期限能否立刻取消。倘或不能，可否请国家将外国运入内地的洋药加重几倍收税，则内地自然不能销售，外国也就不能贩运了。本员意思如此。

一九五号（刘议员荣勋）：本员极赞成李议员之说，而反对高议员之说。禁烟必先禁运，而后禁种，始有效可收，这是本员由事实上经验来的。盖产烟最多的省分是云、贵、四川、山、陕等省，所以今年贵州竟自普遍都种了烟，可见不先禁运而后禁种是无效的了。若先禁种而后禁运，裁去土税局，则种烟的农人种出烟来不得销售，自然不种，而禁种便易着手了。又禁烟会简章中只规定普通人吸烟的罪、而不规定官吏吸烟的罪是不妥的。外省官吏吸烟的颇多，禁烟的机关又委之地方官吏，以吸烟的官吏司禁吸的事自然是无效的。故本员的意思以为必须设一监督禁烟机关之机关方可收效，这监督机关莫若以谘议局及各地方自治团体充之最为可靠，这个关系望各位议员注意。

八七号（沈议员林一）：这个禁烟章程本员很赞成的。然而禁吸、禁种都是容易得很，可是既禁土药，必要一并禁止洋药，洋药若是照旧入口，我们的烟禁怎么能实行呢？现定宣统三年六月为禁运之期，土店不准再开，但是卖土药的禁了，卖洋药的不能设法禁止，则开土店的还怎样禁呢？总要把洋药入口年限缩短，请外务部亟与外国交涉、订明条约方是完全办法。（拍手）

百五十一号（黎议员尚雯）：禁烟以禁运为要着，现在有个绝好的机会。英国志士深以鸦片输入中国为大耻，组织五十年国耻纪念会，请求各国于明年海牙会定万国禁烟之法律。我们正禁烟，若要废约，想他们一定答应的。如能禁运，何愁不能禁吃呢！今天我们通过，明天就可请外务部与他交涉。据中英《天津条约》第二十七款有云：此次新定税则并通商各款日后彼此两国再欲重修，以十年为限，期满须于六个月之前先行知照，酌量更改。其附约内有"各项买卖"一语即包鸦片在内，根据此条与之磋商，废约是现在绝好的机会，不可失去。还有一条，禁吸以"宣统三年十二月为禁吃之期"句下请加各省已提早禁吸者作各该省单行章程照原办理。

一四八号（陶议员峻）：方才李议员所主张的明年正月初一即为禁运之期，并且裁撤统税，这在理想上说也是很好的。洋烟是中国大害，不能不亟为除去，本员也很赞成。至于高议员所主张的把统税加重，并且与外国交涉废止洋药入口，这是于事实上做不到的。然李议员所说的于事实上也多窒碍，要是明年正月就行禁运，这些土商所存的货没有卖出去，国家如此办法，仿佛是不戒视成的样子，这个事情是行不下去的。现在我们所注意的在定一个办法，必要于事实上行得到才好。方才有位议员所说英国有国耻会这个机会，我们正可以与他交涉，他若答应固然是好，如外国不答应，难道我们的烟就不禁了吗？我们现在所注意的是一定不种、不运、不吸，外国是不能干涉的，我国切实办理就是他把土运来又谁买他的呢？所以禁烟的事情总要从国内入手才好。至于统税这一层并不是个人用费，是国家的用费，要把统税裁撤这种利权全归土商与吃烟者享有，国家正穷困的时候，少了一笔款，必定再由百姓身上筹划，是使不吸烟的人替吸烟的担这种义务。依现在税法原则，且各国对于奢侈品税则都要加重，而洋烟为奢侈品之尤，何可驰不税？本员所以主张有土商即有土税，裁土税即宜并禁运商。至谓国家先裁统税使人民知道国家一定戒烟，其说不甚的确。假如命令一下，某日禁运即裁统税，某日禁吸逾此而有犯者即为违法，立即予以重刑，谁敢以身试验。

百十号（于议员邦华）：天气已经不早了，现在应该表决的一个是审查报告书，一个是李议员裁撤统税之倡议，请将两件咨询大家即付表决。

一七七号（李议员文熙）：在未表决之先本员还有应当说明的。方才陶议员所说的因为禁运土商不利，可以不必禁运，试问陶议员现在已经禁种，市面上所存的土到明年腊月就尽能吸完否？（拍手）若是吸不完，终久尚须弃置，又何必存一销尽为度之想。况且鸦片烟仿佛是一种传染病，试问市面上有一种传染病，还是断绝了好，还是听其流通的好。既当断绝，鸦片烟何独不然。既知非强制力不能禁绝，要禁绝必须先禁运，此是一定办法。至于先裁撤统税局亦非无意，盖收捐委员其目的在吸烟的人多，禁烟公所其目的在吸烟的人少，若不裁统税局，本员以为必于禁烟大有妨害。

一三七号（邵议员羲）：方才大家讨论半天，是两个题目：一个是禁烟章程，一个是禁烟期限。现在两个题目已经并在一起，就可以先付法典股审查，不必再行讨论。

一四八号（陶议员峻）：今天应该表决的是禁烟期限，并不是禁烟章程，禁烟章程可以付法典股审查。至于禁烟期限，是还要表决的。

一三七号（邵议员羲）：禁烟章程、禁烟期限两个题目已经并在一起，可以把第三层表决。

一四八号（陶议员峻）：请议长把这个表决分为两项，那个章程交法典股，这个禁烟期限应请大家表决。

一五三号（易议员宗夔）：还是把禁烟期限表决一下。禁烟条例虽交法典股，却不能把这三个限期再为改定，然所定的期限大家已经讨论半天，也可以付表决了。

三七号（议员李子爵）：众议员所说不禁运，只禁种、禁吃，此等办法本员不敢赞成。必要禁运，以绝其源，并裁撤土膏局，严定章程。如是，到宣统三、四两年可以一律禁尽矣。

一百五十三号（易议员宗夔）：请议长付表决。

议长：现在拟将股员会报告书付表决。

四八号（陈议员懋鼎）：请议长宣告并不是表决报告书，表决三个期限。

议长：报告书于禁运、禁吸、禁种三事定有缩短期限，今先表决禁种期限。

一五三号（易议员宗夔）：请将三个期限一并付表决。

议长：一件一件付表决亦无不可。先将禁种期付表决，报告书所拟本年十二月禁种之期以为然者请起立。

众议员多数起立。

议长：多数。再将禁运期付表决。报告书所拟宣统三年六月一律禁运，赞成者请起立。

众议员多数起立。

议长：多数。

三十七号（李议员子爵）：裁撤土税局是否在内？

一三七号（邵议员羲）：裁撤统税局一事未知度支部意见如何，请特派员声明意见能否相同，免得将来具奏以后又要交部察核具奏。

度支部特派员（张茂炯）：度支部征收统税原是以征为禁，现既缩短禁烟年限，于禁烟大有进步，度支部极表同情。（拍手，拍手）

议长：现在表决禁吸期。报告书所拟宣统三年十二月为禁吸期，赞成者请起立。

众议员多数起立。

议长：多数。现在三个期限已经表决，拟将此案及议事日表第三修正禁烟条例议案均付法典股再行审查，诸位意见如何？

众议员无异议。

百五十一号（黎议员尚雯）：今天有外务部特派员在坐，即请外务部与外国交涉速行废约，收回我国自由禁种之权，如英人要求续订鸦片入口之约，万不可承认。

五七号（林议员炳章）：顷间已经全体表决，以本年十二月为禁种之期，宣统三年六月为禁运之期，十二月为禁吸之期，是每届期限全国必要遵守法律，一律禁止。至外务部前与英使所定条约虽有十年为期之语，该约系于光绪三十三年所订，彼时以试办三年再行妥议，现适届三年，试办期满，另换新约之时，吾国既经上下一心缩短禁烟，且前此成绩为东、西洋各国所公认，应趁此与英使交涉，以明年六月一律停运为上策。就请议长以文书咨询外务部，速与英国交涉无须另立新约，明年六月后实行洋药入口之禁。

外务部特派员（饶宝书）：这个禁烟总要我们自己办的好。若宣统三年果然办得整齐，这个条约就不废而自废，就是不禁止他运来，而我们不吸，他运来又作甚么呢！现在我们还没有禁绝就要废约，恐怕办不到。

百十号（于议员邦华）：这个理由固然有的，但外务部办理外交应争的总要力争，若事事都由人民自己去办，还要外务部作甚么呢！（拍手，拍手）

一一二号（陈议员树楷）：就以我们中国禁烟之期为外国禁运之期。（拍手）

一四八号（陶议员峻）：请问外务部特派员，明年禁运以后就是外国人再运也不能直接卖于我们百姓，这不必说了。外务部好把本院议决的情形与他交涉，藉我们议员为后盾以扩充国家权力。此我们应有之权外国人必不力争的，正是外务部占优胜复国权的时候，请外务部特派员注意。

六十八号（文议员溥）：禁运洋药入口前三年外务部与英使订定十年递减办法，有试办三年之语，所谓试办三年者，是看中国能否实行禁烟，现在土药禁种、禁运、禁吸均已确定年限，则洋药亦应变通办理方无流弊。明年西五月海牙开万国禁烟大会，中国已派定会议禁烟大臣，禁运洋药、缩短期限一节届时必须在会中提议，外务部总要注意。

外务部特派员（饶宝书）：禁种、禁运、禁吸表决期限应请资政院以咨文通告外务部，以便外务部同英国办交涉。至于交涉能否办到，外务部亦不敢【答应】，必总要我们能认真禁吸，到禁尽时自然可以废约。

一三七号（邵议员羲）：这个权利应当争的，如果自己不争，就算放弃权利了，还要外务部做甚么！本员以为禁种、禁吃应归民政部负责任，禁运的事应归外务部负责任，不能说办得到、办不到，只要实力去办，没有办不到的。

一一二号（陈议员树楷）：本议员还要补足一句话。中国到明年六月一定禁运，禁运以后外国人不得再运，如果有外国人再运来卖于中国人，就是引导我人民违背法律之渐，这是最要紧的事，请特派员注意。

一五三号（易议员宗夔）：方才外务部特派员在议场答应的话是法律的话，不是随便答应的。

议长：将来特派员回部说明比咨文还实在些。

四八号（陈议员懋鼎）：无论怎么样总是外务部去办交涉，不过在本员看来外交之责任自然是外务部负担，至于禁种、禁运的情事能否作到，都是我们国民应当负担责任。

百五十三号（易议员宗夔）：有个倡议。现在禁种、禁运、禁吃案已经表决过了，并且特派员已经答应向英国交涉，这个禁烟案可以不必再讨论了。还有第四著作权律议案现系三读，请议长咨询本院，无甚变更还可以省略朗读。

七三号（汪议员荣宝）：著作权律是法律修正案，今天恐怕不能省略朗读。

五七号（林议员炳章）：这是法律案，似乎不能省略朗读。

议长：现在照议事日表第四著作权律三读，还是以朗读为是。

秘书官（曾彝进）：承命朗读著作权律第一章第一条、第二条、第三条、第四条，第二章第一节第五条、第六条、第七条、第八条、第九条、第十条，第二节第十一条、第十二条、第十三条、第十四条。

七十三号（汪议员荣宝）：第十四条缺了一个"者"字。

秘书官（曾彝进）：加入"者"字再朗读第十四条，接读第十五条，第三章第十六条、第十七条、第十八条、第十九条、第二十条、第二十一条、第二十二条、第二十三条，第四章第一节第二十四条、第二十五条、第二十六条、第二十七条、第二十八条、第二十九条。

百十二号（陈议员树楷）：二十九条本议员照议事细则第三十条有个倡议修正条文。因为这个二十九条有相矛盾的地方，所以提起修正案第一条称著作特是文艺图书贴本照片、雕刻模型，第二十九条"或加入言训、句读、注解、图画"这句应当删去，因为这句是专指文艺而言，与贴本照片、雕刻模型毫无关系，所以本员以为应将本条删去。

议长：陈议员倡议修正，众议员以为如何？

七十二号（胡议员礽泰）：陈议员说二十九条有遗漏的地方，据本员看来，"略加修正"四字可以包括，无庸修正。

七十三号（汪议员荣宝）："阐发新理"四字本来对于文艺而言，既是对于文艺而言，就没有遗漏。至"略加修正"或"加入音调、句读、注释、图画"者仍是由原著作而来，有"阐发新理"四字就无遗漏。

八七号（沈议员林一）：图画是美术之一种，第一条图画亦得有著作权，这"图画"二字显有冲突，应即删去。

百十二号（陈议员树楷）：方才汪议员与胡议员所修正的都是就此条而言，然解释各有不同。将来新律颁布都要遵守的，如解释分为两种，殊非适当之条文。本员意见莫若删去或加入"音训、句读、注解、图画"数字方与第一条对看而无遗漏。

议长：现在由秘书官朗读陈议员的修正案。

秘书官（曾彝进）：承命朗读毕。

议长：陈议员修正案赞成者请起立。

众议员起立赞成。

议长：起立者多数。

秘书官（曾彝进）：接续朗读至三十五条。

七十三号（汪议员荣宝）：本议员倡议对于三十五条修正文字，"他人之著作权""他人"之上加"对于"两字，"他人"之下删去"之"字。

议长：汪议员修正案赞成者请起立。

众议员起立。

议长：多数。

秘书官（曾彝进）：接续朗读至第四十一条。

百四十号（康议员詠）："因假冒而侵害他人之著作权"，"害"字可改为"损"字。

议长：康议员修正案赞成者请起立。

众议员起立。

议长：多数。

秘书官（曾彝进）：接续朗读至五十五条。

百十号（于议员邦华）：五十五条以下可以省略朗读。

百零九号（籍议员忠寅）：请议长表决全案。

七三号（汪议员荣宝）：本员还有倡议。第一条首句"凡"字下应加一"称"字，为"凡称著作物而专有重制之利益者"。

秘书官（曾彝进）：修正朗读毕。

议长：汪议员倡议修正，众赞成否？

众议员呼"赞成"。

议长：照汪议员荣宝修正案可决。

七三号（汪议员荣宝）：第三条首句"凡"字下应加一"以"字，为"凡以著作物呈请注册者"。又第四十三条"违背第三十五条"七字下删去"及"字。"又"字改作"及"字，"而不载明出处"六字改作"之规定"三字。

议长：汪议员修正案众赞成否？

众议员呼"赞成"。

七十二号（胡议员礽泰）：第二十二条修正案讨论之时，本员未听清楚就付表决。照章表决之后就不能改正，但是本员研究起来似有应改之处。"重制"二字本已包括修正翻版，加"修正"二字反致不甚清楚，似有冲突。本员意见照第一条看著作物不定是书籍，照此解释，"修正"二字可以不要。

一一二号（陈议员树楷）：本议员意见，赴该管衙门呈报须交呈报费，第一条既说是有重制之利益，就无庸再行呈报。若将"修正"二字去了，是把第一条规定重制之利益失去，未免前后冲突。

七十二号（胡议员礽泰）：如此说来"重制"二字就可以不要了。

八七号（沈议员林一）："重制"二字可否改作"改制"，便与第一条"重制"截然两样，不致有疑。

七三号（汪议员荣宝）：可改为将原著作重制而加以修正者。

秘书官（曾彝进）：朗读汪议员修正案。

众呼"无异议"。

议长：是汪议员所改可决？

政府特派员（章宗祥）：本员还要申明一句话。重制的时候不到该管衙门呈报，与政府提出原案意见却不相同。原来政府提出的议案只有呈报，没有注册，又并不是要公费，不过因重制与翻板时候必定不合时宜，所以一定有修正的事与原来不相同，就不得不呈报。所以二十二条呈报与上项注册不同，若据某议员所说，则著作人所受的限制未免太严。

四八号（陈议员懋鼎）：照特派员所说，仿佛第一条之"重制"就是第二十二条之"重制"，两条似须改成一律。

一一二号（陈议员树楷）：方才表决汪议员修正案很完全的。据特派员说原来只说重制没有修正，果如此言，本律内应再添修正一条才对，不然转觉遗漏了。

议长：第二十二条既照汪议员所述修正矣。还有第四十九条与第二十二条用字一样，应查照第二十二条例修改。

一三七号（邵议员羲）：可以不必修正。

七三号（汪议员荣宝）：这条应改为："及重制时加以修正而不呈报立案者"。

秘书官（曾彝进）：朗读汪议员修正案四十九条。

议长：众议员赞成否？

各议员多数呼"赞成"。

议长：照汪议员所改可决。

议长：现在著作权律议案三读已毕，现在议决。全体议案之可否，诸位议员赞成者请起立。

议员全体起立赞成。

议长：多数。既经可决，应由本院会同民政部具奏。

议长：议事日表第五是确定义务教育以谋教育普及议案，第六是修正优待小学教员章程议案，这两件都是关于教育的事，现在可否不经会议先付审查，并拟不另指定特任股员，即交关于教育事件特任股员审查，请问众议员意思如何？

众议员呼"请付关于教育事件特任股员审查"。

议长：如此就交关于教育事件特任股员审查。

议长：还有一件陈请修正教育会章程说帖，亦拟付关于教育事件特任股员审查，俟审查后再会议。

众呼"无异议"。

议长：议事日表第七拟请明谕剪辫易服具奏案，前次易议员倡议请将周震麟陈请书一并交会议，已经有三十人以上赞成，现在也打算咨询诸位可否不经会议先付审查。还有李树良陈请说帖一件亦为此事，拟同付审查。

众议员呼"赞成"。

议长：议事日表第八议设审查拟请明谕剪辫易服具奏案特任股员，现指定特任股员十八人，由秘书长报告姓名。

秘书长承命报告：审查拟请明谕剪辫易服具奏案特任股员姓名：庄亲王、盈将军、那亲王、李子爵、陈懋鼎、崇芳、汪荣宝、长福、沈林一、林绍箕、胡家祺、许鼎霖、江谦、文龢、邵羲、易宗夔、李文熙、牟琳。

议长：议事日表第九急定税制及税政暂行机关议案，议员提出第十提议陈请急变盐法就场征收议案，第十一提议陈请减出口税议案，这三件都关于税法公债事件，拟不经会议先付税法公债股审查。

众议员赞成。

议长：议事日表第十二提议陈请筹办蒙藏事宜议案，第十三黑龙江移民实边议案,这两件不经会议先付审查。

众议员呼"赞成"。

议长:议事日表第十四现在指定特任股员十八人,由秘书长报告姓名。

秘书长承命报告:审查蒙藏事宜及黑龙江移民实边议案特任股员十八人:顺承郡王、那亲王、索亲王、贡郡王、多郡王、博公、黄公爵、定秀、胡礽泰、陆宗舆、吴廷燮、陶保霖、陈瀛洲、许鼎霖、王扬廷、王昱祥、桂山、刘道仁。

百三十四号(余议员镜清):浙江铁路事情究竟如何?

议长:本日议事日表均已议毕。但还有四件,一件是陈请浙江铁路公司适用商律核议案,一件是浙江刊布钱粮征信册核议案,一件是浙江谘议局停会核议案,一件是直隶盐斤加价核议案,这四个议案亦拟不经会议先付审查。

众议员呼"赞成"。

议长:议设特任股员十八人,业已指定,现由秘书长报告姓名。

秘书长:承命报告审查浙江铁路适用商律等四条特任股员十八人:铠公、胡男爵、赵椿年、林炳章、顾栋臣、文溥、吴敬修、孟昭常、江谦、文龢、喻长霖、胡柏年、何藻翔、彭占元、方还、高凌霄、蒋鸿斌、李文熙。

百七十七号(李议员文熙):四川铁路是否并为一案审查?

议长:四川铁路事情不在此内。

议长:还有四件。一江苏整顿学务事件,一江苏借款代偿商款事件,一江苏饥民抢夺公司事件,一提议陈请川路倒款关系公司律核议事件,这四件亦拟不经会议先付审查。

众议员呼"赞成"。

百三十七号(邵议员羲):上次禁止妇女缠足议案可以一同付审查。

议长:现在已设许多特任股员,这个议案似难再付审查。

百十五号(许议员鼎霖):缠足的议案可以并在剪发议案之内。

百二十一号(方议员还):广东禁赌事件已经成立作为议案,请付审查。

议长:江苏整顿学务等议案拟设特任股员审查,广东禁赌议案亦交付一并审查。现设特任股员十八人,由秘书长报告姓名。

秘书长承命报告:审查江苏整顿学务等五案特任股员十八人:振将军。

十号议员(振将军):本议员现在奉旨派有差使,不能到会,请议长另行指定。

议长：可以另指。

秘书长承命再行报告审查江苏整顿学务等五案特任股员十八人，姓名如左：盈将军、长福、易宗夔、籍忠寅、罗杰、李榘、江辛、汪龙光、王佐良、章宗元、吴赐龄、陈懋鼎、胡家祺、方还、李经畬、刘荣勋、牟琳、书铭。

议长：现在散会。

下午七点三十分散会。

资政院第一次常年会第二十四号议场速记录

宣统二年十一月初九日下午一点五十分钟开议

议事日表第二十二号

第一，承发吏职务章程议案。（政府提出，初读）

第二，运输规则议案。（再读）

第三，修正报律条文议案。（三读）

第四，提议陈请修改谘议局章程议案。（会议）

第五，优待军人、学生以资鼓励议案。（议员提出，会议）

第六，提议陈请广设宣讲所以开民智议案。（会议）

第七，禁止妇女缠足议案。（会议）

第八，议设审查优待军人、学生以资鼓励议案，陈请广设宣讲所以开民智议案及禁止妇女缠足议案特任股员。

议长：今天到会议员共一百五十一人。

百十号（于议员邦华）：请问议长，前次议决吁恳明定枢臣责任具奏案折稿想已拟就，今日可否提出？

一五三号（易议员宗夔）：若折稿已就，请议长命秘书官朗读。

议长：奏稿已经拟妥，待报告文件之后就要宣读，现在由秘书官先报告文件。

秘书官（张祖廉）：承命报告文件。

议长：现在有牟议员琳质问度支部说帖一件，王议员佐良质问盐政处说帖一件，齐议员树楷质问度支部裁书吏说帖一件，高议员凌霄质问法部停止刑讯说帖一件，刘议员纬质问民政部说帖一件，陈议员树楷质问税务处说帖一件，高议员凌霄质问度支部关于国债事情说帖一件，均已印刷分散，拟一并咨询众议员，如无异议，赞成者请起立。

议员多数起立赞成。

议长：多数。

秘书官（张祖廉）：接续报告文件。

议长：现在法典股股员长报告。请按照分股办事细则第二十九条允许股员会与资政院同时开议，赞成者请起立。

一三四号（余议员镜清）：报告书未听清楚，请秘书官再读一遍。

秘书官（张祖廉）：再朗读法典股股员长报告书。

议长：赞成者请起立。

议员多数起立赞成。

议长：多数。

秘书官（张祖廉）：接续报告文件。

秘书官（曾彝进）：接续报告文件毕。

议长：现在由秘书长朗读奏稿。

秘书长承命朗读吁恳明定枢臣责任并速设责任内阁具奏案折稿。

一一六号（孟议员昭常）：本员请说明起草的理由。

议长：请登台发言。

一一六号（孟议员昭常）：这个上奏案是前天表决过的，表决之后当场指定起草员六人，本员是起草员之一，起草的时候经六个人会议三次。第一次会议是讨论这个文章的主旨，当时商量起来大家都说现在世界各国没有不负责任的政府，若政府不负责任就是没有政府，没有政府就是没有国家，我人民不幸而生长在无政府之国，恐不久而为无国家之人。我中国本来是专制政体，所有一切政治都是在官吏掌握之中，这种官吏对于君谓之臣，对于民谓之官，这个官吏是国家所有种种政治发生的机关。这个政府是官吏一个总机关，他是官吏的领袖，又是机关上之机关。比如一个船，政府是把舵的，官吏是水手，这个把舵的不负责任，则为水手的他就赌钱的赌钱，吃酒的吃酒，睡着的睡着，躲懒的躲懒，这个船就翻了也没有人管。现在正是世界交通的时候，世界上没有不负责任之政府，凡百庶政都有一个总机关，我们但有一个不负责任之政府，就算没有政治之国家。又譬如一样东西交给一个人，总要有一个人负责任才可以交给他，要是他不负责任，他过了几天就把这样东西打碎了，可以不可以呢？所以我们民人比如在船上看把舵的不负责任，那些众水手赌钱、吃酒、睡着、躲懒，都不负责任，眼见得这个船就要翻了，我们应该把这个情形对皇上说一说，要表示出我们不得已之苦衷，是这篇文章的宗旨。如此讨论定规之后，宗旨算是已经有了，就要商量一个体裁应该怎么样。于是起草员又大家讨论这个体裁，说是这上奏案不是御史风闻言事与四品京堂以上个人弹劾政府之上奏案，是资政院议员代表人民对于行政机关不负责任有不得已之苦衷要告诉我皇上的上奏案。（拍手）然而又不是御史同乡京官联名参劾官府的上奏案，是资政院以法律所定的团体全体议决的上奏案，又不是行政衙门同行政衙门互相纠参的上奏案，是国家立法机关对于行政机关不负责任的奏案。研究到这个地方，这个体裁就定了。当时起草员起草之后又会议一次，就说这篇文章词句之间同别的案件不同，因为这篇文章是资政院全体对于行政机关一个上奏案，说的要严重，不可轻亵，要确实，不可浮泛妄论，大体不可琐碎。而且资政院有个举动，将来在历史上亦是一篇很有关系的文章，所以第二次会议起草员又商量多少时候又修改一次，第三次会议然后才能定稿。因为这件事非常重大，资政院全体名义所关，所以一次一次的修改，到第三次修改才能脱稿。这是起草员指定之后经过的情形。如此经过这几番讨论，所以做成这么一篇文章，这是起草员应该报告的。至于奏稿，已经朗读过了，请议长讨论讨论以便表决。

一九十号（吴议员赐龄）：本员对于起草员所说奏折的解说所解释很清楚的。但是与资政院前日表决的宗旨大有冲突。何以呢？当初表决的是弹劾军机大臣的题目，其所以弹劾军机大臣是甚么理由呢？就是根本于这两个条件：第一种是根本于上奏案，就是云南盐斤加价并广西限制外籍学生两个议案；第二种是根本于答复不负责任的说帖，因为以后这两个议案旋经奉旨依议了，所以第二次表决将那第一个条件取消，而这个答复不负责任的说帖原来没有取消的。没有取消，则这个案还是弹劾案，弹劾案应该是弹劾其人，不是对于机关上用弹劾，如果弹劾其机关反不足以服军机大臣之心，并且使军机大臣有所藉口的地方。现在组织内阁尚未成立，其机关尚未完备，机关不完备应该不负责任，你说要负责任，他说要等到机关完备之后才负责任，那岂不是军机大臣有个推卸的地步吗？其实不负责任是世界所无的，现在已经筹备立宪，不过组织内阁也就是现在的军机大臣一样，军机大臣对于人民断没有不负责任的道理。资政院不是风闻言事，是代表人民的建议，试问军机大臣有当过几十年的，有当过一两年的，最少也当过几个月的，他受朝廷高官厚禄，到底所做的是何事？现在国家坏到这个地步，东三省为祖宗发祥之地，竟为外人所蹂躏，闹到这个样子试问是谁执其咎！然有这种痛苦的情形他依然不负【责】任，还要这军机大臣占住这个高官厚禄的地位干甚么呢？既然他不负责任，就是将来内阁成立名目，虽然改了，还是与军机大臣不负责任的办法无异。中国向来政治就是这个毛病，譬如开一个公司，写一块某某公司的牌，挂起就行了，今天改良审判，挂块审判厅牌，今天改良监狱，挂块监狱牌。如此看来，这篇奏稿要说资政院在历史上最有价值的文章，本员不敢赞成，请大家研究。

一六八号（李议员素）：这篇奏稿不是我们资政院弹劾案，是我们资政院调停案，不然何以表决时主张弹劾军机个人，起草时又变为弹劾军机机关也。

议长：现将奏稿付表决，赞成者请起立。

众议员起立者一百二十九人。

议长：多数。

一二九号（汪议员龙光）：各省谘议局陈请申明资政院立法范围的一案，当日审查结果谓此案不能存立，而此议题万不可废，经众议决，仍由议长指定原审查十八人担任起草，闻已开会讨论两次举定起草员，不知这个草起成了没有？如已脱稿，今天就请报告，如尚未起草，还应照原议根据章程切实引伸，或于章程外稍议扩充，总期确成一议院基础，不宜中懈。

议长：现在还有接到股员会的报告书。

一五一号（黎议员尚雯）：湖南谘议局的电报复了没有？

议长：为甚么事？

一五一号（黎议员尚雯）：公债的事情湖南巡抚杨文鼎原奏以水口山铅矿作抵，湖南绅士当时均不承认。谘议局来电称：查原奏指常宁、水口山铅矿余利二十六万五千两作抵，而报部预算册官矿岁入四十二万余两，岁出三十八万余两，是余利不过四万余利。嗣经度支部据监理官折开水口庆砂购机洗剔增岁入，据复册仅十万两，并称须二、三年后方能决定，则所奏不实，决难凑足偿还之数云云。今杨抚发行公债票，既违法侵权不交谘议局核议，而指水口山铅矿余利作抵又属不实，如杨抚不知情，是为颟顸，如杨抚知情而故朦奏尤为欺蔽，朝廷应请旨饬度支部查办。

议长：此案尚未复电。

百十五号（许议员鼎霖）：此案是本员审查的。谘议局说湖南巡抚所称抵款不实，湖南巡抚原说有二十几万，其实才有四万，度支部财政监理官调查亦仅说有十万，现已经咨询度支部，要等度支部查复之后才好答复谘议局。

一四八号（陶议员峻）：请问议长，陶议员保霖质问度支部说帖系外债的事情，度支部答复了没有？

议长：已接到答复了，现正在印刷，尚未完毕。

百十号（于议员邦华）：那天禁烟的事情已有公文到外务部没有？本员的意见请议长要外务部照会英国公使从速办理，因现在改订条约期限已经剩了四个月的工夫。

议长：本议长当即设法去办。

一四九号（罗议员杰）：度支部特派员到了没有？

议长：今天度支部特派员没有到会。

议长：现在开议。按照议事日表第一承发吏职务章程是初读，拟咨询本院是否可以省略朗读。

众议员声言可以省略朗读。

议长：省略朗读，请法部特派员说明主旨。

法部特派员（邵从恩）：法部提出承发吏职务章程议案已奏交资政院核议。兹复提出修正案一件，虽于原案大体无更动，而条文字句之间颇有删改，今日说明即以修正案为据。本部提出此项议案大概有两个理由。其第一个理由，中国之承发吏即外国之执达吏，其所有职务为发送诉讼书类、执行诉讼裁判，在中国旧制此等事项均由差役执行，差役之弊害尽人皆知，无庸赘述。而推其所以致弊之理由，一则流品太卑，稍自好者即不屑为，每以最下流社会之人充数；二则不给以相当之费用，使其厉民以自养；三则视之太贱，无一定之法律规则以规定其职掌范围，因此种种遂致，大为民病。现在审判厅开办，既照章设置承发吏以执行诉讼书类、诉讼裁判等事，则对于所举差役积弊不能不设法矫正。承发吏之资格必以专章规定，承发吏之津贴必使之足以自养，承发吏之职掌范围必以法律为之规定，庶积弊可以一清。现在除关于资格、津贴两项外，另于承发吏考试任用章程中规定外，此项职务章程即所以规定其职掌范围者，此本议案提出之第一理由。其第二理由因中国旧制民事、刑事无甚区别，不特刑事用刑，即民事亦时有用刑者，现在审判厅成立，刑事已不能用刑，则民事更无可以用刑之理。然因此遂发生一种流弊，即民事诉讼案件因审判厅无权强迫之故，确定判决后当事者每每任意迁延，不易完结。推原其故，盖由于既废刑讯，而又无强制执行之法，所以致此。现在修律大臣方编定诉讼章程，必明于强制执行一门详为规定，而关于强制之承发吏更不能不以法律明定其职掌范围，此本议案提出之第二理由。据以上两理由观之，此项承发吏论品位虽不甚高，而关系于人民财产者甚重。盖审判官判决案件不过仅效力之发生至举所判决，而见之实行实在执行判决之承发吏。承发吏不善，则审判官判决虽善，仍于人民无补，故此项职务章程规定于法院编制法中以为由法部定之。本部以为此项章程既关系于人民者甚重，查外国亦作为法律之一种，是以遵照定立法律手续奉交资政院核议。至本章程内容共计三十三条，其立法理由不能逐条申述，特将其关系较重者略为说明。一、关于承发吏之职掌范围。查外国执达吏职务，有定于法律规则者，有由裁判所、检事局之命令者，有受当事者之委任而办理者，其定于法律规则及受人委任者即无须裁判所、检事局之命令。至中国法院编制法所取主义则不尽与此相同。其第一百四十四条规定，承发吏职务大纲一发送审判检事厅之文书，二受审判检查厅之命令执行判断及没收之物件，三当事人有所申请实行通知、催传，是除当事人申请而外盖无不由于命令者，即其所定申请范围亦较外国为狭。按日本执达吏规则规定，当事人委任事项于告知催告外，尚有任意竞卖及作拒证书等，编制法均未采用，只列通知、催传两事。本章程既为法院编制之助法，故第一条规定职务范围悉以编制法为准。二、关于承发吏之身分。承发吏之身分学说不一，有谓为官吏者，有谓为非官吏者，本章程则认之为官吏，不取非官吏说。盖受上官之监督、给与一定之津帖、有事故时以书记官代理、违背职务时适用惩戒等，皆系一般官吏之规定。惟查日本执达吏规则除此规则外，余皆依一切官吏之例之条。惟本章程不为此概括之规定者，盖因官制尚未奏定，且承发吏人数过众，若一切赐金恩给等故适用官吏之例则又涉及财政问题，所以暂从阙略。三、关于承发吏之报酬。各国对于承发吏之报酬有两主义：一为手续料主义，即依法从当事者收取若干以为该吏之劳金；一为津贴主义，即称事繁简与以一定之费用。两者各有利弊，盖用手续料主义取酬劳，而承役者纵欲无厌，易生需索敲诈之弊；用津贴主义月有定饩，而承役者即不勤厥事，其所入亦不少减，则乐得旷职偷安。中国法院编制法百五十一条系取津贴主义，诚鉴从前差役积弊而然。本章程更折两层之衷，以津贴为原则，而又于发送、执行等费中酌提若干成以奖勤劳而资策励，并以补津贴主义之穷。以上三项均系立法理由中关系较重者，其余各条均系普通规定，不必详说。总之，议案虽由法部提出，而增益修改系议员应有之权，尚望诸位再加斟酌为盼。

议长：诸位议员有无质疑？

一五三号（易议员宗夔）：这第四条删去与否还没有规定，应由法典股审查之后再行通过，现在可以不必表决。

议长：既无质疑，应将此案付法典股审查。

议长：议事日表第二是运输规则议案再读，由秘书官朗读。

秘书官（曾彝进）：承命朗读。

议长：修正案已将运输规则改为运送章程，诸位有无异议？

众呼"无异议"。

秘书官（曾彝进）：朗读原案第一章第一条。

议长：原案第一条有无异议？

众呼"无异议"。

秘书官（曾彝进）：朗读第二条原案。

议长：第二条原案有无异议？

众呼"无异议"。

秘书官（曾彝进）：朗读第三条修正案。

议长：第三条修正案有无异议？

众呼"无异议"。

议长：运输规则第四条经股员会删去，现邮传部有文书声述异议，由秘书官朗读。

秘书官（曾彝进）：承命朗读邮传部来文。

百四十号（康议员詠）：本员是审查此案之一人，国家法律非一部所得而私，无论商部、邮【传】部均不应违立法原则。将来轮船、铁路如有特别规定，自可照特别法办理，否则当遵本章程而行，故第四条应行删去。

议长：请邮传部特派员说明意见。

邮传部特派员（梁士诒）：第四条的意思是农工商部同邮传部商定，本有一番深意。前因修正案把第四条删去，所以本部用文协商，原为斟酌妥善的意思。方才有位议员说本部不能自定规则施行等语，本部的意思，这个事已由邮传部与农工商部两下说好再行修正，或列入附则似更妥洽。

一九三号（顾议员视高）：本员是法典股之一分子，前者开分科会的时候曾主张过第四条不应删去，而列于总则内亦不相宜，应将此条移于本章程附则内，后来开股员会时以少数被黜，卒为删去。今本员仍是主张将此条加入本章程附则内，请议长当场表决。

议长：邮传部特派员所说与股员会大意相同，应将邮传部来文交付法典股再行审查，原案第四条今日暂且不议，可就修正案第四条推读下去。

秘书官（曾彝进）：朗读修正案第四条。

议长：有无异议？

众呼"无异议"。

秘书官（曾彝进）：朗读第二章第五条。

议长：第五条有无异议？

众呼"无异议"。

九二号（林议员绍箕）：第六条这个不担责任的话不大妥当，本员临时提出修正案。

议长：林议员对于第六条提出修正案，照议事细则第二十二条须得三十人以上之赞成始可作为议题，现在有人赞成此倡议否？

秘书官（曾彝进）：朗读林议员修正案。

议长：现在请赞成林议员倡议者起立。

众议员起立赞成。

议长：现在有三十人赞成，可以作为议题。

秘书官（曾彝进）：朗读林议员修正案第六条。

议长：请赞成者起立。

议员少数起立。

议长：少数。

一一四号（胡议员家祺）：此条修正案与原案不合。原案所规定有连带债务之性质，即令过失在一人，亦应数人同负义务，故修正案赞成者少，请议长就原案表决。

议长：朗读原案第六条再付表决。

秘书官（曾彝进）：朗读原案第六条。

议长：请赞成者起立。

议员多数起立赞成。

议长：多数。

秘书官（曾彝进）：朗读原案第七条、第八条。

众议员呼"无异议"。

秘书官（曾彝进）：朗读原案第九条。

议长：原案第九条有无异议？

众议员呼"无异议"。

秘书官（曾彝进）：朗读原案第十条。

议长：原案第十条有无异议？

众议员呼"无异议"。

秘书官（曾彝进）：朗读原案第十条第一项。

议长：原案第十条第一项有无异议？

众议员呼"无异议"。

秘书官（曾彝进）：朗读原案第十条第二项修正案。

议长：第十条第二项修正案有无异议？

众议员呼"无异议"。

秘书官（曾彝进）：朗读原案第十一条。

议长：第十一条原案有无异议？

众议员呼"无异议"。

秘书官（曾彝进）：朗读第十二条修正案。

议长：第十二条修正案有无异议？

众议员呼"无异议"。

秘书官（曾彝进）：朗读第十三条修正案。

议长：第十三条原案有无异议？

众议员呼"无异议"。

秘书官（曾彝进）：朗读第十四条修正案。

议长：第十四条修正案有无异议？

众议员呼"无异议"。

秘书官（曾彝进）：朗读第十五条修正案。

议长：第十五条修正案有无异议？

众议员呼"无异议"。

秘书官（曾彝进）：朗读第十六条修正案。

议长：第十六条修正案有无异议？

众议员呼"无异议"。

秘书官（曾彝进）：朗读第十七条修正案。

议长：第十七条修正案有无异议？

众议员呼"无异议"。

秘书官（曾彝进）：朗读第十八条修正案，即原案第十七条。

议长：第十八条修正案即原案第十七条，有无异议？

众议员呼"无异议"。

秘书官（曾彝进）：朗读第十九条修正案。

议长：第十九条修正案有无异议？

众议员呼"无异议"。

秘书官（曾彝进）：朗读第二十条修正案，即原案第二十一条。

议长：第二十条修正案即原案第二十一条，有无异议？

众议员呼"无异议"。

秘书官（曾彝进）：朗读第二十一条修正案。

议长：第二十一条修正案有无异议？

众议员呼"无异议"。

秘书官（曾彝进）：朗读第二十二条修正案。

议长：第二十二条修正案有无异议？

一零六号（齐议员树楷）：本议员的意思，这第二十二条修正案有点不妥当，还是照原案为好。因为运送之货物既因天灾及不可抗力之事而遗失，运送者如再按照路程索费，必起冲突，不如原案也。

议长：齐议员的倡议诸位赞成否？

百四十号（康议员詠）：先行表决修正案，再表决原案。如果赞成者少数，再表决原案。

议长：可以再行朗读一遍。

秘书官（曾彝进）：续行朗读第二十二条修正案。

议长：请赞成修正案第二十二条者起立。

众议员起立赞成。

议长：现在在场人数一百二十三位，起立者六十三位，是多数。

秘书官（曾彝进）：朗读第二十三条修正案。

议长：第二十三条修正案有无异议？

众议员呼"无异议"。

秘书官（曾彝进）：朗读第二十四条原案。

议长：第二十四条原案有无异议？

众议员呼"无异议"。

秘书官（曾彝进）：朗读第二十五条原案。

议长：第二十五条原案有无异议？

众议员呼"无异议"。

秘书官（曾彝进）：朗读第二十六条修正案。

议长：第二十六条修正案有无异议？

众议员呼"无异议"。

秘书官（曾彝进）：朗读第二十七条修正案。

议长：第二十七条修正案有无异议？

众议员呼"无异议"。

秘书官（曾彝进）：朗读第二十八条修正案。

议长：第二十八条修正案有无异议？

众议员呼"无异议"。

秘书官（曾彝进）：朗读第二十九条原案。

议长：第二十九条原案有无异议？

众议员呼"无异议"。

秘书官（曾彝进）：朗读第三十条修正案。

议长：第三十条修正案有无异议？

众议员呼"无异议"。

秘书官（曾彝进）：朗读第三十一条。

议长：第三十一条朗读，有无异议？

众议员呼"无异议"。

秘书官（曾彝进）：朗读第三十二条原案。

议长：第三十二条朗读原案，有无异议？

秘书官（曾彝进）：朗读第三十三条修正案。

议长：第三十三条修正案有无异议？

众议员呼"无异议"。

秘书官（曾彝进）：朗读第三十四条修正案。

议长：第三十四条修正案有无异议？

众议员呼"无异议"。

秘书官（曾彝进）：朗读第三十五条原案。

议长：第三十五条原案有无异议？

众议员呼"无异议"。

秘书官（曾彝进）：朗读第三十六条原案。

议长：第三十六条原案有无异议？

众议员呼"无异议"。

秘书官（曾彝进）：朗读第三十七条原案。

议长：第三十七条修正案有无异议？

众议员呼"无异议"。

秘书官（曾彝进）：朗读第三十八条第一项修正案。

议长：第三十八条第一项修正案有无异议？

众议员呼"无异议"。

秘书官（曾彝进）：朗读第三十八条原案第二项。

议长：第三十八条第二项原案有无异议？

众议员呼"无异议"。

秘书官（曾彝进）：朗读第三十九条第一项修正案。

议长：第三十九条第一项修正案有无异议？

众议员呼"无异议"。

秘书官（曾彝进）：朗读第三十九条第二项原案。

议长：第三十九条第二项原案有无异议？

众议员呼"无异议"。

秘书官（曾彝进）：朗读第四十条原案。

议长：第四十条原案有无异议？

众议员呼"无异议"。

秘书官（曾彝进）：朗读第四十一条修正案。

议长：第四十一条修正案有无异议？

众议员呼"无异议"。

秘书官（曾彝进）：朗读第四十二条修正案。

议长：第四十二条修正案有无异议？

一六二号（彭议员运斌）：此条引用前数条颇有错误，应引用第七条、第八条、第十二条、第十三条为是。

四八号（陈议员懋鼎）：因为修正这案的时候去了一条，所以次第就错了。将来还有改动的时候，现在无关紧要，可以不必讨论。即如邮传部改正那一条应添与否还没有定，应统俟将来再行改正。

议长：整理字句时候可以再加修改。

百四十号（康议员詠）：数目与字句应该改正。

议长：命秘书官再行朗读。

秘书官（曾彝进）：续行朗读应当引用第七条、第八条、第十三条、第十四条修正之案。

一二九号（汪议员龙光）：还是错了，应引用第七条、第八条、第十二条、第十三条才是。

一五三号（易议员宗夔）：本员倡议请将本条先付股员会整理字句，然后表决。

议长：此条可以暂缓表决，交法典股从新整理。

秘书官（曾彝进）：朗读第四十三条原案。

议长：第四十三条原案有无异议？

众议员呼"无异议"。

秘书官（曾彝进）：朗读第四十四条修正案。

议长：第四十四条修正案有无异议？

众议员呼"无异议"。

秘书官（曾彝进）：朗读第四十五条修正案。

议长：第四十五条修正案有无异议？

众议员呼"无异议"。

秘书官（曾彝进）：朗读第四十六条原案。

议长：第四十六条原案有无异议？

众议员呼"无异议"。

秘书官（曾彝进）：朗读第四十七条修正案。

议长：第四十七条修正案有无异议？

众议员呼"无异议"。

秘书官（曾彝进）：朗读第四十八条原案。

议长：第四十八条原案有无异议？

众议员呼"无异议"。

秘书官（曾彝进）：朗读第四十九条修正案。

议长：第四十九条修正案有无异议？

众议员呼"无异议"。

秘书官（曾彝进）：朗读第五十条原案。

议长：第五十条原案有无异议？

众议员呼"无异议"。

秘书官（曾彝进）：朗读第五十一条修正案。

议长：第五十一条修正案有无异议？

众议员呼"无异议"。

秘书官（曾彝进）：朗读第五十二条修正案。

议长：第五十二条修正案有无异议？

百四十号（康议员詠）：第二项条文不大清楚，此条本股员会所增。惟言"延误时刻"无一定标准，且延误系指迟行而言，但车船尝有未及所表示时间而先开行者又当如何，兹请改作"运送营业者违误"表示，或约定时间致旅客不能启行时应将已缴运费概行退还。本员临时倡议修正如此。

议长：现在由秘书官朗读康议员詠修正案。

秘书官（曾彝进）：朗读康议员詠修正案。

议长：第五十二条第一项修正案、第二项康议员詠修正案赞成者请起立。

众议员多数起立赞成。

议长：多数。

秘书官（曾彝进）：朗读第五十三条修正案。

议长：第五十三条修正案有无异议？

众议员呼"无异议"。

秘书官（曾彝进）：朗读第五十四条修正案。

议长：第五十四条修正案有无异议？

众议员呼"无异议"。

秘书官（曾彝进）：朗读附则修正案第一项、第二项。

议长：附则修正案第一项、第二项有无异议？

众议员呼"无异议"。

农工商部特派员（胡子明）：本员有话说。

议长：请发言。

农工商部特派员（胡子明）：本员对于修正案附则第一条有意见。农工商部本有注册章程，就在部中办理注册事宜，因此为集中主义不如分立主义之便。如果将注册局分立各处，其设立地方定要附于审判厅办理方可无弊，所以农工商部拟会同法部商酌办法。据法部特派员的意见，须俟商法、民法颁布后才能立法，故此时尚未定施行。如果本章程必与将来注册章程同时施行，则期限不能定，转瞬议决请旨颁布之时实有窒碍，据本员意见，此项章程尽可即时实行。至于运送公司注册暂在本部办理，俟审查厅成立会同法部订明注册章程时再会在各处注册，则此时议决乃为有效，各位意见以为何如？

七四号（陆议员宗舆）：现在修正案已将政府原案第十九条、第二十条删去，则全法对于违禁物品全无办法，似有未妥，宜交法典股再行审查为是。

农工商部特派员（胡子明）：附则第一项可以删去，不必候本部会。因法部定注册章程，即可照章设立运送公司，如果审判厅成立，注册章程自然颁布。

百四十号（康议员詠）：股员会所以删去第十九条、第二十条者，因为违禁之物运送人如负责任，则必先行逐件检查，于发货人殊多不便之处。

议长：本案第四条邮传部声述异议，第十九条、二十两条陆议员以为不当删去，附则第二项农工商部亦声述异议，现拟将邮传部、农工商及陆议员之倡议一并交法典股再行审查，诸君以为何如？

众议员呼"赞成"。

议长：但是第十九条、第二十条陆议员既有倡议，须具一修正案送法典股，且必须先有三十人以上之赞成方可作为修正案。农工商部特派员既于附则有异议，如必须再加修正，亦应具正式公文，由贵衙门行到本院，再交该股审查。

议长：暂行休息十五分钟。

下午四点四十五分钟议事中止。

下午四点五十五分钟接续开议。

百八十号（刘议员纬）：本日报告朱家兰陈请改良盐法案，陈请股审查以为应咨送盐政处办理，前各省谘议局改良盐务陈请书已交税法公债股审查，据本员意见，盐法之良否实于国计民生大有关系，既同属改良盐法事件，本院应同付会议。若一交盐政处，一付会议，事出两歧，议院决无此办法。

议长：诸位意见何如？

百十号（于议员邦华）：禁烟条例已交法典股审查，此件似应早些审查出来，以便表决后即早移交到部一律施行。此件不比新刑律，事件重大，难于审查，请议长通知法典股。

议长：禁烟条例请法典股股员长提前审查。

五号（议员润贝勒）：可以提前审查。

一七七号（李议员文熙）：方才刘议员倡议将陈请改良盐务一案，请议长咨询本院作为议案并案会议。

议长：此案还须请陈请股股员长说明审查的理由。

一七七号（李议员文熙）：此案其内容尚未尽悉，大致是整顿盐务的事，现在关于盐政上的事应一并会议，勿庸送到盐政处去，以致两歧。

一五七号（尹议员祚章）：此案系山东盐务事，李议员倡议交付审查，本员极端赞成。今日盐法弊坏已极，而盐政处并不思整顿，此陈请颇有关系，若经送至盐政处便又置之高阁矣，应俟提交议会讨论是否应咨送该处办理再行定夺。

议长：税法公债股股员长现在议场否？关于盐务事情已否审查完毕？

一零七号（李议员榘）：盐务案已经审查完了。

议长：方才刘议员所倡议，贵议员应以为如何？可否与陈请股商议将此案与亟变盐政就场征税、破除引地案归并一起审查？

一零七号（李议员榘）：可以归并在一起审查。

议长：如此，即将此案交税法公债股审查，请股员长与众位酌定可否作为议案。

一零七号（李议员榘）：前次审查之盐务议案不知能包括此案在内否？如能包括，就可不必审查，如不能包括，再另外审查亦可。

一一四号（胡议员家祺）：盐务案从前各省谘议局所陈请者已经审查，盐务事情议员等尚不知其内容，倘径送盐政处，恐与本院所议者情形不能一律，我资政院所议之事总得划一，山东盐务案似应审查议决后方可咨送行政衙门。

九十四号（王议员佐良）：山东盐法议案自开谘议局以来已经议过，其宗旨亦在就场征税、破除引地，彼时以为本省单行法未能实行，九月同乡京官曾有条陈列，盐政处至今未发，表现在山东陈请书。本员虽未见其内容，不外官运商销，此案交税法股审查，不必送盐政处。如就场征税议定，此案即可毋庸议。

议长：现在不交盐政处，还是先付税法公债股审查，是否应归各盐务一起审，或应另作为议案。

一零七号（李议员榘）：从前的盐务各案已经审查出来，下次就可以会议。现在先看山东的案子能够包括在内否，如不能包括，再另案审查。

议长：此案暂不送到盐政处，即行先付税法公债股审查，诸位有无异议？

议长：归并与否不必研究，先付审查。还有一层，以后若有两案性质相同的，均拟照今天此事的办法，不必当场报告，即由本议长送到同类的股员会审查，诸君谅无异议。

有呼"无异议"者。

一一五号（许议员鼎霖）：以后如有各省谘议局关系事件，就请秘书厅分类送交各特任股员，无类可归的再交本股，以省周转之繁。

议长：是了。

一三四号（余议员镜清）：现在在场之人请议长计算多少。

议长：现在先数议员人数，如实足三分之二以上再行开议。

秘书官计数人数，报告议长。

议长：现在议员在场者一百二十四人，已足三分之二，可以开议。按照议事日表，第二修正报律条文议案三读，可否省略朗读？

众议员呼"可以省略朗读"。

议长：现在应当讨论，全体诸位议员有无讨论？

众议员呼"没有讨论"。

议长：既没有讨论，就可以表决议案。

一二九号（汪议员龙光）：凡三读案据议事细则第三十九条之规定，议案中有互相矛盾事项或与现行法律有互相抵触事项，议员仍可提倡修正，是三读之际，议员仍可以发言。本员以为，报律二十四条系根据第十一条关于损害个人名誉之规定，与二十五条根据第十二条关于泄漏秘密政策之规定不能相同。前会已经说过，现在新刑律已经交到本院，第一百二十九条至一百三十五条凡泄漏机务消息甚或处二等、三等有期徒刑，第三百五十一条至三百六十条凡关于个人事件不过罚金、拘留而已，新刑律与报律同是一国之法律，同归本院通过，万不宜互相抵触。所以本员对于这二十四条"不过是损害个人名誉事件，决要从轻"应改为"十元以上、百元以下之罚金"，庶与二十五条"漏泄外交、海陆军消息"之罚有个轻重，请议长咨询本院可否将此条再行修正，看诸位议员赞成与否？

议长：汪议员的倡议有人赞成否？

一五一号（黎议员尚雯）：汪议员的修正是怎么样的？

一二九号（汪议员龙光）：处以十元以上、百元以下之罚金。

宪政编查馆特派员（顾鳌）：请登台发言。

议长：可以发言。

宪政编查馆特派员（顾鳌）：这个报律修正案各议员最注重的就是第十一条与第十二条，因为这两条一条是关系（各）〔个〕人名誉，一条是关系国家政务。对于这两条之规定，本员亦屡次发言。方才汪议员倡议要将此条减轻，本员的意见以为报律诚然应与现行刑律及新刑律不同，当时新刑律尚未颁布，而现行刑律就是本《大清律例》改订的。现行刑律讦人阴私陷人罪处罚在徒、流以上，报律修正案第十一条已经定有"专为公益起见者不在此限"之文，是报馆对于刑法上之制裁就新、旧法律比较，其适用标准已较普通人为宽。今天是报律三读，只可以改正字句，不能改正内容，第十二条政府提出原案（读原文）现只限于罚金，但外交、海陆军秘密事件关系很重，而仅限于罚金已较现行刑律为轻，至于政务上的秘密事件如未宣布，即不禁止人人应有保持秘密之义务，若已经宣布，就非秘密事件，提原案时非不知现行刑律上定有泄漏军事大事应处绞、徒各刑，因通常事件若照此办理，实于报馆不利，所以才有禁止之规定而于本律特定罚则也。其以"曾经禁止与否"为限者意在除官府滥用权力之弊。至政府提出报律原案所谓"秘密"是以文书未公布者为限，其政务机密本不在报律范围以内，例如资政院的秘密会如没有发表，就应当认为政务上的机密事件，不必禁止，报纸当然不得登载。惟再读议决之第十二条实与陆军部奏定惩治泄漏军事机密章程有抵触之处，若同一泄漏秘密而罚之轻重不同，于国家政务前途大有不利，此本员不能不于三读时详为说明也。

一五三号（易议员宗夔）：按照议事细则三十八条、三十九条办理，毋得再行讨论。

百十号（于议员邦华）：汪议员倡议也无须讨论，这二十元至二百元的甚广，无论关于国家事件、关于个人事件皆就其事斟酌轻重处罚，所以勿须讨论，请议长付表决。

一二九号（汪议员龙光）：二十元至二百元于议员之意谓是可轻可重，然泄漏秘密政策之罚也是二十元至二百元，亦复可轻可重，岂不仍是一样，仍是无分轻重。

一九十号（吴议员赐龄）：报律本是特别的法律，不是普通的法律，请付表决。

一三四号（余议员镜清）：大概没有别的意见，请议长按照议事细则第三十八条可以付表决。

一九三号（顾议员视高）：前天审查报律的时候新刑律尚未发下，现在既有冲突，自是应当修正，以归划一。但依本员意见，亦宜只报律以合新刑律，不应修新刑律以合报律。要是不修正、改归一律，将来裁判官无所适从，必致惹起许多争端，似不必拘议事细则"三读只能修正字句"之规定也。

一二九号（汪议员龙光）：这个条文与新刑律很有冲突，应当修正。

一五三号（易议员宗夔）：请议长按照议事细则第三十八条、三十九条办理。

一二九号（汪议员龙光）：这是对于国家颁行法律的事情，万不可草草通过。若含糊了事，将来一切法律行不过去，人将视法律如弁髦，并要怪我们立法之人先视法律如弁髦了。

议长：汪议员的倡议众位议员以为何如？

一五三号（易议员宗夔）：若再讨论，就与议事细则第三十八条、三十九条相矛盾。

一九十号（吴议员赐龄）：报告本是一种特别的法律，现在就请议长付表决。

百十号（于议员邦华）：现在就请先表决汪议员之倡议。

百二九号（汪议员龙光）：现在已有三人赞成。

议长：修正之倡议非得三十人以上之赞成不能作为议题，现在先看汪议员之倡议能否有三十人赞成，请赞成者起立。

议员起立者少数。

议长：不足三十人，汪议员倡议不能成立。现在表决修正报律全体议案之可否，赞成者请起立。

议员多数起立赞成。

议长：多数。案可照章由本院会同具奏。

百四十号（胡议员家祺）：本员有一倡议。关于解释院章之事，本日秘书官报告文件有陈请股审查之说帖，如盐务等案经陈请股审查以为，应咨送行政衙门办理，此项办法自是根据院章第二十七条，但是院章第二十七条须解释清楚。本员以为凡关于陈请之说帖如经陈请股审查认为合例可采，当作为议题经议员议决后方可用资政院之名义咨送各该衙门，今日陈请股所报告大家还不知其内容，仅通过陈请股就咨送到行政衙门办理，这个办法本员以为不甚妥当。

议长：胡议员对第二十七条之解释尚须详细研究。

百二一号（方议员还）：照这个解释固然是不错，但是此案有不必审查之理由，所以就咨送盐政处。应当于报告时说明理由，因为事情太多，所以未能说明。

议长：议事日表第四提议修改谘议局章程议案，请陈请股股员长说明审查之理由。

二十五号（议员博公）：陈请股股员长未到议场，股员方议员还可以代为说明。

议长：就请陈请股股员方议员说明理由。

一二一号（方议员还）：各省谘议局连合陈请书其大意第一条谓谘议局章程对于本省的事情有广义，有狭义，凡关于督抚命令事件并一切应归局议的事件就是广义，凡关于地方事情如教育、巡警之类就是狭义，谘议局还是从广义、从狭义呢，这个章程解释没有明白。第二条谓地方行政没有确定范围，比方清理财政局与谘议局章程往往有冲突的地方。第三条、第四条地方行政各事如教育、巡警、实业等办法往往有冲突的地方。还有一种最可怪的事情，如谘议局对于督抚文书用呈，而督抚对于谘议局文书用札，督抚对于谘议局议长用照会。以谘议局名义行文到督抚是法人的资格，以督抚行文到议长是私人的资格，今法人资格不及私人的资格，这是不平的事。还有一种，各省局所大概为督抚直接管辖之机关，故其总办对于司道来往文书皆用平行，今谘议局对于司道用呈，而司道对于谘议局用札，是谘议局反不如各局所了，这也是不平允的。并且各省商务总会对于司道公文多用平行，而谘议局总应与商务总会一律，所以谘议局要陈请更正。还有一种，谘议局因困难的情形陈请变通办法等，【督】抚札复议案必须明定期限，不然谘议局议定的事送到督抚，督抚何日札复不得而知。第三是谘议局只有四十天会期未免太少，请延长会期。第四常驻议员应准复议。常驻议员若没有一点权柄，不能办一点事，到有事时候又开临时会，又何必要常驻议员呢？第五凡关于陈请事件督抚应该批答，而各省督抚对于陈请事件往往故意不批答，所以才有这一条。第六调查卷宗宜予变通。从前宪政编查馆复湖北谘议局电说，如果谘议局要查阅行政衙门卷宗，可请行政衙门抄交，不必派员前往，这实在有许多困难。地方应当变通的，谘议局是资政院下级机关，所请修改章程于理实合，所以我们陈请股请交会议就是此意。还有一件，谘议局陈请书说议决之事督抚不能更改，这事很关重大，所以也归并一起审查，请诸位讨论。本员代股员长报告审查之结果如此。

一五三号（易议员宗夔）：照资政院章程，本有修（政）〔改〕法典之权，谘议局章程本有许多要改的地方，请议长付法典股审查，无须讨论，并请将谘议局文书与建议案一并付审查。

众议员声言"赞成，赞成"。

议长：诸位均赞成易议员之倡议，即将此案交付法典股审查。议事日表第五条优待军人、学生以资鼓励议案，第六条提议陈请广设宣讲所以开民智议案，第七【条】提议陈请禁止妇女缠足议案，此三案可否不经会议先付审查？

众议员声言"赞成"。

一二三号（江议员辛）：设宣讲所是关系学务的事情，可以归审查教育事件特任股员审查。

议长：此案与禁止妇女缠足一案同是关系风俗的事件，似乎（于）〔与〕学务反觉相离较远，况且审查教育事件股员会案件很多，此案可以不必再归教育股员审查。

百零四号（胡议员柏年）：通俗教育就是宣讲，审查教育事件股员会现在审查各案中已有这种案子。

议长：既然如此，此三件议案即撤出一件，将提议陈请广设宣讲，所以开民智一案归并审查教育事件特任股员审查，大家赞成否？

众议员声言"赞成"。

议长：议事日表第八就是两案，方才众位赞成不经会议即付特任股员一并审查，此项特任股员拟指定十二人，众议员赞成否？

众议员声言"赞成"。

议长：特任股员现已指定，由秘书长报告。

秘书长：承命报告审查优待军人、学生以资鼓励议案并提议陈请禁止妇女缠足议案特任股员十二人，姓名如左：庄亲王、盛将军、毓善、锡嘏、陈善同、柯劭忞、吴纬炳、喻长霖、余镜清、胡柏年、彭占元、刘志詹。

议长：现在散会。

下午六点钟散会。

资政院第一次常年会第二十五号议场速记录

宣统二年十一月十二日下午二点钟开议

议事日表第二十三号

第一，江苏借债代偿商款核议案。（股员长报告，会议）

第二，江苏饥民焚抢公司核议案。（股员长报告，会议）

第三，陈请变通黑龙江垦务章程议案。（股员长报告，会议）

第四，扼重农政以开财源议案。（股员长报告，会议）

第五，请赦国事犯罪人员具奏案。（议员提出，会议）

第六，议设审查请赦国事犯罪人员具奏案特任股员。

第七，南漕改折议案。（议员提出，会议）

第八，关卡丁漕宜统收钞票铜元议案。（议员提出，会议）

第九，实行禁赌以期振作议案。（议员提出，会议）

第十，新疆屯田议案。（议员提出，会议）

第十一，议设审查新疆屯田议案特任股员。

议长：今天到会议员共一百二十五人。

百十号（于议员邦华）：本员那天倡议先行审查禁烟条例，现已审查过了没有？

议长：还没有报告，大约法典股今天开股员会审查。

一五三号（易议员宗夔）：弹劾军机具奏案已经上奏没有？

议长：还没有上奏，因为尚未写好。

一五三号（易议员宗夔）：请议长从速上奏。

百十号（于议员邦华）：陶议员葆霖、尹议员祚章质问外务部说帖现在已有几个月，不知道答复了没有？

议长：尚未答复。

一三四号（余议员镜清）：浙江铁路事件报告了没有？

议长：还没有报告。

一三四号（余议员镜清）：俟报告后请议长列入议事日表。

一一二号（陈议员树楷）：顺直谘议局警务事件核议案上次报告已经股员会审查过了，尚没有印刷出来，但不知审查的结果是如何的。

议长：已经用咨文催询直隶总督，尚无答复。

百十号（于议员邦华）：这个议案来得很早，当时没有审查，先给直隶总督一个电，那时来信说这事不对，不知将来审查的结果是如何的。

议长：这个事已经报告过了。

一一二号（陈议员树楷）：若是随便报告，听不清楚，还是请议长命秘书厅刷印出来才好。

议长：此案可请到秘书厅一看。

一一二号（陈议员树楷）：请议长付刷印就是。

议长：因恐印刷不及，故请到秘书厅一看。

九四号（王议员佐良）：山东人王宝田等因山东抚台招募公债事件有陈请书

到院，请议长早把这事付陈请股早些审查，这个事件紧急的很。

议长：可以从速交付审查。

九九号（陈议员瀛洲）：十月初八日奉天谘议局来电一件，为请速开国会事，本院已经接到，请求议长赶紧将该电报当众宣布，并恳咨询本院可否列入议案，请议长注意。

议长：可以查一查，因关系此事不止一件。

五号（议员润贝勒）：今天法典股开股员会审查禁烟条例，这个禁烟条例亦很有要紧的地方，因为今日又有大会，以故缓至十四日再行报告。

议长：现在由秘书官报告文件。

秘书官（张祖廉）：承命报告文件。

议长：现在周议员镛有质问度支部说帖一件，质问陆军部说帖一件，已经印刷分送，请赞成说帖者起立。

议员多数起立赞成。

议长：多数。

议长：柳议员汝士质问法部说帖一件，请赞成者起立。

议员多数起立赞成。

议长：多数。

议长：罗议员杰质问法部说帖一件，请赞成者起立。

议员多数起立。

议长：多数。

议长：陈议员瀛洲质问军机大臣说帖一件，请赞成者起立。

议员多数起立赞成。

议长：多数。

秘书官（张祖廉）：接续报告文件毕。

议长：方才报告前农工商部左侍郎唐文治陈请明定教育经费毋庸核减电一件，拟交预算股核办，请赞成者起立。

议员多数起立赞成。

议长：多数。

一五三号（易议员宗夔）：本议员有倡议。按照议事细则第十七条，请将议事日表第五请赦国事犯罪人员具奏案改作议事日表第一题。

议长：易议员之倡议是否三十人以上赞成？

赞成起立者在三十人以上。

议长：已有三十人以上赞成，即改列第一。

一五三号（易议员宗夔）：还有剪发易服的案子已经审查过的，下次开会时列议事日表第一。

议长：先议请赦国事犯罪人员具奏案，其余问题暂请从缓。

一八四号（周议员廷励）：广东禁赌事件已经审查过了，现在广东谘议局已经解散，民情十分恐怖，请下次开会列入议事日表，公议从速定期禁绝。

议长：现在先议请赦国事犯罪人员具奏案，此案已经印刷分送，可以省略朗读。事件重大，拟照议事日表第六设特任股员审查，其人数拟用十八人。

众呼"赞成"。

百十号（于议员邦华）：还有方议员还请开党禁议案可以一并审查。

议长：此件已交审查。

一二一号（方议员还）：本员提出议案与罗议员提出议案一样，可以一并付审查。

议长：现由秘书长报告特任股员姓名。

秘书长承命报告审查请赦国事犯罪人员具奏案特任股员。姓名如左：庄亲王、陈树楷、陈敬第、李文熙、长福、章宗元、胡家祺、胡柏年、润贝勒、牟琳、陈宝琛、文龢、书铭、江谦、汪荣宝、易宗夔、吴怀清、胡礽泰。

议长：现在开议。议事日表原列第一江苏借债代偿商款核议案，请特任股员长说明理由。

十一号（议员盈将军）：本员按照分股办事细则五十三条之规定，委托方议员还代为报告。

议长：请方议员还报告。

一二一号（方议员还）：这个报告书是因上海橡皮公司亏空的市面大受恐慌，两江总督替他代还三百五十万两，一百五十万还洋商款子。这个风气一开真不得了，凡华商欠洋人款子，官吏只能代他担任追偿责任，不能替他担任代偿责任。交通时候各国往来很密，一切华洋欠款也很多的，若都要督抚替他偿还，实在不得了。头一次三百五十万两是由上海道蔡乃煌并商务总会负担责任，第二次三百万两以六年为期，这两件事情应该本省谘议局议，第一次没有交谘议局议，第二次又没有交谘议局议，谘议局去问他，他也没有交到谘议局来，显系侵权违法。第一件中国向来没有官吏替人民还债的责任，并且洋商将来借款皆以为官吏代还，而不肖商民也就恣意借债，倚仗官吏可以代还，将来关系实在很大。本股审查第一件实在违背法律、侵夺权限，是关系全国事情。审查的结果大概如此。

议长：按照发言表，请高议员凌霄发言。

一七八号（高议员凌霄）：本议员对于审查报告书还有一点意见。按原案陈请是两项，第一项是上海正元等钱庄亏倒华洋商人巨款，上海道蔡乃煌与商会总办周晋镳朦禀两江总督，张督遂据情入奏，奉旨允准，遂借外款三百五十万两付还上海洋商倒款。第二项是谘议局风闻南洋大臣借银三百万两，谘议局上书质问，嗣据张督答复实有其事。陈请书是两件，共六百五十万两，审查报告只有三百万两，想是有误。方才方议员申明脱漏自是不错，这件事关系中国前途，非常重大。从前中国与各国订的条约，国家是绝不能代商民偿还亏倒的款，若官吏替他还偿，此端一开，洋商凡有亏倒都向政府索还，不数年间中国就可以破产。且还有一层，南洋大臣如为维持市面起见，中国市面华商为多，何以此项借款只还洋商，不还华商，殊不可解。至于后次三百万两只有借项，没有指明何用，九月上海道蔡乃煌私挪债款被人亏倒，因奉上谕押追的事情发现才有这借三百万两的事情发现，事实上直是为上海道借填亏欠款项。国家一面押追，一面又借款来替私人还债，若国家可以替私人赔偿倒款，则将来人人都可以倒款，这事情实在办不了。此事【与】内政、外交均有关系，国家前途（形）〔影〕响非小，请诸君注意。报告书是非常赞成的，但是须详细再行审查，修正文字，将来具奏时大家再行研究研究，然后可以维持将来。（拍手，拍手）

议长：按发言表，许议员鼎霖请发言。

一一五号（许议员鼎霖）：两江总督借外债替商人代还洋款一案，方才审查股员长报告及高议员所说已甚清楚，本员再将内容详细说一说。本员是江苏人，上海正元等钱庄三家（部）〔都〕是陈怡卿开的，其倒闭之原因就是为橡皮公司股票。什么叫做橡皮公司股票呢？是因今年二、三月间有几个外国人在上海开设橡皮公司，并有几个中国人附和，还有几个上海官吏帮忙，外国人说世界上用橡皮很多，现在地球所产只有十分之二，还缺十分之八，所以设立橡皮公司。在南洋新加坡、新金山等处买地种橡树，十年之后可以获利百倍，中国人没有学问，听见十年之后可出百倍利钱，于是五两一张股票，后来涨到二十两、三十两。当时江苏绅士看破是买空卖空，且系赌博性质，实在是一种流氓骗人事情，曾向两江总督张人骏说明，请其禁止，将来市面实不得了等语，请诸位看三、四月的上海报就知道了。及至六月，橡皮公司涨至七十五两，洋人将股票全行卖出，票价落至三两无人要，以（至）〔致〕市面大坏。上海正元等钱庄大受影响，遂倒闭了。闻橡皮公司股票被外国人赚去三四千万现银子，上海一区如何受得了。陈怡卿以为华人的账可以搪塞，洋人的款必难支吾，遂想一个法子代还洋款。陈怡卿本是宁波人，他有同乡在制台幕府，叫做李子川，就是现在江苏劝业道，请他在制台面前说现在市面甚为恐慌，应请筹借款项维持市面，非五百万两不能周转，若是借得洋款，将市面维持好了，可以享大名。张人骏在两江做得天怒人怨，与江苏人感情很坏，亦乐得借此一举见好商民，挽回以前恶感，于是命上海道蔡乃煌与上海商务总会总理周晋镳照他的意思去借洋款。后来只借得三百五十万两，钱未到手，汇丰银行先扣去了陈怡卿的倒账一百五十万，其余二百万作甚么用都不知道，亦不过是替陈怡卿还债，并没维持市面。江苏人看见不得了，大家报告谘议局，谘议局质问制台，制台答复推在蔡乃煌、周晋镳身上，实在制台命令蔡乃煌、周晋镳何敢不遵。至九月间上海市面又受恐慌，张人骏又亲到上海借三百万，诸位想上海市面被洋人拿去几千万现银子，这还得了吗？是九月恐慌仍是橡皮公司的祸根。谘议局因查中国条约，华商亏欠洋商之款官吏只能替他追偿，不能替他赔偿。上海流氓洋人很多，历年以来中国人欠洋人的钱也很多，独江苏制台代还是甚么道理呢？就如天津也欠洋款一千数百万两，何以天津官吏没有代商偿还，独两江总督代商偿还？赌博债务制台都要替商偿还，若是正当的债务更应替商偿还了。这样看起来不但关系江苏一省利害，实关系全国利害，所以谘议局说这三百万两既然没有交议，何以要江苏人担任偿还本利。当时张人骏在上海，用电报质问不答复，后来张人骏回省，又用文书质问，始获答复，说是借三百万两六年归还，由本省负担偿还本利等语。谘议局因一再借外债代商偿洋款，实实在在不得了。第一次借债代商人还洋债已背条约，第二次正值谘议局开会，又不交局议，令本省人民担任这个重负，是令江苏全省人民替一个宁波人弥补亏空，试问世界上有这种公理没有？（拍手，拍手）既没有这种公理，所以谘议局提出来请示资政院如何办理。这个事实在关系很大，方才高议员的话很是，俟大家表决后可以请议长将审查报告略加修正，然后上奏。现在经手借款的蔡乃煌要他的命也无济于事，只有叫两江总督担其责任方为正理。能如此办法，则将来督抚庶不至于乱借外债，亦不至于替华商还洋款，不然洋人尽问督抚索欠，督抚又尽令人民负担，后患何堪设想。请大家注意。

九四号（王议员佐良）：江督借债一案对于谘议局侵权违法已无疑义，况借债代商人偿还显系违背约章，将来华商欠了外债，外人皆可借此干涉，未免任意妄行。现在各省差不多都借外债，即如此刻山东劝业道以"劝业道"三个字名义就向德国人借款二百万，名目系为维持市面，其实为的一己私利，不知这个债还是劝业道还，还是人民还。一个劝业道就这样子借债，将来各督抚借债必无底止。江督所借此债必得江督担任，并可限定日期归还，这个上奏案更须奏明，以后无论督抚、司道，非经谘议局议决后上奏旨允准不得私借外债。

一四三号（余议员镜清）：山东所借的还是公债否？若是公债，就应交谘议局议的，若是国债，还当交资政院议的，不可谓"一经上奏，遂得擅自借债"。

一五三号（易议员宗夒）：审查报告书有不甚明白地方，这个三百万两是否从前所借的三百五十万两？

一二一号（方议员还）：因为报告书油印漏几个字。

一五三号（易议员宗夒）：这就是了。据本员看起来，这个事体实在应由该督自担责任方是正当办法。

一四九号（罗议员杰）：请问议长，度支部特派员今天曾到会否？

议长：度支部特派员今日有人到会。

一四九号（罗议员杰）：请问特派员，上次本员质问度支部上海的事情，上海道借了三百五十万两，两江总督又借了三百五十万两，今日江苏核议案报告又是六百五十万两，数目多少不管，当时度支部答复说两江总督均奏明有可指的款，度支部想已查悉。究竟还是归国家还，还是归地方还？如果归国家还，度支部不交本院议决即违背本院章程；若是归江苏还，总督不交局议则就违背局章。度支部应知道究竟是归哪个地方还呢，这是一层。还有那天度支部答复本员质问书有许多还要追加质问的。（语未毕）

一二一号（方议员还）：应该待这件事情议决之后再行追加质问。

四八号（陈议员懋鼎）：现在可就本题质问，待答复之后再质问他项。

一四九号（罗议员杰）：本员本早欲质问，因为那天度支部特派员没有到，所以迟至今日方得追加质问，现在照陈议员所说亦可以的。

度支部特派员（楼思诰）：这个数目第一次是三百五十万两，第二次是三百万两，这并非是度支部奏的，是由两江总督电奏，奉特旨准的。至于偿还一层，据原奏声明，归本省分年偿还。

百十号（于议员邦华）：两江总督朦借外债代还洋款这件事情已经诸位议员说得很明白了。但是借债的关系很大，此风一开，将来以私人的意见出法人的名义就胆敢擅借洋款，不但对于内政上有许多危险，即对于外交上也有许多危险。况外国人不论是实在借钱与否，即我国没有借他的钱，他还可以援例向我国官府要求，许议员也【已】经说过。现在各省督抚借洋款为甚么呢？就是那天本议员说的，自有国会缩短年限的上谕，他要趁此一、二年中出公家名义借外人之巨款，饱一己之私囊。因为借外债即按九五扣计算，如果借一百万，他就有五万，借一千万，他就有五十万，这个扣头是很好的。现在正当财政困难之际，内政未修，外交棘手，各省督抚一切不顾，只知饱他的私囊，所以直隶借款，湖南也借款，江苏因为商务事情也要借款。据王议员说山东一个劝业道就借了二百万，安徽巡抚也借了一百多万，这个事情都在议决湖南公债之后，并且已经有了上谕"凡有应交谘议局议决的仍交谘议局核议"，而各省督抚既奉明谕，还是如此，其流弊何可胜言。即照谘议局章程，此事本应交谘议局议，而他竟悍然不顾擅自去借，若不奏请明降谕旨加以处分，恐怕不但江苏一省如此，将来各省也都效尤了。（拍手）

百九十号（吴议员赐龄）：这个江苏事情南洋大臣借外债代还商款关系中国前途，很重大的。外人侵掠我们，中国的政策还不是侵掠我们的人民，亦不是侵掠我们的土地，他是侵掠我们的财产，这个政策是很危险的。他侵掠我们的财产有种种的方法，我们中国财力一尽，精力枯竭，就不亡而自亡了。然而这种手段他也要根据于条约，现在南洋大臣竟然于条约所许之外又增替人还洋款一层，此端一开，我们中国就可以立刻破产。南洋大臣侵夺权限、违背法律毫无疑义，将来上奏的时候总要说得清清白白，听我皇上宸断。若都不顾条约替私人还洋款，这个南洋大臣可以如此，各省督抚亦可以如此，于中国前途殊大有危险。不但关系江苏一省，实关系中国前途，必要说得明明白白才好。

九二号（林议员绍箕）：这个报告书说由该省督抚自担责任，这个办法是很好的，必要照这样办法方好。若不是，如他已经报了多少钱，其私囊又已经饱了，就是去他的功名，他的财已经发了，他亦不怕的。所以这一层总要叫他自担责任，是为正当的办法。

一五三号（易议员宗夔）：本员对于这个报告书大体是赞成的，但是当中有应该修改的地方，可否请议长再交特任股员？

一九六号（牟议员琳）：请议长从新指定起草员。

议长：讨论终局。表决这个报告书，请江苏互选议员暂行离席。

江苏议员离席。

一七八号（高议员凌霄）：表决是表决报告书的后一段，前一段还要修正，因事实尚有脱误。

议长：先将报告书大体付表决，俟表决后仍可交原特任股员修正。赞成报告书者请起立。

议员多数起立赞成。

议长：多数。

议长：仍付原特任股员修正，修正后再行具奏，众议员有无异议？

众议员呼"无异议"。

一四九号（罗议员杰）：本员要质问度支部的还没有说完，此时可否质问？

议长：可以质问。

一五三号（易议员宗夔）：本员有个倡议，若是质问行政大臣的特派员无答复之权，请仍用文书质问为是。

一四九号（罗议员杰）：请问度支部特派员，本员有追加质问的话，特派员可否答复？

度支部特派员（徐文蔚）：贵议员如于议案事实上有所疑问，本员苟有所知，自应说明。若另有质问行政大臣事件，照章应由行政大臣答复。

百九十号（吴议员赐龄）：本员质问军机大臣的质问书未曾答复，请议长催问。

议长：现议议事日表原列第二江苏饥民焚抢公司核议案，请特任股员长报告审查的结果并说明理由。

十一号（议员盈将军）：此案审查结果本议员按照分股办事细则五十三条之规定，委托牟议员琳代为说明。还有第四案、第五案委托林议员绍箕代为说明。还要声明一句，今天审查新刑律恐人数不敷，请问议长，本员可否到那边讨论？

议长：是甚么股员会？

十一号（议员盈将军）：是法典股员会，审查新刑律并禁烟条例。

议长：现在会场上人数不多，若再离席，恐不能开议，应请各位议员注意。

议长：请牟议员琳报告审查的结果并说明理由。

一九六号（牟议员琳）：审查这个江苏面粉公司被饥民焚抢核议案，原案里头说两江总督违背法律之处本股已经详为审查。两江总督为饥民抢劫面粉公司所上的奏折谓：官绅设厂施粥，饥民聚集至数万人，难以遍给，以致群往公司要求，虽攀栅坏垣不无强悍，而例以徒手爬抢亦只于为首满徒等语。查现在法律，凡有不法之徒如乘地方歉收聚众抢夺，扰害善良，甚至挟制官长，或因赈贷稍迟抢夺村市，喧闹公堂，皆照光棍例治罪。光棍例为首绞立决，为从俱绞监候，而该督不援此项相当之例，仅引十人以下饥民爬抢之条，那是该督违法的第一层。又该督折内称：有饥民二三百人逼近公司，抛击砖石，该公司不慰以善言，率行开枪，伤毙九人，以为该公司难辞其咎，请即将海丰公司的经理人许鼎馨革职，并且还要勒交枪毙人命之犯等语。本股查现行法律所载，凡持杖拒捕，被捕者登时格杀仍依律勿论。又光绪三十三年前总督周馥电奏土棍率饥民抢劫米店，倘敢拒捕或聚众劫抢不服解散，准其格杀勿论。今该督说饥民徒手是指为并未放枪而言，但就以抛击砖石这个事体而论已符格杀之例，况且又毁其栅栏、花墙与西北门，且在后门纵火，那是更为行凶危险已极，这个海丰公司登时抵格①更与这个例案相符合的。今该督竟说率行开枪，又拿这个海丰公司经理的人革职，这是违法的第二层。又该督原奏以为饥民非凶徒可比，又系爬抢未成，本股查现行法律，凡先定有强谋、执有军械、带有火光、公然直到事主的家攻打门墙，是之谓已行，若是为事主所拒，或为邻人所援，事主的家虽毫无损失，而强盗之谋已

---

① "抵格"，原文如此。疑有误。

行,则首、从皆当满流。而该督既谓毁其门墙,并且在后门焚烧麻袋,他们的强谋已行,可知事前已爬抢豆饼船,事后又爬抢麻袋,照此看来,甚么可以说爬抢未成呢?这又是两江总督违法的第三层。又该督折内说有迭经官商借麦平粜,而该公司不肯慨允,所以酿成这个事体。当时该管文武众寡不敌,不敢弹压,不能为救护不力等语。本股查公司的性质是营业的性质,何得因他们不肯慨允借麦即咎其悭吝贾祸。查委员黎道经诰已经禀明为首约十人,向弹压的兵丁叩求请勿放枪,闯进厂门烧机房,及至火起,兵丁皆拍手大笑而散。自此看来,甚么可以说众寡不敌,实在是救护不力的证据。且照原案上说来,当永丰拾得棍徒订期焚抢揭贴之后,该公司即电求该督保护,而该督抚非但不派兵保护,反电饬该管官吏严行约束兵丁,不准轻率动手。所以一到闹事之后,该督不得不开脱文武保护不力,而归咎于该公司自酿其祸。该局说他不独纵容徒棍扰害地方,且大背朝廷振兴商务之至意,那是一点不差的。这是两江总督违法第四层。又饥民爬抢属于民政的事体,为巡抚的职掌,淮徐海又为江北提督的管辖地方,即由两江总督主稿,亦当与江苏巡抚、江北提督会同入奏才可。且我们恭读嘉庆八年的上谕,例应会衔具奏的事件总当先期知会商订,俟有回文然后可以具奏,若是应行咨会的事而不咨会,或仅于事后咨会者,即著应行会衔之员据实参奏,交部议处。为甚么要这样办法呢?因为要杜专擅之弊窦。本股查该督初奏此案原是会同护理苏州巡抚陆钟琪具奏的,而此次竟敢单衔具奏,那是明明白白不能与苏州巡抚程德全、江北提督雷震春同意,遂敢违背会奏谕旨,这是该督违法的第五层。据此看来,两江总督违背法律毫无疑义,将来上奏的时候总要请议长照院章第二十四条办理,再请旨裁夺。本员所报告的就是如此。

一一六号(孟议员昭常):这个江苏谘议局核议案原件上有几句话很有关系的,报告书没有载上。如"饥民爬抢"等语这几句是很有关系的,"并且是十人以上"等语报告书亦没有载上,似乎宜添上为是。

九四号(王议员佐良):江苏饥民焚抢公司的时候本员正在海州城里,那时早已办平粜,已经设立粥厂了。在江督以为公司用麦过多,有碍民食,不知海丰公司设立三年两遇荒灾,头一年公司在外洋买来小麦,到本地磨面出卖,这正是有公司的好处。当中一年公司只用三四万石麦,海州董事曾于本年禀请出口,以三十万石为率,可见出口三十万不碍民食,三四万岂碍民食乎?永丰公司设立才头一年，尚未开机，更不得谓之有碍民食。还有一层，海州这时四五万饥民围困城池，情形已极危险，何况清江镇兵正在这时候意在谋叛，倘若不是公司开枪打退，海州城固不可保，淮以北必将扰乱。幸而海州地方官一面设法资遣，一面访拿匪类，竟能办得平平正正，不但海州人感激，就是山东交界的地方亦受惠不少。海州州官不过以为不能仰体上意致被参革，未免太冤，据本员意见，可把这一层列入奏稿。

一一六号（孟议员昭常）：我们资政院核议案如王议员说的这一层可以不必加上。

一九六号（牟议员琳）：股员会审查系就原案中所有者审查，江苏谘议局来的原文并没有这一层，可以不（可）〔必〕加入。

九四号（王议员佐良）：可以请大家讨论讨论。

议长：现在还有无讨论？

五五号（崇议员芳）：江苏饥民这案有一个区别，必要审查。滋事的究竟是饥民、是棍徒，若是饥民，则法律无妨稍宽，若是棍徒，借凶年滋事，那就非认真办理不可。这一层须要明白审查，咨询籍隶江苏的议员报告方好。

一二一号（方议员还）：这事情并不是饥民。若是饥民，万不能闹到这个地步，这里若没有土匪，那里有这种事体出来。

九四号（王议员佐良）：这个公司被抢的时候本员恰到海州，目见当时因为年岁不好，已经设立了粥厂三、四处放钱，这些饥民也可以吃饭，也可以领钱，焉有闹事之理。因为本地有煽惑的流氓，所以借端生事，可见并不尽是饥民的。

四八号（陈议员懋鼎）：我们资政院核议此案只有按照法律办理，法律上并无饥民可从宽减的明文。现在张督所引是十人以下爬抢的律，至于聚众数百人持械抢劫自有专条，何得任意引用轻律，所以我们不必问他是否饥民，只要问到底是十人以下、不是十人以下。既然查明不是十人以下，则张督之违法已无疑义，这是一层。还有一层，现在实业正在萌芽时代，据本员看，海丰公司不但是正当营业，并且现在各处正是洋面充斥的时候，居然有个公司出来作这种营业，抵制洋面收回多少利权，地方官厅应当如何保护的。（拍手）今张督乃一味摧残，不知是何居心，此节大家更应注意。

一五三号（易议员宗夔）：这个案子现在可以不必讨论，就请议长先付表决，表决之后照院章二十四条请旨裁夺为是。

议长：现在先行表决，请江苏互选议员退席。

江苏议员退席。

议长：以报告书为可者请起立。

众议员多数起立赞成。

议长：多数。

议长：暂行休息三十分钟。

议长：今日本议长发与诸位议员的知会关系预算的事体，想诸位都已收到。因为预算关系极为紧要，明天预算股作报告书，由预算股员长指定几位起草员办理修正报告书，尽一日之力办完才好。务请预算股诸位明天要都到才好。

下午三点三十五分钟议事中止。

下午四点五分钟续行开议。

秘书长承命报告：议长今日因病，照章请副议长代理。

副议长：现在开议。案照议事日表原列第三陈请变通黑龙江垦务章程议案，请特任股员长报告审查之结果并说明理由。

一一号（议员盈将军）：本议员案照议事细则五十三条，委任林议员绍箕代为说明。

副议长：请林议员绍箕说明理由。

九二号（林议员绍箕）：报告审查陈请变通黑龙【江】垦务章程议案。本议员为审查股员之一，东三省为本朝发祥之地，是国家根本所在，现在危迫情形日甚一日，对于该省目前之政策自以拓殖为最要，而适于拓殖之地段则以黑龙江为最多。查光绪三十四年东督黑抚奏定沿边招垦章程，颇注意于招徕奖励诸点，惟仅限于沿边，而未及于全省，算未完备。查陈请的意见，是扩张办法，所拟章程六章二十七条，大致不外变通旧章、以广招徕。本股员【会】一再讨论，认为切要可行。惟第九条、第十条所定普通荒段征收押租及边荒征收经费如能一概暂免，于该省移民垦荒尤有裨益。但事关变章，该省情形恐本院不大详悉，所以本股员会按照谘议局章程第二十条第六项议决本省单行章程规则之增删修改事件，由本院咨行黑龙江谘议局议决较为慎重。本股员审查之结果如此。

副议长：这个报告书有无讨论？

一六二号（彭议员运斌）：这个案据特任股员审查，以为应交黑龙江谘议局去议。据本员看来，垦务虽在江省，招徕、奖励事皆关涉他省，若由江省谘议局议决，效力恐办不到，似应由本院议决，通行各省方有效力。

一三五号（郑议员际平）：本员的意见要把黑龙江垦务章程同东三省移民实边的案子改为东三省垦务的章程。

一七八号（高议员凌霄）：黑龙江垦务章程议案本员还有一个说明。现在东三省的事情关系中国全部安危，而黑龙江的事情与东三省有极大的关系，此陈请书并不是康君倡议，是变通旧有的章程。黑龙江垦荒事务已办多年，而其垦务不能发达的原故就是因章程未完备。现在康君陈请因为他曾亲到黑龙江调查一切，知道该处情形，所以提出此案，是旧有的章程改良，不是创举。现看此项章程有无修改，可以修改就修改，如无修改就请议长付表决，这是一个简便的办法，也不辜负陈请书一片苦心。不必更交黑龙江谘议局议决，因此垦务章程不止关系黑龙江一省也。

一零四号（桂议员山）：本员对于报告书是赞成的。原来康君陈请书所云黑龙江垦务一切情形说的极为透彻，现在东三省之危状日甚一日，而黑龙江尤为甚之极点，我们就将此案的办法交到黑龙江谘议局，没有不赞成的。以本员意见，此案无庸交黑龙江谘议局去议，请议长注意留在本院讨论。因为此事关系重要，不但黑龙江一省办不到，即以东三省全部也办不到，非全国之财力不能补助万一。惟此陈请书一切章程用意虽极周密，但第九、第十两条稍有不当。本员意见莫若将一切押租经费暂免征收为善。至于一切办法，非用全国力量不行，若交黑龙江谘议局去议也是多此一举，所以本员主张留在本院讨论的意见如此。

一四四号（胡议员柏年）：垦务的事情为开垦边地，是国家政策上的事情，不比公司营业上的事情。如果系公司上的事情，不但资政院不能管，谘议局也不能管。既是开垦边地的事情，就是国家保守疆土的政策，固边疆即所以保内地，自应通盘筹算。且开垦边地是边地人少，不足以开垦，其地故放荒以招内地之人前往开垦。既须内地之人前往开垦，则是内地人稠，边地人稀，分人满处所的人以开垦人稀的地方，是非通盘筹划而何。既是通盘筹算，自应归本院议决为是。

九二号（林议员绍箕）：本股员审查的意见以为是黑龙江一省单行章程，应交该谘议局议决。等他复交到院，我们再行讨论。

一四九号（罗议员杰）：垦务的案子应当以殖民政策去经营，请议长将此案稍缓再交审查。本员有整理边事具奏案，俟行政纲目奏准、官制有了准据，方能脱稿交院，请并付审查，以省股员时日。

八一号（章议员宗元）：黑龙江垦务章程原是从前奏定的章程，现在此案要先分别是本省的单行章程，还是国家的章程。若是国家的章程，就是法律案，应该由资政院议的。若须修改，必须先行提出原案，再将修正案提出才可以讨论。此刻若是照这个样子大家无从表决，请议长先付法典股审查。

五九号（顾议员栋臣）：章议员的话本员很赞成的，请议长付表决。

三十号（议员黄公爵）：前者桂、达两议员提出移民实边案，与康君陈请变通黑龙江垦务章程，就外表言之似不相同，究其内容，移民实边亦不外垦荒，招领垦荒亦所以实边，其理则一。若分两起审查，不免有冲突。且江省一处不能有两办法，将来何案成立、何案不成立亦未免多废周折，故本议员以为不如一起审查，或移民垦荒，或招领垦荒。大众计议划一办法，择善而从，以为实边固圉之谋较为便利。本议员之意又以为筹办蒙藏事宜既可并江省移民实边为一起，而康君陈请之件似亦可合并审查。若奉、吉两省宜用特别办法，则在大家临时研究以定趋向，是否请众议员斟酌之。

一零四号（桂议员山）：此案不能与移民实边之案归并者，因原奏之章程不善变通者使其尽善也，移民实边是边地空虚，移民者，将他省之贫民使之必来也，本员见此两条之性质不同，似乎不能归并。

四八号（陈议员懋鼎）：此案应先讨论谘议局应议、不应议，这个报告书无从表决，还是交法典股审查罢。

众议员呼"赞成"。

八五号（吴议员廷燮）：开垦的事情先要有奖励章程方可希望成效，章程第二十条以下全是奖励的事情，不可不注意。

一三五号（郑议员际平）：垦务章程若既认为是全国的事体，不能归黑龙江一省谘议局议决，则范围不宜限于黑龙江一省，本议员的意见赞成作为东三省的议案。

三七号（议员李子爵）：章议员倡议再交审查既经议员多数之赞成，请议长付表决。

一零三号（徐议员穆如）：审查黑龙江垦务章程的结果，由本院咨询黑龙江谘议局申复本院，并令妥议办法。照这样说来，黑龙江谘议局另筹办法不过是黑龙江一省的办法，但是照东三省情形而论，现在日、俄竭力经营，东三省十分危险，我们若但议黑龙江一省就是移民实边，万万不能保全的。就东三省荒地而论，如奉天之洮南府，吉林之濛江州、密山府、依兰府等处虽较黑龙江之荒地为少，而两省荒地亦所在多有。康君陈请变通黑龙江垦务章程必早到过东三省，并且留心黑龙江垦务的事情，所以洞悉这个垦务的情形，才有这个变通垦务的陈请。照他的变通章程说法，因为原章详于授田升科，而略于招徕奖励，说得很对。因黑龙江地方甚大，距各省又远，富豪之家不愿至其地，而贫民又不能（挚）〔挈〕眷而行，要广招徕，必须设优待的方法才有人肯去。本员看这个章程凡招徕、资助、授田等大致与移民实边的办法仿佛，请议长咨询本院可否将黑龙江垦务章程与东三省移民实边的议案归并审查。如果可以，将变通黑龙江垦务章程变为东三省移民实边的章程就是绝好的事体。今八月间东督筹三十万款作为移民实边的经费，这算是东三省紧要的政策，不过因款项支（拙）〔绌〕，现时限一千户。后来再行筹办，若果能合全国之财力以趋重于东三省，则保全东三省即所以保全中国，故对东三省行移民实边的政策非中国全国的力量去办不可。

七四号（陆议员宗舆）：变通黑龙江垦务章程与移民实边是两件事，未便并作一案。且垦务章程内如何升科等情均归税法，前此既有奏案，必已与度支部接（活）〔洽〕，此项行政法规应如何变通之处可就近送交度支部，与黑龙江巡抚会同核订为便。

百十号（于议员邦华）：这个议案本员很赞成，但是审查此案的将题目看差了一点。这个变通黑龙江垦务章程审查的赞成黑龙江一省的事情，其实不然。因为招人到黑龙江去开垦，就是招各省的人到黑龙江去开垦，既是招各省的人去开垦，所以黑龙江垦务的章程就算是全国垦务的章程，关系全国的利害，这个议案交黑龙江谘议局与度支部本员都不赞成。（拍手）

一一二号（陈议员树楷）：就法律上说，这个黑龙江垦务章程不过是把奏定国家垦务章程修正一次，既是修正国家垦务章程，是资政院应核议的。就事实上说，康君陈请这个章程，全国人都可以到黑龙江去开垦的，据此情形本是关于全国的事体，资政院也是应该核议的。并且这个垦务章程与东三省实（民）〔边〕

的事情可以相辅而行的。本员的意见应将这个修正黑龙江垦务章程可按照章议员所云国家定的章程一并付法典股审查，不必将东三省实边的事情并作一个议案。

　　一零四号（桂议员山）：此案康君所请变通黑龙江垦务章程不过江省原经奏定之章程，与现在时事不同，恐未尽善。请议长将奏定章程刷印分送，以资参观讨论，删改之处请议长注意。

　　百十号（于议员邦华）：付审查的时候可以分作两件审查，审查之后如果大家以为可以归并，然后再行归并。

　　一零四号（桂议员山）：请议长付法典股审查。

　　众议员呼"赞成"。

　　一七八号（高议员凌霄）：方才有个议员要调查黑龙江垦务原奏章程，康君陈请时已将原奏草稿交给秘书厅，何以调查？

　　副议长：变通黑龙江垦务章程案与东三省移民实边案同付审查，另行具奏，诸位赞成不赞成？

　　一一二号（陈议员树楷）：这个问题宜分两层解决，移民实边是一个单独的案子，垦务章程又是一个单独的案子，须把这个意见宣告明白再付表决，然后可以得确当的结果。方才于议员所说是东三省移民实边的案子，并不是说黑龙江垦务的案子。本员以为垦务章程的案子可以单独成立的，因为国家早有这种章程，这一回不过是修正案，移民实边也可以单独成立，另作一个议案，不但不冲突，还可以相辅助。要是单说移民实边，黑龙江垦务章程作废是不可要的，如此项章程是国家早有的，所提之案不过就原有的修正而已。若是作废，是不修正国家原有的章程，非能将原有的章程作废也。本员的意见总是以为修正才好。议长表决时将此修正垦务章程可否作废问题付之表决，自能得真正之结果。

　　四八号（陈议员懋鼎）：请议长将陈议员所说的付表决，就是将修正黑龙江垦务章程付法典股审查，并将原定的章程交作参考，请付表决。

　　八一号（章议员宗元）：据本员的意见，这个移民殖边并不是法律案，本员以为移民实边这个案子还要照陈请股所说的另立一案。

　　四八号（陈议员懋鼎）：本员很赞成章议员的话。当初黑龙江垦务章程已经奏定过了，现在康君是修正此项章程，因为关系章程，所以应该交法典股审查。至于移民（殖）〔实〕边的案并没有法律的性质，自不应该交法典股审查。

一零三号（徐议员穆如）：本议员倡议并不是把这个章程作废，不过把康君修正这个章程申明就是。本员看这个章程的内容与移民实边大致不错，所以有这个倡议。方才陈议员所说的两个案可以相辅而行，要是这样说法本议员亦极赞成，总求将此陈请案由资政院议决为本议员满足之希望。

一三五号（郑议员际平）：本员的意见要把黑龙江垦务章程同东三省移民实边的案子改为东三省垦务的章程。

四八号（陈议员懋鼎）：这个章程不能改，何以故？当初原奏定的是黑龙江垦务章程，并不【是】东三省垦务章程，这一回康君所修正的即是原章程，自不能变其名目。

一零四号（桂议员山）：陈请黑龙江垦务章程原先有原奏定的，与东三省移民实边的案子两边不同，所以万不能归并一案。

八一号（章议员宗元）：这个题目并不是不可以改，不过此刻不能改。他提议的是修改黑龙江垦务章程，须先交法典股审查，审查之后可以改才改，此刻有审查便不能改。

八六号（喻议员长霖）：请议长将陈议员所说的付法典股审查。

副议长：现在表决陈议员懋鼎请将变通黑龙江垦务章程议案交法典股审查，其原有的议案作为参考，诸位赞成者请起立。

议员多数起立赞成。

【副】议长：多数。

副议长：此刻人数不足三分之二，拟将议事日表第四扼重农政以开财源议案暂缓会议，其第七、第八、第九、第十四案都先交股员会审查，第七、第八两案暂不会议，先付税法公债股审查，赞成者请起立。

众议员多数起立赞成。

副议长：第九实行禁赌以期振作议案极其重大，且有关（你）〔拟〕刑律之处，拟即【付】法典股审查。

众议员呼"赞成"。

副议长：第十新疆屯田议案、第十一议设审查新疆屯田议案特任股员，其人数可否用十二位？

众议员呼"赞成"。

副议长：现在由秘书长报告特任股员姓名。

秘书长承命报告：审查新疆屯田议案特任股员姓名如左：庆将军、那亲王、陶葆霖、林炳章、赵椿年、宋振声、桂山、许鼎霖、胡柏年、梁守典、杨锡田、齐树楷。

副议长：时候已晚，散会。

下午三点二十分钟散会。

资政院第一次常年会第二十六号议场速记录

宣统二年十一月十四日下午二点钟开议

议事日表第二十四号

第一，拟请明谕剪发易服具奏案。（股员长报告，会议）

第二，提议陈请全国禁烟办法议案。（股员长报告，会议）

第三，修正禁烟条例议案。（股员长报告，会议）

第四，提议陈请浙江铁路公司适用商律议案。（股员长报告，会议）

第五，提议陈请广东定期禁赌议案。（股员长报告，会议）

第六，急定税制及税政暂行机关议案。（股员长报告，会议）

第七，扼重农政以开财源议案。（股员长报告，会议）

议长：今天到会议员一共一百二十三人，现由秘书官报告文件。

一五三号（易议员宗夔）：这个弹劾军机大臣（一）〔议〕案已经上奏了没有？

议长：还没有上奏。依本议长的意思，还有几件具奏案想一并上奏。

一五三号（易议员宗夔）：明天可否上奏？

议长：今天议事日表所列的就有几件上奏案，打算俟议决后于这三两天之内一并上奏。

一五三号（易议员宗夔）：请早几天上奏。现在再迟延几天就要闭会了，军机大臣对于本院很反对的，本议员为开国会的事情有个疑问说帖至今还没有答复，吴议员为湖南公债事件有个质问说帖也还没有答复，他不以本院为平等机关，所以本院对待亦不可过于迁就，还是请议长从速具奏为好。

一三三号（陈议员敬第）：各省谘议局联合会陈请修改结社集会律这个陈请书早已到了资政院，想已经陈请股审查过了，应请下次列入议事日表。

议长：下次可以会议。

一九二号（张议员之霖）：云南盐斤加价一案已经议决奏明，奉旨"依议"，照例云贵总督就要取消前案，而该督如今还是照前办法，置若罔闻，现在云南谘议局已电陈本院，请议长命秘书官报告。

议长：云南盐斤加价一案奉旨之后已经打电报去了。

一九二号（张议员之霖）：如此看来，将来本院议决的事，若是行政官厅不遵照执行，则议案必定一概无效，请议长咨询本院决定办法。

一五三号（易议员宗夔）：云南盐斤加价的事已经奏明奉旨，该督既没有实行，但并不是不遵本院的议决案，实在是该督有心违背旨意，请议长打电报责问该督，勿得违旨。

秘书官（张祖廉）：承命报告文件毕。

议长：现在咨询诸位议员。股员会审查余敏时陈请移民屯田以救边患一案打算归并审查，筹办蒙藏事宜及黑龙江移民实边议案特任股员并案审查，不知诸位赞成否？

众呼"赞成"。

议长：今天报告文件内尚有陈议员宝琛等提议奏请宣布杨庆昶所缴景庙手诏并昭雪戊戌冤狱一案，此案与请赦国事犯罪人具奏案性质相同，可否归并审查？

众呼"赞成"。

百四十号（康议员詠）：今日福建谘议局因预算事有电到本院，请问议长收到否？

议长：已经收到，付审查了。

议长：现在开议。按照议事日表第一，拟请明谕剪辫易服具奏案请特任股员长报告审查结果并说明理由。

二号（议员庄亲王）：本议员按照议事细则五十三条之规定，委托牟议员琳代为报告并说明理由。

一九六号（牟议员琳）：剪辫一案，其中种种便利的地方罗议员提议原案已经说得很详细了，本员把审查会的情形再报告诸位。当审查的时候，是分为两种审查，先审查剪发，后审查易服。为甚么缘故呢？因为易服这个问题关系很大，中国的衣服与外国的衣服不同，若是归并一起审查，其中争点必然很多，所以先审查剪辫的关系。照罗议员所提的原案，原是军界、警界、学界、政界并令，先从军、警、学三界剪起是很容易的，若是官吏骤然剪发，就有许多窒碍的地方，所以当时主张是指定军、警、学各界先剪的。又有说请皇上先行剪发，为天下先，因为皇上是海陆军大元帅，既然现在海陆军多已剪发，皇上若是剪发，则天下人皆迎刃而解，正不必分出军、警、政、学剪发之议。但是皇上剪发，礼服必有变更，若如此单纯上奏，倘因礼服未定，一时不能裁可，则军、警、政、学各界亦不能即时下剪发之令，反不甚好，所以没有主张这一层。以故对于剪发的问题还是分成两截，前半截主张先由军、警、学三界剪起，因军、警、学界以发辫种种不利、种种危险，故多自由剪发，大势所趋，国家法律也不能干涉的。况且现在陆军部尚书已经剪发，国家算是默认，既然默认，何妨明许呢？所以报告书前半截要请军、警、学三界先剪。后半截又说皇上既为海陆军大元帅，请躬行剪发为天下先，如果两层均邀允许，固我们所最希望的，即后一层不能即时允准，则前一层必能允准，我们剪发目的就算是达到了。至于服制问题，我国衣服分常服、礼服两种，常服宽绰适体，可以不必变更，惟礼服寒燠迭更，年换十数袭然后完备，且大褂、长袍妨碍动作，殊属不便，所以中国的礼服亦不能不有变更，应请皇上定出礼服，以资遵守。此易服之办法也。

议长：剪发易服一事还有礼部主事林师望曾递说帖一件，已经由陈请股审查报告，打算并案会议，诸君有无异议？

众呼"无异议"。

议长：请陈请【股】股员长报告审查结果并说明理由。

某议员：这个陈请说帖请议长命秘书官朗读一遍。

议长：由秘书官朗读。

秘书官（曾彝进）：承命朗读林主事师望陈请剪发易服说帖一件。

一九六号（牟议员琳）：方才报告的时候有遗漏的地方，现在再行补说这个服制的问题。曾付股员会议决常服本无更改之说，惟礼服则宜改烦重为简便，故请皇上制定礼服，以为天下之标准，现各位议员有以为改变常服，殊属误会。

一四九号（罗议员杰）：本员照二十六条之规定，请说明提案之主旨。

一零八号（刘议员春霖）：方才秘书官朗读礼部主事陈请书上三条办法，本议员听不清楚，可否请议长命秘书官把这个三条办法的大意再行说明。

百三十号（刘议员景烈）：这个案子陈请股已经审查，还是请陈请【股】股员长报告一次，自然明白。

议长：请陈请股股员长说明。

一五三号（易议员宗夔）：本员有个倡议，这个陈请书是很不明白的，至于他的办法也说得不清楚。既然不清楚，这个陈请书就是无效，就可以作废。况且本院主张剪发而不易服这个理由早已大家明白，何必要这个陈请书再来赘说。

五九号（顾议员栋臣）：陈请书三个办法听来虽不甚明白，但既经陈请股收受，我们总应该听陈请股报告收受之理由，俟其报告完毕，如确无道理，我们再可公议作废。现在应请陈请【股】股员先报告为是。

易议员宗夔、吴议员赐龄同时发言，谓该主事陈请书上的办法他自己尚不明白，还有甚么审查，仍请将该陈请书作废为是。

声浪大作，议场骚然。

议长：请各位议员从缓发言。现请陈请【股】股员长说明该主事陈请书的宗旨。

八二号（陈议员宝琛）：这个礼部主事陈请书是专言易服之害，书中三个办法。第一条说是不得已而议剪发，则应请剪辫以顺舆情，亦引《金史》、《齐书》为证据，不必以国俗为疑。第二条说是不得已而议剪发，仍照前剃发以存祖制，说明我朝入关下令剃发是剃发著于命令，以命令行之，即以命令废之，原无不可，但不改官制而效洋人剃发殊不好看，仍照旧剃发为宜。第三条说是不得已而议易服，则请专易军人、巡警之服，因为军界不易服则不利于军用，拟请军人、巡警改用洋装。至于军官仍旧日官服，因为到了朝会时候，一国不能有两种制度，这一条是单赞成军人、巡警易服的。又说现在学堂的学生本有操衣，不必另改服制，若是学生一律改服，这影响就大了。他这个说帖痛言易服之对于全国人民财产、生业关系很大，所以本股报告上来交大家会议，请诸位讨论。

议长：按照发言表，请罗议员杰发言。

一四九号（罗议员杰）：本员那天要说明主旨的，因为议长咨询本院省略，所以没有说明，今天请为补说一说。大概中国贫弱，要想到富强的地步，必须改良形式，然后精神才能振作，所以本议员提出这个奏案"请明谕剪发易服"就是此意。何以请皇上明发谕旨？现在全国军界、警界、学界都剪了，外而出使大臣，内而陆军部尚书、外务部侍郎都已经剪过，这就算朝廷已经默认了。然朝廷既经默认，何如明许使一国之内整齐画一，所以并要请皇上躬行剪发为天下先，使天下人耳目一新，立宪精神亦从此大振，这是成立议题的本意。至于其中所讲旧式辫发的利害已经说过，本员就其中应须补说者再补说几句。比如外交官在外国到了大会场，或是看操，或是会葬，他国的外交官都是骑马，惟我们中国的外交官因辫子、礼服不便，必要坐马车，然而会场内又不能坐马车，一到了会场里边，他国外交官都骑了马进去，而我中国外交官则随后步行，到了出会场的时候亦步随走出会场，才有马车可坐，成何国体！所以外交官在外边很受气的。至于军界更是异常困苦的，现在京外军人还有许多没有剪发的，操演的时候就有种种不便。至于作工的人有这个发辫，于种种工业上非常窒碍。现在机器盛行，工厂林立，有辫子的很系危险，且有性命之忧。为学生的有了发辫也是种种不便，现在有许多学堂学生体操时不穿操衣，亦因发辫为累，所以操法亦不甚好。我国变法，必要人人有当兵之义务，这些学生没有征兵的底子，一旦征兵，不能振刷精神，还望中国能强吗？至于易服一层，亦要有个完善的办法，本员的意见觉得我们中国的便服尚好，无须变更，惟有礼服非常不便，所以要请皇上制定礼服，但是现在我们即不易服，不可不预备的。第一层是礼服虽然改了式样，还是要用我们本国的材料，这是一层。第二层我们自己的工厂总要扩充，如帽子、外褂、卫生衣裤、鞋靴等还要自己制造，以为将来易服之用，免得牵动经济界恐慌，这一层是可以不必虑的。现在外间一般社会上说易服衣影响必至洋货畅销，据本员看来，离开易服说、离开剪发说，请问各位到街上去看，我们衣、食、住三项东西哪一样不是洋货呢？就看农工商部洋货进口的报告，是本国的货输出得多呢，还是外国的货输入得多呢？据现在情形，即使不易服，而用洋货者未必日见其少，本员想来我们漏卮实不在服之易不易，而在工艺之振不振，如果将本国工业赶紧提倡，所有将来易服的材料都早行预备，到易服的时候利权自不至外溢了。本员看起来这一层实在可以不必虑，何谓可以不必虑呢？因为中国所出的土布、夏布以及宁绸、摹本、缎子、纱罗都可以做衣服的，现在我们织呢的公司很少因本国用呢者少将这些原料都销到外国去了，外国人将中国生货运出去制成之后又将熟货运进来销售，所以总说贵呢！假如中国服制变革以后，各种织布、织皮、织毛的各项公司发达，加以我们最便宜之原料，无运出复运入之关税，制成精致的衣履各物，必销场很畅，销场既畅，开此项公司者必多，此项公司既多，则必供过于求，到那个时候不但我们自己够用，并且还可输出外国，不但不虑至穷，还可以因之致富。现在就未易服时穿衣一层而论，我们中国四万万人总有二三万万人穿布衣的，试问这二三万万人穿这个布衣，有几个人不是洋布呢！洋布价值既贵，又容易破烂，自己有纱罗、有绸子、有缎子不穿，要用洋货，这又怪易了服不销江浙材料呢！所以要请皇上一面先定礼服，一面饬农工商部提倡工业。本员不是就要易服觉得工业不发达，不易服也必困穷。至于祖制一层可以不虑，从前我们大清入关的时候只下令剃发，并没有下令垂辫，若请不能变更祖制，这个立宪政体岂不是显然变更祖制吗？既然政体可以变更，何有区区发辫呢！（拍手）

议长：按发言表，杨议员锡田请发言。

一七五号（杨议员锡田）：本议员是反对剪发易服的宗旨。试问我们中国贫弱的缘因就在这个发辫上否？如一日剪发易服，就可以富国强兵吗？不在根本上解决，专在形式上请求，是犹南辕而北辙也。我想这剪发易服非惟无益，于中国反使利权外溢，是我们议员替外国人办了事啦。而且变改祖宗的制度，丧失自己的廉耻，有何益处！本员在街上听见工界、商界中人对于此事皆绝意的反对，与代表舆论的宗旨尤为不符，种种妨碍，不敢赞成云云。（语未毕）

众呼"听不清楚"。

议长：贵议员说话请声音略为放高。

一七五号（杨议员锡田）：试问剪了发、易了服就能强兵富国吗？我想这个剪发、易服无益于己，又无益于人云云。（声音细微，听不明白）

一一八号（夏议员寅官）：请杨议员先将宗旨说明，是赞成，还是反对，我们可以知道些头绪。

一七五号（杨议员锡田）：本议员的宗旨是反对剪发的。

一四九号（罗议员杰）：本员有个倡议，请问议长，杨议员言语不通，请仿照外国的办法，把杨议员的意见写出来念一遍，大家就好驳了。现在德国就是如此办法。

七三号（汪议员荣宝）：还是请杨议员将他的意见写出来朗读为是。

议长：杨议员可以把宗旨写出来朗读。

五九号（顾议员栋臣）：请议长将杨议员的演说底稿命秘书官朗读。

三五号（议员曾侯爵）：即请议长嘱秘书官朗读他之宗旨与办法，以便大家明白。

议长：由秘书官朗读杨议员演说底稿。

秘书官（张祖廉）：承命朗读杨议员锡田反对剪发易服演说稿毕。

一四九号（罗议员杰）：请登台发言。

一二三号（江议员辛）：此是前三十年的话，贵议员不必辩驳，因为杨议员的话本无可驳之价值。

一四九号（罗议员杰）：本员是照例答辩，本案既承诸君赞成，自当不答。

三五号（议员曾侯爵）：此等无味之反对之说令人可笑，公认为不足驳之价值，即请罗议员不必去驳他，多费唇舌，误此好时光。

议长：按发言表，请易议员宗夔发言。

一五三号（易议员宗夔）：本员对于剪发易服具奏案非常赞成。按世界各国习惯日趋于大同，若不实行剪发，不能同趋于一轨，这是公理上所不容的。因为发辫留存实有百害而无一利，罗议员提出的议案及周君震麟所递的说帖已经说的非常明白，无须赘述，现在本议员再有意见可以说一说。方才杨议员所说以为剪辫不是根本上问题，本员看起来却正是根本上问题，何以故？凡人的聪明才力全在上部脑筋，而脑部必须头发以为之保护，世界各国没有不用头发以保护脑筋的。但各国对于头发的处置大抵可分四种：一种剃得留光的，如印度的佛教、中国的和尚、蒙藏的喇嘛，这是很不好的，因为全行剃去不能保护脑筋，这一种实居于少数；一种是全部留下的，世界各国的女人皆是如此装饰，以为美观；一种是半留的，世界文明各国都是半留的，因为人的大脑在前，小脑在后，所以前头不剃就是为保护脑筋的意思，而对于后边尽行剃去，因为大脑主知识，小脑主运动,前边不剃而后边尽行剃去,每日洗的干干净净,以免污垢龌龊,有碍卫生,这个法子非常之好;第四种就是半剃的,半剃的样子就是中国这个办法,然而前边有用的反行剃去,后边无用的反行全留,并且还有很长的辫子,累累赘赘,实在不甚雅观,很不方便,举止动作,无一相宜,所以非把他剪去不可的。即以世界主义而论,世界各国无此装饰,与各国交际甚不相宜。以社会主义而论,欲求社会发达,必实业、工厂非常发达,机器非常之多,或因辫发而伤性命,所以东、西各国全把长发剪去。我们在内地见惯,不以为奇,一到外国,独我们中国人带着个长辫形状,非常难看,如是说来,我国的人实在羞愤不过,所以要请明发上谕剪除此发,以新天下之耳目。据本议员的意见看,反对剪发的大概有两种理由。一种因为这个辫子是本朝特别制度,就是杨议员方才所讲的,要是剪发就是违背祖制。据本员看,国初剃发的上谕很明白的,只有一概剃发的话,并没有要人垂辫发的话,这样看起来并不是违背祖制。一种以为是藐视王章,这句话也很不对的,盖以当王者贵,我皇上正在冲龄,又是海陆军大元帅,就请皇上因时制宜,不必留辫,至于各部衙门、陆军部大臣、海军统制也已将辫发剪去,至云藐视王章也是没有的话。既不是违背祖制,又不是藐视王章,想此次奏案上去一定可以允许的。至于易服一层,还须详细斟酌,因为此事于经济界上很有影响的。本员所主张的股员会所审查的并未说要易便服,中国便服本来是很舒服的,外国人到中国年久多有穿中国便服的。但是中国礼服非常累赘,一切帽子、领子、靴子、袍子、套子、顶子、翎子、朝珠、补服、单、夹、皮、棉、纱一个人总要有十几套衣服,至少需要几千银子,尚且难得齐备。且看中国京城的马车非常之多,本员曾到日本,见日本东京并没有许多马车,除了国务大臣出来坐马车外,而各部官员全坐洋车的,实在非常便利,但是此事中国人做不到的,穿着官服累累赘赘,坐洋车既不方便,且不雅观,所以不能不坐马车。北京城里真所谓车如流水马如龙,这种影像影响于经济甚大。据本员意见,还是礼服要改变,便服不要改变。现在军界、学界、警界皆有礼服,皆没有甚么问题,就是政界的问题。政界包括官吏、议员在内,如果一律改变礼服,也不过几十万人,所费有限,于经济界也不致受绝大的影响。本员对于审查报告书并罗议员提的议案及周君震鳞陈请书皆非常赞成。但于改变服制主张改礼服、不改便服,其理由是因为朝廷之上无两种服制,若朝会时候陆军部的官是短衣,学部等官皆是长衣,成何体制！本员意思对于报告书要修正几个字，因为"要皇上改定礼服"这一句话将来上谕下来，一定是下礼部去议，而礼部一定反对易服的。就皇上下上谕交宪政编查馆议定礼服制度，后边也要改几句话，据报告书说"皇上为海陆军大元帅，应以雷霆万钧之力发皇武勇，巩固国防，如蒙躬行剪发为天下先岂不甚善"，因为皇上正在冲龄，就请监国摄政王躬行剪发以为天下先，拟请议长先将此案付表决，议决上奏。本员想将来宸衷独断，一定可以明颁谕旨，一新天下之耳目。

一四九号（罗议员杰）：皇上正在冲龄，就是监国摄政王代行海陆军大元帅之职，本案只言请大元帅剪发为天下倡者，即请监国摄政王剪发易服之意。

一二三号（江议员辛）：报告书上有军界、警界、学界，独缺"政界"两个字，应该添上去。

议长：按照发言表，请方议员还发言。

一二一号（方议员还）：这个剪发易服问题想来没有一个不赞成的。放开世界的眼光一看，大势所趋，我们中国独异于人是万万不成功的，所以反对的很少。况且这个辫子一点用没有，现在有以公理而论，这个辫子一定要剪的，我们大家研究毫无疑义。至于易服这一层，以一国的眼光来看，这个礼服一定要改的。方才易议员所说中国便服是很方便的，只要改变礼服，这个问题想大家也都赞成，但是易服这层我们大家要斟酌。有人主张剪辫不易服，这一层本员是很赞成的。然而我们总要有个法子，不使易服的人因易服而买洋货，则利权不致外溢，因为这一句话很活动的，没有强制力，比如学界的学生所用洋货也很多的。据本员意见，现在先要讨论制呢的道理。这制呢的公司我国仅有三个，而所有的地方不过北京、上海、汉口等处而已，然而制呢公司也非一、二年可以办到的，必须三年工夫才可以售货。如果下易服之令，这三年之中所用的洋呢已经不少了，就是北京等处原有之工厂都能出货，还不够全国人用的，总要打算设立八个或十个工厂方可够用。据本员意见，就是设十个、八个工厂以供全国人的消耗，恐有不足，何况现在的人徒然说是易服，而于制造服色的公司还没有人提倡呢？不用外国呢以保利权，要请皇上规定这个礼服用中国丝棉、不准用外国呢方是办法，不然市面上必大受恐慌，外国人必大受利益，所以请皇上规定礼服加几个字"要用本国丝棉"，请大家研究研究。

一四九号（罗议员杰）：用本国材料这层本案已经有的。

五九号（顾议员栋臣）：上奏之时以报告书为根据，所以要用本国材料总得在报告书内叙明。

一二一号（方议员还）：衣服材料将来必要规定的，本员意见上奏的时候可以将此层提出，无论军界、学界、警界都要用本国棉丝，以免营业上受恐慌，不知大家赞成否？

一三二号（文议员龢）：这个报告书是声请改定礼服制度，至于应用材料自以尽用本国者为宜，但此属另一种手续，应俟将来订定服制时规定，故未提及。

一二一号（方议员还）：现在虽说是礼服，然而剪发以后便服也是一定要易的，所以必须预先规定，于报告书起草之时总得提出。

四八号（陈议员懋鼎）：本员也是起草员之一，方议员的意思本员是很赞成的。不过报告书上业经说明便服不改，虽然将来或处于不能不改之势，但现在只规定改礼服，礼服为数无多，似不必加以限制。

一二一号（方议员还）：报告书上为何不说到不用外国材料以保利源，照陈议员的意思说为数无多，若是一个人买一件礼服，就是连各省谘议局人算起来恐怕不止一百万件，其所耗费也不知多少了。

四八号（陈议员懋鼎）：买外国的礼服总在改定礼服之后，在未改定之前断没人肯去买的。

一二九号（汪议员龙光）：方议员的话本员很赞成的。这个议案在提议与审查之人皆主张剪发，不主张易服，分明是两个题目，然事实上必落得一个题目。然一个题目因为人心向外，不剪发则已，一经剪发势必自由易服，势必不用绸缎而用呢，势必并要用外国呢，经济界上之恐慌不可不顾。既议定剪发之后只易礼服，不易常服，应就礼服一节处处申明限用本国材料以为提防，最是要着。

一二一号（方议员还）：本议员还有一句话要声明。我们开通的人对于此事固然是很赞成的，但是有多少人听见此事就恐惶的了不得，上奏时候总要请明降谕旨，于三年、五年之内所有衣服都用本国材料方好。

一五三号（易议员宗夔）：现在不必讨论，就是于报告书上添上"应请皇上饬下宪政编查馆议定礼服限用本国材料"就是了。

四八号（陈议员懋鼎）：本员以为此层可无庸虑，但大家如必要添此几句，添入也属无妨。

一二一号（方议员还）：此层要不规定于营业上大有影响，即以江苏、浙江而论，现在已经恐慌，所以不能不防备。

一二七号（闵议员荷生）：本员决不肯剪发，如定要剪时也不做官了，也不当议员了。

七三号（汪议员荣宝）：本员对于报告书有修正的地方。改易礼服用何式样，报告书上并没有声明，只云"改变礼服"似乎无凭，所以打算加上"应仿照新定军服酌量变通，请明降谕旨饬下军谘处同内阁会议政务处议奏，钦定颁行"等语，末段再加"伏维朝廷整军经武，力图自强，薄海臣民，同深忭舞，倘蒙大元帅躬御军服为天下先"等语，下接"文明之风"句似较得体。

一二七号（闵议员荷生）：汪议员你赞成剪辫，你为何不先自剪去？

七三号（汪议员荣宝）：我等上谕下来才剪。

声浪大作，议场骚然。

一零九号（籍议员忠寅）：请议长维持议场秩序。

议长：请缓发言。

四八号（陈议员懋鼎）：请议长将审查报告书付表决。

七三号（汪议员荣宝）：请议长用记名投票法表决。

五九号（顾议员栋臣）：记名表决也可以。

一四九号（罗议员杰）：请议长作两层表决，一层是表决剪发，一层是表决易服。

一零九号（籍议员忠寅）：现在大家多数的意见请议长付表决，表决的题目要宣告明白，不然就有许多争论。方才大家所说全是修正案件，要表决，先表决报告书，以后再表决修正案件。若先表决修正案件，再表决报告书，就无所适从。方才各议员所修正的本员要加点意思，就是请旨饬下某衙门议定服制。易议员以为礼部不对，说是饬下宪政编查馆，但是宪政编查馆也本不是议服制的机关。汪议员说是会议政务处，这会议政务处为行政总机关，有议服制之权，会议政务处有此权能，则军谘处可勿庸加入，就是饬下会议政务处为是。即云采用新军服制，而军谘处亦不必加入，因为服制关系全国，不独军界为然。还有一个意见是对于方议员的话。方议员说现在应用甚么材料，这意思非常之好。剪发一层大家全是赞成的。至于易服，多数的意思以为变礼服、不变常服，可是礼服变了，常服也不能不变。若全用外国的材料也是一个大漏卮，所以方议员才有这个意见。但我们资政院的议案对于材料不能加以限制，这是后来一种的手续，我们这个议案是剪发易服的议案，本是极单纯的主义，至于应用何种材料，请旨饬下会议政务处议奏之时将应用何等材料一并厘定，将来何界人用何种材料自然可以规定。现在于这个议案上可以不必说明，且更有想不到的地方很多，到那个时候自可厘定明白。

一七六号（罗议员其光）：方才秘书官朗读的礼部主事陈请不宜剪发易服说帖一件，内言易服之害关系财政外溢，是否作为议案请先付表决。

百八十号（刘议员纬）：方才报告书上凡军警、学界一体剪发，农工士庶则悉听其便，并请我皇上躬行剪发为天下先，何独于政界而异之！夫政界同是我皇上之臣，皇上之下，应当为天下人民所表率者首在政界，政界既不剪发，则形式上仍然无精神。同是人也，而发独异之，同是国也，而人独异之，世界上必无此两歧之政体矣。本员意见军界、警界、学界以上非加"政界"二字万万不可。

议长：本议长有个意思，此事大家讨论发言也不少了，现在先表决具奏案吧。大体决定，然后再修订报告书的字句，况且就是奏稿拟成，仍须在大会朗读方能上奏，何妨先将认为具奏案表决腾出时间好议他种议案。（拍手）

一八五号（王议员廷扬）：请议长用无记名法表决。

五九号（顾议员栋臣）：现在表决是表决报告书的成立不成立，不必分两层表决。

七三号（汪议员荣宝）：请议长用记名投票法表决。

八十六号（喻议员长霖）：本议员有简单的几句话。此事关系重大，请议长用记名投票法表决。

一四九号（罗议员杰）：本员提出这个议案，只说剪发及请皇上制定礼服，没有说易服的事，这个易服的事可照汪议员所说，请旨饬交军谘处、内阁会议政务处拟定就是。

一五三号（易议员宗夔）：还有几句话。请问审查这个案的股员，现在这个报告书只说军界、警界、学界剪发，没有说到政界，是何理由？

一九六号（牟议员琳）：这是因为礼服尚未改定，应请皇上剪发、改定礼服后，然后能改到政界上。

议长：此层可以待修正字句时候再说。

一七七号（李议员文熙）：若政界不添入，只有军界、学界、警界，还是不妥。

议长：此层亦须添入，但等到修正字句时再说如何？

众呼"赞成"。

议长：此案重大，拟用记名法表决，诸位议员以为如何？

众呼"赞成"。

一零九号（籍议员忠寅）：现在还要申明一句。这个报告书大体将来还要详细讨论，现在表决就是表决剪发、改定礼服。

一一四号（胡议员家祺）：请发言。

议长：一百一十四号胡议员请发言。

一一四号（胡议员家祺）：本员意见就是愿意剪的就剪，不愿意剪的就不剪。

七三号（汪议员荣宝）：现在要付表决，请议长关闭议场，暂禁出入。议长先命秘书官点查人数。

一三三号（陈议员敬第）：请议长宣布表决主旨。

八十六号（喻议员长霖）：请议长命守卫官关门。

议长命守卫官封闭议场，禁止出入。

五三号（刘议员道仁）：请议长将表决主旨宣布明白，以免议员误会。此次表决就是表决审查报告书之可否，报告书之大意系请明谕剪发及改定礼服二事，而剪发又止限军、警、学三界，并未牵及政界，至于农工士庶悉听其便，朝廷亦不干涉。请全场议员注意。

百十五号（许议员鼎霖）：报告书既说政界不在内，到底外交官在内不在内？

议长：俟修正字句时候再说，将来奏稿拟定还要在大会朗读，现在不过表决大体。

八二号（陈议员宝琛）：外交官本应加入，但是要分别出洋、不出洋两种，学生也应分别出洋、不出洋两种。

百零九号（籍议员忠寅）：本员看起【来】报告书要加入政界这层全在后来修正字句时候的事，现在可以不必说。

议长：现在在场议员一百三十五人，已命守卫【官】封闭议场，禁止出入了。

百十五号（许议员鼎霖）：将来修正改定服制时候，应请旨饬下会议政务处、军机大臣会同海军部、陆军部、民政部、外务部办理才好。

五九号（顾议员栋臣）：会议政务处就是各衙门总机关，外务部、民政部、陆军部、学部等各大臣都在其内，不必再说"会同办理"的话。

议长：现在讨论终局。此案关系重要，照议事细则第七十六条用记名法表决，由秘书官发表决票，每人两张，一张白的，一张蓝的，赞成的用白票，反对的用蓝票，名字写在中间。

八一号（章议员宗元）：赞成的用甚么票，请议长再宣告一遍。

议长：赞成的用白票，反对的用蓝票。

一二七号（闵议员荷生）：什么赞成不赞成，赞成的就是愿剪辫子的。

一五三号（易议员宗夔）：在外国议院会议争执时候很喧闹的，到投票时候极其镇静，请议长注意维持议场秩序。

九号（议员铠公）：票拿错了，白的是选举票，不是表决票。

某议员：这不要紧，只分颜色就是了。

议长：赞成的用白票，反对的用蓝票，只分颜色，选举票借用亦无妨碍。

议长：现在是表决股员会报告书，无论赞成、反对，只分别在票上写了名字就是，赞成用白的，反对用蓝的。

一五一号（黎议员尚雯）：照议事细则第十七条办理就是了。

百十五号（许议员鼎霖）：现在发的是选举票，是否但论颜色，赞成用白纸，反对用蓝纸的，不问票错不错。

一五一号（黎议员尚雯）：本员有个倡议。剪发问题为大势所趋，不能一国独异，试看文明各国谁是有辫子的，此案通过与否关系全院程度及名誉，请议长将赞成、反对的人榜示。

某议员：表决后不必榜示，请秘书官将赞成、反对的人朗读一次就是。

某议员：表决后不能榜示，我们资政院议员无论赞成、反对都有自由权。

一五三号（易议员宗夔）：本院守卫【官】殊不称职，现在禁止出入，还有自由出入的，请议长注意。

某议员：现在有新入议场的，请补票。

一五三（易议员宗夔）：不能再补，这是他自己放弃表决权了。

三七号（议员李子爵）：不补也可以。

某议员：这个票总要留着，因为这事关系重大，以便将来察核。

百十四号（胡议员家祺）：这个投票的有二张写名字的，只有一张没有写名字的，这一张不收去恐有流弊，请议长注意。

议长：投票后当即收回。

声浪大作。

某议员：这个票是二张都交，还是先交一张？

议长：只交一张。赞成的交所写之白票，反对的交所写之蓝票，其未写名字之票请随后缴还。

议长命秘书官到议场收票。

议长：现在票已收完否？

众呼"已收完"。

秘书官率同秘书官查点票数毕报告议长。

议长：表决前已经宣告明白是表决报告书大体。报告书大体是剪发、请定礼服两事，现在郭议员家骥所投票上写明"赞成剪发、反对易服"殊与表决趣旨不合，应行作废。

七八号（郭议员家骥）：本员是赞成剪发，反对易服。因为易服（与）〔于〕商务上大有影响，所以不赞成易服，舆论也是如此，请议长作为反对票就是。

众议员：作为无效。

议长：与定章不符，自应作为无效。

七三号（汪议员荣宝）：照议事细则第八十一条，议员不得申请更正表决。

议长：无论反对、赞成，已经申明只写本人名字，现在闵议员荷生票内所写是"闵荷生始终不愿意剪发"，与定章不合，此票应即作为无效。

声浪大作。

百三十号（刘议员景烈）：请议长宣布多少人数总要与票相符。

议长：吴议员纬炳所投之票上写"只赞成剪发"，亦属不合表决宗旨，应即作为无效。

七七号（吴议员纬炳）：本员是说应作两层表决，一层是剪发，一层是易服，恐易服有流弊，所以赞成剪发，反对易服。

议长：吴议员纬炳的票作为无效，现又有魏议员联奎票上也写有文字，说是"赞成报告书"，不知其意如何。

一四九号（罗议员杰）：既说是赞成报告书，就作为赞成的票。

六三号（魏议员联奎）：本员赞成报告书对于剪辫一项，就是专指军、警、学三界而言。议员中有于三界外提及政界者，窃以为政界剪辫宜与农工士庶均在听其自便之列，盖此事于大端无甚关系，且习惯所在，不得概用激烈手段致自生阻力也。至易服一项，如得尽用本国材料并经济上不大受影响，本员亦极赞成。盖近来服制杂乱极矣，贵贱之不分也，侈靡之竞尚也，无论礼服、常服，果能均定限制，统上下胥纳于轨物，将救时正俗，咸在于斯。其尤要者，实力奉行须先自士大夫始。士大夫，人民之表也，未有表不端影能直者。本员意见如此。

议长：现在报告总票数共一百三十五张，除将不合法规的六票作废外，赞成剪发易服者一百零二票，反对者二十七票。（拍手）

议长：现在由秘书官将赞成人的姓名朗读一遍。

秘书长承命朗读赞成剪发易服案议员姓名如左：林炳章、庄亲王、寿公、延侯爵、陈懋鼎、崇芳、刘泽熙、刘道仁、文溥、长福、润贝勒、铠公、曾侯爵、荣凯、王佐良、胡骏、汪荣宝、曹元忠、全公、盛将军、存侯爵、徐穆如、顾栋臣、王璟芳、陆宗舆、章宗元、林绍箕、席绶、宋振声、李湛阳、罗乃馨、王鸿图、书铭、达杭阿、齐树楷、李榘、刘春霖、籍忠寅、于邦华、陈树楷、李搢荣、胡家祺、许鼎霖、孟昭常、夏寅官、马士杰、潘鸿鼎、方还、江谦、江辛、柳汝士、邹国璋、汪龙光、刘景烈、黄象熙、文龢、陈敬第、郑际平、王廷扬、王佐、陶葆霖、康詠、杨廷纶、张选青、胡柏年、陈国瓒、谈钺、罗杰、黎尚雯、易宗夔、陈命官、王昱祥、彭占元、尹祚章、蒋鸿斌、李时灿、刘懋赏、李华炳、李素、刘志詹、周镛、卢润瀛、梁守典、李文熙、高凌霄、刘曜垣、张政、刘纬、周廷励、王廷献、黄毓棠、刘述尧、黄晋蒲、冯汝梅、吴赐龄、张之霖、顾视高、范彭龄、牟琳、余镜清、彭运斌、刘荣勋、汤鲁璠。

一八一号（郭议员策勋）：汤议员鲁璠坐位就在本议员坐前，今日汤议员未见到议场，议员之票究从何来，请议长及诸议员注意。

众呼"应该作废"。

一七七号（李议员文熙）：赞成的已经读过，反对的似乎不必再读。

一二七号（闵议员荷生）：反对的名字也应该读明，既是反对，还怕甚么。

议长：现在赞成票中已将汤议员鲁璠作废，还有一百零一位，还是多数，应咨询本院反对的票应否宣布。

众议员请将反对人姓名宣布。

议长命秘书长宣布反对人姓名。

秘书长承命宣读反对人姓名二十七人，如左：庆将军、希公爵、志公爵、刘男爵、胡男爵、定秀、世珣、荣普、成善、宜纯、李经畲、俨忠、劳乃宣、陈宝琛、喻长霖、孙以芾、王玉泉、唐右祯、郑熙嘏、王绍勋、陶毓瑞、王用霖、吴怀清、王耀南、杨锡田、罗其光、郭策勋。

议长：现在可以休息十五分钟。

下午五点钟议事终止。

五点十五分钟接续开议。

五九号（顾议员栋臣）：请议长将到会人数点一点，看到三分之二没有。

议长：已经点过了，在场者共一百一十六位，不够三分之二。

百三十号（刘议员景烈）：江西开临时会之期完了，因会议事情还没有完，已经打了电报，到本院请一个办法。该局是初十闭会，今天是十四，已经过了四天，我们还没有回信，谘议局议员盼望得很，请议长叫审查各省谘议局关系事件的股员会报告到底怎么办法好，早回他的信。

议长：是否为江西预算事情？

百三十号（刘议员景烈）：是的。该局展会十天，已经完了，可以催股员会审查。

议长：可以即催该股员会审查。

一一五号（许议员鼎霖）：今早九钟开会审查各省谘议局关系事件，因为到会仅有四人，所以没有开会。江西谘议局临时会期限已经满了，现在来电请示再展会五天或十天，急望电复，可否就在大会上议决，照奉天先例接开临时会，即与局章不背了。

议长：请于明天开会审查，因此事极与谘议局章程有关系。

一五三号（易议员宗夔）：这个审查会因为到会人数甚少，所以没有开会。其实里头有关系紧要的，就是江西这个事情方才许议员说的很对，与章程并不违背，现在就可咨询本院，如果大家赞成，就请议长打个电报叫他再开十天临时会。

五十九号（顾议员栋臣）：对于方才表决的事有意见。这个剪发议案本员本在赞成之列，但此种上奏案极其重大，所以要用记名投票。表决者原期信而有征，乃汤议员鲁璠并未到会，竟有他的赞成票，似此弊混，何足以昭信用。假如此种假票在反对一边的，只要把票子取消还不要紧，现却是赞成的。一方面有这样假票子，恐外间辗转讹传，谓这些赞成的一百零二人都不足凭信，除了汤议员之外，这种假票恐尚不少，就是这个议案之表决赞成全靠不住。况资政院为最高立法机关，何等重大，我们在此当议员负何等责任，议员之中而有此种弊端，尚成何议员，成何立法机关！一事如此，他事可知，不将此事解决，恐以后资政院之议决案全失信用。本议员非仅为此一案计，为资政院全院立法计，所以发此言论。至于何人舞弊，此时亦查不出来，应请将此案重付表决以间执人口。

一五三号（易议员宗夔）：有回答顾议员的话。这个事体顾议员所讲的本议员很赞成，但是这个事情要请顾议员仔细想一想。这个汤议员鲁璠反对剪辫易服，差不多通国皆知，今天的票是甚么人写的呢？可以想得出是一个反对的人写的。怎么知道是反对的人写的呢？因赞成者断不肯牺牲白票，惟反对者剩白票一张，乱写他名，他的意思是希图破坏这个事。现在已经表决，经多数赞成，如果再表决是没有这个办法的。

五九号（顾议员栋臣）：本员也是这样想。因为他要想破坏这个事情？所以把这个票子添了一张假的亦未可知，但是赞成的既占多数，即重付表决亦仍占多数，且可见此案之表决为信而有征，免得外间传言不清不楚。

一二三号（江议员辛）：对于赞成、反对的如果人数差不多、有疑义处始可以再付表决，现在是一百二位赞成，只有二十七位反对的，可以不必再付表决。

一五三号（易议员宗夔）：今天到会者共一百三十五人，两下平均假如赞成、反对人数一样，一票所关甚重，就可以再付表决。现在多少相去悬远，据本员看不用讨论了。

五九号（顾议员栋臣）：总而言之，试问资政院应该有这个事情、不应该有这个事情？既不应该有这种事情，安得听其含糊过去。（声浪大作）

九三号（席议员绶）：请议长以后记名投票的时候一张蓝的、一张白的都要认真分给。方才说汤议员鲁璠没有到会必定是反对人写的，以后有甚么事情如果用投票表决，当发票的时候请议长命秘书官按议员的座位名次发给，俟开票宣布后仍命秘书官按座位名次，定要将每人余票收回，因各议员投白票者必余下蓝票，投蓝票者必余下白票。一定之理，如此办法，各议员都知道余票必须收回，断无再有将余票写他人名字乱投的事。

百三十号（刘议员景烈）：这个议案已经表决，没有反对的，可以不必讨论。方才说到江西谘议局的事情还没有说完，又被顾议员的话打断了，应该请议长将许议员的话付表决。

议长：现在人数已不足三分之二，照章不能开议。本议长意以为此案暂不必再提，待奏稿拟就后再决如何？

一三二号（文议员龢）：这件具奏案关系甚大，请另指定起草员起草。

一五三号（易议员宗夔）：不必另外指定起草员，请仍交特任股员修正一下就是。本员也是特任股员之一，不过前天因为到会议政务处协商去了没有到会，现在要修正的尽可到特任股员会修正。

议长：一定是如此办法，即送付原特任股员会修正字句。

五九号（顾议员栋臣）：以后投票表决时总要先点清人数，到收票时再核对蓝、白两种票数，写了字的各几张，没有写的各几张，自然两面合符，不至有此弊混矣。

一五三号（易议员宗夔）：是的。但是今天绝无异议，到会人数共一百三十五人，现在已经有一百零二位赞成，二十七位反对，除去一票，还有一百零一位，余的数目甚多。

一三四号（余议员镜清）：已经多数赞成，不必讨论了。

百十号（于议员邦华）：顾议员的话本来是不错，但是赞成若有一百余人，即少算一票亦是多数，似不必再行表决。然而今日投票有弊实是个大笑话，若是查出，请付惩戒，以后照这个办法就是不成模样了，请此后大家要注意注意才是。

议长：现在人数不足三分之二，不能开议，可以散会。

下午五点五十五分散会。

资政院第一次常年会第二十七号议场速记录

宣统二年十一月十八日下午二点五十分钟开议

议事日表第二十五号

第一，提议陈请全国禁烟办法议案。（股员长报告，会议）

第二，修正禁烟条例议案。（股员长报告，会议）

第三，提议陈请浙江铁路公司适用商律议案。（股员长报告，会议）

第四，提议陈请广东定期禁赌议案。（股员长报告，会议）

第五，急定税制及税政暂行机关议案。（股员长报告，会议）

第六，扼要农政以开财源议案。（股员长报告，会议）

第七，提议陈请修改结社集会律议案。（初读）

一六八号（李议员素）：昨日朱谕想俱已见过，请议长今日不必开议，请旨解散资政院就是了。现在内政、外交种种失败都是军机大臣不负责任之故，而军机大臣中握权最久者孰逾于庆亲王那中堂，我们弹劾案只对于机关说话，并不弹劾其人。本员本不赞成，看昨天朱谕的意思似乎以本院为不知大体、擅行干预，我们何必自己取辱！况此谕一出，外洋各国愈知我国立宪是假的，反于国体有碍，还是请议长咨询本院请旨解散倒觉痛快。

议长：此事重大，不可仓猝付议。今日到会议员一百二十七人，现有谕旨两道，请诸位议员起立敬听。

各议员起立敬听。

议长宣读宣统二年十一月十七日军机大臣钦奉谕旨资政院议决著作权律会同民政部具奏缮单呈览请旨裁夺一折,"依议。钦此。"

议长又宣读宣统二年十一月十七日军机大臣钦奉谕旨资政院奏议员缺额遵章缮请旨补选一折,"著刚达多尔济为议员。钦此。"

一三五号(易议员宗夔):请发言。

议长:俟报告文件后再行发言,现由秘书官报告文件。

秘书官(张祖廉):承命报告文件。

议长:周议员廷弼质问税务处说帖一件,赞成者请起立。

议员多数起立赞成。

议长:多数。

议长:牟议员琳质问度支部说帖一件,赞成者请起立。

众议员起立赞成。

议长:多数。

议长:王议员昱祥质问陆军部关于军事制造说帖一件,赞成者请起立。

各议员起立赞成。

议长:多数。

议长:议员全公质问变通旗制处说帖一件,赞成者请起立。

各议员起立赞成。

议长:多数。

议长:王议员昱祥质问陆军部目兵开拔津贴说帖一件,赞成者请起立。

各议员起立赞成。

议长:多数。

议长:张议员政质问法部说帖一件,赞成者请起立。

各议员起立赞成。

议长:多数。

秘书官(张祖廉):续行报告文件。

议长:审查各省谘议局关系事件特任股员长报告收到直隶总督谘文一件,咨询本院拟设特任股员审查,诸位赞成否?

议员多数起立赞成。

秘书官（张祖廉）：续行报告文件毕。

九二号（林议员绍箕）：本员前有质问农工商部说帖一件，何以至今尚未答复？

议长：大约尚未答复，可请到秘书厅一查。

一五三号（易议员宗夔）：本员请发言。

议长：现有奏稿两件，应先行朗读。

一九三号（顾议员视高）：云南盐斤加价案前天已经审查会审查出来，何以没有报告？

议长：云南盐斤加价一案因今天云南谘议局又来一电，故未能报告。

百四十号（康议员詠）：福建谘议局请再开临时会已经审查，尚未报告，请秘书官朗读。

百三十号（刘议员景烈）：江西谘议局请展会也未报告。

议长：已由宪政编查馆复电，故未报告，现由秘书官补行报告。

秘书官（张祖廉）：承命补行报告。

百四十号（康议员詠）：本议员前提裁撤军机处速组织责任内阁案请议长照章提出。

一九二号（张议员之霖）：云南盐斤加价的事前次上谕已经本院电知云贵总督，而该总督置若罔闻，致有谘议局来电。今审查会报告主张再电，恐将来又属无效。

议长：今天又来一电，据云已经出示禁止，并未照旧办理，明日即登官报。

一四九号（罗议员杰）：本员有提出整理边事的议案，请议长加入审查殖边案特任股员会一块儿审查。

议长：今天才送到，现已赶不及。此刻还有两件奏稿应该朗读，第一件是核办江苏谘议局呈称督臣朦借外债案奏稿，第二件是核办江苏谘议局呈称饥民焚抢面粉公司案奏稿。

议长：第二件奏稿现在孟议员拟加修正，拟先请孟议员说明修正之主旨。

百九十号（吴议员赐龄）：可以先读奏稿。

议长：此奏稿是凭报告书起草的，孟议员拟修正报告书即是拟修【正】奏稿，所以不能不先请孟议员说明修正之主旨。

百十六号（孟议员昭常）：请秘书官宣读奏稿时加入本议员修正案一并宣读就是了。

议长：如此就将孟议员修正案加在奏稿里头一同朗读。

七八号（郭议员家骥）：本院剪发易服的议案前天已经股员会审查过了，本员对于此事有些报告的事，不识今天可否报告出来？本员听说北京当铺现在已经不当官衣了，就是当便服的价钱亦减下来了，估衣铺、绸缎庄也非常恐慌，这都是因为资政院提出剪发易服议案才有这个事。（语未毕）

议长：此事应俟讨论的时候再说。

议长命秘书长朗读奏稿。

秘书长承命朗读核办江苏谘议局呈称督臣朦借外债案奏稿及孟议员提出之修正案毕。

议长：请孟议员说明修正理由。

百十六号（孟议员昭常）：没有多少理由说明，不过在"请旨饬下"这句底下加几句话就是。

议长：这个奏案先读的是原案，后读的是孟议员修正案，大家赞成孟议员所修正的否？

众呼"赞成"。

议长：赞成加入奏稿就算定了，请赞成奏稿者全体起立。

众议员起立赞成。

议长：多数。

议长：还有奏稿一件由秘书长朗读。

秘书官承命朗读核办江苏谘议局呈称饥民焚毁面粉公司案奏稿毕。

议长：原报告书上有遗漏字句之处，由秘书官再将遗漏处朗读一遍。

秘书官承命朗读报告书遗漏字句。

百零九号（籍议员忠寅）：本员对于这个修正【案】奏稿有几句话说。应如何查办之处"查办"两个字要修正，要改为"应如何办理"，其理由在甚么地方呢？本来这个核办的案子不应该归我们资政院查核的，我们上奏之后应该另有一个机关查办。这个理由同云南盐斤加价、广西限制外籍学生情形一样的，所以本院核办以后再有一个机关查办，本院不应该查办的，所以"应如何查办之处"当改为"应如何办理之处"如此。

议长：现在这个奏稿已经朗读，请赞成奏稿者全体起立。

各议员起立赞成。

议长：多数。

议长：现在籍议员倡议将"应如何查办之处"改为"应如何办理之处"，如赞成者请起立。

各议员起立赞成。

议长：多数。

议长：现在朗读奏稿已毕，请易议员宗夔发言。

一五三号（易议员宗夔）：昨天内阁奉了两道朱谕，一道关于军机大臣辞职，一道关于资政院弹劾军机大臣的事情，这个朱谕比不得从前的谕旨，从前的谕旨我们有可以说话的地方，因为军机大臣拟旨，军机大臣署名，这回朱谕是摄政王自己用朱笔写的，而军机大臣没有署名，使我们没有说话的地方。然而亦可从他方面发生两个问题出来。一种是最奇怪的问题，甚么呢？资政院弹劾军机的折子是十五【日】上奏的，军机大臣他也就同日上奏辞职，这是很奇怪的问题，岂不是我们的奏还没有上去，他那个辞职的折子马上就上去，两边都是同时上奏吗？摄政王看了这个事情不好判断，对于我们弹劾不得不敷衍，对于全体要挟辞职的不能不慰留。还有最危险的问题。立宪国的精神，议院为人民之代表，随便的事情都是当政府、议院之冲突。君主是最尊严的，一方面可以操纵政府，一方面可以操纵议院，政府非而议院是，则允许政府辞职，议院非而政府是则昭令议院解散，这是立宪的精神。这回很奇怪的，既不许军机辞职，又不将资政院解散，这个朱谕下来并使我们就没有说话的地方了。从此看来，无论以前所议的事情一概无效，就是以后议决的或关于预算、或关于法律议决上奏一概都归无效了。或者各省督抚、各部行政大臣只要具折上奏，一有朱谕出来说不行的，资政院就可以不用说话。然则资政院究有何用呢？不但现在资政院绝无用处，就是以后的国会都可以不要了，这个是非常之危险的。因为立宪国精神是议院与政府对待，现在弄成议院与君主对待，这个只有两个办法：一个是积极的专制，甚么资政院、甚么国会、甚么立宪都可不要；还有一个不得了的结果，这个人民没有别的法子，只好拿出他的暴动的手段出来，这是非常之危险。所以我们要想个法子解决这个问题。据本员看来，本院应该还要上奏弹劾军机大臣。我们不能对朱谕说话，是应该还要拿出军机大臣出来同他说话的，这回弹劾上去的时候并不是与摄政王负气，因本来历朝成例不轻易进退大臣的，从前是对于军机的机关弹劾，现在要对于个人弹劾，他个人本来进退是很不容易，所以摄政王也是非常注意，也是非常之为难的。我们现在不要再对于机关说话，要对于他个人说话，种种不负责任、种种误国殃民，以致东三省为祖宗发祥之地，差不多都不能保守了，我们把这个种种事实据实弹劾，他摄政王既然知道有这许多的错处，一定准他辞职的。如果他辞职的时候摄政王一定要留他，自然是资政院任意弹劾，荒谬绝伦，就要解散我们资政院。今年所做的事情既然无效，不如解散之为愈。据本员意见，还是要上奏弹劾他，请议长咨询本院指定起草员从速办理为好。

　　百九十号（吴议员赐龄）：本员对于这两道朱谕看来虽说摄政王一番调停苦心，愈见得军机大臣平日对于君主不负责任之处。世界立宪国所谓君主大权是统治大权，凡行政、立法、司法都是君主裁可，并没有说是关于军机大臣的事情都不许人家说话的，所以资政院章程关于君主大权的不能作为议案，而建议案、具奏案没有一定范围即无不可以说话的。不过裁可、不裁可是君主大权而已，军机大臣平日将"君主大权"四字附会欺哄皇上，遇事便抬出"君主大权"，使（傍）〔旁〕人一句话也不能说，所以把这两道朱谕看来愈见军机大臣欺君误国之罪。我们从前的奏案还不是弹劾案，只能算得一个具奏案，而我们当时把这个案子反作为弹劾案去了，所以皇上说现在责任内阁尚未成立，机关不完备，军机所以不负责任。摄政王看了这个奏案也是没有别的法子，只有调停的方法，资政院可以不解散，军机大臣也可以不必辞职，总是慢慢去作就是了。从前不能把军机大臣不负责任的事实种种说明，这回若是把军机大臣误国殃民的事情以及内政、外交种种失败的事情再说明一次，军机大臣一定再请辞职，如果再请辞职不准，一定要解散资政院，将来就有个真是非的判断。现在朱谕不是皇上判断不公，还是归咎资政院前次奏案不能将军机大臣种种不负责任的事确确实实的说明，如果本院再上奏，本员还是主张易议员之说，遵照院章二十一条作为弹劾案为是。

　　一二九号（汪议员龙光）：请发言。

一三七号（邵议员羲）：昨天奉了这两道朱谕以后，本员便由此推出一种现象出来。从前所谓预备立宪，到底是真立宪还是假立宪都不晓得，但是自从开会以来，政府与人民利害关系接近，而真立宪、假立宪的现象乃渐渐看得出来。我们资政院虽不能同国会一样，然国会的精神也不过如此而已，若照现在政府的情形看起来，就是宣统五年开国会也是无用的。从前本院有几个具奏案，而上谕下来还是要交行政衙门查核，这个手续虽已经生了许多阻碍，但是本院尚可以说话，不料现在改作朱谕，可就没有说话余地了。所谓立宪国的精神，一个是国会，一个是政府，两个是对待的机关，君主是神圣不可侵犯的，现在政府搁到旁面，去用君主名义相对待，这是没有办法了。照立宪国的办法，君主万不能与议院对待的，必将政府为对待的机关，如果政府不是，政府辞职；国会不是，国会解散。现在是君主与资政院对待，以后所议的多少案子如不能实行，便去问那个呢？所以现在要解决这个问题，应该仍拉政府出来说话，天下断没有以君主对待国会的，以君主对待国会就不是立宪的精神。中国宣布立宪已经奉了先朝上谕，不是空空洞洞便能了事，凡是立宪国都是政府同国会对待，至于议院解散不要紧的，政府辞职也不要紧的，这是政府同议院争进步，所以政府愈争愈好。论中国现在的情形，政府也不辞职，资政院也不解散，然两面无实在的结果，已经成了麻木的政府，难道我们资政院也要麻木的吗？所以本院还应弹劾该大臣才好。现在用朱谕对待我们，就是军机已经不负责任了，内阁并没有成立，而我们总要把他当作内阁看，有个机关对待才有效力，不然通通都不行的。现在政府不负责任，无论甚么事情都要归咎于君主，岂不危险！所以本院现在弹劾还是要拉军机大臣出来与资政院对待，才能保全立宪国的精神。

一四九号（罗议员杰）：这个案具奏弹劾有几种理由。一、责任之界说。这个责任有两种：一种是政治上责任，一种是法律上责任。失法之责如招权纳贿之类但得弹，失法之责须有证据方可以说，失政之责并不是宪法上、官规上一条条规定某种是应该负责的、某种不必负责的，就那个地方看他负责任不负责任，须看他内政、外交失败不失败。如没有失败，这个弹劾就错了，如果失败，就是一弹、再谈、三弹都应该的，这是责任的界说。宪政之精神。现在中国如何要立宪呢？因为专制政体不好，所以才要立宪。立宪政体之要点在合议制，对合议制资政院与国会都是合议的机关，政府对待资政院与国会也应该是一合议机关，何以政府也当有合议的机关呢？将来之责任内阁且不必说，比如我国十余部尚书与军机大臣构成政务处，一方为全部政务大臣，一方为一部应管大臣，以农工商部论，如果中国农工商各项实业不发达，则农工商部应当负责任，陆军不发达，则陆军部就该负责任。再进一步说，如关系全部事务，则政务大臣就应该负全部的责任，方为合议制与合议制对待。若军机大臣躲在皇上背后使皇上与人民对待，是专制政体办法，不是立宪政体办法。现在责任内阁没有成立，就军机大臣责任说，一半是真的；军机大臣总说有军机的苦处，一半是不妥的。所谓一半是真的，是军机大臣多无主管关系；所谓一半是假的，就是现在这个会议政务处。试问这是乾隆年间立的，还是光绪年间立的，当日立这个会议政务处的意思就是责任内阁的雏形。会议政务处大臣仿佛外国国务大臣，各部大臣对于本部尚书，对于会议政务处是政务大臣，军机大臣就是外国总理大臣。既是有这种关系，到底由军机大臣提出许多救国的阁议否，议决各部大臣许多议案否，军机大臣当负责任中之责任。如此不负责任，实在是辜负德宗景皇帝设立政务处的意思了。若政务处不负责任，即是政府不负责任，政府不负责任就是无政府，既无政府，与本院对待真危险已极了。我们资政院应该弹劾他不负责任，现在军机大臣于内政、外交种种不负责任，内阁未成立以前我们种种议案非要他负责任，皆是无效。上次军机大臣答复的说帖说得很模糊，并未曾说到"负责任"三字上去。现在内阁尚未成立他如此不负责任，恐内阁成立他还是不负责任的，我们认为他应当负责任。有一方法，看他在位与否，他在位一天，即是他负一天应负之责任，比如佐杂何尝明定甚么责任，但做一天佐杂就要负一天佐杂的责任，何况军机大臣，何况领袖军机大臣。本员主张弹劾领袖军机负连带责任的意思就是如此。

议长：请汪议员龙光发言。

一二九号（汪议员龙光）：上次具奏案本是议定用院章二十一条弹劾军机，后来改用一百六条作一个具奏案，也不过期望他要负责任。从前他们种种失败把国家弄到这个地步都没有说，军机大臣自念身居何等地位，当此危急存亡之秋就应该振刷精神、矢负责任以慰人民望治之忱才是道理。再不然声明指日就要组织新内阁，内阁成立自然是负完全责任，不必急在旦夕之间，也还可以说得去。谁想我们要他负责任他便辞职，分明是不能负责任、不肯负责任的意思，与我们期望刚刚相反。诸君须知军机大臣辞职有两种意思，其对于朝廷则有意要君，以为朝廷如看重资政院，采取他们一般舆论，则我们便不干，彼也料定资政院没有排倒他的权力，并料定监国摄政王于面子上决不能让他辞职，这辞职一层话是乐得说的。而其对于本院又假托明文，以为众议员既说我辅弼无状，我并不曾恋栈，可以告天下，可以搪塞我们的口实，这就是军机大臣对于朝廷、对于本院的心理，实属非常取巧。即此一节就有可以弹劾的理由。至按诸事实理法非再加弹劾尤不能巩固宪政。我们所以必要军机大臣负责任者，原为皇上是神圣不可侵犯，必须政府与议院两相对待，斯可以两相责难。现军机大臣一经责难，对于上则以辞职为要挟，对于下则挟天子以令诸侯，我们一般议员谁敢与皇上相对。将来必至无事敢议，无口可开，势必由立宪复返于专制，宪政前途非常危险。本议员意思很以邵议员所说的为是，此次具奏应把立宪要素全在政府与议院立于对待的地位，而皇上神圣不可侵犯之尊严乃弥加巩固，一切道理解释清楚再看如何。如以为是，则是真立宪，目下之资政院既是议院基础，则目下之军机处说不得不是内阁基础，自然不能不负责任；如以为非，则是假立宪，不惟资政院无可存立，便连国会也可无容开设了。

百十号（于议员邦华）：这个事体诸位研究的很透彻，我们当有两个办法。一个是消极的办法，他不解散我们，我们全体辞职；还有一个积极的办法，就是邵议员所说的君主大权我们是万不能侵越的，还要弹劾军机大臣为是。我们这个弹劾不与那回一样，那回是法律上的弹劾，这回是政治上的弹劾，那回是机关上的弹劾，这回是个人的弹劾。这个折子上去之后，如果教军机大臣辞职，他必定辞职；如果不辞职，就是解散我们资政院。

一一二号（陈议员树楷）：方才诸位研究的很有道理。再上弹劾案，照汪议员所说里头要多加一层。那一回上奏，我们的意思并不是与政府为难，原是要他赶紧设立责任内阁，要他负责任的意思，而军机大臣不但不负责任，并且还要辞职，与我们的意思绝是反对，所以才生出这一个问题来。我们要上奏弹劾，就把立宪国种种的手续、种种的利益说明，并将汪议员所说"十年以来中国种种的毛病都因为权限不清、机关不完全，所以弄到如此地步"亦要说明，然后上奏时不至再生许多的冲突。研究这个问题分三层说：一层是立宪，二层是专制，三层是由专制而进于立宪。第一、二层不必说，最重要的是第三层，所以我们弹劾要叙清这一层。本院研究的时候可以为最后的补助。第一项立宪国家范围内有政府，有国会，人民散布于政府与国会之下，君主居于政府与国会之上，而总（览）〔揽〕大权，政府与国会是两个对待的机关，君主居于其上，以保神圣不可侵犯之尊严。其责任由政府担当，这是立宪国家的政体，所以君主万世一系也。专制国政府不负担责任，一切由君主担之，并无所谓国会，君主、政府、国家混而为一，如法国路易十四所言"朕即国家，国家即朕"是也。现在我们中国已由专制而进于立宪，试问立宪已成立没有，现在还没有成立，以致往往权限不清，因而生出种种的冲突。我们不从研究上入手，竟由冲突上进行，势必至于专制不成专制、立宪不成立宪了。现在正是过渡时代，是要仔细研究的。我们资政院是国会不是国会，既不是完全国会，因为过渡时代没有完全责任内阁，而独设一资政院为不完全的国会，是当初就错了。资政院既不是完全的国会，就应该预备一不完全之责任内阁为资政院对待的地位，现在既未有一个不完全责任内阁对待我们资政院，我们就认这军机处为对待资政院之不完全的内阁，这个奏稿上要加上一层，谓"现在既没有责任内阁，军机处就应当是与我们相对待的，既是相对待就当负责任，既是应当负责任就不应当遇事回避，免致有种种冲突"，所以上奏的时候总要把他叙清了然后可以有效。

一三五号（郑议员际平）：本员对于各位再行弹劾军机大臣的话很赞成、很佩服的，不过本员个人意见稍有异同，不可不说出，以供参考。本员以为既有这个朱谕，本院亦不必再行弹劾，就是提出具奏案大家请解散就是了，军机处积习相沿，几乎劾不胜劾。有说此回宜弹劾军机个人者，向来都察院弹劾是弹劾个人，举其事实，我们资政院是代表全国，当有全国的眼光，似不必历举军机大臣琐碎事实以为弹劾，所以本员的意思就不必再行弹劾，上奏自请解散就是了。这个自请解散是甚么意思呢？因为军机大臣不负责任，上一次之弹劾是想他负责任，并且对于本院议决的事均要实行，以冀挽回危局；此次军机大臣仍是不负责任，我们资政院若听其不负责任，实有非常之危险。我们是全国的代表，将来人民问起国家的事体，其将何辞以对！所以我们资政院既想达自己负责任之目的，不能听军机大臣不负责任，因议院是与政府对待，政府不负责任，议院所议事事皆空，则上无以对皇上，下无以对人民，不若解散之为愈。虽是解散，我们回去也可以办学堂，也可以办实业，对于国家还是负责任的。并且解散之后三月、五月以内还是要召集的，召集的议员同我们也是一样代表国民，也是要请军机大臣负责任的,那时候对摄政王同政府自然感悟,才知道我们现在上奏自请解散并非有意与军机大臣争闹,乃是出于本来愿意自己负责。一片忠君爱国苦心,万不得已的。本员意见如此。

一五三号（易议员宗夔）：郑议员主张请旨解散这个话不对。我们总是要振起精神,在这里当一天议员就要负一天责任,我们自己请旨解散,就是同军机大臣一样不负责任了。现在请议长将本员倡议宣付表决,指定起草员即行上奏。

百三十号（刘议员景烈）：请议长咨询本院到底军机大臣应当弹劾不应当弹劾,即付表决,也没有甚么讨论的。

百零八号（刘议员春霖）：这个事情关系全局的事体,就多讨论一回也不妨事。

议长：请简单发言。

一零八号（刘议员春霖）：昨天两道朱谕大家一看非常惶惑,因为这两道朱谕与预备立宪的时代不相符合。从前本员以为军机大臣向来不负责任,不过现在既是预备立宪,就不能不负责任,并且这个弹劾案就是请军机大臣同会议政务处总得要负责就是了,并不是资政院同政府捣乱的心思,这是可以为资政院表白的。昨天上谕慰留军机大臣这是无碍的,因为用人是君王大权,不过是"军机大臣不负责任资政院不能过问"这个话可是与预备立宪很不合的。今当预备立宪时代,资政院虽不是国会,军机大臣虽又不是完全责任内阁,据本议员意见,军机大臣不能说是不负责任的。资政院虽然不是国会,其实对于军机大臣负责任、不负责任是可以说的。今看第二道朱谕对于资政院似乎绝对的不能说话。（语未毕）

四八号（陈议员懋鼎）：请刘议员对于朱谕说话稍为留意。

一零八号（刘议员春霖）：自古有直言敢谏之人实在是国家之幸福。

四八号（陈议员懋鼎）：本员说的是言语上留意,并不是不能说话。

一零八号（刘议员春霖）：对于朱谕不能持积极主义,就得持消极主义,既不能说旁的话,惟有全体辞职。方才诸位说应当持积极主义,不应当持消极主义,应当以退为进,不应当以进为退,如无决心为积极主义,其实不如取消极主义,若是略为敷衍就可以混得过去,于资政院前途非常危险的。至于对于军机大臣何以有这个话呢,就是军机大臣辅弼无状,没有拿着立宪的精神向摄政王讲过，没有将政府同国会对待的情形向摄政王解释过，若把这两个性质向上讲明，摄政王万不至于下这道朱谕的。有如此情形，可见军机大臣之辅弼真无状已极，但是军机大臣断不用我们资政院的话，而我们也没有甚么要紧，这就不得不咎我们议员说话之无价值。因为我们议员实在有许多不能为国民的代表，看他的宗旨纯以趋附政府为宗旨，比如会场之上发出议论，不敢公然反对，每每用调停主义，出了会场之外昏夜叩权贵之门，这就是资政院名誉不好的地方。内部虽然不说，然而外部没有不知道的，政府一看这个奴颜婢膝的议员，觉得这一般人就可以拿着势力压倒他的，（拍手，拍手）并可以拿着利禄羁縻他的，如此看来，军机大臣对于资政院议员是瞧不起了。我们议员中要保守自己的身份才可以自立，以后对于军机大臣再不可有趋奉的意思。军机大臣既说是不负责任，这个关系很大，我们如果甘心承认，就是资政院不成为资政院了。我们的目的非要将来资政院同政府立于对待的地位，不可此次再行具奏将该大臣等据实弹劾，就请监国摄政王收回成命亦无不可，否则全体辞职亦无不可。

一六九号（刘议员志詹）：讨论的意思很多。今天事情第一是弹劾军机不负责任，第二就是奉到昨日朱谕，现在本院既主张第二次上奏者居多，究竟第二次上奏到底如何办法，或者军机辞职，或者是资政院解散，究与国事何补？据本员意见，争论之点总在不负责任，此刻具奏稿内应注意速行成立责任内阁，责任既明，争论自易解决。至解散一层，到了再上奏案不准时再行解散，庶乎议员对于国家、对于人民之责任不是徒作空言了。

一零八号（刘议员春霖）：若本院解散了后一定要召集的，如果再召集，资政院还可以有价值的。如果本院此次怕解散，就是勉强下去，以后之资政院并没有一点价值的。

一一十号（于议员邦华）：大家意见相同，不必讨论了。请议长指定起草员为是。

一零九号（籍议员忠寅）：这个事体本员自看见两道朱谕之后自己想了许久，想不出一个道理来。现在听大家的议论，除辞职没有第二个办法。然今天我们到资政院来在股员室随便谈及这一层，大家的意见主张上奏者居多，主张辞职的总是少数。现在听大家议论主张辞职亦颇有人，然大家仔细想一想，除了辞职之外还有别的办法没有。本员看来，在这个地方现在快要表决，本员对于表决有几个办法，有几种方面。一种就是这个时候全体辞职，这个辞职的理由，刘议员说得很明白，本员不必再说。从前对于政府抱一个积极的主义，现在有了两道朱谕，我们没有发言的地方，所以必须抱消极的主义。现在我们全体辞职，把这个积极主义让与后来资政院的议员，这是一个办法。如果这个主义大家不赞成，本员不敢坚持自己的意见，必要大家合意才好。不过对于上奏有几句话说。方才大家讨论意见虽然相同，而理由很复杂的，本员想这回上奏是要单独的，不要复杂的。为甚么呢？因为资政院有了这两道朱谕，恐怕将来资政院总裁与副总裁一样非常危险，既是非常危险，恐怕后来有无穷的流弊。军机大臣负责任、不负责任非本院所得擅预，恐怕此后弊端百出，是非常之危险。我们专对于责任上说话，并非对于军机大臣说话，军机大臣种种的毛病我们可以不必说，而我们的目的亦不要他辞职，要同头一回上奏一线相贯。头一回上奏大家表决的结果不是一定要军机大臣辞职，是要明定军机大臣的责任，而后来的结果负责任、不负责任资政院不能问。这回再上奏，我们无论如何总要定出军机大臣的责任来，与头一回所奏的才能一致。既是要明定他们的责任，说话的方法要用邵议员发的议论，引用各立宪国制度，并且声明先朝钦定的宪法大纲，军机大臣与国会是对待的，必要军机大臣负责任资政院才能有效。如果军机大臣不负责任，则资政院虽有若无，将来不能生出效果来。这个折子上去如果有效，可以定了一个军机大臣的责任；若是无效，本院全体才可解散，随便说军机大臣不对的地方还是没有效果的，并且与头一回的折子便不是一贯了。（拍手）

百九十号（吴议员赐龄）：对于籍议员的话很有异议的。因为不能空空洞洞上一个具奏案，必须上一个弹劾案才好。若是具奏案绝对无效，虽全体辞职何济！凡事必须由破坏而求成立，这个弹劾必有一方面的处置。从前上奏案只是说机关不完备、军机大臣不负责任，所以这回皇上才有这两道朱谕，如果还是说不负责任，一定还是无效的，而军机大臣就是辞职也是假的。今皇上既不许军机大臣辞职，又不解散资政院，是仍许我们资政院说话，我们就要把军机大臣贪庸误国种种事实再说一说。皇上以我们为是，必许军机大臣辞职，后来军机必负责任；皇上不以我们为是，不许军机大臣辞职，就解散我们资政院。后来之议员或可得政府之同意，总以国利民福为目的，请议长付表决。根据院章第二十一条成个弹劾案，不能空空洞洞具一个上奏案就罢了。

一零九号（籍议员忠寅）：本员答复吴议员的话，请贵议员把本员的话细听清楚。本员所说的话因为时光不早了，所以说得没有次序，现在要从这个地方讲。头一回上奏大家以为是对于机关说的话，并不是对于军机大臣个人说的话，方才吴议员在演台上亦说过的。至于第一回上奏案并不是本员自己起的草，然而本员亦是起草员中之一分子，本员很赞成头一次的草稿。头一次奏稿中所谓"责任不明，难资辅弼"，这本是对于个人不能负责任说的话，并不是对于机关上说的话，若是对于机关上说话，必定说是"制度不明，虽有圣人无如之何"。至于后面一大篇文章，屡屡指他不负责任的证据实在不少，亦是对于军机大臣个人说的话。头一次大家表决，无论错不错，既是经大家多数表决，又是全体赞成了。今天奉到朱谕之后，我们从新具奏，但是这一回上奏我们不能与头一回上奏说两样话的，这是一个办法。第二层"弹劾"二字，本员并不是不赞成弹劾的，第二回弹劾将来究竟有无效力，大家要仔细想一想，还是再行具奏的力量大，还是随便弹劾的力量大呢？平时我们弹劾他专指他的劣迹而言，今天弹劾他但说他们不负责任，这两个比较是那个力量小呢？现在朱谕上说的"负责任、不负责任非该院所得擅预"这几句话，恐怕将来军机大臣将来有所借口，更不负责任了。（拍手）我们此次上奏还是要叫他负责任，还是要限定他的责任，我们可以不必讳言。对于这一回朱谕，若不再事弹劾，将来军机大臣更有何所顾忌，所以本员的意思还是要具奏叫他负责任，这比随便弹劾他力量孰大孰小呢？至于吴议员主张根据本院章二十一条，这一条本员极不赞成的。因为头一回上奏的时候亦没有根据院章第二十一条，就是平常我们前次对于军机大臣上奏是根据院章百零六条的，而此次下的上谕并没有驳斥说不能用百零六条，本员以为这百零六条是本院极坚牢的一个根据，为朝廷所明认的，我们可以不必引据第二十一条。现在军机大臣看我们资政院与没有一样，一点效力没有，将来我们还怎么办事呢？至于引据第二十一条更有毛病，因为头一回并没有引据二十一条。头一回说的是他不负责任，我们要他负责任，我们这回何必引据二十一条，又说他违背法律呢？至于这一层确当、不确当，又是一个问题，然而要根据本院章程，正当的规定我们就可拿这个根据去问他，何必拿二十一条为根据呢？

百九十号（吴议员赐龄）：籍议员的话与院章大相冲突。若照籍议员的话，就不能用"弹劾"二字，只得作为具奏案，我们打算弹劾他，不能不根据二十一条。至于贵议员所说，根据于前次奏稿，然而前次表决时候本议员极不赞成，不过以少数意见不能从多数之允从，若是照前次上奏，就不必说了。

一五三号（易议员宗夔）：籍议员说的话本来是很正常的，吴议员说的话亦是很正当的，但据本员看来，彼此不要争执。因为此次朱谕援引宪法大纲，我们亦可以引宪法大纲所规定据实弹劾就行了，不必用二十一条，亦不必用百零六条。

一零九号（籍议员忠寅）：本员因吴议员的话还有两句话应该答复的。我们资政院并不是很小的事体，我们一件事体当有效力，我们打算有效力，就要有正当的对待。我们说话不能与从前说的话是两截的，万不能说对于头一次在这边攻一下，攻不着再到那边去攻的。

百九十号（吴议员赐龄）：我们不管有效无效，我们总要上奏弹劾。弹劾不倒，军机大臣不辞职，必然解散我们资政院，若照贵议员所说那是空空无补的。

一零九号（籍议员忠寅）：据吴议员的意见以为本员说的是调停的话，我们从前起草是具奏他不负责任，现在下了朱谕有"负责任、不负责任非该院所得擅预"的话，我们恐怕因为这一句话，将来军机大臣以为口实的，以后我们资政院的话永无效力了。我们现在的意思还是要他非负责任不可。我们这回上奏之后若是不准，必定要解散我们资政院，如果不解散资政院，那我们就算有效力。至于"弹劾"二字本不要说明的，这一次上奏可以作为弹劾案，亦可作为具奏案。若是我们这回弹劾不准，再用第二回弹劾，二回弹劾不准，再用第三回弹劾，总共有三个月的会期，若是天天弹劾，军机大臣别的事情还是办不办呢？所以本员主张这回具奏还是说他不能不负责任。

百九十号（吴议员赐龄）：若这回具奏还是无效，又有甚么办法呢？所以本员主张此次若再弹劾不倒，再行弹劾总要至解散我们资政院为止。

一零九号（籍议员忠寅）：照吴议员说的话，头一回弹劾不准，第二回弹劾，第二回弹劾不准，第三回再行弹劾，我们天天与军机大臣捣乱亦不成事体了。现在既然有这道朱谕，应当照这个问题解决。我们再具奏把他的责任定出来。若不定出军机大臣的责任，则我们所议的不惟无效，且以为出乎范围之外，非解散不可。

百十号（于议员邦华）：吴议员没有听明籍议员的话，籍议员说的是朱谕说

"负责任、不负责任非本院所得擅预",现在我们非要争过来不可,这其中有个收回成命的意思,比弹劾军机大臣违背法律还有效力些,我们资政院现在该争的就是这一层。吴议员可以不必再说了。

一三二号(文议员龢):方才籍议员说主张仍用议事细则第一百六条具奏,本员窃不谓然。查第一百六条云:前条规定之外应行具奏事件,议长、副议长得随时具奏。据愚见,解释大约是指:凡不关于议案具奏之事件,所以不必经本院议决后议长、副议长得随时具奏。若关于议案具奏之事件,则应照第一百五条内所举之各条,经本院议决后由议长、副议长照各本条分别具奏。今此案如经本院议决后为第二次之具奏,若仍据第一百六条上奏恐甚不妥。恭译昨日朱谕有云"非该院总裁等所能擅预等因",此次尤宜注意,还请细辨条文办理,勿再误会为要。

百零九号(籍议员忠寅):文议员的话是不能这么解释的。我们从前上奏好几回,不管他是核议案或核办案,资政院公同议决自行上奏都是由议长、副议长代奏的,因为请旨裁夺,议长、副议长为全院之代表,这个就可以代奏的。况且头一回上奏是根据百零六条,所以这一回还是根据百零六条为是。

某议员:请付表决。

议长:此事讨论得很久了,现在讨论可以终止了。

一七八号(高议员凌霄):主张弹劾案本员很赞成的,但是本员还有个说法。弹劾是容易的,至一上、再上、三上若全无效果,那时是必然辞职的。但方才刘议员研究众人的心理是否能达到全体辞职的决力,若将来一半辞职,一半不辞职,到这个时候反不好看。这个事情依本员意见,应当以后劲为前提,应请议长咨询本院大家有全体辞职的决力没有,必定我们先有全体辞职的决力,然后政府不敢轻视,上奏方生效力,本员意见如此。(叱声四起)

九号议员(铠公):请议长维持秩序,现在秩序太乱。

百九十号(吴议员赐龄):这回具奏究竟能否弹劾军机大臣,总以我们能争到解散、不能争到解散为断。若如高议员所云,要问明全体辞职然后可以弹劾,这等居心就是自己不愿辞职的。试思全体辞职是个人做不到的,预备除名是个人做得到的,若果有不怕除名之决心,则言论自由,不必辞职,亦不负议员之天职了。

一三七号(邵议员羲):讨论终局之后不能再发言。

议长：现在将此事付表决。本议长咨询诸位还是用起立表决，还是用记名法表决？

众议员呼"赞成用起立表决"。

议长：现在议员人数足三分之二，可以付表决。先将仍请明定军机大臣责任之说付表决，请赞成再行具奏请明定军机大臣责任者起立。

议员起立赞成。

议长命秘书官记数人数，报告起立赞成者一百零二人。

议长：赞成的多数。

一九三号（顾议员视高）：这个弹劾案须限日期上奏才好。如果似前次拟稿后逾半月之久方始入奏，恐已届闭会日期而此折尚不能上去矣。现距闭会已无多日，请大家注意。

议长：现拟指定起草员六位办理折稿，众议员赞成否？

众议员呼"赞成"。

议长：现在由秘书官报告起草员姓名。

秘书官承命报告起草员姓名如左：汪议员龙光、罗议员杰、邵议员羲、陆议员宗舆、章议员宗元、陈议员树楷。

一九六号（牟议员琳）：请问议长，剪发易服案报告书已经股员会修正，请早日提出会议。

议长：报告书已收到了，可以即日提出会议。

一四九号（罗议员杰）：本员倡议剪发易服后面附有请废拜跪的礼节一层，何以该股员会的报告书未曾加入，不知道是甚么意思，请议长咨询股员会。

一九二号（张议员之霖）：表决弹劾案极为重要，请起草员不要耽误，总期下次大会通过奏稿从速上奏。

一三四号（余议员镜清）：请议长咨询起草员何时可以报告，以便刻期具奏。

议长：请问起草员几时可以报告？

一二九号（汪议员龙光）：六个起草员先要会议妥当方可决定。据本员意见，总可以从速报告。

一一二号（陈议员树楷）：等散了会以后，我们六个人商议从速起草就是了。

议长：现在开议。议事日表第一提议陈请全国禁烟办法议案，第二修正禁烟条例议案，请法典股股员长报告审查之结果并说明理由。

七三号（汪议员荣宝）：法典股股员长润贝勒今日未到会，本议员代股员长委托刘议员曜垣代为报告。

议长：请刘议员曜垣说明理由。

一八三号（刘议员曜垣）：全国禁烟办法与修改禁烟条例两件议案，从前已经议长归并一起付特任股员审查过了，审查之后特任股员亦已报告过了，初一日通过大会时候先将禁种、禁运、禁吃这三个期限已经分开表决。因为这个报告书里头有个禁烟暂行章程，有个修改禁烟条例，议长咨询本院将禁烟暂行章程并修改禁烟条例交法典股审查，兹审查得暂行章程所注重之点在分期实行施禁，究竟禁种在甚么时候，禁运在甚么时候，禁吸在甚么时候，不可不申明一番。至于第三章机关、第四章查报，这个机关与查报都属于禁烟的办法，股员会虑及办法各省不能一律，因各省情形有不同的地方，且恐办法未能完备，于是把这两章都删去了。至于实行的禁烟办法，由各该管衙门以命令定之就可以达禁烟之目的，所以把这两章都删去。随后加上一条"本章程施行细则由各该管衙门以命令定之"，因为各省情形不同，以如此办理为好。至于修改禁烟条例，股员会亦一概删去了，因为新刑律第二十一章鸦片烟罪所定的条与修改禁烟条例有不合的地方，处罚轻重未能一致，恐怕将来新刑律实行时必多冲突。而且修改禁烟条例附则规定宣统四年正月为实行之期，此时新刑律亦必颁行，若此条例与新刑律同时颁行，恐怕定有抵触的，本股员会因修改禁烟条例与新刑律第二十一章鸦片烟罪不大相符，所以都删去了。本股员会审查结果如此，请议长将本股员会禁烟章程修正案付表决，然后指定起草员拟稿具奏可也。

一一二号（陈议员树楷）：请发言。

议长：现有发言表，照次序发言。

一七八号（高议员凌霄）：陈请禁烟说帖请由秘书官朗读，大家可以斟酌。

百三十号（刘议员景烈）：这个禁烟办法禁种、禁运、禁吸已经几次审查，已经议决办法可以不必再说。

七三号（汪议员荣宝）：请议长将法典股修正案由秘书官朗读。

议长：还要咨询众位此案现在虽已作为法律案拟，然按照议事细则规定，不经三读就将全体付表决，众议员以为何如？

众议员呼"赞成"。

议长：按照发言表，请刘议员懋赏发言。

一六五号（刘议员懋赏）登台发言。这个案子已经表决过了，不过再说一说，请大家公决。禁运原以宣统三年六月底为限，以本员意见，不如改为二月底一律禁运，何以呢？若等到六月底禁运，可是多展限一日，则土商多自由贩运一日，能自由贩运，则能自由销售，与禁烟大有关系，并且吸的人又要多了。若遽加条例惩办，岂非因禁运之晚所致，与禁种、禁吸均大有妨害。所以本员主张应改至二月底才好。

百三十号（刘议员景烈）：这个禁烟案已经表决过了，可以不必再行讨论。

一六五号（刘议员懋赏）：禁烟期限已经表决，似不必再行提议。惟此事关系甚大，本员对于修正案第三、四条颇有疑义，请将理由说明。大众公决禁吸限至宣统三年十二月底止，则禁运一节似应提前办理，何以呢？修正案限至宣统三年六月底一律禁运，是未禁运以前土商就可以自由贩运，既准他自由贩运，他就可以自由销售。现时土价甚昂，获利较大，种土之户睹此情形，以为六月内既不禁运，尚可再种一年，群生羡慕，冒险尝试，彼时查禁不力，是禁种一层有办不到之危机。果能认真查禁，按禁烟条例办理，是种烟之民皆变而为犯法之民，一、二处种烟当不棘手，若多处种烟，不知将何以处之。以本员意见，拟将"六月底禁运并同时裁撤统税"一层改为"宣统三年二月底一律禁运，一律停止征收"，第三条"禁运办法"应当如此，第四条"烟馆、土店、土膏店应当同时封禁"，使吸烟的生戒烟的决心，禁运太迟，即无不种之决心；禁卖太迟，即无不吸之决心。或有为土商亏折计算者，本员以为凡系土商无不垄断居奇，求获大利，即期限已过，私相授受事实上是万不能免，既要实行禁烟，就不能顾及少数土商，不为一般普通吸烟人打算，修正案"土膏店限宣统三年六月封禁"应改为"三月底一律封禁"，本员意见如此。

议长：按照发言表，应请林议员炳章发言，但因现在在场人数太少，不足三分之二，不能再事讨论。

百十号（于议员邦华）：可以讨论讨论，不必表决。

一零八号（刘议员春霖）：人数太少，虽讨论也是空的讨论，没有人听见，不如人数够了再讨论。

七三号（汪议员荣宝）：请议长付特任股员审查。

一三七号（邵议员羲）：可以付法典股员审查。

议长：现在散会。

下午六点钟散会。

主编 胡绳武

副主编 牛贯杰 戴鞍钢

清末立宪运动史料丛刊 ⑫

资政院 下卷

牛贯杰 编

国家清史编纂委员会·文献丛刊

山西人民出版社

本书获中国人民大学"中央高校建设世界一流大学（学科）和特色发展引导专项资金"支持

"十二五"国家重点图书出版规划项目

国家清史编纂委员会出版委员会

主　　任　　戴　逸

执行主任　　马大正　崔建飞

委　　员　　卜　键　朱诚如　成崇德　郭成康
　　　　　　潘振平　徐兆仁　邹爱莲

学术秘书　　赫晓琳　李　岚

《清末立宪运动史料丛刊》出版工作委员会

主　　任　　贾新田　胡彦威

副 主 任　　姚　军　梁晋华

统　　筹　　蒙莉莉

委　　员　　（以姓氏笔画为序）

王新斐　冯灵芝　史美珍　刘小玲　吉　昊

李　靖　李　鑫　张小芳　张志杰　何赵云

杜厚勤　张彦彬　柳承旭　武　静　郝文霞

贺　权　贾登红　崔人杰　阎卫斌　傅晓红

翟丽娟　蔡咏卉　魏美荣

目 录

下 卷

三、资政院第一届常年会

资政院第一次常年会第二十八号议场速记录…………………………… 567
资政院第一次常年会第二十九号议场速记录…………………………… 588
资政院第一次常年会第三十号议场速记录……………………………… 610
资政院第一次常年会第三十一号议场速记录…………………………… 641
资政院第一次常年会第三十二号议场速记录…………………………… 674
资政院第一次常年会第三十三号议场速记录…………………………… 679
资政院第一次常年会第三十四号议场速记录…………………………… 701
资政院第一次常年会第三十五号议场速记录…………………………… 726
资政院第一次常年会第三十六号议场速记录…………………………… 756

资政院第一次常年会第三十七号议场速记录……774
资政院第一次常年会第三十八号议场速记录……803
资政院第一次常年会第三十九号议场速记录……834
资政院第一次常年会第四十号议场速记录……864
资政院第一次常年会第四十一号议场速记录……872
资政院第一次常年会第四十二号议场速记录……914

四、资政院第二届常年会

资政院开院上谕……915
资政院第二次开会监国摄政王载沣训词……916
资政院议员请假表……916
给事中高润生奏资政院会期在即请饬内阁预编议案
　免致猝难应付折……917
资政院总裁世续等奏请本标兼治以救危局折……918
资政院总裁世续等请速开党禁以收拾人心折……920
准开党禁颁布特赦谕……921
资政院总裁世续等请明诏将宪法交院协赞折……922
资政院总裁世续等奏请罢亲贵另组责任内阁折……923
取消内阁暂行章程……925
实行宪政谕……925
著溥伦等迅拟宪法条文交资政院审议谕……926
资政院弹劾部臣违法侵权恭恳惩治折……927
内阁总理大臣奕劻等奏自请罢斥另简贤能组阁折……929
国务大臣载泽等奏请开去职务另简贤能以符宪政折……930
准奕劻等辞职派袁世凯为内阁总理大臣组织完全内阁谕……931
组织完全内阁并令资政院起草宪法谕……931
资政院总裁李家驹等请将草拟宪法内重大信条先行颁示
　并请准军人参与宪法起草意见折……932

择期颁布君主立宪重要信条谕…………………………………………933
资政院总裁李家驹等请准革命党人按照法律改组政党折……………934
准革命党人按照法律改组政党谕………………………………………935
资政院总裁李家驹等奏请速开国会以符立宪政体折……………………935
令资政院迅速拟订议院法、选举法谕…………………………………936
资政院总裁李家驹等奏遵照宪法信条公举袁世凯为
　内阁总理大臣折………………………………………………………936
命袁世凯为内阁总理大臣谕……………………………………………937
令各省速选代表来京会议国是谕………………………………………937
候补参议陈毅奏资政院开会不足法定人数重要事件
　应俟国会召集时再议折………………………………………………938
资政院第一次会议纪事…………………………………………………939
资政院第二次会议纪事（上）…………………………………………940
资政院第二次会议纪事（下）…………………………………………941
资政院第三次会议纪事（上）…………………………………………943
资政院第三次会议纪事（下）…………………………………………944
资政院第四次会议纪事…………………………………………………946

五、资政院档案

资政院院制第二次改正草案……………………………………………948
请建海陆军议案…………………………………………………………950
笔帖式常绪选举事宜说帖………………………………………………951
学习笔帖式书春立宪应从地方自治入手说帖…………………………952
度支部请缓编制预算条陈………………………………………………952
资政院秘密会议发言记录一件…………………………………………954
笔帖式文福选举办法说帖………………………………………………954
资政院议事札件…………………………………………………………955
大清银行亏耗无著说帖…………………………………………………956

资政院闭会礼知会 ··· 957
地方学务章程修正案 ··· 957
审查山西谘议局陈请省北盐务办法报告书 ·· 959
审查杨庆昶所缴景庙手诏并昭雪戊戌冤狱报告书 ······································ 960
审查著作权律修正案 ··· 961
著作权呈请注册呈式 ··· 962
呈请继续著作权呈式 ··· 962
呈请接受著作权立案呈式 ·· 963
审查振兴外藩实业并划一刑律议案报告书 ·· 963
陈请申明资政院立法范围提议案 ··· 964
陈请实行立宪以消革命之源 ··· 966
审查陈请申明资政院立法范围议案报告书 ·· 967
铁路行李磅费报部办法议案 ··· 968
外务部咨文 ··· 969
因同法人借款需开秘密会议札件 ··· 969
议员汪龙光说帖 ·· 970
议员牟琳质问说帖 ·· 971
议员易宗夔说帖 ·· 972
议员易宗夔说帖 ·· 973
议员邵羲说帖 ··· 974
议员王用霖说帖 ·· 975
议员李华炳说帖 ·· 976
议员易宗夔说帖 ·· 977
议员牟琳说帖 ··· 978
度支部提议息借洋款案说帖 ··· 979
候补主事广厚说帖 ·· 980
员外郎王朴禀 ··· 981
章京钱能训呈 ··· 983

六、《申报》有关资政院资料

摄政王详询资政院办理情形 ………………………………………… 986
都察院奏派资政院互选管理员 ……………………………………… 987
资政院细则草案大纲 ………………………………………………… 987
资政院之议案 ………………………………………………………… 988
伦贝勒不满意所选资政院议员 ……………………………………… 988
资政院应设速记学堂 ………………………………………………… 988
资政院开院之预备 …………………………………………………… 989
资政院请派政府委员之资格 ………………………………………… 989
资政院决议不添总裁 ………………………………………………… 990
资政院速记学堂之内容 ……………………………………………… 990
监国欲于资政院开院日观礼 ………………………………………… 991
资政院预备开会片片录 ……………………………………………… 991
资政院议员预备议案 ………………………………………………… 992
资政院议案先行列表 ………………………………………………… 993
资政院政府委员一斑 ………………………………………………… 993
资政院章程质疑 ……………………………………………………… 994
资政院章程质疑（再续） …………………………………………… 995
资政院近闻种种 ……………………………………………………… 997
资政院预备开院之忙促 ……………………………………………… 998
资政院议决报律修改 ………………………………………………… 998
资政院奏报召集议员并拟摄政王亲临开院礼节 …………………… 999
监国谕宣资政院议案 ………………………………………………… 999
各省资政院议员之会议 ……………………………………………… 999
纪资政院召集议员详情 ……………………………………………… 1000
资政院议论裁去学部奖章 …………………………………………… 1001
监国莅资政院行开院礼 ……………………………………………… 1001

广西议员因禁烟展限辞职 …………………………………… 1002

资政院经费业已奏定 ……………………………………… 1002

资政院第一次召集上谕 …………………………………… 1003

广西议员辞职事件解决 …………………………………… 1003

桂抚为议员辞职事自请议处 ……………………………… 1004

监国摄政王资政院开院训辞 ……………………………… 1004

资政院讨论议事细则及办事细则 ………………………… 1005

蒙、回议员来京 …………………………………………… 1005

蒙古议员议案 ……………………………………………… 1005

论资政院民选议员之当联络 ……………………………… 1006

资政院审查桂谘议局全体辞职案 ………………………… 1007

资政院总裁代奏各议员谢训勉恩 ………………………… 1007

资政院议决案尚须重议 …………………………………… 1008

资政院议员续开讨论会 …………………………………… 1008

资政院所订开院章程照会各国公使 ……………………… 1009

资政院议决桂护抚侵夺谘议局权限属实 ………………… 1009

资政院议员提议请速设责任内阁 ………………………… 1009

资政院选举专任股员 ……………………………………… 1010

预算案提交资政院问题 …………………………………… 1010

资政院开院后种种 ………………………………………… 1011

御史团决议每日轮派四人前往旁听 ……………………… 1012

江西谘议局电请资政院代奏请旨缓行税收改征银圆事 … 1012

资政院开院后种种 ………………………………………… 1012

全国预算案拟交资政院议决 ……………………………… 1015

资政院速记录之笑柄 ……………………………………… 1015

监国嘉勉资政院之手谕 …………………………………… 1016

湘省公债又请资政院核办 ………………………………… 1016

资政院开院后种种 ………………………………………… 1017

论资政院应提之议案 ……………………………………… 1018

督抚公费将交资政院议决 …… 1020
洵贝勒关心资政院 …… 1020
资政院开院后种种 …… 1020
资政院更改议程及副议长被驳 …… 1021
资政院议员又开研究会 …… 1022
资政院、谘议局之新现象 …… 1022
资政院钦选议员陈诉民选议员之嚣张 …… 1024
资政院决议代奏国会 …… 1024
民选议员反对某议员偏袒政府 …… 1025
资政院奏请开国会折交政务处大臣讨论 …… 1025
议员江谦提议先改官制 …… 1025
贝勒赞赏投票函 …… 1026
资政院议决上奏国会情形 …… 1026
资政院议长伦贝子主张即开国会 …… 1027
资政院二十四日重要之议案 …… 1027
资政院各省议员研究会纪事 …… 1028
资政院陈请股审查种种 …… 1029
资政院总裁拟辞职 …… 1030
资政院接收要电二则 …… 1030
浙江谘议局因路事电资政院代奏 …… 1031
资政院议员质问交议预算范围 …… 1031
宗人府章程刑律自行改良 …… 1032
资政院请裁宪政编查馆之议 …… 1032
国会成立困难重重 …… 1032
资政院议员拍掌 …… 1033
资政院伦总裁指摘民选议员 …… 1033
资政院拾闻种种 …… 1034
陆军部尚书积极回应议员质问 …… 1035
摄政王强调资政院议场秩序 …… 1035

外务部回应资政院质问 …………………………………… 1035
资政院近闻一束 …………………………………………… 1036
政府对付资政院质问之办法 ……………………………… 1037
资政院与军机处之抵牾 …………………………………… 1038
资政院预算股员会开会详情 ……………………………… 1038
资政院议员可以无憾 ……………………………………… 1040
资政院地位堪忧 …………………………………………… 1040
众人皆入官场 ……………………………………………… 1041
时评一则 …………………………………………………… 1041
太后协调资政院与枢臣冲突 ……………………………… 1042
资政院议决学务章程 ……………………………………… 1042
危哉，弹劾军机之资政院 ………………………………… 1042
资政院审查会纪事 ………………………………………… 1043
资政院议员质问种种 ……………………………………… 1044
资政院提议裁撤绿营 ……………………………………… 1045
评御史胡思敬 ……………………………………………… 1046
区区议员不值政府一吓 …………………………………… 1046
资政院拾闻种种 …………………………………………… 1047
资政院议员持敷衍主义 …………………………………… 1048
资政院要闻拾录 …………………………………………… 1049
资政院议员卖弄会出题目 ………………………………… 1050
资政院奏调用人员拟仍留院 ……………………………… 1051
枢府枢臣不同意议员参预宪法 …………………………… 1051
资政院弹劾枢臣奏稿 ……………………………………… 1051
资政院倡议请赦党人 ……………………………………… 1052
资政院议员质问种种 ……………………………………… 1053
京师剪辫之风云 …………………………………………… 1054
新刑律之重要 ……………………………………………… 1055
论资政院弹劾军机 ………………………………………… 1056

资政院议长拟请辞职 …… 1058
资政院议员提议申明资政院之权限 …… 1058
庆亲王决计自行告退 …… 1058
日本招待中国资政院议员由两院议长决定 …… 1059
摄政王不同意缩短召开国会期限 …… 1059
资政院会议剪辫易服之大解决 …… 1059
御前会议即行作罢 …… 1062
对于二十日上谕之疑问 …… 1062
资政院拾文种种 …… 1063
鲁抚电请召集资政院临时会 …… 1064
资政院议员以反对宪政、陷害人民之罪请旨严惩刘廷琛 …… 1065
资政院延长会期十日 …… 1065
外省群以资政院核减经费为虑 …… 1065
资政院预算明年亏款实数 …… 1066
资政院续劾枢臣折留中缓商 …… 1067
庆邸对付弹劾案之深算 …… 1067
资政院议员议有对付刘廷琛办法 …… 1067
资政院弹劾案之倏起倏落 …… 1068
文龢因资政院议员得官 …… 1070
资政院分致各省要电两则 …… 1071
呜呼，资政院暮气日深矣 …… 1071
财政岁入岁出不相抵 …… 1073
政府之对于资政院真无所不用其反对 …… 1073
资政院大不平于刘廷琛 …… 1074
资政院对付刘折之法 …… 1075
资政院奏绘就资政院暨上、下议院分图核估兴修请拨款折 …… 1076
资政院议员纳税多额者视会场如儿戏 …… 1077
报律修正案迟迟未奏之故 …… 1077
议员进退无法而乞哀于宪政馆 …… 1077

资政院延长会期之封奏 1078
资政院闭院情形 1079
竟有陈请撤销资政院奏案者 1079
资政院又上奏案三件 1080
资政院又演一场新剧 1080
资政院新剧尚未终演 1083
资政院议事之忙迫 1084
论资政院议案之无效 1087
回复资政院两奏陈 1088
文斌箴告资政院之封奏 1089
资政院改定预算案清单 1090
粤督反对资政院核减预算 1090
直督不认资政院裁减预算案 1091
资政院闭会之暗潮 1092
资政院真开临时会耶 1093
世续得资政院总裁系由庆邸密保 1093
资政院民选议员私自来京系属违章 1094
论枢臣阻止资政院临时会之非计 1094
结社集会律俟下届开会续议 1096
学部追加预算俟资政院开会时要求承认 1096
资政院奏陈君主宪政十九条着照所请 1096
资政院宪纲须数月始能告成 1097
资政院奏请速颁内帑赔偿汉口人民损失并请早日停战 1097
资政院宣读汉口事件决议 1097
清廷预备即行组织国会 1098
资政院奏请承认革命党 1098

三、资政院第一届常年会

资政院第一次常年会第二十八号议场速记录

宣统二年十月二十日下午二点三十分钟开议

议事日表第二十六号

第一，改订大清商律总则公司议案。（政府提出，初读）

第二，出版律议案。（政府提出，初读）

第三，提议陈请全国禁烟办法议案。（股员长报告，会议）

第四，提议陈请浙江铁路公司适用商律议案。（股员长报告，会议）

第五，提议陈请广东定期禁赌议案。（股员长报告，会议）

第六，提议陈请川路倒款关系公司律存废议案。（股员长报告，会议）

第七，修正城镇乡地方自治章程议案。（议员提出，会议）

第八，扼重农政以开财源议案。（股员长报告，会议）

议长：今日议员到会者一百二十七人，现由秘书官报告文件。

秘书官（张祖廉）：承命报告文件。

议长：陈请股审查江苏教育总会陈请修改小学堂章程一案，现在咨询本院可否归并前次审查关于教育会事件特任股员一并审查？

众呼"赞成"。

秘书官（张祖廉）：续行报告文件。

议长：安徽谘议局陈请改良盐法一案可否交税法公债股一并审查？

众呼"赞成"。

秘书官（张祖廉）：续行报告文件毕。

九四号（王议员佐良）：现在距闭会日期已近，可否请议长再开一秘密会，把山东路政的事情列入议事日表第一？

议长：可以照办。

一三四号（余议员镜清）：山东路政的事情已经报告过了，似不能归并在秘密会内。

一五七号（尹议员祚章）：本员质（向）〔问〕外务部、度支部的说帖已经月余，何以至今尚未答复，请议长迅行催问。

议长：可以催问。

一零九号（籍议员忠寅）：前次议决上奏案奏稿听起草员说已经交与议长，请议长命秘书官朗读。

议长：现在就要朗读。

一一二号（陈议员树楷）：本员质问民政部及农工商部的说帖已经四十五天还没有答复，请议长催他从速答复。

议长：可以催问。现在由秘书长朗读奏稿。

秘书长承命朗读请明定军机大臣责任奏稿毕。

一五一号（黎议员尚雯）：请登台发言。

议长：请黎议员发言。

一五一号（黎议员尚雯）：那天是表决再行弹劾军机大臣与否，未议及弹劾方法。本员的意思所以未发表，今天听这个奏稿又是弹劾军机处的机关，在起草员之苦心无非要使责任内阁发生，据本员看来仍是无效。本员之意以为应弹劾军机之个人，应弹劾军机领袖之庆亲王。庆亲王当国十余年，得君如彼，其专行政如彼，其久应如何竭忠尽智，上有以副朝廷倚托之重，下有以慰薄海望治之殷，乃近年来内政、外交种种失败，致成今日极危迫之现象，是谁之过！现在一般忧时之士对于军机大臣之首领均有恶感而疾视之，若不将此一个人去了，将来全国人民以疾视军机大臣之首领之心而疾视朝廷，则国家前途殊甚危险。况从前极言敢谏之士因参劾庆亲王而去位者已非一人，自古君明臣直，何必隐言！本员主张此次上奏先弹劾军机大臣首领庆亲王，要历数其误国殃民之过失，以昭示天下而儆将来，如此进行立宪前途才可以望，有成效。我们资政院议员对于朝廷是议员，对于人民是代表，本有兴利除害之责任，现在既未能兴利，应为朝廷先除一害，也就可以上对朝廷、下对人民了。本员意见如此，请大家讨论。

百九十号（吴议员赐龄）：这个奏稿本员也不以为然。前此请开国会等呈此等议论累牍盈篇，已经成了老生常谈，不必袭用。本员的意见还是以破坏为成立，这个奏稿是因前日朱谕而来的，若如此说来真是启迪君主，不是弹劾军机。

议长：起草员于折稿有无说明？

一三七号（邵议员羲）：本议员是此次起草员主任者，起草的意见是要将立宪政体的好处陈明于君主之前。前天的朱谕是以君主与人民立于对待之地位，非立宪政体之所宜有，起草之时就不能不将军机大臣拉出来与资政院相对待。因为各国议院必有一种对待之机关，现在责任内阁既未成立，于未成立之前亦必寻一个对待之机关，其机关为何就是军机大臣，军机大臣若不负责任就有种种危险，所以必要将军机大臣拉出来与资政院作个对待的机关。现在国会虽未成立，而资政院为上、下议院之基础，我们资政院议员因欲保护资政院之地位就不能不责成军机大臣负责任，此是对于机关而言，并非对于个人而言。若果对于个人，则一御史弹劾足矣，何必要我们二百人之机关晓晓渎请。现在军机大臣躲在君主背后，若不将他拉出来，资政院就没有对待之机关，若无对待之机关，将来议决的事情与奉旨依议的事情通通都没有效力，所以陈明必以军机大臣为对待之机关，不能以君主当其冲，此是起草的本旨。

一四九号（罗议员杰）：本员也是起草员之一，方才黎议员说这奏稿是弹劾机关,不是弹劾军机大臣,本员有几句话答复。那天我们六个起草员会议时对于院内、院外意思分为三层:第一层意思要弹劾内阁会议政务处,侧重军机负责任,这个意思本员是原来有的;第二层意思军机共有四位,其中行政力量及在位时期均不及军机领袖,所以军机领袖得权既重,责备亦应重,要弹劾就弹劾其首领,这个意思本员极主张的;第三层意思主张混合弹劾四位军机大臣。前二层意思本员均与各起草员商量几次,多数主张,这第三层意思以为紧跟军机大臣负责任、不负责任来的,今天宣读奏稿,恐怕大家不知道当日起草时的情形,故本员特为报告如此。

一三七号(邵议员羲):我们所以不弹劾个人者因他在君主之背后,非先拉他出来不可,至于弹劾个人又是以后的文章。

百九十号(吴议员赐龄):前次具奏案上去,军机大臣居然辞职,以君主之名义当资政院之冲,此次若不弹劾个人,彼复以君主当资政院之冲,是案终不能解决。

一二九号(汪议员龙光):凡事都有个由来。此事之所由来是因军机大臣答复易议员声明不负责任,于是有前次之具奏案,有前次之具奏案,于是有朱谕,于是乎有今日再行具奏之讨论。起草之意重在一线,到底要他担负责任,不准他躲在君主背后以为藏身之所,所谓有一定之目的始终不肯放松一步者也。若舍是不图,移而弹劾个人,则是置正当交涉不顾,逞其忿气谩骂一场作为了事。平心而论,有何裨益!吴议员谓这个奏稿不过向政府申明立宪法理以外毫无力量,本议员也是起草员之一,原为这个法理政府岂不知之,而必须剀切申明者,正所以卜朝廷立宪之真假耳。如是真立宪,自然此折有效,如其无效,就是假立宪。我们资政院纵然政府不解散,本院也应当辞职。

一零九号(籍议员忠寅):方才朗读奏稿,这个奏稿的意思本员是很赞成的,不过文章上的措词本员有不十分满意的地方。方才也有两位议员对于奏稿不满足的,但是本员又不是同这两位一个意见。本员的意见,此回上奏要就责任问题上说话,这个意见本员已经发表过了,大致是赞成的。所不赞成者在何处,就是应该加入一点力量,因为这个上奏要预想将来得甚么结果,这个结果或是降个谕旨明定军机大臣责任,如果没有这个上谕,必定另有一个上谕,就是责备资政院比上回还要严厉的,无论那一边总要得个结果。若此奏折上去能有效力,则资政院前途可保，中国宪政前途亦可保，不然则资政院就同虚设，不如解散。本员的意思，这个奏稿前半措词历引各国立宪政体，看这立宪政体是怎么样子的政体，然后再解释先朝所定的宪法大纲。本来立宪政体的立法机关是与政府相对待的，负责任的政府就是责任内阁，现在责任内阁既未成立，则军机处就是内阁之基础，议院未成立则资政院就是议院之基础，军机处负责任就是对于资政院负责任，如果不负责任，我们资政院就不能不说话，不能不监督他们。前天朱谕说军机负责任、不负责任朝廷自有权衡，该院不得擅预。在朝廷的意思，军机不负责任朝廷自能监督，但是自有此次朱谕，恐怕以后军机不负责任反以此次朱谕为该大臣等之护符，于中国宪政前途非常危险。臣院因处此危急时代，对于军机大臣不负责任不敢不说。如以臣院为是，请明降谕旨明定军机大臣责任；如朝廷不以为然，必然责备资政院，也是我们所希望的。如以我们为逾越权限，则资政院自不能不解散，解散之后还得召集，还得选举，将来的资政院比现在资政院力量还要大些，这也是本院所希望的。本员这个倡议如大家均以为然，就请六位起草员再修正一下，修正以后再提出到大会通过，就可以上奏的。

　　一三七号（邵议员羲）：前天上奏因为资政院要找个对待机关，而前天朱谕下来成了个君主与议院对待的现象，所以这回我们奏稿措词一定说君主不能与议院对待，要离开君主才好。现在军机大臣已经藏在君主背后，我们总要把他拉出来与资政院对待，然各国议院断没有君主与人民相对待的，本员与籍议员不同之点正在此处。

　　一五一号（黎议员尚雯）：照现在军机领袖可以把持朝廷，要挟君主，我们无论如何同他讲法律还是无效的，所以宪政应办的事都办不通，本员以为非弹劾个人不可。

　　一零九号（籍议员忠寅）：邵议员的话很不错的，因为议院不能与君主对待，这是立宪国的原则。不过军机大臣藏在君主背后，已经看不见了。如果一定要拉他出来，就得如吴议员、黎议员的话另用别的方法，说别的话。究竟本员也是不赞成，因为这个奏稿不能不对本题说话，因为前天已有朱谕既有对本题说话，前天的朱谕是躲不开的，所以要先把朝廷的意思原谅出来，因为如此对于前天上谕没有法子，所以这次上奏所怕的是军机大臣借朱谕以为护符，所以不能不把这层说破。

一五三号（易议员宗夔）：本员对于这个具奏案也甚不满意。据本员看来，这个上奏案纯是一篇军机大臣不负责任的论，并非参劾奏案的体裁。前天表决上奏时候已经说明都有解散之决心，既是都有解散之决心，起草员做这篇文章就很好做的，就是对于朱谕说话也很好说的，就请摄政王收回成命都可以（作）〔做〕得到的，即不然，弹劾军机大臣个人也是做得到的。既不请摄政王收回成命，又不弹劾军机个人，仅作此一篇空论，其结果定较前次更坏，前次军机大臣还辞职，这次必定连职也不辞了。这次上谕又万万没有解散资政院的地方，所以本员很不赞成。

一四九号（罗议员杰）：方才易议员所说这回奏稿是一篇军机大臣不负责任论，这话本员不敢受。本员前天曾说了三个弹劾方法：第一种是弹劾内阁会议政务处，责成军机负连带的责任；第二种是弹劾军机的个人；第三种是浑括弹劾四位军机。本员最主张第二种意思，方才又说过请议长将第二、第三种意思先付表决。

一一五号（许议员鼎霖）：此事上次开会已经议了一天，若不赶紧解决，别的议题都不能议了。本员向来是调和派，今天说得是，请诸君不用拍手，若说得不是，请诸君亦不可作叱声，俟本员说完了大家再辩驳。方才籍议员说奏案上去能设责任内阁，是好希望，本员极满意。若说一解散资政院，也是好希望。本来立宪国议院与政府有冲突，不是政府辞职，就是议院解散，但是要晓得解散以前有许多委婉曲折，必至不得已而后解散，并非一哄就解散了。现在中国正在危险时候，若我们对于弹劾军机大臣就存一个解散的决心，于实际上很危险的。何以见之？现在一般人民有立宪国民的意气，并无立宪国民的程度，一经解散，他们必说国家解散人民的代表即是弃绝人民，恐怕革命党、哥老会乘此机会煽惑民心，暴动起来就不得了。政府固然不得辞其咎，我们议员也不得辞其咎，就此看来，我们必须等到万不得已的时候再行辞职解散才对得起国家，才对得住百姓。就是黎议员说参军机领袖，据本员看来也可以不必，果然责任内阁成立，自然他不能不负责任，不然就是罢斥四个军机，再换上四个军机，还是不负责任的。我们资政院就天天弹劾军机，恐怕也是无益的，所以本员不赞成这个解散说法。至于负责任一层，既有前天谕旨，军机大臣必说"我是军机大臣，不是内阁总理大臣"，就可以推得干干净净了。据本员意见，现在法典股既有罗议员提出缩短筹备清单已送到宪政编查馆去了，这筹备清单内责任内阁、议院法、选举法一切俱备，苟能同意速奏，不负责任问题自解决了。本员以为应看筹备清单军机大臣会同上奏否，如不上奏，我们再弹劾军机大臣也未为晚。（语未毕）

一五一号（黎议员尚雯）：起立欲加（辨）〔辩〕驳。

一一五号（许议员鼎霖）：俟本员说话说完了再请发言。

一三七号（邵议员羲）：许议员所说的不是起草员的本意，并不能说对于此案没有甚么要紧，若照许议员解释，反将此奏稿之精意全失，许议员虽赞成此案起草，本员对于许议员赞成之演说却不能表同情。

一一五号（许议员鼎霖）：我们目的是在请设责任内阁，同大家意见没有分别。本员还有一句话，前次与军机大臣协商的时候，军机大臣说对于各衙门官制、官俸不要诸位议员催促，摄政王已催得很急的，可见军机大臣没有反对资政院的意思。若两江总督张人骏反对立宪，曾于颁发宣统五年开国会后电致军机，说议员果能把预算办好，就于五年开国会，其意以为如果预算办不好，国会就不开了，我们议员不想弹劾两江总督，独要弹劾军机，何也？请大家注意。

一五一号（黎议员尚雯）：请问许议员，前次到会议政务处协商的时候军机领袖到了没有，军机大臣领袖是否负责任，是否应不负责任？

一一五号（许议员鼎霖）：现在还未到报告的时候，应该等报告时再说。头一次庆亲王未有到，第二次派有领班军机章京华君世奎来说，庆亲王亦表同情的。

一零九号（籍议员忠寅）：方才本员倡议请议长咨询本院，看大家赞成否？

一四九号（罗议员杰）：请议长把本员所说三种办法先付表决。

一一二号（陈议员树楷）：本员也是起草员之一，也要发表意见。上次表决时候曾说此次上奏无效，大家都要有解散的决心，然后才可以上奏，这是很有价值的话。但是解散后的结果是不一样的。我们资政院议员一面是国家钦选的，一面是人民公举的，都是全国的代表，如果漫然解散，就失了全国人民的信任，且有负朝廷设立资政院的本意，所以解散方法不能不审慎。本员意见，此次上奏还是就该军机当负责任的话悱恻缠绵的说一番，如不感悟至于解散，上可以对国家，下可以对人民，这个解散是很有价值的。若因偶一不得其请即以气愤用事，肆意弹劾，不过一个御史之责，非我们全国人民代表之所为，如此而至解散是很无价值的。所以此次本院上奏必须以痛苦流涕之诚，出以悱恻缠绵之语，如果仍无效果，然后再行胪列该大臣等破坏宪政之罪列款纠参，并请明降谕旨解散本院，此系最后之办法，似不必持之太急。

百九十号（吴议员赐龄）：请诸位起草员的眼光看一看，如果现在政府与现在资政院议员一班人物两无更动因循，到底于国家前途究竟有无益处。

一一二号（陈议员树楷）：本员意思还没有发表完全。上次弹劾有上谕出来，结果无不知道的，将来还有上谕，其结果非悬揣而知的，所以我们这回奏稿不是与军机看，是与皇上看的，就是弹劾军机个人亦未必可以发生效力，所以我们上奏要看结果是怎么样。

百九十号（吴议员赐龄）：这个结果不过是一回说不清楚、再将立宪国法理又说一次而已，于中国立宪前途有何裨益！

八四号（严议员复）：本员看大家讨论的意思无非与要求变法的意思一样。从前军机大臣本是对于皇上负责任的，现在大家要变法，使军机大臣对于资政院负责任，这个问题无非是要求皇上规定该大臣等实在的责任，并无所谓弹劾。

百九十号（吴议员赐龄）：许议员代表起草员心理甚是明白，既然说军机大臣于责任内阁未成立以前不负责任毫无罪状，可以谓之军机大臣的（辨）〔辩〕护士。

一零八号（刘议员春霖）：本员极赞成籍议员的倡议。方才许议员所说我们这个时候总要使军机大臣负责任，若军机大臣不负责任而徒事弹劾，就是推倒这个军机大臣，恐后来的军机仍是不负责任，这个话本员是很赞成的，与原来起草的意思是同一个样子。今天奏稿为甚么发生的呢？严议员说不是弹劾。要说弹劾，其实不是弹劾，军机大臣如有不法的事情，我们才可以弹劾。看昨天两道朱谕，不叫军机大臣负责任，而君主与人民直接立于对待的地位，于立宪精神很相背驰，将来立宪政体很不牢固，仍恐要变成专制的。我们这个上奏案要请收回成命，非军机大臣负责任不可，上奏之后请明定出责任来，我们才可以弹劾。现在我们所争的就是为"军机负责任与不负责任非资政院所能擅预"这一句话，并非弹劾军机。至昨日朱谕于将来君主地位非常危险，折内尽可直言，自古圣帝贤王未有不以改过为美者，我们何必以谄谀之词上陈。若说皇上的话没有不是，这不是资政院议员应当说的，比不得作诗作赋当用颂扬的话头，这个时候我们参预大政，一言系国家安危，不应作颂扬语。本员昨天看这朱谕似监国摄政王于立宪政体没有十分研究，而军机大臣宜详为说明，乃军机大臣不为说明，可见军机大臣辅弼无状，不然何以朱谕不叫军机大臣负责任而自己出来负责任呢？立宪国君主本立于安荣地位，是神圣不可侵犯的，摄政王若是知道，又岂有不愿就安荣的呢？看这个上谕，就见得军机大臣没有把立宪国真精神入告，既然由专制政体改为立宪政体，这个话是断断不适用的，还是请改收回成命，明定出军机大臣负责任为是。昨天许议员私与本员说"前次会议时本员所说的话言调过激，是危险的"，谓有人在政府献议说议员胡闹，非照戊戌那年办几个人不可。

一一五号（许议员鼎霖）：本员昨夕规劝贵议员不可在会场说议员奴颜婢膝，亦不是怕政府有强硬手段，昨夕席间并不是一个人听见的，此是议题外的话，请贵议员可以不必说。

一零八号（刘议员春霖）：本员说话诚不免有过激的地方，但是发于忠爱之至诚，本员受先朝特达之知，今日又为国民代表，断不敢作谄谀的话贻误全局。诚以有几个议员在政府里头平素多奴颜婢膝，而政府遂轻视资政院，这一种议员不但自失身分，并且说所谓全体议决其实并不是全体，不过几个人胡闹而已，政府觉得你不是全体，所以越发看着资政院很轻，致使资政院议案全归于无效，这全是坏在这几个议员身上，所以本员昨天不得不有激切之词。然而语虽激切，实发于忠爱之至诚，在上可以对皇上，在下可以对国民，就是本议员见了监国摄政王也是这样说，不敢作为谄谀之词。此次的朱谕与先朝立宪主义很不相符，以摄政王之贤明，果然知道立宪国君主立在尊严之地位，自应令军机对于资政院负责任，这个话是无妨的，请议长将籍议员所倡议的先付表决为妥。

一二二号（江议员谦）：本员以为弹劾军机是一个问题，请明定军机大臣责任又是一个问题，请组织责任内阁又是一个问题。这三个问题，对于弹劾的问题本员是很赞成，从速设责任内阁的问题也是很赞成，就是请明定军机大臣责任的问题本员是最不赞成。何以呢？我们的目的是要想保全军机处，还是要设立责任内阁，还是愿意军机为本院对待的机关，还是愿意责任内阁为本院对待的机关呢？有责任内阁为我们对待的机关，这是本院最完全之希望，可以请于资政院闭会之日为内阁成立之期，军机大臣不过数天、数十天、一个月就完了，我们不必要军机大臣负责任亦未尝不可。如果请明定军机大臣责任，是无异保全军机处，反妨害责任内阁成立之期，本员以为明定责任与弹劾军机的本旨是不相符，与设立责任内阁的本旨也是不相符，我们的希望是速设立责任内阁，其余别的话都可以不必说。

一三七号（邵议员羲）：江议员的话是误解了，谓起草员欲保全军机大臣、不希望设立责任内阁意思，此是大误。江议员说资政院闭会之日为内阁成立之日，但是现在责任内阁既未成立，而资政院开一日能否可以无对待之机关担负责任，则今日所开之资政院谓之全无效果可也。

一零九号（籍议员忠寅）：这个事讨论很久，方才本员有个倡议，看大家的意思赞成的很多，然而没有结果，请议长咨询本院看赞成、不赞成本员的倡议再想方法。本员是把大意说一下，再请这六位起草员修正一下，把本员的议论加在里头就是。

百九十号（吴议员赐龄）：现在这个朱谕是以君主同我们对待，军机大臣都以明文自待，居然辞职，愈见军机大臣辅弼无状。我们现在但再将立宪的精神说与皇上听，是任听军机大臣还躲到皇上背后了，我们还是要直接弹劾军机个人，使他无处躲闪。

一零九号（籍议员忠寅）：这个事情说是因前天朱谕发生这个上奏案，恐怕有这个上奏案以后再发生许多流弊来，于宪政前途很大危险。至于邵议员说要拉出军机大臣来同他说话，本员很赞成的，不过没有拉他的方法。如果现在要拉他说话，是要另外说旁的话，这个就于将来自己的地步不甚牢固，所以那个样子就是两次上奏作为一次上奏，言论既是非常之复杂的，将来的结果也是非常之复杂的，不是完全的，也不是明确的。

百九十号（吴议员赐龄）：贵议员以为将来结果是非常之复杂，毕竟非弹劾他不可。现在如果说因为这个朱谕生出许多危险，这两个朱谕又并不错，既云不错，何以生出许多危险，须知这个错一定是军机大臣辅弼无状出来的。现在我们还要再说与皇上听听，一定要把军机大臣同本院对待，这个根据岂不是堂堂正正的吗？

一零九号（籍议员忠寅）：头一次败了，这次成功、不成功不是我们所能希望到的。不过这次上奏我们有这种权利，有这种义务，应该作的事情不是希望成的。如果希望成的就是照吴议员的话弹劾军机个人，这个目的在甚么地方呢，就在要推倒军机大臣。试问我们现在有这个权力没有，一定是没有的。

一一五号（许议员鼎霖）：请讨论终局。

一二九号（汪议员龙光）：今天的问题是因军机不负责任又得一道朱谕以为护符，我们始终仍要吃紧使军机出面对待，是为惟一目的。至于弹劾个人，又是一个问题，如果现在又变而弹劾个人，岂不是把这一面不干又干那一面，罢设或弹劾个人又无效果，将辗转迁移至于胡底，岂不一事均无归宿么？至江议员谓今日不弹劾个人即应促设内阁，如一味要军机担负责任，岂不是仍保军机处？所见甚善，但本议员意思明知责任内阁不久应可组织成立，然距发表之期至短总须数月，此数月中正是青黄不接之时，世界风云一日万变，何时不当危惧，何事可容失败，譬诸上滩之舟失却一篙便倒退数里，军机处一日不撤，彼自有一日之责任，是万万不可放松的。

一零九号、百十号、百九十号同时发言，声浪错杂。

一零九号（籍议员忠寅）：本员提起讨论终局，本员的倡议请议长咨询大家赞成不赞成。

百十号（于议员邦华）：这个问题大家意思一样，请议长付表决。

一一五号（许议员鼎霖）：请分两层表决，一层是陈议员、籍议员所说的意思，一层是吴议员所说的意思。

一二九号（汪议员龙光）：大家赞成这个奏稿大体就不错了，如果大体都不赞成，再以吴议员的话提出表决。

一三七号（邵议员羲）：先将起草的奏稿表决，再将籍议员的倡议表决。

议长：现在讨论终局，表决奏稿，赞成者起立。

众议员起立赞成。

议长命秘书官点起立人数。

五五号（崇议员芳）：这个奏稿不是不赞成，不过这里头没有明确的意思。（语未毕）

议长：现在表决奏稿，不必说话，先点算起立人数。

众议员因有人发议，起立后旋即坐下者甚多。

一三七号（邵议员羲）：要赞成者就起立，不必起立之后又坐下。

五九号（顾议员栋臣）：请议长点人数曾否满三分之二，如不到三分之二，此表决亦不能作算。

议长命秘书官点人数。

五九号（顾议员栋臣）：本员有两句简单的话，另外的提议还可以说不可以说？

议长：请简单发言。

五九号（顾议员栋臣）：在场的人数既不满三分之二，本议员因此有一倡议。现在资政院开会的日期已经过去九分之八，应议之议案有政府提出的，有议员自行提出的，还有各省谘议局及人民陈请的，以少数之日期议决多数之议案势必不能，然就使延长会期，至封印日为止亦不过三十天，若照以前议事办法，仍恐不能议毕。国家初次设立资政院，何等重大！我们初次充当议员，何等责任！本议员有几句刍言：一、定章下午一点钟开会，近来往往因人数未齐延至二、三点钟方得开议，天时既短，转瞬即已日暮，所议之事无多，请诸君以后务必早临，以便即时开会。二、休息并非散会，然休息后往往私自引散，及再入议场时人数常不满三分之二，以致不能开议，诸君以后应格外热心，不可即散。三、各股员会照章须到会议员有过半数方能开议，现在常有一点钟开会，至四、五点钟人数尚未到满一半以致展会者，请各股员以后务必早到，免得浪费时日。以上各节请诸君注意。现在既要弹劾军机不负责任，我们资政院议员却不可不负责任，贻人口实。

一二三号（江议员辛）：顾议员倡议本员不敢赞成，何以呢？因现在重大问题尚没有解决，我们议决的事无人负责任，还有甚么效力，就是将预算办好，一切法典定好，试问谁执行呢？

议长：方才诸位起立后旋即坐下，秘书官计算不清，究竟起立的是多数、是少数尚不明白，方才起立作为无效，再从新表决。秘书官业已经点过在场人数，共一百二十七位，已足三分之二，可以表决，赞成奏稿的请起立。

众议员起立。

秘书官检点起立人数，报告议长。

议长：现在起立者六十三位，人数共一百二十七位，差一个人，少数。

一零九号（籍议员忠寅）：请把本员倡议表决。

议长：籍议员倡议修正奏稿，修正的大旨已经演述过了，现在打算把这个付表决。

七四号（陆议员宗舆）：现在这个奏稿已经少数表决即作为否决，应请议长将原稿取消，另行指定起草员再行起草为是。

一一五号（许议员鼎霖）：方才表决因为邵议员的话误会了，所以少一人。陈议员、刘议员先都是起立的，现在没有起立，因为少"修正"两个字，所以误会了。

一二九号（汪议员龙光）：窥全院意思，对于奏稿起草大体是赞成的，因为没有"修正"字样，所以赞成居少数，仍请把籍议员修正的话提出表决。

一一五号（许议员鼎霖）：表决要分两层，一层是陈议员、籍议员的意见，一层是吴议员、易议员的意见。

百九十号（吴议员赐龄）：请问议长，顷间奏稿少数之表决有效无效？

一零九号（籍议员忠寅）：方才陆议员所说的话不要紧，因为照议事细则，如果得多数赞成，可以交股员会修正，这个起草案本是股员会修正案，如果大家赞成，还是六位修正。

一三七号（邵议员羲）：这个起草已经不赞成，就算起草不成立，如果再加修正，总要另指起草员。

一三四号（余议员镜清）：吴议员与籍议员倡议的宜分开表决，否则不知赞成籍议员的占多数，赞成吴议员的占多数。

一零九号（籍议员忠寅）：本员再把所倡议的说明一下。

五九号（顾议员栋臣）：可以先将吴议员的倡议付表决。

一零九号（籍议员忠寅）：这个话同先前的次序不对，方才议长是说表决本员的倡议，然后再表决吴议员的倡议。

一四四号（胡议员柏年）：请议长将交付原来起草员加入修正，或是另指起草员，分二种表决。

一六一号（张议员之锐）：起草员所拟之稿既经多数否决，现在应表决者尚有两方面，应先尽对于原稿用意相去较远者表决，籍议员倡议修正之说与原稿无大出入，不过徒为延宕时日之计耳。

五九号（顾议员栋臣）：先表决原案，如果原案不赞成，再表决籍议员倡议的修正案。

一五三号（易议员宗夔）：请议长将籍议员的表决，再看怎么样。

议长：方才否决是否决奏稿那篇文章，至于那个题目并未否决，故籍议员的倡议可以付表决。

一零九号（籍议员忠寅）：可以照本员的话修正，但本员不是起草员，不能修正。方才已经把大体说明了，请起草员再修正为是。

议长：现在应表决籍议员的倡议，请籍议员再简单说明修正的大旨。

一零九号（籍议员忠寅）：本员的意思本来与原案有相同的地方，不过改变一个说法，先把立宪各国的政体要引出来说明一下，然后再解释先朝的钦定宪法大纲。立宪政体的资政院是上、下议院的基础，确为立法机关，政府应该负责任与资政院对待的，现在责任内阁没有成立，而这个军机大臣就是办内阁的事体，所以现在军机大臣就应该负责任，就应该对于资政院负责任，这是对待机关。资政院既与他是对待机关，如果政府不负责任，资政院就应该有监督的权力，不能缄默不言的。前天有这两个朱谕下来之后，朝廷的意思以为军机大臣的责任出自朝廷，朝廷的意思原是不错，不过恐怕向来不负责任的人转以为这回朱谕为借口之地，以后更不负责任了，岂不是于将来立宪前途非常之危险吗？还是请朝廷明降谕旨，明定军机大臣的责任为是。

一二一号（方议员还）：军机大臣与资政院对待章程上已经有了，第十七条、第十八条、第二十一条都是对待的规定，只要申明责任就好了。然虽说申明还要请赶紧组织内阁，不是只叫军机大臣负责任就完了。

一零九号（籍议员忠寅）：就请议长付表决。

议长：现在付表决。照籍议员倡议的意思，交原起草员修正折稿，赞成者请起立。

众议员起立。

秘书官检点起立人数，报告于议长。

议长：现在起立赞成者共八十六位，是多数。

一二一号（方议员还）："明定责任"之"明定"二字不好，还改为"申明"为是。

议长：此事讨论已久，议事日表还有几件要紧议案亟须开议，既是赞成籍议员倡议之大体，其修改字句可向起草员说明意见，或将来议决奏稿时再加修正亦无不可。既已表决过了，此时可以不必再提此事了。

八一号（章议员宗元）：起草员之内可以把籍议员加入。

议长：可以添指籍议员为起草员，想来诸位均无异议。

众无异议。

一三四号（余议员镜清）：请问起草员，明天可以报告不可？

议长：上次起草今日已经报告，此次修正大约下次开会即可报告。（拍手）

一四九号（罗议员杰）：还是请议长另指派起草员。

一五三号（易议员宗夔）：起草员是一种特任股员，特任股员是没有辞职的。

一四九号（罗议员杰）：易议员不是我心里的甚么东西，何以能知我是负气，我之辞职我的自由，不受人干涉。

议长：现在开议。议事日表第一改订大清商律总则公司议案可否省略朗读？

众呼"赞成省略朗读"。

议长：请农工商部特派员说明主旨。

农工商部特派员（胡子明）：说明改订大清商律总则公司议案之宗旨。中国商律始于光绪二十九年三月二十五日，其时尚未有商部，是年九月商部才成立。（话未毕）

百十号（于议员邦华）：请特派员简单发言。

农工商部特派员（胡子明）：这个商律为甚么要改定①呢？在光绪二十九年十一月，朝廷以商律责成商部十二月奏定商人通例及公司两编，嗣后设立法律馆，而修订商律属焉，所以本部未便接续编订。近因法律编定需时，而查明旧律有不适用之处奏明改定，正审查之间，据上海商会呈送调查案到部，详细参考，采择甚多。查各国立法必先有民法，然后有商法，中国既已先有商律，而其中有不适用处改订而修正之，原无不可，况商律渐有世界大同之趋向乎。旧律商人通例本案改为总则编，第一是推广商人之意义，第二是定各项登记法，又及使用人、代理商以为商人之补助。登记法各国分两种：一种是登记与否听商人自便，一【种】是定有怠于登记之制裁。而制裁的办法又分两种：一种是直接的，不

---

① "改定"，旧"改定"、"改订"并用，为保持原貌，不作改动。

登记则罚金，德国商法是也；一种是间接的，不登记并不罚金，惟诉讼破产的时候官厅凭登记之手续以裁判之，日本、西班牙、葡萄牙商法是也。中国向来登记制度，若直接的办法恐有难行，旧律公司分四种，有不明了处兹照调查案改订。至于股分公司的条文颇多，且关系甚大，在中国为输入新企业。（语未毕）

百十号（于议员邦华）：请简单发言。

农工商部特派员（胡子明）：股分公司是不能不说明的，这是与作股东的很有关系。

百十二号（陈议员树楷）：应该交法典股审查，有好几百条，一时也说不完，可以到法典股再说。

农工商部特派员（胡子明）：第一是股东的权利、义务。旧律五元一股，有一股就有一议决权，其实此五元之股东会议时往往自己不去表决，不尽股东之义务，而权利亦不确当，不如元数加多，重股东之义务，以保股东之权利。第二是股本亏折之关系。股分公司解散时往往援照有限的办法，尽公司破产外其余就可以不赔，但破产时董事及监察人有责任，此于商家很有关系，所以要有明文规定。至于外国人入股，令其遵守我国的法律往往空言无效，旧律第五十七条此次已经删去，未知诸君以为如何？

议长：农工商部现在提出这个议案有无质疑？

众议员呼"无疑义"。

议长：既无疑义，应付法典股审查。

一七二号（卢议员润瀛）：本员提出修正公司律，并催农工商部速定完全商律，实行保护商人以励实业议案，前经秘书官报告得众赞成，请速刷印分布，以便与政府提出商律总则公司案同审查，藉资采择。

议长：可以照办。议事日表第二出版律议案可否省略朗读？

众议员呼"赞成省略朗读"。

议长：请民政部特派员说明主旨。

民政部特派员（延鸿）：本部提出出版律应遵照议事细则，由本员说明主旨。现在立宪各国皆以宪法保障人民之言论自由，然亦不可毫无限制，是以特定专律以为自由之标准。本部此次提出出版律即取此意，兹将规定本律重要主旨简单说明。一是采用呈报主义，著作物苟经呈报，出版即得同时发行，不待官署之检定，所以防积压阻滞之弊也。盖既经呈报，即使记载失当，尚可由官署禁止发行，并可没收其出版物，此呈报所以优于检定主意也。二是注重负担责任之人，本律第二条即列举著作人、发行人、印刷人，而于发行人、印刷人又特加规定者，系因出版物虽足以增进国家文明，苟不得其当，适足以妨害国家秩序，若将发行人及印刷人之责任定明，则不正当之出版自不能畅行也。三是处罚从轻，出版律之罚则虽系准据报律，而较报律减轻者。盖报纸为多数人所阅看，流传最广，势力较大，为防危险起见，处罚不得不从重，至寻常出版则未必人人尽阅，故处罚亦可从轻也。以上三端为本律重要主旨，其余理由详见各条，兹不赘述。

议长：此案有无质疑？

众议员呼"无疑义"。

议长：将此案付法典股审查。议事日表第三提议陈请全国禁烟办法议案，照发言表请林议员发言。

五七号（林议员炳章）：全国禁烟案前曾经法典股报告大旨，本员极为赞成，惟于暂行章程删去一层。在法典股意思以宣统四年既经实行新刑律，则新刑律中已有禁种、禁吸、禁运办法，可以援用，无须另立章程。然新刑律实行在四年，此案禁种系限在本年之冬，禁运系限至三年之夏，三年春间有种者便为犯法，秋间有运者便为犯法，未至四年新刑律尚未发生效力，青黄不接之时地方官办理此案以何者为根据，此暂行章程不能删除之理由也。至该章程中有举发罚金充赏之条，地方官办理不力给以处分之条，此两条亦万不可删。何则？吸烟人不外贫、富两等，贫者既有监禁之罚矣，富者深居简出，胥役查探所不到，最易漏网，一定举发之罚金，则纵未经举发，而烟瘾未断一天，彼吸烟人便如芒刺在背，此以充赏奖励举发之人，即以善法促迫赴戒之人也。至地方官办理禁烟不力，大率各处州县署事者多均不负责任，诿卸系其惯技也，能定以办理不力之处分，则宣统三年不为州县则已，如其为之，便须负戒烟责任矣。有此两条加入暂行章程，本员可决其宣统四年烟祸十去八九。盖本员在籍办理禁烟已历四年，设局数处，年戒烟者数千人，多则匝月，少仅一、二星期便可断瘾，因禁烟而毙命者不过千万之一、二，各处办理之少效验者即因于戒烟无法律之故耳。诸君试思烟祸蔓延至于此极，不为振作精神计，独不为止塞漏卮计乎！只就洋药进口而论，据宣统元年海关报告共四万二千余箱，以现值每箱二千元计之，年输出金钱共八千余万元，吾国民穷财尽，年输巨款，安得不匮。且竭诚能严行禁令，则此按年所例出之八千余万元留而周转，于中国财政前途大有裨益。所以本员向来提议此时急救中国困穷之法无有过于严禁鸦片者，禁烟既关吾国如斯之重，则法律更不得不严，仍请议长再交股员会审查，仍留暂行章程并要求"举发得赏"及"地方官处分"两条一律加入，本员意见如此，请议长咨询本院。

一一二号（陈议员树楷）：当初审查暂行章程与禁烟条例时，本议员亦是特任股员中之一，却不赞成法典股审查报告书。怎么说呢？法典股审查报告书于禁烟暂行章程第三章机关、第四章查报均已裁去，按暂行章程是分为五章：第一章总则，第二章期限，第三章机关，第四章查报，第五章附则，统共五章。第一章统其大概，第二章期限已经上次表决了的，第五章附则于正，条件无甚紧要，这样看起来暂行章程最重要的就是机关与查报两章，若将这两章裁去，这个章程就不能成立了。裁去这两章，就如把这个章程通通作废一样，报告书上说裁两章的理由本员是不赞成的。现在禁烟这个事体是很难很难的，原来规定十年后一律禁绝，国会缩短以后这个禁烟的事项于是乎亦不得不缩短，拿难办的事情去叫各省随便去办，这是万不能有效的。前几年对于禁烟事情何尝不叫各省随便去办，所以至今多无成效。现在一年内就要禁好，非规定章程强制他执行不可。各省照章程去办，明年就可以一律禁清，若按报告书所定办法要由该管衙门以命令定之，本员是不赞成的。因为禁烟的要点全在机关与查报，若使他以命令定之，各省一定有流弊。这个禁烟条例报告书上说新刑律已经规定，不必再要这个禁烟条例，可是新刑律在宣统四年方能实行，这个条例是新刑律没有实行以前应用的。且新刑律第九条有特别规定者适用特别规定，将来新刑律实行时仍用这个条件亦未始不可，新刑律实行时即用新刑律，将这个条文作废亦可，这些事情届时再行斟酌。本议员的意见系主张这个禁烟章程与禁烟条例断断不可作废的，请议长仍付法典股审查，有不妥当的地方可以修正，使章程与条例之成立，本议员所甚盼望的。

一五一号（黎议员尚雯）：要禁烟必先不准洋药入口，要洋药不入口必先改中英条约，要改中英条约，必于中英条约十年期满之前六月磋商办理。现在中英条约将满十年，应由外务部速与英国交涉。我们资政院将近闭会，且将解散，非赶紧表决上奏恐没有再付表决之期，请议长即付法典股赶快审查，下次开会就可通过。

一七九号（张议员政）：这法典股审查报告【书】本员很不赞成的。何也？据这报告【书】说是禁烟条例与新刑律鸦片烟罪处罚重轻不能一致，同时并施不无抵触，故条例可以不必修正，这话差的多呢。依本员看起来，禁烟条例本是过渡时代一种法律，（拍手）自宣统元年十二月奏定奉旨颁行之日起，至将来实行新刑律之日止，俱为适用期间。故去年十二月宪政编查馆核定禁烟条例原奏有云"此项条例乃适用于新陈递嬗之交"，可见将来实行新刑律，此项条例当然归于消灭。分晰言之，自宣统元年十二月颁行禁烟条例之日起，至修正禁烟条例奉旨准行之日止，为旧条例适用期间，自修正禁烟条例奉旨准行之日起则适用新刑律，而修正之禁烟条例亦归于消灭，这禁烟条例与新刑律万万不会同时并行的，又何虑其处罚重轻不能一律呢？（拍手）旧日筹备清单，新刑律该今年颁布，宣统五年实行，假使明年正月能实行新刑律，则禁烟条例可不修正，万一宣统四年方实行新刑律，则明年这一年正是禁烟吃紧之际，万不可不有严重之法律，以资援用而促进行，所以这修正禁烟例案（渐渐）〔万万〕不能废，请议长赶快仍交法典股审查。

百十号（于议员邦华）：本员对于法典股的报告书亦是不赞成，所以不赞成的缘故已经诸位说过，不过本员意思要拿条例付法典股修正，今天大家就可表决。若是赞成，"机关"与"查报"不能删去，这是一层表决。还有第四条，赞成法典股的修正案，因为这第四条是于宣统二年九月封禁土膏店，修正案是提前于六月间将土膏店一律封禁，所以本员很赞成的。若以"机关"与"查报"全行删去，那是本员不赞成的。请议长咨询大（众）〔家〕速行表决，付法典股审查。

一七八号（高议员凌霄）：方才黎议员所说我们中国实行禁烟必先禁洋药入口，必先废江宁条约，本员很赞成的。现在华商囤积土药太多，关系全国经济，非常危险。前月民政部派主事王荃善到四川调查，现据回京报告，四川一省各府州县搁起的土药现约值二千多万，又闻上海大清银行一家押土药值银一千三百余万，一省一埠如此，他省他埠可知。现在虽在禁烟，而洋药入口到反逐月加多，土商不能得利，外国洋药分外畅销，本年上海倒款亦未尝不受此影响。所以这个事情关系经济，非常危险，现在总要与英国交涉把这个条约废除，速行禁止洋药入口,运华商所积土药,得以稍纾才好。

一一二号(陈议员树楷):本议员对于高议员的话有点疑义。高议员所说外货入口是外交的事情,现在我们所议禁烟章程是内政的事情,将来废约立案是外务部与外人特别交涉,我们今天可以不必议的。我们应当议的是内政的事情,就是禁烟则例与禁烟章程。(拍手)

一七八号(高议员凌霄):本员还有要声明的话。方才陈议员所说废除禁烟条约是外交问题,我们禁烟是内政问题,本员所说我们禁烟不先禁洋药入口,土商成本太巨,一旦禁运,不能销售,必惹起全国经济恐慌,正是关系内政。

百十号(于议员邦华):这个议案若已经议决上奏,就可以把这个议案咨送外务部,叫他与英人交涉。

某议员:这个剪发易服案还要从速上奏。

议长:本日议事日表所载议案尚未议完,不能议及他案。

五二号(毓议员善):请议长将于议员倡议付表决。

议长:于议员倡议将特任股员会原拟之"机关"及"查报"二章仍存留不删,诸位以为如何?

百三十号(刘议员景烈):这个禁烟章程政府若是不设机关,也是无效。至于"查报"这一层,要是办好也很难的。现在各省查报有许多不实的,可见此事也是做不到的。

一一二号(陈议员树楷):方才刘议员说的,我们有两个问题。一个是财政上的问题,本章程未施行以前,各省已有禁烟局、调验公所等名目,本章程施行后也不过整顿整顿而已,并不至有多大更动。至于现在各州县已有自治区禁烟经费,可以归并自治去办,于财政上并没有甚么妨害。一个是查报的手续,没有这个章程他们也要查报,不过是没有这个章程他们可以自由查报,有这个章程之规定,是叫他就着实照这个章程去查报。据本员看来,还是规定好了叫他去办,比他自由去办似乎好一点,(拍手)因为规定出一个章程,一定他们多加慎重的。

议长:那么表决林议员的倡议罢。林议员倡议再交法典股审查,仍留暂行章程并将举发得赏及地方官处分两条,诸位以为何如?

众呼"赞成"。

议长:诸位既赞成,林议员之倡议就再付法典股审查,并请林议员提出意见书送付参考。

众议员呼"赞成"。

一一二号（陈议员树楷）：还要请议长声明赞成是赞成章程，成立法典股不过就条件去修正便是。

五七号（林议员炳章）：这个章程宣统三年就要用的，万不能是宣统四年。因为明年正月就要施行，并且章程上有"以宣统三年六月为期"之语，则宣统四年全然消灭。

百三十号（刘议员景烈）：实行禁烟条例必要在宣统三年，至于"宣统四年实行"之语可以消灭的。

五七号（林议员炳章）：本来的原案说是宣统四年十二月，后经大家讨论提前一年，所以改为宣统三年，宣统四年之语自然消灭无效了。

百十号（于议员邦华）：方才林议员修正的这几条全体意见相同，固不必说。至于以外特别的几条，法典股已经审查过一次，也没有甚么讨论的，惟须下次开会即行报告才好。不然法典【股】的事情很多，一积压起来怕是到了闭会也提不出来。

一七八号（高议员凌霄）：商人因为禁烟事情有陈请先禁洋药入口的说帖，已经送到秘书厅，请议长一并付法典股审查。

百三十号（刘议员景烈）：请于章程未修正以前诸位修正案送交法典股。

五七号（林议员炳章）：本员修正案已经交与议长了。

议长：天气已晚，现在散会。

下午五点四十分钟散会。

资政院第一次常年会第二十九号议场速记录

宣统二年十一月二十三日下午二点三十五分钟开议

议事日表第二十七号

第一，试办宣统三年岁入岁出总预算案。（股员长报告，会议）

第二，大清新刑律议案。（股员长报告，续初读）

第三，提议陈请全国禁烟办法议案。（股员长报告，会议）

第四，提议陈请浙江铁路公司适用商律议案。（股员长报告，会议）

第五，提议陈请广东定期禁赌议案。（股员长报告，会议）

第六，提议陈请川路倒款关系公司律存废议案。（股员长报告，会议）

第七，修正城镇乡地方自治章程议案。（议员提出，会议）

第八，扼重农政以开财源议案。（股员长报告，会议）

百八十号（刘议员纬）：四川谘议局来电，因预算调查各衙署、各学堂、局所岁入，四川总督一概拒绝，以致处处不能调查，现川局临时会又将闭会，应请议长从速电复。

议长：现已电复。

百十号（于议员邦华）：本员有个倡议，这个禁烟章程今年就要颁布，且禁种以今年为止，现在已经审查过了，不过几句话就可议决的。至于预算案、新刑律不是一两天可以议完的，请议长改定议事日表，将禁烟案提前会议。

一四九号（罗议员杰）：本员有个倡议。这个请赦国事犯、剪发易服、修改筹备宪政清单三件议案都是关系重大，已经审查好了，请议长催股员会从速报告。

一五三号（易议员宗夔）：本员有个倡议。在东西各国议会一年中议决几个有价值的议案谓之有价值之议会。一年中未议决有价值的议案谓之无价值之议会，本院今岁亦多有价值之议案，如缩短国会期限具奏案、修正报律案、请赦国事犯案、请剪发易服具奏案、禁烟具奏案、请昭雪戊戌六人冤狱具奏案、弹劾军机大臣不负责任具奏案、修正院章议案、请改用阳历议案，这些议案都是很有价值的。但是现在有结果的就是缩短国会一件，此外都没有结果。如报律案尚未上奏，请从速上奏。至于请赦国事犯与剪发易服具奏案，审查报告书宣读一遍，明天就可以上奏，不然恐怕生出别的变故。其次就是请昭雪戊戌六人冤狱具奏案与于议员倡议提前会议禁烟章程议案、与弹劾军机不负责任等议案均关系重大，应从速上奏。至于宣统三年预算案与新刑律议案都是很麻烦的，非几天不能议完。又改用阳历这个议案是本员提出来的，请议长命股员会从速审查。本员又有一个倡议，现已距闭会之期很近，这些案子都没有议完，请从明日起上午开股员审查会，下午开正式会，如果这些议案都办不了，今年资政院就谓之无价值的议会，如果能够办齐就谓之有价值的议会，此非特议员之光荣，亦议长之光荣也。（拍手，拍手）

一四九号（罗议员杰）：修改筹备宪政清单议案请议长命股员会从速报告出来，因为本案分法律、机关、财政三类，而请即设责任内阁与即开国会为机关类中之很有关系的机关，现在奉天第四次请愿速开国会已到本院，请议长命陈请股员从速审查报告出来。

一三三号（陈议员敬第）：今天议事日表第四是提议陈请浙江铁路公司适用商律，这个议案不仅浙江铁路公司的关系，是全国商办铁路公司的关系，适用商律与否并不独商律关系，是全国立法的关系，这个议案列入议事日表好几次没有开议，请问议长可否提前会议？

百十八号（刘议员纬）：本员看今天议事日表第一、第二、第三都是很要紧的，但非一日可以决议。第六议案已经股员会审查报告，顷刻即可解决。昨日上海来电，川路款项又倒数十万，共计二三百万之多，如不早日维持，全体必致破坏，可否请议长咨询本院提前会议？

一零九号（籍议员忠寅）：方才易议员说剪发易服很重要的，不过剪发已经表决过的，而易服这一层可以略加修正再行上奏，股员会已经修正好了，可否提出会议？

百十号（于议员邦华）：这个禁烟议案总宜早些议决宣布，其余议案有一天可以议得好几个的。至于新刑律、预算案这些大议案可以单列议事日表会议，今天第三、第四两条很容易议决的。又剪发的议案已经修正，可以提出修正案通过大会，早些上奏为好。

一一二号（陈议员树楷）：听众议员所说有普通认为重要的，有特别认为重要的，议过的与没有议过的共有二十余件，今天起算到闭会日期只有七天，这几天就开七次正式会，这些重大案手续很多，也还是不能议决通过的。本员意思还要展会几天才好。

一四九号（罗议员杰）：这些重大议案非展会不可，若不展会，无论如何都是议不完的。

议长：方才易议员所说甚是，本议长当即留心办理。至于于议员倡议将禁烟案提前会议，众位赞成否？

众有呼"赞成"者。

七三号（汪议员荣宝）：本员不赞成，还是照议事日表会议。

议长：禁烟议案提前会议，想不至耽误工夫。

一五三号（易议员宗夔）：这个剪发易服议案已经审查过了，请议长命秘书官朗读一遍，明天就可上奏，若不从速上奏，恐怕又弄出变故来了。

一八四号（周议员廷励）：禁烟与禁赌是一样的事，可否请议长将禁赌议案提前会议？

五七号（林议员炳章）：这禁烟议案已经法典股审查，大家对于烟祸蔓延恨不得早日痛绝，全院既无反对，亦无异议，只要提出略事讨论便可通过，通过之后就可上奏。

七三号（汪议员荣宝）：会议时间不要各说闲话。

议长：今天议员到会者一百四十二人，现由秘书官报告文件。

七五号（长议员福）：本员有个倡议，现在天气不早，请先开议文件，可否改天报告？

一六八号（李议员素）：山西借外债事情已到资政院，请议长注意才好。

一七七号（李议员文熙）：四川谘议局为预算案来电，不知道已经复电没有？

议长：已经电复。

议长：长议员的倡议今天不报告文件，与本院章程不符，还以报告文件为是。现由秘书官报告文件，决不至耽误许多时间。

一零一号（书议员铭）：照章应当先报告文件，然后议事。

一三七号（邵议员羲）：请议长命秘书官报告文件，与其都说空话，耽搁时间，不如从速报告。

秘书官（张祖廉）：承命报告文件。

九十九号（陈议员瀛洲）：请示议长，本月二十日东三省第四次国会请愿代表在本院呈递陈请书一件是否接到？盖此次国会请愿虽由东三省人民发起，而各省谘议局近日均有专电深表同情，是此件陈请书非仅关系东三省，实与全国有密切之关系。第以本院将届闭会，由今日起算，止有一星期，若按照院章办理，必须交陈请股审查，认为会例可采，当场报告，然后再行会议，稍一延宕，即到闭会之期，则此件陈请书势必作为无效，岂不可惜！是以本员不揣冒昧，恳请议长俯念东三省危迫之情形，鉴原代表诸人之苦衷，即日咨询本院可否作为议案。如经决定，即请提前列入议事日表，以便从速会议。此是本议员等所叩求的，亦是东三省代表团等所馨香祷祝的。

议长：已接到了。向来陈请事件都是交陈请股审查之后再行会议，此次闭会之期虽近，但是这个事情关系重大，若不先交陈请股审查，与本院章程不合，不过须陈请股从速审查报告就是了。

一四九号（罗议员杰）：请议长将奉天第四次请愿开国会的书从速交陈请股审查。

秘书官（曾彝进）：接续报告文件。

议长：陈请股审查江苏拔贡杨钟钰陈请修改新刑律说帖，认为应交法典股审查，但现在新刑律审查已毕，咨询本院应否交法典股再行审查？

议员有呼"赞成再行审查"者。

一三七号（邵议员羲）：现在是二、三少数之人口称赞成，不能作为成立，请付表决才好。

议长：这个说帖现在还没有印刷出来，似乎可以送法典股审查，就不必付表决了。

七三号（汪议员荣宝）：法典股副股员长，新刑律审查已经完竣了，似乎不必再送交法典股审查。

议长：新刑律虽审查完竣，然尚未报告，此说帖到会议时作为参考就是了。

百十号（于议员邦华）：可否印刷出来附入修正案，一同分布作为参考？

一五三号（易议员宗夔）：这个说帖是甚么说帖，请议长说明大旨。

议长：还是江苏拔贡生杨钟钰陈请修改新刑律的说帖，现由秘书官将陈请股审查报告再读一遍就可以明白了。

秘书官（曾彝进）：承命再读陈请股审查杨钟钰说帖报告书。

一五三号（易议员宗夔）：这个说帖不能交法典股审查，照章没有陈请修改法典的事情，应请作废。

一二一号（方议员还）：这个不能作废，刑律是关于全国利害的事情，既有陈请书来院，应当作为参考。

一五三号（易议员宗夔）：陈请修改法典是章程上所无的。

百零九号（籍议员忠寅）：此说帖虽经陈请股审查，以为关系全国利害，然既经大会认为无庸会议，这个议案就不能成立。因为新刑律本院已经有修正案了，此说帖应作废。

一七六号（罗议员其光）：这是关系全国风化的问题，可以交法典股作为参考。如将此修正新刑律的陈请案作废，则新刑律亦可作废，试问新刑律能作废否？

一二一号（方议员还）：这个陈请书断断不能作废的。

一三零号（刘议员景烈）：这个陈请书还是请议长咨询本院表决一下。

议长：此陈请书既关全国利害，不妨于会议时作为参考。现在开议。

百十号（于议员邦华）：请速设责任内阁的奏折已经起草员修正好了，何以尚未朗读？

议长：正拟由秘书官朗读此奏稿。

一五三号（易议员宗夔）：请问议长，剪发奏稿已经告成否？

议长：这个奏（案）〔稿〕现在还未修正好，待修正好了就可以上奏。

一四九号（罗议员杰）：这个奏（案）〔稿〕大体已经表决，不过修正几个字，请议长从速再行付表决就是。

议长：现由秘书长朗读请速设责任内阁奏稿。

秘书长承命朗读请速设责任内阁奏稿毕。

议长：请问奏稿起草员有无说明？

百零九号（籍议员忠寅）：本员稍有点说明。此次修正奏稿由本员倡议，大家赞成，于是再交起草员修正，并由议长将本员亦加在内，共是七人负修正的责任。至于修正内容，前天倡议已经大家赞成过了，不过当时倡议是口说的，到下笔的时候不能不稍有变更。并且想出一种关系，前天在议场倡议，当时说奏稿的材料及理由是要引证东、西各立宪国责任内阁与国会有如何之关系，内阁对于国会应该如何负责任。到下笔的时候又想起立宪国的通例，内阁对于国会固应当负责任，中国现在虽是预备立宪时代，而就中国的旧例看来，军机大臣也是应要负责任的，其负责任之性质虽各不同，而其为应负责任则一也。以中国旧例而论，军机大臣虽对于皇上负责任，而对于一切政事自然应负责任，况此时正值预备立宪时代，新内阁既未成立，对于议会尤不可不负责任，所以军机大臣在此时代所负之责任应当比平常尤重。想到这个理由，所以不能不将旧例引来再加上去，就于材料上亦不能不稍有增减。至于归宿的地方，原来倡议是要请谕旨申明军机大臣的责任，到起草时大家仔细商量，以为资政院最初之目的与全国人民之目的都是希望责任内阁成立，如新内阁不成立，就是申明军机大臣的责任仍恐靠不住的，所以就没有提起这一层。如果将各议员前天所说请明定军机大臣责任的意思加入上头，倒生出许多障碍，不惟与资政院惟一之目的不符，也与全国人民之目的不符。并且上次朱谕说负责任、不负责任朝廷自有权衡，资政院不能擅预，若一定要请申明军机大臣责任，是与前次朱谕相反，恐这个折子上夫就没有法子下上谕了。至于后来的结果，就是资政院解散也是正当的结果、正当的法律，我们并不是怕这一层，是要于万不得已之中还望生出效力而达到我们最初之目的——不至于解散，这是我们所最希望的。至于请明定责任，明知道没有效果，而必以此折尝试，就不如抱最初之目的请立责任内阁为妙。这个折子关系非常之重大，就是与本员倡议的话稍有变更，而于大家意见也没有甚么相反的，还是希望大家赞成为好。

一三三号（陈议员敬第）：本议员对于这个奏稿颇有疑问。究竟此奏稿还是催促设立责任内阁，还是未设【责】任内阁以前请军机大臣负责任。据此奏稿首尾看来，只说应速设责任内阁是一方面，已隐然承认未设责任内阁以前军机大臣可不负责任，与中幅意义未能一贯。况责任内阁朝廷本拟设立，何须我辈催促，然则此折与不上等。现在中国前途非常危险，实不可一日无负责任之人，前次讨论本院请朝廷明降谕旨申明军机大臣责任，而此奏稿直是为军机大臣开脱，本议员殊不满意。仍要说明未设立内阁以前务须请军机大臣负责任，必如此说法方能贯串。

一二二号（汪议员谦）：这个奏稿本议员还请加上两句，"以资政院闭会之日为责任内阁成立之期"。

一三七号（邵议员羲）：本员也是起草员之一，但是这个奏稿的意思本员可是不同意。因第二次议长指定起草员时，本员因意见难合业经辞职，未蒙议长许可，所以虽为起草员，本员的意见所主张与此奏稿所主张不同。本员主张之大旨因人民万不能与君主为对待，人民与君主之间必另有一机关为议会之对待，方能保持立宪之精神。今日奏稿所讲之话是把人民与君主为对待，引用朱谕却与君主神圣不可侵犯之尊严二语相背驰，这是第一层意见不同之处。至第二层，因现在军机大臣已躲到君主背后不负责任，我们正要将此意陈明于君主之前，把军机大臣拉出来，说明在责任内阁未成立以前，军机大臣对于资政院要担责任方是正当办法。今日奏稿用意实与本员意思相反，请速设责任内阁前次奏折已经言过，况初三日上谕亦言明预定组织责任内阁，本院可不必再言。现在所最要紧者，资政院开会一日，即不可无一日与资政院相对待之机关，而负责任折稿末尾说到"请早设责任内阁是军机大臣之不负责任"，本院已明明承认了，又何必多此一篇弹章。本员虽为起草员之一，但对于今日奏稿主意不能赞成，不能不将自己意思于院场报告。

七四号（陆议员宗舆）：本议员的意见也是同邵议员一样，特为表明。

一二三号（江议员辛）：本员的意思很赞成籍议员的意见。怎么样呢？凡属商议一件事，有目的，有手段，我们的目的是要赶紧组织内阁，我们的手段是要弹劾军机大臣。如果责任内阁成立，军机处就消灭了，本员以为弹劾军机大臣还可以放宽一步，而奏请从速组织责任内阁是最要注意的。

一五三号（易议员宗夔）：这个奏稿很妥当的，请议长即付表决，从速上奏。

四八号（陈议员懋鼎）：本员对于这个奏稿大致赞成，就是籍议员的意思既说是不要对着朱谕说话，奏稿内何必又提及朱谕，这一层本员很不赞成的。

一五三号（易议员宗夔）：本员对于陈议员的话有解释的地方。如今我们是主圣臣直的时候，应该直言极谏，就是中国历史上无不以此为国家之美谈。据本员意见，此次奏稿将朱谕引出并没有甚么不妥，不必多生顾虑。

四八号（陈议员懋鼎）：我们的目的在责任内阁，还是可以不必提及朱谕为好。

一二九号（汪议员龙光）：新内阁一日不成立，便要军机大臣负一日之责任，此目前希望之效果也；促设责任内阁，此将来希望之效果也。不得于此，则后于彼，正是我们希望有归宿处，故促设内阁一层必不可删。现在大众讨论许久，殊无一定归宿，徒以空空洞洞言语耽搁议场可宝贵之光阴，殊属可惜，请议长速付表决。

议长：现在付表决，赞成奏稿者起立。

众议员起立赞成。

秘书官检点起立人数，报告议长。

议长：现在起立者八十六位，是多数，奏稿可决。

一三零号（刘议员景烈）：大家多数表决，其结果已经完了，就可以从速上奏。

议长：明天可以上奏，至迟当不出后天。

一四九号（罗议员杰）：大凡具奏案有修正字句的地方不必定要印刷出来，如果把这个修正的意见说出来就可以不必印刷了。从前剪发的案子全体已经表决，修正报告书不过稍为更动几个字句，可以仿弹劾军机的原案办法，也是请起草员把意见报告，不必印刷出来即可从速上奏。

一五三号（易议员宗夔）：这个剪发的报告书已经印刷出来了，请议长命秘书官朗读一遍就是。

一四九号（罗议员杰）：现在外国人无不讥诮说中国这件事情都不能办，尚留此长物到底有何用处，请议长把外国报一看就知道了的。

议长：这一案从速赶办，上奏就是了。现在开议。议事日表第三提议陈请全国禁烟办法议案改为第一，请法典【股】股员长说明理由。

五号（议员润贝勒）：第二次审查报告本员按照议事细则第五十三条之规定，委托刘议员曜垣代为说明。

议长：请刘议员说明理由。

一八三号（刘议员曜垣）：这个议案从前交法典股审查已有报告了，禁烟暂行章程第三章"机关"、第四章"查报"，前回开会时各议员主张这两条不能删去，本股员会再三讨论仍要删去者，因为各省办法不同，当时民政部特派员在股员会里头已经答应了归民政部，那边定一个详细的办法，因此两章办法有不完不备之故。随后林议员又有两条修正案，此刻都加进去了。第八条"（连）〔违〕犯本章程者，无论何人，均可告发"，林议员主张罚金以一半充赏，本股员会恐滋骚扰，且禁烟条例本来有罚金的，所以把这罚金一层仍旧删去。至于修改禁烟条例，因为附则里头有以宣统四年正月初一日为实行期限，现在新刑律亦将颁行，其第二十一章鸦片烟罪与修改禁烟条例处罚轻重未能一致，恐相抵触，明年新刑律若不颁布，遇有违犯禁烟章程，用甚么法子办呢？本来有个禁烟条例，若有违犯本章程者，应照本股员会修正案第七条处罚，所以本股员会仍要将修改禁烟条例删去。本股员会审查的结果如此。

议长：现在诸位有无讨论？

一七七号（李议员文熙）：禁烟章程修正案第二条"嗣后不得栽种"一语，"嗣后不得"四个字可以删去。

一五三号（易议员宗夔）：本员很赞成李议员的话，删去"嗣后不得"四个字，请议长即付表决，不必多讨论了。

一三零号（刘议员景烈）：禁烟期限本不是我们法典股所主张的，因前回表决禁种期限系今年年底，故今年年内所种在不禁之列，如删"嗣后不得"四字，则目下已种者皆应铲除，是与前回表决不合，请李议员注意。

一七七号（李议员文熙）：将"嗣后不得"四字删去也没有甚么不好处。

百三十号（刘议员景烈）：不要"嗣后不得"四字，禁种期限没有甚么限制，本章程颁行之后若没有甚么限制，与第二条不对了。

百三十号与一七七号同时发言，声浪错杂。

一三零号（刘议员景烈）：这个章程大家已表决过了，现在不必更改。

一七七号（李议员文熙）：禁种的事现在各省陆续已经禁绝者不少，定至本年年底一律禁绝不过是最远的期限，在本员主张删去"嗣后不得"四字实在没有甚么妨害。

康议员詠、李议员文熙同时发言。

议长：请发言者先报号数。

一五九号（蒋议员鸿斌）："嗣后不得"四字可以删去。

一三零号（刘议员景烈）：这四个字如果删去，与前次的表决就相冲突了。

一六七号（王议员用霖）：对于李议员的话是赞成的，可以删去。

一七七号（李议员文熙）：刘议员以为删去于从前表决时期有冲突，本员以为删去始不冲突，如果不删去反冲突了。何以故呢？种烟之期在本年九月、十月，收烟之期在明年二月、三月，设嗣后始得种，明年二、三月各处地方尚有烟苗，前日表决"本年十二月一律禁净"之语岂不全失效力吗？且禁烟一事是一种强制的命令，不可稍存姑息，多放任一年，将来售不尽时人民财产上反多受一层影响。

一五三号（易议员宗夔）：这四字不必讨论了，以下还有新刑律大议案，请议长将此案付表决。

议长：现在表决李议员倡议删去第二条内"嗣后不得"四字，请赞成者起立。

众议员起立赞成。

议长：多数。

议长：现在表决修正报告书，全体拟即省略朗读，请赞成修正报告书者起立。

众议员起立赞成。

议长：多数。照此次法典股报告书可决。

一三四号（余议员镜清）：议事日表第四所列事件是关系全国人民生命财产，陈议员已经倡议，得多数赞成，请议长提前开议。

议长：请依次讨论，断不能两个议案同时会议。本议长现拟咨询诸位还是先照议事日表递推往下议呢，还是先议原列第一之预算案？

百十号（于议员邦华）：请议长将这个禁烟案从速上奏，还要请议长将议决案的情形备文知照外务部的文里头加上一层，说请贵部知会英公使改定条约。

议长：尚不知上奏后旨意如何，故此层似乎还须斟酌。

五七号（林议员炳章）：议案既经通过，上奏必荷裁可，惟此次缩短期限并非特为陷阱，令全国人罹入法网，系将所定种、吸、运三者期限及犯者罚则要人人知道，早日禁戒，及期自不至犯法，既系此意，则此项缩短必须明降谕旨，方可一新耳目。据资政院日来所裁可之奏见诸宫门抄者仅"依议"二字，外间人不甚注意，此次应请议长于禁烟奏末提明请将禁吸、禁种、禁运三者期限明降谕旨，俾海内外晓然，知朝廷于此事深恶痛绝，及期必行，万无幸免之理，则于禁烟前途较有把握。

议长：奏稿上可以加入此层。

七四号（陆议员宗舆）：请议长先议预算，预算是资政院第一紧要事件。

一五三号（易议员宗夔）：本员有个倡议，不要以一省事情耽误时间，总是先议预算，预算是关于全国的事情。

一三七号（邵议员羲）：方才议长已经允许了改定议事日表，自应按照第三、第四、第五次序开议，何以现在又要变更？

一三四号（余议员镜清）：预算案重要何消说呢，"议员眼光要注重全国"这句话本员也极表同情，所以浙江铁路的事情必须提前开议者，亦以商办铁路全国皆有、并不是关系一省的，若邮传部可任意违反法律，则人民无法律可以自卫，全国实业谁肯去办，其影响于实业前途甚大。况议长已经允许有数分钟即可通过，这也请贵议员注意。

议长：方才议的是议事日表第三，正要咨询众位应否接续会议议事日表第四，抑折回议议事日表第一预算案？

众议员争辩复杂，议场骚然。

一五三号（易议员宗夔）：本员的意见还是先议议事日表第一预算案。

一三七号（邵议员羲）：何以能变更议事日表第三为第一，不能变更议事日表第四为第二呢？此甚不可。

百十号（于议员邦华）：第四、第五可以速行表决，预算案讨论非一、二日所能完毕。

百九十号（吴议员赐龄）：第四、第五议题外面风潮甚大，期望甚切，还是请议长改正议事日表，提前开议。至预算案、新刑律非数日议得完的，不可因此搁置前两案。

一一五号（许议员鼎霖）：第四、第五、第六都是股员长报告，大约不费什么时间，不如将此三条议完可以专心去讨论预算。

议长：末后是许议员倡议，现将许议员的倡议付表决，请赞成者起立。

众议员起立赞成。

秘书官计数起立人数，报告议长。

议长：起立者八十二位，是多数，照许议员的倡议办理。议事日表第四提议陈请浙江铁路公司适用商律议案请特任股员长说明审查结果及理由。

议长：现在股员长铠公未到，是否有人代理报告？

一一六号（孟议员昭常）：本股股员长已经委托本员代理报告。

议长：请孟议员代为说明。

七三号（汪议员荣宝）：请简单发言。

一一六号（孟议员昭常）：这个议案是陈请案，是浙江铁路公司代表陈请的。他这个陈请书说是铁路公司与普通公司不同，邮传部并且以命令变更法律，因为邮传部以命令变更法律是关系全国的利害，所以陈请到我们资政院来。我们资政院可是处于协赞立法的地位，如果有人以命令变更法律，我们资政院是应当有维持法律之责任，不能任人以命令变更法律，所以审查的要点就在于审查邮传部是否以命令变更法律，这是审查的最要点。但是审查的时候看陈请书，并看邮传部原奏片，原奏片说是铁路公司与普通公司不同，这个话很骇人听闻，甚么叫铁路公司与普通公司不同呢？既然是公司，就有一个公司律，没有两个公司律，骤然听之，甚属骇异，要仔细审查这个理由充足不充足。无论甚么商业，要归主务官厅管辖，要说这个铁路归官办理，当然与商办公司不同。如果是商人凑合资本开起来的，就是公司，既然是公司，万万没有不用公司律的道理，所以审查时候殊觉这个理由不充足。再者，原奏片说是指七十七条而言，七十七条说是股东可以公举总理，股东有这个权限，而原奏片上说不适用七十七条，仿佛已经把范围缩小了，并不是全部不适用，是专指七十七条不适用。这七十七条在商律全部之中是很要紧的条件，股东能够保护自己的权利就是七十七条，因为他所举的是他信用的人，断不能举不信用的人作总理，若七十七条不适用，全部都不能适用了。况且七十七条不适用，应当在七十七条第二项规定某项公司不在此限，这就可算是以另外法律规定,铁路公司就不适用了。今另外法律既没有规定,以外复生出奏稿说是不适用,就是以命令变更法律,审查到这个时候就可以断定是以命令变更法律。再看奏片说"遵照奏片办理"似乎邮传部有根据的,仔细审查历次奏案是一种(是)〔事〕实上的关系,因当时股东公举总理自己愿意向主务官厅呈报,由主务官厅替他请邮传部奏报,这是事实上的事,股东权利还是完全无缺。股东也没有说抛弃七十七条的权利,主务官厅也不能说股东抛弃七十七条权利,如果没有这个奏片申明,并无变更法律成案,已经有这个奏片申明,真真是以命令变更法律,所以审查出来这个实实在在是以命令变更法律,不能勉强说不算是以命令变更法律的。审查报告的结果应当由本院具奏,要把变更法律回复过来,不得以命令变更法律的。是这样意思,所以审查时候有种种情节,报告书上没有全载上的,因为报告的是资政院应有拥护法律的责任,只要法律完全,人家不能破坏就算是资政院责任尽了,如果都要载上,就要生出许多事体来,就有许多不方便的地方,所以这个报告书可以不必全行载出,总是要拥护法律为是,以外种种情事可以不管。如果要说到的事情恐怕于事实上毫无一点好处,而于这个拥护法律的意思倒减少了,所以报告书不全载。本股员会审查报告如此。

议长:按发言表,请方议员还发言。

一二一号(方议员还):没有甚么意见。不过这个铁路公司总理由奏派是很危险的,从前各省铁路公司总理都是由股东公举,到近年都是由奏派的,这是真危险极了。

九四号(王议员佐良):本员对于此案细索真情,实有正当的理由。浙人陈请书及审查报告已经详细说明,无(用)〔庸〕再说。以本员看来,邮传部对于商办铁路纯乎用破坏手段。这个铁路自先朝德宗景皇帝已经先布明诏急宜收回自办,浙省人民仰体圣意,人人感奋,凑集资本,全省皆是,股东铁路成绩为全国之冠,邮传部应如何保护,以慰我德宗景皇帝在天之灵。乃邮传部不但不保护,并且徇盛宣怀一人之情,硬把"悖谬"字样坐在汤寿潜身上,要破坏浙江之铁路。看邮传部的意思,都是用种种的手段破坏全国的商办铁路,为甚么呢?他以为改为官办就可以借款,借款即可以得九五扣,并且使人用巨资来运动总理、协理,更可以位置私人,更可以得私人常年之报效,从中渔利,非常便当。如果浙江铁路总理汤寿潜肯吸取浙江人民的脂膏,报效邮传部十万、八万,邮传部断不至有这个结果。本员以为邮传部摧残商办铁路，参革汤寿潜，其罪小以命令变更法律，其罪大可否请议长从速奏参邮传部，倘若我皇上赫然震怒，将邮传部许多大运动家一齐去掉，不但是浙江一省之福，直是我们全国之福。

邮传部特派员（龙建章）：公司律七十七条不适用之理由实因习惯上生出。查商律订于光绪二十九年，而商部奏派浙江铁路公司总理则在光绪三十一年，是变更法律则在商部，而商部之所以发生此奏案者则因浙路公司之禀请奏派，是变更法律又在浙路公司矣。邮传部所谓遵照历次奏案者即此商部过去之奏案，并非今日新撰，既曰遵照，并无变更之义。如谓此项奏案为非，则变更之始在商部与浙路公司，若谓为是，则邮传部所谓遵照奏案并无可议，且历次奏案奏派总理皆由股东董事公举后禀部奏派，权限甚清，审查会未经将历次奏案审查明白，但曰不知何所指，故有误会。

一二一号（方议员还）：浙江铁路开股东会已经适用商律，何以又独不能适用七十七条呢？

邮传部特派员（龙建章）：奏案上都是由股东公举。

九四号（王议员佐良）：既然公举，似乎权在股东，而现在何以公然撤销呢？

一二一号（方议员还）：浙江总理汤寿潜的事情我们不管他，但是铁路的事情总要遵照商律办理。既然不适用商律，为甚么不先声明，既没有发表于先，就不能说铁路公司不能适用七十七条。总理既由股东公举，偏不能适用商律，这是非常危险的。

邮传部特派员龙建章、邵议员羲、方（译）〔议〕员还同时发言，声浪错杂。

一一五号（许议员鼎霖）：请质问特派员到底应用商律七十七条与否？

邮传部特派员（龙建章）：其所以不适用，必须奏派理由，因事实上、习惯上不能不如此办理。盖路政甚重，非经奏派不能坚股东之信任，公举后由部奏派，是权仍在股东，亦无妨碍，故习惯已久，人无异言。盖不适用云者不如此，则有不甚妥贴安适之意，并非不能用、不得用之。谓不能用、不得用，则宜将全条文删去，或修正，或加条件。而七十七条之习惯奏派系因原文公举发生，故但云遵照历次奏案办理。且不适用之处又限以历次公举后乃得奏派之，奏案则范围甚小，似系无关得失，不必小题大做。

一一五号（许议员鼎霖）：各省铁路公举之总理邮传部有撤过没有？

邮传部特派员（龙建章）：没有。

一一五号（许议员鼎霖）：各省铁路公举之总理邮传部有驳过没有？

邮传部特派员（龙建章）：没有。

一一五号（许议员鼎霖）：由此看来，邮传部于从前奏案皆不错，其错在附片。方才股员长报告是规复商律七十七条，将来规定路律后再照路律办理，现在不必讨论。

百十号（于议员邦华）：奏派是公举不是？

邮传部特派员（龙建章）：是公举的。

百十号（于议员邦华）：既是公举，怎么不适用商律？

邮传部特派员（龙建章）：那是习惯，不能不照习惯办理。若今为浙路公司一人而除此习惯，则从前所派各路总理应否裁撤，有无牵动，是当研究的。且浙路公司章程内载奏设总、协理二人，毋庸再设董事长，则浙路公司久已承认此项奏案矣。总之，本部所谓公司律七十七条不适用之理由则在历次奏案，历次奏案之是否变更法律，请问商部与浙路公司，本部所谓遵照者只有遵守，并无变更，贵院责备本部之言实在不敢承认。

百九十号（吴议员赐龄）：甚么事实上不适用？不过是邮传部欲收回官办多一生财之道而已。

一一五号（许议员鼎霖）：既然承认公举，便是七十七条了。

邮传部特派员（龙建章）：起立答辩。

一一五号（许议员鼎霖）：照院章贵特派员不能中止议员发言，此事没有甚么难解决的，所说奏派缘故是为对于督抚办事灵便起见，于商律无妨，虽经邮传部奏派，仍是股东公举的，自与商律七十七条相合，可以不必说了。

邮传部特派员（龙建章）：本部如不申明系遵照历次奏案，人将谓本部以命令变更法律自我为之。

一一五号（许议员鼎霖）：这是个人的话，可不必说。

一七七号（李议员文熙）：请问特派员，方才对于公司律说是七十七条不适用，既是一条不适用，全体当然适用，何以对于浙江铁路七十七条不适用，对于川汉铁路一百二十九条也不适用？如此看来，不但不遵守公司律，并且是有意破坏商办的铁路。

一五三号（易议员宗夔）：请问特派员，方才说是遵照奏案，既是遵照奏案，何以七十七条不适用呢？

邮传部特派员（龙建章）：那是习惯上的。请查历次奏案所派江西、四川、福建、广东等省铁路总理均系奏派，何以各省皆无异言？

孟议员昭常、王议员廷扬、邮传部特派员龙建章同时发言，互相答辩，声音喧杂，议场骚然。

一三七号（邵议员羲）：某议员说农工商部奏案仍说明遵照商律办理，邮【传】部既承认应照奏案办理，奏案内容仍有遵照商律之语，而邮传部何以又要奏明七十七条不能适用？一面赞成奏案之遵用商律，一面又奏明商律某条不适用，岂非自相矛盾？况一部商律亦断不能分开某条适用、某条不适用，断无如此解释法律的办法。

邮传部特派员（龙建章）：那是习惯，不能不照习惯办理。

一三五号（郑议员际平）：本员提起讨论终局的倡议。

议长：现在讨论终局，这个修正报告书请赞成者起立。

众议员起立赞成。

议长：多数。

议长：议事日表第五提议陈请广东定期禁赌议案，请特任股员长说明审查情形。

一九六号（牟议员琳）：今天股员长没有到，本员代为报告。广东禁赌一案，在广东谘议局开局的时候，就停会要求督抚代奏，最后因为定期禁赌，谘议局议员互相争论，几至解散，为禁赌的事情到资政院的电有数十起。本院于审查各省谘议局关系事件的时候，本来就拿广东禁赌的事情作为议案了，但是定期禁赌没有定出办法来，所以到了两、三月之久都没有办法，当时有广东议员刘议员述尧、周议员廷励到股员会陈述意见。广东的赌饷总共是四百四十万，现在新加的盐税开办三个月就可以达二百万两，已经由盐政处派官去查办了，这二百万两就算是有着之款，还有两广总督加酒捐可得一百万圆的款，已经由商人承办，又经谘议局议决，承认还差一百七十万的样子。度支部随后要两广总督筹款，如果筹了款，才能定期禁赌，没有筹款，就不能定期禁赌。然而赌博有罪载在大清律，是应该禁止的，不仅中国以赌博为犯罪事件，就是外国也都有赌罪专条。国家租税、国家法律均须全国一致，我们中国二十二行省没有一省有赌饷，而独广东一省负此不正当之负担，已失公平之义。同是一个人，在这一省犯了罪，跑到广东就没有罪了，国家亦不应有此不统一之法律。所以无论有款、无款，这种恶税一定要去的。若说要先筹款才能禁赌，这个理由是很不充足的。但是赌饷差了一百七十万，须有一个抵补方法，然后可以定得这个期限来。现在预算案广东余了一百多万两，而本院核减的余了三百多万，这种款都是广东人民的负担，拿了这种租税抵补赌税本是正当办法，但广东之增加预算应增之款尚多，若全由赢余款中拨抵恐怕不足，本股员会以为其中提出一百万抵补赌饷，所差之七十万由粤督与谘议局筹抵。广东本是大省分，差这七十万是有限的，再由谘议局同两广总督协商就可以筹出七十万来抵补，本属毫不费力，广东这个赌害就可以定期禁绝了。本股审查以为明年正月即可作为禁赌期限，但由赢余款内拨出百万两须要度支部承认才可以施行。所以本股员会的意思，请议长上奏之后交度支部同两广总督通盘筹算，自然可以定期禁绝。本股员会审查的结果报告如此。

一八七号（刘议员述尧）：本员有修正案，请简单发言。

议长：刘议员述尧有修正案，先由秘书官朗读一遍。

秘书官曾彝进承命朗读修正案。

议长：请刘议员述尧说明修正之理由。

一八七号（刘议员述尧）：本员对于报告书大体非常赞成，广东赌害必应定期禁绝理由，本员在股员会所具说帖已经采入报告，可以不赘。惟尚有前次未尽之意见，并对于报告书有加以修正的地方，须与诸君略为讨论。请先言广东赌祸受毒之惨状，以见必当克期禁绝；次发明修正报告书之理由，以期达到克期禁绝之目的。赌害可分两层，一、（防）〔妨〕害国民生计，二、扰乱国家治安。广东赌饷始于光绪十六年，其初只闱姓一项，而番摊山铺票等则作俑于光绪二十六、【二十】七年之间，而比年大盛，赌饷岁入四百余万，为数之巨已骇听闻。然粤省之征收赌饷并非直接取之各乡市赌馆，不过由一省而分之各府，由一府而分之各县，由一县而分之各乡市，其间各行政衙门之陋规，总、分公司之中饱，层层染指，级级取盈，国家所入虽仅有此数，实则统计各乡市赌馆所出至少不下千万，赌馆改纳饷外尚有种种消耗费，岁入至少又须视饷项加倍，然则粤人每岁浪掷金钱之数约计当在二千万两以上矣。广东人口号称三千余万，则平均每人每年岁及一圆之负担而投入绝不生产之地，民力安得不憔悴也，其（防）〔妨〕害生计者一。赌馆岁入既有两千万之巨，以百金中人之产计之，则每年因赌破产者比照应有二十万家。又各地赌博林立，全省统计数万间，每自司理，以至佣役约用十人，则以赌为业者又当有数十万人。语曰一夫不耕，或受之饥，一妇不织，或受之寒，今竭亿万家破产之财，而养数十万不耕而食、不织而衣之徒以为社会蠹虫，奈之何民不穷且盗也，其妨害生计者二。民穷财尽，则弱者转于沟壑，强者流为盗贼，赌为盗媒，实不可逃之公例。广东自开赌禁以来，群盗满山，伏莽遍地，禁掠掳杀之案层见叠出，往往一夕数劫，一劫数家，一家数命，匪之害民岁数千家，兵之杀匪亦岁数千人，卒之愈杀愈多，愈多愈炽。国家因盗而设兵，因兵而筹饷，因饷而开赌，因赌而致盗，因果循环，是无异设机械以夺民财，置陷阱以残民命。而民之嗜赌者始则以金钱为纳饷之孤注，继则以头颅为纳饷之代价，质言之，国家岁取广东数百万之赌饷，实则岁取广东数千人之（姓）〔性〕命而已。赌害无禁绝之时，盗风无或息之日，所谓扰乱治安者一。国家筹备宪政，莫要于地方自治，而赌之性质绝对与自治不相容。例如推广教育所以进人于善，而赌则足以陷人于恶；振兴实业所以使人富，而赌足以致人贫。且赌馆为无赖渊薮，明违警章，而警察不能过问；赌徒本不法行为显干刑典，而刑罚不能实行，其他种种新政，无不受赌饷之破坏。赌害一日不扫除，宪政一日不发达，所谓扰乱治安者二。由前之说，其（防）〔妨〕害生计既如彼，由后之说，其扰乱治安者又如此，则赌之当厉行禁绝，无复可疑。且就粤省论，开设赌馆固一省之害，就中国论，征收赌饷实全国之羞，在本院对于此案应主张速禁之理由已略具于报告书中。惟抵款一层，除盐、酒税外所差一百七十万，原书稿"拟于粤省预算盈余数内提拨一百万两以资弥补，此外尚差七十万两，该省素称富厚，尽可另筹的款弥补"等语，则有不能表同情者。查粤省预算原案，现经本院核减二百余万，即提一百七十万尚属有余，无待另筹，一也。若另筹的款，无论如何总属本省义务之增加，现时该省谘议局因禁赌问题激起争端，全体辞职，已无议事机关，无从议决，二也。行政官得藉口于七十万抵款之无着，以延宕禁期，三也。有此三者，故并非专为粤省爱惜此数十万金，不过留此一节于定期问题未能完满解决，恐全案即不能发生效力耳，故仅修正为"拟于粤省预算案经本院核减之二百余万内提取一百七十万如数拨抵"，倘盐饷、酒捐仍恐开办伊始，未能按期足额，查该省尚有历年余存款二百余万，及度支部核实盈余款三百余万，虽暂列作预备金，并追加预算，均可移缓就急，藉资挹注。综计抵款尚属有赢无绌，则各种赌害应准予定期一律禁绝实无疑义。此修正案于如数拨抵之外，更添入预备金及追加预算两项者，一则预备本为意外需款而设，固不妨挹彼注兹，一则追加尚有减削，即应办各新政害未除而利断不能兴，亦不妨移缓就急。况盐、酒捐本系的款，收足好还，仍属两无窒碍，惟求速定期禁赌之目的不能不宽筹活动之款项耳。又报告书具奏，请旨一节拟改为应由本院具奏请旨定期，准于宣统三年正月将广东所有赌博一律禁绝，并饬下度支部及该省督臣按照各节切实妥筹办理。盖先定期限，则部臣疆吏筹抵自不容不认真，若听其通筹，恐多生异议，即定期仍为无效也。本员意见如此，请诸君研究。

四八号（陈议员懋鼎）：请刘议员简单说明。

一八七号（刘议员述尧）：不将赌害之理由说明，则修正之主旨无从表见。

一四四号（胡议员柏年）：请刘议员但说明修正之主旨。

一八七号（刘议员述尧）：不过报告书没有说明白的地方，今天不能不说一说。本员对于报告书里头不赞成的地方有三层。第一层，做这个报告书预算案还没有弄好，广东还差七十万两，打算叫广东人另筹。广东预算共二百多万，除七十余万还有敷余，现在不敷余可以另筹，要敷余可以不必另筹。第二层，现在广东谘议局已经为禁赌破坏。

一三七号（邵议员羲）：请简单说明。

一八七号（刘议员述尧）：现在如果欲增加义务，谘议局已经停会。第三层就是漏卮地方官向来不负筹抵责任，既然定期禁赌，就不得不实力奉行，庶可免了漏卮。现在议事机关已经停了，要地方官办这全案一定不能生效力的。本员意见如此。

一八四号（周议员廷励）：登台发言。现在这个报告书系将本员与刘议员两人之意见书采取而成，本员极表同意，所有种种理由方才刘议员已经说过了，本员再补助几句。本员对于报告书为甚么要修正呢？因为里头办法有不对的地方。本员并不是为广东争款起见，实为全国利害起见，实为谘议局与资政院立言地位起见。这赌饷虽说是广东的事,其实是全国的事,现在虽为广东谘议局陈请的案,将来即为资政院上奏的案。资政院以规画全国为前(题)〔提〕,则对于广东禁赌一案不能不有切实方法。资政院为言论最高机关,则对于禁赌一案不可不有确当判决。现在报告书上所说以七十万归广东另筹,这个定数是不大切实的,这个断语是不大确当的,即将来通过,上奏还是无效的。何者?从前广东为禁赌一案其因"筹抵"二字争议已经两年,在广东人民则从性质上解决,谓不公平之租税不应归一省之负担,在行政长官则就事实上处分,谓已有一定之用即当有一定之抵款,所以相持不下,官绅交争,职是之故。现在盐、酒饷二百七十万及本院核减预算二百五十万,其数已达于赌饷以上,在人民既可免义务上之增加,在地方行政官亦可免事实上之妨碍,这是最好的机会,这是绝良的政策,其应尽数拨抵,复何疑义。若以七十万再叫广东另筹,则不免再生枝节矣。窃谓赌为地方之害,为全国之羞,为宪政之蠹,种种为害无庸殚说,就令地方毫无抵款,在国家亦应施禁,凡事体当权其利害及其次序之先后缓急,截留未用之款抵偿已有之害固是正理,即停止已办之一部分之事以抵消全部之害亦事之所当为,况现在既有定款,又不废事,岂非两得之道乎?现在广东预算核减二百五十几万,方才报告员已经说得完完全全,这核减内只军政费之四十余万是不敢预决的,其余财务经费、行政经费及各项支费是有名无实,都可以核减的,使必限制为提拨一百万,则彼等贪官污吏得先规复其乾修中饱之私,而另筹之七十万乃再贻地方人民以增加负担之苦,万一彼此坚持,前议再行迁延,则谘议局与资政院立言之地位顿失矣。本员意思是要将这七十万提出来抵赌饷的。方才对于禁烟一案,诸位不以烟饷岁入数千万计,及抵款何独于广东赌饷之数十万而靳之,请诸位研究研究这事,早一天办到,就是广东早除一天大害。

一二一号(方议员还):现在全院里头以各省情形而论,广东之富甲于全国差不多人人所公认的,今为此区区七十万还不承认,未免太过了。况且明年禁赌预算下来,为广东人民省了两个七十万、三个七十万都不知道,今何必要争执此区区七十万呢?

一八四号(周议员廷励):本员并不是为广东争款,是为全国除害。若留此赌以害地方,则虽有此款而万事皆不可办,若移此款以先除此害,则将来甚么事都可办,将来甚么款都可筹。这七十万若不提出尽数抵足,到了明年正月这赌亦不能禁的，即甚么事亦不能办的，所以本员主张先办这件事情，然后再办别的事情。凡事先除害而后兴利，那是一定的办法。

一五三号（易议员宗夔）：我们并不是吝惜这七十万，因为明年办预算省了二百多万，已经不少了。

一八三号（刘议员曜垣）：请发言。

议长：请刘议员简单发言。

一八三号（刘议员曜垣）：这个广东禁赌的议题到我们资政院来，我们资政院怎么要审查呢？要审查与资政院有甚么关系。因为第一层与资政院法典上有关系，照新刑律第二十二章有规定赌博罪，如果收了他的赌饷，还要禁止他的赌，断没有这个道理。（拍手）一方面办他的罪，一方面收他的税，有这个道理没有呢？（拍手）将来新刑律实行，这第二十二章万不能删去的。若在新刑律第二十二章加上几句"除广东一省不能适用"，这一章是没有这个办法的。（拍手）第二层于资政院税法上有关系。这个广东赌饷我们要审查他是恶税还是良税，若是恶税一定要删去，是良税一定要保全，这是我们资政院所应该研究的办法。现在报告书里头注重的仍是筹抵，不知筹抵之有无应归行政衙门办理，是行政官的责任，资政院可以不问。但闻与本院法典上、税法上有妨碍没有，便得今刘议员与周议员亦说这个筹抵有款岂不是更好。据本议员看来，还是以禁赌为重，免致阻新刑律之进行。若是徒主张筹抵，假如我们广东筹抵不出来，这个新刑律还颁行不颁行呢？这是我们资政院所应该审查的地方。至于税法正当不正当亦是我们应当审查的地方，今周、刘两议员已有修正报告书，与议员意见虽各不同，究是请旨定期禁绝，请议长将修正报告书付表决就是了。

议长：现将报告书并刘议员、周议员所提出之修正案一齐付表决。

一四四号（胡议员柏年）：请由秘书官将修正案朗读一遍再付表决。

百十号（于议员邦华）：请朗读修正案，不必朗读报告书了。

议长：现由秘书官朗读刘议员、周议员修正案。

秘书官（曾彝进）：朗读刘议员、周议员修正案毕。

议长：刘议员、周议员修正案现已朗读过了，拟即参入报告书中一同表决，请赞成者起立。

众议员起立赞成。

议长：多数。

议长：现在休息十五分钟。

五点三十五分钟议事中止。

五点五十分钟接续开议。

秘书长承命报告，议长因事不能莅会，由副议长代理。

九六号（李议员湛阳）：广东定期禁赌一案请议长从速具奏，近闻广东因为此事日久尚未表决，颇有暴动的情形，所以请议长从速具奏。上谕早下来一日，地方早安静一日，本员在广东最久，很知道赌为广东政治、人民风俗之害，要请议长从速上奏为是。

副议长：从速上奏就是了。

一七七号（李议员文熙）：请议长查查人数，以便开议。

副议长命秘书官点检议员在座人数。秘书（长）〔官〕点检毕，报告副议长。

副议长：现在在座人数共九十人，不满三分之二，不能开议。

一七七号（李议员文熙）：人数既是不敷，本员有个意见，川汉铁路的事不是关系四川一省的事，若是不从速解决，今年恐议不及的，请议长下次开会列入议事日表第一号。

副议长：下次总斟酌列在前边就是了。

一二三号（江议员辛）：议事日表第七修正城镇乡地方自治章程的问题很重大的，可以不必讨论，先付法典股审查。

众呼"赞成"。

百零九号（籍议员忠寅）：剪发的问题早先议决上奏，后因为农工商部奉了一个上谕，对于剪发的问题没有提及，现在股员会报告书已经出来，请股员会赶紧提出报告书在议场报告。

副议长：可以从速办理。

一六八号（李议员素）：请议长将弹劾军机奏稿送到官报局登载，使社会一般人知道我们是弹劾、是调停，此事何必秘密。

副议长：现在有两件要归并审查的议案，由秘书官报告。

秘书（长）〔官〕承命报告罗议员杰提出整理边事具奏案拟送付审查，筹办蒙藏事宜及黑龙江移民实边案特任股员一并审查，还有一件余敏时陈请移民屯田案拟归并审查，新疆屯田特任股员审查。

副议长：方才报告的二件，众位有无异议？

众呼"无异议"。

副议长：议事日表第七修正城镇乡地方自治章程议案江议员倡议暂不讨论，交付法典股审查，众皆赞成，拟即照办，谅无异议。

众呼"无异议"。

副议长：现在散会。

下午六点十五分钟散会。

资政院第一次常年会第三十号议场速记录

宣统二年十一月二十五日下午二点钟开议

议事日表第二十八号

第一，试办宣统三年岁入、岁出总预算案。（股员长报告，会议）

第二，大清新刑律议案。（股员长报告，续初读）

第三，提议陈请川路倒款关系公司律存废议案。（股员长报告，会议）

一七七号（李议员文熙）：本员有个倡议。请将本日议事日表第三改列第一，因为四川铁路事件非常紧急，报告书已经（分）〔公〕布，众人都赞成，不过耽误几分钟的时候就可以通过上奏。

众呼"赞成"。

议长：李议员的倡议既经众人赞成，即提前会议。不过预算及新刑律两案关系紧要，并且讨论极费工夫，故望诸位议员注意。对于川汉铁路一案发言务必简单。

九四号（王议员佐良）：上回请议长开秘密会议，议长已经允许，可否于明天、后天即开秘密会，并请议长咨询本院奏请展会。

议长：可以照办，还有几件议案应归并一起开秘密会议。

九四号（王议员佐良）：并且请议长咨询本院可否奏请展会。

议长：光景不能不奏请展会。

九七号（罗议员乃馨）：广东禁赌的议案已经表决过了，请议长早些上奏。

议长：可以从速上奏。

一九三号（顾议员视高）：前天会议的请速设责任内阁折稿是否今天上奏？

议长：请稍待，本议长还要报告。今天到会议员共一百二十九人。

一五七号（尹议员祚章）：本议员质问度支部的说帖已经答复了没有？

议长：已经催过，并且对于质问说帖凡各部院行政衙门未经答复的都一齐催过了。

议长：本议长现有一事咨询诸位。前次议决的请速设责任内阁上奏案本拟今天上奏的，因为昨日奉了上谕已饬宪政编查馆赶紧编订内阁官制具奏，既然有这个上谕，就与这个奏折内所说的不符，所以昨晚又将此奏折撤回，现在咨询本院这个上奏案是否应当取消。

一零九号（籍议员忠寅）：据本员的意思，昨天奉了上谕著宪政编查馆速定内阁官制，前天的奏案不适用了，应该不上奏。这个奏稿归宿的地方是责任内阁，朝廷已经有旨，若再上奏就是不合。不过本员的意见，前天弹劾案奏折上了一回没有效力，所以再上一个弹劾案，这是资政院对于政府没有解决的问题，这就是将来国会对于责任内阁起冲突的一个基础。现在冲突已经起了，就不能不有个归宿的，有这回上谕，我们所说要责任内阁的话是已经取消了，至于弹劾军机却并没有取消。现在全国的事情都注重在资政院对于政府的问题，若这个案作废，本员有些不以为然。据本员的意思，这个奏稿稍加修正就可以上奏，现在再要上奏，与前天的理由一点不算变更，还是要弹劾他不负责任。或者再增加一点到归宿的地方，说现在全国的民命都托于二、三大臣之手，非常之危险，就是责任内阁的时候，如果以二、三大臣为之总理也是非常之危险的。臣院受全国人民之盼望，不敢不说，至于怎么办法出自宸断，这样上去也没有不合的地方了。

百三十号（刘议员景烈）：还是用邵议员的初稿似更妥当。

一二一号（方议员还）：这个折子可以不必上了，本院的目的在责任内阁，现在朝廷已经允许责任内阁，这个折子再上去于事实上就有些不合了。

一五三号（易议员宗夔）：这个折子是两端，一端是弹劾军机大臣，一端是责任内阁。此次折子虽没有上去，而厘定内阁官制上谕就出来了，但是我们对于弹劾军机大臣的问题还是没有取消，怎么呢？因为现在责任内阁要成立了，还是他们军机大臣主持的，就是将组织内阁也是不成为内阁的，所以还要弹劾，籍议员倡议本员很赞成。

议长：昨天晚上因奉读速订内阁官制的上谕就赶紧追回此折，打算今天咨询众位应否再递，如籍议员倡议的理由多数以为可自当照办。

一二一号（方议员还）：请付表决。

百十号（于议员邦华）：这个事情是已表决过了，不过迟了几天，事体稍有变迁，然而内容还没有取消，所以这个折子只要请起草员稍为修正一下就可以上去。

一一五号（许议员鼎霖）：据本员看，这个事情没有甚么难于解决的。大凡作一项事情，不要徒务虚名，我们总要就事实上作着实的工夫。我们折子归宿的地方是责任内阁，因为有前次的上谕，所以才有第二次上奏，并且有第二次的弹劾案，不料我们的折子还没有上去，昨天就有这上谕下来。据本员的意见，有这个上谕，还是我们弹劾的力量所致。现在说是负责任、不负责任与朱谕不对，我们现在要弹劾是怕该大臣等将来又作内阁总理大臣的时候还是不负责任，如果到那个时候，我们再弹劾他还可以行的。现在预算案是很要紧的，并且就要当场报告，本员对于这个弹劾的事情似可以暂从缓议，暂时可以不必弹劾。

百九十号（吴议员赐龄）：现在奉天请愿国会四次代表驱逐回籍，军机大臣已经酿成亡国的祸根，有这上谕下来，中国是非常之危险的，军机大臣越不负责任的。就是责任内阁成立了，这一班军机大臣还是内阁总理大臣，我们现在若不弹劾他，恐亡国的祸胎更不堪设想了。现在东三省闹到这个样子，不是军机大臣不负责任的缘故，又是甚么缘故呢？所以据本员的意见，还是要弹劾为好。

一二一号（方议员还）：本员意见与吴议员不同。试看立宪各国政府都是有一定的方针，大半是与国民意思两样的，所以立宪各国政府与人民多有冲突的时候。就我国请开国会的事情虽说不准，亦是平常的事，在日本当初亦是这个样子，吴议员这个话与上奏案并没有甚么关系，不能如此说的。

百九十号（吴议员赐龄）：就如请开国会的事情各省人民是一种披肝沥胆、出于忠爱的本性，有万不得已之苦心，军机大臣他还说该请愿代表等是胡闹，这样看来还不弹劾，要到甚么时候才可以弹劾。

一零九号（籍议员忠寅）：本员看前天的上谕对于请开国会的代表那个事情与资政院没有关系，不过大家主张说是昨天有这个上谕，今天折子不上了，这个理由请大家想一想，到底这个话是根据甚么地方。原来大家议决的弹劾案，那个时候岂不知道朝廷先有一个上谕说是从速组织内阁吗？此次上谕着宪政编查馆编定内阁官制，在本员的理想大家也是知道的，要说是因朝廷既有组织内阁的意思，已经饬宪政编查馆赶紧编定官制，而本院将前次表决的奏案就要取消，可是与本院的宗旨大不对了。本院之所以要上这个弹劾折子是甚么理由呢？因为大家认定军机大臣不负责任，将来资政院的地位非常之危险，就是资政院议决的事恐怕毫无效力，所以必须要请申明军机大臣的责任出来，弹劾军机大臣不负责任就是希望生出一个自然之结果。到归宿的话怎么说呢？因为军机大臣不负责任，不足担任立宪的责任，这个话一点不错的，大家的意见都是一致的，既然是这样说，然则昨天上谕说是编定内阁官制，对于弹劾的理由一点没有取消的，所取消的就是责任内阁。朝廷已经饬宪政编查馆编定内阁官制，似无须再请了。那个样子在归宿的地方改动一两句话就是了，前天的文字是没有多少可以改动的，请大家想一想到底是不是？

议长：不必讨论。今天议事日表所列三件因为预算案、新刑律关系很要紧的，亦且要赶紧议决的，如果现在要把这个事情讨论起来，这个议事日表就要耽误了，我们可以等有工夫的时候再行讨论此事。

某议员：请付表决。

一五三号（易议员宗夔）：没有甚么讨论，请再修正末后几句就行了，无须表决。

一七八号（高议员凌霄）：我们从前表决弹劾军机大臣是因为军机大臣不负责任，我们弹劾的目的就是组织责任内阁，现在已经奉上谕饬宪政编查馆赶紧编定责任内阁官制，是这个组织新内阁已经成功，我们的目的已经达到了。我们此时但宜敦促宪政编查馆编定官制草案，速行上奏成立内阁，为我们资政院负完全责任。至某议员谓我们对于政府责任内阁成立之后恐怕他又不负责任这个话，并料将来没有根据，法律、学理俱是不能说的。据本员的意见，这个弹劾案就可以取消了。

一五三号（易议员宗夔）：高议员的话很不对的。弹劾军机大臣是弹劾他不负责任，他这个军机大臣不负责任对于资政院今年议决的事情恐怕一点效力都没有，就是责任内阁都是明年的事。试问资政院今年议决的事情是要他有效，还是要他无效？

一零九号（籍议员忠寅）：这个事请讨论已久，本员向来不取破坏主义，是取保全主义的。不过大家要仔细想一想，现在这个上谕出来之后大家认为可以证明军机大臣负责任了吗？我们的折子就可以不上了吗？如果这个上谕与军机大臣负责任、不负责任没有关系，我们就总为证明军机大臣能否负责任，这样看来我们上奏案的内容一点都没有取消。为甚么呢？我们上奏是专说军机大臣不负责任，假如有一天军机大臣负了责任，我们上奏案就应该取消，然现在军机大臣没有负责任，而我们不得不证明他不负责任的地方，所以这个上奏案就断不能取消。

四八号（陈议员懋鼎）：籍议员所说的话与那天起草员宗旨不对了。那天起草员的折子后头归结到责任内阁，并不是归结到要军机大臣负责任。如归结到要军机大臣负责任，现在上谕但说设立内阁，我们的目的没有达到，还可以说；既是折子后头归结到责任内阁，有了昨天的上谕，我们的目的总算是达到了，既然目的已经达到了，这个上奏案就可以取消的了。

一零九号（籍议员忠寅）：这一篇上奏案那天表决的时候陈议员在座，是否请速设责任内阁？

四八号（陈议员懋鼎）：那天本员没有赞成，因为这个奏稿引了朱谕，前后不贯，所以表决的时候本员没有起立。

一零九号（籍议员忠寅）：本员不是说贵议员赞成奏稿的话，是问贵议员是否在席。这个奏稿末尾虽是说请速设责任内阁，通篇的文字是不是弹劾军机大臣不负责任？如果是这个话，现在是没有取消的，这是第一层。第二层前天那个折子末尾请速设责任内阁，昨天的上谕饬宪政编查馆赶紧编定内阁官制，编定官制与责任内阁还是两件事情，这个期限还没有领出，责任还没有定出，昨天上谕是说赶紧速定内阁官制，还不是责任内阁就成立了，所以这个折子并不是没有话说。不过恐怕我们这边的理由稍有一点不足，恐怕上去之后朝廷说已经着宪政编查馆编定官制了，一定说"应无庸议"。所以现在请速设责任内阁这一层总要去了，这是我们内部变更的方法。我们的目的始终是因为军机大臣不负责任才发生这个奏稿出来，所以军机大臣不负责任这一层是没有取消的。

四八号（陈议员懋鼎）：这个奏稿的结果总是说责任内阁，譬如我们这个奏稿上去之后，上谕下来也可以照昨天的上谕下（法）〔去〕，可见上奏与未上奏其结果都是相同。若说上谕并未申明内阁即刻成立还不算为责任内阁，此语实为牵强，上谕明明饬宪政编查馆速定内阁官制，若使内阁官制不定，则内阁何以成立。据籍议员所说，与前次起草员的本旨实是不符，请大家注意。

一三七号（邵议员羲）：上奏与否请付表决。我们讨论这个无价值的事情光阴很可惜的，并且与资政院规则有碍。

一四四号（胡议员柏年）：现在这个表决是第四回表决了。议了一件事，表决之后又要表决，太不成事体，此次可以不必再行表决。

八四号（严议员复）：这个折子本员以为可以不必上了，何以故？军机大臣负责任与否本非弹劾的问题，若是要弹劾军机大臣，必定说到误国殃民的地方，都要有凭有据，不能以空空洞洞的文字就算是弹劾的理由了。况且本朝向来定制军机大臣本来对于君主负责任的，现在不过要他对于资政院负责任，这是向来未有的，不能作为弹劾的资料。照昨天的上谕，已经饬宪政编查馆编定内阁官制，然则本院的第二次奏稿更不适用了，所以本员对于这个奏案只有取消的一个办法。

一二一号（方议员还）：对于严议员的话不赞成。资政院院章十七条、十八条、二十一条都是军机大臣同资政院对待的，军机大臣既是同资政院对待，就应该负责任的。

百九十号（吴议员赐龄）：要把议事细则所定"不得更正表决"一语先行改正，改正之后再付表决。

七三号（汪议员荣宝）：本员提起讨论终局的倡议，请付表决。

声浪错杂，议场骚然。

百九十号、百十号、七三号、一九三号同时发言。

议长：不得同时发言。

一六八号（李议员素）：弹劾军机奏稿迟之又久没有上奏，无非是调和的意思，况昨天上谕与弹劾军机何涉，今竟援为口实，欲将奏稿取消，为军机计则得矣，我们资政院何颜以对天下？

百十号（于议员邦华）：这个事情没有变更的。这个弹劾案从何处发生起呢？因为朱谕说军机负责任、不负责任非资政院所得擅预，我们资政院要不弹劾军机大臣是默认军机不负责任了，何等的危险！向来上谕由军机大臣拟旨，却是善则归己，过则归君，这个事人人知道的，无烦辩论。要弹劾军机大臣不负责任是全国一致的，要不弹劾，我们议决的事情只好件件取消，资政院也可以不要。

一零九号（籍议员忠寅）：本员先要答复陈议员的话，还未说完。陈议员所说昨天的上谕既经下来，上奏与否都是一样下法，假如折子在先、后奉上谕算是有结果否？如果以此为结果，还要上奏做甚么呢？这话本不错，须知我们上奏有个目的，假如上奏后生出这个结果，或者我们没有上奏，朝廷已规定军机大臣的责任，我们原可以不必发出这个冲突来，并不是发生一件事资政院要居功的。我们上奏说军机大臣种种不负责任，不过归宿的地方请速设立责任内阁，这个所请的是专主内阁机关，不是请编定内阁官制而言，这个上谕与我们的折子并不是针锋相对，所以还是可以弹劾的。

四八号（陈议员懋鼎）：上奏宗旨是设立责任内阁，现在上头既叫宪政【编查馆】编定内阁官制，即是这个宗旨。至于编定官制，乃是应该的手续，没有官制怎么能成立责任内阁呢？据本员看，我们资政院现有了改定筹备清单的议案，应将此案赶紧办理，望大家注重才好。

七四号（陆议员宗舆）：大概盼望责任内阁是全院一致的，现在既有催定内阁官制的上谕，这折稿就应该取消了。但仍若专向军机说话，只求有责任军机，不必要责任内阁，则反于立宪政体愈说愈远，这个宗旨本员不甚明白。

方议员还、文议员溥同时请议长付表决，不必讨论了。

吴议员赐龄、方议员还同时发言，声浪错杂，议场骚然。

一二九号（汪议员龙光）：现在议场状态一方主张仍要弹劾，一方主张不再弹劾，显分两派。主张不再弹劾一面也不是趋奉军机、希图富贵之人，因为我们目的重在促设责任内阁，现在已有上谕饬赶紧设立内阁，则目的已达。至军机一日不负责任，则一日应仍弹劾，此本员向来所主张的。然风闻庆亲王又有辞职的消息，他又早早躲在君主背后，要我们弹劾落空，于事实上可决其无效。现距闭会日期不过五天，我们要他负责任为议院之对待，便算如我所请，也不过作两、三天之对待，况且决办不到，此主张不弹劾之理想也。至主张仍要弹劾一面之人，未尝不知于事实上决无效果，只为心潮太热，明知无效，作为万一有效之思想，且明知议场通不过，而持这一派言论总觉得于资政院有价值，自己的名誉也好些，故主张仍要弹劾之理想也。看来两说均有道理，万不能以这一方面言论牺牲那一方面言论，请议长付表决为是。

众议员请付表决，吴议员赐龄等数人主张不再付表决。

一一五号（许议员鼎霖）：在法律案三读的时候还可以更动，现在既有两方面的主张，资政院是取决舆论的地方，如果理由正当，就不怕表决。

一零九号（籍议员忠寅）：就请议长付表决。情形既有不同，是应该付表决。不过从前议决的事体我们总要想一想为甚么议决，大家心里既是为军机大臣不负责任，所以才议决这个弹劾案。资政院对于政府有冲突的价值，因为当预备立宪时代全靠政府负责任，若不负责任是非常危险的，这个问题如果不能解决，一定没有效果的。因为种种困难的情形，才对于军机有这样冲突，若轻轻把从前理由取消了，则困难必日倍一日，试问何以把最大的目的取消呢？现在一方面请责任内阁赶紧成立，在昨天的上谕不过是编定官制，我们还可以请明定期限，所以这回奏案并非全行取消。

一三七号（邵议员羲）：籍议员所说的话本员也赞成的。但前天议决的事体是甚么，现在又说到甚么，这是彷徨游移，毫无宗旨。

一零九号（籍议员忠寅）：这话不错。不过邵议员说本员彷徨游移，毫无宗旨，因为本员已说过归宿是责任内阁，这个上谕所说的是官制，并非责任内阁，本员现在并没有宗旨前后不合的。不过大家的意思请变更责任内阁这一层不能再对内阁说话，这是无可如何的办法，就是军机大臣种种不负责任——对皇上说明，请宸断办法亦未尝不可。

一七八号（高议员凌霄）：方才籍议员所说本员有个申明。我们前天议决的弹劾案大家是希望军机大臣负责任，抑希望内阁大臣负责任。如是望军机大臣负责任，当然要一弹再弹，如是望内阁大臣负责任，现在已奉上谕速行组织内阁，则是军机处是将就消灭的机关，军机大臣是将就退位的人物，我们又何必再三为他请皇上明定责任，巩固他数十日的地位。

众议员请表决。

议长：现在众议员意见分歧，不能不付表决，但现在应先表决那一层？

众议员请表决取消奏稿。

议长：如此，就先表决这一层，赞成取消奏稿者请起立。

众议员起立赞成。

议长：命秘书官数算起立人数。

议长：赞成取消者八十五位，是多数。

议长：现在由秘书官报告文件。

秘书官（张祖廉）：承命报告文件。

议长：方才秘书官朗读陈请股报告审查安徽谘议局陈请按照新币制定丁漕划一征收方法说帖，关系全国利害，现在咨询众位应否会议？

一三四号（余议员镜清）：未听得清楚，请再说明。

议长：安徽谘议局陈请征收丁漕划一方法说帖经陈请股审查，认为关系全国利害，然应否会议须咨询本院，这是陈请股报告的，如听不清楚，再由秘书官朗读一遍。

秘书官（张祖廉）再读报告书。

议长：现在咨询本院是否应会议？

一三七号（刘议员景烈）：新币制还没有出来，此事可无庸交议。

一二三号（江议员辛）：明年正月新币制就要颁布，贵议员看见了没有？

一九六号（牟议员琳）：陈请股审查既可作为议案，即应交付会议，章程没有咨询本院一条，请不必咨询。

一二三号（江议员辛）：请议长交税法公债股审查。

一二一号（方议员还）：要咨询本院应交会议、不应交会议，这个事体是应当咨询的。

一七八号（高议员凌霄）：作为应交会议就是了。

议长：如此，就作为应交会议之案。

秘书官（张祖廉）接续报告文件毕。

三、资政院第一届常年会

四八号（陈议员懋鼎）：本员前次有全院股员会细则草案已经报告过了，请议长下次会议列在议事日表。

议长：可以照办。

一四九号（罗议员杰）：请问议长，修正筹备清单审查了，怎么还没有报告？要请股员长报告，请议长问一问到底何以还不报告。

一二三号（江议员辛）：本员前天有个质问陆军部的说帖，怎么现在还没有报告？

议长：现在还没有印好。

一四九号（罗议员杰）：请议长问特任股员会是怎么样。

一五号（议员那亲王）：这件筹备清单议案已经开过三次股员会，其第三次开会时本员因事未到，系由副股员长籍议员忠寅代理，至审查如何结果，请议长问籍议员便知。

一四九号（罗议员杰）：明天报告才好。还有一层，剪发议案已经报告过了，现在是怎么样呢？

一五三号（易议员宗夔）：剪辫案请议长从速上奏。

议长：现在正拟奏稿。

九九号（陈议员瀛洲）：本员于未会议以前有几句简单话请在本座发言，议长能否允许？

议长：可以发言。

九九号（陈议员瀛洲）：前天东三省代表为速开国会的事陈请书已经递到本院，此次无论有无效果，已经议长允许即交陈请股审查，代表人等是感激不忘的。但是前天上谕非常严厉，凡我臣民皆当遵守，况我资政院为立法机关，是极有价值的，万不能因东三省人民再四请求，惟本员有几句话要向议长及我全体议员报告。东省代表十二人于前天早八点钟已经由巡警押送回籍，还有四人留在内城总厅，始终不肯回去，今天早晨复由总厅派令巡警数名强迫送至车站，勒令回奉。上火车的时候有跳下火车碰坏头颅的，甚有顿足搥胸、痛哭流涕，令人耳不忍闻、目不忍观之情状，据本员看来，此事恐怕不能中止。盖东三省人民对于四次请愿非常激烈，悬想将来，难免有不辞艰险、不避斧钺接续来京请愿者，果有此举，恐难得良好之结果。所以本员对于这件事再四踌躇，万分焦灼，请求议长咨询本院对于此次请愿有甚么完善办法，以防隐患而保大局。东三省幸甚，全国幸甚。

议长：本议长对于这个事情极为注意，至于咨询全院恐一时也无妥善办法，今天还有要紧议案可以先行开议。

众呼"请议长宣告开议"。

议长：方才李议员文熙倡议将议事日表第三川路倒款案改列第一，提前开议，已经多数赞成，请股员长报告审查的结果。

十一号议员（盈将军）：那两天本员请假，由副股员长牟议员说明。

一九六号（牟议员琳）：原案是说川路倒款邮传部不负责任，有三个理由。

七三号（汪议员荣宝）：请简单报告。

一九六号（牟议员琳）：原案是说川路倒款邮传部不负责任，有三个理由。在光绪三十三年，有四川人涂熙雯以川路公司亏挪款项请邮传部查办，邮传部派主事王宗元到成都去查，而上海、宜昌、汉口都未去查，这是不合的第一个理由。今年六月上海倒款一百几十万，经理人是施典章，而用施典章者就是乔树枏。当川路没有倒款的时候，上海道就向邮传部打电叫他去查办，说施典章拿远期庄票作为存款，以此掩饰调查员耳目，因此来邮传部请示。邮传部也没有派人去查，以致此公司倒了一百多万以后，接续倒至二百万，此邮传部不负责任第二个理由。川路倒款以后，四川京官在邮传部及都察院递呈邮传部，因咨行四川总督去查倒款，在上海邮传部不电咨江苏巡抚、上海道勒追，而以一纸空文咨行四川总督，已属有意推卸。至上谕下来交邮传部查核，事经二月，该部并未设法维持，此邮传部不负责任第三个理由。本股员会审查这个说帖很有理由的，邮传部管理全国的路政，无论商办、官办，就有监督之权、保护之法，对于四川铁路倒款，邮传部经六个月之久并不去设法维持，而四川铁路总理乔树枏又是邮传部奏派的，就应该将乔树枏请旨处分。况邮传部对于公司总理既有奏派之权，该总理若不称职，就有查办之权。所以本股员会审查结果，应请旨饬下邮传部令总理、司事等赔偿倒款，一面将川路总理按照公司律须由股东公举，乔树枏是邮传部奏派，并不是股东公举的，邮传部于用人一节既不慎重于前，于倒款一事又不着实查办于后，实足为邮传部不负责任之确据。而所倒之款，邮传部应该向经理人押追出来，不得任其无着落，本股员会审查的结果大概是如此。

八二号（陈议员宝琛）：前天乔树枏有陈请说帖，说施典章不是他用的。

议长：乔树枏亦递有说帖一件，已交陈请股审查，请陈请【股】股员长将审查该说帖情形说明，以便各位议员参考。

一二一号（方议员还）：四川铁路的事情有好几个说帖都是着重乔树枏、施典章，说是施典章亏空，乔树枏不能不担责任，所以攻击乔树枏。而乔树枏也有说帖，他的意思以为川路总理共是三个人，一个在四川，一个在宜昌，一个在北京，总理担责任固然是应当的，然而三个人应当连带担责任，不能乔树枏一个人担任，这是第一层。第二层乔树枏没有作总理的时候，施典章已经在公司内〈责〉任事，并不是乔树枏位置私人，这是两个意思。施典章既是蒙蔽，应该三个总理一同担责任，他以为驻京总理没有管钱财，就不能担责任。方才报告书上说是不负责任，本员是陈请股之一，据原书上审查乔树枏信任施典章不负责任这一层，这个应当修改的。

一七七号（李议员文熙）：请发言。

议长：现有张议员政、刘议员纬提出报告书修正案，应先请发言。

百八十号（刘议员纬）：先请李议员演说之后，再行申明本员修正理由。

一七七号（李议员文熙）：川汉铁路究竟是关于一省、还是关于全国，在本员以为实关系东南大局。若川汉铁路不通，则川藏、川滇、川黔铁路均无着手处，商业发达尚是第二问题，万一一旦有警，用兵、运饷动经数日，其危险有不可思议者，关系既如此其大，我辈即当尽力维持方是正当办法。资政院章程"凡关系本省事件，本省人不得与议"，现在关于本省事件几成一唯本省人始得议之，此种现象本员甚不赞成，盖畛域观念资政院不宜有此也。川汉铁路一败坏于官办时期，再败坏于商办时期，总之皆邮传部不负责任所致。何以言之？他省商办铁路皆是自由投资，川汉铁路则系强制入股，他省商办铁路为少数资本家入股，川汉铁路则为一般人民负担，以至各厅州县抽收租股披枷带锁，无地无之，此等敲骨吸髓之股本经营之商办铁路，邮传部对此应当极力维持，方是正当办法。乃邮传现在不然，不唯不维持，反一味破坏摧残，以为商办铁路非邮传部责任内的事情，且若立于反对地位，非达破坏摧残的目的不止者。请就川汉铁路情形为诸君简单一言。光绪三十三年前官办时候，西藏挪用数十万，铜元局挪用二百余万，试问四川人民所负担者是路款乎，抑西藏铜元局经费乎？川人明知而不能言，言之而亦无效。邮传部有主持路政之责，胡为任川督之任意挪用而不一言，此其不负责任者一。嗣后锡督奏改商办，川人因见亏挪太巨，呈请邮传部派人查账，所查的从成都总公司账目，其他上海、宜昌、汉口等处并未去查，只以路远难查为词了事。昨年十月川省开股东会，本员与会，官办时经数年总账仅存一册，此中黑暗可以想见，邮传部非不知也，胡为置之不问，此其不负责任者二。然我川人以为官办之往事已矣，整顿于商办时期或可收之桑榆，乃邮传部又不遵照公司律，硬行奏派三总理，一驻成都，一驻宜昌，一驻北京，据乔总理说帖（二）〔三〕权分立，究竟权限如何划分，有无明文规定，现在已经倒款，究竟那一个总理负责任，邮传部能指定否？不但此也，汉口有管款者，重庆有管款者，皆系总理委任，胡为上海管款之人则用奏派，其理由安在？当日用心，得毋以为若有危险，三总理不负责任乎？胡为不施之于重庆、汉口，此等非鹿非马政策令人百思不得其解。然往事已矣，现在上海倒款事在六月，上海道曾经电京邮传部，未尝不知当时，胡为不派人经赴上海，此不可解者一。以后川人公呈【都】察院转咨邮传部，邮传部徒以一纸空文咨行川省，胡为不径命苏抚严追倒款，可见邮传部有意延缓，此不可解者二。

某议员：请简单发言。

一七七号（李议员文熙）：嗣后川人又复公呈邮传部，邮传部亦未尝过问，然此犹可谓人民一方面陈请，邮传部向来漠视也，嗣后又由四川京官邓镕等呈请都察院代奏，奉旨"交邮传部知道"，又由甘大璋等据情直奏，奉旨"邮传部查核具奏"。邮传部既经两次奉旨，似宜勉尽责任，认真查办，胡为距倒款的时候已经五月，距奉旨的时候已经两月，邮传部仍无一定办法，不知道邮传部用意在甚么地方！（拍手）邮传部对于国家负朝廷的命令，对于人民负人民的希望，吾不知邮传部将何以自解？总之，欲谋国家发达，必先谋交通机关发达，而交通机关之能发达与否，则视邮传部之能尽职与否。现在邮传部对于商办的铁路不惟不提倡维持，反觉处处破坏，于邮传部一方面甚为得计者，真不知邮传部用意之所在。（拍手）譬如营造一屋，邮传部负监工之责，不但不督催工人赶办，反阴纵工人偷去材料而不知究，如此欲求屋之造成难矣。现在邮传部放弃责任，听其破坏，何以异是！本院有监督行政之责，欲谋国家发达，而以交通权之责任委之现在不负责任之邮传部，国家恐永无发达之一日，故非极力弹劾使之负责任不可。

报告书原系援据一百零六条具奏，据本员意思，应用二十一条为是，因为浙江铁路一案系援据二十一条，川路情形较重故也。

议长：张议员政、刘议员纬对于报告书提出修正，请即说明理由。

百八十号（刘议员纬）：这个四川铁路公司有三个总理、六个监督，种种腐败情形不必再说了。倒款的种种情形审查报告书已经说明，亦不必再说了。但就邮传部不负责任之处对于审查报告书略有修正意见，其修正之理由不能不简单一说。邮传部主持路政，对于商办铁路、官办铁路无论如何应有维持查办之责，况川路三个总理之中乔树枏居上级机关，实负监临主守责任，互相推诿，都不负责任，乔树枏为邮传部奏派之人，乔树枏与邮传部对于川汉路政均负伟大责任实属毫无疑义。故倒款在施典章，而继归咎于乔者，因乔之不负责任也，不负责任在乔，而终归咎于邮传部者，因邮传部之不负责任也。乔总理不负责任，关系在四川之铁路，邮传部不负责任，关系不仅在四川之铁路，此次倒款过巨，迟延已久，若不再为设法极力维持，此风一长，不独川路未倒之款可危，推之全国，商路前途亦必因而大受影响。所以川路倒款初仅十余万，继且百几十万，今又倒数十万，通共二百多万，推其后不至全路之款倒闭不止也，一省如此，他省随之，不至全国商办之款倒闭不止也。邮传部种种不负责任如此，审查报告书仅照议事细则一百零六条办理实不足以儆戒将来，维持路政。据本员意见，想照院章二十一条办理。至川路总理、经理人等倒款之罪，应照公司律一百二十九条办理，从前三个总理应即撤销，以后举总理、司事人等必照公司律七十七条办理方为正当。此本员修正之理由也。

一二一号（方议员还）：请刘议员发言简单一点，大家既多数赞成了，贵议员可以不必多说。

百八十号（刘议员纬）：本员修正的意思不能不如此说明。

一七八号（高议员凌霄）：四川的事情关系甚大，倒款至有二百余万之多，皆是四川人民膏血，现在审查报告是很完备的，我们资政院应议的事很多，不能专讨论这件事情，本员简单说明两句，请议长即付表决就是了。此事自六、七月以至今日，我们四川京官到邮传部一再具呈，奔走呼号，焦头烂额，毫无成效。邮传部不负责任，我们资政院大家是应当注意的，表决之后应请即行上奏，这是四川人民引领翘足以待的，请议长宣付表决。

邮传部特派员（梁士诒）：本员可否发言？

议长：可以发言。

邮传部特派员（梁士诒）：这个川汉铁路倒款的事，看这个报告书上所说与事实上实实在在有不符的地方，不能不说明一遍。当光绪三十三年，邮传部派人去调查此路账目，到宜昌、汉口、上海等处。（语未毕）

百三十号（刘议员景烈）：请说话声音大一点儿。

邮传部特派员（梁士诒）：从前光绪三十三年，邮传部特派王宗元、费道纯清查川路款项，后来他们回复清查这个款项就收、支、存三款按月钩稽，收款以簿为凭，且有各州县禀报册文并票根为证，支款亦以簿为凭，以每月报册并四川总督批准印文为凭，存款则以月报为凭。王宗元未列宜昌、上海两处，当时宜昌事宜是沈致坚管理，上海是施典章管理，每月均有报告册交到总公司，当时打电报到宜昌、上海去问过的，均有电文回复，即是凭证并不是无从调查，惟是光绪三十三年之时施典章并未闹出亏空。至于今年上海钱庄倒闭的事体，现在陈请书与报告书都说上海倒款邮传部并没有过问，又说上海道有电来而邮传部不复，这是不对的。其实上海道并没有电来，邮传部却曾先有电到上海道，而上海道却没有复电，这一层股员会应该问问邮传部有这件事没有。本员把宣统元年七月二十日邮传部发上海道的电报念给诸位听一听，上海道接到邮传部这个电并没有回复。

一七七号（李议员文熙）：既然是上海道没有复电，邮传部何以不再打电去问他？

邮传部特派员（梁士诒）：已曾打电问过的，以后还是没有回复。

一七七号（李议员文熙）：邮【传】部再打一电去，既不回复，何妨再打一电呢？

邮传部特派员（梁士诒）：请慢慢儿听底下的话，可以不必如此之忙。

一五一号（黎议员尚雯）：上海道蔡乃煌既然是不回电，邮传部为甚么不参他呢？

邮传部特派员（梁士诒）：贵议员的话听不清楚。

一七八号（高议员凌霄）：铁路事情关系全国人民财产，无论国有、民有，邮传部都应该维持监督的。四川铁路此次在上海倒款如此之多，自六、七月以来四川京官一再请都察院代奏，又前后奉上谕两次，贵部仍没有着急办理。现在宜昌总理李尧琴到上海去清理存款，又查出侵蚀之款复数十万两，贵部毫无察觉，试问商办的铁路是不是归邮传部管理的？

邮传部特派员（梁士诒）：本员现在所说的才说到七月二十日的事情，俟本员说完之后再请质问。七月二十日的电报上海道没有回复，后来四川铁路总公司与四川股东于八月二十日以前并没有呈请邮传部代为追还的话，邮传部见上海道没有回电，于是派了银行中人去查款目。从这边调查出来正元等钱庄倒了，川汉铁路的款已开列到商会去，旋于九月二十二日由度支部主事杜德舆等说是川汉铁路倒款甚巨，具呈到邮传部。这个商办铁路应以股东为主，请问各位普通商业的法律随便那一种人都可以来部控告，可以不可以呢？那是一定不行的，必须股东才可以控告。杜德舆等以个人的资格焉能来本部控告呢？

一八二号（万议员慎）：报告书上说上海已经亏空二百多万，邮传部何为不去问乔树枬呢？现在邮传部特派员说了千言万语，何为独不提"乔树枬"三字呢？

邮传部特派员（梁士诒）：乔树枬并没有将账簿送到邮传部来。

一八二号（万议员慎）：必要杜德舆到部控告邮传部，才晓得那乔树枬所管何事，邮传部又所管何事。

邮传部特派员（梁士诒）：不要肆口漫骂。至杜德舆等于九月二十二日具呈到邮传部，邮传部从前已经派上海道查办，这还有什么话呢？随后甘大璋、邓镕等呈请都察院代奏，奉旨交邮传部知道，又奉旨交邮传部查核具奏，故再行派员查办。

八一号（章议员宗元）：请简单发言，我们还要报告预算。

邮传部特派员（梁士诒）：照中国规则，奉旨查办未完的事情不应当宣布，请问议长可以当大众宣布否？

议长：若贵部不以为秘密事情，可以宣布，若以为应当秘密，就请不必宣布，本议长不能代决。

邮传部特派员（梁士诒）：按照中国规则，查办未完之事不能宣布。

一七七号（李议员文熙）：贵特派员认为不能宣布，就不必宣布了。本员请问贵特派员商办铁路与官办铁路性质虽然不同，而商办铁路与（商）〔官〕办铁路总应该是一样，何以邮传部对于他省商办铁路只派一个总理，而对于四川商办铁路必要派三个总理？据乔总理陈请书谓三权分立，驻京总理之权限如何，驻宜昌总理权限如何，驻成都总理权限如何，何以一经倒款，互相推诿，请邮传部特派员说明权责所在。

一八二号（万议员慎）：四川倒款如此之多，邮传部何以置之不理。现在何以并不提乔树枏一个字呢？这是什么意思？乔树枏辨证书中说承商邮传部，所承商者是何事呢？

一七七号（李议员文熙）：施典章是奏派的，邮传部何以对于他省管款之人不奏派，而独对于四川管款之人要奏派？何以对于四川、重庆、汉口管款之人不奏派，而独于上海管款之人要奏派呢？

邮传部特派员（梁士诒）：施典章并不是邮传部所奏派的，是四川总督所奏派的。

一七七号（李议员文熙）：四川一路用三个总理，邮传部既然知道与公司律不合，为什么不过问呢？

邮传部特派员（梁士诒）：当初这三个总理是四川人民呈请邮传部代奏的，假如邮传部当时不代奏，四川人民又要说话了。

百八十号（刘议员纬）：请问贵特派员，既经上海道电禀及京官杜德舆等呈请查办，邮传部不将乔总理照监守自盗例奏请惩办，复不电饬上海道就近勒追，殊不可解。揣邮传部之心，非不知上海倒款应该饬上海道查究，实与川督无涉，然竟以一纸空文咨回四川总督者即系有意迟延，不达破坏商办之目的不止也。

邮传部特派员（梁士诒）：上海一部分已经派人去清查账目，三家钱庄的倒款将来必要设法一律追还的。

一七七号（李议员文熙）：邮传部特派员到资政院说话应当负责任，贵特派员既说一律追还，将来若倒款不能一律追回时，应惟邮传部是问。

邮传部特派员（梁士诒）：本特派员说是一律追还，本是应该代追的。至于追不回来，无论那国官厅都未有替人偿还债的理，请问贵议员这个说【法】根据的法律是在何处规定的？

百八十号（刘议员纬）：三个总理不合商律，邮传部岂不知之，知之而故听之，致使三个总理互相推诿，是罪在邮【传】部，而不仅在三个总理也。川人对于倒款一事问之成都总理不知，问之驻宜总理不知，问之驻京总理又不知，问之邮传部，而邮传部又仅以一纸空文咨回四川总督，所以四川人民杨重岳等蹈十刹海，种种痛苦实出于无可如何之举。既经京官杜德舆等两次据情具奏，摄政王知是邮传部责任，所以又两次谕旨均饬邮传部查办，邮传部应即照公司例一百二十九条办理方为合法，何以迟至二、三月之久，对于此事毫不注意，是邮传部之玩视路政、破坏商律实属毫无疑义。

一九六号（牟议员琳）：不必再讨论，请议长速付表决就是了。

邮传部特派员（梁士诒）：三个总理是四川人民选举来的，邮传部可以不认吗？方才所说查办未完的事情，李议员说不必宣布，本员就不必宣布了。至于邮传部第一回奉旨交到查办的事情，邮传部已经派了两个司官去查办，将来自然照一百二十九条商律办理的。

七三号（汪议员荣宝）：请简单发言。

一七七号（李议员文熙）：就请议长宣付表决。

议长：现在还有张议员政、刘议员纬的修正报告书亦当表决。

百八十号（刘议员纬）：请议长命秘书官朗读本员修正稿。

议长：现由秘书官朗读张议员政、刘议员纬的修正报告书。

秘书官（曾彝进）承命朗读修正报告书。

议长：现在表决张议员政、刘议员纬修正报告书拟即参入报告书中，赞成者请起立。

众议员起立赞成。

议长：多数。

一五一号（黎议员尚雯）：上次表决弹劾的时候，议长说取消这个奏稿，并不是取消这个问题，请议长另行指定起草员。现在内政、外交种种失败，此等军机大臣岂能辅弼朝廷，实行宪政。况军机大臣所保用的张人骏、冯汝骥、杨文鼎等各督抚在地方弄得太坏，而军机大臣既不过问，且为袒庇，即此一端亦可弹劾。

议长：奏稿已经取消，今日不能再行讨论，因为预算案甚为紧要，应先会议。

一五一号（黎议员尚雯）：预算固是要紧，而弹劾军机亦很要紧。因为军机大臣不负责任非本院所能过问，是军机大臣如神圣不可侵犯，而君主反为军机大臣受过矣，应请议长指定起草员再行弹劾。

四八号（陈议员懋鼎）：已经表决过取消奏稿即是取消议案，请议长就宣告开议预算案。

议长：现在议事日表原列第一之试办宣统三年岁入、岁出总预算案，请预算股员长报告审查之结果并说明理由。

六二号（刘议员泽熙）：这部预算最为繁难，审查之时将中国政治腐败情形及财政危险情形都已看出，故今天报告不能不多说几句。但本员报告都是大概情形，大概数目，其详细处拟委托各科审查长分别报告。政府所提出之预算案计总册四十二本，分册八十一本，又追加预算二十四本，后经政府陆续送来各处原册计三千二百八十余本，股员会以四十日之光阴，竭四十八人之精力，逐日勾稽，始稍稍得其端绪。今者期限已届，例应报告，兹先报告预算案之内容。其次报告审查预算之情形，其次表示本员对于改良预算之意见。其一报告预算案之内容。预算案内容劈分两大部，一岁入，一岁出。岁入以田赋为大宗，盐课、关税、厘捐次之；岁出以军费为大宗，外债费、财政费次之。岁入二万万九千余万，岁出三万万五千余万，不敷者五千四百余万。岁入、岁出均分经常、临时两门，而岁出又分国家行政经费、地方行政经费两部。其表面上之体例固与东、西各国预算册无甚区别，但精神上不无缺点。缺点维何，一则无财政上之计划，一则无政治上之计划也。原来预算性质从一方面观之，则为全国财政之照相片，故编制预算不可不有财政上之计划；从全体观之，则又为全国政治之照相片，故编制预算不可不有政治上之计划。今政府所提出之预算案果有财政上之计划否乎，果有政治上之计划否乎，是一疑问题也。如谓其有财政上之计划，则必准各国预算之原则、原理为收支合用之准备，今其内容出入不敷者五千余万，而全部预算册内究无何等弥补之方法，则不得谓为有财政上之计划无疑也，其缺点一。如谓其有政治上之计划，则必内审查本国现状、外观各国趋势以定大政之方针，今其内容所载军事行政、教育行政、经济行政果注重何事实不能得其要领，推其意几欲皮（貌）〔毛〕各国文明政治，于一、二年内悉举而推行于我国，而旧日腐败之政治又不忍涤荡而廓清之，于是新的、旧的、文明的、腐败的纷然杂陈于预算案内，毫无损益、缓急之区别，此不得谓为有政治上之计划无疑也，其缺点又一。

虽然此二缺点也，究竟是何原因，一再思维，当编制预算时并非政府不愿为财政上之计划、政治上之计划，实以处于现在制度之下，其势有不能为财政上之计划者也。盖一则因财权之不统一，一则因政权之不统一。何谓财权之不统一？我国财务、行政本仍袭封建遗意，中央虽有一财政机关，不过拥一稽核之虚名而已，无论田赋，无论盐、茶，无论其他课厘，一切征权事项皆归各省督抚管理，因此乃生出一个现象，即中央政府与地方政府恍为民法关系，互立于债权者与债务者之地位也。有时中央政府所需之费必向地方政府索取，于是为督抚者对于中央有解民政部款、有解学部款、有解度支部款、有解陆军部款、有解其他各部之款，其关系似不过封建时代诸侯一种贡献品而已，是中央政府立于债权者之地位，而地方政府立于债务者之地位也。有时地方政府处于贫窘所需之政费，则又向中央政府索取，于是有奏请部拨款项者，有奏请截留京饷者，又有奏请截留协饷者，其关系似不过民间交易欲反债务者为债权者而已，是又地方政府立于债权者之地位，而中央政府立于债务者之地位也。不特此也，有时地方政府蓄积有款，惟恐中央政府所知，必设法以弥其隙。举一实例，近日某省藩库运库有款六十余万，某督竟在谘议局宣言此款若不作为公债抵款，恐为部所提拨，是非独视为某省财政，且直视为某督之财政也，是又地方政府对于中央政府以盗行相防者也。不特此也，从预算册内详细审查，又演出一个现象，盖即编制预算时视为某税应增若干，某款应减若干，一一电询督抚，督抚以为可加也则加之，以为可减也则减之，督抚以为不可加也则不加之，以为不可减也则不减之，或竟无回复明文，而于预算册内悬为未决之一问题。是真各国预算案内所无，而我中国所独有者也，是真所谓行省财政而非国家财政者也，则编制预算时，欲骤令数十个分离之财政为一个统系之财政，为之移缓就急，为之谋收支适合，固必不能之事也。此则财政权不一，不能为财政计划之原因也。何谓政权之不统一？我国行政向无统系，内而各部各立，一割据之状态。政见既不相谋，呼吸复不相应，人人有一部分的观念，而无全体的观念，人人为一部分的活动，而无全体的活动。管军事者以为军事以外无他立国之图，管教育者以为教育以外无他立国之图，管实业者以为实业以外无他立国之图，各就所管事务极力谋其扩张，而不顾国家之现状究应采用何种政策，国民之负担力究竟能否胜任，彼此对立，互相矛盾，此内部政权不一之情形也。外而各省督抚亦握国家行政权，举军事、财政、司法及其他各项重要政务，督抚以一身兼而有之，故中央政策不能直接行之各省，必间接以责之督抚，于是甲部发一政令责督抚办甲事，乙部发一政令责督抚办乙事，且莫不以就地筹款责督抚以办事，是在中央则见为分，而在督抚则见为合。有时督抚以其政令之冲突也，或以情形不同推宕之，或以财力不足拒绝之，即或勉强照办亦不过敷衍新政门面，致令中央政策不能行矣。且为督抚者又各就本省以为计划，不必以中央政策也，故督抚个人之势力大，所处之省分财力大，则所划之政策亦大，所用之经费亦大，有时中央政府恐其政权之过重也，则又设法以掣其肘，致令地方政策亦不能行矣。然此第就中央与地方政府之关系言之也，且即地方与地方观之，各省政策各不相谋，因之各省政费亦各不相剂。同一教育费，而甲省与乙省不相谋，同一军事费，而甲省与乙省不相谋，综甲省政费或千数百万乃至数千万，而乙省政费或不过数百万，乃（致）〔至〕百数十万，贫富多寡绝无权衡，是预算册内三万万政费，实数十个地方主义之政府瓜分之，而非一个国家主义之政府支配之也。合而观之，中央与中央不相联，中央与地方不相联，地方与地方又不相联，其不能有统系的计划明矣。此则政权不一，不能为政治计划之原因也。此外尚有两个缺点。一则宫中、府中经费之未分也，质言之，即国家经费与皇室经费之混合也。现在东、西各国皇室经费在预算册内只有一个总数，中国皇室经费度支部具奏改为宣统三年确定，故此次预算册内尚无此项名称。然与皇室经费性质相近者，大概包括于行政费中，其分类似为不伦，在编制预算者固属无可如何之计。且解内务府款、解宗人府款及所谓缎匹、颜料、例贡等名目散见于各省预算册内，不一而足，纷纭错杂，不可究诘。虽欲分之而无可分，此亦预算册内之一缺点也。一则各省协拨款项之缪戾也，此等款项以甲省之有余补乙省之不足，虽其数目以中央政府命令定之，而其名义究非以中央政府协助之也。盖中国制度只有行省财政，而无国家财政，故取恤邻主义，彼此互相协拨，当其初政事简陋，故可照常划拨，今者财政支（拙）〔绌〕，无论受协省分、应协省分同一处于艰窘，故往往解不足数，或竟拖欠数年不解，在受协省分则奏请饬催，而在应协省分则又奏请截留，此诚财政界上一大缪戾之现象，为各国所无而我中国独有之特色也，因此缪戾乃生出一个现象。查预算册内此等款项往往受协省分则照原额列收，或照近年实解列收，而应协省分则或竟不列支即列支矣，而其数目与受协省分列收数目相差甚远，且或有应协省分列支数目超过受协省分列收数目者,互相抵牾,真难究诘。推其意,在受协者无非欲照原额以争收入之多,在应协者无非欲以浮报故露其亏窘之象也。转瞬明年即须照预算册收支,在受协者省分则以此数为收入的款,而在应协省分或解不足数,或竟全不一解,是受协省分应收之款一旦落空,其亏空又何待言。然则预算册内名虽亏空五千余万,而因此故又不知亏空凡几也。至若拨补厘金等款更属纸上空谈,全部预算必致为此等款项动摇,此又预算册内之一缺点也。此外缺点尚多,非关宏旨,姑且省略,预算案之内容如此。

其次则报告审查预算之情形。办理预算本系我国创举,前此既无预算案、决算案可以援照比较,故审查时非常困难。筹备清单本年又系试办各省预算,故政府所送来之预算案皆是省各为册,一省一个统系,所谓俄罗斯之割据预算是也。而资政院章程又以事分科,是预算册之组织与分科之方法不免冲突,故由分离之预算求为统系之预算,又属非常困难之事。经股员会议决,佥以按事审查为一定准的,应不避此困难,此审查方法与原预算案不同之点也。至审查方针,经股员会叠次讨论,佥以为中国现在时势自应从政治一方面鞭辟进行,故不可仅以财政上之眼光审查之,而当以政治上之眼光审查之也。诚以今日财力竭蹶不足,达政治之目的者其病坐在新旧杂糅,故不可不以政治眼光为革故鼎新之计划也。质言之,即一面敦促政治进行,一面维持财政现状,所谓方针如此。方针既定,先审大体,预算案内三万万政费究竟支配是否平均,究竟用途是否正当,究竟一分一厘是否皆为必要之经费,是不可不一一研究之也。就三万万政费约略言之,其近于皇室经费性质者七百余万,其偿还外债者五千余万,其为军事费者一万万,总此三事已超过入款之半,其留为行政经费者不及岁入半数。而京师各衙门又占八九千万之谱,所剩者不过六七千万,支配于二十二行省及西藏、蒙古、伊犁、青海等处。此六七千万,为国家行政经费又三四千万,其为地方行政经费不过二三千万,以中国幅员如此之广,人口如此之众,其所分配于地方行政经费乃如此之少,地方事业又焉能发达乎?此政费分配之不匀,即政治措施之不当也。

再把三万万款项分析言之,有原案可决者,有加以修正者。其原案可决者则外债费、公债费而已,外债费以国际条约关系之故,公债费以人民信用关系之故,究不能不分厘偿还,故无所用。其修正均原案可决之,其加以修正者头绪虽繁,大别之不过军政费、行政费、财政费、教育费、司法费、民政费、实业费、交通费荦荦数端而已。今请先言军政费。现在竞争剧烈，各国为恢张国力起见，无不以整顿军备为要图，故预算册内军费占岁出三分之一乃至半数者有之。今我国军费已逾一万万以上，是亦占岁出三分之一，宜乎国之可以强也，而何以朝不保夕、存亡危急如此也。试一察军政内容则知之矣，最可笑者莫如绿营、旗营及各省驻防，盖绿营、旗营、各省驻防兵额俱有定数，必待老死而后出缺，故其兵之老弱残疾者多。此等经费以社会上眼光观之，直可谓为一种慈善费而已，（拍手）以一兵月得钱粮数两，足以为一家之生活也。若以国家眼光观之，此等兵丁既不能捍卫地方，复不能恢张国力，岁用千万岂非（縻）〔糜〕费。股员会佥谓审查预算当以国家为前提，其无益于国家之经费自不能再行支出，故于绿营饷项悉数裁撤。然而京旗各营、各省驻防其为老弱残疾与绿营无以异也，其为（縻）〔糜〕费亦与绿营无以异也，何以不裁之，得勿股员会意见有所偏袒乎？如以生活论，岂京旗各营、各省驻防之生活宜谋，而绿营之生活不宜谋乎？然而此中有特别之理由在也。盖国朝定制绿营兵丁可以营业自由，京旗、驻防不能营业自由，故绿营兵丁兼营他业者不可胜数，一旦撤伍，尚属有家可归，若京旗、驻防除服当兵之义务外别无他项营业，所恃以养家赡眷者惟月得之数金而已，不先为之谋一生活，遽行裁撤，便数百万旗丁流离失所，其心忍乎！虽审查预算原系谋国家政治上全体利益，不宜以社会眼光为一部分人留此（縻）〔糜〕费，致于财政有损，然而国家者集社会而成者也，苟社会上不得其所者太多，亦非国家仁政之所忍出，且变通旗制为政治上最重要之问题，且为政治上最困难之问题，如何发达经济使旗人生活不至困苦，如何减轻财政使国民负担不至增加，其中详细方法最多且繁，现拟另提一建议案，由本院决定咨送会议政务处查照施行。此本年预算案内不裁撤京旗、驻防饷项之理由也。防营一项为今日保卫地方必要之事，固未可遽行裁撤，但股员会意见以为兵在精，不在多，各省消耗此款未免太巨，拟裁减四成改为巡警薪饷，亦与保卫地方本意无背。至新军一项为我国军事精神之所在，即为我国国家命脉之所寄，而何以近年以来动辄为世诟病，此非新军之咎，乃办理新军者之咎也。盖扩张军事当先从根本下手，根本未定而遽行成立多镇，故演出种种奇象。根本维何，将校也，器械也，交通之便利也，饷项之充裕也，军国民之教育也，皆军事之根本也。今者将校果已培养乎，器械果已精良乎，交通果已便利乎，饷项果已充裕乎，军国民教育果已普及乎，五者无一,遽欲扩张军备,是不揣其本而齐其末也。虽然交通也,饷项也,军国民教育也,非陆军部责任,而他部辅助陆军部之责任也。至培养将才、制造器械,则陆军部固有之责任也。今拟划军费一部分改为教育用费、制造资本较有实济,表面上虽似持消极主义反对军事,而不知实窥军事要素持积极主义,促军事进行使与世界第一等军备抗衡也。

其次则行政费、财政费。此二种款项虽非直接生利之资,要为国家必不可少之费。第行政费二千余万,财政费二千余万,其数未免太多,然细察其内容实因制度未善致如此巨。以行政论,则督抚各一官署也,司道各一官署也,通同州县,乃至佐贰、佐杂亦莫不各一官署也,官署林立,故经费(澎涨)〔膨胀〕。以财政论,则善后局也,筹饷局也,支应局也,种捐局也,叠床架屋,名目繁多。至如厘金、盐课,则十里一卡,百里一局,局卡林立,故经费(澎涨)〔膨胀〕,他日新官制实行,若能聚数官厅,同一官署办事,则一切衙署费用可省,改良征收机关,废除重复局所,则一切经征费用可省。然此系官制问题,股员会不能越俎代庖也,第就其中浮费冗员为之略为裁汰尔。

其次则教育费、民政费、司法费、交通费、实业费,此数项者皆为立国之要图,即与宪政有密切之关系,总宜(澎)〔膨〕胀其经费以敦促其进行,断不可持节约主义以瑟缩其政务也。但原预算案内教育费虽千七百余万,而为国家行政经费者仅四百余万;实业费虽七百余万,而为国家行政经费者仅二百余万。此四百余万中,学部及提学使署、学务公所经费又占其多数,直接及于教育者殆鲜;此二百余万中,农工商部及劝业道署、劝业公所经费又占其多数,直接及于实业者殆鲜。以中国版图之辽阔,户口之众多,而教育费、实业费仅仅此数,奈何其不愚且贫也。推之民政、司法等费,分布方法莫不皆然,况各主管衙门对于所管事务皆听各省自为风气,既无一定标准,复无一定计划,故不能确定所管事务经费匀配于全国而无所偏枯,致令富省教育费、警察费、司法费等项多或数十万乃至数百万,贫省则不过十余万乃至二三万,多少相悬不啻霄壤,又何能使教育普及、警察普及、司法普及乎!股员会审查此项经费虽明知其弊,而亦无可如何欲斟酌而匀配之,既无此等权利,即无此等义务,是则在统一财政权以后各主管衙门之责任也。(拍手)故审查结果仍不得不出于核减之一途,第所核减者非对于各项政务有所变更,实对于各项政务中而削其浮滥之费而已。总合出、入两款,其审查结果增加入款四百九十余万,削减出款五千八百余万,出入两抵,以度支部原奏所亏五千四百余万计算,实盈九百余万。但宣统三年新增筹备事宜及追加各费约二千四百万两,以所盈相抵,尚亏一千四百余万。但此数仍属未定,以各衙门送来说帖及陆军部续送追加预算一千五百余万尚须再付审查,其数目当有变动,应俟第二次报告追加预算时方能确定。总而言之,此次审查预算削减至于如此之巨,人或疑其不揣时势,纯持消极主义,至一切新政不能举办,而不知仍是积极主义,并非消极主义也。盖政治进行必赖财力以为后盾,若不顾后盾,如何徒奋往前进,一举百举,设一旦财力竭蹶,必至已办者堕于半途,未办者不能举办,波及政治前途,危险何堪设想,是始虽持积极主义,终不免陷于消极主义也。此次预算照股员会削减数目果能得各主管衙门同意,吾知于一切政治毫无妨碍,而于财政则大有利益。既于财政大有利益,即可以保持政治继续进行,是所谓消极主义之形式而积极主义之精神也。(拍手)此审查预算之大概情形如此,尚望诸君通过,俾此案早日具奏,以便各衙门照册执行,甚为幸事。

其次表示改良对于预算之意见。本年本系试办预算,一切根本问题都未解决,实无办理预算之程度。不独编制者非常困难,即审查者亦复非常困难,故不能不筹改良地步,且不能不从根本上筹改良地步。然所谓根本问题者究竟是老生常谈,人人知道的事,且有业经见之明文,不久即当实行者,固无须喋喋。然本员之所以欲言者以各省预算明年三、四月间即须编制,非于三、四月以前解决,一切根本问题实无可以下手之处,所争者在此数月之期限耳。本员因此不能不有希望政府之事,不能不有敬告政府之语。其语维何,约有五项。其一则速行统一政权也。盖国家政治有因果相生者,有利害相反者,必甲部种因于前,而乙部始可收果于后,政权不一,或甲部尚未种,因而乙部先欲收果,此所谓倒因为果之政策。同一国家有益之事业或非今年应办则为弊,同一国家最良之政治或与主义相背则为病,政权不一则非今年应办者亦欲提前,与主义相背者亦思并进,此所谓以矛攻盾之政策。夫倒因为果、以矛攻盾实中国今日之奇特现象,政治因之而堕废,财政因之而困穷,可为太息痛恨者也。假令政治统一,则一切政策皆有统系,何者宜因,何者宜革,何者宜缓,何者宜急,必能权衡至当,无所牵掣于其间。内而各部也,不能各自为谋,外而各省也,不能各为风气,是以三万万政费伏处于一个政策之下斟酌而支配之,以财政论,何至有捉襟见肘之虞,以政事论,何至有用焉不当之处,此诚改良预算之根本策也。虽然欲统一政权,非先有统一机关不可。机关维何,即人人心目中所有的、即今日本院所讨论的责任内阁是也。西人政治学家有恒言,曰责任内阁者,政治之母也,换言之即预算之母也,盖一切财政上之计划、政治上之计划无不由内阁发生,即无不包括于预算以内,有内阁则有办理预算之资格,无内阁即无办理预算之资格。以预算者千头万绪,然一部政策所能概括亦非一部权力所能驱遣,西人所谓内阁为预算之母者即此义也,周礼所谓冢宰制国用者亦此义也。可见办理预算必须有一总汇之所,古今中外一也,甚望政府遵照十月初三颁即组织内阁之上谕速行设立责任内阁,庶明年办理预算一切大政方针皆经阁议决定,果应注重军事,则经费趋重于军事一途,果应注重实业,则经费趋重于实业一途,然后可以由分离之政策进为统系之政策,然后可以由割据之预算进为统一之预算,一切困难问题无不迎刃而解矣。此则改良预算非统一政权不可,而统一政权非速即设立责任内阁不可也,此希望于政府之事者一。其一则速行统一财权也。从财政之主体观之,则宜散不宜聚,古人所以有"财散则民聚,财聚则民散"之语也,从财政之客体观之,则宜聚不宜散,西人所以有"财务权力当以唯一机关驱使"之语也。设一譬喻,其理即明,财政之在国家,犹水之在地球也,聚为江海则力量大,散为行潦则力量弱,此定理也。我国虽号称三万万入款,然内而各部院各拥一财政主权,外而各行省亦各拥一财政主权,乃至江北提督、热河都统、察哈尔都统等处亦莫不各拥一财政主权,是官厅所设置之地即财权所分割之地,其散也不啻为行潦之水也。则所谓三万万岁入者,不过预算册内聚合数十个小财团为一个大财团之名词而已,究其实仍是各小财团自为收之、自为用之也,又何能收一个大财团之效力乎!假令财权统一,则全国财务、行政统握于一机关之手,以岁入论,则可以剔除恶税、推行良税,使入款骤然(澎)〔膨〕胀;以岁出论,则可以酌盈剂虚,挹彼注此,使出款无所偏枯。夫然后编制预算,可以因政治上之计划为财政上之计划,可以变量入为出之主义,进而为量出为入之主义,此又预算改良之根本策也。然而统一财权者有一先决问题,即官制是也。官制不改革,则政权终无统一之望。以我国财务、行政向采间接官治,一切赋税征收之事概在各省,故呼应不能灵通。今欲吸收财权,当速颁布官制,必使财务、行政为统一的组织,间接官治一变而为直接官治,而后足以收指臂相联之效,而后可以去彼此隔阂之虞。此则改良预算非统一财权不可，而统一财权非速颁布官制不可也，此希望于政府之事者又一。其一则划分政务及划分财政也。政权虽已统一，而政务究不可不分，政务不分，亦无【可】改良预算也。财政虽已统一，而财政究不可不分，财政不分，亦无可改良预算也。何以言之？国家政治有因全体事项发生者，有因一隅疆域发生者，故有中央政府以总揽其全，即不能无地方政府以分治其事，此中央政务与地方政务之必宜分别者也。假令中央政务与地方政务长此不分，即长此无可改良预算之希望。盖我国制度一切重要政务并非中央政府直接执行，而执行者实为各省督抚，于是名义上之权虽在中央，而事实上之权究在督抚，故言司法经费法部不能估定之，言教育经费学部不能估定之，推之其他，各部莫不皆然。而各部所能估定者，仅本署数十万或数百万之经费而已。即今日资政院会议预算，想各部只能就本署削减之经费争执之，而不能就所管事务削减之经费代督抚争执之，是真危险之象也。何也？资政院审查预算既无商榷督抚之必要，而督抚特派员又无到会发言之时机，将来此部预算行之各省，各省督抚是否能承认，是否于各省事实无所阻碍，是一疑问也。设各省不能承认，起而反对，全部预算能无动摇乎！近者奉天、吉林、云南、陕西、湖南、山西等省纷纷电争不能核减，并托各主管衙门就主管事务与资政院协商，而各主管衙门仅以公文送电到院，并未见一人来院协商，然则各主管衙门所主何事，所管何务，而竟冷淡如此，不负责任如此，尚得谓之主管事务衙门乎？诸君试思之，此等现象究竟是何原因，实以各省督抚办理新政则毫无实效，浪费国帑则实有传闻，今者电争政费，其在各主管衙门亦挟一滥费地步以相揣测也，故对于督抚秦越肥瘠漠不相关，如是此弊坐在中央各部不能确定主管事务经费，而必须督抚确定之，夫督抚既能确定经费，而不能与闻预算，且又须执行事务，故必以电相争，各部不能确定经费，反能与闻预算，且不须执行事务，故可置之不理，内外隔阂，如此其极。其弊又坐在中央政府与地方政府权限不分明之咎也。果能划分政务，若者为中央权限，若者为地方权限，国家行政之经费由中央分别预算之，而资政院任审查之责，地方行政之经费由督抚自行预算之，而谘议局任审查之责，如此则权限分明，预算可以实行矣。但中央政务与地方政务既分，则中央政费与地方政费不能不因之而别，假令混为一团，长此现在情形，财政权终归督抚，揆之法理事实，固属无一而可。即采集权主义，一切财政纯归中央掌握，则地方官吏因发达地方事务亦须请财政于中央政府，势必多所牵掣，地方事业又何能发达乎！盖集权中央可也，集财中央则断乎不可也。（拍手）且资政院与谘议局议决预算之权限亦不免多所冲突。盖今年预算册因地方税、国家税未分之故，只就督抚所管事项，其性质近于地方行政经费者划交谘议局议决，而岁入一门统归资政院议决，致令各省谘议局纷纷电诘，若明岁预算册内再不划分，恐无以对谘议局也。度支部有见及此，故将地方税、国家税奏定明年颁布，但各省编制预算明年三、四月间即须下手，是划分地方税、国家税春二、三月定须告竣。夫何待言，虽然此其中尚有一前提也，盖欲确定地方行政经费，非先确定地方政务不可，欲确定地方政务，非先确定行政制度及督抚权限不可，欲确定行政制度及督抚权限，非先厘订官制不可。现在地方税、国家税划分权限迫于眉睫，而新官制尚未颁布，则标准未立，实无从下手，稍一延宕，恐明年预算册内国家税、地方税终未由分也。此则改良预算非划分政务及财政不可，而划分政务及财政又非速行颁布官制不可也，此希望政府之事者又一。其一则速行国库制度也。东、西各国理财方法收支官吏与出纳官吏恒分离为二，互相纠绳，互相监察，故一切不尽不实之弊可以剔除净尽，而预算制度之可以实行也。盖编制预算者于其收入无不以多估少，于其支出无不以少估多，几成各国通例，诚以预算一事系对于未来之收支以理想而定，其数目因时势变迁，收入或有时减少，支出或有时增多，不能不为此预防之计也。是预算册内之数目实行时不无变动固属事所恒有，所恃以知其的确之数者惟恃此管理现款之一机关耳。无论何种官厅，其所收支无不经由国库，将来以国库出纳之数与各官厅收支之数两相比较，真相乃见。不然决算年度收支官吏照缮预算册一份以为决算，或者藉口天时、人事之变迁增加出款，减少入款，则又谁得而知之，其危险甚矣。此则改良预算非实行国库制度不可也，此希望政府之事者又一。其一则速行新币制也。币制之本位单位与预算无关系，所关系者惟币制之法价耳。现在通行市面制钱也，铜元也，银元也，银两也，皆无一定法价，甲县与乙县不同，甲日与乙日又不同。当预算之编制也，举向所通用之制钱、铜元、银元、银两而令其一一折合库平银两；及预算之实行也，又举纸张上之所谓库平银两而令其折合无法价之制钱、铜元、银两等弊，官吏于此数此折合即可上下其手。即退一步，官吏人人公正，不至舞弊，而因银价涨落无常，出入或有增减，预算数目即不能确定矣，此则改良预算非速行新币制不可也，此希望政府之事者又一。此外尚有希望政府注意之点有二：一则预算案以内之事，一则预算案以外之事。预算案以内之注意维何，其一则入款之变更是也。今预算册内入款三万万，似为宣统三年确定之数矣，然而不可恃也。除水旱偏灾收入或致短少不可逆料外，其显然短绌者则因禁烟一事，举预算册内数百万之内地土药税、数百万之入口洋药税、又各省数百万之烟膏捐、牌照捐将消归于无，何有之乡矣，此不可不预筹抵补者也。其一则公债费性质之不明也。公债一项其数虽只四百八十余万，而皆系各省督抚所发行者也，东、西各国公债种类原有国家公债、地方公债之别，此项公债果属于地方公债乎，抑属于国家公债乎？如谓属于地方公债，则督抚权限内实管有国家事务，如谓属于国家公债，则不应以各省名义发行，第不知各省督抚当收入此项公债后果以之为国家行政经费，抑以之为地方行政经费，且以之为国家、地方混合之经费乎？其偿还此项公债将从国家税支出，抑从地方税支出，且从国家税、地方税混合支出乎？他日地方政务、地方税项划分以后，各省督抚原可以省政府名义发行地方公债，固属法律之所必许，亦属事实之所必需。第地方税项未分以前，若各省纷纷发行非国家、非地方之公债而不为之确定性质，非独为国库增重负担，恐明年预算案内又添一重障碍也，此所谓预算案内宜注意之事者也。预算案以外之注意维何，其一则属于预算案以前之亏空也。近来新政繁兴，各省历年亏空见之奏章者不一而足，今年年关未过，而各省纷纷以亏空见告，有向大清银行借款者，有向其他商人借款者，其亏空殆不知凡几，加以各省官银钱局发行无着之钞票，多或数千万，少亦数百万，其亏空又不知凡几。此等亏空皆未列于预算案内，转瞬明年所有借款半须偿还，又将何款支付，能勿牵动全部预算案乎！未审政府已筹，虑及之否耶！其一则属于预算案以后之增加也。现查各省督抚议复赵御史酌定行政经费各折，综合计算新政经费平均每年须添四千余万，而振兴海军费用不在其内也，变通旗制费用不在其内也，经营蒙藏费用不在其内也。且各国洋债辛丑以后还息多而还本少，宣统四年以后则每年须增还本金数百万乃至千万不等，合此数项年须增至六七千万，是虽有大理财家操点石之术，吾恐入款增加之程度终不敌出款增加之程度也。然则预算案以前之亏空如彼，预算案以后之增加如此，真不知何术可以挽救也。言念及此，为中国前途危，即为中国政治前途危，即为中国国家前途危，但不知政府亦曾思前顾后筹有救济之方法否也，此又所谓预算案外宜注意之事者也。总之，今日中国不图强则已，苟欲图强,非改良政治组织不可;不办预算则已,苟欲办预算,亦非改良政治组织不可。顷所言责任内阁也,新官制也,皆改良政治之根本策也,即改良预算之根本策也。甚望政府急起直追,于数月内见之实行,则本员所馨香祷祝者也。本员之意见如此。(拍手,拍手)

议长:现在休息,十五分钟后再续行开议。

一五三号(易议员宗夔):请议长不必休息,恐休息就不能开会了。

七三号(汪议员荣宝):请议完了预算案再休息。

议长:本议长今日有病,实难支持。现在重大议案很多,若勉强与议,恐过于劳顿,后天反致不能到会。如大家必欲今天议决此案,不妨请副议长暂行代理,本议长拟稍休息。

议长将离席,议员中有离席者。

一二一号(方议员还):方才刘议员演说底稿秘书厅印刷出来,请分给大家看看。

议长:请副议长代理,现在距闭会期甚近,要紧议案很多,以后于开会、休息、散会的时刻请诸位注意。

一五三号(易议员宗夔):明天可以开会否?

议长:大约可以开会,离闭会已无多日,要紧的议案都要议完的。

一五三号(易议员宗夔):请议长一面奏请延会十日,一面每天开一正式会。今天预算不过报告,大致还有四分科报告,报告之后还要议决,新刑律尚待议决,全是很麻(繁)〔烦〕的,请议长下次将预算案专列议事日表,议决后再议新刑律,还有关于海陆军的事情请议长再开一秘密会才好。

议长:此事本议长极为同意,但是总要各位议员热心办理。况且预算、新刑律两案都是很要紧的,不能潦草通过,总须各位议员多多注意方好。

一五三号(易议员宗夔):请议长此后每天午前开审查会,午后开正式会,到三、四点钟休息一下。休息太迟,恐怕大家走了,以后须吩咐守卫谨守院门,凡挂议员徽章之人不准于未展会时即出去才好。

一四九号(罗议员杰):不必说挂徽章与否,凡是议员均不准出去。

议长:这个办法本议长极表同情,但仍须各位议员各自留意,或将此办法付表决,以便公同遵守。

九四号（王议员佐良）：请问议长，三两天能开秘密会否？

一五三号（易议员宗夔）：将来报告海陆军经费的时候总要开秘密会才好。

议长：现拟再开一日秘密会，此等议案可以归并一起会议。

议长退席，副议长登台就座。

八一号（章议员宗元）：本员承股员长之委托代为报告。本股员会于十月初七日开股员会，审查京外各衙门公费，大家议论"公费"二字作何解释，以为公费对于廉俸是有分别的。廉俸是朝廷所定的制度，而公费不然，在京各衙门都是自己定的，在外各衙门都是奏定的，都有"暂定"二字，而奏请暂定奉旨都是"知道了"，并没有"依议，着照所请"字样，可见公费与廉俸有别。而且与办公经费更自不同，就外面看似乎与办公经费一样，而内容究不同。（报告未毕，而议员纷纷离席）

一三十号（刘议员景烈）：议员多数离席，请议长注意。

副议长：现在暂且休息十五分钟。

八七号（沈议员林一）：照章是五点以后就可以散会，现在已经过了五点，恐怕不能禁止离席，莫如宣告展会罢。

一三十号（刘议员景烈）：因为闭会期限太迫，要说过了五点钟就行展会恐怕还是不行。

七三号（汪议员荣宝）：议员有议员的道德，现在议长尚未宣告展会就纷纷离席，成何事体！

副议长：宣告展会。

下午六点钟散会。

资政院第一次常年会第三十一号议场速记录

宣统二年十一月十七日下午一点五十分钟开议

议事日表第二十九号

第一，试办宣统三年岁入、岁出总预算案。（股员长报告）

六七号（王议员璟芳）：前次章议员提出统一国库章程议案，请从速交法典股审查。

议长：此案已交法典股审查。

六七号（王议员璟芳）：既已交法典股审查，请议长令法典股早些报告大会。

议长：可以。

议长：今日到会议员一百二十八人。

一六八号（李议员素）：我们资政院因情形不同将弹劾军机案取消，本员不解情形不同作何解释。现在中国依然，军机大臣依然，何得谓之情形不同？我们资政院敷敷衍衍，反反覆覆，何面目以谢天下！本员今日有个倡议，前日之表决是取消奏稿，并非取消问题，我们此次须指实弹劾，不要再如前次之调停，方足以对天下。请议长咨询本院决定之。

议长：此事今日未列议事日表，不必讨论。

一三七号（邵议员羲）：前天取消奏稿没有取消问题，是议长所承认的，请议长指定起草员就是。

一四九号（罗议员杰）：现在距闭会期近了，军机大臣若不负责任，我们资政院通过的议案全行无效，请议长从速指定起草员，以便早日上奏。

一五一号（黎议员雯）：我们中国弄到这个样子是谁之过，弹劾一案那天已经议长允许的，今天仍请议长指定起草员以安人心。

百十号（于议员邦华）：这个问题当初取消说是分两个表决法，一个是说奏稿不适用，看取消不取消，一个是另行指定起草员再行起草具奏。因为那天大家都有个预算案在心里急于开议，所以那天取消奏稿，没有说到请议长另指起草员，后来应该再行提出。现在将近闭会，若再不提出就没有日子了。当初这个弹劾案发生因为两个，议案无效与军机大臣答复说帖不负责任来的，那时不取消，大家赞成，这个折子就应当上的。后来因有上谕饬宪政编查馆从速编定责任内阁官制，其实责任内阁不知何日成立，我们这个折子上去究竟不是与军机大臣个人有关系也，不是与资政院的面子有关系，是与后来资政院与国会有关系的。所以今天本员主张请议长指定起草员，不管这个具奏稿内容或是激烈，或是平和，总要上奏，才算有始有终。若将奏案随便取消，资政院议员可谓毫无意识的。

议长：此事既有议员提议，究竟应否再行讨论，咨询众位议员意见如何。

数议员同呼"无庸讨论"。

一四九号（罗议员杰）：前天因为奏稿的文章要修正，所以取消这个奏稿，并没有取消这个议题，试问军机大臣对于内政、外交到底负责任不负责任。

一五三号（易议员宗夔）：这个弹劾案前日表决是取消奏稿，非取消议题，那些话都不必说，请议长指定起草员就是。

百十号（于议员邦华）：这个事不是现在的关系，是后来的关系。

一零九号（籍议员忠寅）：前天取消奏稿而议题还没有取消，请议长指定起草员。

议长：现在有几位议员倡议另指定起草员，诸位有无异议？

众呼"无异议"。

议长指定起草员六人，由秘书长报告。

秘书长承命报告起草员，姓名如左：陈善同、俨忠、陈宝琛、江谦、陈敬第、李文熙。

一二二号（江议员谦）：今天起草员虽是六人，而起草时候全院议员有甚么意见皆可向起草员发表，至奏稿出来不得再有异议。

议长：剪发易服具奏案奏稿已经拟就，由秘书长朗读。

一三四号（余议员镜清）：浙江铁路公司适用商旅奏稿也是很要紧的，何以还没有办好？

议长：已经办好了，等剪发易服具奏案折稿读完后即行朗读。

秘书长承命朗读剪发易服具奏稿毕。（拍手，拍手）

一七六号（罗议员其光）：本员对于剪发易服一案有两个意见书，要求议长刷印分给大家看看。

一五三号（易议员宗夔）：现在奏稿已经表决过了，不能再有异议，请议长从速具奏。

百八十号（刘议员纬）：顷具奏案已经表决，所有两件陈请书均应取消，不必付审查。

一零八号（籍议员忠寅）：若对于奏稿有意见可以当场发表，倘再提出意见书就无效了。

议长：现在表决剪发易服案奏稿，请赞成者起立。

各议员起立。

议长命秘书官检点人数。

一五三号（易议员宗夔）：请议长从速具奏。

百六十号（王议员绍勋）：前天已经奉了上谕，这个奏稿可以不必上了。

议长：现在已终表决了，请勿庸发言。

秘书官报告赞成起立人数于议长。

议长：起立赞成者九十八人，是多数。

议长：陈请铁路公司仍照公司商律办理案折稿现已办好，由秘书长朗读。

秘书长承命朗读陈请铁路公司仍照公司商律办理折稿毕。

议长：现在表决，请赞成此折稿者起立。

众议员多数起立。

议长：多数。

议长：还有陈请广东限期禁赌案折稿现已办好，由秘书长朗读。

秘书长承命朗读陈请广东限期禁赌案折稿毕。

议长：现在表决，请赞成此折稿者起立。

众议员多数起立。

议长：多数。

一二三号（江议员辛）：前天在议场已经得议长之许可，本员质问陆军部的说帖今天还没有印刷成功，安徽军事很危险的，可否请议长将本议员的说帖原稿命秘书官朗读一遍，咨询本院决定之。

议长：还没有印刷好，现由秘书官先朗读一遍，即可咨询本院决定。

秘书官（张祖廉）：承命朗读江议员辛、江议员谦、陶议员镕、柳议员汝士、宁议员继恭质问陆军部说帖毕。

议长：江议员辛、江议员谦、陶议员镕、柳议员汝士、宁议员继恭质问陆军部说帖一件已经朗读一遍，赞成者请起立。

多数起立赞成。

议长：多数。

秘书官（张祖廉）：续行报告文件毕。

议长：现有直隶农工商业各项学堂局所统归官督绅办核议案、浙江征收漕粮暂行规则核议案，此两件拟暂不会议，先付审查。设特任股员十二人，众位赞成否？

众议员呼"赞成"。

议长：现已指定特任股员十二人，由秘书长报告姓名。

秘书长承命报告审查直隶农工商业各项学堂局所统归官督绅办核议案及浙江征收漕粮暂行规则核议案，特任股员姓名如左：刘男爵、赵椿年、顾栋臣、王璟芳、胡礽泰、孟昭常、沈林一、江谦、文龢、蒋鸿斌、卢润瀛、梁守典。

一四九号（罗议员杰）：本议员提出整理边事议案是很要紧的，请议长速付审查。

议长：已经付审查矣。

一二三号（江议员辛）：从前提议修正本院章程，吴议员有修正案，何以至今没有提出，是否取消？

议长：此事等查一查。

一零四号（桂议员山）：黑龙江移民实边议案于本月初六日已经审查过了，到现在有二十多天未见报告，本院闭会在迩，近日都要讨论关系全国的利弊，据本员看起来，黑龙江移民实边一案是最关系全国重大的事情，所以本员才提出来，这是第一层。第二，本员见我之边疆主权日日失著，每遇交涉处处束手，东方前途之危险岌岌乎，有朝不顾夕之势，我若不早为设法经理，势必坐让他人，请议长下次列入议事日表，咨询本院讨论急进之方针为要，请议长注意。

议长：可以从速列入议事日表。

一五三号（易议员宗夔）：本员提出改用阳历的议案请议长下次列入议事日表付审查。

议长：应议之事太多，总竭力设法能列入。

五七号（林议员炳章）：全国禁烟案怎么样？

议长：全国禁烟案尚须与民政部会商，俟会商后即行具奏。

一七七号（李议员文熙）：四川铁路的事情同浙江一样应该从速上奏。

议长：可以同时上奏。

九九号（陈议员瀛洲）：本员十月初八日有质问外务部说帖一件，于今将近两月，外务部并未答复。在外务部谨守秘密不能宣泄，自是正当办法，本员也不便再四强求，一定要他答复。但是东三省时局如此危险，本院闭会日期转瞬即至，本员请议长俯念时艰，赶紧开秘密会议，请军机大臣、各部行政大臣到会，本员得将东三省的情形痛陈一切，磋商一个补救方法，这是本员所恳求的。再者本员今天接到东三省来函，言四次请开国会代表由巡警总厅押送回籍，东三省人民对于此举异常激烈，恐怕是不能中止的。而各学堂学生闻此消息多有纷纷停课，预备第五次请愿，恐此后人心涣散，惹起风潮，难得良好之结果。本员系东三省人，对于此事既不能劝阻，又不能坐视，再四思维，万分焦灼，想我们资政院为全国舆论之代表，民间遇有关系重要事件是不能不过问的，所以本员请开秘密会议，请求议长咨询本院全体议员筹措善后完全的法子才好。

议长：打算就开秘密会，此等事件须在秘密会讨论。

议长：禁烟具奏一案尚有应向各位声明的话。日前本院议决三个期限，本是到宣统二年十二月底止禁种，现在这个章程第二条所载乃自奏定电文到日起一律禁种，自与原议稍有不同，既是不同，奏稿上不能不陈明此层，所以先报告一声，现在赶紧办稿，办齐即送到民政部画稿会同上奏。

一零四号（桂议员山）：请议长于一、二日间总要开秘密会，上次本员质问军机处、外务部之说帖至今未见答复。况东三省四次请愿又遭解散，以本员看起来，国会一事朝廷虽有热心，总不外大臣从中主持，现在对于国会之问题虽是缩短年限，然而到宣统五年也还有好几年，国会不开，民心难得。据本员的意见，军机大臣是最高的机关，有无完全保护东三省之责任，请议长开秘密会一回，请军机大臣、外务部大臣来院讨论为要。（拍手）

七三号（汪议员荣宝）：禁烟案还要会同度支部才好。

议长：汪议员所说甚是，可以照办。

议长：现在开议。按照议事日表第一试办宣统三年岁入、岁出总预算案审查全案之主旨，上次预算股股员长已经报告过了，现请章议员宗元报告内、外各衙门公费标准并说明理由。

八一号（章议员宗元）：前天本员没有报告完全，因为人数参差不齐，走了许多，现在从新报告。本股于十月初七日开股员会审查京外公费，大家讨论"公费"二字是甚么解释。有人提起说公费对于廉俸有分别，廉俸是朝廷定的，是正当官俸，公费是新定的名目，京城各衙门公费大半是自己定的，也有多的，也有少的，至于各省都是声明暂定，所以这个也没有一定的标准，就没有一定的办法。公费与廉俸不同，这是一层。还有一层，公费与办公经费又是不同的。公费一项以外面看来像是为办公起见，但是实在情形有不同的地方，看各省预算大半除公费外还另有一种办公经费，所以公费是一种津贴的样子，并不是办公费。大家讨论到这个地步，以为公费既不是廉俸，又不是办公费，资政院究可以核减、不可以核减。后来大家议到财政困难，各省参差不齐，诸位以为总要核减。但是本股分科审查，每科有十五个人的，有十六个人的，每科另外分许多的人办理一切。既是要把公费核减，不能不定出一个标准来，有了一定的标准，就不至有参差不齐的弊病，所以于十月十五日由股员长指定十二个人作为额外股员审查公费的标准。后来经额外股员报告，据该股员审查的宗旨以为这个公费既是在廉俸以外，此刻官俸没有定出来，旧有的廉俸暂时可以不问，专问公费。这个公费分京官、外官，京官各衙门各各不同，有的太多，有的很少，额外股员会以为此刻财政是很困难的，所以要定公费标准就不能偏在最多的这一面，说因为没有款子，但是也不可偏在最少的一面，说现在有几个衙门很苦的，所有经费不敷办公，至于阔的衙门免未浪费，大家采折衷主义，也不以最多的定，也不以最少的定。京官第一是军机大臣，照旧例二万四千两还是不动。第二是各部尚书，大致相同，是一万两。其次侍郎八千两，丞四千两，参三千六百两，后来议论到各部有丞、参上行走人员，多的有二十几人，少的五六人，七八人，大家以为候补丞、参及丞、参上行走都是官的名目，不是乌布的名目，不能因此支领公费，若是候补丞、参另外有乌布的可以照此项乌布领公费。其次是各项司员各衙门也是不同的，最多的就是外务部、邮传部、农工商部，最少的是法部、礼部，不多不少的就是度支等部，本股额外股员取折衷主义，就照度支等部分七等，头等二千四百两，七等是一百八十两，向来各部有参事、佥事，比照一等乌布。以上都是京官的公费标准。说到外官，就比京官稍为难一点，因为各省的情形不同，没有一省可以拿来作标准的，所以股员会比照京官酌定外官的标准。外官比较京官总要丰些，费用也要大些，这是股员会公认的，但是怎么样办法照各省暂定的公费最是参差的。比方就拿直隶一省来说，直隶省总督是四万多两，藩司是一万八千两，提学司一万九千两，盐运司三万六千两，他这个定法并不是有个标准的。向来这个缺有多少钱，此刻把陋规提出来之后都归在公费以内也是没有标准的办法，额外股员会讨论到这个地方，以为这样是很不好的。而且近来许多外官公费太多，所以本国向来习气作了几年京官都要运动作外官，就是以为外官比京官好十倍、八倍，进款多些，多挣得几个钱，所以弄成这个结果，就有人用许多方法运动外放，到了外边之后往往操守不定，都是贪财的，所以额外股员会以为外官固然不可同京官一样，但是也不宜太多，所以外省总督分繁缺、简缺，繁缺军机大臣是二万四千两，巡抚繁缺一万八千两，简缺一万四千两，其余各司都是六千两。这都是公费，外官还有养廉，督抚养廉很大，有一万、二万的，还不在公费数目之内。此外如民政司、提学司、盐运司，股员会以为同是三品官，没有甚么大分别，不应当盐运使三万五千，提法使只有几千银子，也是很不公平的，所以都是定六千两。各道繁缺五千两，简缺四千两，各府繁缺四千两，简缺三千两，现在府道相差的很多，往往关道有八万、九万，知府只有三四千银子的，当时股员会讨论以为关道何以要十万、八万，比军机大臣还多至两三倍，这是很没有理由的。以下是州县，有的定了公费，有的没有定公费，总之没有定公费的很多，股员会讨论州县公费很难确定。州县的事情很多，一个人不能办，不能不用幕友，所以很难审查。各省预算都是总册，没有分册，各州县公费多少、办公经费多少没有一个标准，必须定了标准之后要一县一县的详细审查出来，然后可以得的确的数目。额外股员看了这个事情很麻烦的，所以州县公费概不核减。此外是督抚司道科员也定个标准，没有甚么大关系的。总之，额外股员定这个公费标准，当时声明这个标准是预备核减预算，可以不至于参差，并不是定公费，更不是定官俸。何以故呢？定官俸之权本不在资政院，是政府里头的事情，所以本股要特别声明一句，这回定公费标准是为核减预算起见，并不是侵夺政府定官俸的权限。还有一层，这回定标准是预备核减的，并不是预备增加的，多的核减，少的并不加，这个是十月十五这一天额外股员报告的情形。报告之后经预算股员大家讨论公决，之后写了一个单子，分送各科股员，以便核减时候依这个标准核减的。本员还有一句声明的话，这个标准虽然不能十分妥当，但是有了这标准之后，预算核减起来依了这个标准减下来，也就不至于十分参差。如果大家意思不以为可，或者以为不能不更正，只好修改起来，但是还以不更动为是。何以故呢？如果这个标准更动，全盘预算都要更动的，这个预算案并不是一个总大的款增多减少可以一笔做下去，所有核减的总数都是零零碎碎凑起来的，如果更动，通通都要更动下来，所以要更动非十天、八天所能做得到的，请大家斟酌。

三七号（李议员子爵）：本员没有听明白是怎么为七等的数目。

八一号（章议员宗元）：一等是二千四百两，二等是一千九百两。（语未毕）

众议员：有印刷出来的册子，请看册子就明白了。

议长：度支部与各主管衙门对于预算公费报告有无意见？

一五三号（易议员宗夔）：京内外公费章议员已经报告过了，这一回预算是为裁冗员、节（縻）〔靡〕费起见，定这个公费是一个暂行办法，本员看今年预算没有许多讨论就可成立的，请议长付表决。

百十号（于议员邦华）：本员还要与大家讨论。本员是额外股员之一，当初定这个公费大家也是公同议决的，本员有个私意，请大家取决，不过股员会定出来到议场报告这个标准。比如巡抚、总督在一省为总揽机关，公费比京官多一点也不要紧。至于各司，度支司、民政司、提学司公费是六千多两，若要都是一律是可以办得到的。然而这件事有旧来的，有新设的，新设的不如先前的，廉俸定六千就是六千，至于度支使是布政使改的，提法使是臬司改的，他所有的旧廉俸也可以带过来了，他既有旧廉俸，又有公费，两项相合就有一万二千两之多。（语未毕）

一五三号（易议员宗夔）：本员有个倡议。于议员是预算股员之一，这个事体在股员会已经说过，今天不必讨论了。定公费是暂行的事，明年新官制颁出来这个预算还要变动的。

百十号（于议员邦华）：本员不是讨论，是报告。譬如各省巡警道、劝业道公费该裁的他不裁。（语未毕）

百九十号（吴议员赐龄）：预算案很重大的，如果有讨论的地方还可以讨论，应当讨论的不要人讨论怎么能表决呢？

一五三号（易议员宗夔）：本议员的话是对于预算股员说话，因为已经在股员会讨论过了的，在大会可以勿容讨论了。

三七号（李议员子爵）：本员有个疑问。知府可以不必说，据股员会说道台五千银子，这个要稍许斟酌。这个公费怎么减的在乎大家讨论，本员并不晓得作官，并不晓得候补，不过这个道台他的事情也很多，如果只有五千银子人家就不得干了。为甚么呢？他的事情很多，所用的科员、科长很多，如果一年只有五千银，他的科员、科长又或者要加（新）〔薪〕水，这个道台就未免太寒苦了。

六八号（文议员溥）：本员有质问章议员的话。在京各衙门经费何必以度支部为标准呢？度支部司局处所甚多，人人可以兼差，各衙门岂能一律仿照。就章议员而论，既是财政学堂的监督，又是编制局科员，又是度支部丞参上行走，所得公费不少，他衙门人员即不能照办。要说此次预算上入手的办法应从裁冗员上着想，若不裁冗员，虽公费定的少，而用人用的多，那还是无济于事。

八一号（章议员宗元）：本员并没有在度支部丞参上行走。

六八号（王议员璟芳）：不能是这样说。若是说度支部人多而又能兼差，这么看起来在事情多的衙门当差就不如在事情少的衙门当差了。

一二二号（江议员辛）：兼差是另外的问题，现在所讨论的是讨论公费的标准。

一零九号（籍议员忠寅）：也没有别的话，惟对于本题讨论。至于兼差不兼差是另外一件事情，若说公费的标准大家如以为定的过宽还可以从严，以为定的过严还可以从宽的。

六八号（文议员溥）：各衙门公费不能一律。（语未终）

五九号（顾议员栋臣）：本员也是预算股中划定公费标准额外股员之一，当初的意思并不是一定要拿度支部作标准，不过因为各部公费有多的，有少的，多者如外务部、邮传部之数太觉奢糜〔靡〕，少者如法部又太觉清苦，折中办法以度支部及陆军部较为适中，是以即作为标准。章议员但言度支部而不及陆军部者，举一以见例耳。至文议员云各员公费之多少当以衙门公事之繁简为衡一节，鄙意衙门中公事繁者用人多，公事简者用人少。至各人办事之劳逸，则彼此仍是一般不得以此而区分俸给之多寡也。

一五一号（黎议员尚雯）：国家设官原以为民，今天当讨论行政各费应否增加或核减，不必斤斤于公费。

六八号（文议员溥）：本来各衙门办事每司不过十数人，近来添的人多至四五十人，所以浮费亦多，今不从此设法办去以求节省，但就公费定一标准，恐怕事体不能划一，何以各署事体有繁简，责任有轻重，自应分别酌定。且这回预算恐怕不能成立，因度支部预算据监理财政官报告编成，而监理财政官系据藩司的册子模模糊糊报告进来，度支部交到资政院来议，而资政院就凭一个册子删删减减，所列各款于事实上靠住靠不住，将来各衙门行去有无窒碍。还有一个问题，试问度支部此项预算明年更动不更动，若更动即不成为预算，现在收支没有改良，税法没有划一，明年预算势必有更动的地方，明年施行上必不能适用，这是无价值的预算。本员看起来预算是不能成立的。

七三号（汪议员荣宝）：有质问预算股员的话。度支部新币制改两为元，现在军机大臣还是二万四千两，尚书还是一万两，而预算股何以不改两为元呢？

一二三号（江议员辛）：本员为预算股员之一，因度支部新币制明年颁布，今年把预算办好，后来若改两为元，是每两改作一元五角，度支部特派员是如此说的，所以现在没有改两为元。

七三号（汪议员荣宝）：要是拿两万四千两改作两万四千元，国家岁出岂不省了许多吗？

八一号（章议员宗元）：这是公费的标准，是关乎全国的预算，所以这个问题不能依照贵议员的话解决的。现在公费都是照库平计算的，是新币制也是很容易的，并没有甚么讨论。

一三二号（文议员龢）：九八五成色都是度支部所定的成色。

六七号（王议员璟芳）：所谓九八五的成色现在不必讨论，关于币制问题，资政院可以另外质问度支部。对于公费拿度支部为标准是章议员说失于检点，公费总以一律为是，公费之标准总要能供这个办事人相当之生活为度。现在这个标准从那里出来呢？就是从各衙门多少不等的数目及上说相当之生活折衷出来。至资政院何以但能核减，而不与少者以加多呢？因为国家岁出亏五千多万，再要加多了那是不行的，这是一层。至于裁冗员问题，事情多的衙门用的人一定多，然而股员会审查对于裁冗员一节也很注意的。譬如陆军部、度支部公费既与股员会标准相合，何能又有核减呢？就是裁冗员的缘故了。还有一层，今天有人说今年预算不能成立，这是一句很危险的话。固然是明年改定官制，划分政务，与今年办预算的时候情形大不相同，将来政务划分则政费变更，官制改定则官俸变更，预算自然是不合的了，然而要紧的政费、大致的官俸无论那怎么样变更，其相差总是不远的，此次预算案经全体议决之后无论如何一定可以实行。还有一层，在场议员与特派员皆要注意要晓得预算原理于预算定额以外还有预算外之支出，如果明年有意外之事要用款，而预算册上没有，这笔钱就不能办事，是于国家事实上很有妨碍，这个时候就可用这个例外的法律了。但对于此等预算外之支出必定要有人负责任，就是行政大臣或各省督抚对于责任内阁说有某项的事情非办不可，这笔钱今年预算上没有的，经内阁议决动用，到次年再将此项数目请求议院追认，议院以为合理就可承认，以为不合就应该大臣担责任。这个事情是各国所不能免的，何况我国初办预算，明年又有多少事情不同，必定有许多预算外支出是无疑的了。但是今年总望预算案通过，通过之后然后政府有个把握，国民有个参考，且既经核减，明年之数若是于事实上无妨碍，无论行政大臣、各省督抚都不能动摇我们的预算之基础，这就是今年审查预算大结果了。

六八号（文议员溥）：对于王议员质问的话，现在收支没有改良，税法没有厘定，明年预算一定要更动的。要是明年不能施行这个预算，一定没有价值，是不能适用之预算，所以本员主张此次预算不能成立。

七四号（陆议员宗舆）：今天讨论不能说到枝枝节节，如每月多少薪水，是几元洋钱、几两银子，是甚么市价折扣的。现在预算最要紧的第一是军政，陆海军经费差不多要占三分之一以上，这是最要考究的；第二层是实业、教育；第三层是保人民治安的警察经费及一切行政经费。总须先将荦荦大端加意讨求，方是提纲挈领的办法，乃是有价值的预算。现在诸位都把大问题抛掉了，都来讨论这些零零碎碎的事，这样的预算真可谓一点价值都没有了。

一五三号（易议员宗夔）：陆议员所说的话很正当的，但是前天已经报告过了。今天是报告公费的标准，因为全部预算都是从核减入手，全是裁冗员节（縻）〔靡〕费的意思，所以有这个讨论。

一零九号（籍议员忠寅）：陆议员所说的话很正当。至于陆议员所说的预算方针是海陆军、教育、警察、实业哪一项不敷、那一项有余是最要讨论的，这是应该说的。不过我们这回预算无论那一部行政都有用人的，关系对于用人之处置就是公费，所以要先提出标准来，有个标准就是行政经费统一的方针，这是要讨论的，要研究的。所以必把标准议定好了，然后对于行政用人的公费没有过刻过滥之弊，如果不把标准议好，则各部及各省对于行政用人就没有标准了。我们这回预算是分类审查，大家未免都有疑义，后来把各部比较起来更加不对，所以要定这个标准。所定的标准虽不敢说正当，也是预算不可少的手续，所以先要把这个表决。

七四号（陆议员宗舆）：将来政府那层不敷还要提出修正案，就是这次预算成立了也还是要修正的。现在各省纷纷来电，都是在行政里头说话，这个预算明年行得去行不去我们还不能逆料的。不过因为这个事情，我们以为非要多少钱不能办这个也是对于人民治安上一种关系，不是专为几个官吏的薪水。且定公费的标准是生计程度问题，是很容易定的，没有甚么多大讨论。本员的意思究竟这个对于海陆军、教育、警察、实业诸费是甚么方针是应该讨论的。

百十号（于议员邦华）：现在报告是报告标准，总是要细心讨论，大家看这个标准对不对，至于陆议员所说的办法另外再行讨论。

百九十号（吴议员赐龄）：对于公费标准讨论，本员有意见。因为试办预算一方面是财政上眼光，一方面是政治上眼光，现在清理京内各衙门财政要划分繁简，那部有多少事就要用多少人，先要把冗员除去再定公费，要按他的生活程度地位，办事人少，自然公费就可以减少，所以公费上不能不除冗员，然后再定公费的标准。各道府州县，道府是在该裁之列，他的公费可以不议的，州县是应该划一的，应当这个公费标准先划分繁中简省分，再划分繁中简缺分才好。

一七七号（李议员文熙）：因为各省州县也有定公费的，也有未定公费的，并有公费混入办公经费的，现在既没有一定办法，所以不能确定。至于现在在京各衙门有新衙门、旧衙门之分，国家对新衙门是一种眼光，旧衙门又是一种眼光，实觉不安。而且新衙门所办之事未见甚好，旧衙门则每以经费不足无论何事全不注意，此是最重之病，若不从此着手整顿，殊失国家整饬政务之意。何则？旧衙门经费何以不增加亦有原因，因本年预算亏欠太巨，新官制明年即定，照新官制实当然平均，现在决不能说因为新衙门事体多，而公费应多，因旧衙门事体少，而公费就应少也。

一零九号（籍议员忠寅）：这个事情甚么诧异呢？因为全国预算关系的事情很多，为甚么单拿公费这一部分来报告呢？大家诧异就在这个地方。现在各种行政究竟那一种应急、那一种应缓、那一种应加、那一种应减都没有说，单报告这个题目，殊不知股员会审查时候亦有一番困难，有一番苦境，所以不得不如此，不得不先报告这个题目。无论那种行政都有公费，假如不定出一个标准来，比如陆军部，有陆军部来管一面的公费非常之多，一面的公费非常之少，这个样子大相悬殊，就不能把多的来减少，而少的加多，因为预算不足之数太多，若少的再加多更不能足用了，所以多的可以减少，而少的不能加多。至于所谓审查预算必定有个方针，究竟应当注重那件事情，以后还要报告，并不是单报公费就完了。以本股员会的意思，无论那种行政里边都要用人，用人必要公费，假使不定出一个标准，那就原来二百两的就给二百两，原来一百两的就给一百两，那就无法收支适合了，所以不能不先定出一个标准来，就不能不在议场上报告请大家决定，决定之后再报告各种行政里边的费用。至于用人的费用就没有甚么研究了，不然那一种行政都要用人，若是一种一种研究起来，那是很费时光的。

众议员赞成。

七四号（陆议员宗舆）：公费这一层可以讨论终止。

一五三号（易议员宗夔）：因为今年政府提出这个预算案不足的数目是四千几百万，我们当议员的只要尽议员之职务，一面要使政府政务无妨碍，一面要减轻人民之负担，所以我们万不能因为经费不足提出新租税来弥补亏空。现在没有别的办法，只好从核减预算入手，本股员会审查之手续先从公费入手。刚才吴议员所主张本员可以解释，因议院只可以对于经费上说话，不能对于机关上说话，若欲把机关裁撤节减经费那是行政大臣之权，现在我们先表决这个公费，通过之后再把别的事来讨论。至于预算成立、不成立还在政府，而我们人民是愿意预算成立的，成立之后我们可以整理财政，核减（縻）〔靡〕费，一切事体都可以整顿起来了。

百十号（于议员邦华）：请发言。

百九十号（吴议员赐龄）：请发言。

议长：于议员先请发言。

百九十号（吴议员赐龄）：公费既然不足，曷不裁减用人呢？因为用人多少就要公费多少。

议长：于议员报告在先，贵议员请暂缓发言。

百九十号（吴议员赐龄）仍发言不休。

六七号（王议员璟芳）：如此发言，于议场秩序大有妨害。本员有个倡议，每人发言对于一个议题只能发言一次。

众议员赞成。

七三号（汪议员荣宝）：本议员有个倡议，现在可以讨论修正，请议长付表决。

众呼"赞成"。

百十号（于议员邦华）：本员尚欲说明，可否发言？

三五号（议员曾侯爵）：请议长付表决。

议长：本议长请问度支部特派员，对于预算案审查公费报告书有无意见？

度支部特派员（徐文霨）：顷议员见询度支部有无意见，未及陈述。一因度支部所欲言者系对于预算全体之意见，非仅对于核减公费之意见，二因议员继续讨论，未便参杂，今请说明。资政院会议预算度支部大臣本欲出席，适因感冒未能到会。度支部对于财政上之宗旨历经奏明，前月提出预算案，又经度支部大臣演说过，总之，但求于事实无碍，能减一分浮（糜）〔靡〕即可为国家增一分实用也，为人民减一分负担，所以对于审查预算全体及核减公费之报告并无异议。（拍手）

议长：关于预算公费事主管各衙门有无意见？请发言。

法部特派员（冯昇占）：等到分科报告时我们再行讨论。

议长：各衙门既无意见，按照发言表，请刘议员景烈发言。

六二号（刘议员泽熙）：请问议长，发言议员还是对于全部预算有异议，还是对于公费有意见？如果对于公费有意见就请发言，若是对于全部预算有意见，等到公费通过后再请发言。

议长：请问刘议员是否对公费一事发言？

刘议员未到席。

议长：其次应请吴议员士鉴发言，但吴议员亦未到议场，应请再其次之吴议员赐龄发言。

七三号（汪议员荣宝）：讨论终止，大家已经赞成，可以不必发言。

百九十号（吴议员赐龄）：有发言表，何以不许本员发言？

七三号（汪议员荣宝）：因为大家已经赞成讨论终止之倡议。（声浪大作）

众议员请议长整理议场秩序。

议长：现在可否先表决汪议员的倡议？

五九号（顾议员栋臣）：同是议员，何必闹意见呢？

一零九号（籍议员忠寅）：方才预算股员长刘议员的话说的很是，发言表的议员是否对于公费有甚么意见，若无意见，请议长付表决就是了。

某议员：发言表人都没有到，请取消就是了。

一五三号（易议员宗夔）：各议员如有讨论，等到分科报告之时再行讨论，现在报告未完，请暂缓讨论。因为今天所表决是公费标准，将来还可以讨论。

议长：按发言表，请吴议员赐龄发言。

七三号（汪议员荣宝）：讨论终止以后不能发言。

百九十号（吴议员赐龄）：发言表究竟有效无效？

七三号（汪议员荣宝）：这个倡议大家已经赞成了。

百九十号（吴议员赐龄）：谁赞成这个倡议呢？（声浪大作）

六二号（刘议员泽熙）：按照资政院议事细则第八十七条，看起来，预算会议先议大纲，再议各项，这部预算大纲及股员会审查之主旨前天本员已经报告了，报告之后各议员对于这件事体并没有甚么讨论。所以今天议长宣告开议之时，各议员如果对于预算大纲若有讨论彼时即可说话，现在业经提出公费标准。公费者，即预算之各项也，若牵到大纲上说似觉去题太远，且股员会何以欲先报告公费，因为此是四科公共事件，把这个问题解决之后各科报告就可迎刃而解。又预算报告之手续本员以为宜分科报告，先报告第一科，然后第二、第三、第四各科以次报告，各议员对于某项政务上如有意见，等到各科报告时再行讨论。至于公费标准,股员会为甚么要定,其中有两理由。其一则因国家所定廉俸太少,不能不有公费以津贴之,但国家无法律制定,因此各部与各部不同,各省与各省不同,不能不定一个标准,以为审查预算便利地步。其次则因廉俸虽少,而外官暗中规费动辄数万或十数万,似不如化私为公,提出此项规费即以之充当公费。吾知于国家财政上必无所损害,而于吏治上则大有利益,初章议员报告的时(侯)〔候〕没有说到这个理由,大家不无疑义,故本员再为说明。至各位议员似不必再于公费上研究了,各人多得几个钱没有甚么要紧,少得几个钱亦没有甚么要紧,(拍手)各项政务要讨论者甚多,何必单在公费上研究。明年新官制实行,就要照新官制改新官俸,我们所定的公费标准实行之期亦不过数月而已,请议长咨询本院可否即付表决。

百九十号(吴议员赐龄):本员不知道讨论应该在甚么时候,昨日股员长报告后又请章议员出来报告,势必报告完毕,然后可以发言。请问议长,本员可以发言否?

六二号(刘议员泽熙):吴议员如果对于全体发言,前天本员报告之后吴议员即可发言,若因前天时光太晚,没有发言机会,今天议长宣布开议时候亦可以发言,既已两次未曾发言,吴议员似可稍缓。等到分科报告一项一项讨论的时候,吴议员有甚么意见即可以发表。

百九十号(吴议员赐龄):前天股员长报告时并没有问大家有无意见,请章议员说明理由亦没有咨询大家有无意见,必要等到分科报告完了才可以讨论吗?

六二号(刘议员泽熙):方才本员已经说明,今天议长宣布开议时候吴议员可以说话,现在既议到公费,吴议员若对于公费有甚么意见即可以发表,若非对于公费,就可以不必说话了。

一五一号(黎议员尚雯):先把公费表决之后,吴议员才可发议。

八一号(章议员宗元):吴议员所说亦很有理由的,但公费现在还没有表决,俟公费表决后再行发言。若吴议员意见于公费有关系即请发言,否则请吴议员稍候一候。

百九十号(吴议员赐龄):今天本员已经列入发言表,不能不听候。议长指出发言并非自误,本员是对于全体的,并不是对于公费的。

议长:现在应当表决公费一事。

六二号（刘议员泽熙）：请议长咨询本院，本员倡议表决公费的标准大家赞成否？

议长：现在表决预算股议定之公费标准，请赞成者起立。

众议员起立赞成。

议长：多数。

一五三号（易议员宗夔）：吴议员对于大体要发言，就请议长请吴议员发言，发言之后再行报告。

议长：请吴议员赐龄发言。

百九十号（吴议员赐龄）登台发言：本员对于这个预算报告是这样子，预算没有一定成立的理由。何以言之？因为股员长报告岁入二万九千多万是支配于各地方督抚的，并非统一于度支部酌盈剂虚，将来各地方督抚承认不承认还不知道，这是一层。其次层加收入之款，以为上年收得这样多，今年收得这样少，故以意追加，各省督抚又不知承认不承认。照这样看起来，这个预算就不能作为确实的预算。政府既以财权不统一，政府不统一，空空拿出帐本作为预算案，我们要与政府协商是迁就以求成立。诚如股员长所报告是仍无成立之把握，那又何必协商呢？协商之后预算仍不能成立，再与政府协商就多此一举了，所以办预算没有宗旨就算不能确定预算了。本员有个办法，就以公费一层而论，宣统三年预算到底那一个衙门有多少事，用多少人，应该领多少公费，事情多的可以多设官员，而不能多加公费，此其一也。再其次，各州县要划分的。再其次，一切行政明年为整顿之时，非扩张之时，不过以旧有整顿不能新加，若能新加是应该不承认的。我国岁入是二万九千多万，军费占了一万多万，军政还是这个样子，若能增加，应先将旧的整顿，整顿有效之后再行扩张，如此则余款必巨。本员非不主张扩充军备，但全国军备精练得好先从铁路着手，现在官办、商办的铁路多属腐败，若要实力整顿，必先把这个路线调查出来，路线定了之后即以全国裁节有余之款专办铁路，若是铁路不振兴，虽欲中央集权亦不能实行的。况且这个军政与铁路有密切之关系，所以必须先从铁路入手，这个预算对于海陆军经费用去全国三分之一本员是很不赞成的。本员的意见要定宗旨另付审查，若照这个册子办法，预算案一定不能成立，是没有一点价值的。

六二号（刘议员泽熙）：吴议员所说的是对于军政的话，俟报告海陆军经费时再行讨论。

百九十号（吴议员赐龄）：本员不过看这报告书海陆军经费裁的很少，所以不赞成。

议长：现在休息二十分钟，今天议事日表只有一个议案，我们要赶紧议好，请各位注意休息。

下午四点二十分钟议事中止。

下午四点四十分钟续行开议。

七六号（曹议员元忠）：前日方议员所提南漕改折议案请问议长税法股审查报告书已收到没有？

议长：方才已经收到。

议长：现在接续开议，请预算第一科审查长籍议员忠寅报告审查之结果。

一零九号（籍议员忠寅）：报告分科的报告在股员会里报告很多。到了大会场就无须详细报告。因为预算分四科，审查那一部事体归那一部审查，到了大会场再详细讨论，这是很费事的。那种行政经费多少，所需之款共几项，或减去多少，大会场是没有结果的，不能如此报告。不过现在照分科报告，就是本科所分几项，其大旨还当说一说。至于逐项报告，另有议员还可以将第一科所办的事再为报告，就是度支部所管的。预算本来分四科，第二、第三、第四这三科多是单纯的行政事情，比如教育行政归那一科，海陆军的行政归那一科。度支部与各省所管的不同，度支部所管的总是财政上经费，各省所管的除去民政、司法、教育、海陆空、实业之外，都算各省行政之经费，归到第一科来，所以第一科要按事情分数项说明。一项是岁出、岁入归第一科审查，全国的岁入都归第一科审查。至于岁入甚么样子，增多少，由李议员文熙再行报告，本员不必重复言之。岁出的大旨分成几种，一种是财政经费，内而度支部所管的，外而仿佛各省藩司衙门之经费，财政公所之经费，支应局、筹款局、厘金局等经费，全是理财机关之经费，所有理财机关连他所支的公费亦在其内。这个财政经费里头分经常经费、临时经费，亦请李议员文熙报告，这是第一项。第二项是行政经费，要说明一下。那一种不是行政呢？教育亦是行政，实业亦是行政，这是另外的行政，不是那个行政，除去第二、第三、第四各科专管的专门行政经费外，这所用亦属行政经费。这个行政经费里边，中央在京各衙门仿佛学部是教育机关，农工商部是实业机关，邮传部是交通机关，除了这个机关之外没有别的专门行政衙门，这归我们审查的。至于各省的行政经费、督抚衙门的经费以及各州县的行政经费，请章议员宗元报告。而在京的经费由陈议员树楷报告，这是一项。一种是官业支出，所谓官业里边没有甚么大旨说明，其详细亦请章议员报告。还有一种是各省预备金，本是预算案上应当有的，因为预备临时，恐怕不够支用，所以有一种预备金，不是预算外的支出，是预算内的预备金，应该有的。现在各省报到度支部的预备金有多少不等，然而亦有没有列的，在我们股员会审查，应列预备金一项，如果不应列，全不要列。现在当此国家经费支绌之时，预算定额尚不能收支如额，若是再定预备金，没有这个盈余之款项，有的省分列预备一项，有的省分没有这项，度支部对于各省预备金已经减去六百多万，经股员会分科审查，预备金一项全行删去。此外有一种公债费，这个公债费是各省所募的公费，这种费用在第二年要还本利的，这一种支出发行在前，没有改动，所以没有审查。还有一种地方自治经费，所谓地方行政经费者是也，亦归到第一科来。大家审查预算案分国家行政经费、地方行政经费，国家行政经费是归我们资政院审查，至于地方行政经费应归各省谘议局审查，然后彼此不至有冲突，不至有两歧，所以规定地方行政经费一项虽然审查，然没有核减。一种是慈善费，审查无可核减。还有一种是各项杂费，为数不多，亦没有核减。因为以上几项多不十分重要，所以先将重要的报告，不重要的有工夫时候再行报告。此外，交到第一科各省互相解的款、还有部拨的款，无关岁出、岁入一方面。本来这种收入报告岁入的时候可以说明，亦无须报告，就本科范围内审查就是如此。至于详细说明，恐怕重复，耽误时候，于本科分部报告时再详细说明。

议长：按着第一科的报告书往下议，原报告书第一勿庸审查者及第二未经核减者籍议员已说明大概，就可以不必详细报告了。现在议第三关于岁入之增加甲余存各款，审查长说明审查情形。

一四九号（籍议员忠寅）：本员委托李议员文熙代述审查情形。

一七七号（李议员文熙）：本员报告岁入。本股审查岁入似无有增加的理由，然竟有增加者，其增加之根据皆从度支部所造表册审查清楚，计分两项。第一项是据成案之数目，例如光绪三十四年报部册其收入数目某项若干，本年预算册忽然少列若干，安见宣统三年不能照原数收入，此可以据而增加者一。第二项是据清理财政官报告某项切实整顿，可以增加收入若干，想亦非无根据之谈，此可以据而增加者二。总之，应当实收实报，今日初办预算，岁入少列未必非各省督抚预留地步，应请度支部电知各省督抚，照成案收入及监理官报告增加各项核实增加，方是正当办法，此岁入增加之大概情形也。其所列款目则为田赋、杂收、盐茶、课厘、捐官业收入、临时杂收等项，其增加总数则共计四百九十四万七千五百七十四两八钱五分五厘，现在咨询诸位是否一项一项报告。（众议员请简单报告）既是要简单，就不必一项一项报告了。此外尚有江西、四川、江宁、直隶四省余存各款应当列入临时岁入，何以见得呢？因宣统元年与光绪三十四年报部册余存款项有几十万、几百万的，用到宣统元年腊月底尚不至一定用完，如果该四省余存款项通通用完，那没有余存款项的省分所办之事其款又向何处去筹呢？可见，余存款项一定用不完的，我们也得核实才是。据宣统元年江西冬季报部册尚存一百九十四万四千八百零五两九钱五分五厘，除部令（拨）〔拨〕还上年借款五十七万五千两外，应尚余存一百三十六万九千八百零五两九钱五分五厘。四川余存款项照宣统元年夏季报部册尚存九百二十余万，度支部以四川总督没有报告已电咨川督令其从速报部，至今未复，本股员会以为四川大省，一切新政需费甚多，拟以二十万作为本年弥补款项，应余存九百万。江宁照三十四年报部册余存七百三十八万，即使宣统元年、二年照办新政，较三十四年为多，亦不至用至七百余万之多，本股员会以为江宁事务较繁，拟提二十万作弥补亏空之需，余应存七百一十八万。直隶余存款项据宣统元年报部册尚存一千零六十二万，除直隶没有收还各款三百七十九万暂留该省，并除已报部三百五十六万，尚存银三百二十五万四千两，应该归入岁入。以上四省存余款项共应存一千四百九十四万七千五百七十四两八钱五分五厘，本股员会以为此四省或有本年多用之处，未必能全数提出，但既存余如此之多，亦不能听其自为消减，因为有许多省分没有存余，而新政又不能不办，总得提归度支部，由度支部平均支配方是预算统一、财政酌盈剂虚的办法。至于外务部存余款项一百三十四万六千两、出使经费一百四十二万两亦应提归度支部，现在内而各部，外而各省，因经费支绌甚么事都不能办，而外务部独有存余，自当归度支部收入以剂不足。前次协商时外务部大臣亦谓赔款及船钞各款此后均归度支部收入，可见外务部也是很赞成财政统一的，这是京内外各部岁入存余款项大致如此。

一五九号（蒋议员鸿斌）：数目不对，到底有无错误？

一三二号（文议员龢）：据审查报告书摘要所录的直隶元年实存一千零六十二万内，除三百七十九万，又除三百五十六万，应存三百二十七万，何以底下列作二十五万二千两，究竟是笔误还是算错呢？

一七七号（李议员文熙）：现在这里没有算盘，无从核起，不知道是写错了还是算错了。

百三十号（邵议员羲）：各省既有存余款项，应该提归度支部算入国家入款以内，如各省有不足者应均摊各省以补其不足，何以含糊其词，仅言作为明年预备金一语了之，这个理由请贵议员答复。

一七七号（李议员文熙）：本股员会审查因为存余金是宣统元年，不是宣统二年的，本股员会也不是一定要如此，本员的意见也是要请大家公决。据本员个人意见，以为这两项的存余金归入岁入恐有做不到的时候，或仍存各省，或归度支部收存，以作各省预备金。

一三七号（邵议员羲）：就说这个存余金是宣统元年的，到宣统二年要用的，也不至于用如许之多。

度支部特派员（徐文霨）：各省存余金现在尚未到年底，所以不能得其确数。

一三七号（邵议员羲）：度支部既是负清理财政的责任，何以不知道底蕴呢？

度支部特派员（徐文霨）：本年各省按季报告册不但秋季未到，即春季亦尚有未到者，是以无从核对。

一三七号（邵议员羲）：远的省分暂且不说，至于直隶距京甚近，至今尚未报部，何以度支部清理财政处不严加催促？

度支部特派员（徐文霨）：度支部已迭次咨催各省，本年因造送预算册，故报告册即不免迟延。

三七号（议员李子爵）：方才据报告书所说江西、江宁、直隶、四川存余金很多，股员会审查每省拿二十万银子把他作亏空，本员意见国家既已试办预算，就应实报实销，不宜含糊以二十万作亏空。至于股员会审查报告各省田赋、厘捐各款以每年所报为比较，却有一点毛病。这个毛病在那里呢？就如有天灾、水旱意外之变，就是钱粮也应减几成的，厘金更不待言，若以多少比较流弊甚多，诸位不可不注意。

一七七号（李议员文熙）：请诸位讨论存余款项到底如何处置，然后再讨论田赋各项。据本员意见，应归各省岁入通通归度支部。如何四省存余款项如此之巨，听四省自收自用毫不通融，以致没有钱的省分一点事都没办，我们是办全国的预算，就要有个眼光注重全国财政，不能听各省各自为谋，这实在与本院办预算的意见不对。我们试办预算原是想统一财政起见，不能优待这四省，其余省分遂置之不问的。

三七号（议员李子爵）：李议员的话很不错，若那一省没有钱就不办事实在没有道理。从前没有预算案时候，就广西而论，因匪类滋事，当没有钱的时候多由富家摊派，困难万分，若是将来把各省存余款项通通提到部里头，归度支部分酌着实报销，然后知道那一省亏欠有无弥补是很好的。

六七号（王议员璟芳）：报告预算总要有点次序，譬如第一科报告某一项，报告之后就要缓一缓，经大会讨论表决之后再报告别项。若存余各款尚未表决，又报告各省各项收入应增加之款，又或陈述自己的意见，这个次序实在紊乱得很，请议长注意。

一七七号（李议员文熙）：因为各省存余各款与各省各项收入均列在岁入之增加部内，所以本员一并报告。

百三十号（邵议员羲）：办预算的事情总要度支部有个统一财政方针，对于各省行政经费应当一律。将存余款项提到度支部，于是度支部可以立一定的方针，如果存余款项不提到度支部，各省对于行政上有钱的就办，没有钱的就不办，这实在不是度支部统一财政的方针。

一二一号（方议员还）：今年要各省督抚承认拿这些钱出来是很为难的。

六七号（王议员璟芳）：请问诸位岁入增加是仍存各省，抑或归度支部收存以作各省预备金？

议长：这事似应一项归一次表决方好。

五七号（林议员炳章）：本院议员已有提出国库统一议案，此案能够通过实行，各省所存余款方能统一于度支部，存款得统一于度支部，方能以此省之有余拨济彼有之不足，全国财政始收活效。

议长：现在将各省存余各款与外务部存余款讨论表决后再讨论各省各项收入应增加之款。

六七号（王议员璟芳）：统一国库办法各省、各部存余款项应当通通交度支部，与从前各省、各部自为风气情形不同。譬如本省有钱别省也能用，本部有钱别部也能用，这个财政是全国财政，不是那一省、那一部的财政。前次协议据外务部大臣所说这个款子原不能交到度支部，应作为外务部临时经费，但是果能国库统一，自然该交出来的。现在国库章程已经提出议案，今年通过之后就应发生效力，所以外务部与各省存余之款项都应当归入国库的，今天没有甚么讨论。

外务部特派员（饶宝书）：外务部存余金内有一笔美国退还赔款，这是办游美学务的款项，曾经美国照会声明这笔款除办学务外不得作别的用，现在要统一国库，这笔款子只可以存在国库内，若移作别的用恐弄出交涉来，这层不可不注意。

一零九号（籍议员忠寅）：据现在外务部特派员的话是如此，当初协商的时候外务部大臣的话还算是有效无效？

外务部特派员（饶宝书）：那是公事上正式的话，不能不算。

一零九号（籍议员忠寅）：协商的时候，因为要把这一笔款项归到国库，由一个财政机关管理，可以通融暂作别项之用，假如只存到国库，不用莫说是二百多万，就是二千多万也没有协商的价值。因为预算案入不敷出，所以才商量将存余金全归入预算案内，以便暂充亏项，不然此二百多万何济于事，不如就存在贵部为好。

外务部特派员（饶宝书）：本员的意思以为此二百多万之内有一项有此情节。

五七号（林议员炳章）：就照外务部特派员所说的这一笔款项现在因预算入不敷出，先提出存到国库，将来外务部对于美国用款的时候还可以从国库提出。

八一号（章议员宗元）：本员有质问外务部特派员的话，这两笔存余金共二百七十几万，除美国留学经费外还余多少？

六七号（王议员璟芳）：本员是审查外务部款项之一，外务部出使经费项下共存一百四十二万，本署上年共存一百三十四万，这笔款子是当然应归国库的，即说俄文学堂经费每年应用若干款项也是用不完的。至于留美学生经费这是特别的会计，不过另行划分一本账，并非将那现款呆搁一边，不准移作别用的。现在游美学务的经费是五十多万，将来如某年用的多了，仍可于某年追加预算时要求多支，就是这一笔款子，无论增加多少、分成若干年开支，只要作为教育经费提出预算，于法律上毫无违的，此刻外务部恐怕别人以此项作别项之用未免过虑。

外务部特派员（饶宝书）：现在这一笔款子宣统三年够用，故有余存，若到宣统四年不够用，就要从国库提出，本员也不是过虑。

百三七号（邵议员羲）：从前各部于行政经费都是自己顾自己，其弊在不能有预算，现在已经办预算，若要用款就可提出预算。无论是那一部，只要用款正当，度支部也不能不承认，资政院也不能不承认，何必私藏在自己之部。无论那一部的款都是国家的款，就是外务部办事也是国家的行政，并不是外务部自己的事。

外务部特派员（饶宝书）：本员的意思恐怕这一笔款项归入国库统一之后作为别的用项，这笔款项就没有了。

八一号（章议员宗元）：此事有两层意见。第一层，二百七十几万之内有五十几万的是留美学生之经费。第二层，派学生留美现在学生程度多不足，所以才余下这一笔款，以后派出之学生应该加多，这个款子还有预备补足的地方。据本员看来，这五十几万一笔款子与中国学问前途很有关系，似乎不宜提归他用。

六七号（王议员璟芳）：不是说这笔款子存在国库就不准动了，这个款子本是赔款，现在美国既允许以此项作为留美学务经费，是一个特别的会计。凡特别会计不过就账目而言，并非说一钱买盐，一钱买油，买盐者不能买油，买油者不能买盐，所以现在这款还得拿出来交国库，财政才可以统一。将来外务部用的时候，用一千由国库支一千，用一万由国库支一万，决不能说是不许用的。这个理由要请特派员少为斟酌。

外务部特派员（饶宝书）：本员也是这个意见。

一九六号（牟议员琳）：特派员于预算的性质颇不明白。这个预算是逐年编制，宣统二年只能编定宣统三年的预算，并不是将宣统四年、宣统五年尽行预算，所以今年只能预算宣统三年经费，并不能说到四年、五年，而外务部所存之款欲留作宣统三年以后之用甚不合法，仍以交还国库为是。

一四九号（罗议员杰）：特派员所说的话非常不对。这款子是公益性质，不用特别会计，与条约并不相干。既有余款，应当提出归入度支部，将来用的时候再请度支部拨给，既是要统一国库，则分厘丝毫都应当提出交度支部才合国库纯一制度。

六七号（王议员璟芳）：这是由本员审查过了，余存的是前两年的，数目只有五十多万。

一九六号（牟议员琳）：因为存余金都交出来，所以这二百多万也是要一律交出来。

一五三号（易议员宗夔）：不必再讨论了。这个报告书恐怕特派员没有看见，若是看见就应当毫无异议，因为报告书后边曾说此项存款不能作为可靠之岁入云云，就俟明年核算作为预备金就是。

一三七号（邵议员羲）：本员很反对易议员的话。若今年把此项提出来，这个报告书是很不满意的。

一五三号（易议员宗夔）：本员以为此项作为明年的预备金也是很正当的。在外国预算案内也有预备金的，因为无预备金这个事情就很危险的，所以将此项款子作为预备金于事实上毫无妨碍。

一三七号（邵议员羲）：因为要作明年预算金，所以今年不提出，据本员意见，没有这个办法。

八一号（章议员宗元）：各省的预备金不如这一笔款子还可靠。

一五三号（易议员宗夔）：各省款子都应作为度支部的预备金。

六七号（王议员璟芳）：此项款子若说是不可靠，将来预备金就没有了。但是资政院议员不敢将此款断定作为岁入的增加，因为不能确定数目，万一没有，此事是很危险的。

一三二号（文议员龢）：江西元年冬季报部既尚存一百九十四万四千八百余两，何以是年却又借款五十七万余两，殊不可解，恐有此数而款却已用去无存。今本院有主张应一律提归度支部以备匀摊各省三年预算不敷之用者，本员以为事实上恐办不到，因为此款即使有存，今年必已用去，算到明年未必仍有。本员是江西人，深知本省窘迫情形固是如此，这项存款盖不能作用。

六八号（文议员溥）：存余金是宣统元年的，想各省今年已有用去的，这笔款数目已经不对了。且各省有无此款尚在未知，实不能作为增入之款。

一五三号（易议员宗夔）：存余金本员作为不可靠的款项，但是不能说资政院以为不可靠，就以为钱用完了，各省亦不至于将这个钱乱用的。今年没有决算案，也是把各省报销的册子作为标准，这层王议员不必虑及。

一零九号（籍议员忠寅）：此事讨论工夫不少了，这个存余金还是作为预备金，到明年看共存余多少就作为多少预备金，现在可以不必讨论了，请议长付表决。

众呼"请付表决"。

议长：现在表决各省存余各款及外务部存余金办法，请赞成报告书所拟办法者起立。

众议员起立。

议长：多数。

议长：现在议定各省各项收入，李议员文熙方才已将审查的理由报告过了，请问诸位有无讨论？

一零九号（籍议员忠寅）：大概没有甚么讨论，请议长问度支部特派员有无意见。

议长：度支部特派员有无意见？

度支部特派员（徐文霨）：度支部因现在财政如此困难，对于预算上之计划不能不以节省为宗旨，既以节省为宗旨，则本部预算自不能不力求节省以为各省之倡，故此次预算之数实已格外节减。今经贵院审查既以为尚可减二十一万有奇，本部为大局起见，自当于无可节减之中通盘筹划，竭力设法务求减到贵院所议减之数为止。惟有一言须申明者，如指定某机关某款目消减，恐于行政计划不无妨碍，总之按照议减总数如数节减可也。（拍手）

五七号（林议员炳章）：本来是难得统一的数目，本员夏间到过广东，该省所造三年预算册入款一项只二千六百万两，考之元年决算，则入款已有二千九百余万两，而元年以后所新加之酒捐百万、膏捐百余万两尚不在内，是宣统三年可决其岁入有三千一二百万，此次预算只作二千六百万显有歧异。

一五三号（易议员宗夔）：各省收入增加前天到会议政务处会议，度支部已经答应了打电报到各省去了，叫他把预算册子于岁入款项详细增加起来，无须讨论，就请议长付表决。

五七号（林议员炳章）：一定要讨论的。以广东论，所报告不符即有如此之巨，他省以此类推更可想见。

一零九号（籍议员忠寅）：既是度支部答应了就无须讨论了，请议长付表决。

一九六号、一一二号、三七号同呼"请议长付表决"。

议长：度支部特派员有无意见。

度支部特派员（徐文霨）：岁入预算与岁出预算稍异，譬如预算岁入一百万，决无不准溢收至一百零一万之理，即征收官吏亦决不能因预算已有定数即可以多报少。惟明年岁入如洋土药税一项禁烟期限缩短，收数即难免大减，此外岁入各款增减之数亦难确定，俟预算案议决后度支部自当通行各省认真整顿。

议长：现在表决各省各项收入增加一事，赞成报告书者请起立。

各议员起立。

议长：多数。

议长：请第一科审查长接续报告。

一零九号（籍议员忠寅）：本员仍委托李议员代为报告。

一七七号（李议员文熙）：本员报告财政经费。财政经费大致在京是度支部，在外是各省。各省一项是盐务，一项是厘捐，一项是藩台粮道，一项是州县征收钱粮，一项是漕粮费。（语未毕）

八一号（章议员宗元）：请第一科审查长注意关于岁出之消减"甲、在（经）〔京〕各衙门经费"尚未报告，似不能就报告财政经费。

议长：是的。按报告书的次序，议"第四关于岁出之消减"应先议"甲、在京各衙门经费"。

一零九号（籍议员忠寅）：在京各衙门经费本员委托本科股员陈议员树楷代为报告。

一四九号（罗议员杰）：有许多议员出场去了，请议长（看）〔着〕人去拦住，不要自由出院，恐怕到表决时候人数不到三分之二。

议长：请陈议员树楷报告。

一一二号（陈议员树楷）：报告在京各衙门经费。先说明在京各衙门的范围，在京各衙门不是在北京一切各衙门，是在第一科范围之内的在京各衙门。第一科是度支部所管预算事情京内外各衙门预算事情不在该衙门所管之列者，皆归第一科审查。至于所有专管的各衙门不在其内，如陆军部、海军部、邮传部、学部都不在内，此之谓在京各衙门，是属于第一科范围之内的。现在报告的是在京各衙门开支的款项与核减的款项。在京各衙门所有旧衙门很多的，旧衙门岁出、岁入大概相抵，且又相沿日久，核减甚难，所以多未核减以外，所有核减的衙门共开支的是七百多万，就这个数核减一百零九万九千九百九十五两八钱二分六厘，又有步军统领衙门统计在军政之内核减三十万，大概就所有核减过的衙门并核减的数目分别报告之。内阁会议政务处核减八千三百三十九两二钱六分。

七三号、五三号同时请陈议员报告大致，至于小数不要报告。

一一二号（陈议员树楷）：内阁会议政务处原数是一万七千八百七十二两，经股员会审查，核减八千三百三十九两。翰林院原是八万四千九百三十三两，核减二万二千六百七十两。宪政馆经常费是九万五千八百五十二两，核减二万七千六百六十七两。度支部复核数是六万八千一百九十一两，临时费是四万七千七百九十九两，核减四万五千七百二十五两。

一九六号（牟议员琳）：请报告核减的理由。

一一二号（陈议员树楷）：将核减的数目报告之后再说理由。法律馆原核减三万多两，后来接法律馆一个片说核减的译书费、调查费，其实这些译书费、调查费都是聘用外国人在里头，都是他们的薪水，很多已经同他订了合同，事实上很难核减。不过"法律馆的职员有减的款"是甚么意思，是因为他职员薪水有六万多两，职员所司的都是甚么事情没有清册，当时同分科股长要这个册子没有要来，所以不能照核减的标准核减，因为他的清册没有送来，不能比较一等乌布多少、二等乌布多少。可是职员既有六万多薪水，译书费、调查费原可以归并职员之内，所以裁去调查费一万三千多两，因为照宣统元年的数核减的，这一万三千多两他是宣统三年增加的数，所有款项不敷的很多，这都是大概裁去的意思。这是照宣统元年的数核减的，没有照宣统三年增加的核减，照宣统元年的数核减亏空很多，照宣统三年亏空更多，所以把宣统三年算。后来接到法律馆这个片，本股员会对于该馆的数目若是核减，就有很难的地方，嗣后职员修正再定出来，现在这个册子没有到院，所以不能报告。盐政处原数是一十四万六千九百一十八两，核减是六万四千一百二十八两。度支部复核是九万二千七百八十九两，国史

三、资政院第一届常年会

馆核减经常费一千一百四十二两,在京八旗、满蒙汉各衙门核减四万八千四百三十八两。现在本员有个质问,所报告核减的理由还是详细报告、不详细报告?

五七号(林议员炳章):请简单为好。

一一二号(陈议员树楷):要是都说理由,可以按次序说一说。在京各衙门宗人府、内务府、圆明园、颐和园、武备院、上驷院、钦奉上谕事件处等这些衙门大概款项出入相抵,且近皇室经费没有多大出入,这是没有减的理由。以下国史馆,他这个衙门没有可减的,他这里头有桌饭费,又有饭食费,既有桌饭费就不能再有饭食费,且所入不抵所出,所以减去,这是经常费。其次临时费,原册上说临时费四千六百零七两,除了纸张折价由度支部支领,其余款项按照临时岁入撙节支用,所以这个款项仍照原册办理,这个纸张费五百零八两之外其余四千多两业经裁减去了,这是国史馆裁减的理由。方略馆款项很少,没有裁减。法律馆才报告过了。禁烟公所明年缩短年限,款项五万多银子没有动他的。盐政处督办大臣是一万多银子,当初在股员会议决兼差者减半,盐政大臣就是度支部尚书,既核减一半,就剩五千六百四十两。提调公费他是按公费标准二千四百两,原来每月三百两,现在改为每月二百两,提调二个裁去一个,其内种种共减六万多两。以下内务府原册子款项三百多万,后来又增加二十几万两,按预算原是出入相抵,内务府所入不抵所出有八十几万,所以就把这八十几万裁去了。其余就是满蒙汉八旗衙门,相沿已久,没有更动,不过有实在用不着的款稍为核减,其余都是照例,共总减去四万多两。

六七号(王议员璟芳):法律馆的预算既是要详细审查,当另行提出,将其余付表决。

一零九号(籍议员忠寅):这件事体请议长按每个衙门表决,不然表决不了的。

六二号(刘议员泽熙):本员于表决以前有几句话要说明的。现在各衙门纷纷送来说帖,业经再付审查,如有必不可减的理由即可承认,俟下次报告时可以将现在报告的数目更正。

一五三号(易议员宗夔):各衙门再送的说帖不能再收了,因为此案已经股员会表决,若再付审查修正很难的,以后再有说帖,请议长不必再付审查了。

百十二号(陈议员树楷):易议员的话很对,不过更正这是很难的,二层已经表决确定，若再更正，于表决就不相合了。

一五三号（易议员宗夔）：法律部说帖既然收到，请议长再付审查。

六十二号（刘议员泽熙）：法律部说帖已经再付审查，不过以后各署说帖议长不必再行送到股员会，说帖陆续送来，恐无了期。

议长：现在付表决。各衙门经费除法律馆已经提出外，其余均付表决，请问度支部有无异议？

度支部特派员（徐文霨）：无异议。

议长：现在付表决。在京各衙门经费除去法律馆外其余均付表决，请赞成报告书者起立。

众议员起立。

议长：多数。

议长：现在议"乙、度支部财政费"，请李议员文熙报告。

一七七号（李议员文熙）：现在度支部财政经常费共三百七十七万七千六百三十三两，内特别费二十八万二千两，系拨济军咨处款项。印刷局一项前经度支部大臣说明，因为该局所购机器、料物已订合同，无从核减，此外用费多半系添聘洋师，亦有合同，更未便核减。度支部本衙门一项是公费，一项是办公费。对于公费，左右丞、左右参议、候补参议都是照公费标准办理，丞参上行走不支薪水，副科长也裁去了。收发处总办裁去，后来协商，经度支部大臣说明"该处办公事对于本衙门关系很大，不当裁去"云云，故仍暂留，仅将帮办裁去。至于宝泉局及有名无实之缎匹、颜料等库，都是曾经度支部协商，亦均认为可以裁去，至其照例事件由该部自行支配办理，宝泉局因为造币厂，可以裁去，清理财政处未裁，裁去共四万五千多两。其次，办公费，亦已逐项照前裁之款酌裁，所以通同裁去三十万零八千零六十八两，这是经常费，还有临时费。

某议员：恐有错误。

一七七号（李议员文熙）：方才本员报告错误了，因为这个财政股不是一个人办理。

议长：众议员对于度支部财政费有无讨论？

众议员：没有讨论。

议长：度支部特派员有无异议？

度支部特派员（徐文爵）：无异议。

八一号（章议员宗元）：李议员报告清理财政处经费都裁去了，但是预算都是该处办的，要是裁了就没有人办，从前股员会已经讨论一过，议定不裁，恐怕报告有错。

一七七号（李议员文熙）：据册子报告，这个预算是没有裁去。本来已经改过一回了，度支部送来清单，两方面商量，很同意的，所以没有裁去。

五七号（林议员炳章）：总数没有错，是报告错了。

一零九号（籍议员忠寅）：只要度支部特派员没有话说就完了。

议长：现在表决度支部财政费，请赞成报告书者起立。

各议员多数起立。

议长：多数。

议长：现在议的各省经常财政费，请李议员文熙报告。

一七七号（李议员文熙）：本员报告各省财政费，大致共分五项：一项是盐政，一项是藩台粮道，一项是州县征收钱粮，一项是漕粮费。

议长命秘书官点算人数。

秘书官承命点算人数，报告议长。

议长：现在人数一百一十一人，不足三分之二，本议长现在还有话报告诸位。陈请股报告川路倒款一案，乔树枏亦递有陈请说帖，应一并交付特任股员从新审查。惟此案奏稿已经拟好，若再审查则此奏稿即须另拟，应咨询众位可否照陈请股报告办理？

七五号（长议员福）：若再审查，那个奏稿就不能用了。

议长：再付审查，则奏稿即须另拟。

一七七号（李议员文熙）：如再付审查，从前表决就无效了。

一二一号（方议员还）：事实上既然不对，可以付审查，如不付审查，将来折子上去之后谁担责任？

一零九号（籍议员忠寅）：本院有议事日表，何以不在表决以前来递，若是在本院未表决以前递的，我们是应当再审查的，现在不能破坏。

一二一号（方议员还）：本员并不认识乔树枏，不过是就事实上说，既有陈请书，不能置之不理。

一七七号（李议员文熙）：若再付审查，与我们前次表决不免妨碍了。

一五三号（易议员宗夔）：这个陈请书应当作废，不能审查。

一五三号、一七七号、一二一号、五九号四人同时发言，语言嘈杂，议场骚然。

议长：多人发言，听不清楚，应当作为无效。

五九号（顾议员栋臣）：凡事必须把原、被告之话两面对勘，议长所以要咨询本院再付审查就是此意。

议长：现在咨询本院可否照陈请股报告办理，应请陈请股说明报告书理由。

百十号（于议员邦华）：表决上奏已拟出稿子，不能再付审查。

五九号（顾议员栋臣）：他的陈请书是在我们未表决以前递进来的。

一零九号（籍议员忠寅）：这话更不对了。陈请股员是本院议员，既是陈请书在表决之前递进来的，何以当时不提出来，而在表决以后再提出来？

七五号（长议员福）：剪发易服在表决之后有说帖就作废了，这个也是如此。

一七九号（张议员政）：陈请说帖照议事细则一百十二条应取具同乡议员保结，乔树枏这个说帖保结员是林议员炳章，林议员乃福建人，不是四川人，这个说帖没有同乡议员保结，不合陈请体裁，这是第一层该作废的。（拍手）本院章程只对于军机大臣、各部行政大臣有关系，川路具奏案之所以成立，因为张罗澄的说帖是对于邮传部而言，乔树枏的说帖专是为他个人辨白，本院对于一省铁路总理毫无关系，未便置议，这是第二层该作废的。（拍手）

一五三号（易议员宗夔）：这个说帖没有同乡议员保结就应该作废的。（拍手）

声浪错杂，议场骚然。

议长：请缓发言。

议长：现在咨询本院是因为有陈请股报告书，众议员若赞成，就交特任股员并案审查，若大家不赞成，就可以取消。（拍手）现由秘书官把陈请股报告书朗读一遍，看众位赞成否？

秘书官（张祖廉）：承命朗读陈请股报告书。

议长：方才已由秘书官将陈请股审查报告书朗读，大意是请付特任股员并案审查，众议员赞成否？

众呼"不赞成"。

一二一号（方议员还）：这也有一个理由不能不说明白的。我们既然审查，就不能不报告。

一五三号（易议员宗夔）：乔树枏这个说帖一则无同乡议员的保结，二则这件事情我们已经要出奏了，他以个人的关系将本院的奏案动摇，以后所议案件要是这样，我们资政院就可以不用议决案子了。（拍手）

一二一号（方议员还）：乔树枏的说帖并不是欲将上奏的问题取消。

声浪错杂，议场骚然。

议长：请缓发言。本议长以为这个说帖既无同乡议员保结，照章即应作为无效。（拍手）所以咨询本院者因为有陈请股报告书，现在应问陈请股取消这个报告书是否尚有他说？

八二号（陈议员宝琛）：我们资政院是公是公非之地，应当兼听并闻，不能说是先入为主，既经秘书厅交来，我们不能不审查报告。

议长：这个说帖既无同乡保结，就应作为无效。

八二号（陈议员宝琛）：秘书厅交来，我们不能不审查的。

议长：有陈请书不能不收，收了就应付审查，至于有效、无效，则是该股审查范围内之事。

一五三号（易议员宗夔）：这个陈请书应当作废，不能审查。

一三二号（陈议员敬第）：既无同乡议员保结，陈请股就不应审查。

议长：此说帖虽有议员保结，但不是同乡议员保结而已。

一一二号（陈议员树楷）：还宜遵照院章办理，这个说帖既无同乡保结，又当我们要上奏之时，已经全体表决，这个说帖就应作废。至于陈请股说是早先收到的，陈请股就应先时声明，既不声明，我们就认为此时收的，更应作废。我们资政院总宜遵照院章为是。（拍手）

一三七号（邵议员羲）：既与院章不合，就应该作废。

议长：现在这个陈请书作废。（拍手）

议长：再改用阳历一案事关紧要，打算从速审查。现在咨询本院拟不交会议先付审查,并指定十二位特任股员,诸位赞成否?

众议员呼"赞成"。

议长:现指定特任股员十二人,由秘书长报告。

秘书长承命报告审查改用阳历议案特任股员十二人,姓名如左:庄亲王、盈将军、那亲王、陈懋鼎、汪荣宝、长福、许鼎霖、江谦、文龢、邵羲、李文熙、牟琳。

议长宣告展会。

下午七点十五分钟散会。

资政院第一次常年会第三十二号议场速记录

宣统二年十一月二十八日一点钟开议

议事日表第三十号

第一,试办宣统三年岁出、岁入总预算案。(股员长报告,会议)

一五三号(易议员宗夔):弹劾军机的案昨天议长指定起草员已经草就报告了没有?

议长:尚未报告。

一五三号(易议员宗夔):本来东、西各国遇有重要事情,即行指定起草员,指定之后登时避席,将稿拟就,当场报告,因为紧要事情不能耽搁,前回奏稿是因为耽搁了,所以才有上回的朱谕下来,今天可否请议长请起草员离席就将草稿做起来?

议长:今天已经一点钟过了,人数还不足三分之二,现在尚须略待。如果人数已足,即须开议,否则即应展会,故起草一节此时尚难说到,现在先由秘书官报告文件。

三、资政院第一届常年会

秘书官（张祖廉）：承命报告文件毕。

一三七号（邵议员羲）：南漕改折的案税法公债股已经审查报告了，但没有列入议事日表，这个事情是审查变更税则如何办法，应该交特任股，不应该交税法公债股，且税法股浙江人甚少，不能深明其情形，还是请另指特任股员，要特任股员同度支部协商办法，协商好了再行报告为是。

议长：现在邵议员倡议将南漕改折一案先付特任股员审查，请赞成邵议员倡议者起立。

众议员起立赞成。

议长：多数。

议长：审查南漕改折案拟设特任股员十二人。

众呼"赞成"。

议长：现在由秘书长报告特任股员姓名。

秘书长承命朗读特任股员姓名如左：刘泽熙、章宗元、陈瀛洲、李槃、籍忠寅、陈敬第、方还、邵羲、李文熙、孟昭常、牟琳、文龢。

一二一号（方议员还）：本员是提议的人，请另指一人为是。

一三七号（邵议员羲）：这是全国的事情，不能辞职的，照院章及议事细则均没有辞职的规定。

百零一号（书议员铭）：现在会期已经延长，这个新刑律一定要通过。然而这个商律更要紧的，商律早出一天，商人就早受一天法律上的保护，要是今年不把商律通过，是资政院缺点。为甚么呢？现在各国都有商律，商人都受法律上的保护，我们中国没有商律，商人非常之不便，自我们资政院开办以来，我们中国商人于商律这一层非常之盼望的，如果今年不把商律通过，是大失商人之望，所以请议长于这个延会奏折上添入商律一案。

议长：现在会期已经延长了，以后再可以讨论的。

一五三号（易议员宗夔）：弹劾军机的事情很重要，不要耽搁，请议长请六位起草员即行离席将奏稿拟来。

一五一号（黎议员尚雯）：这个弹劾军机奏稿请籍议员修正一下就可以上奏的。

一一五号（许议员鼎霖）：籍议员的奏稿那天已经取消了，如果又要籍议员修正，不是取消那天的表决了吗？还是易议员的话为是，要请起草员恳恳切切把军机种种不负责任为我皇上痛切陈之，不能随便作的。

六二号（刘议员泽熙）：预算股本拟明天十点开会，后来因为各部追加预算，各衙门说帖没有审查明白，明天不能开会。现已知会秘书厅，请秘书厅转知各股员。

百八十号（刘议员纬）：川路倒款奏稿拟妥了没有？

议长：奏稿已经拟妥，正在缮写。

八一号（章议员宗元）：今天不能开会，本议员倡议者方有几个特任股员会定了明天、后天开会的，现在就可以到股员会开会，免得虚耗时间。

议长：按照定章十二月初一日即应闭会，现已具折请展会十天，折子明天即可上去，现在拟由秘书长朗读此件奏稿。

众呼"赞成"。

议长：将来延会十天，务须尽力能多议决几件事方好。

七号议员（全公）：本员提拟变通马兰镇营制说帖刷印了没有？

议长：还没有印刷。

秘书长承命朗读恳请延会奏稿。

一五一号（黎议员尚雯）：可否将奏稿内"刑法"之下加上"商律"二字。

七三号（汪议员荣宝）：折子内不说明日期，请皇上指定为是。

一一五号（许议员鼎霖）：院章上没有"指定"的字样。

九九号（陈议员瀛洲）：现在会场内差一个人就不开会，于光阴未免可惜，并且于资政院面子上也不好看。

议长：此节不能变通办理。差一二人可以开议，将来差十个人又何不可开议？如此院章将成虚设，故万不可不慎之于始。

五七号（林议员炳章）：本来原额已经不够了，如庆议员藩已经辞职，吴议员敬修已经丁忧。

议长：现在就是按照实在人数计算也还不足三分之二。

八一号（章议员宗元）：要是今天不能开会，请议长宣告明天开会。

议长：还要咨询诸位恳请延会奏稿是否定明日期。

一一六号（孟议员昭常）：人数不够今天不能开会，将来延会奏稿可否规定十五天或二十天，或不规定日期，从十二月初一日起几时议完几时闭会，以后议员来时可以踊跃从事。

议长：延会十天之内可以天天开大会，把时候定准，甚么时候开，甚么时候散，只要如此就可以多议几案。

一五三号（易议员宗夔）：请议长规定以后十二点钟开会，七点钟散会。

议长：现在表决奏稿，请赞成奏稿者起立。

各议员起立赞成。

议长：多数。

议长：方才易议员倡议请起草员速拟弹劾军机奏稿，章议员又倡议今天开股员会审查各项事件，两个倡议究竟是否成立？

一二九号（汪议员龙光）：今天不开会是按照院章人数不足三分之二，请今天到的各位议员以后务必到会，不然今天少一两个，明天就少七八个人，势必至议会就开不成了。

七三号（汪议员荣宝）：请议长查明今天未曾告假而不到会者，把姓名榜示议场门首。

五九号（顾议员栋臣）：榜示不好，按院章也没有的。

八六号（喻议员长霖）：没有请假而不到会的请议长定一个章程。

议长：议事细则本有规定，只要大家遵守就好。

七三号（汪议员荣宝）：今天到会的都是遵守规则的人。

一五三号（易议员宗夔）：请议长查明未请假而不到会的付惩戒股。

五九号（顾议员栋臣）：按照院章，议员三天不到会者必请假，如果是两天不到必定请假，将来院章也须改定。

七三号（汪议员荣宝）：照这个样子，今天必要展会。本员有个倡议，明天定要开会。

一二三号（江议员辛）：这些人不来的原故因为这有一百九十二人之多，纵有一两个不到的也不要紧，要是大家都存这个意见，那一百九十二人就没有一个到的了。

一五三号（易议员宗夔）：请议长将三天不到会的议员亦没有请假的必要付惩戒股，不然设这个惩戒股做甚么呢？（拍手）

五九号（顾议员栋臣）：本员有个倡议，自从开会第一日起到今日，有一天不到的算他一日请假。

一三四号（余议员镜清）：明天开会大家务必要到才好。还有一句话，明天必要一点钟到院，若到迟了，势必延至两三点钟才能开会，又不能够议许多事。

四八号（陈议员懋鼎）：今天因为人数不足，所以不能开会。然而这会没有开成，谁任其咎，似乎总要把今天不到会并不请假的议员付惩戒股为是。（拍手）

一五三号（易议员宗夔）：陈议员的话本员非常赞成，就请议长命秘书厅详细调查注到簿，有不到会的议员一定要付惩戒股惩戒。

议长：方才汪议员倡议明天开会，今天在场人数已不为少，请各位散后如见着今天未到会的务请知会一声。并且议事日表上有预算股报告，务请各科的人都要到会。再者明天准一点钟开会，准三点钟休息，若还是这样延漫，本议长就不能不设法维持了。

一五三号（易议员宗夔）：本员倡议有三天不到会的交付惩戒，有三十人赞成即可作为议题。

众议员起立赞成。

一五三号（易议员宗夔）：本员倡议已经成立，就请议长命秘书厅详细调查，不到者即请议长付惩戒。

七三号（汪议员荣宝）：议题虽然成立，但是还没有表决。今天人数不到三分之二，不能表决。

一一五号（许议员鼎霖）：汪议员所说亦要分别办理，就请秘书厅详细调查，把今天不到会的名字都记下来，应否付惩戒明天大会再行表决。

一五三号（易议员宗夔）：本议员有个回答汪议员的话。付惩戒不要表决的，请议长命秘书厅查明不到会又不请假之人即付惩戒股，审查之后再行表决。

议长：现在展会。还要声明一句，明天准一点钟开会，务望诸君早到。

下午四点钟散会。

资政院第一次常年会第三十三号议场速记录

宣统二年十一月二十九日下午一点十五分钟开议

议事日表第三十一号

试办宣统三年岁入、岁出预算案。（股员长报告）

议长：今天到会议员一百三十二人。

议长出临议台：今天奉到两道上谕，请各位起立敬听。

众议员起立。

议长宣读十一月二十九日军机大臣钦奉谕旨：资政院奏议事未竣，恳请延会十日一折，著延长会期十日。钦此。又十一月二十九日军机大臣钦奉谕旨：资政院奏拟请明谕剪发易服一折，前经农工商部具奏，已降旨明白宣示京外矣，著仍遵前旨办理，此奏应即著毋庸议。钦此。

一一八号（夏议员寅官）：审查江苏淮扬徐海水利议案陈请股拟交两江总督，据本员意见，除交江督外，请议长再行片交农工商部为是。

议长：是不是要咨送农工商部？

一一八号（夏议员寅官）：是的。

议长：据陈请股报告书，照章应咨送两江总督。

一一八号（夏议员寅官）：因为农工商部是此事的主管衙门，所以请议长仍须再交农工商部。

议长：可以咨送农工商部。

议长：夏议员倡议诸位是否赞成？

众呼"赞成"。

一五三号（易议员宗夔）：本员有个倡议。本院延会的事已经奉旨允准，以本员看起来可以不延会，不独不必延会，而且资政院可以请旨解散。这是甚么缘故呢？因为前天大学堂监督刘廷琛有一个参资政院的折子，这是最奇怪的事。资政院是代表全国人民意思的机关，今刘廷琛以个人的资格奏参全院二百代表，所以是很奇怪的。况且这个奏折内容我们资政院人人都被他辱骂了，据奏稿的内容有云：持重者不敢异同，无识者随声附和，始而轻蔑执政，继而指斥乘舆，并有包藏祸心等语。本院向来倡议的事虽是发于一人，而赞成起立各人都是出于个人的自由权，不能勉强起立的，所谓"持重者不敢异同，无识者随声附和"这个话不知从何而来的。至于说到"无识"二字尤为可怪，照该折所说朝廷何故用此二百无识之徒在此议事。至于所称"轻蔑执政"一语是由本院弹劾军机发生的，若是以为指斥"乘舆"究不知何所指而云。然又该折称"资政院议员奔走权门"等语既说轻蔑执政，又何以说奔走权门，前后所云自相矛盾。又称"包藏祸心"，这四个字即是图谋不轨，试问图谋不轨究竟有何凭据。本来刘廷琛是无耻之小人，国民之公敌，这个无价值的奏折可以置之不理，不过这个折子上去居然交旨下来"著宪政编查馆知道"，可见朝廷俨然以宪政编查馆为资政院上级机关，本员意见应请议长行个公文，请宪政编查馆将刘廷琛的折子抄送过来，看看内容我们就可解散。况且前天剪发易服奏案上去，上谕"著毋庸议"云云，可见朝廷信任农工商部，不信任我们资政院的立法机关，就这件看来，以后无论议决何事都归无效。本员有个倡议，我们资政院可以请旨解散。本员向来注重预算的，但是，这样看来，我们议决的预算上奏案各行政衙门如又上一个折子，又说"著无庸议"，就是新刑律将来通过上奏，如有人说还要照旧律为好，我们所议决的必又归无效。我们若不把这个事弄清，本院以后可以不必开议了。

一五一号（黎议员尚雯）：资政院是个立法机关，而所上的奏案没有一个有效力的，既没有效力，资政院所议的事还有甚么价值呢？国家所以要立宪的缘故，就是要君民一气，保护国家，要使君民一气，必使民间信任，朝廷要使民间信任，朝廷就要使民间信任谘议局、资政院，然后才能信任朝廷，是真立宪。当此危急时代，如果资政院所上的奏案没有一点效力，民间就不信任资政院了，不信任资政院，就不信任朝廷立宪了，如此看来，于立宪前途很有危险。况且先皇帝明昭煌煌宣布立宪，如此预备立宪有名无实，何以对得先皇帝！据本议员看来，不如请旨解散，等到将来再招集国会或者尚有点效力。

议长：现在还有重大议案，此事讨论可否暂缓？

一二三号（江议员辛）：易议员的倡议本员很赞成，请议长咨询本院将这个事表决然后开议，不然议决的事是无效的。

议长：此事资政院很有关系，固应讨论，但现在还有奏稿，拟先由秘书长朗读何如？

一五三号（易议员宗夔）：本员看总要把刘廷琛的封奏讨论妥当才好，不然无论何事上奏也是无效的，我们资政院又何必空费手续上这个折子。

一五一号（黎议员尚雯）：朝鲜亡国的原因也是当初执政把持，一切政事都办不通，我们恐怕步朝鲜的后尘。

一五三号（易议员宗夔）：还是请旨解散为好。因为资政院是个立法的机关，刘廷琛并未将立法机关的性质弄清楚，朝廷反信任刘廷琛这个无价值的奏折交宪政编查馆知道，而不信任我们二百人的立法机关，不如请旨解散之为愈。就是弹劾军机的奏案也可以不上了，若是上去，一定又是"著无庸议"的，看大家意见如何？

一六八号（李议员素）：今日倡议请旨解散本员极赞成的，我们资政院早应该解散。今朝廷将刘廷琛之参折著宪政编查馆知道，是承认资政院议员均是不法之徒，我们这些不法之徒在资政院混乱甚么，解散以后尚落得个清白身子归见父老。

一五三号（易议员宗夔）：据刘廷琛奏折云"包藏祸心"就是图谋不轨，罪名甚大，不如请旨解散还可保全回去。想各位必表同情的，如果大家不作声，就算是默认刘廷琛的话了。

某议员：刘廷琛的折子总要看一看，然后才能想个对待的法子。

一五四号（陈议员命官）：易议员倡议本员很赞成，但是以为这个事有个消极办法，有个积极办法。就是请旨解散，我们二百人解散之后必定再行招集，自有知识高似我们的来，这是消极办法。至于积极办法，刘廷琛折子我们必须探听他的内容，比如一个御史参一个人也要问参的对不对，刘廷琛果然参的对，则"指斥乘舆，公倡邪谋"便是大逆不道，我们二百多人照旧刑律、新刑律都是应拟最重的罪名，应请皇上明降谕旨办理，如果参的不对，也应请旨处刘廷琛诬告反坐之罪。

一五七号（尹议员祚章）：刘廷琛不过一无知小人，确不够我们弹劾的价值。然如此妄吠污蔑本院，总须彻底辩明方能放过，万不能糊糊涂涂轻易了事。

一四九号（罗议员杰）：刘廷琛参资政院折子关系全院，重大得很。大凡议院上奏总要皇上见信，如果皇上不见信，将来奏案都受他的影响。刘廷琛奏参本院原因，一种是挟资政院核减大学堂经费八万银子之嫌，一种是有奸匿在外唆耸泄忿，一种是暗中有有权力人指使，不然刘廷琛没有这大的胆子。如果不讨论清楚，本院议员就是默认了他的话，反把我们资政院议员忠君爱国的心都付之流水。我们如果默认刘廷琛参折，资政院议员应受何等处分呢？

议长：刘廷琛并不是政府中人，至若他的折子无理大家都是知道的，今天这个讨论可以暂缓。因为今天若不开议，明天又有秘密会，恐怕工夫来不及。

一四九号（罗议员杰）：今天这个事情若不解决，就是开议也是无效力。

一零四号（桂议员山）：刘廷琛望风捕影参劾资政院，我们一无（辨）〔辩〕论就请解散，这个理由绝非善策。我们资政院二百个人是全国的代表，当此宪政萌芽时候本院议员处于立法地位，凡百事体不可过于激烈，请议长将刘廷琛折子抄来刷印，分散大家讨论他参本院种种不好地方，如果所参者实，应即请旨解散，如果所参不实，即照资政院院章不受院外之诘责办法，应当请旨处分刘廷琛的。

一四九号（罗议员杰）：还有甚么对与不对，试问折子内谓本院"指斥乘舆，包藏祸心"那两句话到底是对与不对？

一二三号（江议员辛）：桂议员的话本议员不赞成。我们中国男子二万万人，怎见得便无人强似我们二百人呢？我们解散回去，就怕再没有人来继起吗？我们在这里上受压制，下受诘责，尚不思请旨解散，试问有价值否？

一零四号（桂议员山）：请问议长，这个折子能抄不能抄？如果能够抄来，大家看一看再想办法，因为以一人之知识有限，人多就可以见得到，所以总得见了他的折子再说。

一二三号（江议员辛）：刘廷琛折子本来没有讨论的价值，不过上谕交宪政编查馆知道，皇上就不信任我们资政院二百个人了，我们二百个人在这里还有甚么希望呢？

一四九号（罗议员杰）：请议长着人到宪政编查馆将原折子抄来，我们坐这里等。

百九十号（吴议员赐龄）：我们在这里当议员，总要为中国前途计。府政院不足有为，其原因即伏于宪政编查馆所定一切章程无一不是假立宪手续，几句敷衍语。议长为皇室懿亲，本院领袖，应该为国家谋利益，现在立法机关朝廷已经不信任了，我们徒然保存资政院也是于立宪前途毫无利益。本员向来以破坏为成立，断不能平平两面求进步，我们若还不解散，将来中国不亡于别的，而亡于资政院。请议长不必迟疑。

某议员：刘廷琛的折子没有辩论的价值。因为第一层不是参劾资政院的个人，第二层折子内都是空话，不足辩论。朝廷因为资政院立法机关不完全，所以着宪政编查馆知道，就事实上说刘廷琛他有上奏的权，这个还是平常告发的性质，我们可以不必理会他。

一五三号（易议员宗夔）：刘廷琛折子既说我们"包藏祸心"，朝廷如果不信任，这个折子应该留中不发，而朝廷反"着宪政编查馆知道"，可见朝廷没有把资政院看得起的。既没有看得起，本院议员就应该解散，我们还要宪政编查馆查复再行辞职为是，不候查复就自己辞职为好呢？请诸位详细想想。

一三六号（王议员廷扬）：上谕"着宪政编查馆知道"乃例行公事，亦无必行查复之理。

一七七号（李议员文熙）：本员以为刘廷琛参资政院，其参劾之内容无研究之价值。所最要辩明者一不应以个人资格参劾资政院，资政院为立法最上级机关，只能受君主监督，不能三、四品大员人人可以监督。使人人能弹劾，不惟资政院前途危险，且一成先例，影响并将及于国会，此当力争者一。二、刘廷琛奏参资政院，朝廷"着宪政编查馆知道"，可见朝廷已将宪政编查馆认为资政院上级机关，资政院而有上级机关，实于立宪前途大有（防）〔妨〕碍，此当力争者二。应请议长据此理由具奏，万一无效再请解散不迟。

一五四号（陈议员命官）：方才易议员的话是很对的。虽说这个折子没有甚么价值可辩论，不过"指斥乘舆，包藏祸心"的话无论如何总要辩论明白。我们资政院果有此事，自不得了，如没有这事，应当办刘廷琛以反坐之罪。

五二号（毓议员善）：（所）〔此〕事诸位议员讨论已久，本员以为此折并未经正式到院，大家均未见著，总须请议长设法将此折抄来，俟全体看见此折内容再讨论对待办法。

一四九号（罗议员杰）：请议长从速将刘廷琛的原折抄来。

议长：折子并未发抄，不过是"着宪政编查馆知道"，无从抄起。

百九十号（吴议员赐龄）：朝廷以中国旧时的政体看待资政院，所以对于资政院种种举动都是不合。朝廷既不信任资政院，我们不能不对朝廷说话，刘廷琛折子本无价值讨论，不过朝廷不信任资政院，我们何必保存资政院呢？

一三四号（余议员镜清）：刘廷琛奏折"交宪政编查馆知道"这句话以前未曾听得，尚可置之不理，现在既有议员在场倡议，且确有证据，非道听途说者可比，若不弄清楚，是简直承认刘廷琛折中种种罪状，故不能开议。

百九十号（吴议员赐龄）：刘廷琛所说的总有是非，朝廷既不明白宣示，"着宪政编查馆知道"显系优待大臣，还要我们资政院干甚么？

一零四号（桂议员山）：资政院是朝廷立法之机关，议员乃是全国人民之代表，而刘廷琛本是无价值之人，然彼以一折入奏，我们资政院并不声明，即行解散，这个理由本员很不赞成的，以本员看起愈彰刘折之理真事实，仍请议长将折子抄来看看。我们如果不当议员，总要有个正当理由，不能因一人的参案我们全院甘认其劾就可以解散。

百九十号（吴议员赐龄）：这样说来是把自己看得太低，把刘廷琛看得太高，奏折上去朝廷交宪政编查馆知道，朝廷既如此信任他，我们从何辩论？

一零四号（桂议员山）：这个事既有风声出来，就于资政院前途很有危险，于资政院名誉大有妨碍，不能不请议长将折子抄来分散全院讨论。

一五三号（易议员宗夔）：这个折子无人不晓得，报纸登载了，就是本议员所说的"指斥乘舆，包藏祸心"等语，本院实在不能承认的。

一零四号（桂议员山）：这个折子是我们资政院二百人的名誉攸关，总要将折子抄下来大家看一看，再作对待之方针。

一五三号（易议员宗夔）：这个折子上去朝廷是信他所说的，所以才"着宪政编查馆知道"。本院今天具奏案因前次农工商部所奏的本没有说得剀发，而今天上谕就说"著无庸议"，照此看来，以后无论甚么事，都是不信资政院，我们可以请旨解散以留资政院的地步。

三十五号（议员曾侯爵）：据本员所闻，因刘京卿这参折末后另有两条是对待于改良资政院方法,并申明一切于宪政前途大有关系,故此"交宪政编查馆知道",这个原由全院诸君不可不知,请注意勿要误会。

一三六号(王议员廷扬):这个折子没有法律上的效力,止可不问。

一零四号(桂议员山):这个置而不问之理由以本员看来亦非高明之策,但我们应当为资政院前途设想。本院开院以来,所议之事据本员看来无一件关乎国计民生的事情,就事报律并著作权等案议决施行也,未见就能反弱为强。今日又因一人之弹劾而即行请旨解散,于中国宪政前途实甚危险的。请议长咨询本院可否将刘廷琛的折子抄来给大家看一看再作计较,我们资政院非行政衙门可比,是要保全名誉,不能由他人随便弹劾的。

一九六号(牟议员琳):这个折子交宪政编查馆没有发抄,是不能抄的,而且也没有讨论的价值,可以不必抄。但是与本院权限很有关系,本院章程明载不受院外之诘责,今刘廷琛以个人之资格竟敢弹劾本院,我们将来再不敢说话了,请议长咨询本院援引院章具奏。

百九十号(吴议员赐龄):我们资政院本是言论机关,自开院以来朝廷对于本院所请之话往往不见信,所有具奏案一次、二次、三次全不信任。今日刘廷琛以个人之资格弹劾我们,而朝廷竟信之不疑,我们还有何面目对朝廷说话呢?

一五一号(黎议员尚雯):朝廷既不信任我们,而信任个人,我们还觍然立于资政院,此之谓无耻,无耻就可以亡国。

一零四号(桂议员山):请问议长,这个折子能抄不能抄,如果能够抄来,大家看一看再想办法,因为以一人之知识有限,人多就可以见得到,所以总得见了他的折子再说。

八六号(喻议员长霖):大家对于此事请旨解散说得理由很多,但是还得研究研究。我们二百人来资政院为全国国民代表,无论如何不能因一个人而解散全体,而且昨天我们上的折子是请旨延会,今天又请旨解散,岂不是前后自相矛盾。我们做事都要慎重,忽而请旨延会,忽而请旨解散,是资政院一点价值都没有了。据本员意见,他们的折子不管他如何说法,但【若】是我们的错就改,若不是我们的错就可以不理他,若只说资政院解散是摇动全国的事体,不可轻议。

百九十号(吴议员赐龄):我们不是因为刘廷琛的折子而要解散,是因朝廷不信任我们而信任刘廷琛的折子要解散的。

一零四号（桂议员山）：请议长先表决本员之倡议，然后再表决易议员的倡议。

一二三号（江议员辛）：我们大家要为大局设想，不能一味苟安为掩耳盗铃之计。

一五三号（易议员宗夔）：桂议员要想我们要解散并不是刘廷琛个人之关系，因为刘廷琛的折子上去，朝廷"交宪政编查馆知道"，这是朝廷信任刘廷琛的话。朝廷既不信任资政院而信任个人，我们所议的事全归无效，此次剪发具奏案就是一个凭据。前次农工商部奏折是为易服，上谕下来也是说易服，并未说到剪发上，我们的具奏案是只说剪发，并未说到易服上，乃上谕就说"遵照前次谕旨，著无庸议"，这是朝廷非常不信任我们资政院了。且资政院地位应与军机大臣直接对待，而反以资政院为军机大臣所辖之宪政编查馆之下级机关，是朝廷信大学堂监督、信农工商部，而不信资政院之二百议员。以后资政院就是说一句话都是无效，我们议员若不自量还要议事，未免太无耻了。

一零四号（桂议员山）：要说到朝廷不信资政院，据本员看，向来所议的事都无甚效力，可见朝廷未能十分信任资政院并不自今日始，所以本员今天的意见与贵议员并差不多。解散是一定要解散的，不过请议长将刘廷琛的折子抄过来给大家看一看，按节辩明，再行解散，犹未为晚。若说朝廷不能十分信任资政院，并非从此事发生。

一七九号（张议员政）：资政院为上、下议院之基础，今日有以个人资格而参弹资政院者，将来必有以个人资格而参劾上、下院者，现在若容忍下去，则是将来上、下议院坏于今日资政院二百议员之手，此事断不可不争，争而不得断不可不辞职。

百十五号（许议员鼎霖）：此事大家研究很久，均无大异同。但外边的传言究不能尽信，必须先将折子抄来，大家看过然后再议方好。如易议员所说请旨解散，仅据传闻遽尔解散未免轻举，应请议长先抄折子。向来折子未发抄以前无从查起，现在此折既发交宪政编查馆，没有抄不来的，俟抄过来看了再行具奏不迟。至于他的折子上说议员"包藏祸心"，要问有甚么凭据，如确有凭据，岂止解散，还得治罪，如无凭据，他自有应得处分，我们何必就要遽行解散呢？

一五三号（易议员宗夔）：请议长将此折子先由宪政馆抄过来，明天再讨论。

八六号（喻议员长霖）：刘廷琛以个人之资格弹劾资政院本够不上，我们对待他这个折子也无庸抄看。况且古来名臣大儒被人弹劾案子很多，本无足怪，我们本无错处，他虽弹劾，其实于资政院价值丝毫无损。

一二三号（江议员辛）：贵议员为刘廷琛辩护那是私人之交情，本院受刘廷琛个人之弹劾是关乎国家前途的危险，奉劝贵议员眼光稍放远些，切勿以私交而妨害公益。

一五三号（易议员宗夔）：方才喻议员的话说刘廷琛够不上与我们对待，其实不然。朝廷既将奏折交了宪政编查馆，是朝廷信了他的话，既信他的话而不信任我们，所以我们不能不辩论。

九四号（王议员佐良）：这个折子是由弹劾军机案发生出来的，我们可以将这个折子抄出来看一看，再想个对待之方法。

议长：方才桂议员倡议欲将这个折子抄出，但是这个折子实在无法可以抄出。

九四号（王议员佐良）：议员中有已经看见的，总可以抄得出来。

议长：行文到宪政编查馆去抄恐怕办不到，只可另想他法。

一二三号（江议员辛）：刘廷琛参资政院非为别的事情，是专为我们预算案核减大学堂的经费，我们所核减的共五千多万，不止是一个大学堂，将来恨本院而弹劾者正多着呢，本院是何等的危险，今不请旨解散，更将何待！

九四号（王议员佐良）：不是这个原因，就是因为弹劾军机发生出来的。

一二七号（闵议员荷生）：报馆传言何足凭信，不能因此耽搁重要议案。

一三三号（陈议员敬第）：刘某弹劾资政院朝廷复交宪政编查馆知道，明是以宪政编查馆为资政院上级机关，我们资政院为上、下议院基础，是否应该还有上级机关，此问题很大。若认资政院可以有上级机关，资政院地位便不稳固，且恐为将来之国会开了先例，即国会之地位亦不稳固了。至对于刘廷琛应如何如何，实不成一个问题。

一一二号（陈议员树楷）：资政院开院以来都是为权限不清所以才生出种种冲突，现在此事又是关于权限的事情，若似此权限不清，资政院自无成立的理由。我们地位是为全国的代奏,凡关于政治有立论之权,虽对待机关尚未成立,而言论权总不可自放弃了。现在对待的就是最高的行政机关,方免君上直接受舆论之冲突,此刻因个人之弹劾而交宪政编查馆知道,可见就是不以资政院为舆论机关了,就不能成立一个资政院。因为我们为全国人民代表,受政府之信用而后可以对全国人民,而全国人民也感戴政府,如政府不信用我们二百人,就是不信全国人民,我们二百人也就无以对全国人民,全国人民就无由感戴政府。不过要于请旨解散以前把他的折子抄来看看,然后再解决这个问题。资政院因权限不清才生出种种冲突,这个折子也是因权限不清之原故发生出来的,陈议员的话也是实在情形。

一三三号(陈议员敬第):李议员文熙的话本员是很赞成的。至于请旨解散没有这个办法,解散是君上的权,君上不解散,我们如何自请解散。据本员看来,此次刘廷琛弹劾资政院是制度之不良,我们只要从根本说个明白具奏上去,断无一经弹劾就请旨解散之办法,将来万不得已,亦只有全体辞职而已。

七四号(陆议员宗舆):这个事情大家讨论了许久,都不是从根本上解决。所谓根本上解决,就是立宪政体问题,原来立宪国家除议会、内阁及各种独立机关外,不准个人有上奏权,凡个人欲奏陈政务者无不经由内阁,所以重政论之责任也。今资政院对于君上为全国代表言论机关,此外若更有他种言论机关即非立宪政体所应该有的,且不说今日资政院不应受此种言论之弹劾,即将来责任内阁成立后亦不应再有此种无责任之陈奏,此应该就立宪政体根本上解决,将来应以言论机关根本问题奏陈朝廷为是。

八一号(章议员宗元):陆议员的话本员很赞成,但是要请议长用公文送至宪政编查馆,把刘廷琛原折抄来看一看为要。

议长:方才说非发抄之件不便去抄,但本院章程有质问行政衙门之权,我们可以用质问方法向宪政编查馆询问究竟有无此事,如此方是正当办法。

八一号(章议员宗元):本院可以质问宪政编查馆,因为本院是听闻有这件事,可以用全院名义质问,只说我们风闻有刘廷琛弹劾资政院事情,究竟有无其事,请把折子抄来。

七三号(汪议员荣宝):本议员有声明的话。议场外闲谈不能拿到议场里面来作证据,要知议场是个法律的地方,与议场外不同。

八一号（章议员宗元）：本院可据风闻以质问书质问宪政编查馆，如果有这个事情，宪政编查馆不说没有的，不过我们是据风闻的话质问宪政编查馆，请把折子抄来。本员倡议是否有人赞成？

百十五号（许议员鼎霖）：章议员的意见是质问宪政编查馆究竟有无这个折子，如果真有，断不能说无，各议员不必过虑。

一四六号（郑议员潢）：请照章议员的倡议质问宪政编查馆，要他把折子抄上来，今天我们可以散会。

一五一号（黎议员尚雯）：质问说帖请议长命秘书官从速办理，明天开会就要拿出来讨论。

一五一号（黎议员尚雯）：呈递质问宪政编查馆的说帖与议长。

八一号（章议员宗元）：用质问说帖是很正当的办法。

一五三号（易议员宗夔）：黎议员的说帖还没有赞成的署名，请议长命秘书官朗读一遍，赞成者当场署名。

议长：黎议员质问宪政编查馆的说帖现在由秘书官朗读一遍，赞成者请当场署名，向来质问说帖必须先写赞成人名字，现因临时提起质问，所以在当场署名。

百六十号（王议员绍勋）：有人弹劾资政院，我资政院当返求诸己，请大家省察我们所上的议案有逾越权限没有，有违背法律没有，如其无之，何怕外人弹劾，如其有之，何怪外人弹劾，请大家检点以保全院之名誉，不必率请解散。又按院章四十二条，资政院议员于本院议事范围内所发言论不受院外之诘责。弹劾资政院之事既无谕旨，不见明文，亦不必向宪政编查馆质问，若闻有人背后訾议辄行质问，是认受院外之诘责矣。

众议员：请秘书官朗读黎议员说帖。

秘书官（张祖廉）：朗读黎议员尚雯质问宪政编查馆说帖。

八一号（章议员宗元）："酌定日期以文书答复"请改作"迅速答复"。

一五三号（易议员宗夔）：改作"即行答复"好些。

五二号（毓议员善）："迅速"二字也是一样的。

八一号（章议员宗元）：这个说帖要用全院名义质问。

议长：赞成者请写名字，如果得三十人以上之赞成，这说帖就算成立，成立之后再用全院名义为妥。

百十五号（许议员鼎霖）：请议长咨询本院赞成者起立，不起立者就不写他的名字。

六七号（王议员璟芳）：还是用全院质问名义。

百三四号（余议员镜清）：若赞成多数，就是用全院的名义。

议长：照院章须先写赞成人名字，然后再付表决。

六八号（文议员溥）：得三十人以上之赞成，这说帖就可以成立了。

一五三号（易议员宗夔）：议长是处处遵照章程的，若是用全院名义，不先写赞成人名字，章程上没有这个办法，还是照许议员的倡议，赞成者署名，不赞成者不必写他的名字。

议长：照章得三十人以上之赞成到开会时再表决。

四八号（陈议员懋鼎）：得三十人以上之赞成，这说帖就可以成立了。

七三号（汪议员荣宝）：本员有个倡议，这个事情向宪政编查馆用质问方法不如用请求参考的方法。因为质问照院章是对于各衙门行政事件或是内阁会议政务处议决事件发生的，现在这个问题既不是行政事件，又不是内阁会议政务处议决事件，照章无从质问。所以不如用请求参考的手续，照分股办事细则六十二条"股员长依股员会之议决得声请议长咨行军机大臣、各部行政大臣将参考文书检送到院"，我们现在可以用此办法。

五九号（顾议员栋臣）：这个参考文书不对。

四八号（陈议员懋鼎）：这个参考的手续是不适用的，所谓参考者，我们有这个案件要参考的才用参考的手续。

一五三号（易议员宗夔）：汪议员的倡议不妥当。因为参考的手续是股员会里头的办法，由股员长报告议长，由议长咨行各衙门将参考文书检送到院，这有甚么要参考呢？还是用质问说帖为是，满三十人以上之赞成后再咨询本院。

议长：现在赞成的可以写上名字，这个说帖成立之后再付表决。

一一七号（雷议员奋）：本员有个倡议。现在赞成的写名字很耽误工夫，我们可以照章用表决票，赞成者请送一名片就是。

议长：现由秘书官把说帖送到各位议员席次，赞成者即请写上自己姓名。

秘书官承命将说帖送各议员席次书写姓名。

议长：现在质问说帖已经朗读过了，署名者共三十一人，请赞成此说帖者起立。

众议员起立赞成。

议长：多数。

一五一号（黎议员尚雯）：本员对于剪辫问题请登台发言。

议长：现在时候已晚，今日应议之件甚多，此事暂请不必讨论。

一五一号（黎议员尚雯）：前次奏案虽然不准，我们可以再奏三案。

议长：此事容后讨论。

议长：现在还有两个奏稿，由秘书官朗读。

秘书长承命朗读四川铁路亏倒巨款奏稿。

议长：四川铁路亏倒巨款的奏稿已经朗读过了，请赞成者起立。

众议员起立赞成。

议长：多数。

议长：弹劾军机大臣的奏稿现由秘书长朗读。

秘书长承命朗读弹劾军机大臣奏稿。

议长：赞成者请起立。

众议员起立赞成。

议长：起立者共八十八人，是多数。

议长：现由秘书官报告文件。

秘书官（张祖廉）：承命报告文件。

议长：胡议员柏年质问内阁会议政务处、刘议员曜垣质问外务部、黎议员尚雯质问邮传部说帖共三件，已经刷印分散，请赞成者起立。

众议员起立赞成。

议长：刘议员曜垣质问外务部税务处说帖一件，已经刷印分散，请赞成者起立。

议长：多数。

秘书官（张祖廉）：接续报告文件毕。

议长：梁建章陈请统筹全国殖民办法说帖现经陈请股审查，请交移民实边案特任股员一并审查，众议员赞成否？

众呼"赞成"。

议长：现在开议。按照议事日表第一议试办宣统三年岁入、岁出总预算案，请预算股第一科审查长接续报告"岁出消减部第三：各省经常财政费"。

一七七号（李议员文熙）：请黄议员象熙报告。

一三一号（黄议员象熙）：本员报告财政费。其各省数目有与度支部原册不符之处，是据追加之数修正增入，特此先为声明。查各省支出之款大约可分为五项：一、藩、粮两署经费；二、税捐各局；三、盐务；四、各州县征收钱粮费；五、漕务。支出之数共一千四百五十八万四千三百两，核减共二百五十四万二千九百七十三两，谨就各省分别报告。直隶一百四十三万八千三百一十一两，核减二十四万零五百五十两；江西三十七万七千一百七十五两，核减七万零二百七十两；湖南三十四万零三十二两，核减十二万九千九百二十八两；四川一百一十二万八千三百二十一两，核减三十九万五千三百八十六两；江苏六十六万二千五百一十九两，核减一十一万八千九百三十七两；广东一百二十二万九千一百二十六两，核减三十三万二千一百四十一两；云南三十四万三千三百二十三两，核减六万五千九百七十四两；浙江九十二万九千五百六十八两，核减九万二千六百七十四两；福建十八万一千二百五十四两，核减五万六千一百零六两；安徽二十二万二千一百四十一两，核减三万五千两；广西三十二万零九百七十二两，核减五万七千三百七十七两；江宁一百八十二万六千二百七十九两，核减二十四万三千九百九十一两；山西三十五万七千五百二十七两，核减八万五千一百七十二两；河南四十一万八千四百两，核减一十五万零四百四十八两；陕西一十一万九千零七十四两，核减一万三千二百一十六两；山东二十四万一千五百八十九两，核减六万七千零十五两；湖北七十六万四千八百四十四两，核减十四万三千五百八十两；甘肃十四万七千八百八十四两；照部核减贵州九万一千六百六十九两，照部核减热河九万八千六百七十七两；奉天九十八万一千七百五十一两，核减二十万零四千九百六十三两；吉林一百三十三万五千四百六十七两，核减九千二百三十四两；照部核减黑龙江十九万一千二百零六两；照部核减川滇边务十万五千三百七十六两；察哈尔三万九千九百八十三两，照修正册减三千八百八十两；苏宁九万一千零十两，核减一万八千两；归化一千五百一十一两；新疆五万七千一百五十两；江北三万二千八百二十两；阿尔泰二千九百九十三两；安徽册粮饷处二千八百七十三两,以上共有三十一处,核减数目大概十成之二,稍有相差之处因各省开报浮实不同之故。其有裁至过半数者,调查底册浮滥太多,不得不切实删减。如四川……

财政公所、广东各厘厂。至东三省的情形与内地不同,审查眼光亦较内地稍别。奉天开支过滥,固裁去二十万零;吉林、黑龙江事事正待扩充,除经部核减,本股未加裁节,揆势度时,不得不然。核减理由与数目大概如此,请议长咨询本院有无讨论。

八五号(吴议员廷燮):厘卡款项有裁没有?

一三一号(黄议员象熙):已经裁了。

八六号(喻议员长霖):裁了他们的钱,他们是一定舞弊的。

一三一号(黄议员象熙):舞弊的人就是加薪水给他,他还是要舞弊的。

议长:度支部对于方才报告有无意见?

度支部特派员(徐文霨):各省因资政院核减经费达部电文,率皆通论大体,其有指明款目者以军政等费为多,至财政费及行政总费却未分别指出。贵院议减之数,将来各省能否照减,现在尚难悬断。所有各省电文已由度支部抄录,送主管各衙门并送贵院审查,俟预算案议决具奏后,度支部自当通行各省遵照办理。将来倘能一一办到,是度支部所最希望的。

一三一号(黄议员象熙):因为财政困难,所以要裁减,但是裁的也不多。

度支部特派员(徐文霨):就是裁减,度支部也表示同意。

议长:其他各部有无意见?

法部特派员(冯巽占):这是度支部的事,本部并无意见。

议长:众议员有无讨论?

六八号(文议员溥):有质问度支部特派员的话。此次预算所裁减各款,度支部是否同意?

度支部特派员(徐文霨):前天已经声明过了。

六八号(文议员溥):明年能否照预算办理?

度支部特派员(徐文霨):各省拿全册送到度支部,度支部已送到贵院来,能照预算办与否这个权是在督抚。

六七号(文议员溥):有无更动?

度支特派员（徐文霨）：这个预算定了之后，原为明年可以施行的。如有不能不更动之处，这个预算就算不能成立。

一五一号（黎议员尚雯）：一定照预算实行的。

议长：现表决各省经常财政费，以报告书为可者请起立。

众议员起立。

议长：多数，现在休息二十分钟。

下午三点四十五分钟议事中止。

下午四点五分钟续行开议。

秘书长：现在议长有事不能到会，照章请副议长代理。

副议长：现议岁出消减部第四各省临时财政费，请审查长报告。

一二九号（汪议员龙光）：这个临时费是很简单的。所谓临时费者，都是财政部下范围以内之临时费，在京就是度支部，在各省就是藩司所属。度支部临时费，印刷局一项四十余万，初疑太多，嗣经特派员陈说理由，购买机器既与外国人订立合同，所以就没有核减，昨日已经李议员报告过了，现在报告各省临时费。查各省临时费名目不多，要以清理财政局经费为大宗。我国财政向来没清理过，纷乱达于极点，一旦提起清理，最初一次大是不易。譬如用怎么方法调查，用怎么格式填写，千纷百乱之中理出头绪，是很纷繁、很困难的。看来初次办理，用人不得不多。用人既多，经费自不能不巨，然亦只开头一年如此，自后接续办去，有前届榜样可以照例遵循，自然用人可少，经费应与之俱少。乃各省督抚送来预算，往往较元年加多。如江西比较去年，便加多一万余两，未免太无理由可说。所以度支部对于加多省分一概不准，本股员会审查不独不能加多，其元年原用数额太多者仍拟酌量裁减，以杜浮冒。大概各省对于此项，其最居多数者凡三省，直隶六万六千余两，广东五万七千余两，四川四万六千余两；最居少数者亦三省，甘肃、云南、贵州皆只一万余两。自余各省大概都是二万两上下，直隶、四川、广东固是大省，财政较繁，然于甘肃、云南、贵州，何至为六与一之比例！数目多少，未免太相悬殊，所以审查时设了一个标准，少由一万以上，多至四万为度，而二万上下各省，亦有酌量核减之处。论理我们审查既以四万为度，何为对于二万上下亦加核减？例如福建本款三万，浙江本款二万八千，而薪水一项各占二万二千，可见别项用度不多，率是人员占过三分之二，此则是滥用冗员之证，便可酌量核减，不能因其未满四万之数，皆可引直隶、川、粤为比例也。至核减多少，也不过照依原数估一个八成、九成，稍期归于（樽）〔撙〕节，万不至于不能敷其必要之用。直隶原来六万六千，余减二万；广东原来五万七千，余减一万七千；四川四万六千，余减一万六千。自余各省或减，或不减，都不过二万两上下，少以一万余为止，不必详细报告。此审查清理财政局之概也。此外还有别项局所经费，也有归并的，也有全裁的，也有减少的。归并的就是陆军清理财政局。我们审查的意思，因为陆军行政固是独立，然清理财政陆军一项似无必要独立之理由，本股审查主张归并，免得另设一局，可少此一笔糜费。裁撤的如新疆银元局、四川造币厂，度支部已经主张裁撤，因为国家现已鼓筹新币，毋庸各省自行鼓铸，本股审查以度支部宝泉局亦是关于造币的，一切用度亦应全裁。又安徽财政研究所、贵州政务公所，窃以各省藩司或度支司皆有财政公所或度支公所，与夫各司道皆有公所分科办事，该两省所谓财政研究所、政务公所，皆当一并裁撤。至于主张减少的，度支部调查费项下减一千两，临时费项下减一千六百余两，奉天盐务调查费项下减二千两，江苏粮巡道署临时费项下减一千六百余两，山西河东杂支项下减一千五百两，四川票厘局项下减一万二千两，广东清佃沙捐官田分局项下减一万七千两。再土药统税分局现在发行禁烟，议决明年六月一律停止，此刻事务比往年稀少，一切费用亦可从简，拟三减其一。此审查清理财政局以外各局所临时经费之大概也。总计各省临时财政费共一百二十四万四千六百八十两零四钱八分三厘，共核减二十四万零二千六百九十三两四钱一分三厘，度支部本署费不在其内，大概如此。总之，我们审查预算无甚把握，譬如指定某衙门某局所应有若干事，应用若干人，应费若干钱，必三者支配丝毫适合，万无这种手段。所谓酌量者，说不得不是以意为之。既知是以意为之，往往不敢轻于下手，故核减之数，只失于少而决不失于多。各省送来预算类于岁出，皆以少报多，处处留有余地，吾辈当下手而不敢下手者不知凡几，可减未减彼则隐而不言，减而失之稍重，彼必托词于事实上办不下去，力求追加，与其后允追加，失预算之效力，不如从宽办理，免致争执。此本员审查宗旨并不是一味武断也。

副议长：度支部特派员对于财政报告有无异议？

度支部特派员（楼思诰）：若是度支部直接统辖之机关，自当依贵院裁减之数办理。至于各省情形,度支部亦未能详悉,将来行得过去行不过去,须看事实上如何。此时未经咨商各省督抚,究竟能否遵守,度支部尚无把握。

一五一号(黎议员尚雯):贵特派员不能说没有把握,这个预算案是度支部负责任的。

度支部特派员(楼思诰):度支部自然按贵院裁减之数令各省照行,至于各省能否全体承认,度支部碍难断定。

六八号(文议员溥):这次预算股员会核减预算案全凭理想,不顾事实,所以度支部不能说有把握,且各省临时财政费项内裁去数处清理财政局所,这个清单没有看见,本员以为度支部的清理财政处亦应当裁撤。因为度支部就是清理财政的机关,哪一事不是财政?哪一事不当清理?哪一人不是办理清理财政事宜?何必又另设个清理财政处,致滋靡费。实在不如裁去好,尚可节省经费。

度支部特派员(楼思诰):行政机关之组织是行政大臣特权,本员无从答复。

副议长:如无讨论,即付表决。各省临时财政费有以方才第一科报告为可者请起立。

众议员起立。

副议长:多数。

副议长:现议岁出消减部第五行政经常费,请第一科审查长报告。

八一号(章议员宗元):报告各省行政总费。"各省"这二个字包括二十二行省以及许多边僻的地方,如科布多等处,现在这种地方可以除开不算,因为他们的行政经费很简单。至于各省的行政总费,包括三种经费而言:第一种督抚衙门的经费。第二种巡道衙门的经费,说到这个地方本员声明一句,巡道是指分巡、分守各道而言,巡警、劝业道皆不在内。第三是各府州县以及所管各署的经费。这三项里头,他们所报的经费,都是与陆军经费、民政经费不同,因为陆军包括军饷,民政包括巡警口粮,这个行政总费不过是有廉俸、公费、幕友的薪水、委员的薪水,其余纸张、杂费等项,多是衙门里头所出的经费。本股审查员抱定股员会议决的宗旨,裁冗员,节靡费,照这两句话审查各省行政总费,审查的法子总是核减行政总费,里头有三种核减办法:第一种核减最多的,是依照本股额外股员会议决公费的标准核减;第二种核减是查原册上度支部注明应减多少之数，而各督抚现在还没有回复的，就照度支部注明的数目核减下来；第三种从本股的审查股员调查各省底册实在有浮滥的地方，酌量裁减。这三种裁减的法子，以公费一门裁减为最多，其次照度支部注明核减的较少，由本股员会调查底册酌减的更少。这个各省行政总费之总数共是一千七百二十六万七千余两，核减了三百三十六万六千余两。若是一省一省的报告，那是很繁难的，所以本员的意见提出几省报告，诸君就可以见其大概。

一五三号（易议员宗夔）：请报告一、二省就是了。

八一号（章议员宗元）：本员先提江苏一省报告。这江苏核减册内第一款第一项是巡抚衙门的经费，内中有幕友之薪水、委员之薪水、办公纸张等项，共是九万三千三百多银子，我们以为他们开的太多，核减了五千多银子，这个并不是本员审查的，但本员以为减得亦很确当。第二项是苏松太道，就是上海道，衙门经费开了一万三千三百八十多两银子，公费不在其内，苏松太道只开了一万多，他的收款没有统通开上，而用款很多，其中总有不实不尽的地方，我们甚么减法呢，只好减了他五千银子。第三是常镇道衙门的经费三万五千两银子，查这个底册，度支部注明的他底册实数是二万六千多两银子，他多开了九千多银子，度支部已经行文去了，至今还没回复，我们股员会审查他既多开九千就可把这数核减。此外节金、节赏开了二千五百银子，审查股员以为这个应当裁的。至常镇道的经费二万三千多银子这个里头还要声明一句，并不是裁了这二万三千银子，因为有九千多银子是多开的，我们不过更正就是了。第四是江苏候补的津贴开三千六百多银子，审查股员以为这个可以裁的。这是江苏的情形，只讲江苏一省的行政，恐怕诸位不大明白，所以再把广东省说一说。广东省第一款第三项是总督的公费九千多银子，津贴是二万八千多两银子，总督的公费与津贴共是三万七千多两，查得总督的公费与津贴系总督个人所得的，为数未免太多，审查员按照本股所决定的公费标准，裁了一万三千六百多两银子。第五项是总督幕友经费三万九千八百多两银子，审查股员以为开的太多，裁了他的零数九千多两，还余三万两。第八项是杂支开了一万五千二百多两，未免太多，审查员核减三千多两，还有一万二千多两，审查的并不太苛。第三款第十三项广东各知府假定的公费是预备实行的，还有各直隶州假定公费他原来用甚么标准而定的股员会中并不知道，共是八万四千多两，审查股员按照额外股员所定标准，知府每年公费以四千两为准，于是核减了四万八千多两银子，至于直隶州的公费是三千六百一十两，核减了七千六百多两银子。第四款第七项是大小衙门的津贴，原来是十七万一千七百多两银子，照度支部原册注明的"既已定了公费，所有津贴一律裁去"，把这十七万照裁了，这是广东情形。各省行政经费统共核减三百三十六万六千多两银子，后来各省来了修正预算案，大致多很有理由的，所以又添了四十七万多两银子，西藏补报来的是八万多两银子，共加了五十六万二千九百多两，这是审查的情形。

副议长：各省行政经费度支部特派员是否同意？

度支部特派员（徐文霨）：本部已经两次声明，无须再说。

八一号（章议员宗元）：本员还可补足报告几句。方才说的裁减公费从各省督抚起，到知府直隶州为止，底下州县并没有减。因为州县公费大半没有一定的，且州县的公费当另外有一种解释，他没有甚么办公公费，所以股员会讨论州县的公费以不减为妥，因州县是亲民之官，关系很重，所以通通没有减。至于东三省的州县是减一点儿，因与各省州县不同，东三省州县一项一项把公费都报告来的，除公费之外，还有办公经费亦都定出来的，既然定得这样明白，我们不能不减一点儿，通通照知府直隶州为标准，繁缺是四千银子，简缺三千六百两银子。

一五三号（易议员宗夔）：代为报告几句。各省行政经费核减公费最多，如两江总督他每年公费开支到二十九万多银子，实在是浪费，督抚应当比照军机大臣。将来这部预算奏准之后一定可以生效力的，请议长付表决就是了。

副议长：众议员有无讨论？若无讨论即付表决。请赞成者起立。

众议员起立赞成。

副议长：多数。

副议长：现议岁出消减部第六官业支出，就请第一科审查长报告。

八一号（章议员宗元）：这个报告很简单的，就在本位报告。这个应分国家行政、地方行政二种，现在国家行政与地方行政经费已经划分清楚，凡关于地方行政的归谘议局审查，本院审查国家经费。就这官业一门而言，现在各省情形不同，有的省分很多，有的省分不多或没有的，本股审查这件事情亦很为难，所用审查的方法就看他官业这一门第一层要希望实业之发达，第二层要补助国家之财政。若以财政眼光看起来，官业这一门比照他的收款相抵很可以过得去，实业还可以发达，若是出款很少而收款很多，那就不能不减的。核减的法子是比较收款的数目而定，比方出款三万，收款十万，那就减去七万银子，但实在也没有减得这么多，至于收款十万、八万，出款五六万的一概没有核减，总数一共十三万两有零。

副议长：关于官业一项度支部有无异议？

度支部特派员（徐文霨）：并无异议。

一三四号（余议员镜清）：官业表与报告书不符，今日会议以表为标准，抑以报告书为标准，请预算股员说明其所以错误之点。

副议长：众议员有无讨论？

八一号（章议员宗元）：本员声明一句。不对的地方因为作表者算错一点，应当是十三万零四百八十多两。

七三号（汪议员荣宝）：那是"一二九八"是错了，应改为"一三零四八二一"。

八一号（章议员宗元）：本员要声明一句。原来的数目是十三万有零，后来查出广西官业支出经股员审查核减，因为他没有收入，只有支出，原来是九千五百二十九两多银子，当时度支部册上没有注明，所以股员没有理会，后来查出来广西所开系属一种花银，核减了九千五百多银子，实合库平八千多两，所以后来改正总数是一二九八七四六九一。

一三四号（余议员镜清）：以表为标准，抑以报告书为标准？

副议长：以表为准，众议员有无讨论？

众议员：无讨论，请付表决。

副议长：既无讨论，以报告书为可者请起立。

众议员起立赞成。

副议长：多数。

副议长：现议岁出消减部第七各省预备金，请第一科审查长报告。

八一号（章议员宗元）：各省预备金上次报告存余金的时候已经报告过了，本员对于股员长要声明不必另外报告。再者此项预备金各省有有的，有没有的，不能一律，大半全是无着之款，所以本股员会拟将此项删去。

一二三号（江议员辛）：各省预备金是本员审查的，本员可以答复。贵议员质问凡预备金的性质是以的款储作两项支用，第一是预备算内之不足，第二是备预算外之支出，不是没有的款可以虚悬的。今各省出入不符，并无余存的款，度支部已将各省减去一半，其一半亦无存在之理由，所以本股员会都将此项一概删去。

七四号（陆议员宗舆）：此项款子既然删除，归于何项？

一二三号（江议员辛）：此项预备金共一千三百多万，经度支部减去六百多万，本股员会减去六百多万，度支部所减者如四川等省入不敷出，所以删除，而直隶等省也是入不敷出，却任其存在，不知是何理由，故一并删除，以归一律。

七三号（汪议员荣宝）：预算案应当有预备金的，何以没有？

六二号（刘议员泽熙）：本员对于汪议员质问有几句答复。以法理论，预算本应该有预备金，但必须有余款方可作为预备金，这部预算案合全国计算亏空至如此巨，更有何款可以作为预备金。譬如人家用钱有余存的，然后才可以作他项预备之需，如入不敷出，岂能再拿出一部分之钱存而不用，这部预算所以无预备金者实是事实上不能做到。

众议员请议长付表决。

副议长：众议员已无讨论，请问度支部尚有意见否？

九九号（陈议员瀛洲）：度支部向来是表同情的，请议长不必再问。

副议长：现在表决，以报告书为可者请起立。

众议员起立赞成。

副议长：多数。

副议长：第一科审查长是否尚有报告？

六二号（刘议员泽熙）：没有甚么报告，请第二科报告。

副议长：第二科拟俟明日报告，现在先报告第三科的，请第三科审查长报告审查之结果。

一一六号（孟议员昭常）登台报告，电灯忽熄。

副议长宣告展会。

下午五点十五分钟散会。

资政院第一次常年会第三十四号议场速记录

宣统二年十二月初三日下午一点钟开议

议事日表第三十二号

第一，试办宣统三年岁入、岁出总预算案。（股员长报告，会议）

副议长：今天议员到会者一百二十一人，除去丁忧回籍、久病请假十六人之外，须有一百二十人方足三分之二，今日所到议员已足此数，可以开议。

一三四号（余议员镜清）：浙江铁路适用商律这个折子上去没有？

副议长：今天可以上去。

一六八号（李议员素）：我们弹劾军机折子是否留中？

副议长：谕旨还没有下来，大概是留中。

一六八号（李议员素）：留中之意本员甚是不解，如果朝廷以资政院弹劾为是，即须准军机大臣辞职，如果以资政院弹劾为非，即须着资政院解散，若模棱两可坏议院之基础，恐中国不亡于军机大臣，而亡于资政院。请议长咨询本院，须请旨明白宣示方足以谢天下。

一七九号（张议员政）：川路倒款案曾否上奏？

副议长：今天上奏。

一五七号（尹议员祚章）：刘廷琛参资政院的折子已否由宪政编查馆抄来，若尚未抄来，请迅速催抄，以供讨论。

副议长：这个奏折还没有抄来。

一六五号（刘议员懋赏）：山西谘议局陈请盐务核议案已经审查过了，请列入议事日表。

副议长：俟预算议完之后再将此案列入议事日表。

一五三号（易议员宗夔）：方才李议员倡议说我们弹劾军机大臣的奏稿上去留中，可见弹劾军机大臣又是无效，若是本院再去弹劾亦是无益的事情。本员看起来有个办法，就请议长指定几个起草员做一个奏稿，说明资政院的性质及资政院的地位，至于资政院所上的折子，朝廷总要明白宣示，无论如何不能留中的，并且要声明不能以个人资格弹劾资政院立法的机关。本员主张的是极和平的办法，或者可以上悟君心，不知各位意见如何？

一四九号（罗议员杰）：请问议长，刘廷琛参资政院的折子抄来没有？大凡交各衙门知道的折子没有抄不来的，请从速去抄。

一五三号（易议员宗夔）：这个折子抄不抄没有甚么大关系的。

一四九号（罗议员杰）：前天说抄这个折子大家已经赞成的，为甚么说抄不抄没有关系呢？

一五三号（易议员宗夔）：现在我们弹劾军机大臣的折子留中不发又是无效的事体，因为资政院三个月会期，现在即将闭会，就是再上一个折子亦是枉然。刘廷琛参劾本院一折，此种小人究无理会之价值，惟朝廷既信任他，着宪政馆知道，所以本员主张上个折子说明资政院的性质与地位，并且说明别的机关不能弹劾资政院，或者摄政王看得这个折子就可以恍然大悟，这是本员的意见如此，请付表决。

副议长：现在由秘书官报告文件。

秘书官（张祖廉）：承命报告文件。

一五四号（陈议员命官）：方才易议员的倡议请议长咨询本院。

副议长：现在报告文件，俟报告毕再行咨询。

众议员呼"若是不将此事表决，可以不必报告文件"。

一四九号（罗议员杰）：本员赞成易议员的倡议。

一五一号（黎议员尚雯）：请议长指定起草员。

八一号（章议员宗元）：易议员倡议本员很赞成，资政院这篇文章必不可少的，并且这个上奏不要十分讨论，现在没有反对的，请议长即指定起草员就是了。（拍手）

一三十号（刘议员景烈）：请议长赶快把刘廷琛的折子抄来看。

一四九号（罗议员杰）：我们资政院只有皇上可以处分的，处分我们的方法就是"解散"二个字,至于别的机关不能处分我们的。

一二三号(江议员辛):刘廷琛参资政院的折子既然没有抄来,可以不必一定要抄的,想必是宪政编查馆已将此折取消了。但我们弹劾军机大臣无效是最要紧的关头,易议员倡议本议员极表同情,应请议长指定起草员把这个事办完之后再行报告文件。

八一号(章议员宗元):现在既没有人反对,就请议长指定起草员。

副议长:易议员的倡议现付表决,请赞成者起立。

众议员起立赞成。

七五号(长议员福):所倡议的若是单就刘廷琛的事件,说本员不赞成。

副议长:现在表决的是易议员倡议。

众议员起立赞成。

副议长:多数。

八一号(章议员宗元):一面请议长指定起草员,一面请秘书官报告文件。

副议长:现由秘书官报告文件。

秘书官(张祖廉):承命报告文件。

副议长:黎议员尚雯质问会议政务处说帖一件,又质问学部说帖一件,已经刷印分送,想诸位都已看过,请赞成者起立。

众议员起立。

副议员:多数。

九九号(陈议员瀛洲):上月中旬奉天谘议局有一件文书呈到本院,因为宪政编查馆回复东督电文解释局章与原定谘议局章程有抵触的地方,这件事体不仅关系奉天一省,实于各省谘议局均有关系。前已交法典股审查,而法典股因事太繁,至今尚未报告,现在闭会在即,请议长咨询法典股赶紧审查完毕,于闭会以前付院会议才好。

副议长:声明资政院性质及地位具奏案现指定起草员六人,由秘书长报告。

秘书长:承命报告声明资政院性质及地位具奏案起草员,姓名如左:陈懋鼎、汪荣宝、章宗元、孟昭常、邵羲、易宗夔。

副议长:现在开议。

百九十号(吴议员赐龄):请先议请赦国事犯罪人员具奏案。

副议长：现在已经开议，此事暂缓。预算股股员长称第二科尚未审查完毕，请第三科审查长先行报告审查结果。

百九十号（吴议员赐龄）：本员倡议议长应咨询本院，如果大家不赞成，即可取消。

一五三号（易议员宗夔）：这个倡议已有三十人以上赞成，就算成立了。

副议长：预算案亦极紧要，大家意见以为何如？

一五三号（易议员宗夔）：吴议员倡议本议员代为说明。因为请赦国事犯报告已经许久，吴议员倡议请议长把报告书命秘书官朗读一遍，表决后即行上奏，看大家赞成不赞成？（拍手）

副议长：吴议员倡议将请赦国事犯案提前讨论，赞成者请起立。

众议员起立赞成。

副议长：多数。

一五三号（易议员宗夔）：吴议员倡议已经成立，就请把陈议员宝琛提议的请宣示德宗景皇帝手诏一案亦朗读一遍，从速具奏。

一五一号（黎议员尚雯）：这个奏案没有甚么讨论，宣读一遍就可通过。

众呼"赞成"。

副议长：如此就先议此两案。现在议请宣布景庙手诏具奏案，请特任股员长庄亲王报告审查之结果。

二号议员（庄亲王）：本员审查请赦国事犯议案按照分科办事细则五十三条之规定，委托汪议员荣宝代为报告。

副议长：请汪议员荣宝报告审查之结果。

七三号（汪议员荣宝）：现在报告特任股员所审查的陈议员宝琛等提议陈请宣布德宗皇帝手诏昭雪戊戌冤议的案，这个案已经刷印分送过了，本股审查同意，以为应当具奏请旨办理。至于报告书诸位已经看过，本员想这件事情诸位亦必很以为然的，本员亦不必多说，不过把德宗景皇帝手诏的历史大概说一说。这个手诏虽然没有奉旨宣布，而外边人都已知道，且有用照片照出来的，大家看见的亦很多。去年八月间杨庆昶将这个手诏送到都察院，都察院京畿道收了之后就送到台长，台长奏请宣付实录馆。而这个折子上去之后留在上头，没有宣付实录馆。这个手诏的内容是对于杨锐所说的，因为变法一时有许多困难的事体，叫杨锐能够想法子去了窒碍做个条陈。当时杨锐条陈说变法要有次序，这样看起来德宗景皇帝的手诏确是因为变法不可太急，而戊戌这一年外边传闻异辞有许多不实不尽的地方，可见戊戌党员不能不算冤抑。现在如果宣布杨锐所奉的手诏，使天下咸晓，然于当日的情形并知道当时六君子所作的事情，所条陈的意见也可以同时昭雪。况在今日立宪政体，既定一切新政次第举行，皆德宗景皇帝当时的庙谟，我们总不要忘记德宗景皇帝的遗泽。本员以为这件事情是很重大的，若能由本院上奏得将一切党员恩赦，不独对于立宪前途大有关系，而德宗景皇帝之一片苦心亦可以大白于天下。本员希望同院诸君赞成审查报告为幸。

一五三号（易议员宗夔）：这个报告没有甚么讨论，请议长付表决。

副议长：请宣布景庙手诏具奏案以报告书为可者请起立。

众议员起立。

副议长：多数。还有请赦国事犯罪人员具奏案，请股员长庄亲王说明理由。

二号议员（庄亲王）：本员按照分股办事细则第五十三条之规定，委托长议员福代为报告。

七五号（长议员福）：戊戌冤狱的历史诸位都知道的，不必详细说明。这个议案是罗议员杰提出来的，在罗议员意见戊戌党人虽经得罪朝廷，但是立宪时代照各国的体例都有赦国事犯的事情，如日本明治二十三年特允议员菊池侃二之请大赦党人可为先例，中国可以照这个法子请求恩赦，同时又有直隶人民王法勤等五十余人、河南举人王敬芳等五百余人都有陈请具奏大赦党人的说帖，与此件宗旨大略相同。经股员会大家讨论，须分两层办理。第一是戊戌党人从前虽为有罪的人，到立宪时代宗旨与政策相同，便是无罪之人，应请恩赦，此为第一层。第二则是戊戌以外所谓革命党一般人，这般人虽与戊戌党人的宗旨不同，不能与戊戌党人相提并论，但这般人亦因政治腐败、立宪无期挺而走险，其行为虽可诛，其用心亦可悯的。如果单赦戊戌党人而使革命党的人于恩赦之途无一点希望，或激起激烈手段，亦非中国之福，故以"可否一并恩赦，出自圣裁"等语分出先后轻重来，这是请赦的第二层。这两件事情最为重要，于立宪前途很有关系，这件报告总要请诸位议员赞成。

一四九号（罗议员杰）：这个案子是本员提出来的，请说明主旨。

七五号（长议员福）：戊戌这个事大家已经明白了，不必详细报告，请议长付表决就是。

一四九号（罗议员杰）：大凡各国提议的人都可以说明主旨，本议员提请赦国事犯案有本议员的意见。大凡股员会修正之案，本人说明本案主旨后，议长应咨询本院究竟赞成提议人的本案，还是赞成股员会修正的案呢？

七五号（长议员福）：请赦戊戌党人的事对不对都知道了，可以不必详细说。

一七七号（雷议员奋）：请问股员会修正的与提出原案是否相同？

七五号（长议员福）：是相同的，不过股员会审查是分两层请赦的。

一七七号（雷议员奋）：请罗议员只把不相同的地方略说一说。

一四九号（罗议员杰）：本议员将提出本案主旨简单说明。本议员提出这个案一层是对内的关系，一层是对外的关系。何以谓之对外关系呢？中国之国事犯外国人正乐为利用，本员在外国考察过，外国人每每遇中国革命党开会的机会，一面送钱给他用，一面又电知我政府，说为我国取缔革命党。我国上下一心，这样弄起来于宪政前途很有危险，这是对外的关系。至于对内的关系，党人一日不赦，人心一日不能安，满汉终不能融洽，若赦回党人就可以化除满汉，安定人心，这是对内的关系。但是本员本案沦窜异国、寄身囹圄并为一起说的，修正案与本案主旨相同，无非激起他们的忠爱之心，不使为外国人利用。报告书分两层亦有苦心在内，而本员主张请求皇上天恩一体特赦，对内就可以调和满汉，对外就可以免受外人运动，主旨之结果如此。

一五三号（易议员宗夔）：本议员也是审查股员之一，罗议员的意见请皇上恩赦并起用，但是国家对于党人能起用与否是君上大权，我们不必过问，请议长先把股员会报告书付表决。（拍手）

五五号（崇议员芳）：两党到底是多少人，请报告一下。

七五号（长议员福）：戊戌后革命党是多少人，这是很难说的。（拍手）

五五号（崇议员芳）：既是国事犯，总可知道大概。

一五一号（黎议员尚雯）：这个赦党人案请速具奏，以彰先皇帝之明而安天下之人心。现在政府假立宪之名行专制之实，有意隔阂以保不负责任之禄位，而人心尚未尽瓦解者皆感先皇帝戊戌年所行之政策与上年颁布立宪之明昭尚足以维系人心，此案即请速行具奏，不独党人感激图报，天下臣民莫不颂皇帝之继志述事，有以慰先皇帝在天之灵也。

八一号（章议员宗元）：本议员也是审查股员会之一，这个准赦与否是皇上大权，如果赦的时候自有名字开出来，我们不必提出单子。

一四九号（罗议员杰）：这是法部的事，不与资政院相干。

众议员请表决。

副议长：请赦国事犯具奏案以报告书为可者请起立。

众议员起立赞成。

副议长：多数。

一五三号（易议员宗夔）：这两件事既已表决，就请议长从速具奏，至于有效、无效我们不管。

一四九号（罗议员杰）：本员提出治水的建议案与自治的建议案请议长从速付审查。

副议长：已付审查。现在开议预算案，请预算股第三科审查长孟议员报告，先议吏部所管预算事件。

一一六号（孟议员昭常）：第三科就是吏部、民政部、法部，本员先报告吏部。吏部是个特异的衙门，于国务上并没有甚么关系，查审的时候看他的岁出、岁入有经常岁入、临时岁入两项，共三十多万，岁出四十多万，出入不敷计十二万有奇。审查的时候要想他收支适合都没有一定的标准，因为这个衙门是不应当有的，既不应当有，所以就没有标准，既没有标准就无从核减，所以不敷的十二万几仍旧听他不敷，都不必在预算总册上拨补。后来额外股员在会议政务处与军机大臣协商，请将吏部、礼部、翰林院一并裁撤，已得了军机大臣之同意，不过军机大臣说这个衙门如果现在裁撤当须请旨施行。这衙门岁入由国库拨来的只有二万几千两，此外还有七万几千两是由度支部照饭项下拨来的，这个性质是手数料的性质，不是普通人民负担的性质。至于临时费都是官吏注册的银子，也是一种手数料，总之，他这衙门是靠官吏维持的，即时裁撤与将来裁撤于国库上无甚关系，本科宗旨如此，请议长咨询诸位有无讨论，讨论之后即付表决，然后再报告民政部。

百三十号（刘议员景烈）：吏部应当即时裁撤，不然明年预算就不好办。

一一六号（孟议员昭常）：因为这个衙门不应存立，所以没有审查的标准。

但是现在要裁的不止这一个衙门，还有礼部、翰林院均在裁撤之列。

一三十号（刘议员景烈）：预算没有标准，其结果总有不完备的地方。

一五三号（易议员宗夔）：本员代为报告一句。前回协议之时军机大臣答应吏、礼二部并翰林院均要裁撤，但未裁之前经费还是要的，若既裁之后还要改别的机关不过变更名目，也还是有用的。

八一号（章议员宗元）：据孟议员说吏部由国库拨的款子只有二万多，其余都是照费，这个衙门裁撤之后，这个照费还是收不收尚不可知。

百三十号（刘议员景烈）：吏部入不敷出，将来还是人民负担，所以裁撤的期限也要同会议政务处商量才好。

八一号（章议员宗元）：这个定裁撤的期限恐怕办不到，此刻协商无非是协商预算的事情，不能协商明年一定要几时裁撤。

众议员请付表决。

副议长：现在表决吏部所管预算，以报告书为可者请起立。

众议员起立。

副议长：多数。

副议长：现在议民政部所管预算，请审查长报告。

一一六号（孟议员昭常）：现在第二报告民政部经费，民政部本衙门及内城总厅、外城总厅、高等巡警学堂大概分为四项。民政部本衙门的款子不过二十四万有奇，仔细审查岁出款目没有可以核减的。各衙门所核减的就是司员公费，民政部司员公费一十二万九千七百几十两银子，与额外股员审查的标准没有过于标准的地方，所以审查的时候照原案没有更动。惟丞参上行走是应裁的，民政部丞参上行走都只有一位，薪水二千四百两，审查的时候却没有把这银数裁去，丞参上行走兼有乌布，就应核领乌布的薪水，何须并入司员公费，所以民政部并没有可裁的地方。如果从节省起见，惟有杂费一项或可核减，但是裁几十两或几百两没有一个标准知道裁得裁不得，在民政部一个衙门共用一百八十三万两有奇，而本衙门共用二十四万有奇，堂官、丞参、录事杂费一概在内却不能算多。又内城总厅用七十七万几，外城总厅用九十七万几，审查时候看，内、外城总厅巡警名额与警官俸额均无可以裁减的理由。至若巡警名额应以人数相比较，北京人口表册也不确实，所以没有一定的标准，既没标准，就没有裁减的理由，所以内、外城总厅也是照原案审查。并且高等巡警学堂也没有一个裁减的标准，审查的时候仍是照他的原案办理。此四项照原案数目与民政部经费临时岁入相抵，还欠一万四千四百二十五两六钱八分，既是经资政院审查一过，而这个出入相差的数目就应由预算总册内补足，本股员会审查民政部的结果如此。请议长咨询本院有无讨论，讨论之后再付表决。

一五三号（易议员宗夔）：请问审查民政部丞参厅行走到底有无公费？

一一六号（孟议员昭常）：方才已经报告过了，请问贵议员是否欲再报告？

一五三号（易议员宗夔）：到底裁了没有呢？

一一六号（孟议员昭常）：预算册上并无丞参名目，当甚么差拿甚么钱，这里头司员公费是十二万，丞参是二千四百两应当裁去，可是丞参上行走有无乌布不得而知，如果有乌布，照预算标准应当将丞参二千四百两裁去。

八一号（章议员宗元）：民政部丞参上行走这笔费无论几十块、几百块，数目虽小，也是应当裁去的。

一一六号（孟议员昭常）：这笔费本应裁去，但是审查时候预算上没有这个名目。（语未毕）

民政部特派员（吕铸）：民政部丞参上行走都是兼差不兼薪的，所以裁减与否没有关系。

六八号（文议员溥）：有主管事项，必有薪水。

民政部特派员（吕铸）：丞参上行走只有一员是有兼差的，但只领一边薪水，若把这边裁去，领那边也是一样。

五九号（顾议员栋臣）：请问原来丞参上行走还有别项兼差否？

民政部特派员（吕铸）：此系行政上事，本员以为无须讨论。惟既经贵议员问，也可以声明，所兼差使是消防队总理。

八一号（章议员宗元）：请问审查长，消防队总理开支薪水否？

民政部特派员（吕铸）：不领薪水。

一一六号（孟议员昭常）：在预算册上看不出来，也并看不出消防队的内容。

一五三号（易议员宗夔）：既是民政部特派员说的是兼差不兼薪，就不必讨论，请议长付表决。

五九号（顾议员栋臣）：二十四万无从核减的理由请审查长说明。

一一六号（孟议员昭常）：方才已经报告过了，请问贵议员是否欲再报告一次？

六二号（刘议员泽熙）：第三科报告系股员会已经通过的，我们股员会的人可不必在此争辩，须让之各位议员讨论方合法理。

副议长：现在表决民政部本衙门预算，以报告书为可者请起立。

众议员起立。

副议长：多数。

一二一号（方议员还）：内、外城巡警厅经费太多，何以不核减？

一一六号（孟议员昭常）：审查的时候也想到这一层，但是没有法子核减。比如随便把饭食一项合算起来也并不多，不过每人每月合三两银子，实在没有下手的地方。

一三四号（余镜清）：各省民政费可否报告？

一一六号（孟议员昭常）：各省民政费还是分省报告，还是报告审查大意？

众议员呼"请报告大意"。

一一六号（孟议员昭常）：民政费分国家行政费、地方行政费，既是分开，则地方行政费就不在资政院审查范围之内，应归各省谘议局审查，资政院只能管国家一方面。但据度支部册子，各省报来大概相同，共四大款：一是民政司或巡警道衙门，二巡警公所，三调查局，四禁烟公所，此四款为各省所同，有其余再有他项的也不过少数。论全国之警察宜有一统系的计划是民政部的责任，而今年预算上却看不出甚么计划来，地方自治也是要紧的事情，预算册上也看不出来，以办预算的人对于此两大件事情没有法儿干涉，只可以把预算册上的所有的四大款审查。民政司或巡警道衙门经费多寡不等，有十几万的，有七八万的，警务公所的科员、科长就与旧时之幕友一样，都是巡警道之属员，有了警务公所经费，即不当复有巡警道衙门经费，而各省巡警道衙门算一项，警务公所算一项，本科审查时即以警务公所经费作为巡警道衙门经费。因为警务公所要开一笔费，巡警道衙门也要开一笔费，实在没有道理，所以把巡警道、民政司所应得之公费定一标准算民政司、巡警道个人之所得，其余所有属官都在警务公所开支。而警务公所经费数目也应当有个标准，照额外股员会所定的以三万两为率，按各省所报有六万的，有八万的，有五万的，而在三万以下的很少，所以就把警务公所定为三万。盖按照巡警道属官章程，科员、科长之员额再照额外股员所定薪水数目分配之三万两不为少矣。巡警道五千两、民政司六千两均系个人之所得，并无须破费分文作办公之用。本科审查之宗旨如此。调查局也算是宪政上一种机关，分统计、法制两科，各省所报开支经费也是不同，多有二三万的，少有一二千的，因国家财权不统一也，难怪各省如此纷乱。就现在计算起来，法制科今年已经完事，但余一个统计科。大家意见以为，现在各衙门中总有科员、科长与统计科性质相近的很多就附在那个衙门里兼办，一统计科未为不可，所以把调查局一概裁撤。本科于此问题也讨论许久，有主张留一半的，有主张全裁的，至其结果终是以全裁为是。至于禁烟公所经费又是一个无标准的事情，按各省所报的多者有几万的，少亦有几百的，因为无标准，恐怕一裁之后于禁烟前途有碍，资政院现在正提倡禁烟，所以对于各省禁烟公所没有大裁减，照原案的多。这个四大款各省大概情形都是如此，这就是本科审查民政费的大纲。

七四号（陆议员宗舆）：方才报告四项警察费在内不在内？

一一六号（孟议员昭常）：所以这里有个疑问，本科审查在地方行政之内的警察本是国家的事情，应当由国家计划，不知道民政部如何计划？

七四号（陆议员宗舆）：民政部内边就没有警察费。

民政部特派员（吕铸）：各省巡警费均在地方行政经费之内。

一一六号（孟议员昭常）：巡警道警务公所是国家行政，至于警察则属于地方行政，各省预算册多是如此。

七四号（陆议员宗舆）：警察费预算案内也没有提出。

民政部特派员（吕铸）：民政部对于民政事项因为各省巡警方有基础，地方自治始渐萌芽，为保护人民治安、增进社会幸福起见，欲使之日加发达，所以采取的方针是积极的主义。至于因财政而生出政策问题，现在巡警及自治经费各省预算均列入地方经费之内，资政院所审查的仅属于国家经费一部分，自然是方针看不出来了。但是贵院审查主旨是在节省冗费，只要裁减经费能够不至于行政上有所妨碍，那是本部没不赞成的。

九九号（陈议员瀛洲）：请问特派员，贵部所辖警察共有若干名，各行省警察共有若干名。

民政部特派员（吕铸）：就以京城而论，也有国家经费，也有地方经费，大概须俟度支部国家税、地方税分开之后方能规定。

八一号（章议员宗元）：国家行政经费与地方行政经费曾经度支部划分了。

民政部特派员（吕铸）：出款分开，入款并未分开。

七三号（汪议员荣宝）：各省警察费是地方行政费，可由谘议局审查。

七四号（陆议员宗舆）：今天问题因为警察是国家的官吏，警察费即是官俸，所以不能归地方行政费内审查，可以不必讨论。

九九号（陈议员瀛洲）：警察既是国家行政，应由国库开支，何以外省警察多要百姓出钱。

七三号（汪议员荣宝）：此事可俟明年国家税、地方税划分清楚再照法子改良。

一三十号（刘议员景烈）：对于警察经费核减的数目有个疑问。热河与浙江同一警察，何以浙江多减而热河少减？

一一六号（孟议员昭常）：现在就把热河巡警经费报告一下。其款目有筹备处三千九百两，又有预备费八千五百九十九两，都不敢裁，因为此地与各省情形不同，真有点莫名其妙。巡警局经费一万五千三百二十六两也不敢裁，因为这个名目又是很正当的。还有补助费用开支数目三千零六十六两也没有敢裁他，各州县巡警费共十五万四千五百三十七两，现在国家政费与地方政费并在一起，没有分开，他把巡警费亦开在国家费之内，巡警费既无从审查，即亦无从裁减。热河民政费消减之少其故如此。

一三十号（刘议员景烈）：此项本员已听明白了，请再把浙江核减的理由说一说。

一一六号（孟议员昭常）：浙江减去了二十四万，原来是三十万，巡警道照本院所定的是五千，警务公所是三万，禁烟公所是二万多，经度支部核减了一万五千二百四十三两。征收钱粮征信录一项是十五万多，这是谘议局与巡抚争议事件，谘议局主张此款不可省，巡抚以为经度支部裁去不肯承认，现在本院正在核议，核议未定，所以照度支部裁去。

一三十号（刘议员景烈）：请议长付表决。

副议长：民政部特派员还有意见否？

四八号（陈议员懋鼎）：民政部特派员方才已经说明赞成的意思，现在请议长付表决就是。

副议长：现在表决各省民政费，以报告书为可者请起立。

各议员起立。

副议长：多数。

副议长：现在议司法经费预算，请第三科审查长报告。

一一六号（孟议员昭常）：现在报告法部。法部原案是四十三万有奇，所以要修正的理由就在官员俸给，修正他的俸额就不能不更动他的员额。俸给分官俸、津贴两种，国家定制预算册上都没有动。一品官俸是一百八十两银子，合堂各司员共二万七千多银子，是无从更动的。至于津贴公费，法部衙门堂官、丞参的公费照额外股员会的标准没有问题，所当注意者就在司员津贴。因为资政院办预算不是一定要减他的钱，是要求行政机关的活动促政治之进行，要叫比没有预算的时候有一点儿进步，这是资政院议员的职任。法部司员津贴上年是十二万有奇，明年宣统三年是二十四万有奇，然考其人数乌布分为九等，共三百九十余人，人多钱少决计不能办事，就于行政上大有妨碍，所以办预算的人却并不要减几两银子而不能不规定他的员额。规定员额无非是要想达到最初之目的，使行政上进一步，盖人多钱少则人人不办事，人少钱多则惟办事的人才能得钱，所得的钱才能够用，惟要使办事的人得钱，所以替他变更组织，变更组织却要有个依据。依据维何，就是看法部职掌统算起来应当分几司、几科，把这几司、几科规定了就可以替他分配津贴。从前法部有前四司，是旧日的官制，现在职掌消灭而司还没有裁撤，这是应该裁撤的。其余应当有的就民事司、刑事司、典狱司，另外设一承政厅，内外会计、统计、举叙等若干科，按照这个分配起来，共需高等官一百十余员，录事一百员，其经费共十三万九千六百余两，原来的经费是二十二万二千四百九十六两，一共减了八万多，故仅得十三万九千六百余两。审查之后到会议政务处与法部大臣协商，告诉审查的情形，问法部大臣同意与否，法部大臣说是同意，但尚有商量的地方，就当面交出来一个说帖，其纲领与股员会的意见也差不多，其所分的几科也是都不可少的事情。但第一次审查已经规定津贴银十三万九千六百余两，现在照说帖算起来又要增加二万余两，本科就审查这二万七千两应否承认。法部所不同的地方是在何处，审查出来法部所加增的二万余两实无需承认,而其中分科办事却要比第一次修正之数增加些,因又加增银九千余两,合计为十四万八千余两,这是司员一项津贴之审查结果如此。至于学堂经费一项,共一万四千余两核减为五千两,审查的时候以为一个衙门不应当立一个学堂,虽说是研究法律,可是很不妥当的。其中讲师怎么样,讲义怎么样,他这一种学问要出来应用是很危险的。然而很希望他以这个五千多两银子办一学堂,为预备审判人才的地步,其余九千余两是要裁去的。这是审查法部的大宗经过,预算股员会定了之后又请法部大臣协商,协商之后又有改正之处,这个预算案议决会同会议政务处具奏之后就可以发生效力,法部就不能照此数开支,而法部之内容于此一变矣。

副议长:法部特派员有无意见?

法部特派员(冯异占):法部在京师各衙门中最称清苦,明年预算原案津贴一项虽拟加倍支给,其实多者月不过一百二十两,少者十余两,今股员既为改定各数,又经法部大臣提出协商,案虽续有修正而取减尚多,但目前国家财政奇窘,在京各部多有核减,法部亦不得不勉为其难,所以对于报告书大体无异议。(拍手,拍手)

副议长:众议员有无讨论?

众呼"无讨论"。

副议长:既无讨论,即付表决。法部本衙门经费以报告书为可者请起立。

众议员起立赞成。

副议长:多数。

一一六号(孟议员昭常):京师审判厅、检察厅都是归法部管理,预算也是归法部。报告来的第一是总检察厅,总检察厅本与大理院相连,而此预算却与大理院分离,大理院不属法部所管是一怪事,而与大理院相连之总检察厅却又归法部管辖是又一怪事。总检察厅附属于法部,所以总检察厅的预算亦归法部。现在先报告总检察厅的数目,在官俸未颁布之先所有一切官俸国家亦无定制,原案总数是二万九千七百三十两,修正的是二万一千一百零九两,核减是八千一百二十两,总之核减之大宗总在津贴一项,也是照法部办法另外定出一个表来,这个表已经给特派员抄出,法部大臣已经看过。总检察厅经费审查之结果如此。

七三号(汪议员荣宝):有质问的话。审查这人数与法院编制法相符否?

一一六号（孟议员昭常）：若是按法院编制法，现在预算必有种种困难，况且官俸没有划一，无从着手，然而司法一项毕竟还有法院编制法依据，所以尚有个办法。现在还是将各厅一起报告，所有总检察厅、高等审判厅、检察厅都合在一起，但没有大理院，因为那是另外的问题。高等审判厅原案是四万五千一百六十一两，修正的是三万九千二百三十四两，减了六千几百两。当时讨论的说是今年都用对折，明年就是十成的开支，如今年五十两，明年就是一百两，当时讨论大家都以明年暂且加八成，后年再加十成，后来认起来毕竟不妥，既有法院编制法，就照法院编制分配定了之后就有一个标准。据明年的数目是四万五千一百六十七两，修正的是三万九千二百几十两，减掉六千几百两，这个数目就可以做标准。本科审查的时候锱铢核算，并不是与行政官计较几两银子，总是要使他行政上有一点进步，若是此次预算案通由资政院同行政大臣会同具奏，使成一个确定的法官俸表，在预算册上就可以发生效力。法部大臣知道这一层，怕我们尚有想不到的地方，所以协商时交出一个说帖，后来再审查数目并没有甚么更动，只要今天法部特派员同意就确定了。高等审判厅如此，地方审判厅也是如此，也定出一个表来。地方审判厅之下有五个初级审判厅，也就是这个办法，也定出一个表来，五个初级审判厅推事应当多少人，按照原案比较起来相去无几。这是京师总检察厅、高等审判厅、地方审判厅、五个初级审判厅审查结果如此，请议长付表决。

副议长：法部特派员有无意见？

法部特派员（冯异占）：请问审查长，以前法部大臣交送直省审判经费协商案有无审查，是否同意？

副议长：诸位有无讨论？

众呼"无讨论"。

副议长：表决高等审判厅总检察厅、地方审判厅检察厅、初级审判厅检察厅预算，以报告书为可者请起立。

众议员起立。

副议长：多数。

一一六号（孟议员昭常）：先报告大理院，一共是十二万几千两。按大理院是全国审判厅最高的机关，既为全国最高的机关，则审判案件自然不多，虽机关甚高，而用费不应当格外大。全国司法行政费总应该归法部，而大理院不然。法部到办预算的时候，大理院置之不理，大理院从此独立，单成一本预算册子，里头正卿、少卿、推事等公费倒还没有过我们的标准。我们的主义总是要把他的组织整顿一整顿，并不是为几两银子起见，究竟大理院管甚么事，按照法院编制法，大理院之组织应当如何。大理院既是最高的机关，就不应当有详谳处这个机关，若说审判厅没有成立，当是行政衙门兼管，所以上头不能没有这个机关复勘天下的案子。然大理院既设刑事、民事六庭，每庭一庭长、四推事，每庭五人，六庭就是三十人，还有候补推事员额也不算少了。详谳处有总办、帮办，又有总核、分核，实在与制度不合，论理总可裁减。第一次减定之后，后来法部大臣又送到大理院的说帖有种种不可减的理由，其时已经报告到股员会了。报告时大理院委员要求发言，股员长许他到第三科协商，委员到了第三科说明种种不可减的理由，又经审查一次，数目略有变动，未经股员会通过，今天本不能报告。但是股员会的人今日多在会场，今天诸位看还是可以报告、不可以报告，数目变更却还不多，不过加了几千银子，就因为从前详谳处说帮办一概裁去，交六庭庭长同推事兼管。据特派员的意见，现在复勘机关是不能少的，既不能少，则详谳处总办、帮办名目仍不能删，两位每月薪水三百几十两，每年四千几百两，如果今天可以讨论表决，就不必等股员会通过了。

七三号（汪议员荣宝）：现在这个详谳处留了没有？

一一六号（孟议员昭常）：留了总办一员、帮办一员，其余总核、分核裁去，以六庭庭长同推事兼任。

七三号（汪议员荣宝）：本议员稍有点意见。因为大理院比别的衙门不同，别的衙门是行政机关，大理院是司法机关，所以大理院之组织应当以法律定之，就是遵照法院编制法。现在大理院与法部分离了，他就同法院编制法不同了，这就是大理院违背法律处，他这预算案我们资政院不能承认的。

一一六号（孟议员昭常）：本科审查最初的时候就是这个主义，所以把详谳处的人员都裁了，后来因为特派员到会说这个详谳处一定要人办，若是把他裁了，以庭长、推事兼办，决定是办不了的。即使要裁详谳处，也一定要添几个推事，庭长、推事是五人合议制，不能添的，要添就是添在候补推事里。本科审查以为把候补推事添起来叫他做详谳处的事件终是名实不符，所以留着详谳处这个机关，仍存总办、帮办名目，而总核、分核则以庭长、推事兼任而不支薪水。

七三号（汪议员荣宝）：详谳处要照法院编制法有没有？

一一六号（孟议员昭常）：的确是没有的。

八一号（章议员宗元）：这个详谳处按法院编制法是没有的，不过他现在所以要这个详谳处也有一个原因，本员稍为知道。所以要设这个详谳处，是因为外省尚有许多地方没有审判厅，照法院编制法及各国的法律，审判厅断结的案件原不必送到大理院来的，不过现在各省有许多地方没有设立审判厅，有的事件都是由督抚代奏，督抚奏了之后往往奉旨下来交大理院复勘，此所以这种案件大理院不可不有一个机关办这个事情。本科审查到这个地方，以为现在既有不能不办的案件就不能裁掉，况且预算股已经把这个详谳处的原额裁掉了，就是留两个总办、帮办也是不可再少的。

七三号（汪议员荣宝）：大理院的预算另外提出是不对的。大理院是司法机关，凡诉讼事件都归他管，所谓司法独立，但是这司法独立不是司法行政独立，司法行政那是归法部的，他另外提出预算案是不对的。

一一六号（孟议员昭常）：本科审查的时候有种种意见，要是把他说出来是很费时间。总而言之，大理院的组织不对，办预算的人虽然要矫正他，终是没有法子矫正，他根本乖谬，要想借预算矫正却不能动他的根本。论大理院是全国司法最高机关，试问大理院知识是不是全国司法最高知识姑且勿论，就是他内里的组织与法院编制法不对大家都晓得的。民事、刑事不分，把民事送到刑事庭上，刑事送到民事庭上，随便分配，并不照法院编制法，又有甚么正审、帮审名目，也并不按照法院编制法的员额，种种情形办预算的人非常之不满意，而又不能把预算去矫正他。大理院与法部离开，不相过问，本来没有这个道理，上头不受法部之监督，下头又不遵法院编制法，为各省之表率岂不是成了一个奇怪的衙门吗？

一五三号（易议员宗夔）：汪议员的议论非常之正当，但是与议事细则第八十五条云云不合。现在大理院不依法院编制法，将来这个修正案亦是不遵的，他不遵法院编制法是作不到的，本员看来还是以股员会原案付表决，明年再提出质问书问他怎么不遵法院编制法。

七三号（汪议员荣宝）：本员对于易议员的话很赞成。不过他是司法独立衙门，我们是立法机关，没有法子干预。然而我们资政院可以对于法部大臣上意见书，请他将各处所有司法机关都照法子统一，不然他是管甚么事情。今年应该把意见书咨到法部，去要法部提出答辩书来。

一五三号（易议员宗夔）：现在预算案还是以股员会报告书表决。

一一六号（孟议员昭常）：大理院经常、临时费十万二千两，经常、临时岁入岁出十四万二千五百三十一两，经本院核减，共减一万六千九百八十七两，共不敷二万三千五百四十一两，这是最后的审查。

七三号（汪议员荣宝）：请议长付表决。

一一二号（陈议员树楷）：有质问孟议员的话。这个报告的数目是确实的数、不是确实的数？既经股员会协议后接到说帖说有种种不能减，将来还要开股员会审查，方才所报告的数是接到说帖以前审查的数、还是接到说帖以后审查的数？将来这个数字有变更、没有变更？

一一六号（孟议员昭常）：方才问大家是在当场报告抑在开股员会以后再报告，大家说相差不多，可以当场报告，所以才报告出来。

一一二号（陈议员树楷）：接到法部说帖以后所有更改是按照核减数目报告不是？

一一六号（孟议员昭常）：是按照核减数目报告的。

副议长：现表决大理院经费，以审查报告书为可者请起立。

众议员起立。

副议长：多数。

一一六号（孟议员昭常）：现在报告各省司法费。本议员打算要照报告民政费的办法先提纲挈领报告，报告之后再逐条报告、逐条讨论。大概各省司法费第一是提法【使】司衙门的经费，这个提法【使】司衙门应该有个标准，据额外股员会所定各司都是六千两，这个数目定了再按照提法使属官章程计算科员、科长应该几个人，每人每月应该给多少两，通计是三万两，除了提法使个人所得六千两之外，余下二万四千两做科员、科长的薪水，总算是提法使【司】衙门公费。各省提法使【司】衙门过于三万两的很多，当时额外股员议定多则照减、少则不加，提法使也是这个办法，各省提法使【司】衙门亦有少于三万两的，并有不足二万两的，但不过两三省，姑仍其旧。提法使【司】衙门是从臬司衙门改过来的，臬司衙门有许多不属官厅，有按察司照磨、按察司经历，现在改作提法【使】司衙门，就有科员、科长分科办事，不应当有附属官厅，现在预算册上还有照磨、经历名目却是不应当的，所以股员会一概把他删去了。再次说到各级审判厅，这是一个重大问题，因为法部管全国司法行政，应该对于全国审判有个统一的计划，全国的审判厅要多少银子，每省应设几厅、应该多少银子，这是法部的责任。然而看这预算册上法部并没有这个计划，法部既没有一定的计划，我们议员就要想法子了，要想法子就非定个标准不可，于是以法院编制法为根据，每厅要多少推事，应当要多少银子，一个一个厅定出来，可是还有算不到的杂费，问了特派员才能明白。参照起来，这个表定出来之后就有个标准了，在没有标准以前，当时大家讨论以为可以照法部原定的数目略为核减，当时本员也说是无法之法，只得如此。后来想起来究竟非有标准不可，初次定的高等审判厅是二万六千四百八十四两，地方审判厅是二万五千九百七十一两，初级审判厅是五千一百五十两，明年预算册上就把这个表粘上去，使各省一律按照表上的数目开支，这是一大宗。再有各省预算册上的司法费是督审局、发审局，这种名目一概裁去，因为既有高等审判厅，一省人民诉讼的事情都归高等厅去了，不应当再有督审局、发审局。因为行政官兼司法事情是很不对的，督审局附属于提法司，提法司是行政官，发审局附属于首府，首府也是行政官，很不合法，所以一概裁去。

五七号（林议员炳章）：外州县是在里头没有？

一一六号（孟议员昭常）：预算册上是没有分别的，州县是不应当，有本员就晓得，江苏一省是没有。

五七号（林议员炳章）：然而广东是有的。

一一六号（孟议员昭常）：模范监狱是一个新事业，我们总是抱一个积极主义，不能单求核减经费，总要求新事业能够发达，所以没有裁。总之，法部应当有个统一的办法，应该法部担责任，报告书上就有这个意思，如果通过了会同具奏之后法部大臣自有遵守之义务。旧有监狱经费是应该作改良监狱之用，法部虽没有这个规划，但终是改良的基础，既希望法部改良，就不可轻易把他裁去。习艺所也是文明事业之一种，也没有核减。再有候审公所这种名目我们心中非常之不愿意，但是核减总要有个标准，他要一千，我们给他八百，终不是个办法，所以报告书上说明叫他明年预算册子不能再有这个名目，这个也是希望法部改正的。这一次预算办下来希望法部大臣知道这个意思肯担责任，明年就有进步了。又有审判筹办处本股讨论的时候以为不当有此种名目，提法使【司】分科办事所办何事既应当在分科里办，就不应当再设一筹办处去办，所以一律裁去。又有审判养成所、司法研究所等名目，本科见到这种名目是非常之希望的。要养成法官之人才，无论款多款少总不肯核减，还希望他设法扩充，要他内容完善，所以关于此项的事情不敢鲁莽，摧残新政的（蒙）〔萌〕芽。但各省总该有划一办法，这划一的办法不能不归法部大臣担其责任，明年如果有统一规划，可以使各省没有一省不设法律学堂以预备法官之资格，所以预算册子把这审判养成所、司法研究所等名目给他留住，报告书上并未说明理由。法部大臣能够实行这个意思不能虽不可知，可是我们议员不能不有这个希望。又有一种叫作词讼用款，又叫其他司法各费，这种名目真莫明其妙，又没有核减的标准，因此不去核减，可是明年不得再有这种名目。法部大臣总要知道本院留这名目的意思，是希望法部大臣把这旧有各费改作新事业，若听各省保存旧日习惯不去改良，则失我们之希望了。再有一层，司法警察经费审查时候有人说应归入普通警察，不必另设司法警察，如检查、调验等事都是警察一部分的学问，办警察的人应该养成一种司法警察以供审判厅之用，不当由司法衙门另外教练出一种警察来，司法警察与行政警察分而为二，则一切搜查、调验等事既不灵便，所以各省司法警察名目一概裁去，要用本省的警察须本省巡警道担其责任，这一层意思在预算册上不能说，而这个理由可以在报告书上说明。再有一层，明年官俸章程颁布之后，法官之俸给自然有一标准，现在我们不能与国家定官俸，不过俸金的原理（由）〔尤〕因地方生活程度不同而不免有高下之分，所以不能不有个伸缩。如天津、奉天、上海、广东等处这些地方固当照普通的特为增加，而这个增加也须有个限制，总不得过十分之五，原来一百两的因生活程度高就可以加百五十两，然这个意思止能在说明书中说明，不能在预算册子上活动。今年预算虽没有预备金，然在司法费里改旧为新，亦自有活动之余地。说明书内既开此利，则将来决算时自可以承认，且明年审判厅成立之后必定有讼费，讼费之多少那是说不定的，必定有这一注收入是算得出的，既有此一注收入，就可以在司法费里作为预备金。至于明年司法筹备费，各省有开至数十万者，其意以为宣统五年各级审判厅应一律成立，则宣统三年就要开办起来，就要有个大宗的款，其实明年实在应当预备的就是培养人才。人才不兴，则虽有数十百万金钱，把宣统五年应办的事一天就办起来也是不成功的，所以明年的筹备只有开法律学堂。各省同时并设，或二年毕业，或一年半毕业，这班人毕业之后正是审判厅成立之时，就可以供府厅州县各级审判厅之用，这个政策明年是一定要行的，一个法律学堂总不过用数万银子，则明年的筹备费就不过数万银子。至一年半或二年之后就可以养成数百个法官，到宣统四年六月或宣统四年底可以一律毕业，至这个时候各级审判厅正一律成立，而所用的人都可以有法官资格。总之，法部总要有一个统一的计划，办学堂也要有统一的章程，这就看法部大臣能负这个责任否。此外尚有设厅费，就是建筑费，各级审判厅于宣统五年既要一律成立，宣统三年就该建筑，各省送来的册子亦有建筑费，而本科审查时候均一律裁去。其所以裁去之理由，以为此费是用不着的。明年新官制颁出来，这一方行政衙门空出不少，如同知、通判、府经历、照磨、县丞、主（薄）〔簿〕、典史这种种官吏多要裁去的，裁下去的官房作为地方审判厅、地方检察厅、初级审判厅、初级检察厅都可以用，所以无须另筹，此理由不为不足。各省司法经费大纲报告如此。其中最大的问题就是各级审判厅经费的标准，前与法部大臣协商时候，法部大臣有个说帖，说是照我们预算股员会所定的标准恐怕作不到，须得增加些。十一那一天我们开股员会，这增加的数目尚未定准，不能拿这句话在股员会报告。后来法部特派员又交到一个单子，据他所说各级审判厅皆有所增加，每厅加数千金，全国就要加到数十万金，在预算册子上变更甚大，现在本科已作为追加预算，打算并入追加案内一并报告。至于各省的预算，诸位意思要逐条报告否？若要逐条报告，本员以为太繁，在本员意见可以提出一、二省来报告，诸君以为何如？

众议员无异议。

一一六号（孟议员昭常）：各省司法费核减的数目一共是一百五十八万有零。

八一号（章议员宗元）：这个报告书上是一百一十八万，照这个数目是不对的。

一一六号（孟议员昭常）：核减的数目照法部原案减去九万几，而各级审判厅亦减去九万几，二项是共减去十八万几。

八一号（章议员宗元）：这个报告书有不对的地方。

一一六号（孟议员昭常）：另外还有一种临时费，这个临时费是十二万六千七百二十六两，就一百四十六万几加上十二万几就够一百五十八万了，法部不在其内，法部是另报告。

一一六号（孟议员昭常）：照我们审查时候司法费里头还不敷二十五万几，在预算上必须要补足的，这是各省司法费的大纲。至于逐条报告，一省一省的讨论，似乎可以不必，因为方才报告的都是预算册上所有的，各款已经在报告书之内了，大家有甚么讨论，请议长问一问。

副议长：法部特派员有无意见？

法部特派员（冯异占）：直省审判费与股员会所定标准不同之处计每一厅高等多二千一百余两，地方多四千七百余两，初级多一千三百余两。高等厅所以增多者由原定标准厅用公费太少，地方厅因有看守所经费之故，初级厅则因初级推事俸薪太薄，其余各费亦较少，故亦不能不一律稍增。照股员会所定标准，初级推事月薪仅八十元，是以本部改为一百元，其余各厅推检由百二十元起至百六十元止，实不为多。因法官由考试而来，薪水太少恐不足以养廉也。明年各厅成立者共有一百余所，其地均在省城、商埠，诉讼本繁，法部拟定各数实已撙节万分，无可再减矣。至于本部此次所以提出协商之故，本员不妨略为声明。现在国会提前召集，宣统三年、四年正是预备时候，立宪政体三权鼎立，若使司法与行政不分，则国会虽提前成立亦属不能完备，本部顾念及此，自知所负责任甚大而论司法费支绌之实情。如教育巡警各事开办在先，审判则成立在后，行政经费多已为优先者占去，此其苦于后起者一。他项政费由旧更新，多有原款可恃，惟审判不然。向来由国库支出者惟有监犯衣粮一项为数极微，其余皆由州县官自费，现既从行政中将司法一部单行划出，名为旧事改良，其实不啻自起炉灶，此其苦于无所凭藉者又一。然则以本部所负责之重如彼经费之绌如此，设使明年已设各厅不能支持，以后续设者更复何望，是于国会提前召集之意甚有关系，此所以不能不注重也。法部现对于报告书大体无异议，惟审判经费一端虽相差有限，而合各厅计之出入甚大，深望诸君赞成。

一五三号（易议员宗夔）：贵特派员的话不成问题的。因为公费的标准是暂定的，明年新官制颁定，朝廷把廉俸都规定出来，那才是公费的标准，这个预算上不过是暂行的。

一一六号（孟议员昭常）：本员再报告一句。初级的推事每月只八十元，不过合五十六两银子，本员本不甚主张。因为初级推事照现行章程是一州县设一初级审判厅，则初级推事与知州、知县同一资格，每月的薪水只有五十六两，未免太少，所以特派员所增的本员非常赞成这个意思。因为没有经股员会通过，未便就在大会上表决，请议长问问大家赞成否。

七三号（汪荣宝）：高等审判厅与地方审判厅其审判则一不能因高等与地方之大小而定公费之多少标准，亦不能因衙门之大小而定推事多寡为标准。

一一六号（孟议员昭常）：本股审查的意见也与汪议员的意思差不多，初级推事也是要追加公费的。

七三号（汪议员荣宝）：初级推事并不是初级审判厅。

一一六号（孟议员昭常）：按法院编制法，初级推事公费本应该轻一点，且规定几级俸本该有多少的定数，末级俸给他五十六两，可以逐年递升，原不算很少。从前法部大臣送来一个说帖，但没有条件，后来特派员送过来条件，因为没有经股员会通过，所以现在不好报告，请问议长如何办理。

一一六号（孟议员昭常）：司法经费已经报告完了。

八一号（章议员宗元）：现在司法事情中国正在萌芽，本员倡议再付审查，大家赞成否？

一五三号（易议员宗夔）：请问法部大臣送来说帖究竟是多少数目？

一一六号（孟议员昭常）：初级推事是七十两，地方推事是八十四两，高等推事是一百六十两。

七三号（汪议员荣宝）：现在有一个问题。股员会打算的各省司法费共一百五十八万两，照法部大臣所订的究竟差多少？

一一六号（孟议员昭常）：已经审查过了，大约差七十几万两。

八一号（章议员宗元）：无论甚么预算，在预算股内既不能把确实数目报告出来，即不能提出修正。

一一六号（孟议员昭常）：现在资政院修正之数比原册已增加七十七万零一百九十五两七钱八分二厘。

五七号（林议员炳章）：孟议员所报告裁汰按察使属官薪俸一节固事腾挪的

款，惟此时未奉明文停此照磨、司狱、知事等官，其衙署尚在，谓先把俸给停去，事实上似办不到。办事贵有秩序，即裁款亦应分缓急，此项微官未裁以先所差有几，转启人以口实，不如俟明年夏间官制发表，此官当然消灭，该款亦当然停给。

一一六号（孟议员昭常）：林议员说的范围很小。

一五三号（易议员宗夔）：对于方才司法经费问题，照股员会所订的原案要表决就可以表决，若是照修正案表决，非经股员会审查不可。

八一号（章议员宗元）：易议员倡议本员大不以为然。现在大会上也有股员会的人，费一点工夫大家就可以讨论，没有反对就可以在大会通过。

一五三号（易议员宗夔）：因为要变通很多的数目，所以要再经股员会审查。

一一六号（孟议员昭常）：追加预算也一样是变更数目。至于通过手续，现在股员会的人就在这议场上，也就可以讨论。

一五三号（易议员宗夔）：据本员意见是可以讨论的，不过要变更数目须先经股员会审查为是。

一一六号（孟议员昭常）：数目是一定要变更的，就是在股员会表决，数目也是要变更的。

一七七号（雷议员奋）：原来审查报告法部要修正，报告还没有经股员会通过，本员以为这个可以作为大会上的议题。大家以为可以在大会上表决即行表决，若一定要在股员会表决，就在股员会表决。

百三十号（刘议员景烈）：请问议长如何表决？

一一二号（陈议员树楷）：这七十七万多银子应经预算股审查可否增加，预算股总有一个意见，不可不经审查即行表决。这七十七万亦不是一项增加的，必要经股员会审查之后方有把握。

八一号（章议员宗元）：推事薪水这一层未免定的太少。中国司法正在萌芽之时，以五六十两银子要找通法律的办事也是很难的。本员还有一句话，这司法费亦是国家很要紧的一个用处，似乎不宜太少。

一七七号（雷议员奋）：本员不是一定反对。因为法部加的数还没有审查，是否应当增加股员会若是没有报告，大家是空空洞洞的，本员并不是反对的意思。不过要股员会审查一遍,那时就知道一定应加或一定应减,但是要这样办尚少了一个手续。

七十三号(汪议员荣宝):雷议员说的不对。陆军部二十九万,后来答应二十万,也是在大会上通过的。

一七七号(雷议员奋):这与前次不同,前次数目简单,不得据以为例的。

四八号(陈议员懋鼎):这个数目也不算不简单,不过加到一块儿仿佛多的,也可以在大会表决的。

七十三号(汪议员荣宝):陈议员的话非常之对,本员意思以为比陆军部数目还简单的。

五九号(顾议员栋臣):汪议员的话尚欠斟酌,这增加之款总宜再审查一回为是。

一一二号(陈议员树楷):所以要审查是一个慎重的意思,并不是赞成的意思。股员会审查之后再经大会表决。现在预算股自己心里还没有一定的主旨,遽然就在大会上表决,恐怕大家心里也没有确定的主意。况且这件事情与陆军部不同,往后追加的预算很多很多,若都不经股员会审查即在大会表决,而从前之审查事件可以不必更费这一番手续了。

八一号(章议员宗元):这个也不是尽然。行政费增加预算皆在大会通过,大家现在可以讨论。

一七七号(雷议员奋):方才这个问题本员并没有意见,不过汪议员所说前天陆军大臣承认二十万,现在不能援以为例者本员不能不声明一句。因为这一层经费是在陆军部未改官制以前定的,现在陆军部已经改了官制,所以陆军大臣承认二十万,今天不能援以为例。

一一五号(许议员鼎霖):这个理由可以不必再说。现在展会只有七天,预算必须三天方能报告完备,还有新刑律、商律等要紧案件,因为这几天事情忙迫得很,所以不付审查即在大会通过也是省手续的意思。

五七号(林议员炳章):本员亦是审查司法经费之一人〈项〉。据法部特派员发言,以初级推事每月薪水仅八十元应与增加,鄙见此项薪水减乎过少,惟册内所拟每初级审判厅月支杂费一百两,比较浙江所送预算册初级杂费一项仅备五十金直多至一倍,浙江亦系大省,所开原册仅此数,则杂费太多实无疑义。以杂费之多弥补薪水之少，挹彼注兹，似尚可敷开支。

一五三号（易议员宗夔）：方才所讨论的问题有两种意思：一种是据法律，一种是省手续，还是请议长付表决，看大家赞成否，如不赞成，再付审查。

副议长：法部修正案于各省司法经费追加七十七万余两，众议员以为可者起立。

众议员起立赞成。

副议长：多数。现在展会。特声明一句，明天开会请诸君早到。

下午六点五十分钟散会。

资政院第一次常年会第三十五号议场速记录

宣统二年十二月初四日下午一点钟开议

议事日表第三十三号

试办宣统三年岁入、岁出总预算案。（股员长报告，会议）

副议长：今天议员到会者共一百二十四人。

一七八号（高议员凌霄）：本员前日提出来保护议会单行法，可否先交付法典股审查，请议长咨询本院决定。

副议长：俟列议事日表后交法典股审查。

百十号（于议员邦华）：全国禁烟办法议案何以还没有上奏？

副议长：此案前次送交民政部，民政部已经送还，现在又送到度支部去了，等到度支部送还之后再行出奏。

百十号（于议员邦华）：还有陈请案请议长速付审查。

副议长：现由秘书官报告文件。

百八十号（刘议员纬）：四川谘议局纠举巡警道违法核议案本院收到否？

副议长：俟查明再行报告。

百八十号（刘议员纬）：如已收到，即请早付审查。

秘书官（张祖廉）：承命报告文件。

副议长：黎议员尚雯、梁议员守典质问陆军部说帖各一件，已经刷印分送，请赞成者起立。

众议员起立赞成。

副议长：多数。

秘书官（张祖廉）：续行报告文件毕。

一五三号（易议员宗夔）：本员有个倡议，请议长咨询本院。我们资政院是一国的舆论机关，报馆亦是一部分的舆论机关，现在公论实报把我们资政院议员二百多人都比作狗，请议长咨询民政部取缔报馆才好。因为报馆亦是一部分舆论机关，万不能以一部分舆论机关辱骂全国舆论机关。至于报馆批评议员之言论本来是可以的，因为我们议员的言论未必都是很对的，报馆原可以批评。至于恣意辱骂是万不行的，资政院本是代表民意之最高机关，若被报馆恣意辱骂，不独于本院名誉有碍，且于国体上亦大有妨碍。

一七八号（高议员凌霄）：我们二百个议员是全国公举的代表，而公论实报说我们全是狗，岂不是辱骂全国吗？

一五一号（黎议员尚雯）：据本员看来，该报所说的是政府。

一五三号（易议员宗夔）：据该报上说资政院议员都是丧家之狗，本员意见报馆不能恣意辱骂议员，既已辱骂议员，就请议长咨行民政部取缔报馆，请问大家赞成不赞成？

众议员呼"赞成"。

副议长：可以咨行民政部查照报律办理。现在开议试办宣统三年总预算案，第三科今日尚不能报告，先请第四科审查长易议员宗夔报告结果，现在先议礼部所管预算事件。

一五三号（易议员宗夔）：资政院的章程第四科所管的预算事件是礼部、学部、农工商部、邮传部。这个礼部与昨天孟议员所报告的吏部是一个道理，不久就要废了。至于学部管全国教育的事体，农工商部是管全国实业的事体，邮传部管全国交通的事体，这三部都是很重要的。现在股员会几次开会审查之后决定一个方针，这个方针是我们暂定的方针，因今年政府交出预算的时候没有定出来一个的确的方针，本股员会不知政府是注重甚么事体。然由股员会研究起来，这教育、实业、交通都要注重，这几种事体都是第四科所管的。本股员会既然注重这些事体，而这些经费非但不能核减，应该还要增加的。但是政府交出总预算册子来明年亏五千多万，而政府并没有提出增加新租税案来，在政府亦深知道不能再加人民之负担，并且资政院虽不是完全国会，而我们都是人民之代表，亦应以减轻人民之负担为宗旨，自己亦不能提出增加新租税案来，现在没有别法，办法只有核减的法子。前天股员长报告时候最重要的宗旨就是裁冗员、节糜费这两层，现在办新学、新政事体不免有冗员糜费之弊，所以反对新学、新政者转致有所藉口，如果有所藉口，则事体就办不动了。我国方谋全国教育普及，办一个学堂耗了许多钱。（语未毕）

一三零号（刘议员景烈）：请审查长简单报告。

一五三号（易议员宗夔）：理由不得不说明，若理由不说明，到表决的时候若有所反对，转致耽搁工夫。这个冗员糜费不能不减的，第四科在十月初七日并二十三等日开分科会，学部、农工商部、邮传部各衙门特派员都到会，即礼部临时特派员亦到会，大概对礼部核减的总数是三十七万一千九百五十六两八钱九分二厘，学部核减的总数是六十三万七千七百五十五两零五分六厘，农工商部核减的总数共一百一十万零一千四百五十一两九钱三分七厘，邮传部核减的总数共一千八百三十一万九千四百八十两，这四项总数共核减了二千零四十三万零六百四十二两八钱八分八厘，分科会讨论如此，报告股员会都通过了。以后各部又有追加预算册子及修正预算册子，这个修正预算与追加预算在分科会里头尚有未能通过的地方，明天再来接续报告，其余已经在股员会通过。今天报告的是礼部、学部、农工商部、邮传部，今天本员报告这个大旨，至于逐部报告，农工商部由齐议员树楷代为报告。现在礼部所管的关于陵寝典礼一项将来要划归皇室经费，还有圣庙典礼费这都是关于典礼费，这些典礼费一点没有核减。第二层各省的祭祀费，分科会意见不甚赞成，不分大小省分，祭祀费一律以八百两计算，八百两以外通通裁去。第三层是各省府厅州县的祭祀费，这个事体在股员会看起来应当归入地方行政经费之内，这些费一概删去。第四层是教职俸银的关系，新官制没有颁布出来，在议院里头亦不能遽然核减，所以没有核减他的，但是原数是超过宣统元年实支的数目。给付不能再超过原数。第五层是各省府厅州县儒学门斗、工食、廪粮等项，这些经费现在科举既停，可以通通不要，所以一律（册）〔删〕去。第六层是各省时宪费，亦是空名目，没有甚么用处，并且时宪书发行必有收支款项，据本员看来且不应有出无入，所以分册里头亦一律（册）〔删〕去。第七层各省庆贺费，庆贺为人臣应尽之礼，不应该由官款给他，所以礼部送来的原册一律删去。对于礼部核减的数目共三十七万九百五十六两八钱九分二厘，请问各位议员有无讨论，如无讨论，请议长付表决。

三七号（李议员子爵）：各省的祭祀费亦是很重的，何以一律裁减呢？

一五三号（易议员宗夔）：祭祀费一项并不是全裁的。将来国家行政经费与地方行政经费要划分的，我们是将这个祭祀费归入地方行政经费里头，因为度支部送来的册子没有划分明白，这个经费应当归入地方行政经费之内，既归地方行政经费，就归各省谘议局去定数目。

三七号（李议员子爵）：若是地方不承认，将甚么办呢？现在虽讲新学，然这个典礼亦不可废的。

七三号（汪议员荣宝）：这个事体没有甚么讨论，请议长付表决。

一五三号（易议员宗夔）：既没有讨论，请议长付表决。

副议长：现表决礼部衙门预算核减数目，赞成报告书者请起立。

众议员起立赞成。

副议长：多数。现在接续议学部所管预算事件。

一五三号（易议员宗夔）：学部是分两个部分。一个是京城学部衙门，还有督学局及各局处在内，这是关于学部归国家行政经费，各省里头在国家教育行政经费有提学【使司】衙门与学务公所。本科审查第一款是学务公所设立的学堂，以股员会所定方针"裁冗员、减（縻）〔靡〕费"核减的，以为既是办学堂就不能有冗员、（縻）〔靡〕费，把许多钱都浪费了，这是不对的，所以以股员会方针看来亦有核减的地方。第二【款】督学局与八旗学务处，既是京师地面设了一个督学局，何必又设一个八旗学务处？现在屡经明降谕旨融化满汉界限，岂学部与督学局就不能管理八旗学堂吗？可见八旗学务处也不过是一个赘疣。本科的意见打算把这个机关裁掉，又可以省出一笔钱来。后来特派员说明这个机关如果要裁去是不行的，因为八旗学务处也是奏办的，若要裁掉又非上奏不可，所以本股员会并没有裁撤，不过把经费核减。至于八旗学务处与督学局所办的学堂，各学堂学生很多，而学堂经费数目很少，所以股员会并没有核减。这是本科对于督学局、八旗学务处两个机关已经核减过的，而对于这两个机关所办的小学堂的经费都未曾核减一个钱，这是审查的情形。第三款各省提学使公费，当初设立提学使的意思本来是为提倡一省学务起见，无如现在各省提学使多半是科举时代的人，大概不明白学务的，不但不能提倡学务，倒反摧残学务，现在新官制尚没有定出来，亦不便遽行裁撤。本股员会所定公费的标准每年六千两，现在各省提学使公费有一万的，有两万的，亦有三万的，公费未免太多，所以本股员会都照六千两核减，这是核减各省提学使的经费，不是核减各处学堂的经费。第四款各省学务公所经费，本来学部设立学务公所的意思大概是为提倡地方学务起见，以为必要用本地绅士方能办得动，所以才设立这学务公所。然而到了现在并不是学部原设的意思，大概借官立机关以为位置私人的地步，这些议长、议绅大概都是科举时代的人，不过随便弄一个翰林举人充其任，并没有真懂学务的人主持教育。这些议长、议绅的乾修每月一百两、二百两不等，至于科长、科员大概都是位置候补州县，也是不明白学务的人，这是很不对的。所以对于这个经费还是核减，最大省分定的是三万二千两，其次是二万八千两，再其次是二万四千两，要是有不足的数目以提学【使司】衙门核减的经费补足。现在核减学部所管的共核减银六十三万七千七百五十五两零五分六厘，这是本科当时审查核减的情形。如此诸位有无讨论，如无讨论，就请议长付表决。

一一七号（雷议员奋）：学务公所的经费比方外省有大省、中省不同，请问审查长，审查时候以甚么为标准？

一五三号（易议员宗夔）：本科审查的标准以额外股员所定的外省科员标准为标准。比方一个学务公所一个议长、四个议绅，内分六科，每科一个科长、两个科员，也有用三个科员的，其纸笔、火食、杂用等费均以人数为标准。

一零七号（李议员榘）：科长、科员有一定的数目，至于火食、杂费等项不能减少，如果减少，恐于教育前途大有妨碍。

百三十号（刘议员景烈）：本员看杂费减少于教育前途没有甚么关系。

七三号（汪议员荣宝）：原案各省学务公所经费大概是多少？

一五三号（易议员宗夔）：以下可以逐条报告。

五七号（林议员炳章）：督学局经费是多少？

学部特派员（范源濂）：共九万几。

一五三号（易议员宗夔）：第二项公费薪水共一十六万七千七百九十六两，度支部减了一万，还余下一十五万七千七百九十六两，股员会划一办法，有公费标准。又学部丞参上行走有四位，薪水每月共八千零六十两，现在已经裁掉，不另开支薪水。又八旗学务处薪工、火食共银六千二百多两，本股员会共减去二千五百零五两。此外大学分科学生还不够六百人，堂中职员、教员、书记人等一百二十多人，堂役一百九十余人，合职员、教员、书记计算，共三百一十七人，这样看来，差不多两个学生配合一个员役的样子，本分科会以用费太多，所以减去六万六千五百多两。

百三十号（刘议员景烈）：本员看大学堂用费太多，审查会减得太少，本员倡议应该还要减他十万。

一四九号（罗议员杰）：本员看殖边学堂有三百多学生，也不过用二万多银子，何以大学分科用得如此之多？

百十号（于议员邦华）：大学分科人数甚少，（縻）〔靡〕费甚多，用的监督是甚么人，那样的人如何能办得好，如何能办得分科大学，这个我们是不能承认的。

百三十号（刘议员景烈）：就论到学生只有六百多人，而员役共用三（白）〔百〕多人，实是（縻）〔靡〕费。

八一号（章议员宗元）：大学分科经费（縻）〔靡〕费很多，分科会已核减过了，分科会并不是从总数核减的，是一项一项核减的。刘议员倡议要在总数上减十万似乎不妥，我们如果不以分科会审查的为然，大会上可以不通过，再付审查。审查之后如果还有（縻）〔靡〕费的地方，再付表决，不能以一句话裁多少。并且大学分科要请外国教习，这个教习经费是万不可减的，若将专门教习开除，单用些无用的人，恐大有损害于学务。

一五三号（易议员宗夔）：如果再付审查，分科会也难得担任。因为详细表册已经送到秘书厅，秘书厅已经送到度支部，如果再付审查，还要行文到度支部取表册来，现在会期迫促，恐怕来不及。至于监督之好与否与资政院不相干，并且分科大学是全国教育最高机关，不能说用人不对就减他所用的钱。

一四九号（罗议员杰）：这个学堂不受学部管辖，这是很奇怪的。我们总要斟酌妥当，然后裁减。

四八号（陈议员懋鼎）：刘议员倡议的话还要问学部特派员能减不能减。

一五三号（易议员宗夔）：大学堂经费二十二万我们减去七万，已算减去三分之一了。如果再减十万，还要问特派员答应不答应。如果答应，不妨再减十万。

八一号（章议员宗元）：学部特派员未申明以前，本员先要申明一句。各位要减大学堂经费，一半是因（縻）〔靡〕费太多，一半是用人不当，所以核减他的钱。但是因为办大学堂不得其人就核减经费，恐怕学生中亦受影响，我们对不起学生。

四八号（陈议员懋鼎）：本员看中国教育程度够不上大学程度，这个学堂实在（縻）〔靡〕费得很。

七三号（汪议员荣宝）：陈议员说够不上大学程度这句话不赞成。我们止问六百多学生为甚么要用三百多人役，请学部特派员答复。

七五号（长议员福）：实在人数不够六百人，闻说学生不过二百人，是还不足额，怎么用款这样多呢？

一七七号（李议员文熙）：本员对于刘议员减十万之倡议亦不赞成。大学堂用三百余人是在本院未裁减之先，现在既减之后用人断不至尚有如此之多。四川高等学堂也用银子十余万，中央大学是全国最高的机关，决不能再裁十万、仅五万银子可以办的。

声浪错杂，议场骚然。

副议长：各位说话务须依次，不可杂乱。

一零七号（李议员榘）：职员一多，必有冗员，但是不能凭空要裁多少就裁多少。

八一号（章议员宗元）：请第四科审查长报告逐项核减的理由。

一五三号（易议员宗夔）：大学堂薪水工食二十二万四百九十五两，其中职员、教员、司事薪水十五万五百多两，堂役工食六万八千五百四十八两，除核减六万八千五百四十九两外，还余下十五万九千九百四十六两。

一三十号（刘议员景烈）：图书一项是否核减？

一五三号（易议员宗夔）：图书一项是很核实的，并且为数不多，所以没有减他。

八一号（章议员宗元）：本员看来，办事人的薪水可以核减，至于教员薪水总要斟酌才行。

一五三号（易议员宗夔）：大学堂所聘的外国教习均订有合同，可见教员薪水是不容易核减。那天在会议政务处协商，李侍郎、宝侍郎答应核减六万多两银子，这个数目学部已经无异议了。至于刘议员倡议，各位既不赞成，请议长将股员会报告付表决。

七四号（陆议员宗舆）：预算的事情总要核实，不能随便说减多少，就是减三、五个钱也得说明从那一项减，若说仅从总数减十万这句话本员不赞成。

百三十号（刘议员景烈）：就是一定要这样多，也得学部特派员答复。

七三号（汪议员荣宝）：并不是一定要核减大学堂经费，不过因为这里头有点疑义，请学部特派员说明理由。

四八号（陈议员懋鼎）：请学部特派员说明理由。

学部特派员（范源濂）：大学堂内容各位都是知道的，大学堂虽属学部，究竟也是独立机关。

百三十号（刘议员景烈）：大学堂六百多学生，所用职员、教员总要学部分配才好。

学部特派员（范源濂）：大学堂内容都是总监督主持，这个经费都是学部与大学堂总监督商量核减之后送到贵院，如果再要核减，还得由学部商量总监督才行。但是大学堂情形与别的学堂不同，本员代为说明一句。大学堂原来想办八科，现在已办到七科，但是学生人数少，若以人数与职员人数比较，这个学堂款项更见其大。至若说到节省糜费，本部与大学堂协商之后屡次在分科会答应核减，情形如此。至若说到再减十万，大学堂能否承认本员不敢说定。

五七号（林议员炳章）：我们资政院核减费用应归一律，才免局外藉口。如以大学堂七分科由二十六万减至十六万尚以为多，似昨日讨论民政部报告之巡警学堂仅二百学生，年费八万金更须从实核减，方以折服办大学者之心。

一一三号（李议员搢荣）：分科大学经费方才易议员报告二十二万余两系经常费，临时经费尚有十万余两，合共三十三万，未免太多。

百零八号（刘议员春霖）：这学堂情形各有不同，不能随便说的。若说是多少学生就只用多少职员，比如讲堂大的可容五六百人作为一班，这职员、教员就用得很少。现在大学堂已经设了七科，七科之内又分多少门，人数虽少，班次甚多，所以不能把教习、学生人数作为比例。比如五十个人一班也是这些教习，十个人一班也是这些教习，分科大学学生虽少，而职员、教员不能不多。我们不能以寻常学堂互相比较，总要把该堂内容各情形调查清楚，然后才可以定职员、教员的数目。

一五三号（易议员宗夔）：核减大学堂经费六万四千两，大学堂监督与学部已经承认了，请议长将报告书付表决。

一一五号（许议员鼎霖）：学生人数是否已满六百？

学部特派员（范源濂）：没有满六百，只有五百多人。

一一五号（许议员鼎霖）：这样看来，每一学生每年合银五百多两，在东洋留学也不过合洋三百多元，大家不可不注意。

一二一号（方议员还）：大学堂分为七科，虽只有五百多学生，而教员不能减少，比如三个学生请五个教习也是没有法子，至于省经费不能凭空设想。

一五三号（易议员宗夔）：许议员所讲的是包建筑费在内，一共是三十七万四千多两，其实没有这样多。

一一五号（许议员鼎霖）：大学堂分七科，方才某议员说有一科只两三个学生，如果办得好，何以中国人不远千万里到外国去留学，于本国大学堂分科只有几个学生呢？

五九号（顾议员栋臣）：大学堂内容本员略知一二。许议员说学生少而经费多，方议员说各科可以归并，虽均持之有故，但其中有为难的地方。凡入大学者必须由高等学堂毕业，现在各省高等学堂毕业者尚少，以少数之学生分布于七科大学，所以各科人数均极寥寥。而监督、教员、职员却不能因学生人少而遂不设，所以开支极大，平均计算，每年每位学生须合到五百金也。然若将各科归并势又不能，因为各科各有专门，进文科者不能改入法科，进工科者不能改入农科，所以不能归并。总而言之，当初开办太早生出种种困难，现在既经开办而欲凭空减其经费，甚难着手。

七四号（陆议员宗舆）：现在这个问题应分两层解决。教习太多，办事人不好,这须另行质问。至于中国幅员甚广,大学堂是应该办,学科经费是应该多,不应该少,我们不能因为办得不好就要减他的经费。若全国教育不见进步,则将全国教育费尽行裁去还可以?

五七号(林议员炳章):此事只研究中国办学已十年,此时是否应办分科。如果应办分科,则所谓七分科者科目既殊,教员亦众,俨如七学堂一般。且既名为大学,订聘教习便须学问高尚,闻该堂所订多外国人,各有契约,经费猝减,薪费何出?至许议员所云学生太少、学费尚贵于游学日本一节,查大学堂入学资格系限于各省之毕业高等学堂者,此次毕业生各省寥寥可数,学生之少系此原因。

七三号(汪议员荣宝):请议长问学部特派员有无异议,如无异议,请付表决。

副议长:特派员有无意见?

学部特派员(彭祖龄):对于大学堂经费无异议。

副议长:特派员既无异议,即付表决。大学堂经费以报告书为然者请起立。

众议员起立赞成。

副议长:多数。

一五三号(易议员宗夔):现在报告京师高等学堂,各项都没有核减。该学堂薪水、工食其银七万零一十五两,但是他的职员太多,该堂六十三个职员,九十多个堂役,本分科会都主张从此中核减,计减去一万四千零三十两。现在还是逐条表决,还是俟报告学部所管各项经费后一块儿表决呢?

七三号(汪议员荣宝):大家既无异议,就可以俟报告完了一起表决。

一五三号(易议员宗夔):现在再报告京师法政学堂经费。该学堂原来六万五千四百六十七两,减去一万三千九百一十三两。又顺天官立高等学堂、简易识字学塾因为糜费很少,分科会仅减去三千银子。本科审查的时候除大学堂分科外,有八旗学务处、京师法政学堂、顺天高等学堂、官立简易识字学塾及学部本衙门裁去学部丞参上行走经费八千零六十两,本分科会的审查报告如此。请议长咨询特派员有无意见,如果特派员没有意见,就请议长付表决。

副议长:请问学部特派员对于股员会审查报告有无意见?

学部特派员(范源濂):本部对于股员会审查报告没有意见。

副议长：特派员既无意见，即付表决。现决学部本衙门公费、八旗学务处、京师高等学堂、京师法政学堂、简易识字学塾等经费，以股员会报告书为然者请起立。

众议员起立赞成。

副议长：多数。

一五三号（易议员宗夔）：以下报告各省提学司及学务公所的经费。

一一七号（雷议员奋）：问审查长编订名词馆经费总数目若干。

一五三号（易议员宗夔）：请李议员报告。

一一三号（李议员搢荣）：请特派员报告编订名词馆经常、临时经费总数共若干。

学部特派员（范源濂）：三万八千减了一万一千。

一三零号（刘议员景烈）：图书局经费总数若干。

学部特派员（范源濂）：十七万五千四百六十八两减了十二万。

一五三号（易议员宗夔）：本员声明一句。特派员所报告之数非分科会减的，系度支部减的，所以本员没有报告出来。

一一七号（雷议员奋）：两处经费大致已经明白，请问特派员，图书局系办何事，有无入款？

学部特派员（范源濂）：没有入款。

一一七号（雷议员奋）：各项教科书售出去收来款项归于何处？

学部特派员（范源濂）：售书入款尽入学部，所以不能算图书局入款。

一三零号（刘议员景烈）：请特派员答复图书局宣统元年实用款多少。

一一七号（雷议员奋）：请问特派员，图书局经费减了十二万，还有五万，各种杂费都在内否？

学部特派员（范源濂）：各种印刷费不在其内。

一一七号（雷议员奋）：编辑人薪水在内否？

学部特派员（范源濂）：编辑人的薪水在内。

一一七号（雷议员奋）：将来学部印刷机关既不在内，各种图书出来将作如何办理？

学部特派员（范源濂）：现拟招商办理。

一一五号（许议员鼎霖）：请问特派员，编译名词【馆】是常设机关，抑系暂设机关？本员以为外国名词有限，不能年年有新名词出来，可以不要常设，若专为编译名词计，大约半年就可以告竣。

学部特派员（范源濂）：照从前筹备清单本是常设的，然照现在清单还有变动的。

一三七号（邵议员羲）：请问特派员，编订名词馆办了几年？

学部特派员（范源濂）：自去年十月创办的。

一三七号（邵议员羲）：至今一年有余，何以未看见所编订名词一个出来？

学部特派员（范源濂）：名词已经编订许多，本部都已看过，但现在尚未印出。

七三号（汪议员荣宝）：几时可以印出来？

学部特派员（范源濂）：何时印出现在不能遽定。

一五三号（易议员宗夔）：方才诸位所讨论非阅报告的问题，现在再报告一遍。学部项下图书局、编订名词馆、八旗学务处共核减三千七百零九两，如大家无所讨论，即请议长付表决。

副议长：现在表决学部图书局、编订名词馆预算，以报告书为可者请起立。

众议员起立赞成。

副议长：多数。

百三十号（刘议员景烈）：从前所说八旗学务处与督学局可以归并，本年可否请学部奏请归并？

四八号（陈议员懋鼎）：此项另提出议案再行讨论。

一五三号（易议员宗夔）：以下报告提学衙门公费及学务公所公费。从前报告提学公费定为六千两，大家是没有异议，可以不必再表决。

众议员呼"可以不必再行表决"。

一五三号（易议员宗夔）：各省学务公所经费最多的就是广东七万一千五百二十两，次之为奉天五千两，直隶六千两，四川八千两。股员审查案照学务公所章程，一个议长、四个议绅、每科科员不过三人，共算起来公费一万五六千银子。于学堂多的地方一切杂支还须增加，因为所派视学员必多，所以大省定为三万二千两，中省二万八千两至二万四千两，其余不是省分还有拨补的地方，如新疆、甘肃、江西各省皆有拨补,详细数目请问大家还要逐条报告否?

众呼"无须逐条报告"。

学部特派员(范源濂):现在声明一句。各省督抚来电以为所定学务公所经费太少,恐不足用,贵院将此预算定了之后还要送到政务处去,恐怕对于此项稍有异议,暂时亦不能说定。

一五三号(易议员宗夔):特派员无甚异议,请议长付表决。

副议长:现在表决各省提学使【司】衙门及学务公所预算,以报告书为可者请起立。

众议员起立赞成。

副议员:多数。现在接续议邮传部所管预算事件。

一五三号(易议员宗夔):本员现在报告审查邮传部各项预算。邮传部经常、临时共岁出五千三百七十三万七千零三十二两,而经常、临时岁入三千三百八十八万三千七百九十四两,出入相抵,不敷一千九百八十五万三千二百三十八两,按各国铁路、轮船、电线都是岁入的大宗,而中国邮传部亏本如此之巨,这是甚奇怪的。审查之时乃知其中实有一段理由,按各国办预算,对于推广轮船、铁路、电线应有一种特别会计似应将推广,一切办法应归入特别会计,而邮传部统在该部预算之内,所以数目相差如此。以故本科审查对于邮传部本署也是以为冗员、糜费非常之多,该部为最阔之部,所以糜费、冗员尤所不免。本股员会量为核减,请问大家要逐条报告否?

众议员请逐条报告。

一五三号(易议员宗夔):第一项是邮传部本署。堂官公费原定二万八千一百六十六两,股员会审查核减了二千多;丞参上行走八位全行裁去,减了四万二千九百两。还有司员公费原数很多,共二十一万八千八百三十三两,照额外股员所定的标准算起来分四司两厅,按人数考查起来只开支一十二万二千八百八十两,减去九万五千九百五十三两。以外还有录事的费共三万一千,减了六千二百四十两。以外要有铁路总局,邮传部既有路政司,就可以不要铁路总局,前次分科开会之时大家讨论以为这个机关可以裁撤,而邮传部特派员以为不可。据云这个机关是因铁路上的事情与外国人交涉很多,而外国人每遇路上的交涉每每不问司员而问堂官,若以堂官动与外人交涉似与体制有关系,所以另设铁路总局,遇有关系铁路事项即由局长与外国人交涉，所以此局万不可撤。分科会因为【此】就没有裁，只核减他经费四万九千四百两。其余交通传习所、图书局、官报局三处在一起共五万八千八百两，分科会审查按照乌布标准减去一万一千七百两，局长公费原来是二千三百二十两，减去四百六十八两。那一天协议到会议政务处，邮传部堂官没有到会，后来特派员送了个说帖到资政院，是对于核减的全已承认，惟说铁路局未免减的太多，于是再行审查。大家讨论正是照原来所核减的数目。

百三十号（刘议员景烈）：铁路总局本员看应当裁撤，交涉之事即令该部之丞参为之，何必为此事另设一局，请邮传部特派员答复。

副议长：邮传部特派员今日无人到会。

一一七号（雷议员奋）：请问审查长，铁路总局共用款若干？

一五三号（易议员宗夔）：九万九千八百两，减了四万九千四百两，该部已经承认了，方才刘议员提议请各位斟酌。

一一五号（许议员鼎霖）：刘议员倡议以为铁路局应当全裁，恐怕不能得邮传部之同意，请大家斟酌。

一二一号（方议员还）：邮传部图书局也可以裁的。

一三七号（邵议员羲）：现在没有甚么讨论，请付表决。

百十号（于议员邦华）：刘议员倡议多数赞成，可以先表决。

一五三号（易议员宗夔）：铁路总局分科会也是主张全裁，因为特派员以为万不可裁，所以才减了他四万多银子。

八六号（喻议员长霖）：请问审查长，铁路总局一共入款若干？

一五三号（易议员宗夔）：进款另外还有报告。

九四号（王议员佐良）：今日邮传部特派员何以不来，请议长打电话请他来。

七五号（长议员福）：刘议员倡议是很好的，然预算案须得政府之同意始能会同上奏，今日邮传部特派员没有到会，即表决了恐怕无效。

一一五号（许议员鼎霖）：长议员的话大家要注意。照特派员所说这铁路总局既为应酬洋人而设，是以外的事可由路政司办，不如把此项经费裁了，专留路政司以为交涉洋人之地。大家以为何如？

百三十号（刘议员景烈）：这个办法本员不赞成。要是与洋人有正当的交涉，外务部自可担其责任，若是小事即与邮传部路政司交涉，何必另立一个局所呢？

百十五号（许议员鼎霖）：刘议员意思是裁人还是裁费呢？若是裁费，以丞参为局长就是，兼差不兼薪水。

一五三号（易议员宗夔）：这个事情据特派员所说也不仅是对外的机关，还有对内的事情都是归这个局办理，所以裁减经费已经得了他们的同意，大家看可以表决否？

百十号（于议员邦华）：以铁路局而办交涉，这个事情是说不下去的。

七五号（长议员福）：铁路局专办交涉是不对的。若专设个铁路局为独立机关，在外国也是有的。

一一七号（雷议员奋）：本年各衙门预算册子就是邮传部不合适，资政院股员会审查总要调查他确实。因为邮传部所亏的款项不全是邮传部所管的，凡关于铁路一切事件都是由铁路局长办理，所以预算册维是堂官负责任，而堂官并不知其详细。这是何故？因为全部财政都在铁路局长之手，该部既不能过问，资政院又不叫去调查，所以邮传部预算就没有好结果。资政院审查时又含糊过去，特派员知道在股员会审查时候于局长事情没有甚么更动，恐怕到大会还有更动，所以不来。这个事情很有关系，我们不可不着实讨论。

一五三号（易议员宗夔）：雷议员的话也很有理由。本科审查邮传部预算的时候，股员长请议长行文到邮传部，叫他把详细册子送来，而他总没有送来。到本科审查结局的时候才将详细册子送来，大家都有不明白的地方，所以审查之结果就不十分完备。今报告大会特派员又没有来，大家对于铁路局也很有讨论，本员有个倡议，这个事情今年暂且不论，到明年预算再行裁撤。

七三号（汪议员荣宝）：请议长命秘书官打电话请邮传部特派员来院。

七四号（陆议员宗舆）：现在大家讨论此事有两个问题，一个是铁路总局应设立不应设立，一个是预算册邮传部经费多四万余银子，可以分开讨论。

一七七号（李议员文熙）：这四万余金我们资政院要审查他的使用性质是应该裁不应，既裁去四万余金，又留此四万余金，况铁路总局弊病最大者即是直辖数条铁路，本员以为其机关亦应裁去，不然仅裁经费留此机关终非铁路之福。

一二一号（方议员还）：邮传部此刻与我们不同意的地方是二十七万两。他说是铁路上很有关系，是万不能减的，这是他预备明年增加的地步，我们若是不同他划清，就算是预算不成立的现象。

副议长：此刻邮传部特派员不在座，不便表决，先议农工商部所管预算。

一三十号（刘议员景烈）：农工商部特派员到了没有？

副议长：农工商部特派员有人到会，现在就请第四科审查长报告审查农工商部预算之理由。

一五三号（易议员宗夔）：本员委托齐议员树楷代为报告。

一百零六号（齐议员树楷）：农工商部的事情本应复杂，乃今日很觉简单的。审查农工商部的宗旨前天已经股员长说过了，审查长也报告了，大概对于人是裁冗员、节縻费，对于事是以扩张实业为宗旨。农工商部原来的数目经常费是八十万有零，临时费是二十六万有零，经常费、临时费共一百零六万有零，审查时候打算裁四十万有零。后因农工商部来文不认，又经第四科审查一次，看他种种情形可以让出七万银子，农工商部犹不允，还有十万不同意的地方已经同特派员斟酌一回，今天开股员会因为审查邮传部的经费很耽搁时间，尚未毕会又开大会了，没有工夫去议决，可是所差的也不很多了。所以到大会报告公决把核减的款报告了，不减的款子不必报告。农工商部的公费及办公费、杂费是二十八万二千六百八十五两，公费是二十二万九千八百二十六两，其中的公费按股员会定的标准核减。堂官公费是二万六千三百六十四两，经审查后删去三百六十四两；丞参公费是四万九千四百五十五两，审查后删去三万二千二百五十五两，因有丞参上行走股员会不认这种名目，其费用都裁了去；司员公费一十三万九千五百二十六两，减了六万有余。办公经费一万三千九百六十五两，删去了四千两；杂费九千五百两，删去了三千两。农事试验场原来是三万一千，删了一万六千一百；绣工科是一万有零，删了三千；商品陈列所也是一万有零，删了三千；工业学堂原来是九万余，删了五万；商报馆删了三千多；度量权衡局是二十六万，删了十万。各省劝业道津贴三万六千两全删了，此外有候补司员公费原是二万一千多都删了，考查商务一万两也删了。还有抚慰华侨二万两都删了。欠外利息一万二千两都删了。图书馆原是一万五千，调查删了五千；丝茶原是三万两，删了一万五千两；还有马皮变价一千七百多全删了。后来接到农工商部公事又审查一回，工业学堂中、初两等学堂怎么用得这么多呢？大家商量删了五万，后来说是工厂用钱很多，农工商部答应减了一万五千两，免减三万五千两，因为扩充实业是当今最要紧的事。抚慰华侨二万两是奏案的，若是删了对于华侨的感情很不好，所以免删。其外马皮变价及欠外利息数目都是记账性质，不是预算的性质，若是出款删去，入款内也是要删，所以也没有删去。这是再次审查的大概情形。这个同意的地方已经同意了，其不同意的就是这里头公费有丞参公费删了三万二千多两，后来说农工商部丞参兼差的没有兼薪，要是删去三万多恐怕别的差使上还要增加，只答认删一万零八百两，所差的是二万一千多两银子。还有办公经费同杂费删七千两，他说万不能删。农事试验场原删一万六千两，其删减的理由因临时收入有五万多两，支出也有这样多，以为经常只须一万余两即可以办，农工商部说不能再减，还有绣工科三千也说不能再减。至候补司员，他说各部司员都有费，农工商部事同一律，也不能删。还有度量权衡局临时费二万二千两也说不能再删。经股员审查所差的有限，因为时候很短迫，没有工夫再审查，所以把这个情形报告大会，再讨论到底是怎么办，请大家公决。

百十号（于议员邦华）：请问特派员度量权衡局是什么时候设的？

农工商部特派员（邵福瀛）：七月间已开办。度量权衡要再划一制造各器为全国所需用，一切款项皆系预备制造成本。至员司薪水为数无多，前会议政务处协商允减十万两者因各省领器可先缴价，故尚敷勉强周转也。

百十号（于议员邦华）：里边用多少人员？

农工商部特派员（邵福瀛）：该局经费之巨不是用人上关系，实以制造成本为大宗，且度量等器以为各省所要用的，以前不叫各省拿钱。因预算册子上减了十万，这是制造的成本，所以现在叫各省先拿钱来定东西，拿了钱来我们再做。

百十号（于议员邦华）：要是叫各省先拿钱，贵部就可以将度量做成给他，应当在预算上少开数目。

农工商部特派员（邵福瀛）：农工商部没有如此办法。

百十号（于议员邦华）：如果先拿钱，就不用这些钱了。

农工商部特派员（邵福瀛）：所需材料等不能俟各省缴价始购，必宽为预备，譬如商人不能毫无资本遂可营业也。

百十号（于议员邦华）：预算案总得有一个详细册子报告。

农工商部特派员（邵福瀛）：详细表册早经股员会参考矣。

一百零六号（齐议员树楷）：原数是二十八万二千有零。

八一号（章议员宗元）：此刻共总核减了是多少？

一百零六号（齐议员树楷）：共核减四十万有零。

八一号（章议员宗元）：现在股员会减的是多少数？

一百零六号（齐议员树楷）：股员会减了三十三万有零，还差七万多。

五七号（林议员炳章）：原数是多少？

一零六号（齐议员树楷）：经常、临时共一百零六万多。

八十一号（章议员宗元）：此刻最要紧的就是股员会议决的数目，把这个数目报告出来大家可以表决。

一百零六号（齐议员树楷）：是四十万有零。

八一号（章议员宗元）：现在减了多少？

一零六号（齐议员树楷）：现在三十三万有零。

一三四号（余议员镜清）：对于审查长有质问的话。

百零六号（齐议员树楷）：百四十万是实业费、工程费、劝业与劝业公所费，这是农工商部的数，股员会拟减三十三万三千九百二十一两三钱。

一三四号（余议员镜清）：对于第五项候补人员是怎么样？

五九号（顾议员栋臣）：是不是初次核减他四十多万，后来他承认二十三万，现在要核减他三十三万。

百零六号（齐议员树楷）：原来共减四十万三千有零，后来他承认二十三万，还有十万多不同意。

五九号（顾议员栋臣）：二十三万承认了，三十三万不同意的就是这十万多。

七三号（汪议员荣宝）：预算股中人可以不必质问。

百零六号（齐议员树楷）：今天股员会很仓猝，在本股员会没有报告清楚。

一一七号（雷议员奋）：本员有句报告。先在股员会里头审查邮传部的事情之后方说到农工商部的事情，适大会已经开会了，所以在大会上报告，请大家讨论。

四八号（陈议员懋鼎）：现在报告只能算股员会报告，不能算表决，因为先在股员会时候仓猝,所以没有报告清楚。

一一七号(雷议员奋):因为股员会没有表决,所以到大会来报告。

百零六号(齐议员树楷):原来是怎么个情形,股员会因时间太迫,急须到大会协商,没有表决,不能不在大会上报告。

七四号(陆议员宗舆):如果股员会以为可以在大会上报告,请大会上讨论,预算股员会的人就不用讨论了。

八一号(章议员宗元):预算股员在分科会没有讨论,所以方才报告的三十三万还要问一下子。

七三号(汪议员荣宝):现在纷纷质问的都是股员会的人,这是很奇怪的。

七四号(陆议员宗舆):本员还有几句话质问额外股员。从前到会议政务处协商的时候对于农工商部这一笔款子是否协商定了,如已协商过的就不能在今天再由股员会内诸君更倡异议。

一五三号(易议员宗夔):本员有答复陆议员的话。从前额外股员到会议政务处协商的时候有两方面,一面是协商裁撤各衙门的事体,一面是协商各部的经费。但是对于经费一层只能就大处说话,况且协商的时候未必尽能得各部行政大臣之同意的,我们万不能因各部行政大臣之稍有异议就完全改正,所以还是要到大会上再行讨论。如果那一部到底是不能同意,本院亦可以分别具奏的。

七三号(汪议员荣宝):总而言之,预算股员不能又在大会上开股员会。

八一号(章议员宗元):是农工商部没有承认,所以到大会上说。

一一七号(雷议员奋):不能说预算股员不能在大会上讨论,而且股员会闭会已经讨论过,到大会也有许多要讨论的。就是法典股员到了三读时候在大会更正字句,很多预算股的人不能在大会上讨论,这个是不能说的。

百十号(于议员邦华):本来预算案很重要,而且是分科办事的,股员会虽说是全体表决,然而不赞成的人也可以在大会上研究。大会是大会上的议员,股员会的议员是不能并论的。

一百零六号(齐议员树楷):今天股员同意的就是三十三万,不同意的是十万有零,农工商部不同意的所差很少,现在大会报告如果有赞成农工商部所说的也可,有赞成股员会所报告的也可。

一一七号(雷议员奋):要声明一句。在股员会要减多少可以请在大会上表决，要是农工商部不同意，就要该部特派员说明理由。

一百零六号（齐议员树楷）：股员会所减的就是三十三万三千有零。

百十号（于议员邦华）：请分两次表决。

农工商部特派员（单镇）：农工商部预算案本已竭力撙节，前经度支部核减十一万八千余两，此次送交院议，合本署暨各局所学堂共一百十万三千余两，实在无可再减，而贵院核减至四十余万两之多。农工商部大臣顾念时艰，深盼预算案之成立，是以通盘筹划，竭忱让步，再行逐项切实核减至二十三万余两，在内阁会议政务处协商时面告预算股额外股员会。今天特派员在股员会业将未能再减之理由详细声叙，经股员会免减七万余两，特派员又认减二万余两，现在彼此协商之处即在此八万余两，为数本属无多，应请各位讨论。

一三十号（刘议员景烈）：究竟农工商部要多少款子才同意？

农工商部特派员与一三零号辩论甚久，议场骚然。

三七号（李议员子爵）：这不是作买卖，当裁去就裁去，不当删就不删，国家有甚么事情可以不办呢？所以我们也不能糊里糊涂乱减一下子，或者分层办理，现在我们也不能叫农工商部为难。

一百零六号（齐议员树楷）：我们审查一件事用几个人，所办的是甚么事、须多少费用都要详细斟酌，农工商部删去的款并没有减几成的话。

八一号（章议员宗元）：所差七万多可否请农工商部特派员说明理由？

农工商部特派员（邵议员福瀛）：此系农事试验场同绣工科所有的数目以及候补司员薪水，都是不能减的。

五九号（顾议员栋臣）：候补司员在衙门有什么名目？

农工商部特派员（邵福瀛）：候补司员是今年七月初九日派的，而度支部预算册子是六月二十四日送来的，所以没有列在预算册内。候补司员与各部候补司员充当科员的都是一个样子，大概实缺都是科长。

五九号（顾议员栋臣）：各部也有候补司员，如陆军部、度支部等大抵皆须有乌布者给薪水，其无乌布者概不给薪水。

农工商部特派员（邵福瀛）：候补司员派有乌布始支公费，数目多寡与股员会所拟标准不相上下，但股员会公费标准乃办预算者核减之标准，今日可不必讨论此事。

五九号（顾议员栋臣）：试问候补人员开支薪水者是否都有差使的，除了有差使的外，还有候补人员开支薪水否？

农工商部特派员（邵福瀛）：这个是不开支的。

七四号（陆议员宗舆）：报告完了没有？

百零六号（齐议员树楷）：农工商部本员已经报告完了，还没有表决。

百三十号（刘议员景烈）：请问农工商部核减多少？

百零六号（齐议员树楷）：经常岁出共八十万零九千零六十七两，临时岁出共二十六万四千二百五十三两，经常、临时岁出两项共核减三十三万三千三百九十二两，农工商部承认核减二十五万。

八一号（章议员宗元）：可否把农工商部承认的二十万多两先付表决？

百十号（于议员邦华）：总要按着股员会的意思付表决，不能按照农工商部的意思付表决，不然是教资政院仰承各部院的意思了。

八十一号（章议员宗元）：各部衙门都是协商过预算完了送到会议政务处去，各衙门必不至于不答应，也不至于为着些少数目再有争执。

百十号（于议员邦华）：协商并不是计较的意思，是看那个有可以减的就减，所以当初只四十多万他承认二十多万，股员会是认三十多万，要说两下一时同意那是万不能同意的。

八六号（喻议员长霖）：今天这个事情照股员会的数目所差无几，此刻请农工商部体量，可以照股员会三十三万付表决。

农工商部特派员（单镇）：不能与喻议员同意。

一零七号（李议员榘）：股员会与农工商部不同意的虽不过几万银子，但是我们就表决他们也还是不同意，不如以后协商好了再行报告。

众呼"赞成"。

一一五号（许议员鼎霖）：此事在股员会已经协商好了，因开会没有表决。本员以为以后农工商部不能不淬（厉）〔砺〕进行，若照以前样子，已用公费真正冤枉，大家须注意。农工商部所办事情是中国救亡的（报）〔根〕本，果然能从长进行，我们就不在这几万两上打算，请照齐议员报告表决。

七四号（陆议员宗舆）：预算股员会已经同行政衙门协商，如果同意是同意办法，是会同具奏，如果不同意也有不同意的办法，不过是分别具奏而已。

八一号（章议员宗元）：若是另外的具奏，就应当分开了。

百十号（于议员邦华）：协商是协商，大概协商的意思恐有不对的地方并非必要同意。

一一五号（许议员鼎霖）：股员会已同意，还要大会表决，如果于事实不应减，即如司法审判费就加了七十多万，请议长分两层表决。

众呼"请付表决"。

百十号（于议员邦华）：陆议员的意见是总得按农工商部提出的意思付表决，那就是按照他的意思，不是我们的意思了。

一五三号（易议员宗夔）：还要请议长先把农工商部提出来的意思付表决，如果不同意，再把股员会的报告付表决。

一三四号（余议员镜清）：农工商部提出之经费股员中一面主张将该部原减数表决，一面主张将该股核减数表决，据此则尚未经过全体股员会，无疑是应再付审查。

一五三号（易议员宗夔）：再审查是不能的。因为离闭会时间只有六天了，实在没有工夫再去审查。

一二九号（汪议员龙光）：股员会未经通过之件提出大会讨论表决虽不合法，昨日法部预算已有个先例，不过对于法部是加多七十万两，法部特派员自然是表示同意。兹对于农工商部是主减少，不能得农工商部特派员同意，觉得勉强表决恐后来致生异议，反为全部预算之累。本议员意思以为彼此相差九万余两，在股员会主张核减亦自有不能核减道理，不比买卖说价可以任意调和，然本议员却有一说。两面主张未必对于此数便照毫不可移动，既讨论许久各不相下，本员窃敢为不通之论为居间之调停，并有先例可以援引。前会通过陆军本部预算，股员会是核减二十九万余两，经大会讨论作二十万两表决，兹于农工商部共核减三十三万余两，亦把零数抹去，作三十万两表决（未）〔来〕审，特派员以为何如？

五九号（顾议员栋臣）：农工商部这个情形与陆军部情形不同。因陆军部官制更改，我们核减的时候以旧官制为准，而荫大臣则以新官制为准，其新官制既未有详细表册送来，本院无从逐款复加，审查无一定之标准，是以荫大臣约略估计允减二十万，本院亦只能约略承认。至农工商部情形既属不同，不得援以为例。

一五三号（易议员宗夔）：顾议员的话本员不赞成，本员还有答复顾议员的话。所谓没有标准，那是陆军大臣自己说的话，我们议员不能说这个话，请议长把农工商部提议修正预算案付表决就是。

农工商部特派员（邵福瀛）：这个公费是万不能减的。因为这个候补司员已经是减得很多了，一、二、三（万）〔等〕司员的薪水都没有了，连办公经费都减到无可再减的地方，如果再减，那是不能承认的。

五九号（顾议员栋臣）：候补司员一、二、三等科员有多少？每月有多少薪水？

一三十号（刘议员景烈）：请问特派员。（语未毕）

五九号（顾议员栋臣）：他还没有答复，缓刻再行质问。

农工商部特派员（邵福瀛）：本部一等司员每月五十两，二等三十两，三等没有钱。

一五三号（易议员宗夔）：细数不必到大会讨论，请付表决就是。若细数到大会讨论，这个时光很可惜了。

七三号（汪议员荣宝）：可否再减？

农工商部特派员（邵福瀛）：迭次协商已允减二十五万余两，万难再减。

八五号（吴议员廷燮）：农工商部是最要紧的，如果有要办的事情又要加钱，这个几万不删又算甚么，请议长付表决就是了。

七四号（陆议员宗舆）：现在股员会没有表决，到大会来报告，可见这个事情要到大会再研究一下再付表决。

副议长：先就何项表决？

八一号（章议员宗元）：农工商部现在没有话讲，总算农工商部已经默认了，可以即付表决。

副议长：现在无须再行讨论，我们先把农工商部允减的数目付表决，请赞成者起立。

众议员起立赞成。

副议长：少数。

一五三号（易议员宗夔）：再请议长把股员会核减的数目付表决。

副议长：股员会核减的数目是三十三万有零，赞成者请起立。

众议员起立赞成。

副议长：多数。

农工商特派员（单镇）：共认减二十五万余两，如再核减，于各项行政上碍难维持，现将各位既照股员会核减之数表决，未得农工商部大臣之同意，特派员未便承认，合先声明。

一五三号（易议员宗夔）：据农工商部特派员所云该部不能同意，本院可以分别具奏。因为本院已经多数表决，于预算册上不能再有变动了。

一三七号（邵议员羲）：农工商部虽不能同意，可是不能因农工商部一部分打破这个预算，况这个款子相差仅八万之数，就是表决亦无妨碍。

某议员：表决之后可以不必再发言。

副议长：表决之后不得再发言。

某议员：农工商部特派员已先发言。

副议长：请齐议员接续报告。

一百零六号（齐议员树楷）：现在接续报告各省劝业道的公费及各省劝业公所经费。外省的事农工商部是不管的，劝业道的公费曾经股员会定了一个标准，后来就照这个标准办理。各省劝业道的公费原来的数目是二十一万四千五百四十三两，经度支部减去三千有零，后来又经第四科减去了十二万八千七百八十八两。这是劝业道一人所得的钱，每道五千当无他问题。至于各省的劝业公所经费本没有一定标准，后来经股员会定出一个标准来，头等科员是应支多少钱，二等科员应支多少钱，科员数目系一定的，但各省劝业的事体现在很简单，我们核减不得不在用人上头计划。然原来预算册上劝业公所费用各省是有多有少，如直隶六万五千一百六十两，四川是五万三千五百六十两，奉天是四万五千九百九十两，这三省是最多的；其余最少的如贵州只有七千零一十九两，福建亦只有一万有余，从多的少的一比较，相差有四五万光景；其余别的省分有一万八千的，有一万七千的，有两万一千的，有二万四千的，亦有三万一千的，有三万三千的。参照各省的数目，一省一省不同，相去很远的，大概最多的定为三万余两，如奉天、直隶三万二千两，四川三万六千两，这三省是最多的；最少的如贵州，原来的数目是七千几百两，经度支部核减为五千两，福建原来一万有零，经度支部核减为六千两,这是最少的。大概多者三万,少者不足一万,各省劝业费的情形其少者亦未便照加,即仍其原数办理。原来费用的总数是四十七万有零,经度支部核减了二万有奇,后来又经本院股员会核减了十一万九千有零,各省劝业公所是这么的情形。此外的实业局所将来归并于劝业者没有动,俱仍照度支部核减的数目列出,这是各省劝业公所的大概情形,大家有无讨论?

副议长:有无讨论?

三十五号(曾侯爵):没有甚么讨论,请议长付表决。

副议长:农工商部特派员有无意见?

一五三号(易议员宗夔):特派员没有意见,所以没有说话,请付表决就是了。

副议长:各省劝业道、劝业公所及实业局所的经费这三项核减的数目已经报告过了,现在付表决。请赞成者起立。

众议员起立赞成。

副议长:多数。

一百零六号(齐议员树楷):关于实业核减的经费已经报告完了。现在接续报告各省的工程费,这一种费是很有限的。关于各省的工程费,大概分为二种:一河工海塘,一建筑修缮,而工艺不在其内,所以没有工艺的费用的缘故暂不提起。工程费是河工最多,如山东、直隶、河南、浙江四省的河工经费可分别说一说。山东共六十九万有奇,曾经度支部核减过一次,减了一万多银子,就剩六十七万有奇。本股员会想关于河工一项素称冒滥,总可多减,不料多减了之后一查山东的册子,见其中有原开数、修正数,可以减的本省都已减去了,可以删的本省已都删了,后来虽极想多减,可是没有可减的地方,所以惟将河工研究所的经费共六千多银子全行裁去,山东河工核减的经费大概如此。直隶河工经费审查的稍有错处,但这错处不是本科之错,前天第一科报告行政经费总数之时已经报告过了,就这个行政总费教育、实业行政费不在第一科行政总费之内,本科审查之时亦以为如此,后来一看,关系工程的河工衙门行政总费内已经核减一次,本科又减了一次,这重复核减之处将来必还要改动,所以直隶河工费核减的数将来必要差四五万了。至于河南的河工费原来数目是五十三万八千五百二十七两,曾经度支部减过一次,减了六万有奇,本股员会此次审查又减了七万,现在剩下三十九万有零。至于浙江海塘的工程是一笔大款,共三十五万八千一百有奇,原来打算详细核减,后来一看册子,这个海塘曾经浙江巡抚增韫整顿已有奏案的,本股员会细细一查,实在没有可减的地方,是以亦没有核减。此外河工都不甚多,可以不必详细报告,这是河工的经费。另外还有建筑一门,所谓建筑者,本股审查如修衙门、修庙、修城等等费用,本股是一概裁去,其余如修学堂、修监狱等多没有裁,统共所减的数目连河工计算经常、临时四十万四千有零,因直隶河工衙门重减之故,将来修正当差四五万金上下。

一五三号(易议员宗夔):农工商部有无意见?若无意见,就请议长付表决。

某议员:请议长付表决。

副议长:如无讨论,就付表决。

副议长:工程费内河工、建筑两项,股员会报告共是核减四十万有奇,大家赞成请起立。

众议员起立赞成。

副议长:多数。

七三号(汪议员荣宝):本议员有个倡议。现在农工商部特派员出场,想对于预算凡关于农工商部的数目就是通通必无异议,就可以拿农工商部预算归到一起表决为是。

副议长:关于农工商部行政费预算已议毕。现在议邮传部所管预算,请第四科审查长报告。

一五三号(易议员宗夔):现在农工商部报告既完,应报告邮传部。方才刘议员有个倡议还没有结局,请刘议员再倡议,问邮传部特派员有意见没有。

一三十号(刘议员景烈):本议员倡议是裁撤铁路总局。而邮传部特派员以为铁路总局专为与外国人交涉而设,然交涉事情有外务部担其责任,不过小事情可以到邮传部来交涉,且说有路政司,又有铁路局,则路政司如同虚设,路政司不能理事而另外设铁路局,不知有甚么理由,请邮传部特派员答复。

邮传部特派员(龙建章):铁路局与邮传部不同,邮传部是行政机关,铁路局是行政机关中之执行机关,有一种营业的性质。当初袁宫保与外人借款,所以才设铁路局与外国人交涉。及到光绪三十三年设立邮传部之外,铁路局也没有裁撤，一则可以与外国人办交涉，二则可以时时整理路事，诸位不可不知道。

一三十号（刘议员景烈）：行政机关与执行机关有甚么分别？

一五三号（易议员宗夔）：本员有个倡议。照议事细则第八十九条，有议员提起倡议须有三十人以上赞成方成为议题，方才刘议员提起倡议，须有三十人以上赞成方可成为议题，这个并不是耽搁时候，因成为议题尚须讨论。

副议长：赞成刘议员倡议者请起立。

众议员起立赞成。

秘书官点人数。

副议长：得三十人以上之赞成。

一三四号（余议员镜清）：既成为议题，应该讨论。

副议长：既成为议题，即付讨论。

一三十号（刘议员景烈）：通是一个事情设两个机关，分明是糜费的，就应当将铁路局裁撤归并路政司，万无两个机关并立的道理。

一二一号（方议员还）：刘议员所说于事实上没有甚么关系，且既为邮传部管的铁路，就是全国铁路了，凡督办、会办等二名目很多，大概都不办甚么事，这个铁路局到底有半点事没有？

一三十号（刘议员景烈）：通办一事，万不能设两个机关。

九四号（王议员佐良）：刘议员倡议有人反对没有？若无人反对，就请议长付表决。

七五号（长议员福）：这个倡议既成为议题，还得再付审查。

一五三号（易议员宗夔）：若再付审查，本员不甚赞成。因预算册子已经弄好，若再提出审查又要耽搁几天，是很不对的，就请议长宣付表决。

一二九号（汪议员龙光）：这个铁路局万无设立的道理。谓与外人交涉须设此局，然与外人有交涉者不仅铁路，并不仅贵部，使部部皆如此办理，则外务部可以不设。谓是于行政之中带有营业性质，故不得不设此局，然贵部航、电、邮、路四政皆是营业性质，何以航、电、邮三项事件可以归司办理，路事独不可归司办理。朝廷原为四政重要，故设专部分司办理，若贵特派员视专部分司办事仍是不行而必设局，则直可将贵部裁撤仍并入商部，然后再议设局方说得过去。

一五三号（易议员宗夔）：各位主张裁撤经费，不必对于机关说话，我们议员就是不承认经费，别的可以不必说，就请议长付表决。

副议长：现议裁撤铁路局经费，请赞成者起立。

众议员起立赞成。

副议长：多数。

一五三号（易议员宗夔）：现在本员所报告的邮传部丞参行走司官及录事等员额并铁路局、图书局、官报局共银五十一万三千四百九十九两，本科核减的共二十万零一百七十九两，将铁路局除开，其余请议长付表决。

一二一号（方议员还）：图书局是要裁的。

一五三号（易议员宗夔）：本员对于方议员有一个意见。当时审查的时候是图书局、官报处、交通传习所三个机关并在一起的，这时若分开裁减是很繁难的。

一二一号（方议员还）：图书局是一定要裁的。

一五三号（易议员宗夔）：本员以为可以不裁的。

一二一号（方议员还）：既有交通传习所就可以研究，何必再设一个图书局呢？

一五三号（易议员宗夔）：交通传习所是一个学堂。

一二一号（方议员还）：就是学堂也何必另外再设一个图书局呢？

八一号（章议员宗元）：可以请特派员说明经费数目，我们好知道究竟应裁不应裁。

邮传部特派员（龙建章）：这个表没有带来，无从报告。

一三七号（邵议员羲）：这个官报局可以裁去的理由因内容所载并无甚要事，邮传部办此报不过欲位置几个人起见，每年只出十本，于交通亦无甚影响。

一五三号（易议员宗夔）：邮传部特派员说这个官报里头有电报、轮船、铁路等等事情，是很重要的。

一三七号（邵议员羲）：如有事情欲发表者可登载于政治官报，这个邮传部的官报应该裁去，且各种机关如欲发表政治亦当统一一方好。

一五三号（易议员宗夔）：所以本科审查核减一万一千多两。

邮传部特派员（龙建章）：因为实业、交通都很重要的，所以有这种官报，无论何国凡实业、交通事业者皆有报告。

一三七号（邵议员羲）：官报这一层总可以裁去。

一五三号（易议员宗夔）：本科审查的时候是三个机关并在一起的，没有分开，共是五万八千五百两，本科核减是一万一千七百两。

九四号（王议员佐良）：请特派员说明图书局不能裁之理由。

邮传部特派员（龙建章）：这个图书局所有的书都为开通民智起见，本部故不惜译费召集英、法、德文学生编译各国书籍以供众览。此项书籍坊间无利可图，不肯刊售，故各国凡教育、实业、交通等图籍皆由政府专办，或为非卖品，或贱价而沽，此项办法想贵议员早已洞见。

九四号（王议员佐良）：译学馆本是译书的地方，贵部何必又要图书局，有当译的书何妨交译学馆译。

百三十号（刘议员景烈）：总宜删去为是。（拍手）

众议员呼"赞成"。

一三七号（邵议员羲）：官报也是要裁的，请议长付表决。

一四九号（罗议员杰）：本员以为图书局不可裁，若裁此局，部中译才终无所用。惟交通官报可以送政治官报局登载，节省印费。

八一号（章议员宗元）：这个官报本来是可以裁的，但是现在各衙门皆有报，学部有学报，农工商部有商报，若要裁去，似应一律裁去，若单裁邮传部官报，未免两歧。

一五三号（易议员宗夔）：本院可以作一个建议案，把各衙门的报一律裁去。

一四九号（罗议员杰）：这个无建议案之价值。

一五三号（易议员宗夔）：究竟是裁官报，还是裁图书局，还是一并裁去？

邮传部特派员（龙建章）：若是学部、商报一律全裁，我们也可以承认。又方议员还称图书局之书可拨归各司编译，本委员答云：若将各书拨归各司编译，则学生亦必随同拨去，此乃朝三暮四，而各司且须增许多官。

一三七号（邵议员羲）：政治官报关于交通等事本应登载，现在政治官报所载均无关重要，不过几件照例公事而已。

一五三号（易议员宗夔）：本员有个意见。大家意见相同即可赶快表决，万不可因此一点小事又讨论一点钟的工夫，如果像这样讨论，即是再展会十天也恐不能报告完毕。

七三号（汪议员荣宝）：请议长即付表决。

一五三号（易议员宗夔）：请问特派员，官报局经费是多少？

五九号（顾议员栋臣）：图书局是应该裁撤，另立一个图书局又多一种的开支。

七四号（陆议员宗舆）：预算是统计全国经费，凡开支款项我们只问应核减不应核减，机关是行政衙门问题，何必对他机关上讨论。

八一号（章议员宗元）：赞成，请议长付表决。

一五三号（易议员宗夔）：图书局、交通研究所、官报局三处总数共五万八千五百两，我们核减他一万一千七百两，各位倡议的都不说到某处减若干，还是于总数该减若干，还是怎么办呢？

一一六号（孟议员昭常）：审查之时见过这个数目，是分开的不是？

一五三号（易议员宗夔）：也曾问过特派员何以没有分开，至今他也未曾回答。

五九号（顾议员栋臣）：三种机关邮传部均有确实数目否？

一五三号（易议员宗夔）：详细数目邮传部也没有抄出来。

八一号（章议员宗元）：这个事情不要紧，一定要裁。我们就把这个图书局经费裁去就完了，明天请邮传部特派员查一查送过来，我们可以再算。

邮传部特派员（龙建章）：若抄细数却可以做得到的，但是核减数目不能同意。

一五三号（易议员宗夔）：特派员这句话错了，不能同意。不能裁又是一个问题，请将图书局、交通研究所、官报局各项分开详细数目为是。

一一五号（许议员鼎霖）：还要解释一句。官报送交政治官报局也要印刷花钱，图书馆翻译书籍也要花排印的费，如果省钱无多，可以不必裁了。

一三七号（邵议员羲）：政治官报局本有印刷局，邮传部只须将应发表文件送去发表。

五九号（顾议员栋臣）图书局还是以裁撤为是。

一三七号（邵议员羲）：图书局应该裁的，官报局经费也应该裁的。

一一七号（雷议员奋）：裁图书局经费与裁官报局经费是两个问题，应付两次表决。

一三十号（刘议员景烈）：先请议长将裁官报局的经费付表决。

副议长：邮传部官报局经费裁去，众议员以为可者请起立。

众议员起立赞成。

副议长：五十二位，是少数。

一四十号（康议员詠）：请议长查一查在场人数。

一三二号（文议员龢）：人数恐不到三分之二。

副议长：由秘书官查点人数。

秘书官曾彝进查点在场人数，共九十九人。

副议长：人数不及三分之二，方才的表决无效，现在散会。

下午七点钟散会。

资政院第一次常年会第三十六号议场速记录

宣统二年十二月初五日下午一点钟开议

议事日表第三十四号

第一，试办宣统三年岁入、岁出总预算案。

副议长：今天议员到会者一百三十四人。

九九号（陈议员瀛洲）：按资政院章程是下午一点钟开会，逐日以来竟至二、三点钟才开会，现在距闭会期限甚迫，请议长知会各议员逢开会之日须于十二点钟以前来院才好。

副议长：今天因预算股协商事件甚多，所以开会稍迟。

副议长：现有孟议员昭常质问法部关于大理院权限说帖一件，未及刷印分送，现由秘书官朗读一遍。

秘书官（张祖廉）：承命朗读孟议员昭常质问法部说帖。

副议长：说帖已经朗读，请赞成者起立。

众议员起立赞成。

副议长：多数。

一四九号（罗议员杰）：本员质问邮传部说帖及法部说帖至今均未答复，现在将近闭会，请议长催其从速答复。

副议长：可以备文催促。

一四九号（罗议员杰）：现在有三个陈请书，一个是南洋华侨陈请设立领事，一个是陈请速定议院法及选举法，一个是中国公学的陈请书，请议长赶紧交付审查。

副议长：可以从速付审查。

百八十号（刘议员纬）：本员质问民政部说帖到现在还没有答复，请议长催一催。

一六八号（李议员素）：申明资政院立法范围案从前业已指定起草员，现在报告书已经成否？

副议长：尚未拟成。

副议长：现在开议预算案，请第二科审查长王议员璟芳报告，第一先议陆军部所管预算事件。

六七号（王议员璟芳）：登台报告审查新军经费预算案。

一一二号（陈议员树楷）：本员提议陆军经费事关秘密，请议长禁止旁听。

副议长：陈议员提议有人赞成否？

呼"赞成"者十余人。

副议长：已有议员十人以上赞成，应作为议题。咨询本院是否多数赞成，请赞成者起立。

众【议员】起立赞成。

副议长：多数。现在开秘密会议，请旁听人退出议场。

旁听人悉退出。

附记：秘密会议速记录从略。

副议长：现在陆军经费已议毕，无庸开秘密会议，应由秘书官知照旁听人随意入场旁听。现在议外务部所管预算事件，请审查长说明审查情形。

六七号（王议员璟芳）：外务部预算本员请潘议员鸿鼎代为报告。

百二十号（潘议员鸿鼎）：外务部的经费总数是二百九十万零，看他的数目是很大的，而细看他的用款很有不可减的地方，比如出使的经费、领事衙门的经费、商约大臣经费、留美学生一切用费等均未便轻易议减。本科审查核减银十九万零，其所以减之理由均详。各本项下乃原册，未提出大会，外务部来了公事大都不允照减，我们一定要将原册重复审查的。此复查之结果对于该部允减之一万有零及来文未经提及之款项自无庸议，至不允减之款项本科有酌量让步者，有不能不仍持前说者，此刻可以报告了。原来外务部本衙门的经费共是三十余万，本股员会核减了四万有零，是照额外股员会所定的公费标准办理。本来股员会照此核减之后大家没有甚么异议，而外务部来文以为外务部的人员与别部不同，不能比照各部的。因外务部与别种衙门是两个性质，光绪二十七年曾奉过上谕"外务部人员应当格外优待"，可是这句话上谕固是有的，然我们此刻既定了公费的标准，不能只为外务部一部而有两样办理的地方。外务部说这句话独外务部人员要优待，难道外务部为国家办事，而别的衙门不为国家办事么。且请外务部人员想一想，看近来所办的外交办得好不好，（拍手）何以义务不能尽而权（力）〔利〕独要优。若说因有上谕之后所以要照此办理，并非我们薪水独优。然我们以为现在值此财政困难之时，虽上谕上曾有这句话，而我们预算股里亦自有核减经费之权，所以这里头仍照原册减数不加修正。至于办公经费，多少本无一定，现在我们所减的数目甚少，岂有这区区四千两之数还不能同意么。余如游美学务处的经常费共五十三万有零，临时费十万有零，本科总减去十万有零，那边来文说一点儿不能减，可是我们减的十万银子系从公费薪水等着想，决不叫他于留美学生的川资学费上更动。美国退还赔款原有一定的用途，然若于办理留美学务之机关上有所糜费，在美国人亦未必以为然，所以该部动辄藉口美约，本审查员不能承认。惟既据声称事关学务，姑于经常费中改正减银三万两，临时费中改正为减银二万两，统共外务部名下减十四万有零。本议员还有一句话。临时费中有美国退还赔款利息提拨本部用款一项，看他名目似一种入款，其实乃是出款。惟如何用法实在的名目他没有说出来，虽名目的关系我们原可不去管他，然照办预算的性质甚么用款名目是应该说明的，这个款子是六万两，度支部来的册子上以为只有三万六千，不该有六万，我们已把所余的二万四千两减去。惟究竟何以两边不符，亦甚糊涂也。

六七号（王议员璟芳）：对于潘议员报告要声明一句。外务部原核减系十九万银子，报告书上也是这个数目，嗣据外务部送来修正册子，审查结果于是又少减五万银子，报告书上并不是错的。

外务部特派员（饶宝书）：外务部的预算前在政务处协商时候只说到余存金一项，没有说到核减的数目，以后在股员会总未得有机会说明理由，今天本员不能不详细一说。我们外务部办宣统三年预算是量入为出的宗旨，岁出各款皆减而又减，并无浮开，然有关于外交事件者款项实在不能减，并不是不肯核减。又如游美学务处经费本是人家退还赔款子，曾经彼此说明不能移作别用，即使核减，该款亦不能通移，将来还是要用在学务上。

八一号（章议员宗元）：本员可以声明一句。外务部说话都是从前老话，现在预算里头的岁入是国家通盘的岁入，不能说度支部有度支部岁入，外务部有外务部岁入。（拍手）

外务部特派员（饶宝书）：外务部预算都是核实规定的。据预算股审查报告以"外务部与别的部性质不同，未便通过"为责备，只核减十九万余两，后来外务部再送来节略，经股员会少减五万两，这亦算是很通融的。然外务部廉俸不应与别的部一样，在各国皆系特别从优，即如日本外务省廉俸之外有所谓在勤金、恩赏金，都比别的部从优。况且光绪二十七年初设外务部时奉有先朝谕旨"堂司各官优给俸糈"，并不是我们外务部自己定出廉俸独优。

八一号（章议员宗元）：可以不必多说了。

外务部特派员（饶宝书）：股员会所定的标准这是普通的标准。

语未毕，声浪错杂，有请休息者，有请表决者。

六七号（王议员璟芳）：前天外务部特派员说外务部与别的衙门不同，公费与别的衙门也不同。外务部岁出二百余万，出使经费、游美经费都属不多，所以出使经费没有减，游美经费也减得很少。本科自与外务部协商后，外务部送来说帖，所异议之处就是公费与游美学务处。据外务部意思，外务部是奉先朝谕旨，公费特别从优，一切经费不能照股员会定的标准核减。本员以为朝廷对于各衙门应该一视同仁，无所轻重，就是股员会审查也应当一律核减，不宜有所厚薄。

（拍手）新官俸不久就要颁行，颁行后朝廷对于外务部如果特别从优，则外务部公费就应当从优，现在新官俸虽未颁，而吃亏者不过几个月的光景，何必如此争论呢？

一五一号（黎议员尚雯）：外务部特派员这个争辩若用办外交的是好手，不必在这个地方使用。现在民穷财困，国用不足，普天率土均应毁家纾难，如特派员之斤斤于公费争论，真是无心肝，无意识。试问外交如此失败，清夜自思如此尸位窃禄，能无愧颜？

八六号（喻议员长霖）：外务部经费凝〔减〕得很少，无须讨论，请议长付表决就是。

外务部特派员（饶宝书）：外务部的岁出虽说是二百九十余万，这一笔游美学务处款子六十余万，不过是附属于外务部，并不是外交的用款，且尚有出使经费一百七十余万在内，就是与各衙门比较起来，民政部一百八十几万，学部二百二十余万，度支部三百七十余万。

语未毕，众议员请议长付表决。

六七号（王议员璟芳）：股员会先拟裁十九万，现在只减十四万，其所减的地方只在游美学务处一项与公费，请特派员不必再讨论了。

一一五号（许议员鼎霖）：请外务部特派员注意。方才王议员说的很清楚，将来官制官俸定了，贵部的经费或多增、或更减均不可知，请特派员注意，此时不须再辩。

众呼"议长付表决"。

副议长：讨论终局。现付表决。

外务部特派员（饶宝书）：表决虽表决，可是本部决不承认。

副议长：现在表决外务部本衙门经费减去十四万，众位议员如以报告书为可者请起立。

众议员起立赞成。

副议长：多数。

六七号（王议员璟芳）：本员还要声明一句。现在已经表决，所表决的原是从前得外务部同意的，望特派员回去时要把资政院的意思认明，若误认宗旨，破坏预算，于全国很有关系。

三、资政院第一届常年会

副议长：还有一件各省交涉费。

六七号（王议员璟芳）：请吴议员士鑑代为报告。

七九号（吴议员士鑑）：请在本位简单报告。

众议员谓"人数不足，请议长宣告休息"。

副议长：现在休息一点钟，休息后请诸位速到议场。

秘书长：还有一句话报告。各位议员休息一点钟后议长请诸位务必到场，还有邮传部预算未曾报告。

下午七点十五分钟会议中止。

下午八点十五分钟续行开议。

副议长：现在接续开议外务部所管各省交涉费，请审查长报告。

七九号（吴议员士鑑）：现在续行报告第二科各省交涉使经费，很简单的。从前各省系设洋务局或交涉局，或交涉公所，自奉天、吉林两省设交涉使，随后云南、浙江两省也设交涉使，今年直隶、江苏、福建、广东、湖北五省亦各简放有人，此五省预算册子都是照从前洋务局章程，尚未照交涉使经费开支，所以审查起来分四种办法。一、凡宣统二年以前已经设交涉使者，照股员会京外各衙门公费标准一律改定。只有云南交涉使经费是六千两，与标准相符；浙江则嫌太多，亦已核减；奉天、吉林交涉公费与各种科员的经费并在一起，不能分开，所以没有核减，须令本省自己照减。二、凡已有交涉使省分，则洋务分局一律归并。直隶交涉使在天津，则保定分局可裁；浙江省城已经有交涉使，则温州洋务局可裁；福建省城有交涉使，则凡厦门、马尾、南台分局皆可全裁，其公费并入交涉使本署。三、交涉使是办外交的事宜，所有种种名目都应该在外交上用的，但是各省办法不同。云南交涉使公费之外还有三万之赔款算在里面，此项赔款到宣统三年已经赔完，所以删去；还有两江总督衙门亦有交涉费，系游学之费，此是关于学务之款子，不在交涉范围之内；又有驻欧调查员费类乎乾修，可以裁去。四、奉天交涉费是二十五万两零，审查之时因奉天交涉情形比各省不同，且事务太繁，不能说他用钱太多，所以未减；不过临时费内有机密费三万多两，此时交涉似不必用，如许之机密费部中原册亦已核减，所以将此款全删。吉林交涉费亦因其交涉太繁，尚有铁路巡警的经费均交涉使所管，不能删减；惟秘密费一万六千两亦照奉天裁了。安徽原册声明在两江兼辖之内，如江苏设交涉使，安徽即应裁交涉费，现江苏已有交涉使，则安徽交涉自应裁去。此外山西、河南、江西等省都不过三、四、五千两，湖南并没有交涉费，是以一概不能裁减；湖北仅有四千二百两，将来规定交涉使公费恐还不止此数；还有乌里雅苏台、科布多、库伦、塔尔巴哈台都是一二千两或数百两，系与俄人的交涉，为数不多，自乾隆以后相沿至今，不能裁减；惟察哈尔都统临时交涉费是四千二百余两，可以裁去。总共裁去二十万六千一百六十四两一钱八分五厘，这是股员会通过的。后来编总表的时候本员不在场，有位议员将直隶所裁临时费二万有余另行提出，故报告书作二十三万余两，今当仍以二十万六千有余为准。请议长咨询外务部有无意见。

副议长：现在有无讨论？

众无讨论。

副议长：特派员有无意见？

外务部特派员（饶宝书）：各省交涉费向来不归外务部管，亦不报外务部，外务部对于此项核减并无意见。惟昨日奉天特派员一个说帖送到外务部，系说奉天省交涉费有不能核减的情形。

七九号（吴议员士鑑）：奉天经常费并没有裁什么，不过只裁了一项临时机密费，俟将来他的说帖递过来我们再看一看。

外务部特派员（饶宝书）：他这个说帖外务部即当用公文送过来。

副议长：如无讨论，即付表决。

副议长：各省交涉费减去二十万零六千一百四十八两五钱，众议员以报告书为可者请起立。

众议员起立赞成。

副议长：多数。邮传部所管预算事件尚有未经议决者，现接续会议，请第四科审查长易议员宗夔说明审查情形。

一五三号（易议员宗夔）：昨天邮传部特派员没有到，表决的时候人数不够，今天请各位讨论再来报告。这个铁路总局已经表决过了，但人数似不够，请问议长还报告不报告？

百三十号（刘议员景烈）：已经表决过了，不能再表决。

一五三号（易议员宗夔）：可以讨论铁路局。

副议长：铁路局昨天已经表决了，现在就是官报处、通译局经费，因昨天人数不够，故今天再行讨论。

九四号（王议员佐良）：请议长付表决。

一一五号（许议员鼎霖）：请问特派员，昨日回去查明三个机关实在用款多少？

九四号（王议员佐良）：请特派员说明铁路局、官报局、通译局三项经费共若干两。

一四九号（罗议员杰）：现在是没有特别会计法的原故，等着有了特别会计法就有所遵守了。

八十一号（章议员宗元）：赞成罗议员这个话。邮传部所有四司的人大都是腐败的，没有几个懂法律的，后来有几个懂法律的人都在交通研究所，要是把这个机关裁去，就是把邮传部懂法律的人都裁去了。

一四九号（罗议员杰）：现在中国没有铁路会计法，这是法律上不完备的问题。（语未毕）

八六号（喻议员长霖）：请问特派员，三项共用多少银子？

邮传部特派员（梁士诒）：共五万六千六百两。

八一号（章议员宗元）：请问第四科审查长究竟减了多少？

一五三号（易议员宗夔）：共减了一万一千七百两，留了四万六千八百两。

一四九号（罗议员杰）：看各位的意思怎么样呢？

副议长：众议员有无讨论？

百零八号（刘议员春霖）：昨天所以没有表决者因为人数不够，今天人数够了，必定还有没听见的，请审查长把昨天讨论的再说一遍方好表决。

一五三号（易议员宗夔）：昨天有两位议员倡议，一位说通译局可以不裁，一位说官报馆可以裁，特派员不承认这句话。后来特派员到了股员会陈说这个地方是编译法律著作的地方，不裁是很好，股员会的人也都赞成这个话，如果有不赞成者，可以表决一下。

一一五号（许议员鼎霖）：本员于邮传部之官报局用款已问明特派员，每年不过三千多两，昨日我们核减的意思要归政治官报兼办，还要花印刷的钱，似不如仍旧。若图书通译局与交通研究所是安置留学生回国翻译交通书籍的，关系极重，似不能裁。如没有讨论，就可以付表决。

一五三号（易议员宗夔）：先将铁路局表决，表决之后再报告别的。

一三七号（邵议员羲）：昨天已经表决过了，不能以一人倡议取消。

副议长：邮传部交通研究所、图书局、官报局三处共减一万一千七百两，留下的是四万六千八百两。（语未毕）

一三七号（邵议员羲）：昨天既说可以分开核减，怎么今天又不能分开呢？

一五三号（易议员宗夔）：交通研究所是尽义务的，所以不能分开者就在这个地方。

一三七号（邵议员羲）：交通研究所也可以支薪水，怎么说是尽义务呢？

副议长：仍以付表决为是。众议员以报告书为然者请起立。

众议员起立赞成。

副议长：站起来不要再坐下。

秘书官计人数，起立者共八十二位。

副议长：多数。

副议长：请审查长接续报告审查邮传部本部经费情形。

一五三号（易议员宗夔）：这个昨天已经报告的，还有第一项、第二项除铁路局、图书局等处之外，还有大堂公费二万一千六百六十两，丞参是二万七千七百两，司员公费是九万五千九百八十两，录事是六万二千三百四十两，统计是二十余万两，是除掉铁路局、图书局、官报局、通译局等项，看各位是一齐讨论还是逐条讨论？

九四号（王议员佐良）：丞参上行走各员有薪水没有？

一五三号（易议员宗夔）：行走的没有薪水。

七三号（汪议员荣宝）：这个没有甚么讨论。

一五三号（易议员宗夔）：没有讨论，就可以付表决。

副议长：特派员有无异议？

一五三号（易议员宗夔）：才报告的邮传部没有听见，这是邮传部来文都是照办的，铁路总局经费昨天表决全裁，贵特派员没有到，这些都是邮传部同意的。

邮传部特派员（梁士诒）：照股员会上核减的数目，本部却是不能同意。

一五三号（易议员宗夔）：特派员没有讨论的机会，昨天表决的时候而贵特派员没有来。

百三十号（刘议员景烈）：昨天股员会讨论的时候特派员在场内，何以今天不能同意？

一五三号（易议员宗夔）：已经表决，还是同股员会一个样子。

邮传部特派员（陈毅）：本部对于股员会不能同意的缘故前天在股员会已经说过。

一五三号（易议员宗夔）：贵特派员所说还是铁路总局，还是那一项？

邮传部特派员（陈毅）：就是说铁路总局。

一五三号（易议员宗夔）：铁路局已表决了，特派员究竟是怎么办法？

邮传部特派员（陈毅）：审查结果究竟是怎么办法？

众请特派员高声，在场人都听不清楚。

六七号（王议员璟芳）：才讨论的是核减的数目。

一五三号（易议员宗夔）：今天就是大堂公费、司员丞参公费并录事及图书【局】、官报局、通译局、交通传习所经费，这些都是邮传部来文给股员会，同意的文书还在这里。

邮传部特派员（陈毅）：前次来文……（语未终）

一五三号（易议员宗夔）：这个邮传部来文我们都是照办的。

九四号（王议员佐良）：请议长付表决。

六二号（刘议员泽熙）：邮传部初三日来文称此次预算难以作准等语，都是一篇空议论，今天股员会佥以为无讨论的价值。

一五三号（易议员宗夔）：我们现在所讨论的将来可以出奏，因为邮传部所管铁路、电线等都是营业的性质，惟邮传部将来定这个特别会计法要求各项到明年预算之时再议，此刻可以没有甚么争议了。因为特别会计法没有定，若又有变动预算里的数目，必定牵动全体。况前天到会议政务处磋商，那个时候各部大臣都到了，独邮传部没有到，现在各部所定的公费都是照股员会所定的标准，今邮传部不能专来斤斤争论。这个公费前天邮传部来文说各路的用费是万不能减的，特派员在股员会之时亦曾说明这个大意，现在我们所减的对于各路的修路、购料各款一点儿没有减，而我们所核减的不过在薪水里稍有更动，所以现在剩下来还有二百多万，若照这个数目还不够用，还要追加，不如将来归入特别会计法。因为铁路一项是有营业的性质，作为特别会计法将来可以无异议的。

副议长：核减邮传部经费有无讨论？若无讨论，请赞成报告书者起立。

众议员起立赞成。

副议长：多数。

一五三号（易议员宗夒）：交通传习所的经费原来是八万七千一百两，现在我们核减了一万七千四百二十两，这是邮传部来文已经同意了，各位想必没有甚么讨论，可以请议长付表决。

副议长：核减交通传习所经费报告书以为可者请起立。

众议员多数起立赞成。

副议长：多数。

一五三号（易议员宗夒）：第七款是京奉铁路的经费。这种经费本股员会减的时候是分为三门减的，这里头的公费甚至八百两一个月都有的，因为所开的公费太大，所以从这里头减去了二十万有零。至于京奉铁路的巡警因路线短得多，所以减去了一万四千九百二十两。第四款是各款的杂费，只纸笔费一项用到六万多两，这一项费随便用亦用不了六万多两，所以减了五万多。

百九十号（吴议员赐龄）：这个纸笔费共减了多少？

一五三号（易议员宗夒）：减了五万几。

百九十号（吴议员赐龄）：减得太少了。

一五三号（易议员宗夒）：在吴议员嫌减得少，而那边又嫌减得多，所以这个事体实在难办。

一五三号（易议员宗夒）：接续报告这个里头又有所谓免票费，是钦差、督抚、将军到外边去调查甚么事体用的，东、西各国惟议员有免票费，现在我们议员亦不愿用这个免票，何况督抚、将军呢，所以这八万多银子通通裁去。以上三项共裁了三十九万五千九百三十六两，后来邮传部虽来了文书欲请增加，然文书内所说的话都是空空洞洞的，且我们股员会的意见在审查的时候非但不能减，而以为第一项所减的太少。前天开股员会之时特派员亦到，曾彼此讨论，我们股员会意见以为总办、会办、文案等公费都还有可减的，而二十两、三十两等公费因为数目不大，可以不减。前天与特派员磋商所差不多，亦可同意，而当时特派员所声明的亦公费之中为数小的请我们万不可减,我们亦可同意。至于对于路政上邮传部请增的数目,今天股员会里头王议员有个倡议,说铁路是营业的性质,将来可以编入特别会计里头,邮传部特派员在股员会里头已经同意,不知现在大家有甚么意见没有?

邮传部特派员(梁士诒):将来具奏是由资政院还是由本部呢?

一五三号(易议员宗夔):因为铁路是有营业的性质,这个特别会计将来提到度支部而与度支部交涉,到明年资政院开会之时再拿到资政院来议决,议决之后然后具奏。

邮传部特派员(梁士诒):铁路上行政经费可归入特别会计,若欲扩充路线等项可否归入特别会计?

一五三号(易议员宗夔):这又是一个问题了。至于扩充路线之时,若本部无力去办,则此时或募公债、或借外债均可,惟募公债及借款等事总要经我们资政院议决方可施行。现在京奉铁路进款如此之多,其中很有不实不尽之处。本股员会把着节(縻)〔靡〕费、裁冗员的宗旨,所以其中不得不为核减。至于京汉铁路总办、会办、文案、稽查等之公费共减二十八万三千三百五十八两,其余杂费等项减了十五万三千一百七十三两,合计共减了四十四万二千八百六十二两。又正太铁路的经费共减了八万四千八百三十八两,又道清铁路经费共减了一万三千八百二十七两,沪宁铁路共减了十九万四千一百零三两,又汴洛铁路共减了二十八万八千三百六十九两。前天邮传部来文说修路购料的经费是万万不可减的,而特派员亦如此说,至于薪水、公费上头曾闻特派员说总办、会办等公费可以酌减,其余为数少的不能核减。本股员会亦很同意,太少的地方就不减了。现在特派员所争以上各路的经费王议员已经说过,若以后真不能办下去可以归入特别会计,现在请王议员再把这个意思说一说。

六七号(王议员璟芳):这个特别会计办法是有营业性质的皆可以完完全全的立一种特别会计,而在各国特别会计之外还有一种铁路会计法,稽查很严。现在这些铁路的款项数目究竟确实不确实,是不是靠得住,亦是不知道的。不过是邮传部对于资政院核减的数目不能承认,所以本员倡议引用特别会计,但是这种也与国家行政经费很有关系的,不能借这个名目任意开支,不过是与事实上有妨碍的可以作为特别会计,至于将来决算的时候邮传部大臣仍旧要负责任的。

邮传部特派员（梁士诒）：这个特别会计法现在尚未实行，至于详细表册各省亦不相同。（语未毕）

六七号（王议员璟芳）：将来提出铁路会计法是指有条文的法律，不是指有数目的表册，邮传部特派员要注意。（拍手）

百九十号（吴议员赐龄）：这铁路里头弊端百出，即如收买材料等项定有不实不尽的事情。

一九四号（罗议员杰）：特派员与吴议员所说这都是明年审计院的事，此事应由邮传部每月将特别会计事项报告审计院，审计院逐月查核交度支部，由度支部造汇决算册交资政院，我们再行审查。

一五三号（易议员宗夔）：现在可以无须讨论，即请议长付表决。

百九十号（吴议员赐龄）：京奉铁路究竟核减多少？

一五三号（易议员宗夔）：京奉铁路共减十九万六千五百多两。

百九十号（吴议员赐龄）：减得太少了。

一五三号（易议员宗夔）：贵议员说减少了，而特派员又说减多了，股员会实在是左右两难。

七三号（汪议员荣宝）：请议长付表决。

副议长：京奉铁路、京汉铁路、正太铁路、沪宁铁路、京张铁路、萍昭铁路、九广、道清、汴洛铁路等经费核减数目方才已经报告，现付表决。以报告书为可者请起立。

众议员起立赞成。

副议长：多数。

邮传部特派员（梁士诒）：这个核减数目不能承认，本部承认的数目已于十月咨内申明。

一四九号（罗议员杰）：我们资政院既是立法机关，邮传部是行政机关，今午前开预算股员会时特派员已经满口承认削减之数，本股员会始报告大会，乃以之议决。今应到席特派员又翻前诺，本院若承认翻诺，将来各部都要翻诺，预算安有成立之日乎！本员之意只认前特派员所承诺，不认后特派员所翻议。陈特派员云"早前梁特派员回部报告，部中不肯承认"，本员有话回答。今午前特派员承诺时未附有"俟回部请示，然后可以决定承诺"条件，本院断不能承认翻议。

众议员呼"表决之后不得发言"。

一五三号（易议员宗夔）：前天特派员已经承认了。

一四九号（罗议员杰）：前天邮传部满口答应，现在又不答应了，大会表决之后是不能发言的。

一一五号（许议员鼎霖）：此事于事实上毫无妨碍，俟定特别会计法后如有必要仍可支出，特派员于此时可以无须辩论。

一五三号（易议员宗夔）：现在报告。开徐海清全路核减四百多万两，吉长铁路核减四百八十万两，张绥铁路核减三百七十五万两，这三宗铁路共减一千一百八十三万九千七百五十两，将来自然是归特别会计的。然而又与方才所说的不同，这项事情宣统三年预算里头有这笔钱以备建筑新路，然而筑也可以，不筑也可以，所以由邮传部与度支部提出，然而将来要筑这几条路时候或者募公债、或者借外债都可以的，明年也可以提出议决的，邮传部也承认这几句话了。

一一五号（许议员鼎霖）：本员倡议邮传部如以开海须从速建筑，俟明年九月开会交议恐来不及，请速将开海计划预备清单于明年三月开临时会交议方好。

邮传部特派员（梁士诒）：这个或募公债，或借外债，将来必要开临时会的，然而现在亦不能不预备的。

一四九号（罗议员杰）：此事邮传部可以与度支部交涉的。

六七号（王议员璟芳）：本员所倡议的特别会计法如明年有不可少之费用，邮传部可以募公债、借外债，在各国有预备金，可以备明年政治紧急进行之用。我国既没有预备金，如果修路有必要之款项，国库今年余存的款子不能一点没有剩下，虽不是预备金，然有预备金之性质，邮传部可以自己向度支部暂时挪用，可是邮传部要担责任。（拍手）若款项太大，自可提出特别会计，交资政院开临时会议决。

一五三号（易议员宗夔）：请议长付表决。

副议长：现在表决。方才报告开徐海清、吉长、张绥三条铁路核减之数，以报告书为可者请起立。

众议员起立赞成。

副议长：多数。

一五三号（易议员宗夔）：现在报告电报局经费。本股员会所核减的第一项是电政经费与洋人薪水等费，从前开来的数目是很大的，所以本科审查共减了二十八万多两。后来电政处张思仁来了一个很长的说帖，说是有不能减的理由。而现在我们所核减的理由亦是非常之简单的，因为电报局所用的东西不过一点纸条子，所用的机器也是很简单的，而所用的数目非常之大，从前归商办是很有盈余的，官家因为有余利，所以才收归官办，现在反（到）〔倒〕有不敷的数目，可见是有不实不尽的去处。然而张思仁来的这个说帖亦有理由的，大家想都已看见，本员可以不必细说，不过是扩张许多线路、分设许多局所之故。这个也可以并是一分特别会计，而该部提出预算也没有说明，今年这部预算真是糊糊涂涂，只好减了他十四万多两。至于邮传部各项开支数目是二百五十八万多两，而现在我们减他的是五十一万多两，这个理由报告书已经说明的。现在邮政本归税务司办，因为明年部里预备收回的，所以预备这一笔款项，而邮政情形邮传部特派员亦是不十分清楚的。至于船政经费，经常费是九十四万多两，他开来的表册也是很详细的，现在中国航业没有发达，用不到这许多钱的，所以本科审查减了五十万两，是照邮传部的数目。以上这三项经费共减到一千四百六十八万三千六百三十六两，这是审查的情形。

　　一三六号（王议员廷扬）：邮传部对于推广路线的经费预算册内有无数目？

　　一五三号（易议员宗夔）：预算册子上是没有的。

　　一一七号（雷议员奋）：船政费是核减多少？

　　一五三号（易议员宗夔）：减去五十四万两。

　　副议长：现在表决电政、邮政、船政三项经费，以报告书为可者请起立。

　　众议员起立赞成。

　　副议长：多数。

　　一五三号（易议员宗夔）：现在报告电政工程。原数是一万五千两，本科审查核减一半，是七千五百两；家俱二千八百两，本科亦核减一半，是一千四百两，这是邮传部答复都已承认的。还有商船学校二十万两，减四万两；上海高等实业学堂四万两，核减二万；船政学校是五万两，亦核减一半，是二万五千两。第七款各路以外岁修工程二十万两全部裁掉，第八款与第九款亦全部裁掉，第十款京奉铁路等各处经费核减数目已得邮传部来文之同意。至于各路增加成本，那都是近于预备，我们是全部裁掉的。共数三百五十八万，本科核减一百一十四万多两，这是关于铁路的。惟有第三款尚未承认，以前报告的数目关于邮传部的共减一百四十四万八千三百八十二两。

　　副议长：邮传部有无意见？

　　邮传部特派员（梁士诒）：方才所说邮传部行政经费各项已经有文书过来了，邮传部已经承认的可以照办，若是不能承认的虽减少也是无益。

　　一五三号（易议员宗夔）：看表册有一部分专预备一种车辆，专为钦差及各省督抚之用，这项费用不应该这么多，现在预算亏空，这笔款可以裁去。

　　邮传部特派员（梁士诒）：中国本来是量入为出，办事都应该这样。然而添置车头、修添岔道及预备机关车这也是不可少的。

　　一五三号（易议员宗夔）：机关车可多可少，不过是预备扩张，岔道可多可少。

　　副议长：现在表决路、电、船、邮四政临时费预算，以报告书为可者请起立。

　　众议员起立赞成。

　　副议长：多数。

　　一五三号（易议员宗夔）：还有报告邮传部来文追加宪政筹备处、宪政研究所、会计处预算三万六千两，因为本科审查时以为此三种机关附属于川粤汉筹备处，现因筹备处经费已经全裁，邮传部已经同意。现在该部以为这几个机关不能不成立，所以要追加三万六千两，本科审查以为邮传部特派员很知大体，于我们所核减该部之款笔笔都承认，所以此次要追加三万六千两我们也是要答应的，不知诸位以为何如？

　　众呼"无异议"。

　　副议长：现在表决邮传部追加费三万六千两，以股员会报告书为可者请起立。

　　众议员起立赞成。

　　副议长：多数。

　　一五三号（易议员宗夔）：邮传部来文另外还多减几万银子，就是北洋二成经费四十七万八千。及民政部四万七千五百两，向由邮传部开支，现该部以为既系财政统一，此两项应归度支部开支，不应归邮传部开支了，所以邮传部全裁去了。

副议长：股员会报告邮传部来文自行核减两项款子，众议员以为何如？

六二号（刘议员泽熙）：这等款项不能作为核减之款项，乃系划拨的款项，无庸表决。

一五三号（易议员宗夔）：还有一笔邮传部追加的预算，因为萍昭铁路还要定购机关车子的六万银子股员会也答应了。

副议长：现在表决邮传部追加预算股员会报告书，请赞（或）〔成〕者起立。

众议员起立赞成。

副议长：多数。

一五三号（易议员宗夔）：四科现在已报告完了。

一五三号（易议员宗夔）：又农工商部来文"所减七万银子不能同意"，恐怕还要付审查。本员意见现在预算各部已皆同意了，惟有农工商部这一笔不同意，我们如不认可，就是这个预算不能会同具奏，大家看如何办法？

农工商部特派员（邵福瀛）：此次照章咨送复议，凡行政组织必不可少之款项仍难再减，但农工商部大臣极愿协商得有结果，故再于公费项下核减银一万两，以示希望预算成立之意。现会期迫促，请照议事细则第八十六条办理，不必审查即行会议表决，以省手续。

一五三号（易议员宗夔）：如果就法典上看来这个办法颇觉不合，但是要省手续，在大会表决也可以的。

八一号（章议员宗元）：请把农工商部的文书读一遍。

一五三号（易议员宗夔）：请议长命秘书官朗读。

副议长：现由秘书官朗读农工商部来文。

秘书官（曾彝进）：承命朗读农工商部来文。（读毕）

九九号（陈议员瀛洲）：彼此所差银数只有七万多两，统全国预算而论本不在此区区之数。况农工商部主持全国实业，所差几万银子是极有关系的，彼既坚不承认相差无几，本院似可以曲从，不必再付审查，延搁时间。

一五三号（易议员宗夔）：本员意见不可因几万银子的事有妨全部预算的成立。

一二九号（汪议员龙光）：此事今天可以表决。

众呼"请议长付表决"。

副议长：众议员有意见否？

七三号（汪议员荣宝）：并无讨论。

一五三号（易议员宗夔）：农工商部所答应减的银子并不是公费，是合各局所减下来的银子。

农工商部特派员（邵福瀛）：这是减的公费。本部堂官很盼望预算成立，所以情愿将公费再减一万银子。

副议长：以农工商部来文为可者请起立。

众议员起立赞成。

副议长：多数。

一二一号（方议员还）：本员看预算表内各衙门都没有宪政筹备处名目，何以邮传部独有？

六七号（王议员璟芳）：邮传部一个宪政研究所、一个宪政筹备处、一个会计审查处，这三个机关款子合共三万多，并不是一个宪政筹备处用三万多。

七三号（汪议员荣宝）：请问股员长，核减宣统三年预算总数究竟是多少？请报告。

六二号（刘议员泽熙）：现在预算总表尚未编出，编制时候尚须将各项修正预算追加，预算加入编成以后才能报告。大约陆军部、邮传部以及各衙门核减的总数将近四五千万，原来亏空的不过五千多万，这样看来总可以望其收支适合。然此不过纸片上之收支适合也，若事实上之收支适合，必俟财权统一方做得到，此等理由须俟报告总数时再行说明。

六七号（王议员璟芳）：审查预算本应使收支适合，但是现在新政弥补的很多，所以今年的预算审查时候只可审查所用的款项确实不确实，不能一定说要使他收支适合。

四八号（陈议员懋鼎）：现在还有报告没有？

六二号（刘议员泽熙）：各科已报完了，不过核减的总数必俟编定总预算表然后可以报告出来。

副议长：诸位不要离坐，现在还有秘密奏稿，由秘书长朗读，请旁听人退席。十点十分钟旁听人退席。

秘书长：承命朗读奏稿毕。

百十号（于议员邦华）：开平矿产久已具奏，何以到今还没有结果呢？

副议长：现在尚无着落。

百十号（于议员邦华）：禁烟、禁赌均是重大案件，请从速具奏。

副议长：此案已送民政部及度支部会划去了。

百十号（于议员邦华）：请议长催一催。

副议长：可以照办。现在展会，明天仍开大会，请各位早到为要。

秘书长：还有一句话报告。明日仍开大会，是议新刑律议案，议事日表已经分送，务请诸位议员明天早到。

十点二十五分钟散会。

资政院第一次常年会第三十七号议场速记录

宣统二年十二月初六日下午一点钟开议

议事日表第三十五号

第一，大清新刑律议案。（股员长报告）

副议长：今天议员到会者一百二十人。

九四号（王议员佐良）：本员有质问度支部说帖，请问议长可否由秘书官朗读之后咨询本院？如果大家赞成，暂时可以不必刷印，即行交到该部可也。

一三四号（余议员镜清）：王议员说帖应该印刷分送为好。

九四号（王议员佐良）：这个说帖请问议长明日可否印刷？

副议长：明天可以印刷分送。

百十号（于议员邦华）：现在距闭会之期很近，本员不得不声明一句。各省关系事件有未答复的当从速答复，有应该报告的当从速报告，有质问各衙门的应请各衙门速速答复。我们资政院于各省谘议局事件耽搁时日外边很有烦言，各省谘议局事件既是归到我们资政院来，我们就不能没有个解释。各省谘议局事全是关系国家的事情，东三省与别省更有不同。东三省请速开国会，我们资政院对于东三省若无特别注意，代为设法，恐怕东三省闹出旁的举动，如果有不测的时候必定要等到明年开会时候就不得了的。我们资政院全体议员当与政府协商，应谋一个援救的方法，请议长咨询本院看大家赞成不赞成。

副议长：于议员倡议众议员赞成否？

众议员呼"赞成"。

六七号（王议员璟芳）：预算大致已经通过，就是特别会计还没有规定。如果要规定会计法，必先立一国库的规模，这个国库的章程章议员也有意见书，本员也有修正案，应当提前讨论。新刑律固然要紧，而国库之统一亦关系国民生命财产的，请议长注意。

副议长：现在秘书官报告文件。

秘书官（张祖廉）：承命报告文件。

副议长：现有陈议员敬第质问法部说帖一件，请赞成者起立。

众议员起立赞成。

副议长：多数。

秘书官（张祖廉）：接续报告文件毕。

九九号（陈议员瀛洲）：上月初间奉天谘议局送来的事件至今一月有余，还没有报告，总是关系奉天一省的事情，实是关系各省谘议局的事情。

四八号（陈议员懋鼎）：本员提议的全院股员会草案，请议长咨询本院可否不经讨论即付审查，或列入议事日表，以便从速讨论。

副议长：陈议员提议全院股员会草案拟不经讨论先付法典股审查，众议员赞成者请起立。

众议员起立赞成。

副议长：多数。

副议长：现在开议。议事日表第一大清新刑律议案续初读，请法典股股员长说明审查之结果及其理由。

七三号（汪议员荣宝）：现在报告这个新刑律草案审查的情形与审查的结果。这部新刑律草案从上月初一日就提出，议场初读之后就交法典股审查，法典股从上月初二日起开会审查，一直到上月十六日全部审查完毕，这几天连日开会，没有一天不审查，就是正式股员会亦开了三次，政府特派员也曾到会，彼此协商之后全部审查告竣，现在把审查的结果与修正的地方虽不十分详细说明，亦不可过于简单，由本议员略为报告。本议员报告之顺序照刑律草案之次序，应先报告总则，再报告分则。

总则修正的地方比较分则多一点，总则修正案已由法典股印刷分送，这修正草案后来又经好几回修正，统共是四次，除了改文字与无关宏旨者不必报告外，至于关系重大的地方应该分类报告一遍。刑律总则本来是八十八条，里边删去二条，加增一条，应共八十七条。然而现在还是八十八条，为甚么呢？因为原案里头有一条本来是两项，现在将此两项分为两条，照这样删去两条，又增加两条，还是八十八条。现在先把删去的二条略为说明，所删去的就是第四十条、第五十条。第四十条为甚么要删去呢？因为这一条是执行刑罚的一种规定，以列入刑（以）〔事〕诉讼律内为宜。当编订刑律之时，刑事诉讼律草案尚未着手，所以规定在刑律草案内，后来修订法律大臣又奏订刑事诉讼律凡是关系执行手续通同归入该律之内，而刑律上第四十条亦是执行的事体，刑诉律内有许多执行方法之规定，于是以类相从，把这第四十条的规定亦编入该律草案之内。既是刑诉律内另有规定，这刑律内的规定自然可以删去，这是第四十条删去之理由。至于第五十条删去的理由，看刑律草案第十一条修正草案可以明白。刑律草案第十一条规定责任年龄是十六岁来，政府提出草案责任年龄变为十二岁，因为改成十二岁之后所以又生出第五十条减轻责任之规定。就责任年龄讨论起来，大概从前的旧学说与现在的新学说解释不同。旧说以为责任年龄之制是根据人的辨别心而设的，犯罪人能辨别所犯的是一种罪名，这就是有责任，不能辨别就无责任，有责任的就照刑律去处罚，没有责任的就不照刑律去处罚。而辨别心的有无以年龄的长幼为分别的标准，从来解释责任年龄者是如此，后来学者研究的结果以为此说不妥，因为人之智识不同，不能专以这个辨别心去定责任。比如杀人放火做强盗的事体虽七、八岁的小孩子亦知道是犯罪，若是政治上的犯罪就是年纪再大的人亦不一定晓得是刑法上的罪名，若因为他不辨别就不处他罪，东、西各国都没有这样的刑法，所以用辨别心定责任年龄者是旧学说。现在的学说以为责任年龄并不是以辨别心为根据，是以教育能力为根据。犯罪的人若是估量教育的能力可以变更其气质的时候，便不必一定处以刑罚，还可以处以相当之教育，这一种是近来东、西各国最新的学说，亦是我们古来明刑弼教的格言。但究竟教育能力所能够及得到的当以几岁为断，我们不能凭空臆造，必要比较历年统计，查明实在的凭据方能确定。照各国普通统计上比较起来，大概以十五岁、十六岁为断，并不是在这个时候一定可以受教育，不过比较起来容易一点。现在各国最新的刑律以十五六岁为断的甚多，而我们中国的违警律第十六条亦是以十五岁为责任年龄，凡十五岁人犯罪照违警律是不罚的。是违警律的责任年龄已经定为十五岁，就学说言之则如此，就中国已定之法言之则如彼，何以这个新刑律责任年龄独独以十二岁为断？本股员会讨论之结果大家全体赞成，将新刑律草案第十一条责任年龄参酌第一次草案改为未满十五岁，既与我国违警律适合，亦与各国的新学说相符。责任年龄既经改过，所以第五十条减轻责任主义可以不必采用，第五十条删去之理由如此。

至于增加的，就是把第三十六条分为两条。这三十八条是规定死刑执行之方法，本来有是两项，第一项是规定处死方法，第二项是规定执行以前的处置，现在把他分析为二条。原没有必要的理由，不过因为既有删去的条文，所有别条次序均须更改颇觉不便，故将这一条分析为二，以下条文数目便可适合，不过省事的办法而已。还有增添的一条，在八十五条之后、八十六条之前，这一条却有必要增添的理由。分则内各种犯罪有因人的身分成立的，僧道亦是一种身分，中国旧律例有为僧道而设的特别的规定，这草案分则内亦有之，旧律内所称僧道是包括尼姑、女道士等而言，律内定有明文，这草案内却未有规定，恐怕将来有误会的地方，所以添了一条，把女尼、女冠及其余宗教师等均包入"僧道"二字之内，这是从旧律上移来的。在总则上增删的地方共增一条，删去两条，又分出一条，所以现在的数目还是八十八条，这个理由已经报告明白。至于除了删去条文之外，还有删去条内的一项的在甚么地方呢？就是第二十四条的第二项。删去第二十四条第二项的理由与删去第四十条的理由相同，现在法律大臣拟订刑事诉讼律草案，第五百零八条已经有了此项规定，这一条是重复的，所以删去。还有删去条项内重要的字句的在甚么地方呢？在第二十六条。这第二十六条原来是

"一行为而触数罪者以最重一罪论",现在把"一行为触数罪"这几个字删去是甚么理由呢?凡法律上有普通规定,有特别规定,犯特别规定之罪者一定兼犯普通规定之罪,但特别规定之罪有时比普通规定的重,亦有时比普通规定的轻。比方犯了刑律第三百零六条杀尊亲属之罪者便是同时犯了第三百零五条杀人之罪,第三百零五条是普通规定,第三百零六条是特别规定,特别规定的罪比普通规定的重,万一有犯第三百零六条之罪者刑律上便不再问他杀人之罪,这固然是以最重一罪论;又如犯了窃取他人园圃花卉同是窃取他人所有物,而刑律上窃取他人所有物者处三等至五等有期徒刑,至于窃取他人园圃花卉者违警律上虽有处罚,然不过罚以一元或几角之罚金,这便是特别规定罪比普通规定罪轻的地方,从这个地方看起来并不是以最重一罪论。总而言之,有特别规定的地方不照普通规定办理并不是一行为触数罪者一定以最重一罪论,所以这几个字必要删去。统计起来所有增删的地方大概如此,有删条的,有删项的,有删条项内重要字句的,至于字句的修正其中无关宏旨的今天打算不再报告,而关系重大的应略为说明。

原来这部刑律上"中国"字样很多,本股员会修正案凡原案"中国"字样统改为"帝国"二字,虽没有十分必要的理由,亦不能全说无意义。何以言之?比如从现在我们中国人看起来这"中国"与"帝国"似乎没有甚么分别,但是译为洋文的时候,"中国"与"帝国"意义不同。"中国"两个字翻出洋文来他们只知道是专指中国本部十八省而言,其余如蒙古、青海、西藏、东三省地方都不在其内;若改为"帝国"翻译出来,凡中国范围以内的地方为我们中国所有的统都在其内,所以"帝国"二字范围比"中国"二字广,这是一层。第二层凡国家对内的法律不必拿自己的国名表明出来,各国法律上亦是如此。比如荷兰他自称为王国,如日本、德意志等国他们自称为帝国,其余各国亦都是如此,就各国法规上看起来,并不见日本自称为日本国、荷兰自称为荷兰国,所以法律上称自国的地方不必将国名表明,这是改"中国"二字为"帝国"之理由。

至于体裁上不一律的地方亦已改为一律。比如第十五条的第二项与第十六条的"但书"同是例外的规定,性质相同,何以一为"但书",一为"另项",比较起来颇不一律。现在将第十五条的第二项增入本条之末,加一"但"字以归一律,其余先后不一律的地方通通改正使成一律。就是一个字的关系也费许多斟酌,方才改正的还有原案的意义甚好,而就文理上看起来有非常难解的地方,股员会照原来的意思于文字上加以修正,使其易于明白,现在试举一、二条以显明之。如原案第二十七条定犯罪之轻重比较各主刑中之最重者定之,最重刑同等者比较主刑之最轻者定之,轻重俱同者据犯情之情节定之云云,现在修正案改为犯罪之重轻比较各罪最重主刑之重轻定之,最重刑相等者比较其最轻主刑之重轻定之,主刑重轻俱等者据犯罪情节定之。这怎么讲,比如某人犯甲罪,应处死刑或无期徒刑,或一等有期徒刑,同时又犯乙罪,应处无期徒刑或一等、二等有期徒刑,由此看来甲罪之刑最重者为死刑,乙罪之刑最重者为无期徒刑,两相比较,则甲罪为重,乙罪为轻。又如某人犯甲、乙两罪,甲罪是一等至三等有期徒刑,乙罪是一等或二等有期徒刑,最重的都是一等有期徒刑,而甲罪的最轻刑为三等有期徒刑,乙罪的最轻刑为二等有期徒刑,则甲罪为轻,乙罪为重。原案字句之间有点不明白的地方,股员会的修正似觉显明,并且于原来的意思却一点也没有变更。法典股对于总则的修正大要如此,其余可以类推。

  本院各位议员对于总则有提出许多修正案的,而法典股没有照各位议员修正案通同修正上去,其中也有一个道理不能不说一说。比如第三十三条规定身分成立的罪名,身分成立之罪其教唆或帮助者虽无身分仍以共犯论,第二项因身分致刑有轻重者其无身分之人仍科通常之刑,杨议员锡田对于这条主张将"身分"二字改为"权势",但是"身分"与"权势"解释颇不相同。因为"身分"不是"权势"的意思,是法律上人的地位,法律上的地位有公法上的地位,有私法上的地位,私法上的地位如夫妻、亲子等是也,公法上的地位如臣民、官吏、选民、居民等是也,所以"身分"二字专指个人在法律上地位而言,不是"权势"的意思,此条还是照原文用"身分"二字为妥。若要想一个比"身分"二字更妥当的名词实在无从探索,稍为相近的就是"名分"二字,而"名分"二字有时又不足以赅括其义,所以仍照原文所定的名词。还有魏议员联奎主张删去第三十二条,在魏议员的意见以为刑律以简明为主,既有二十九条共同犯的规定,又有第三十条造意犯、依正犯处断的规定,则第三十二条所谓"于前教唆、后来成为共犯"的情形就是两件事情并合起来的,应该如何处断执行刑律的人自然知道,何必再设此条等于赘疣。其实不然,因为此条不止教唆,还有帮助,帮助是从犯,不必定照正犯科罪,还可以减一等或二等,所以把这条存留也没有妨碍,而且可以明白,故未删去。股员会对于总则修正的要旨大概如此。

第二报告分则，分则修正的地方不甚多，不过将其中与现在情形最不相合的地方删去了些。但是这一部草案此种地方尚不甚多，因为这部刑律虽仿照各国最新的刑法起草，而其内容凡是中国特别的国粹可以保存的地方大概都保存的。那天政府特派员说这个刑律是想提倡国家主义，减轻家族主义，但是股员会审查之后以为这个草案于家族主义保存的地方很多。何以知之？试观草案内对于尊亲属的犯罪非常之多，各国法律都没有这样详细的规定，这就是保存中国立国的特色之处。又如各国刑法对于尊亲属用男女平等主义，自己的尊亲属与配偶人的尊亲属是一样看待，本草案内妻对夫的尊亲属与夫同，而夫对妻的尊亲属则不然，亦是有保存中国家族制度的意思。原来各国立国各有各的风俗，各有各的历史，不是一时能够变更得来的，股员会的意思凡是可以保存的地方都以保存为是，所以对于这部草案有主义上很好而实行上有窒碍的地方应删去的便删去，应改正的便改正。比如原案第三百一十一条即修正案第三百一十六条"凡对于尊亲属加强暴未至伤害者处三等至五等有期徒刑，或五百元以下、五十元以上之罚金"，此条有罚金规定，于中国社会情形大家心里有所未安，揣原案的意思，因为本律所称尊亲属范围甚广，不专指父母、祖父母而言，还有外祖父母在内，以继母如母之义推之，则继母之继母亦是外祖母，亦在本律所称尊亲属之内，此等尊亲属自与自己直系尊亲属大不相同，没有强暴举动、情节较轻有时不妨处以罚金。但是股员会的意思以为我国习惯尊亲属多指祖父母、父母而言，一见本条规定，以为从此以后殴父母者可以罚金了事，此等误会必不能免，故讨论数回，议决将本条罚金删去，一面再将尊亲属范围缩小，原案尊亲属包括外祖父母在内，股员会意见以为中国既然不采男女平等主义，而外祖父母与祖父母服制轻重不同，自不能相提并论，外祖父母就是父之外舅、外姑父，对于外舅、外姑并不与自己父母视同一体，以此类推，则子对于外祖父母亦不能与祖父母视同一体，所以从尊亲属中将外祖父母删去，归于亲属之内，这是根据中国习惯礼制修正的。其余对于尊亲属特别规定，如诬告尊亲属、发掘尊亲属坟墓与遗弃尊亲属等项均照原案一一保存，没有更动，这是修正分则第一种说明。

第二种说明就是第四章妨害国交罪，从前第一草案、第二草案关于妨碍国交罪的规定非常详细，而现在政府提出第三草案很简略的，这部刑律照总则第二、第三、第四、第五各条也不是属人主义，也不是属地主义，是最新的法益主义。

无论本国人在本国犯罪，即本国人在外国犯罪，或外国人在外国犯罪，但是有害帝国法益，即要用帝国法律处断，妨碍国交之罪多是极有害于帝国法益的，所以第一、第二草案详细规定与从来各国刑法大不相同，草案出来之后各省督抚有许多签注议论不以为然，所以此次政府提出修正案将许多的规定删去。股员会讨论的结果斟酌于第一、第二草案与第三草案之间，不取第一、第二草案详细主义，也不取第三草案简略主义，今将修正案与第一、第二草案不同之处分别说明。

第一层是第一、第二草案凡对外国君主、大统领犯罪与对本国君上犯罪处同一的刑罚，修正案却加以分别，对于外国君主、大统领实加危害者处以死刑，比较对于中国乘舆、车驾有不同的地方，原来对于中国乘舆、车驾就是将加危害的时候也处以死刑，究竟对于外国君主、大统领不能如此，必定到实加危害的时候方能处以死刑，若是将加危害者就不在此限，所以比较的稍为减轻，此其一。

第二层就是第一草案、第二草案对于外国皇族太庙、山陵有侮辱行为与对于帝国皇族太庙、山陵有侮辱行为用同一之处分，本股员会不甚赞成，因为本国人对于皇上非常尊重，故推及皇族陵庙一一加以特别保护，若对于外国，则当以妨害法益之程度为标准，不必处处照中国皇族太庙、山陵一例看待，（取）〔所〕以股员会将此等规定酌量删去，此其二。

第三层是第一、第二草案杀害外国代表处以何等刑，对于外国代表有不敬行为处何等刑云云。现在将"代表"二字改为"使节"，因为代表者非大使、公使及特别专使等代表国家者，不能滥称，故范围甚狭。此外奉有国书而游历或考察者就不在"代表"之列，而在公法上称为"使节"，所以"使节"二字较"代表"二字范围为宽。何以要使他的范围宽一点呢？因为第一、第二草案于代表之外另有对于外国皇族犯罪的规定，现在既经删除，假如有外国皇族到中国游历或考察，有人将他杀伤、侮辱，法律上既无特别处分，便应照杀伤、侮辱普通人治罪，此于交涉上有许多窒碍。就如日本可为前车之鉴，从前俄国皇太子到日本被刺，虽未成交涉，而问题非常之大，当时俄国到日本交涉一定要照伤害皇族处分，而日本据他的法律没有此条规定，只能照平人处办。当此之时，欲顾全国外交就破坏自己的法律，欲保守自己的法律，于国交上未免有窒碍，当时对日本司法独立专主保守自己的法律，所以照伤害平人办罪，对于俄国非常抱歉，当时事处两难也没有法子，从此两国交涉非常难办。所以近来日本改订刑法，采用新主义，欲将此种罪名在刑法上明白规定，以后遇有此种事情发生，就可免许多交涉，可惜日本虽有此议，未能实行。现在我们刑律却正好采用此种主义，但修正案已将对于外国皇族的规定删去，故不得不将"代表"的范围略为放宽，大凡外国皇族来中国者，无论如何总有国书，有国书者即是使节，万一有人对之犯罪，我们可以使节的资格去保护他，这便是改"代表"二字为"使节"的理由，此其三。

第四层是第一、第二草案杀伤、侮辱代表者处罚甚重，与对尊亲属有犯几乎相同，所以当时各省签注大为反对，现在酌减一等，比对普通人犯罪重、比对尊亲属犯罪轻似较得中，此其四。因为有此四层不同之处，所以第四章修正的地方较别章为多，当时另外刷印一本分送各位，想大家必定赞成的。

除第四章以外，其余各章大概都是文字上的修正多，而内容上的修正少，内容修正的地方计算起来大概有十余处，现在依次说明。

第一就是分则第一章侵犯皇室罪，因过失致生危害于乘舆车驾者第一草案、第二草案有三千元以下、三百元以上之罚金，第三草案削去，但是此次刑律凡过失罪都有罚金的规定，为全体一律起见，只能将罚金加重，若竟删去则于体例不符，所以规复第一、第二草案加入"罚金"一项，此修正内容之一。此外关于文字上修正地方请问大家可否省略报告？（众呼"可以省略"）

第二就是第十章第一百六十六条、第一百六十七条，两相比较，第一百六十六条凡盗取既决未决之囚及其余按律逮捕监禁人者处四等以下有期徒刑或拘役，第一百六十七条凡为便利逃脱之行为因而致既决未决之囚及其余按律逮捕监禁人脱逃者处三等至五等有期徒刑，这样比较起来盗取情节重，便利脱逃情节轻，原案于盗取一条处四等以下有期徒刑比便利脱逃罪轻似欠允洽，现在改成一律，此修正内容之二。

第三就是第十二章第一百七十九条与第一百七十八条的比较，原来第一百七十八条是普通规定，第一百七十九条是对于尊亲属的特别规定，第一百七十八条凡意图使他人受刑事处分、惩戒处分而为虚伪之告诉、告发、报告者处二等或四等有期徒刑，据文义求之，告诉、告发当指刑事处分而言，报告当指惩戒处分而言，原案第一百七十九条凡意图使尊亲属受刑事处分而为虚伪之告诉、告发、报告者处一等、二等有期徒刑，单有"刑事处分"字样，而无"惩戒处分"字样，现在按照第一百七十八条之例，于"刑事处分"之下加"惩戒处分"四字以归一律，股员会修正之要点此其三。

第四，第十三章第一百八十四条第一项凡放火烧毁他人所有营造物、矿坑以外之物者处三等至五等有期徒刑，或一千元以下、一百元以上罚金，与第二项因而致有前条第一项损害之危险者科罪轻重相同，似未允洽，现在按照本律体裁，将本条第一项徒刑改轻，股员会修正之点此其四。

第五就是第二百三十五条，该条原列四款而其性质不同，就中第一款、第二款是对于普通人的规定，第三款是对于官吏的规定，第四款是对于普通人对官吏有犯的规定，按本律全部体例应分为两条，现在改以原案第一、第二两款为一条，以第三、第四两款另为一条，本股员会修正之要点此其五。

第六就是第二百三十八条第三项对于他人足以证明权利、义务事实之自己私文书、图样为虚伪之记载云云，在自己的私文书图样内为虚伪之记载与伪造他人私文书图样究竟性质不同，本股员会以为应分两条方为妥当，股员会修正之要点此其六。

第七就是第二十一章鸦片烟的犯罪，原案定罪本不算轻，依本股员会的意见，现在是废禁鸦片烟的时候，不妨至重，第二百六十条凡制造鸦片烟或贩卖、或意图贩卖而私藏、或自外国贩运者处三等、五等有期徒刑，本股员会以为三等至五等有期徒刑外应加以财产上之刑罚，所以照原案规定外应并科五百元以下之罚金；又第二百六十二条是对于官吏的规定，普通人有犯既并科五百元以下之罚金，则官吏有犯自不能不格外加重，本股员会以为处以二等或三等有期徒刑外应并科一千元以下之罚金，本股员会修正之要点此其七。

第八就是第二十一章第二百六十七条，这一条经本股员会多数议决以为可以删除，因为"私藏鸦片烟器具处一百元以下之罚金"此条，恐怕于将来实行时生出种种困难，比如从前吃鸦片的人家现在虽经戒绝或者器具尚有存留，若加之以罪未免烦苛，并其警察到人家去搜查亦多不便，所以大家主张将此条删去，本股员会修正之要点此其八。

第九是第二十二章第二百七十三条发行彩票与赌博无异，从前京城及各省为劝业起见，对于彩票批准发行，然立宪时代使全国人民以赌博为风气，这本是不良的政策。去年各省谘议局成立，纷纷之建议请止发行彩票，京城地方亦经民政部奏准禁止发行，将来官吏于彩票一项断断不能批准发行的了，原案所谓"未经公署之允准"这几个字可以不要，第二百七十三条既经删去此数字，则第二百七十四条自应一律删节，本股员会修正之要点此其九。

第十就是第二十三章，原来第二百八十二条凡引诱良妇女卖奸以营利者处五等有期徒刑、拘役或一百元以下罚金，第二项以前项犯罪为常业者处三等至五等有期徒刑并科五百元以下罚金，本股员会多数的意见以为第一项科罪太轻，所以改为处五等有期徒刑、拘役，并科一百元以下之罚金；又二百八十四条凡和奸本支亲属妇女者处二等至四等有期徒刑，其相奸者以同本支亲属范围，若何原案未曾规定，本股员会查本律以服制定亲属的地方非常之多，此处亦应以服制为标准，以服制为范围，故改"本支亲属"为"本宗缌麻以上之亲属"似较原来文理略为确实；又第二百八十八条第三项是对于第二百八十四条之罪之告诉的规定，这个规定是对于尊亲属之告诉权的限制，原案第三项云"纵容或得利私和者适用前条之规定"，照此办理若有亲属相奸，其直系尊亲属得利私和便不准告诉，岂不可笑，不惟于家庭伦纪有乖，即于地方风俗亦大有妨碍，所以将"适用以下"数字删去；又原案第二百八十八条第三项尊亲属上有"直系"字样，现在将"直系"二字删去，何以故？因为原案尊亲属并外祖父母在内，今外祖父母已经删去，所谓尊亲属者就专指父母、祖父母而言，这"直系"二字便是多出来的，所以删去，股员会修正之要点此其十。

第十一就是第三十二章第三百七十五条窃盗罪内对于本支亲属相窃盗者免除其罪，其余亲属非亲告不论，原来条文以"本支亲属"为范围，股员会意见以为范围太宽，现在改为"直系"，就是上对于曾祖父母、祖父母、父母，下对于子孙犯窃盗者可以免除其罪，其余旁支亲属不在此限，这个范围比原来狭小一点，股员会修正之要点此其十一。

第十二就是第三百九十六条与第三百九十七条，这两条规定毁弃制书及毁弃公文书之罪，而对于损坏公印之罪没有规定，本股员会讨论以为损害公印与毁弃制书、毁弃公文书之性质相同，所以加入此一层较为完密，股员会修正之要点此其十二。

以上系对于分则而言，此外对于暂行章程尚有一言应行声明。这暂行章程存在的理由，据当时政府委员的演说就不十分充足，其后股员会讨论以为此暂行章程可以不要,曾具理由书送秘书厅刷印分送各位,所有详细理由书中已经说明,各位已都看见,本议员不必再行报告。本议员所报告审查新刑律的结果大概如此,务请各位赞成,早早通过才好。

百三四号(余议员镜清):汪议员的倡议已经大家认可,可否今天变通议事细则,不必讨论大体即付再读。

一九十号(吴议员赐龄):请问审查长,这个新刑律的罚金与一等至五等有期徒刑有一定的比例没有?

七三号(汪议员荣宝):请政府特派员答复。

百九十号(吴议员赐龄):请问政府特派员,这个新刑律的罚金【与】一等至五等有期徒刑有一定的比例没有?

宪政编查馆特派员(董康):没有一定的比例。

百九十号(吴议员赐龄):何以没有比例呢?

宪政编查馆特派员(董康):罚金刑性质与自由刑不同,刑律各条之应否科以罚金视其情节而定,不能按照徒刑划分等级,即征诸各国立法例亦然。

宪政编查馆特派员(许同莘):本馆按照议事细则第六十六条对于新刑律提出修正案同奏交新刑律议案时,刑事诉讼律、监狱法两种正在编纂,现在此两种法律大致就绪,遂发现与新刑律有抵触之处,故须修正。但与刑律原理原则并无变更,所修正者不过文字而已,共计须修正者有六项。

第一,股员会修正案四十三条拘役之因于监狱或巡警官署拘役所监禁之,现本馆修正将"或巡警官署拘役所"八字删去,因监狱法中有巡警官署拘役所得以之代作监狱之规定,故删项"拘役所"有时便可看做监狱,不必特别声明。

第二,股员会修正案第四十五条第二项监禁于监狱执行之,其日数未满二月者得于巡警官署拘役所之执行之,现本馆修正将"于监狱执行之"六字改为"于附设于监狱之监狱所执行之",因此种监禁之犯本无处自由刑之必要,故于监狱内画出一部分作为监禁所以监禁此种犯人,此亦定于监狱法者。至"日数未满二月"以下都要删除,其理由与第一项相同。(语未毕)

一三十号(刘议员景烈):请特派员声音放大些,因为有许多听不清楚的地方。

七三号(汪议员荣宝):本员对于特派员有句话说。如果是文字的修正,今天可以不必提出。

　　四八号（陈议员懋鼎）：修正文字在三读的时候，如果特派员对于文字有修正的地方，可以到三读时候再说。（拍手）

　　宪政编查馆特派员（许同莘）：本馆还有修正。即股员会修正案四十一条中"宣告"二字现改为"谕知"，因刑事诉讼律内凡宣告刑名有二种方法，一法是口头宣告，一法是文书送达，两法合称谓之"谕知"，以下各条凡有这等字样均以此类推，此是修正之第三次。

　　七三号（汪议员荣宝）：本员代为说明新刑律案文内所有"宣告"二字通通改"谕知"，"谕"是"晓谕"之"谕"，言旁的"谕"字，"知"就是"知道"的"知"字，就是日本所谓"言渡"二字，将"谕知"替代"言渡"二字，但是本员看这个字样可以到三读的时候再讨论。（拍手）

　　众议员：均请到三读时候再讨论。（议场哗然）

　　副议长：凡关于修正文字之讨论均请到三读时再说。

　　宪政编查馆特派员（许同莘）：此上三项之外本馆还有修正。即股员会修正案第六十六条从一项至六项所有"最重主刑"字样都要删除，因与下条重复之故。

　　一五三号（易议员宗夔）：请问特派员，对于修正案的大旨到底是同意不同意？如果同意，只要修正文字，就可以到三读时逐条讨论。（拍手）

　　众呼"赞成"。

　　宪政编查馆特派员（许同莘）：本员对于修正案并无意见，甚为赞成。

　　一三十号（刘议员景烈）：既是赞成，现在就可以不必说。

　　百九十号（吴议员赐龄）：请问审查长，九十条增加罚金，三百一十六条删去罚金，这是甚么道理？

　　七三号（汪议员荣宝）：这很容易答复。因为九十条是过失罪，所以将罚金删去；三百一十六条是故意罪，所以将罚金加上。

　　百三十四号（余议员镜清）：（芳）〔汪〕议员的倡议今天本员已经说过，那天提起来的时候已经多数议员认可，请议长咨询本院今天可否即付再读。

　　一五三号（易议员宗夔）：既没有讨论，就可以付表决。

　　百十号（于议员邦华）：请登台发言讨论大体。

三、资政院第一届常年会

副议长：请发言。

百十号（于议员邦华）：新刑律条文方才审查长报告很明白。本员对于新刑律有几项注意的地方可以说一说。新刑律大家讨论的时候，第一就是名义上要注意，既说是新刑律，就不能照旧刑律说，新刑律不但是中国有之，即英国、日本等国均有之，既是中国的刑律，就不能按照外国的刑律说。第二层是性质上注意，特派员说是礼教补足，这是不然。这个新刑律本是法律一种，这个法律不能替礼教的，礼教是主和平性质，全是以道德为宗旨；法律不然，法律所讲的都是权利、义务的问题，所以审查长报告说这里头对于尊亲属及对于皇室皆有特别之规定，这是中国旧日礼教的问题，以本议员看之还是权利、义务的问题。怎么着呢？因为君主负全国政治责任，是特别的义务，所以总得享受特别的权利，如有对于君主犯罪，即应以特别法制裁之；尊亲属之于子若无尊亲属数十年扶养之，劳子焉能得以生活，所以尊亲属对于子负特别的义务，即应当享受特别的权利，子对于尊亲属有犯罪，即应以特别法律制裁之，这皆是权利、义务的问题，就是国家的主义。然特派员说什么国家主义是家族主义，而其实家族主义是民法上的问题，不是刑法上的问题，刑法问题遇有一个人犯了罪，国家即拿法律来制裁他，因为犯罪者侵害人的权利之故，这是从权利、义务生出来的关系，确是国家的主义，凡刑法没有不是国家主义的。要之刑法是刑法，礼教是礼教，两不相涉，这是第三层。第四层是效力减轻。何以要效力减轻呢？刑法效力使之减轻是使犯罪的一天少一天，本有教育的力量使他不能犯罪，所以不能叫他增多。减轻犯罪从那儿生出来呢？因为维持社会安宁必看社会现状，社会程度怎么样，刑律亦就因之高下看出，社会程度高一步就进一步来，高十步就进十步来，不能高一步而所进竟十步，那就要跌倒了。刑法主义就是维持社会安宁主义，以社会程度为高下，以减轻犯罪为目的，这是刑法之定义，本议员意见如此。

百十七号（雷议员奋）：本员对于议员的话有一个质问。于议员所说的四层到底对于新刑律是赞成的，还是反对的？

百十号（于议员邦华）：是赞成的。

一五三号（易议员宗夔）：都是赞成的，没有甚么讨论。

一四八号（陶议员峻）：既是讨论大体，本员对于方才报告的有意见。方才汪议员报告说是第二百六十七条把他删了，本员不以为然。若是把他删了，于事实上有种种弊病，据本员的意见还是不删为妥。

八一号（章议员宗元）：要按次序讨论，不然都是空谈无补，这个时光很可惜了。

一二九号（汪议员龙光）：请付再读。讨论大体都是洞洞空空，毫无著实，还是请逐条朗读，即逐条讨论，付诸表决，免得耽误时光。

副议长：可付再读？

一五三号（易议员宗夔）：赞成再读。

众议员赞成付再读。

一三七号、百十号、一三三号同时发言，议场嘈杂。

一五三号（易议员宗夔）：如不要再读，是中国不要新刑律吗？

百九十号（于议员邦华）：是修正，不是反对。

一五三号（易议员宗夔）：已经议决再读了，按照议事细则第三十条之规定可否就付再读，请咨询本院可否今天付再读。

百三十号（刘议员景烈）：请议长付再读。

副议长：现付再读，请逐条讨论。

八一号（章议员宗元）：请命秘书官逐条朗读。

一三十号（刘议员景烈）：再读本来是逐条讨论，但是现在闭会只有几天了，看看还有省略的法子没有。（语未毕）

一三七号（邵议员羲）：请议长维持议场秩序，不要三、四人同时说话。

一五三号（易议员宗夔）：劳议员曾提出一个倡议，说这个刑律修正案应该要在股员会提出来，股员会不赞成的大会不能讨论。（语未终）

众议员同时发言，议场大哗。

秘书官（曾彝进）：承命朗读总则第一条。

一七八号（高议员凌霄）："本律于凡犯罪在本律颁行以后者适用之"字面不十分妥当，底下都是"帝国"，应该第一条都要一律，本员以为第一条"本律于凡犯罪在本律颁行以后者适用之"应该改为"凡在帝国内犯罪者"云云。

七三号（汪议员荣宝）：在未颁行以前是地【方】之效力，在颁行以后是时时效力。

秘书官（曾彝进）：朗读魏联奎修正案。

四八号（陈议员懋鼎）：股员会已经通过了。

百十号（于议员邦华）：原案已经表决了，怎么又读修正案？

八一号（章议员宗元）：讨论刑律如有修正的地方，早些提出，由印刷分送，大家看看明白，不能临时提出修正案。

七三号（汪议员荣宝）：这是当时本议员在议台上没有报告过的，是本员疏漏的地方，不能不自任其咎。这一条为甚么不采用魏议员的主义当时没有说出来，魏议员因为本案第二项不用旧日"比较新旧，从轻处断"之例，是以提出修正案拟规复旧制。魏议员之意诚善，关于这一层的各国立法例本来取比较新旧、从轻处断之主义者居多，我国从前唐律、明律、大清律亦然，凡犯罪在刑律未颁行以前者应比较新旧，从轻处断，但律之本文仍有犯在（已）〔以〕前依新【刑】律拟断之规定，现在东、西各国大概都是用这个主义，但是新刑律何以不采用这个主义呢？因为国家定了刑律就是一代的大宪章，无论何人都要遵守，为甚么在新【刑】律未颁布以前的犯罪的人就要减轻，把一代的宪章消灭呢？有人说刑（罚）〔法〕与其失之于严，毋宁失之于宽，故所以应当采用"比较新旧，从轻处断"的主义，不知刑法不是沽恩的物件，不可忽严忽宽，故此本股员会不用多数之立法例，而用最新之学理，不分新、旧二法，概从新法处断，这个主义外国也有采用的，例如英国是，股员会不采用魏议员之说在此。

一五三号（易议员宗夔）：请接续朗读第二条。

百十号（于议员邦华）：请议长注意先读修正案。（语未毕）

一五三号（易议员宗夔）：不能这样提出修正案。

秘书官（曾彝进）：朗读修正案第二条。

副议长：有无异议？

众呼"无异议"。

一六八号（李议员素）：一、二人无异议，这叫作什么通过？

一三三号（陈议员敬第）：请一条一条起立表决。

副议长：要是一条一条起立，当起立四百多回。

众议员请起立表决。

副议长：已经朗读过了，现在由第一条起从新表决。

一二三号（江议员辛）：从前通过报律时要只无异议就算表决，不用起立，先例可以援照办理，应请议长咨询本院。

九九号（陈议员瀛洲）：请逐条表决。

八十六号（喻议员长霖）：新刑律是非常重大，请议长还是一条一条的表决。

一五一号（黎议员尚雯）：新刑律经法律馆研究数年，又经法典股审查数月，句斟字酌，毫无疑义，如必逐条起立表决，则请反对者起立，我们赞成的回回起立是起不了（怎们）〔这么〕多的。

百十号（于议员邦华）：请议长注意，起立表决要看得清清楚楚的方是的确。

一二九号（汪议员龙光）：请议长付表决。

众呼"请付表决"。

副议长：从第一条念起。

秘书官（曾彝进）：承命朗读第一条修正案。

副议长：请赞成者起立。

众议员起立赞成。

副议长：多数。

秘书官（曾彝进）：承命朗读修正案第二条。

一五三号（易议员宗夔）：一、二、三项各项可以省略。

八一号（章议员宗元）：这条条文改动了。

七三号（汪议员荣宝）：这个里头因为条文有变动，所以不同了，但是他这个结果与原来的条文没有多大的关系。

秘书长：承命报告一声，各位议员坐位都备有天然墨，有水有笔，如果有错的地方，各位议员就可以在本位改正过来，写在原本子上，因为朗读的很慢，可以照这个办法稍为快些。

百四十号（康议员詠）：有不对的地方。

副议长：第三条请赞成者起立。

众议员起立赞成。

副议长：多数。

秘书官（曾彝进）：承命朗读第四条。

副议长：第四条有无异议？

一三六号（王议员廷扬）：照原草案是中国官吏，何以改作臣民？

七三号（汪议员荣宝）：原来草案是"官吏"，后因这个意思对于中国有许多是官吏犯，有许多不是官吏犯，性质不同，不能概括。第四条是官人犯罪，第五条是私人犯罪，如果本国人在外国犯罪也要处罚的，即令外国人在中国犯罪也要处罚的，这两条性质不同，不能归并，所以将"官吏"改作"臣民"，有可以包括一切。

一三六号（王议员廷扬）：第六项也是"官吏"，第五项也是"官吏"，何以此条独改作"臣民"呢？

七三号（汪议员荣宝）：如果有诈伪称官吏的又怎么样呢？

副议长：第四条有无讨论？

众呼"无讨论"。

副议长：第四条既无讨论，可付表决，如有赞成第四条者请起立。

各议员起立赞成。

副议长：多数。

一三七号（邵议员羲）：请查点人数。

一六八号（李议员素）：人数不够，我们不议也可以的。

秘书官（曾彝进）：承命朗读第五条。

副议长：第五条有无异议？

一六八号（李议员素）：人数不够，不能表决。

七三号（汪议员荣宝）：秘书官朗读第五条有错的地方，第十七项应该是"三百零四条"，不是"三百零三条"。

秘书官（曾彝进）：再读第五条。

众呼"请付表决"。

一六八号（李议员素）大呼"人数不够"。

七三号（汪议员荣宝）：何以见得人数不够呢？

声浪错杂，议场骚然。

一五三号（易议员宗夔）：李议员又不是秘书官，何以晓得人数不够呢？

一二九号（汪议员龙光）：看看议场外还有人没有？

七四号（陆议员宗舆）：也不过差一、二个人，没有甚么关系。

百六八号（李议员素）：差一、二个人也不妨什么。

一一七号（雷议员奋）：今天到会人数多少？

副议长：百二十人。

一一七号（雷议员奋）：一百二十人有六十几人赞成就是多数。

百十号（于议员邦华）：恐怕照这样办了就是开了先例，对于本院前途很危险的。

一五三号（易议员宗夔）：各议员中有暂时出去的，不能说不教他出去，不能因出去就算人数不够，贵议员是很热心的，试问一部新刑律是要通过不要通过？

七四号（陆议员宗舆）：差一、二个人用不着数。

副议长：第五条已经朗读过了，可以付表决，赞成者请起立。

众议员起立赞成。

一三七号（邵议员羲）：请议长还要维持秩序，议场秩序太乱了。

秘书官（曾彝进）：承命朗读修正案第六条。

副议长：有无讨论？

众呼"无讨论"。

副议长：请赞成第六条者起立。

众议员起立赞成。

副议长：多数。

秘书官（曾彝进）：承命朗读修正案第七条。

副议长：有无讨论？

众呼"无讨论"。

副议长：请赞成第七条者起立。

众议员起立赞成。

副议长：多数。

七三号（汪议员荣宝）：现在讨论第八条，未讨论之前本员有个报告。因为在议台上没有报告，现在要报告一下子。第八条原案是第二项、三项、五项、六项，股员会修正是如此，与原案没有大分别。后来有高议员凌霄提出修正案，说特别成例"特别"二字有毛病，恐其与将来收回领事裁判权有窒碍，不如改作"普通"二字，高议员修正我们没有采用高议员的意思，否则将"成例"改为"通例"也可以行的。

一七八号（高议员凌霄）："通例"也很好，不过"普通成例"是直截了当分清界说的。

一一七号（雷议员奋）："普通"二字不好，刑律是国内法，不是国际法，在我们中国国内法出来就是特别，而在国际上没有一个不承认的。

一七八号（高议员凌霄）：本员对于雷议员的话有一个解释。贵议员说特别成例就是国际上的普通成例，然则第八条条文国际上特别成例何以不就说是国内的特别反例呢？

四八号（陈议员懋鼎）：本员赞成雷议员。国际上有特别成例，既是国际特别，就是我的普通成例亦算特别者，如这一国、那一国实在是在国际上，特别成例要说国际上普通成例，不能由国内法规定，虽所谓国际上特别成例然由国内看出是没有分别的？

一五三号（易议员宗夔）：还是以股员会修正案付表决，因为高议员的修正没有一个人赞成的。

一三七号（邵议员羲）：本员赞成。

一七八号（高议员凌霄）：还是以本员修正案先付表决，现在既未表决，贵议员何以知道无一人赞成？

八七号（沈议员林一）：简直把"特别"二字去掉。

众议员赞成。

七四号（陆议员宗舆）："特别"二字有包含无数的意思，诸位要明白修正案的意思。

四八号（陈议员懋鼎）：赞成陆议员的话。

百三七号（邵议员羲）：把"普通"二字删去也可以。

七四号（陆议员宗舆）：各国没有这个成例。

八七号（沈议员林一）：因为把领事裁判权包在其内，我们现在没有将领事裁判权收回，外国人在中国犯罪也须有别的成例，而现在要明白连中、外人都在其内，倒是用国际成例就没有毛病了。

一五三号（易议员宗夔）：为两个字何必如此讨论。

一二七号（闵议员荷生）：总研究清楚为是。

一一二号（陈议员树楷）：原案的意思似乎领事裁判权在内，所以这两个字不能删去了。

一三七号（邵议员羲）：要分两层付表决。

一七八号（高议员凌霄）：照院章先表决修正案。

一一七号（雷议员奋）：删去"特别"二字。

一三三号（陈议员敬第）：请议长把"特别"二字付表决。

秘书官（曾彝进）：承命朗读第八条删去"特别"二字。

副议长：众议员有无讨论？如无讨论，以为可者请起立。

众议员起立赞成。

副议长：多数。

秘书官（曾彝进）：承命朗读第九条。

副议长：第九条有无讨论？如无讨论，以为可者请起立。

众议员起立赞成。

副议长：多数。

秘书官（曾彝进）：承命朗读第二章不为罪第十条。

副议长：第十条有无讨论？如无讨论，以为可者请起立。

众议员起立赞成。

副议长：多数。

秘书官（曾彝进）：承命朗读十一条。

副议长：第十一条有无讨论？

一一二号（陈议员树楷）：责任年龄各国不同，有二期的，有三期的，亦有四期的。股员会修正案把五十条删去，是纯乎用一期年龄制限，不妥当。十五岁以前就全不负责任，十五岁以后就全负责任，这是说不下去的，譬如十五岁腊月二十九日犯了罪就完全不负责任，而十六岁正月初几日犯了罪就负完全责任，有罪无罪相差仅几天。以本员意见，不能说十五岁以前没有完全教育能力，十五岁以后就有完全教育能力，不如用两期年龄似乎妥当。

七四号（陆议员宗舆）：以陈议员所说，比如十九岁与二十岁总是差一岁，就说二十岁为成年之期，不到这年而十九岁还是不算的。

一一二号（陈议员树楷）：陆议员所说也是不错，但法律案件想应该研究过各国所讲的责任年龄，八岁或十二岁应该如何，十六岁或二十岁应该如何，皆有区别。本员主张责任年龄不应仅规定以十五岁为绝对的责任年龄，应当酌量情形以二期或三期规定之以为用刑之区别。

一二三号（江议员辛）：陈议员说我们中国程度够不上诚然，但理由尚不甚充足。凡刑责丁年以十五岁为断最为折衷办法，若改十三岁以下为一级，十四岁至十五岁为一级，那是将中国人民程度看得高了。本议员以为改作两级，必十五岁以下为完全不负刑责之年，十六岁至二十岁为减轻时代方可。

八七号（沈议员林一）：本员赞成原案，在各国也是绝对无责任减轻分两层的。股员会报告说是不能以辨别性为准，本员是不赞成的。十五岁作强盗也是很多，要是以十五岁为断，则强盗者皆不死，未免太轻。

一三七号（邵议员羲）：请沈议员举出十五岁作强盗一个例来。

五九号（顾议员栋臣）：可见辨别心亦是刑律上所不可少的，以他的行为而言则是个罪名，然罪名之轻重要不能不分别的，据本员看起来还是用原案妥当一点。

一一二号（陈议员树楷）：这个责任年龄亦是要分两期的。至于所规定的年龄，按照日本新刑律，十四岁以前是没有罪，至十六岁以前酌量减轻。

七三号（汪议员荣宝）：方才本员说明的时候还遗漏几句，现在补足几句。绝对无责任与相对无责任在各国的法律采用者甚多，在古时多以为九岁、十岁之时还没有辨别心，所以没有罪，然现在各国不采用辨别心，即采用教育主义。日本的刑法亦是如此，曾在会议通过的新刑律未满十四岁的为不负责任年龄，在十四岁以上统统作为责任年龄，这是日本议会上通过的刑法。现在改正新刑律，十四岁以上有责任，未满十四岁没有责任，本员是采这个主义。然所以不用十四岁而用十五岁是甚么缘故？因为现在违警律是定为十五岁负责任，我们定刑律是不能两歧的，所以现在修正新刑律亦定为十五岁，这一层可以不必讨论。

一二二号（江议员谦）：对于汪议员的话还有解释的地方，这一条便是教育作用与刑法作用的交代。（拍手）刑法作用何以要自十五岁以上呢？因为现在各国定强迫教育的义务年龄大概是七岁到十四岁以前的儿童，一定要用强迫教育，就是他有了罪还要用教育来感化他，不必加以刑法。到十五岁以上，这义务教育的年龄已满了，没有强迫他受教育的性质，这个时候他犯了罪就应归入刑法里头去，以义务教育时期之终为刑法作用时期之始，这理很通。

一五三号（易议员宗夔）：请议长付表决。

八七号（沈议员林一）：教育一层还有一个解释。这个感化教育原来是很好的，然看我们中国现在的情形能施不能施呢？我们这刑律一、二年就要施行，而这个教育岂一时遂能完吗？况十六岁与十五岁的人是很容易混的，而将来这个登记法又不十分靠得住，将来十六岁、十七岁的人犯了罪之后都变为十五岁，这是很难分的事情，所以将来这个登记法若再靠不住，这一层那是很危险的。

四八号（陈议员懋鼎）：沈议员说的话不是这个问题。

声浪大作。

一三七号（邵议员羲）：一人不得发言二次。

一一二号（陈议员树楷）：讨论的时候可不在此限。

八七号（沈议员林一）：诸位没有办过案子，是不知道这里头的情形，现在十五岁犯罪的很多很多。

声浪大作。

一一二号（陈议员树楷）：比方一个说话那一位驳了，这个人还许发言不许发言呢？

某议员：一人不得发言二次议事细则上是有的。

一一二号（陈议员树楷）：议事细则上有彼此互相讨论不在此限，若在议场上不准说话那没有这个道理。

声浪大作。

副议长：请缓发言。

一一二号（陈议员树楷）：教育的目的是国家使人民养成一个完全的人格，若是刑法取教育主义，则全国人民犯了罪都不责人民不好，而皆归咎于国家之教育不充足，所以人们犯了罪后收入监狱仍欲补足其教育，此说与现在所定的这一条无甚关碍。若谓十五岁以前的人就算完全没有教育，十五岁以后的人就算有教育，这个理由是说不过去的。

一一五号（许议员鼎霖）：照陈议员的意思是反对十五岁，究竟定十四岁、十五岁总要说出定数才好表决。

一一二号（陈议员树楷）：本员的意思要分为二项的。

某议员：请议长付表决。

一一七号（雷议员奋）：照议事细则应先以修正案付表决，若得少数赞成，则再以原案表决。

一一二号（陈议员树楷）：本员主张的第一期以十四岁为限。

一一七号（雷议员奋）：大家不要讨论了，陈议员的意思大家亦明白了，请议长先拿十四岁付表决。

四八号（陈议员懋鼎）：议题成立之后才能付表决，陈议员不过是倡议，还没有成为议题。

一五三号（易议员宗夔）：有三十人以上之赞成方可作为议题。

百十号（于议员邦华）：现在不过是原案是分二起，而修正案是一起的。

副议长：陈议员倡议众议员以为何如？

一一二号（陈议员树楷）：表决分二起或一起，然后再表决岁数。

声浪大作。

四八号（陈议员懋鼎）：陈议员倡议大家没有赞成的，这个议题就不能成立。

七三号（汪议员荣宝）：陈议员还没有明白这个意思。股员会是取绝对无责任的办法，不是取相对无责任的办法，现在陈议员的意思采用减轻责任主义，然必要议题成立之后方可付表决。

副议长：请赞成陈议员倡议【者】起立。

副议长：足三十人以上，可以作为议题。

四八号（陈议员懋鼎）：请议长将议题付表决。

百十号（于议员邦华）：陈议员倡议亦是原案的意思。

百九十号（吴议员赐龄）：原案是十二岁，与陈议员意思是不一样的。

一一七号（雷议员奋）：关于法律事体不能随便说的，陈议员倡议是十三岁与十四岁不能随便说的。

七三号（汪议员荣宝）：请将陈议员倡议议题付表决。

四八号（陈议员懋鼎）：照陈议员意思，违警律还是要修正，还是怎么样？

一四九号（罗议员杰）：请议长付表决。

七四号（陆议员宗舆）：本员反对陈议员的话。因为第二章不为罪，既然是不为罪，照现在陈议员意思要减轻，则这个法律是不是要全体改过？（拍手，拍手）

声浪大作。

众议员请付表决。

副议长：现在由秘书官朗读陈议员修正案。

秘书官（曾彝进）：承命朗读陈议员修正案。

一一七号（雷议员奋）：请议长斟酌议事细则，陈议员修正案是修正原案，并不是修正股员会修正案。

一一二号（陈议员树楷）：年岁先可以不必表决，请先表决分为二期抑为一期。

一五四号（陈议员命官）：陈议员修正不能这样修正，自己还弄不清楚，怎么样表决呢？（拍手）

五九号（顾议员栋臣）：现在分为三次表决。先表决十五岁，再表决十四岁，是陈议员修正的；然后再表决原案十二岁。

一一七号（雷议员奋）：现在有三个数目，是十五岁、十四岁、十二岁，议长就可以拿这三个数目表决，况陈议员意思大家已经知道，可以不必再说。

百三十号（刘议员景烈）：应当先以股员会修正案付表决。

七四号（陆议员宗舆）：股员会修正案应当先付表决。

四八号（陈议员懋鼎）：照章应先以股员会修正案付表决。

副议长：请问众位应就何项先行表决？

一五三号（易议员宗夔）：请议长看议事细则六十九条。

四八号（陈议员懋鼎）：请议长先以股员会修正案付表决。

一一二号（陈议员树楷）：应照第六十八条办理。

一一七号（雷议员奋）：现在有二个主义，一个是分二期，一个是不分二期。股员会修正案是不分二期，而原案是分二期，陈议员是修正原案，并不是修正股员会的修正案，大家要明白这个意思。况且陈议员是赞成原案分二期，可是对于原案十二岁又有点疑问，有点不同。应当先以股员会修正案付表决，陈议员

修正案是因原案生出来的。（拍手）

四八号（陈议员懋鼎）：照议事细则第六十九条云云，应先以股员会修正案付表决。（拍手）

一一二号（陈议员树楷）：请先付表决原案。

一五三号（易议员宗夔）：照章程没有表决原案的条文。

副议长：先表决股员会修正案。

一一二号（陈议员树楷）：若是表决股员会修正案是表决一期。

一一七号（雷议员奋）：与不分二期是一个样子的。

副议长：由秘书官朗读股员会修正案。

秘书官（曾彝进）：朗读股员会修正案第十一条。

副议长：股员会修正案第十一条已经朗读，以为可者请起立。

众议员起立赞成者六十四人。

副议长：六十四人，多数。（拍手）

秘书官（曾彝进）：朗读第十二条，众议员有无讨论？

众议员无讨论。

副议长：既无讨论，请赞成者起立。

众议员起立赞成。

副议长：多数。

秘书官（曾彝进）：朗读十三条。

副议长：十三条有无讨论？

众议员无讨论。

副议长：无讨论即付表决，请赞成者起立。

众议员起立赞成。

副议长：多数。

秘书官朗读十四条。

副议长：十四条有无讨论？

众议员无讨论。

副议长：无讨论即付表决，请赞成者起立。

众议员起立赞成。

副议长：多数。

秘书官（曾彝进）：朗读十五条。

副议长：此案有劳议员乃宣修正案，请法典股【股】员长说明不采用之理由。

八十号（劳议员乃宣）：本员提出来的修正案十一日交到秘书厅，十六日法典股就审查完了，或者秘书厅未交到。

七三号（汪议员荣宝）：股员会多数议决暂行章程作废，已经提出不采用之理由书。

八十号（劳议员乃宣）：暂行章程第五条本员以为此条理由很充足。比如他打他一拳，他也还他一拳，他（坎）〔砍〕他一刀，他也还他一刀，既是正当防卫，就应当防卫，就应当不加罪。可是对于尊亲属，小杖则受，大杖则走，子孙不可有正当之防卫以防卫其尊亲属。政府提出暂行章程是本日本旧刑律原文，然日本新刑律就把这条删去了，不过本员意见把暂行章程第十五条应该加入正文"正当防卫"之后？

一一七号（雷议员奋）：劳议员讲完没有？

八十号（劳议员乃宣）：完了。

一一七号（雷议员奋）：尊亲管束卑幼因为子弟在幼稚时代尊亲得干涉其行为，而干涉不应谓之侵害。侵害是平常人对平常人而言，至于尊亲对于卑幼应当干涉并不是侵害，可见侵害是平常人对于平常人，并不是尊亲对于卑幼，"侵害"二个字已经很有界限了。试问尊亲属有不正之侵害，或是打，或是骂，皆谓之"侵害"可以不可以，谓之为"不正当之侵害"可以不可以，此条可以不必加入尊亲属对于卑幼之行为，不应用第五条来解释。

七三号（汪议员荣宝）：尊亲属对于子弟万不能谓之"不正之侵害"。

八七号（沈议员林一）：雷议员、汪议员意思相同，解说都是很好的，但是在外国法律生命财产必须经尊亲属之管束方是正当办法。

一一七号（雷议员奋）：沈议员所讲的不是对于劳议员意见，是对于股员会修正案有意见，这个问题既不是对于劳议员的修正案，就请先表决劳议员修正案。

一三六号（王议员廷扬）：沈议员所说根据德国刑法究竟何章何条，请将原文一并见示，不能空论。

一一七号（雷议员奋）：尊亲属对于卑幼之行为，卑幼就不应有正当的防卫，无论如何尊亲属对于卑幼万不至有正当之侵害，请问国家能定此种法律不能？

一三七号（邵议员羲）：劳议员所说的是民法上的问题，不是刑法上的问题。

七三号（汪议员荣宝）：总而言之，无论如何尊亲万不至侵害子弟。

副议长：先表决劳议员的修正案。

四八号（陈议员懋鼎）：劳议员的修正案究竟成立没有？

七四号（陆议员宗舆）：劳议员倡议本员不大明白。

八十号（劳议员乃宣）：本员的意见是暂行章程第五条改到正文里头去。

一三七号（邵议员羲）：劳议员倡议并没有三十人以上之赞成。

七四号（陆议员宗舆）：劳议员主张的是不是应当有正当的防卫？

八十号（劳议员乃宣）：本员主张的是不应当有正当的防卫。

一一二号（陈议员树楷）：劳议员说的话不明了，比方爷爷打孙子，他孙子用正当的防卫把爷爷打死了。（语未毕）

一一七号（雷议员奋）：陈议员要把全案看明白。

一零九号（籍议员忠寅）：这件事情用不着这派讨论。劳议员与陈议员的意思都是好意，不愿中国有子弟杀伤父兄之事，但是劳议员主张的是伦理上的，不是法律上的。（拍手）至所谓瞽瞍杀人，舜既未被瞽瞍杀死，则不能援以为事实上之例，法律订定之后子弟有不法行为，国家有法律代为管束，用不着尊亲属杀之也，奉劝劳议员不必过虑。

八六号（喻议员长霖）：劳议员所主张的是中国伦常，关系很正大的，大家亦很注意。但无论如何父兄万不至无故杀死子弟，且劳议员所虑的就是将来民法亲族，必有规定的。

副议长：现由秘书官朗读劳议员修正案。

秘书官（曾彝进）：承命朗读劳议员修正案第十五条二项。

一零七号（李议员榘）：劳议员修正案不能付表决，要按照劳议员的修正案就坏了。

九号议员（铠公）：请议长付表决。

一七八号（高议员凌霄）：劳议员倡议我们虽不赞成，却不能说不付表决。

八一号（章议员宗元）：请付表决。

副议长：现在就先表决股员会修正案。

一三七号（邵议员羲）：请议长把劳议员修正第二项付表决。

一一七号（雷议员奋）：表决者不是赞成之谓，劳议员修正案应付表决。

七三号（汪议员荣宝）：劳议员的意思大家都已明白，可以表决。

副议长：劳议员修正案现付表决，请赞成者起立。

众议员起立赞成。

副议长：少数。（拍手）

九四号（王议员佐良）：现在议场表决是很可笑的倡议，赞成人有三十人以上表决，赞成人例只二十人。

副议长：现由秘书官朗读股员会修正案第十五条。

秘书官（曾彝进）：承命朗读。

副议长：现在表决股员会修正案第十五条，请赞成者起立。

众议员起立赞成。

副议长：多数。

副议长：现由秘书官朗读修正案第十六条。

秘书官（曾彝进）：承命朗读修正案第十六条。

八七号（沈议员林一）：对于第二项修正照总则应加"身分"二字。

一一七号（雷议员奋）：请问沈议员有修正案没有？

八七号（沈议员林一）：这就是修正案。

一一七号（雷议员奋）：本员不是说不准修正，凡在议场的议员都可以提出修正案，但为这本新刑律审查了一个多月，若有意见可以早些提出修正案，不能说随便改几个字就算是一个修正案，这也是为慎重法律起见。

八七号（沈议员林一）：已经是从第一条修正到第十六条，并不是我从十六条修正起的。

众议员呼"请议长付表决"。

副议长：如无讨论，请赞成第十六条者起立。

众议员起立赞成。

副议长：多数。

一三七号（邵议员羲）：时候不早了，人数也不够，本议员提起倡议请议长宣告展会。

副议长：现在展会。

秘书长：明日仍开大会，议事日表现已分送，请诸位议员务必准时到会。

下午十点二十分钟散会。

资政院第一次常年会第三十八号议场速记录

宣统二年十二月初七日下午一点钟开议

议事日表第三十六号

第一，大清新刑律议案。（再读）

第二，统一国库章程议案。（股员长报告，续初读）

第三，试办宣统三年追加预算案（股员长报告，会议）

副议长：今天到会者共一百二十一人。

一二三号（江议员辛）：本员倡议以为新刑律是很要紧的，虽明年不能颁行，必到宣统五年才实行，然不把条文早修正妥当，于人民生命财产上是很危险的。如果逐条讨论，恐又耽误时光，不如命秘书官逐条读一遍，分章表决，不必逐条表决。

副议长：江议员倡议众议员是否赞成？

一二七号（闵议员荷生）：这个新刑律应该讨论条文不应该讨论条文，新刑律比报律怎么样呢？报律都讨论条文，新刑律不讨论条文是何意思？如果今年议不过去，明年再议亦可。

八六号（喻议员长霖）：新刑律统共三十六章，一章一章表决也不甚耽搁工夫。

九四号（王议员佐良）：这个事情大家尽可各抒所见，究不必故意滋闹。

一二三号（江议员辛）：请把本员倡议付表决。

副议长：赞成江议员倡议者请起立。

众议员起立赞成。

副议长：多数。

六二号（刘议员泽熙）：本议员有个倡议，请议长变更议事日表，将追加预算提前报告。因为会期太促，预算还要编制总表，以便送到会议政务处会同具奏。

众议员同时发言，声浪嘈杂。

一四八号（陶议员峻）：现在各议员多有同时发言，议场秩序紊乱，请议长注意。

六二号（刘议员泽熙）：方才本议员的倡议请议长咨询本院决定之。

副议长：刘议员请再说一遍。

六二号（刘议员泽熙）：本议员的倡议请将议事日表〈将〉第三议题追加预算提前报告，因追加预算若不通过，总表即难编订，全国出入的盈亏看不得出来，且会期甚迫，务须于日内送到会议政务处以便会同上奏，即请议长咨询本院决定之。

副议长：刘议员倡议是否赞成？

众议员赞成。

副议长：既赞成，就改定议事日表，先议追加预算案，请第一科报告审查之追加预算。

七三号（汪议员荣宝）：刘议员的倡议大家是否赞成？

副议长：众人已经赞成了。

七三号（汪议员荣宝）：是否已付表决，得大家之赞成？

六二号（刘议员泽熙）：报告追加预算不过耽搁一点钟的时间，因为现在须赶紧编制总表，以便送到会议政务处会同上奏，请各科审查长简单报告就是。

副议长：第一，议在京各衙门内宗人府、内务府、禁烟公所、盐政处、法律馆、资政院各追加经费，请第一科审查长说明审查情形。

一一二号（陈议员树楷）：追加预算本员代为报告。第一科在京各衙门追加预算，宗人府追加四十五两有零，当初审查在京各衙门以量入为出为宗旨，宗人府岁出与岁入相差不过几两银子，审查的时候并未核减，所以于追加预算之款碍难承认。第二内务府，岁入三百六十多万，临时、经常全在其内，岁出四百四十万，不敷八十多万，当初审查核减之后又追加五十几万，因为明年经费支绌，其追加之数所以也没有承认。其次禁烟公所，岁入六万，岁出五万三千几，原来没有核减，因为禁烟的事项正在吃紧，只有明年一年的功夫。后来追加五千六百多两，因为原来岁入尚有盈余，所以承认其追加。再其次盐政处，当初审查核减六万多银子，后来追加一千多两，既是核减过，所以也不认其追加。到后来接到盐政处的说帖，谓参事系奏定之员，不能轻易裁减，仍请按照原额支用，参事九员共合九千多两，本会第二次审查准其照数支用。再其次法律馆，头次审查减去三万多银子，后来接到法律馆来片，谓该馆译书费与调查费多是聘用外国人，是必需不可少的，已与外国人定过合同，如何核减的了呢？这回审查译书费、调查费仍照原数开支，不过人员里头裁去六千多两。资政院头一次审查并未增减，这回追加一百万工程费以为建筑上、下议院之用，此项银两应分两期开支，明年五十万，后年五十万，审查时业已承认报告书，因为此项追加案今天才送上来，没有能够印刷，俟秘书厅印刷好了再行分送。

一一七号（雷议员奋）：本议员对于内务府有个意见。照现在预算总册，宗人府、内务府以下有圆明园、颐和园、上驷院种种的名目，所有费用都是关于皇室经费，并且这个预算经度支部复核过来，所以本院核减的地方甚少。但是本议员看内务府送过来的册子，与度支部送过来的册子有不同的地方，度支部送过来的内务府册子不敷之数六十几万，而内务府送过来的册子不敷之数八十几万，前经股员会审查核减之后，内务府旋追加预算，股员会以为不能承认，此审查之结果。现在本议员意思以为内务府应当按照度支部送过来的册子计算，是六十几万，没有八十几万之多，就是追加预算也应以度支部送过来册子为凭。因为度支部送过来的册子是已复核过来的，若是这个追加预算没有经度支部复核过的，我们尽可以不承认他，不知诸位意见如何？

一一二号（陈议员树楷）：雷议员的意思本员在股员会的时候亦曾说过，那时很费了许多研究。不过内务府经费我们审查核减是牟议员经手的，现在牟议员正在假期，没有在场，所以本员代为报告。那时开股员会审查时候，本员提议也与雷议员的意见相同，说是关于皇室经费我们审查究竟应否核减，大家表决的意思以为既是皇室经费，应当照度支部复核数目核减。但是现在还没有会议，不能遽定，这是一层。第二层，既是送到我们这边来叫我们审查，我们就可以核减，所以于内务府才核减了这个数目，不过是以量入为出的宗旨，所以把不足的数目八十几万核减了，至于详细节目，牟议员不在，亦说不出来。

六二号（刘议员泽熙）：这个没有甚么讨论的地方，就可以请议长付表决。

副议长：是分着表决，还是一起表决？

一四八号（陶议员峻）：有应当承认的，有不应当承认的，还是分开表决。

一一七号（雷议员奋）：并没有反对的，可以一起表决。

六二号（刘议员泽熙）：数目简单的很，可以一起表决。

百十号（于议员邦华）：请把承认的作一起表决，不承认的作一起表决。

六七号（王议员璟芳）：请议长咨询诸位有无异议。

副议长：第一科报告众位有无异议？

众呼"无异议"。

副议长：既无异议，即付表决，请赞成者起立。

众议员起立赞成。

副议长：多数。

副议长：第二，议广东藩司衙门、运司衙门、财政公所各经费，请审查长说明审查情形。

一三一号（黄议员象熙）：本员审查度支部及各省追加预算前已报告会场，经众表决，现在第二次报告只有广东一省。审查广东追加册内共增经常费、出入财政费十二万七千一百一十七两六钱九分七厘，一为藩司衙门的经费，一为财政公所的经费，一为盐务的经费。藩司衙门经费内开科长、科员等薪水过多，与本股员会所定的公费标准不符，各省俱是一律办法，未便照加。运司、盐务经费该省送部原册浮滥之处不少，本员前次审查业已核实删减，注明理由，此次追加亦不能承认。至于财政公所追加八万九千余两却不能不承认，本员初次审查拟将财政公所并入藩司衙门，曾有意见书到股员会，因孟议员在股员会亦提出这个意见，未经本股通过，是以未将意见书发表。各省既皆有此种机关，则广东的财政公所亦不能不存立，但查该所冗员太多，（縻）〔靡〕费太巨，不得不切实裁减，其裁减标准仍照各省通例及本股议决标准办理，计共减去银三万九千余两，此本员审查该省追加财政费之情形。如此大家对该省有甚么讨论没有？

副议长：对于广东一省追加预算有无异议？若无异议，请赞成者起立。

众议员起立赞成。

副议长：多数。

副议长：现在议第二科审查之追加预算，第一先议陆军部经费，请第二科审查长说明审查情形。

六七号（王议员璟芳）：本员委托潘议员鸿鼎代为报告。

一二十号（潘议员鸿鼎）：陆军部本衙门的经费前天已经顾议员报告过了，此刻陆军部又送到追加预算的册子，照他原来所增的是三万六千有零，此刻允他增的是二万零一百两。为甚么要减去他一万数千两？因为按陆军部追加预算的册子，对于预算册要增加的如第二项薪水名下计九十余两，又第五项办公经费名下计四百两，查本股所办预算拟定公费标准是各科一律照办的，初因陆军部人数太多，薪水亦优，与本科所谓"裁冗员、节（縻）〔靡〕费"的宗旨不对，所以酌量核减。现在我们所办追加预算仍照这个宗旨办理，而办公经费之不能照增亦即是撙节之意。此外电报费是二万二千六百六十六两六钱六分六厘，这个数目是以银元合为库平银的数目，因为他原来的册子上无此一项，是以增出这个电报费在该部未必不是出款的大宗，但四万元之数似乎过多，故将所合库平之尾数减去，允许他二万两。又第三次是津贴，所谓津贴者大概是录事津贴之类，拟增出一百两的数目无多，亦即照增，通共增出了二万零一百两。

副议长：陆军部追加预算已报告过了，众议员有无讨论？

众呼"无讨论"。

副议长：既无讨论，请以报告书为可者起立。

众议员起立赞成。

副议长：多数。现在议云南等九省交涉费，请潘议员鸿鼎报告。

一二十号（潘议员鸿鼎）：各省交涉费从前已报告过了，后来各省来文对于此项经费有追加预算，其数并不多。本议员审查以本科原定对于交涉费审查之标准为依据，审查之结果计有四端：一、有实在应增者则照增；二、该省拟增而本科对于各该款已删减在前则请其查照原册，不允增加；三、本科原册未经置议而该省自愿删减者允之；四、该省拟减而本科原册减去之数比他还多，则请其查照原册。现在造册报告已经逐项注明理由，惟此刻只可简单报告，以免耽搁时间。总之，各省有增有减，增减相抵总预算上仅增出银二千有零，想大众没有异议。

副议长：各省交涉费报告过了，有无讨论？若无讨论，赞成者请起立。

众议员起立赞成。

副议长：多数。

一三十号（刘议员景烈）：追加预算必定有个限制，若无限制，将来各省各衙门又有追加的文书到资政院来，则资政院作何法以终止之。

六二号（刘议员泽熙）：现在已定有限制的日期。

副议长：第二科审查理藩部所管殖边学堂经费及西藏行政经费追加预算，请王议员璟芳报告。

六七号（王议员璟芳）：本员简单报告。理藩部追加预算八千两银子扩充殖边学堂的经费，股员会以为培植边才应有专门学堂，前次减去理藩部扩充蒙古学经费，是以专门学堂不应由本衙门管理，应由理藩部会同学部另设专门学堂方好。现在未设以前扩充这个经费是应该有的，股员【会】已经承认大会讨论。其次，西藏的追加预算，股员会对于边防费用所有行政、教育、实业各项均视为关系重要，没有裁减他。至西藏追加军政费七十余万，因各处军政费的追加预算皆经否决，所以一律认为否决。以上两项关于理藩部的追加及西藏的追加预算，未悉大会有无讨论？

副议长：理藩部追加预算王议员已报告完了，若无讨论，请赞成者起立。

众议员起立赞成。

副议长：多数。现议禁卫军追加预算，请审查长报告。

一五一号（黎议员尚雯）：本员先将禁卫军不能核减的理由大概说一说。本股员会核减数与禁卫军相差有四十万，据特派员说有三十万是服装经费，有十万闰月增加的用费，本股员以为这个理由似属正当，所以没有核减，请大家讨论。

六七号（王议员璟芳）：本员还要代为申明一句。禁卫军是军队中第一最高模范机关，由大元帅直接管辖，与皇室经费相近，似乎不能由资政院逐条核减。

股员会何以要核减呢？从前所以要核减的原故是因为不敷的四十多万训练大臣没有奏定，后查今年八月间确实奏定，这个款子既已奏定，又是大元帅直辖的机关，所以没有核减。本员代为申明理由如此。

一三十号（刘议员景烈）：这个军装费未免太多，军装费一人一年十块钱就可以够用，何必要这样许多，还要核减为是。

陆军部特派员（文华）：这个禁卫军原直接属于大元帅管辖调遣，机关非常之高，故服装一层不能不有区别。有平常的操呢服，有大礼服，有马炮队所用的洗马、擦炮的衣服，种类既多，需款亦巨。因系全国军队之模范军容，不能不格外华丽以壮观瞻，此亦是各国通例，非独中国为然，故服装所用之款较诸他镇不同即系此故。

副议长：预算股员会报告禁卫军军装费三十万，照原册数目不加核减，众议员有无讨论？

众呼"无讨论"。

副议长：既无讨论，以报告书为可者请起立。

众议员起立赞成。

副议长：多数。

一三十号（刘议员景烈）：方才表决并不是多数。

百十号（于议员邦华）：以后表决请议长将人数看一看。

声浪大作。

副议长：表决既有疑义，应请否决者起立。

众议员起立。

秘书官数人数毕。

副议长：三十七人，少数。现在议福建军事教育经费。

一五一号（黎议员尚雯）：军事教育费福建、黑龙江、山东、江宁等省追加预算照拟减之数已于原册核减，自无庸议。福建的临时费共四千，浙江武备学堂三千多两，原册开支数目太多，只能核减，不能追加。本股员会所承认者只福建测绘学堂一万五千两，因测绘关系至要，故照增加。大家还有甚么意见？

副议长：福建军事教育费追加一万五千两，有无讨论？

众呼"无讨论"。

一一七号（雷议员奋）：请问特派员福建测绘学堂是归陆军部管辖，还是归闽浙总督管辖？

六七号（王议员璟芳）：归陆军部直接管辖的很少，大半都是归各省督抚管的。

副议长：以报告书为可者请起立。

众议员起立赞成。

副议长：多数。现在议贵胄陆军学堂经费。

一五一号（黎议员尚雯）：现在报告贵胄学堂经费。此项经费并不是追加的，因送册过迟，故与各追加册一并报告。贵胄学堂每年经费九万五千五百多两，经股员会审查以为太多，所以核减了五千多两，这五千两是职员薪水太优，所以核减了他二千两，至于学生及教育等均没有核减。以外的三千两说是预备金，今年预算册所有预备金概行删去，因收支不能适合，自无盈余以为预备，度支部于各省的预备金都没有承认，我们资政院亦没有承认，所以将此项三千预备金亦裁去，共裁他五千，还有九万多银子也可以够用的。

陆军部特派员（易迺谦）：从前贵胄学堂有个公事到贵院详陈贵胄学堂的办法，不知道贵院收到否？

一五一号（黎议员尚雯）：没有收到。

陆军部特派员（易迺谦）：既没有收到，本员今日可以将该学堂大概情形说一说。这个贵胄学堂有军事上的性质，与别的学堂不同，一个学生须得两个教习，因为有教军事的，还有教普通科学的，所以教习总数虽多，而分开看来觉得就少。若是要减教员的薪水，就每人每月减几两银子也不要紧，不过于他的名誉上觉不好看。因为教员教授得法还可以增加薪水，若是不能胜任就可以辞退，何必于这个薪水上计较；并且学生长进全在教习热心，若教习敷衍，于学生有何益处！所以本员看，教习薪水不宜核减。

六二号（刘议员泽熙）：本院所减贵胄学堂的经费并不是减教习的薪水，减的是职员薪水。

陆军部特派员（易迺谦）：贵胄学堂职员只有几个，教习占其大部分，就职员而论，所减亦属有限。

六二号（刘议员泽熙）：前天开股员会的时【候】贵胄学堂的管理大臣已经

到会，核减职员薪水已得管理大臣之同意。

陆军部特派员（易迺谦）：股员会所核减的五千是在职员薪水内减去二千，预备金减去三千。这个预备金名目本不妥当，但是这笔款子并不是作为预备用费，是作为实地练习野外操演的用费。贵胄学堂已开办一年，到明年就要野外操演实地练习，比如明年用三千，后年难免不要用四千，所以这笔经费万不能减的。至于职员薪水，既得管理大臣之同意就可以减，而教员薪水要不能减的。

六七号（王议员璟芳）：那天开股员会特派员一位及管理大臣来院旁听，审查的结果将预备金三千减去并拟格外减去七千，以为其中必有冗员、縻〔靡〕费，所以减去七千。而特派员说那边教员、职员薪水都是奏定的，教习薪水万不可减，股员会对于各省教育均取积极的方针，因为与学生很有关系的。至于该学堂职员，自管理大臣下有提调、监督、总办、副官等名目，据特派员说管理大臣是钦派的，监督与各学堂同，总办好比各学堂教务长，提调好比各学堂庶务长，副官好比各学堂斋务长，并没有冗员在内，所以议决的时候主张减去二千，无论在甚么机关上减总要减去二千。至于预备金，本股员会也说过，各省、各部都无预备金，独贵胄学堂有预备金，不是预算一律的办法，也是要减去的。就是据特派员说预备明年野操之用，到决算时候再加上去也属可以。本员报告如此，大家如没有异议，就请议长付表决。

百十号（于议员邦华）：不过几千银子，为数不多，可以表决。

陆军部特派员（易迺谦）：这个预备金虽没有多少，但是于学生一方面很有关系的，因为这笔费用是预备明年野操之用，如果减去，到明年那个学生就不能野操了。并且贵胄学堂学生有二百四十余人之多，这个几千银子还不敷用，如果定要减去，学生不用野操，这个学堂就不能算军界上的学堂，尽可不必设立。

六十二号（刘议员泽熙）：据特派员所说，这笔预备金是作为学生演习的费用，不能裁减，既是军事教育演习一事，自是正当费用，似不必核减，可以在预算册内将预备金一项改为演习费，请议长咨询本院决定之。

百零九号（籍议员忠寅）：就理论而言，各省都没有预备金名目，贵胄学堂固然不当独有，但是就事实上看来，这笔款子自是不能减去，好在为数不多，尽可不减，请议长付表决。

副议长：刘议员泽熙的倡议众议员以为何如？

百十五号（许议员鼎霖）：预备金改为演习费，本议员很赞成的。但是这笔经费是作为经常经费，还是作为临时经费？

陆军部特派员（易迺谦）：是作为经常经费。

副议长：陆军贵胄学堂经费减去二千，还有三千改为演习费，有无异议？

众议员：无异议。

副议长：如以为可者请起立。

众议员起立赞成。

副议长：多数。现在议第三科审查之追加司法费，请孟议员昭常报告。

一一六号（孟议员昭常）：司法费各衙门没有追加预算，所于追加预算的就是各省，不过各省所追加的数目很少，有几省对于监狱费有所追加，现在监狱亟需改良，应当承认。再，法政讲习所为普及教育起见，追加的数目也是应当承认，诸如此类共加八千多两银子。而各省对于监狱费自己增加的共十八万两上下，我们减去的约计十七万多两。本议员报告审查关于司法费追加预算的结果如此。

副议长：第三科司法费报告完了，以报告书为然者请起立。

众议员起立赞成。

副议长：多数。现在议各省追加民政经费，请审查长说明审查情形。

法部特派员（冯巽占）：各省督抚与提法使对于外省司法费以为太少，现多有电到部。因为外省各级审判厅将近成立，创办经费万不能太少，所以来电争执，明年贵院再办预算的时候对于这层应请注意。

一一六号（孟议员昭常）：民政部本衙门追加预算计七千两作为电报费，因为从前该部的电报费用归外务部代理，现在外务部不管，划归民政部自理，所以要追加七千两之多。至于各省民政费，应由于议员邦华报告。

百十号（于议员邦华）：现在本议员报告各省追加民政费。民政费共有五项，就是民政司、巡警道、警务公所、调查局、禁烟公所。调查局一项前经股员会大家议决，法制科今年已经完事，统计科归并警务公所，是这个已经裁了，无论已否追加可置之不理。至于民政司、警务公所、巡警道衙门，照股员会所定的标准，每年民政司六千，巡警道五千，警务公所三万，所有追加增减都应照股员会审查的标准办理。还有禁烟公所，用人及一切经费原案以一万为标准，后广东来文禁烟追加十万，又有一项追加九百多两，这一项就是今年禁烟派员稽查作为薪金的用处，股员会已经承认。至追加十万并未报明作何用处，所以悉未承认。此外黑龙江地方自治经费照来文又减去三万多两，股员会议决照办；浙江刊征信录仍照原案办理；江西筹办乡镇警察经费按此为地方经费，应归谘议局议的；还有河南、福建、云南、甘肃都是为地方经费，也应归谘议局议的。因为本年预算凡属地方经费皆划归谘议局议，所以本科审查所有民政费追加预算就只有九百多银子。

民政部特派员（吕铸）：本员还要声明一句。本部明年须办四郊巡警，有追加预算文书已于九月间咨送度支部转交贵院核议，现在预算股未曾提及，请议长咨询股员会已否收到。

度支部特派员（徐文霨）：本部曾补送过来。

民政部特派员（吕铸）：四郊巡警按筹备清单明年是应办的，所以有追加预算事情，请股员会查一查早些议决，以便明年好办。

百十号（于议员邦华）：请问度支部，编订预算案此项编订到底在那一部分之内？

度支部特派员（徐文霨）：总预算册内没有此项，系编订修正预算表补送过来。

一一六号（孟议员昭常）：请问特派员，此项预算共须若干两？

度支部特派员（徐文霨）：常年经费十二万八千两，临时经费六千七百六十六两。

百十号（于议员邦华）：本员在股员会审查各省民政费没有见此项预算表。

度支部特派员（徐文霨）：此项不在各省民政费内，在京城各衙门经费内。

副议长：现在先表决方才所报告之民政费，以报告为可者请起立。

众议员起立赞成。

副议长：多数。

民政部特派员（吕铸）：四郊巡警明年定要办的，关系很属重要，请议长咨询股员长可否即行审查，早付表决。

六二号（刘议员泽熙）：据民政部特派员说四郊巡警追加预算关系重要，现在追加预算表册已经审查了一遍，但编表时将此项遗漏，且查预算册内并未核减,因为四郊巡警保卫地方要政,故也请议长即付表决。

一一六号（孟议员昭常）：请议长咨询本院可否即照原案办理。

副议长：众位议员于四郊巡警经费有无异议,如以照原案办理为可者请起立。

众议员起立赞成。

副议长：多数。现在议第四科审查之典礼费,请李议员擂荣报告。

百十三号（李议员擂荣）：请在本位简单报告。典礼费礼部没有追加,各省追加的有增有减,但是预算股定有标准,祭祀费每省一律八百两,无论他追加册增减可以一概不管。惟河南省追加四百余两,内有卫辉府教职廉俸三百零四两原册漏列,既系教官廉俸,不能不承认其追加,其余祭祀费宣讲所一概核减。

副议长：以报告为可者请起立。

众议员起立赞成。

副议长：多数。现在议教育、实业、交通各费。

百十三号（李议员擂荣）：教育费追加预算册内学部所属学堂局所自己减去许多,惟增加本衙门杂费五千两,其所减的有从前我们未减去而追加册内自减者,有从前我们减去甲项而追加册内减去乙项者,计共减十一万九千多两,除追加杂费外,共减十一万四千余两。至贵胄法政学堂全年经常、临时费共九万三千余两,内有预备金四千余两,因预算统一办法将各处预备金全删,而贵胄法政学堂预备金也就裁去。还有法律学堂追加四万六千七百两,议照增加。此外,甘肃、浙江教育费本股编订总表时查有漏列,盖各省教育费多系提学司、学务公所两项,而甘肃之有法政学堂费,浙江之留学监督费,俱系从前漏列,今查照原册甘肃应增九千五百余两,浙江应增一千六百零四两。此外实业、交通合并报告。各省实业费惟广西实业讲习所追加二万余两照准,余概删去,可以不报告。农工商部追加额外帮印稿一员,银三千九百两,以为此项不甚正当,所以删去。邮传部增加六万两,系明年添购机车、客车之用,应照增加。

六二号（刘议员泽熙）：萍昭铁路添购车辆各项经费,前天易议员已经报告过了,可以不再表决。

五十二号（毓议员善）：请李议员将贵胄法政学堂经费再报告一遍。

百十三号（李议员擂荣）：贵胄法政学堂常年、临时两项经费共款九万三千两外，预备金四千两已经股员会裁去。

副议长：现议三项，教育费，实业，交通费，请赞成者起立。

众议员起立赞成。

副议长：多数。

六七号（王议员璟芳）：本员倡议请更动议事日表，把国库章程议案提前开议，因为这个章程关系紧要，条文很简单，是容易讨论的。

七三号（汪议员荣宝）：本员反对这个倡议。照章今日议未完之案，明天可接续开议，追加预算本是前天未议完的，于章程未有不合，若再拿别项提议，则今年这个新刑律是万万不能通过了。

副议长：汪议员所说众议员赞成否？

众有呼"赞成"者。

百三十号（刘议员景烈）：请议长付表决。

一零九号（籍议员忠寅）：不必付表决。

副议长：现在开议大清新刑律议案，由秘书官朗读大清新刑律第三章第十七条。

百三四号（余议员镜清）：先头江议员对于新刑律表决的方法有个倡议，现在可以说明理由。

百二三号（江议员辛）：本议员的倡议以为新刑律关系很要紧的，虽要到宣统五年开国会的时候才能实行，然现在不将条文修正妥当，于人民生命财产是很危险。但是逐条讨论恐又耽搁时光，不如请秘书官逐条朗读一遍，然后分章表决就是。

七三号（汪议员荣宝）：逐条读下去，读至一章完了之后看有无讨论，如有讨论，就请讨论，如无讨论，就请表决。

五二号（毓议员善）：江议员既知道新刑律的关系最为重要，自然不可分章表决，草草通过。本议员意思还是逐条表决为是。

百零九号（籍议员忠寅）：新刑律既经法典股审查过了，错处想必甚少，何必逐条表决空费时间。

一一五号（许议员鼎霖）：与其大家争论耽误工夫，不如逐条读去，有反对的再请讨论。

副议长：逐条朗读，有反对的就讨论，没有反对的就表决。

百零九号（籍议员忠寅）：方才江议员的倡议是请秘书官逐条朗读，有异议的就讨论，无异议的就不必讨论，这分章表决的方法很好，似不必逐条表决。

一一五号（许议员鼎霖）：仍请逐条。读完一条稍为停顿，如无疑义再读下条。

秘书官（曾彝进）：朗读大清新刑律第三章未遂罪第十七条毕。

议员有呼"表决后再读"者。

副议长：方才所说是逐章表决。

七三号（汪议员荣宝）：请议长说明分章表决或逐条先表决一下。

百三九号（汪议员龙光）：这个不必付表决。因为分章表决与逐条表决无异，比如分章表决到异议多的还是得一一表决，岂不是一样吗？

七五号（长议员福）：本议员看无论分章或逐条表决均可不用，比如秘书官读毕一条，请议长问诸位有无异议，如无异议，即请秘书官接续朗读就是。

副议长：十七条有无异议？

众议员：无异议。

秘书官（曾彝进）：接续朗读十八条至第四章二十二条。

副议长逐条问"有无异议"？

众呼"无异议"。

秘书官（曾彝进）：接续朗读第五章第二十三条。

副议长：有无异议？

众议员：无异议。

秘书官（曾彝进）：朗读二十四条。

七三号（汪议员荣宝）：这一条要声明，因为规定刑事诉讼五百零八条，所以没有删去。

副议长：有无异议？

众呼"无异议"。

秘书官（曾彝进）：朗读二十五条至三十六条。

副议长：逐条问有无异议。

众呼"无异议"。

秘书官（曾彝进）：朗读第二章三十七条。

副议长：有无异议？

众呼"无异议"。

一一五号（许议员鼎霖）：十年未满与十年以下有无分别？

七三号（汪议员荣宝）：十年未满是不到十年，十年以下九年、八年都是，比如九年十二月二十九日亦算十年未满，到正月初一日连十年都在里头。

一七八号（高议员凌霄）：本员要质问一句。几年以上、几年以下、多少元以上、多少元以下判决例是否已有规定一定不易之程度，若判决例没有规定，审判官以何为标准？

一三十号（刘议员景烈）：几年以上、几年以下、多少元以上、多少元以下系审判官自由伸缩之范围，自与从前大清律有不同的地方。

一七八号（高议员凌霄）：判决例要是没有规定，怕是处断时有轻重不同。

一三〇号（刘议员景烈）：刑律条文上已有规定的。

百十七号（雷议员奋）：刘议员、高议员所讨论的不在三十七条范围之内，暂时可以不必讨论。

副议长：三十七条有无异议？

众呼"无异议"。

秘书官（曾彝进）：朗读三十八条。

副议长：有无异议？

众呼"无异议"。

秘书官（曾彝进）：朗读三十九条。

宪政编查馆特派员（许同莘）：刑事诉讼法上载宣告法有二种，一种是文书宣告，一种是口头宣告，但是刑法上用"回报"字样较妥，不必用"宣告"字样。

七三号（汪议员荣宝）：本来改成一律是好的，不过这个"宣告"所用是很习惯的，"回报"是分外的难懂，"宣告"是口头宣告，"送达"是文书送达，这差不多的文理。现在刑（律）〔事〕诉讼法没有颁布，所以用此种名词亦无所不可。

一三六号（王议员廷扬）：宣告后罪乃确定在法庭公开，所以必须"宣告"

大家都知,非特"谕知"犯罪者而已。

百五一号(黎议员尚雯):请议长付表决。

秘书官(曾彝进):再朗读第三十九条。

副议长:有无异议?

众呼"无异议"。

秘书官(曾彝进):朗读第四十条。

副议长:有无异议?

众呼"无异议"。

秘书官(曾彝进):朗读第四十一条。

副议长:有无异议?

众呼"无异议"。

百九十号(吴议员赐龄):"拘役不得在一日以下,罚金不得在一元以下"与第七章"拘役二日未满一日以上、罚金银一圆以上"复赘。

七三号(汪议员荣宝):这是沈议员林一提出来的。如果屡次犯罪罚金不到一元,拘役不到一天,不能宣告是半天,是半元,恐怕有九毛钱之罚金的时候那到违警律里头去了。

秘书官(曾彝进):朗读四十二条。

副议长:有无异议?

众呼"无异议"。

秘书官(曾彝进):朗读四十三条。

副议长:有无异议?

众呼"无异议"。

宪政编查馆特派员(许同莘):有声明的话。这"或巡警官署拘役所"八个字拟删去,因为刑事诉讼没有规定,可以不必加这八个字,请议长咨询本院可否删去。

副议长:特派员之言众议员是否赞成?

众呼"赞成"。

秘书官(曾彝进):朗读第四十四条。

副议长:有无异议?

众呼"无异议"。

秘书官（曾彝进）：朗读第四十五条。

副议长：有无异议？

众呼"无异议"。

秘书官（曾彝进）：朗读四十六条。

副议长：有无异议？

众呼"无异议"。

秘书官（曾彝进）：朗读四十七条。

七三号（汪议员荣宝）：要声明一句。这个四十七条与四十六条有分别。

副议长：有无异议？

众呼"无异议"。

秘书官（曾彝进）：朗读四十八条。

副议长：有无异议？

众呼"无异议"。

秘书官（曾彝进）：朗读四十九条。

副议长：有无异议？

众呼"无异议"。

副议长：今天晚上拟开夜会，众议员赞成否？

众呼"赞成"。

秘书官（曾彝进）：朗读第五十条。

八六号（喻议员长霖）："瘖哑"不如"聋哑"，因为聋哑本是两种性质。

七三号（汪议员荣宝）：声明。因为瘖哑是天生的一种人，所以不能受教育，要是聋哑是有病生出来的，不是天生，不见得没有受过教育，所以改为"瘖哑"限制严一点。

副议长：有无异议？

众呼"无异议"。

秘书官（曾彝进）：朗读第九章第五十一条。

七三号（汪议员荣宝）：魏议员有修正案改为"代首"，可是没有采用。

六三号（魏议员联奎）：因为代首旁人也行，所以本议员有这个修正案。

宪政编查馆特派员（许同莘）：旁人代首还是本人的意见，究没有区别。

副议长：有无异议？

众呼"无异议"。

秘书官（曾彝进）：朗读第五十二条至五十五条。

副议长逐条问：有无异议？

众呼"无异议"。

秘书官（曾彝进）：朗读第十一章第五十六条。

副议长：有无异议？

众呼"无异议"。

一三六号（王议员廷扬）：草案褫夺公权之条文何以删去？

七三号（汪议员荣宝）：本来是这回草案没有用这个主义，法典股第二次议决按第一次草案，后来从新讨论，从新请特派员到会，因为这个主义采用有不方便的地方，若是三犯就没有法可加重，岂不变成空文了。

秘书官（曾彝进）：朗读第五十七条至六十二条。

副议长逐条问：有无异议？

众呼"无异议"。

秘书官（曾彝进）：朗读第十二章缓刑第六十三条。

副议长：有无异议？

一三六号（王议员廷扬）：还有"罚金不在缓刑之例"一项，何以缘故？

七三号（汪议员荣宝）：因为犯了罪既定了罚金就是受了处分了，所以没有在缓刑之列。

众无异议。

秘书官（曾彝进）：朗读第六十四条。

副议长：有无异议？

一三六号（王议员廷扬）：这个第一项缓刑期内"似应更犯罪受徒刑以上之宣告者今止定拘役以上"似乎太刻。

宪政编查馆特派员（许同莘）：这个更犯是从前犯过罪的人，因他在缓刑之列，所以无须宣告。

众呼"无异议"。

秘书官（曾彝进）：朗读第六十五条至六十八条。

副议长逐条问"有无异议"。

众呼"无异议"。

秘书官（曾彝进）：朗读第十五章时效第六十九条。

七三号（汪议员荣宝）：本员要声明一句。这个地方虽于原案稍有修正，然而其意思与期限还是同原案一样，昨天政府特派员已经报告了，不过声音太小，诸位没有听清楚，所以本员再报告一声。

副议长：有无异议？

众呼"无异议"。

秘书官（曾彝进）：朗读第七十条。

副议长：有无异议？

众呼"无异议"。

秘书官（曾彝进）：朗读第七十一条。

副议长：有无异议？

众呼"无异议"。

秘书官（曾彝进）：朗读第七十二条。

一零九号（籍议员忠寅）：请再念一遍。

七三号（汪议员荣宝）：本员要声明一句。原来是"搜索"，后来政府特派员说在刑事诉讼上都是用"侦查"，所以于刑律上也改用"侦查"。

百三十号（刘议员景烈）："侦查"两个字意义相同，到不如用"搜索"两字似为妥当。

宪政编查馆特派员（许同莘）："侦查"二字包括两件事情，因为罪人逃亡，不肯到案，就须用侦探的方法；若既已到案，就得查办，所以是两件事情。

一零九号（籍议员忠寅）："侦查"两字不如"搜索"两字明显，据本员的意见，还是用"搜索"两字为妥。

宪政编查馆特派员与一零九号、七三号同时发言，声浪嘈杂。

一零九号（籍议员忠寅）：请议长付表决。

一三四号（余议员镜清）：本议员以为无须表决。

一零九号（籍议员忠寅）：不付表决如何知道赞成、反对的人数呢？

副议长：赞成第七十二条者起立。

众起立赞成。

一零九号（籍议员忠寅）：方才表决起立的是少数。

副议长：请反对者起立。

七三号（汪议员荣宝）："搜索"同"侦查"是两件事情。

宪政编查馆特派员（许同莘）：本来是两件事情。

副议长：朗读政府修正案第七十二条，改"搜索"为"侦查"。

秘书官（曾彝进）：朗读政府修正案第七十二条。

副议长：请反对者起立。

五二号（毓议员善）：今天在场人数总共多少，请议长宣告。

副议长：九十五位。

五二号（毓议员善）：九十五位不到三分之二，怎么能开会？资政院院章不到三分之二不能开会，既不能开会，怎么能表决。如果议场之外的人可以算数，则资政院以外的人也可以算数。

一七六号（罗议员其光）：请议长命秘书官将各议员在股员室的请来。

五三号（毓议员善）：新刑律非常重大，若人数不足，万不可即付表决，草草通过。

七三号（汪议员荣宝）：今天是初七，距闭会期还有三天，能否议完要照这样可是一定不行的，应当有甚么法子维持一下子。再者各位议员到了三点钟才到，过了三点人又走了，人数又不够三分之二不能开会，一天所能开会时候不过一、二点钟，真是可惜。

八六号（喻议员长霖）：汪议员所说的请大家注意就是。

一三五号（郑议员际平）：现在开议已久，各议员纷纷出场，不如请议长宣告休息。

一一七号（雷议员奋）：请议长宣告休息三十分钟。但是现在人数不足三分之二，休息后人数恐仍不能足三分之二，不如请议长命秘书官到股员室先查一查人数，如果两处合计人数还是不足，今天不能开议了。

百三十号（刘议员景烈）：本议员很赞成雷议员的话，若是人数不及三分之二，休息仍是不能开议。

副议长：现在休息一点钟。

下午六点零三分钟议事中止。

七点四十五分钟接续开议。

秘书长承命报告：方才查点人数，本日到会共有一百一十一位，在场人数有一百零六位，还有五位在预算股员室赶编预算总报告，俟表决时就到议场。现在将近闭会，所有请假议员多半不能再来，现计丁忧回籍、请病假、辞职共计三十七位，除三十七位外，现在场人数已足三分之二。

法部特派员（邵从恩）：法部前奏请交议之承发吏职务章程现各省审判厅开庭在即，此项章程急于要用，请议长知会法典股提前审查，总望于本会期内成立才好。亦知闭会在即，法典股颇忙，然此项章程甚简单，审查较易。

副议长：可以提前审查。

副议长：现在开议。

秘书官（曾彝进）：朗读第七十二条。

副议长：此案先已表决，因人数不足，现在是否应再付表决？

众呼"请再表决"。

秘书官（曾彝进）：再读第七十二条，改"搜索"为"侦查"。

众呼"无异议"。

秘书官（曾彝进）：朗读第七十三条至第八十二条。

副议长逐条问：有无异议？

众呼"无异议"。

秘书官（曾彝进）：朗读第八十三条。

七三号（汪议员荣宝）：头一回改为"官署"，后来因为"官署"就是"公署"，且"公署"可以包括"官署"，故改作"公署"。

秘书官（曾彝进）：朗读第八十四条至第八十五条。

副议长逐条问：有无异议？

众呼"无异议"。

秘书官（曾彝进）：朗读第八十六、八十七条。

副议长：有无异议？

众呼"无异议"。

秘书官（曾彝进）：朗读第八十八条。

六三号（魏议员联奎）：第八十八条"笃疾内毁败视能听能"云云是毁败两眼、两耳，抑毁败一眼、一耳，如指一眼一耳，科罪未免过重。又一肢本是废疾，未便列入笃疾内，其废疾内"减衰视能、语能、听能"以何为标准。又"废业务至三十日亦为废疾，至少须科三年徒罪"亦未免过重，可否仍照中国旧律及各国普通法文"笃疾、废疾以一事、二事"为断，废业务至三十日一层亦以轻微伤论。

七三号（汪议员荣宝）：魏议员提出的意思也是很好。这个是有区别的，瞎两眼、聋两耳是"毁败视能听能"，瞎一眼聋一耳是"减衰视能、听能"，毁败是全失其能力，减衰是减少其能力，于刑律草案上亦不是一样。

六三号（魏议员联奎）：毁败是不是全然毁败？

七三号（汪议员荣宝）：全毁败了是毁败两耳两眼，至于说有甚么区别没有，也是有的。这个第五款、第六款是有区别的，第五款是内伤，第六款是外面变更容貌，这是有区别的。至于说处分太轻，他已毁败衰减，一切生计都没有了，若加重处分似乎不当。

六三号（魏议员联奎）：这第五、第六款都是说"三十日以上"，何以知其为三十日以上呢？"三十日以上"有何标准？

七三号（汪议员荣宝）：所谓"三十日以上"，是以医师诊断证书为凭，是有标准的。

副议长：有无异议？

众呼"无异议"。

秘书官（曾彝进）：朗读第八十九条至九十条。

副议长逐条问：有无异议？

众呼"无异议"。

秘书官（曾彝进）：朗读第九十一条。

一三十号（刘议员景烈）：这个范围太宽了，要修正一下。

七三号（汪议员荣宝）：这一条是为尊重皇室起见，所以有这个规定。

副议长：有无异议？

众呼"无异议"。

秘书官（曾彝进）：朗读第九十二条至九十四条。

副议长逐条问：有无异议？

众呼"无异议"。

秘书官（曾彝进）：朗读第九十五条。

百九十号（吴议员赐龄）：请问审查长，这一条所指是故意犯，还是过失犯？

七三号（汪议员荣宝）：是过失犯。

百九十号（吴议员赐龄）：既是过失犯，何以有罚金？

七三号（汪议员荣宝）：凡是过失犯、故意犯都有罚金。

副议长：有无异议？

众呼"无异议"。

秘书官（曾彝进）朗读九十六条至一百十七条。

副议长逐条问：有无异议？

众呼"无异议"。

秘书官（曾彝进）：朗读一百十八条。

六十一号（陈议员善同）：原案的规定在中国内尚属可行，若是在外国范围内恐现在我们的权力还达不到。

七三号（汪议员荣宝）：因为帝国臣民在外犯罪者得适用帝国法律，虽在外国受处断而在名义上还是受本律处断。

副议长：有无异议？

众呼"无异议"。

秘书官（曾彝进）：朗读一百十九条。

七三号（汪议员荣宝）：照第十九条减轻一等，所以将徒刑一等减去。

副议长：有无异议？

众呼"无异议"。

秘书官（曾彝进）：朗读一百二十条。

百六十号（王议员绍勋）：不敬之行为是怎么样？

七三号（汪议员荣宝）：九十条与九十三条都是一个样子。（读原案）

副议长：有无异议？

众呼"无异议"。

秘书官（曾彝进）：朗读一百二十一条。

副议长：有无异议？

众呼"无异议"。

秘书官（曾彝进）：朗读一百二十二条。

七三号（汪议员荣宝）：这个照三百零七条加重，三百零七条是对于平人的，这是对使节者。

副议长：有无异议？

众呼"无异议"。

秘书官（曾彝进）：朗读第一百二十三条至一百二十五条。

副议长逐条问：有无异议？

众呼"无异议"。

秘书官（曾彝进）：朗读第一百二十六条。

一三十号（刘议员景烈）：其他国章比如他们外国徽章赠于中国者算不算？

宪政编查馆特派员（许同莘）：这个是不能算的。

七三号（汪议员荣宝）：国章、徽章不同，国章是代表外国的意思。

秘书官（曾彝进）：朗读第一百二十七条。

副议长：有无异议？

众呼"无异议"。

秘书官（曾彝进）：朗读第一百二十八条。

一七八号（高议员凌霄）：照日本刑法一百三十四条，他的规定是因为违背本国局外中立之命令，现在这条到底是本国局外中立，还是外国局外中立？

七三号（汪议员荣宝）：外国命令不能到我们中国来，这个自然是本国的局外中立。

副议长：有无异议？

众呼"无异议"。

秘书官（曾彝进）：朗读第一百二十九条至百五十四条。

副议长逐条问：有无异议？

众呼"无异议"。

秘书官（曾彝进）：朗读第一百五十五条。

副议长：有无异议？

众呼"无异议"。

一三七号（邵议员羲）：这第一百五十五条修正案四等有期徒刑定得太重，应该还是照原案为是，处五等有期徒刑拘役或一百元以下罚金。

副议长：现在邵议员倡议要把四等有期徒刑减轻一等，改为五等有期徒刑，众议员赞成否？

宪政编查馆特派员（许同莘）：减轻一等本属可行，但这一条若减轻一等，下一条亦应减轻。

一三七号（邵议员羲）：本员的倡议既有人赞成，请议长把这倡议付表决。

副议长：现在由秘书官朗读邵议员的修正案。

秘书官（曾彝进）：承命朗读邵议员羲的修正案，改四等以下为五等以下，三百元为一百元。

副议长：邵议员修正案已由秘书官朗读过了，现付表决，请赞成者起立。

众议员起立赞成。

副议长：多数。

一六四号（陶议员毓瑞）："不论有无事实"这一句可以删去。

秘书官（曾彝进）：朗读第一百五十六条至一百八十条。

副议长逐条问：有无异议？

众呼"无异议"。

秘书官（曾彝进）：朗读第一百八十一条。

副议长：有无异议？

众呼"无异议"。

九二号（林议员绍箕）：请问宪政编查馆特派员，减轻徒刑这所指三等人有轻重没有？

宪政遍查馆特派员（许同莘）：请贵议员再说一说，听不清楚。

九二号（林议员绍箕）：请问减轻徒刑这三等人之中有轻重分别没有？

宪政编查馆特派员（许同莘）：照刑事诉讼与民事诉讼律，其中有点分别。

副议长：有无异议？

众呼"无异议"。

秘书官（曾彝进）：朗读第一百八十二条。

副议长：有无异议？

众呼"无异议"。

六八号（文议员溥）：这一条有既决、未决之分则，所定之罪是指已决而言、还是指未决而言呢？

七三号（汪议员荣宝）：这一条是指已决而言的。

六八号（文议员溥）：既指已决而言，则现在合同一起审判官将何从而定？

宪政编查馆特派员（许同莘）：已决是处二等有期徒刑，未决是处四等有期徒刑，可以这么解释。

秘书官（曾彝进）：朗读第一百八十三条。

副议长：有无异议？

众呼"无异议"。

秘书官（曾彝进）：朗读第一百八十四条。

副议长：有无异议？

众呼"无异议"。

副议长：第一百八十五条有无异议？

众呼"无异议"。

秘书官（曾彝进）：朗读第一百八十六条第一项第一款毕。

一七八号（高议员凌霄）：这一项仅指在城镇人烟稠密之处放火而言，范围太小，不能概括。比如在乡村偏僻之处其放火事亦尝有的，岂可无罪。据宪法大纲法文不规定之行为不为罪，本员意见此第一款"城镇"之下宜加入"乡村"二字方不遗漏。

七三号（汪议员荣宝）：因为乡村地方亦有人烟稠密之处，所以还有这一句偏僻之地不在此例，这么一来凡乡村人烟稠密的意思已包括其中了。

副议长：还有异议否？

众呼"无异议"。

秘书官（曾彝进）：朗读第一百八十六条第二款至第六款。

副议长：有无异议？

一零九号（籍议员忠寅）：请问法典股审查长，这"营造物"三个字有根据没有根据？本员意思这个地方所谓"营造物"，即寺院、戏场、旅店等，都是人烟稠密之处包含在内。但是日本所谓"营造物"，在法律上有定义的，有界限的，不是随随便便都可指为"营造物"的，如以戏场、寺院、旅店等等名目都指为"营造物"，将来恐有窒碍的地方。

七三号（汪议员荣宝）：因为违警律上是"营造物"，所以这里亦用。"营造物"三字已久，所以我们脑子里头觉得这"营造物"三字很熟，遂不仔细辨别他了。现在本员有个倡议，拟改为"建筑物"三字，诸位以为何如？

宪政编查馆特派员（许同莘）：所谓"营造物"者，因有"营造"的意思在内。

一零九号（籍议员忠寅）：日本所谓"营造物"者，因在行政法上有行政权的，这个范围甚窄，现在照特派员的意思是包括建筑而言，所以"营造物"三字必须改正。

宪政编查馆特派员（许同莘）：凡公所、学堂、宿舍都可称为"营造物"，可是这个都是从日本习惯上来的。

一三七号（邵议员羲）：本员的意见，中国所谓"营造物"三字与日本所称"营造物"之性质不同。

一零九号（籍议员忠寅）：本员倡议改"营造物"为"建筑物"，诸位是否赞成？

一三七号（邵议员羲）：日本所谓"营造物"，有一种行政权的，而我们现在以戏场等指为"营造物"，则此"营造物"之性质全然不同。

七三号（汪议员荣宝）：本员已经说过这三个字因违警律上亦如此，所以本股员会亦用此三字，免得两歧。

一零九号（籍议员忠寅）：违警律上虽有这三字，然新刑律不必强同，并且违警律将来亦可以改的。

一三七号（邵议员羲）："营造物"可以包括"建筑物"，而"建筑物"不能包括"营造物"。

（某议员）："营造物"范围小，在法律上解释凡有权利的不能算"营造物"，现在照我们中国解释是不对的，将来恐有许多争议，何如把他改为"建筑物"。

百三十号（刘议员景烈）：籍议员要将"营造物"改为"建筑物"是三读时候修正字句的事。

百零九号（籍议员忠寅）：不过现在改正之后将来免得再行讨论了。

七三号（汪议员荣宝）：这个"营造物"即是"建筑物"。

百零九号（籍议员忠寅）：本议员的倡议大家是否赞成，请议长付表决。

副议长：籍议员的倡议要把"营造物"三字改为"建筑物"，倘有三十人以上之赞成即作为议题。

议员有呼"赞成"者。

一零九号（籍议员忠寅）：请议长再付表决，看到底有三十人以上没有。

一七八号（高议员凌霄）：本员还有个质问。这第一百八十六条第五项里头学堂、工厂等名目都列入，独汽车、船舰等反不规定，照日本的刑法，凡放火条文之中车船等等都一一规定，因在车厂中放火等事很多，关系生命财产很大，所以都规定条文之内。现在宪政编查馆编订法律之时，何独车船等名目不规定在内呢，抑还是否以"营造物"三字即包括船舰、汽车等在内也？

七三号（汪议员荣宝）：这一百八十六条原文亦作为"营造物"，且这"营造物"就是"建筑物"的意思。

副议长："营造物"改为"建筑物"，请赞成者起立。

众议员起立赞成。

副议长：多数。

七三号（汪议员荣宝）：本员要声明一句。既然"营造物"改为"建筑物"，凡法律上所有"营造物"字样要一律改为"建筑物"才好。

百七八号（高议员凌霄）："营造物"既改为"建筑物"，凡轮船、汽车等亦应该在此处规定，因为这个关系很大，请议长咨询本院有无赞成本议员的倡议。

副议长：此节请股员长修正字句时再行斟酌。

百七八号（高议员凌霄）：本议员倡议加入"轮船"、"汽车"不是字句的关系，现在一百八十六条第五项"营造物"既改为"建筑物"，这个轮船、汽车自应载在里头，请议长咨询本院决定之。

七三号（汪议员荣宝）：请贵议员注意"放火"岂不是有"破坏"的意思么？

一七八号（高议员凌霄）：放火有时还要伤人，岂"破坏"二字即能包括吗？

一二三号（江议员辛）：请议长付表决。

七三号（汪议员荣宝）：放火亦是破坏行为之一，请贵议员注意。

一九三号（顾议员视高）："破坏"二字已经包括"放火"在内。

百三十七号（邵议员羲）：高议员的倡议是注重在交通的，然于交通未便之时定罪未免太重。

一七八号（高议员凌霄）：长江一带的情形想诸位亦都知道的，这个拔手放火把轮船烧起来的事情是很有的，现在是交通时代，所以本员有这个倡议。

宪政编查馆特派员（许同莘）："营造物"既改为"建筑物"，则"轮船"、"汽车"自应加入。

一七八号（高议员凌霄）：政府特派员既赞成本员的倡议，请议长咨询本院第五项里头应加入"船舰"、"汽车"字样，日本刑法第四百零五条亦是专规定此项之罪。

百三十号（刘议员景烈）：本员不赞成如此规定。我们虽仿照日本，然不能一概抄袭日本的。

百零九号（籍议员忠寅）：本议员再四思维，说句平心静气的话，这"破坏"与"放火"是两件事情，比如放火有时伤人，而破坏不过财产上之丧失，纵或有伤人命，而罪仍有轻重，因放火难免不连累别人，而破坏未必有这样的事，所以是两样的。既是这个样子，高议员的倡议本议员也赞成加上，不过本议员以为不应当加入第五项，应另设一项，诸位以为如何？

秘书官（曾彝进）：朗读籍议员忠寅倡议增补一百八十六条之第七项毕，问籍议员是否加此一项。

一零九号（籍议员忠寅）：大旨如此，其文字俟三读时再行修正。

副议长：籍议员倡议众议员赞成否？

众呼"赞成"。

副议长：现在表决籍议员倡议加一项，赞成者请起立。

众议员起立。

副议长：多数。现由秘书官朗读一百八十七条。

秘书官（曾彝进）：朗读一百八十七条。

副议长：有无异议？

众呼"无异议"。

秘书官（曾彝进）：朗读一百八十八条。

百三十七号（邵议员羲）：此条"所有"两字是否应删去？

百三十号（刘议员景烈）："所有"两个字已经删去了。

七三号（汪议员荣宝）：没有删去。

百三十七号（邵议员羲）：如未删去，则"所有"两字包括太广，而此条刑法未免太重。

宪政编查馆特派员（许同莘）："所有"二字系民法上所有权范围，亦未见得太宽。

一一七号（雷议员奋）：邵议员的倡议因为原案所载"放火烧毁他人所有建筑物"，矿坑可以包括在内，今修正作为所有物似乎没有范围。

七三号（汪议员荣宝）：请雷议员再说明两样的理由。

百三十七号（邵议员羲）：原案称"物"，修正案称"所有物"，"所有物"是所有之物，原案没有"所有"两字，而修正案有"所有"两字，总之此两条皆无标准。譬如缩小言之，一张纸、一管笔都是"所有物"，若被焚去而即处以刑，有是理乎？

七三号（汪议员荣宝）：查三百六十一条所规定的也是处以三等有期徒刑，如果说这条重，那条也是重。

百三十七号（邵议员羲）：本员倡议这条请议长再付股员会审查，定出一个确实标准。

宪政编查馆特派员（许同莘）：此条重在一等或二等有期徒刑，并不重在"所有"二字。

百三十七号（邵议员羲）：问"所有物"是否指矿坑以外之物而言，抑与矿坑相连带之物而言？

七三号（汪议员荣宝）：看一百八十五条就明白。

百三七号（邵议员羲）：看这条条文矿坑总是一个物，不能与寻常物相比。

副议长：此条所指之物一张纸、一管笔都在内。

七三号（汪议员荣宝）：请看一百八十三条所指的"物"是矿坑以外之物，所以不是处三等有期徒刑，是处四等有期徒刑或拘役。

宪政编查馆特派员（许同莘）：放火的罪很重，无论烧毁甚么东西都是最危险的，所以这条定"四等以下有期徒刑"或"千元以下罚金"却并不重。

百三十七号（邵议员羲）："放火烧矿坑"与本员所说"放火烧他人所有物"这个意思是两样。

七三号（汪议员荣宝）：不是的。这条"所有物"是专指矿坑以内之物，一张纸、一管笔是别的事情，不在此限。

一二九号（汪议员龙光）：这条把"百元以上"四字删去就可以了。

百零九号（籍议员忠寅）：本议员有个倡议。这条应改为"凡放火烧毁一百八十六条各项所规定他人所有物"，看大家意思如何？

众呼"赞成"。

一三四号（余议员镜清）：这条关系重大，请议长再付表决。

副议长：此条异议既多，只好再付审查。

众呼"赞成"。

秘书官（曾彝进）：朗读一百八十九条至二百零四条毕。

副议长逐条问：有无异议？

众呼"无异议"。

一三五号（郑议员际平）：现在人数不够，大家讨论粗心得很，新刑律关系重大，岂能草草通过。（拍手）

一二九号（汪议员龙光）：今天再读已到二百余条，不为不多，若从此念下就念完，这点钟也还是念不完，请议长宣布展会。

副议长：现在展会。明天仍照常开会，务请各位早到。

下午十点半钟散会。

资政院第一次常年会第三十九号议场速记录

宣统二年十二月初八日下午一点三十分钟开议

议事日表第三十七号

第一，大清新刑律议案。（再读）

第二，运送章程议案。（续再读）

第三，统一国库章程议案。（股员长报告，续再读）

第四，修正结社集会律议案。（股员长报告，会议）

议长：今天到会者一百一十二人，由秘书官报告文件。

一七六号（罗议员其光）：本员质问度支部的说帖已经刷印分送过了，请议长咨询本院决定之。

议长：现在就要报告。

秘书官（张祖廉）：承命报告文件。

议长：罗议员其光质问度支部说帖已经刷印分送，请赞成者起立。

众议员起立赞成。

议长：多数。

秘书官（张祖廉）：续行报告文件毕。

百九十号（吴议员赐龄）：请赦国事犯及昭雪戊戌冤狱一案已经通过，请议长从速具奏。

议长：奏稿已经拟好了。

议长：现在开议。

七三号（汪议员荣宝）：昨天会议新刑律第一百八十八条，公决再付审查，现在审查已毕，可以先行报告。

一四九号（罗议员杰）：本议员质问法部、度支部的说帖至今均未答复，现在将近闭会，请议长催问。

议长：已催问。

议长：请汪议员报告。

七三号（汪议员荣宝）：现在是对于新刑律草案续行报告。昨天议场议决的结果有再付审查事件，今天上午十点钟开法典股股员会再行审查，审查议决结果现在报告。昨天再付审查事件就是第一百八十六条加第七款、还有第一百八十八条究竟范围与刑名怎么样两件事情审查，多数议决以为，会场所加第七款是正当增加，应该增加。不过议场提出问题全在"船舰"与"汽车"，后来因为第一百八十六条加了之后，以下的条文统统要加上"船舰"、"汽车"字样，所以再付审查，法典股多数议决以为"汽车"二字可以删去。为甚么呢？因为这个问题重要之点就在"多众乘坐"这几个字，重要在人民乘坐的关系，并不是一种闲车闲船的关系，所以空车、空船不在其内，有多数（趁）〔乘〕客才称为罪。况船舰的范围非常之大的，乘坐的人并不一定一乘坐即丧失性命的，而泊在码头之时趁〔乘〕客已经多上，那时才放火有种种的危险，长江一带是常常有的。空船、空车除了之外，汽车、电车多数乘客而自己放火断没有这个情形，因为车很快，很不容易下手的，且在行驶的时候自己放火危害自己，于事实上亦不大明白，现在股员会议决这第七款有"船舰"字样。现在多数议决第一百八十七条、第一百八十八条及第一百八十九条"矿坑"二字之下多要加"船舰"二字，至于第一百九十条第四项"矿坑"下亦应加"船舰"二字，一直到四百零四条，原来第三百九十九条第二项规定现在亦应该加上，而与第一百八十六条"建筑物"、"矿坑"、"船舰"相连的条文统统加上"船舰"二字，这是报告之一。还有第二层。昨天付审查这第一百八十八条"他人所有物"，虽极小的东西，好比如一支笔、一个帽子，万一有了火烧的情形，处之以三等有期徒刑，原来法典股修正的刑名改为四等以下有期徒刑、拘役或一千元以下之罚金，极少到一元，这个问题可以不生。况且所有这条的范围大概仿照日本旧刑法上有比类的地方，这条所有物若并不值几何的东西，烧了之后亦不致有前条第一项损害之危险，没有多大问题，现在打算第一百八十八条还是可照原案的样子，此宜报告者二。昨天就是这二条付审查，所以报告如此。

一二九号（汪议员龙光）：昨天放火章程内高议员请添入"船舰"，经众赞成很是，但还有一遗漏的地方，则山上材木是也。本议员住在景德镇，因为该镇烧瓷，数百里内山材非常珍重，每一号山上材木动值千金，仇家放火一烧便干干净净，此种案情不时辙有。且山上材木举国皆认为财产大宗，不独地亩为然，且日本刑律凡山上竹木、田中谷麦皆规定在内，彼国刑律也是概括，不是列举，何以我国定律独不列入条文。汪议员谓矿坑外之物便包括在里，本议员窃以为山山有材木，不能山山有矿坑，设附近数百里无矿坑，则此条便穷于援引，看来似不能包括在内，仍请改订为是。

七三号（汪议员荣宝）：不是这个样子讲的。本律上所谓"以外"二字，照论理讲起来，凡天下之所有物都包括在内，不仅是建筑物，不仅是矿坑，不仅是学堂宿舍，凡天下之物都包括在内，不是列举规定的，是包括规定的，就是这个森林亦在其内。

一二九号（汪议员龙光）：矿坑以外之物决不能包括的，应当另外规定方好。

七三号（汪议员荣宝）：请大家讨论罢。

一三四号（余议员镜清）：这个没有甚么讨论的地方。

七三号（汪议员荣宝）：本员报告如此，请诸位再行讨论。

议长：现在可以付表决，先由秘书官朗读法典股修正的条文。

秘书官（曾彝进）：朗读法典股再行审查第一百八十六条修正案。

议长：再行审查之修正案第一百八十六条有无异议？

众议员：无异议。

秘书官（曾彝进）：朗读第一百八十八条再行修正案。

议长：第一百八十八条有无异议？

众议员：无异议。

七三号（汪议员荣宝）：声明一句。第一百八十六条加第七款有"船舰"字样，而第一百八十七条、第一百八十八条、第一百八十九条、第一百九十条第四项、第一百九十一条以上几条统统"矿坑"之下都加"船舰"二字，这是当然生出来的。

议长：现在按照议事日表，接续开议大清新刑律。

秘书官（曾彝进）：朗读第二百零四条至二百五十六条。

议长逐条问：有无异议？

众议员：无异议。

秘书官（曾彝进）：朗读第二百五十七条。

副议长：第二百五十七条众议员有无异议？

五二号（毓议员善）：此谓"坛庙"、"寺观"，此庙系指何庙？是否系载祀典者？

一零六号（齐议员树楷）：应添入"载在祀典"四字方有区别。

七三号（汪议员荣宝）：这条系指太庙以外之庙而言，有分别的无所谓"载在祀典"不"载在祀典"，至于太庙九十三条已有规定。

五二号（毓议员善）：这个"坛"字自然是指天坛、地坛了，这个"庙舍"字似乎含混。

一零六号（齐议员树楷）："坛庙寺观"要不分出"载在祀典"与否，现在各处多有以寺庙改为学堂的，如果将来自治会、巡警局无款修筑房屋，大概多用寺庙为便，若加以罪名，又叫人怎么办呢？

七三号（汪议员荣宝）：若是改为学堂，那是正当的用处。

五二号（毓议员善）：本员有个修正案，以为天坛、地坛应与太庙并重。

四八号（陈议员懋鼎）：这个"坛"字不是专指天坛、地坛而言，就如各省亦有所谓坛社。

宪政编查馆特派员（许同莘）：坛庙本可分广、狭二义解释，狭义自系指载在祀典者言，若其广义亦可兼包外省各处祭祀坛庙在内。

五二号（毓议员善）：因为天坛、地坛都是关于国家大典，须与太庙、陵寝并重。

百九十号（吴议员赐龄）：乡间每有用庙寺改为学堂、公所，若不分出"载在祀典"与否，彼用庙祀改为学堂必要移神像，岂不是大不敬的。凡"载在祀典"与否似乎非分出来不可。

七四号（陆议员宗舆）：庙宇改为学堂须先由官允许，不能随便准个人毁损方是正办。

百九十号（吴议员赐龄）：凡"载在祀典"就应归国家保护，若不"载在祀典"者亦加保护是教人迷信神权，殊非国家立宪政体。

一三十号（刘议员景烈）：不能指定那一种庙轻、那一种庙重，若说人民信教自由，只可视人民之信仰而已。

一九十号（吴议员赐龄）：究竟可否借用庙产？

七三号（汪议员荣宝）：当用就可以用，但不可有不敬的行为。

百九十号（吴议员赐龄）：当用就用也是不敬的行为，设遇一边为兴学派，一边为阻学派，同引用此条法律，裁判官如何判决？

七三号（汪议员荣宝）：庙改为学堂，神像仍是应当孝敬的，凡合于习惯者皆不为罪。

一一五号（许议员鼎霖）：改学堂又是一个问题，此时不必议。但就寺观坟墓礼拜所论之，当有两层规定，一层是载在祀典志乘者，一层是载在条约及为国家所许者。

一三十号（刘议员景烈）：按信教自由，尊拜神像将来是宪法所应规定的。

一一五号（许议员鼎霖）：但以人民信仰为断，若八卦教、白莲教等国家亦可许其信仰自由耶？

七三号（汪议员荣宝）：上自太庙、下至礼拜堂无一不应尊崇者。

一一五号（许议员鼎霖）：要解释清楚才好。

五五号（崇议员芳）：我们中国都知坛庙是大祀，要不分别清楚，将来恐不免有大不敬的事。

五二号（毓议员善）：这个"坛"字若指天坛、地坛，就应与太庙并列，不能与寻常寺观、坟墓毫无分别。

七三号（汪议员荣宝）：太庙、陵寝是关系皇室的，天坛、地坛是关系全国的。

四八号（陈议员懋鼎）：太庙直接关系皇室，天坛、地坛是关系全国的祀典，并不是直接关系皇室。

一三四号（余议员镜清）：这并没有甚么可讨论的地方。这个二百五十七条对于庙坛、寺观不必改条文，若改条文是很危险的，刑事草案上有注意的地方可以解释。

一一五号（许议员鼎霖）：审查长方才报告说无论载在祀典、不载在祀典所以才生出这许多讨论，仍以草案"载在祀典"为界限最妥。

百九十号（吴议员赐龄）："坟墓"二字不定界限亦是不好。两广签注亦有询及墓所是否指帝王陵寝及名贤词墓而言，似应揭明祀典坟墓，若徒指常人坟墓，则东南各省遍野皆坟墓，樵牧行人踯躅憩息种种亵渎所在皆是，恐以此为罪案未免忙煞裁判官了。

七四号（陆议员宗舆）：现在中国的庙宇无论那一处地方都有的，至于小庙也很多的，虽然不载在祀典，然而这一方百姓既已公然信仰，若是一个人公然有不敬之行为，恐百姓也是不能答应，万一双方争执，岂不有害公安？故法律上就应有相当之保护，因为有这一层，所以不能定要说都载在祀典。至于人家坟墓不能侵害，旧律上亦是有的，所以不能不加上这一层。

一四八号（陶议员峻）：现在办学堂多因经费不足假用庙地，其改造布置等件动可加以不敬之行为就是办学堂的大大的阻力，且人民对于普通坟墓并不负致敬的责任，也没有所谓不敬之行为。本员的意见，"坟墓"二字可以去掉，庙可定为"载在祀典"的，请议长付表决。还有一层，议场之上往往两三个人同时吵嚷，殊属不成事体，请议长禁止。

一三十号（刘议员景烈）：本员所谓信教自由并不是无根据的，请许议员将宪法大纲与宪法的原理研究是否如此规定。

一一五号（许议员鼎霖）：虽是如此规定，而对于庙宇不能说这个话。还有一层大家要注意，这个新刑律是为收回领事裁判权起见，要从信仰自由，而没有范围就如南方敬狐、北方敬猬，假如有外国人于此等事有所误犯就要处以法律，恐怕他们不能承认。

七三号（汪议员荣宝）：贵议员所说此等事情也是很少的。

一一五号（许议员鼎霖）：若说刑律是为收回领事裁判权起见，本员不能无疑义。新刑律规定对于庙宇不敬处五等徒刑，若南方敬狐、北方敬猬，皆以瓦缸草庵为信仰之所，如有洋人经过误犯，偶以其杖挑破此缸庵，就要处以徒刑，恐怕做不到，岂不是失刑律之效力？

一一二号（陈议员树楷）：信教自由各国都有，而必须成一教派方能使人信仰，譬如天主教、耶稣教都是自成一派的，但中国所信仰的太多，寺院庙宇杂列纷陈，若任其随意信仰，迷信邪说之事将日多一日矣。

语言嘈杂，议场骚然。

一三四号（余议员镜清）：这个事情不用争执了。今天看诸位所争执的不过以为不规定在祀典，现在庙宇内设学堂的很多，恐将来有许多不便的地方，这是不难解决的。办学务的人都是明白道谊的人，应没有公然不敬之行为，请诸位不必争执。

一百三十二号、一百二十三号、一百三十三号、四十八号、七十三号同时发言，声浪大作。

一二九号（汪议员龙光）：不敬之行为施于坛庙寺观容或有之，然都稀罕之至，为此事而举发人罪更稀罕之至，不过聊备一条而已。至于不敬之行为施于坟墓，不知从何施起，此万无之事，据本员看起来，"坟墓"二字可以不要。

百五九号（蒋议员鸿斌）：本员有个修正，可以分作两项：第一项对于载在祀典坛庙、坟墓公然有不敬之行为者处五等有期徒刑、拘役或一百元以下罚金，第二项对于坟墓及其他礼拜所公然有不敬之行为者处拘役或一百元以下罚金。

百四九号（罗议员杰）：据本员意见，本章题目已标"祀典"字样，可以不必增加"祀典"字样，只将第一项"坟墓"二字移增第二项"妨害"字下就可以了。

宪政编查馆特派员（杨度）：此章各条都是关于坟墓之规定，惟这一条"坟墓"二字是指有祀典的，至于庙宇寺院更是指"载在祀典"者而言。

七十七号（吴议员纬炳）：本员有个修正。这句可改为"对于坛庙及先圣、先贤坟墓"云云，大家以为何如？

宪政编查馆特派员（许同莘）：此条立法之意有两大原则。其一为人民宪法上信教自由之原则。信教自由宪法上原有限制，必在法律范围以内方许自由，并非无论何教皆许信仰，本条坛庙寺观礼拜所之范围即根据于宪法，若白莲、八卦等教不在本条范围之内自不待言。本条之所谓坛者，大则天坛、地坛，小则各州县之社坛、厉坛均包在内；所谓庙者，大则历代帝王庙至圣庙，小则各州县之庙宇。凡载在祀典及历史流传经国家允许者皆包在内，此一原则也。其二为中国数千年来尊祖敬宗之原则。此乃中国礼教之本原，子孙对于其祖父既应敬重，则对于他人之祖父亦应敬重，若谓他人祖宗坟墓可以公然不敬，实与中国礼教不合，国民所敬重者国家即应予以保护，此本条之意也。"坟墓"二字，大则历代帝王陵寝及先圣先贤、忠臣烈士坟墓，小则寻常墓塚均包在内。此等罪名旧律及违警律均有规定，唐律毁人碑碣石兽者徒一年，违警律三十二条毁人墓碑者处十日以下、五日以上之拘留，二十元以下、五元以上之罚金。今本条所定罪名轻于旧律，如尚以为情轻罚重，则按照最少额监禁数天或罚一、二元并无不可，自无骚扰之患，此又一原则也。

五十二号、特派员、一百四十八号、六十八号、七十三号、八十一号同时发言，声浪大作。

宪政编查馆特派员（杨度）：可以加上"载在祀典"四字，凡载在祀典的本是应该尊敬的。

一一八号（夏议员寅官）：这一条讨论已久，可否请议长再付审查？

一四八号（陶议员峻）：方才本员倡议请议长付表决，不然各持一说，到明天也不能解决。

一七八号（高议员凌霄）：方才各位有主张不要载在祀典就可以包括一切以保护宗教，但是现在多数心里都以为范围太宽、标准太大，恐怕将来生出无穷的流弊。现在本议员倡议修正条文，凡对于"载在祀典"之坛庙、寺院、坟墓及礼拜堂有不敬之行为处以何刑，因为要没有"祀典"二字恐怕将来另外生出一种解释，如此规定似少流弊。

七三号（汪议员荣宝）："坟墓"二字要是规定载在祀典，比如对于普通的坟墓有公然不敬之行为，其子孙必不甘心，若是因法律上没有规定，就不准人告诉，这也是情理上下不去的。

一七八号（高议员凌霄）：普通坟墓用不着说不敬之行为，比如在田野放牧牛羊因而践踏普通坟墓之时甚多，若以公然不敬之行为解释，岂不生出无穷的讼事？

一九三号（顾议员视高）：高议员的话是很不对的，普通的坟墓就应当任人作践，国家即不必设法为之保护么？

一七八号（高议员凌霄）：我们西南各省牧场甚少，放牧牛羊往往在人家墓所，若皆指为有罪，则人人多会受罚，岂不骚扰？

一九三号（顾议员视高）：这刑律是通行全国的，决不是专行于某处一省的。

一三三号（陈议员敬第）：照高议员的意见，这个坟墓除发掘以外无论如何作践都不能过问了。

五二号（毓议员善）：本员提起讨论终局。有赞成再付审查的没有？因为讨论的时候过多，特派员对于这条解释也不大相符，所以请议长咨询本院，大家如赞成，再付审查即行表决。

议长：毓议员倡议再付审查，众赞成否？

众赞成。

议长：接续议修正案。

秘书官（曾彝进）：朗读二百五十八条至二百七十二条。

议长逐条问：有无异议？

众议员：无异议。

秘书官（曾彝进）：朗读二百七十三条。

一四八号（陶议员峻）：二百六十七条万不可删去，原案上本有的，因为股员会修正的时候怕巡警骚扰，所以删去这条，本员都不以为然。现在既实行禁烟，烟具还留着作甚么呢？如果留此一条，警察不必去骚扰、去搜索，而藏烟具之人家不得不防备，自可立时毁弃。如删去此条，则吃烟之人可以不毁烟具，随时可以偷吃，还要禁烟作甚么呢？所以这条是万万不能去的。

一七八号（高议员凌霄）：陶议员这句话本员很赞成的。因为怕巡警骚扰就不搜索，如果不能搜索，人家就可以私藏烟具、私购烟具，又何必实行禁烟呢？

一四八号（陶议员峻）：为贩卖而私藏与私藏器具稍有分别，若删去这条，恐怕二百六十一条不能包括二百六十七条。

一九三号（顾议员视高）：本员对于此条有数语说明。大凡国家立法总要期其能行，若立法太严，恐推行不去，转损法律威信。即如鸦片器具，设有人家因其先人吸烟，为子孙者以为先人遗物不忍抛弃，而亦要处以相当之罚，似觉太扰。在贵议员对于吸食鸦片烟一事深恶痛绝，并器具亦欲扫除净尽，用意固善，但鄙意以为两面均宜周到，然后法令方能推行无阻。

一一五号（许议员鼎霖）：本员对于顾议员的意见很不赞成。若说儿孙收藏祖父的烟具以为纪念，决无此事。盖祖父口泽、手泽可作纪念者甚多，当此禁烟时代，凡吸食鸦片之人即在九泉之下方且引以为耻，为子孙者应速销灭烟具以盖前愆，断无收藏烟具更增祖父之痛。本员甚赞成陶议员的倡议，请付表决。

一三四号（余议员镜清）：这个二百六十七条所载"私藏鸦片烟器具归警察搜查"实在困难，以本员看，不要这条却没有关系，并且收藏这个东西也有留得作别的用处的。

一四八号（陶议员峻）：余议员的意见本员不甚赞成。因为鸦片烟器具如灯盘子尚可作别的用，而鸦片烟锤子及枪专为吸食鸦片烟之具，留得作甚么呢？条文上"专"字请余议员注意。

一一二号（陈议员树楷）：鸦片烟流毒中国数十百年矣，现在既实行禁烟，删去这条，还要留得这个东西作甚么用呢？

一一五号（许议员鼎霖）：鸦片烟已经本院议定明年腊月底禁绝吸食，新刑律宣统五年实行已在禁绝之后，何可再留此器具以遗后患。

宪政编查馆特派员（杨度）：这个犯罪已在刑律总则上规定，股员会修正的时候以为总则既有规定之条文，所以把这条删去；政府特派员也以总则上既有规定，这个地方就可以不必细举了。

一一三号（李议员搢荣）：请问特派员，加上这条还是同意不同意？

一一五号（许议员鼎霖）：留得这条有甚么不合，请特派员答复。

宪政编查馆特派员（杨度）：没有别的，因为总则上有的分则上就可以不必另行规定。吸食鸦片烟现在定为有罪，收藏烟具即是预备犯罪之具，比如放火本是有罪，放火之具亦是预备犯罪之具，都是总则规定的，分则不必再说了。

一四八号（陶议员峻）：特派员答复的话不甚明了。因为鸦片（因）〔烟〕器具是专为食鸦【片】烟用的，绝对不可私藏，火具不是专为放火用的，不能禁其私藏，特派员不必过于崇拜股员会的修正案。

一七八号（高议员凌霄）：贵特派员谓总则四十八条供犯罪之物适用于二百六十一条，因制造贩卖烟具即总则所谓"供犯罪之用"也，如此说来前条就可以删去了。

一一五号（许议员鼎霖）：请议长付表决。

议长：陶议员倡议留原案第二百六十七条，先看有人赞成没有，若有，始能作为议题。

众议员有起立者。

四八号（陈议员懋鼎）：请议长命秘书官数人数，若不够三十人之赞成，这个议题就不能成立。

议长：请赞成陶议员倡议者再行起立。

众议员有起立者。

秘书官承命数人数，起立者已三十四人。

议长：过三十人以上，成为议题。

七四号（陆议员宗舆）：现在作为议题就须讨论。这个新刑律我们不必争意见，总要平心静气仔细想一想。凡立法的宗旨一面要严紧，一面还要不骚扰地方，若从禁止范围以上还要加一层骚扰，恐不是国家立法的宗旨，所以股员会把这条删去。据本员看来似不必再争意见了。

四八号（陈议员懋鼎）：删去这条并不是保护吃鸦片烟的，不过留得这条恐怕警察有骚扰情事。

一一五号（许议员鼎霖）：请诸位注意，警察必举发或访实而后搜查，断无平空到人家去搜查的，如怕骚扰，则警章所定何在不可骚扰。（声浪大作）

一一二号（陈议员树楷）：如果怕骚扰，其余各条也不必规定了。

一一五号（许议员鼎霖）：我看特派员与议员提起鸦片烟没有一个不痛心疾首的，既是这样，私藏器具还怕警察骚扰吗？

一三三号（陈议员敬第）：方才陆议员的话本员以为理不充足，但是本员主张删去这条"总则可以规定，分则不必规定"。而许议员说这条要在分则上规定，试问赌博一条何以总则有、分则没有，如果私藏烟具这条要在分则规定，赌博也要规定。

一一五号（许议员鼎霖）：鸦片烟为害中国是大家最痛心的，比赌博规定还要宜严。如果"总则可以包括，分则必可以删"，本员不以为然。

一三三号（陈议员敬第）：吃烟的固然是犯罪，赌博的还是一样犯罪，试问赌博一层要不要规定？

一七八号（高议员凌霄）：贵议员谓"这条于总则上既有规定，于分则上就不必规定"，如果以为不必规定，就无须禁烟。

一一五号（许议员鼎霖）：请议长付表决。

宪政编查馆特派员（杨度）：股员会删去这条其所以与政府同意者，因为总则上既有规定，故方才某议员说"政府不必对于股员会审查案以为神圣不可侵犯"一语本员不能不声明一句。股员会所审查如果与政府有不合的地方，也必与之争辩，并未有视为神圣之意。至于这条，政府提出案本是有的，后来股员会删去这条，特派员也以为总则上有的分则上可以不要，所以与股员会表同情，并非视为神圣。

一四八号（陶议员峻）：本员以为删去这条恐怕有制造贩卖的流弊，若说是总则可以包括，那现在禁烟暂行章程均可不必要了。（声浪大作）

一七八号（高议员凌霄）：有二百六十一条而后有二百六十七条，若以为私藏器具不要紧，而这个新刑律所规定的各条均可不要了。

七三号（汪议员荣宝）：删去这条是股员会与特派员协商出来的，并经股员会十八人多数之认可才审查出，并不是说审查之时必要政府特派员随声附和，审查之后必要大会人尽赞成，至若说"政府特派员不要以股员会为神圣不可侵犯"一语，请少说一句。

一一五号（许议员鼎霖）：讨论了许久，请议长付表决。

议长：按议事细则应先表决股员会修正案，请赞成股员会删去二百六十七条者起立。

众议员起立赞成。

议长：已经起立者不要坐下。

四一号（定议员秀）：本员是不赞成删去这条的，表决时没有听得清楚，所以坐下。

秘书官承命数人数。

议长：起立赞成者四十位，少数。

四八号（陈议员懋鼎）：请再数人数。

一四八号（陶议员峻）：数了又要数，然则这条永远表决不了的。

一五一号（黎议员尚雯）：人数不够。

一一五号（许议员鼎霖）：人数不够，今天就可以散会，加上这条有甚么妨害，大家何必争意气呢？

一三三号（陈议员敬第）：这个要规定，试问禁赌也规定否？

一一五号（许议员鼎霖）：规定也好。

一四八号（陶议员峻）：按照议事细则，表决时候不得再发言，请议长将本员倡议付表决。

七三号（汪议员荣宝）：把政府提出原案付表决就是。

议长：现在表决陶议员倡议，赞成陶议员倡议不删去二百六十七条者请起立。

众议员起立赞成。

秘书官承命数人数。

议长：赞成者六十四位，多数。现在休息十五分钟。

下午四点四十五分钟议事中止。

下午五点钟续行开议。

议长：现在接续开议。

秘书官（曾彝进）：朗读第二百七十三条。

百四十号（康议员詠）：第二十一章表决时增入一条，可否改为二百六十五条第二项？不然则全部条文均宜变更。

议长：修正字句时候还可以改的。

一六五号（王议员绍勋）：请议长将劳议员修正案付表决。

众议员：没有这条修正案。

议长：有无异议？

众呼"无异议"。

秘书官（曾彝进）：朗读二百七十四条。

议长：有无异议？

众呼"无异议"。

秘书官（曾彝进）：朗读二百七十五条。

五二号（毓议员善）：这一条规定暂时是娱乐，甚么分别？

七三号（汪议员荣宝）：如同赌个东道，输了的就作东道。

议长：有无异议？

众呼"无异议"。

秘书官（曾彝进）：朗读二百七十六条至二百八十一条。

议长逐条问：有无异议？

众呼"无异议"。

秘书官（曾彝进）：朗读二百八十二条。

一七六号（罗议员其光）：这条"罚金"可以删去。

一五九号（蒋议员鸿斌）：未满十五岁为未成年即无有责任，害人既享其权利，被害亦当享其权利，这个"未满十二岁之男女"也当改为"未满十五岁之男女"。

议长：现在表决二百八十二条，请赞成删去"罚金"者起立。

众议员起立。

议长：不足三十人。

一七六号（罗议员其光）：到底是三十人以上不是？

秘书官（曾彝进）：二十七人。

议长：有无异议？

众呼"无异议"。

秘书官（曾彝进）：朗读二百八十三条。

一七六号（罗议员其光）：本员按照细则二十三条得了赞成的可以作为议题，请将二百八十二条"罚金"一项删去。

议长：请看细则二十三条就明白了。

议长：有无异议？

众呼"无异议"。

秘书官（曾彝进）：朗读二百八十四条至二百八十七条。

议长：有无异议？

众呼"无异议"。

秘书官（曾彝进）：朗读二百八十八条。

一七六号（罗议员其光）：劳议员有倡议，请议长付表决。

八二号（陈议员宝琛）：杨钟岳有个陈请书就是为这件事情，当时议决说是将此项作参考。

秘书官（曾彝进）：朗读劳议员乃宣修正案与高议员凌霄修正案及杨议员锡田修正案。

一三七号（邵议员羲）：请提出修正案者说明理由。

议长：这个里头还有陈请书是预备参考的。

五十五号（崇议员芳）：可以朗读一遍。

议长：应先说明主旨，抑先朗读陈请书？

一一七号（雷议员奋）：陈请书不应在此时拿出来，还是请提出修正案的说明主旨。

议长：当初表决的就是议到此条预备参考。

一一七号（雷议员奋）：已经送到法典股审查没有？

议长：没有送去。但当初表决时候说明议到此条时作为参考，众议员既都知道，就请劳议员说明主旨。

八十号（劳议员乃宣）：无夫奸中国社会普通的心理都以为应当有罪的，这个道理极平常，没有甚么深微奥妙的，请议长问问大家以为可则可，以为否则否，本员并无成见。不过我们是四万万国民的代表，总得详细斟酌。看大家意见如何？

一五一号（黎议员尚雯）：这一条万不能加入正文，现在中国民法未定，到民法规定时候这个自然明白了。

一三二号（文议员龢）：现在民法尚未规定有妾、无妾，然按之立宪通则则断乎不应有妾，而却为我国事实上之所必不能免。譬如民法不认有妾而纳妾，是妾即等于无夫妇女，而非正式之婚姻，即等于和奸，若刑律定入无夫奸有罪一条，则将来纳妾也应有罪了。

议长：请高议员说明主旨。

一七八号（高议员凌霄）：本员简单发言。此和奸无夫妇女事两方面争点相差太远，主张有罪的也有理由，主张无罪的也有理由，此事再讨论三天三夜也说不完。今天是初八日，闭会只有二日了，这一条就是两天都讨论，这个也万万不能解决。据本员的意思，请议长现在先数人数，如果够了请即宣告表决。不过这个事情与社会关系很大，有主张有罪的，有主张无罪的，我们资政院是取决多数，用投票法表决，如多数人主张无罪，就从原案；多数主张有罪，就应修正。本员主张就是这个意思。

一一七号（雷议员奋）：高议员说的没有一定的主旨，何以叫大家表决呢？（声浪大作）

五五号（崇议员芳）：劳议员对于无夫奸的修正案本议员是极赞成的。人家无夫妇女谁肯听他与人和奸，国家要是没有法律保护，本议员也决不甘心，所以赞成劳议员的修正案。请议长付表决罢。

七三号（汪议员荣宝）：无夫奸有有罪的，有无罪的，这是有道德上的罪，有法律上的罪。因为这个事是亲告罪告诉，乃坐事甚暧昧，检事提起公诉是很难的。比如和奸的两个人，这两个人都没有尊亲属，是叫谁去告诉呢？既无尊亲属，法律上没有法子使之提起公诉来，所以法律上不问；若是定了有罪，国家立法上就不得其平了。所以在道德上是天然的罪名，中国旧例无夫奸是杖八十，然而这一条刑律从来也没有行过的。

众议员同时发言，声浪大作。

议长：发言要报号数，不能同时发言。

一五九号（蒋议员鸿斌）：本议员也是法典【股】股员之一，但是这条本议员不敢赞成。当议决时以少数服从多数，这条是规定在暂行章程第四条，就是和奸无夫妇女表决时候本议员没有赞成，本议员以为当加在二百八十三条以下。当时不赞成的多，今天议到这一条，所以不能不声明这一条。大家说是关乎教育，不关乎刑法，假使关乎教育，男女都可和奸，和奸以后生下儿女来又可以和奸，要是以此为家庭教育，无论甚么事杀人放火都可以为教育了。

一三二号（文议员龢）：现在新刑律尚未颁行，照现行律无夫奸却定为有罪，而私生子固是不少，若谓私生子多秉戾气，将来必不是好人，此说未免过于迂谬。请历观传记，古来私生子为贤哲者亦属不少，未必非私生子即尽是好人也，此可不必深论。且《周礼》尝云："仲春之月，会男女之无夫家者于是时也，奔者不禁"，可见当时并不认为有罪，若谓不定无夫奸之罪便悖于礼教，则将何以解于周礼之所云。

一五九号（蒋议员鸿斌）：本议员还没有说完呢。关于伦理、关于礼教是刑法上的根本，舍伦理教育而讲刑法还算什么刑法呢？这一条亦是在五伦之一，男女怎么在五伦之内呢？孔子的话有阴阳而后有男女，有男女而后有夫妇，有夫妇而后又父子，有父子而后又君臣，这个就是五伦，这个就是根本。

一三三号（陈议员敬第）：这个事大家不要闹意见，总须平心静气的（便）〔辩〕论。劳议员提出修正案，请问劳议员到底是个甚么办法？

七三号（汪议员荣宝）：到了二百九十三条第三项本员有个意见。

一一二号（陈议员树楷）：刑法上不规定无夫妇女和奸罪一条本是各国通例，详考各国立法之意，强奸、诱奸有罪，而和奸之条不规定者正所以尊重女权、视如平等的意思，更本于民法上之自由结婚。以此为前提，则必女子教育发达，其学识足与男子平等，始不至有自误及受人欺骗等弊。中国女子平素多不与人交通，阅历既不娴熟，教育又未普及，其所以尊重女权者转不足以保护女权。本议员以为凡规定法律必先本于社会情状，若以最高的法律施之于社会情状不合之国民，其危险更有甚于法律不完全之弊者。以上等社会看待国民本员很赞成，不过对于中国现在的社会情状不合，非所以保持秩序之本意也。此条还要稍为斟酌一下。

一三三号（陈议员敬第）：家长注意一点，自然没有这个和奸事情。（声浪大作）

百四十号（康议员詠）：政体无论专制、立宪，教育无论发达与否，断不能使全国人皆为圣贤，倘全国皆圣贤则自无犯罪之人，不必定此法律矣。

一一二号（陈议员树楷）：刑法规定是为犯罪者设的，非为不犯罪者设的，不怕百年无此事实，社会上有此一种可以犯罪情状，法律即可以规定之，若但就上等社会人之程度规定法律，则法律可以不用。方才说尊重女权就不应该有这个规定，不过用于现在社会情状不甚相宜，所以说还要斟酌一下。

宪政编查馆特派员（杨度）：政府提出来的议案刑律全部之后又有暂行章程，无夫妇女和奸之罪载在暂行章程之内，并非不以为罪。前次法典股审查后报告的时候说要废暂行章程，议场上于此问题没有讨论，没有表决，特派员所以没有说话。在政府的意思因为新刑律对于本国人民社会风俗习惯可以认为有罪，既认为有罪，似应即规定在正条里。其所以没有规定在正条，而规定在暂行章程者是甚么意思呢？因为国家定这个法律是要于各国法律一律，可以使外国人通通遵守，将来易于撤去领事裁判权，我国与英、美、日、葡所立商约都载定将来中国法律改良于各国法律之后，各国允许裁撤领事裁判权。无夫妇女和奸之罪各国刑律都没有这一条，既是各国都没有这一条，而中国刑律偏要规定这一条，就是与各国刑律不能一律，将来就不能撤去领事裁判权，所以政府不肯加入正条之内。但是以中国风俗礼教而论，似乎不能不认无夫妇女和奸为罪，政府因此很觉踌踌。但因国家改良法律,其宗旨系要与各国刑律一律,使外国人民都能遵守,为撤去领事裁判权之预备,便不宜把这条载在正条里,生出交涉时之困难,故载在暂行章程。这个暂行章程与刑律有同一之效力,则在国内即可借此以维持本国礼教,不过从外国一方面看来,中国刑律总是完全的,以救刑律之不济而为新旧刑律交替之媒介,所以暂行章程是断断不可少的。且俟实行数年若各国不以此条为然,即可废去暂行章程,却无受人干涉而改刑律正条之名。若各国以为此条可存,则现在虽不加入,俟将来刑律改良、领事裁判权收回之后再加入正条亦不为迟。至于现在贵议员有两派,一派谓无夫妇女和奸无罪,不应列于暂行章程之内;一派谓为有罪,应移入于正条之中。都主张要暂行章程废去,实非两全之法,都是政府不能同意的。

百九十号(吴议员赐龄)大呼"请发言"。(声浪大作)

议长:请百十七号先发言。

一一七号(雷议员奋):本院对于无夫奸一层还没有说到政府,所以要修改新刑律的宗旨并没有国家的主义。对于新刑律之修改究系一个甚么主义,方才特派员所说的这个刑律与将来收回领事裁判权有密切之关系,可是这一层又是一个问题,我们现在所讨论的应把无夫奸这一条来讨论。国家定这个法律是国家的一种公法,不是私法。甚么叫作公法呢?因国家以所定的法律来颁行出去要使人人共守的,所以国家对于这个法律有两种目的,一种是要保全国家的治安,一种是要保全个人之自由。因欲保全国家治安,所以凡有国家以内的人有骚扰妨碍国家之治安者,必以刑罚处之;若有侵害个人之自由者,国家亦必要定出刑罚来治他。国家有这二个目的,必定要等原告来告,然后处之以罚。为甚么呢?比方有人侵害个人之自由,必先有被侵害之原告而后有被告,有被告然后可定以罪;好比有人妨害国家的治安,必由被害的人可以为原告。虽没有原告而国家有原告之机关,如审判厅、检察官可以作原告,这为甚么?国家恐怕有犯罪之人而被犯者不出来起诉,这个罪无从惩治,所以规定由检察官以职权起诉之,这是公告罪之手续。若亲告罪则不然,国家所以想出一个法子不有原告而这个罪可以不问,这非亲告不可,因原告自己愿意去告方可罚被告的人。比方自己本人不出来告,而与本人有关系的人亦可以出来告,所谓尊亲属代为起诉。至于国家对于百姓,比方百姓犯罪一定要有见证的人,然后可以罚他,若是没有见证的人,国家不能自己出来去办这件事。这个无夫奸还是公告的罪呢，没有一人说不是亲告罪，既是亲告罪，与国家治安何关系呢？实是关系个人之自由，是法律上之自由。所以对于无夫奸一层若有因这个行为恐妨害我们的自由而要定他的罪，然在国家一方面必等他的人来告然后可处之以罪，若是没有原告，在国家一方面亦是默认的，所以要拿这一条放在刑律里头亦没有甚么关系的。现在大家所争议的不是刑律里头的问题，且这一条不但外国如是，就是中国亦是这个样子，所以要定刑罚一定有原告，然后可以罪他，若没有原告亦没有法子的。这一层不是国家定法律之时有意使百姓可以和奸，不过因既有各种的法律，想种种都在那里了，且国家要管这个百姓，要使百姓不许做不好的事，这不是专靠刑律之作用，而作百姓的无不是专靠国家之刑律而有以防范的，若因国家法律里头没有这几个字而自己遂去做不好的事，那是百姓对不起国家，而非国家对不起百姓。

一一二号（陈议员树楷）：本员对于特派员与雷议员的话有点儿疑问。本员现在先把对于特派员的话说一说。方才特派员所说的本员很表同情，据特派员所说的有二方面，一方面是对于社会程度，一方面是为收回领事裁判权。现在我们中国因刑律未经改良，欲为收回领事裁判权之交涉很不容易，那是不移之道理。不过因为收回领事裁判权才定出这个暂行章程，一俟收回裁判权，那时无夫奸这一条俟各国承认后即行加入正条，若不承认再行删去。特派员所说的一面是为顾全支那，一面是为社会程度，是非常之赞成，不过其中有疑义。收回领事裁判权之问题非仅刑律改良即可办到，且非刑律内"无夫奸"一条之规定可办到，据事实上说必须各种法律如民法、商法、民刑诉讼法、裁判法等一切修订妥协后始能议收领事裁判权。果如是，则本员想这个事件非一、二年所能办到的，若谓仅刑法上无夫和奸无罪一条定好当下即能收回领事裁判权，此说实不敢信。

宪政编查馆特派员（杨度）：政府的意思打算早日撤去领事裁判权，所以不能不变更法律，刑律亦是法律最要之一种，所以刑律的内容条件不能不同各国一律。明知有不合于中国今日社会情形者，但因急欲撤去领事裁判权有不得不委曲从权之处，政府不愿意十年、八年才与各国办交涉，如果办交涉时各国刑律皆无这一条，彼时又非删去此条不可，与其将来删去，不如现在不加入正条。（拍手）股员会意见亦甚相同，所以此条列在暂行章程甚为相宜。

一二九号（汪议员龙光）：此条只有想个法子表决，无须讨论。两方面之人一主无罪,一主有罪,不独院内之人各持一说,不能相下,即院外一般舆论对于此条纷纭聚讼,已经闹了好久,终不能彼此通融。座中百数十名议员虽不人人皆有法律知识,独对于此条两方面所持之理由皆彻底明白而各有其专主,凡主张无罪者任是如何演说决不能动此一方面之心,凡主张有罪者任是如何演说亦决不能动彼一方面之心,岂非徒费口舌么?这样看起来只有速付表决为是。只将有罪、无罪两面付诸表决,本议员却又不赞成。因为这一件条文主张不要则显背中国礼教,主张载入正条则又与外国法律不能合辙,恐为收回领事裁判权之障碍,原案将此条订作暂行章程颇是煞费苦心。今法典股员会将暂行章程一概删除,于是主张保全礼教一面之人争执尤力,而人数亦加多,本议员意见以为,应先将暂行章程主张存留,请议长付诸表决,如得多数可决,则既有暂行章程,此一项条文自然可不订入正条之内,这是保护新刑律一种手段,而亦不与中国礼教显相背驰,至于"暂行"二字行到何时为止后来再说。

一一二号(陈议员树楷):政府特派员的意思本员并没有甚么很不同意的,不过稍有点参差的意思,本员以为事实上有办不到的,且交涉亦恐怕一时万办不完全。本员又有答复雷议员的话,若谓保全治安、保全自由,保全治安以保全善良风俗为重要之点,自由这一层必平等才能自由,我们中国女人之程度法律若不加以维持,试问果能保全治安不能,果能保全自由不能呢?

四八号(陈议员懋鼎):陈议员所谓程度不齐本员绝不赞成的,程度不齐就不能开资政院。就刑律而言,无夫奸何以犯得很少,可见不能算程度不齐。

七三号(汪议员荣宝):仁者见之谓之仁,智者见之谓之智,程度够者谓之够,程度不够者谓之不够。(拍手)

一零九号(籍议员忠寅):现在各位争论这个问题仿佛闹起意见来,很没有利益。因为在意气上来争论就不在真理讨论,而把真理全都失了,法律若是这么争论起来,于法律要义实在不合。方才已经有人说过,本员再说一说。凡事要在事实上注意,所以加无夫奸罪在事实上想来恐怕做不到。若说将来不规定在里头,恐淫风流行,靡所底止,从前男女防闲甚严,后来因为没有法律管束,遂至一败不可收拾,以至有明目张胆白书宣淫这些事情,本员想事实上一定没有的,此条可以不必论。第一就说没有妨碍地方,向来放荡不道的人要想奸人妇女,然有所忌惮而不敢公然去行的,是甚么缘故呢?并不是因法律上有杖八十的刑法,是一则怕于社会上名誉有关系，一则是因为所奸妇女他家里有男人一定要忿恨，忿恨之极就有杀伤种种事情，所以有所忌惮。可是不逐条载明，也不至风俗一败不可收拾，就是法律定了这条，而奸无夫妇女之事也是仍然有的，而社会上终少这种事情的原因就是因名誉有所（防）〔妨〕碍，这是实实在在的情形，当议员的可以不必虑到这层。况且当议员的就是全国人民代表各省的人，大概于各省情形没有不晓得的，这个无夫奸的事各省发现的也不多，就是法律上载这一条能够办得到吗？一定办不到的。况且社会上习惯人人都有保全名誉的心，所以对于这等种种行为不必虑到的，这是第一层。第二层，无夫奸罪去行的时候又有困难地方，既是和奸，女人与男人一定同意的，如果审判官问口供一定是一样口供，就说妇女口供不同，然也没有真正证据可以作凭据的。且男女和奸加罪还是加男的罪，还是加女的罪，若说加男的罪，不加女的罪，则其初本是一样，未免不平不均，所以规定这条必定生出多少扰乱来，有种种困难，本员主张可以不必加上。

　　一一二号（陈议员树楷）：方才籍议员说有名誉与忿恨二者，自然不敢轻举，不知若无法律上之保护，将来有名誉不顾者将何如，忿恨之极必至杀伤，不用法律保护，使人民至于杀伤，何如国家有这条法律明定罪名可以保全社会秩序呢？

　　一零九号（籍议员忠寅）：陈议员与本议员所争的不同。陈议员认定国家法律为维持道德一种东西，现在是讨论法律，不是说维持道德。

　　一一二号（陈议员树楷）：这个法律里头是讲权利、义务的。

　　一零九号（籍议员忠寅）：这个刑律是济政策之穷。

　　一一二号（陈议员树楷）：本员亦以为是济政策之穷。

　　一三十号（刘议员景烈）：请付表决。

　　一一五号（许议员鼎霖）：本员以为特派员所说列在暂行章程甚妥，将来或添入或删去均易办理。若说此条专为收回领事裁判权起见，本员却不以为然。窃谓洋人必不愿无夫妇女与中国人和奸，何至以此条有罪为非，亦不至利与中国妇女和奸以此条有罪为不便，请议长即将特派员所说付表决。（声浪大作）

　　一二九号（汪议员龙光）：方才本议员请将留在暂行章程先付表决（到）〔倒〕是绝好解决方法，两面均顾得住。如不从此下手，坐令两面相持不了，一方面是主张迎合外国法律，一方面是主张保全中国礼教，然二者不可得兼，得失利害两两相冲，自然是舍外国法律而保全中国礼教，本议员即其一也。

一三二号（文议员龢）：本员绝对不赞成汪议员的话。因为以无夫奸为有罪就应归入正条，若以为无罪，暂行章程即应作废，若现在有这条刑律而将来又没有这条刑律很不对的。（声浪大作）

议长：请缓发言。

一一五号（许议员鼎霖）：这个法律不知诸位研究过没有？据本员想，无夫奸这层人家虽然没有这条法律，亦是很以为耻的，如西班牙、南非洲等处很以无夫奸为耻。至于法国虽没有这条法律，而无夫奸者亦非常之少，可见外国也是不能免的。假若我们中国规定这一条法律，外国人看见要照我们中国改良他的亦未可知。

七三号（汪议员荣宝）：许议员说的话不是的。东、西洋各国凡基督最盛之时代男女犯奸都是死罪，非常之重，后来道德、宗教、法律分晰以后才渐渐改良，所以到现在这个样子。可见无夫奸外国中古时代有之，并不是没有。

一一五号（许议员鼎霖）：质问汪议员。本员未学法律，但在外国看见自治会遇有男子与无夫妇女有不规则行为，即可警戒不得在此往来，致碍风俗，可知外国虽没有这条法律，亦未尝不重风化。如果男女不依警戒，即可公告巡警干涉，似亦为国家刑律所许，不知法典股是否参考各国刑律一致否？

一一七号（雷议员奋）：本员打算趁着还有几分钟的时候，平心静气说几句话，请问议长可否登台发言？

议长：可以登台发言。

一一七号（雷议员奋）：本员现在声明一句，本员说话的时候请各位不要存一个心说本员是赞成法典股的意思，不过现在我们大家所讨论的是新刑律无夫奸这一层刑律上是应当有不应当有，我们大家总要从这上头着想，总要以公平之眼光看到这件事，仔细想一想，这个法律实行之后事实上应当如何。至于那些客气的话都可以不说，大家总要讲这确实的理论。比方现在我们大家讨论到这新刑律之内坛庙这几条，许议员说假若外国人到了我们中国地方不知道我们中国的风俗，要是把这一条去掉是与收回领事裁判权有妨碍的，而现在许议员自己倡一个议论又是反对收回领事裁判权，缘这种事似乎都是由客气上生出来。至于两边都可以说的话，现在我们可以不说的。方才陈议员说无夫奸这层是根于程度，程度高犹可以不要这条，程度不高是不能除去的。陈议员的意思以为这种行为是以程度为转移的，又说必要男女平权方可自由，这一层亦不大对。比方主张男女平权，而有夫之妇和奸则有罪，无夫之妇和奸则无罪，可见分明男女还是不平权的。（拍手）不但我们中国男女不能平权，就是现在外国男女也是不平权的，不过比我中国稍强一点。至于奸无夫这层国家定在法律上头、或是不定在法律上头是因为他的历史国情上生出来的，并不是因为程度不程度、平权不平权。（拍手）从前旧律上头无夫奸这层是杖八十，而天下无夫奸的不知多少，就是外国亦有的，并不是外国程度比我们高就应当没有这样事情，不过外国实在比我中国好一点，然而奸无夫之妇亦不知多少，所以他国家法律上没有这一条，可见程度之说与无夫奸这一条究竟应当定在法律上或是不应当定在法律上是毫无关系的。不过国家定一个法律必定有一个宗旨计算将来做到甚么地方，无夫奸这层是不是因为这件事妨害风俗与风化攸关国家，为保全风化起见，以保全风俗为宗旨，所以定这条法律。然而无夫奸这一层可以定亲告罪，而不能定公告罪的。国家虽然以保全风化为宗旨，然而要是无夫之妇与人和奸就是国家知道了，要是没有人告发也是不能管的，一定要等尊亲属出来告方能去管是甚么意思呢？因为非尊亲属不能告正是国家保全风化的宗旨，然还恐有做不到的地方。比方无夫之妇他没有尊亲属，他与人和奸虽然是与风化有关，然而这个无夫之妇他既没有尊亲属，不能提起控告，国家是不能知道他与风化有关的，就不能管他，一定是要有人提起控告然后才能知道他与风化有关。但是以一个人而论，他的名誉与他的体面他一定要顾惜的，这亦是国家保全风化的一种作用。比方一个人他奸无夫之妇，今天有这件事，明天亦有这件事，彰明较著，若是大家知道，这个人名誉体面就没有了，而于国家保全风化的意思到底没有完全，所以必要尊亲属控告；若是尊亲属不告，国家亦没有法子管他。至于国家定这一条法律是要实行的呢，还是为国家壮观瞻的呢？在国家定这个法律以为在人家没有做这件事以前法律上有了这种规定，使他有所警戒，他若是已经做了以后国家就拿法律去办，教人人时时刻刻知道国家法律上有这种规定，不应该做的。所以诸位都要主张无夫奸定罪并不是一定希望将来有无夫奸的案子，国家法律就要办他的罪，因为刑律上头大家都知道有这一条规定的，虽有人要想和奸无夫之妇是一定不敢作的，这正是国家保全风化上得了一点帮助。是不是这个意思呢？但是本议员可就拿这个意思申而言之。

比方一家人他的祖父母、父母、兄（第）〔弟〕对于他的子女以国家的刑律与他尊亲属管束力相比较，到底那一边效力大呢？无夫奸这一件事与其以国家法律禁止他，实不如他的父兄以教训子弟之方法禁止他之为愈也，这样看起来可见他的父兄保全风化比国家保全风化的效力大得多，不必一定要国家有这条条文，他的父兄自己才尽这个责任。说到这个地方，有人说国家定了这条条文于保全风化到底有无妨碍，如果法律有这条，就没有犯无夫奸之罪的，这就可以保全风化，本员也非常之赞成。但保全风化责任在我们自己百姓，并不在国家，有了这条将来刑律施行之后反生出许多妨碍。为甚么呢？因为国家空有这个条文，又没有法子去办，国家信用就没有了，国家为人民定法律，若是法律没有信用，又何必要这条规定呢？所以本员主张道德礼教与风化攸关，都应当有的。不过今天所讨论的是为国家刑律，这个刑律是公法，不是私法，一国之内都应当知道的。管子云：礼义廉耻，国之四维，四维不张，国乃灭亡。不是光靠国家法律这一方面维持的。现在所说的应当在法律上说话，至于法律以外种种理由可以不必说。

某议员：难道没有人告就不能成罪？

一一七号（雷议员奋）：法律上所谓亲告罪有一定的期限，有一定的界限，不是无论甚么人都可以告的。

一一二号（陈议员树楷）：方才雷议员说重要之点就在将来法律不能实行，国家没有信用，宗旨是这个样子不是？

一一七号（雷议员奋）：本员的意思宗旨还要申明一句。方才所说的有两层意思：一层是国家定法律是要实行，不是视同虚设的；一层是前所说的一种公告是要有原告、被告，刑律里头一定要有原告、有被告才能成为刑律。

一一二号（陈议员树楷）：规定盗贼罪的法律也是要有一个原告，但是没有原告也就不问（码）〔吗〕？

一一七号（雷议员奋）：陈议员所说的与这个问题是两方比较，如有一个盗贼盗窃人家物件国家也不知道，人家也不出来告，国家就没有法子去办。如果国家既已知道某处有盗，某处有贼，虽没有人出来告也是要办的。至于无夫奸一层，国家就是明知其罪而没有亲告出来也是不能办的，可见盗贼不能与无夫奸相比例，如果把这条加上万不能实行。请陈议员仔细想想，总要在实在地方讨论。

一一二号（陈议员树楷）：雷议员的意思是每种法律必定要期其能实行，本员也是这个意思。不过无夫奸罪这层与其恐难实行就不规定，不如明定法律不许人作之为愈。

九九号（陈议员瀛洲）：请议长付表决，不必再讨论了。这个问题再讨论两天还是讨论不完的。

百二十九号（汪议员龙光）：现在作为讨论终局，请议长付表决。

众呼"请付表决"。（声浪大作）

一一七号（雷议员奋）：讨论终局本员是很赞成的，不过对于陈议员尚有声明的话，并非争辩。比方人家要去奸无夫之妇，他也有害怕的意思，并不是害怕无夫之妇，是害怕无夫之妇家里的人，怕无夫之妇家里的人就是怕法律，因为法律上有亲告就能办，没有亲告就不能办，比方无夫之妇家里没有人，就没有人起诉，没有人起诉他就不怕法律了。（语未毕）

众大呼"讨论终局，请议长付表决"。

七二号（胡议员礽泰）：这个问题很重大，不能随便通过。本议员始终也未说话，现在本员要说几句，请登台发言。

一七六号（罗议员其光）：新刑律是四万万人生命所关，岂能随便通过？

声浪大作，议场骚然。

七二号（胡议员礽泰）：本员是极主张礼教的人，这个礼教关系甚大。要想维持礼教，总要另想一个法子，不能把礼教放在新刑律里头维持就算了事，要是放在刑律里头维持，这个礼教就算亡了。我们是极尊信孔子的，孔子曾有两句话，说道之以政，齐之以刑，民免而无耻；道之以德，齐之以礼，有耻且格。可见要维持道德要有个维持的方法，不能把道德与法律规定在一起就说是维持道德。

五五号（崇议员芳）：贵议员的意思是反对劳议员之修正案还是赞成呢？

七二号（胡议员礽泰）：本议员是反对劳议员的修正案。

声浪大作，有呼"讨论终局"者。

七二号（胡议员礽泰）：不能中止本议员的发言，等本议员说完大家再行讨论。

众呼"请简单发言"。

七二号（胡议员礽泰）：道德与法律原是两件事，本议员若果说自己的意见恐怕大家听不进去，所以把孔子的话作一证据。照孔子的话看起来，这法律与道德是不能放在一起的。怎么说不能放在一起呢？道德的范围宽，法律的范围窄，法律是国家的制裁，道德是生于人心的，所以关系道德的事法律并包括不住。比方我们议员有吃人家一顿饭就替人家说话，这是道德上的关系，而法律上无可如何。（语未毕）

百十五号、百十二号、百七十二号同时发言，声浪大作，议场骚然。

七二号（胡议员礽泰）：不要乱，听我说。若是要把道德规定在法律内，本议员想起来我们中国向来没有这个办法，请大家平心静气想一想，看能把道德上的事情可以规定在法律内不能。本员以为，自有法家以来，这个礼教就算亡了，我们中国宗教家都是讲究道德、维持礼教的，因为自三代以后刑名之学兴而王道已渐灭亡矣。但是本议员以为王道所以灭亡之故因刑法参杂于道德之内，刑法既参杂于道德之内，则所谓道德者不过姑息而已，所以后来中国只有法律，并没有礼教。现在诸位既欲提倡礼教，要想提倡礼教的法子不必规定在法律之内。

八十八号（陶议员保廉）：请问贵议员，"君子怀刑"这一句怎么讲？

七二号（胡议员礽泰）：这个不要弄错了，君子惟能保存道德，所以怀刑就不至于犯刑。

众呼"讨论终局"。（声浪大作）

议长：现在作为讨论终局，众议员赞成否？

众呼"赞成"。

七四号（陆议员宗舆）：请议长用记名投票法表决。

众呼"赞成"，并呼"请议长命秘书官点人数"。

议长：有一百零五位即为足数，现在在场人数不止一百零五人。

一七八号（高议员凌霄）：请议长注意头一次用记名投票法表决时内有伪票一张，是我们资政院的大污点，如果这回再有此事，应请付惩戒股惩戒。

宪政编查馆特派员（杨度）：请议长先将暂行章程付表决。

一三三号、百十号同时发言。（声浪大作）

七三号（汪议员荣宝）：未表决之先请议长声明新刑律加入无夫奸罪名赞成者用白票，反对者用蓝票。

五二号（毓议员善）：请先表决劳议员修正案，然后再表决杨议员修正案。

（声浪大作）

七四号（陆议员宗舆）：修正案太多，一个一个表决不知道要到甚么时候，本员以为表决的题目可以简单，以无夫奸为有罪或以无夫奸为无罪者作两样表决法。

百十号、八十一号同时发言。（声浪大作）

一三七号（邵议员羲）：本员以为先表决无夫奸，然后再表决暂行章程。

一七七号（李议员文熙）：照议事细则，表决修正案先表决与原案相近的，股员会修正案与原案相离太远，可缓表决。

一零九号（籍议员忠寅）：这个问题重大得很，本员看应该先表决无夫奸罪名在刑律内应有这条不应有这条，如应有这条的罪名，然后再将这条看加到甚么地方。请议长宣告无夫奸罪名是否应留先付表决。

五二号（毓议员善）：本员按议事细则，请议长宣告表决的题目。

众呼"赞成"。

议长：籍议员倡议大家赞成否？

众呼"赞成"。

议长：现在宣告表决的题目。凡赞成无夫奸加入刑律者请用白票写自己的名字，赞成无夫奸不加入刑律者请用蓝票写自己的名字。

一三三号（陈议员敬第）：加入不加入与加入甚么地方是两个问题。

议长：那一层再另外付表决。（声浪大作）

一零九号（籍议员忠寅）：加入刑律留这个无夫奸罪名这个问题大得很。（语未毕）

一七八号（高议员凌霄）：议事细则议长宣告表决后无论何人不得发言。

一三三号（陈议员敬第）：这个应分两个表决，承认无夫奸为罪者是一层，不认无夫奸为罪者又是一层。

议长：本议长所谓"加入刑律不加入刑律"就是这个意思，加入就是有罪，不加入就是无罪。（声浪大作）

一三三号（陈议员敬第）：这回表决一是认无夫奸为有罪，一是认无夫奸为无罪，请议长将这层宣告一声，不然恐大家误会。

议长：现在付表决。

一一五号（许议员鼎霖）：在场人数是多少？请议长还要宣告一声。（声浪大作）

议长：众议员不要说话，现在表决。认无夫奸为有罪的用白票，认无夫奸为无罪的用蓝票，须听明白。

八十号（劳议员乃宣）：收票之时先收有名字的这一张，过后再收无名字的这一张。

百九十号（吴议员赐龄）：还是照先前说的样子表决，以加入刑律的为有罪，不加入刑律的为无罪。

众议员呼"表决时候不要说话"。

议长：头一次尽收有字的票。

秘书长、秘书官收票、检票毕，报告议长。

议长：白票多数，无夫和奸定为有罪。（拍手）

议长：由秘书官宣告蓝票、白票议员数目、姓名。

秘书长承命宣告投篮色票议员，姓名如左：陈国瓒、刘纬、李文熙、陈懋鼎、吴赐龄、尹祚章、刘述尧、邵羲、孟昭常、汪荣宝、书铭、黄象熙、文龢、陈敬第、余镜清、庆山、胡礽泰、沈家本、潘鸿鼎、宁继恭、胡骏、郑际平、陶保霖、刘景烈、籍忠寅、柳汝士、吴廷燮、江辛、冯汝梅、周廷励、刘曜垣、陈命官、彭占元、黎尚雯、雷奋、刘泽熙、王廷扬、王佐、顾视高、章宗元、王璟芳、陆宗舆，以上蓝票四十二张。

秘书长宣告投白色票议员，姓名如左：黄懋澄、陈树楷、吴德镇、于邦华、康詠、王曜南、梁守典、吴怀清、刘志詹、李素、范彭龄、刘懋赏、张之霖、陶毓瑞、李时灿、彭运斌、王绍勋、蒋鸿斌、汪龙光、邹国玮、徐穆如、齐树楷、王玉泉、陈瀛洲、曹元忠、吴纬炳、锡嘏、奎濂、荣普、宜纯、荣塾、俨忠、魏联奎、志钧、延侯爵、存兴、刘能纪、定秀、庆将军、盛昆、柯劭忞、方还、李湛阳、罗乃馨、王鸿图、宋振声、孙以苶、陶葆廉、顾栋臣、李士钰、陈善同、许鼎霖、夏寅官、马士杰、王昱祥、郑锡嘏、谈钺、黄毓堂、黄晋蒲、杨锡田、索郡王、多郡王、色郡王、高凌霄、张歧、万慎、罗其光、王佐良、荣凯、毓善、崇芳、李经畬、寿公、希璋、陈宝琛、劳乃宣，以上白票七十七张。

议长：白票七十七位，蓝票四十二位，但蓝票中有吴议员赐龄一票书有文句，照章应作无效。

众议员呼"应作为无效"。

一一五号（许议员鼎霖）：请议长宣告明白是作一次表决，还是作两次表决？

议长：作两次表决。现在无夫和奸既已表决认为有罪，应当表决暂行章程。

五二号（毓议员善）：已经表决，不能再表决了。

众云：第二个没有表决的价值，可以不必再付表决。就要表决，用起立表决够了。

百三十七号（邵议员羲）：方才议长已经宣告过再表决二次，何必多言。

议长：诸位不要纷纷离席，还要表决。

六二号（刘议员泽熙）：如果有反对者，请议长再宣告表决。

一七八号（高议员凌霄）：请议长照议事细则五十九条办理。

一一五号、百十号、一零九号、百六十号同时发言，声浪嘈杂。

八十号（劳议员乃宣）：议长此次付表决还是要投票？

百二十九号（汪议员龙光）：这个暂行章程如果不用就不要表决，如果要用就同正条分开表决。

百零九号（籍议员忠寅）：股员会修正案把暂行章程去了是股员会的意思，至于大会赞成不赞成或者不要这一条还没有确定。（语未毕）

百十号（于议员邦华）：方才有劳议员、杨议员、许议员提出修正案来。

百三十号（刘议员景烈）：不能这样提出修正案来。

百零九号（籍议员忠寅）：请付表决。

议长：现在表决，方才已经宣告过了。

百十号、一六十号、一一五号同时发言。（议场骚然）

议长：不要再讨论。

五九号（顾议员栋臣）：请议长点人数，看够不够三分之二。

议长：现在在场共一百一十九位，够三分之二。

议长：现在表决无夫和奸定为有罪，赞成定在暂行章程者请起立。

众议员起立赞成。

众议员同时发言，声浪嘈杂。

秘书官点人数，共六十三位。

众议员以"方才宣告未听清楚，请重行宣告表决"同时发言，议场大哗。

议长：现在表决，众议员不要发言。赞成定在暂行章程者请起立。

众议员起立赞成。

秘书官点人数。

议长：起立者四十九位，是少数。

众议员同时发言，声浪大作。

议长：听不真，须一位一位依次发言。

七三号（汪议员荣宝）：表决有疑义，请反对者起立。

百三十号（刘议员景烈）：请议长用反证表决。

五九号（顾议员栋臣）：请点人数够不够。

七三号（汪议员荣宝）：表决时候不能说话。

议长：按照议事细则，表决有疑义须用反证的法子再付表决。

一七八号（高议员凌霄）：归入暂行章程是一个说法，归入正案又是一个说法。

议长：用反证就是了。

秘书长承命报告。

议长谓：诸位说话须俟议长的话说完的时候再说。

议长：方才表决有疑义，按照议事细则规定，应用反证表决证明，现请赞成加入新刑律正文者起立。

众议员起立赞成。

议长：六十一位，是多数。

七四号（陆议员宗舆）：本议员同陈议员方才讨论的时候，陈议员说中国程度不够，如此看来，陈议员的话真是佩服佩服。

七三号（汪议员荣宝）：此之谓"程度不够"。

议长：现在散会。

下午十点三十分钟散会。

资政院第一次常年会第四十号议场速记录

宣统二年十二月初九日下午四点钟开议

议事日表第三十八号

第一，大清新刑律议案。（三读）

第二，改订大清商律议案。（股员长报告，续初读）

第三，整顿常关试办章程议案。（股员长报告，会议）

第四，拟订铁路运货征税划一办法并添设常关议案。（股员长报告，会议）

第五，南漕改折议案。（股员长报告，会议）

第六，提议陈请亟变盐法就场征税收议案。（股员长报告，会议）

第七，提议陈请核减山西省北盐务议案。（股员长报告，会议）

一百一十号（于议员邦华）：本员有个倡议，会期已很迫了，现在重大议案还没有议决的很多，看这个情形再求延会必办不到，即使再开夜会亦是不能议完的。本员倡议照章有过半数议员陈请可要求开临时会，本员具了一个说帖，列名已过半数，请议长奏明请旨办理。

一四九号（罗议员杰）：本员倡议昨日表决无夫奸是表决主义，非表决条文，现在条文未改好，请更动议事日表，先把商律初读，明日续议刑律，请议长咨询本院意见如何？

五二号（毓议员善）：请议长宣告到会人数，开会开得这样晚是什么意思，请议长宣示明白。

副议长：因为人数不够，所以较晚。

一百一十号（于议员邦华）：本员所具的说帖已得过半数之赞成，照章可以具奏的。

副议长：到会者一百零六位，已足三分之二，现由秘书官报告文件。

一七三号（梁议员守典）：集会结社律已经审查过了，昨天已列议事日表，今天何以不列，请议长可否再行列上？

一百十号（于议员邦华）：请问议长，修改结社集会律昨天已列议事日表，何以今天又不列入此案？不过将陈请书更动两条，法典股审查的很好，几句话就可以解决了的，请再列入议事日表。

一四九号（罗议员杰）：商律条文不多，是重要问题，急当会议的。

副议长：罗议员倡议众位赞成否？

百十号（于议员邦华）：这个新刑律案若今日不议，明天一天不能通过，现在可否当场修正？

一四九号（罗议员杰）：这个商律是很要紧的，可以开议。

一百一十号（于议员邦华）：无夫奸条文本有修正案，若今天不议，明天就议不完了，是很危险的。

副议长：今天法典【股】股员长没有到，新刑律如有疑义，应由何人解释？

一一二号（陈议员树楷）：新刑律今年提出来很晚，要想通过是很难的事。

一五四号（陈议员命官）：今天法典股股员长及股员不来是因为全院不信任之故，新刑律本是宣统五年方能实行，现在可勿急于议决，且即此草草通过是不中不西、不新不旧之刑律，万不能适用的，请另议别事为是。

一四九号（罗议员杰）：刑律要到后年才能实行，即未议完亦无大关系。

一五四号（陈议员命官）：这是很要紧的事情。

一一二号（陈议员树楷）：法典股股员长今天为甚么不来？

百十号（于议员邦华）：这个新刑律本来提出太晚。

副议长：现在开议。

百十号、百四十九号、百六十八号同时发言。（声浪大作）

副议长：现由秘书官报告文件。

秘书官（张祖廉）：承命报告文件毕。

百六八号（李议员素）：这新刑律没有许多更动，请依次朗读。

一六九号（刘议员志詹）：山西盐务的事情请提前开议，这个只要十几分钟就可以通过。

副议长：刘议员的倡议更动议事日表，先议第七，众赞成否？

众起立赞成。

副议长：赞成者过三十人，议事日表第七提前会议。

副议长：税法公债股正、副股员长都没有到。

百五十四号、百六九号同时发言。（声浪错杂）

副议长：请税法公债股员代行报告。

六八号（文议员溥）：今日税法公债股员长未到，本员是税法公债股员之一，可以代为报告。

众议员请登台报告。

副议长：请文议员登台报告。

六八号（文议员溥）：登台报告山西谘议局陈请核议省北盐务一案。其大要以划分引岸畅销蒙盐，不特本地人民颇受损害，即国课亦有损失，本股员会审查此案以为所拟办法虽说与山西人民有益，究竟是仅关于一省的办法，现在直省谘议局联合陈请破除引地就场征税一案已认为应行，奏请饬部核议划一办法，是山西盐务新章应即停止，俟度支部将就场征税办法决定后自当一律办理。

度支部特派员（张茂炯）：盐政处对于山西盐务的事情有一件文书送到了没有，请议长命秘书官报告。

秘书长：已收到了。

度支部特派员（张茂炯）：可以报告一遍，以便大家清悉。

副议长：已查去了。

一六五号（刘议员懋赏）：山西盐务是八月初七日奏准的，不是盐务大臣的意思，也不是山西抚台的意思，是山西候补道张汝溪的意思，全是他一个人主持。他并不是为国家，也不是为边省，是为一个人私利，弄得似是而非，叫盐政大臣奏准上无益于国，下有损于民。其重要处在畅销蒙盐、限制土盐，可是蒙盐并不能畅销，因为没有法子保护。要说为增加国课，可是也不能增加，从前有销蒙盐的历史，就在蒙古阿剌山外由黄河流到山西内地，后来不能销，然而这个税有六万多银子，可是由河东潞盐代纳这个六万多银子国课，为（得）〔的〕是专销潞盐。现在要是专销蒙盐，这个国课银子就没有人纳了，这是关于潞盐的事少一点。而关于土盐的事情甚大的，计有二十几州县全是土盐，这个盐价钱并不大，他的地方平常就不能种田，雨水潮起土来就能熬盐，可见这个法子很容易的。现在叫这个盐务案子闹得有四五府、二三十州县人民流离失所，因为不准售卖，山西的人连命都没有了。到了八月奏准，山西谘议局看这件事情不得了，张道又派到山西盐务当总办。（语未毕）

百三十号（刘议员景烈）：请简单发言，只要问特派员同意不同意，我们就可以付表决了。

一五六号（刘议员懋赏）：不过多废几分钟说明白就完了。这个事山西谘议局到底不认可，张道给谘议局说千万不要闹到资政院来，因此外边采土盐的人都说谘议局认可了。其实谘议局并没有认可，不惟谘议局不承认，就是山西数十州县都不认可。这山西盐务情形原是如此，至于股员会报告书大家都看见了，如果不讨论就付表决。

副议长：盐政处现在来文，由秘书官朗读。

秘书官（张祖廉）：承命朗读盐政处咨文。

副议长：请特派员说明理由。

度支部特派员（张茂炯）：山西省北盐务所以必须整顿的理由，因为省北七十余厅州县原是一种蒙盐叫作吉蓝泰盐的，引岸内中只有阳曲等三十州县兼食土盐，后来吉岸废了，他处蒙盐如鄂尔多斯盐、乌珠穆沁盐、苏尼特盐多行到山西来了，乃是蒙、土兼销。近年陕西的花马池盐、小盐、直隶的芦盐多行到山西，此种多是私盐，所以盐政处奏定这个招商分岸的办法，先把家盐、土盐划清界限，一面抵制芦盐、花马池盐、小盐，不使侵占蒙盐、土盐的销路，那土盐虽然说是限制，却是限制向不熬盐之人不准添锅，并不是勒令向来熬盐之人不准熬盐，故于锅户的生计并没有妨碍，这是盐政处的用意。至于股员会报告书的大意以为现在正拟就场征税，山西省北引岸方废，不必再招商分岸，这话诚然不错，但是山西省北这一案系属奏准在前，现在就场征税并未实行，就以此取消奏案似乎不可。

六八号（文议员溥）：审查报告书说"所有山西盐务新章应即停止，仍照旧章办理"，等度支部定出划一办法时再行一律遵办。

一六九号（刘议员志詹）：蒙盐一畅销，土盐一定不能畅销，实在是病民的，何以贵特派员说没有什么窒碍。蒙盐一畅销，土盐一定没有人吃的，蒙盐纳税是官盐，有官盐就不能有土盐，有土盐就不能有官盐，奏案说"为销蒙盐，限制土盐"这八个字不知作何解释？蒙盐既然畅（锁）〔销〕，土盐一定不能畅销，不畅销人民怎么能生活呢？还有一层，土盐每斤买二三十个钱，蒙盐每斤买到七八十个钱，再经关卡一定要一百多个钱，人民放着二三十个钱的盐不买，反买一百多个钱的盐，断没有这个道理。

百十号（于议员邦华）：不必讨论了，时间很少，可以即付表决。众议员请付表决。

百十号（于议员邦华）：请将报告书付表决，没有甚么异议。

百九十号（吴议员赐龄）：增加盐税〈为〉如以为是国家税，就应该划一，既不划一即系地方税，应该由谘议局议决。谘议局既不以为然，就是不能变更的，于宪法大纲也不合的，还是请议长付表决为是，没有甚么讨论。

一六九号（刘议员志詹）：请议长照从前奏案办理。

副议长：核减山西省北盐务议案众议员有以报告书为可者请起立。

众议员起立。

副议长：多数。

一四九号（罗议员杰）：新刑律非常重大，股员长不到，万一有疑问何人答复。请议长咨问本院一面把议事日表改正开议商律，一面俟股员长来时再讨论刑律。

有"请以劳议员乃宣修正案付表决"者。

一百十号（于议员邦华）：本员不赞成劳议员的修正案，而赞成齐议员的修正案，请先把齐议员的修正案付表决。

一四九号（罗议员杰）：法律的事体关系重大，今天股员长没有到会，无人答复疑问，万不能随随便便付表决的。

一百十号（于议员邦华）：请议长先把齐议员的修正案付表决。

一四九号（罗议员杰）：既与股员长无关系，必与宪政馆修正员有关系，请议长命秘书官查一查宪政编查馆的关系刑律的重要特派员究竟到没有到。

宪政编查馆特派员（许同莘）：新刑律关系重大，今天议场人数似不及三分之二。

五二号（毓议员善）：既然人数不够三分之二，我们都不能开议。

一一二号（陈议员树楷）：方才议长说再来三个人就够三分之二，然等到现在还没有开议，到底是甚么样子？（声浪大作）

副议长：诸位务请肃静。

一七八号（高议员凌霄）：照院章规定凡上一天没有议完的事情下一天当接续再议，请议长今天把大清刑律议完了再作别论。

副议长：现在开议。

声浪错杂，议场骚然。

众请议长把人数点查清楚，到底够三分之二不够三分之二，若是不够三分之二是不能开议的。

副议长：是的。

一四九号（罗议员杰）：请议长命秘书官查一查，看这宪政编查馆重要的特派员究竟到没有到？

百十号（于议员邦华）：请议长问一问宪政编查馆特派员有几位到的。

一三二号（文议员龢）：非关系议案的事体不得发言。

百十号（于议员邦华）：法典股员长今天虽未到会，然法典股员今天未必无人到会，本员以为股员长虽然未来，大家若有疑义，法典股员亦可以说明。

百三十号（刘议员景烈）：本员要声明两句。今天法典股员会的人多没有到会的缘故，其实并不是因为昨天与诸位意见不合，故意不来，本员是法典股员之一，今天到会的亦不止本员一人。正股员长为告假不到，大家是知道的，至于副股员长今天不到究竟告假、不告假，本员不得而知，若因股员长未到就要本员为法典股之代表，本员没有这个权限，并且昨天股员长并没有委托，所以本员虽系法典股的人，而对于诸位所发之议论，本员终不能答复。因本员不是代表，我们只能按章程办事，这是本员要声明的。

一百一十号（于议员邦华）：因为股员长没有到，虽没有股员长的委托，贵议员总是法典股的人，所以亦可以答复。

副议长：现在开议，接续议大清新刑律。

秘书官（曾彝进）：续行朗读大清新刑律修正案，自二百八十九条起。

副议长：第二百八十九条有无异议？

百三十号（刘议员景烈）：请问这一条有修正案没有？

副议长：并无有修正案，有无异议？

众呼"无异议"。

百三十号（刘议员景烈）：这一条本员要声明一句。因为这一条于事实上看来恐不能实行，本员意思要把这全条删去，因为既有这条条文，而于事实上若不能做到即失刑法之效力，且对其余的条文稍有关系者恐亦因此而不能实行，所以本员倡议把这条删去，不知有人赞成否？

一四八号（陶议员峻）：请议长咨询本院刘议员的倡议有人赞成没有。

副议长：刘议员景烈的倡议有人赞成没有？

百十号（于议员邦华）：股员会修正案的大体本员很赞成，但不能一律的赞成。（声浪嘈杂，议场骚然）

一一五号（许议员鼎霖）：题外的事不能发言。

副议长：第二百八十九条到底有无异议？

众呼"无异议"。

秘书官（曾彝进）：朗读第二百九十条至第二百九十三条。

一百一十号（于议员邦华）：这一条可以把齐议员的修正案咨询本院。

副议长：此条提出修正案者尚多，不止齐议员一件。

一百一十号（于议员邦华）：可以先把齐议员的修正案咨询本院，看大家赞成不赞成。

一百一十号（于议员邦华）：齐议员修正案在特派员有无异议？

宪政编查馆特派员（许同莘）：齐议员修正案本员未见。

百十号（于议员邦华）：请秘书官朗读一遍。

副议长：先朗读劳议员乃宣修正案。

秘书官（曾彝进）：承命朗读劳议员修正案。

众议员问"特派员有无意见"。

宪政编查馆特派员（许同莘）：和奸无夫妇女、和奸有夫之妇及亲属相奸此三条互相关联，现在无夫奸已决议添入正文，而应处何等刑罚、应令何人亲告尚未议及，则本夫之尊亲属亲告一层须详加斟酌。

副议长：请劳议员说明理由。

八十号（劳议员乃宣）：倘本夫不在家而翁姑在家，遇有这些事发生，翁姑即不能告发，亦万不能容忍，所以本员主张翁姑也可以告发。

一百一十号（于议员邦华）：请问特派员，这个是亲告罪不是？

宪政编查馆特派员（董康）：刑律分则不宜歧出翁姑之名称，试以昨日表决之无夫奸一条而论，此条应否加入翁姑尚待讨论。即使认为无夫妇女一方面系指处女，一方面系指孀妇，既有孀妇必应列入翁姑，然总则第八十二条已有"妻与父之尊亲属与夫同"一语，则"尊亲属"字样兼包翁姑亦当然之解释也。

秘书官（曾彝进）：杨议员锡田亦有修正案，原案第二百八十八条即修正案二百八十三条。

副议长：请杨议员说明理由。

宪政编查馆特派员（董康）：此次贵院各议员提出之修正案并未发布于宪政编查馆，即本特派员接到贵院通知，于修正之时赴股员会协议亦未见该项修正案，今日股员长既未出席，如欲将各议员修正案提付表决，特派员无从接洽。

四八号（陈议员懋鼎）：现在人数少到这个样子，实在不成体统。况刑律是重大的事体，若随便通过，将来怎么颁行呢？

副议长：应由秘书官再行查点。

秘书官报告：在场只有八十一位。

副议长：现在在场人数仅有八十一位。

四八号（陈议员懋鼎）：据本员看来，照这个样子实在不能议重大事情了。

副议长：再到股员室去看，如有人即请到场。

四八号（陈议员懋鼎）：照这么样子通过是断断不行的。

百十号（于议员邦华）：今天人数早已不够三分之二了。

副议长：本来是一百零六位，已足三分之二。

一四九号（罗议员杰）：请议长宣告散会罢。

副议长：现在在场是八十一位，在股员室共有十四位，一共是九十五位。人数不够，可以展会。

下午五点四十分钟散会。

资政院第一次常年会第四十一号议场速记录

宣统二年十二月初十日下午二点钟开议

议事日表第三十九号

第一，大清新刑律议案。（三读）

第二，修正报律复议案。（政府提出，会议）

第三，运送章程议案。（三读）

第四，整顿常关试办章程议案。（会议）

第五，拟订铁路运货征税划一办法并添设常关议案。（股员长报告，会议）

第六，变通马兰、泰宁两镇绿营议案。（股员长报告，会议）

第七，统一国库章程议案。（股员长报告，续初读）

第八，南漕改折议案。（股员长报告，会议）

第九，提议陈请修正结社集会律议案。（股员长报告，会议）

第十，筹办蒙古教育建议案。（股员长报告，会议）

第十一，推广私立法政学堂变通办法议案。（股员长报告，会议）

第十二，提议陈请采用音标试办国语教育议案。（股员长报告，会议）

第十三，整理边事具奏案。（股员长报告，会议）

第十四，提议陈请全国殖民办法议案。（股员长报告，会议）

第十五，黑龙江移民实边议案。（股员长报告，会议）

第十六，提议陈请筹办蒙古事宜议案。（股员长报告，会议）

第十七，请弛门禁以便交通而存国体建议案。（股员长报告，会议）

议长：今天到会议员一百二十九位。

六七号（王议员璟芳）：会期就是今天一天，有了许多重要议案没有议完，今天议事日表里头最重要的就是统一国库章程，这个议案好在只有十几条，今天可以议得完。如果按照议事日表议事，恐怕这国库案不能成立，如果不成立，明年预算又不好办了，请议长改定议事日表，把统一国库章程一案提前会议。

七三号（汪议员荣宝）：照议事日表新刑律在前，关系重要，今天不能不议完。

六七号（王议员璟芳）：改定议事日表不止今天一次，从前往往有上会没有议完的事，次会也就有不接续开议的，改定议事日表将前会未议完的案移下去是有先例的，并非本员一人创议。

一四九号（罗议员杰）：新刑律条文甚多，今天一定议不完的。至于国库章程不过十数条，而且关系全国财政，今天很可以通过。

四八号（陈议员懋鼎）：今年办预算很困难的原由就是没有统一国库，今天如果不通过，到明年办预算还是一样困难，请议长改定议事日表，将国库章程提前会议。

六八号（文议员溥）：议事日表第四与第五这两个议案很要紧的，今天如果议完，明年就可施行，实在有益于国、无损于民，请议长提前会议。

一百九十号（吴议员赐龄）：这个议事日表第七的议案很重要的，只要几句话就可以通过，请议长提前会议。

一三七号（邵议员羲）：议事日表第八议案很容易解决，请议长提前会议。

一五九号（蒋议员鸿斌）：还是照议事日表开议。如果议不完议到十二点钟，十二点钟议不完到明天十二点钟，总要遵守议事日表把他议完才好。

一二三号（江议员辛）：本员以为除了第一个议案，从第二个议起一起通过，通过后再议新刑律。

五七号（林议员炳章）：福建来了个电报，说是谘议局与督抚为预算的事有异议的地方，照院章谘议局与督抚异议事件得由资政院核议，请议长将这个电文咨询本院，看大家意思何如，几句话就可以通过。不然福建今年预算办不好，明年一切政治都不能办，请议长咨询本院。

三四号（延侯爵）：大清新刑律是最要紧的，这个还没有议完又接着议别的毫无秩序。

四八号（陈议员懋鼎）：新刑律到宣统四年才实行，何必急于议完、草草通过呢？至于统一国库章程非明年实行不可，因为国库统一与资政院有直接的关系，于办预算一方面大有补益，所以今天非通过不可。

一三二号（文议员龢）：南漕改折议案要紧得很，闻此事与度支部协商已得同意自是很好，应该今年议决，明年便可实行。

一八十号（刘议员纬）：今天倡议将以后的议案提前的很多，究竟以那个为然。本员意思还是以王议员、罗议员的倡议统一国库章程提前开议为是。

一四九号（罗议员杰）：今天议事日表第十三个案是整理边事具奏案，现在边事朝不保夕，本员倡议这个可以作为第三个议案。

某议员：现在审计院尚未设立，国库虽提前议决也还是没有益处。

一四九号（罗议员杰）：审计院不久就要设立，国库章程今天一定要议，并且所有条文完备得很，容易通过，不至耽误多少时间。

一百一十号（于议员邦华）：先议新刑律本员原来是主持的，但因昨天会没开成，今只有一天工夫，且现在议案尚多，断不能再行延会，而新刑律尚有二百余条之多，恐不能通过，本员看法律案之效力缓，政治案的效力速，今天凡法律案可暂压下，先把移民实边议案提前开议。这个议案关系重要，因为东省稍有不测中国就有意外之虞，所以提前解决这个政治的问题，立刻办去就有效果。其次就是结社【集】会律是各省谘议局的陈请案，早已列入议事日表，未曾议及，并且股员会修正很好的，如果通过实行以后，开国会必有眼前影响。至于新刑律能通过固然是很好的，若不能通过就可以缓的，候到明年开临时会的时候再议也可。

九九号（陈议员瀛洲）：移民实边议案于东三省现在时局暨边僻各省分极有关系，恳求议长提前会议。如经决定，从速颁布，明年便可实行，请议长注意。

八一号（章议员宗元）：今天大家请更改议事日表本员也很赞成的。本员看议事日表除新刑律暂从缓外，其余均照议事日表次第议下去，如果议事日表议完，可再接议新刑律。

众起立赞成。

一二九号（汪议员龙光）：本员也很赞成今天议事日表除第一新刑律暂从缓议外，其余从第二个起依次议下。

一七七号（李议员文熙）：新刑律今天一定议不完，这个并不是今年要通过、明年就要实行的,惟统一国库章程今年若再不通过,明年预算的困难一定与今年同。

一四九号(罗议员杰):于议员说政治效力比法律效力快,这个话本员很赞成,请先将整理边事案议完,然后再依次议下。

一一五号(许议员鼎霖):请议长表决变更议事日表,新刑律一定议不完,不如俟明年民法编定一并付议为妥,且仅有刑律而无法官、律师亦难实行,请大家注意。仍从第二议题依次议为是。

七三号(汪议员荣宝):新刑律为甚么不议,今年如果通过,明年就得实行。

议长:今天议事日表所列议案很多,都极紧要,现在诸位议员纷纷提前更改议事日表,本议长无所适从。议事日表所载都是要紧的,也不能将两个议案同时付议,以本议长之意,不如将新刑律暂从缓议,依章议员之言从第二个起依次议下,如果各议案议完尚有时候再议新刑律。不知众位赞成否?

众议员起立赞成。

法部特派员:今天各省审判厅成立不久就得开庭,本部前回提出承发吏执务章程关系很为重要,需用甚急,今年资政院多半不能通过,可否明年交议,现在作为本部的暂行章程。

议长:这个章程尚未审查完了,至于作为暂行章程与否由贵部斟酌就是。

议长:现在开议。

五七号(林议员炳章):福建谘议局这个事只要几句话就可了结。

议长:只要工夫来得及都可以照办,此时徒自着急也是无益。

声浪大作。

五二号(毓议员善):议长已经宣告开议,不要说话。

议长:今天议事日表第二是修正报律复议案,请宪政编查馆特派员说明理由。

宪政编查馆特派员(顾鳌):本馆提出修正报律请贵院复议的就是第十一条与第十二条,原来的第十一条"损害他人名誉"之语"无论有无事实,报纸不得登载",在政府意思以为后来改的"专为公益"四字范围太宽,现行刑律讦人阴私陷人的科罪本来有的,不过对于报馆动辄适用刑律未免有妨舆论,所以报律不能不加入这条。至第十二条之规定本来与漏泄机密政务的处罚不同，新刑律第五章有漏泄机务各专条，现行刑律亦有漏泄军情大事之制裁，无论何人均应照律科罪，故报律规定即不能专指机关政务而言，此次复议案请将这个"秘密"二字删去便与刑律有法定的区别，以便施行。本馆提出修正的理由如此。

议长：众议员有无讨论，如无讨论，可否不经审查即行议决。

众议员呼"赞成"。

九九号（陈议员瀛洲）：这件议案虽已接到，大家还没有看清，请容少许工夫，以便详细参考。

一一七号（雷议员奋）：本员有质问特派员的话，请问特派员，摘发阴私有个界限否？

宪政编查馆特派员（顾鳌）：现在这个修正案是本于现行刑律，所以于此"专为公益"下加"不涉阴私"字样。至于何者为阴私，何者为非阴私，在政府的意思是以涉于个人之私行为者为阴私。

一一七号（雷议员奋）：比如地方官吏以个人受他人之贿赂者为阴私否？

宪政编查馆特派员（顾鳌）：这不算阴私。

七三号（汪议员荣宝）：本员倡议如以"阴私"二字理由不充足，可否改为"私行"二字？

一一七号（雷议员奋）：此条条文据特派员说修正案是并无恶意的意思，但本员看来与其用"摘发阴私"四字，不如用"并无恶意"四字，比方关于个人的私事不应当提出来，而报馆竟登载之条有心毁谤，出于恶意，所以这个范围较宽一点，而实际上究是狭一点，如一定要用"阴私"二字，恐怕可以取缔报馆之官吏就可以藉口诬陷报馆。

宪政编查馆特派员（顾鳌）：贵议员若一定要问这个理由，本员还得说明。方才因议长说今日议案很多，所以简单说明，现在要本员说明，还得请议长允许本员登台详细说明。

百四十号（康议员詠）：请议长表决特派员可以不必说了。

宪政编查馆特派员（顾鳌）："阴私"二字是由现行刑律来的，并不是漫无根据。中国人法律思想尚未进步，殊不知"为公益"与"无恶意"二者本有极严的界限。此条的解释有二，凡不为公益而涉及阴私者就是"有恶意"，又凡事虽关于公益但有损害他人名誉之故意者亦可谓之曰"有恶意"。但是一、二年之间要我们中国法律思想就到这个地步,其势有所不能,现在只能以"为公益"即推定为"无恶意",故本条不用"无恶意"字样政府亦表同情。总之中国自唐以下刑律俱有评人阴私之限制,此为保全个人之名誉已成惯例,诚恐以个人之言论评及个人阴私,其结果将扰乱社会安宁秩序,所以在法律上定有严重之制裁,数千年来都是如此。我们中律所谓"阴私"与日本新闻纸法所谓"私行"是一样的,以现行法律解释报律不致误会。至于审判官善于通用与否,不独报律十一条为然,就是新刑律及其他法令也不免有此疑问,所以现在国家对于司法官严行考试,总要使他程度相当,不能以个人的意思于适用法律时有所出入,贵议员所说是适用法律的问题,非立法的问题。

一一七号(雷议员奋):本员的意见也与特派员无异,因为现在审判官程度不够,所以立法的时候总要分别清楚。"为公益"与"无恶意"本是两件事,必要分别清楚定出一个范围,然后审判官有所适从。本员以为"无恶意"就是"为公益"之证据,正是怕审判官分别不清阴私的界限。于特派员所谓"中国现在审判官不善适用法律",现中国上而官吏、下而普通一般的人都没有真正分(浙)〔晰〕法律的知识,明白人固然分得清楚,而糊涂人一定分不清楚,所以本员意见是专为公益,政府如以为不足,可再加"并无恶意"四字,如一定要用"阴私",本员是不敢赞成的。

宪政编查馆特派员(顾鳌):这"阴私"二字是专指关于个人之私行而言,贪赃枉法等事并不在内。

一一七号(雷议员奋):贪赃枉法固然不是阴私,但是报馆所登载多关于贪赃枉法之事,若无贪赃枉法之事实就可以说他是摘发阴私,所以本员以为"阴私"二字范围太宽。

宪政编查馆特派员(顾鳌):方才已经说明阴私是专指个人之私行而言,于国家、社会并无影响。

一四九号(罗议员杰):现在讨论终局,请议长咨询本院将雷议员倡议作为议题。

五二号(毓议员善):请议长将雷议员所提议的话先作为议题,再付表决。

议长:现在咨询众位可否作为议题,请雷议员再说明一遍。

一八十号（刘议员纬）：大家都已明白了，不必再说。

一一七号（雷议员奋）：本员对于此条要紧的话已经说明。因为资政院的原案是其"专为公益起见"者不在此限，现在宪政编查馆修正案于"专为公益起见"下加以"不涉阴私"四字，本员以为太无范围，所以改加"并无恶意"四字。

议长：赞成雷议员倡议者请起立。

众议员起立赞成。

议长：已得三十人以上之赞成，现在可以作为议题再行表决。

宪政编查馆特派员（顾鳌）：请于未表决以前发表几句话。

百十号（于议员邦华）：请特派员可以不必发言了。

宪政编查馆特派员（顾鳌）：因为报馆不能讦人阴私，若讦人阴私大有妨碍的，所以要禁止。如不是殊与现行法律抵触，加上"不涉阴私"四个字就可以适用了，政府意思并不是专为限制报馆也。（语未毕）

一三十号（刘议员景烈）：这个新刑律还要修改，报律是根据于新刑律，新刑律也得要改的。

众大哗，议场骚然。

议长：不必发言。现在表决修正案，由秘书官朗读雷议员奋修正案第十一条。

秘书官（曾彝进）：承命朗读雷议员修正案第十一条。

议长：赞成雷议员修正案第十一条者请起立。

有议员起立赞成者。

秘书官点人数，报告于议长。

议长：现在起立者四十八位，少数。

议长：现在由秘书官朗读政府修正案第十一条。

秘书官（曾彝进）：朗读政府修正案第十一条。

议长：赞成政府修正案第十一条者请起立。

众议员起立赞成。

秘书官点人数，报告于议长。

议长：起立者八十位，多数。

议长：现在由秘书官朗读政府修正案第十二条。

秘书官（曾彝进）：朗读政府修正案第十二条。

一一七号（雷议员奋）：本员对于第十二条有意见。当初政府提交资政院原案外交、海陆军事件及其他政治上秘密事件经该管官署禁止登载者报纸不得登载，资政院修正删去了"外交、海陆军事件"，这个"事件"二个字以外都是政府原案，现在政府又加上了这"事件"二个字，"政治上秘密事件"都去掉了，与当初修正意思又不对了。当初我们资政院表决股员会修正已经得了政府之同意，我们资政院大会拿股员会修正案去了"海陆军秘密"底下"事件"二字，加上"政治上秘密事件"，这"秘密事件"四个字现在政府又把"事件"二字加了，"秘密事件"四字去了，既是政府不同意，当初在大会时候、在股员会时候怎么不说不同意。当初"外交、海陆军"底下加"事件"两字都是本议员倡议，已经得政府同意了，现在又要去掉，本员很不赞成。

宪政编查馆特派员（顾鳌）：当时股员会修正案要添"政治上秘密事件"有个来由，开股员会的时候本员已经声明，因为删了"文书秘密"及"预审事件"这二条，所以添"政治上秘密事件"等字样，是为文书要守秘密主义限制太严，于报馆不利，当时报馆也有陈请书说过的。股员会所以把"文书秘密"及"预审事件"这二条去了，在"外交"之下加了"其他政治上秘密事件"几个字，后来政府不愿意，以为政务机密是刑法上有规定的，当时本员已经说明"政治上秘密事件"云云范围太宽，股员会那天开的很迟，所以未及详悉讨论。本员没有把政府的意思于议决十二条时再行说明者，因未议及处罚一条，并不是取消大会的表决。且股员会的修正案当时雷议员曾说本条不是漏泄外交、海陆军秘密事件之规定，是官署认为凡外交、海陆军事件应禁止登载而报馆登载者之制裁，故议决仅处罚金，现在政府要删除"秘密"二字，是以报律之规定应指通常事件而言，当时股员会的意思也同政府一样，不过文字上易涉误会，所以复议案主张删除，现在政府也是说关系秘密者不得登载。（语未毕）

一一七号（雷议员奋）：请问特派员，以前我们资政院讨论报律的时候、表决报律的时候，特派员所说的宗旨与今天所说的话是否一样，是否代表政府的意思？

宪政编查馆特派员（顾鳌）：是否代表这个话，按照院章军机大臣特派员陈述所见，据本员的意思是可以代表的。

一一七号（雷议员奋）：请问特派员，于军机大臣担责任不担责任？我们讨论报律的时候特派员若是说甚么话对于军机大臣担责任不担责任，前次本院讨论报律的时候特派员一句话不讲，到底对于军机大臣担责任不担责任？

宪政编查馆特派员（顾鳌）：那是普通官吏的责任，本员只知道按照院章军机大臣可以派员到会，陈述所见，本员到会陈述所见即是法律上的行动。

七三号（汪议员荣宝）：讨论不得出题外。

一一七号（雷议员奋）：不是出题外，本员问这个还有用处。那天大会讨论时候、表决时候以及股员会修正时候，特派员不但没有说不同意，并且一句话没有说，今天忽然又说不同意，要修正，试问特派员有宗旨没有？

宪政编查馆特派员（顾鳌）：当时十二条是没有声明的。

八一号（章议员宗元）：请简单一点。

宪政编查馆特派员（顾鳌）：当时雷议员说报馆登载纯是无关轻重之事，比如经该管衙门禁止报馆登载者报纸不得登载，这是违犯禁止命令之事，与漏泄机密不同，当时并没有声明。（语未毕）

一一七号（雷议员奋）：特派员所说的话全不对，当初讨论十二条的时候特派员不但没有说政治上秘密事件，并没有说一句话。现在本议员自己提起讨论终局，请议长咨询大家第十二条还是照股员会修正案表决，一个字不要改，当初大会表决时候于"外交、海陆军"底下去了"事件"二字，现在还是不要去，照原修正案表决。

宪政编查馆特派员（顾鳌）：股员会修正案。（语未毕）

众议员请付表决。

一五一号（黎议员尚雯）：不要表决，若是改两个字又要表决，没有这许多工夫，况且当初已经表决过了。

议长：雷议员倡议按照从前股员会修正案修正，现在由秘书官朗读？

秘书官（曾彝进）：朗读雷议员修正股员会修正案第十二条。

议长：赞成雷议员的倡议者请起立。

众议员起立赞成。

议长：在三十人以上。

议长：现在雷议员倡议已经成为议题，再付表决。请赞成者起立。

众议员起立赞成。

议长：多数。

议长：现议议事日表第三运送章程案，可否省略朗读？

众议员呼"可以省略朗读"。

议长：还有几条是再付股员会审查修正的，现由秘书官朗读。

秘书官（曾彝进）：朗读第四十二条。

议长：第四十二条是再付审查修正的，有无异议？

众呼"无异议"。

议长：现由秘书官朗读再付审查修正附则第一条。

秘书官（曾彝进）：朗读再付审查修正附则第一条。

议长：有无异议？

众呼"无异议"。

议长：现在由秘书官朗读再付审查修正附则第三条。

秘书官（曾彝进）：朗读再付审查修正附则第三条。

议长：有无异议？

众呼"无异议"。

议长：现在付三读，省略朗读，有无讨论？

众呼"无讨论"。

议长：现在表决运送章程案，全体请赞成者起立。

众议员起立赞成。

议长：多数。

议长：按照议事日表第四、第五，这两件性质相同，可以并作一起，请税法公债股员长报告审查结果。

一三七号（邵议员羲）：税法公债股员长没有到，请文议员龢代为报告。

一三二号（文议员龢）：这两案当初交税法公债股并案审查，因为这两件事情性质相同，政府以为常关积弊太深，年来派人调查，想看改良章程，把从前的积弊去掉了。为维持土货，利便民船航业，所以整顿常关，在从先每年有六百余万的进款，这一面整顿就可以望多收上一千多万。其内共十二章四十条，大致没有甚么不妥协的地方。在第一案原奏有章程，有条文，第二案只有原奏，没有章程条文，因为是将照整顿常关章程征收，其办法已具详前一案，故此无庸添上条文。查前一案原案是整顿常关试办章程，经股员会改为改订常关征收章程。第一章第四条"分别估抽"四字删去了，改为"办理"二字。第五章第十一条说是每担以一百斤计算，然而东三省以三百斤计算一担，也有以二百余斤算一担，现在通同以一百斤计算，恐于商民不利，所以每担计算之法应查照海关向章办理。第六章第十四条"或照则正税一道"意见很含混，改为"或照海关征税一道"，第十七条把"酌核办理"四字删去了，改为"酌拟办法"，咨由税务处、度支部核定施行。第八章第十九条一百一担至三百担者每担征银币一分二厘，据说明书说二厘之下落了一个"五"字，现在已经加上了；第十四条"凡充公货物应由监督公估变价"现在改为"拍卖变价"。第十章第三十三条凡各关委员、司事、书巡、差役均须分别发给章记，号牌佩带易于辨认之处，如未佩带章记、号牌者不得执行其权限内之职务，因为有了一定的标识，商人有甚么受骗处或有甚么毛病可以指明控告以袪蒙混。原章第四十条现在改为第四十一条，这一条末后"分别奏咨办理"改为"分别奏咨交资政院议决"。此案大致经股员会酌量修正如此。其改订铁路运货征税划一办法并将通商口岸添设常关一案，据原奏所述，理由以为将来铁路逐渐告成，则常关收数必大受影响，现在改定铁路运货征税办法即拟分别照海关、常关章程办理，又于通商口岸凡未设常关的一律添设常关，以免畸重畸轻。这一案本股员会以为添设是加关，与移设究竟有别，然政府以为若不添设则通商口岸轮船运货有税，而民船运货反无，亦不平允，本股员会因此也表同意。两案审查结果大概如此。本员今尚有两句话连类而及从前，凡海关附近五十里内之常关都归税务司兼办，现在如果添设此项常关若又归税务司兼办，这于我国财政上是很不好的。此节还要请特派员说明，大家并要注意。

  税务处特派员（饶宝书）：五十里以内的归税务司，以外的不在其内，新设之常关亦可以不归税务司。

  一三二号（文议员龢）：添设、改设是否还照前案归税务司兼办特派员没有声明，本员以为应该不必再援前例办理。

  税务处特派员（饶宝书）：如果此章程不用，以后还要想法办理。

  一三二号（文议员龢）：将来通商口岸未设常关的如果添设常关其在五十里

内者若仍援前例归税务司兼办，则我国财政又多一件落外人之手，这是很不好的。

一三七号（邵议员羲）：本员对于此事尚有声明几句。政府提出这两个议案当初审查的时候对于整顿常关一案，度支部、税务处特派员已经说明理由，及审查添设常关案时特派员已经去了，无从问明理由，请议长将两案分开讨论，添设常关这一层要请特派员说明。

议长：现在报告已经说明理由，特派员有无意见？

税务处特派员（饶宝书）：没有意见。

议长：还是分着说，还是合并说呢？

一三二号（文议员龢）：当初股员会审查添设常关的时候特派员已经走了，所以现在请特派员说明。

议长：请特派员说明理由。

一三七号（邵议员羲）：不赞成这句话。加税、裁厘相连而言，现在既没有加税，又没有裁厘，就要添设常关，是不是民间加重了负担？

税务处特派员（饶宝书）：现在添设常关于厘金上是无关的。

一三二号（文议员龢）：本员意见加税、裁厘总要实行，添设常关又加上一层，这个事是否为加税、裁厘起见？

税务处特派员（饶宝书）：这个就在加税裁厘以后。

一三二号（文议员龢）：这是为加税裁厘之预备。

一三七号（邵议员羲）：不赞成这句话。可以加税，可以裁厘，现在既没有加税，又没有裁厘，然要添设常关，是不是民间加重了负担？

税务处特派员（饶宝书）：只要过了三道以外就可以无须再纳税了。

一一七号（雷议员奋）：有质问税法公债股的话。添设常关是赞成还是不赞成，本员要质问。中国所谓常关所收的税是通过税，不是良税，厘金该通通作废。而现在厘金还没有废，又拿常关病民，请问税法公债股据甚么理由赞成这个议案？

一三二号（文议员龢）：从前逢关征税，遇卡抽厘，每过一关卡浮收种种，留难弊端百出，今改为每过一关仅值百抽二五，且无论经过多少关只征三道，表面似觉加重，而内容实在减轻。自来关道以及委员、书吏、差巡皆极阔绰，无非多取诸商民，今改订征收方法，则中饱可以剔除，国家岁入可望增加，而商民又不加苛扰，本股员会所以表示赞成。

一三七号（邵议员羲）：这个议案本来是两件事，整顿常关章程本股是赞成的，惟添设常关不免又多一重留难的地方，所以本员提出质问特派员，请大家多数取决。

六八号（文议员溥）：这个整顿常关办法议案，比方一件货物从前经五、六关者均须纳税，现在改的办法分为出境、入境、过境，只有三个关，货在第一关纳税者持有税单，若就在第一关所辖境内出售即不再纳他项厘金，过第二、三关亦是，如此省了许多留难阻滞，所纳之税三关统计亦不过七成五，于商民最为有益。此案关系税法，故交我们资政院来议。

一三二号（文议员龢）：贵议员看错了，这件案因是改订税则，所以政府交议。

一一七号（雷议员奋）：请邵议员不要误会，本员意思以为中国常关全是通过税，资政院只有提议裁厘金、裁常关，而没有讨论整顿厘金、整顿常关的办法，整顿常关与整顿厘金全是一个样子。

六八号（文议员溥）：这个办法从前华物经过一关要纳一关的税，这个只纳一道税，比方到第一关纳过税，在第一关卖了就不用纳第二关的税，这个意思无损于民，有益于国，所以交资政院来议，为的是一个章程。

一一七号（雷议员奋）：本员以为这个是通过税，不论三道、两道，都应裁的。这个不是良税，若是永远保护，那就不是我们应办的事情，况且有恶税，我们还应当为民请命，所以不能会议的。

四八号（陈议员懋鼎）：雷议员所说是根本的法子，至于交资政院来议，不过因为现在没有加税裁厘，还在过渡时代，但减轻一分就有一分的好处，政府提出似乎不能以根本法子来论，只要减一分就有一分的好处。

一一七号（雷议员奋）：本员不是反对常关不应当改良，本员意思中国各省有常关收通过税的地方很多，我们既要为商民请命，应当有全局办法，不应当如此枝枝节节，要知道我们资政院须得在关系的地方注意，对于通过税不应当有意保全。

一三七号（文议员龢）：这个事本员那天一到法典股大家已通过一半，本员看到这个意思没有甚么妨碍,这个常关有三道税,一道是通过税,一道是进口税,一道是出口税,所以本员就表决赞成。

一一七号(雷议员奋):本员对于税法公债股没有意见。比方政府提出议案各省即设常关,试问赞成不赞成,大概是赞成的。不过本员还有个意见,当时税法公债股应该要把这个整顿常关的性质看清,这是第一层。第二层要晓得整顿常关并不是裁厘加税之预备。

一一五号(许议员鼎霖):方才雷议员所虑极是。如果必经三关然后再免重征,譬如某处向仅一关,左有厘卡八、九处,右有厘卡七、八处,又在两头添设常关,是厘捐仍不能免,岂不是又加了商民两层的负担。当常关改归税务司管理时候已立有定案,凡在常关五十里内之分关由税务司兼办,此外不得添设常关,倘要添设一新关,必须废去一旧关,是不但添设常关商民多一骚扰,且恐于定案不符,此是第一问题。自常关改归税务司兼理之后,比较从前常关收税是否加增,以本员所闻增税不多,而税务司提去十分之一作为开支,耗费已巨,且洋扦手弊窦甚多,敲诈商民不堪其扰,皆系华扦手为洋人之伥,本员前在上海曾与税务司交涉多次,此是第二问题。若机制面粉本为抵制洋面而设,今议宣统四年七月一律征税,不如对于外国进口洋面亦能一律征税否?此是第三问题。以上三个问题,均请特派员答复。

一九零号(吴议员赐龄):这个议案万万不能赞成的。如果添设新关而旧关不裁,是这个关纳了税,那个关必扣留再纳,如此保存恶税,于改良税法很有窒碍,我们万万不能赞成。

一四九号(罗议员杰):财政与行政是相辅而行的,现在既是要设责任内阁,即是要行政统一,财政为行政之一部,没有行政要统一而财政不要统一者。所谓财政统一,是应该以全国收支要度支部负责任,不过现在税务处及章程皆发生于外务部,外务部非财政机关,且非编定税章之机关。据本员的意见,把这两案搁到明年,俟内阁成立,度支部统一财政的机关及税务章程改良续议,乃为根本上之解决。

百九十号(吴议员赐龄):请议长付表决。

一一二号(陈议员树楷):本员对于常关有几句话。

众议员倡议讨论终局。

一一二号（陈议员树楷）：整顿常关是为整顿税务的意思，第四个题目都是应当解决的。在我们以先的例是逢关征税、遇卡抽厘，现在不能去了。这个例既由政府提出来，我们可以赞成，（众大哗）如有不适用的地方，将来我们还可以提出修正。

百九十号（吴议员赐龄）：这些话全是毫无经验之言。

百三十号、一一二号、四十九号同时发言，议场骚然。

百十号（于议员邦华）：本是两个问题。（语未终）

一一七号（雷议员奋）：整顿常关是行政衙门的事情，我们资政院万万不可承认。

百十号与四九号互相发言。（议场哗然）

众议员请付表决。（议场大哗）

议长：据本议长意见，这两案讨论很难，众人既是意见不同，可以先表决一个，看众议员赞成否？

众议员：请同时付表决。

议长：可以分开表决，先表决整顿常关试办章程，请赞成者起立。

众议员请再宣告一遍，没有听清楚。

议长：再宣告一遍，现在这两个议案拟分两次表决。

一三七号（邵议员羲）：这个表决要分两次。

议长：我们先表决付再读不付再读，请赞成将整顿常关试办章程付再读者起立。

众云：明天闭会，何时再读？

议长：现在先表决整顿常关试办章程，赞成付再读者请起立。

议员起立赞成。

议长：赞成者少数，现在不付再读。

一一二号（陈议员树楷）：还是该废不该废？

一三七号（邵议员羲）：方才听错了，是付再读不付再读？

议长：不付再读就作废了。

一一二号（陈议员树楷）：请问议长，不付再读就作废了么？

议长：方才表决是赞成付再读者起立，现在起立少数，是不付再读，就作废了。

五九号（顾议员栋臣）：方才没有起立者都是不要付再读。

议长：照议事细则第二十九条办理。（拍手）

一一七号（雷议员奋）：请议长宣告赞成不付再读者起立反证之。

议长：赞成不付再读者起立。

众议员起立赞成。

议长：六十五位，多数。

议长：咨询诸位议事日表第五拟订铁路运货征税划一办法并添设常关议案还是付表决，还是一起作废呢？

一一五号（许议员鼎霖）：方才邵议员倡议分二次表决，还是二次表决为是。

一三四号（余议员镜清）：请议长分两次表决。无论第二次作废不作废，还得要两次表决。

议长：议事日表第五请赞成作废者起立。

众议员起立赞成。

议长：多数。

议长：议事日表第六变通高兰、泰宁两镇绿营议案，请特任股员长报告审查结果，但报告书没有印刷，先由秘书官朗读一遍。

秘书官（曾彝进）：承命朗读报告书。

八一号（章议员宗元）：没有甚么讨论，请付表决。

议长：审查结果请股员长简单说明。

一一五号（许议员鼎霖）：全公、寿公提议乌兰、泰宁两镇本是绿营，当然要裁。惟该两营专为保护陵寝，极关紧要，所（有）〔以〕未便裁撤，理由已经秘书官朗读，不必再说。本股员会意见以为该两镇关系保卫陵寝，自与寻常绿营不同，所请改为守护亦是正当办法，现在预算册已办好，可于册内叙明应归陆军部大臣规划，本股员会意思如此。如各位议员无讨论，请付表决。

议长：以报告书为可者请起立。

众议员起立赞成。

议长：多数。

议长：议事日表第七统一国库章程议案请法典股员长报告审查结果。

七三号（汪议员荣宝）：法典股于这个案没有甚么修正，所以本员简单说明。统一国库议案是第一项，由章议员宗元提出来，后来王议员璟芳提出修正案，而这个案件法典股开会一并审查，审查时候提议章议员宗元、王议员璟芳及度支部特派员共同到会，共同讨论，提出统一国库议案议员及提出修正案议员与度支部特派员均同意。至于提出理由，第一项章议员宗元的原案将理由已经详细说明，本员无庸再述。不过股员会对于这个章程大概字句修正居多，内容没有更动，所以这个理由亦没有多大说明。

六八号（文议员溥）：本员对于统一国库议案有疑义。章议员提出这个议案原说是收支、出纳两个机关应当分立，不可混合，今观该章程第三条云云度支大臣是收支命令之人，而又监管出纳，是度支大臣一人兼管两种机关，不但与原案不符，此制若行，恐财政更形纷乱。本员有个修正案拟改为（第三条）国库总管大臣，总库正、副总理均由钦派，分库经理、支库协理得由国库总管大臣奏派，五年一任，不兼他职，请议长咨询本院决定。

八一号（章议员宗元）：本员有答复文议员的话。收支、出纳两个机关固然不可混合，然这两个机关确是应归度支大臣总理，既是统一国库，财政权就要统一，万没有另外设国库大臣之理。若是另设国库大臣，各国实在没有这个办法。

六八号（文议员溥）：中国审计院尚未设立，若将收支、出纳归度支部大臣一人总理，于财政非常危险，本员修正案大家意思如何？

一三十号（刘议员景烈）：修正案须有三十人以上之赞成方能成为议题。

众议员请付再读。

九四号（王议员佐良）：这个统一国库章程议案本员非常赞成，一则财政可以统一，二则度支部二百年来积弊可以一旦扫除，惟归入大清银行收款本员确有疑义。试问现在这个大清银行能否担负此重大之责任，以本员意见既要统一国库，必要先整顿大清银行，若不整顿大清银行，就将来国库成立，款项归入大清银行于财政上很危险的。银行本商业性质，这个大清银行的监督张允言不但于银行事务毫不熟悉，而且亏空甚多，致令大清银行信用全失，若不从根本上解决，居然以国库付之，一有不测，不但国家破产，即我们人民亦要破产，本员绝对不赞成的。

七四号（陆议员宗舆）：请登台发言。（声浪大作）

议长：特派员对于法典股报告书有无意见？

度支部特派员（徐文霨）：统一国库度支大臣很赞成的，并无意见。

七三号（汪议员荣宝）：王议员的意见不错，将来我们可以另外提出改良整顿大清银行章程，现在可以不必讨论。（拍手）

度支部特派员（徐文霨）：汪议员所说度支大臣亦有这个意思，现在大家所讨论是一个问题，大清银行如何改良又是一个问题。（拍手）

四八号（陈议员懋鼎）：如果统一国库就是所以巩固大清银行基础。（拍手）如果统一国库而不归大清银行，则大清银行亦是很危险的。据本员意思，这个统一国库章程也是很要紧的。

众议员请付再读。

议长：现在表决，请赞成即付再读者起立。

众议员起立赞成。

议长：多数，现在即付再读。

七四号（陆议员宗舆）：请问议长，可否发言？

八一号（章议员宗元）：请秘书官朗读条文。

议长：现在付再读。本议长声明一句，现在朗读的都是股员会修正案。

秘书官（曾彝进）：承命朗读统一国库章程第一条。

议长：有无异议？

众呼"无异议"。

议长：现在咨询本院文议员溥对于第二、第三条有修正案，请赞成文议员修正案者起立。若赞成不及三十人，即不能作为议题。

秘书官（曾彝进）：朗读文议员溥修正倡议第二、第三条。

议长：请赞成文议员修正案者起立。

议员起立赞成者数人。

议长：不足三十人，不能成为议题。现在朗读股员会修正案。

秘书官（曾彝进）：朗读第二条。

六七号（王议员璟芳）：本员先把国家银行的性质说一说。何谓国家银行呢？因国家有重要财政的事体去委任他，这就是国家银行，不是先有了国家银行然后将国家的事去委任他。至于本员的意思是以为现在最要紧的是在立国库，因为中国要实行统一财政，实行预算就非有完全会计法、非有国库章程不行的。至于监督财政机关，第一就是审计院，第二就是国库，所以这个国库非赶紧设立不可。现在各国国库所有的款项多半是委任银行替国家保护，其中有几个法子，第一是保管的法子，第二是生息的法子，这二个法子都不大好，只有一个折中主义，以保管为原则，以生息为例外。平时银行只能替国家保着这些款项，丝毫不准银行动用，万一市面紧迫，或国库余款甚多，那就由政府命令动一部分放出生息，这样办法是与银行营业截然划开的，是绝无危险的。这一层先说明白，再说大清银行。我们中国设立银行是有二个，一个是大清银行，一个是交通银行，现在大清银行虽靠不住，然章程可以改良，信用虽不完全，而国家政府可以时时监督的，并不是说把国家的款项都存在大清银行而国家遂不问了，这一层大家可以不必虑及。（拍手）

一百一十号（于议员邦华）：王议员说的理由是很对的。现在我们所疑惑的不过为大清银行恐靠不住，本员的意思可以把大清银行改为国家银行，将来国库设立之后，哪个银行果然好就用哪个银行都可以的，何必又要用大清银行的名目呢？

四八号（陈议员懋鼎）：方才王议员所说本员是很赞成的。至于大清银行信用不信用有二层问题，一层是根本上不好，一层是办法不好。至于办法不好这一层不甚要紧，大清银行既为国家银行，度支部必加整顿。至于根本上不好，外国都以银行监督国库的，以国家款项全存入银行以固银行之基础，这一层亦可以不必虑及的。（拍手）

一一二号（陈议员树楷）：这个问题似乎要分两层。大清银行是否国家银行，若认他为国家银行，则大清银行是否规定为国家银行。虽然是国家银行，然办法不好亦要想根据的。本员意思可以改为国家银行。

七三号（汪议员荣宝）：陈议员的话本员不赞成。

声浪大作。

七四号（陆议员宗舆）：请简单发言。

六二号（刘议员泽烈）：大清银行已改为国家银行，看看章程就知道了。

八一号（章议员宗元）：本员答复陈议员一句话。大清银行从前本是户部银行，那时却不是国家银行，后来改了大清银行才为国家银行。他则例里头有一条说将来的国库归大清银行管理，这是大清银行即为国家银行证据之一。又大清银行的监督却是实缺的三、四品官，并不是寻常人员随便可以去做的，所以这个问题法律上已认他为国家银行，不过事实上尚没有做到国家银行。由是看来，大清银行法律上实是国家银行那是无疑义了。

五九号（顾议员栋臣）：大清银行的则例共有二十四条。

声浪大作。

四八号（陈议员懋鼎）：据本员看大清银行办法不好，可以改良。至于信用不信用，现在可以不必说。（拍手）

议长：请缓发言，七四号报号在先。

七四号（陆议员宗舆）：整顿大清银行的意见本员极赞成，然甚么整顿法子于条文上就可以设法的，这个道理不能不登台说明。须知各国中央银行办法大率里头是分两部，一是国库部，一是营业部，而上则总成于总裁以期联络，但下仍分开两部以清界限，要联络是经济的关系，清界限是防弊窦的办法。至于今日大清银行办得好不好那又是一个问题，但度支部既认为国家银行，将来若大清银行办得不好，我们可以去质问度支部。现在我们资政院提出这个章程，一面要统一国库，一面即要整顿银行，所以照本员意思打算更正第三条。甚么样更正法呢？这个正文是很好的，不过在第三条正文之下应添上一项，（读修正文）本员修正的理由先要说明的。现在诸位的意思都以大清银行有不放心的意思，将来国库成立之后要把国家的款项存入大清银行，假如都归营业股，将来恐怕要倒账，是很危险。所以各国的公例国家有监督权的，若营业里头要用库款是不行的。且照现在中国的情形，各省财政不一，若此刻要归大清银行收管亦有不便之处，故照本员的修正条文的办法，则即可令各省与度支部联合一气，于事实上既觉便利，于法律上亦相符合，所以本员要提出修正案。但不知大家赞成不赞成，现在本员再把这个修正案念一遍，请大家听一听。

七四号（陆议员宗舆）：读修正案。（拍手）

众议员呼"赞成"。

一一二号（陈议员树楷）：现在不过赞成倡议，而大清银行一层还要讨论。

声浪大作。

议长：请缓发言，听本议长声明一句话。现在先以报告书表决。

一百一十号（于议员邦华）：本员倡议大清银行改为国家银行。

一一二号（陈议员树楷）：大清银行章程我们都不知道，我们资政院既是立法机关，大清银行章程须在我们资政院通过方能有效。

七四号（陆议员宗舆）：中央银行以国名为名者甚多，日本名曰日本银行，英国名曰英格兰银行，法国名曰法兰西银行，我们中央银行名曰大清银行，名称甚合，又何必改名曰国家银行。且日本旧有国立银行并不就是国家银行，若皆名之国家银行，岂不益滋淆乱，我们大清银行又何必改名。依本员意见，不如仍名为大清银行而整顿其内容，不知大家赞成不赞成？

众议员呼"赞成，赞成"。

七三号（汪议员荣宝）：大家既赞成，就请议长付表决。

一一二号（陈议员树楷）：大清银行没有信用。

一二一号（方议员还）：陈议员的话不对，这是内容的关系，不是名字上的关系。

一四九号（罗议员杰）：财政既统一，自有度支部负责任。

六八号（文议员溥）：请问度支部特派员，大清银行是否国家银行？

度支部特派员（楼思诰）：这个早已说过了。

百十号（于议员邦华）：大清银行种种腐败，实在没有信用。

七四号（陆议员宗舆）：还有监督机关。

八九号（孙议员以芾）：这"大清银行"四个字如何能监督？

六七号（王议员璟芳）：自有度支部负责任，我们可以问度支部。

四八号（陈议员懋鼎）：大清银行不好，我们可以请度支部改良。

一一二号（陈议员树楷）：大清银行章程若不经我们资政院通过就不能有信用，就不能发生效力。

六七号（王议员璟芳）：章程没有通过的不止大清银行一样，要是凡没有在资政院通过的章程就不能发生效力，这么说我们的预算就全算白办了。

五九号（顾议员栋臣）：大清银行种种腐败实在没有信用，章程实在不好。

四八号（陈议员懋鼎）：章程有不好的地方，可以改良。

七四号（陆议员宗舆）：大清银行既有度支部保证，既为国家所信用，有不好的地方、有失信的地方我们可以找度支部说话。若改名为国家银行，国家银行要是更不好，又去找谁呢？别国银行也并不是全没有毛病，但是全有防备的法子，依本员意见在把这章程改好自然毛病就少了。

议长：几位同时发言，又不报号数，所说不得认为有效。

八一号（章议员宗元）：请将倡议付表决，不必讨论。

一一五号（许议员鼎霖）：大家研究的有两层意思，一是机关，一是用人，若仅将名词改换，还用不可靠的人仍是危险。倘能选用得力专门之人，虽仍用大清银行之名亦无妨碍。

六二号（刘议员泽熙）：对于议员有几句解释的话。这国家银行是银行的性质，大清银行不过是银行之名目而已。

秘书官（曾彝进）：朗读原案第二条。

百十号（于议员邦华）：本议员倡议请议长咨询本院有赞成否？

议长：于议员倡议改大清银行为国家银行，请赞成者起立。

议员起立两三人。

议长：少数。

秘书官（曾彝进）：朗读股员会修正案第二条。

议长：股员会修正案第二条赞成者请起立。

众议员起立赞成。

议长：多数。第三条陆议员宗舆有修正案加入第二项，由秘书官朗读。

秘书官（曾彝进）：朗读第三条第二项陆议员宗舆修正案。

六二号（刘议员泽熙）：对于陆议员的修正案有个意见。本员以为这第二项可以放在第十二条第二项，不必放在第三条内，因为第三条之规定全是执行事务的人，第十二条之规定与此项性质相近，所以本员拟将此项（给）〔改〕为第十二条第二项。

众呼"赞成"。

议长：先表决股员会修正案第三条。

秘书官（曾彝进）：朗读股员会修正案第三条。

众呼"无异议"。

一一七号（雷议员奋）：对于陆议员提出之修正案加第二项，刘议员倡议移作第十二条第二项，但是第十二条所谓监督是上级的，所以本议员主张还是将陆议员之修正案第二项放在第三条内为是。

一一五号（许议员鼎霖）：本员倡议副监督可以用两员，一管国库，一管营业，各有责任，不至有流弊。

七四号（陆议员宗舆）：对于许议员有句话答辩。许议员的宗旨固然是不错，但是照各国的办法，中央银行下虽分开两部，上头却统一于总监督。

一一二号（陈议员树楷）：现在大清银行是否已有章程？

七四号（陆议员宗舆）：因为大清银行未有好章程，所以才讨论这个办法。

一一二号（陈议员树楷）：大清银行既然没有章程，为甚么要把国库统在大清银行里头去。

七四号、一一二号、七三号、百十号、一一五号同时发言，声浪大作，议场骚然。

议长：请许议员提出修正案。

一一五号（许议员鼎霖）：本员倡议副总理改成两个机关。

议长：许议员倡议将副总理改成两个机关，众议员赞成否？

四八号（陈议员懋鼎）：许议员的意思是不错，但是我们所议的是国库章程，不是银行章程，然要许议员的话就成了银行的章程了。

一一五号、六二号同时发言，言语嘈杂。

一一二号（陈议员树楷）：大清银行既无章程，就靠不住。

一三三号（陈议员敬第）：现在对于大清银行的问题就是问度支部是不是国家银行。方才度支部说是国家的银行，大家总说是靠不住，说大清银行靠不住就是国家也靠不住，此话不可以说。现在不过是要求度支部改良一个办法。

议长：诸位要注意，现在第二条已经表决过了，请看一看第三条条文。

七四号（陆议员宗舆）：请议长把本议员的倡议照雷议员所说的咨询大家是否赞成。

林议员炳章起立发言。

议长：现在不必发言，由秘书官朗读陆议员修正案第三条加入第二项。

秘书官（曾彝进）：承命朗读陆议员修正案第三条加入第二项。

议长请赞成者起立。

众议员起立赞成。

议长：多数。

秘书官（曾彝进）：朗读第四条。

议长：第四条有无异议？

众呼"无异议"。

秘书官（曾彝进）：朗读第五条。

议长：第五条有无异议？

众呼"无异议"。

秘书官（曾彝进）：朗读原案第六条。

议长：第六条有无异议？

七四号（陆议员宗舆）：第六条第一项本员有个修正，请加几个字，加入"应由度支部大臣会同该管大臣"几个字。

议长命秘书官朗读陆议员修正案。

秘书官（曾彝进）：承命朗读陆议员第六条第一项修正案。

议长：陆议员的修正案众位赞成否？

众呼"无异议"。

七四号（陆议员宗舆）：第二项之内可以减几个字，把这个"度支大臣"四字可以不要，因为上头已经有了。

百零九号（籍议员忠寅）：陆议员的倡议修正本员是很赞成的，但是"度支大臣"四字仍不能删去，因为出纳之事必经度支大臣之允许方可，所以不能去的。

八一号（章议员宗元）：要把"度支大臣"去了，这大清银行的权更大了。

七四号（陆议员宗舆）：本员的倡议自己取消了，但是要加"铁路、邮电等"五字。

议长：第六条两项陆议员倡议赞成【者】请起立。

众议员起立赞成。

议长：有三十人以上之赞成，可以作为议题。

秘书官（曾彝进）：再读第六条。

议长：赞成者请起立。

议长：多数。

秘书官（曾彝进）：朗读第七条至第九条。

议长逐条问：有无异议？

众呼"无异议"。

秘书官（曾彝进）：朗读第十条。

七四号（陆议员宗舆）：本员对于这条稍为有点修正。"京外各款"这句应当加一个"官"字，改为"京外各官款"，因为没有"官"字就与普通的款无异，所以加个"官"字使稍为有点限制的意思。

秘书官（曾彝进）：朗读第十条陆议员修正案。

众议员赞成。

秘书官（曾彝进）：朗读第十条、第十一条、第十二条。

议长逐条问：有无异议？

众呼"无异议"。

秘书官（曾彝进）：朗读第十三条。

百三三号（陈议员敬第）：本员对于十三条文字还有增减的地方。（语未毕）

众呼"请到三读时候再说"。

七四号（陆议员宗舆）：大清银行固然是要整顿的，但是国家官款通通收入国库于市面上必大受影响，所以这个章程怎么办法总由度支大臣去定。若操之过急，恐怕生出许多危险来，所以要斟酌妥当才好。

八一号（章议员宗元）：这个总要度支大臣酌量情形去办就是。

六七号（王议员璟芳）：各省官款若通通收入国库，恐于市面上有妨碍。

百三十号、七四号、八一号同时发言，声浪嘈杂。

一三七号（邵议员羲）：各省收入之款皆以大清银行为国库，而又准银行酌量。

七四号（陆议员宗舆）：这是经济上关系，不必虑及。

议长：第十三条有无异议？

众呼"无异议"。

秘书官（曾彝进）：朗读附则第十四条。

议长：有无异议？

众呼"无异议"。

秘书官（曾彝进）：朗读附则第十五条。

八一号（章议员宗元）：本员对于第十五条在股员会的时候就不赞成，就是"本章程实行期限"几个字不以为然，现在可否提出修正案？

议长：可以提出修正案。

八一号（章议员宗元）：本员修正就是把"实行期限"四个字删去，改为"本章程实行细则由度支大臣定之"。

七四号（陆议员宗舆）：删去几个字恐怕办不动，留着这几个字活动一点。

六二号（刘议员泽熙）：这个实行是事实上问题，度支部大臣将来一定要行的，但是实行期限不能限制他，明年正月行也可以，后年行也可以。

百三三号（文议员龢）：这个章程不是奏定就要实行。

一三七号（邵议员羲）：本员对于这条有几个字要修正。（语未毕）

众议员：请到三读时候再说。

八一号（章议员宗元）：本员倡议修正第十五条的条文请议长咨询本院有赞成的没有。

秘书官（曾彝进）：朗读第十五条章议员倡议删去"实行期限"修正案。

议长：章议员倡议众位赞成否？

众呼"赞成"。

秘书官（曾彝进）：朗读第十五条。

议长：赞成者请起立。

众议员起立赞成。

议长：多数。现在再读已完，可否即付三读？

七三号（汪议员荣宝）：请议长咨询本院应否省略三读。

众呼"赞成"。

一三七号（邵议员羲）：本员倡议第十三条加入"酌量情形"四字，请议长咨询本院有赞成否。

议长：邵议员倡议是三读修正字句时候的事，应由秘书官朗读。

秘书官（曾彝进）：朗读邵议员倡议第十三条加入"酌量情形"四字。

众呼"赞成"。

议长：现在省略三读，应表决全体，请赞成全体者起立。

众议员起立。

议长：多数。

议长：本议长有几句话宣告。今天要开夜会，请众位休息后再入议场，不要散去。现在有个说帖是王议员佐良质问度支部的，此事关系甚大，向来各议员质问说帖必须印刷分送，经大家赞成方能成立，现在这个说帖没有印刷出来，可由秘书官朗读与诸位一听，请旁听人暂行退席。

下午六点四十五分旁听人退席。（以下有归秘密速记录者）

议长：命秘书官朗读王议员佐良质问度支部说帖。

秘书官（曾彝进）：朗读王议员佐良质问度支部说帖毕。

众拍手。

议长：赞成王议员佐良质问度支部说帖者请起立。

众议员起立。

议长：多数。

一四九号（罗议员杰）：整理边事案关于秘密事件当在开秘密会时可请股员会报告。

议长：可以秘密。本议长还有几句话说，本院今天闭会，尚有会奏、具奏各案须赶紧办好。又本议长明天有事要早起，休息后托副议长代理，现在尚有两个奏稿，由秘书长朗读。又预算总报告总册已经股员会送到秘书厅，不知众位有无意见，如果没有意见，就要送到会议政务处，以便会同具奏。

六二号（刘议员泽熙）：讲到预算的上头，本员还有几句话报告。因为这两天没有开股员会，所以到大会上报告一声。前天接到外务部一封文书，因为股员会对于外务部总衙门及游美学务处经费共减一十四万两。来文承认本署减三万，游美学务处减二万，合共五万。与股员会所减相差的九万经股员会大家商量回他一个文书，念来大家听听。（读原文）因为近日没有开得股员会，特在大会上报告一声，请议长咨询本院看这个文书可否如此回答。

众呼"赞成"。

一四九号（罗议员杰）：整理边事议案关系重要得很，可否即请股员会报告？

议长：先读奏稿。这个奏稿本来是今天要上的，因有回避字样，所以未能出奏，明天一定呈递。

一四九号（罗议员杰）：请赦国事犯的奏稿也请议长令秘书官宣读。

议长：就要朗读。

议长：明日闭会，照章具奏由秘书长朗读奏稿。

秘书长：承命朗读资政院闭会具奏案。

议长：还有请宣布景庙手诏及（照）〔昭〕雪戊戌冤狱案奏稿，由秘书长朗读。

秘书长：承命朗读请宣布景庙手诏及昭雪戊戌冤狱案奏稿毕。

众拍手，拍手。

议长：还有请赦戊戌获罪人员奏案，由秘书长朗读。

秘书长朗读毕。

众拍手，拍手。

议长：两奏稿朗读已毕，请赞成奏稿者起立。

各议员起立赞成。

议长：多数。

议长：罗议员杰提出整理边事具奏案，罗议员请秘密会议，现在正好开议，请股员长报告。

一四九号（罗议员杰）：请许议员鼎霖报告。

五十五号（崇议员芳）：本院既是明天行（开）〔闭〕会礼，不但议长有起早，进内的要差就是各议员也都要竭诚预备行礼，今天夜会如果工夫太长，恐怕明天行礼不能整齐。本议员的意思今天夜会可以限定钟点，钟点一到即行散会，议不完的事件遵照院章明年开院时再议，请议长咨询本院赞成不赞成。

议长：可以限定钟点，现在把第十三至第十六提前会议，完后可以休息用饭，用饭后再入场。议到甚么时候为止，大家可以定一个钟点就是。

议长：请副议长代理。

副议长临席。

八一号（章议员宗元）：今天自两点钟开议，各议员均疲倦得很，现在可以休息。休息之后再入议场，还可以禁止旁听，好议罗议员杰提出来的议案。

副议长：整理边事具奏案请许议员报告审查结果。

五三号（刘议员道仁）：代许议员报告整理边事具奏案审查结果毕。

一二二号（江议员辛）：请将议事日表第十五、十六两案一齐报告。

副议长：可以照办。

五三号（刘议员道仁）：复报告黑龙江移民实边议案审查结果毕。

百十号（于议员邦华）：议事日表第十四可以一并报告。

副议长：请于议员报告。

一百一十号（于议员邦华）：本议员代为述明。这个陈请书上说的很清楚，一看就明白了。内中说三种理由：一种是设立垦务银行机关，如有人民要往开垦，银行借给他钱使他开垦去补助他；一是以荒户前往垦地，不是以荒民前往；一是集合的办法，不是散在的办法，一去多少户作为一县，分地建屯、筑起房屋成为村市，使垦户守望相助，以便防贼匪。银行借给垦户钱并可以生息，所得之息可以推广，这三重是经营的重要点。至于这个款项是由国家补助、官民合办，官家筹三分之一，各省筹三分之二。作为官绅合办一个垦务公司，立个章程教他周备妥当，垦户前往自然可以安居乐业，不然一人不能独立，荒何以能垦。这个办法很是完全，请议长付表决。

副议长：还有筹办蒙藏事宜案应付议的，请股员长报告。

五三号（刘议员道仁）：本议员代为报告。这个陈请书内中有六个办法：一是蒙藏政治机关，是官制问题，非交到政务处办理不可；还有一层是教育外藩问题，立一个京师外藩学堂非常妥当，可以交学部去办；还有外藩交通问题，是铁路计划，原来邮传部已有计划，交邮传部速办就是了；还有振兴实业这一层，是交农工商部速办的；还有新刑律这一层，现在正议新刑律，将来议决颁行时外藩都可以适用。此六条说的切实可行，本股员会认为合例可采，请议长咨询本院，赞成后咨行政衙门办理。

副议长：表决议事日表第十三，请赞成报告书者起立。

众议员起立赞成。

副议长：多数。

副议长：表决议事日表第十四，请赞成报告书者起立。

众议员起立赞成。

副议长：多数。

副议长：表决议事日表第十五，请赞成报告书者起立。

众议员起立赞成。

副议长：多数。

副议长：表决议事日表第十六，请赞成报告书者起立。

众议员起立赞成。

副议长：多数。

副议长宣告休息。

下午七点二十分钟议事中止。

下午八点三十分钟续行开议。

副议长：现在开议。解除秘密会议，旁听人可以复席。

九九号（陈议员瀛洲）：请问议长，奉天谘议局邮寄公文一件至今月余，未经股员会报告，本院已届闭会，此件公文究竟能否答复？

副议长：还没有审查报告。

五二号（毓议员善）：请议长遣人到股员室里头去查查还有人没有。

副议长：人数已经够了，现在开议。按照议事日表第八，南漕改折议案请特任股员长报告并说明理由。

六二号（刘议员泽熙）：南漕改折议案本员委托方议员还代为报告。

副议长：请方议员还报告。

一二一号（方议员还）：这浙江漕粮的事体我们江苏、浙江两省有种种窒碍的地方，至于折漕的议论言者很多，本员不必赘说了。大概对于这个事体有二种的困难：一因俸饷的米不能解决，一因北京为根本重地而不能解决。不知这二层都可以解决的，为甚么呢？俸饷的问题不能办几等的米，照步军统领衙门奏上去所开的米价是四两银子一担，度支部这一层虽没有奏过，然现在若办折漕当发俸饷之时，亦折之以价，于事实上没有甚么窒碍的。为甚么呢？因现在领米的人亦是把这个米去卖的，而所卖的价不过六块钱光景，与江、浙两省的市价亦差不多，现在糙米的价钱在浙江不过三两五钱银子，在江苏亦不过四两八钱光景，现在平均起来每担约四两六钱之数，现在所需的米六十担是军饷，三十担是俸米。照江、浙两省所解的共一百担，现在用去九十担之外还有十担多，但官俸多了之后一定是改折的，既然是改折，大家商量折漕京师所需的米可以责成江苏、浙江督抚专办，免了许多周折。至于仓储的问题，现在京中的仓储所蓄的米比诸前十年仅有一半，原来解京的漕米共有四百万担，现在仅存一百万担，现仓中所蓄之米于民间是没甚么妨碍，可见南漕一旦改折之后仍没有妨碍的。惟将来改折之后漕米这一件事可以责成度支部专办，现在京汉铁路已经通了，将来各处铁路又通了之后，京师是根本重地，不患无米，不过将来若责成度支部专办之后，江、浙二省所折的价都定为五元一担，前天额外股员与度支部大臣商量，度支部大臣很表同意，不过一同具奏一层有点困难。度支部大臣当时虽没有说出来，然揣他的意思似有困难的样子，但本员看来这一层亦可以不必过虑。因光绪二十七年浙江巡抚亦曾奏过说可以改折的理由，所以将来具奏之后一定可以邀准的。今天度支部特派员亦在场，可以问问看究竟有甚么意见。

副议长：请特派员答复。

度支部特派员（张茂炯）：南漕改折一案当商量之时度支部大臣已表同情，现在没有甚么异议。（拍手）

副议长：众议员有无异议？

众议员无异议。

副议长：现在表决南漕改折案，请赞成者起立。

众议员全体起立赞成。

副议长：现议议事日表第十筹（备）〔办〕蒙古教育建议案，请特任股员报告审查之结果。

二号（议员庄亲王）：本员按照分股办事细则五十三条之规定，委托刘议员道仁代为报告。

五三号（刘议员道仁）：筹办蒙古教育建议案本股员会审查时候，当时学部特派员当场讨论，已经很表同意的，所有蒙古教育大家以为欲振兴蒙古非从教育入手不可已毫无异议，所最应当斟酌者就是文字上的关系。原来蒙古地方自己有语言，自己有文字，现在想着手教育第一非从蒙文下手不可。至于将来语言统一的关系，这个学说教育发达以后语言统一办到办不到那又是一个问题，蒙古教育第一项办法非先就蒙文着手不可。股员会讨论小学从蒙文入手，中学以上非用汉文不可，所有讨论的结果与审查的情形大致就是如此。

副议长：议事日表第十筹办蒙古教育建议案有无异议？

众呼"无异议"。

副议长：以报告书为可者请起立。

众议员起立赞成。

副议长：多数。

百四十号（康议员詠）：现在法典【股】股员已到会场，请议长宣告先议结社集会议案。

副议长：现在议事日表第九陈请修正集会结社律案，请股员长报告。

七三号（汪议员荣宝）：现在法典股股员长润贝勒没有到会，委托本议员代为报告。

副议长：请汪议员报告。

七三号（汪议员荣宝）：这个集会结社律是有一个陈请修改的说帖，这个陈请书要修正的地方不过是关于人数之限制，还有教习等关于集会结社的限制。本股员会审查的时候以为这个集会结社律应该修正的地方不止这两端，所以把全案都修正了，本股员会修正亦有原本所已有的，亦有原本所没有的，还有陈请书上所说要修正的地方本股员会修正案里亦都修正了。至于原来的再要修正的地方就是人数之限制，按原本是集会以若干人为限，结社以若干人为限，这种限制当时立法的意思究竟是甚么道理呢？我们可以不必论的。现在既是宣布立宪，确定国会年限，这集会结社必定一天一天发达的，如果有妨害的地方总要想法子去掉，至于人数限制于这个章程上异常妨害的。国民若是不许他集会结社则已，既然许他集会结社而忽然于人数加以限制，颇觉不合。本股员会审查修正把一条"人数限制"全然删去。第二，集会结社资格原来是教习、学生等等有限制的，本股审查以为当此预备立宪时代，集会结社自然是发达的，先要罗致许多人才研究法律、政治，然后可以成功，现在明白法律、政治的人大半皆从事于教育，若是加以限制，则于政党发达大有妨碍的，本科审查亦把这一层删去，这是第二层根本于原来陈请书。本股修正的还有原来所没有的，大概有几条是本股加入的。现在第六条呈报之规定为原来所无的，大概外国议会既然是国家以法律组织之议会，议员准备议事之时当然有许多集合的地方，因为准备而集会结社大概都根据于法律的。既然根据于法律，若照普通办法一律呈报，似乎未免繁苛，所以仿照各国集会结社通例，凡是议会议员无论中央议会与地方议会无所不可，就如我们资政院亦是当然之议会，就是将来之议院亦是我帝国之议会，若是议会中议员组织正当之集会结社，可以不必按照法律呈报，休会时候亦是如此，这是本股添入的。还有一层，集会结社之时选举人、被选举人举行选举以前两个月之内集会结社为准备投票起见，亦是法律上当然的，与普通集会结社不同，所以亦不用普通呈报规定。还有一层，集会结社里头社员多出于议会议员，议员在议院发言表决对于院外不任其责。各国宪法都是这个规则，就是资政院院章、谘议局章程也有这个规定，凡在议会发言表决通通不受议会外之诘责，照这条原则怕将来政党议员自然为自己组织种种发言办法、表决办法亦是不能不保护的。一个人意见在议会发言、表决时候，这个事情关乎党员道德法律，不能不加保护的。结社社员发言、表决，社外人不得干涉，这个意思专为保护议员发言、表决，这是加入的。其余各条不过字句修正，无关重要，今年我们资政院能够通过后，将来组织政党种种事情、种种便利的地方于开国会时候大有裨益。开股员会那天请民政部特派员来一同讨论，民政部特派员陈述意见对于这个修正案非常表同情，承认可以会同具奏，请同院诸君大家赞成。（拍手）

副议长：民政部特派员有无意见？

民政部特派员（孙培）：不过要声明几句。这个第一人数、第二限制为正当办法，但先本早欲举办，因为没有详细调查，所以没有提出来，今既然有人陈请，本部非常赞成。

秘书官（曾彝进）：朗读结社集会律第一章。

百四九号（罗议员杰）：可以省略朗读。

众呼"不赞成"。

秘书官（曾彝进）：朗读第一条、第二条。

副议长逐条问：有无异议？

众呼"无异议"。

秘书官（曾彝进）：朗读第三条。

百零八号（刘议员春霖）：此条总理人于结社集会以前呈报。但总理人是已成立之后才选举出来，若未成立以前即不能有总理人，所以本员主张改为"发起人"或"首事人"。

众呼"赞成"。

七三号（汪议员荣宝）：本员对于此条有句说明。社会当成立之时，然后出总理人呈请立案，立案以后就算成立，所以本员以为总理人可无须改。

百零八号（刘议员春霖）：照汪议员所说可以改为"成立时"。

七三号（汪议员荣宝）：赞成。

秘书官（曾彝进）：朗读刘议员修正案第三条。

副议长：有无异议？

众呼"无异议"。

秘书官（曾彝进）：朗读第四条至第六条。

副议长逐条问：有无异议？

众呼"无异议"。

秘书官（曾彝进）：朗读第七条。

七三号（汪议员荣宝）：本员对于这条有个说明。删去"及其他宗教"，因为新刑律总则已经规定，可以删去。

副议长：第七条有无异议？

众呼"无异议"。

秘书官（曾彝进）：朗读第八条至第十一条。

副议长逐条问：有无异议？

众呼"无异议"。

秘书官（曾彝进）：朗读第十二条。

百零九号（籍议员忠寅）：对于第十二条有意见。民政部或本省督抚为维持公益起见似乎没有界限，因为并未定出条件，只以民政部及本省督抚之眼光为据，若民政部及本省督抚以为维持公益起见就可以禁止之，不知大家的意思如何？

七三号（汪议员荣宝）：这是仍原案之旧。

百零九号（籍议员忠寅）：本员倡议删去此条。

七四号（陆议员宗舆）：本员有个修正，可将"维持公安起见"改为"认为妨害治安者"。

有呼"赞成"者。

一百一十号（于议员邦华）：本员有个修正，政事或公事结社之下加"如有妨害治安者"数字。

四八号（陈议员懋鼎）：请议长将陆议员修正案付表决。

八五号（吴议员廷燮）：请议长分章表决。

副议长：陆议员倡议修正请赞成者起立。

众议员起立赞成。

副议长：足三十人以上，可以作为议题。

秘书官（曾彝进）：朗读陆议员修正案。

副议长：陆议员修正案请赞成者起立。

众议员起立赞成。

副议长：多数。

秘书官（曾彝进）：朗读第三章第十三条。

八一号（章议员宗元）：请问审查长，"呈报六小时之久不开会作为无效"是甚么理由？

七三号（汪议员荣宝）：此仍原案之旧。

八一号（章议员宗元）：比如他明日开会，今天报告，焉能说不得逾六小时。

七三号（汪议员荣宝）：比如呈报一点钟开会，而至六点钟不开会者作为无效。

百零八号（刘议员春霖）："中止三小时即作无效"似乎限制太严。

七四号（陆议员宗舆）："或中止三小时"以上一句删去。

众呼"赞成"。

秘书官（曾彝进）：朗读陆议员修正案第十三条第二项。

副议长：有无异议？

众呼"无异议"。

秘书官（曾彝进）：朗读第十四条、第十五条。

副议长逐条问：有无异议？

众呼"无异议"。

秘书官（曾彝进）：朗读第十六条。

百三十号（刘议员景烈）：此条规定似有未妥。本来坐位是应设的，假如会场不宽大的恐怕不特无监察之坐，并其站立之地都没有，似此情形或在不免，若按三十三条办法罚以五元以上、五十元以下罚金，未免太重。

七三号（汪议员荣宝）：此层可以不必虑，即派人监察亦无有许多人。

副议长：有无异议？

众呼"无异议"。

秘书官（曾彝进）：朗读第十七条。

众呼"无异议"。

秘书官（曾彝进）：朗读第十八条。

一九一号（陈议员荣昌）：此条"迎神赛会"四字可以删去，现在破除迷信，何必存此种无益之事。

七三号（汪议员荣宝）：删去不删去没有甚么关系。

副议长：有无异议？

众呼"无异议"。

秘书官（曾彝进）：朗读第十九条至第二十三条。

副议长逐条问：有无异议？

众呼"无异议"。

秘书官（曾彝进）：朗读第二十四条。

七三号（汪议员荣宝）：此条为维持公安起见，亦应照前改作"认为妨害治安者"。

秘书官（曾彝进）：朗读汪议员修正案二十四条。

众呼"无异议"。

秘书官（曾彝进）：朗读第四章罚则第二十五条至四十一条。

副议长逐条问：有无异议？

众呼"无异议"。

秘书官（曾彝进）：朗读第五章附则四十二条、四十三条、四十四条。

副议长逐条问：有无异议？

众呼"无异议"。

副议长：众赞成。现在再读已毕，可否即付三读？

五七号（林议员炳章）：方才有位议员倡议第十八条删去"迎神赛会"四字，本员很表同情。各省办学务往往无款，而迎神赛会徒靡有用之钱，大家看可否删去此四字？

一三七号（邵议员羲）：二十二条之规定与本律性质不合，应在违律中规定，此条可以删去。

七三号（汪议员荣宝）：此条似与本律不甚关切，可以删去。

一三七号（邵议员羲）：三十九条也可以删去。

一零九号（籍议员忠寅）：二十二条删去，三十九条是当然删去，因此条是根于二十二条的。

副议长：现在表决邵议员倡议删去二十二条及三十九条，众位赞成否？

众呼"赞成"。

七三号（汪议员荣宝）：林议员倡议删去十八条"迎神赛会"四字，请议长咨询决定。

副议长：现在林议员倡议删去第十八条"迎神赛会"四字，众位赞成否？

众呼"赞成"。

七三号（汪议员荣宝）：还要声明一句。现在既删去二条，请议长令秘书官将条数依次推动，以便将来具奏。

一一七号（雷议员奋）：请问股员长，三十七条下"是否二十元以上"这条本员看是关于个人的事情，还是"二"字，不是"三"字，"二"字没有错。

七三号（汪议员荣宝）：这条是关于个人的事，应当是"二"字，不是"三"字。

秘书官（曾彝进）：朗读三十七条，现改三十六条"处拘役或二十元罚金"。

副议长：请赞成者起立。

众议员起立赞成。

副议长：现付三读并省略朗读，赞成结社集会律议案全体者请起立。

众起立赞成。

副议长：多数。

副议长：按议事日表第十一是推广私立法政学堂变通办法议案，请股员长报告。

五九号（顾议员栋臣）：股员长今天没有到，委托本议员代为报告。

副议长：请代为报告。

五九号（顾议员栋臣）：这个推广私立法政学堂变通办法议案是王议员提出来的，本员先把这个办法略为说一说。这个办法分为三层。第一层是要设预科，因为高等以上的学堂没有预科，所以请设预科以广造就。第二层要设别科，从前各处法政学堂本来有别科，后来以限制的意思必须中学毕业生方得预考，现因中学毕业生尚少，并且中学毕业应收入本科，所以既设本科收中学毕业、年富力强的学生，当应多设别科收不是中学毕业、年长学优的学生，并说只要学生年富力强，虽未在中学毕业也应许他入本科。第三层各省通商口岸当设法政学堂。这个议案除第三层外，前两层均与学部所定的章程不接头。（一三三号议员请简单发言）是总要把三层意思报告清楚。当初开股员会的时候，据学部特派员说预科之名从前京师法政学堂及各省高等学堂均有这个名目，现在各省预科既已停止，不能使法政学堂独存，所以预科以后一定不能留着这个名目。后来商量许久，都知道法政人才现在万不容少，可仿照从前讲习所、研究所这种名目，请学部另定章程，极加推广，使与学部奏定完全法政学堂并行不悖，使愿意先进全科的进完全科，如果年长不愿意进完全科的也可以进讲习所或研究所，一两年就可以毕业，但是这个办法关于学部教育行政的事情，应由本院送到会议政务处详定章程办理。自设别科一层，本年六月学部议复浙江巡抚案内有"推广别科"一句话，这层可不必说了。再说各处通商口岸均设法政学堂这层也不容易得很，应将审查这个情形咨送会议政务处核办。

副议长：顾议员的报告有无异议？

众呼"无异议"。

副议长：以报告书为然者请起立。

众起立赞成。

副议长：多数。

副议长：按照议事日表第十二是提议陈请采用音标试办国语教育议案，请股员长报告。

七三号（汪议员荣宝）：这也是建议案，不必讨论，请议长付表决。

副议长：既没有讨论，请以报告书为然者起立。

众议员起立赞成。

副议长：多数。

副议长：按照议事日表第十七请弛门禁以便交通而存国体建议案，请股员长报告。

众议员请不必报告，即付表决。

副议长：以报告书为然者请起立。

众议员起立赞成。

副议长：多数。

副议长：今天议事日表所列除新刑律议案外，尚有本会期未议决而事关重要不能不议决者，一、优待小学教员章程修正案，一、规定通俗教育议案，一、改定教育法令建议案，一、停止学堂奖励明定学位案，一、陈请改良学制议案，一、学堂管理（阴寓）〔应谕〕兵、法部劝及出洋留学注重兵工议案，一、编订单级、合级教科书议案，一、修正教育会章程议案，一、陈请修改小学章程议案，一、请定义务教育议案，一、急定税制及税收暂行机关议案，一、关卡丁漕宜统收钞票铜元议案，一、治水案，一、自治案，拟一并作为建议案，照审查报告书所拟办法一律咨送内阁会议政务处办理。请赞成者起立。

众起立赞成。

副议长：多数。

一一七号（雷议员奋）：请问审查教育特任股员，陈请停止学堂奖励审查的结果如何？

五九号（顾议员栋臣）：审查结果请停止实官，改为学位。（语未毕）

声浪大作。

副议长：请坐，不要喧闹。现在还有直隶农工商学堂改归绅办核议案，直隶盐斤加价核议案，浙江征信录核议案，（声浪大作）浙江钱粮改折核议案，现在尚须咨行各督抚办理。

声浪大作。

副议长：请一位一位依次发言。

五九号（顾议员栋臣）：是否建议案？是建议案就可以赞成。

一三十号（刘议员景烈）：特任股员审查的结果尚未报告，如何说赞成？

八一号（章议员宗元）：这个不可咨行各督抚，照章须要具奏的。

一七七号（李议员文熙）：停止学堂奖励一案可以不必送到会议政务处，现在奖励不能不停止，报告不但不主张停止，反主张奖励，以贡生等名若将此案送到会议政务处实在有失资政院的体面。

五九号（顾议员栋臣）：外国也有博士的名目。（语未毕）（声浪大作）

一七七号（李议员文熙）：为甚么还得这个奖励？

五九号（顾议员栋臣）：这是大家议决的，不是本议员一个人的意思，就是外国所谓博士也是一样。

一三七号（邵议员羲）：请议长付表决。

声浪大作。

副议长：停止学堂奖励明定学位一案现在章议员倡议将此案作废，不送到会议政务处，赞成这个倡议的请起立。

众起立赞成。

副议长：赞成的在三十人以上。

一一七号（雷议员奋）：大家没有听得明白，知道表决是甚么。

一七七号（李议员文熙）：因为此案子是各省谘议局陈请的，现在各省人民故主张停止奖励，政府也未尝不主张停止，我们资政院反主张保存，殊属不解。所以本员倡议此案作废，不必送到会议政务处。

副议长：以李议员倡议作废为然者请起立。

众起立赞成。

副议长：多数。

副议长：方才宣告可决的十四案中间有停止学堂奖励明定学位一案撤销可决。

八一号（章议员宗元）：本员倡议将方才议长所说的四个核议案不必咨行各督抚，不如暂行搁起，请议长付表决。

副议长：可以。

八一号（章议员宗元）：还是不要咨送各省督抚好。为甚么呢？我们资政院议决的事情还要交各省督抚去核办，于体统上不合。本议员倡议不交各省督抚办理。

副议长：现在章议员倡议不咨行各省督抚，赞成者请起立。

众议员起立赞成。

副议长：多数。

一四九号（罗议员杰）：本员十月初间有个修改清单，系十月初提出已经审查好了，如今还没有报告，请令股员会报告。

八一号（章议员宗元）：本员要声明一句。这四个核议案并不是作废，不过今年没有工夫，搁到明年再议。

八六号（喻议员长霖）：请问议长，明天几点钟行闭会礼，请宣告一声。

一一七号（雷议员奋）：议事日表还没有议完，怎么问明天几点钟闭会呢？

一零九号（籍议员忠寅）：今天议事日表所载议题都议完了，方才变更议事日表，第一大清新刑律不议，现在开议断不能完，就是再读也还有好几百条。不过总则已经议完了，大家没有异议，如果把总则再付三读，通过去即行上奏，仿佛对于资政院也是觉得有精神的。

宪政编查馆特派员（章宗祥）：方才籍议员业已提议要把大清新刑律总则付三读先行通过。但据政府的意思甚望分则亦能通过，诸君热心国会现在业已提前，则此种大法典自亦应提前颁布实行。惟此种大法典于国民生命财产有密切关系，非预先颁布容国民细细研究则实行不能有效，资政院已展会十日之久，诸君如能尽一夜之力把分则详细讨论，一并通过，这是政府极盼望的。

七四号（陆议员宗舆）：这个总则已经表决过了，究竟这个新刑律是一代大法典，不是哪一个人的事情，凡国际交涉、国民生命财产都有密切之关系，政府提出这个大法典来实在是于立宪国民前途大有关系，诸君千万不要私下闹意见，总得平心研究。况且这个总则已经表决了，何妨即付三读通过呢？

一四九号（罗议员杰）：这个总则已经再读表决了，时日无多，何妨省略三读，通过把他上奏去，也觉得资政院稍有成绩。现在资政院明日闭会，到底了了几件重大问题。

百十五号（许议员鼎霖）：新刑律是要宣统四年实行，并不是明年实行，又何必在此刻一定通过。况且当初都是赞成暂行章程，现在议员已经走了大半，就要通过也不行的。

一五九号（蒋议员鸿斌）：要通过就连分则都要通过，要不通过就都不能通过，现在人数走了大半，何能通过？

八一号（章议员宗元）：要把总则同分则通通通过是很难办的，况且总则已经表决过了，都无异议了，又何妨通过，所以把总则付三读省略，三读就通过了。至于人数不够，只要我们今日到场的人三分之二里头的多数赞成就通过了，好在这个总则已经表决过了，当初既通过，现在没有不能通过的，此刻虽人数不够，总以多数赞成为断，于章程没有甚么违背。

秘书官承命报告：议长的意见以为今天到会议员一百二十九位，现在已经走了许多位，在场的只有八十余位，拟照籍议员的倡议将刑律总则付三读即付表决，以为一二九位计算，若是多数起立就可作为通过，众位议员意见如何？

众有赞成者。

副议长：赞成籍议员倡议的已得三十人以上。

一零九号（籍议员忠寅）：前天宣告再读对于分则条文里边彼此有意见，现在本员倡议是把总则通过，这是已经表决过了，大家都没有异议，是全体赞成的，现在通过就可以上奏。

八一号（章议员宗元）：此刻三读只要有六十五位赞成就可以通过，就可以上奏。

众请省略三读。

副议长：省略三读有无异议？

众呼"无异议"。

副议长：赞成新刑律总则全体者请起立。

众起立赞成。

秘书官点人数。

副议长：今天到会议员是一百二十九位，现在起立者六十九位，是多数。

副议长：散会。

下午十点半钟散会。

资政院第一次常年会第四十二号议场速记录

宣统二年十二月十一日正午十二点钟举行闭会礼。

议员到会者共一百一十四人。

军机大臣、大学士、各部院尚书咸莅议场。

议长及副议长、议员、秘书长、秘书官等以次序立。如礼。

军机大臣朗贝勒宣读谕旨：宣统二年十二月十一日内阁奉上谕，前因资政院会期三月届满，议事未竣，谕令延长十日，现在又经届满，著即于本日闭会。此次资政院开院本系初次试办，粗具规模，徐图进步，尔议员等自当激励忠诚，扩充闻见，洞观时局，默验舆情，必学与识早裕于平时，斯事与理可期其一贯，尔议员等其加勉焉，钦此。

宣读谕旨毕，议长向御座前跪受，敬谨安放议场黄案之上。

礼成。

军机大臣、大学士、各部院尚书退出议场。

正午十二点三十分散会。

四、资政院第二届常年会

资政院开院上谕

宣统三年九月初一日

资政院开院奉上谕：朕寅绍丕基，于今三载，勤求治理，夙夜兢兢，兹届资政院第二次开院之期，尔议员等，其敬听朕命。方今世界文明，宪政尤为当务之急，自上年十月，仰体先朝与民更新之意，俯顺内外臣工之请，特降谕旨，缩改于宣统五年开设议院，并修改筹备事宜清单。期限则年近一年，筹画乃日繁一日，该院负国民之重望，实协议之权舆。前者已略具规模，今兹当更有进步，所有应议事项，亟宜集思以广益，求一是以折衷，以期渐有端倪，日臻完备。除上年该院未经议竣各案仍应接议外，朕特命国务大臣将各项案件陆续筹拟，照章交议。尔议员等洞观国势，熟审舆情，其各体念时艰，发摅忠爱，总使法立而民不扰，论定而事可行，用以巩固邦基，弼成郅治，朕有厚望焉。将此特谕知之，钦此。

《东方杂志》第八卷第九号,"中国纪事",第3页

资政院第二次开会监国摄政王载沣训词

宣统三年九月初一日

溯自上年资政院开院以来,已经(帀)〔匝〕岁,凡关于宪政事项,本监国摄政王与王大臣等悉心筹画,日促进行,昕夕从事,惟恐不及。现又届该院第二次开会之期,各议员等学问日进,阅历较深,凡国家安危所系,与吾民休戚所关,以及一切事实理论,自当研究渐精,抉择愈审,必能出所蕴蓄。共矢虚公,协赞谋猷,代宣民隐,上副朝廷孜孜求治之至意。各议员其交勉焉。

《清末筹备立宪档案史料》下册,第663—664页

资政院议员请假表

宣统三年九月初一日

九月初一日以前议员因事请假者如左:司公(理藩部奏准赏假)、那公(理藩部咨明请假)、索亲王(理藩部奏准赏假)、辖郡王(同上)、巴公(同上)、勒郡王(同上)、刚亲王(库伦办事大臣奏准赏假)、贡郡王(理藩部奏准赏假)、色郡王(锡林郭勒盟,理藩部奏准赏假)、张政(因路途阻滞请假)、文龢(同上)、吴赐龄(因路途阻滞请假)、姚炳麟(同上)、许鼎霖(因经手事件未

完请假)、柳汝士（因路途阻滞请假）、罗其光（同上）、杨锡田（同上）、周廷弼（因事赴沪请假）、刘曜垣（现已到沪，即来京，暂请假）、周廷励（同上）、王廷献（同上）、叶毓棠（同上）、刘述尧（同上）、李长禄（因感冒请假）、余镜清（因母病请假）、赵炳麟（因路途阻滞请假）、江辛（因病请假）、杨廷纶（同上）、陶镕（因感冒请假）、荣公鏊（同上）、朱献文（因持服请假）、沈家本（因感冒请假）、张之锐（因路途阻滞请假）、顾视高（因病请假）。

《大公报》，宣统三年九月初六日

给事中高润生奏资政院会期在即请饬内阁预编议案免致猝难应付折

宣统三年八月二十六日

给事中臣高润生跪奏，为资政院会期在即，请特饬内阁预编切要议案，提交该院妥议，以明权限而肃纲维，恭折仰祈圣鉴事。

窃维资政院为国会基础，国会为宪政机关，各国立宪有君权、民权之不同，而要其实，则操纵之机发之自上，虽不言君权而君权自固，操纵之机发之自下，虽不言民权而民权已成。我国宪政前途正在发达，去年资政院开会伊始，因新内阁未立，各部大臣提出议案，率皆以例行公事敷衍塞责，致各议员纷纷陈请，驯至指摘政府，溢量要求，并迭次质问军机大臣，该大臣等窘迫万状，耽延推宕，闭会之期已迫，而预算要案反以草草通过，至今不能确实成立，皆政府不能操纵舆论之贻之戚也。

现在会期又届，此次议员所亟思提为议案者，谅必以借款、收路与亲贵内阁为三大问题。借款一项，臣于四月初十日曾奏请俟资政院开会之时，将开支表册即行交议，并速立审计院，俾与该院合而为完全监督财政机关，既以服国民之心，且以杜外人之口。盖恭绎上谕，竭力慎节，实事求是之至意。窃以为检察决算，不得不然。收路一项，定为政策，自难再议更张，然亦须统筹全局，妥商办法，总以不失信于民，不巧取于民为最要。似不得任首发难端、力护前过之一二大臣，主张不恤人言，专恃压力，一有激动，相持不下，反致无可转圜，川路已然，可为前鉴。至亲贵内阁一项，用人大权本非臣民所应妄议，惟具瞻所在，似亦必兼采众望，不拘一格，并明定责任与联带责任，以餍服天下之心。果使辅弼得人，权衡至当，事无可议，想臣民当亦不敢多求，所谓群言淆乱折衷于圣者此也。

以上三项，臣愚拟请特饬总协理大臣与各国务大臣，详筹妥订，编成议案，作为政府提出之件，于资政院开会之初，即先行交议，令议员等从容议决，免致事机落后，又听该议员等隳突叫嚣，或复共迫议长指参政府，以（至）〔致〕上渎宸聪，下乖国体。其余一切有关筹备事宜及应随时定为政策各要件，亦皆酌由政府提议。总期舆论与朝权两无窒碍，且免临时议员质问，猝难应付，或答复仓皇，转滋丛脞。要之，上有道揆，则下知法守，枢机之发，主动地位与受动地位，其优劣胜败之数，固未可同日语也。

臣为立宪前巩固君权起见，是否有当，伏乞皇上圣鉴训示。

再，此次改订院章，或议员有不乐承之处，则内阁宜饬特派员详述理由，和平解释，不得如去年之激切忿争，适腾讪笑，此亦该院秩序所关，合并陈明。谨奏。

《清末筹备立宪档案史料》下册，第 662—663 页

资政院总裁世续等奏请本标兼治以救危局折

宣统三年九月初五日

资政院总裁、大学士臣世续等跪奏，为内忧外患，恳请本标兼治，以救危局，恭折具陈，仰祈圣鉴事。窃维方今时局，内忧外患日迫一日，四川、湖北风

鹤频惊，大局几为摇动。臣等以为欲遏乱萌，必先勤求治理，用是仰体先朝庶政公诸舆论之意，暨我皇上网开一面之仁，立本以植万年之基，治标以济一时之急，敬为我皇上披沥陈之。

所谓治标以济一时之急者，道在宽猛之各当耳。今邮传大臣盛宣怀主张铁道国有，无铁道国有法案及铁道公债条例奏交臣院议决，徒以一纸朦奏，令川、粤诸省商民咸愤政府失信，以致四川肇变于先，湖北继乱于后。而四川总督赵尔丰先时极意赞助保路同志会，旋诬保路同志会为匪，诱拘谘议局议长及保路同志会绅商，川民疑惧，激成事变。又已革湖广总督瑞澂，于未事之先毫无防范，且首先弃城遁船，武汉遂以不守之。三人者，或则视议（院）〔员〕如弁髦，或则视人民为土芥，或则视职守如传舍，罪魁祸首，舆论哗然。拟请乾纲独断，按律严惩，以谢天下而明国典。此以猛治标之大略也。铁道国有必有精密之筹画，公平之处理，定为法案，然后觖望不生，猜疑尽释。应请一面于资政院会期中饬下邮传部妥拟铁道国有法案及铁路公债条例，迅交臣院会议，一面特颁明诏，释放四川谘议局议长等，促令照章开局议事，以慰人心。至于川、鄂乱民，按诸法律自应严诛。然该乱民皆系朝廷赤子，党羽众多，剿不胜剿，拟请谕令各该大臣多方招抚，设法解散，以示宽大而广皇仁。此皆以宽治标之大略也。

所谓治本以植万年之基者，道在一与诚而已矣。内阁为行政根本，内阁若无统一政策，则各省行政势必日见纷歧，拟请朝廷斟酌情势，迅速组织完全责任内阁，以一事权而明责任，并于明年提前召集国会，共筹大局，俾人心有所维系。凡此皆以一治本之大略也。内阁、国会为行政、立法之根本，而宪法尤为行政、立法上根本之根本，关系綦重。与其以少数人意思编纂宪法，使天下之民不能谅圣朝实行立宪之苦心，致将来不免陈请改正，互生猜忌，曷若仿照泰西立宪各国通例，准议院得以协定。拟请饬下纂拟宪法大臣，将所拟宪法初稿即交臣院会议，广集王公士庶，悉心讨论，纵有不能仰赞高深之处，仍可随时交院复议，恭候钦裁，总期军民一心，悉臻美善而后已。凡此皆以诚治本之大略也。

臣等内察舆情，外觇大势，忠爱所迫，不敢稍顾忌讳，缄默不言。如左右之臣或以处变过宽致长浮嚣之气，或以宪法协议似侵君主大权，荧惑圣聪，莫回天听。诚恐人心一去，时局愈难挽回，事变所极，有非臣等所能逆料者。

臣等为内忧外患,恳请本标兼治以救危局起见,是否有当,谨按照议事细则第一百六条,恭折具陈,伏乞皇上圣鉴训示。谨奏。

《清末筹备立宪档案史料》上册,第363—365页

资政院总裁世续等请速开党禁以收拾人心折

宣统三年九月初八日

资政院总裁、大学士臣世续等跪奏,为请速开党禁,以示宽大而固人心恭折仰祈圣鉴事。

窃惟弭乱之本,在于收拾人心,而士者民之倡导,未有士心不固而民心能固者也。我朝本无党禁之说,自海通以来,世界政治学识到处播殖,因借镜之资,以见吾国政府之窳败。有心者或欲起而改革,不逞者遂溃出于范围,以致获罪中朝,亡命绝域,外邦庇之为政犯,天下目之为党人。其中固有一二桀黠之辈簧鼓革命,为中国害。然亦有睠怀祖国,感激旧恩,忠爱之忱,历久不变者。至于仅冒嫌疑,并无实迹,痛心永弃,企望见收者,亦复不少。

臣等以为宪政之立,与民更始。考各国立宪成例,未有不于开国会时大弛党禁者。今吾国距国会之开仅及一年,倘于此时宏颁涣号,与以更新,使人民复公权之平等,国家得政党之互剂,匪特借表真诚,抑亦可收实益。此为实行宪政起见,不可不速开党禁者也。

近今中国人才消乏已甚,为上者所亟宜维持。党人中实有文章学问度越恒流,而且艰阻备尝,深增阅历,无论跻之政界,置之社会,出其蕴抱,必足仰助休明。如赦使来归,将见人望所存,风从者众,汇征之吉,即为消长之机。此为护惜人才起见,不可不速开党禁者也。

自古寇贼之起,每招叛亡以为谋主,汉失中行,宋弃二憾,皆其明征,盖人心失望之余,往往铤而走险。方今乱象滋蔓,士类危疑,宜乘威信之犹孚,使识

圣明之可恃。况匪党胁从者已奉明诏准其投诚，则与乱事无涉之党更无不许自新之理。此为消解祸乱起见，不可不速开党禁者也。

拟请我皇上特沛德音，凡因戊戌政变而获咎者，与前后因犯革命嫌疑惧罪逃匿者，以及此次乱事虽被胁附而自拔来归者，悉皆赦其既往，俾齿齐民。并请申明，所有大清帝国臣民，苟不越法律范围之中，本皆在国家保护之列。嗣后地方官吏自非根据法律，不得以嫌疑之故逮捕无辜。如是，则天下晓然于皇恩之浩荡，悔祸者深自袯濯，观望者无复猜疑，士心一固，民心自固。今日弭乱根本之图，诚无有切于此者。

臣院会议，多数议员意见相同，当场议决，谨遵议事细则第一百六条恭折具奏，请旨裁夺。伏乞皇上圣鉴训示。谨奏。

《清末筹备立宪档案史料》上册，第92—94页

准开党禁颁布特赦谕

宣统三年九月初九日

宣统三年九月初九日内阁奉上谕：资政院奏请速开党禁以示宽大而固人心一折，党禁之祸，自古垂为炯戒，不独戕贼人才，抑且消沮士气。况时事日有变迁，政治随之递嬗，往往所持政见，在昔日为罪言，而在今日则为谠论者。虽或逋亡海外，放言肆论，不无微瑕，究因热心政治，以致逾越范围，其情不无可原。兹特明白宣示，特沛恩纶，与民更始，所有戊戌以来，因政变获咎，与先后因犯政治革命嫌疑惧罪逃匿，以及此次乱事被胁自拔来归者，悉皆赦其既往，俾齿齐民。嗣后大清帝国臣民，苟不越法律范围，均享国家保护之权利。非据法律不得擅以嫌疑逮捕。至此次被赦人等，尤当深自袯濯，抒发忠爱，同观宪政之成，以示朝廷咸与维新之意。钦此。

《清末筹备立宪档案史料》上册，第95—96页

资政院总裁世续等请明诏将宪法交院协赞折

宣统三年九月初八日

资政院总裁、大学士臣世续等跪奏，为时事艰危，人心解体，请颁布明诏，将宪法交臣院协赞，以维人心而靖祸乱，恭折仰祈圣鉴事。

窃维鄂军之变，不及旬日，而响应者四起。此非一朝一夕之故。其阴相勾结，阴相鼓煽，潜滋暗长，蔓延遍国中者，其必有所以勾结鼓煽之具。十余年来革命党之风大炽，其中颇多聪明俊伟之士，持偏激之学说，挟锋锐之文字，发行报纸，刊刻书籍，腾播中外。夫其所藉以为口实而得多数之信从者，无他，夫亦曰专制政体之不可以为国，非有横决之举，终不能脱此专制羁绁之下也。其意以为生今之世，万国竞争，非立宪无以立国，然窥我政府之意则决不肯立宪，不立宪则亡，与其坐而待亡，孰若起而革之，其说皆由怵于危亡而起。近数年间，朝廷下预备立宪之诏矣，宣布九年筹备清单矣。上年采用臣院之议，又缩改之为宣统五年开国会矣。今年又按照缩改筹备清单，设立暂行内阁矣。夫此数事，皆有名无实，在政府以为可借此以敷衍人民，在人民终不能因此而信爱政府。于是愤政府之疲缓，官吏之酷虐，法律之不备，审判之不平，人民生命财产之无所保障，权利义务之不能确定，国势之陵夷，民族之衰弱，将归于优胜劣败之数。政府愈疲缓，人情愈愤激，愤激之极，则革命之说易于传播，而革命之势力于是大盛。横决以求一逞，彼且自以为有不得已之故焉。故彼之所藉口者，其初恐朝廷之不立宪，其继愤政府之假立宪，其后乃不欲出于和平立宪，而思以铁血立宪。

故欲维系人心，敉平祸乱，莫若示人民以真正立宪。真正立宪惟在颁布宪法。颁布宪法而不使人民协赞，则信守之意不坚，爱护之诚不至，服从之效不笃。在彼鼓吹革命者，犹以为非真正立宪，而勾结鼓煽如故，残杀战争如故。鄂乱虽平，而等于鄂乱者且接踵而起。不观夫广州乎，半年之中窃发者四起。人道之祸，曷其有极。故臣院集议，以为非请皇上将宪法交臣院协赞，无以示皇上公天下之心，而表见其真正立宪之据。诏下之日，天下皆曰吾皇圣慈，宪法且交资政院协赞，吾侪小人乐利无涯，何肯为乱逆以自背于人道乎。且夫宪法者万法之母，而君民共守之信条也。夫既为君民共守之信条，则曷不使人民参预，俾权利义务厘然悉当于人心，皇上既欲规定臣民之权利义务著为信条，又曷不于规定之始诏进臣民，一为商榷。夫协赞云者，在纂拟之后，钦定之前，先之以协赞，于先朝圣训钦定之义毫无所妨者也。世界各国惟日本、俄罗斯为钦定宪法，常为世界学者之所短，我中国曷为而采择之。故臣院兢兢致惧，伏愿皇上迅赐采纳，颁布明诏，毅然将宪法交臣院协赞。以法理言，既无碍国家统治之大原，以事实言，尤足见天地无我之至量。所以弭一时祸变之源者在此，所以奠万世无疆之业者亦在此。

臣院会议多数议员意见相同，当场议决，谨遵照议事细则第一百六条，恭折具奏，请旨定夺。伏乞皇上圣鉴训示。谨奏。

《清末筹备立宪档案史料》上册，第94—95页

资政院总裁世续等奏请罢亲贵另组责任内阁折

宣统三年九月初八日

资政院总裁、大学士臣世续等跪奏，为时局危迫，内阁应实负责任，不任懿亲，恳请明降谕旨，另简贤能组织联责内阁，以顺民心而固国本，恭折仰祈圣鉴事。

窃维君主不担负责任，皇族不组织内阁，为君主立宪国唯一之原则。世界各国苟号称立宪，即无不求与此原则相吻合。今吾国之改设内阁，变旧内阁之官制而另定官制，改军机处之旧名而另立新名，其为实行宪政特设之机关，固天下臣民所共见。而第一次组织内阁之总理，适与立宪国之原则相违反。凡论君主立宪政体者，类无不知君主神圣不可侵犯之语。君主既立于神圣不可侵犯之地位，密

迩君主之皇族亦即立于特别不可动摇之地位。而内阁之地位则可动摇而更新者也。立于君主之下，以受议会之监督，有政策之冲突即发生推倒之事实。内阁为皇族所组织，皇族缘内阁而推倒，使臣民之心理忘皇族之尊严，君主之神圣恐不免因之小损。臣等并非谓皇族必无组织内阁之能力，亦非谓皇族必有行政丛脞之堪虞，第以皇族内阁与立宪政体有不能相容之性质。又各国之内阁总理，当更换之时，各国务大臣皆联翩而退，新任总理重行组织，故皆负联带之责任，即钦定内阁官制亦有内阁对于皇帝担负责任之文。今以皇族为总理，使其不可以推倒，如设内阁制之真意何？使其可以推倒，如皇上神圣之体统何？故现总理大臣庆亲王当受命之始，两次恳辞，请收回成命，特简贤能。一则曰：居恒已形竭蹶，大受岂复堪胜。再则曰：惟至圣能无我，咸知朝廷用舍之公，诚不欲开皇族内阁之端，以负皇上者负天下臣民之望。所以为皇上计为皇族计者至深远，非仅自为退让计也。且本朝定制亲王不假事权，伏读仁宗睿皇帝圣训有曰：本朝设立军机处以来，向无诸王在军机行走。正月初间，因军机处事务较繁，是以暂令成亲王永瑆入直办事。但究与国家定制未符，成亲王永瑆著毋庸在军机处行走等因。钦此。当时之军机原无负一切政治责任之明规，犹严亲王之限制。今日之国务大臣责任重于军机，则组织内阁之国务大臣更不可不循限制之旧法。伏愿皇上守祖宗之经制，采立宪之通例，明降谕旨，取消内阁暂行章程，实行完全内阁制度，不以亲贵充当国务大臣，博采舆论，特简贤能为内阁总理大臣，并使组织各部国务大臣负完全联带之责任，以维持现今之危局，团结将散之人心，则责任明而政本以立，皇室固而国祚必昌，天下幸甚。

臣院会议多数议员意见相同，当场议决，谨遵议事细则第一百六条，恭折具奏，请旨裁夺。伏乞皇上圣鉴训示。谨奏。

《清末筹备立宪档案史料》上册，第 596—597 页

取消内阁暂行章程

宣统三年九月

奉上谕：资政院奏内阁应实负责任，国务大臣不任懿亲一折，懿亲执政与立宪各国通例不符，我朝定制不令亲贵干预朝政，祖训著有明文，实深合立宪国家精义。同治以来，国难未纾，始设议政王以资夹辅，相沿至今。本年设立内阁，仍令王公等充国务大臣，原属一时权宜之计，朝廷本无所容心。兹据该院奏称，皇族内阁与立宪政体不能相容，请取消内阁暂行章程，实行内阁完全制度，不以亲贵充当国务大臣等语。所陈系为尊皇室而固国基起见，朕心实深嘉纳。一俟事机稍定，简贤得人，即令组织完全内阁，不再以亲贵充国务大臣。并将内阁办事暂行章程撤销，以符宪政而立国本。钦此。

《东方杂志》第八卷，第九号，"中国纪事"，第6—7页

实行宪政谕

宣统三年九月初九日

内阁奉上谕：朕继承大统，于今三载，兢兢业业，期与士庶同登上理，而用人无方，施治寡术。政地多用亲贵，则显戾宪章，路事朦于金壬，则动违舆论。促行新治，而官绅或藉为纲利之图，更改旧制，而权豪或只为自便之计。民财之取已多，而未办一利民之事，司法之诏屡下，而实无一守法之人。驯致怨积于下而朕不知，祸迫于前而朕不觉。川乱首发，鄂乱继之，今则陕、湘警报迭闻，

广、赣变端又见，区夏腾沸，人心动摇，九庙神灵，不安歆飨，无限蒸庶，涂炭可虞，此皆朕一人之咎也。兹特布告天下，誓与我国军民维新更始，实行宪政。凡法制之损益，利病之兴革，皆博采舆论，定其从违。以前旧制旧法有不合于宪法者，悉皆除罢。化除旗汉，屡奉先朝谕旨，务即实行。鄂、湘乱事，虽涉军队，实由瑞澂等乖于抚驭，激变弃军，与无端构乱者不同。朕维自咎用瑞澂之不宜，军民何罪，果能翻然归正，决不追究既往。朕以眇眇之躬，立于臣民之上，祸变至此，几使列圣之伟烈贻谋颠坠于地，悼心失图，悔其何及。尚赖国民扶持，军人翼戴，期纳我亿兆生灵之幸福，而巩我万世一系之皇基。使宪政成立，因乱而图存，转危而为安，端恃全国军民之忠诚，朕实嘉赖于无穷。此时财政、外交困难已极，我君民同心一德，犹惧颠危，倘我人民不顾大局，轻听匪徒煽惑，致酿滔天之祸，我中国前途更复何堪设想。朕深忧极虑，夙夜旁皇，惟望天下臣民共喻此意。将此通谕知之。钦此。

《清末筹备立宪档案史料》上册，第 96—97 页

著溥伦等迅拟宪法条文交资政院审议谕

宣统三年九月初九日

宣统三年九月初九日内阁奉上谕：资政院奏请颁布明诏将宪法交院协赞一折。我朝列圣相承，深仁厚泽，垂三百年。我孝钦显皇后、德宗景皇帝俯念时艰，深维治本，迭降明诏，确定为君主立宪政体，并颁布筹备立宪事宜清单，按年进行。朕以冲龄入承大统，亦维兢兢业业，用迪前光。上年十月，该院奏请速开国会，当经明降谕旨，定于宣统五年召集议院，并特派溥伦等迅速纂拟宪法，候朕钦定。

兹据该院奏称，宪法为君民共守之信条，宜于规定之始，诏进臣民商榷。又称协赞在纂拟之后、钦定之前，于先朝圣训钦定之义毫无所妨各等语。著溥伦等

敬遵钦定宪法大纲，迅将宪法条文拟齐，交资政院详慎审议，候朕钦定颁布，用示朝廷开诚布公，与民更始之至意。钦此。

《清末筹备立宪档案史料》上册，97页

资政院弹劾部臣违法侵权恭恳惩治折

宣统三年九月初十日

奏为大臣不法，误国殃民，谨据实纠参，请旨严惩，以遏乱萌恭折仰祈圣鉴事。窃谓治天下莫急于安人心，安人心莫急于除祸首，今兹危急存亡之秋，而海内所疾首痛心以为祸首者实为邮传大臣盛宣怀，迹其专权肆欲、败法害纪、罔上虐下、祸归朝廷，实有应得之罪。伏奉明谕令臣等各摅忠忱，臣等窃愿陛下与万民更始，同其好恶，谨胪列其罪状为我皇上一一陈之。盖今日祸乱之源发于铁道国有政策，在朝廷方以体恤民艰，故俯从邮传部之议，而海内愤怨效实相反，盖皆邮传大臣欺朦朝廷、违法敛怨有以致之。夫该大臣本意不过以川粤汉借款草合同订自原任大学士张之洞，外交已成定议，故借国有政策以消纳之，不知外交困难情形本为内外所共喻，朝廷不忍以一举而损四国之邦交，亦为不得已之苦心，何难开诚布公，消弭民谤，乃必滥用国有名义震骇天下观听，酿此纷纭。试问该主管大臣筹有何种的款、定有何种划一干线之法律，足以收天下之商办各路而有之。既所收仅此四路，何名政策；既准商民附股，即是官商合办，何云国有。该大臣指鹿为马，而海内舆论遂不能不循名责实。况云国有政策则是取消先朝谕旨之商办公司及钦定商律，按照资政院院章实应交院协议，按照内阁官制亦应交阁议决，乃该大臣于舆论机关钦定官制一切不顾，于阁制发表之后二日首先破坏单衔入奏，该大臣目无宪典，目无国法，目无同僚，目无人民，以至于此，臣等窃不识内阁总协理大臣何以居然副署，以致诏谕一颁，谤议四起也。夫民心易失，国体官尊犹赖主管大臣慎重筹谋，妥定办法，庶祸消于将。然牢补于未晚，乃该大臣以市侩之心，与小民竞锱铢之利，以豪横之政陷朝廷为怨毒所归，川粤湘赣同归官办待遇，民股自应一律，国室既欲收其后利，自应偿其损失，乃该部前后所奏于抽本还利之法既暮四而朝三，于川鄂湘粤之民复偏轻而畸重。川乱之起，其大半原因即以该部奏定仅给实用工料之款，以国家保利股票不能与鄂路商股一律连本发还，又将施典章等所亏倒数百万弃置不顾，怨苦郁结，上下争持。川乱既作人心浮动，革党叛军乘机窃发，武汉继陷，大局（糜）〔糜〕烂，祸首之罪谁实尸之。今虽朝廷宣布德、意一律发回股本，而时晚势蹙，恩不下究，损辱威信，皆盛宣怀罔上虐下之罪也。夫民情通塞之机即大局安危所系，朝廷方欲公万机于舆论，而盛宣怀则务塞舆论以蔽朝廷，当川省争路之时，绅民电报皆为邮传大臣命令所阻，遏饬各局不准通递，比附朝旨谓煽惑抵抗，以违制论，呼吁无门，大乱遂作。夫疾痛号呼发于忠爱，有何罪恶加以叛名，盛宣怀自以手握天下交通之机关，不惜专愎擅权，隔绝上下之情如此，臣等窃览往古权臣专国之祸未有如此之烈者也。川粤借款系由宿约，盛宣怀罔上欺民，途附政策，酿成祸阶已如此矣。至其借日本国债一千万元尤为普天下臣民所不喻，盛宣怀所办汉阳铁厂、萍乡煤矿皆借有日本款项，此中关系如何虽无从得其真相，而竟悍然不顾以国家为孤注之掷，以贯通南北枢纽之京汉铁路为抵质之符，则其饮鸩自甘有同卖国，实不能令天下无疑。今乱事方棘，京汉铁路余利岌岌不保，不审大臣何以应之。臣等窃料该大臣心计素工，狡谋最甚，必以外交危词恫吓皇上，即以奉旨特借搪塞人民，至于流毒蕴祸非其所知，若夫弁髦。资政院议决专章败坏宪典，乃该大臣故智，臣等实未遑指数综之。自资政院闭会以来于今一纪，时艰孔迫，大小臣工涂附为治，酿伏祸机，自盛宣怀掌部以来横肆冲决，破坏宪典，破坏官制，破坏舆论机关，祸虽骤发，乃飘风迅雨不可测度。臣等诚知今日国事之败坏不必尽由于一人之咎，而盛宣怀实为误国首恶，去盛宣怀则公愤可以稍平，大难庶几稍息，若容留姑息，则天下即有以窥朝廷后患之来，实非臣等所堪设想。臣等忧危大局，不胜区区愤懑之忱，谨遵照院章第二十一条据实纠参，拟请明降谕旨立予严惩，天下幸甚。

《大公报》，宣统三年九月初十日

内阁总理大臣奕劻等奏自请罢斥另简贤能组阁折

宣统三年九月十一日

臣奕劻、臣那桐、臣徐世昌跪奏,为臣等奉职无状,恳恩立予罢斥以谢天下,恭折沥陈仰祈圣鉴事……伏念臣等猥以庸愚,知能鲜薄,过辱恩遇,备位枢垣。自本年改设内阁受命以来,不能上宣德意,下恤民隐,以致海宇鼎沸,人情汹汹,川发难端,鄂警继告,湘、赣、秦、晋变故环生,商民哗于市廛,军士噪于营伍,陷生灵于涂炭,贻宵旰以忧劳,皆由臣等奉职无状,遂使祸变至于此极。乃昨奉明谕,肫恳剀切,惟引咎于一人,不加责于臣等。循诵悚愧,不知所云。臣等渥荷累朝厚恩,僭窃高位,当此难危之际,薄海望治方殷,业经贻误至此,虽捐糜顶踵不足以自赎。倘再恋栈,不急退避贤路,窃恐贻忧于君父者更大,为祸于天下者益烈。况另行组织完全内阁,已蒙宣示中外,更不可稍缓须臾,失信天下。惟有恳恩立予罢斥,迅简贤能,另行组织完全内阁,改良政治,庶几挽回危局,孚惬舆情,使臣等罪戾亦得稍从末减。事关宗社之安危,民心之向背,务祈宸衷独断,立赐施行,天下幸甚。

谨合词恭折沥陈,伏乞皇上圣鉴。谨奏。

《清末筹备立宪档案史料》上册,第598—599页

国务大臣载泽等奏请开去职务另简贤能以符宪政折

宣统三年九月十一日

臣载泽、臣载洵、臣溥伦、臣善耆跪奏，为国务重要，恳恩另简贤能，以符宪政而资治理，恭折仰祈圣鉴事。

窃本月初九日奉上谕：资政院奏内阁应实负责任、国务大臣不任懿亲一折，懿亲执政与立宪各国通例不符，我朝定制不令亲贵干预朝政，祖训著有明文，实深合立宪国家精义。同治以来，国难未纾，始设议政王以资夹辅，相沿至今。本年设立内阁，仍令王公等充国务大臣，原属一时权宜之计，朝廷本无所容心。兹据该院奏称：皇族内阁与立宪政体不能相容，请取消内阁暂行章程，实行内阁完全制度，不以亲贵充当国务大臣等语。所陈系为尊皇室而固国基起见，朕心实深嘉纳，一俟事机稍定，简贤得人，即令组织完全内阁，不再以亲贵充国务大臣，并将内阁办事暂行章程撤销，以符宪政而立国本。钦此。仰见我皇上励精立宪，巩固邦基之至意。

伏念臣等忝属宗支，仰蒙简畀，奉职无状，辜负圣恩。现当国步艰难，四海望治，朝廷实行宪政以答舆情，采立宪各国通例不以亲贵任国务。伏读明诏，钦幸同深。窃维目前大局危迫，非迅速组织完全内阁，不足以定国是而济时艰。臣等均属懿亲，未便久充国务要职。合无仰恳天恩，俯鉴下忱，准将臣等即日开去国务大臣，另简贤能分任要职。庶国家收得人之效，而臣等亦免陨越之虞，实于立宪前途不无裨益。

所有臣等迫切吁恳缘由，谨合词恭折具陈，伏乞皇上圣鉴。谨奏。

《清末筹备立宪档案史料》上册，第599—600页

准奕劻等辞职派袁世凯为内阁总理大臣组织完全内阁谕

宣统三年九月十一日

宣统三年九月十一日内阁奉上谕：庆亲王奕劻等奏，奉职无状，请立予罢斥；载泽等奏，国务重要，请另简贤能，以符宪政而资治理；邹嘉来等奏，时局艰危，政务重要，请准辞职，以定国是而正人心各一折，所奏甚是，均著照所请。庆亲王奕劻开去内阁总理大臣，大学士那桐、徐世昌开去协理大臣，镇国公载泽等、邹嘉来等均各开去国务大臣。袁世凯著授为内阁总理大臣，该大臣现已前赴湖北督师，著将应办各事略为布置，即行来京组织完全内阁，迅即筹画改良政治一切事宜。袁世凯未到京以前此数日间，仍著庆亲王奕劻等照旧任事，内阁组织未成以前，并仍著载泽等、邹嘉来等照常办事，均不得少有诿卸。钦此。

《清末筹备立宪档案史料》上册，第 600—601 页

组织完全内阁并令资政院起草宪法谕

宣统三年九月十二日

宣统三年九月十二日内阁奉上谕：第二十镇统制张绍曾等电奏，奉初九日上谕，仰见朝廷实行立宪以与天下更始，三军咸泣，惟内阁一日不成立，即内乱一日不平息，并宪法由议院制定等语。系为维皇室、靖乱源起见，览奏具见爱国之诚，实深嘉许。内阁总协理大臣及各国务大臣昨已具奏辞职，均经降旨允准，并另简袁世凯为内阁总理大臣，组织完全内阁。所有大清帝国宪法著即交资政院起

草，奏请裁夺施行，用示朝廷好恶同民，大公无私之至意。钦此。

《清末筹备立宪档案史料》上册，第97—98页

资政院总裁李家驹等请将草拟宪法内重大信条先行颁示并请准军人参与宪法起草意见折

宣统三年九月十三日

资政院总裁、内阁法制院院使臣李家驹等跪奏，为采用最良君主立宪主义，并先草拟宪法内重大信条，恳请宣誓太庙，布告臣民，以固邦本而维皇室，恭折仰祈圣鉴事。

窃维祸乱纷乘，蔓延于川、鄂、湘、赣、秦、晋、粤、汉各省，是大局已几于瓦解，又与前数日情形不同。而急切挽救之方，约千万语为一言，仍不外视宪法良否以为关键。顷者，特诏与民更始，并于统制臣张绍曾等所陈各节均已仰蒙采纳。而天下亦晓然于朝廷意旨之所在，固将采用最良君主立宪主义，以餍薄海望治之心。兹复沛布纶音，宪法交由臣院起草，钦感莫名。臣院肩兹重任，敢不殚竭愚诚，仰副圣意。

伏查东西各国君主立宪，皆以英国为母。此次起草，自应采用英国君主立宪主义，而以成文法规定之。虽兹事体大，诚非旦夕所可完成。而臆测朝廷者，或且窃窃忧疑，以为左右臣工或有荧惑圣聪，至痛定之日，翻然反汗。法国拿破仑第三世往事，至为寒心。如将重大信条先行颁示天下，则天下军民皆欣欣喜色相告曰：吾君果顺臣民之请，廓然大公，掬诚相见。风声腾布，固已胜于百万之师。兹谨先拟具宪法内重大信条十九条，凡属立宪国宪法共同之规定，则暂从阙略，俟全部起草时再行拟具。迭经会议，意见相同，谨缮具清单，恭呈御览。恳请宸衷独断，毅然俯允，宣誓太庙，布告臣民，以固邦本而维皇室。在臣院非敢故为此危言悚论，实以事机紧迫，稍纵即逝。倘朝廷不即宣布，恐德意犹不能下

究，而祸变尚未可胜言。臣院内激忠忧，外观时变，不得不痛切质陈于圣主之前，无任惶恐待命之至。

再，宪法为万世不磨之大典，君民共守，关系至巨。臣院受命起草，兢兢致慎，不敢不广征全国军民意见，以期精审。除业由臣院电告各省谘议局参与意见外，拟就现时重要事项，请并准军人暂行参与意见，以安众心，合并声明。伏乞皇上圣鉴训示。谨奏。

《清末筹备立宪档案史料》上册，第101—102页

择期颁布君主立宪重要信条谕

宣统三年九月十三日

宣统三年九月十三日内阁奉上谕：资政院奏采用君主立宪主义，并先拟具重大信条十九条，缮单呈览，恳请宣誓太庙，布告臣民，以固邦本而维皇室一折。朕详加披览，均属扼要，著即照准，一面择期宣誓太庙，将重要信条立即颁布，刊刻誊黄，宣示天下。将来该院草拟宪法即以此为标准。钦此。

第一条　大清帝国皇统万世不易。
第二条　皇帝神圣不可侵犯。
第三条　皇帝之权以宪法所规定者为限。
第四条　皇位继承顺序于宪法规定之。
第五条　宪法由资政院起草议决，由皇帝颁布之。
第六条　宪法改正提案权属于国会。
第七条　上院议员由国民于有法定特别资格者公选之。
第八条　总理大臣由国会公举，皇帝任命。其他国务大臣由总理大臣推举，皇帝任命。皇族不得为总理大臣及其他国务大臣并各省行政长官。
第九条　总理大臣受国会弹劾时，非国会解散，即内阁辞职。但一次内阁不

得为两次国会之解散。

第十条　陆海军直接皇帝统率，但对内使用时，应依国会议决之特别条件，此外不得调遣。

第十一条　不得以命令代法律，除紧急命令应特定条件外，以执行法律及法律所委任者为限。

第十二条　国际条约非经国会议决不得缔结，但媾和宣战不在国会开会期中者，由国会追认。

第十三条　官制官规，以法律定之。

第十四条　本年度预算未经国会议决者，不得照前年度预算开支。又预算案内不得有既定之岁出，预算案外不得为非常财政之处分。

第十五条　皇室经费之制定及增减由国会议决。

第十六条　皇室大典不得与宪法相抵触。

第十七条　国务裁判机关由两院组织之。

第十八条　国会议决事项由皇帝颁布之。

第十九条　以上第八、第九、第十、第十二、第十三、第十四、第十五、第十八各条，国会未开以前，资政院适用之。

《清末筹备立宪档案史料》上册，第103—104页

资政院总裁李家驹等请准革命党人按照法律改组政党折

宣统三年九月十五日

资政院总裁、内阁法制院院使臣李家驹等跪奏，为恳请明降谕旨，特准此次革命党人按照法律改组政党，并赐擢用，以纾兵祸而靖乱源，恭折仰祈圣鉴事。

窃维此次各省之变，其中类皆抱政治思想，无从展布，激而出此。现在朝廷与民更始，大赦党人，并于昨日奉准颁布信条。天下必晓然于圣意之所在，而自

纳于轨物之中。所有此次革命党人，拟请明降谕旨，准其按照法律改组政党。如有才可擢用，并请量加甄录。至于原统兵队，俟其反正后仍可收为国防之用。

臣院为纾兵祸、靖乱源起见，不得不迫切上陈，无任惶恐待命之至。伏乞皇上圣鉴训示。谨奏。

《清末筹备立宪档案史料》上册，第104页

准革命党人按照法律改组政党谕

宣统三年九月十五日

宣统三年九月十五日内阁奉上谕：资政院奏恳准此次革命党人按照法律改组政党并赐擢用一折，前据该院请开党禁，业经降旨允准。所有此次党人均著按照法律改组政党，藉以养成人才，收作国家之用。钦此。

《清末筹备立宪档案史料》上册，第104页

资政院总裁李家驹等奏请速开国会以符立宪政体折

宣统三年九月十五日

资政院总裁、内阁法制院院使臣李家驹等跪奏，为请速开国会以符立宪政体，恭折仰祈圣鉴事。

窃臣院奏准信条既为宪法之标准，则国民代表之确正机关尤应早日成立，以期立宪政体之完成。所有议院法、选举法拟由臣院征集军民意见详慎议订，奏请

颁布，以便即时选举，于数月之内召集国会。事关大局，无任迫切待命之至。伏乞皇上圣鉴训示。谨奏。

《清末筹备立宪档案史料》下册，第664页

令资政院迅速拟订议院法、选举法谕

宣统三年九月十五日

宣统三年九月十五日内阁奉上谕：资政院奏请速开国会以符立宪政体一折，所有议院法、选举法著迅速拟订议决，办理选举。一俟议员选定，即行召集国会。钦此。

《清末筹备立宪档案史料》下册，第664页

资政院总裁李家驹等奏遵照宪法信条公举袁世凯为内阁总理大臣折

宣统三年九月十九日

资政院总裁、内阁法制院院使臣李家驹等跪奏，为遵照宪法信条公举内阁总理大臣，恭折仰祈圣鉴事。

窃查宪法信条第八条，总理大臣由国会公举，皇帝任命，又第十九条第八等条，国会未开以前资政院适用之等语。兹经臣院于九月十八日遵照宪法信条，用无记名投票法公举内阁总理大臣，以袁世凯得票为最多数，理合恭折奏陈，请旨

任命。伏乞皇上圣鉴。谨奏。

《清末筹备立宪档案史料》上册，第601页

命袁世凯为内阁总理大臣谕

宣统三年九月十九日

宣统三年九月十九日内阁奉上谕：资政院奏遵照宪法信条公举内阁总理大臣一折，朕依宪法信条第八条，命袁世凯为内阁总理大臣。钦此。

《清末筹备立宪档案史料》上册，第601页

令各省速选代表来京会议国是谕

宣统三年九月二十四日

宣统三年九月二十四日内阁奉上谕：自武昌事起，各省纷扰，大局岌岌，实为全国存亡所关。朝廷胞与为怀，不设成心，亟应征集国民意见，共谋扶危定倾之策。著各督抚传谕各该省士绅，每省迅速公举素有名望、通晓政治、富于经验，足为全省代表者三五人克期来京，公同会议，以定国是而奠民生。钦此。

《清末筹备立宪档案史料》下册，第664—665页

候补参议陈毅奏资政院开会不足法定人数
重要事件应俟国会召集时再议折

宣统三年十月初一日

前署邮传部右参议、记名丞参、候补参议臣陈毅跪奏，为资政院人数不足，有违院章，不能成议，应请将重要事件俟国会召集再行开议，以昭信法，恭折仰祈圣鉴事。

窃查资政院章程第十条，议员定额应共得二百人，又第三十四条内开：资政院会议非有议员三分之二以上到会不得开议等语。诚以中国地广民众，非此不足征各省同意也。乃自武昌告变、畿辅戒严以后，议员纷避出京，民选一空，其不去者大率别有职司之员。每遇开会日期，其人数多则百有七人，少则八九十人或五十余人，甚至有数省竟无一人到会者。按诸院章，既不符三分之二以上之数，推诸事实，更无由征各省民意之同。不符院章，是谓违法，不能征各省之同意，是谓失信，以致京外报纸于该院多所讥评。去岁既诋为狗争，今岁复訾为鼠窜。以该院为代表全国舆论之地，处立法最高之机关，应如何兢兢以法律自持，应如何皦皦以信用自矢，而乃自违法律如此，自失信用如此，是率天下以不法也，是导天下以不信也，是直无代表全国舆论之价值也。名曰代表舆论，而已为报馆所轻，臣窃（醜）〔愧〕之。当此国势阽危而又设立内阁之始，全恃守法明信以维系乎人心。诚欲维系人心，断非违法失信之资政院所能胜任。应请明降谕旨，将一切重要事件，俟国会召集再行开议，庶足以见朝廷之大而与天下相见以诚。

所有资政院人数不足，有违院章不能成议，应请将重要事件俟国会召集再行开议，以昭信法缘由，谨恭折具陈，伏乞皇上圣鉴训示。谨奏。

《清末筹备立宪档案史料》下册，第665—666页

资政院第一次会议纪事

宣统三年九月初二日

九月初二日下午一点四十五分钟开议。议长就坐，谓昨日第二次开会恭奉谕旨训勉，当委托议员四位恭拟陈谢折稿，兹已拟就，由秘书长朗读。读毕，议长询诸议员有无异议，众呼"无异议"。秘书官承议长命报告文件毕。李议员素谓："去年提议申明资政院立法范围议案何以今日不报告？"赵议员椿年谓："去年该案付审查后未具报告书，故未列入。"李议员素谓："议案朝廷可以取消，本院不当自行取消，果尔，则本院似不能成立。盖据改订院章观之，如议事日表本院不能更改，总要得政府之同意，国务大臣有侵权违法之事非得议员三分之二以上之同意不得议决，实有限制议员、保护政府之意。"于议员邦华赞成李议员说。议长宣告现在开议，"按今日议事日表第一系选举专任股员，查上年成案因决算未成立，经众议决仍将该股照额举定，帮办预算。今年仍无决算事件，是否仍照上年例办理？"黎议员尚雯谓："此事可缓，去年本院具奏案留中者多至十六件，殊失议会议决之权。议案裁可虽属君主，究不应留中，今年仍须将去年留中案件再行具奏。"赵议员椿年谓："去年具奏事件有交行政衙门核办者非全留中也。"议长谓："去年议决案件虽未奉裁可，今岁仍可再行提出，现在当照议事日表第一选举专任股员。"章议员宗元谓："今年仍无决算事件，该股股员可仍照去年选举陈议员懋鼎和之。"议长谓："章、陈二议员所议，诸君有无异议？"众呼"无异议"，多数起立。议长谓："即认为多数赞成，请诸君至股员室选举专任股员，现在暂行中止议事。"时二点十五分钟。

下午三钟四十五分续行开议。议长谓："专任股员均已选定，现由秘书长当场报告。"秘书长承命报告当选人名。议长谓："现当按议事日表第二，提议请将改订资政院章交院协赞具奏案请提议员说明主旨。"牟议员琳登台谓："今年修正院章系奉特旨，议员多数以为凡属法律事件当由立法机关议决方有效力，资政院章程固议员所确认为法律者也，本院为立法机关，则认为法律之院章自当由院议议决修改。前次议长开谈话会时曾指定起草员五人，本议员居其一。研究起草大意，佥谓修改院章之根据在认定院章为法律，既为法律，自应交议。盖院章第一条明言资政院为上、下议院之基础，且前年钦奉上谕资政院章与谘议局章程实相表里，即为将来上、下议院法之始基，是本院有议决院章之权毫无疑义。起草大意如此。"于议员邦华谓："朝廷若认资政院为立法机关，则以后议决案皆有效力，此案既由起草员报告，大旨当得多数赞成，请议长付表决。"议长付表决，多数起立赞成。易议员宗夔请议长从速上奏。议长趋之，并宣告"今日议事已毕，散会"。时下午四点十五分钟。

《大公报》，宣统三年九月初四日

资政院第二次会议纪事（上）

宣统三年九月初四日

初四日第二次会议。议长李家驹及副议长均临席。午后二点鸣铃开会。议长甫入座，胡俊即起立向议长云："接川省来电，赵督蹂躏民命，民不堪苦，本院应为川民请命。"议长尚未答，李素即提议变更议事日表，谓："前三件政府提出之法律案无关紧要，可先付审查。现在时局危迫，请将第四、第五两件具奏案提前先议。"其时赞成者颇多。议长答曰："诸君对于前二件法律案既无意见，可请各专任股员简单报告，不过半刻钟即可了事。"旋即命各股员逐件报告，诸议员皆无意见，当付审查。议长即请继续议第四件具奏案，其议题系"提议为内忧外患恳请本标兼治以救危亡"。罗杰即登台演说具奏案之大体，谓："本院议员对于此次乱事大概主张本标兼治，主张治标者又有积极、消极二派。积极派对于川乱谓系赵尔丰酿成，且川乱起后赵又专用压力以致川中土匪乘机蠢动，成今日不可收拾之现象，事前、事后皆赵督处置失当，则主张杀赵督以服川人之心；对于鄂乱谓瑞澂不应弃城逃走，则主张杀瑞澂以重法纪；又谓川、鄂之乱其原因由于铁路国有政策，而其政策系出自邮传大臣盛宣怀一人之手，则主张杀盛宣怀以谢天下，此积极派治标之办法也。至于消极派，则主张不杀赵、瑞、盛三人，请政府先开党禁，宣布明年召集国会以安人心，此消极派治标之办法也。其主张治本者，谓要求朝廷真实立宪，万不可再借立宪之名行专制之实，宪法须君民协定。朝廷既大公无我，宪法何妨协定，国会何妨速开。现时虽名预备立宪，而实则专制日益进步，如四川人之设立保路会，赵督则压迫解散；湖南人之创设宪政会，湘抚则多方破坏；人民往来之信件，邮传大臣则严密查察，是预备立宪时代吾民之自由权已丧失殆尽矣。朝廷有此假立宪，则人民信任政府之心日薄，致有今日之乱，故治本以速定宪法、速开国会为惟一之良法"云云。罗议员演毕，议员全体皆拍掌赞成。议长即提起第五件具奏案，其议题系"提议部臣违法侵权、激生变乱并有跋扈不臣之迹恭恳惩治具奏案"。牟琳即登台演云：谓铁道国有，系邮传大臣盛宣怀所创之政策，以致贻误大局至于此极，盛宣怀在法律上、政治上皆罪无可逃。

《大公报》，宣统三年九月初六日

资政院第二次会议纪事（下）

查院章第十一条"资政院有议决借债、征税之权"，乃盛宣怀借外债至一万万之多不交院议，擅行借用。又查借款签押时度支大臣尚在请假，系盛一人签押，蹂躏院章，违背阁制，此盛宣怀之责任也。因铁道国有激成川乱，而盛宣怀一味用压力，电达赵督力主格杀勿论，影响所及，遂酿成湖北之乱，湖南、陕西亦有警耗，此盛宣怀政治上之责任也。且川乱甫起，盛宣怀竟不奏闻，擅行调遣，是盛宣怀跋扈不臣之罪也。牟议员演说甫毕，易宗夔复登台痛诋盛宣怀罪状，谓铁道国有系一种法律案，查当日奏定商律，路归商办系国法所许，乃盛宣怀忽收回国有，又不交院议决，既藐视成法，复蹂躏院章，欺君虐民罪不容诛。资政院若不严行弹劾，请朝廷将盛宣怀明正典刑，则资政院直同虚设。其时全体议员拍掌，咸表赞同。籍忠寅即起身曰：本员对于牟议员、易议员所说无不赞成，但具体修正案请议长提出。议长云：籍议员可登台报告。籍忠寅遂诣演台曰：本员对于此上奏案未免偏于法律上之辩论，缺少事实上之确证，恐不足以动朝廷之听。其时议员中赞成者颇多。籍议员又云：湖北之乱实源于四川，四川之乱实源于铁路国有，铁道国有系出自盛宣怀一人之政策，祸首罪魁盛宣怀弃尸其咎云云。陈懋鼎谓：本员对于盛宣怀有诛心之论，明知铁道国有必激成事变，知之而故为之，其心实不可测，及乱事起又无善后良法，徒为压制，是盛宣怀之罪大恶极。想我皇上圣明，必能治以应得之罪。其时邮传部特派员某请出席答复。李文熙即起曰：本员对于特派员有所质问，谓四川非反对铁道国有，乃反对不交院议之铁道国有政策，不反对借外债，乃反对不交院议之滥借外债，请特派员一一答复。乃特派员知盛之罪实无可逃，愕眙不能言。议员中有诽笑者，有唾骂者。汪荣宝曰：该特派员无答复之价值，请议长用电话传盛宣怀到院，以凭面质。易宗夔谓：虽传盛宣怀到院亦必理屈词穷，无所答复，请议长将弹劾案付表决，一次弹劾不效再次弹劾，再弹劾不效三次弹劾，终以达其目的为止。是时议场秩序非常紊乱，议长即宣告议事中止。易宗夔复起身云：弹劾案须速付表决，继以明日上奏为要。闻盛宣怀运动力最大，恐稍一迟延，事归无效。议长即请付表决。议员皆起立赞成。闻当晚缮折，准次日入奏。是时已四钟，议长即宣告散会。是日议员到会者一百十九人，京外大员二十余人，外交官二十余人，普通旁听席约百余人，政府委员三十余人，新闻记者二十余人。

《大公报》，宣统三年九月初七日

资政院第三次会议纪事（上）

宣统三年九月初六日

初六日午后二钟开会，议长及副议长均亲临会。先由议长诣演台恭读谕旨一道（系资政院上奏修改院章须交院协议，奉旨"依议"），议员皆起立致敬。议长读毕，甫就座。王议员佐良即提议曰：今日议事有应守秘密之处，请议长宣布，命令旁听者退出。于议员邦华、易议员宗夔同起立曰：无守秘密之必要，不必令旁听者退席。至是始开议。当由秘书官报告收受谘议局及本院议员各件。议长旋提出第一件改订大清商律总则编、公司编法律案，第二件浙江岁出预算关于民政、教育、实业、工程费核议案，第三件河南岁入预算关于车马一款核议案，问"有无讨论"，各议员金云"无所讨论"，议长遂分别交法典股、预算股审查。议长又将修改院章具奏案亦交法典股审查。汪议员荣宝曰：此件亦交法典股审查，法典股事务太繁，何能胜任，且权力亦未免过重，非法典股所敢担任云云。陈议员懋鼎谓：此系法典股应办之事，不得以事务繁多为词。于议员邦华亦赞成。汪始默然。议长复提出第四件时局危迫请顺人心以弭乱本具奏案，此系于议员邦华提议，议长请于议员诣演台报告。于遂登台谓：本员对于时局总以收拾人心为主，故提出此具奏案。（一）请组织责任内阁。现时内阁系皇族充当，各国宪法上概无此例。盖东、西洋立宪各国所以亲贵不能组织内阁者，非谓亲贵不应组织内阁，乃以亲贵为君主之贵戚懿亲，恐有伤君主之尊严。何以故？因内阁为行政之枢纽，转一失措即为人民万矢之的，议会为人民代表机关，议会与内阁政治上必多冲突，常常推倒内阁，此各国立宪史所数见不鲜也。今我国以亲贵充国务大臣，直当行政之冲，苟政治上稍有失宜，则人民反抗之声立起，势必推倒内阁而后止。内阁系亲贵组织而成，是推倒内阁即推倒亲贵也，岂不有伤君主之尊严，是各国不以亲贵组织内阁者正所以尊君也。（二）请速编宪法由人民协订。现在世界各国钦定宪法只有日本一国，但日本之国情与世界各国不同。夫所谓宪法者，乃君民共守之一种条件也，既为君民共守之一种条件，自应由君民协订方能永远遵守，收立宪之实效。况虽云协订，而最后之裁可权尚在君主，仍不失为钦定，于君主威权自无毫发之损。（三）请开党禁。查东、西洋立宪各国当立宪之始无不开党禁，我国自戊戌以后党禁日严，以致革党因身不能归国日肆煽惑，谓朝廷非真立宪，谓政府万不能倚靠，非革命不能强国，遂致党徒日众，党祸日深，遂成今日不可收拾之现象。今朝廷如开党禁，与以自新之路，则革党之势力自灭矣。以上三者，实为弭乱之良法也。本员之意见如此，望诸君赞成。

《大公报》，宣统三年九月初八日

资政院第三次会议纪事（下）

宣统三年九月初六日

张议员锡光继登台演说曰：本议员对于于议员之具奏案欲略加"请明年四月即开国会"一项亦为收拾人心之一法，自宣布立宪以来，人心为之安静者数年，去年人心稍动，而自国会期限缩短之诏下，人心又为之一静，而一般忧时之士见时局日危，要求再缩短国会期限，朝廷遂用压制手段或交地方官严加管束，或发往新疆，以致人民对于立宪又不信任。革党又从中煽惑，故祸机发于今日。若朝廷能速开国会以示真实立宪，则人心自可望收拾。本议员之意见如斯，请诸君讨论。牟议员琳又登台演说谓："本议员对于于议员建议案及张议员修正案均极赞成，但本员欲再加'调和满汉'一项。我朝以八旗兵建国二百余年，国家待满、汉人实有歧视之处，故至今日满汉界限尚严，意见终不能消除，而政府招权纳贿如故也，任用私人如故也，昏庸废弛如故也，所谓真立宪者固如是乎？且变通旗制处已设置数年，毫无成绩，日日言消除满汉界限，而满汉之意见反日深一日，故本议员欲添此一层请朝廷实行，设法消除满汉意见云云。"易议员宗夔又演说一番，谓："本员对于具奏案之三项皆赞成，惟依本员意见，此具奏案应作三专案上奏,若并作一案上奏,则近条程体例恐不免留中,归于无效。譬如昨日罗议员提议本标兼治之具奏案,文章虽好,而言事太多,以致上奏之后毫无下落,若分成三案上奏,允准与否必有明谕。"牟议员琳即反对曰:"时局危迫如此,若作三次上奏,恐无及矣。"易议员答曰:"本员主张分三案上奏者系三案同时上奏,非分三次上奏也。"牟始默然。王议员季烈即起身曰:"本员对于牟议员化除满汉一节略有意见,不专在事实上化除,即形式上亦应化除,如满、汉人之姓名不同,见其名即知为满人,即知为汉人,此其应化除者也,岂有一国之内名姓有迥然不同之理乎?既云化除,即应从同。又本员对于于议员具奏案文字上欲稍加修改,以期完善云云。汪议员荣宝起立曰:调和满汉系枝叶上问题,将来订宪法时此等问题皆可包括,依本员意见,具奏案可不列此件。易议员宗夔亦从旁赞成。王议员佐良又云:"请速开国会一件亦可取消,谓召集国会须由各省先办选举,现在东南半壁尚能按期召集乎?"其时赞成者颇多。张议员锡光即起立曰:"资政院即是国会,不过借速开国会为收拾人心之计。"议长即请付表决,谓赞成张说者请起立。议员起立者竟少数。易议员宗夔复请议长将具奏案所列之三项,(一)改造责任内阁;(二)要求协定宪法;(三)请开党禁逐项先付表决。当由议长朗读一过,议员皆无异议。复由议长指定起草员六人:陈懋鼎、王季烈、汪荣宝、刘春霖、孟昭常、李文熙。汪、刘二议员因事辞卸,议长复指定劳乃宣、易宗夔二人,准明日午前脱稿,午后开会通过即可入奏。议长又提出第五件改用阳历建议案。当由江议员谦报告谓:改建阳历虽不重要,而关于预算上、法律上、农事上、教育上均有种种之关系。演毕议员皆无异议,即付审查。时已四钟,议员纷纷退出,议长即宣告散会。是日议员到会者约百人上下,议长未报告。京外大员约十余人,外交官二十余人,政府特派员十余人,普通旁听席七八十人,报馆主笔十余人。

《大公报》,宣统三年九月初九日

资政院第四次会议纪事

宣统三年九月初七日

　　初七日资政院开第四次会议。议长李家驹及副议长均亲临会，午后三时鸣铃开会。当由议长报告今日到会人数，未免过少。本日议事日表之前五件均不便开议，惟后三件昨日既在会场通过，自系正式表决，不过将草案略修正文字可以提出开议。众议员均赞成。陈议员瀛洲谓定章应于午后一时开议，现已至三钟，此为中外人所观瞻，岂可任意迟延，请约束议员总须早到。议长甚然其说。于议员邦华谓议员有已请假不能到者，须除去另计算其过半数。议长答曰：除去不到及欠缺者之外，共应有一百三十人，若有九十二人到会即可开议。于是提出第六条，先议急简贤能组成完全内阁议案。易议员宗夔登台演说起草主旨之大体，谓：非但东、西洋立宪各国不使亲贵当内阁，即我朝定制亲王不假（势）〔事〕权，亦不令其负政治上之责任以伤君主之尊严，故须选任贤者组成完全之责任内阁，以维持现时之危象，团结既去之人心。责任既明，政本自立，皇室既固，而国亦昌矣。易议员报告毕，旋由秘书官分送此具奏案之印刷文件，竟迟延半刻钟之久始分送完毕。陈议员敬第云"修改节略为内阁应实行负担责任"一语，众议员颇相争执，后付表决竟得多数赞成。恩议员华又于中间加入"实行完全内阁制度"一语，众皆赞成后原案省略，由秘书官朗读表决，赞成者多数。议长又云：第七件协赞宪法案文件尚未印妥，请先议第八件速开党禁案。陈议员懋鼎报告大体，谓去年曾提议此案矣。本员意见不宜主张狭义，方可以收拾人心。况目前已明降谕旨，所有胁从能自行投诚者尚且不论，其稍涉者更可不问。党禁如开，京外官吏万不可再行罗织误拘无辜。若捕风捉影，实足以摇动人心云云。陈议员敬第对于此件亦稍有字句之修正，付表决赞成者多数，遂通过。议长复提出第七件人民协赞宪法，当由孟议员昭常演说主旨，谓宪法使人民协赞为立宪国之通例，诸君当共晓，无容赘述。但起草之意多借立论，即现时人心之所以不稳者,皆由国家对于宪政不能毅力实行,故人民多不满意,若令人民协赞,明示天下真实立宪,则人民自心悦诚服。遂付表决,得多数赞成。牟议员琳曰:党禁之开与不开无甚关系,惟第六、第七两议案实为收拾人心之良法,议长须与政府诸公直接陈明此条,总以得允许为要。但闻政府又有借洋款三千万之说,竟不提出交院议,恐又失人心。于议员邦华亦云:此三奏案均为收拾人心起见,并非议员要求权利。其时议长因事退场,副议长代其任,复提议广西团务,无异议,遂指定特任股员程明超等六人。又提出江西改税章程及浙江契税尾改定等咨送案,均分别交税法公债股审查。尚有关于外交之议案另开秘密会议,禁止旁听。是日议员到会者约八九十人,政府委员十余人,普通旁听席三十余人,外交官五六人,京外大员六七人,新闻记者十余人。

《大公报》,宣统三年九月初十日

五、资政院档案

资政院院制第二次改正草案

第一章 总 纲

第一条 资政院钦遵谕旨以取决公论,豫立上、下议院基础为宗旨。

第二条 资政院总裁二人,总理全院事务,以王公大臣著有勋劳、通达治体者,由特旨简充。

第三条 资政院副总裁二人或四人,佐理全院事务,以三品以上大员著有才望、学识者,由特旨简充。

第四条 资政院议员以钦选及互选之法定之。

第五条 资政院于院中所有处地、职位应享权利一律同等,无所轩轾。

第六条 资政院会议期分为二种:一常年会,一临时会。常年会每年一次,会期以三个月为率;临时会无定次,会期以一个月为率。

第七条　资政院开会、闭会均明降谕旨，刊布官报。

第八条　资政院开会之日恭请圣驾临幸，或由特旨派遣亲贵大臣恭代行开会礼，宣布本期应议事件。

第二章　选　举

第九条　资政院议员由左列各项人员年满三十岁以上者选充：

一、王公世爵；

一、宗室觉罗；

一、各部院衙门官四品以下者，但审判官、检察官及巡警官不在此限；

一、业主有资产满一百万元以上而有被选为谘议局议员之资格者；

一、各省谘议局议员。

第十条　王公世爵由军机处会同宗人府、理藩部查明合格人员，缮具名单，奏请钦选，以不逾十人为限。

第十一条　宗室觉罗、各部院衙门官及业主由宗人府、吏部、民政部分别查明合格人员，造具名册，资送本院。经各该员互选后，由本院将得票多数者按照左列定额多开数员奏请。

宗室觉罗，五人；各部院衙门官，一百人；业主，十人。

第十二条　宗室觉罗、各部院衙门等官及业主互选之法由资政院刊印合格人员名册并选举票先期知会本人，令各书所选一人封送本院投匦，定期公开。

第十三条　各省谘议局议员俟互选后，由本省督抚择其乡望素优而得票较多者按照定额咨送本院，查明立案。

第十四条　各省谘议局以各该省谘议局议员定额十分之一为选出资政院议员之定额。

第十五条　资政院议员选举详细办法照另定选举章程行之。

请建海陆军议案

一、请海、陆军预备年限应在立宪前两年备齐，以崇君权而卫宪法。宪政编查馆奏定宪法大纲期以九年为预备立宪之基础，若海、陆各军仍照该案分期预备，则可虑之处甚多。盖新定中外官制早已颁行，各省督抚兵权早已奉还君上，内阁初担责任，议院初次开设，召集议员秩序能否整肃，提议各件议员能否赞成，全案通过实行有无妨碍，在在皆非兵权暗中维持不可。故东、西各国勿论君主、民主，一言宪法，首论兵权，实以兵权为维持和平之主，可以裁制议院专横之气，隐遏议员党派之争，深谋远虑良足师资也。

一、请建设海、陆军军谘府，领以皇族，以杜觊觎而重君权。军谘府应行独立之利益，前署江北提督徐桢幹奏请建设折内言之綦详。盖军权既统于朝廷，则号令自应有专司之处，内阁既易为责任，则军事不可无枢要之区。各国军谘府大都海、陆分设，然既非行政之部，与其分别而条教不专，盍如连合而事权统一，且将来海陆国防、用兵作战各计划均可兼筹并策，无事分营。从前朗润园所议军谘府官制，虽应行修改之处甚多，而大臣必用王公、贝勒一节苦心之处自不可没。近征日、德皇族分掌兵戎，远考国初亲支悉统劲旅，用意深远，中外相同。现当主少国疑之际，复有流言恐惧之忧，非有以托腹心而寄股肱者殊未足言，镇人言而维大局也。

一、请添设海、陆军侍从武官，以备咨询而资赞画。定制领侍卫内大臣与现今各国侍从武官之意相符，但既曰领侍卫内大臣，则权限仅至管领侍卫而止，军国之事固未尝许其建一议、发一计也。雍正中用兵西北，选各部侍郎以上之知兵者为军机大臣，是为军机处之始。其初专为国防用兵筹计而设，后乃兼及政事，相沿日久，遂为行政最高机关，而军事转成附属。武功不振未始，非以文臣隶兵事，有以开其渐也。查各国战时皇帝亲统六师躬行天讨，有所谓大本营者，其组织略与今之军机处相仿，但各国均暂设，而本国常置，为差异耳。今宪法既已厘定，责任内阁亦成立有期，而薄海臣工靡有不以海、陆军权奉归君上为请者，则天时、人事爱戴可知。然皇上一日万机，摄政王总摄政事，劳心军国，欲经武以整军，应置员以备问，以为宜变通领侍卫内大臣之旧制，酌采各国侍从武官之成规，责以献替可否之职，裨收策士谋臣之用，则改善军事指日可期也。

一、请建设海军部，以御外侮而固国防。海军部建设之议聚讼纷如，主建设者注重国防，持驳议者托言筹款，相持不决，将有筑室道谋之忧。简切言之，海部一日不设，舰队终无成立之期，盖长此附设，责任既无专司，薄海自成观望，计划既不厘定，预算终属空谈。从前练兵处设立之初，佥谓筹款维艰，断难兴练新军，仰赖朝廷独裁大计，始有今日规模，故事只有办、不办之分，并无能、不能之别。拿破仑语人曰：朕之字典无"不能"二字，其言良可思也。伏读八月初一日上谕，大行太皇太后暨大行皇帝靡不以巩固国防、振兴军事为念，然欲巩固国防，专恃陆军，譬如人有手而无足，断不足以宣国威而维至计。日本弹丸岛国，极力扩张海军，英国议院建议海军力量，非与两大国相匹敌，殊难固疆宇而保和平，故欲争海上霸权者非速设海军不可。日本人士屡劝中国缓办海军，实为恐失黄海霸权之计。英虽与日同盟，而劝中国速兴海军者，实为维持世界和平起见。二辰丸之【事】件，如我有海军，何至牵就日议，此其远征也；本年安徽事变，若无长江炮舰，糜烂曷可胜言，此其近征也。故海军者所以补陆军之不足，外以卫华侨而壮国威，内以固治安而靖民气。以为海部既设，责有专归，筹款之事各省摊认若干，华侨招募若干，岁入（拨）〔拨〕划若干，国债收借若干，将来议院担任若干，统计兼筹，众擎易举，按年设备，定限观成，似此则海军只恐其不办，并不恐其难成也。

笔帖式常绪选举事宜说帖

窃维创立宪政，设谘议局以为议院之阶，盖为采诸舆论，原不外乎古之明目达聪之意也，故选举议员至详且慎。考其事宜，则端绪纷繁，大略曰初选举，曰复选举,曰被选举。其选举者,选择其品行端正、素有贤能之士,举之于议院,以为地方行政官吏之监察,务使上下情通,辅佐官治,方足以收实效。此选举之要,故不可不慎也。谨就选举事宜略陈梗概,伏候采择。

学习笔帖式书春立宪应从地方自治入手说帖

统观东、西各国富强之基,以我东周初年已开民会事,必经民会议定始行。近世文明日近,议院林立,凡上有所创,必付于院议,下有所陈,亦必由于院议达,以故君民一体,上下同心,与周书"谋及庶人"之义符合。日本仿之,故能富强。今当我国预备立宪之时,虽人民程度不齐,亦不可不设有预备之方也。夫预备之方,宜由地方自治入手,分区划段,创治自治局,局有局长,十日一大会,五日一小会,以采择多数国民之舆论为标准,凡有害地方治安及不合理之事悉除之,总期人人咸具敬君爱国之心、地方自治之志,以杜上下隔阂之弊也。然局长之选举尤为至要,不然仍不免有向隅之辙也。夫选举之法当以舆论素服之士为局长,而地方自治之权确有始基焉。果能如斯,方不负国家选举人才预备立宪之意也。谨上数言,恭备采择。

度支部请缓编制预算条陈

本部总司财政,始事清理,此次试内预算迫于期限,凡所编制仅略具梗概,其于预算多未适合,然全国一岁出入之数与其盈亏比较,固约略可见也。计宣统三年预算全国岁入二万九千六百余万两,岁出三万三千三百万两,计不敷三千六百余万两。惟各省互有协(拨)〔拨〕,实解与额解之数多有不符,又各署各省,虽间有盈余，仍因筹备追加不能以盈亏相抵，实在不敷不下五千四百万两。至筹备追加各款，现据各处报到为数又二千四五百万全行无著，此不能不预为筹议者也。中国财政向守量入为出旧法，甲午、庚子以后国债顿增，以常年数千万之款取办仓卒，式法尽废，遑论制用。属以时局艰危，增练陆军为巩固国防之计，而其他教育、民政、司法、实业、交通诸政无一事不关紧要，即无一事不需巨款。近又筹办海军，以有限之财供无穷之费，此其所以急也。顷奉明诏禁烟，朝廷不惜以每岁洋土药税二千万为天下去毒害，岁亏之故又其最著者矣。论者常谓国用增涨与国之文明程度为比例，或以中国税率尚轻，若例之东、西各国当不患贫，故核与立国本原，参之现在情势，其言究未可信也。大凡一国之税源，视乎人民之生计，以欧美工商实业久经发达之国，盖无日不以人民负担力为意，故近今学说亦不尽以量出为入视为理财原则。以中国实业未兴，殖产薄弱，税法未能规定，收支未及改良，此次预算全国岁入为数三万万，六倍于道光，而十倍于康熙，中国自有国家财赋以来所未经见，固日逐渐加增，为数之巨亦可惊矣。本部每念民劳日深，惕息顷年，如江苏、安徽等省议于地丁案内改为征银解银，本部以事近加赋，卒未议准。而年来赈务、边务层见叠出，举非常意外之需，百端竭蹶，尽集于中央一部，势何可久也。故本部屡次奏议皆以撙节经费为言，此次编制预算案亦经本部咨商内、外行政大臣，力加增减无如财力既穷，政费方广，案定而出入相悬尚远。窃念财政为万事根本，税源之丰啬即政务广狭之标准，东、西各国对于预算案皆合全国心力，惨淡经营，必有其独重之途，始兼用支配之策，故每预算告成即为政见所在。此次仓卒试办，一切均未设筹，以云预算实多缺憾。特是时艰日迫，固不宜为极端经营，置财力于不顾；亦未便持消极主义碍宪政之进行，本部于此次预算不敷之款，拟将宣统三年应行筹备各事分别缓急，次第兴办。其邮传部船路、邮电用款属于实业，应作为特别会计，临时募集公债以资补助。其余拟由内、外行政大臣极力节缩，尽除浮滥，将收支逐渐改良，税法依次规定，另由本部筹画试办。所得税、营业税两种加重，酒税实行印花税。以上各项办有端绪，然后将苛税杂捐分别逐渐裁罢，以济实用而纾民困。但期税源稍裕，终以提倡实业为培养国富、振兴民力之根源。此本部区区之意也。

资政院秘密会议发言记录一件

昨天开秘密会议，度支部提出两件公债案。一件为维持京师市面、保持治安起见，向汇丰银行息借五百万两，并无抵押。这件公债案已经蒙诸君协赞，本大臣不胜感激之至。还有一件为救济国库向法国资本团及华法公司息借九千万法郎或三百六十万金镑，这一件昨天诸君尚未议决，今天本大臣再详细说一遍。这件事情度支部事前未能交议，事后来求诸君承诺，这个办法实在是对不住诸君，本大臣自己情甘认错，但是这个不先交议的缘故还要求诸位原谅。其中种种困难的情形虽非一言而尽，然概括言之，不外两端：一方面就是外交上的困难，一方面就是内部的困难。本大臣不说，诸君谅也能知其大概。这件事办法虽错，然本大臣抚心自问，实觉可以对质天地鬼神，实在没有一点不愿交资政院协议的心事。其所以未能先交议，实在是出于不得已。若诸君能原谅本大臣这一番苦心，承诺此案，使得免除责任，本大臣之幸亦国家之幸。若不能原谅，必须问责本大臣，自不敢辞。时局至此，苟利于国，何恤一身。此外本大臣还有一句话，昨日有几位提议，仿佛是要拿这件承诺案与纂拟宪法条件对换的意思。本大臣以为这个不待对换，自当以现在国民大势所趋，以外国之最精最良之宪法为标准。本大臣既奉命纂拟宪法，即愿我国有最完备之宪法。纵使诸君不承诺此案，本大臣亦绝不敢因此之故改易纂拟宪法之宗旨。言不尽言，区区微忱，望诸君谅之。

笔帖式文福选举办法说帖

尝思选举之事责任綦重，条目繁多，非深通宪法之人不足以充管理选举之事。矧当初选之时，办法尤宜详密，所有选举章程内开种种之条款固属甚详，然有急于研究者其惟选举事宜乎？当预备选举之时，管理员宜将奏定章程分发各乡屯，出白话告示分贴各乡镇，会同司选员演讲选举章程，协商选举事宜，调查选举资格，造具选举人名册，宣示选举人名册，以及筹画投票区、投票所、开票所，分配当选人定额，榜示当选人定额，于选举区颁发选举告示，制投票薄，设投票匦，酌定开票日期，保存已开之票，决定当选人暨榜示姓名，发给议员执照，呈报议员姓名、职衔、票数及当时选举情形于上司衙门。此皆系选举事宜管理员所应预行筹画者也。

资政院议事札件

谨禀者。本日资政院开会，由议长宣告所奏请展会期一折奉旨允准。十日又所奏剪辫易服一折奉旨"著毋庸议"，旋由易议员宗夔提议。日前风闻刘廷琛弹劾议员一折，当日奉旨"宪政馆知道"，有关本院名誉、信用，应请旨解散议会。经众讨论，须先看原折方能定夺，遂决议由议员提出质问说帖，请宪政馆将原折抄送本院，再行讨论。嗣由秘书长宣读具奏川路倒款及弹劾军机两折稿，经多数赞成拟即入奏。随报告文件毕，由预算股第一科股员续行报告各省财政、行政费等项，均付表决。第二科未报告，即报告第三科，甫经陈明大纲，电灯忽灭，宣告展会。

吕铸、徐承锦、廷鸿、曾维藩、孙培　谨禀
十一月二十九日

大清银行亏耗无著说帖

具说帖。议员王佐良按照资政院议事细则第一百七条，依院章第二十条欲行质问者，应具说帖得三十人以上之赞成，由议长咨询本院决定之等语。兹谨提出质问。大清银行亏耗无著说帖一件，经规定赞成议员会同署名，应请议长咨询本院，如经决定，恳即照章咨请度支部迅速限期以文书或口语答复。须至说帖者。

一、上海大清银行押款不赎及空手放款不能收回者共有三百余万之多。

一、宁波通久源纱厂以已经作废之股票作特别押款者二十万两。

一、张监督允言之内弟顾某山东博山玻璃公司所用大清银行四处之款本利均无款目列入。

甲、上海大清银行用银五万两，席德辉经手，本利均无；

乙、山东大清银行二十万两本利均无；

丙、营口大清银行三十万两，罗焕章经手，本利均无；

丁、北京银行二十万两，周庆儒经手，本利均无。

一、张监督与其内弟顾某伙开之上海厚德钱庄倒欠大清银行一百八十万两，至今无著。

一、张监督允言与其内弟顾某伙作北京广兴地皮房屋公司均系挪用大清银行之款，闻此事获利当优，不至亏空，惟以国家银行经营个人商业，亦属不合。

以上数端，第就见闻所及者言之，大清银行系中国国家银行，方今整理财政、谋统一国库事宜，似此银行何足负担国库重任？若不急速整顿，驯至国家破产，大局何堪设想！现在闭会在即，请度支部迅速答复实为公便。

质问议员：王佐良。

赞成议员：黎尚雯、方还、王昱祥、蒋鸿斌、陈命官、彭占元、尹祚章、郑熙嘏、李湛阳、宋振声、世珣、陶保霖、王佐、刘玮、吴赐龄、康詠、万慎、刘景烈、江谦、陶保廉、余镜清、胡骏、邹国玮、魏联奎、陈国瓒、达杭阿、卢润瀛、张之霖、于邦华、李素、刘懋赏。

资政院闭会礼知会

资政院为知会事。本院遵于宣统二年十二月十一日正午行闭会礼式。为此知会贵公爷，请准于午前十一点钟到院可也。须至知会者。

宣统二年十二月初十日

地方学务章程修正案

第一条　地方学务由府厅州县及城镇乡自治职按照地方自治章程及关于学务之法令办理。府厅州县自治职对于地方学务应有之职权，在府厅州县自治职成立以前由各府厅州县劝学所行之。

第二条　各乡办理学务遇有必要情形，得照城镇乡地方自治章程第十三条之规定设立乡学连合会。照前项设立乡学连合会者，应于协议时将连合会议之编制、事务之管理、经费之筹集、处理方法一并规定，其协议不决者由府厅州县参事会代为议决。

第三条　城镇乡或乡学连合会为办理学务，得将各该区域划为若干区。

第四条　在城镇或乡学连合会区域内，居住流寓有不动产或营业者，对于该地方公用之学堂均负担设立及维持之义务，其本地方原有公款者应先以公款、公产之收入充设立及维持之用。

第五条　府厅州县长官得将所属各乡乡学连合会或其分区内之儿童教育事

宜，令所属他乡乡学连合会或其分区代为办理。

第六条　乡学连合会因连合、解散或担任事务之关系而财产上之纷议者，由府厅州县参事会代为议决。各乡因代办儿童教育所需酬金之有无、多寡及其他必要事项而生纷议者，照前项规定办理。

第七条　府厅州县及城镇乡为办理学务，得于自治委员或办事员内酌设学务专任员执行之。前项府厅州县学务专任员在府厅州县自治职成立以前，以各厅州县劝学所职员代之。

第八条　府厅州县、城镇乡乡学连合会或其分区为办理学堂、蒙养院、图书馆，得置基本财产及积存款项，前项基本财产及积存款项之筹集处理须经监督官府之核准，其照原定宗旨动用积存款项者不在此限。从基本财产所生之收入，不得于原定宗旨以外移充他用；从积存款项所生之收入，应加入积存款项之内。

第九条　府厅州县、城镇乡乡学连合会或其分区遇有捐助学务经费者，应作为基本财产，其捐助人指定作为办理某项之用者不在此限。

第十条　公立学堂、蒙养院、图书馆所收学费、公费及使用费，均得作为基本财产或积存款项。

第十一条　府厅州县、城镇乡乡学连合会或其分区每年经费若有赢余，得作为基本财产或积存款项，其无赢余者得于岁入内酌增若干作为基本财产或积存款项。

第十二条　从前为地方学务筹集之款项，嗣经按照地方自治章程列入自治经费移充他项目之用者，自本章程实行后三年之间得以府厅州县参事会之议决分别划还，专作为学堂基本财产。

第十三条　本章程自颁行文到之日施行。

第十四条　本章程施行细则由学部以命令定之。

第十五条　本章程内所定应由府厅州县参事会代为议决之件，在府厅州县参事会成立以前由各该地方官代办。

审查山西谘议局陈请省北盐务办法报告书

为审查报告事。本股于十一月二十七日上午十钟开分科会，审查山西谘议局陈请核议省北盐务一案。据称，本年八月盐政大臣奏筹拟整顿山西省北盐务办法一折，系由前署山西河东盐法道张汝爔面陈，办法大要在划分引岸畅销蒙盐，一面限制土盐，逐渐收束，即派令张道回晋招商认岸。该局以事关民食，认为本省权利之存废事件，当经开会议决，佥以张道所陈办法利不胜害，得不偿失。其理由有三：一、官运蒙盐，无益公家；二、规复水运，大碍潞网；三、限制土盐，病民足以病国。其大旨谓山西省北于嘉庆年间曾行吉兰泰盐，嗣因路远价昂，销滞课亏，乃奏请废除引岸，听民自购。而吉课而归潞商，代纳税银摊入地丁征收，日久相安，商民称便。张道罔顾大局，规复旧岸，舍就地之天然生产，物必取给于数千里之蒙盐，于人情颇多不顺，筹划兴利先使产土盐之二十八州县人民断绝生计，受其大害，微特铤而走险，在在堪虞。并将征收土盐之正赋及晋省税厘各大宗均归无著，于国计亦蒙损失，应请仍照旧章整顿税厘，于国家、地方两有裨益等语。本分科会审查得以为当此改良政治之时，必以国利民福为目的，所有盐务积弊不能不痛加剔除，前经审查直省谘议局联合陈请破除引地、就场征税一案，业已认为应行，具奏请旨施行，饬部核议划一办法，以便各省一律奉行。今山西省北盐务久废，引岸自未便再行划分，致涉纷歧。且据该局所陈种种窒碍情形有害无利，尤不应作法自扰，贻害民生，应请照章具奏，请旨饬下盐政大臣将山西省北盐务新章迅即电行停止，仍照向章办理。一俟度支部将就场征税办法决定后，各省自当一律遵照办理，庶于国计、民生两有裨益。复开股员会讨论，意见相同，多数表决，请议长交付会议公决施行。特此报告。

税法公债股股员长李榘、副股员长闵荷生报告

审查杨庆昶所缴景庙手诏并昭雪戊戌冤狱报告书

　　为审查报告事。本股股员于十一月十六日、十九日开会审查得议员陈宝琛等提议奏请宣布杨庆昶所缴景庙手诏并昭雪戊戌冤狱一案。据称，比年以来，朝野上下汲汲于筹备宪政，促开国会，固由时会所趋，而变法图强之宗旨，则我德宗景皇帝十数年前实造其端，乃事势牵阻，使吾仁孝英断之，圣主不能伸其志而永其年，此天下臣民所同为恸慕者也。戊戌八月之事，不知者非以为先帝求治之大急，即以为新进诸臣献谋之不职，甚至以风影之谈妄测宫廷，积成疑议。幸而杨锐奉有先帝手诏，于孝钦显皇后顾念人心、慎重变法之至意，与先帝承志不违，委曲求全之苦心皆已昭然。若揭此诏，去年秋间由杨锐之子杨庆昶呈由都察院恭缴，外间多能传诵，并闻当时杨锐等覆奏亦复仰赞孝治，谓变法宜有次第，是先帝所以任用诸臣，诸臣所以恪承诏旨者皆在于妥筹变法之良策，而必以不拂慈意为指归，于素所规划者且不免踌躇审顾，蕲出万全，岂有感激酬知而反悖逆自甘为危害两宫之举者。其为取嫉贵近，致遭诬陷，情迹显然。一、二小人故作张皇，巧行拘闻，狱词未具，遽予骈诛，在小臣邂逅蒙冤亦史册所常见。所可痛者是非失实，不但有累先帝用人之明，且使我两宫至孝、至慈皆无由大白于天下，此则在天之灵长留隐憾，而尤为天下臣民所不可忘者也。窃以为非明谕降旨，将杨庆昶所缴之诏书宣布，无以彰先帝仁孝之真；非援据先帝手诏以昭雪被罪诸臣之冤，无以服人心而作士气，应请交议，候公决后照章具奏，请旨施行等语。伏惟德宗景皇帝以天亶之姿洞观世变，愤积重之难反思并日以兼营，然于乾健震奋之中仍复虑出万全，求无拂孝钦显皇后慎重之心，以蕲造中国无疆之福。而以杨锐等登进之骤，眷任之隆，取忌同朝，构成疑狱，致使先帝之苦心豫顺传说失真，虽两宫孝慈交乎，终于同揆，而当时先帝以事与愿违忧，勤成疾至，不获亲见宪政之成，宣乎薄海臣民哀感涕泣不能自已也。我皇上继述方殷，阐扬为函，拟请明降谕旨，将杨庆昶所缴之德宗景皇帝手谕一道宣布中外，昭示万世臣民，并纂入实录，以成信史。至杨锐等竭忠致身沉冤未白，可否降旨昭雪，比照许景澄等成案开复原官，加恩量予赠恤，以慰幽魂而餍众论。本股员等公同议决，意见相同，应请议长咨询本院全体议员讨论，表决具奏。特此报告。

宣统二年十二月初三日

审查著作权律修正案

第一条 凡著作物而专有重制之利益者曰著作权。称著作物者，文艺、图画、帖本、照片、雕刻、模型皆是。

第二条 凡著作物归民政部注册给照。

第三条 凡著作物呈请注册者，应由著作者备样本二分呈送民政部，其在外省者则呈送各该管辖衙门，随时申送民政部。

第四条 著作物经注册给照者受本律保护。

第十八条 凡拟发行无主著作者，应将原由预先登载官报及各埠著名之报，限以一年内无出而承认者准呈报发行。

第二十八条 从外国著作译出华文者，其著作权归译者有之。惟不得禁止他人就原作另译华文，其译文无甚异同者不在此限。

第五十四条 本律施行前已发行之著作，业经有人翻印仿制而当时并未指控为假冒者，自本律施行后并经原著作者呈请注册，其翻印仿制之件限以本律施行起算，三年内仍准发行，过此即应停止。

第五十五条 注册应纳公费，每件银数如下：

一、注册费银五圆；

二、呈请继续费银五圆；

三、呈请接受费银五圆；

四、遗失补领执照费银三圆；

五、将著作权凭据存案费银一圆；

六、到该管官署查阅著作权案件费银五圆；

七、到该管官署抄录著作权案件费银五角，过百字者每百字递加一角；

八、将著作权凭据案件盖印费银五角。

著作权呈请注册呈式

具呈　姓名

为呈请著名权注册事。窃　某人　有　某种著作，照著作权律随送样本，呈请注册给照，一体保护。伏乞民政部查核施行。须至呈者。

　　　　　　　　　年　月　日　籍贯　住址　姓名　押

呈请继续著作权呈式

具呈　姓名

为呈请继续著作权立案事。窃　某人　有　某种著作，业经于某年月日　呈报注册，给照在案。现在著作者　某　已于　某年月日　身故，理应遵照著作权律呈请继续著作权一律保护。伏乞民政部查核施行。须至呈者。

　　　　　　　　年　月　日　继续人　籍贯　住址　姓名　押

呈请接受著作权立案呈式

具呈　姓名

为呈请接受著作权事。窃　某人　有　某种著作，业于　某年月日　呈报注册，给照在案。现在愿将著作权　转售/抵押与　某人　接受，照著作权律呈请接受著作权一体保护。伏乞民政部查核施行。须至呈者。

　　　　　　年　月　日　原注册人/接受者　籍贯　住址　姓名　押

审查振兴外藩实业并划一刑律议案报告书

为审查报告事。本月十八日为审查振兴外藩实业并划一刑律议案开特任股员会，审查得此案第一节以兴办实业，拟先由设立各项公司入手，并先设立兴业银行与公司相辅而行，复将所查应办事项分别甲、乙、丙、丁、戊五项，而五项之中毫无办法，只可作为调查报告，不得作为议案。其调查所得是否确实姑弗深论，惟据前日理藩部特派员所云，各处报告尚未齐全，可见此次所提出者即认为调查报告亦尚有不实之处。第一节所云设立公司并先设立银行等语，乃理藩部惟一之主旨，不知公司当由商人集股，然后成立，投资甚巨，收效甚迟，理藩部既无奖励补助之法，但听商人招股办理，谁有轻掷巨资而茫无把握之事。其所谓设立银行亦不明言官办、商办，或官商合办，总之，无论何如举办，其无方法、无把握，则此种议案似无成立之理。若谓先以应办事项作为议题提出，本院询问可否，俟本院可决，然后再定办法，是分议题、议案为两橛，实无此提案之法，应由本院以未有办法无从表决咨覆该部。惟理藩部对于外藩负有行政上之责任，一切规划宜有一定之政策，断非振兴实业一端即称尽职。况所列五项不从根本着想，如交通之不便，教育之不兴，一切施为几于无从下手。理藩部绝不提及，而所云振兴实业者又仅以不完全之报告提交，本院似未免于行政上之责任稍有所亏，应请该部仍将规划外藩根本上之政策定有办法再行交议。其划一刑律一节与振兴实业截然两事，本不应并为一案。其中所称东、西盟互相调发，收所习艺，于所定道里之远近、年限之长短均未将理由详细说明，应请该部另具议案及理由书提交本院会议。本股员会一再讨论，多数决议，特此报告。

九月十九日审查理藩部振兴实业并划一刑律议案，特任股员会提出。

陈请申明资政院立法范围提议案

为陈请申明资政院立法范围以确立议员基础事。窃令海内外人士奔走号呼，旦夕请求开设议院者，诚以立宪之国必确定议决机关而后执行者，乃有所守之资政院。非议员之组织则不能有议院之精神，惧将如各省之谘议局决议者终无效力，公布者多难实行，卒之有议决机关与无议决机关等，故欲立议决之机关，必先有完全之组织也。屡奉圣训，国会开设无缩短之期，而以资政院为议院之基础，谘议局等经过困难之事虽已深，惟资政院之范围有不能不为贵院陈请者。伏读先朝明诏及去年七月初八日上谕，均以资政院为上、下议院之始基，钦定资政院章程第一条即声明取决公论预立上、下议院基础之宗旨，是无论开设国会将来缩短与否，而今年资政院开院实为我国确定立宪之根据可断言也。立宪国家虽分三权，实只议决、执行二事。议院为立法机关，专司议决一切，司法、行政两机关司执行。今资政院得为议院与否，资政院议决事件五项得如各国议院权限与否姑不具论，恭读本年五月二十一日谕旨，一则曰参预立法，再则曰议院基础，三则曰议院精神，是资政院虽非国会而实具完全立法性质。查广义之法律包含法律、命令二种，而议决之事实兼有参预及承诺二种。我国预备立宪以来，编订法律、颁行法令皆在未有议决机关之前，统系未分，推行多阻，贵院为参预立法之地，即具有事后承诺之权，必如此而始得为议院基础，始可振议院精神。征之先后谕旨，不得不请申明范围者一也。

再查改设宪政编查馆原案，宪政编查馆系仿各国政府附设法制局之制，冀统一法制而付议院议决。其原奏内称，臣馆职司编制，应一面调查各国宪法成例拟订草案，一面于各部院各省所订之各项法制悉心参考，渐谋统一方法，俟资政院设立后随时将臣馆核定之稿送由院中，陆续议决，盖一司编纂，一主赞定，庶政府尽提议法案之责，而国民有参预议决之权，立宪之基由此以巩固等语。光绪三十三年七月十六日业已明降谕旨：依议。是议院未开以前，人人误会宪政编查馆为立法机关者，资政院既开，宪政编查馆之地位主司编纂，资政院之地位责在赞定，不待言也。资政院赞定之范围，以宪政编查馆所编纂之范围为范围又不待言也。今资政院章程第三、四两项虽为具体之列举，然四项但书指明宪法不在此限，则宪法以外之法律均须资政院之赞定，可知实具有抽象意思，国家何事不经法制，即何一不经资政院赞定。国会未开，专恃贵院为完全统一之计划，征之宪政编查馆原案，不得不请申明范围者又一也。

各省谘议局议决本省单行章程，规则载在定章，去年开局以往之单行法督抚既未提出，现定之单行法多不经谘议局通过，谘议局等受毛举细致之讥，行政官无完全遵守之则，影响所届，怒然共忧。今贵院为全国议决之枢机，为将来议院之根本，若不预行申明范围，而仍犯毛举细故之嫌，全国人心将何所恃。谘议局等希望国家不避越俎，以为参政权之起点，实系乎立法权之范围。为此联合陈请贵院申明范围，以确立议院基础。须至陈请者。

宣统二年九月

陈请实行立宪以消革命之源

为呈请事。今者时局阽危，京师震动，亟宜实行立宪以消革命之源。昨日谕旨于贵院建议各事均已分别允准，惟宜立见施行，以昭信用。现在宪法交院审议或尚需时，且政治上尚有重要数件事亟应即时解决，敝会等公同酌议，拟有法律上条件十六端，拟请于宪法未交协赞以前先行降旨颁布，并拟有政治上条件三端，拟请即日降旨施行。兹特将各条件并呈公鉴，请由贵院即日分别建议具奏，以挽时局而安人心。为此合词请愿，并将各条件另单开列，伏希贵院公同议决，大局幸甚。

陈请人：宪友会黄为基等　辛亥俱乐部隆福等　八旗宪政研究会恒均等　预备立宪公会朱福诜等　宪政公会陆鸿逵等

甲、法律上之条件

（子）关于宪法之条件

一、帝位继承宜于宪法内规定纲要，不可过于简略。

二、皇帝大权宜一一列举，不宜有概括之规定。

三、政治条约应经议会承认后方有效力，此外经济条约及一切国际合同一律宜经议会议决后方能缔结。

四、命令范围以执行法律及法律所委任者为准，紧急命令宜严定条件，独立命令，不宜袭用。

五、文武官制及各项官规宜作为法律经议会议决。

六、皇室经费之制定及增减宜经议院议决。

七、议会开会期间每年至短以六个月为度。

八、每一次内阁不得为两次议会之解散。

九、政府以国务大臣为之，弼德院不在其内。

十、大臣责任及身分宜详细规定，不可过于简略。

十一、皇族不得为国务大臣及其他行政官。

十二、日本宪法上非常财政处分之规定、施行前年度预算之规定及既定岁出之规定等不宜袭用。

十三、议会宜有修正宪法之提案权。

十四、此外，宪法大纲所载凡与上列各条不相冲突者仍一体遵用。

（丑）关于皇室大典之条件：

一、皇室大典应宜与宪法同时交资政院议决。

二、皇族范围应于皇室大典内明定，除皇族外所有满汉臣民权利、义务一律平等，不得另设特别法律。

以上所列各端，拟即日由资政院奏请先行明降谕旨，著拟宪法大臣编入宪法及附属法律草案，从速交由资政院协赞奏请，钦定颁行。

乙、政治上之条件

（子）请饬下纂拟宪法大臣会同内阁迅拟议院法、选举法，交资政院议决奏请，钦定颁布后即日举行总选举，期以明年召集国会，不必俟至宣统五年。

（丑）撤销内阁办事暂行章程，不以亲贵为国务大臣，既经谕旨允准不必更改，俟事机稍定然后实行，应请即日将皇族内阁解散，即于京外大臣中择其才望素著者命为总理大臣，即行组织内阁，并筹保卫京师之策。

（寅）八旗生计拟由资政院拟具办法，奏请施行之后即将京外八旗制度一律废止，以泯除满汉痕迹。

（卯）八旗一律改用汉姓。

（辰）军谘大臣不得以皇族充之。

审查陈请申明资政院立法范围议案报告书

议长公鉴，为审查报告事。本股于十六日开股员审查会审查，得各省谘议局陈请申明资政院立法范围提议案说帖一件。本股全体议员认为合例可采，应交会议。查该说帖主旨有二：一因本院叠奉谕旨，一则曰参预立法，再则曰议院基础，三则曰议院精神，是资政院虽非国会，实具完全立法性质，应有参预及承诺之权，此当申明范围之理由一也；二因宪政编查馆于光绪三十三年奏称该馆职司编制，俟资政院设立后随时将该馆核定之稿送由院中陆续议决，盖一司编制、一主赞定等语，钦奉先朝谕旨"依议"在案，是本院既开，宪政编查馆应司编制，本院应司赞定，此当申明范围之理由二也。此两理由皆根据上谕，权限分明，本股议员理合将该件提出，应请议长列入议事日表，定期会议可也。

陈请股股员长　赵炳麟
宣统二年九月二十日

铁路行李磅费报部办法议案

一、各省火车往来行李磅费每岁不下数百万之多，向不报部，系各站管理员司事等摊分，纵或报部，亦属寥寥。拟请仿照税务办法，各车站行李车票设立旬报、月报两种，旬报存总站，月报达部，并留存票根簿据，以便调查核对。

二、各车站每月所收入磅费，除提二厘红作为办事员司津贴外，涓滴归公，不准另设名目。倘有舞弊营私情事，若经查出，严行究办，轻者撤差。

三、邮传部宜派员不时密查票根簿据，以防弊窦。如调查不实，下次另经他查，查出舞弊情事，前调查员一并议处。

四、过磅司事往往索取客商银元以报重轻，此种弊端防不胜防，应请邮传札饬各站长督同管理员每日行车以前务宜严查，有则立予究办。

外务部咨文

宣统二年十月二十二日

外务部为咨复事。宣统二年十月初一日接准贵院咨称，查院章第二十条"于各衙门行政事件及内阁会议、政务处议决事件如有疑问，得由总裁、副总裁咨请答复"等语，兹据议员罗杰提出质问说帖一件，业经咨询本院，决定相应刷印说帖照章咨呈贵部，酌定日期以文书或口说答复等因。兹经本部按照院章备文答复，相应将答复条件咨行贵院查照可也。须至咨者。

因同法人借款需开秘密会议札件

现在川鄂用兵，各省筹防筹饷紧急万状，加以银根奇紧，市面恐惶，京饷各款均请截留，更兼赔款、偿款为数甚巨，到期不能交付，失信外人恐启交涉，而部库来源既绝，存款已尽，势极可危，经本大臣奏明朝廷，日前面奉谕旨饬借洋款以资接济。当经本部与法国资本团代表男爵钧堆、华法公司代表甘锡雅订借九千万佛郎或三百六十万金镑，年息六厘九六，折扣六十年还清。查定章，公债事件应交资政院议决，此次借款因系临时紧急命令，又因外商意存观望，少纵即逝，故先期签押，一面遵照院议事细则九十五条，特开秘密会议共同讨论，共济时艰。区区苦衷，当为贵议员所共谅。至详晰合同，业经咨呈内阁转送。

议员汪龙光说帖

具说帖。议员汪龙光查本院议事细则第一百七条，议员依院章第二十条欲行质问者应具说帖，得三十人以上（至）〔之〕赞成，由议长咨询本院决定之等语。查光绪三十四年十二月间度支部奏遵旨妥议清理财政办法折内第二条内载：请嗣后在京各衙门将现在已筹及将来应筹之款分别情形，或由臣部直接经收，或由各衙门经收，统由部库收发。各衙门应销款项暂仍照常支（拨）〔拨〕，将来随时损益，如实有不敷，再由臣部核定奏明（拨）〔拨〕补以资办公。本月二十五日奉旨：依议，钦此。查折内所谓"或由各衙门经收"者，如邮传部之四政所入，民政部之铺捐、车捐等款，势不能不藉各该管衙门经收，然此只是征收各款办事上之手续，而其主要则在注定"统由部库收发"一语著实遵行，庶度支部有统一财政之权，而有合乎立宪国尊崇国库独立之道。兹查本院分股办事细则第四章预算分科，只第一科预算声明是度支部所管，其第二、第三、第四科皆非度支部所管，虽是本院分股办事手续，如此可见奉旨两年在京各衙门仍是自收自用，度支部卒无统一财政之权，是否系各衙门抗旨不尊，抑是度支部自行放弃。而军机处、内阁会议政务处当责任内阁未立之时，不能不自任为政府，何以对于此事不竭力主持，尊崇国库独立，仍听其紊乱如前。为此遵章质问，敬请议长咨询本院，如即决定，恳照章咨请军机大臣、内阁会议政务处大臣酌定日期，以文书或口说答复，是为公便。

质问者：议员汪龙光。

赞成者：议员黄象熙、陈瀛洲、郑熙嘏、书铭、潘鸿鼎、李湛阳、庆山、李文熙、王佐良、于邦华、康詠、梁守典、张选青、陈懋鼎、刘春霖、罗杰、陶镕、张之霖、李素、杨廷纶、牟琳、文龢、蒋鸿斌、江辛、徐穆如、陈国瓒、易宗夔、胡柏年、郑潢、何藻翔、达杭阿。

议员牟琳质问说帖

具说帖。议员牟琳等谨提出为质问度支部事。查资政院议事细则第一百七条，议员依院章第二十条欲行质问者应具说帖，得三十人以上之赞成，由议长咨询本院决定之。兹有关于公债事件欲行质问者如下。

东三省拟借外债二千万兴办实业，久已见诸公文，腾诸人口，嗣闻由度支部作主，已向某国借妥。夫东三省因为实业而借外债，原为地方公债性质，应由东省总督交三省谘议局议决，然后可借。因其债务三省人民之负担，如何借法、如何用法、如何还法必有监督之权利，然后有负担之义务也。今乃由度支部出而借之，而三省人民乃不能过问耳，亦不必过问，何也？度支部为全国财政机关，度支部借之是已默将三省人民之负担转嫁于全国人民之身，夫使用之得当则亦可也。风闻东三省政策欲以一千万开办银行，发行纸币，以一千万经营森林仓库，贩卖各种事业。是说而果信也，不特无益于东三省，且危及币制，祸中于实业，在东督岂不曰办银行、发纸币为最有利之事业哉？其不合事实、学理且不问，试问度支部国币则例、纸币则例之效力何在也？且据最近调查三省所发之空帖达三千万两，已有不可收拾之势，今更助以千万之资本，其胆更壮，其数乃愈无限制，是不图救火反助以薪也。实业一途，各国除铁路、邮电或便于征税事业以外，鲜有官自为理者。吾国以前官与民争利，意之所欲，力之所及，无不攘为官有，究之商办，而有利者一经归官罔不立败，一由官吏难于监督而弊混丛生，一由费用开支浩繁而得不偿失，一由学识、经验两无所有而动辄失当。今东三省之所为又复蹈其覆辙，不知度支部或未之知耶，或知之而故听任之耶！谨本斯意，分为数条质问。

（一）东三省借债本属一地方公债，度支部何以出为担任一切义务。

（二）藩属如蒙古、如西藏，边省如云南、如广西，万一援例以请，度支部如何答复。

（三）借得之款用何方法支付东三省。

（四）曾得悉东三省之用途否。

（五）东三省之用途果适合于法律事实否。

（六）东三省果有预计盈亏之说明书否。

（七）度支部如何监督其用途。

（八）东三省自办银行、自发纸币度支部亦承认否，各省援例不收回钞票且相率多发，度支部其何说之辞。

（九）东三省所拟办之实业，度支部能认为有利否，能不害人民之生计否，能合于振兴实业之道否。

（十）度支部若不表同情，何以不据理力驳。

以上各节不无疑问，为此遵章质问，经赞成议员会同署名，请议长咨询本院决定，咨请度支部迅速以文书或口说答复。须至说帖者。

质问议员：牟琳。

赞成议员：李文熙、周廷弼、长福、李素、黄家熙、徐穆如、顾栋臣、黄毓堂、罗杰、潘鸿鼎、汤鲁璠、周镛、黎尚雯、刘能纪、雷公、唐右桢、陶保霖、庆蕃、胡家祺、胡柏年、江谦、汪龙光、吴怀清、成善、陶毓瑞、何藻翔、杨锡田、陈懋鼎、蒋鸿斌、顾视高。

议员易宗夔说帖

具说帖。议员易宗夔查本院议事细则第一百七条，议员依院章第二十条欲行质问者应具说帖，得三十人以上之赞成，由议长咨询本院决定之等语。本员考立宪国通行之例，司法机关当完全独立，现在法部亦极力主张是说，惟宪政编查馆拟订之宗室、觉罗诉讼章程奉旨依议后又收回朝命。现在宗室、觉罗并不归大理院高等审判厅审理，究于司法独立权有所妨碍，法部何以不据理力争，再奏请旨。本员窃有所疑，特敢遵章质问，敬请议长咨询本院，如经决定，恳即照章咨请法部尚书酌定日期，以文书或口说答复，至为公便。

质问者：议员易宗夔。

赞成者：议员黎尚雯、刘曜垣、牟琳、陈树楷、冯汝梅、江辛、席绥、陈国瓒、李士钰、王佐良、王璟芳、康詠、罗杰、李长禄、刘荣勋、郑潢、唐右桢、汤鲁璠、刘能纪、汪龙光、陶葆廉、邵羲、籍忠寅、达杭阿、陈瀛洲、庆山、刘述尧、顾栋臣、周廷励、章宗元、高凌霄、李擂荣、于邦华、齐树楷。

宣统二年九月提出

议员易宗夔说帖

具说帖。议员易宗夔查本院议事细则第一百七条，议员依院章第二十条欲行质问者应具说帖，得三十人以上之赞成，由议长咨询本院决定之等语。本员对于农工商部窃有所疑者两端。

一、农工商部总宜规划全国之殖产兴业以与各国相竞争。现在之农工商部仅于京师地面办理农务试验厂、工艺厂及商品陈列所而已，何以于全国之殖产兴业全无动作。

二、农工商部新订矿章于八月二十八日与外务部会同具奏，是时资政院已经召集，照章有议决新定法典之权，何以不交本院议决。

本员为此遵章质问，敬请议长咨询本院。如经决定，恳即照章次请农工商部尚书酌定日期，以文书或口说答复，至为公便。

质问者：议员易宗夔。

赞成者：议员黎尚雯、江辛、牟琳、刘曜垣、冯汝梅、陈树楷、席绥、陈国瓒、李士钰、王佐良、王璟芳、康詠、罗杰、李长禄、刘荣勋、郑潢、唐右桢、汤鲁璠、刘能纪、汪龙光、陶葆廉、邵羲、籍忠寅、达杭阿、陈瀛洲、庆山、刘述尧、顾栋臣、周廷励、章宗元、高凌霄、李擂荣、于邦华、齐树楷。

宣统二年九月提出

议员邵羲说帖

具说帖。议员邵羲按照本院院章第二十条及议事细则第一百七条，对于各衙门行政事件如有疑问欲行质问者，谨具说帖如下。

谨按资政院章程第二十三条各省谘议局与督抚异议事件均由资政院核议具奏，又议事细则第一百五条关于院章第二十三条规定之具奏事件，经本院议决后由议长、副议长照各本条分别具奏等语。是院章规定如有各省谘议局与督抚异议事件，非按照院章第二十三条及议事细则一百五条之规定，经过此种一定办法不能解决，可知无法律规定明文，不得由他种机关代为解决毫无疑义，如有他种机关出为解决，即为侵夺本院权限无疑。九月十八日《政治官报》载宪政编查馆复浙抚电云：青电悉。查谘议局章无自行停会之文，今该局自行停会，是其自弃职务，如所提议事件实系逾越权限不便代奏、又不受劝告者，应由贵抚按照局章第四十七条第一项饬令停会。若屡经停会仍不悛改，即照第四十八条办理。除知照资政院外，特此电复等语。查浙抚致宪政编查馆青电有谓"查局章并无议员自行停议"之规定，此等问题应如何解决，除将来往信件于初五、六、七等日咨呈资政院查照并电闻外，乞核示等语。是浙抚与浙谘议局异议事件已由浙抚查照院章第二十三条将此项来往文件咨呈本院核议，应俟本院核议具奏后方有解决办法。因本院为各省谘议局之上级立法机关，院章规定凡各省谘议局与督抚异议事件由本院核议，今本院业已成立开会，宪政编查馆不俟本院之核议具奏，竟先发命令饬浙抚按照局章第四十七条第一项饬令停会，仍不悛改即照局章第四十八条办理，并于电文末尾加"除知照资政院外"一句，匪特侵夺本院核议具奏之权限，且轻视本院为宪政编查馆之下级机关，殊于院章规定不合，且失朝廷设立资政院之本意。究竟宪政编查馆所处之地位、执行之权限为最高行政机关乎，为最高立法机关乎，抑包括行政、立法两部兼而有之乎？对于资政院章程规定之权限是否可以任意侵夺，对于各种机关所发命令有无界限，敬请议长咨询本院，如经决定，恳即照章咨请宪政编查馆酌定答复，实为公便。

质问者：邵羲。

赞成者：陶保霖、宋振声、李湛阳、王佐良、余镜清、王廷扬、彭占元、雷奋、易宗夔、杨廷纶、顾视高、张之霖、范彭龄、蒋鸿斌、李士钰、康詠、张选青、尹祚章、李慕韩、李素、王用霖、梁守典、潘鸿鼎、许鼎霖、江辛、冯汝梅、于邦华、李榘、刘春霖、孟昭常、刘景烈、席绶、李文熙。

议员王用霖说帖

具说帖。议员王用霖谨提出为质问度支部事。查资政院议事细则第一百七条议员依院章第二十条欲行质问者应具说帖，得三十人以上之赞成，由议长咨询本院决定之，兹有关于禁烟事件应行质问数条如下。

一、命令不划一也。据本年八月度支部奏称：禁种年限原议各省均限至宣统元年底净尽，独黔、蜀、陕、甘四省限至宣统五年底净尽。在部以体察地方情形为词，殊不知此十数省之禁令皆受四省之牵掣而莫收成效。度支部为中央大臣，不规划统一政治，竟发此二、三命令使提前者受粉饰之咎，延缓者免因循之责，果于禁烟前途无障碍乎？此不解者一。

二、统税未全撤也。据本年九月三十日甘肃谘议局致本院电称：土税局张贴告示，谓通行八省并无阻滞等语，试问此八省既经禁种，本省已不准产土，独可销外省之土乎？禁吸必先禁种，禁种尤必禁运，此不易之理。禁烟而独留统税是设井陷人，非政体也。度支部既别筹抵款，何故留此统税以贻口实，果于禁烟大局无破坏乎？此不解者二。

三、权限不统一也。禁烟大臣职有专司，而本年派员密查何以独归度支部，即曰系奉上谕事件。然大臣谋国应负匡正之责，昔汉臣不对钱谷谓自有主者，诚以权限定而后责任专也。度支部何不于彼时奏明请归禁烟大臣确查乎，岂以后负稽查之任者不归禁烟大臣而专归度支部耶？此不解者三。

四、查报多闪烁也。查度支部原奏清单内据调查员报告，闻某处有偷种者，某处有铲除者，又访诸舆论谓有偷种者，其非亲勘可知。至云某处发现三五茎或十数茎，某处约一亩余，某处不计亩数，如果属实，即应向该管有司追究以昭切据，何故秘而不宣，转成疑案，岂督抚奏报不足信而委员监理官敷衍之词是足信乎？此不解者四也。

五、惩罚不平允也。查度支部奏请将吉林、云南两省保案撤销，以为粉饰因循者戒，用意至为深切。然原奏谓新疆名为禁绝，而种者仍复不少，河南诸省二三县、十数州县仍复栽种，陕、甘、贵州尚无速效之可言，岂多种者可无责而少种者独有咎耶，抑无保案者虽因循亦不必惩耶？度支部既认真查办，乃专论保案之有无，不论种烟之多寡，岂仍注意于税款，不欲粉饰者托词偷漏耶？此不解者五。

以上数端，关系禁烟重要，本员遵章质问，经规定赞成议员会同署名，应请议长咨询本院决定，照章咨请度支部酌定日期，以文书或口说答复。须至说帖者。

质问议员：王用霖。

赞成议员：李华炳、蒋鸿斌、刘懋赏、尹祚章、陈瀛洲、景安、刘荣勋、杨锡田、张选青、罗其光、王曜南、陶毓瑞、王绍勋、方还、唐詠、杨廷纶、王昱祥、廷秀、李素、刘纬、王鸿图、王玉泉、陶蕃同、彭占元、刘曜垣、郭策勋、长福、汪荣宝、陶峻、林绍箕、何藻翔。

议员李华炳说帖

具说帖。议员李华炳谨提出为质问度支部事。查资政院议事细则第一百七条议员依院章第二十条欲行质问者应具说帖，得三十人以上之赞成，由议长咨询本院决定之等语。兹阅日本报纸载中国借美金五千万元，道路喧传，谅非无据。查举借外债，东、西各国事所恒有，然大抵为提倡实业、巩固财政之需，以能殖利于将来者为归。此次借款果为殖利计乎，抑将以弥补岁入之不足乎？应问者一。去年各报载列强之有债权于中国者，以我国财政（斋）〔紊〕乱，将有监理财政之举，事虽未行，机则已动。此次借款未识以何项担保，能否不至启外人干涉之渐。传闻美国有要求我国政府聘美人为顾问之说，果尔，是即监理财政之发端也，埃及已事可为殷鉴。应问者二。又查资政院章程第十四条，资政院应行议决税法及公债事件，据此而言，则借款应先交本院议决乃符定章。今外间传闻此项借约业经订定，不几蔑院章而轻朝廷耶？未经国民之承诺而间接以重国民之负担，立宪各国无此政体。应问者三。本员为此遵章质问，经规定赞成议员会同署名，应请议长咨询本院决定，咨请度支部酌定日期，以文书或口说答复。须至说帖者。

质问议员：李华炳。

赞成议员：王用霖、刘懋赏、刘志詹、万慎、刘纬、罗其光、王玉泉、书铭、陈瀛洲、孙以芾、陶毓瑞、王绍勋、彭运斌、李时灿、郑际平、王曜南、郑潢、吴怀清、刘荣勋、李素、陈善同、刘曜垣、罗杰、桂山、存侯爵、陶镕、梁守典、席绶、陶峻、尹祚章、王佐良、黄懋澄。

议员易宗夔说帖

具说帖。议员易宗夔查本院议事细则第一百七条，议员依院章第二十条欲行质问者应具说帖，得三十人以上之赞成，由议长咨询本院决定之等语。本院恭承明诏为上、下议院之基础，议院则必有对待之机关，负执行之责任；议院必有独立之权限，为法律之构成。本员为此遵章质问现在之军机大臣采用副署制度，断非署名敕尾而已，必当如各国之内阁国务大臣负完全之责任。请问军机大臣，对于各部行政、各省行政是完全负责任，抑不完全负责任？又宪政编查馆从前为国内最高之立法机关，现在资政院既已成立，应议决新定法典，宪政编查馆是否仿各国内阁所设之法制局，抑仍握最高之立法权？以上两条，敬请议长咨询本院，如经决定，恳即照章咨请军机大臣及宪政编查馆酌定日期，以文书或口说答复，至为公便。

质问者：议员易宗夔。

赞成者：议员黎尚雯、江辛、刘曜垣、陈树楷、牟琳、陈国瓒、李长禄、刘能纪、齐树楷、席绶、郑潢、于邦华、唐右桢、陶峻、高凌霄、汤鲁璠、周廷励、孟昭常、刘述尧、汪龙光、庆山、邵羲、陈瀛洲、籍忠寅、王佐良、李搢荣、黄毓棠、冯汝梅、郑际平、达杭阿、康詠、杨廷纶、宋振声、罗杰、刘荣勋。

宣统二年九月提出

议员牟琳说帖

具说帖。议员牟琳等为质问事。按院章第二十条及议事细则第一百七条对于各衙门行政事件如有疑义欲行质问者，应具说帖，得三十人以上之赞成，由议长咨询本院决定之。本员对于度支部行政事宜有所疑问，谨提出质问如下。

一、度支部前答复罗议员杰质问书，谓大清银行系采日本中央银行制度，查发行纸币为中央银行之特权，然现在之交通、公益等银行皆得发行纸币，度支部何以绝不过问？

一、发行纸币皆有一定之额，所谓制限发行法是也。日本发行法为一亿二千万元，英国千八百十七万五千镑，德国则四亿五千万马克，大清银行之发行纸币究有一定之额否？

一、发行纸币须有同额之实币及生银为准备金，谓之正货准备。若纸币发行逾于正货准备之额，则必有确实之商业手续及公债券等为之担保，谓之证券准备。现大清银行之准备金额是否与纸币之额相应？

一、中央银行遇市面恐慌时，其纸币发行超过证券准备之额，则课以相当之发行税。大清银行究有课税之规定否？

一、中央银行为银行之银行，则当立于普通银行之上，为金融之总机关。今大清银行所营之业略与普通银行无异，究合于中央银行之性质否？

以上疑问，应请议长咨询本院，如经决定，恳即照章咨请度支部酌定日期，以文书或口说答复。须至说帖者。

质问议员：牟琳。

赞成议员：籍忠寅、书铭、易宗夔、王玉泉、黄象熙、宜纯、寿公、陈瀛洲、陶葆廉、胡柏年、罗杰、李摆荣、荣厚、许鼎霖、冯汝梅、陶保霖、刘述尧、于邦华、齐树楷、吴怀清、庆山、万慎、黎尚雯、庆蕃、顾栋臣、霨公、周廷励、江谦、潘鸿鼎、孙以芾。

度支部提议息借洋款案说帖

度支部提议遵旨息借洋款以资接济而救危急案。窃自鄂省用兵半月之间牵动全国，东南各省筹防、筹饷紧急万状，加以江、皖一带饥民载道，人心浮动，谣言蜂起，金融紧迫，市面岌岌，京饷各款均请截留，虽经部饬迅速筹解，勉支危局，迄无一应。京师为根本重地，来源既绝，库储如洗，军糈偶缺，哗溃堪虞。京城官、商各银行因军事影响同时受挤，兑现纷纷，危险万分。本部为镇静人心、巩固皇畿起见，借（发）〔拨〕库款稍资接济，风潮仍未平静，各省电告情形同兹危急。虽银行系商业性质，与国家财政无关，际此时机若不与以通融，信用坠地，患在将来，市面一坏，祸在眉睫。现在岑大臣奉命入川，请饷一百万两；袁钦差兴师赴鄂，请饷四百万两；陆军部筹备之款目前已需四五百万两；近畿各镇月饷均关计授要需，万难延误。以上各饷均属刻不容缓。而各省因筹办防堵，维持市面，请款之电纷至沓来，亦属异常危迫。是皆为保护人民治安、维持国家秩序起见，本部既难坐视不理，又苦应付无方。况赔款到期，为数甚巨，磋商展缓，尚无成议，各省均不能照解，亦须由部筹垫，万一不能交付，失信外人，恐开干涉财政之渐。计此数宗巨款欲筹措于咄嗟之间，诚非易易，持筹仰屋，焦灼莫名，偶误事机，不堪设想。日前本大臣面奉谕旨：饬借洋款，以资接济。盖朝廷深知时局艰危，舍此无策。当经本部与法国资本团代表男爵勾堆、华法公司代表甘锡雅订借法郎九千万，或金镑三百六十万，言明年息六厘、九六折扣，匀分六十年还清。固知外负愈深，抵偿难继，非尽无弊害之可虞。唯目前事势至于此极，欲事征求恐无济燃眉之急，欲募内债似难成集腋之裘，筹款既百术俱穷，用项又一刻难缓，惟有于无可设法之中姑为此万不获（己）〔已〕之举。查定章公债事件应交资政院议决，此次借款系临时紧要之用，加以外商意存观望，稍纵即逝，事关国际，尤应迅密，故先期签押，一面遵照资政院议事细则第九十五条第二项特开秘密会议公同讨论，共济时艰。区区苦衷，当亦贵议员所共谅也，除将合同两份呈内阁转送外，应将借款缘由拟具议案，（诸候）〔候诸〕公决。

候补主事广厚说帖

国家立宪之初设立谘议之员，当其选举时亦甚难矣。何者，因其才而用之。若以才而用其人，未必能知民情之好恶，当以一乡一镇选举热心志士为谘议之员，则民之水旱天灾，困苦待哺，共议于有司，而或赈之，或抚之，虽有蠹役而无催缴田租扰害之忧。若民有不肖之徒视邻里为可欺之乡，亦可议于有司，薄责以惩之，循循以诱之，虽有搅乱市井之心，使能改过而从善。为谘议者，当议保人民田赋，责任之大略也。然有未尽者，且如选举之初或一城一邑之中须有数十人揭示保荐，云其人大公无私、学问优通方可举为谘议之员，或晓西文，办理交涉更尽善矣，特于乡中选举者为通民情好恶之故耳。谨具说帖，伏候钧裁。

员外郎王朴禀

员外郎王朴谨密禀公爷大人钧鉴。司员伏读上月二十四日督办盐政大臣奏查明云南盐斤加价折、民政部奏查明广西高等警察学堂招生办法折谕旨二道，又同日将资政院前奏以上二案重降谕旨：依议。在朝廷鼓励民气不拘常轨，用意深远，固非小臣所能推测。然从此国务大臣审核资政院议决案之权不无侵夺，而各部院之权以内之行政权皆旁落而不能举征之。各国宪法衡以议院法规，即以资政院当议院亦未有议决权。若斯之大者，盖凡议院议决之法律案无不敕交内阁及主任大臣核议先行裁可者，亦未有议院议决案必要裁可者。谨将日本法学博士有贺长雄所著《国法学》第二册关于裁可权者节译于下：凡经议会决议而上奏之法律案以敕旨下付阁议，议决由内阁大臣核议具奏，其核议理由书并拟旨面请亲裁。君主既裁，可署御名钤玺然后以旨下付内阁，记年月日与主任大臣俱副署之，属于各部省专任事务仅由主任大臣记入年月日而副署之。正文保存于内阁记录，以写本公布于官报，敕令案经阁议后其办法亦然。有贺长雄当时所称为英国学派国法学之泰斗也，其言如此，则资政院议决云南、广西两案上奏后应以敕旨下会议政务处核议，督办盐政大臣及民政部以议政大臣及主任大臣之资格预议，议决后请旨裁可，再下会议政务处由督办盐政大臣及民政部以主任大臣之资格记年月日而副署之。是此案办理始末并无丝毫违反宪法所异者，应下会议政务处与下主管衙门之别耳，而大体固无差也。今既请旨裁可行政大臣核复之资政院上奏案，复同时请旨裁可资政院原奏，此端一开，则统治权之破裂，其渐将不可遏。且资政院议决权以立法部为限，其他行政事项苟非要求负担之增加，即非该院所能过问。今闻该院以审查预算之故于各部久设之行政机关辄加裁撤，虽非经阁臣采取大权，裁可不能有效，然其侵犯行政范围抑已甚矣。且审查预算之道逐项目而剔其冗滥，未有因一目浮费即举全款而裁之，盖全款者行政之一部，非该院之权所及也。天下事惟图始之宜慎，及权已落，而后从而收之则势已不能，故欲保持行政之统一，裁制议员之专横，皆惟此裁可权之作用兢兢勿失而已。英之大权在议院，一国政务尝惟议员所左右，虽豪杰在位不能有所表见，而君主已不用其不裁可权者已二百余年，故英之国势日趋于保守，识者已忧其不竞。美国民权尤张自总统，大臣率以谐媚议员为务而不事远图。至前总统卢斯福，雄才盖世，乃大收议院之权于中央，而与世界争强，其议院之案不经裁可者较君主国尤多，此亦可见其统治权之大也。吾国初行宪政，资政院与谘议局议决权之规定于条文者本不甚明晰，即此次广西巡抚与谘议局所争高等警察学堂招生之事即由此不明晰之条文启之。夫谘议局者乃省议会，决非议院也。省议会既属地方议会，则其议决权自应以一省自治行政经费为限，其地方官治行政仍属内务行政之一部，必统于中央而不可割裂。乃查谘议局章程，仅言地方行政经费归其议决，于自治、官治略不分晰。据此条文，则惟军政、司法无由划归地方，其余一省政务靡不可以"地方行政"四字包之。夫督抚者，国务大臣之一也，非独地方行政官而已。吾国大陆万里，交通不便，地方官治一级其制是否可废，则视中央之精神气魄能否举全国政务而有余，然后可以议废。若尚认为国务大臣一面须受成于中央政府及国会，一面又无事不受地方议会之干涉（若台湾财政离母国而独立，内不决于国会，外不决于地方，盖国会远，其议决必不应于事情，地方议会又不得议决，故由总督及属吏议决行之，其权之大可知），进退维谷，则之所以褻国务大臣之尊不已甚乎。且今日之警察大率多属于官治招生之事，则官治之行政也。高等学堂则定章直隶于部也，而谘议局可以越权而过问者，则议决地方行政之条文也。各国地方议会立法权之规定于法律者，皆属列举，不属于概括（惟奥国不然），即国会亦属于列举者居多。列举者，除宪法规定议决事项外皆不得议决。概括者，不必详列立法事项，凡名为法律皆可以议决也。而各国于列举事项之中近复由简加详，由疏加密，下至琐碎细事无不毕举，而后议员更无由据近似之条文以扩张其议决之势力，斯行政之力益强而争议无由而起。我国诸事草创，虽不能遽求完善，然从前法律条文，卒撷拾他人单词片字凑缀而成，不求甚解，一时之疏略遂贻百年无穷之害（如资政院章程第四款议决新立法典，"法典"二字决不立界限，大而言之无所不包，遗害启争不知所极，凡此不确当名词不可殚述）。我公爷奉命纂拟宪法，其对于国会议决权限或从列举，或从概括，自有权衡，非司员所敢妄请。然私忧窃计不能已于言者，一恐立法权太广，斯行政权因之而隘，而政治无由发展,故起草之初宜守秘密,不可使人民先行参预,致宪法条文无由成立。一起草之时拟请饬起草员于每条之下皆令征引各家之学说,以观其折衷之所在。其名词之混晦必合列举几个名词,以察其选择之当否,草稿既具,呈请签核。其乃开卷了然,易于取舍,核定之后,然后删除解注,缮呈御览,颁布施行,庶嘱稿者不敢率尔操觚,无识者不致滥竽充数。昔罗忠节公泽南谓:无知识之人不足以害国,冒为有知而妄作为乃足以害国,此之谓也。管蠡之见如蒙纳,愿勿宣布,恐启争论而防国是,大局幸甚。

宪政筹备处一等科员、员外郎王朴谨禀

章京钱能训呈

敬呈者。窃以时至今日,国会请愿,中外同情,特颁恩诏以宣统五年为召集之期,并钦派公爷为纂拟宪法大臣,开中国未有之规,垂万世无疆之誉,朝野士庶责望备至,东、西友邦观听一新,顾兹事体大,实关中国前途大局之安危。能使三权分立,上下相维,各守秩序,无烦压制而自副责任,无事浮嚣而各尽义务,则皆宪法之效力也。公爷公忠体国,必能宏此远谋,垂为定制。章京昔者曾随侍爵前参预官制,谨以愚虑所及,略陈组织大纲,伏(侯)〔候〕采择。

一曰定宗旨。案,此次纂拟宪法,自应以钦定宪法大纲为依据,但君主立宪政体近皆引用日本宪法以相师承。然日本虽属同之,然社会习惯似亦未尽适合。窃谓各国宪法无论钦定、民定,断无强同之理,缘历史上及社会之关系各有不同,而大纲则法理上之通过与夫君民共守之范围,自不能意为增损,故中国宪法应以他国之钦定宪法为法理之必要,而仍以本国历史社会情状为利导进行之机关,若但(剿)〔袭〕用日本文义,恐不足为经久之制也。

一曰慎委用。案,纂拟宪法现既另派大臣,则起草各员自必另选谙习法理、富有经验者充之。但钦定宪法既非议员所能参预,是此次选用人员亦万不可用钦选、互选议员。盖一经互用，泄漏必多，冲突四起，甚至报纸喧传，横生异议，而一切条文仍与民定者无异，此断断不可者。即他国钦定宪法，有经君主制定而经议会协赞者，窃谓中国目下情形亦不适用，似仍以由君主独断制定为宜。又此次纂拟宪法事务甚巨，时间甚促，所用起草各员万不可仍视为兼差之例，每日一到即行其原有差缺者应请暂时开去，俾得专心致力，克期观成，不妨厚给薪津，以免纷弛鲜效。

以上两端，仅言其组织大纲，惟尚有与宪法最有关系者不能不同时并举，试略举其概要。

一曰组织内阁，改定直省官制。案，现拟提前召集议院，则尤宜提前成立内阁，盖有议院以为翊赞立法，尤应先设内阁以为辅弼行政。今已有资政院以为议院基础，似应于内阁未成立以前将旧内阁、军机处、宪政编查馆、会议政务处、官报局、吏部归并，按原议内阁新官制分设五局，暂统于军机大臣以为新内阁之基础。缘行政总机关万不能后于立法，否则将来必多侵越权限之事，故新官制至迟必于宣统四年实行。惟此事最为烦重，且与宪法行政一方面息息相通，如不一手厘定，则条文出入，有碍推行，必于宪法前途大受影响。此应隶于纂拟宪法大臣同时并举者一也。

一曰厘定议院法及上、下议院选举法。案，资政院选举时，原以户口未清、自治未遍，故暂议各省谘议局为复选之阶。今既定两院之制，则将来选举自应以户口多寡及自治区域为衡，且议院法尤为细密，稍一不慎，流弊滋多。有权利而无义务固不合于议院之公理，即国家予人民以议法之权，而行法仍操之自上，是必明定责任，划清权限，乃秩然有序而共守范围。又以宪法条文内多有关于臣民之权利义务，而于议院之取缔每有相关相维之义，是前项规则亦应隶于纂拟宪法大臣同时并举者又一也。

此外如皇室经费、皇室大典。案，钦定宪法大纲已明定此种规则非议院所得参预，但既立内阁，开议院，此项重要制度不宜仍照原定年限颁布。且召集议院后学说纷歧，或致横生异议，侵损国权。盖中国对于历史上及习惯之关系，此种规则断不能如他国之简便，自应于纂拟宪法时一并厘定。又如行政审判院以裁制，非为审计院以监督出入，皆宪法内之极有关系者，皆应同时并举，隶于纂拟宪法大臣者也。

以上所陈，第略言宪法之概要及应归宪法大臣同办之事，其详细办法不及致详，如蒙甄择，容再续呈。

章京钱能训谨呈

六、《申报》有关资政院资料

摄政王详询资政院办理情形

宣统元年七月十三日

摄政王日前召见伦贝子垂询资政院之设立，为上、下议院之基础。该院开办以来，为日已久，究竟如何办理，伦贝子奏称光绪三十三年八月十三日钦遵谕旨设立该院后，与孙家鼐会同军机大臣及宪政编查馆协力编制资政院总纲十五条，后又详定议员选举细则，考察东西各国成法，取长弃短，务期完善，所以久延时日，始克告成。并奏查勘从前贡院地址甚属宽敞，应饬下度支部筹拨款项，搏节修建，以备开设国会之需。摄政王当谕令伦贝子认真办理。

都察院奏派资政院互选管理员

宣统元年十一月二十日

都察院奏据资政院咨开：该院会同军机大臣奏定各部院衙门官选举议员章程内载：每届互选以臣等为监督，其掌调查互选人并管理投票、开票、检票等事，应设互选管理员，由臣等遴选相当人员奏明派充等因，奉旨允准在案。兹事关系重大，自应预先派定，以专责成。除给事中、御史各员均有互选权，照章未便拣派外，查有臣院都事陈寿平，署经历笔帖式祥麒，候补都事陈文瀚、洪秉恒、陶绪长，笔帖式尹启蕴、锼光、李殿璋等八员，均尚明白勤慎，堪以派充互选管理员。如蒙俞允，即由臣等督饬各该员将选举事宜照章办理。其开办及每届互选应用经费，俟臣等详拟规则，酌核情形，再行奏请。十一月初七日奉旨：依议。

资政院细则草案大纲

宣统元年十二月初一日

资政院于本年七月奏请续订院章时，曾奉旨著将细则章程迅速筹拟，奏请宣布在案。兹闻该院自奉旨后即行详加筹拟，现在草案将次告竣。其大纲仍系分别四项：（一）提议事项之限制权，（二）协议政事之法制权，（三）特奉诏令开会之秩序，（四）议员建议事件与行政责任之区别，各附以详细规则多条。现以此事关系宪政前途，拟赶年内详核入奏，明年元旦特旨颁布。

资政院之议案

宣统元年十二月十三日

资政院总裁伦贝子对于缩短国会一事颇表同情。闻近日提议以此事关系重大，必须详细研究，方能知其利害，预计各省代表晋京时距本院开幕之期匪遥，拟即将此问题定为开院之第一议案，以昭慎重。

伦贝勒不满意所选资政院议员

宣统元年十二月十四日

资政院议员原定三格：一、硕学通儒，二、纳税多额，三、谘议局议员互选。现据各省将选定议员先后电告到院，伦贝子亲加查核，大抵属于第三格者居多，其一、二两格寥寥无几。故对于此事颇不满意云。

资政院应设速记学堂

宣统二年正月十二日

资政院奏法廷议院遇辩难演说须当场录写，应设速记学堂，派李家驹为总理，半年毕业后派充资政院、谘议局速记生，当差三年，择尤请奖。此项学生在京考取十二人，各省各送四人。

资政院开院之预备

宣统二年五月二十八日

资政院开院伊迩，京师各衙门纷纷预备议案。乃其所预备之议案，大抵关于经费问题者居多数，兹学部唐尚书以本部经费支绌，不敷教育行政之需，因饬司员将本部全年所入经费总数及撙节数目并实在不敷情形分类三表，于六月内咨送资政院，以备开院时妥筹补救之策。呜呼！资政院岂有点金术耶！某中堂云，国会开，则人民负担重，今若此是。仅仅资政院开幕，而人民负担已不轻矣。

又闻军机大臣议商资政院开幕在迩，开会之日例应奏请特旨派遣亲贵大臣恭代行开会礼，宣布本期应议事件，故于日昨致电涛贝勒，务于七月内返京，以便届期开单，请旨遣派。

资政院请派政府委员之资格

宣统二年六月初六日

资政院通咨各衙门派遣政府委员已详前报，兹闻院章，凡非衙门，如军机处、宪政编查馆、政务处等处均得派政府委员二人，或多派数人亦可。其资格之规定，必熟悉宪政，能言善辩者方为合格，因各该大臣等临时不能出席，以备代受资政院议员之一切质问。又闻宪政编查馆接到资政院咨文后，已派定六人：（一）宝侍郎熙；（二）刘少卿若曾；（三）达侍郎寿；（四）李侍郎家驹，皆宪政编查馆提调；（五）吴参议廷燮，编制局局长；（六）汪参议荣宝，编制科科员。

资政院决议不添总裁

宣统二年六月十二日

资政院总裁伦贝子〔目〕〔日〕前与军机王大臣会议本院应否添派总裁一缺,略谓资政院事宜甚繁,查院章第二条载,有资政院总裁二人总理全院事务,以王公大臣著有勋劳通达治体者由特旨简充等语。查本院总裁孙家鼐薨逝后,迄今未蒙简放,现在本院协理帮办等员已经调用,虽无碍于办公,然院章订有总裁二人,且值开院伊迩,究应如何办理等语。当时某枢相主张不必再行添设,以节经费。各王大臣多赞成之,故即作为决议,不日具折入奏。

资政院速记学堂之内容

宣统二年六月十三日

资政院附设之速记学堂开课已及数月,兹闻总裁伦贝子因八月毕业期近,故于日前谕令各教员等务须尽心教授,俾免开院时或有贻误等语。今将该学堂职教员及学生名数探录于下:创办员:李家驹、汪荣宝、程明超、金邦平。速记教员:蔡璋、蔡常。国文教员:秦汝钦。法政教员:朱绍廉。官话教员:荣绶。速记学生分甲、乙两班,共计一百十二人(京师考取者二十四人,各省咨送者八十八人),毕业期限六个月。

监国欲于资政院开院日观礼

宣统二年六月十四日

监国连日召见伦贝子,谕询资政院开院事宜。闻监国于开院日决计恭代皇上观礼。

资政院预备开会片片录

宣统二年七月初六日

监国莅院礼节:伦贝子以九月初一日为本院开院之期,监国摄政王已决定代表皇上亲临会场。所有一切莅会之礼节及本院人员应如何接见之秩序,均须详加核订。闻已交由李柳溪、宝瑞臣、汪衮甫三人详慎订拟。其大略参照各君主立宪国皇帝亲临议院之礼,惟名称上仍为监国摄政王云。

民部预备警卫:民政部各堂因资政院开院时摄政王恭代皇上莅院,自应预备警卫。惟事系初创,考查各国警卫形式亦互有不同,昨特谕饬部员等调查各国议院御临警卫及皇族警卫所派警官系何形式,以便参酌编订。

咨调会场守卫:资政院内之守卫,系为维持秩序而设。故先于开院以前,由资政院咨照民政部调派明白宪政之警官长巡,由院差委。

交议八旗问题:摄政王日前面谕各枢臣云:八旗问题为宪政成立之最要关键,亟宜统筹妥善办法,切实施行。所有变通旗制及宽筹生计两事,着交资政院归入议案尽先提议,以为将来实行裁旗之预备。

添派总裁消息:孙军机出缺以来,资政院总裁以伦贝子一人办理,并未另派。现政府拟将副总裁一缺以富有阅历之政治家任之，闻吴蔚若军机、李柳溪侍郎二人均有可望。

预备会之组织：资政院议员组织预备会，其宗旨在于讨论会议之秩序，预备议案之资料。会员资格限于资政院议员及资政院开办公所职员，或资政院秘书长。由全体会员投票公举干事四人，为本会之领袖。会员平时宜各就现行制度，如法律、官制、财政、外交、教育、实业等项分类担任调查，所得报告由本会共同讨论。每月开会三次，会中一切费用由会员各自认捐，绝不动用公款。

蒙古议员未到：伦贝子昨向理藩部寿尚书询闻蒙古王公世爵议员抵京日期，寿尚书答称该世爵议员呈报到部，约中秋节前后到京。

应派委员部分：资政院开院时，应派政府委员之各部系直接行政机关各衙门，即参预政务之吏部、外务部、民政部、度支部、陆军部、邮传部、法部、农工商部、理藩部、礼部，并海军处等，其他各部门并不列入。

度支部之委员：度支部奏派本部丞堂陈宗妫、傅兰泰、参议林景贤、盐政处提调晏安澜、丞参上行走吴廷燮、大清银行监督陈锦涛、核捐处总办奎廉为资政院委员。昨日泽尚书已谕丞参厅将该员等履历造送资政院，以凭注册。

选派政府委员：政府应派资政院委员，虽经各部院先后派定，尚未向资政院正式通告，故临期有无更动改派之员，刻尚未悉。

资政院议员预备议案

宣统二年七月十二日

资政院各议员以八月二十日即将召集，九月初一日即行开院，须于八月初十日以前将应行提议各事分次提议。爰于近日连日会议，先将提议各事列表散布各议员，各抒所见，各注按语，以便届时有人诘问，可以辩驳，并于某事下亲笔书某人赞成或不赞成字样，以凭汇送。其应议之件大略如下：（一）速设责任内阁；（二）请颁京外官制；（三）停办海军；（四）缓办陆军；（五）推广实业；

（六）实行强迫教育；（七）整顿财政；（八）赶办地方自治；（九）均匀各部院经费。其余各款未详，业已于初一日分散各议员，定十五日开议时交齐。

资政院议案先行列表

宣统二年七月十五日

资政院总裁伦贝子昨饬秘书长金太史邦平速将开幕应行提议各案列表悬诸廷中，并缮具节略若干份，分送各衙门政府委员及各议员预为研究。

资政院政府委员一斑

宣统二年八月初二日

资政院定章中央行政各衙门本应各派委员代表本衙门长官于开院时陈述政策，并答覆议员之质问。现在距资政院第一次开院之期已近，以故各该衙门均已先后派定委员咨报资政院存案。兹汇录其衔名如下：

宪政编查馆：宝熙、刘若曾、达寿、李家驹、曹汝霖、章宗祥。

兼民政部：吴廷燮、杨度、陆宗舆、顾鳌、陆梦熊、许宝蘅。

军机处兼宪政编查馆：华世奎、刘毂孙。

外务部：高而谦、曾述棨、周自齐、吴锜、沈瑞麟、饶宝书。

度支部：傅兰泰、曾习经、陈锦涛、楼思诰。

民政部：延鸿。

学部：林灏深、载展诚、彦德、恩华、王季烈、范源廉、彭祖龄。

陆军部：易迺谦、文华、唐宝谔、苏锡第、李盛和、罗泽晤。

法部：曾鑑、善佺、罗维垣、刘钟琳、吉同钧、尤桐、冯巽占、王思衍。
邮传部：梁士诒、陈毅、阮中枢、龙建章、冯元鼎、周蒿尧。
农工商部：周学熙、魏震、邵福瀛、单镇。
理藩部：舒志、吉章、扎拉芬、特屯、存德。

资政院章程质疑

宣统二年八月初六日

其二，第十五条云：但第四款所列修改法典事件，资政院亦得自行草定议案。此法典二字，无论解为编纂成帙之法典，或解为普通之法律。然考各国议院法，凡议员皆有提出法案之权，所谓提出法案者，兼法案与修正案言之也。今据此则能提出者仅属修正案，〈脱〉欲提出原案其亦许之否耶？夫议员提出议案，经议决后，然非得裁可不生效力。裁可与不裁可权操自上，议员即有此权，何遽足为政府之梗，何必并此区区者而靳之。彼拟章程之人，若有意剥夺此权，则其心可诛。若曰行文偶尔缺漏也，不知缘此缺漏之故，而资政院损失已多矣。

其三，第十六条云：资政院于第十四条所列事件议决后，由总裁、副总裁分别会同军机大臣或各部行政大臣具奏请旨裁夺。据此条文，则资政院尚能单独具奏否耶？万一军机大臣及各部行政大臣不肯联衔，则所议决不悉成无效耶？

其四，第二十条云：资政院于各衙门行政事件及内阁会议政务处议决事件如有疑问，得由总裁、副总裁咨请答覆。此条所规定，根本于各国议院之质问权，意至善也。虽然各国所谓质问权者，议员中任举一人皆可向政府委员以口舌当场质问，不必用公文，尤不必经议决。盖凡议院开会时，行政大臣或亲临会所，或派员代表，故议员对于政府政策有所怀疑，自可以当场往复问难，为势甚便也。今本条所规定限以由总裁、副总裁咨请，则议员对于莅会之政府代表不能面诘一辞，世界各国议院岂闻有此办法。而所谓总裁、副总裁咨请云者，例必须经全院议决，而后得行也。考本章程第三十六条云：资政院自行提议事件，非有议员三十人以上之同意，不得作为议案。然则议员有欲质问政府者，必须先求得三十人以上赞成提议，再经多数议决，然后得由总裁咨请明矣。似此仆仆，则一会期中所能质问者几事。呜呼！是不啻剥夺资政院之质问权而已矣。

其五，本章程第二十一条、第二十四条、第五十二条皆有违背法律一语。其第二十一条所规定，则军机大臣或各部行政大臣违背法律，资政院得奏劾也。其第二十四条所规定，则各省督抚违背法律，资政院得核办也。其第五十二条所规定，则资政院议决事件违背法律，得经特旨谕令停会也。此三者与资政院权限所关皆甚巨，其不可无一定之范围甚明。吾不知此所谓法律者，果以何为范围耶。考今世诸法治国，其所谓法律者，皆经过一定之手续，遵依一定之形式，乃始成立。盖必由政府或议员提出，经国会两院议决，得君主裁可，以定式公布之，然后谓之法律。此立宪君主国所大略从同也。今我国国会未开，其手续虽不能如此完备，虽然，亦当指定一确实范围。凡具若何若何之形式者，则谓之法律，然后违背不违背，乃可以有所据以为评决。若如今者，各种章程、则例、条规等名纷歧杂糅，或沿旧案，或奉特旨，或由各部各馆拟进，或由各省督抚奏准，樊然淆乱，莫衷一是，无一可称为法律，又无一不可称为法律。其各种章程之效力孰强孰弱，不可得指也。不特此也，旧章程与新章程往往相矛盾，同时所发出者而此章程与彼章程往往相矛盾，甚且同一章程中而此条与彼条往往相矛盾，不违背此者，必且违背彼，然则违背之界说究于何定之。然则欲便此诸条所规定者能生效力，非先明示法律之范围不可；欲示法律之范围，非先定法律之形式不可。若一如今日现状，则此诸条必悉成具文，否则亦缘此而生无量之争议已耳。（未完）

资政院章程质疑（再续）

宣统二年八月初八日

其六，第二十一条又云：前项奏陈事件非有到会议员三分之二以上之同意不得议决。条文之意，不知谓有三分过二之同意始得开议耶，抑谓得三分过二之赞成始有效力耶。由前之说，则须得三分过二，且不至如此其严重。由后之说，则原文所规定其不辞亦甚矣。此虽小节，亦可以使人迷所适从也。

其七，第五十三条云：资政院有左列事情得由特旨谕令解散，重行选举，于五个月以内召集国会。夫议院与政府互起冲突，不能相下之时，非政府辞职，则解散议院，二者必居一，此各国通例也。资政院既云为议院基础，则采此制诚属至当。虽然现今各国大半行两院制，遇有应解散时，所解散者惟下院，而上院则仅停会。盖以下院纯由人民选举，故得借解散重举，以觇真实舆论之所在。上院多为勋爵世袭或君主敕任，故无取仆仆解散为也。今资政院议员虽无世袭之一种，而钦选者实居三分之一。不知当解散时，此钦选之一部分同时亦失议员之资格乎？抑其资格仍存在乎？是亦一问题也。

以上所举，皆末节耳。资政院章程之最大缺点乃在其与各国议院共通之原则太相剌谬，吾将别为专篇以论之。然即此末节，而其窒碍不通既已如此，其甚穷其弊，已可使资政院成为一臃肿无用之长物矣。此实由拟章程者不解法律文体，有以致之也。夫资政院之为物，在政府本视为无足轻重，虽有极完善之章程，原不过一纸空文，何必断断与校。且其实质上之剌谬，方不暇指摘，更何有于形式。顾吾总不能已于言者，则以吾国人于立法上之智识殊太缺乏，而当立法之卫者又莫或肯以忠实之心将之，徒取外国之法文，东涂西抹，苟塞篇幅而已。故一篇之中，其法理互相枘凿者往往而有，甚且以事实上所万不能行者贸然规定之于法文之内，谓其有意恶作剧耶？殆未必，然不过轻心以掉之耳。近数年来，法令如牛毛，夷考其实大率皆此类也。在立法者之意，吾姑胪列数十条以炫人耳目，内容良窳，孰能纠我。殊不思法律之为物，非以为装饰品也，期于实行也，一及实行，而有不可行者，再则立且阁窒废置。此如机器然，全副事件有一缺损或枘凿者，则虽有良工，无从运动矣，其势之必变为装饰品也亦何足怪。西儒有言，国之治乱亦于其人民习安法律状态与否觇之而已。夫必法律先使人有可习安之道，然后可期其习安，若骑墙矛盾之法文，则其本身先自不安者也。中国法治之效不睹，其原因虽多端，而此亦其一也。吾故借端以论及之，岂独为资政院章程言哉。

资政院近闻种种

宣统二年八月十三日

资政院汉正总裁一缺，自孙文正出缺后尚未钦简，现闻该院确有暂缓钦简之信。其该院奏定院制，尚有副总裁两员，业经军机王大臣会商，拟月内仍奏请钦简，以资襄理院务。惟须俟伦贝子假满后再行定夺。

资政院开幕之期已近，闻日内伦贝子销假后，尚当特开会议一次，系为详订院章细目。该细目中，一为该院议决之国家行政、地方行政各事件，除照奏定章程，凡应具奏之件会同军机大臣外，应分别关于某部、某省之政事，各该部堂官及各该省之督抚均应列衔会奏。一为该院提议事件如有疑问之处，而各部院派定临议之委员不能即时答覆另由院咨询者，各该部院答覆之期不得逾五日。其有由部中转询各省者亦应限日片覆，以便由院另电各该谘议局另行详询，其应答覆之部院亦应电咨调查详覆，惟期限不得过十五日。此外尚有多条，容俟续闻。

日前资政院呈递要折数件，探其内容系奏报新俸及用人各章程，总裁每年一万两，副总裁五千两，议员每月二百两，科员未详。薪水及杂费每年共支二十余万两。

资政院原章分枢秘、文牍、庶务、会计、速记五科，刻又增添编辑一科，派候补道张某为科长。（闻张某颇深金石之学，久随端午桥者，因其赋闲，是以添设此科位置之）除总裁外，各科奏派秘书一人，科员四人，速记生二十人，速记生领班一人。

资政院预备开院之忙促

宣统二年八月十五日

资政院开院之期转瞬即届，而该院一切布置尚多未完备。日前该院总裁、协理等又开会，讨论该院开院时对于军机大臣及各部院行政大臣复议已经议覆具奏之政事，如经复议事应驳改者，原议王大臣或资政院总裁有欲行诘问之处，是否分由原议复议之大臣自行具奏，听候钦定，抑或咨询办理。讨论多时，卒以事关各部院行政大臣权限，未便由院专决。业将此问题商由枢府，拟定期会集参预政务各大臣在会议政务处详细核议，俟通过后，即行具折入奏。

又，该院筹备开院一切事宜，业由秘书长金邦平拟定次序，缮具清单，已于日前呈请总裁伦贝子核夺。其清单所开列者如下：一、集议交议事项之日期；二、集议提议事项之日期；三、集议京署议案之日期；四、集议外省议案之日期；五、核议谘议局否决事项之日期；六、集议蒙藩事项之日期；七、议员议事细则；八、政府委员答覆规则；九、速记员编辑议案章程；十、旁听员接待及限制章程。闻该单所关事项一经伦总裁核准，即可宣布。大约宣布之期，至迟不过本月二十【日】左右云。

资政院议决报律修改

宣统二年八月二十六日

宪政馆奏订报律依民政部原文修改二条：一关发行报纸之检查，非出版前数时所能猝办；一关违犯报律之诉讼，非行政衙门所宜审判。共正、附则四十五条，请饬资政院议决施行。

资政院奏报召集议员并拟摄政王亲临开院礼节

宣统二年八月二十六日

资政院奏报召集议员情形并恭拟摄政王亲临开院礼节。奉旨：知道。

监国谕宣资政院议案

宣统二年八月二十六日

监国于二十一日召见各枢臣，办事既毕，垂询端方现在京与否及迩来一切情形。谓渠才具开展，本属有用之才，实为一时所误。目前需才甚急，此等人究不忍常置闲散。并谓今日系召集议员之期，未知已齐全否。此次为创立议院之基础，总须循序而行，恪恭将事，毋贻外人讪笑。将来该院议决各事件，除军政、外交必须秘密外，余饬官报日日宣布。各枢臣唯唯而退。

各省资政院议员之会议

宣统二年八月二十六日

各省互选资政院议员十九日午后二时在全蜀会馆开会集议。第一条，决议定名为资政院各省议员研究会。第二条，决议凡有议案应共同研究者，不论何时，即借该馆为会所，到会研究。第三条，议推干事二人，即公推江苏孟昭常君、四川李文熙君担任。第四条，布告谘议局联合会所提出议案陈请资政院者，本会员均应有介绍赞成之义务。第五条，决议二十二日下午二时开第二次会。闻是日到者未及半数，因各省到京议员住址尚未尽悉，先期无从知照，故尚未能全体到会云。

纪资政院召集议员详情

宣统二年八月二十七日

二十日为资政院议员召集之期。上午九点钟，各议员到会者一百六十余人。（原额二百名）先往注到室各签"到"字，并书明住址，继往验照，所验照每员发给坐号单、议事细则并章程各一份，徽章一件，即分入各股室散坐。至十点钟摇铃开会，总裁、副总裁面南立，各议员离坐起立，秘书长以下面东立，行相见礼一揖，各就坐。总裁复起立，演说数语毕，报告照章抽签分股，共分六股。既毕，各议员退入各股室，推举股长及票选理事，复报告于议长。由议长宣告本院成立，召集事毕，十二时散会。兹将推选股长、理事及签分各股议员姓氏录下。

第一股，股长赵炳麟、理事沈林一。第二股，股长许鼎霖、理事孟昭常。第三股，股长劳乃宣，理事顾栋臣。第四股，股长庄亲王、理事陈宝琛。第五股，股长睿亲王，理事雷奋。第六股，股长陶葆廉、理事汪荣宝。

闻该院所编坐号，先宗室王公、满汉外藩各世爵，次宗室觉罗，次各部院，次硕学通儒、纳税多额议员，又其次各省谘议局互选议员。盖依院章分配，并非签定云。

资政院议论裁去学部奖章

宣统二年八月二十九日

资政院总裁伦贝子与沈子敦侍郎于十九日到院开议,提及学部奖章一节,主持裁去者甚多。惟事关全国学务,必须体察情形,方可著手办理。若猝然停止奖励,恐为学务前途之阻力,须俟全体议决再定办法。

监国莅资政院行开院礼

宣统二年九月初二日

今晨(初一日),监国莅资政院行开院礼,侍卫甚盛。既抵院,由议长恭迎入内,坐于御座之旁,命庆亲王宣读开院敕书。旋监国亲自演说,既毕,全体行礼。惟院地稍隘,有议员数人及西人数名均未入内。

初一日,资政院开院,摄政王亲到,枢臣各部尚书及议员向御座行三跪九叩礼。庆邸读敕书,摄政王宣训词。今定初二日选举专任股员。(按:此电系另一访员所发)

广西议员因禁烟展限辞职

宣统二年九月初二日

桂谘议局因争禁烟展限,全体辞职。宪政馆、资政院已回电护抚魏景桐设法挽留。

资政院经费业已奏定

宣统二年九月初二日

资政院伦总裁等以资政院经费钦定章程系分四款:一、总裁、副总裁公费;二、议员公费及旅费;三、秘书厅经费及守卫经费;四、杂费及预备费。现届开院之期,该项经费数目应即及时拟定。查各项经费内,以议员公费及旅费为大宗。各国议员岁费丰啬不一,多如美国至一万五千元,少如日本亦二千元,惟俄国系按日给费,英国则全不给费,国情不同,难以比照。现值度支短绌之际,自应暂从简约。拟每员于常年会期共支六百元,每会期计共十二万元。此外议员旅费除在京各员毋庸支给外,应以省份之远近为多寡之等差,最远者定为八百元,最近者定为一百元,每常年会期计共六万元。其外藩王公业经理藩部奏准照例驰驿交京,此项旅费应即毋庸支给。至总裁、副总裁公费,应比照各部院堂官公费数目折衷计算,拟定为总裁年支一万元,副总裁年支五千元。其秘书厅经费、守卫经费、杂费及预备费均已核实估计,酌中厘定。统计全院经费,各款每年共支三十万元,如遇临时会期,除议员旅费应比照常年会期办理外,其议员公费拟照常年会期减半支给,加以开会费用拟每一临时会期定为经费十三万元。业已与副总裁协理公同商榷，意见相同。日前特分缮清单，会同军机大臣专折具奏，奉旨俞允。现资政院已录奏，行知度支部归入预算案内照章办理矣。

资政院第一次召集上谕

宣统二年九月初三日

监国摄政王钤章。九月初一日内阁奉上谕：前经降旨，以本年八月二十日为资政院第一次召集之期，尔议员等各能遵守定章，将开院以前应有事宜妥行准备。兹据奏报，成立秩序谨严，朕心实深嘉悦。钦惟我兼祧皇考德宗景皇帝慨念时艰，深思政本，仰承慈训，俯顺人情，毅然宣布德音预备立宪，开千古未有之创局，定百世不易之宏规。凡我臣民同深悦服，朕承先朝付托之重，御极伊始即以实行宪政为继志述事之大端。迭谕内外臣工按照筹备清单次第举办，而资政院为上、下议院之基础，尤为立宪政体之精神。经画数年，规模已具，中外观听咸在于兹。今当开院会集之初，朕特命军机大臣暨参预政务大臣将各项案件妥慎筹拟，照章交议。尔议员等其各泯除成见，奋发公心，上为朝廷竭协赞之忠，下为民庶尽代议之责，弼宏功于未竟，垂令范于将来，朕与亿兆臣民实嘉赖焉。将此特谕知之，钦此。

广西议员辞职事件解决

资政院为桂谘议局全体议员辞职事特提出紧急动议，公推特任股员十八人。

桂抚为议员辞职事自请议处

宣统二年九月初三日

护桂抚电致资政院：谘议局议员全体辞职，请代奏并自请议处。奉旨：著该抚体察情形，妥筹办理。

监国摄政王资政院开院训辞

宣统二年九月初三日

本监国摄政王自奉诏摄政以来，时局艰难，夙夜警惕，诸王大臣等同心匡弼，仰承遗训，将宪政筹备各事次第施行。兹届资政院成立举行第一次开院之礼，得以躬莅盛典，聿观厥成，曷胜欣悦。方今世际大同，文明竞进，举凡立国之要端，在政治通达，法度修明，尤在上下一心，和衷共济。资政院为代表舆论之地，各议员等皆朝廷所信任，民庶所推崇，必能殚竭忠诚，共襄大计，扩立宪之功用，树议院之楷模。岂惟中国前此未有之盛举，亦实于国家前途有无穷之厚望者也。各议员其共勉之。

资政院讨论议事细则及办事细则

宣统二年九月初三日

前日资政院在第一股室开研究会,讨论议事细则及办事细则,逐条分晰解释,遇有碍于执行之处,即另行签记,以便修正。下午二时开会,六时始散,全章迄未通过,大约须越日再行研究。

蒙、回议员来京

宣统二年九月初三日

闻资政院蒙、回议员已经来京者八员,尚有未及到京者四员。兹理藩部已于前日将已来京之色隆托济勒等缮具专折入奏,一面并催未来京者迅速来京。

蒙古议员议案

宣统二年九月初三日

资政院钦选蒙古议员业于开院之前将应备之议案预备妥洽,闻其最先提出者,一为交通,一为教育,一为练兵。

论资政院民选议员之当联络

资政院开院三日矣，海内外人翘企想望，以为出席各议员当必振厉发皇，崇论宏议，代表人民之意见，确定国家之大政，使吾亚东帝国宪政进行，若朝日之披抉蒙翳，而隆隆上升。其在此开会九十日之内乎，吾为各议员颂之祷之。

然欲为代表人民之意见，确定国家之大政者，势不可无预备焉。各国议员皆从政党发生，故于未开国会以前，必先有政务调查会、政友会以组合之，俾得往还会集，讨论研究，使之情志不至于隔阂，而意见咸归于一致，此诚预备之要素。今中国并无政党，且充任议员者有钦选、民选之分，钦选者在京居多，尤易于集合，而民选者则原系各省谘议局之议员，素不相习，而一朝同院，势必发生种种之困难。

甲、言语不通，在议场彼此发言时易于误会。

乙、情意不浃，在各股选举专任股员时茫无标准。

丙、未经数四之讨论研究，则议论纷歧，必不能决议一事。

有此三者，于是人杂言庞，势若散沙，必无良善之效果。夫以海内人民对于资政院责效之切，期望之深，而民选各议员以素无预备，竟阙然不克慰副所望。讵非至可忧虑之事，所望各议员急起而联络之也。

夫吾所谓急起而联络之者，乃系精神上之作用，非形式上之作用也。形式上之作用，如彼此集合，殷勤通款曲，藉伸情愫，则前所谓甲、乙二弊即不至发生，诚亦不可不早计。至于精神所在，而确谂其为联络之要点，则其说有五。

一、当知议员之与政府为对待地位。

二、当知钦选议员中有王公世爵、各部衙门官司，毗于行政一方面之人，必不能发挥健全之舆论，而与民选者沆瀣一气，完全立于对待政府之地位。

三、资政院开院为全国人民共同参与政事之第一日，在法典上本认为议事与立法之机关既如此，则日后议决之各议案果谁负执行之责任。苟其无负责任者，则政府一方面尚无对待人民之人，而人民所议不等虚设乎。是今年资政院固将等于去年之各省谘议局咨呈督抚，而督抚不负责任，遂成种种空言之议案。此吾愿开院伊始民选各议员所当联络为第一之质问也。

四、既经质问以后，得有政府答覆。确定有负责任之人，必当问政府之行政，果先有确定之政纲以表示人民乎。夫苟无确定之政纲，则庶政万端何从提议。兼行并进，则无此国力，冥途信行，则不得要领。此吾愿民选各议员所当联络为第二之质问也。

五、苟得有政府第二之答覆，则以彼之政纲与吾人民之所见，其异同得失正资研究审查，令之联络亦必不可少。

夫斯为落落数要点，苟能行之，则资政院之开其精神必当一振，是所望于民选议员者。

资政院审查桂谘议局全体辞职案

宣统二年九月初四日

今日（初三）资政院开审查会，审查桂谘议局全体辞职案，禁止旁听。

资政院总裁代奏各议员谢训勉恩

宣统二年九月初四日

资政院总裁代奏各议员谢训勉恩。

资政院议决案尚须重议

宣统二年九月初四日

闻资政院议决案入奏之章程，凡经该院议决者须先交会议政务处重议始能入奏，但奉特旨交议事件及军机大臣或各部行政大臣交院会议之事不在此列，所限制者资政院自提出之议案耳。

资政院议员续开讨论会

宣统二年九月初四日

资政院议员因议事细则诸多窒碍，业于上月二十五日在资政院分股办事处开会讨论一次，嗣又于二十七日假财政学堂开会，合全体议员续行讨论。计到会者一百余人，公推许君鼎霖为主席。当由许君报告二十五日讨论情形，并演说在议场须尊重秩序云云。次由孟君昭常、顾君栋臣、赵君炳麟报告前次对于细则中疑问各条所讨论之解释，于时众议员有提议某条冲突、某条窒碍者，纷纷不一。许君云此皆当提起修正案，但须俟将前次讨论之解释各条报告毕后再行研究。次讨论至分股办事细则，陈君树楷、达君杭阿、籍君忠寅、于君邦华、方君还迭次发议，主张总选合计，大意谓总选分计，其结果必与投票原则相舛，且外国分计法系防政党之故，吾国各省议员尚不相识，何至有党云云。众鼓掌赞成。次由李君文熙提议今日宜急解决者三：一、议长于表决是否投票，一、预算股宜增加股员，一、总选合计是否可通融办理。遂由主席许君咨询。众议员咸谓议长不能投票可无疑义。预算股股员宜合决算股员为一股，以此次无决算也。至总选合计一节，宜由股长理事要求议长先行通融办理，然后提起修正案。时至五钟，遂摇铃散会。

资政院所订开院章程照会各国公使

宣统二年九月初四日

日前外务部照会驻京各国公使署文一件，系将资政院所订开院章程中，外交官旁听席之听议次序、礼节清单分送各国公使，以便届期临院有所遵守。并请各公使将各该国来院旁听人员衔名、数目，赶日开列清单咨覆，以便院中预备坐次。

资政院议决桂护抚侵夺谘议局权限属实

宣统二年九月初五日

今日资政院议决桂护抚侵夺谘议局权限属实，由议长具奏请旨裁处。

资政院议员提议请速设责任内阁

宣统二年九月初五日

资政院议员提议请速设责任内阁。

资政院选举专任股员

宣统二年九月初六日

资政院昨日（初四）选举专任股员预算股长刘泽熙、副股长许鼎霖，税法公债股长李榘、副股长闵荷生，法典股长润贝勒、副股长汪荣宝，陈请股长赵炳麟、副股长陈宝琛，惩戒股长睿亲王、副股长顺承郡王。今日（初五）休议。

预算案提交资政院问题

宣统二年九月初六日

度支部财政处上月将预算表册分给各司誊写时，故意声称此系呈进御览转交资政院者，书法宜求端正，嗣见各司极力认真，又恐有误。二十五日告竣之期，始密告各司在事人员，谓此系提交资政院之件，然各司人员已将预算填写将竣矣。度支部赶办此事如此艰苦，乃今闻政务处不欲将预算提出，故度支部人员亦极不满意，谓掩没其功绩云。

度支部预算全国岁出入表册原拟二十七日出奏，现因各堂尚未核对，又闻稍延日期，闻泽公于二十八日起入手覆核一切，有本月初二日加班入奏之说。惟是否提交资政院，以枢臣反对者多，此时尚难预料。

另一访函云，上月二十八日枢臣与各部尚书齐集政务处，会议度支部预算表册应否移交资政院。各人主张纷纷不一，惟涛、朗、泽、肃四邸及荫、唐两尚书均极力主张提交，故此事或可望议决。

资政院开院后种种

宣统二年九月初六日

初一日资政院开院后，闻各议员预备请求之第一事即为组织负担责任之新内阁。此事前此袁海帅、李仲帅均经奏请，并闻（目）〔日〕前张坚帅所递之封奏亦即为此。而锡清帅、瑞莘帅到京时亦曾面奏及此，且上折力言之。山西丁衡帅亦以为言。盖以近来新政百端待举，款项又复奇绌，凡事之应行应缓无可取决，故皆企望责任总理，庶诸事有归宿之地云。

各衙门派出之政府委员，其中有专司法律者，有专司财政者。现闻九月初二日各衙门特派员之属于财政股者，先与度支部会议，初三日各衙门特派员之属于法律股者，先与宪政编查馆会议，以为在资政院预备答问之地步。

初四日，资政院开分股会，派专任之股员与特任之股员，盖日前曾分为六股，今又分为专任、特任，既分股，又分科也。分股之后，先与政府委员接洽，然后开议。

宪政编查馆上月二十八日会议议决资政院开院时，在监国摄政王未临以前，由军机处及宪政编查馆之特派员将各部行政大臣所备交院协议之议案纲领，先向总裁及各议员声明，以备随时顾问。

民政部肃邸先期谕饬内、外两厅，传谕各区绅商居民人等，九月初一日为资政院开幕之期，即中国实行立宪之始，凡铺住各户皆须于门前高悬龙旗，以表庆祝立宪之意。故是日市场两旁莫不龙旗招展云。

东督锡清帅现派奉天盐运使熊希龄充东三省地方政府委员，闻昨已电咨资政院矣。

御史团决议每日轮派四人前往旁听

宣统二年九月初八日

御史团以资政院为舆论汇归之地,决议每日轮派四人前往旁听,以便指陈时政时与舆论一致。

江西谘议局电请资政院代奏请旨缓行统税改征银圆事

宣统二年九月初八日

赣谘议局昨日(初六)提议统税改征银圆事全体反对。已电请资政院代奏,请旨缓行。

资政院开院后种种

宣统二年九月初八日

初二日议事情形:初二日为资政院第一号议事之期,是日一点三十分钟开议。议员到者一百五十七人,政府委员到者七人,普通旁听者十六人,外国旁听者六人,报界旁听者十人。议长因赴政务处会议,并未到会,由副议长宣布谢恩折稿。次由秘书长报告各省议员辞职事。次报告奉旨交议各部奏请事件:(甲)

农工商部保险运输章程；（乙）学部地方学务章程；（丙）宪政馆报律；（丁）民部版权律；（戊）理藩院蒙古振兴实业条陈。计共六件。次报告各省呈请事件：（甲）广西禁闭土膏店逾限展缓谘议局与桂抚冲突案；（乙）河南试行印花税案；（丙）江苏拟补救州县困难案；（丁）江苏整顿税契方法案；（戊）湖南组织禁烟会核议案；（巳）湖南湘汉航业案。报告毕，并发给各议员关于广西电稿九件及本日上谕一道。副议长提议广西谘议局全体退职，应按照议事细则第十八条临时改正议事日表，缓举各股员，先行提议广西事件。于是推定特任审查股员十八人：庄亲王、瀛贝勒、振将军、李经畬、陈善同、王璟芳、胡礽泰、汪荣宝、长福、章宗元、陈宝琛、严复、李槩、许鼎霖、孟昭常、雷奋、夏寅官、邵羲。

首由易宗夔反对议题，谓应以广西谘议局全体辞职为名，不应以广西禁闭土膏店为名。又有某议员提议，谓照院章第二十三条第二项，广西议员应出议场回避，经于邦华、汪荣宝二员驳斥，谓照章关于本省事件不惟不出议场，且有发言权，但不与议决之数。某议员言非是，全体齐声赞成。末后又经黎尚雯重申易宗夔之议，谓议事日表应改为审查广西谘议局辞职事件，名实方能相符，亦经全体赞成。黎尚雯又提议议长言事须登议台，又前列各议员未经散会，强半陆续离位，应请副会长即时厘定会场秩序。汪龙光谓秘书厅与议长有商议事件，应先商议，不得在议台上临时附耳，刺刺不休，为外人窃笑。副议长又主张议决不拍手。易宗夔谓资政院细则无禁止拍手一条，汪荣宝亦极力反对。众议员皆赞成，而拍掌之声遂愈烈。时副议长两次宣布散会，声细难闻，于是尚有某议员发议，副议长谓据议事细则十三条，既经宣告散会，及展会之后，无论何人，不得发议。各议员遂陆续离位。议长报告，初三日开审查会。

附广西谘议局致资政院电：资政院钧鉴。抚院展限禁烟一案迭经电请维持，迄未奉示，现又展去一月。抚院藉口电京核覆延宕日期，并拟径将展限情形自行奏咨。显系摧残议案，故违舆论。议员等迫不及待特于会期前三日集议，将此问题解决。金谓上届议案既失效力，即本届开议亦甚无谓。据最终决议，全体议员愿请辞职，业已一律辞职。除呈报抚院外，理合电陈。桂谘议局叩。

又桂抚致资政院、宪政馆电：资政院、宪政编查馆钧鉴。桂省谘议局议员因禁烟事辞职，昨经电陈在案。九月初一日为开会之期，本日尚未准通告莅会。札询据复：毋庸苣局开会。此事皆由景桐德薄能鲜，不能见谅于谘议局，致令辞职停会。已电奏请旨议处，并再催谘议局照章依期开会，以全大体。能否慨从，尚未可必，仍请由馆院电饬该局遵办，不胜企祷之至。景桐谨叩艳。

议员公费旅费支给规则：

第一条，议员公费于每年开会期内每员各支六百元。

第二条，议员旅费按照规定旅费数目支给。

第三条，议员公费、旅费于开会后五日内支给半额，闭会后五日内支给半额。

第四条，会期内不到院之议员不支公费、旅费。

第五条，在京议员及外藩王公世爵不支旅费。

第六条，议员于开会后有辞职者，所有公费止给半额，旅费全给。

第七条，资政院议员遇有奉旨解散之时，所有公费、旅费应照第六条办理。

第八条，资政院遇开临时会时，议员公费减半支给，旅费全给。

各省议员旅费数目：新疆，每员八百元。甘肃，每员六百元。云南，每员六百元。贵州，每员六百元。四川，每员六百元。广西，每员六百元。吉林，每员四百元。黑龙江，每员四百元。陕西，每员四百元。广东，每员四百元。福建，每员四百元。浙江，每员三百元。安徽，每员三百元。江西，每员三百元。湖南，每员三百元。奉天，每员二百四十元。山东，每员二百四十元。山西，每员二百四十元。河南，每员二百四十元。湖北，每员二百四十元。江苏，每员二百四十元。直隶，每员一百元。

奏调秘书官名单：资政院秘书厅额设一、二、三等秘书官。初以院务尚简，所有院中文牍、庶务仅调吏部郎中李绍烈等四员兼差行走。迨本年七月预备开院，事务日繁，续调翰林院庶吉士王孝缜等十九员到院，业将各员衔名奏明立案。

全国预算案拟交资政院议决

宣统二年九月十一日

全国预算案已定十二日提交资政院议决。

资政院速记录之笑柄

宣统二年九月十一日

今春资政院以九月为召集开院之期,须用速记,以资录写,特招考数十人,令其入学肄习,以备临时之用。未雨绸缪,意至善也。惟急就成章,难言美备。当时即有议其毕业太速,临时恐难收效者。讵意开院之第二日,速记录上面即发见绝大之谬点。盖是日议题为广西谘议局因土膏展限全体辞职事件,此事函电纷驰,通国皆知。且是日将一切交议案件临时变更,特先提议此事。速记生讵无闻见,乃该院印送之速记录以土膏作为土司之选举,谓因程度不到,致全体辞职等语,实足令人喷饭。其余颠倒错乱,无一是处。闻有人提及进院旁听时,见该速记生等身佩勋章,衣服丽都,一种庞然自满情形,恍若乍膺九锡。初不料金玉其外,败絮其中,该院若不经营检点,更不知贻几许笑柄云。

监国嘉勉资政院之手谕

宣统二年九月十二日

初二日枢臣奉有监国手谕一道，命交资政院伦、沈两总裁暨各协理帮办等员，深奖此次开院筹办事宜，均能妥（恰）〔洽〕无误。将来开院期内，各项议案关系甚巨，务宜慎始慎终，恪恭将事。此事为中国宪政开幕大典，勿得稍有参差，致召各国讪笑，并失全国人民之仰望云云。闻伦、沈两总裁奉谕后，即于会场向各议员宣布，以宣德意。

湘省公债又请资政院核办

宣统二年九月十四日

湖南谘议局为杨抚擅行奏办公债，前日电请资政院核办。兹将原电探录如下：资政院鉴。局章第二十一条第四项得议决本省税法及公债事件，今杨抚未交局议，遽奏准发行公债一百二十万两，显系侵权违法，万难承认。敬遵第二十三条规定呈请核办，伏乞速赐施行。湘谘议局叩支。一面并电致资政院湘议员黎尚雯、易宗夔两君，云杨抚奏办公债，并不先行交议，已呈请资政院核办，请两君注意。

资政院开院后种种

宣统二年九月十四日

第一上奏案详记：初六日资政院奏呈核办广西谘议局辞职事件，业已奉旨照准。兹探闻是日上奏后，即召见资政院总裁伦贝子议商。伦贝子固请明发上谕，监国深以为然。故虽军机中有不主张明发者，终不敢坚持其说。又闻此折上后，经监国阅过，即发交军机拟旨。旋又传命军机取折覆阅，复行发下。追军机述旨时，又命将原折呈阅。前后共三次，足见监国之重视此事云。

互选审查长日期：资政院秘书厅昨接预算股股员长刘议员泽熙函称，本股遵照资政院分股办事细则第二十三条，互选审查长定于初八日上午十钟，在预算股员室举行投票，祈代知会各员云云。现秘书厅已知会各议员矣。

预算股员分科名单：第一科：全公、奎濂、林炳章、陈懋鼎、王璟芳、何藻翔、博公、沈林一、孟昭常、赵椿年、顾栋臣、陈国瓒、于邦华、高凌霄、寿公、胡骏。第二科：劳乃宣、齐树楷、吴士鑑、陶葆廉、潘鸿鼎、章宗元、易宗夔、雷奋、牟琳、江辛。第三科：荣厚、汪龙光、罗杰、冯汝梅、达杭阿、席绶、李文熙、黄象熙。第四科：陈树楷、李揩荣、周廷励、黎尚雯、籍忠寅、刘春霖、刘述尧、李士钰、庆山、陈瀛洲。

全院议员谢恩折：奏为臣院开会，钦奉谕旨训勉，敬臣感激下忱仰祈圣鉴事。本年九月初一日，臣院举行第一次开会之礼，钦奉上谕一道，由军机大臣敬谨宣读，并蒙监国摄政王躬莅盛典，宣布训词。臣等肃听之余，莫名钦感，伏维我皇上绍述前谟，实行立宪。我监国摄政王负扆施政，肇启宏规，以臣院为上、下议院之基础。当兹成立之始，特颁谕旨，所以嘉勉期望者甚厚。仰见朝廷重视舆论，策励进行之至意。凡在臣民无不欢忻鼓舞，臣等肩兹重任，深惧智虑短浅，不克上慰宸厪，下洽舆情。惟有殚竭愚诚，恪遵圣训，泯除成见，奋发公心，作代议之精神，尽协赞之职务，以期仰答高厚鸿慈于万一。所有臣等感激下忧，谨由议长臣溥伦、副议长臣沈家本代表全体议员恭折具陈。

论资政院应提之议案

宣统二年九月十五日

　　资政院开院方数日，议员提出之案未有所闻。记者窃以为际此千（金）〔钧〕一发之时局，为议员者正宜发抒议论，上备朝廷之采择，下尽代议之责任。而所建之议尤宜提纲挈领，不可但就枝节琐细之事以立言。盖今日吾国所以百孔千疮，其受病实在于本源，能就本源下药，则此疮孔皆可立愈。此议员诸君所宜知也。谨就鄙见，以为今日议员应提议者条举如下。

　　一曰急开国会。国会之利，尽人所能言。而今兹所据为口实者，则宜但就财政一事。盖年来财政愈纷，清理亦有名无实，因国家财政措施之不善，而国民经济乃大蒙其影响。试观今日生计之危迫，几有全国破产之现象。长此无策，外国商业大受损害，则必实行其监督财政之谋，此可断言者也。迩来借债之说又纷腾于政界，夫使监督，未有机关，则以现政府之借债，能保其必获借债之益而不蒙借债之害乎？即以增添租税一事而言，吾国民平均之担负额未见过重，然以此时而言，加赋增税则未有不酿风潮者。凡是数者，皆政府今日最为困难之问题。然苟国会一开，则无论借债、无论增税皆可无弊。今苟乘机要求，易于动听，此议员所应提议者一也。

　　二曰速设责任内阁。立宪之国无论政府与政党，皆有其政纲焉。有政纲，则其所行之政自有一定之标准，不至凌乱无纪矣。今吾国政府果有政纲乎？枢臣与枢臣互执意见，部臣与部臣互争权限，疆臣与疆臣互守畛域，其结果则各枢臣若各谋其国家也者，各部臣若各爱其国家也者，各部臣又若各保其国家也者。所行之政，矛盾百出，所用之人，新旧杂陈，从无有统一之政策，一贯之宗旨者，则未有责任内阁之故也。今诚能速设责任内阁，以总理大臣统一各部，以各部大臣辅助总理，中央行政机关既有握持之人，地方复能举其分治之实，则不至凌乱，如是而庶政克举矣。此议员所应提议者二也。

三曰教育案。强邻相逼，亦已急矣。练陆军则雇佣之兵难恃，兴海军则巨大之费难筹。窃谓宜遵尚武教育之诏旨，实行军国主义，师德国之旧制，练二万万之民为国民兵。其法使各省、各城镇乡、各图各村皆遍立体育会，查取户籍，除已入学校受体操者外，其余之人皆强迫入会，使习兵操。而全国学堂自简易识字学塾，以至初等、高等小学、中学、专门、高等师范各学校，亦皆一律注重体育。又宜设法奖励之，必使于十年之内无人不具完全军人之资格，无人不受完全军事之教育。如此，兵既可恃，而费又省。一旦有事，荷戈而出，既娴于步伐进退之功，又审乎爱国忠君之义，用之不尽，召之无穷。朝廷既省养兵练兵之费，而收用兵之效，诚今日最要之政策。此议员所应提议者三也。

四曰外交。立宪各国于外交之事，除涉秘密者外，议院有讨议与闻之权。而民主国议院尤能主张外交之政策。吾国议院未立，今则院名资政，其范围较之议院仅仅参与立法者为尤广，故今日外交之方针，资政院尤有权议及之也。夫今日横梗于吾国民眼前之问题，非即日俄协约乎？协约成立之后，日本首先并韩，今则南满增兵已逾五万。俄在北满亦增兵十二万余，蒙古方面亦时增其兵额，其意何居，不问可知。一旦满蒙有事，吾国大局夫岂堪问。故为今之计，宜速联合美、德、奥三国，与之同盟。考今日国际团体，中、美最孤立，德、奥二国在欧洲方面势亦甚孤，俄日协约既成，俄不妨日，可以转扰欧洲，故德、奥之防俄宜急。今我诚能与美联盟，利用其资本之输入，则实业可兴，国富可殖。诚能与德、奥联盟，使俄国于东亚、西欧皆有所顾虑，牵掣以分其势。一旦有事，则德之海军尚堪我助，而俄日可杀其图满之谋。夫欧洲除俄以外，英、德其最强者也。德既盼我，英岂助俄，以自危其印度。且近年日本举动失欢于英者甚矣。同盟约满，未必继续，则日俄之孤危立见。吾诚能趁此时机，联合美、德、奥三国结成同盟，岂止救眼前之危亡而已哉。此议员所应提议者四也。

以上四事，并举则有功，独施则无效。资政院诸君果能洞达世变，深晓时局，其有政治上之智识者，当不以鄙言为谬。此则记者所旦夕祷祝者也。

督抚公费将交资政院议决

宣统二年九月十五日

度支部泽、绍、陈三堂日来迭与各枢臣提议,以各省督抚公费数目迄今尚未厘定,查此项问题最为紧要,一日不解决施行,即积弊日甚一日。三堂讨论良久,仍无实在办法,现拟将此问题奏请咨交资政院,作为该院议案。

洵贝勒关心资政院

宣统二年九月十五日

闻海军处昨日接到海军大臣洵邸电谕,略谓本大臣遥悉资政院已经开院,不胜欢忻。美国报纸现均接到电传新闻,多表欢迎之词,惟其详细情形未能洞悉。望将开院后一切详情电覆,以备查核。

资政院开院后种种

宣统二年九月十六日

初九日为资政院选举各科审查长之期,当将预算及陈请两股审查长举定。至税法公债股审查长,则于前日推选股员时即经举定。结果如下:

预算股审查长：第一科籍忠寅，第二科王璟芳，第三科孟昭常，第四科易宗夔。

陈请股审查长：第一科博公，第二科陈宝琛。

税法公债股审查长：第一科邵羲，第二科周廷弼。

资政院自初六日起休会已久。现拟十五日续开第四次议事会。其应议事件探录于下：（一）地方学务章程议案一件（政府提出），初读。（二）著作权律议案一件（政府提出），初读。（三）修正报律条文议案一件（政府提出），初读。（四）振兴外藩实业并划一刑律议案（政府提出），初读。（五）议审查振兴外藩实业并划一刑律议案（特任股员）。

资政院秘书厅庶务科购办资政院徽章三百枚，闻每枚代价银在五钱以内，合徽章三百枚，估计价银不过百五十两，乃庶务长报销至二千九百四十两之多。据闻该庶务长系某权要所荐引，故秘书长亦无权核查。因此外闻啧有烦言。按吾国最大弊病，莫如官吏中饱，今资政院为崭新创建培养宪政之机关，而其中饱又复如此，至可伤心。我甚愿数日以后有来函嘱为更正也。

钦选蒙古议员哲里木盟博迪苏公爵初七日会同哩克盟议员那亲王彦图，及理藩部达侍郎穆，夫又钦选蒙古回部议员贡桑诺尔布、司迪克等十二员，在邸特开会议。闻因新到京各蒙、回议员对于资政院事宜毫无研究，虽临院数次，尚复隔膜，当将院中性质对各议员详细解释。毕，复请那邸向贡桑诺尔布等询明对于资政院有何建议之处。闻外蒙回部各议员自经此番解释，已稍知底蕴矣。

资政院更改议程及副议长被驳

宣统二年九月十八日

资政院今日定议湘汉航业案，然因多数议员提议请开国会案，并催促度支部交出预算案，势将更改议程，乃决定将上二案先审查。又前会议印花税时，沈副议长当为度支部委员辩护，今日民选议员对沈驳斥甚烈，沈窘甚，大有愠色。

资政院议员又开研究会

宣统二年九月十八日

十一日资政院议员又开议员研究会,到者五十余人。首由主席李文熙君报告今日应行讨论之事件有四:(一)政纲草案;(二)催交预算案;(三)解释资政院章程;(四)修正议事细则。当由孟昭常君将政纲十条(系孟君起草者)逐一解释。毕,众议员以预算案关系重大,至今未入议事日表,是否尚未交出,宜向政府质问。次研究资政院章程,佥谓宜起一质问案,要求明晰解释。又次讨论议事细则修正案,于是公推顾栋臣君、孟昭常君为质问资政院章程案起草员,李文熙君、牟琳君、罗杰君为修正议事细则案起草员。五时散会。

又闻资政院法典股审查长亦于是日经法典股员选举,其结果如下:第一科审查长汪荣宝,第二科审查长贡郡王。

资政院、谘议局之新现象

宣统二年九月二十一日

今岁资政院、谘议局既开,群欣欣然,有生动之象。外国所谓政治期节者,殆几近之。爰取一二事之可供研究者约略论之,以表示国人之政治思想,并策其进力焉。

资政院擘头之大问题即广西禁烟案是也。广西谘议局曾因此事停会,卒之以舆论战胜政府,回复原案,此实永垂纪念于吾人之脑中,不可忘也。同时有类于此者二事,即各省以预算案不付议决,宣告停会。浙江以铁路风潮亦宣告停会。

前之停会，守谘议局联合会之原议，理由极正，壁垒极坚。现在政府已不战自屈，将预算案提出。唯浙江省铁路问题似应以谘议局之资格呈请于资政院解释，能否以勅令取消法律之问题（即汤之总理依据商律谕旨能否剥夺之是也），而不能直宣告停会。何则此事实全国立法上一大问题，而非一省督抚违法之问题。谘议局系对待督抚之机关，督抚违法，自应停会，舍是近于滥用权力矣。

又谘议局章程，督抚有派员到谘议局陈述意见之文。去岁各省皆有行政委员到会陈述一切，不意今年开会，直督竟以各司道、各局所之名义，札派委员多名到局。谘议局拒不接纳，具文驳斥，理直气壮，可谓有谘议局以来一大公案。同时宪政馆又催各省派员赴资政院旁听，此举未为不是，但今年政府所提出之议案无关系全国存亡之大问题，亦无关系一省或数省之问题，委员此行，诚不审其宗旨所在也。

刘泽熙以度支部人员，且为编定预算之人，而充预算股股长，此不得谓非吾国民缺乏政治常识。刘泽熙之议员为钦选的，而预算股长非钦选的。各国议会率以预算案为与政府冲锋对垒之利器，不肯丝毫放松。其选举之委员长，必民党中最有力量而最富于财政经验之人。今乃付之政府部内之人自行编定，自行审查，天下事之矛盾孰有过于此者耶？此固不当责刘，而当责之选举刘之人。然刘果有责任心者，亦当声明辞职，犹不失为磊落之男子，否则此责任太暗昧。刘明法学者，谅不至此。至沈林一以议员而兼山西特派员，性质之不明瞭，诚有令人发噱者。故吾人自始不承认资政院为国会，此亦一因也。

前日资政院开会，无一大问题，如地方学务章程，如著作权，此何关天下大计者，而重劳吾资政院议员耶？闻之政府以开设国会、责任内阁、借债、修路等问题询之各督抚，是政府重视督抚，而蔑视民意也。吾愿民党议员诸君当思吾人民付托之重，提出全国存亡之大问题，与政府一激战。此等无价值之议案，不宜重烦吾民之意，绎左氏传亟肆以疲我，多方以误我之句，可以得政府对待吾国民之心理焉。（未完）

资政院钦选议员陈诉民选议员之嚣张

宣统二年九月二十四日

资政院钦选议员报告枢府，陈诉民选议员之嚣张。枢咨资政院后，该院秘不宣布。某钦选议员复遍谒伦贝子、泽公，言国会早开祸益烈。伦、泽二亲贵为所惑，将谏阻。

资政院决议代奏国会

宣统二年九月二十四日

资政院收受陈请建议速开国会书，交陈请审查股审查后，经于十七日报告，二十日公同议决，由院具奏。当时代表团诸君，由议员之介绍，在会旁听，闻此消息，不觉脱口大呼中国万岁，全院议员亦莫不高呼，万岁之声雷动。兹留京代表团复通电各省谘议局及各团体，请各吁求本省督抚代奏，以昭全国人民之同意。原电录下：谘议局转各团体鉴。资政院二十日议国会，全体赞成决具奏，万岁之声雷动，乞联求督抚代奏。

民选议员反对某议员偏袒政府

宣统二年九月二十六日

资政院民选议员侦察反对国会之某议员偏袒政府，决定于开议时面揭。

资政院奏请开国会折交政务处大臣讨论

宣统二年九月二十七日

枢垣今日（二十六）奉旨：资政院奏据各省谘议局及各省人民代表等请开国会折，又据赵尔巽、锡良等及陈夔龙、恩寿电奏组织内阁，钦颁宪法，开设议院等语，著交政务处大臣公同阅看后预备召见。钦此。

议员江谦提议先改官制

宣统二年九月二十七日

资政院议员江谦提议先改官制，乃能清理财政。众赞成。

贝勒赞赏投票函

宣统二年九月二十七日

洵贝勒于二十六日晨，由贵族院议长德川与众议院议长谷场导至贵族院及众议院亲览，贝勒赞赏投票函之效用，随即发送北京，交资政院使用。

资政院议决上奏国会情形

宣统二年九月二十七日

二十日资政院提议陈请速开国会议案。先由罗杰登台演说：（一）此议案请即作为上奏案；（二）此议案不决，即各议案皆不能决；（三）各省谘议局议员联合会有不开国会全体辞职之说，而各省人民已次第倡不开国会不纳租税之议，是舆论所在，非议员一人所独赞成。次牟琳就财政方面论国会之不可缓。又次于邦华登台，先言今日对众议员及议长、副议长、军机大臣、各部行政大臣、各部院特派员当先九顿首，请各赞成国会。嗣复述国会与我国家、与我政府、与我各部院各议员均有生死关系。至是陶镕及陈树楷同时起立，均言如无反对者即全体赞成，请表决。易宗夔请依议事细则由议长、副议长即时上奏，众请起立表决。议长即宣告用起立表决法，全场三次全体起立，三次高呼国会万岁、大清国万岁、大清国立宪政体万岁。一种欢欣鼓舞情形令人神往。沈林一于表决后忽欲发言，群以其素反对国会，恐又唱异议，急禁止之。沈因转圜其说，曰即上奏办法亦当研究，现在非开不开问题，系期限问题，如欲提前速开，非请速行宪法不可。籍忠寅驳之，谓国会一问题，宪法一问题，今日不必并作一谈。其时发言者尚有数人，择要摘录如下：

本院既经全体起立表决，应决定为即时上奏案。

本院不仅代奏，且当奏陈国会必应速开之理由方负责任。

请议长仿照开院答覆谕旨，例选定起草员六人，拟上奏折。

此三说全场一致起立赞成，议长宣告选定起草员六人，姓名如下：赵炳麟、陈宝琛、汪荣宝、孟昭常、雷奋、许鼎霖。

许鼎霖言今日资政院全体决定上奏速开国会，必能邀皇上、摄政王之俞允，惟上谕颁布之后应有预备之办法，我议员等尤当共出死力，以善其后。拟于明日假财政学堂开一大研究会，凡我议员皆当到会。众赞成。

资政院议长伦贝子主张即开国会

宣统二年九月二十八日

资政院议长伦贝子主张即开国会。

资政院二十四日重要之议案

宣统二年九月二十九日

资政院二十四日提议各案，各议员等最注重者有二。（一）系表决之速开国会具奏案。该案经起草员将折稿向各议员宣读毕，各议员讨论良久，即决定上奏。闻此折系由赵炳麟侍（御）〔郎〕草定，内容略称：各省谘议局及人民代表孙洪伊、日本华侨汤觉顿迭具陈请速开国会说帖，由本院付审查后，据陈请股股长报告，以为事体重大，应交会议并述及当日会议情形。有谓大众一心，欢声雷动云云。（二）谘议局联合会陈请申明资政院立法范围案，由陈请股股长赵炳麟报告，云此件本股全体议员认为合例可采，应交会议。查该陈请说帖主旨有二：一因本院叠奉谕旨，一则曰参预立法，再则曰议院基础，三则曰议院精神。是资政院虽非国会，实具完全立法性质，应有参预及承诺之权，此当申明范围之理由一也。二因宪政编查馆于光绪三十三年奏称，该馆职司编制俟资政院设立后，随时将该馆核定之案送由院中陆续议决。盖一司编制，一主赞定等语，钦奉先朝御旨依议在案。是本院既开宪政编查馆，应司编制，本院责在赞定，此当申明范围之理由二也。此两理由皆根据上谕，权限分明，本股议员理合将该件提出，应请议长列入议事日表，定期会议。

资政院各省议员研究会纪事

宣统二年十月初四日

上月二十八日下午二时，资政院各省议员仍假全蜀会馆开会研究。由孟君昭常提议对于议事进行方法。李君文熙谓，发言宜力戒重复，如我意中之言他人已先言之，则可以不必再行发言，庶可稍省时间。许君鼎霖谓，近日议事之纷歧，多由不预为讨论之故，嗣后对于议案可先提出研究会中讨论一次。于君邦华谓，尚有不及待研究会开会者，宜自由组织同志相聚讨论之。牟君琳谓，若能注重秩序，自可省时间。数说众皆赞成。次议及国会问题，金谓谕旨行将发表，若果如外间传说，必待至宣统五年，将何以处之？讨论许久，咸谓今日时局，外人有一日千里之势，即于明年召集国会，犹嫌其迟，宜将此情形泣陈于军机大臣，并质问其迟至宣统五年之故。且此事既交会议政务处，则国会年限乃军机王大臣会议之。结果如军机大臣仍诿过君上，则当质问其副署之故。如以为责任不完全，则当要求其上奏云云。次将翌日议事日表所列议题逐项讨论。李君文熙又谓盐务就场征税一案，陈请股报告以为无庸会议，但兹事关系甚大，某欲提起仍付会议，众赞成。时至五钟遂散会。

资政院陈请股审查种种

宣统二年十月初五日

廿五日资政院陈请股员审查事件录下：

关于谘议局章程三件。（甲）陈请根据章程确定权限解释公呈案；（乙）陈请解决谘议局办理困难情形案；（丙）陈请更正谘议局文书体式建议案。三件均系各省谘议局联合会提出议决，本院为谘议局上级机关，自应有核议章程之权，应交会议作为议案。

关于禁烟事二件。（甲）各省谘议局提出；（乙）山西谘议局提出议决。关系全国利害，照章交议。

关于税法二件。（甲）请变通盐法就场征税案，各省谘议局提出，议咨盐政大臣核办；（乙）请照约速定裁厘加税案，各省谘议局提出议决。关系全国税法，应交会议。

关于东三省事二件。（甲）请补救奉天危局条例办法案，奉天地方自治选民广轮等提出，议咨东督核办；（乙）变通黑龙江垦务章程，人民唐映奎提出。议关系边务重要，应交会议。

关于结社集会律一件，各省谘议局提议。议关系人民政治知识之发达，与他日政党之发生，应交会议。

关于公布法令条例一件。各省谘议局提出，议咨宪政编查馆核办。

关于缠足一件，人民戴峻鹏提出。议照前次审查王邵廉陈请事件一律办理，毋庸会议。

资政院总裁拟辞职

宣统二年十月初十日

资政院总裁伦贝子因受议员激刺，拟辞职。

资政院接收要电二则

宣统二年十月初十日

　　甘肃谘议局电。禁烟大臣资政院钧鉴。禁烟期限紧迫，自应力促进步。甘肃产烟最多，受害最深。就地方情形筹禁烟方法，窃以为禁吸非禁种不可，禁种非禁运不可，禁运非撤土税局不可。盖禁种则根株绝，而民自无可吸。禁运则销路塞而烟利微，民自不贪种。然土税局张贴告示，明谓通行八省并无阻滞，愚民恃有销路因而犯禁贪种，希图获利，虽杀人以惩，犹不能止。是于禁种一节为莫大障碍。烟种既不能绝，则家家自种。自吸虽甚明察，亦搜查难遍，依限禁绝实未敢必计。惟有撤去土税局，则以上各节庶能办到，不负朝廷为民除害之至意。阖省绅耆与全体议员意见相同，理合电请。据情奏准，实为公便。甘肃谘议局申。

　　云南谘议局电。资政院鉴滇省盐务敝坏已极，十年加价三次，盐价贵甲天下，滇民淡食可悯。自十月初一行政巧立名目，又每百斤加价一两，民不堪命，并不知会本局。屡求无效，本日再呈督院，停议候批。如不能挽回，全体辞职。云南谘议局叩。

浙江谘议局因路事电资政院代奏

宣统二年十月十一日

浙抚允将路事代奏后，尚无朝旨。谘议局决议再电资政院代奏，必得命而后已。

资政院议员质问交议预算范围

宣统二年十月十三日

资政院议员吴赐龄等前日缮具说帖质问度支部，明定各省谘议局交议预算范围。略云：查九月二十八日度支部咨覆本院文书，内录江议两电均称送交谘议局以备参考，并无饬将地方行政经费岁出一部分交议字样，所以广西护抚魏景桐三次电咨度支部、资政院请示办法。而本院致各省谘议局通电有咨询度支部，覆称已通电各省将地方行政经费送交局议之文。究竟是否江议两电照录送交等字，即含有交议意思，抑另有通电，此一疑点也。又称其于岁入一门不分国家、地方者，因国家税、地方税章程未经厘定，故暂行合并编制，业经通电各省将预算全册送供参考，则一切岁入俱在其中，各谘议局亦可略知大概。俟将来国家税、地方税划分后，自应分别国家岁入与地方岁入，以符体例等语。查预算有尽出，无岁入，则法案不能成立。现在因地方岁入未能划分，究竟各省地方行政经费岁出经谘议局议定后是否就该省岁入总额内如数指拨，俾谘议局有所根据，免致议案动摇，此又一点也。本员因此两大疑点仅提出质问度支部说帖一件，经规定赞成议员会同署名，应请议长咨询本院决定咨请度支部酌定日期以文书或口说答覆。

宗人府章程刑律自行改良

宣统二年十月十七日

法部前订宗室觉罗现行章程，经宗人府四族长奏请暂缓实行。现在资政院曾因此事提议诘问因何取消之理由，宗人府某邸特为此节与各族长会商，决定将宗人府旧有宗室觉罗刑律自行改良，参照新章修订，以期实行。

资政院请裁宪政编查馆之议

宣统二年十月十七日

裁汰宪政编查馆一事，但观特设宪法大臣之谕旨已可概见。现资政院又有请裁该馆之议，故该馆各员非常惶恐，纷纷请询于某邸。而某邸则极力保存，告该员等在新内阁未经成立以前暂时必不裁撤，各员可照常办事，勿生疑虑等语。故各馆员现又有所恃而不恐矣。

国会成立困难重重

宣统二年十月十七日

去年立谘议局而呈报督抚之议案无效，今年开资政院而呈报政府之议案无效,良以政府与督抚其权力既久且固,初不许我人民稍有摇撼者也。

我于是不敢更言请开国会,我于是不敢更言国会成立之必足以救亡,君不见彼新内阁已急急焉先国会而组织乎?

资政院议员拍掌

宣统二年十月十七日

初七日北京《国民公报》曰:资政院江苏某议员从前演说刚一开口即便拍掌,近日演说已终,尚未闻有拍掌者。此是何故?吾欲一询议员诸君。

或曰,各议员艳之,羡之,妒之,忌之,或将一发其隐。记者曰:此后亦有希望在,毋宁勿言。

资政院伦总裁指摘民选议员

宣统二年十月十八日

资政院伦总裁指摘民选议员甚力。某邸谓,谁令伊附和国会,尽可不闻。

资政院拾闻种种

宣统二年十月十九日

日前政府某公往访伦贝子，谈及资政院议员与政府争执之事。贝子曰：枢府观察资政院之眼光在根本的谬误，彼以为资政院乃衙门，吾辈乃堂官，吾辈负有弹压之职务。殊不知所谓议长者，原是议员中之一人，不过为议员之长而已。本是一体所议之事，亦是从众取决，初不得违众独异。以吾思之，吾辈今日之职务，惟在沟通朝廷与国民之间，使其联为一气，彼此无猜忌之心，而后可以图存。末又言该院议员与吾感情甚好，惟枢府始终不明资政院为何物，实在困难云。

闻政府中人以沈副议长主席时不能整理议场秩序，拟于民选议员中择一人为副议长，江苏议员许鼎霖颇具调和精神，拟令其代沈接充斯席。盖资政院本为上、下两院基础，如是则甚符设立该院之宗旨。可知政府对待民党之策，已日有进步矣。

又闻各部尚、侍日前传集各司员，面谕近来资政院议员纷纷呈递质问行政说帖，各该员宜将所司各档案检查清晰，预备答复。此后该院每期议事日表发出后，各该员先将关系事件预先研究，以便到该院时或受质问，或出席说明，不致为彼等所窘。并闻政务处、宪政编查馆同时皆有此项准备。

连日外间传言政府中有人主持牢笼资政院民选议员之有锋芒者，将来予以优差等情。闻前次民选议员会晤时，曾有某议员言及此节，略谓将来倘有其事，是为全体污点。我辈于此身得优差之人，必以最激烈之手段对待之云。

陆军部尚书积极回应议员质问

宣统二年十月十九日

自资政院开院以来,各部院行政大臣对于各议员之质问率皆厌恶之。惟陆军部荫午楼尚书得某议员之质问书,质问各省督练处总办率以道员充当,其道员果娴武事否。又谓内而部中,外而各省,执事人员果不应用陆军学生否。又谓现时枪炮厂果足御敌否各节。荫尚谓,所问虽未必尽行中肯,而诸议员之留心国事实可钦佩。所有办法错误之点,拟一一预备逐渐改良云。

摄政王强调资政院议场秩序

宣统二年十月二十日

摄政王以资政院秩序纷乱无纪,谕令伦总裁赶紧维持,以免别项扰乱。

外务部回应资政院质问

宣统二年十月二十日

资政院质问外务部事件,该部如遇迅雷,惶急殊甚,苦难对付。

资政院近闻一束

宣统二年十月二十二日

资政院议员研究会前议十二日会商院章及办事细则，现因各省谘议局陈请申明资政院立法范围案，其审查结果系由议长指定解释院章，故起草员已将前件并案办理，前议开会一节即行取消。

预算案奏交资政院后，议员拟将海陆军费大加核减，事为军谘处所闻，拟据宪法大纲君上有统率海陆军及编定军制之权一条所载（凡一切军事皆非议院所得干预），以为资政院不应有核减海陆军经费之权。即日会同海军处、陆军部具奏陈明，请旨办理。

另函云，洵、涛、朗三邸昨与萨军门、荫尚书会商资政院议员多有不以海陆军经费为然者，殊不知国内情形有不能不扩张之势。拟于日内请各议员开一谈话会，俾各议员详知内容，则将来当无反对之虑。并闻资政院提议预算案时，洵邸拟亲临行政大臣席，向各议员说明创办海军需款甚巨及不得不练海军之情形，要请各议员对于海军预算务必赞成。资政院之王公世爵议员因宪政内容、规模甚广，非详加请求不能洞悉，故各王公世爵已组织立宪研究会一处，并议与互选议员联络，以免隔阂。

资政院前经编订之职员表系分任掌管事宜，并未派有掌管之人。现议长伦贝子、副议长沈家本已将某员掌管某事详细编成一表，日内即将上奏。

资政院各议员因将来召集国会时宜有政党机关，以助议事上之精神，并视察政府之布置，刻已议商。拟俟资政院闭会时，即行组织政党云。

本报前纪"旧盐法改革之障碍"一则，兹悉资政院四川议员接到该省来电，云长芦盐商通电各省盐运使，盐商反对就场征税，此殆盐官主谋，请与同志坚持云云。盐商运动之力量可想，但在资政院提议改革盐法之某议员尚无取消前议之说，想将来资政院与盐商必有一番激烈之战争矣。

度支部续编各省预算修正案已于前日咨送政务处,不日即由政务处照送资政院。闻内有西藏预算册一份,为前次总预算所未有者。

外务部收到资政院议员质问说帖,出其不意,极为恐惶,连日招集各司员共筹对付之策,令具说帖呈堂,以便答覆。闻其中有地位颇高之某员所具说帖,谓该议员质问本部外交之方针,现在本部宗旨未定,故方针亦无从确定云云。是亦可谓大笑话矣。

又外务部各堂因资政院议员质问事,昨日特谒庆邸请示办法。庆邸命商之那相,比邹尚书与曹侍郎继谒那相,再三酌议,以为各议员质问各条其中多有关系外交秘密,不便宣布者,故可以无庸复答云。

资政院伦贝子与沈副总裁议商,嗣后本院各科员出缺如非实官人员不得再行派充,并定期赴院查验,现派各科员之执照,倘无有实官执照,一律开差,以昭公允。

又闻伦贝子、沈侍郎议商国会召集已行缩短,其修筑资政院工程原订五年告竣,瞬届召集议员之时,借用之法政学堂必不敷用,拟与承修该院工程之德商磋议,将已订五年工竣之合同改订三年完竣。

政府对付资政院质问之办法

宣统二年十月二十三日

政务处王大臣日前在该处议商对付资政院议员质问事宜及答覆办法,由某尚书宣言。近日资政院各议员纷纷向政府呈递说帖,质问各部院行政事件。惟查议员提出质问书应由议长咨询本院决定,然无论说帖、口说须认明该项事件应隶何衙门,即向何衙门质问。如系外交,则直向外务部质问。倘不能划清,概行混合,是属违式。故宜令该议员注意,至政府答复质问事件时,如系外交案、海陆军案秘密事项,应由该院谢绝旁听人,再行答复,以防泄露。各王大臣皆以为然。当议定各由本衙门谕饬员司将议员质问事项无论口质、书问,务须分别案项，逐一答复。

又外务部尚侍各堂对于资政院议员质问各案答覆颇极为难。昨特在政务处会议谓，本部所办各事多关外交重大之事，虽经议定对待善后方法，然未实行之先万不能宣布。当经某枢臣建议，谓凡关系重要之事应严守秘密者，可不用文书答覆，只将某项质问问题善后方法之大旨用口说答覆，提出质问及赞成质问某问题之议员，详为讨论，以免泄露。诸枢老均然其议。

资政院与军机处之抵牾

宣统二年十月二十三日

《字林报》载，二十一日北京电，云今日下午资政院复与枢臣为难，因军机处将核议滇盐及桂省学堂奏折交与盐政处、民政部察核之。故有某议员曰：军机处废弃忠告，侵夺民权，明代江山即亡于此种官吏之手。又一议员要求即行组织内阁，或降旨限制军机处之权限。其余议员则谓，资政院是，则军机大臣应退职，军机处是，则资政院应散。后经众议员同意赞成，推举起草员拟折明白弹劾军机处。

资政院预算股员会开会详情

宣统二年十月二十三日

十五日午后一钟资政院预算股开全体股员会。先由股员长刘泽熙报告：今日收到孟议员昭常意见书，对于预算方针三条，预算手续三条，请孟议员说明理由。即由孟昭常陈述意见，大致谓裁巡防一事为各督抚所反对，今若以此种款项改办警察，则无巡防之弊，而有巡防之利。至绿营、驿站，通国皆知为应裁，如以此二款兴办教育、实业，实有莫大之利益。罗杰谓，孟议员主张裁绿营极力赞成，浙江已有先例，仅留二、三旧机关，尽可照行。防营虽云应裁，但亦须体察各省情形而定。如东三省防营，现在逼处强邻，自当由政府计划，不可一律言撤。易宗夔谓，本员对于此议题赞成者半，不赞成者半。如裁巡防、绿营、驿站各经费，皆极赞成，即以此三款办警察、教育、实业，却不赞成。因此次预算不足之数近五千万，度支部既未提出新租税案，议员自应切实核减，使之收支适合，庶不再加人民之负担。若移甲以就乙，于预算上无何种之效力，今日可以不议。章宗元谓，现能核减到收支适合与否刻难解决，如不能适合，自应由本院提出加租税议案。籍忠寅谓，孟议员所提出之议题移缓以就急，为预算股所应主张。至收支适合与否，资政院却可以不管。易宗夔谓，不管之说本员不赞成，现在所欠之数过巨，如不减到收支适合，政府之结果必仍出于加新租税。籍忠寅谓，与其一事不办，毋宁任其加税，尚可举办新政。许鼎霖谓，宜就孟议员提出之议题一一表决。股员长刘泽熙即将裁巡防以办警察付表决。某议员谓，宜减去办警察三字。孟昭常谓，宜以明年裁去巡防经费之四成付表决。赞成者多数。刘泽熙又以明年全裁绿营经费付表决，赞成者多数。刘泽熙又以裁驿站经费付表决。章宗元谓，宜分别有无邮政之区域。众赞成主张有邮政地方全裁驿站经费。刘泽熙提出划一京内外公费标准案，请额外股员章宗元报告。高凌霄、顾栋臣相继辩论，卒以再交额外股员会修正结局。至刘泽熙所提出之裁减并三种办法一一付表决。易宗夔谓，裁此种种之经费，辄与机关上有关系，据本员意见，应由股员长指定额外股员与军机大臣、各部行政大臣照章协议，日后核减，方为有效。李文熙、章宗元均谓，俟办有头绪后，方好与政府协议。众赞成。易宗夔倡议前日由股员长声请议长咨行各行政衙门调取详细岁出表册，至今尚未送来，请特派员与行政大臣说明。若再迟延不送，本股员无从著手，只得遇数核减五成，政府不允，仍须以验看详细表为归宿。刘泽熙提出孟昭常办事手续之议题二作废，一缓决。时过五时，遂散会。

资政院议员可以无憾

宣统二年十月二十六日

《字林报》载，二十四日北京电云：前资政院奏请将滇盐加价、桂省学务两案归本省谘议局议决，今日奉旨批准，该旨已在资政院宣读。故弹劾军机大臣对付两案违法之折稿已经资政院取消，现复另举他员草折，历叙军机处成于乾隆之季，洎乎今日，其权乃无限制。然军机处须对于国民负有责任，则始能容其享此大权，否则当急组织内阁以为之代云。

又载，同日北京电云：资政院议员已同心赞成急即施行最完全之禁烟办法，并不主张另与英国缔结鸦片条约云。

资政院地位堪忧

宣统二年十月二十六日

资政院开院尚未两月，而枢府可怖可愤之真面目已全现。始也闻到院质问之要求，则峻词拒绝，继也闻上奏弹劾之提议，则密谋解散。

不图枢臣之对于资政院，竟贱之如草芥，又畏之如革命党。记者曰：资政院尚如此，则三年后之国会可知。吾为枢老忧，吾又为国民惧。

众人皆入官场

宣统二年十月二十八日

组织政党急需学识并富之人才，然近来地方上稍有政治思想者，或则一变宗旨，考试优拔举贡矣；或进身幕府，为官场效用矣。其出洋留学者，则艳羡诸先进之通显，而群趋于仕途矣，其且有大名鼎鼎，向以民党属望之者，今一入谘议局，而袒护督抚矣，一入资政院，而隐附政府矣。千枝万派，群趋于政府之大手掌中，尚有何人入于民党之一途乎？此则最可痛哭之事也。

时评一则

宣统二年十月二十八日

自二十一日资政院有弹劾枢臣之决议，而即有二十四日滇、桂两案仍依资政院原议之交旨。是政府对于资政院似亦知前此压抑蔑视之非，而隐为此收回成命之举。自今而后，枢臣怙势侵权之气焰，夫可以稍熄矣乎？

虽然资政院所不平于滇、桂两案者为交行政衙门核议耳，使政府而已有丝毫顾畏舆论之意，则收回成命之交旨，何必迟至盐政处、民部之覆奏而始发表。资政院议员其毋自意。

太后协调资政院与枢臣冲突

宣统二年十一月初二日

皇太后特诏庆邸、朗贝勒、那中堂、伦贝子，面谕资政院与枢臣冲突各有意见，自后尔等须和衷办事，设再逞志，交宗人府责办。各王大臣惭悚而退。

资政院议决学务章程

宣统二年十一月初二日

资政院议决学务章程，会同学部奏请裁夺。奉旨：依议。

危哉，弹劾军机之资政院

宣统二年十一月初二日

资政院决议弹劾军机大臣不负责任一案，某枢相闻此消息，当谓某大老曰：资政院各议员如此嚣张，断难再事优容。且此次交旨，业经政府特派代表员解释明白，何以该院复无理取闹若此。将来弹劾案上奏后，只有二法可以解决，一立时解散资政院，一则置之不理。某大老谓，他们如此胡闹，解散尚不足以蔽辜，非严加惩罚，不足以儆后来而挽嚣风云云。传闻如是，姑录之，以观后果。

另一访函云：资政院弹劾军机大臣之奏稿业已通过，惟此议初起时，院中王公世爵议员与硕学通儒议员颇有居间调停之意，然以多数已经决议，无策挽回。故此项奏稿宣读时，并未有如何之辩论即安然通过。惟弹劾政府系国政上一大问题，在各立宪国弹劾案讨论时，赞成与反对者往往极力辩难，议员或悉数出院，以制多数。今资政院虽提出弹劾政府之案，政府殆如不闻，即反对各议员亦多不注重此事。大约政府中人或将以不见不闻了此重大问题，使议员大失所望云云。

资政院审查会纪事

宣统二年十一月初二日

陈请股开审查会：二十三日上午十时陈请股开审查会，至下午四时始散，计审查电稿说帖六件。其结果如下：

（甲）咨行政衙门三件。一、广西谘议局请拒外款议咨度支部。一、山东尚庆翰条陈用人、理财、教育及风俗改良诸条件。一、孙延畛请裁翰林院、整顿理藩部议咨政务处。

（乙）并归特任股员审查二件。一、程先甲请用简字教授官话。一、杨钟钰请广设宣讲所，议归审查学务特任股员审查。

（丙）无庸会议四件。一、广东谘议局请提议禁赌电文二件，公议不成。议案惟禁赌系国家应办之事，报告时请议长咨询本院应否作为议题，指定特任股员另草议案。一、李恳请维持经济，开源节流。一、周震麟请剪发辫、改礼服，讨论甚久，终以多数表决作废。然闻少数股员仍议在议会提出倡议，作为议案。

特任股员会：同日午后一钟，关系各省谘议局事件，特任股员开审查会，其审查之结果关于预算案电文三件。一、山东巡抚咨问本院谘议局查报各省岁入为侵夺行政权决议，据章驳复。二、福建谘议局报告收到岁入总册并国家费在内，决定无庸电复。三、四川谘议局询问岁入不分是否暂时办法，地方岁出资政院是否议及。决议电复，岁入不分是暂时办法，地方岁出院不复议。

又关于禁赌电六件。一、广东巡抚询问粤省因禁赌议案议长、议员纷纷辞职，如何办法。二、广东谘议局议长报（明）〔名〕辞职，决议电复，禁赌期限即提作议案，请勿辞职。余四件为绅、商、学各界请惩戒反对禁赌议员决定，并交陈请股审查。又四川谘议局电二件，系询编查馆新订谘议局办法五条，决定归并前次审查广西案办理，催编查馆照章交议。又广东澳门划界电一件，决议交特任股员审查。

资政院议员质问种种

宣统二年十一月初二日

罗杰质问邮传部。甲、关于主权者。凡办一政，首重主权。航之主权，在内河无外人行轮；路之主权，在筑管之权在我；邮电之主权，在无外人代办代设之事实。今河内行轮权外人亦同享有，除改正条约挽回外，果用合法提倡航业，以资抵制。又尚未赎回之铁路，用如何方法赎回，其他筑路、管路之权如何使之尽操在我。又邮政之托海关税务司代办者，何时咨商关系衙门设法收回。电信之托大东、大北等公司代办者，何时解除。此项雇佣契约，自行办理。乙、关于法律者。轮路、邮电各律为办理交通诸政之准绳，就办事顺序而论，当先法律而后事业。现在已编成者若干，未编成者若干，其本年编成者是否交资政院议决，其未编成者是否限期编就，以资应用而免靡费。丙、关于人才者。交通事务概属专门，非预养成必难供给。如有计划分年筹办，其应用人才已经统筹，递年养成，足敷任用否。又各政之中举铁路一门为例，铁路分管理、建筑、机械三种，其间需才之多寡亦由是而差，收录铁路学生之时是否筹及，其他交通诸政之人才亦有如此筹划否。丁、关于计划者。轮路、邮电之计划是否皆有成书，如尚未计划完全，是否于资政院未闭会以前可以制就，俾早知责任所在。姑举电信为例，我国边地大于中原，而中原千余州县区域辽阔，其各处未敷设电信之处，无论平时不便商旅，万一军事需用之时，消息不灵，贻误大局，邮传部何以负此责任。其他航海事业、铁路事业之类是否筹及。

周廷弼质问税务处。本员查各埠海关，凡轮船进口，向章照轮船之大小关吨完纳吨钞，统归总税务司收储，以为修理灯塔之用。每吨每月完关平银一钱，每年共缴三次。兹查得沪关一处，其收进吨钞之数，光绪二十六年收银七十二万四千八百六十两，二十七年收银八十万零九千五百六十一两，二十八年收银九十二万零九百十一两，二十九年收银九十五万三千五百七十五两，三十年收银九十九万二千五百八十五两，三十一年收银一百十万零五千三百五十两，三十二年收银一百三十二万六千六百十九两，三十三年收银一百三十二万一千一百九十二两，三十四年收银一百二十六万四千九百十五两，宣统元年收银一百二十七万六千二百十八两，统计十年之内共收进银一千零六十九万五千七百八十六两，而光绪二十六年以前所收之钞尚不在内。此项大宗入款除历年修理灯塔外，余积之银未知现存何处？究竟作何开支？

资政院提议裁撤绿营

宣统二年十一月初二日

政务处王大臣因资政院提议裁撤绿营，前日特开会议。那中堂谓，各省所设之绿营系国朝定鼎后分驻各省之军备，迄今已二百余年，虽有相沿积弊，然究称为历代干城。近年创练新军，所有教育操法、军装器械等悉皆取法东、西各国，而绿营不免腐败，故各省督抚倡议裁并，已选精锐者改编巡防队，其余所剩老弱居多，似宜给予公债，以资生计云云。各王大臣皆以为然，故此事已交度支、陆军两部核议。

评御史胡思敬

宣统二年十一月初二日

人人詈温肃，吾谓胡思敬尚不如温肃。温肃犹知有报律，若胡思敬则并报律而不知矣。

温肃冒名乡试，陈宝琛反对剪发，姑勿论有胡检察官之宣言。资政院审查会之记录，事迹彰彰，不可掩也。即使事属子虚，某报所载或意图诬蔑，即亦有温肃、陈宝琛在，声请更正可也，控之于理可也，与胡思敬何与？且报馆侵人名誉只有控诉之条，断无奏请封禁之理。报律具在，胡思敬果何所依据而出此难，然传不云乎？国狗之瘈，无不噬也。御史向有疯犬之名，或者彼竟践疯犬之实，然则某报特不幸而已。

区区议员不值政府一吓

宣统二年十一月初三日

当二十一日资政院通过弹劾案之时，多数议员激昂忼慨，言论一致，大有气吞云梦之概，不可谓非豪举也。乃今已十一月二日矣，去弹劾案通过之日已有一旬余矣，而上奏与否尚未有所闻，抑何濡滞也。

或曰，子不见衮衮诸大老方筹议对付办法乎，且不闻某大老非严加禁锢不足以儆将来之宣言乎，子何不善体谅至此。记者曰：嘻！区区小议员，真不值政府一吓。

资政院拾闻种种

宣统二年十一月初五日

上月二十四日晚，秘书厅传知各议员，定于二十七日下午一钟开秘书会议，一律禁止旁听，议题亦不宣布。探闻系议澳门中葡划界交涉及裁厘加税两案。资政院延期阻力一节曾纪前报。兹闻伦议长因该院议期只剩一月，而提议未决之案尚多，刻仍主持奏请展期之议。各枢臣闻知此耗，大为不乐，以资政院章虽有展期之条，然系指特别之件，现不惟无特别之件，且距年关伊迩，展期殊多不便。日昨特邀伦贝子至枢垣会商此事，预行阻止。

二十六日，军机大臣复与各部行政大臣在某邸府第会议，资政院核减各部经费为数甚巨，应如何筹备对待之策。闻陆军部荫尚书主张裁减司员俸薪一节，各部皆不能不认可。惟扩张军政、添练新军为强国之根本，必须仍照部议办理。日内拟亲到资政院演说必宜筹备军事之情形及不能核减之理由，并闻其余各部亦已谋有抵制之策云。

枢垣对于资政院弹劾一事极为注意，虽已议定不施以激烈手段，亦须妥筹对待之法。闻日前办事后，曾在枢垣特开秘议约一小时之久，并先在宪政编查馆酌调数员，以备会议时之顾问。众论纷纭，卒未决定办法。资政院议长伦贝子昨与枢府会商各议员弹劾军机大臣举动，主持双方调停，并谓军机宜有一人到院演说内中为难情形，则各议员亦好下台，否则恐难从此了结云。

现在度支部所提出之预算案已在资政院审查中。闻度支部之意，以此次预算不足至五千余万两之多，如议员无法弥补，将实行加税政策，以资挹注。并闻加税草案及所加之税目已斟酌妥善矣。

山东改派之专员朱是及孙松龄二人现已来京，即寓丞相胡同李熙宅中。日前遍邀山东民选议员在某饭庄饮宴，席间询问此次山东应提出何等案件才好。又云，山东现在也无甚可提议之件。各议员因前次向资政院呈递龙口及胶沂路矿说帖后，为原特派员朱钟琪探知消息即电禀孙抚，由孙抚电商农、外各部，机密泄漏，颇生阻力。故各议员对于朱、孙二人均视为间谍，不敢以实情相告，并相约各议员不可受其笼络云。

上月二十七日陈请股员开会，到会者十一人。审查事件如下：（一）杨钟钰陈请缓办海陆军以纾民困说帖，交会议政务处。（二）浙江谘议局陈请铁路公司遵用商律说帖，交会议。（三）杨广垣陈请改良教育会章程，交会议。（四）浙江谘议局陈请裁撤提法司说帖，交会议政务处。（五）安徽谘议局陈请拒借外债，交度支部办理。（六）又陈请变通师范学堂年限说帖，交审查学务特任股员会审查。（七）四川京官陈请铁路关系西南情形及杜德舆陈请核办蜀路亏款说帖，交会议。

资政院议员持敷衍主义

宣统二年十一月初五日

今日政府对于资政院所谓敷衍过去者也。上奏案之裁夺则多不准不驳，质问书之答覆则皆半吞半吐，问曷尝有一上奏案有完全之效力，质问书得详确之说明。

记者曰：资政院议员今亦持敷衍主义矣。君不见弹劾案则寂寂无闻，预算案则一律八折。议员尚然，复何尤乎政府？

资政院要闻拾录

宣统二年十一月初九日

资政院与枢臣龃龉一事，政界中人多知为某邸一人所主持。兹得最近消息，某邸所以动辄与资政院反对者，亦系被人蛊惑所致。而其主动者，则为宪政编查馆之某某等数馆员。该员等素为某邸所信任，因见资政院屡次摧折该馆特派员，并倡议裁撤该馆，故对于资政院极为嫉视，屡次在某邸处鼓其如簧之舌以短资政院。而某邸亦竟为之驱使，与资政院激战云。

闻监国于资政院与枢臣龃龉一事极为注意，已屡次与各枢臣、宪法大臣密议办法。日前特召杨京卿度、李侍郎家驹赴三所密询良久。闻监国之意极不愿资政院与枢臣有意见，曾对某枢臣有言，现在时势危急，朝廷固决议实行宪政以图补救，惟如此屡起冲突，恐救亡之不暇，反足以召亡，尔等务须妥筹和平，调剂之法，是为至要。

又闻监国日前曾特召伦贝子至三所密询要务，并交谕谓，观近日各议员与枢臣之纠葛，虽各枢臣亦有不是，惟各议员亦多有不合之处。其于争议时，每不容反对者发言，且遇事喧嚷，紊乱秩序，恐各国议院亦无此种举动。俟闭院后，须另筹取缔办法，以肃院规云云。伦贝子退后，即转知副议长沈侍郎遵照，以便闭院后核订办法。

资政院奏请速设责任内阁一事，本定初一日具奏，兹悉是日呈递封奏三件，除已奉准之地方学务一折外，其余两折均奉旨留中。闻该两折一为速设责任内阁，一为请旨明定未设新内阁前军机大臣应担负责任之制度，并请宣示枢臣是否只承宣诏令，副署谕旨，抑或负有参预机务之责任等语。详情俟访明再志。

上月二十七日，资政院特开秘书会议，其所提议之外交案系为开平矿务、澳门界务两项问题。闻议案通过后，外部各堂仍不以各议员所议为然，以为外交非行政可比，议场议论较之交涉谈判情节绝不相同，须俟与各该公使会议时再定办法，故决不承认该议案为已决定必行之件云。

枢府前以资政院民选议员屡次攻揭政府隐私，拟用笼络手段奖以职官，以箝其口。不意事机不密，外间宣传殆遍，不便实行，故目下有作罢之意。惟伦贝子意见以现修订宪法关系重要，各民选议员多系通才，已决俟闭院后酌留数员奏请协（篡）〔纂〕一切，以期详慎。说者谓，此仍为政府收揽议员之变相，未识确否。

军机处昨用正式公文转谕资政院，谓该院闭会在即，届时监国临院礼节亟应预定，希赶于月内入奏，以便降旨实行。

资政院秘书厅一、二、三等秘书官现经总裁伦贝子、副总裁沈侍郎等公同商酌，就前调各员内遴择相当之员奏请补授。计应补一等秘书官三员，二等秘书官四员，三等秘书官四员，尚余一等秘书官一缺，拟以丁忧内阁候补中书范熙壬署理。共计此次应行补缺之员，除范熙壬外，共十一员。日昨伦总裁等已将各该员履历缮写录头签，并另具清单，缮折奏请引见补缺矣。名单录下：一等秘书官李绍烈、一等秘书官蔡璋、一等秘书官王孝缜、二等秘书官张祖廉、二等秘书官曾彝进、二等秘书官高种、二等秘书官黄镇、三等秘书官余逢侯、三等秘书官朱绍濂、三等秘书官崇霈、三等秘书官冯文俊。

资政院议员卖弄会出题目

宣统二年十一月初九日

近日各衙门答覆资政院之说帖，蔑如旧日士子应乡会试时所射对之空策，大率铺排门面，敷衍成一篇循例之文章而已。各衙门皆系三等秀才，不通举贡，其腹内空疏，虚应故事，诚无足责。所可怪者，资政院议员以有限之光阴，若法律案，若预算案，待议者甚多，何必贪此敷衍成篇之空策，而纷纷出题目而不已乎？

记者曰：资政院议员除卖弄会出题目外，固无他能也。子何怪焉。

资政院奏调用人员拟仍留院

宣统二年十一月初九日

资政院奏,调用人员拟仍留院,设立图书室,派充编译员。奉旨:依议。

枢府枢臣不同意议员参预宪法

宣统二年十一月初九日

伦贝子拟令议员参预宪法,经泽公就商,枢府各枢臣谓,议员参预宪法未载资政院条文,讵可滥干。

资政院弹劾枢臣奏稿

宣统二年十一月十一日

资政院弹劾枢臣折稿于初九日通过。大旨谓,枢府责任不明,难资辅弼。各王大臣受禄恐后,受责恐先,其咎一。仅有参预国务之名,而无辅弼行政之实,其咎二。议政务等诸具文阅章奏视同故事,持禄保位,背公营私,致监国忧劳慨叹,于上国民憔悴困苦,于下愿望圣衷独断。重申十月初三日谕旨,明谕枢臣于内阁未成立之前必应担负责任,俾无诿卸,以清政本而耸群僚。此折定十一日入奏。

资政院倡议请赦党人

宣统二年十一月十一日

　　自同志会主张起用党人后，京师舆论对于此事颇形狂热。兹悉资政院议员罗杰等日前已提出请赦国事犯说帖，倡议作为议案。其说帖略谓，先帝洞烛时局，庙谟深远，知救危莫急于变法，而变法首在乎得人。是以戊戌以来，凡一材一艺之长，莫不逾常擢用。我皇上圣明天纵，仰继先志，爱才之心，先圣同揆。惟是地大职繁，赶办宪政仍不免乏材之叹。追忆戊戌庚子以还，忧时之士或感先帝破格录用之知，急于报称，而不免过于激切，或痛内政外交之窳败，求进太速，而主张政治改革。当此之时，先帝锐意维新，臣下欲仰体上德，无如风气未开，谣诼飙起，心虽忠爱，迹近嫌疑，以致或畏罪出亡，或铤而走险，为国事而得罪朝廷者不知凡几。自兹厥后，得罪之臣或沦窜异国，或寄身囹圄，而眷怀君国，往往见之诗歌。确定立宪政体以来，朝野舆论，窃以为天地之大，何所不容，国正需才，当恳特赦。查各国宪法将颁，凡为国事犯罪之人一律大赦，与民更始。日本第一期议会议员菊池侃侃等为请特赦，奏称曩者大典发布之时，凡国事犯罪者皆蒙赦宥然。现时罪囚中因望立宪政体之设立误触刑律，其未蒙赦免者尚多，伏愿明勅有司审查犯罪，其心事之可怜者概与赦宥。征诸我国历史而论，管仲有射钩之戾，而桓宠为相，雍齿得罪于汉高，而特祚以侯。今者宪法行将颁布，其规模或大于他邦，国事犯罪之人，名实远殊于雍管。臣等躬负言责，凡健全舆论不敢上壅而隘皇仁，合无仰恳天恩，俯顺民好，或以登极庆典，或以颁宪大典，凡戊戌以来为国事犯罪者准予特赦，在圣朝宽大，一秉天地之心，而罪人自新，得有濯磨之路。至于其间先帝倚信之人心可怜而其才可用者，可否特蒙起用，俾效微劳之处，出自朝廷逾格之旷典用人之大权，非臣下所敢擅渎，不胜悚慄之至。

资政院议员质问种种

宣统二年十一月十二日

刘纬质问民政部。

一、蒙藏为中国屏蔽，物产富饶，土地广博，似较内部无殊。当此日俄协约，列强环伺，边境垂危，势成覆巢之卵，如能设法整顿，移民实边，补牢之计，未为晚也。理藩部岁糜巨款，筹画无术，因循误事之咎，固无可辞。岂民政部为地方行政最高之机关，对此重大问题而亦置诸脑后乎？为民政部计，亟当以殖民政策提出阁议，会同理藩部办理，庶边疆早日巩固，国家永无危贴之患。

一、弱国病民，鸦片独巨。我国禁吸先于禁种，至为要策。然近查各省实行禁绝者少，敷衍塞责者多。读八月二十四日上谕，吉林、黑龙江、河南、山西、福建、广西、云南、新疆等省均经奏报一律清除，其实并未净尽，已交部议处，此即土药未净之情形也。查江海关税册，宣统元年洋药入口四万二千八十二箱，较光绪三十四年进口四万零四百箱尤多，此即洋药入口之情形也。本员窃谓种未净尽，禁吸已难，兼以洋药增加，前途更属危险。民政部为地方除鸦片之害，禁种禁吸，究竟严饬各省督抚照章办理否？现在国民禁烟，（会）〔合〕力主废英约，民政部体察民情，值此机会，究竟会商外务部争回自由禁烟之主权否？

一、各省弊政，赌饷为最，赌饷之害，两广为最。近民政部为各省去赌害，若不设法维持，及早禁绝，来日隐患更不可言。又麻雀牌之风盛行京内外，推求其故，实由官绅习成恶果。民政部虽悬力厉禁，然其力仅及于下等社会，此风不灭，害伊胡底。

一、各省警察成效鲜著，用财之滥，四川尤甚。四川既设巡警道管理全省警务，又于川江特设水道警察，以候补道一员为总理，实与巡警道机关并峙，即此经常开支每年需银二十万两之多。本员以为水道警察应责令沿江各州县办理，即以各州县官任其责，以巡警道考其成，所有从前总理提调文案、收支诸名目应由巡警道署特设一科，专司水道警察之任，庶事权统一办理，易促进行。民政部主持警务，此种行政究系部饬办理乎，抑系川督自行办理乎？

顾栋臣质问政务处。

一、明年预算按照度支部交表册岁入二万九千余万两，岁出需三万三千余万两，出入相权，不敷甚巨。前度支部奏请量入为出，奉旨依议，钦此钦遵在案。本院此次核议，惟当仰体朝廷节用爱民之至意，将明年各衙门行政经费酌加裁损，以剂其平，但必先量事之缓急以为核减之标准。究竟各项行政何者为急宜赶办，何者可暂缓扩张，应请会议政务处明示方针，以审趋向。

一、度支部造送预算册内军政经费连陆军、禁卫军、军谘处、海军处一并合计，共库平银九千七百四十九万八千两有奇，而陆军部造送表册专就该部所辖各军各学堂计算已需库平银一万万零五十余万，加以禁卫军、军谘处、海军处及八月以后各省追加之陆军款项，彼此相差几及二千万两。两项表册均由会议政务处送交到院，同一预算何以有两部表册，同一机关何以咨送两部，不符之预算表册应请会议政务处宣示理由。

京师剪辫之风云

宣统二年十一月十二日

自周震鳞陈请资政院审议剪除辫发后，颇招社会之欢迎。随又发起剪发不易服会，不数日而签名赞成者达数百人之多。周君遂于初二日实行剪去辫发，以为众会友之倡。同志各君亦拟于日内专雇理发匠教以西式理发之法，特赁房屋设店，以为全国理发营业之模范。

又资政院议员罗杰君主张剪辫最力，前所提具奏案已载本报，亦与周君同日实行剪辫，并为饯别剪发诗一章以纪事。闻议员中闻风兴起者已不乏人，大约不待资政院闭会，而议员之形式上当一改旧观云。

军界剪辫最先迭详前报，探闻军谘处副军校黄耀秋、马景南、臧焜、王琇、何其彬、陈恕，协军校田统宇、田兆霖、张洤诸君昨日亦同时剪去辫发数十条，以为军人表率，而军人剪去者则不计其数。但社会上大半主张剪发不易服，以免漏出巨资云。

近日各学堂学生剪发者比比皆是，而以陆军各学堂为最盛。闻京师陆军测绘学堂模范班三角科学生朱某于九月杪首欲剪除辫发，向监督询问可否。吴监督以事关各人自由，听其自为，其意颇甚赞成。于是继起剪发者，模范班七十余人中竟有三十余人，寻常科八十余人中竟有二十余人。昨日午后，吴监督、杨提调亦自将辫发剪去。学生得此消息，相争仿行，几以不剪辫为可耻矣。

资政院提出之剪发易服案，昨闻宪政编查馆中人云，此案通过固易，上奏请旨允可恐难，因出使各国大臣及涛贝勒均屡提倡此议，而朝廷再三慎重，皆未允认。故此议案之审查，恐不过徒延期间云。

新刑律之重要

宣统二年十一月十二日

新刑律方在资政院讨论耳，而外人舆论已惊天动地如此，设竟实行，不知其影响于国际上者更何如也。吾国旧刑律大抵沿习暴秦，而明人复变本加厉，以故残酷惨毒。法庭之下，几至暗无天日。以素讲人道主义、感化主义之外人，其不肯受吾法律之支配也，诚有出于不得已者。然则今兹对于新律之注目，夫亦惊中国断行轻典之决心，而喜一扫从前残酷无人理之旧习耳。奈何硕学通儒中犹有反对之者。呜呼，其不仁亦甚矣！

论资政院弹劾军机

宣统二年十一月十三日

　　拔之于万民之中，而位之于一人之下，畀之以高爵厚禄，而引之于枢密重地者，非欲其辅弼天皇，区画政务，以措天下于泰山之安乎！朝廷既以此畀之，其人亦既居之而不疑，而卒令万端业脞，国势日危者，此果谁之咎哉？而其人方且曰，吾虽居此地负此望，而于国事之得失、大势之安危非吾之任也。嘻，其然其不然乎？吾国政体向以专制为治，历代大臣固未有如今之立宪各国国务大臣负责之规定，然其贤者亦莫不以天下为己任，夙夜匪懈，以求天下之治安。小有不当，立起自责，不敢文过饰非，自卸其责任也。其进退庙堂而不以责任为意者，特不肖之大臣，则然其真能辅国之大臣未尝有是也。今军机大臣之对于国事亦既一任其蚪芬危殆，而莫能建树矣。而资政院以副署之式质问军机大臣是否负责，则竟傲然曰是，复乾隆间之旧制无所谓责任也，是不亦反乎？贤者之所为，而适与不肖者相等乎？今资政院痛国事之日，非愤大臣之腐败，上书弹劾请明谕枢臣，于内阁未成立之前，必应担负责任。窃意此折上后，彼军机大臣必有深恨议员之嚣张，设为种种之谬说，以力陈于监国之前者。然而时势日亟，开设国会既需迟至宣统五年，即设立责任内阁亦尚需时日。当此内忧外患瞬息百变之时，尚令躬居政府之大臣宴然不负责任，岂所以厉行宪政救济时艰之意乎？吾恐大臣之百端反对将至，失弹劾之效力，以误大局也。缘述自今以往不可不负责任之理由，以备择纳焉。

　　立宪之国，大臣所以必负责任之理由，所以调和皇室与人民间之冲突也。皇室与人民间之冲突常起于议院，今议院未设，皇室与人民间之冲突似无由起，然而资政院设矣，议院之基础固已立矣。资政院议员之对于各大臣质问，纷纷各履行其议员权限以内之事，顾在议员一方面有质问政府之权，在政府一方面即有辨明其所负处理事务之责，而当说明其施政之理由。今议员质问政府，非不答覆也，然其答覆之词大都含糊了事，于其施政之理由未有说明者。推政府之心，固亦自以为说明也。然试就其答覆之词以考其事实，亦曾有丝毫之利益否。彼议员之所以质问者在推求其实际，期有利益于国家也，岂徒为是口头之辨难已乎？而政府诸公乃不过以空言应之，而并无实效之彰著，此岂足以厌议员之心哉？惟不足以厌其心，于是乎冲突之端开而弹劾之书上。其弹劾之主旨，欲使大臣各负责任，以救其失，倘使不从其请，使大臣仍持禄保位而无责任之负担，则一般弹劾之议员始与大臣冲突者终，且与皇室冲突矣。故朝廷处置此弹劾案，右议员则民情以和，而国家蒙福，右枢臣则冲突不已，而影响且及于国本。是安可不深长思乎？

大臣于其行政部内各自监督而指挥之，于天皇之行政权则辅弼而赞行之，各国大臣负责之制无不然者。今吾国十一部之大臣于其部内之事有能尽其监督指挥之责而事事就理者乎？其对于天皇有能竭忠尽智而尽其辅弼之责者乎？内政棼乱，外患纷乘，谓为不能，恐各大臣亦无词以辩矣。推原其故，皆以大臣不负责任得以素餐而尸位也。今东三省既濒于危，海陆军行将振起，内则司农仰屋，外则强敌伸张，倘以新内阁已将设立而谓未设以前，不妨暂仍其旧，依然不负责任，则大势岌岌，何堪再误。与使苟且迁延，而至于无可振作，何如急事督促，使皆连带负责，而无可诿卸乎？国势之安，危悬于大臣，而欲大臣之尽职由于负责，是又安可狃于习惯而作稍忍须臾之计者。

是故大臣不即负责，则此后之冲突将及于皇室，而国势且以不救。如徇议员之请速颁明谕，使大臣各负责任，则人民以和，而大臣者亦有所畏惧，而不敢一意苟容，此其造福于国家者，岂浅鲜哉。监国贤明，当必有以慰人民之心而耸大臣之志者，请拭目而俟之。

资政院议长拟请辞职

宣统二年十一月十九日

伦议长自奉十七日朱谕后,颇为灰心,拟请辞职。

资政院议员提议申明资政院之权限

宣统二年十一月十九日

资政院议员易宗夔等拟再提议请议长上书申明资政院之权限,并力陈时局艰危,军机不负责任之害。某钦选【议】员不愿赞成。

庆亲王决计自行告退

宣统二年十一月十九日

庆邸因资政院弹劾军机,虽奉温谕仍不自释,决计自行告退,不日续奏请旨。

日本招待中国资政院议员由两院议长决定

宣统二年十一月十九日

日本各政党开评议会，议决招待中国资政院议员。所有准备一切方法归贵、众两院议长决定。

摄政王不同意缩短召开国会期限

宣统二年十一月二十二日

摄政王以资政院弹劾枢臣干越大权、迹近嚣张，若骤准召集国会，必更牵涉纷扰，再请缩短期限决计不允。

资政院会议剪辫易服之大解决

宣统二年十一月二十二日

资政院剪发易服议案业于初八日经特任股员审查，由股员长庄亲王于十四日开会时报告审查结果。略谓，查议员罗杰倡议案所陈不剪辫之六害及周震鳞陈请书所言应剪之五理由，两案主旨皆以中国辫发妨碍运动，朝廷整军经武非剪除辫发、改制礼服不足以灿新天下之耳目，改除骄奢之习惯，其于辫发之利害得失大都恺切详明。而其扼要之端，尤以中国之棉丝定适宜之服制，不必纯用外国呢货，以保利源。本股员等以为世界交通当取大同主义，各国皆无辫发，我独立异于人，国际外交致生扞格。且列强环伺，隐患方长，宜振尚武之精神，祛文弱之积习，辫发一项于军警之运动、学堂之体操皆有烦扰之虞、危险之惧，故军警、学界每以不便之故自由剪发，大势所趋，有非国法所能遏阻者。与其惮于改革，徒增形式之参差，何如显为变通，以使军容之肃整，拟请明降谕旨，凡军界、警界、学界一体剪发，农工士庶则悉听其自便，国家绝不干涉，自无惊世骇俗之嫌，此剪发之办法也。中国服制分常服、礼服两种。常服宽绰适体，本可无事更张。礼服则寒燠迭更，年换十数袭，烦费太多，且大褂、长袍有妨碍动作，应请皇上改定礼服，示天下以准绳，作维新之气象，此易服之办法也。抑更有请者尚武之风气，倡之自下则迂缓而难成，倡之自上则势顺而至易。我皇上为海陆军大元帅，应以雷霆万钧之力，发皇武勇，巩固国防，如蒙躬行剪发为天下先倡，则文靡之风不期绝而自绝，刚勇之气不期生而自生，是在我皇上之果断而已。本股员等多数表决，意见相同，应请议长交付会议云云。议长谓，礼部主事林师望关于此案亦有说帖，可否并案会议。王用霖请朗读全文，读至所陈办法三条，怪诞支离，不可究诘，众皆失笑。易宗夔谓，此种说帖不明，可以作废。旋由罗杰登台演说，谓出使大臣及陆军大臣、外部侍郎皆已剪辫，朝廷不加禁止，是已默设。与其如此，不如明发上谕，使天下耳目一新，振起立宪国之精神。况中国发辫对外、对内无一合宜，如欲全国皆兵，此赘物更不可不去。至易服一层，但请先定礼服一切材料均须取给本国，以促工业之发达。如谓辫发、服制皆列祖列宗所制定，不可更改，则今日立宪已属大悖祖宗成法。众拍掌时，忽有甘肃议员杨锡田村气勃勃，登台演说坛，有声无词，全院哗笑。有谓其说不清楚者，有请再行印刷分配者，有询其是何宗旨者。杨嗫嚅而言曰是反对时，罗杰拟再登台大加驳诘。江辛止之，谓此无可驳之价值，遂罢。次易宗夔演说，谓剪辫实有百利而无一害，盖人之聪明才力全具于脑，发为保脑之用，我国形式与世界各国独异，前可以保脑者反去之，后半无用者则留之，诚不知用意所在。盖人之所以异于禽兽者，以无尾也，今于头后留一长辫，与尾何异？故世界皆轻薄之。至反对者所执理由，一则以为违背祖制，此实昧于大势之言。我朝入关，剃发为因时制宜之计，今亦实为因时制宜也。一则以为藐视王章，此又不然。我皇上尚在冲龄，绝无辫发可以想见，今后不必谓其剪发，但请其不蓄而已。至易服一层，须有斟酌。中国便服甚佳，无庸改更。礼服则异常累赘，一人非数千金不办。现在军警、学界大半已改，政界一部分似亦宜加入报告书中，且服制万不可交礼部议奏，宜改为交宪政馆议奏。罗杰谓，本案请大元帅先剃，惟今日万岁悉由摄政王代理，宜请摄政王先剪，为天下先。方还谓，易服一事须指定一种材料，若尽用外国呢料，将来经济上必起恐慌。罗杰谓，本案已明定用本国材料，包括甚广，可以不必专指一种。方还又谓，普通人衣服用布，政界则用绸缎，须明定之。陈懋鼎谓，此事可以不虑，常服不改而礼服制度未颁以前，必仍用现在礼服。汪荣宝谓，如何服制未经叙明，自应加入仿照新定军服制度量为变通，请饬下军谘处会同内阁政务处核议时有请付表决者。闵荷生大呼，须人数在三分之二以上。易宗夔谓，具奏案只要多数。籍忠寅谓，军谘处字样可以不必加入，至常服恐人滥用外国材料，此为将来一种手续，奏折上不必叙明。时议长主张先行表决具奏案后再表决原案，并允以记名法表决。汪荣宝谓，请于投票前封闭议场。议长（随）〔遂〕报告在院人数有一百三十六人，即以蓝、白二种票分布各议员，并申明赞成者用白票，反对者用蓝票。收票后，秘书官检（察）〔查〕票数，经议长宣告，赞成者一百零二人，得最多数，反对者仅二十人。反对票作废者一票，赞成票作废者三票，赞成剪发、反对易服票作废者二票。议长遂命秘书长将赞成者按名宣读，毕，又宣读反对者，硕学通儒议员中劳乃宣、喻长霖、陈宝琛俱在反对之列。后忽由顾栋臣借端倡议重付表决，易宗夔驳之。遂由议长仍令特任股员修正报告书，预备具奏，宣告散会。

又闻剪发问题经资政院解决后，是晚各学堂学生等立将辫发剪除，翌日调查，为数当在三千以外。新律维持会会员内阁中书钱维骥君日前因感于辫发有种种之不便，亦已实行剪除。顺治门外达智桥嵩云草堂内之豫学堂学生八十余名中，已将辫发剪去者共有五十余人。陆军第一中学学生久拟剪发为军、学各界之倡，嗣闻各校剪发之风盛开，遂于本月初十日在堂东北边松树林内开秘密会议表决剪发。当时即剪者三百余人，晚上续剪者一百余人，一时辫发纷落，欢声雷动。

荫午楼尚书对于军事上根本之图，以现时学部主持教育不能使全国兴起人人有国家观念，惟断断于剪辫问题，循此不改，将来于征兵上大有妨碍。拟不日具奏请旨饬下学部明定教育方针，使全国人心趋于一是云。

御前会议即行作罢

宣统二年十一月二十二日

资政院弹劾案未奉上谕，前监国深恐彼此决裂，于宪政进行大有妨碍，拟即日特开御前会议，筹商和平办法。嗣某大老以资政院原系弹劾政府，若开御前会议，则与议者仍是政府中人，一经特旨开会，反嫌着迹，恐外间转滋疑议，似宜稍示镇静。监国颇以为然。故御前会议一事即行作罢云。

对于二十日上谕之疑问

宣统二年十一月二十二日

二十日之上谕不能令人无疑者，约有数端。

其一，农工商部具奏以剪发易服并举，而上谕只禁易服，将谓政府已经默许剪发乎？则本报昨得之消息，政府本拟严禁剪发，有嗣后如有以剪发请者以违制谕等语。何以一经洵、涛诸贝勒之争论，而各军机即能开通如此，将谓政府尚有后命，欲俟资政院剪发案通过入奏后，然后再降严旨以禁之乎？则何勿径从庆邸之意。既乘此时以禁之于先，而使资政院不敢再奏之为愈也，又何必分为两问题耶？此其不能无疑者一也。

其二，资政院于十四日报告剪发问题，赞成者一百零二票，全体狂呼，不胜满意。倘此案入奏，而政府仍降严旨以禁之，则大足灰议员之心，而群思解体矣。前此弹劾军机案之无效，议员已甚为愤懑，倘此案再无效，则真欲令资政院解散乎？如剪发可以准行，则何不预先明白宣示，而必令资政院多此一翻手续也。此其不能无疑者二也。

其三，农工商部奏称有京师各商会及各省商界以喧传剪发易服，力陈商业危迫，恳予维持等语。然自剪发易服风潮盛行以来，并不闻京外各商有惶恐急迫之事。惟前此风潮初起，浙商曾宣示反对之意思，而今亦寂然矣。况社会上一般舆论及各报所主张皆以剪发不易服为主义，即有倡议易服者亦仅少数耳，于商业固无甚关系，此各商之所以绝不惊惶。今农工商部何忽以此言进，然则外间纷纷疑该部之受人运动者，其殆有由乎？此其不能无疑者三也。

其四，上谕谓国家制服等秩分明，习用已久，从未轻易更张，嗣后所有政界、学界以及各色人等均应恪遵定制云云。然军警两界之制服既经因时制宜，则国家之制服非已更张乎，非已不遵祖制乎？而必责政学界及各色人等之礼服以必守定制，是何故欤？此其不能无疑者四也。

其五，资政院会议剪发问题，各议员以监国为代表海陆军大元帅，援请监国先行剪发。且军界制服已有变通之谕，则大元帅如果剪发，势必更易礼服，夫监国代表皇上以身作则者也。大元帅如已更易礼服，而必责一般平民以必遵旧制，于理得毋不顺。此其不能无疑者五也。

其六，总之，剪发易服本相连属，若仅许剪发而不准易服，于体制上固无理由之可言。惟以易服而后于经济商业上大有关碍，恐漏卮输出，愈甚不便，骤然准行，此固至当不易之理也。然则政府何不以此意剀切晓谕，而必以国家定制为言乎？此其不能无疑者六也。

资政院拾闻种种

宣统二年十一月二十三日

十五日，资政院税法股议员开审查会，审查南漕议案，决定一律改折，京师之米皆另行采办。

预算股议员前此曾赶办各省总分表册，拟早提出于资政院，因册数太多，而帮助者又多生手，实一时不能告竣，故至昨日尚未造齐。

资政院额外委员应陆海军大臣之折往会议政务处协商陆海军费。先此股员会会议拟裁去陆军部冗费八百万元，其旧军必须一律裁汰，所余之绿营防营费一千数百万亦有人倡议作为筹办巡警之用，不审何故。前日协商时，易议员宗夔首先允许以所裁八百万仍归陆军部自行分配，其裁撤所余之绿营防营费亦一并归该部经理。至军谘处及海军处，皆未确定核减分文。现计全国政费之分配如照现议陆海军费占去四千数百万，而实业、教育之费合计各不过二百万云。

十六日，资政院于午后一时特任股员开会修正剪辫易服具奏案。牟琳、易宗夔、汪荣宝、长福等相继讨论，其修正之结果有云，凡官员、军警、学界人等皆一律剪发，农工商民悉听其便，朝廷绝不干涉。至易服一节，则请谕旨饬下宪政编查馆会同军谘处内阁会议政务处博稽中外制度，厘定常服、公服、礼服并限用本国材料，至便服概不准易。其结束处有云，我皇上为海陆军大元帅，我监国摄政王为代理大元帅，锐意维新，精进不已，倘蒙酌量时变，昭示大同，远师赵武灵王骑射改服之心，近采日本明治剪发易装之制，首御军服为天下先，则柔靡之风不期绝而自绝。

鲁抚电请召集资政院临时会

宣统二年十一月二十三日

鲁抚孙宝琦日昨有电到京，当由外务部绎送军机处。兹探其内容，系称国会既已缩短至宣统五年，所有从前预备清单自必另行亲订。惟仅委诸中央政府，恐规定之后仍难推行。拟请于宣统三年四月开资政院临时会议，并许将各将军、督抚派员到院陈述意见，以便询谋佥同，共维大局云云。未识枢府亦采用其说否？

资政院议员以反对宪政、陷害人民之罪
请旨严惩刘廷琛

宣统二年十二月初一日

刘廷琛奏参资政院议员包藏祸心等多款，议员全体哗然。拟求议长请旨严惩各议员以谢朝廷，否则治刘，以反对宪政、陷害人民之罪以谢天下。

资政院延长会期十日

宣统二年十二月初一日

资政院奏请明降谕旨剪发易服，奉旨前已降旨宣示应仍遵前旨办理，所奏著毋庸议。又奏议事未竣，请准延长会期，奉旨著延会十日。按此电于二十九日夜接到，因为时已晚，昨报未及登出。

外省群以资政院核减经费为虑

宣统二年十二月初一日

江督张制军于上月二十四日电致枢府，略谓江南行政经费前经人骏设法裁减，嗣复遵照部电核减，于无可撙节之中极力搜剔。刻闻资政院审查预算，有裁

减各省行政经费之议。当此时事艰难，果有可裁之处，自当勉赴其难。无如各省情形不同，办事各异，资政院于各省情节均未能瞭澈，倘不先行接洽，意存裁减，恐一旦议决奏准，外省应付支绌，则现行要政势必窒碍良多，恐致濡滞。万一因庶政废（搁）〔革〕，转生他故，则用款之巨且有倍蓰于今日者。人骏为大局起见，不得不先行陈明，恳求鼎力维持，无任翘企之至。

东三省各项行政经费较各省尤为紧要，自闻资政院有核减三省经费之议，东督锡清帅即有电来京分致各部，谓资政院核减奉省经费甚巨，万难承认，请各部合力维持，以顾边疆而维大局。

又资政院于上月十八日接吉抚陈中丞电云，吉林财政向极紊乱，自改行省，迭次整顿赋税，始有岁入可指，复迭次裁并局所清理规费，始有岁出可指。近年行政经费逐岁骤增，亦已十分竭蹶。本届三年预算，又经度支部核减，明年能否支持，尚难逆料。闻贵院现正审查预算，酌盈剂虚，必有深意，希饬知审查预算股员，如对于吉省预算有所疑难，务请分别电询，自当列举实情，藉备参考。财政关行政命脉，当此整理伊始，如能内外相维，呵成一气，既省争执之劳，并泯从远之迹，谅贵院亦必深表同情也。

资政院预算明年亏款实数

宣统二年十二月初一日

度支部原造宣统三年预算案，京内外各项行政经费共不敷五千四百余万，又追加预算经费二千四百余万，共计明年总出入以出入相抵尚亏七千八百余万两。现资政院预算股审查之结果，计明年各项岁入增加四百九十四万余两，又将各项岁出减省五千八百九十二万余两，两数相加共六千三百八十六万余两，以此与度支部原预算之亏数相较，尚实亏银一千四百余万两。不识政府，人民何以善其后也？

资政院续劾枢臣折留中缓商

宣统二年十二月初二日

资政院续劾枢臣折上后,监国颇为焦灼,又以庆邸尚未销假,故留中缓商。

庆邸对付弹劾案之深算

宣统二年十二月初二日

自资政院表决第二次弹劾军机后,枢垣中得此消息,闻有人主张议员如此胡闹,非严旨饬令解散,不足示朝廷之尊严。惟庆邸不以为然,谓无论一劾再劾,我辈决不可主张解散,惟有请降严旨将资政院申斥,一面仍责令照章议事,万不宜自任解散之恶名。盖彼意欲求解散以博美名,而我辈偏不令其解散,若论我辈自处,惟有付诸不闻不见,示以静镇而已。噫,庆邸之对付资政院其老谋深算有如是,真不愧军机领袖矣。

资政院议员议有对付刘廷琛办法

宣统二年十二月初三日

资政院议员因刘廷琛叠次上奏意在陷害,已议有对付办法。昨先叩问伦议长意见，伦拟因刘辞职。议员中有以收回迭次预备立宪成命为请者，议长叹息不答。

资政院弹劾案之倏起倏落

宣统二年十二月初三日

十一月二十五日下午二时半，资政院开第二十八次会议。入席后，伦议长起言弹劾军机案昨日已有上谕，饬宪政馆速定内阁官制，此案可否不上。籍忠寅谓，既有此谕之后，自与前日情形略有不同，可以修正再行上奏。且弹劾案已上过一次，此为本院对于军机未解决之问题，此种冲突既起，不得不求解决。弹劾军机万万不可取消，以全国托命于此二、三人之手，彼等既不负责任，其危险安可言喻。刘景烈主张仍用第一次起草。方还大反对之，主张不必再上，摇首曳尾，情状可鄙。易宗夔谓，虽有此次上谕，而弹劾军机一面并不足以取消，今若中止弹劾，而以现在军机组织责任内阁，可决其必无效果。邵羲以此语无根据，主张不必弹劾。议长谓，籍说颇有理由，宜讨论。于邦华谓，略事修正，仍行上奏。许鼎霖谓，本院作事宜求实际，不务虚名，此次上谕非为本院具奏案而发，然亦可谓此次之弹劾间接加有力量。今既促成责任内阁，此次弹劾之机会甚多，不必定在此时。吴赐龄谓，前日驱逐代表上谕实足为亡国表征，彼等此次请愿无论如何，亦因于东三省危亡在即，故哀痛迫切，以致如此。政府直视之为匪类，此种举动，足为立宪羞。如以彼等当总理大臣，其不负责任必与今日无异。方还仍哓哓不已，谓上奏目的在责任内阁，现在既有昨日之上谕，此折可以不上。籍忠寅谓，昨日上谕此具奏案可以不上是何理由，宪政馆编定此种章程非今日始知之，知之而可中止，是前日可不议决。议决之事无效，本院地位殊为危险。以彼等决不足当总理大臣之任，故此弹劾案实未可取消，只宜略为修正。此时有主张再表决者。易宗夔主张只宜修正，不必再表决，谓军机不负责任，若不弹劾，本院议决之事决无效果。籍忠寅谓，本员向持保全主义，不主张破坏，如谓昨日上谕证明军机已负责任，此案即可取消。如未证明，此案仍须继续进行，决不能因此中止。陈懋鼎谓，籍议员之主张与前日背驰，前日是在责任内阁，今有此谕可谓目的已达，取消亦无不可。籍忠寅谓，具奏案末尾虽注重责任内阁，然通篇文字是否仍在弹劾军机不可混看。且昨日之谕是编定内阁官制，即使今日官制即刻颁布，其何日成立尚不可知。此本为两种事件，修正具奏案尚是通融办法。总之，此具奏案因军机不负责任始生出此问题，故此案决不可取消也。陈懋鼎谓，此折未上而上谕已下，与本院所希望者相同，故此案可取消。邵羲请付表决，而胡柏年反对之。严复谓，本朝制度军机只对于君主负责任，以不负责任而弹劾军机实属不通。汪荣宝主张再付表决。吴赐龄主张不必付表决。于邦华谓，此案不上，是默认其可以不负责任。吴赐龄谓，据院章，表决之后不得再表决，院章是否应当遵守。籍忠寅谓，上奏而达目的与未上奏而达目的本为一样。但昨日上谕并非与具奏案针锋相对，本院是请设责任内阁，上谕是编定内阁官制，极不相连贯者何能取消此案。陈懋鼎谓，此为设立内阁手续，本员之意是注重筹备清单。汪龙光谓，一面不再弹劾，一面主张再弹劾，均有理由。实则主张弹劾者，不过为体面上、为名誉上好看而已，但决不能以一面牺牲一面，故须表决。此时议场秩序大乱。闵荷生大呼可作废。籍忠寅始终坚持，谓前日表决大众应俱有自信力，目的未达，何以公然取消此事。如不能决，将来本院颇极危险。对于军机负责任，无论如何均须求有结果，此事既认为与政府有价值之冲突，必不可遽然中止。邵羲谓，籍议员今日主张与前日不合，惝恍游移，毫无宗旨。籍忠寅谓，本员宗旨本来一贯，并无惝恍游移。高凌霄谓，弹劾宗旨是令军机负责任，现在责任内阁不久成立，军机已为将消灭机关，军机大臣又为将退位人物，何必再明定责任。议长以取消奏稿付表决，赞成者竟有八十九人。复又申明，上奏事一并取消。而一月来所注目之弹劾案遂归乌有矣。于是李素、于邦华等数人皆愤然而出。

二十七日下午二时，资政院又开会议。李素首先倡议，谓前日弹劾军机案是取消奏稿，并非取消弹劾军机。若以前日上谕藉口取消此问题，如此敷衍实与本院前途大有妨害。邵羲谓，并非取消问题，请仍指定起草员。罗杰谓，本院若无对待机关，则议决之事毫无效果，宜再行弹劾。黎尚雯主张相同。于邦华谓，此问题若不解决，议决各事俱无从着手。前日应为两次表决，以当时须报告预算案，故忽忽通过。且此弹劾案因云南、广西两案入奏无效发生，彼时既有上谕，何以皆赞成上奏弹劾。至二十四日上谕，是编定内阁官制，而内阁何日成立，尚不可知，故此弹劾决难中止。若既经表决，无故取消，是本院全无意识，此非面子问题，实与本院前途大有关系也。籍忠寅谓，前日并非取消问题，请议长制定起草员。议长询全院尚须讨论否，众答谓毋庸讨论，即可指定起草员。随由议长指定六人，李文熙、陈敬第、江谦、陈善同、陈宝琛、俨忠。江谦谓，虽指定六人，将来仍须全院联合会议。议长首肯，而弹劾案又活云。

  闻此次弹劾案倏起倏落之原因，盖缘伦议长近日对于枢府处于积疑从谤之地位，故此奏迟迟不上。曰惟窥探政府之动静，欲以敷衍手段揉消此事，而一派官议员到处运动取消，故二十五日坚持取消最力之人非官议员，而民选议员，即其运动之结果。官议员乘民议员之倡议，极力附和之，如陈懋鼎、汪荣宝、陆宗舆辈是也。前日晨，庆邸递一辞职封奏，盖知资政院弹劾案亦于是日上奏，预为地步。伦议长本将弹章递上，嗣见慰留庆邸之谕已下，恐碰大钉子，又复取回。至开会前，伦议长召知名之议员十余人商议此事，谓朝廷既催促速定内阁官制，此奏似可不上，其意愿主调停。而所谓知名之议员，如许鼎霖、方还、邵羲等皆极力主张不上，并云弹劾之机会甚多，何必汲汲。是以演成会议时之现象。当表决取消时，不赞成者不过十余人而已。迨此案决议取消，一时京师舆论大为抨击，而各报纸痛诋尤力。各议员羞之。次日上午十时，即在全蜀会馆开研究会，到者三十余人。首由主席李文熙报告弹劾军机不能中止，当力图继续进行之理由；次由籍忠寅、罗杰、牟琳、陈敬第等先后讨论，决议本日在议会续行提出上奏，故是日议场上弹劾案又活云。

文龢因资政院议员得官

宣统十二月初三日

  资政院议员文龢江西人，以道员改邮部候补郎中，到部未久即丁忧回籍。今以民选议员到京，忽于二十五日派充该司规划科科长。闻该科科长自设部置司以来，从未派人，司员中积劳数载俱未得派，文以议员资格居然得之。一朝阖署，无不惊异。据闻此次点派该司司长毫无知觉，堂官亦不知其人为何，皆由梁士诒一人所主持。司长虽愤懑不平，亦徒唤奈何而已。

资政院分致各省要电两则

宣统二年十二月初四日

致闽浙总督电。地方预算办法前由本院通电各省一体照办，闽省未便独异。昨接谘议局电称，临时会业已届满，而覆议预算仍未妥洽，应请续行照章召集临时会，以便该局迅速办结，并希查照本院前电交议，以归划一。除电谘议局外，特此电闻。资政院号。

致四川总督电。谘议局电称，川省岁入间多遗漏，各署局皆援馆电拒绝调查，参观局所、学校、工场亦有梗阻情事。查各省谘议局所定议事细则有规定调查章程，希饬照章调查，俾昭核实。资政院号。

呜呼，资政院暮气日深矣

宣统二年十二月初五日

上月二十八日下午三时，资政院开第三十次议会，议长入座，而议员多未到会。议长尚未报告人数，高凌霄谓，变更跪拜礼陈请说帖已付审查否。议长答，已交付，尚未报告。易宗夔谓，弹劾军机案关系甚重，请起草员速为起草上奏。二次弹劾案之失败，其原因即在迟延不上奏。议长答，此时人数尚不足，不能开议此事，嗣后再议。拟先报告文件，待议员到齐再说。邵羲谓，南漕改征关系重大，税法公债股员恐不能担任审查，请议长另指定特任股员，以昭慎重。书铭谓，顷闻会期有展限十日之说，但议题尚多，十日之光阴有限，仅能通过一刑律案，而商律恐不能通过。此案关系匪轻，若不能通过，即须待来年再议，固请多延数日。曾侯爵忽起谓，展会十日之说确否，照相纪念几时可以举行。众哄堂大笑。议长谓，俟闭会时再说，乃咨询全院邵议员所倡议南漕改征案另指定特任股员审查。众赞成，遂指定十二人。黎尚雯请弹劾军机案不必另行起草，即就前日籍议员原稿稍加修正即可。许鼎霖反对之。秘书官遂报告文件。八种报告后，人数仍不满三分之二。刘泽熙谓，各省追加预算案有尚未送到者，恐尚不能报告。王佐良谓，此时所欠之人数不过一二，致本院竟不能开，议请议长派人到各客栈催促到会。众笑之。毓善谓，会期将尽，以后须用传单知照各议员务必到会，以免误事。易宗夔谓，股员室尚有人，请派人寻觅。刘纬谓，川路倒款奏稿已缮就否，请从速办理。章宗元谓，人数不足，今日既不能开议，空费有用之时光，请均退至股员室即开审查会。议长言此时人数尚欠二人，终不能开议，但照章于初一日即应闭会，惟议案尚多，必须展会。现在具奏稿已拟妥，请展会十日，日内须上奏，命秘书长拟奏稿。许鼎霖、书铭、汪荣宝对于展会期限均有发言。议长咨询全院谓，展会期限仍须如何规定。书铭谓，规定为两星期。孟昭常主张或十五日，或二十日均可，惟须先明定某案限某日议毕方可。议长言十日已定，不便再改，但以后可日日开大会。众赞成，乃将展会具奏案付表次，得多数通过。王璟芳谓，既可表决，即可变通开议。议长答，展会奏稿明日即须上奏，非今日表决不可。若人数不足而开议，日后援以为例，甚为危险。章宗元请将以后之股长会即移于今日开会，以免徒费光阴。汪龙光言，人数既不足，决不可破例开议，但宜通知未到会之议员以后务须到会。黎尚雯请将不到会之人即付惩戒。易宗夔亦请今未请假而不到会者，宜查明付惩戒。顾栋臣谓，照当三日不到会方付惩戒，今仅请假一日不到何能付惩戒，但此章必改三日为一日。当时议场秩序大乱，人声嘈杂。陈瀛洲请议长乘今日即开秘密会议。众笑之，谓开秘密会议亦须三分之二。章宗元请今日讨论新刑律但不付表决，众又笑之，谓此即系开议。汪龙光请开审查会。汪荣宝谓，今日不开会，明日开会否，今日已到诸君务请明日必须到会。易宗夔谓，院章既明定三日不到须请假，即请查明有三日不到者俱付惩戒。顾栋臣谓，以后一日不到者亦须请假。陈懋鼎谓，今日不能开议，究竟谁任其咎，非惩戒不可。易宗夔言亦如之。议长谓，以后开后务在午后一时即开，不得过迟。易宗夔谓，本员倡议付惩戒之事，既有三十人以上赞成，即请作为议题。陈瀛洲主张不必付惩戒。江谦驳之。易宗夔请即付惩戒。汪荣宝谓，贵议员所倡议虽成议题，尚未表决，何能即时照办。许鼎霖请于今日查明，明日再付表决。易宗夔谓，付惩戒无须表决。众仍晓晓不已。议长遂宣告展会。

财政岁入岁出不相抵

宣统二年十二月初五日

此次预算度支部原奏京内外共不敷银五千四百万两，加以筹备事宜另列，及追加各费实不敷银七千八百万两。兹经资政院预算股员审查，所有岁入应增四百九十四万两有奇，岁出应减五千八百九十二万两有奇。以原不敷之五千四百万两计算之，应盈九百八十六万两有奇。但宣统三年新增筹备事宜及追加各费约二千四百万两，以所盈相抵，尚亏一千四百余万两云。

政府之对于资政院真无所不用其反对

宣统二年十二月初五日

泽公素持节减主义者，于资政院议减内外行政费时，亦尝委员到会，表同情矣。何对于预算案之议决竟藉口裁减过甚，有碍行政而不允会奏也。各国预算案必令收支适合，而后提出于议会，今吾国度支部所编制之预算案亏短乃至五千万之多，资政院不以为不合式而驳还之，已体谅度支部不少，乃资政院体谅部臣，而部臣反不谅资政院。既无加赋之提出，又不允出款之节删，使度支部而为，资政院恐亦叹进退之无策也。然而度支部尚书则竟不允会奏矣。政府之对于资政院真无所不用其反对。

资政院大不平于刘廷琛

宣统二年十二月初六日

自刘廷琛奏参资政院后，该院议员大为愤激。十月二十九日第三十一次会议时，易宗夔首先倡议谓，本院不但可以不展会，并可以解散。今日各报载刘廷琛参本院一事，本院为人民代表机关，有人奏参，殊为奇怪。且折中措词尤为离奇，折中轻蔑执政，想是指此次弹劾军机。至指斥乘舆，不知所指，包藏祸心，岂非谓本院有谋为不轨之事。刘廷琛不过一无耻小人，而谕旨竟以此折交宪政馆，是以宪政馆为本院上级机关。又剪发案毋庸议，则预算、新刑律各案将来具奏俱可以"着毋庸议"四字了之，请议长宣告解散。黎尚雯主张相同。议长谓，可缓商。易宗夔谓，刘廷琛折以本院为包藏祸心，是以本院为谋为不轨，不如解散，尚可保全首领。张之锐谓，解散之外，于刘廷琛亦须设法对待。罗杰谓，刘折关系甚大，必有嗾使之者，否则决无此胆，若不解决，即是默认此折。议长主张开议。罗杰、易宗夔大呼，开议亦无效。桂山谓，本院若一有人参劾即解散亦不甚妥，如刘参是则本院自应解散，否则应请治刘罪。江谦谓，刘所云云本无讨论价值，惟既交宪政馆，本院决不能不一过问。吴赐龄谓，议长一面为皇室懿亲，一面为本院领袖，须为中国前途计，须求真正立宪。现朝廷既不信任本院，若复敷衍塞责，则误中国前途者即自本院始。本员向主张以破坏为成立，若求平和进步决无此望，议长须决断，不可游移。王廷扬以刘折无讨论价值，可以不必理论。易宗夔谓，刘折谓包藏祸心，又交宪政馆，知道是朝廷不信任本院，与其俟该馆查办后再行解散，不如自行检举为愈。桂山仍主张前说。吴赐龄谓，朝廷信任行政大臣，不信任代议机关，尚保存此院何为？桂山主张将此折抄来传观后再行斟酌辩白。吴赐龄谓，若无上谕，可以辩白，既有上谕，我等便无说话余地。曾袭侯谓，闻该折后有二种改良办法，故交宪政馆。牟琳赞成李文熙之议，谓刘所奏原无价值，但既有此奏，实足摇惑监国之心。本院院章不受院外诘责，宜将此理陈说于监国之前。吴赐龄谓，本院对朝廷说话既已数次，皆不信任，何必再哓哓不已。黎尚雯谓，既不信任本院，而犹贪此数百元之薪水，实为可耻。喻长霖谓，解散须有理由，尚须研究，但为一人之参劾而至解散，实属不值。况彼又无价值之人，只有置之不理而已。吴赐龄谓，此非为刘折解散，实因朝廷不信任本院而散。许鼎霖请抄此折传观，若有知道字样，俱可抄阅，即请今日抄此折，明日开议后再用易议员之倡议。喻长霖谓，不必抄，可置之不理。语未竟，江辛大呼，私人交情是私人交情，国家公事是国家公事，不能以私交而破坏公事。王佐良谓，刘之奏折即因本院弹劾军机发生。众谓汪议员荣宝既见此折，即请汪议员抄出。议长谓，总可设法抄来。陈敬第谓，请旨解散无此办法，今唯有全体辞职一法。章宗元倡议质问宪政馆，请将该折交到本院。江辛谓，此折已为汪议员亲见。汪荣宝谓，此为院外闲话，不能作院中证据。许鼎霖附和之。章宗元谓，该折既未发抄，质问之甚为正当。黎尚雯谓，本员已具有说帖，即交议长。易宗夔请赞成者署名，随由秘书官朗读说帖。其中有定期答覆一语，改为即行答覆字样。王璟芳请用全院名义。众辩论久之，仍用署名之法付表决。赞成允署名者三十一人，遂通过改议预算案。

资政院对付刘折之法

宣统二年十二月初七日

刘廷琛，一将顺政府意旨之小人耳。其对于资政院之指摘毫无价值之可言。资政院原可不必过问，第刘既诬该院为包藏祸心，窃窥神器，则事体重大。不特该院议员有生命之关系，且足以推翻宪政而有余，为国家大局计，诚不能不问者也。

顾对付刘折之法，只宜上奏请旨澈究，实则解散资政院，惩办议员，不实则治刘以陷人以犴辟之罪。此断非区区质问可以了事，又非辞职所能洗其不白之冤者。然而资政院议员鲜有计及于此，则何也。

资政院奏绘就资政院暨上、下议院分图核估兴修请拨款折

宣统二年十二月初七日

奏为绘就资政院暨上、下议院分图核估兴修工款请旨饬拨，恭折具陈，仰祈圣鉴事。窃臣前于本年六月初四日具奏进呈资政院及上、下议院工程总图，并陈明遵即饬绘详细分图核实估工请旨拨款，以便赶期兴修等因在案。旋即督同随办工程各员，饬据外国工程师按照原绘总图悉心区画，详晰分绘。迄今数月，叠将建筑工程逐项核估，并与该工程师订明选材之法式、落成之限期磋议，经时始克就绪，一面饬将地基按图刨掘，坚筑基础，业于七月间次第兴工。现已将筑基工程渐次告竣，惟全院规模系仿外国制度，不但议场铁穹原料固须购自重洋，即其他营造所需亦非尽中土产销之品，加以安设电机、电灯及蒸汽管等件，均须先期定购，方免临事张皇。节经臣饬令随办工程各员一再研求，务为撙节核实，估计各项用款约需银一百万两，拟恳饬下度支部归入追加预算，俟前项工程应用何款随时由臣院咨明，以便陆续支拨。将来工竣之时，于原估银数或尚有赢余，或稍形短绌，均当逐细造报，咨部核销。至此次建筑关系议院久远之宏规，固未便形式，苟完致见讥于孤陋，亦不敢帑金徒耗，俾略涉于虚糜。容俟全工告蒇，并即饬取该工程师及承办中外商厂保固年限切结，分别由臣院及度支部存案，以昭详核而便稽查。此外如有未尽事宜，再当续行奏明办理。所有建筑，资政院及上、下议院绘就分图并核估工款请旨饬拨，各缘由理合恭折具陈，伏乞皇上圣鉴训示。谨奏。

资政院议员纳税多额者视会场如儿戏

宣统二年十二月初九日

资政院议员凡纳税多额者，皆视会场如儿戏。到会之后，不发一言，如旁听者。然且一闻争论，则相率散去，而直隶议员为尤甚。大约北地富家翁安居乐业，不愿空争闲气也。

报律修正案迟迟未奏之故

宣统二年十二月初十日

资政院议决之报律修正案通过将及一月，尚未出奏。兹悉此案迟迟未奏之故，因宪政馆对于资政院修正之处，如损害他人名誉一条及外交、海陆军秘密事件一条，皆有异议。业已草具理由书，送交资政院照章覆议。闻理由书所持之说，与该馆特派员顾某前在资政院发表之旨大致相同。

议员进退无法而乞哀于宪政馆

宣统二年十二月十一日

资政院对付刘廷琛参折，记者早知质问宪政馆之无效矣。而果也该馆有刘折是非，不便辄下断语之答覆。嗟夫，议员辞职则不忍奏，请澈究又不敢，进退无法，而乞哀于宪政馆。而不料该馆之竟不谅其苦衷也。庸不大可悲乎！

资政院延长会期之封奏

宣统二年十二月十二日

　　资政院前于上月二十九日因议事未竣，奏请延长会期十日，已奉旨允准。兹探得原奏云，窃臣院自本年九月开会以来，叠将应议事件编次日表，循序进行。凡于政府提出以迄人民陈请之议案宏纲细目，固宜慎于审查，酌理准情，悉有资于讨论。除议决各案业经分别遵章具奏外，其尤重要者为内阁会议政务处暨宪政编查馆奏请交议试办。宣统三年预算及大清新刑律各一案，一则报告伊始，一则宣读未终。其修改商律交议一案亦关紧要。查臣院常年会期自九月初一日起，至十二月初一日止，现已将届闭会，而未经议竣之事虽极力赶办，断难仓猝告成。据各该股议员陈述情形，拟查照院章第三十一条所载，必须接续会议得延长会期之文。仰恳天恩，俯准臣院于十二月初一日后延迟会十日，至十二月十一日止，俾得将前项预算法典之案悉行议决，以裨宪政。此外，如尚有重要事件，应照议事细则第一百四十八条，经军机大臣、各部行政大臣咨请或得其同意者，再由该管股员接续审查，于次会期报告。其他一切议案及建议陈请等件不在此例，当按照另项专条办理。谨奏。

六、《申报》有关资政院资料

资政院闭院情形

宣统二年十二月十四日

字林报载,十二日北京电云,资政院闭院时摄政王及庆亲王均未莅院。由朗贝勒宣读闭会上谕,徐世昌及那桐两军机立于朗贝勒之旁、伦贝子之前。宣读闭会上谕后,各议员均叩首致敬,旋又合摄一影。军机大臣告辞后,伦贝子在院中谦待各议员,谢其协力办事之厚意。各议员公推股员长代表答谢,行礼时不准外人参观。

又电云,资政院全体议员今日由伦贝子设宴饯别。

竟有陈请撤销资政院奏案者

宣统二年十二月十五日

农工商部右参议邵福瀛前日特上封奏一件,探闻系言资政院上奏事略,谓资政院上奏院章均有明文,与他国议院上奏权基于宪法所规定者不同。该院屡次引用议事细则上奏,殊背院章限制之意。夫以立法之机关而有违法之行为,固由议长与政府不加纠正所致,亦由国民法治思想劣弱之故。现届闭会,请将议事录内所有违章上奏之议案一律撤销,以免立宪史上开宗明义第一章留此违法之污点云云。此公竟继刘廷琛而起,亦一怪人物也。

资政院又上奏案三件

宣统二年十二月十五日

日前资政院又递封奏三件。除开用关防一事业经发见外，其余两奏，一言邮传部奏铁路公司与普通公司不同，不能适用商律一层，有碍商办铁路大局；一言川路亏倒巨款，请着总理等摊赔，以保商本。惟两事均未发表，大致又归无效矣。

资政院又演一场新剧

宣统二年十二月十五日

初八日下午资政院开三十七次大会，续议大清新刑律案。汪荣宝报告昨日再付审查之两条，谓一百八十六条删除"汽车"二字，以此条重要在人民关系，非物件关系也。一百八十八条仍照原案议决，而加入"船舰"二字。汪龙光请加"森林"二字，而又斤斤于"外"字之解释。汪荣宝谓，"外"字并非旁边之意，凡在此数种之外皆可以此解释。随由秘书官朗读一百八十六条及一百八十八条，众无异议。汪荣宝又申明一百八十七、八十八、八十九条之第四款及一百九十一条俱加"船舰"二字。又读二百零四条至二百五十七条，毓善谓，庙是何指，坛庙又何所指。特派员答此系指载在祀典之庙。汪荣宝谓，太庙已另外提出，此条所言，凡寺观、坛庙、礼拜堂均在内，无论祀典不祀典。毓善又有辩论。特派员答，庙有广义，有狭义，载在祀典系狭义解释。此外，凡为一地方崇拜者皆可谓庙。毓善谓，"坛"是何指，天坛、地坛、国家所最重，大典所关，须申明。陈懋鼎谓，坛字不必专指天坛、地坛而言。吴赐龄谓，数年以来，改庙作学堂者不少，而此律于庙又有保护，与学务是否有碍。陆宗舆谓，改作学堂与敬重庙事毫不相干。吴赐龄谓，有此规定，恐旧派藉口保护神庙。陶峻亦谓，此与庙宇改为学堂一事颇冲突。陆宗舆谓，以庙宇改为学堂是依法律之事，不得谓为不敬行为。许鼎霖谓，并载在祀典者不得为庙。刘景烈谓，信教自由，保之亦无妨碍。许鼎霖谓，耶稣、天主各教乃有所谓信教自由，若毫无范围，则何喇嘛教及拳匪教者亦可谓为信教自由耶？彼此争论，秩序大乱。陆宗舆谓，载在祀典一句不甚要紧，如一地方中有一崇仰之庙，而又不在祀典，有对之有不敬之行为，必招地方之嫉忌，不保护之，必至妨害治安。至如保护坟墓，此中国旧例。陶峻谓，此语宽泛，毫无范围，须申明载在祀典一语。而坟墓二字则必删除。许鼎霖谓，例如江苏瓦缸内供奉神像，若为人破坏，亦处以五等以下之徒刑，甚误。今多主张收回领事裁判权，此种条文是否能令外人遵守。汪荣宝谓，寺观庙是否瓦缸？许鼎霖谓，此是回答陆议员之言。罗杰谓，除陵寝外，普通人坟墓不必处罚，因二十章已有说明也。特派员谓，此条以下皆为关于坟墓规定，亵渎祀典是专指坛庙寺观而言。邵羲主张加入"列入祀典"四字。汪荣宝谓，礼拜所亦载在祀典耶？特派员谓，此条有两大原则，一于宪法上，在法律范围内可以信教自由。至坛字，天坛、地坛，地方之礼坛皆包括在内。坟墓一层，中国习惯敬重祖宗，故人之祖宗亦须敬重，在大清旧律毁损墓碑徒一年。近来违警律亦有规定。汪荣宝谓，普通人坟墓若有人亵渎，其子孙若见此行为，必至起诉，故法律亦须保护之。高凌霄谓，西南各省在人坟墓牧牛羊者往往有之，若以为不敬行为而处罚之，实不胜其烦。顾视高、陈敬第、吴赐龄谓，此节上为亵渎祀典，下为发掘坟墓，普通人坟墓亦载在祀典耶。毓善谓，再付审查。此条讨论遂中止。二百六十七条，陶镕谓，此条不可删。高凌霄谓，私藏烟具或制造，或贩卖，皆包括在内。顾视高有说，许鼎霖驳之，谓子孙将祖父之衣物留为纪念者甚多，若留鸦片器具，子孙亦当抱愧。特派员杨度主张前说。陶镕谓，不得以股员会之修正案为神圣不可侵犯，主张仍留存此条。陆宗舆谓，有此条规定，必至警察搜索人家，恐防骚扰。万慎谓，禁止鸦片可不问骚扰不骚扰。彼此争论，秩序又大乱。杨度复说明，总则既已规定分则，不必列举。此条之删去，已得政府同意，随照股员会删去二百六十七条，付表决。得少数。又将陶镕倡议付表决，得多数赞成。第二百七十三条，康咏谓，须修正字句。第二百八十八条，罗其光谓，宜去罚金。蒋鸿斌于年龄问题有主张而无条理，赞成者仅二十八人，不成议题。至二百八十八条，即无夫奸问题，罗其光请提出劳乃宣修正案，陈宝琛赞同之。邵羲请劳说明主旨。劳乃宣谓，并无精奥之理，只因社会心理以无夫奸为有罪，众以为可即可之，否则否之。本员无成见。文和谓，照立宪国应用一夫一妻制度，中国习惯有纳妾者，法律既不许有妾，则妾亦无夫妇女，应先解决纳妾有罪否。高凌霄请将无夫奸有罚无罚付表决。汪荣宝谓，此案系道德上罪过，不应以刑律上制裁。康咏反对之。万慎乱呼不已。全院哗然，秩序又大乱。蒋鸿斌又反对汪荣宝之说，文和痛驳之。高凌霄又喧闹。陈敬第谓，当平心静气讨论，并说明无夫奸万万不能有罪理由。康咏谓，当列为亲告罪。陈树楷谓，此条立意甚佳，但中国人民程度不足，不适用。汪荣宝谓，程度既不足，何必需资政院。陈懋鼎谓，国会亦不可不要。秩序又复紊乱。特派员杨度谓，无夫奸不能有罪，因于收回领事裁判权有关系也。雷奋谓，我辈只能问无夫奸应否有罪，不能以领事裁判权为前提，刑法为一种公法，一方维持国家治安，一方保护个人自由。因其有公法，必须公诉而后有罪。试问无夫妇女和奸以何人为原告。其言极中肯，陈树楷、陈善同、李经畬、高凌霄、万慎等皆反对之。特派员谓，此事有关于领事裁判权，即外国人对于无夫妇女无罪不以为然，安知将来不以我国法律较胜他国俯而从我。汪荣宝谓，欧洲中世以前奸处死刑，较我国更重，其后逐渐改良，方至今日。而一般反对者仍晓晓不已。雷奋复登台演说无夫奸不能治罪种种理由，并说明无法可治其罪之理由。国家既无法治其罪，若律文中空赘此条，不能实行，即失国家法律信用。约经数十分钟之久，而陈树楷、陶毓瑞、王绍勋等纷纷止其发言。胡礽泰欲登台发言，反对者又纷纷止之。胡谓今日本员尚未说话，随至演台前谓，本员赞成提倡礼教，然不可与法律混合。引论语道之以政两节，谓刑法关系国家道德，关于个人，个人无道德，国家亦无如之，何言至此。后面高凌霄、万慎等大哗，杂以狂笑声、呼号声、骂詈声，于是秩序愈乱，全场骚然。良久，秩序始定。胡礽泰复言，今日中国礼教不昌，正是受道德法律混合之弊，如再牵混，则礼教必亡于今日倡言保存者之手。有人请付表决。籍忠寅谓，此问题甚大，不可草草，请作两次表决。第一次表决有罪无罪，第二次表决无夫奸加入暂行章程，或加入正条文。众赞成。陆宗舆请检人数，用记名投票法。议长宣告谓，主无夫奸为有罪者用白票，主无罪者用蓝票。白票得七十七票，蓝票得四十二票，一票无效。籍忠寅请再表决无夫奸是否归入暂行章程，抑归入正文。于邦华谓，勿庸再表决。籍谓，当议长宣告时即当反对，此时应照宣告表决。于是用起立法表决，第一次起立六十余人，因起者复坐，坐者复起，毫无秩序。于是又再表决，起立者四十九人。汪荣宝大呼，表决有疑义，请反正表决。竟起立多数，于是劳党大击掌，祝贺成功。陆宗舆、汪荣宝大呼谓，陈议员所谓程度不足即此之谓。于是一哄而散，时已八时半矣。

资政院新剧尚未终演

宣统二年十二月十七日

初九日下午四时，资政院开第三十八次大会，议员到会者甚寥寥。伦议长亦未到，由沈副议长代理入座后，尚未报告人数。反对新刑律、附和劳乃宣之于邦华首先倡议，谓会期已迫，议案尚多，且有重大刑律问题，虽开夜会，亦恐无济。本议员今提出陈请书，请于明年春开临时会，随将说帖呈递。罗杰倡议昨日无夫妇女和奸虽已表决，然系主义，而非条文。今日法典股员长未到会，不能提议，请将商律提前会议。毓善问，今日到会人数究竟若干，开会何以如此之迟。沈议长报告，到会者一百零六人。盖是日所到者，均系附和劳乃宣之议员赞成新律者。自伦议长为始，至雷奋、汪荣宝、陆宗舆、籍忠寅、胡礽泰、孟昭常、王璟芳及浙江全省民选议员，其他稍有新知识之议员无一到者。刘懋堂谓，山西省北改良盐务一案情形窘迫，将起风潮。而本日法典股员长未到，刑律恐难提议，请先提议此项。于邦华主张续议新刑律，谓，今日若不连续开议，恐明日不能通过。罗杰反对之。议长亦谓，股员长未到，若有疑难，无人解释，恐不能续议。毓善谓，股员长今日不到。

资政院议事之忙迫

宣统二年十二月十八日

　　初十日,资政院续开三十九次会议。隔日未到会之议员,钦选如汪荣宝、陆忠舆、章宗元等,民选如雷奋、孟昭常、李文熙、籍忠寅、邵羲、刘春霖等俱到,故到会议员达一百二十九人。王璟芳谓,会期只剩一天,如统一国库章程不成立,则明年之预算案将与今年同一困难,请将第七议案改为第一。汪荣宝谓,照章前次未完议案应先开议,刑律关系极重也。罗杰、陈懋鼎赞成。邵羲请将南漕改折案提前开议,(延)〔曾〕侯爵请开议新刑律。陈懋鼎谓,新律须俟宣统五年实行,其关系不若国库重要。文溥谓,国库未有对待机关,须俟审计院成立后国库始可统一。罗杰谓,审计院明年即须设立,故国库章程现在不可缓议。于邦华请将移民殖边案提前开议,陈瀛洲赞成之。章宗元主张将新刑律逐条通过后,再照议事日表一一开议,盖今日无论如何须将议事日表所列议案议完也。李文熙谓,新刑律条文太多,难以通过,国库章程关系明年预算,须提前开议。是时主张更动议事日表者议论庞杂,莫衷一是。伦议长宣告,今日开晚会,现在先自议事日表第二案议起,议定后如有余时,再议新刑律。随命开议第二修正报律覆议案。宪政馆特派员顾鳌说明主旨后,雷奋质问第十一条所谓摘发阴私有无界限。顾鳌答,与公众无关之事谓之阴私。雷问,譬如个人受贿是否阴私。顾答,非是。雷谓,现在修正案无"并无恶意"四字,本员意如用摘发阴私,莫若用并无恶意,因并无恶意范围稍广,较为妥洽。顾鳌又声明必用阴私之主旨。雷谓,为公益是一件事,无恶意又是一件事,现在审判官尚无分别其界限之知识,故本员主张用无恶意为公益之证据,而即以限制为公益之界说,俾官吏不致借端压抑报馆。至于阴私二字,本员不敢赞成。顾鳌辩论甚久,又谓,阴私专指个人阴事,而言至于改阴私为无恶意,政府绝对反对。罗杰请将雷议员修正案作为议题再付表决。雷奋谓,本员修正案为专为公益下加"并无恶意"四字,而改去阴私二字。议长命付表决。起立者少数。秘书官宣读政府修正案专为公益，不是阴私者不在此限，付表决，得多数。至第十二条，雷奋对于政府修正案有意见，谓现在政府修正案又删去政治上秘密事件一语，与当初股员会修正案大相反背。然当时政府尚表同意，不知何以又删去。顾鳌谓，股员会修正时本以政治上三字无界限，故当时未表同意，此层恐雷议员误会。雷奋问，贵员两次在资政院所发之话是否代表政府，是否对于军机大臣负责任。顾答，本员照章受军机大臣之命令发表意见。汪荣宝谓，此问答俱在本问题之外。雷答，并不在本问题之外，此质问固有用处。前股员会修正案有其他政治上秘密事件一语，贵员并未发议，厥后复经大会讨论，多数表决，而现在贵馆又复修改资政院，岂不甚忙。雷奋主张仍用前此股员会修正案，即关于海陆军及其他政治上秘密事件经政府禁止登载者，报纸不得〈不〉登载。议长宣付表决，多数赞成。第三，运输章程中再付审查之第四十七条及附则第一、第三条俱依修正案，无异议。议长命将第四、第五两案并案会议，众赞成。遂由文龢登台报告审查大旨。邵羲谓，两案须分两次表决，且股员会审查表决时，税务处特派员说明设立常关之缘由，谓此即加税裁厘之预备，故各通商埠皆须设立常关。雷奋问，税法公债股是否赞成常关。文龢答，是。雷谓，现在常关所征者仍为通过税，然小民所以痛心疾首于厘金者，以其为通过税也。现在常关性质相同，请问何以赞成。文龢、邵羲先后答称，整顿常关规则可以免除留难之弊，且为裁厘之预备，故税法公债股赞成之。雷奋谓，常关为国家收税机关，如于小民一方面不加负担，且无流弊，本无庸资政院提出会议。现在之所谓常关与厘金无少差异，其流弊自不言可知。故本员以为，凡通过税须一律裁去，万无整顿之理。陈懋鼎谓，雷议员所见极是。惟以现在一时不能裁撤，故不得不从整顿上着手。邵羲继续发言，与陈懋鼎同意。雷奋谓，常关办法并非加税裁厘预备，乃改厘金为常关之预备，其名虽异，其弊实同。许鼎霖、吴赐龄先后发议，许主整顿，吴主裁撤。陈树楷哓哓发言，大旨主张保存常关。多数议员嗤之以鼻。雷奋谓，本院如承认整顿常关试办章程，即是承认常关，然资政院对于常关万无承认其成立之义务。议长请赞成再付审查者起立，起立者只十余人。刘春霖问，不再审查是否作废。议长谓，照议事细则，不再审查即为作废。雷奋请再付表决，令赞成不再审查者起立。得多数，遂将议题作废。第五议案亦经宣付表决，赞成作废。特派员尚欲发言，议长叱止之，谓尚须开议他案，不能再发言。第六，变通马兰、泰宁两镇绿营议案，照股员会报告通过。第七，统一国库章程议案，法典股副股员长汪荣宝登台报告此项章程，由章议员宗元提出，王议员璟芳修正。故股员会除文字略有修改外，并无根本上之修改。文溥对于第八条有异议，章宗元起立答辩。文溥请将修正案付表决。王佐良谓，欲求国库章程成立，必先整顿大清银行、度支部。特派员谓，此条另一问题。秘书官承命逐条宣读。第一条依股员会修正案，无异议。第二条文溥有修正案，起立者只三数人，仍依股员会修正案通过。第三条王璟芳说明主旨，略称国库由大清银行收纳，仍须受政府之监督。国库既须统一，则办法自不可不改良。陈树楷、于邦华先后发言，大旨不认大清银行为国家银行。章宗元申明大清银行确系国家银行之理由。陆宗舆登台发言，谓整顿大清银行即可于条文内列入之。各国国家银行虽只有一总监督，而营业与国库截然分为两部，各有专职，故本员拟修正第三条之条文，以保全大清银行之信任。罗杰谓，只须责成度支部大臣负责任。陈树楷、于邦华请改大清银行为国家银行，多数议员皆笑之。章宗元、汪荣宝请付表决。于邦华谓，将更名之倡议付表决。刘泽熙解释大清系银行之名称，国家乃银行之性质，不能即以性质为名称。汪荣宝大呼，无讨论之价值。议长命将于邦华更名之倡议付表决，起立者陈树楷、顾栋臣、喻长霖三人。众大笑。第二条仍依股员会修正案通过。第三条陆宗舆有修正案，刘泽熙谓应归入第十二条，雷奋赞成归入第三条。陈树楷、于邦华谓，如欲以国库委托银行，须将大清银行章程提交本院议决。陈敬第谓，度支部承认大清银行为国家银行，而陈议员犹谓靠不住，是不啻以国家为靠不住矣。试闻陈议员能否如此说法（即在第二项下加各省布政使或度支司，有监督各该省分行之权）。议长命将陆宗舆修正案付表决，多数赞成。第四、五条无异议。第六条陆宗舆有修正案，经多数赞成通过。第七条至十四条，俱依股员会通过。第十五条依章宗元修正案表决，全案通过后，汪荣宝请省略三读，众赞成。议长宣告，今晚有夜会，请各议员注意，现在尚有秘密事件，须令旁听人退席。时已六时三十分矣。

论资政院议案之无效

宣统二年十二月十二日

资政院议案固全国人之所注目而期其实行者也。今资政院闭会矣，试就其议决之事而一考之，其亦有有效者否？资政院之设，为采取全国舆论之机关，资政院议员负全国人民之代表，而所议决之事，曾未有有效者，斯不亦徒多此一番议论而违反议院基础之宗旨乎？小者勿论，试举其大者而言之，则并无丝毫之效力，固全国人所共知者也。吾不能不为资政院慨，吾不能不为宪政前途虑。

资政院议案之最重要者，一为弹劾军机案，一为预算案，一为修正刑律案。弹劾军机，军机无恙也，其不负责任也如故，其不能辅弼也如故，而诟病议员之声接续而至，恶感滋深。而他人之希望风旨者且因是而弹劾议员，并以是而反对宪政。虽其弹劾之章奏亦未见有效力之发生，然聚全体之议员研究多时表决上奏，其究也空谈无补，而徒以招衮衮诸公之诟病，不能见功。适以见过，何用？此哓哓为此其可慨者一。

预算案之纠纷初非其他简单之事可比，彼为议员者，日夜勾稽，悉心考核，逐事而计其费，分类以要其归，而又迭次磋商，当场讨论，始得议决。迨其预算告成，彼行政官吏则以行政之事纷繁，租税之出有限，而不能承认矣。全体议员竭数十日之心力，以研究繁重之议案，迨至预算既成，官吏之违言麇集，而格格不能违议员之苦心。将至水泮雪消，而不复可见诸事实，此其可慨者二。

修正刑律，内之系人民之生命，外之关治外之法权，其关系若何重要。乃议员之中，既以意见歧出，新旧交争，而解决以后，政府诸公复狃于旧律之观念，多所不韪。夫各国法学家岂真不顾道德而与吾国歧异哉。盖亦几经研究，而自有正当之法理在也。吾国素崇礼教，轻视人权，故所定刑律与各国不同。今欲收回治外法权而改定刑律，倘使所改之刑律仍不脱离旧法则，他日颁布以后，遇有华洋交涉之案，适在彼此法律殊异之中，吾欲执法以治之，而彼将有所争执矣。不执法以治之,则我之主权仍不能稍振,而所设之新刑律亦不能通行矣。此其可慨者三。

以上三者,于宪政前途关系甚巨,而无效若此,吾虑之。吾不能不望政府之翻然改变矣。弹劾军机,以军机不负责任也,则新内阁自宜速立。惟设立责任内阁,势不能弃老成而尽用新进,老成之威权在握,而蔑视舆论也久矣。倘仍执向来之意气,以逞其专制之行为,则他日推翻内阁之事行且数起,又何以望治安。至于预算案,其中核减之经费,在行政官视之,或不能无窒碍难行之处。然国家之经费,量出以为入,其恒例也,量入以为出,其例外也。今吾国经费既支绌万状,而国会未开,一切租税难遽增加,自不能不量入以为出,是在行政官之勉为其难,善为设法而已。他日国会既开,自不难量出以为入,使收支适合,以图政治之进行,特目前之经费不免稍形困难。且若夫改正刑律,宜绝去旧律之成见,以求新律之可行。各国法律,大家学说具在,班班可考也。取而观之,新知日启,故见自融,则新律自可求其完善,断不可狃于礼法之高谈,致阻法律之效力,以窒裁撤领事之机。法律之推行,实为转弱为强之根本,安可不慎重出之乎?至其他议决之议案,无不经多数议员之再三研究而后议决,政府诸公反覆思之,而虚心以采择之,斯可矣。必固执成见,而谓议员之所议概属胡闹,亦何用资政院为哉。

回复资政院两奏陈

宣统二年十二月二十二日

资政院奏陈整顿晋省北盐事务,奉朱批:督办盐政大臣,知道。又奏整顿边事十条,奉朱批:政务处边务大臣议奏。

文斌箴告资政院之封奏

宣统二年十二月二十二日

文侍讲斌于十一月三十日曾递封奏一件，系对于资政院进箴告之言。内容略谓，自本年九月初一日资政院开院以来，所议决重要之议案除速开国会外，他无所闻。而此一案又下借内外臣工之陈请，上赖我皇上圣明独断，与时会为转移，该院固不能贪天【下】之功以为己力。最可骇者，弹劾军机大臣事关君上用人大权，乃该院忽而提议，忽而取消，以为不应弹劾也，即不应提议，以为应弹劾也，则不应取销。在议员不过借弹劾政府以邀誉，而军机大臣遂挟辞职以要君，玩视纪纲，直同儿戏。又剪发一事上关国宪，倡议已非一日，竟不早为陈奏，恭候圣裁，以定一是，以致人心不靖，商业恐惶。至请开党禁，出诸臣民之陈请，原为赦党求才，以彰我德宗景皇帝之圣治，以广我皇上之仁慈忠爱之忱，不可没也。乃该院轻于提议，迟于奏闻，深恐党人倍生失望之心，国犯妄存觊觎之念。又况每日开会逾时，议事毫无次第，随意来去，晚至早归，或投伪票，或报私仇，议长不知维持秩序，议员毫无程度可言。在议员等方自谓各有宗旨、各有政策，胜于政府各大臣之无宗旨、无政策。臣以为非特无宗旨、无政策彼此相同，即其各图私利，不顾国家，议员与政府亦无异也。末谓各国议院均有监督政府之责任，而议院则以政党组织之，必议员有二、三政党以讨论是非，而院外之政党又足以监督议员，博学之硕儒又足以监督政党，夫后议员乃不至泛驾而驰。今我国既无硕儒，又无政党，孰能为资政院之监督，非朝廷亲与裁成，严加训诫，不足以纠群言庞杂之非，而收执两用中之效。应请饬下资政院总裁等切实整顿，痛改前非，并请将臣此奏钞交阅看。该议长、议员等果能睹臣此奏，愧悔交并，其颡有泚，则良知尚在，可为来年晚盖之图云云。折上，留中未发。

资政院改定预算案清单

宣统二年十二月二十二日

京函云，宣统三年全国岁出入预算案由度支部奏交资政院后，经该议员审查股员量入为出，分别核减，有盈余三百万以外。惟闻京内外各大吏颇有不肯承认之说，兹将清单照录如下：岁入共库平银三万零一百九十一万零二百九十六两八钱七分七厘，岁出共库平银二万九千八百四十四万八千三百六十五两二钱三分八厘，总盈三百四十六万一千九百三十一两六钱三分九厘。

另一访函云，此次资政院议决预算案政府本不谓然，昨日硕学通儒某议员及钦选某议员等以行政费裁减太多，甚属不便，遂运动政府，主张不能承认。政府虽纳其说，不便公然反对，闻须电询各督抚意见，如各省驳拒者多，则藉口疆吏不能承认，遂不会奏。故本年预算案之成立颇觉难望云。

粤督反对资政院核减预算

宣统二年十二月二十二日

粤督张制军日前电致资政院、度支部、陆军部云，昨得广东同乡京官来电，资政院核减预算案内各款又追加预算案内军政费二百余万两，亦与陆军大臣协商全行裁减，共核减四百余万两，均拟拨抵赔饷等语。查粤省三年预算一切行政经费已极为节缩，且应支之款尚多阙如，若再核减，必至庶政废辍，似亦不成事体。至军政费多系水师巡防队饷需，粤省夙号多盗，近来匪风甚炽，原有营队已苦不敷，倘有再拉饷裁兵，将来群盗纵横，扰乱大局，其贻误何堪设想。钧院原奏尚未咨行来粤，裁减何款虽不可知，而核减总数已达四百余万之多，揆之事势，必多窒碍难行。至赌饷抵款，已有盐饷二百万，其牌照酒捐现正督饬司道切实筹办，期于有成。若再不敷，亦必设法筹抵足额，誓当早日禁绝，以副全省绅民之望，似不必因筹抵赌饷之故核减预算，转致牵动全局。事关粤省来年大局，不敢不据实电陈，伏乞裁酌主持。示复。鸣岐叩。

直督不认资政院裁减预算案

宣统二年十二月二十三日

自资政院核减各省预算之议发表后，各督抚颇不满意，咸拟电致政府力争。闻直督陈筱帅昨已有电到京，文云，前据直隶特派员唐宝锷报告直省预算总案，资政院并未详加查核，其中有必不可裁者，有可以酌减而未能全裁者，有追加案已从删节而不能再减者，有总分册两方面同行裁减而有重复者，均已开具理由函送度支部，并依类分送主管各部与院协商在案。兹据唐宝锷报告，资政院于各省追加预算案及敝处协商册并未详细覆核，锐意议裁。查直省政务盈繁，生活程度较高，除督抚、司道公费应与各省从同外，其余所议裁减各项行政经费窒碍良多，万难公认。预算应受协商，自是宪法公认，审查并未详确，何能骤议推行。现值财政艰难，诸事均宜撙节，固属不易之理，惟办事、筹款二者均属督抚之责，用既不足，岂愿再从浮滥，自受其困。方今宪政筹备若专取消极主义，未免因噎废食。近闻资政院已将预算册送交钧处覆核，必能统筹全局，俾得一意推行。可否就近咨取，敝处送部理由请钧力主持。总之预算中何款可裁、何款可减，即或该院计议未及拢，亦当衡诸事实，认真办理。明年预算系属试办，本非一成不变，责任所在，不敢推诿，亦何所依违。用特电闻。

资政院闭会之暗潮

宣统二年十二月二十三日

　　自新刑律提出之后，议员中党派分立，今遂有蓝票、白票两大党发生。汪荣宝、陆宗舆、雷奋、籍忠寅，蓝票党之巨子也。劳乃宣、许鼎霖、于邦华，白票党之巨子也。闭会之后，两党各标旗帜，双峰并峙，作将来政党之预备。惟日来两党暗潮甚烈，蓝票党之一部分主张先将新刑律通过之总则赶期上奏，并有主张将新刑律全部一律上奏者。白票党闻此消息，则持极端反对之说，不但谓全部不能上奏，即总则亦不应上奏，一面研究抵制方法，一面致书议长，谓资政院未经议决之案是否可以出奏等语。两党正在相持不下，不知最后之胜利归于谁手也。

　　宣统三年预算案经资政院议决后，即应会同度支部上奏，而各议员等现闻政府有不愿照该院议决案实行之意，致各议员啧有烦言。盖政府之意，以资政院议决预算案系属试办，拟略为变通更改。而各议员闻之，颇为不平，谓立宪体制政府提交资政院议决案件不得变更翻改，若以预算为试办，而资政院议会并非试办也。况院章并无须经政府酌改条文，今政府必欲更改，是削夺资政院权限也。且预算一项关系人民之担负，事体至为重大，如政府将议决预算案肆行变更，内背人民之舆论，外惹立宪国之嗤笑，实不成立宪政体云云。因是资政院议员尚有留京未行者，闻拟监视政府对于此项预算案能否实行云。

资政院真开临时会耶

宣统三年二月十六日

自英、俄等国进兵占地后,全国民情汹汹。有资政院某议员往商,在京各议员拟请伦议长奏开临时会解决外交问题。伦议长恐政府生厌,预先授意诸有势力之议员托词外交事件不在资政院范围之内,切勿干预。其事不幸泄露,大为社会所诽议。现闻议长伦贝子见时局万分危迫,自念以宗室之关系握舆论之机关,不忍再行漠视,业与副议长沈子敦磋商,拟照院章第三十二条以总裁、副总裁之协议奏请召集临时会,以定救亡大计。

世续得资政院总裁系由庆邸密保

宣统三年二月二十三日

世续得资政院总裁,系由庆邸于昨日在三所密保,因恐沈副总裁执见,故并更易。

资政院民选议员私自来京系属违章

宣统三年二月二十三日

外务部愤资政院民选议员私自来京,系属违章,拟奏请押回。某枢臣阻之,密谕肃邸婉劝散归。

论枢臣阻止资政院临时会之非计

宣统三年三月初五日

近者各省谘议局及资政院议员因外侮侵迫,大局动摇,纷纷吁请资政院速开临时会筹定救亡大计,诚最有关系之问题也。前任总裁伦贝子以国势之濒危,舆情之难违也,亦屡请命于枢臣,乃枢臣始终出以反对。且以伦贝子之不能抑止议员之要求也,竟撤其总裁之任,而代以老耄无能之世续。呜呼!诸公谋国不臧,而又仇视国民之出而赞助,其将以国家为孤注之一掷,而任其沦亡之不救耶!是亦大可异已。

一国办理交涉,贵在迅疾,义取秘密,故均为政府所主持,不容人民参与其间,此固各立宪国之通例也。然各国办理交涉虽为外部之专职,然亦当有议院议员质问外交政略之事,而外部大臣或外部次官亦常有出席议院答覆质问之事,且报馆记者亦常有造外部官署,或外交官私邸探寻外交消息,以及忠告外交方针之事。而在办理外交者,亦必从实宣告,或虚心采纳,是则各国之办理交涉亦非尽由外交官独任其责,而不容人民预问其事也。盖办理交涉在与国土民权有密切之关系,纵当局者力任保持,不虞损失。然既为一国之国民,则痛痒相关,未有不顾虑及此而思效忠于政府者，故人民参与外交事件，在当局者亦未能拒之不理也。而况各国办理交涉均恃武力，民气为后盾者乎？由是可悟我国际此危局，极应速开资政院之理由矣，奈何枢臣竟置此而不顾耶？

若谓一开资政院，即有万全方策呈报政府，可与英、俄诸国议结交涉，不虞损失，固无是事，且亦无是理也。第以我国今日之情势而论，海陆军毫无预备，武力虚空，几等于无，列【强】知我隐情，故敢肆其无理之要求，盖不以军备为办理外交之屏障，徒恃二、三大臣，依据公理，按照约章，与人为口舌之争，殊难操必胜之权，此其所以着着失败，除退让外，绝无对付之方针也。今欲办理交涉之获有胜利，当以扩张军备为第一要义。第扩张军备措置甚非易易，且一时亦难求速效，不得已而求其次。惟有凭藉国民之声援以为外交之助力，是或可稍戢列强之野心耳。盖众怒难犯，势所必然，在一味逞强者亦未始不因此而有戒心也。夫而后与之办理交涉，或能稍认退步主义亦未可知，但欲表示国民一致之团结力，非有代表之机关不可。今我国既无国会，惟有暂推资政院当之耳。是则速开资政院临时会，诚急急不容缓矣。非有善计妙策忠告政府也，不过藉此表示我国民之意向，使列强有所顾虑，以冀办理交涉之稍解困难而已。奈何枢臣梦梦，竟不谙其中关系之大也。

且外交之困难，固必藉资政院以求解免，即关于内政之重要问题亦将藉资政院有所迫促，庶可期其推行无阻也。盖当此敌氛方炽之际，全恃枢府一德一心，力任其艰，而后始可挽救于万一。若此推彼诿，人人以苟安旦夕为计，则国事将不可问矣。第欲明功过而专责成，非速立责任内阁不可，此固今日惟一无二之要政也。乃自去岁降旨减缩国会年限后，组织内阁之声时触于耳，迄于今非特无组织之期，且并内阁官制亦未即日颁布，当事者之任意迁延，尤非忠于谋国者所应出此。余若新官制之颁行，岁出入预算之实行等，均将有待于资政院之维持也。是则临时会之一举，又与筹备宪政之重要问题有密切之关系者，安可不力促其成乎？奈何枢臣竟梗阻于其间也，即云外交事件不容人民参预，然当此国势濒危之际，不必划分内政外交之界，但召集资政院议员一决存亡大计，亦理所当然。诸公亦何苦以数人之仔肩支此危局耶？若仍营营于私利私权，以为资政院一开，又将与我为难，不若及早阻止开会之为，得忍置国事于不问，则我国前途真无望矣。呜呼！枢臣之用心若此，尚何言哉！

结社集会律俟下届开会续议

宣统三年三月初六日

枢府昨覆咨资政院,以结社集会律意见有异,须该管衙门核准,俟下届开会续议。

学部追加预算俟资政院开会时要求承认

宣统三年六月初九日

学部经费大窘,拟提出追加预算,饬司预备议案,俟资政院开会时要求承认。

资政院奏陈君主宪政十九条着照所请

宣统三年九月十五日

今日上谕,资政院奏陈君主宪政十九条,并请在太庙宣誓晓谕臣民以固皇位而延国祚一折,着照所请,俟资政院拟定后当宣誓,誊黄布告全国。

资政院宪纲须数月始能告成

宣统三年九月十五日

资政院股员得陆军代表之助力，将拟订宪法大纲十九条以为日后宪政之根据，并征集各省意见，共定宪纲。闻须数月之久，始能告成。

资政院奏请速颁内帑赔偿汉口人民损失并请早日停战

宣统三年九月十七日

资政院奏请速颁内帑赔偿汉口人民损失并请早日停战，将此次残酷军官从重治罪，以平民气。

资政院宣读汉口事件决议

宣统三年九月十七日

上海商会致资政院电请代奏严惩惨杀汉口同胞之罪魁，恢复秩序及抚恤受殃民人，已于星期六、日下午在资政院宣读该院决议，代奏并请转谕袁世凯知照。

清廷预备即行组织国会

宣统三年九月十七日

今日清廷有谕,谓资政院奏请即行组织国会一折业已批阅,着各员编纂国会选举规条及选举国会议员后即行组织国会。

资政院奏请承认革命党

宣统三年九月十七日

资政院并奏请如革军自成一政党,则皇上当于法前承认此党,即经批准。

图书在版编目（CIP）数据

资政院/牛贯杰编. — 太原：山西人民出版社，2020.6

（清末立宪运动史料丛刊/胡绳武主编）

ISBN 978-7-203-10394-3

Ⅰ.①资… Ⅱ.①牛… Ⅲ.①资政院－史料 Ⅳ.①K257.506

中国版本图书馆 CIP 数据核字（2018）第 093743 号

清末立宪运动史料丛刊·资政院（上、下卷）

主　　编：	胡绳武
副 主 编：	牛贯杰　戴鞍钢
编　者：	牛贯杰
责任编辑：	蒙莉莉
复　　审：	赵虹霞
终　　审：	秦继华
装帧设计：	谢　成
出 版 者：	山西出版传媒集团·山西人民出版社
地　　址：	太原市建设南路 21 号
发行营销：	0351-4922220　4955996　4956039　4922127（传真）
天猫官网：	https://sxrmcbs.tmall.com　电话：0351-4922159
E - mail：	sxskcb@163.com　　发行部
	sxskcb@126.com　　总编室
网　　址：	www.sxskcb.com
经 销 者：	山西出版传媒集团·山西人民出版社
承 印 厂：	山西出版传媒集团·山西人民印刷有限责任公司
开　　本：	787mm×1092mm　1/16
印　　张：	70.75
字　　数：	1150 千字
版　　次：	2020 年 6 月　第 1 版
印　　次：	2020 年 6 月　第 1 次印刷
书　　号：	ISBN 978-7-203-10394-3
定　　价：	439.00 元（上、下卷）

如有印装质量问题请与本社联系调换